Wolfgang Schönpflug

Geschichte und Systematik der Psychologie

Wolfgang Schönpflug

GESCHICHTE UND SYSTEMATIK DER PSYCHOLOGIE

Ein Lehrbuch
für das Grundstudium

BELTZ
PsychologieVerlagsUnion

Anschrift des Autors:
Univ.-Prof. Dr. Wolfgang Schönpflug
Studiengang Psychologie der Freien Universität Berlin
Habelschwerdter Allee 45
14195 Berlin

Besuchen Sie uns im Internet:
http://www.beltz.de

Umschlaggestaltung: Dieter Vollendorf, München
Satz: Reproduktionsfähige Vorlagen des Autors
Druck und Bindung: Druckhaus Thomas Müntzer, Bad Langensalza

ISBN 3-621-27454-5

Inhaltsverzeichnis

„In Geschichte ist alles zugleich neu und alt. Aber warum?"

(Wilhelm Schmidt-Biggemann am 28.3.1992, handschriftliche Widmung zu seinem Buch *Geschichte als absoluter Begriff*)

„Müßiggang ist aller Psychologie Anfang.
Wie? Wäre Psychologie ein Laster?“

(Nietzsche, 1888/1922, S. 236)

„Was hat uns ... Straub mit Philosophie, mit Namen, die wir nie gehört hatten, mit Hegel, Spinoza oder Leibniz konfrontiert! Wir haben gedacht, der spinnt, bis uns langsam klar wurde, daß man das vielleicht wissen sollte, daß unser Weltbild als Studenten weiter gehen sollte als bis zum nächsten Mittagessen. Diese Brücke ... war ... vor allem eine Brücke zur Kultur.“

(Der Dresdener Psychologieprofessor Winfried Hacker über seinen Lehrer Straub, nach Busse, 1996, S. 121)

„Was der Mensch sei, das erfährt er ja doch nicht durch Grübelei über sich, auch nicht durch psychologische Experimente, sondern durch die Geschichte.“

(Dilthey, 1894, herausgegeben von G. Misch)

„Mein geliebtes 20. Jahrhundert, was wäre ich ohne dich?"

(Der Maler G. J. Dokoupil nach Szczesny, 1989, S. 122)

„Geschichte existiert nur im Verhältnis zu den Fragen, die wir an sie richten. Der Materie nach wird Geschichte anhand von Tatsachen geschrieben; der Form nach anhand einer Problematik und von Begriffen."

(Veyne, 1976/1988, S. 8, übersetzt von F. Weinert)

Busse, S. (1996). *Psychologie im Realsozialismus*. Pfaffenweiler: Centaurus-Verlagsgesellschaft.

Dilthey, W. (1894/1924). Ideen über eine beschreibende und zergliedernde Psychologie. *Gesammelte Schriften* (Band 5, S. 139-240) herausgegeben von G. Misch. Leipzig: Teubner.

Nietzsche, F. (1888/1922). Götzendämmerung. *Werke* (Band 10). Leipzig: Kröner.

Schmidt-Biggemann, W. (1991). *Geschichte als absoluter Begriff*. Frankfurt a. M.: Suhrkamp.

Szczesny, S. (Hrsg.). (1989). *Maler über Malerei*. Köln: Dumont.

Veyne, P. (1976/1988). *Die Originalität des Unbekannten*. Frankfurt a. M.: Fischer.

Der Autor Wolfgang Schönpflug, geboren 1936, ist Professor für Psychologie an der Freien Universität Berlin. Er lehrt Allgemeine Psychologie mit den beiden Fächern „Psychologische Funktionenlehre" (Handlungs- und Kognitionspsychologie) sowie „Geschichte und Systematik der Psychologie". Die erste philosophische Lehrveranstaltung, die er besucht hat, war ein Seminar von Karl Löwith an der Universität Heidelberg. In die Geschichte und Methodologie der Psychologie hat ihn Fritz Heider eingeführt; das war an der Universität von Kansas in Lawrence im amerikanischen Mittelwesten.

Vorwort

„Die Psychologie ist die am wenigsten disziplinierte aller Disziplinen, Kinderstube und Tummelplatz für jede Extravaganz, ein babylonischer Turm für jede bekannte und unbekannte Sprache, eine Münzstätte für falsche und nachgemachte Münzen, ein Markt für jeden, der weithergeholte und unwahrscheinliche Theorien verhökert. In ihr verschmelzen ... unsinnige Behauptungen und Plattheiten mit erhellenden Intuitionen, naive Unbefangenheit und hochfliegende Phantasie mit ermüdender Dogmatik, scharfsichtige Logik mit bloßem Geschwätz."

(Cohen, 1957/1959, S. 5, übersetzt von I. Werner)

So sarkastisch urteilt der britische Psychologieprofessor John Cohen über die moderne Psychologie. Damit hat er teilweise recht, teilweise unrecht. Die Psychologie ist, noch während sie zur Wissenschaft wird, ein Feld, auf dem sich eine große und bunte Schar ihrer Liebhaberinnen und Liebhaber tummelt: Gedächtnisforscher und Organisationsberater, Sporttrainer und Industriedesigner, Privatleute und Politiker, Eltern und Kinder, Sensationshungrige und Lebensmüde und viele andere. Jedem Menschen gehen Gedanken durch den Kopf, die man als psychologische bezeichnen kann, jeder Mensch führt Handlungen aus, denen man psychologische Hintergründe und Absichten zuschreiben mag. Entsprechend groß ist die Vielfalt psychologischer Themen: Farbensehen und Musikgenuß, Haß und Gewalt, Liebe und Partnerschaft, Sprachenlernen, Kinderspiel, Altersweisheit, Helfen und Übervorteilen, gute Laune durch Jogging - das ist nur eine kleine Auswahl aus dem Themenrepertoire der Psychologie.

Zu jedem psychologischen Problem gibt es unterschiedliche Erfahrungen, zu jeder Erfahrung unterschiedliche Deutungen. Die Menge an psychologischen Befunden und Theorien ist überwältigend. Sie findet in einer Vielzahl von Begriffen und Erklärungen ihren Ausdruck, die in dem unvorbereiteten Betrachter leicht den Eindruck der Sprachverwirrung und der Gedankenverirrung erwecken. Verstärkt wird der Eindruck noch durch Auseinandersetzungen über die Richtigkeit von Sachverhalten, die Wahrheit von Auffassungen und die Nützlichkeit von Praktiken. Wenn Meinungen unversöhnlich aufeinanderprallen, dann wird die Ideen- und Sprachvielfalt für viele zudem noch zu einem Ärgernis. Mitunter meint man, menschliche Schwächen als Ursachen für das verwirrende und ärgerliche Neben- und Gegeneinander von Beobachtungen und Einschätzungen ausmachen zu können: Blindheit und Uneinsichtigkeit, Eitelkeit und Unduldsamkeit, vielleicht gar Feindseligkeit und Rachsucht.

Gleichwohl darf man die Psychologie keineswegs als durchweg chaotisches und eigensüchtiges Unternehmen aburteilen. Im buntscheckigen Gemenge ungereimter und strittiger Erfahrungen und Meinungen treten durchaus vorbildliche Problembeschreibungen und -lösungen hervor. Im Widerstreit theoretischer und methodischer Richtungen erkennt man durchaus Ansätze, die sich im Forschungsprozeß bewährt haben und für die Zukunft weitere Fortschritte versprechen. Nicht die erdrückende Fülle von psychologischen Problemen, die häufig anzutreffende Hilflosigkeit gegenüber diesen Problemen und Zerstrittenheit über ihre Behandlung sollten Grundlage für die Beurteilung der gegenwärtigen Psychologie sein, sondern das Bemühen des Faches, in seiner wuchernden Vielfalt eine Ordnung zu ermitteln, die Verbindlichkeit seiner Erkenntnisse zu verbessern und die Leistungen seiner Praxis zu steigern. Die konstruktiven Bemühungen als des Faches Psychologie über weite Strecken stetigen, durchaus fruchtbaren, wenn auch oft unkoordiniert und konflikthaft verlaufenden Prozeß darzustellen, ist das Ziel dieses Lehrbuches.

Cohen, J. (1957/1959). *Psychologie - psychologisch betrachtet*. Freiburg: Alber.

Die folgenden Kapitel versuchen einerseits, jene Psychologie zu schildern, die sich ausdrücklich als wissenschaftliches Projekt herausgebildet hat und als solche in der als wissenschaftlich anerkannten Literatur festgeschrieben ist. Andererseits geht der folgende Text auf die nicht ausdrücklich als wissenschaftliches Unternehmen betriebene allgegenwärtige Psychologie ein, wie sie das Leben bestimmt und in mancherlei kulturellen Medien festgehalten wird. Eine Grundthese dieser Darstellung ist, daß psychologische Allgemeinbildung der wissenschaftlich organisierten als Vorläufer und Nährboden gedient hat und wohl weiterhin dient. Dabei ist sowohl die allgegenwärtige als auch die wissenschaftlich organisierte Psychologie eingebettet in ein umfassenderes Forschungs-, Bildungs- und Beschäftigungssystem; andere Berufe und Disziplinen sind daran beteiligt. Es werden also auch soziale Organisationen zu behandeln sein, in deren Rahmen sich Psychologie entwickelt hat.

Aus solchen Überlegungen ergeben sich die folgenden zentralen Themen:

- thematische Schwerpunkte in der Psychologie,
- theoretische und methodische Richtungen in der Psychologie,
- Praxis der Psychologie, Psychologie als Beruf,
- wissenschaftlich und außerwissenschaftlich betriebene Psychologie,
- Psychologie und andere Disziplinen bzw. Berufe,
- Psychologie und ihr politisches, wirtschaftliches, religiöses u.ä. Umfeld.

Erörtert werden sollen also der Bestand und die Gliederung der Psychologie sowie ihre gesellschaftliche Stellung. Eine solche planmäßig ordnende Darstellung wird als Systematik bezeichnet.

Kritikpunkt

Lehrbücher als Mittel der Beherrschung und Unterdrückung

Lehrbücher sollen Wissen und Einstellungen vermitteln. Doch sind sie ihrem Inhalt und Umfang nach begrenzt. Ihre Autoren nehmen eine dreifache Auswahl vor:

- Die Auswahl des Lehrstoffs mit Rücksicht auf das Auffassungsvermögen der Studierenden sowie auf die ihnen verfügbare Zeit.
- Die Auswahl des Lehrstoffs nach dessen Richtigkeit; Studierende sollen ihre knappe Zeit nicht mit Irrtümern vergeuden.
- Die Auswahl des Lehrstoffs nach seiner Wichtigkeit. Von dem Richtigen soll vorzugsweise dargestellt werden, was die meiste Anerkennung gefunden und den größten Einfluß ausgeübt hat; allerdings mögen sich auch Irrwege im Rückblick als lehrreich erweisen.

In allen drei Punkten können sich Autoren täuschen. Vor allem gibt es keine eindeutigen und einvernehmlichen Maßstäbe für die genannten Auswahlentscheidungen. Dann steht die Auswahl im subjektiven Ermessen des Autors. Der schlimmste Fall wäre: Autoren nehmen die Notwendigkeit einer Einschränkung zum Vorwand, um ihnen unwillkommene Tatsachen und Meinungen den Leserinnen und Lesern des Buches vorzuenthalten. Spätestens dann werden Lehrbücher zu Mitteln der Beherrschung und Unterdrückung.

Der Autor dieses Lehrbuchs bekennt sich dazu, auf das Wissen und die Einstellung der Leser und Leserinnen Einfluß nehmen zu wollen. Er ist davon überzeugt, dies in verantwortlicher Weise zu tun. Die redliche Überzeugung schließt jedoch Fehleinschätzungen und Parteilichkeiten nicht aus. Jedes Kapitel wird daher einen Einschub mit dem Kennwort *Kritikpunkt* enthalten. Jeder *Kritikpunkt* weist auf eine Abweichung von anderen Darstellungen hin, welche Leserinnen und Leser für eine nachteilige Beschränkung dieses Buches halten könnten.

Für die gegenwärtige Ordnung der Psychologie weiß ich keine schlüssigere Erklärung als die historische. Nur wenn man die Entwicklung der Psychologie nachvollzieht, wird man ihren gegenwärtigen Stand begreifen. Zudem weist die historische Darstellung Hintergründe von aktuellen Ungereimtheiten und Konflikten auf und ermöglicht so erst die kritische Diskussion des Faches.

Soviel fürs erste zur Erläuterung des Titels *Geschichte und Systematik der Psychologie*. Ein Buch, das durch historische Analyse zur Beschreibung der Psychologie als Wissens- und Praxissystem gelangt, wollte ich schon lange lesen, habe es aber, so wie ich es lesen wollte, nirgends gefunden. Ich habe also selbst an Psychologischem und Historischem gesammelt, was mir einschlägig erschien, und habe versucht, darin Gleichbleibendes, Wandlungen und Brüche zu ermitteln. So ist dann schließlich das Buch, das ich mir lange gewünscht habe, zustande gekommen.

Für dieses Buch habe ich mehr Ermutigung und Unterstützung erhalten, als ich im einzelnen an dieser Stelle zum Ausdruck bringen kann. Kolleginnen und Kollegen aus mehreren Fächern haben mir sachverständige Auskünfte sowie Hinweise auf Archivalien gegeben. Mehrere hundert Teilnehmer an meinen einschlägigen Lehrveranstaltungen an der Freien Universität haben frühere Fassungen der Kapitel 1-11 als Studientexte benutzt; ihre mündlichen und schriftlichen, oft ausführlichen und detaillierten Kommentare sind der Endfassung außerordentlich zugute gekommen.

Nur wenige Personen, die mir stetig geholfen haben, kann ich mit ihrem Namen nennen. Daniel Schönpflug, M.A., hat mit der Sachkenntnis des Fachhistorikers die allgemein- und sozialgeschichtlichen Abschnitte durchgesehen. Dipl. Psych. Gesine Grossmann hat das Entstehen sämtlicher Kapitel kritisch verfolgt; sie hat Bildmaterial besorgt und das Sachregister angefertigt. Sigrid Greiff hat mit unermüdlicher Geduld bei der Herstellung der druckfertigen Vorlage (einschließlich des Personen- und Ortsregisters) geholfen.

Der Verlag Beltz/Psychologie Verlags Union hat das Manuskript ideell und materiell gefördert. Dem PVU-Team, vor allem Dr. Heike Berger, Dipl. Psych. Gerhard Tinger, Dipl. Psych. Karin Ohms und Jutta Benedum, ist zu verdanken, daß aus dem Manuskript nunmehr ein ansprechendes und erschwingliches Buch geworden ist.

Berlin, September 1999

Wolfgang Schönpflug

LITERATUR ZUR ERGÄNZUNG UND VERTIEFUNG

Wer dieses Lehrbuch durch andere ergänzen oder mit anderen vergleichen will, sei auf folgende Monographien und Sammelbände hingewiesen:

Benesch, H., Cremerius, J., Dorsch, F. & Mossau, E. (Hrsg.). (1990). *Psychologie-Lesebuch.* Historische Texte im Überblick. Frankfurt a. M.: Fischer.

Benjamin, L. T. (Ed.). (1988). *A history of psychology. Original sources and contemporary research.* New York: McGraw-Hill.

Boring, E. G. (1950). *A history of experimental psychology.* New York: Appleton-Century-Crofts.

Brennan, J. F. (1982). *History and systems of psychology.* Englewood Cliffs, NJ: Prentice Hall.

Danziger, K. (1990). *Constructing the subject. Historical origins of psychological research.* Cambridge, GB: Cambridge University Press.

Dessoir, M. (1902). *Geschichte der neueren deutschen Psychologie.* Berlin: Duncker.

Dorsch, F. (1963). *Geschichte und Probleme der Angewandten Psychologie.* Bern: Huber.

Geuter, U. (1987). *Daten zur Geschichte der deutschen Psychologie* (2 Bände). Göttingen: Hogrefe.

Hehlmann, W. (1967). *Geschichte der Psychologie.* Stuttgart: Kröner.

Hilgard, E. R. (1987). *Psychology in America. A historical survey.* San Diego: Harcourt Brace Jovanovich.

Hothersall, D. (1995). *History of psychology.* New York: McGraw-Hill.

Lück, H. E. (1991). *Geschichte der Psychologie.* Stuttgart: Kohlhammer.

Lück, H. E. & Miller, R. (Hrsg.). (1993). *Illustrierte Geschichte der Psychologie.* München: Quintessenz.

Lück, H. E., Miller, R. & Rechtien, W. (1984). *Geschichte der Psychologie. Ein Handbuch in Schlüsselbegriffen.* München: Urban & Schwarzenberg.

Pongratz, L. J. (1984). *Problemgeschichte der Psychologie.* München: Francke.

Schorr, A. & Wehner, E. G. (Hrsg.). (1990). *Psychologiegeschichte heute.* Göttingen: Hogrefe.

Einschlägige Fachzeitschriften sind:

Journal of the History of Ideas

Journal of the History of the Behavioral Sciences

Psychologie und Geschichte

Studierende der Psychologie im Jahre 1999. An den deutschsprachigen Universitäten in Deutschland, Österreich und der Schweiz studieren an der Schwelle zum zweiten Jahrtausend rund 40 000 Personen Psychologie als Hauptfach; unter ihnen befinden sich mehr Frauen als Männer.

Kapitel 1

Psychologie an der Schwelle zum Jahre 2000

Psychologie als Wissenschaft, als Beruf und als Teil der Allgemeinbildung

Psychologie ist eine Sammlung von Theorien. Sie lehrt Wissenswertes über Geist und Verhalten (anders ausgedrückt: über Bewußtsein und Handeln) von Menschen (und auch von Tieren). Psychologie will sich praktisch bewähren - als Kunst der richtigen Einschätzung und Behandlung von Menschen (und auch von Tieren).

Wer als Mensch unter Menschen (und zusammen mit Tieren) lebt, versteht etwas von Psychologie. Eine nicht unbeträchtliche Menge an theoretischer und praktischer Psychologie gehört zur Allgemeinbildung. Experten suchen die Psychologie durch Entwicklung und Anwendung von Beobachtungsmethoden, Erklärungsmodellen und Beeinflussungstechniken zu erweitern und zu verbessern. So ist über die psychologische Allgemeinbildung hinaus eine wissenschaftliche Psychologie erwachsen. Diese hat inzwischen Selbständigkeit als Einzelwissenschaft erlangt und einen eigenen Berufszweig hervorgebracht.

Dieses Kapitel gibt einen Einblick in den gegenwärtigen Zustand der Psychologie, bevor die folgenden Kapitel ihre Wege in die Gegenwart schildern und damit einige Erklärungen zu liefern versuchen, warum Psychologie so beschaffen ist, wie sie es gerade ist. Das vorliegende Kapitel wird insbesondere eingehen auf

- Programme für psychologische Forschung, Lehre und Praxis,
- Einrichtungen für psychologische Forschung, Lehre und Praxis,
- die Stellung der Psychologie unter den wissenschaftlichen Disziplinen sowie
- die Rolle der Psychologie unter den Dienstleistungsberufen.

1.1 Psychologie als Wissenssystem und als Wissenschaft

1.1.1 Domänen und Paradigmen

Im Jahre 1909 verfaßte Sigmund Freud, Nervenarzt und Universitätsprofessor in Wien, einen Bericht über einen fünfjährigen Jungen, der unter ungewöhnlicher Angst vor Pferden litt (Freud, 1909/1972). Diesen Fall von Tierphobie (griech. *phobia*, Angst) erklärte Freud als Ausdruck eines verborgenen Familienkonflikts: Hans - so hieß der Junge - habe vor allem Angst vor seinem Vater. Er wage allerdings nicht, sich und anderen diese Angst einzugestehen; so bleibe sie unbewußt. Im Bewußtsein des Kindes träten Pferde an die Stelle des Vaters; dies könne man unter anderem daran erkennen, daß das Zaumzeug der Pferde dem Schnurrbart des Vaters ähnele. Hans träumte von Pferden, die ihn bissen, und solchen, die tot umfielen. In solchen Träumen komme symbolisch zu Bewußtsein, was Hans verdrängt habe: Angst vor und um den Vater. Gegenüber dem Vater fühle sich Hans nämlich als Konkurrent um die Liebe der Mutter, mit der er ein Kind erzeugen wolle. Um dies zu verhindern - so jedenfalls die angenommene Befürchtung des Jungen, wolle sein Vater ihm seinen „Wiwimacher" - so nannte Hans sein männliches Glied - abschneiden. Hans wiederum wünsche den Tod des Vaters, um diesen als Widersacher zu beseitigen.

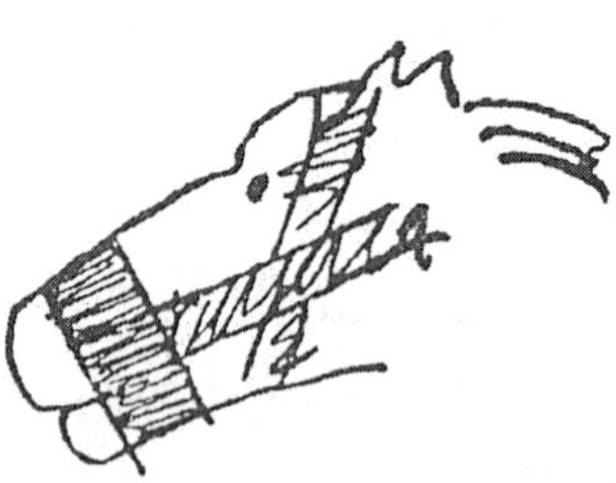

So zeichnete Hans ein Pferd (Freud, 1909/1972, S. 284). Ähnelt das Zaumzeug in der Zeichnung einem männlichen Schnurrbart, und verrät diese Ähnlichkeit, daß Hans in dem Pferd seinen Vater sieht?

Zugleich rege sich bei Hans Widerstreben gegen seinen eigenen Wunsch, denn der Junge fühle dem Vater gegenüber auch Zuneigung. Die Pferdephobie des Hans wurde damit in Freuds Deutung zu einem beispielhaften Fall von Mutter-Sohn-Bindung und Vater-Sohn-Konflikt, von Kastrationsangst und Todeswunsch, von der Kluft zwischen Bewußtsein und Unbewußtem, von der Verdrängung angstauslösender Gedanken in das Unbewußte und der Symbolfunktion bewußter Erlebnisse.

Wenige Jahre später konnte man einen anderen Bericht über eine kindliche Tierphobie lesen. Er stammte von John B. Watson und Rosalie Rayner, einem Psychologen und einer Psychologin der Johns Hopkins Universität in Baltimore (USA), und handelte von einem einjährigen Jungen namens Albert. Albert litt unter Angst vor Hasen. Auffällig war, daß die Angst sich erst nach einem Zwischenfall eingestellt hatte. Albert hatte unbefangen mit kleinen Hasen gespielt. Doch einmal sei er durch einen lauten Hammerschlag erschreckt worden, als er gerade einen Hasen berührte. Die Autoren erklärten den Fall folgendermaßen: Menschen bilden Verbindungen zwischen Reizen und Reaktionen. So habe der Reiz „Hammerschlag" die Reaktion „Erschrecken" hervorgerufen. Zugleich sei Albert gerade dem Reiz „Hase" ausgesetzt gewesen. Dadurch habe sich eine neue Verbindung gebildet, und zwar zwischen der Reaktion „Erschrecken" und dem Reiz „Hase" (Watson & Rayner, 1920).

Freud, S. (1909/1972). Analyse der Phobie eines fünfjährigen Knaben. *Gesammelte Werke* (Band 7, S. 241-377). Frankfurt a. M.: Fischer.

Watson, J. B. & Rayner, R. (1920). Conditioned emotional reactions. *Journal of Experimental Psychology, 3,* 1-14.

Die Studien über Hans und Albert widmen sich derselben Erscheinung: Der Tierphobie. Sie unterscheiden sich jedoch grundlegend in ihrer Deutung. Folgte die Erklärung der Pferdeangst von Hans dem psychoanalytischen Ansatz, wurde Alberts Hasenangst nach dem behavioristischen Ansatz erklärt.

Die Tierphobie im besonderen und die Angst im allgemeinen gehören zu den zahlreichen Erscheinungen, um deren Beschreibung und Erklärung die Psychologie sich bemüht. Andere Erscheinungen, mit denen sich die Psychologie ebenfalls beschäftigt, sind: der Traum, das Lernen, die Aufmerksamkeit, Ausdauer und Leistung, die Gruppenbildung, Vorurteile gegenüber Angehörigen anderer Völker, Eßsucht, Auffassungen von Moral und Gerechtigkeit, Intelligenz, Jugend und Alter, gesundheitsförderliches Verhalten. Diese Liste könnte man noch lange fortsetzen. Das Register der Zeitschrift *Psychological Abstracts*, welche die wissenschaftlichen Veröffentlichungen zur Psychologie aus aller Welt zusammenfaßt, benutzte zuletzt eine Zahl von rund 8000 Indexwörtern, um die untersuchten Gebiete übersichtlich zu ordnen. (Nimmt man eine feinere Aufteilung vor, stellt man eine noch größere Zahl untersuchter Gebiete fest.) Derartige umschriebene Gegenstände der Erfahrung, welche zur weiteren Untersuchung anregen und mit Erklärungen bedacht werden, hat der Wissenschaftstheoretiker Shapere (1977) Problemfelder oder Domänen (engl. *domain*) genannt.

Wissenschaftler können Problemfelder oder Domänen im Sinne Shaperes nach ganz unterschiedlichen Ansätzen bearbeiten. Manche Ansätze für die wissenschaftliche Bearbeitung sind beständig, manche tauchen auf und verschwinden bald wieder. Mitunter lösen Ansätze im Laufe der Zeit einander ab, mitunter bestehen sie nebeneinander. Bestehen sie nebeneinander, so können sie miteinander in Wettbewerb treten, müssen es aber nicht tun. Der Wissenschaftshistoriker Thomas Kuhn (1962/ 1967) hat wissenschaftliche Ansätze als Kombinationen von

- Grundüberzeugungen,
- Forschungsmethoden und
- Darstellungsformen

beschrieben, die zu Vorbildern für Mitglieder von Wissenschaftlergemeinden (engl. *scientific community*) werden. Er nannte sie wissenschaftliche Paradigmen (griech. *paradeigma*, Muster).

Die Psychologie umfaßt eine Reihe von Paradigmen, auf welche die Charakterisierung von Kuhn zutrifft. Ein solches Paradigma ist die Psychoanalyse, in deren Rahmen oben der Fall des Jungen Hans erklärt wurde. Die Psychoanalyse vertritt eigene, unverwechselbare Grundauffassungen. Dazu gehören vor allem Annahmen zur Trennung des Bewußtseins vom Unbewußten sowie zur Verdrängung vom Bewußten in das Unbewußte. Mit der Deutung von Träumen, von Versprechern und Fehlhandlungen u.ä. pflegt sie ihre eigene Methodik. Die Psychoanalyse hat weiterhin eigene Darstellungsformen hervorgebracht. Sie bedient sich besonderer Fachbegriffe wie „phallische Phase" und „Ödipuskomplex". Die Vertreterinnen und Vertreter der Psychoanalyse bilden schließlich unter den Wissenschaftlern eine eigene Gemeinschaft. Sie schließen sich zu psychoanalytischen Vereinigungen zusammen und geben psychoanalytische Fachzeitschriften heraus. Damit pflegen sie den wissenschaftlichen Austausch; sie kämpfen um Anerkennung und einen angemessenen Platz im beruflichen Wettbewerb. Charakteristisch für Wissenschaftlergemeinden im Sinne Kuhns ist die Berufung auf einen Gründer. So beruft sich die psychoanalytische Gruppe gern auf den anfangs erwähnten Wiener Nervenarzt Sigmund Freud. Wer seine Lehre (und möglicherweise seine Persönlichkeit) zum Vorbild gewählt hat, bezeichnet sich oft mit Stolz als „Freudianer" (mehr über Psychoanalyse in Abschnitt 10.3.2).

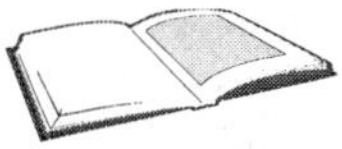

Shapere, D. (1977). Scientific theories and their domains. In F. Suppes (Ed.), *The structure of scientific theories* (pp. 518-565). Urbana, IL: University Press.

Kuhn, T. S. (1962/1967). *Die Struktur wissenschaftlicher Revolutionen.* Frankfurt a. M.: Suhrkamp.

Ebenso stellt der Behaviorismus, in dessen Rahmen oben der Fall des Jungen Albert erklärt wurde, ein eigenes Paradigma innerhalb der Psychologie dar. Der Behaviorismus besitzt ebenfalls eigene Grundauffassungen (z.B. die erwähnte Annahme von Reiz-Reaktionsverbindungen als Ursachen von Verhalten), eigene Methoden (z.B. zum An- und Abtrainieren von Reiz-Reaktionsverbindungen) sowie eigene Fachausdrücke (z.B. „Konditionieren" zur Bezeichnung der Kopplung von Reizen und Reaktionen). Behavioristen bilden ebenfalls eine eigene Gemeinschaft unter den Wissenschaftlern, und auch sie berufen sich gern auf einen Gründer, nämlich den oben genannten amerikanischen Professor John B. Watson (mehr über den Behaviorismus s. Abschnitt 10.2).

Man kann psychologisches Wissen in Form der unten stehenden Tabelle darzustellen versuchen. In den Zeilen der Tabelle sind psychische Erscheinungen oder Domänen aufgeführt, in den Spalten psychologische Theorien oder Paradigmen. Phobie, Gedächtnis und Inzest sind als Beispiele von Domänen in die Tabelle eingetragen, Psychoanalyse und Behaviorismus als zwei Paradigmen der modernen Psychologie. In der Tabelle ist jede Zeile mit jeder Spalte kombiniert. Das bringt die Erwartung zum Ausdruck, daß grundsätzlich jede Domäne nach Maßgabe jedes Paradigmas zu behandeln ist. Betrachtet man freilich die bisherige Forschung, vermißt man einige denkbare Kombinationen von Domänen und Paradigmen. Paradigmen konzentrieren sich stets auf eine Auswahl von Domänen. Zum Beispiel schweigen Behavioristen zur Erscheinung des Inzests, der körperlichen Liebe zwischen Geschwistern, während die Psychoanalyse seit Freuds (1913/1944) kulturhistorischer Abhandlung *Totem und Tabu* diesem Thema viel Aufmerksamkeit widmet. Die entsprechende Zelle in der Tabelle bleibt deshalb zumindest vorläufig leer.

Viele bemängeln an der gegenwärtigen Psychologie das Vorhandensein mehrerer Paradigmen zur gleichen Domäne. Einfacher ausgedrückt: Zum gleichen Problem werden mehrere Erklärungen angeboten. Das ist oft verwirrend und führt nicht selten zu Streit. Die Zuordnung mehrerer Paradigmen zur gleichen Domäne kann freilich durch die Natur des Falles selbst gerechtfertigt sein. Es ist durchaus denkbar, daß verschiedene Paradigmen nebeneinander gelten. Beispielsweise könnten einige Menschen ihre Phobie aufgrund verdrängter Kastrationsangst entwickelt haben, andere aufgrund einer unglücklichen Reiz-Reaktionskopplung. Dann würde bei Hans die psychoanalytische Deutung zutreffen, bei Albert jedoch die behavioristische. Unter dieser Voraussetzung ließe sich Einvernehmen herstellen, wann dem einen Paradigma zu folgen ist und wann dem anderen.

Oft konkurrieren verschiedene Paradigmen miteinander, ohne daß ein Einvernehmen über die Angemessenheit des einen oder des anderen zu treffen ist. Beispielsweise lehnen zahlreiche Fachleute die psychoanalytische Deutung einer Phobie grundsätzlich ab und stimmen lediglich der behavioristischen zu. Dieses Urteil trifft aber auf den erbitterten Widerstand psychoanalytisch orientierter Fachleute; diese bestreiten wiederum die Angemessenheit der behavioristischen Deutung. Die erste Gruppe hält die Freudsche Erklärung der Pferdeangst von Hans für falsch, die zweite Gruppe die Watsonsche Erklärung der Hasenangst von Albert. In solchen Fällen grenzen sich die Angehörigen unterschiedlicher wissenschaftlicher Gemeinden oft scharf voneinander ab, oder sie begegnen sich im Streit. Beide Gruppen sind bestrebt, Erfahrungen, Argumente und praktische Erfolge vorzuweisen, welche für ihr Paradigma sprechen. Dabei kann eine Gruppe den Streit für sich entscheiden, und die andere Gruppe gibt nach. Oft fühlen sich beide Gruppen in der Auseinandersetzung gleichermaßen bestätigt, und der Streit zwischen ihnen hält an.

	Paradigmen		
Domänen	Psychoanalyse	Behaviorismus	... usw.
Phobie	X	X	
Gedächtnis	X	X	
Inzest	X		
... usw.			

Psychologisches Wissen: Eine Kombination von Domänen und Paradigmen.

Die Meinungsvielfalt und Streithaftigkeit der Psychologie hat Karl Bühler im Jahre 1927 als Ausdruck einer Krise der Psychologie gedeutet. Er meinte damit eine Wachstumskrise, welche die Psychologie in ihrer weiteren Entwicklung werde überwinden können. Ein Menschenleben später bestehen Gegensätze zwischen den führenden Paradigmen unvermindert weiter, und die damit verbundenen Kontroversen dauern an. Jedoch sinkt bei vielen Psychologinnen und Psychologen die Bereitschaft, nicht enden wollende Streitigkeiten über richtige Lehren, Methoden und Praktiken fortzusetzen. Die Folgen in der gegenwärtigen Psychologie sind Pluralismus, Eklektizismus und Bemühungen um Integration. Pluralismus (lat. *pluralis numerus,* Mehrzahl) bedeutet die Duldung eines Nebeneinander verschiedener Paradigmen, das jedem Beurteiler die Freiheit der Entscheidung überläßt. Eklektizismus (lat. *elegere*, auswählen) ist das Verfahren, eine Auswahl aus unterschiedlichen Paradigmen zu treffen; zum Beispiel könnte ein Psychologe es bevorzugen, die Entstehung kindlicher Ängste psychoanalytisch zu erklären, das Laufenlernen derselben Kinder aber behavioristisch. Das Bemühen um Integration sucht nach Gemeinsamkeiten in unterschiedlichen Paradigmen und befürwortet die Verbindung zunächst unvereinbar erscheinender Ansätze.

Freud, S. (1913/1944). Totem und Tabu. *Gesammelte Werke* (Band 9). Frankfurt a. M.: Fischer.

Bühler, K. (1927). *Die Krise der Psychologie.* Jena: Fischer.

1.1.2 Psychologie als Einzelwissenschaft

Psychologie ist inzwischen auf der ganzen Welt als eigenständige Wissenschaft, als Einzelwissenschaft anerkannt. Dies zeigt sich nicht nur an der Einrichtung eigener Lehr- und Forschungsinstitute für Psychologie (mehr dazu in Abschnitt 1.2.2), sondern auch an der Verbreitung einer eigenen wissenschaftlichen Fachliteratur. Wissenschaftlichkeit ist ein Anspruch, dessen Berechtigung durch qualifizierte Forschungsprogramme zu belegen ist. Inwiefern bewährt sich Psychologie als Wissenschaft eigener Art?

Forschungsprogramme - ein Begriff des Wissenschaftstheoretikers Lakatos (1970/1974) - beruhen auf Regeln, nach welchen Probleme, Lösungen und Lösungswege zu bestimmen sind. Wissenschaftliche Regeln sind den Regeln für gesellige Spiele vergleichbar. So ist das Schachspiel als Regelsystem zu beschreiben. Jedes Schachspiel beginnt mit demselben Problem: Zwei gleich starke Gruppen von Figuren stehen sich gegenüber, und eine Gruppe soll zum Sieg geführt werden. Als eindeutige Lösung des Problems gilt das „Matt", d.h. der Verlust des „Königs", einer zentralen Figur aus jeder Gruppe. Die Lösung verlangt die Einhaltung von Regeln wie „aus jeder Gruppe muß sich abwechselnd eine und nur eine Figur bewegen" und „der 'Turm' darf sich nur geradeaus bewegen". Solche Regeln sind zu vereinbaren. Zum Beispiel ist es nicht selbstverständlich, daß das Spiel mit dem Verlust des Königs endet; man könnte anstatt dessen auch den Verlust einer anderen Figur - zum Beispiel der Königin - als entscheidend werten. So ergeben sich je nach Vereinbarung verschiedene Spiele. Wissenschaftliche Forschungsprogramme können - meint Lakatos - ebenfalls unterschiedlich „gespielt" werden; aus unterschiedlichen Regeln entstehen dann verschiedene Programme. Allerdings sind Regeln in der Wissenschaft oft nicht so eindeutig festgelegt wie die Regeln des Schachspiels. Sie sind manchmal nur schwer rekonstruierbar und schnellen Wandlungen unterworfen.

Herrmann (1979) hat die Charakterisierung einer Wissenschaft als einer Gruppe verwandter Forschungsprogramme auf die Psychologie übertragen. Dabei unterscheidet er zwei Arten von Forschungsprogrammen:

- auf Domänen bezogene Programme sowie
- auf Paradigmen bezogene Programme.

Domänenbezogene Programme in der Psychologie trachten danach, Problemfelder wie Angst, Hypnose oder Arbeitslosigkeit aufzuklären, wobei unterschiedliche paradigmatische Ansätze aus dem Bereich der Psychologie zugelassen sind (s. bereits Abschnitt 1.1.1). In diesem Sinne kann man etwa von psychologischer Angstforschung, Hypnoseforschung oder Arbeitslosigkeitsforschung sprechen. Im Gegensatz dazu erkunden paradigmenbezogene Forschungsprogramme die Berechtigung sowie die Reichweite von Erklärungsansätzen; sie versuchen, die Leistungsfähigkeit eines Paradigmas zu verbessern. In diesem Sinne kann man von Forschungen zur Psychoanalyse oder zum Behaviorismus sprechen.

Domänenbezogene Programme können, ja sollen unterschiedliche Paradigmen berücksichtigen. So ist etwa bei der Erforschung der Domäne „Angst" ein Vergleich psychoanalytischer und behavioristischer Ansätze zu erwarten (s. wieder Abschnitt 1.1.1). Ebenso können, ja sollen paradigmenbezogene Programme sich über mehrere Domänen erstrekken. So läßt sich die psychoanalytische Lehre anhand unterschiedlicher Probleme wie Erinnerungslücken, Krieg oder Geiz erproben und fortentwickeln.

Eigenständigkeit, Anerkennung und Förderung erhalten Wissenschaften nicht nur durch beachtenswerte Ergebnisse ihrer Forschungsprogramme, sondern auch durch ihre Methodik und ihre Dokumentation. Erfolgreiche Methodik besticht durch die Sorgfalt und das Geschick, mit welcher Regelsysteme entworfen und gegen Widerstände durchgehalten werden. Gute Forschungsprogramme werfen neue Fragen auf, lassen alte Fragen in neuem Licht erscheinen und bringen neue Antworten hervor. Die neue Sicht von Problemen sowie neue Lösungsvorschläge begründen den Eindruck eines wissenschaftlichen Fortschritts.

Lakatos, I. (1970/1974). Falsifikation und die Methodologie wissenschaftlicher Forschungsprogramme. In I. Lakatos & A. Musgrave (Hrsg.), *Kritik und Erkenntnisfortschritt* (S. 89-189). Braunschweig: Vieweg.

Herrmann, Th. (1979). *Psychologie als Problem*. Stuttgart: Klett-Cotta.

Der Fortgang von Forschungsprogrammen sowie die Nachweise wissenschaftlichen Fortschritts werden laufend dokumentiert. Vor allem berichten Zeitschriften und Bücher darüber; die Berichterstattung im Internet gewinnt neuerdings an Bedeutung. Das stetige Anwachsen der Zahl als wissenschaftlich anerkannter Bücher und Fachzeitschriften, die sich mit psychologischen Fragen befassen, spiegelt das Wachstum der Psychologie als Einzeldisziplin wider. Gegenwärtig dürften es rund 40 000 wissenschaftliche Bücher und Zeitschriftenartikel sein, welche in einem Jahr neu erscheinen; das ergibt eine Durchsicht des Dokumentationsorgans *Psychological Abstracts*, das die psychologische Fachliteratur aus aller Welt zusammenstellt und in Kurzfassung (engl. *abstract*) wiedergibt.

In der Regel sind es die Forscher selbst, welche Berichte über wissenschaftliche Fortschritte verfassen. Erfolgreiche Wissenschaftler sind daher meist zugleich als Forscher und als Schriftsteller bekannt. Daher werden Forschungsprogramme oft namentlich bekannten Persönlichkeiten oder Forschergruppen zugerechnet. So ordnet man nicht nur paradigmenbezogenen Forschungsprogrammen „Schulen" oder Wissenschaftlergemeinden zu - wie die „Freudianer" (s. bereits oben Abschnitt 1.1.1). Auch domänenbezogene Programme werden mit ihren vorbildlichen Vertretern in Verbindung gebracht - wie etwa die „Saarbrücker Kulturpsychologie".

1.1.3 Transdisziplinäre Psychologie

Über die Psychologie hinaus gibt es zahlreiche andere Einzelwissenschaften, in denen psychologisches Wissen eine wichtige Rolle spielt. Beispiele sind die Medizin, die Rechts- und Wirtschaftswissenschaften. Dieselbe Domäne kann dabei mehrere Disziplinen beschäftigen. Auch dies läßt sich am Beispiel der Angst zeigen: Die eingangs (Abschnitt 1.1.1) geschilderten Untersuchungen von Freud sowie von Watson und Rayner bilden den Anfang einer Angstforschung, die zu einem Bestandteil der Psychologie als eigener Wissenschaft geworden ist. Angst ist jedoch eine Erscheinung, welche die Medizin und die Wirtschaftswissenschaften ebenfalls beachten. So behandelt die Psychiatrie Phobien als eigene Klasse von Krankheiten, Finanzwissenschaftler berücksichtigen Zukunftsängste von Sparern und Unternehmern in ihren Prognosen über Kapitalmärkte.

Oft verfolgen andere Disziplinen psychologisch zu nennende Fragen jenseits der Grenzen, welcher der Psychologie aufgrund ihrer Konventionen und ihrer technischen Ausstattung gesetzt sind. Ein aktuelles Beispiel ist die Hirnforschung. Sie verlangt spezialisiertes Wissen und Geschick aus Anatomie, Physiologie, Chemie und Physik, über das Absolventen der Psychologie aufgrund ihrer Ausbildung in der Regel nicht verfügen. Sie erfordert zudem kostspielige Untersuchungsanlagen, wie sie psychologische Laboratorien in der Regel nicht besitzen. Gleichwohl verspricht die Hirnforschung, die körperlichen Grundlagen von Bewußtsein und Handeln aufzudecken und damit eine Fülle psychologischer Fragen einer Lösung näherzubringen. Möglicherweise wird im Überschneidungsbereich von Hirnforschung und Psychologie das Programm der Neuropsychologie erstarken und die bisherige Psychologie in Forschung und Praxis revolutionieren (mehr dazu in Abschnitt 12.2.4). Doch vorerst sind es nur wenige Psychologen, welche aktiv die Grenzen zur Hirnforschung überschreiten, obwohl viele von ihnen deren Fortschritte als Bereicherung der Psychologie verfolgen.

Spitzenreiter unter den wissenschaftlich-psychologischen Begriffen

Welches sind die wichtigsten Begriffe in der wissenschaftlichen Psychologie? C. Alan Boneau (1990) hat durch eine Umfrage bei 250 Verfassern von Psychologielehrbüchern die wichtigsten Fachbegriffe zu ermitteln versucht; er fragte nach Fachbegriffen, die Studierende der Psychologie gut genug kennen sollten, um sich darüber sachverständig äußern zu können. Als Spitzenreiter erwiesen sich dabei die folgenden Begriffe:

- Angst, Ätiologie, Psychotherapie (Bereich: Klinische Psychologie),
- Bindung (Bereich: Entwicklungspsychologie),
- Kontroll- und Experimentalgruppe, Korrelationskoeffizient, abhängige und unabhängige Variable, Hypothesenprüfen, Normalverteilung, Stichprobe, Signifikanzniveau, Zentraltendenz (Bereich: Methodenlehre),
- Gestaltprinzipien (Bereich: Wahrnehmungstheorie),
- Klassisches Konditionieren, operantes Konditionieren, Verstärkung (Bereich: Lerntheorie),
- Ich, Persönlichkeit (Bereich: Persönlichkeitspsychologie).

Diesen Spitzenreitern folgten mit kleinem Abstand die Begriffe „Kognitive Dissonanz“ (Sozialpsychologie), „Assoziationismus“ (Geschichte/Lerntheorie), „Zentralnervensystem“ (Biopsychologie) und „Langzeitgedächtnis“ (Kognitionspsychologie).

Boneau, C. A. (1990). Psychological literacy. *American Psychologist, 45,* 891-900.

Solche Befragungsergebnisse sind zumindest insofern aufschlußreich, als sie die Wertschätzung von Forschungsprogrammen widerspiegeln. Auffallend ist das Nebeneinander von Begriffen der Umgangssprache, die auf Domänen verweisen (z.B. Bindung), und von paradigmatischen Begriffen, die im Wortschatz der Umgangssprache nicht vertreten sind (z.B. operantes Konditionieren). Beachtlich ist auch die Häufung für unverzichtbar erachteter Begriffe aus der Methodenlehre, insbesondere der beschreibenden und prüfenden Statistik.

Einerseits sind also Domänen und Paradigmen der einzelwissenschaftlichen Psychologie auch in anderen Disziplinen vertreten, andererseits gibt es in anderen Disziplinen Forschungen, die als psychologisch bedeutsam zu beurteilen sind, jedoch in der Psychologie als Einzelwissenschaft fehlen. Psychologisches Wissen verteilt sich somit über mehrere Disziplinen. Psychologie, wie sie sich über die Grenzen einschlägiger Disziplinen hinweg darstellt, wird im folgenden als Transdisziplinäre Psychologie bezeichnet.

Es bestehen durchaus Bestrebungen, die Forschungsprogramme der einzelwissenschaftlichen Psychologie stetig auszuweiten und schließlich die maßgebliche psychologische Forschung in einem und nur einem Spezialfach zu konzentrieren. Doch kommt es selten vor, daß die Psychologie als Einzelwissenschaft einer anderen Disziplin den Anspruch auf ein Forschungsprogramm bestreitet. Vorrechte gegenüber anderen Fächern machen Psychologen eher in der beruflichen Praxis geltend (s. später Abschnitt 1.3.2). An den Universitäten und anderen Forschungseinrichtungen wird oft die interdisziplinäre Zusammenarbeit gesucht, um die Expertise verschiedener Fachgebiete zusammenzuführen.

Im Überschneidungsbereich von Disziplinen können sich eigene Forschungsprogramme ansiedeln; aus diesen entwickeln sich mitunter Spezialdisziplinen - auch „Bindestrichfächer“ genannt. Ein Beispiel ist die Rechtspsychologie. entwickeln. Ein wichtiges Problem der Rechtspsychologie ist die Beurteilung der Glaubwürdigkeit von Zeugen und Angeklagten vor Gericht. Die Glaubwürdigkeit ist vor allem eine Frage des Gedächtnisses sowie der Ehrlichkeit. Solche Fragen werden in der Allgemeinen Psychologie, der Sozial-, Entwicklungs- und Persönlichkeitspsychologie behandelt. Glaubwürdigkeit ist ebenfalls ein Problem der Rechtswissenschaft. Dort wird das Problem allerdings unter den besonderen Gesichtspunkten der Rechtssetzung und Rechtsfindung erörtert. Dabei spielen die besonderen Bedingungen von Gerichtsverfahren eine Rolle. Zeugen vor Gericht können vor ihrer Aussage Einflüsterungen, Bestechungen und Bedrohungen ausgesetzt sein - mehr als sonst bei Aussagen im Alltag. Es gibt besondere Rechte auf Verweigerung von Aussagen und besondere Formen von Aussagen (z.B. Aussagen unter Eid), deren Falschheit streng bestraft wird.

Ein weiteres disziplinübergreifendes Spezialfach ist die Medizinische Psychologie. Diese untersucht die psychischen Probleme bei der Gesundheitspflege. Eines der Probleme der Medizinischen Psychologie ist die Intimität. Körperliche Intimität ist eine Alltagserfahrung in Familie, Sport und anderen sozialen Bereichen und wird als solche in der Sozial- und Persönlichkeitspsychologie untersucht. Moralische Regeln setzen der Intimität oft enge Grenzen. In der medizinischen Praxis stellt sich das Problem allerdings neu; denn dort sind die konventionellen Grenzen zum Teil aufgehoben. Die vor Fremden in der Regel vermiedene Nacktheit ist vor dem Arzt, selbst dem fremden Arzt, unverfänglich. Intimität ist also im Zusammenhang der Medizin neu zu bestimmen.

1.1.4 Psychologie als Teil der Allgemeinbildung, Popularpsychologie

Psychologisches Wissen ist zudem in reichem Maße Inhalt der allgemeinen Bildung. Zum Beispiel kennen so gut wie alle Menschen den Begriff der Angst - nicht nur die mit der wissenschaftlichen Angstforschung Vertrauten. Das Erkennen, Erklären, Bekämpfen, ja mitunter das Erzeugen von Angst gehören schon zu den Fähigkeiten von Kindern vor Eintritt in die Schule. Erwachsene befassen sich mit dem Thema der Angst in ihren alltäglichen Gesprächen; sie erörtern das Auftreten und die Folgen von Angst in Schule und Betrieb, bei Sport und Reisen sowie in Zeiten der Einsamkeit. Ebenso steht es mit zahlreichen anderen Domänen, denen sich die Wissenschaft zugewandt hat. Man kann daher behaupten: Es gibt ein breit gefächertes psychologisches Wissen als Teil der Allgemeinbildung. Dieses Wissen wird häufig „naive Psychologie“, „Volkspsychologie“ (engl. *folk psychology)* oder „Laienpsychologie“ (engl. *lay psychology)* genannt.

Der Erwerb und die Pflege psychologischer Allgemeinbildung wird nicht ausdrücklich betrieben. So erhalten nur wenige Kinder Schulunterricht im Fach Psychologie. Gleichwohl bilden sich innerhalb der häuslichen Erziehung, beim Betrachten von Filmen u.ä. psychologische Begriffe und Regeln. Der Laienpsychologie fehlt auch die hervorragende Methodik und Dokumentation der wissenschaftlichen Psychologie (s. Abschnitt 1.1.2). Psychologische Allgemeinbildung findet ihre Fragen und ihre Antworten eher in einem stillschweigenden Prozeß, dessen Regeln gar nicht oder nur zögerlich sowie nur ungenau verlautbart werden. Dieser Prozeß folgt Konventionen und Moden. Viele beteiligen sich daran. Doch sind Vorkämpfer und Leistungsträger schwer auszumachen. So wird psychologisches Allgemeinwissen und -können mitunter der individuellen Begabung oder der spontanen Eingebung zugeschrieben. Mitunter geht allgemein verfügbares psychologisches Wissen und Können auf individuelle Vorbilder zurück (z.B. charismatische Führer, Filmszenen) oder auf kulturelles Allgemeingut (u.a. Sprichwörter wie „Torheit und Stolz wachsen auf einem Holz“). Insbesondere mangelt es der allgemeinbildenden Menschenkunde, verglichen mit der wissenschaftlichen Psychologie, an ausdrücklichen Forschungsprogrammen und an konkurrierenden Paradigmen (vgl. Abschnitt 1.1.1).

Angesehene Fachwissenschaftler bescheinigen der Laienpsychologie beträchtliche wissenschaftliche Qualitäten. Sie verweisen insbesondere auf die hohe Übereinstimmung von wissenschaftlich-psychologischen Begriffen und Begriffen der Umgangssprache. Der Persönlichkeitstheoretiker George Kelly (1955) betonte vor allem die Fähigkeit von Laien, Eigenschaften zur Beschreibung von Personen zu bilden und diese nach Ähnlichkeit und Gegensätzlichkeit zu vergleichen (z.B. „Anna ist wie ihre Mutter - freigebig; sie ist ganz anders als ihr Vater - der ist geizig“). Der Sozialpsychologe Fritz Heider (1958) leitete aus Tierfabeln Begriffe und Denkmuster ab, die ein vorwissenschaftliches Verständnis von individuellem Handeln und zwischenmenschlichen Beziehungen belegen, wie es wissenschaftliche Analyse nur aufgreifen und schwer übertreffen kann (z.B. die Begriffe „Können“ und „Wollen“ in der Fabel vom Fuchs und den angeblich zu sauren, in Wirklichkeit unerreichbar hoch hängenden Trauben).

Tatsächlich entstammen viele zentrale Begriffe der wissenschaftlichen Psychologie der Umgangssprache (z.B. „Lohn“ und „Strafe“, „Sucht“ und „Bedürfnis“, „Gefühl“ und „Denken“) und erhalten durch wissenschaftliche Untersuchung nur eine Präzisierung, jedoch keine grundlegend neuartige Deutung. Zu dem psychologischen Wissen der Laien gehört zudem ein beträchtliches Maß an Handlungswissen. Dieses Handlungswissen befähigt zu wirkungsvollen Leistungen bei der Beurteilung und Behandlung von Menschen (z.B. bei der Partnerwahl, in der Erziehung).

Umgekehrt ist die psychologische Allgemeinbildung für wissenschaftliche Erkenntnis offen. So sind etwa Begriffe aus der oben mehrfach erwähnten Psychoanalyse Teil der Allgemeinbildung geworden (z.B. „Verdrängung“, „Ödipuskomplex“). Viele Menschen benutzen sie, um damit alltägliche Vorfälle zu erklären (z.B. „Freudsche Versprecher“).

Zwischen wissenschaftlicher Erkenntnis und Allgemeinbildung findet also im Bereich der Psychologie ein beachtlicher Austausch statt. Es gibt ein Zwischenglied zwischen psychologischer Allgemeinbildung und wissenschaftlich betriebener Psychologie. Dieses Zwischenglied wird im folgenden Popularpsychologie genannt. Popularpsychologie beruft sich auf allgemeine Einsichten (engl. *common sense*), auf „gesunden Menschenverstand“ und auf „Lebenserfahrung“. Doch sucht Popularpsychologie die Ergebnisse wissenschaftlicher Forschung auszuwerten und damit allgemeine Einsichten zu untermauern oder zu verbessern.

Popularpsychologie versteht sich selbst als wissenschaftliches Unternehmen und sucht ihren Bestand zu dokumentieren und durch Veröffentlichungen zu verbreiten. Teilweise sind es wissenschaftliche Forscher, welche sich als popularwissenschaftliche Autoren betätigen. Hinzu kommen zwei andere Gruppen von Autoren. Das eine sind Experten für bestimmte Problem- und Erfahrungsbereiche

Popularpsychologie und Lebenshilfe

Große Buchhandlungen und öffentliche Büchereien enthalten in der Regel eine Abteilung „Psychologie“. Die darin angebotenen Bücher spiegeln oft überwiegend den Stand und die Interessenschwerpunkte der gegenwärtigen Popularpsychologie wider. Die weitaus meisten der angebotenen Bücher dienen der Lebenshilfe. Besonders verbreitet sind die folgenden Themen:

- Glück und persönlicher Erfolg (positives Denken, Mut zum Egoismus, wie man Freunde gewinnt u.ä.).
- Wohlbefinden, Gesundheit und Leistung (Entspannungstechniken, Meditation, Gewichtskontrolle, Gedächtnis- und Denktraining u.ä.).
- Liebe und Partnerschaft (Partnerwahl, Regeln des Zusammenlebens, sexuelle Befriedigung bei Frauen und Männern u.ä.).
- Elternschaft und Erziehung (Kinderwunsch, Schwangerschaft, Geburt, die ersten Lebensjahre, Bewältigen von Erziehungsschwierigkeiten u.ä.).
- Menschenkenntnis (Traumdeutung, den Charakter eines Menschen aus seinem Gesicht oder seiner Schrift ablesen u.ä.).
- Altern und Sterben (Zufriedenheit und Leistungsfähigkeit im Alter, Umgang mit älteren Menschen, Vorbereitung auf den Tod, Verlust geliebter Menschen u.ä.).

Es handelt sich hier vorwiegend um private, individuelle und familiäre Probleme.

(z.B. Körperbehinderung, östliche Religionen). Manche von ihnen sind durch Beobachtung, manche durch eigene Betroffenheit zu Experten geworden (z.B. haben sie selbst gelernt, mit Blindheit erfolgreich zu leben). Andere gehören zur Gruppe der Wissenschaftspublizisten. Sie haben sich die Vermittlung wissenschaftlicher Ergebnisse zur Aufgabe gemacht; zum Teil beschränken sie sich auf die Berichterstattung über die Forschung, zum Teil verwerten sie auch Expertenwissen, das außerhalb der wissenschaftlichen Forschung entstanden ist. Popularpsychologie wird nicht nur in Büchern und Zeitschriften gepflegt, sondern auch in Rundfunk und Fernsehen.

Die Bezeichnung „Popularpsychologie“ stammt von dem Philosophen und Psychologen Max Dessoir (1902). Dessoir sieht in der Popularpsychologie eine auf Allgemeinbildung gerichtete Psychologie, die sich innerhalb einer ebenfalls auf Allgemeinbildung bedachten Popularphilosophie entwickelt hat (s. später Abschnitt 5.4.1). Dessoir schreibt dazu:

„Der Zweck einer universalen Bildung scheint mit Notwendigkeit zu einer ... populären Seelenkunde zu führen. Wenn der Mensch Anfang und Ende aller Lebensarbeit ist, dann darf die Kenntnis seiner Seele nicht auf die Fachkreise beschränkt bleiben, sondern muß in alle Schichten des Volkes getragen werden. Dies kann sowohl im Geiste des Rationalismus als auch in dem des Sentimentalismus geschehen. Die rationalistischen ... [Autoren] *pflegen die realistischen Bestandteile der Seelenkunst; die sentimentalistischen Popularpsychologen lassen den Gefühlen und den persönlichen Erlebnissen den Vorrang.“*

(Dessoir, 1902, S. 249)

Mit Popularpsychologie im Geiste des Rationalismus meint der Autor hier die Verbreitung wissenschaftlicher Forschung, mit Popularpsychologie im Geiste des Sentimentalismus mehr die Verbreitung von Selbsterfahrung.

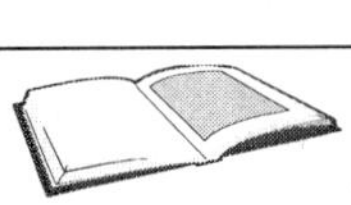

Kelly, G. (1955). *The psychology of personal constructs.* New York: Norton.

Heider, F. (1958/1977). *The psychology of interpersonal relations.* New York: Wiley.

Dessoir, M. (1902). *Geschichte der neueren deutschen Psychologie.* Berlin: Duncker.

1.1.5 Zum Verhältnis von einzelwissenschaftlicher, transdisziplinärer und populärer Psychologie

Das Nebeneinander von Psychologie als Einzeldisziplin, Transdisziplinärer Psychologie, Popularpsychologie und psychologischer Allgemeinbildung ist keineswegs ungewöhnlich. Solche Verzweigungen beobachtet man in allen großen Wissensgebieten. So ist die Physik eine ungemein erfolgreiche moderne Einzeldisziplin mit weit fortgeschrittener Methodik und Theorie. Die Physik hat neuerdings Domänen erschlossen, die weit über die Allgemeinerfahrung hinausgehen (z.B. in der Plasmaphysik). Zugleich gehören einige wichtige physikalische Phänomene zur Lebenserfahrung (z.B. Schwerkraft, Beschleunigung), wozu nicht zuletzt die umwälzenden technischen Neuerungen beitragen, die der Physik zu verdanken sind (z.B. der Elektrotechnik). Bei allem gedeiht die Popularisierung der wissenschaftlichen Physik (z.B. im Schulunterricht). Andere Disziplinen nehmen am Fortschritt der Physik teil und tragen selbst dazu bei (z.B. nutzt die Augenheilkunde Erkenntnisse der physikalischen Optik, und die physikalische Chemie bereichert die Physik).

Die Psychologie hat sich bisher als Wissenschaft vom Allgemeinwissen weniger abgesetzt als die Physik. Vor allem hat sie wohl nur wenige Domänen erschlossen, die der Lebenserfahrung unbekannt sind. Im Gegenteil: Ihre zentralen Untersuchungsgebiete (z.B. Lohn und Strafe, Hoffnung und Furcht) sind zumeist auch Brennpunkte des individuellen Erlebens und der sozialen Auseinandersetzung. Psychologie als Wissenschaft bewährt sich dann vor allem in der sorgfältigen Analyse jener Domänen und in der Entwicklung von Paradigmen; erst damit (z.B. mit behavioristischen Beschreibungs- und Erklärungsmodellen) überschreitet wissenschaftliche Psychologie die Grenzen der Allgemeinerfahrung.

An ein Gebiet hat sich die Psychologie allerdings herangewagt, das sich der Allgemeinerfahrung grundsätzlich verschließt: das Unbewußte. Insofern ist nicht verwunderlich, daß das Interesse der Allgemeinheit an der Psychologie des Unbewußten besonders groß ist. Kann man doch erwarten, auf diesem Gebiet etwas Wichtiges zu lernen, das man aufgrund der eigenen Lebenserfahrung gar nicht wissen kann.

Die vergleichsweise geringe Trennung von Wissenschaft und Allgemeinbildung bringt in der Psychologie eine Reihe von Besonderheiten mit sich. So sind viele Laien zu Recht stolz auf ihre psychologischen Einsichten, glauben aber dann zu Unrecht, man brauche zur Überprüfung und Erweiterung dieser Einsichten keine weiterführende Forschung. Damit verzichtet man aber auf den Erkenntnisfortschritt, den wissenschaftliche Psychologie verspricht. Zudem verliert man dann Wissenschaft als kritische Instanz, die Menschen mit zutreffender Erfahrung von falschen Experten unterscheiden hilft. In allen Wissensbereichen (selbst in der Physik) trifft man auf offensichtliche Irrlehren und üble Praktiken. Doch leidet die Psychologie mehr als viele andere Fächer unter falschen Experten, die - in der Regel als vermeintliche Vertreter der Popularpsychologie - mit unlauteren Mitteln die Aufmerksamkeit auf sich ziehen.

Die Verankerung ihrer Domänen im Allgemeinwissen fördert weiterhin Überschneidungen der Psychologie mit anderen Disziplinen, welche dieses Wissen teilen. Dies gilt vor allem für praktische Fächer wie die Erziehungs- und die Kommunikationswissenschaft. Zu solchen Nachbarfächern bieten sich besonders gute Chancen zur interdisziplinären Kooperation. Hier besteht aber auch die größte Gefahr von Interessen- und Kompetenzkonflikten (s. bereits Abschnitt 1.1.3). Fruchtbare Kooperation bereitet Freude, und Konkurrenz kann eine wertvolle Herausforderung darstellen. Doch kann Kooperation zu Enttäuschung führen und Konkurrenz zu schmerzlichen Konflikten. In Enttäuschung mündet der Versuch der Kooperation, wenn bei gemeinsamen Domänen Unterschiede zwischen fachspezifischen Methoden und Theorien nicht zu überwinden sind. Konkurrenz wird vor allem dann zum belastenden Konflikt, wenn sie von der Auseinandersetzung um knappe Mittel beherrscht wird. Der Vermeidung von Enttäuschung und Konflikt dient dann der Rückzug in die eigene Disziplin.

KRITIKPUNKT

ZU VIEL RESPEKT VOR PSYCHOLOGISCHEN LAIEN?

Die transdisziplinäre Psychologie sowie die Popularpsychologie werden in diesem Kapitel ausdrücklich vorgestellt, und dieses Lehrbuch wird noch mehrfach von ihnen handeln. Im Rückblick soll sich erweisen, daß die in anderen wissenschaftlichen Disziplinen sowie von gebildeten Privatleuten und Schriftstellern gepflegte Psychologie einen Nährboden für die erst spät hervortretende einzelwissenschaftliche Psychologie gebildet hat. Der Autor wird weiterhin die Auffassung vertreten, daß die transdisziplinäre Psychologie sowie die Popularpsychologie von der Psychologie als Einzelwissenschaft keineswegs völlig abgelöst worden sind und noch viel von ihrer Eigendynamik behalten haben. Daher dürften auch in Gegenwart und Zukunft wertvolle Forschungen und Diskurse über psychologische Themen außerhalb der einzelwissenschaftlichen Psychologie ablaufen und sogar Einflüsse auf diese ausüben.

Dies ist nicht die vorherrschende Sicht unter den wissenschaftlich ausgebildeten Psychologinnen und Psychologen. Nach ihrer überwiegenden Meinung hat die Psychologie als moderne Wissenschaft und moderner Beruf populäre und transdisziplinäre Ansätze hinter sich gelassen. Sie trennen dann scharf zwischen Menschen als Objekten von wissenschaftlichen Lehren auf der einen Seite und Wissenschaftlern, welche solche Lehren verfassen, begründen und anzuwenden verstehen auf der anderen Seite (vgl. Skinner, 1971/1973). Nimmt man eine solche Trennung von Personen als Subjekte und Objekten wissenschaftlicher Psychologie vor, kommt man zu dem Schluß: Allein Absolventen psychologischer Studiengänge besitzen die Kompetenz zur Beurteilung und Behandlung anspruchsvoller psychologischer Probleme. Autoren, welche auf psychologische Urteils- und Handlungskompetenzen von Laien hinweisen und damit gegen einer strengen Trennung von Personen als Subjekte und Objekte der Psychologie widersprechen (s. Abschnitt 1.1.4), sind dagegen in der Minderzahl.

Mit Entschiedenheit fordern die Psychologenverbände die Anerkennung der einzelwissenschaftlichen Psychologie und deren Schutz vor Konkurrenten ohne ordnungsgemäße psychologische Ausbildung. So beklagte der Berner Psychologieprofessor Klaus Foppa (1989, S. 5) in einer Rede als Präsident der Deutschen Gesellschaft für Psychologie, „daß Laien meinen, auch Psychologen selbstverständlich darüber belehren zu können, wie ein bestimmtes Phänomen psychologisch zu erklären sei". Zu den genannten Laien zählte Foppa Journalisten, die psychologische Themen für ein breites Publikum behandelten, sowie Angehörige anderer wissenschaftlicher Berufe wie Juristen, Ökonomen, Mediziner und Architekten.

Besonders enttäuscht zeigte sich der Psychologenpräsident über Angehörige der Sozial-, Kultur- und Humanwissenschaften, die psychologische Themen behandeln, aber dabei keine fachpsychologischen Bücher und Zeitschriften heranziehen. Als Beispiel nannte er ein Handbuch der Kulturanthropologie, das „Überlegungen zur psychologischen Funktion der Religion anstellt" (z.B. den Nutzen der Religion für die Bewältigung von Angst), „ohne auf eine einzige psychologische Quelle Bezug zu nehmen" (Foppa, 1989, S. 7).

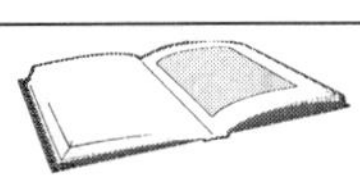

Skinner, B. F. (1971/1973). *Jenseits von Freiheit und Würde*. Hamburg: Rowohlt.

Foppa, K. (1989). Zur Lage der Psychologie. *Psychologische Rundschau, 40,* 3-9.

1.2 Institutionen der Psychologie

1.2.1 Forschung, Lehre, Praxis

Um Wissen zu pflegen und nutzbar zu machen, braucht man Einrichtungen, Institutionen. Das Schaffen, Erhalten und Gestalten von Einrichtungen nennt man Institutionalisierung. Die Institutionalisierung eines Wissenssystems wie der Psychologie dient vor allem drei Aufgaben: der Forschung, der Lehre und der Praxis. Unstrittig ist der enge Zusammenhang zwischen Forschung, Lehre und Praxis. Doch angesichts der spezifischen Anforderungen in den drei Aufgabenbereichen hat die moderne Psychologie sich auf mehrere Typen von Einrichtungen verteilt. Dies sind vor allem Forschungsinstitute, Praxiseinrichtungen sowie Universitätsinstitute, denen sowohl Forschungs- als auch Lehraufgaben übertragen sind. Diese Einrichtungen sind einerseits national, andererseits international organisiert (z.B. durch wissenschaftliche Vereinigungen). Sie sind durch materielle und personelle Merkmale (z.B. Raumausstattung, Personalhaushalt) sowie durch administrative und politische Vorgaben (z.B. Studienordnungen) gekennzeichnet.

1.2.2 Psychologische Forschung und Lehre: Ausstattung und Organisation

Psychologische Forschungsprogramme suchen sich durch eine fortgeschrittene und oft aufwendige Methodik zu bewähren (s. Abschnitt 1.1.2). Man findet Untersuchungen an Einzelfällen (z.B. zur Verurteilung anstehende Gewalttäter, einzelne Jugendliche mit ungewöhnlichen Behinderungen, neuartige Arbeitsplätze) sowie breit angelegte Untersuchungen an Stichproben mit vielen Personen (z.B. Bewohner eines Sanierungsgebiets, Personal aus der Krankenpflege). Manche Untersuchungen verfolgen Entwicklungen über mehrere Jahre (z.B. Erhebungen über Schul- und Berufslaufbahnen).

Die gegenwärtige Psychologie zeichnet sich durch eine anhaltende Vielfalt von qualitativen und quantitativen Verfahren aus (s. Abschnitt 12.2.2). Häufig angewandte methodische Ansätze sind:

- freie Befragung und Beobachtung (z.B. Interviews, Analyse des Gesichtsausdrucks),
- statistische Erhebungen, z.T. mit Standardverfahren (z.B. Fragebögen zur Bestimmung von Einstellungen, Intelligenztests),
- experimentelle Variation von psychisch wirksamen Bedingungen (z.B. Lernaufgaben unterschiedlicher Schwierigkeit, Verabreichung von Psychopharmaka).

Von der jeweiligen methodischen Orientierung hängt ab, ob die Forschungen in Laboratorien, d.h. eigens eingerichteten Untersuchungsräumen in wissenschaftlichen Instituten, durchgeführt werden oder in den einschlägigen Lebensbereichen außerhalb der wissenschaftlichen Institute, z.B. in Wohnungen von Familien, in Krankenhäusern oder Betrieben. Die Forschungsvorhaben brauchen jeweils eine eigene Ausstattung mit Personal, Räumen und Geräten (z.B. Videoanlagen, schalltote Kammern).

Den größten Teil der psychologischen Forschung leisten die Universitätsinstitute. Ihre Grundausstattung finanzieren in Deutschland die Bundesländer; hinzu kommen Sondermittel - vorwiegend aus dem Bundeshaushalt und aus der Wirtschaft. Eine wachsende Rolle spielen Institutionen, die eigens zur Forschungsförderung gegründet wurden (z.B. Deutsche Forschungsgemeinschaft, Stiftung Volkswagenwerk). In anderen Ländern ist der Anteil staatlicher Finanzierung von universitärer Forschung oft geringer als in Deutschland; doch ist vor allem in den USA die Forschungsförderung durch Stiftungen u.ä. stark ausgebaut. Wichtige Beiträge zur psychologischen Forschung leisten auch Forschungseinrichtungen außerhalb der Universitäten(z.B. in Deutschland die aus dem Bundeshaushalt finanzierte Max-Planck-Gesellschaft).

Die in wissenschaftlicher Lehre und Forschung tätigen Psychologen aus den deutschsprachigen Ländern sind in der *Deutschen Gesellschaft für Psychologie* organisiert. Die Gesellschaft vertritt die wissenschaftliche Psychologie gegenüber dem Staat, anderen Verbänden und der Öffentlichkeit. Ihre wichtigste regelmäßige Aufgabe ist die Organisation von Kongressen, welche dem Austausch von Forschungsergebnissen und damit der Weiterbildung ihrer Mitglieder dienen. Nationale wissenschaftliche Vereinigungen für Psychologen gibt es auch in anderen Ländern. Die nationalen Psychologenvereinigungen arbeiten in der *International Union of Psychological Associations* zusammen, welche alle vier Jahre einen Weltkongreß für Psychologie veranstaltet.

Ausbildung in Psychologie, Universitätsinstitute in Deutschland, Österreich und der Schweiz

Die wissenschaftliche Ausbildung zum Psychologenberuf ist bis jetzt ein Privileg der Universitäten. In Deutschland und Österreich kann man ein Diplom erwerben, welches ein erfolgreiches wissenschaftliches Studium bis zur Eingangsqualifikation für den Beruf des/der Psychologen/Psychologin bescheinigt. In anderen Ländern erhält man mit dem Abschluß des Psychologiestudiums andere akademische Grade wie den des Magisters.

Die Promotion zum Doktor oder zur Doktrix (nur in Österreich) bildet in der ganzen Welt eine Möglichkeit zur fortgeschrittenen wissenschaftlichen Qualifikation. Die Fort- und Weiterbildung nach dem Fachstudium spielt in der Psychologie inzwischen eine wichtige Rolle. Die Universitäten können den Wünschen nach psychologischer Fort- und Weiterbildung nur teilweise nachkommen. Deshalb gibt es eine Reihe von Angeboten von Verbänden und von Einzelpersonen. In Deutschland hat das größte regelmäßige Angebot die vom Berufsverband deutscher Psychologen getragene Psychologenakademie.

Der Diplomstudiengang Psychologie ist in Deutschland durch eine einheitliche Rahmenordnung geregelt; eine ähnliche Ordnung gilt in Österreich. Obligatorische Prüfungsfächer sind:

- Allgemeine Psychologie (Psychische Funktionen wie z.B. Gedächtnis, psychologische Theorien, Geschichte der Psychologie),
- Methoden (Datenerhebung und -auswertung, Wissenschaftstheorie),
- Persönlichkeitspsychologie, Differentielle Psychologie,
- Entwicklungspsychologie,
- Sozialpsychologie,
- Psychologische Diagnostik, Intervention,
- Pädagogische Psychologie,
- Arbeits- und Organisationspsychologie,
- Klinische Psychologie.

Die einzelnen Universitäten können diese obligatorischen Fächer ergänzen und vertiefen. Die aktuellen Studienangebote an den deutschen, österreichischen und schweizerischen Universitäten enthält der *Studienführer Psychologie* von Lindner (1996).

Die Ausbildung in Psychologie als Hauptfach betreiben gegenwärtig 45 Institute in Deutschland, fünf in Österreich und sechs in der Schweiz. Weitere Ausbildungsinstitute bieten lediglich eine Nebenfachausbildung in Psychologie (für Lehrer, Wirtschaftswissenschaftler u.ä.) an, davon 31 in Deutschland. Die Institute unterscheiden sich in ihrer Größe und Ausstattung (Psychologiekalender 1999). In Deutschland ist die Zulassung zum Diplomstudiengang Psychologie begrenzt; Studienplätze werden zentral zugeteilt.

Lindner, I. (1996). *Studienführer Psychologie.* Würzburg: Lexika Verlag.

Psychologiekalender 1999. Göttingen: Hogrefe.

Der Forscherfleiß der Psychologen hat die Menge ihrer Fachzeitschriften ebenso anwachsen lassen wie die Zahl ihrer Lehrbücher. Was erstere anbelangt, so wertet die internationale Literaturübersicht *Psychological Abstracts* gegenwärtig rund 1200 periodisch erscheinende wissenschaftliche Fachzeitschriften aus. Darunter sind rund 200, deren Beiträge ausschließlich über aktuelle Forschungen aus der Psychologie berichten (z.B. *Zeitschrift für experimentelle Psychologie, Memory and Language, Cognition and Emotion, Psychological Review*).

Wissenschaftlich ausgebildete Psychologen in aller Welt

Die meisten wissenschaftlich ausgebildeten Psychologen und Psychologinnen arbeiten in den Vereinigten Staaten von Amerika. Die *American Psychological Association* (1998) zählt rund 85 000 von ihnen zu ihren Mitgliedern. Die Zahl der in Kanada, Mittel- und Südamerika, in Europa, Afrika, Asien und Australien tätigen Psychologen kann man nur grob schätzen; wahrscheinlich sind es inzwischen über 100 000; einen Überblick über Psychologen in 56 Ländern gibt Pawlik (1985). In der größten deutschen Psychologenvereinigung, dem *Berufsverband Deutscher Psychologinnen und Psychologen* waren Anfang 1999 rund 20 000 Mitglieder eingeschrieben; der Verband schätzt die Gesamtzahl niedergelassener, angestellter, beamteter und freiberuflich tätiger Psychologinnen und Psychologen in Deutschland auf 30 000.

American Psychological Association. (1998). *Directory.* Washington, DC: American Psychological Association.

Pawlik, K. (1985). *International directory of psychologists exclusive of the U.S.A.* Amsterdam: North-Holland.

1.2.3 Einrichtungen für psychologische Dienstleistungen: Aufgaben und Organisation

Für praktisch tätige Psychologen gibt es eine Reihe häufig übernommener Aufgaben: Begutachtung und Beratung von Schülern und Berufstätigen, Diagnose und Behandlung von psychischen Störungen, Organisation und Bewertung von Arbeitsgruppen und -abläufen, Entwurf und Bewertung von Werbung. Zu dem Berufsbild des/der Psychologen/ Psychologin gehört jedoch Offenheit für eine Fülle weiterer Aufgaben. Dazu zählen die Rehabilitation nach Unfällen, die Gefängnisfürsorge, die Gemeindearbeit, die Politikberatung sowie die Softwareentwicklung.

So vielfältig wie die Aufgaben der Psychologen sind die Einrichtungen, in denen sie eine zeitweilige Beschäftigung oder eine dauerhafte Stellung finden: Krankenhäuser, Arbeitsämter, Industriebetriebe, Werbeagenturen, Verbände, städtische und kirchliche Beratungsstellen u.ä. In den Einrichtungen des Bundes, der Länder und der Gemeinden arbeiten Psychologen meist im Angestellten- oder Beamtenverhältnis. Eine stattliche Zahl von Psychologen hat sich freiberuflich niedergelassen. Entweder allein oder in Gemeinschaft mit Kolleginnen und Kollegen betreiben sie eine Praxis.

Freiberuflich tätige Psychologen müssen ihre Leistungen ihren Klienten in Rechnung stellen. Dies ist normal, wenn öffentliche und private Unternehmen die Auftraggeber sind, und es ist unproblematisch bei Privatpersonen, die über ein ausreichendes Einkommen verfügen. Aber unter den Klienten sind viele sozial schwache, und oft ist der Anlaß der Beratung oder Behandlung gerade die Ursache für eine ungünstige finanzielle Lage. Die Kosten für therapeutische Leistungen werden grundsätzlich von gesetzlichen wie privaten Krankenkassen erstattet. Doch die Zahl der von den Krankenkassen zugelassenen nichtärztlichen Psychotherapeuten ist begrenzt; sie reicht nicht aus für alle Hilfesuchenden. Mittellose Klienten sind dann auf Verwandte und Freunde, auf Sozialfonds oder Sozialämter angewiesen. Nicht selten wird mittellosen Klienten das Honorar erlassen.

Schwerpunkte der Berufstätigkeit von Psychologen

In einer im Auftrag des Berufsverbandes deutscher Psychologen durchgeführten Untersuchung hat im Jahre 1991 Angela Schorr (1995a, S. 22) deutsche Psychologinnen und Psychologen (in den alten und neuen Bundesländern) nach ihrer Berufstätigkeit befragt. Sie stellte die folgenden Schwerpunkte fachpsychologischer Berufstätigkeit fest:

Klinische Psychologie	79 %
Arbeits- und Organisationspsychologie	10 %
Schul- und Pädagogische Psychologie	6 %
Forensische und Kriminalpsychologie	1 %
Verkehrspsychologie	1 %
Sportpsychologie	1 %
Markt- und Kommunikationspsychologie	1 %
Sonstige	1 %

Die oben angegebenen Werte sind Mittel für neue und alte Bundesländer.

Einrichtungen, in denen Psychologen tätig sind

Schorr (1995a, S. 22) hat in ihrer Befragung (s. linke Spalte) ebenfalls die Einrichtungen ermittelt, in denen die deutschen Psychologen und Psychologinnen 1991 tätig waren. Danach verteilten sie sich folgendermaßen über verschiedene Praxiseinrichtungen:

Freie Praxis	27 %
Beratungsstellen, Kliniken	19 %
Kliniken und Reha-Kliniken	14 %
Psychiatrie	10 %
Unternehmen	5 %
Suchtberatung/-behandlung/ Heime	5 %
Schulpsychologische Dienste	2 %
Sonstige (z.B. Strafvollzug)	13 %

Wiedergegeben sind die Werte für die alten deutschen Bundesländer. In den neuen deutschen Ländern gab es 1991 noch fast keine freien Praxen; dafür war der Anteil der an Kliniken Beschäftigten doppelt so hoch wie im Westen (33%).

Die praktisch tätigen Psychologen haben sich in Deutschland zu einer eigenen berufsständischen Vertretung zusammengeschlossen, dem *Berufsverband Deutscher Psychologinnen und Psychologen.* Mit seiner großen Zahl von Mitgliedern (s.o.) besitzt der Verband politisches Gewicht und kann eine Geschäftsstelle mit hauptamtlichen Mitarbeitern unterhalten. Sein größter Erfolg war die Verabschiedung des Psychotherapiegesetzes, das 1999 in Kraft getreten ist. Das Gesetz stellt Klinische Psychologen nach ihrer Anerkennung als Fachpsychologen ärztlichen Psychotherapeuten gleich; sie erhalten damit die Zulassung zu den gesetzlichen Krankenkassen. Allerdings ist die Zahl der Zulassungen beschränkt. Der Verband wirkt bei der Auswahl der Zugelassenen mit und ist zugleich bestrebt, deren Zahl zu erhöhen.

Der Berufsverband fördert regelmäßig die Weiterbildung seiner Mitglieder, einerseits durch die Organisation von Kongressen und Fachtagungen, andererseits durch ein Programm von Kursen zur Weiterbildung. Von zunehmender Wirksamkeit ist die Öffentlichkeitsarbeit des Berufsverbandes. Ein eigenes Referat bringt Stellungnahmen zu aktuellen fachpolitischen Fragen an die Öffentlichkeit; ein Pressedienst versendet Nachrichten über psychologische Forschung und Berufstätigkeit.

Jeder Beruf bedarf der Selbstkontrolle. Der Berufsverband trägt zur Sozialverträglichkeit der psychologischen Praxis durch die Verabschiedung von *Berufsethischen Verpflichtungen für Psychologen* bei. Er setzt ein Ehrengericht ein, das Verstöße gegen die berufsethischen Verpflichtungen ahndet. Bei schweren Verstößen (z.B. wiederholten sexuellen Beziehungen von Psychotherapeuten zu Klientinnen) veranlaßt das Ehrengericht - meist im Anschluß an bürgerlich-rechtliche Strafverfahren - den Ausschluß aus dem Berufsverband.

1.3
Die Stellung der Psychologie als Wissenschaft und Beruf

1.3.1 Psychologie als Geistes-, Natur- und Sozialwissenschaft

Unterscheidet man in der Wissenschaft nach ihrer Personalausstattung und ihrer Studentenzahl große Fächer (wie die Wirtschaftswissenschaften) und kleine Fächer (wie die Altphilologie), so befindet sich die Psychologie in einer guten Mittelposition. Auf sie entfallen in Deutschland über 500 (von insgesamt rund 37 000) Universitätsprofessorinnen und -professoren sowie jedes Jahr über 2000 (von insgesamt rund 110 000) Abschlußprüfungen (Statistisches Bundesamt, 1998, S. 392, 389). Auch hinsichtlich ihres Ansehens in der Bevölkerung nehmen die Psychologen einen befriedigenden Mittelplatz ein - etwa gleichauf mit den Architekten und Juristen (Amelang, 1999).

Die Vielfalt ihrer Forschungsprogramme macht die Bestimmung des Standortes der Psychologie unter ihren wissenschaftlichen Nachbarn nicht leicht. Untersuchungen der Bedeutung von Arbeit und Freizeit für die Entwicklung und Zufriedenheit der Menschen führen zu Auslegungs- und Sinnfragen, wie sie für die Geisteswissenschaften (z.B. Philosophie, Literaturwissenschaft) charakteristisch sind. Andere Untersuchungen ermitteln die Geschwindigkeit geistiger Prozesse - etwa beim Erkennen von Gesichtern oder beim Verstehen von Wörtern. Dazu führen die Untersucher Leistungsmessungen durch und analysieren manchmal sogar das Magnetfeld um das Gehirn. Mit solchen Experimenten und biophysikalischen Methoden reiht sich die Psychologie unter die Naturwissenschaften (z.B. Biologie, Chemie) ein. Zwischen Geistes- und Naturwissenschaften sind die Sozialwissenschaften (z.B. Politikwissenschaft, Wirtschaftswissenschaften) angesiedelt. In ihrer Fragestellung und Methode fügen sich zahlreiche Forschungsprogramme der Psychologie in die Sozialwissenschaften ein. Ein Beispiel ist die Untersuchung von Gesundheitsverhalten in Fragebogenerhebungen - etwa zur Feststellung von Rauchgewohnheiten, Arzneimittelkonsum und Zahnpflege bei Menschen mit unterschiedlicher familiärer und beruflicher Belastung.

Berufsethische Verpflichtungen für Psychologen

Nach ausgiebiger Diskussion im Kreise der Mitglieder hat sich der Berufsverband deutscher Psychologen berufsethischen Verpflichtungen unterworfen (s. Rauchfleisch, 1982). Unter anderem sind Psychologen in ihrem Beruf gehalten,

- Beziehungen zu Klienten nicht für eigene persönliche Interessen auszunutzen,
- Beziehungen zu Klienten zu beenden, wenn diese den Klienten keinen Nutzen verschaffen,
- Auftraggeber von vornherein über die Grenzen der verfügbaren Arbeitsmethoden zu informieren,
- bei der Auswertung von Untersuchungsdaten nichts auszulassen oder zu verschleiern, was die Ergebnisse verändern würde,
- nur geprüfte Testverfahren anzuwenden,
- für psychologische Dienste lediglich durch sachliche Hinweise (z.B. Nennung von Spezialisierungsrichtungen) zu werben, ohne sie anzupreisen (z.B. durch Veröffentlichen von Danksagungen der Klienten).

Andere Verbände - unter ihnen die *Schweizerische Gesellschaft für Psychologie* und die *American Psychological Association* haben ähnliche ethische Richtlinien aufgestellt.

Kennzeichnend für die gegenwärtige Psychologie ist also ihre dreifache Verankerung in den Geistes-, Natur- und Sozialwissenschaften. Manche ihrer Vertreter befürworten für die Zukunft ihre Einbindung in nur einen dieser Wissenschaftsbereiche. Doch ob dies der Bereich der Naturwissenschaften oder der Bereich der Geistes- und Sozialwissenschaften sein soll, darüber flammt immer wieder der Streit auf.

1.3.2 Praktische Psychologie im Wettbewerb

Die Praktische Psychologie teilt ihre Berufsfelder oft mit anderen Ausbildungsrichtungen. So arbeiten Schulpsychologen neben Lehrern, Arbeits- und Organisationspsychologen neben Arbeitswissenschaftlern und Betriebswirten, Rechtspsychologen neben Richtern und Rechtsanwälten. Dies gibt Gelegenheit zu Arbeitsteilung und Kooperation. Jedoch kommt es auch häufig zu einem Verdrängungswettbewerb. Die einzelwissenschaftliche Psychologie versucht diesen Wettbewerb zu bestehen, indem sie gegenüber anderen Disziplinen auf die Überlegenheit ihrer Paradigmen, insbesondere ihrer Methoden verweist. So können behavioristisch geschulte Psychologen überlegenes Wissen und überlegene Techniken im Bereich der Verhaltensänderung geltend machen - z.B. bei der Erziehung von Jugendlichen oder bei der Resozialisierung von straffälligen Erwachsenen.

Im Wettbewerb der Ausbildungen und Berufszweige spielt der Leistungsvergleich eine wichtige Rolle. Dabei stellt sich die Frage, ob Diplompsychologen oder Absolventen anderer Ausbildungen praktische Anforderungen besser meistern. Im allgemeinen schneiden Diplompsychologen auf Gebieten ihrer Kompetenz gegenüber anderen Fachleuten nicht ungünstig ab. Jedoch spielt in der Praxis Berufserfahrung oft eine entscheidende Rolle. Ein erfahrener Richter mag z.B. das gleiche Verständnis gegenüber einem straffällig gewordenen Jugendlichen an den Tag legen wie ein Diplompsychologe, der zwar besser ausgebildet, aber seltener mit Fällen der Jugendgerichtsbarkeit befaßt ist.

Zusammenarbeit mit anderen Berufsgruppen

Nach einer Erhebung von Angela Schorr (1995b, S. 29) stammen die Kooperationspartner und -partnerinnen der praktisch tätigen Psychologinnen und Psychologen gegenwärtig aus den folgenden Berufsgruppen. (Angegeben sind Prozentwerte für die alten Bundesländer Deutschlands; die Summe der Werte übersteigt die Zahl 100, da Mehrfachnennungen sinnvoll und gestattet waren.)

Sozialarbeiter, -pädagogen	58 %
Ärzte (ohne Psychiater)	47 %
Pflegepersonal	32 %
Beschäftigungstherapeuten	20 %
Diplom-Pädagogen	19 %
Verwaltungskräfte	17 %
Erzieher	17 %
Heilpädagogen	11 %
Wirtschaftswissenschaftler	10 %
Lehrer	9 %
Naturwissenschaftler	5 %
Juristen	5 %
Psychiater	4 %
Theologen	4 %
Musik-, Kunst-, Sporttherapeuten	4 %

Allerdings dürfte es nicht allein der praktische Erfolg sein, welcher der Psychologie einen Platz in einem Berufsfeld sichert. Psychologen können sich schlicht durch Übernahme von Verantwortung sowie durch Ökonomie der Erledigung bewähren. So mag die berufliche Chance des Fachpsychologen als Gerichtsgutachter darin bestehen, daß er dem Richter einen Teil der Verantwortung für das Urteil abnimmt. Die Psychologin im Betrieb mag der Personalleiterin unentbehrlich werden, weil sie die Auslese aus einer großen Menge von Bewerbern durch Anwendung einer Testbatterie schnell und billig vornimmt.

Im Wettbewerb und im Leistungsvergleich befinden sich Diplompsychologen und -psychologinnen auch mit betroffenen Laien. Zwar haben diese keine formelle psychologische

Ausbildung absolviert, verfügen aber über Allgemeinwissen (vgl. Abschnitt 1.1.4) und eine oft jahrelange Vertrautheit mit dem jeweiligen Fall. Wenn zum Beispiel die Gründe für Lernschwierigkeiten eines Kindes ausfindig zu machen sind: Wie schneidet die zugewiesene oder aufgesuchte Fachpsychologin im Vergleich zu der Mutter des Kindes ab, die das Kind seit seiner Geburt betreut? Wenn ein junger Mann einen Berufswechsel vornehmen will: Kann ihm ein zugewiesener oder aufgesuchter Fachpsychologe mehr über seine beruflich verwertbaren Fähigkeiten und Neigungen sagen, als er aufgrund seiner eigenen Selbstbeobachtungen bereits weiß? Lohnt sich also die Inanspruchnahme von psychologischen Diensten für Betroffene?

Die Frage nach der überlegenen Kompetenz von Fachpsychologen und -psychologinnen wiegt besonders schwer bei Entscheidungen gegen den erklärten Willen der

Schorr, A. (1995a). Psychologen Ost und West - zwei Gesichter einer Profession? (Teil 1). *Report Psychologie, 20,* 18-28.

Schorr, A. (1995b). Psychologen Ost und West - zwei Gesichter einer Profession? (Teil 2). *Report Psychologie, 20,* 28-37.

Statistisches Bundesamt. (1998). *Statistisches Jahrbuch für die Bundesrepublik Deutschland.* Stuttgart: Metzler-Poeschel.

Amelang, M. (1999). Zur Lage der Psychologie: Einzelaspekte von Ausbildung und Beruf unter besonderer Berücksichtigung der ökonomischen Implikationen psychologischen Handelns. *Psychologische Rundschau, 50,* 2-13.

Rauchfleisch, U. (1982). *Nach bestem Wissen und Gewissen.* Göttingen: Vandenhoeck & Ruprecht.

Psychologische Dienste, staatliche Reglementierung und Bürgerrecht

In vielen Ländern sucht die Psychologie staatlichen Schutz für ihre Dienste. Nur Fachpsychologen sollen in schwierigeren Fällen und bei verantwortungsvolleren Aufgaben als Therapeuten, Gutachter u.ä. zugelassen werden. Einer liberalen Gesellschaft bereitet eine solche Privilegierung Schwierigkeiten. Das wird auch innerhalb des Faches erörtert. So hat der Schweizerische Psychologieprofessor Alfred Lang (1979) „aus der Sicht eines allgemeinen Psychologen und besorgten Bürgers“ davor gewarnt, „Psychotherapie ... in einer pluralistischen Gesellschaft ... zu reglementieren“. Er hält „die damit notwendig verbundene Professionalisierung eines für die menschliche Existenz zentralen Lebensbereichs langfristig für schädlich “ (S. 290).

Lang will weder psychisch Kranken fachpsychologischen Beistand verweigern, noch Fachpsychologen in ihrer Arbeit mit psychisch Kranken behindern. Doch viele Klienten der Psychologen seien nicht krank, sondern nur leidend. Man solle sie ermutigen, ihre persönlichen und sozialen Probleme „ohne fremden Experten für das eigene Selbst“ (S. 298) zu bewältigen - selbständig, mit ihrer Familie, mit Freunden, Nachbarn oder Kollegen. Falls sie fachpsychologische Dienste in Anspruch nehmen wollten, sollten sie als mündige Bürger zwischen frei konkurrierenden Angeboten selbst eine Auswahl treffen können.

Lang, A. (1979). Stellungnahme gegen die Reglementierung der Psychotherapie aus der Sicht eines allgemeinen Psychologen und besorgten Bürgers. *Schweizerische Zeitschrift für Psychologie, 38,* 290-299.

Betroffenen. Dies zeigen zum Beispiel Streitfälle in Sorgerechtsverfahren. Dabei kann einem Elternpaar oder einem Elternteil das Sorgerecht für ein leibliches Kind abgesprochen werden. In solchen Verfahren haben Gutachten von Fachpsychologen schon den Ausschlag dafür gegeben, daß Eltern und Kinder gegen ihren Willen getrennt wurden. Die betroffene Familie, aber auch Freunde, Lehrer und andere sich verantwortlich fühlende Personen können dann gegen die Verfasser der einflußreichen Gutachten Partei ergreifen.

Wie jedem Berufsstand muß man den Psychologen und ihren Organisationen das Recht auf Parteilichkeit zur Durchsetzung eigener Interessen zubilligen. Jedoch wird man gerade vom Berufsstand der Psychologinnen und Psychologen, der gute Dienste beim Lösen von Konflikten anderer anbietet, Verständnis für die berechtigten Interessen seiner Konkurrenten aufbringen. Dazu gehört die Einsicht, daß manche Domäne der jetzigen Psychologie in anderen Disziplinen und Berufen (z.B. der Pädagogik, der Rechtswissenschaft) ihren Anfang genommen hat und mit gutem Erfolg dort weiterhin gepflegt wird. Respekt aufbringen sollten professionelle Psychologen zugleich gegenüber der psychologischen Kompetenz von Laien, die unauffällig wie wirksam für das gute Zusammenleben in der Familie, für gute Nachbarschaft und Kollegialität sowie für das Gelingen von Erziehung, Arbeit und Erholung sorgt. In diesem Zusammenhang gebührt Respekt auch der kenntnisreich und verantwortungsvoll betriebenen Popularpsychologie.

ZUSAMMENFASSUNG

1. Psychologie als Wissenssystem gliedert sich nach Domänen (Forschungsgebieten) und Paradigmen (Forschungsrichtungen).

2. In der Welt der Wissenschaft nimmt Psychologie gegenwärtig die Stellung einer eigenständigen Einzeldisziplin ein. Sie verfügt damit über eigene Einrichtungen wie Forschungs- und Ausbildungsprogramme, Zeitschriften und Bücher.

3. Zugleich teilt die Psychologie mit anderen Einzeldisziplinen (z.B. Rechts- und Sozialwissenschaften) Wissensbestände und Einrichtungen. So wird Psychologie transdisziplinär betrieben.

4. Darüber hinaus findet man psychologisches Wissen und Können (Menschenkenntnis, Überzeugungskraft u.ä.) als Teil der Allgemeinbildung. Psychologische Allgemeinbildung vermittelt die Popularpsychologie.

5. Forschung, Lehre und Praxis sind die zentralen Aufgaben der wissenschaftlichen Psychologie. In der ganzen Welt sind gegenwärtig rund 200 000 wissenschaftlich ausgebildete Psychologen tätig, davon etwa 30 000 in Deutschland.

6. Die Ausbildung zum/r wissenschaftlichen Psychologen/in ist durch Studien- und Prüfungsordnungen geregelt. In Österreich und Deutschland berechtigt ein Universitätsdiplom zur psychologischen Praxis.

7. Die Tätigkeit der Psychologinnen und Psychologen unterliegt berufsethischen Verpflichtungen. Insbesondere die Berechtigung zur Psychotherapie wird zunehmend gesetzlich geregelt.

8. Die Psychologie ist als Fach der Universitäten in den Geistes-, Sozial- und Naturwissenschaften verankert. Psychologische Praxis steht in Kooperation, Wettbewerb und Konflikt mit benachbarten Berufen sowie der Selbsthilfe betroffener Laien.

LITERATUR ZUR ERGÄNZUNG UND VERTIEFUNG

Asanger, R. & Wenninger, G. (1994). *Handwörterbuch Psychologie.* Weinheim: Psychologie Verlags Union.

Bannister, D. & Fransella, F. (1971/1981). *Der Mensch als Forscher.* Münster: Aschendorff.

Michaelis, W. (1986). *Psychologieausbildung im Wandel.* München: Profil.

Schorr, A. (Hrsg.). (1993). *Handwörterbuch der Angewandten Psychologie.* Bonn: Deutscher Psychologen-Verlag.

Schorr, A. & Sarri, S. (Eds.). (1995). *Psychology in Europe.* Seattle,WA: Hogrefe.

Sexton, V. S. & Misiak, H. (1976). *Psychology around the world.* Monterey: Brooks & Cole.

Ostionischer Jüngling
(Didyma, um 530 v. Chr., Antikensammlung, Staatliche Museen zu Berlin, Preußischer Kulturbesitz).

Kapitel 2

Anfänge der Wissenschaft - Ursprünge der Psychologie

Philosophie in der griechischen Antike

An der Schwelle zum dritten Jahrtausend ist Psychologie eine reichhaltige Lehre und ein anerkannter Beruf; das hat Kapitel 1 gezeigt. Geht man allerdings auf der Zeitachse dreitausend Jahre zurück - etwa zum Jahr 1000 vor Beginn unserer Zeitrechnung, so findet man weder den Begriff der Psychologie noch überhaupt ausgearbeitete wissenschaftliche Lehren. Tausend Jahre vor Christus gibt es keine wissenschaftlichen Lehr-, Forschungs- und Praxiseinrichtungen; Wissenschaft taugt noch nicht zum Beruf.

Doch die Überlieferung aus dem antiken Griechenland zeigt bereits in der ersten Hälfte des vorchristlichen Jahrtausends Anfänge von Wissenschaftlichkeit sowie zahlreiche Ansätze, die man als Wurzeln der Psychologie betrachten kann:

- Mythen, welche Theologie (Götterkunde), Physik (Naturkunde) und Anthropologie (Menschenkunde) als Bereiche fortschreitenden Denkens begründen,
- ontologische Theorien, d.h. Darstellungen von Wissenswertem aus der Natur und über die Natur hinaus,
- pragmatische Theorien, d.h. Handlungslehren für Haushalt und Politik,
- Lehren von der Seele, vom Glück und vom rechten Handeln,
- überhaupt Beschäftigung mit gutem Wissen, Philosophie.

2.1 Einstieg in die Wissenschaft: Überwinden der Erfahrung vom Hier und Jetzt

2.1.1 Die ionische Kultur und ihre Mythen

Suchen wir nach Anfängen von Wissenschaftlichkeit im allgemeinen und von psychologischem Denken im besonderen, dann führen uns die erhaltenen Dokumente zum östlichen Mittelmeer. Dort entfaltete sich in den Jahren 1000-700 vor Christus die Kultur der Ionier. Öffentliche Einrichtungen für wissenschaftliche Forschung und ein öffentliches Bildungswesen hat diese Kultur höchstwahrscheinlich nicht besessen. Gleichwohl war sie weit entwickelt. Sie hat städtische Siedlungen hervorgebracht, in denen sich Gewerbe, Handel, Verwaltung und Bauwesen ausbilden konnten. Neben Handwerkern, die sich vor allem auf Holz-, Leder- und Metallverarbeitung sowie auf die Töpferei spezialisiert hatten, gab es freie Künstler; zu den freien Künstlern gehörten Ärzte, Sänger und Boten.

Die Ionier verstanden viel von Seefahrt und Kriegsführung. Sie unterwarfen Nachbarvölker und unterhielten Kolonien von Sizilien bis zum Bosporus. Innerhalb und zwischen Städten blühte der Handel. Kurz: Die ionische Kultur war, was Gesellschaftsordnung, Technik und Wirtschaft anbelangt, auf einem hohen Stand (Burford, 1985; Hasebroek, 1931).

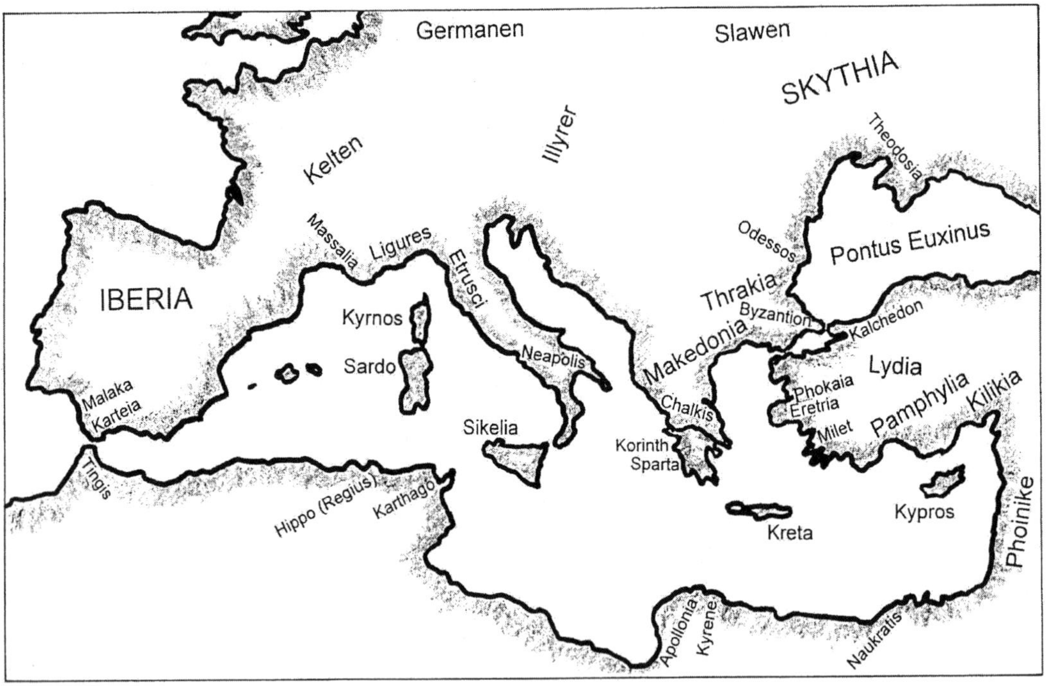

Ausbreitung der ionischen Kultur bis zum 6. Jahrhundert vor Christus (nach Putzger, 1993, S. 7). Von ihrem Stammland zwischen den Städten Chalkis und Eretria in Makedonien sowie Phokaia und Milet in Lydien erreichten die ionischen Griechen das südliche Europa und das südwestliche Asien.

Macht und Erfolg sowie die Erfahrung der sozialen und geographischen Welt konnten allerdings nicht alle Menschen in der ionischen Kultur befriedigen. Manche von ihnen machten sich Gedanken, die über die augenscheinliche Wirklichkeit hinausgingen. Sie warfen vor allem die Fragen auf, was vor der gegenwärtigen Welt gewesen sei und ob eine Welt jenseits der gegenwärtigen existiere.

Antworten auf Fragen nach einer Zeit vor dem Jetzt und einem Ort jenseits des Hier gaben Mythen (griech. *mythos*, Erzählung). Themen der Mythologie waren die Götter, die Natur und der Mensch. Im Mittelpunkt der Mythen steht das Problem des Ursprungs. Der in der christlich geprägten Kultur geläufigste Ursprungsmythos ist die biblische Schöpfungsgeschichte: Ein ewiger Gott schafft in fünf Tagen die Natur, am sechsten den Menschen. Vergleichbare Erzählungen sind aus der griechischen Antike überliefert. So gibt der griechische Autor Athenagoras die folgende Lehre wieder:

„... war nämlich das Wasser der Urgrund aller Dinge. Aus dem Wasser ... lagerte sich der Schlamm ab, und aus beiden entstand ein Drache, dem der Kopf eines Löwen angewachsen war ... . Er hieß Herakles ... . Herakles zeugte ein übergewaltiges Ei, das ... unter dem gewaltigen Druck des Erzeugers ... in zwei Teile zerbarst. Der obere Teil ... wurde Uranos, der untere Ge. ... Uranos aber vermählte sich mit Ge und erzeugte als weibliche Gottheiten Klotho, Lachesis und Atropos, als männliche Götter ... Kottos, Gyges, Briareos, ...“

(Nach Capelle, 1953, S. 38f.)

Zur Entstehung des Menschen ist einer Schrift von Plutarch die folgende Lehre zu entnehmen:

„Ursprünglich seien die Menschen im Leibe von Fischen zur Entwicklung gekommen und ernährt worden, ... und erst, nachdem sie die Fähigkeit erlangt hätten, sich selber zu helfen, seien sie aus den Fischen herausgeschlüpft und ans Land gegangen.“

(Nach Capelle, 1953, S. 88)

Burford, A. (1985). *Künstler und Handwerker in Griechenland und Rom.* Mainz: von Zabern.

Hasebroek, J. (1931). *Griechische Wirtschafts- und Gesellschaftsgeschichte bis zur Perserzeit.* Tübingen: Mohr.

Putzger, F. W. (1993). *Historischer Weltatlas,* herausgegeben von W. Leisering. Berlin: Cornelsen.

Die Mythen enthielten Vorstellungen über das Entstehen der Götter (Theogenese), des Weltalls (Kosmogenese) und des Menschen (Anthropogenese). Darüber hinaus behandelten sie die Beschaffenheit von Göttern, Natur und Menschen und bildeten damit frühe Formen der

- Theologie, der Lehre von den Göttern,
- der Physik, der Naturkunde sowie der
- Anthropologie, der Menschenkunde.

Der Inhalt der Mythen hebt sich ab von dem Wissen über die eigene Lebenswirklichkeit, den Kenntnissen über Land, Staat und Familie, über Ackerbau, Handwerk und freie Kunst, über Krieg, Seefahrt und Handel. Mythen sind - oft kunstvoll geformte - sprachliche Erfindungen; es sind Dichtungen. Sind Mythen auch wahr? Man kann zumindest an ihre Wahrheit glauben. Der Glaube an die Wahrheit von Mythen stützt sich vorzugsweise auf Autoritäten, als deren Offenbarungen die Mythen gelten - auf Götter und auf Propheten. Daher treten Mythen häufig als Teile von Religionen auf.

Die Verbindung von außergewöhnlichen Berichten, Dichtung und Religion trat deutlich zutage in der orphischen Bewegung, die sich im 6. Jahrhundert vor Christus in Griechenland ausbreitete. Ihre Anhänger wurden Orphiker genannt, weil sie sich auf den legendären Sänger Orpheus beriefen. Orpheus galt als Sohn des Gottes Apoll, eines Sohnes von Gottvater Zeus. Seinem Gesang schrieb man Macht über Menschen, Tiere und göttliche Wesen zu. (Noch heute weithin bekannt ist die Legende, nach der Orpheus seine verstorbene Frau Eurydike aus der Totenwelt zurückholt.)

Capelle, W. (Hrsg.). (1953). *Die Vorsokratiker.* Stuttgart: Kröner.

Rohde, E. (1898/1980). *Psyche. Seelencult und Unsterblichkeitsglaube der Griechen* (zwei Bände in einem Band). Darmstadt: Wissenschaftliche Buchgesellschaft.

Orpheus diente seinen Anhängern als Kultfigur, welche die Verbindung von außergewöhnlichem Wissen, Dichtkunst und Religion verkörperte. Er war ein Lehrer, der mythische Wahrheiten offenbarte; z.B. führte Athenagoras die oben zitierte Lehrmeinung über das Entstehen der Götter auf Orpheus zurück. Er war ein Meister des kunstvollen Vortrags. Schließlich wurde Orpheus als Halbgott verehrt; man feierte ihn im Dionysos-Kult, dessen Höhepunkt ein ekstatisches Fruchtbarkeitsfest bildete.

2.1.2 Körper und Seele

Die Orphiker waren es auch, die eine Lehre von der Seele (griech. *psyche*) entwarfen. Jedes Lebewesen bestehe aus zwei grundlegend verschiedenen Teilen: Körper und Seele. Der Mensch besitze ebenfalls eine körperlose Seele; diese könne ihr eigenes Leben führen. Auf der Grundannahme eines eigenständigen körperlosen Seelenwesens bauten weitere Annahmen über das Schicksal der Seele auf (Rohde, 1898/1980):

- Einem Körper gehöre eine und nur eine Seele an.
- Eine Seele könne ihren Wohnsitz nacheinander in verschiedenen Körpern nehmen (Seelenwanderung).
- Die Seele bestehe nach dem Tod des Körpers weiter (Unsterblichkeit der Seele).
- Seelen könnten auch ohne Körper leben. Als körperlose Wesen würden Seelen an bestimmten Orten miteinander in Verbindung treten (z.B. auf Inseln der Seligen).

Orpheus unter den Thrakern (Vasenbild ca. 450 v. Chr., Staatliche Museen Berlin, Preußischer Kulturbesitz, Antikensammlung). Die Thraker, die den Ruf eines kriegerischen Volkes hatten, lassen ihre Waffen sinken und lauschen entrückt dem Gesang des Orpheus sowie dem Klang seiner Leier.

Seele - Begriff und Vorstellung

Der Begriff der Seele rührt wohl von dem Vergleich der Toten und der Lebenden her. Tote sehen aus wie Lebende, aber es fehlt ihnen die Bewegung und Empfindung. Sollten Bewegung und Empfindung im Augenblick des Todes ohne Rest verloren gehen? Kommen dabei auch Gedanken und Gedächtnis abhanden? Diese Deutung ist nicht die einzig mögliche. Möglich ist auch eine andere Deutung: Bewegung und Empfindung, Gedanken und Gedächtnis sind nicht verloren gegangen; sie haben sich nur vom Körper getrennt. Nun führen sie ein körperloses Dasein - als Seele.

Obwohl die Seele ihrem Begriff nach körperlos ist und damit für das Auge unsichtbar sein sollte, haben sich Menschen die Seelen Verstorbener anschaulich vorgestellt. Totenbilder aus Ägypten haben die Vorstellungen festgehalten.

Ein Totenvogel (Ba) neben einem Leichnam (Malerei auf einem ägyptischen Sarkophag, 550 v. Chr., Staatliche Museen Berlin, Preußischer Kulturbesitz, Bode-Museum). Diese Abbildung stellt die Seele als Tiergestalt dar.

In der Totenwelt führt der hundsköpfige Gott Anubis einen Verstorbenen zum Gott Osiris (Malerei auf einem ägyptischen Leichentuch, 180 n. Chr., Staatliche Museen Berlin, Preußischer Kulturbesitz, Bode-Museum). Die Abbildung zeigt die Seele eines Verstorbenen in der Gestalt eines lebenden Menschen.

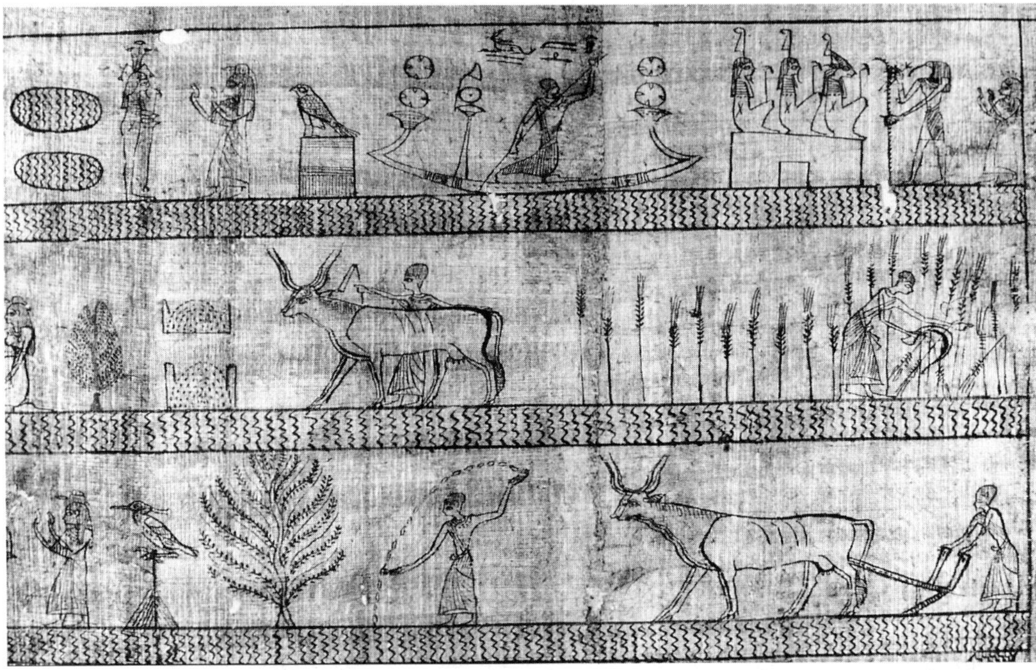

Gefilde der Seligen (aus einem ägyptischen Totenbuch, etwa 200 v. Chr., Staatliche Museen Berlin, Preußischer Kulturbesitz, Bode-Museum). Dargestellt ist die Unterwelt, in der die Seelen der Verstorbenen wohnen und arbeiten. Sie bestellen Felder und fahren in Booten - wie früher im Leben.

Die Behauptung der Orphiker, der Mensch besitze eine eigenständige Seele, die Seele sei grundsätzlich anders als der Körper und könne auch ohne den Körper leben, fußt auf einer Wertzuweisung. Es ist die Einschätzung, die Seele sei das Hochwertige am Menschen, der Körper jedoch minderwertig. Sofern das Hochwertige an das Minderwertige gebunden ist, entsteht ein Konflikt: Der Körper wird der Seele zur Last. Die Orphiker drückten dies im Bild des Körpers als Gefängnis der Seele aus. Platon bezeugte in seinem Dialog *Kratylos*:

„Es behaupten ja gewisse Leute, der Leib sei das Grab der Seele, weil sie meinen, sie sei in dem jetzigen Dasein begraben. ... Vor allem ... scheinen mir die Jünger des Orpheus diesen Namen gegeben zu haben, in der Meinung, daß die Seele Buße zahlt für das, wofür sie eben büßt, daß sie aber diese Umhüllung hat als Sinnbild des Gefängnisses, damit sie in Gewahrsam gehalten wird. Es sei dies also - gerade wie sein Name besagt - so lange ein Gewahrsam der Seele, bis sie ihre Schuld abgebüßt habe ... .“

(nach Capelle, 1953, S. 40)

Man erkennt an diesem Zitat: Makellos ist die Seele im Denken der Orphiker nicht immer. Sie kann in den Zustand der Schuld geraten und muß sich von Schuld durch Sühne befreien. Während der Seele freilich der Weg zur Reinheit stets offen bleibt, verharrt der Körper in hoffnungsloser Unvollkommenheit.

2.1.3 Das Phänomen der Bewußtseinserweiterung

Die Orphiker waren eine intellektuelle Gemeinde, welche charakteristische Züge der späteren abendländischen Wissenschaftsentwicklung vorweggenommen hat. In der orphischen Lehre treten Motive hervor, welche spätere wissenschaftliche Traditionen geprägt haben:

- die kritische Einstellung gegenüber der Lebenswelt und ihren Aufgaben,
- das Bedürfnis nach Transzendenz, d.h. nach Überschreiten der aktuellen Erfahrung der Lebenswelt,
- der Drang nach Erweiterung des Bewußtseins.

Es ist bereits erläutert worden: Die Orphiker haben das Bild einer anderen Welt entworfen, der sie einen höheren Wert beigemessen haben als ihrer Lebenswelt. Und weil ihre Lebenswelt in ihrer Gegenwart existierte, lenkten sie ihre Gedanken entweder auf eine andere Zeit, die Urzeit, oder gaben die Idee der Zeitlichkeit (d.h. der zeitlichen Begrenzung) zugunsten der Idee der Ewigkeit (d.h. der unbegrenzten Dauer) auf.

Das intellektuelle Drängen nach wachsender Erkenntnis, nach vertiefter Einsicht in die gegebene zeitliche Welt, aber auch nach Begreifen einer anderen, jenseitigen, ewigen Welt ist selbstgenügsam. Es verfolgt keinen unmittelbaren Nutzen in dieser Lebenswelt. Es erschöpft sich in der Betrachtung, in der Theorie (griech. *theoria*, Betrachtung). Von Theoriebildung wird in diesem Entwicklungsstadium kein praktisch bedeutsamer Vorteil erwartet. Und doch vermittelt Theorie einen Gewinn, der das Streben nach ihr begründet: Bewußtseinserweiterung.

Wie vermag Theorie, eine Erweiterung des Bewußtseins zu vermitteln? Angenommen, die Seele sei ihrer Natur nach Teil einer anderen, besseren Welt. Weiterhin sei angenommen, die gegebene, schlechtere Welt lenke die Seele von der ihr gemäßen besseren Welt ab. Dann versetze die Beschäftigung mit Theorie die Seele in die ihr gemäße Welt. Durch Theorie gelangt die Seele zu mehr Vollkommenheit und zu vollkommenem Glück.

Der Eindruck von seelischer Vollkommenheit und vollkommenem Glück läßt sich als Erweiterung des Bewußtseins deuten. Bewußtseinserweiterung verschafft eine Befriedigung ganz eigener Art: die Wonne der Erkenntnis. Was hier als Wonne der Erkenntnis bezeichnet wird, wird oft als intensives Glücksgefühl geschildert, als reines Glück. „Rein" soll dabei bedeuten, die Wonne der Erkenntnis sei selbstlos und frei von äußeren Zwecken; anders als etwa bei Stolz über Erfolg und Macht fehlten Gedanken an die eigene Person, an erzielte materielle Gewinne und soziale Vorteile. Über solche Glücksempfindungen berichten in unserer Zeit Bergsteiger, wenn sie nach mühevollem Aufstieg einen Gipfel erreicht haben und eine grandiose Gebirgslandschaft zu ihren Füßen erblicken. So soll auch die Vertiefung in Theorie ein ebenso starkes wie selbstgenügsames Glückserlebnis herbeiführen.

Gedanken - fern von Übeln

Daß der Mensch in seinem irdischen Leben Unglück erfährt, daß seine Sinne ihm die Erfahrung von Unglück vermitteln und daß Ausweichen in eine Welt der Gedanken Glück verschafft, bekundet der Athener Politiker und Schriftsteller Sophokles (etwa 496-406 v. Chr.) in seiner Tragödie *Ödipus der Tyrann:*

„... wäre für den Quell, der in den Ohren tönt, ein Schloß, ...

Ich schlösse meinen mühsel'gen Leib,

Daß blind ich wär und taub. Denn süß ist es,

Wo der Gedanke wohnt entfernt von Übeln."

(Übersetzung von Friedrich Hölderlin, o.J./1914, S. 283)

Bewußtseinserweiterung und das damit einhergehende Glücksgefühl dürften die Ziele der Orphiker gewesen sein. Die von ihnen gepflegte Verbindung von Theoriebildung, dichterischer Gestaltung und religiösen Bräuchen war offenbar geeignet, sie zu diesem Ziel zu führen. Die höchste Steigerung ihres Bemühens um Bewußtseinserweiterung erreichten sie wohl im Rausch des Dionysos-Kults. Den Zustand, der sich da einstellte, nannten sie das Aus-sich-heraustreten, Ekstase (griech. *ekstasis*). In der Ekstase - meinten sie - löse sich die Seele zeitweilig von dem verhaßten Körper und begebe sich in die andere, die bessere Welt. Dort erhalte die Seele Zugang zur Wahrheit, welche auf der irdischen Welt nicht zu finden sei. Übrigens wurde auch der Schlaf als ein Zustand gedeutet, in welchem die Seele dem Körper entflieht, um sich in das Jenseits zu begeben. Insofern wurden Träume für Erlebnisse der jenseitigen Welt gehalten, die der wachen Erkenntnis verborgene Wahrheiten offenbarten.

Die moderne Wissenschaft bildet einen eigenen Kulturbereich. Kann man behaupten, Wissenschaft sei aus einer Verbindung mit Kunst und Religion hervorgegangen? Ist die Auffassung berechtigt, die Ablösung der Wissenschaft (auch in ihrem modernen Verständnis) von Kunst und Religion sei zwar auf dem Weg ins 20. Jahrhundert fortgeschritten, sei aber bis heute nicht vollständig vollzogen? Man müsse vielmehr in der modernen Wissenschaft ebenfalls mit künstlerischen und religiösen Anteilen rechnen. Weiterhin: Ist das Verlangen nach Bewußtseinserweiterung immer noch ein wichtiges Motiv für Wissenschaftler? Und kennen auch Wissenschaftler heute die Mißachtung des Hier und Jetzt? Der vorliegende Abschnitt über die Orphiker und ihre Seelenlehre hätte diese Geschichtsdarstellung nicht eröffnet, wenn nicht die Absicht bestünde, das Verlangen nach Bewußtseinserweiterung als andauerndes Motiv wissenschaftlichen Denkens und wissenschaftlichen Fortschritts zu deuten.

Hölderlin, F. (o.J./1914). *Sämtliche Werke und Briefe,* herausgegeben von F. Zinkernagel (Band 2). Leipzig: Insel.

Davreux, J. (1942). *La légende de la prophétesse Cassandre*. Paris: Droz.

Ekstase und Erkenntnis

Nach antiker Auffassung bedeutet Ekstase: Die Seele verläßt die Körperwelt und erhält Zugang zu göttlicher Weisheit. Daher stellen sich im Zustand der Ekstase außergewöhnliche Kenntnisse ein. So glaubte man, Menschen in Ekstase könnten in die Zukunft schauen.

Den Zusammenhang von Ekstase und Weissagung verkörpert in der griechischen Sage die trojanische Königstochter Kassandra. Der Gott Appoll, Sohn des Zeus und Vater des Orpheus (s.o.), soll ihr die Gabe verliehen haben, zukünftige Ereignisse vorherzusagen. Dadurch habe sie im Zustand der Entrückung den Untergang Trojas voraussagen können. Da Kassandra allerdings die Liebe des Gottes nicht erwidert habe, habe sie dieser auf folgende Weise bestraft: Ihre Zeitgenossen sollten ihren Weissagungen keinen Glauben schenken.

Kassandra am Königshof von Troja (Metallschale, nach Davreux, 1942, S. 212).

2.2
Ein zweiter Einstieg in die Wissenschaft: Eindringen in die Geheimnisse der Natur

2.2.1 Lehren von den Elementen, von Himmel und Erde

Die Überlieferung verweist auch auf Naturforscher im antiken Griechenland. Die Naturforscher wollten die Beschaffenheit und Wirkweise der unbelebten Materie sowie der lebenden Organismen aufklären. Wie die Orphiker strebten sie nach Vermehrung des Wissens, im Gegensatz zu den Orphikern wollten sie mehr Wissen über das Hier und Jetzt. Eine beispielhafte Gestalt unter ihnen war Empedokles aus Akragas, einer Stadt in Sizilien. Er wurde um das Jahr 495 v. Chr. geboren und soll sechzig Jahre alt geworden sein.

Empedokles gilt als Urheber der Lehre von den vier Elementen Erde, Feuer, Luft und Wasser. Elemente werden als die Grundstoffe aufgefaßt, aus denen Unbelebtes und Belebtes gemischt ist. Bei Aetius liest man sogar:

„Empedokles behauptete, daß es vor den vier Elementen kleinste Splitter gäbe, gleichsam als Urelemente vor den Elementen aus den gleichen Teilen ... gleichsam die Elemente der Elemente."

(Nach Capelle, 1953, S. 191f.)

Elemente mischten sich auch in der organischen Natur. Dazu Empedokles selbst in den ihm zugeschriebenen Fragmenten:

„... bei den Schalen der schwergepanzerten Meeresbewohner, vor allem der Meerschnekken und der steinschaligen Schildkröten. Da kannst du den Erdstoff zuoberst auf der Haut lagern sehen."

(Nach Capelle, 1953, S. 194)

Elementenlehren suchten zu den kleinsten Bestandteilen der Natur vorzudringen. Die Überlegung war: Man kann belebte und unbelebte Materie schneiden, brechen oder sonstwie teilen. Die Teilung muß jedoch an eine Grenze stoßen. Dann hat man das Unteilbare erreicht, das Atom (griech. *atomos*, unteilbar). Waren Atome und Elemente die kleinsten damals denkbaren Einheiten der Natur, so stellten Erde und Himmel die größten denkbaren Naturgebilde dar. Mit letzteren beschäftigten sich die Naturforscher der Antike ebenfalls.

Einer der frühen Naturwissenschaftler war Anaximander. Von ihm sind folgende Lehren über Mond, Sonne und Erde überliefert:

„Der Mond sei ein Kreis, gleich einem Wagenrad, das den Felgenkranz hohl und von Feuer erfüllt habe, gerade wie der der Sonne. Er habe eine schiefe Lage wie jene und ein einziges Luftloch wie die Röhre eines Blasebalges. ... Die Mondfinsternis erfolge dadurch, daß die Mündung des Feuerluftloches verstopft wird. Die Erde habe die Gestalt eines Zylinders, dessen Höhe ein Drittel seiner Breite sei. ... Auf der einen ihrer beiden Grundflächen gehen wir ..."

(Nach Capelle, 1953, S. 78ff.)

Die Aussagen über das Kleinste und das Größte in der Natur haben mit den Jenseits- und Ewigkeitslehren gemeinsam, daß sie die unmittelbare sinnliche Erfahrung übersteigen und kaum von praktischem Nutzen sind. Waren es also ebenfalls Theorieansätze, die um der Bewußtseinserweiterung und der damit verbundenen Erkenntnisfreuden willen gepflegt wurden? So kann man das erklären. Der Sinn für die Geheimnisse des Irdischen mag der Sehnsucht nach dem Überirdischen durchaus verwandt sein. Die ersten Naturtheoretiker entsprachen wohl nicht dem modernen Bild des nüchternen Forschers. Empedokles jedenfalls schildern erhaltene Berichte als Wanderlehrer mit mystischer Ausstrahlung, der das Volk begeisterte und eine Schar von Anhängern um sich sammelte. Seinen Bewunderern und sich selbst dürfte er als Magier erschienen sein, der übersinnliche Kräfte beschwört, indem er in die Natur eindringt.

2.2.2 *Gedanken über den Menschen als Naturwesen*

Die Naturlehre, insbesondere die Elementenlehre, hatte erhebliche Auswirkungen auf die Menschenkunde, die Anthropologie. Auch den Menschen deutete Empedokles als ein aus Elementen gemischtes Naturwesen. Auf dieser Grundannahme baute er eine Reihe von Aussagen über die Funktionen des Menschen auf. Bei Theophrast ist über die Lehre des Empedokles von Unterschieden zwischen Menschen zu lesen:

„Diejenigen, bei denen die Elemente zu gleichen Teilen und in ähnlicher Form gemischt und nicht zu weit voneinander gelagert, auch weder zu klein noch zu groß seien, das seien die klügsten Menschen, und sie hätten die schärfsten Sinne. ... Die aber, bei denen die Elemente dicht und in kleine Splitter zertrümmert angeordnet wären, solche Menschen griffen eine Sache hitzig an und unternähmen vielerlei, aber sie brächten nur wenig fertig, ... Diejenigen aber, die in einem einzelnen Teil ihres Körpers eine mittlere Mischung hätten, die seien gerade in diesem Bereich begabt. Daher seien die einen gute Redner, die anderen gute Künstler, weil die einen in ihren Händen, die anderen in ihrer Zunge die rechte Mischung hätten."

(Nach Capelle, 1953, S. 237)

Weiterhin überlieferte Theophrast eine Lehre vom menschlichen Sehen, wie sie Empedokles vertreten habe:

„Er behauptet, daß das Innere des Auges Feuer sei, daß dagegen die das Innere umgebenden Stoffe Wasser, Erde und Luft wären; und durch diese Stoffe dringe das Feuer infolge seiner feinen Substanz hindurch, wie das Licht in den Laternen. Es seien aber die Poren des Feuers und Wassers umschichtig gelagert, und wir sähen vermittels der Poren des Feuers die weißen, vermittels derer des Wassers die schwarzen Gegenstände. Denn es paßten die einen in diese, die anderen in jene hinein."

(Nach Capelle, 1953, S. 230)

Über das Denken habe Empedokles - laut einem Autor, der als Pseudoplutarch bezeichnet wird - gelehrt:

„Das Denkvermögen habe seinen Sitz weder im Kopfe noch in der Brust, sondern im Blut."

Ebenso - laut Theophrast:

„Daher denken wir auch vor allem mit dem Blut. Denn in diesem seien am meisten die Elemente gemischt."

(Nach Capelle, 1953, S. 233f.)

Wahrnehmen und Denken werden damit als Naturvorgänge erklärt. Sie vollziehen sich durch Verlagerung irdischer Stoffe. Somit ist die Erkenntnis, die sie vermitteln, diesseitig, irdisch und keineswegs auf überirdische Ideen bezogen.

In seinen Lehren über die körperliche Natur geistiger Prozesse erweist sich Empedokles als Theoretiker des Diesseits. Zugleich sind von ihm Bekenntnisse zur Unsterblichkeit der Seele und zur Seelenwanderung überliefert. So soll er von sich selbst behauptet haben:

„Ich war ja einst schon Knabe, Mädchen, Strauch, Vogel und aus dem Meer emportauchender stummer Fisch."

(Nach Capelle, 1953, S. 243)

Das letzte Zitat und andere überlieferte Aussagen bestätigen das: Empedokles glaubte nicht nur an eine Menschenseele, sondern hing auch einem Panpsychismus (griech. *pan*, alles) an: Seelen wohnten in allen lebendigen Wesen, auch in Pflanzen und Tieren. Und die Seele des Menschen gleiche der Tier- und Pflanzenseele; sonst könnte nicht dieselbe Seele von Gattung zu Gattung wandern. Offenbar schlossen sich im Denken des Empedokles die naturkundliche Betrachtung und die Betrachtung des Übernatürlichen nicht aus. Die magische Einstellung, mit der er sich den Geheimnissen der Natur näherte, war der Jenseitssehnsucht verwandt.

Die Gleichsetzung von diesseitigen und jenseitigen Geheimnissen vermied freilich die Abwertung des Irdischen, wie sie die Gruppe der Orphiker vorgenommen hatte. Irdische

Natur wurde nicht als minderwertig eingeschätzt; es erfolgte keine Abwendung vom Hier und Jetzt. Dadurch wurde auch der Mensch mit seinem körperlichen Dasein und in seinem irdischen Leben zum Gegenstand anspruchsvoller und neugieriger Untersuchung sowie zum Inhalt lustvoll erlebter Theorie.

2.3 Dritter Einstieg in die Wissenschaft: Grundsätze und Regeln für ein gutes Leben

2.3.1 Politik und Ökonomie: Wohlverhalten und Erfolg in Staat und Familie

Was ist ein gutes Leben? Und was soll man tun, um zu einem guten Leben zu gelangen? Zu diesen Problemen sind ebenfalls Lehrmeinungen aus der griechischen Antike überliefert. Die frühen Lehrmeinungen sind nur noch als Fragmente, in Form von Spruchweisheiten erhalten geblieben. Sie wurden Persönlichkeiten von hohem Ansehen zugeschrieben; die Autorität dieser Persönlichkeiten sollte die Durchsetzung der Lehren sichern. Eine solche Persönlichkeit war der Athener Rechtsreformer, Politiker und Dichter Solon (ca. 640-561 v. Chr.). Er trug wesentlich zur Bildung des Stadtstaats Athen bei. Unter anderem führte er in Athen ein neues Schuldrecht ein und gliederte die Bürgerschaft nach Einkommensklassen. Auch andere griechische Städte hatten hervorragende praktische Ratgeber aufzuweisen. Einige von ihnen zählten die Griechen zu der Spitzengruppe der Sieben Weisen.

Auffällig ist: Die als Verkünder der höchsten praktischen Weisheit Gepriesenen lebten in einer technisch fortgeschrittenen Welt (s. Abschnitt 2.1.1). Ihre Ratschläge, die in Schriftform festgehalten wurden, galten jedoch nicht der Vervollkommnung spezialisierter Technik, etwa des Schiffsbaus oder des Waffengebrauchs. Technische Ratschläge wurden wohl vor allem mündlich weitergegeben oder - ohne Worte - durch das Vorbild von Meistern. Die schriftlich überlieferten praktischen Lehren zielten vielmehr auf die Gestaltung des privaten und öffentlichen Lebens, die Ordnung in den Haushalten der Bürger sowie in der Stadtgemeinde.

Aus dieser Einteilung ergaben sich zwei praktische Lehrgebiete:

- Ökonomie, d.h. Hauswirtschaftslehre (griech. *oikos*, Haus),
- Politik, d.h. Lehre von der Stadtgemeinde (griech. *polis*, Stadt).

Unter einer Hauswirtschaft ist im ursprünglichen Sinne ein Gutshof zu verstehen. Der Hof beherbergte eine Großfamilie mit ständig zugehörigen Arbeitskräften, den leibeigenen Sklaven. Es war ein Familienbetrieb, der seine Mitglieder versorgte - vor allem durch Agrarproduktion (Getreide, Oliven u.ä.). Überschüsse wurden gegen andere Güter eingetauscht oder gegen Geld verkauft. Dem Haushalt stand ein Hausherr vor.

Die einzelnen Haushalte schlossen sich zu Stadtgemeinden zusammen. Die Verwaltung der Gemeinden übernahmen die Hausherren gemeinschaftlich; das war jedenfalls eine der im alten Griechenland entwickelten Herrschaftsformen, die Bürgermacht, die Demokratie. Für Entscheidungen in Stadtgemeinden waren Versammlungen einzuberufen. Es waren Gesetze als dauerhaft gültige Entscheidungsregeln zu beschließen. Zur Einhaltung der Gesetze tagten Gerichte.

Spruchweisheiten der Sieben Weisen

Kleobulos aus Lindos:

„Maßhalten ist das Beste."

„Den Vater muß man ehren."

„Nichts mit Gewalt tun."

„Kinder erziehen."

„Beim Weine nicht Sklaven züchtigen; sonst glaubt man, du wärest betrunken."

Solon aus Athen:

„Nichts zu sehr."

„Wenn du gehorchen gelernt hast, wirst du auch zu befehlen verstehen."

„Freunde erwirb nicht rasch; aber die du erworben hast, verwirf nicht rasch."

Chilon aus Sparta:

„Erkenne dich selbst."

„Wähle lieber Verlust als schimpflichen Gewinn; denn jener bringt nur einmal Gram, dieser immer."

„Erleidest du Unrecht, versöhne dich. Wirst du aber mißhandelt, so wehre dich."

Periander aus Korinth:

„Gefährlich ist vorschnelles Wesen."

„Sei gegen deine Freunde, ob sie Glück oder Unglück haben, immer derselbe."

Thales aus Milet:

„Übernimm eine Bürgschaft, und schon ist das Unheil da."

„Sei nicht untätig, auch dann nicht, wenn du reich bist."

„Schwer erträglich ist Mangel an Erziehung."

„Laß dich eher beneiden als bemitleiden."

Pittakos aus Lesbos:

„Den rechten Augenblick erkennen."

„Von dem, was du vorhast, sprich nicht. Denn wenn es dir nicht glückt, wirst du verlacht."

„Das Land ist sicher; auf das Meer ist kein Verlaß."

Bias aus Priene:

„Die meisten Menschen sind schlecht."

„Geh langsam ans Werk; was du aber angefangen hast, bei dem harre aus."

(Auswahl aus der Sammlung des Demetrios, nach Capelle, 1953, S. 65f.)

War der Haushalt der Ort des Privatlebens, so spielte sich in den Bürgerversammlungen das öffentliche Leben ab. Der antike Bürger sollte also einerseits seinen privaten Familienbetrieb leiten, andererseits am öffentlichen Verwaltungs- und Gerichtswesen teilnehmen. Das waren zwei anspruchsvolle Aufgaben. Und weil es wohl manchem schwer fiel, privaten und öffentlichen Verpflichtungen zugleich nachzukommen, mahnte Demokrit:

„Für die tüchtigen Bürger ist es nachteilig, wenn sie ... ihre eigenen Angelegenheiten vernachlässigen. Denn dann steht es um ihre eigenen schlecht. Wenn man aber die öffentlichen Angelegenheiten vernachlässigt, dann gerät man ... in schlechten Ruf. ... Denn ein wohlregierter Staat ist die großartigste Einrichtung; gedeiht er, gedeiht alles; stürzt er zusammen, stürzt alles zusammen."

(Nach Capelle, 1953, S. 458f.)

Eine recht umfangreiche Schrift über Ökonomie ist von dem Schriftsteller Xenophon (ca. 430-354 v. Chr.) erhalten, der im übrigen mehr als Geschichtsschreiber bekannt ist. Behandelt wird darin die Ordnung im Hause (u.a. Ordnung in der Küche, Aufbewahrung wertvollen Besitzes), Landwirtschaft (u.a. Anpflanzung von Olivenbäumen, Aussaat von Getreide), Körperpflege (u.a. Gebrauch von Schminke), das Verhältnis von Mann und Frau (Xenophon schreibt übrigens Mann und Frau verschiedene Aufgaben zu, bezeichnet die beiden Geschlechter aber als gleichwertig), Kindererziehung, Anleitung von Sklaven.

Die politischen Lehren befaßten sich mit der Verteilung von Macht, der Festlegung von Gesetzen und dem Verhalten in Versammlungen. Zu einem wichtigen Anliegen wurde die Rhetorik (griech. *rhetor*, Redner), die Kunst der Rede in der Versammlung und vor Gericht. Themen der Rhetorik waren u.a. Wahl der Argumente, Gestik, Stimmführung.

Dahlheim, W. (1992). *Die griechisch-römische Antike* (Band 1). *Herrschaft und Freiheit: Die Geschichte der griechischen Stadtstaaten*. Paderborn: Schöningh.

Xenophon (o.J./1911). Die Kunst der Haushaltung. In E. Müller (Hrsg.), *Sokrates, geschildert von seinen Schülern* (S. 253-319). Leipzig: Insel.

Demokratie in der Antike

Die Machtverteilung im alten Griechenland war weder unumstritten noch einheitlich. Griechenland gilt als Wiege der Demokratie, aber die griechischen Regierungsformen wiesen bedeutsame Unterschiede zu modernen parlamentarischen Demokratien auf. Bürgerverwaltungen mußten sich teilweise gegenüber Adligen durchsetzen, welche als Fürsten über ein Gebiet herrschten; teilweise regierten Einzelpersonen, die Tyrannen. Selbst in den fortgeschrittensten griechischen Demokratien genossen nicht alle Erwachsenen Bürgerrechte, vor allem nicht die Sklaven. Jedoch waren es nicht immer nur die Gutsbesitzer, die öffentliche Rechte besaßen; insbesondere konnten sich Handwerker oft am öffentlichen Leben beteiligen (Dahlheim, 1992).

Aus Xenophons *Haushaltskunst:* Über Lohn und Strafe

„Junge Hunde, so unendlich viel geringere Geschöpfe als Menschen, lernen im Kreise herumlaufen und Purzelbäume schlagen und viele andere Kunststücke auf die nämliche Art: folgen sie, so kriegen sie, wonach ihnen verlangt, tun sies nicht, züchtigt man sie. Menschen dagegen kann man schon durch das Wort folgsamer machen, indem man ihnen vorstellt, daß es vorteilhafter für sie ist zu gehorchen; aber für Sklaven ist auch die Zuchtmethode, die man tierisch nennen kann, sehr wirksam, um ihnen Gehorsam zu lehren. Wenn du den Lüsten ihres Gaumens entgegenkommst, kannst du viel bei ihnen ausrichten. Ehrgeizige Naturen aber werden durch Lob angestachelt. Denn es gibt Naturen, die nach Lob nicht weniger hungern und dürsten als nach Speis und Trank. ... Die Kleider und Schuhe, die ich den Arbeitern zu liefern habe, lasse ich nicht alle gleich machen, sondern teils geringer, teils besser, um mit den besseren die tüchtigeren Knechte auszuzeichnen, den weniger tüchtigen aber die geringeren geben zu können. Denn mir scheint, es muß die tüchtigen Leute ganz mutlos machen, wenn sie sehen, die Arbeit tuen sie, und die sich weder anzustrengen, noch einer Gefahr, wenns not tut, auszusetzen Lust haben, die werden ebenso behandelt wie sie."

(Xenophon, o.J./1911, S. 299)

Die frühen Lehren über das häusliche und städtische Leben behandelten also:

- Programme zur erfolgreichen Bewältigung praktischer Probleme (z.B. in der Erziehung, bei der Arbeit); dazu gehörten Ratschläge zur Verbesserung der Leistung (z.B. Anspornen der Sklaven durch Lob oder Geschenke).
- Regeln für angemessenes Benehmen in kritischen sozialen Situationen (z.B. Versöhnung nach erlittenem Unrecht) oder zur Vorbeugung von sozialen Nachteilen (z.B. richtige Wahl von Ehepartnern).

2.3.2 Seelische Gesundheit

Praktische Lehren verfolgten somit zunächst zwei Ziele: Anstand, d.h. soziale Verträglichkeit des Verhaltens, und Leistung, d.h. erfolgreiches Handeln. Nun sind Anstand und Sozialverträglichkeit, Erfolg und Leistung Werte in der realen Welt der Ökonomie und der Politik. Im Haushalt und im städtischen Leben stellen sie Nutzen dar. Anstand verschafft sozialen Frieden und erspart die Anstrengungen und Leiden des Streits. Leistung bringt Dienste und Werke hervor, welche körperliche und soziale Bedürfnisse befriedigen; sie stillen Hunger und Durst, versorgen mit Wohnung und Kleidung, verhelfen zu Sicherheit und körperlicher Gesundheit.

Doch wo der Glauben an eine jenseitige Welt mit höheren Werten herrschte, konnte irdischer Nutzen allein nicht zufriedenstellen. Es erwuchs die Forderung nach einem Leben, das sich der höheren Wirklichkeit verpflichtete. Wer die Seele als jenen Teil des Menschen verstand, der Anteil an der höheren Wirklichkeit hatte, mußte ein Leben für gut halten, das zuerst gut für die Seele sei. Dem äußeren Wohlergehen wurde also das innere Wohlergehen, die seelische Gesundheit entgegengestellt.

Vor allem sollte eine gute Lebensführung der seelischen Gesundheit (griech. *hygieia*) zugute kommen. Doch was ist ein gutes, d.h. der Seele zuträgliches Leben? Die Pythagoreer verstanden darunter ein der höheren Ordnung verpflichetes Leben. Die Pythagoreer waren ein Männerbund, dessen strenggläubige Mitglieder Klostergemeinschaften bildeten. Der Bund wurde um 530 v. Chr. in Kroton, in Süditalien, von Pythagoras gegründet. Pythagoras - als Universalgelehrter viel gerühmt - stammte von der ionischen Insel Samos; er wurde dort zwischen 570 und 600 v. Chr. geboren (van der Waerden, 1979).

Die Pythagoreer machten sich die orphische Lehre von der Trennung von höherer und niederer Welt sowie der Trennung von Seele und Körper (Abschnitte 2.1.1 und 2.1.2) zu eigen. Als höchste Prinzipien betrachteten sie Ordnung und Harmonie. Ordnung und Harmonie entstammten der höheren, überirdischen Welt, seien aber in der irdischen Wirklichkeit ebenfalls erkennbar - z.B. im Lauf der Sterne. Die Seele vervollkommne sich, indem sie selbst zu Ordnung und Harmonie gelange. Dies gelinge durch Bildung in

- Theorie,
- Kunst,
- Askese und
- Freundschaft.

Theorie (s. bereits Abschnitt 2.1.3) sollte das Studium der Astronomie, der Geometrie und Mathematik vermitteln; es sollte Gesetzmäßigkeiten in den Verhältnissen von Mengen und Strecken erkennen lassen (z.B. im Satz, daß die Summe zweier ungerader Zahlen immer eine gerade Zahl ist). Als Ausdruck höherer Ordnung erschien den Pythagoreern insbesondere die Schönheit der Musik. Entdeckten sie doch als Grundlagen des Wohlklangs feste Zahlenverhältnisse im Tonraum. So demonstrierten sie am Monochord, einem Instrument mit einer Saite symphone (griech. *symphonos,* zusammenklingend) Klänge, in denen zwei Töne verschmolzen. Symphone Klänge entstehen bei einem festen Verhältnis der Länge von Saiten. Dabei sind einfache Zahlenverhältnisse bevorzugt - das Verhältnis 2:1 (Oktave) sowie das Verhältnis 3:2 (Quinte).

Askese bedeutete Zurückhaltung bei der Pflege des Körpers. Der Körper als Ballast der Seele - in der Sprache der Orphiker gar dessen Gefängnis (s. Abschnitt 2.1.3) - sollte nicht gestärkt werden. Dies schlug sich nieder in Diätvorschriften. Bevorzugt wurde leichte Nahrung - z.B. Honig und Brot. Abgelehnt wurde - aus mehreren und verschiedenartigen Gründen - schwer verdauliche Kost; insbesondere war der Genuß von Fleisch und Bohnen nicht gestattet. Dem Harmonieprinzip entsprach das Leben als Solidargemeinschaft. Das Zusammenleben sollte Freundschaft fördern und erhalten. So sollte es im Bund der Pythagoreer kein Privateigentum geben, nur Gemeinschaftseigentum.

Waerden, B. L. van der (1979). *Die Pythagoreer.* Zürich: Artemis.

2.4 Zwischenbilanz: Grundzüge von Wissenschaft und Wurzeln der Psychologie in der Philosophie

2.4.1 Theoretische und praktische Philosophie

Freude an gutem Wissen, Nachdenken und Reden über Wissenswertes - das hatte bei den Griechen einen Namen: Philosophie, Vorliebe für gutes Wissen (griech. *philein*, lieben, *sophia*, Weisheit). Einen Freund guten Wissens bezeichnet man seitdem als Philosophen. Als Inhalte der Philosophie zu unterscheiden sind Kenntnis (griech. *episteme)* und Können (griech. *techne).* Unter Kenntnis ist theoretisches Wissen zu verstehen; solches Wissen widmet sich der Anschauung von Sachverhalten (s. Abschnitte 2.1 und 2.2). Wissen konnte aber auch praktisch verwertbar sein; dann diente es der Gestaltung eines besseren Lebens (s. Abschnitt 2.3). So trennte sich schon während ihres Entstehens eine theoretische Philosophie von einer praktischen.

Praktische Philosophie erhielt einen eigenen Namen: Pragmatik (griech. *pragmatike techne*, Kunst der Handlung). In der Pragmatik zählte das vorbildliche Beispiel (z.B. eine nachahmenswerte rhetorische Figur) und der allzeit gültige Rat (z.B. „Maß halten"). Pragmatische Aussagen enthielten auf eine Situation zugeschnittene Regeln in Wenn-Dann-Form (z.B. „Beim Weine keine Sklaven züchtigen"). Theorie widmete sich dagegen Fragen in Ist-Form (vor allem „Was ist das?", „Wie ist das?", „Warum ist das?").

Das Wissen der Philosophen galt als fortgeschritten, herausragend; der Besitz dieses Wissens galt als Vorzug. Zugleich erschien dieses Wissen verbürgt. Es bürgten für seine Richtigkeit - so bezeugen die Quellen (s.o) - entweder übernatürliche Wesen (wie der Gott Apoll) oder irdische Weise (wie die Lehrer Empedokles, Solon und Pythagoras). So bildeten Wissen und Glauben eine Verbindung, und beide erwuchsen aus der Zugehörigkeit zu einer Gemeinschaft von Wissenden und Gläubigen.

In der Philosophie entwickelten sich somit Gütemaßstäbe. Für Ist-Aussagen der theoretischen Philosophie einschlägig war der Maßstab der Wahrheit, d.h. der Übereinstimmung von Aussage und ihrem Gegenstand. Für Wenn-Dann-Aussagen der praktischen Philosophie einschlägig war zunächst der Maßstab des Erfolgs, d.h. der Übereinstimmung von zugedachter und eintretender Wirkung einer Maßnahme. Sofern seelische Gesundheit Ziel praktischer Philosophie war, trat Erfolg in besonderer Weise in Erscheinung: als innere Befriedigung, als Glückserlebnis.

Die Trennung in theoretisch und praktisch orientierte Zweige wird die Wissenschaft bis in unsere Zeit kennzeichnen. Man wird erstere der Grundlagenforschung zurechnen, letztere der Anwendungsforschung. Ansätze, die man heute als psychologisch einzustufen pflegt, sind bereits in der antiken Philosophie enthalten (vgl. Abschnitte 2.1, 2.2, 2.3). Diese Ansätze werden sich entfalten und vermehren; die einmal gesetzten Grenzen zwischen einer theoretischen und einer praktischen Orientierung werden sie weitgehend einhalten.

Auch in der Psychologie wird später die Polarisierung zwischen Theorie und Praxis zum Vorschein kommen - als Polarität zwischen theoretischer und praktischer Psychologie, zwischen psychologischer Grundlagenforschung und psychologischer Praxis. Erstere wird vorzugsweise psychische Phänomene zu beschreiben und aus ihren Ursachen zu erklären versuchen (z.B. Lernleistungen). Letztere wird erfolgreiche Maßnahmen zum Erkennen und Beheben psychischer Probleme erproben und durchführen (z.B. Schulreifediagnostik, Behandlung von Lernstörungen). Dabei wird psychologische Theorie nicht notwendig psychologische Praxis fördern. Vielmehr werden psychologische Theorie und Praxis in einem Verhältnis stehen, das einerseits zu einem fruchtbaren Wechselspiel anregt, andererseits heftige Konflikte schafft (s. Kap. 11).

2.4.2 Erkenntnis des Wahren und Guten - empirischer und idealistischer Ansatz

Theoretische Philosophie strebte also nach Erkenntnis des Wahren, Praktische Philosophie nach Erkenntnis des Guten. Doch was ist Wahrheit? Was ist das Gute? Und wie gelangt man zur Erkenntnis des Wahren und des Guten? Um eine Aussage als wahr und einen Rat als gut zu bezeichnen, bedarf es einer inneren Überzeugungskraft, einer Evidenz (lat. *evidens,* einleuchtend). Die Evidenz von Lehren bestätigt sich in der Übereinstimmung mit Gleichgesinnten, besonders mit angesehenen Lehrern (s. Abschnitt 2.4.1). Evidenz ist freilich oft durch Zweifel gefährdet. Übereinstimmung vergeht häufig im Streit. Kann man die Erkenntnis des Wahren und Guten untermauern, und zwar auf eine Weise, die Zweifel und Streit ausschließen? Das ist der Anspruch von Theorien der richtigen Erkenntnis, der Erkenntnistheorie.

Ein Weg zur Verbesserung theoretischer Erkenntnis war die Beobachtung. Dies war der Weg, den die Naturkunde einzuschlagen begann. Aufgrund sorgfältiger Beobachtungen ließen sich z.B. Beschreibungen des Tierreichs und des Sternenhimmels anfertigen. Diese waren als wahr anzuerkennen, sofern sie sich tatsächlich auf Beobachtungen stützten. Auch praktische Erkenntnis ergab sich aus Beobachtung. Man konnte beobachten, wie ein Ringer seine Gegner im Wettkampf mit geschickten Griffen besiegte, oder wie ein Ankläger mit ausgeklügelten Argumenten einen Gerichtsprozeß für sich entschied. Danach konnte man die innere Befriedigung und die äußeren Vorteile ausmalen, welche der Gewinn von Wettkämpfen oder Prozessen verschafft. Man konnte die Kunst der Athleten und der Rechtsexperten, die zum Gewinn verhilft, zur Nachahmung weiterempfehlen. Man hatte damit in zweierlei Hinsicht etwas Gutes festgestellt: Erstrebenswerte Ziele und wirksame Mittel zur Erreichung dieser Ziele.

Beobachtung vermittelt Erfahrung. Die Methode, Erkenntnis auf Beobachtung zu gründen, nennt man daher empirisch (griech. *empeiria,* Erfahrung). Empirische Erkenntnis erhärtet sich durch Wiederholung. Theorien der Astronomie werden umso glaubwürdiger, je häufiger sie sich in der Beobachtung der Sterne bestätigen. Dasselbe gilt für praktische Ratschläge. Die Lehren der Politik und Ökonomie werden umso beliebter, je häufiger sie sich bei der Sicherung von Glück, Erfolg und sozialem Frieden bewähren.

Doch wie weit reicht die aus der Erfahrung zu schöpfende Erkenntnis? Gerade die griechische Philosophie hat die Begrenztheit der empirischen Methode hervorgehoben. Erfahrung, wie sie die Sinne vermittelt, zeigt ja nur die Oberfläche der Dinge und die Vielfalt ihrer Erscheinungen. Fortgeschrittenes Erkennen verlange freilich mehr. Es müsse vordringen zu

- der Ordnung der Dinge,
- den Ursachen der Dinge und
- dem Wesen der Dinge.

Ordnungsdenken war dazu bestimmt, ein Urteil über die Gleich- und Ungleichartigkeit von Dingen zu fällen. Beobachtet man etwa Raubkatzen, so unterscheiden sie sich alle in Wuchs, Größe und Farbe. Wie kann man sie - etwa aufgrund ihres unterschiedlichen Körperbaus - in Löwen und Hyänen trennen? Welche von ihnen kann man - z.B. trotz ungleicher Größe - zu Löwen zusammenfassen? Zur besseren Erkenntnis schuf man also einerseits Ordnungskategorien, andererseits Ordnungsmerkmale zur Einteilung von Gegenständen in diese Kategorien. In zunehmend abstrahierender Weise wurden grundlegende und übergreifende Kategorien bestimmt - die Kategorien des Unbelebten, Belebten, Geistigen und Göttlichen. Die übergreifenden Kategorien wurden weiter aufgegliedert und damit wiederum konkretisiert. Es wurden innerhalb des Belebten Tiergattungen unterschieden, beginnend mit der Einteilung in Wirbeltiere und wirbellose Tiere. Als unumgänglich für die Erkenntnis eines Dinges wurde das Erfassen seiner zureichenden Ursache angesehen; so wäre etwa die Sternenbahn nicht denkbar ohne die Annahme eines Bewegers.

Von zentraler Bedeutung erschien die Erkenntnis des Wesens der Dinge. Was ist darunter zu verstehen? Der sinnlichen Erfahrung fehlt die Beständigkeit; alles befindet sich in Bewegung, alles verändert sich. Man nehme als Beispiel die Menschen. Unter den Menschen sind nicht nur Individuen voneinander zu unterscheiden (z.B. leben Wagemutige und Verzagte nebeneinander). Selbst ein- und dasselbe Individuum bleibt nicht, wie es ist. Menschen wachsen und altern, geraten in Zorn und beruhigen sich wieder. Und doch: Gibt es in dieser Vielfalt nicht einen unwandelbaren Kern, der alle Menschen zu allen Zeiten und in allen ihren Erscheinungsformen kennzeichnet? Auf einen solchen unwandelbaren und unverzichtbaren Kern konzentriert, ließe sich jedes Individuum in eine allgemeingültige Kategorie (s.o.) „Mensch" einordnen. In der kategorial präzisen Bestimmung wäre der „Mensch im allgemeinen" erfaßt, „der eigentliche Mensch" - auf einen Begriff gebracht: das Wesen des Menschen.

Aus der Zeit um 500 v. Chr. ist von Parmenides die Lehre überliefert, das Denken erhebe sich zum Licht der Sonne, um das Sein der Dinge zu erfassen. Das Sein eines Dinges war dabei exakt als jenes gedacht, was die Feststellung erlaubt: Das Ding ist - und zwar „*ganz, einzig, unerschütterlich*" (Parmenides nach Capelle, 1953, S. 166).

Das Seiende (griech. *on*) ebenso wie das Wesen (griech. *ousia*) der Dinge zu erkennen, wurde zu einem vorrangigen Ziel der Philosophie. Dem Wesen der Dinge, ihrer Ordnung und ihrem Ursprung widmet sich eine eigene Richtung der Philosophie. Sie wird als Ontologie, d.h. als Seins- oder Wesenslehre bezeichnet (s. Kremer, 1984). Ontologische Philosophie nahm für sich in Anspruch, die tiefste, gründlichste Philosophie zu sein, weil sie die Dinge in ihrem Kern erfasse.

Auf keinem Gebiet schien das Begreifen der Ordnung und des Wesentlichen besser zu gelingen als in der Mathematik und der Geometrie. In ihren Lehrsätzen schienen sich Konstanten und Verhältnisse von Raum und Zeit mit höchster Allgemeingültigkeit und klarster Ordnung darzustellen. Die Pythagoreer (Abschnitt 2.3.2) wiesen in ihrer Harmonielehre mathematische Beziehungen zwischen Tönen sogar als Grundlage des Wohlklangs von Musik nach (Abschnitt 2.4.1). Damit begründeten sie die Gemeinsamkeit von Wahrheit und Schönheit.

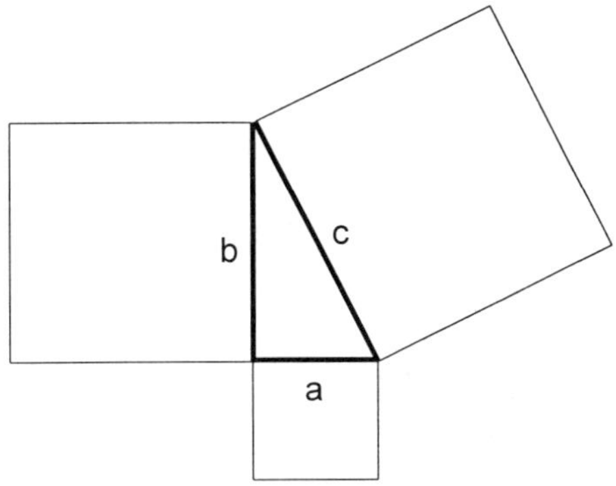

$$a^2 + b^2 = c^2$$

Dem Pythagoras zugeschriebener Satz: Im rechtwinkligen Dreieck ist die Summe der Quadrate über den kürzeren Seiten a und b (den Katheten) gleich dem Quadrat über der langen Seite c (der Hypotenuse). Der Satz galt als Beispiel eines allgemeingültigen Gesetzes.

Ontologische Erkenntnis strebte somit nach Lehrsätzen von allgemeiner und dauerhafter Gültigkeit. Sätze, die immer und überall Ordnung und Wesen der Dinge feststellen sollten, wurden Gesetze genannt. Ontologische Philosophie suchte somit Gesetze und innerhalb dieser Gesetze Begriffe, die als ewig und allgemeingültig anzuerkennen waren. Zu den eindrucksvollsten Beispielen gehörten geometrisch-mathematische Begriffe (wie Kathete, Hypotenuse als Linien im Dreieck) und Gesetze (wie der Satz des Pythagoras, s.o.).

Zweifel an dem Wert der Erfahrung ließen sich auch bezüglich der Erkenntnis des Guten äußern: Läßt sich aus Erfahrung ermessen, was Glück, Frieden und Erfolg eigentlich sind? Verführt nicht gar irdische Lust zu einem falschen Leben, zu schlechten Zielen? Wie will man überhaupt aus dem Treiben dieser Welt ersehen, was das Gute ist? Einen

Kremer, K. (1984). Ontologie. In J. Ritter & K. Gründer (Hrsg.), *Historisches Wörterbuch der Philosophie* (Band 6, S. 1189-1198). Basel: Schwabe.

Ausweg aus solchen Zweifeln bot die Annahme, das Wesen des Guten und Gesetze des guten Lebens ließen sich ebenfalls jenseits der Erfahrung in allgemeingültigen und dauerhaften Lehrsätzen bestimmen. Ebenso kann man der Schönheit ein eigenes Wesen und eigene (z.B. mathematisch faßbare, s.o.) Gesetze zuschreiben und diese jenseits der Erfahrung zu begreifen suchen. Aus dieser Sicht geht fortgeschrittene Erkenntnis über die Erfahrung hinaus. Sie erschließt sich nur im Denken, in dem sich ein (zu erkennender) Gegenstand und ein (erkennendes) Subjekt unmittelbar begegnen.

Ist solche Erkenntnis noch von dieser Welt, oder vollzieht sie sich in einer höheren, überirdischen Welt? Die Pythagoreer (s.o.) nannten jedenfalls Wahrheit, Güte und Schönheit erhaben, ja göttlich. Es heißt, es sei Pythagoras gewesen, der den Begriff der Philosophie (s. Abschnitt 2.4.1) eingeführt habe. Eine Philosophie, die sich dem Wahren, Schönen und Guten zugleich widmet, war ihm die erstrebenswerteste Beschäftigung, weil sie ihm selbst erhaben und gottähnlich erschien.

Die philosophische Annahme einer höheren Welt der Wahrheit, Güte und Schönheit fußte auf dem Glauben der Orpheusanhänger von zwei Welten, einem unvollkommenen und zeitlichen Dieseits und einem vollkommenen und ewigen Jenseits (s. Abschnitt 2.1.3). Wahrheit als Wissen vom Wesen, von Ordnung und Ursprung, Güte als Einsicht in das Wesen des Guten und der guten Lebensführung sowie Verständnis für das Wesen und die Gesetze der Schönheit wurden als Inhalte überirdischer Weisheit gedeutet. Menschlicher Geist, der ihrer teilhaftig werden will, muß die irdische Welt überschreiten und eindringen in jene metaphysische Welt.

Der Ansatz, der das Fortschreiten zur Ontologie fordert und hierzu ein Überschreiten natürlicher Erfahrung sowie das Eindringen des Denkens in eine überirdische Welt der Weisheit für notwendig und möglich hält, wird fortwirken. Er wird die Bezeichnung „Idealismus" (lat. *idea*, Vorstellung) erhalten. Im Verlauf der Wissenschaftsgeschichte werden Idealismus und Empirismus (s.o.) heftig miteinander konkurrieren.

Die idealistische Sichtweise hat über eine lange Strecke das Bild der Philosophie geprägt. Ontologische Erkenntnis, die Bestimmung von allgemeingültigen und ewigen Begriffen und Gesetzen ist für viele zum Ideal von Wissenschaft schlechthin geworden. Die Idealvorstellung schloß bis weit über die Antike die orphische Wertvorstellung von der Unterlegenheit der diesseitigen Natur und der Überlegenheit der jenseitigen Welt des Wahren, Schönen und Guten ein. Die Folgen waren eine Aufwertung der Theorie gegenüber der Pragmatik sowie eine Aufwertung der Metaphysik, der Lehre von den Erkenntnissen jenseits der Erfahrung, gegenüber der Physik, der (auf Beobachtung beruhenden) Naturkunde (griech. *physike*, Naturlehre; *meta*, nach).

Pragmatik mochte zum Wohlergehen der Bürger und ihres Staates beitragen. Doch pragmatische Lehren verbesserten nur das Leben im Hier und Jetzt - lautete der idealistische Vorbehalt. Sie fesselten gar an die Erdenwelt, ohne über sie hinauszuführen. Deshalb sank das Ansehen der Pragmatik bei idealistisch gesonnenen Intellektuellen; sie hielten sich von Pragmatik fern und gaben sich lieber ontologischen Spekulationen hin.

Die Naturlehre genoß hohe Anerkennung, sofern sie Aufschluß über Ordnung, Ursprung und Wesen der Naturdinge zu ermitteln trachtete (z.B. durch mathematische Berechnung der Sonnenbahn). Die schlichte, wenn auch umsichtige und systematische Beobachtung von Sternen, Tieren u.ä., die lediglich das Wissen über die Vielfalt der irdischen Erscheinungen vermehrte, war dagegen bei den nach metaphysischer Weisheit strebenden Intellektuellen weniger geschätzt.

Die Kontroverse zwischen Idealismus und Empirismus hat so auch die Entwicklung der Wissenschaften selbst begleitet. Ontologisch ausgerichtete Philosophie erhielt einen Vorrang, den ihr die empirischen Natur- und Technikwissenschaften erst im 19. Jahrhundert streitig machen konnten. Im Konflikt zwischen Idealismus und Empirismus wird sich ebenfalls die Psychologie entwickeln. Die Vorzugsstellung ontologischer Theorien werden naturwissenschaftliche und pragmatische Lehren der Psychologie überwinden müssen.

2.4.3 Der subjektivistische Ansatz: Eine Wahrheit oder mehrere Wahrheiten?

Die Suche nach Wesentlichkeit und die Verankerung des Wesentlichen in einem Geist jenseits irdischer Wirklichkeit sowie jenseits sinnlicher Erfahrung beruhte auf der Überzeugung von der Einzigartigkeit der Wahrheit. Wahrheit - als höchster Wert verbürgt - duldet keinen Widerspruch. In seinem Werk *Der Staat* unterstrich Platon diesen Anspruch mit der These, im Reich der Ideen wohne auch das Gute, und das Gute verleihe der Wahrheit ihren Wert (s. später Abschnitt 3.1.3). Philosophische Einsicht verschaffe Zugang zum Guten und vermöge Wahrheit sicher nachzuweisen. Zu jedem Sachverhalt gäbe es daher nur eine Wahrheit; was der Wahrheit widerspreche, sei falsch.

Einige Jahrzehnte, bevor Platon das genannte Werk *Der Staat* schrieb, im 5. vorchristlichen Jahrhundert, hatten aufklärerisch gesonnene Lehren die Subjektivität und Widersprüchlichkeit des menschlichen Urteils hervorgehoben. Was wahr und falsch sei, hänge von den jeweiligen Umständen und Interessen der Menschen ab. Die eine und einzige Wahrheit gibt es nicht - war die Begründung. Es gibt Wahrheit auch nicht als höheres, überirdisches Gut. Deshalb ist Unwahrheit nicht grundsätzlich verwerflich.

Solche Behauptungen stammten von ebenso scharfsinnigen wie spitzfindigen Denkern und Redekünstlern, welche als Sophisten (griech. *sophos*, geschickt) bezeichnet wurden. Die Götter und das Jenseits deuteten sie als Erfindungen der menschlichen Phantasie, ebenso den Glauben an eine absolute Wahrheit und ein absolut Gutes. Sie verwiesen auf die unterschiedlichen Auffassungen der Menschen sowie auf die Schwierigkeiten, widersprüchliche Meinungen und Behauptungen zu widerlegen. Was wahr und gut sei, entscheide jeder Mensch jeweils für sich.

Die Lehre der Sophisten hat viele Zeitgenossen verunsichert und erregt. So warf Sextus Empiricus dem Sophisten Protagoras aus Abdera (etwa 481- 411 v. Chr.) vor, er habe *„den Maßstab der Erkenntnis zunichte"* gemacht. Denn er habe behauptet, *„es seien sämtliche Vorstellungen und Meinungen wahr, ... weil alles, was ein Mensch sich vorstellt oder meint, in Hinsicht auf diesen auch wirklich wahr sei"* (nach Capelle, 1953, S. 327).

Der Subjektivismus und der Relativismus der Sophisten fanden ihren Niederschlag in ihrer Rhetorik. Denn was ist Ziel der öffentlichen Rede? Der Wahrheit und dem ihr innewohnenden Guten zum Sieg zu verhelfen - meinten die Jenseitsgläubigen. Nur die eine Wahrheit, die am Guten Anteil habe, führe zur Gerechtigkeit. Dieser Deutung widersprachen die Sophisten. Wenn es - je nach Umständen und Sichtweise - mehrere Wahrheiten gebe und mehrere Aussagen vertretbar seien, dürfe man seine Argumente nach seinem jeweiligen Vorteil wählen.

Subjektivismus als Erkenntnisprinzip

Der sophistische Philosoph Protagoras hat die Subjektivität zu einem Prinzip der menschlichen Erkenntnis erklärt. Seine Kernthese hat Platon in seinem Dialog *Theatet* folgendermaßen überliefert:

„... er sagt nämlich, der Mensch sei das Maß aller Dinge, der seienden, wie sie sind, der nicht seienden, wie sie nicht sind."

(Platon, undatiert/1970, S. 151)

Dieser relativierende Satz stellte die mystischen Offenbarungen und insbesondere den Glauben an die Götter in Frage; sie seien nur Erfindungen des menschlichen Geistes. Protagoras wendete dabei seinen Relativismus auf sein eigenes Denken an. Seneca (s. später Abschnitt 3.3.2) berichtete in seinen Briefen:

„Protagoras behauptet, jeden Sachverhalt könne man auf zweierlei Weise erörtern mit gleicher Berechtigung sowie die Frage selbst, ob ein Sachverhalt auf zweierlei Weise erörtert werden kann."

(Seneca, o.J./1984, S. 325, übersetzt von M. Rosenbach)

Kritikpunkt Historismus

Warum geht dieses Buch drei Jahrtausende zurück bis in die Antike, um Psychologie als Wissenssystem, als wissenschaftliche Disziplin und als Beruf darzustellen? Schließlich ist Psychologie erst im 20. Jahrhundert zu einem eigenständigen Beruf geworden (s. Kapitel 11), erst im 19. Jahrhundert zu einem eigenständigen wissenschaftlichen Fach (s. Kapitel 9). Nicht einmal der Begriff der Psychologie ist vor dem 16. Jahrhundert nachweisbar (s. Abschnitt 4.3.2). Kann man da die Herkunft der Psychologie aus der frühen Mittelmeerkultur begründen? Kann man ihr ein einigermaßen kontinuierliches Wachstum seit jener Epoche bescheinigen? Oder verhält es sich mit der Psychologie ganz anders? Ist sie nicht vielmehr eine ganz junge Wissenschaft, eine Antwort auf die Anforderungen der vergangenen beiden Jahrhunderte? Kurz: Ist Psychologie nicht eine Erscheinung der Moderne?

Dieses Buch deutet Psychologie als einen geschichtlichen Prozeß, der in der Antike begonnen und sich bis in die Moderne fortgesetzt hat. Es verfolgt damit einen historistischen Ansatz. Der Historismus (vgl. Wittkau, 1992) betont die Entwicklungslogik von Denk- und Organisationsformen sowie ihre sozialen, ökonomischen und technischen Voraussetzungen. Gegenwärtige Kulturerscheinungen - so das Prinzip des Historismus - sind nur als vorläufige Endglieder eines zeitlichen Prozesses zu verstehen.

Dem Historismus ist in letzter Zeit vor allem die strukturalistische Geschichtsphilosophie entgegengetreten. Kulturelle Entwicklungen und Erscheinungen lassen sich nach strukturalistischer Auffassung nur im Systemzusammenhang begreifen - vor allem in den wirtschaftlichen und politischen Zusammenhängen ihrer Zeit. Daher müßte die Wissenschaftsgeschichte vor allem Querverbindungen zu Wirtschaft und Politik berücksichtigen. Systeme und Systembindungen von Wissenschaft ergäben sich dabei zu jeder Zeit neu; Wissenschaft sei nur aus der Aktualität zu deuten (vgl. Foucault, 1966/1971).

Der Autor bestreitet weder Wechselwirkungen von synchronen (zeitgleichen) Prozessen noch die Möglichkeit revolutionärer Umbrüche. Jedoch hält er diachrone (aufeinanderfolgende) Prozesse in der Theorie wie in der Praxis der Psychologie für höchst bedeutsam. Gäbe es keine Traditionen in der Psychologie, könnte dieses Lehrbuch nicht die Rekonstruktion ihrer Geschichte als Schlüssel für ihr Verständnis nutzen.

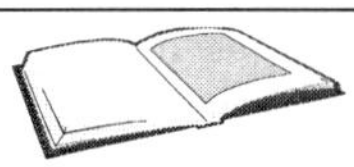

Wittkau, A. (1992). *Historismus*. Göttingen: Vandenhoeck & Ruprecht.

Foucault, M. (1966/1971). *Die Ordnung der Dinge*. Frankfurt a. M.: Suhrkamp.

Als maßgeblichen Vertreter des Sophismus kennt man Protagoras aus Abdera (etwa 485-415 v.Chr.), der als Lehrer der Rhetorik tätig gewesen ist. Ihm wird die Behauptung zugeschrieben, es gebe von jeder Sache zwei Standpunkte. Er habe sich gerühmt, in seinen Reden „*die stärkere Sache zur schwächeren gemacht zu haben*". Aristoteles verurteilte dies als „*Lüge und nicht wahr, sondern nur ein Schein*", und das gebe es „*in keiner anderen Kunst als in der Rhetorik*" (nach Capelle, 1953, S. 325). Platon (undatiert/1977) suchte das Bild des Protagoras zu korrigieren. Er schrieb ihm die moralische Botschaft zu: Das Zusammenleben der Menschen bedürfe der Harmonie, und diese erfordere Gerechtigkeit (griech. *dike*) und gegenseitigen Respekt (griech. *aidos*).

2.4.4 Philosophie - Wissenschaft, aber noch kaum ein Beruf

Man sollte nicht über wissenschaftliche Lehren sprechen, ohne die soziale und wirtschaftliche Lage der Menschen zu vergegenwärtigen, welche diese Lehren ausdenken und verbreiten. Was den Beginn der Wissenschaft in der Antike anbelangt, stellt sich die Frage: Konnte man im alten Griechenland mit Wissenschaft seinen Lebensunterhalt bestreiten? Taugte Wissenschaft zum Beruf? Diese Frage ist, was die oben beschriebenen Anfänge anbelangt, mit einem eingeschränkten „Nein“ zu beantworten.

In der Antike bildete Wissenschaft einen Teil einer Rede- und Diskussionskultur. Sie war zum Teil eine Festtags- und Freizeitbeschäftigung. Dabei waren Feiertage selten, und die tägliche Versorgung ließ wenig Freizeit. Zum Teil war wissenschaftliche Betätigung Teil der Erziehung. Daher setzten sich vor allem junge Leute mit wissenschaftlichen Lehren auseinander.

Die frühen Wissenschaftler, die sich als „Freunde guten Wissens“ (s. Abschnitt 2.4.1) bezeichneten, waren durchaus Amateure, Dilettanten. Doch zumindest einige von ihnen stellten Kreativität, Scharfsinn und rhetorische Kraft unter Beweis. Sie wurden zu örtlich anerkannten Größen. Und manche hielt es nicht an ihrem Ort; sie zogen durch das Land und verkündeten ihre Lehren auch außerhalb ihrer Heimat.

Platon (undatiert/1977). Protagoras. *Werke*, herausgegeben von G. Eigler (Band 1, S. 83-218). Darmstadt: Wissenschaftliche Buchgesellschaft.

Platon (undatiert/1970). Theaitetos. *Werke*, herausgegeben von G. Eigler (Band 6, S. 2-217). Darmstadt: Wissenschaftliche Buchgesellschaft.

Seneca, L. A. (undatiert/1984). An Lucilius. *Briefe über Ethik* (S. 70-124), herausgegeben von M. Rosenbach. Darmstadt: Wissenschaftliche Buchgesellschaft.

Bewußtseinserweiterung ist oben (Abschnitt 2.1.3) genannt worden, was Philosophie zu bieten hatte. Man kann auch einfacher sagen: Philosophie trug zur Bildung und Unterhaltung bei. Zugleich ist zu bedenken, daß einige Lehren auch praktisch Verwertbares vermittelten: Geschicktes Argumentieren, gerechte Urteile, Pflege der Gesundheit, die Bestellung des Hofes u.ä.

Sofern sie kein eigenes Vermögen besitzen, bleiben gute Amateure oft nicht lange Amateure. Sie können ins Lager der Professionellen überwechseln oder wenigstens Halbprofessionelle werden. Halbprofessionelle verlangen kein Geld für ihre Dienste; aber ihre Anhänger verwöhnen sie mit Einladungen und Geschenken. So dürfte es auch bewunderten Philosophen ergangen sein. Etwa aus dem fünften vorchristlichen Jahrhundert häufen sich Berichte über Tendenzen zur Professionalisierung der Philosophie. Philosophen boten ihre Lehren für Geld an, ja sie sollen sogar um Schüler geworben haben. Als Schüler geeignet waren vor allem junge Männer aus reichem Hause. Philosophen konnten in fremden Haushalten ihre Wohnung nehmen und mit Unterricht ihren Lebensunterhalt bestreiten; einzelne sollen dabei sogar vermögend geworden sein. So wurde Wissenschaft erstmals für einige Ausgewählte zum Beruf, und die erste Berufsrolle des Wissenschaftlers war die des Vortragenden und Privatlehrers.

Daß Wissenschaft und insbesondere ontologisch orientierte Wissenschaft kein bürgerlicher Beruf wie etwa das Handwerk oder - wie das scherzhafte Paradoxon ausdrückt - ein brotloser Beruf ist, gehört also zu ihren Entstehungsbedingungen. Je mehr moderne Gesellschaften ihr Wohlergehen den Fortschritten der Wissenschaft verdankten, desto mehr berufliche Positionen stellten sie für Wissenschaftler und Wissenschaftlerinnen bereit. Doch ist Wissenschaft seit der Antike auf Mäzene angewiesen, (nach Gaius Maecenas, einem römischen Förderer der Kunst und des Sports benannte) vermögende Privatleute oder - neuerdings häufiger - Wirtschaftsunternehmen, Verbände und Stiftungen. Dies gilt uneingeschränkt auch für wissenschaftliche Psychologie.

Wissenschaft - brotlose Kunst?

Wenn intellektuelle Tätigkeit sich von den täglichen Geschäften abwendet, muß sie auf den materiellen Gewinn verzichten, den diese Geschäfte abwerfen. So machte dem hervorragenden Philosophen Sokrates aus Athen seine Ehefrau Xanthippe den Vorwurf, er vernachlässige seinen Beruf (Sokrates soll Steinmetz gewesen sein) und seine Familie. Sofern sich die Intellektuellen der Wahrheitssuche und der Vervollkommnung ihrer Seele verschrieben hatten, waren sie jedoch bereit, auf irdische Güter und Genüsse zu verzichten. Diese asketische Haltung verteidigte Sokrates, als er im Jahre 399 v. Chr. wegen Gottlosigkeit zum Tode verurteilt worden war:

„Denn ich tue doch nichts anderes, ... als euch zu überreden, euch weder ständig um euer körperliches Wohlergehen zu sorgen noch um euer Geld. Vielmehr sollt ihr euch um eure Seele kümmern und euch anstrengen, daß sie möglichst gut werde."

(Übersetzung aus Platon, undatiert/1973, S. 36)

Für solche Intellektuelle war es ein Ärgernis, Wissen für Geld abzugeben. Gerade das taten die Sophisten. Allerdings scheinen sie ihr Einkommen mehr ihrem praktisch verwertbaren Unterricht in Ökonomie und Politik verdankt zu haben; besonders gerühmt wird ihr wirkungsvoller Unterricht in der Rhetorik. So läßt Platon in seinem Dialog *Protagoras* den Titelhelden sagen:

„Die anderen Lehrer quälen die Jugend; denn sie stürzen die jungen Leute ... gegen ihren Willen ... in das Studium des Rechnens, der Astronomie, Geometrie und Musik. ... Bei mir lernt man den vernünftigen Umgang mit seinen häuslichen Angelegenheiten: wie man am besten das eigene Hauswesen verwaltet. Und was das Staatswesen anbelangt, wird man bei mir so ausgebildet, daß man möglichst befähigt wird, an der Regierung des Staates in Wort und Tat mitzuwirken."

(Übersetzung aus Platon, undatiert/1977, S. 108f.)

Platon (undatiert/1973). Des Sokrates Apologie. *Werke* (Band 2, S. 1-70), herausgegeben von G. Eigler. Darmstadt: Wissenschaftliche Buchgesellschaft.

ZUSAMMENFASSUNG

1. Anfänge von Wissenschaft (einschließlich psychologischem Denken) sind aus dem Mittelmeerraum überliefert. Die ältesten einschlägigen Dokumente stammen aus dem ersten vorchristlichen Jahrtausend.
2. Mythen enthalten Darstellungen von Göttern, Menschen und der Natur. In Mythen vereinen sich wissenschaftliche und religiöse Lehren in künstlerischer Form.
3. Von der Glaubensgemeinschaft der Orphiker ist eine Seelenlehre überliefert. Danach ist die Seele ein selbständiges, körperloses Wesen, das seinen Sitz nacheinander in verschiedenen Körpern einnimmt.
4. Die Seele ist als Inbegriff aller Lebensfunktionen zu erklären, als Träger von Atmung, Bewegung, Empfindung, Denken, Gedächtnis u.ä.
5. Die orphische Lehre trennte allgemein die (minderwertige) Natur und das (höherwertige) Übernatürliche. Die Seele vervollkommne sich durch Zugang zum Übernatürlichen (z.B. in Ekstase).
6. Lehren über die Natur (Sterne, Pflanzen, menschliche Sinne u.a.) boten einen weiteren Ansatz zur Wissenschaftlichkeit.
7. Weitere Lehren befaßten sich mit der Gestaltung der Lebensführung. Sie rieten zu Anstand und Erfolg im häuslichen und im städtischen Leben (Ökonomie, Politik).
8. Den Weg zum Glück, d.h. zur seelischen Gesundheit, lehrten u.a. die Pythagoreer.
9. Die Gesamtheit dieser Lehren bildete die Philosophie.
10. Mit dem Anspruch, allgemeingültige Ordnungen und Wesenheiten zu lehren, erreichte die Ontologie eine Vorrangstellung vor der Pragmatik, der Lehre von einem guten und erfolgreichen Leben.
11. Die Vertreter der Ontologie glaubten an die Existenz einer einzigen Wahrheit. Die pragmatisch orientierten Sophisten bestritten die Existenz einer einzigen Wahrheit und hielten - je nach Umständen und Sichtweise - auch widersprüchliche Aussagen für statthaft.
12. Die so beschriebene wissenschaftliche Tätigkeit war kein Beruf. Mit Philosophie konnte man jedoch als Hauslehrer den Lebensunterhalt verdienen oder als Vortragender von den Zuhörern Entgelte oder Geschenke entgegennehmen.

LITERATUR ZUR ERGÄNZUNG UND VERTIEFUNG

Dahlheim, W. (1994). *Die Antike. Griechenland und Rom von den Anfängen bis zur Expansion des Islam.* Paderborn: Schöningh.

Finley, M. I. (1976). *Die Griechen. Eine Einführung in ihre Geschichte und Zivilisation.* München: Beck.

Glotz, G. (1965). *Ancient Greece at work. An economic history of Greece.* London: Routledge & Kegan Paul.

Grant, M. (1969/1974). *Mittelmeerkulturen in der Antike.* München: Beck.

Stocking, G. W. (1965). On the limits of 'presentism' and 'historicism' in the history of behavioral sciences. *Journal of the History of the Behavioral Sciences, 1,* 211-218.

Waerden, B. L. van der (1966). *Erwachende Wissenschaft. Ägyptische, babylonische und griechische Mathematik.* Basel: Birkhäuser.

Alexander III., König von Makedonien, als junger Mann (Marmorstatuette, Staatliche Museen Berlin, Preußischer Kulturbesitz, Antikensammlung). Der junge Alexander war einer der Aristokratensöhne, welche durch Hauslehrer in die zeitgenössische Philosophie eingeführt wurden. Sein Lehrer in den Jahren 342-340 v. Chr. war Aristoteles, der später in Athen eine eigene Philosophieschule gründete.

Kapitel 3

Lehren vom Wesen der Seele und vom sittlichen Leben des Menschen

Griechische und römische Philosophie vom 5. Jahrhundert vor Christus bis zum 2. Jahrhundert nach Christus

Nach dem politischen und wirtschaftlichen Aufstieg Athens gelangte die griechische Philosophie im fünften vorchristlichen Jahrhundert zu einer beachtlichen Blüte. Sie verbreitete sich weit über Athen hinaus. Als kurz vor der Zeitwende das Römerreich die Vorherrschaft im Mittelmeerraum übernahm, bewahrten und erneuerten römische Autoren die griechische Philosophie.

Für die Entwicklung der Wissenschaft im ganzen sowie der Psychologie im besonderen sind aus dieser Epoche bedeutsam:

- Die Professionalisierung der Wissenschaft in Philosophenschulen,
- die Literarisierung der Wissenschaft durch Lehrtexte,
- Seelen- und Persönlichkeitstheorien,
- Lehren über das Denken und die Sprache,
- Lehren über Bedürfnisse und Affekte,
- Lehren über das richtige Leben und den Gewinn von Glück.

3.1 Athen und seine ersten Philosophieschulen: Platons Akademie und das Lykeion des Aristoteles

3.1.1 Lehrfächer, Lehrschriften und der Beginn der Institutionalisierung von Wissenschaft

Gedeihen Wissenschaft und Kunst nur unter dem Schutz der Macht und des Wohlstands? Als die Philosophie sich am östlichen Mittelmeer als neue Kulturerscheinung durchsetzte, befanden sich griechische Städte im Kampf gegen Perser im Osten, Etrusker im Westen und Karthager im Süden. Als diese Kämpfe mit Siegen der Griechen endeten, entstand der Attische Seebund als Sicherheits- und Handelssystem. Zur Führungsmacht des Seebundes stieg in der Mitte Attikas der Stadtstaat Athen auf; seine Bedeutung bezeugte ein umfangreiches Bauprogramm; diesem entstammt u.a. die heute noch in Resten zu besichtigende Oberstadt (griech. *akropolis*). Als Glanzzeit Athens gilt das Perikleische Zeitalter, benannt nach dem Bürgermeister Perikles (etwa 500-429 v. Chr.).

Im Anschluß an das Goldene Zeitalter kam es zur Einrichtung der ersten bedeutenden Philosophieschulen. Griechische Jugendliche besuchten schon seit dem 5. Jahrhundert vor Christus Gymnasien (griech. *gymnasion,* Ort für Sport- und Kampfübungen), in denen neben dem Körpertraining Schreiben, Lesen und Rechnen geübt wurde. Sie nahmen darüber hinaus bei Privatlehrern Philosophieunterricht (s. Abschnitt 2.5).

Rekonstruktion der Akropolis in Athen (Kupferstich von Rosmäsler, 1837)

Musik- und Schreibunterricht im alten Griechenland (griechische Tonschale, um 480 v. Chr., Staatliche Museen Berlin, Preußischer Kulturbesitz, Antikensammlung).

Platon (427-347 v. Chr.) ging im Jahre 385 v. Chr. einen entscheidenden Schritt weiter: Er gründete in Athen eine höhere Lehranstalt für Philosophie. Die Anstalt lag in der Nähe eines Hains für einen in Athen verehrten Halbgott, den Heros Akademos. Daher erhielt sie den Namen „Akademie". (Nach diesem Vorbild haben sich unzählige Bildungseinrichtungen als Akademien bezeichnet; Absolventen wissenschaftlicher Studiengänge werden danach Akademiker genannt.) Als einer der Lehrer an der von Platon geleiteten Akademie wirkte Aristoteles (384-322 v. Chr.). Aristoteles eröffnete 335 v. Chr. eine eigene Philosophieschule, das Lykeion, so benannt nach einem nahe gelegenen Hain des Apollon Lykeios, des vor Wölfen schützenden Apoll (griech. *lykos,* Wolf). (Von diesem Institut leitet sich der häufig für Schulen verwendete Name „Lyzeum" her.) Häufig nennt man die Lehranstalt des Aristoteles auch die Schule der Peripatetiker - nach einem Wandelgang (griech. *peripatos*), in welchem der Unterricht stattfand.

Die antiken Philosophieschulen waren private Einrichtungen. Aber sie bestanden außerhalb der Haushalte von Familien und waren auf längere Frist eingerichtet. Mehrere Lehrer konnten somit auf Dauer an den Schulen ihr Auskommen finden. Die Philosophieschulen haben in ihren Lehren das Wissen ihrer Zeit gesammelt und geordnet. Insbesondere in den Lehrwerken des Aristoteles tritt eine Wissenschaftssystematik zutage, die noch lange vorbildlich bleiben sollte. Aristoteles gliederte die Wissenschaft in folgende Einheiten:

- Logik und Erkenntnistheorie (Schlußfolgern, Bilden von Kategorien, Hermeneutik u.a.),
- Physik, d.h. Naturkunde (Elementenlehre, Tierkunde, Astronomie, Meteorologie u.a.),
- Metaphysik, d.h. die Lehre vom Übernatürlichen (Wesen der Dinge, Gott u.a.),
- Ethik (zielgerichtetes Handeln, Glückseligkeit, Tugend),
- Politik und Haushaltslehre sowie Rhetorik,
- Poetik, d.h. Dichtkunst.

Hier bahnte sich eine Gliederung der Wissenschaft in Fachgebiete an. Später werden einzelne Fachgebiete sich verselbständigen. Immer mehr werden Wissenschaftler sich auf einzelne Fächer spezialisieren. Eine solche Spezialisierung war wohl in den Lehrplänen der Athener Philosophenschulen nicht vorgesehen; Philosophen sollten Wissen aus allen Fächern in sich vereinen. Auch diese Idealvorstellung von der Einheit der Wissenschaft wird Bestand haben. Je mehr sich Fachgebiete absondern, desto eindringlicher werden Forderungen nach interdisziplinärer Zusammenarbeit, desto heftiger wird die Sehnsucht nach einer Integration wissenschaftlicher Ansätze bis hin zur Wiedergewinnung der Einheit aller Wissenschaften.

Psychologie taucht im Kanon des Aristoteles nicht unter einer eigenen Fachbezeichnung auf. Dafür sind Themen, die man später der Psychologie zurechnen wird, über mehrere Fächer verteilt: Wahrnehmungs- und denkpsychologische Themen sind in der Logik und Erkenntnistheorie vertreten, biopsychologische und persönlichkeitspsychologische Themen in der Physik und Metaphysik, sozial- und emotionspsychologische Themen in der Poetik und Rhetorik, handlungspsychologische Themen in der Ethik. Darüber hinaus hat Aristoteles eine eigene Schrift über die Seele verfaßt (mehr darüber Abschnitt 3.1.2).

Es wird über ein Jahrtausend - bis zur Zeit des Humanismus (Abschnitt 4.3.1) - dauern, bis der Versuch unternommen wird, die oben genannten, über verschiedene Lehrgebiete verstreuten Probleme in einem eigenen Fach zu bündeln, das dann den Namen „Psychologie“ erhalten wird. Wenn dies geschieht, wird es Verdoppelungen geben: Probleme, die dem neuen Fach Psychologie zufallen, werden gleichwohl den alten Fächern, die ja bestehen bleiben, nicht genommen. So werden - wie anfangs (Abschnitt 1.1.1) beschrieben - gleiche Domänen disziplinär, d.h. als Inhalte der einzelwissenschaftlichen Psychologie, und transdisziplinär, d.h. als gemeinschaftlicher Inhalt mehrerer Fächer anzutreffen sein.

Den Leserinnen und Lesern des vorangehenden Kapitels wird aufgefallen sein, daß die ältesten Gelehrten nach Berichten jüngerer Autoren zitiert worden sind und nicht nach ihren eigenen Schriften. Die Gelehrten haben nämlich bis zum fünften vorchristlichen Jahrhundert ihre Lehren nicht aufgeschrieben, sondern mündlich verbreitet. Erst in den Philosophieschulen wurden Lehren planmäßig aufgezeichnet und schriftlich weitergegeben. Philosophische Schriften dienten zunächst als Lehrbücher. Gleichzeitig hielten sie Fortschritte des Beobachtens und Denkens fest und wurden somit zu Dokumenten der Forschung.

Es waren vor allem die Leiter der beiden ersten Athener Philosophieschulen, Platon und Aristoteles, welche enzyklopädische (d.h. übersichtliche, umfassende) Darstellungen des Wissens ihrer Zeit niederschrieben. Mit ihrer Autorität legten sie die Argumente für die Richtigkeit der von ihnen bevorzugten Auffassungen sowie für die Unhaltbarkeit davon abweichender Meinungen dar. Ihre Schüler hielten sie zur Verteidigung ihrer Lehren an. Auf diese Weise pflegten die Schulen eigenständige Überlieferungen von Lehrstoffen und -meinungen; sie hielten Lehrtraditionen aufrecht und entwickelten diese fort. Daher hat der Begriff „Schule“ über seine ursprüngliche engere Bedeutung hinaus eine weitere Bedeutung erhalten. Versteht man unter einer Schule im engeren Sinne ein Schulgebäude oder eine Schulorganisation, so bezeichnet man im erweiterten Sinne als Schule auch eine überlieferte wissenschaftliche Lehre, ein Paradigma (s. Abschnitt 1.1.1, z.B. den Platonischen Idealismus) oder eine Wissenschaftlergemeinschaft, welche - oft unter Berufung auf ihren ältesten Lehrer - für dieses Paradigma einsteht (z.B. die Platoniker).

Mit der Gründung der Philosophieschulen hat die Wissenschaft einen bedeutsamen Schritt zur Institutionalisierung (lat. *institutio*, Einrichtung) und Professionalisierung (lat. *professio*, Bekenntnis zu einem Gewerbe) vollzogen. Die damals gefundenen Formen von wissenschaftlichen Einrichtungen und die Bestimmung des Wissenschaftlerberufs haben sich bis in unsere Zeit behauptet:

- Die Hochschule als eine Bildungseinrichtung, an welcher Fortgeschrittene in den jeweils neuesten Erkenntnisstand eingeführt werden;
- der Fächerkanon als eine Gliederung des verfügbaren Wissens, welche den Lehrplan der Schulen prägt;
- der Hochschullehrer als Berufsbild des Wissenschaftlers, der sein Wissen an Fortgeschrittene weitergibt;
- die Hochschule als Ort der Forschung; Hochschullehrer betreiben selbst Forschung, um das vermittelte Wissen zu überprüfen, zu vermehren und zu verbessern;
- Verbindung von Lehre und Forschung; Lehren (ebenso wie Lernen) heißt an einer Hochschule auch Teilnahme an der wissenschaftlichen Forschung;
- das wissenschaftliche Schrifttum, welches Lehren dokumentiert und standardisiert.

Schriftlichkeit als Bedrohung der Kreativität

Die Einführung der Schrift in die Wissenschaft ist oben als Fortschritt und Teil ihrer Institutionalisierung gewertet worden. Doch war die Festschreibung von Lehren auch von Bedenken begleitet. Denn der große Vorzug der Niederschrift, ihre Beständigkeit, birgt auch Nachteile. Die schriftliche Darstellung ist starr; sie gestattet keinen Dialog. Die Befürchtung liegt nahe, die Lehrschrift lade weniger zur eigenständigen Auseinandersetzung ein als die lebendige Rede eines Lehrers. Das schriftlich bewahrte Wissen verdorre und werde von Schülern ohne Verständnis ins Gedächtnis eingeprägt.

Die Sorge, die Schrift verderbe das eigenständige Denken, ist so alt wie die Verwendung der Schrift in der Wissenschaft. Platon (undatiert/ 1983) selbst äußerte sie bereits in seinem *Phaidros*. Die Schriftkultur hat sich inzwischen in der ganzen Welt ausgebreitet und - insbesondere in der Wissenschaft - die Redekultur zurückgedrängt. Die Kritik an der Schriftkultur ist in neuerer Zeit wieder aufgelebt (vgl. Olson, Torrance & Hildyard, 1985).

Platon (undatiert/1983). Phaidros. *Werke* (Band 5, S. 1-194), herausgegeben von G. Eigler. Darmstadt: Wissenschaftliche Buchgesellschaft.

Olson, D. R., Torrance, N. & Hildyard, A. (Eds.). (1985). *Literacy, language, and learning*. Cambridge: Cambridge University Press.

3.1.2 Ontologische Ansätze zum Verhältnis von Welt, Körper und Seele

Probleme von Welt und Seele nahmen in den Lehren von Platon und Aristoteles eine zentrale Stellung ein. Als Bürger Athens, wo sich zahlreiche Ionier niedergelassen hatten, kannten sie die Lehren der Orphiker und setzten sich ausführlich damit auseinander. Grundlegend war für die Orphiker ein dualistisches (lat. *duo*, zwei) Weltbild; sie behaupteten eine Trennung von Diesseits und Jenseits und eine entsprechende Trennung von Körper und Seele (s. Abschnitt 2.1.2). Dieser dualistischen Auffassung schloß sich Platon an. Aristoteles dagegen widersprach ihr in seiner Seelenlehre. Der dualistischen Auffassung von Körper und Seele setzte er seine (weitgehend) monistische Theorie (griech. *monos*, einzig) entgegen: Leib und Seele seien nicht zu trennen.

Platons Lehre ist zugleich idealistisch (s. Abschnitt 2.4.2). Das Wesen der Dinge ist nach Platon eine Idee, und alle Ideen von der Welt und dem Menschen sind in einem außerirdischen Reich der Ideen vereinigt. Die (diesseitige) körperliche Existenz ist nur eine unklare Nachbildung einer vorbildlichen (jenseitigen) Idee. Aus dieser Zweiteilung in eine Welt der Ideen und eine Körperwelt folgt die erkenntnistheoretische Annahme: Sinnliche Erfahrung kann keinen Aufschluß über das Wesentliche geben; sie erschließt nur die Körperwelt. Doch Denken kann zur jenseitigen Welt der Ideen vordringen; im Anschauen der Ideen gelangt der Mensch zum wahren Erkennen.

Seine Theorie veranschaulichte Platon (undatiert/1971) in seinem Werk *Der Staat* durch folgendes Gleichnis: Menschen befinden sich in einer dunklen Höhle. Außerhalb ist Licht, von dem der Schein in die Höhle dringt. Draußen werden Gegenstände vorbeigetragen; ihre Schatten zeichnen sich im Lichtschein ab. Durch die Schatten erfahren die Menschen in der Höhle von den Dingen. In Wirklichkeit befänden sich die Dinge aber außerhalb der Höhle. Die Höhle stellt in dem Gleichnis die Körperwelt dar; ihre Dunkelheit symbolisiert den Mangel an klarer Erkenntnis. Die Ideen, die eigentlichen Dinge, sind außerhalb der Höhle in einer Welt des Lichts angesiedelt. Nur das in die Höhle einfallende Licht zeichnet die Dinge als Schatten ab. Die für Philosophen einzig erstrebenswerte Welt ist die des Lichts und der Ideen. Der Idee kommt der Vorrang vor dem Körper zu - ein idealistischer Ansatz (s. Abschnitt 2.4.2).

Platon (427-347 v. Chr.)

In seinen dualistischen und idealistischen Theorieansatz bettete Platon seine Seelenlehre ein. Wie die Welt im allgemeinen sich in Körper- und Ideenwelt teilt, so gliedert sich der Mensch in Körper und Seele. Körper und Seele können sich trennen; das geschieht im Tode. Dann bleibt der Körper mit seinen festen Bestandteilen und Eigenschaften erhalten - mit Armen und Beinen, schwarzem Haar und braunen Augen. Ebenso führt die Seele ein eigenes Dasein mit festen Eigenschaften.

Über die Beschaffenheit der Seele äußerte sich Platon (undatiert/1990) in seiner Schrift *Timaios*, einer Abhandlung über die Entstehung der Welt. Darin ordnete er seelische Funktionen in drei Gruppen und gelangte so zu einer Theorie von drei Teilseelen: Eine

- begehrende und versorgende Seele (griech. *epithymetikon*) mit Sitz im Unterleib, eine
- zielstrebige und entschlossene Seele (griech. *thymoeides*) mit Sitz in der Brust und eine
- denkende Seele (griech. *logistikon*) mit Sitz im Kopf.

Die dreiteilige Seele besitze Luftgestalt und flöße dem Körper Leben ein. In seinem *Staat* verglich Platon die versorgende Seele mit dem Handwerker, welcher das für den Körper Nötige verschafft, die zielstrebige Seele mit dem Krieger, der zu Tapferkeit und Zorn fähig sei. Die denkende Seele aber gleiche dem Herrscher. Der denkenden Seele komme ein Vorrang zu.

In seinem *Phaidros* (Platon, undatiert/1983) drückt Platon das Verhältnis der drei Seelen in einem Bild aus: Der Mensch gleiche einem Wagen, der von zwei Pferden gezogen werde, einem mutig entschlossenen und einem triebhaften; ein Wagenlenker führt die beiden Pferde. In dem Bild stellen die beiden Pferde die begehrende und die zielstrebige Seele dar. Der Wagenlenker gleicht der Denkseele; er bändigt die ungestümen Tiere und bestimmt die Richtung des Gefährts.

Die drei Seelenteile unterscheiden sich nach Platon in ihrer Zugehörigkeit zu den beiden Welten der Körper und der Ideen. Die Seelen für Begehren und Entschließen sind mit Unterleib und Brust verwachsen. Sie müssen daher mit dem Leib vergehen, sind sterblich. Nicht so die Denkseele. Die Denkseele kann sich vom Körper befreien, ist unsterblich. Daher kann sie entweder körperlos leben oder wechselnde Körper als ihren Sitz wählen. Die denkende Seele ist jenes Organ, welches Zugang zur Ideenwelt besitzt und damit dem Menschen, dem sie zugehört, Anteil an der Ideenwelt verschafft. So dringt der Mensch mit Hilfe seiner unsterblichen Denkseele zur Wahrheit und zum Wesentlichen vor.

Hatte der Autor wirklich drei voneinander getrennte Seeleneinheiten im Sinn? Vielleicht läßt sich sein Bild von den Rössern und ihrem Lenker (s.o.) auch anders deuten: Wenn die Denkseele die Herrschaft über Begierde und Entschlüsse erringt, dann ist die Einheit des Gespanns hergestellt. Die drei Seelen des Menschen sind also unterschiedlich, ja sogar gegensätzlich. Doch der Geist des Menschen kann die Unterschiede und Gegensätze überwinden, indem er den seelischen Kräften seine Ordnung aufprägt. Dann stiftet er Einheit.

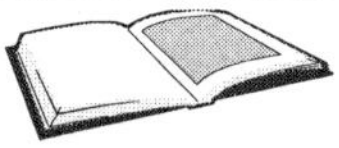

Platon (undatiert/1971). Der Staat. *Werke* (Band 4), herausgegeben von G. Eigler. Darmstadt: Wissenschaftliche Buchgesellschaft.

Platon (undatiert/1990). Timaios. *Werke* (Band 7, S. 1-210), herausgegeben von G. Eigler. Darmstadt: Wissenschaftliche Buchgesellschaft.

Aristoteles (undatiert/1967) hat eine Generation später eine eigene Seelenlehre entworfen. Dabei hat er Platons Dualismus (s.o.) durch einen Monismus ersetzt. Monismus (griech. *monos*, einzig) bedeutet hier die Einheit, die Zusammengehörigkeit von Seele und Körper. Weder bestehe der Leib ohne Seele noch umgekehrt die Seele ohne den Leib. Obwohl selbst körperlos, bestehe die Seele nicht ohne den Körper. Sie wirke auf den Körper, der ihr als Werkzeug diene; ohne den Körper sei die Seele ihres Werkzeugs und damit ihrer Wirkung beraubt.

Ein Beispiel zum Vergleich der monistischen und der dualistischen Seelenlehre: das Sehen. Platon hat die Gabe des wahren Sehens der Seele zugeschrieben, nicht dem Auge. Das Auge liefere nur sinnliche Empfindungen. Die Seele brauche das Auge und seine Empfindungen nicht; sie könne schauen (im Traum, nach dem Tode), ohne des Auges zu bedürfen. Daher seien die Empfindungen des Auges und die Wahrnehmungen der Seele zweierlei. Anders Aristoteles in seiner monistischen Sicht: Sehen sei ein Zweck, den das Auge und nur das Auge erfülle. Ohne Auge könne man nicht sehen. Insofern sei das Auge als Teil des Körpers ein Mittel zum Zweck des Sehens als seelische Leistung. Körper und Seele gehörten zusammen wie Mittel und Zweck.

In der Deutung des Aristoteles ist Seele der Inbegriff menschlicher Kräfte und Fähigkeiten. Kräfte und Fähigkeiten drängen zur Entfaltung; Kräfte treiben an, wozu Fähigkeiten imstande sind. Zum Beispiel will der Mensch schauen, weil er ein Auge zum Schauen hat. Seele wird als ganze zum Inbegriff menschlicher Zwecke (griech. *telos*). Sie ist *„Erfüllung und Begriff von dem ..., was die Möglichkeit hat, so oder so zu sein“* (Aristoteles, undatiert/1967, S. 28).

Und das waren die Möglichkeiten und Zwecke, die Aristoteles als Ausdruck des Seelischen bestimmte:

- Ernährung und Zeugung,
- Sinneswahrnehmung und Vorstellung,
- das Streben,
- die Ortsbewegung,
- das Überlegen.

Besonders ausführlich hat Aristoteles übrigens die Theorie der Sinnesempfindung behandelt. Er traf dabei die Unterscheidung von fünf Sinnesgebieten (Gesicht, Gehör, Geschmack, Geruch, Tasten). Mit dieser Einteilung schuf Aristoteles ein System von psychischen Funktionen. Allen Funktionen waren je für sich die beiden oben genannten Komponenten zugeordnet: Kraft bzw. Energie auf der einen Seite und Fähigkeit bzw. Vermögen auf der anderen (z.B. Kraft und Fähigkeit zur Bewegung). Jede Funktion habe auf jeweils eigene Weise Anteil an der Teleologie der Seele (s.o.) insgesamt.

Die menschlichen Fähigkeiten und Kräfte ordnete Aristoteles in drei Gruppen und gelangte - ähnlich wie vor ihm Platon (s.o.) - zu drei Teilseelen: Die

- vegetative Seele (griech. *threptikon*) mit der Fähigkeit der Ernährung - auch als Pflanzenseele bezeichnet, weil die Fähigkeit der Ernährung allem Organischen zukommt, die
- animalische Seele oder Tierseele, wie sie alle tierischen Wesen besitzen, mit Begierden (griech. *oretikon*), Empfindungen (griech. *aisthetikon*), Ortsbewegungen (griech. *kinetikon kata topon*) sowie die
- denkende Seele oder Geistseele (griech. *dianoetikon*) mit der Fähigkeit zur Logik; nur Menschen besitzen Geistseelen.

Aristoteles (384-322 v. Chr.)

Obwohl Aristoteles sich im allgemeinen dem Idealismus Platons nicht anschloß, räumte er der Geistseele doch eine Sonderstellung ein. Denn

„...das Wahrnehmungsvermögen besteht nicht ohne den Körper, der Geist aber ist von ihm getrennt, ... und dann vermag er aus sich heraus zu denken."

(Aristoteles, undatiert/1959, S. 58, übersetzt von W. Theile)

Zur Erklärung: Was heute unumstritten ist, war für die antike Naturkunde keineswegs gesichert: daß das Gehirn jenes Organ des Körpers ist, welches Denken und Vorstellung unterstützt. Da Aristoteles auch keine anderen Orte im Körper als Mittel des Denkens und der Vorstellung annahm (vgl. Abschnitt 2.2.2), erklärte er den Geist, weil vom Körper unabhängig, zu einer *„Seele von besonderer Art"*.

Die monistische und teleologische Seelentheorie des Aristoteles besitzt sowohl naturkundliche als auch metaphysische Züge. Die naturkundliche Ausrichtung tritt doppelt zutage: In der Zusammenschau von Mensch, Tier und Pflanze sowie in der Zuordnung von seelischen Fähigkeiten zu körperlichen Organen - insbesondere bei den Sinnesempfindungen (z.B. das Sehen zum Auge, das Schmekken zur Zunge). Die grundlegenden Körperfunktionen des Menschen - etwa seine Ernährung, seine Atmung - sind nach Aristoteles von gleicher Art wie die entsprechenden Lebensfunktionen der Tiere und Pflanzen.

Metaphysisch ist der Ansatz, Denken als geistige Tätigkeit ohne körperliche Grundlage zu deuten. Somit bekannte sich Aristoteles zu einer Geistigkeit des Menschen, die seine Natur übersteigt. Er nahm sogar die Unsterblichkeit der Geistseele an: Da sie nicht auf ein Körperorgan angewiesen sei (s.o.), könne sie den Körper überleben und ewig fortbestehen.

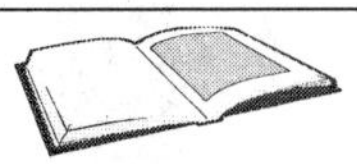

Aristoteles (undatiert/1967). Über die Seele. *Werke* (Band 13), herausgegeben von E. Grumach. Darmstadt: Wissenschaftliche Buchgesellschaft.

Mit den Seelenlehren des Platon und des Aristoteles hat die ontologisch orientierte Psychologie (s. Abschnitt 2.4.2) eine nachhaltige Begründung erfahren. Der späteren Forschung bot insbesondere die Systematik der aristotelischen Seelenlehre einen hervorragenden Orientierungsrahmen. Bestimmte sie doch eine Vielfalt von Domänen (s. Abschnitt 1.1.1) für Forschungsprogramme: Psychische Funktionen, eingeteilt nach Kategorien wie Energie und Vermögen, Trieb, Wahrnehmung, Vorstellung und Denken. Die Gliederung in Teilseelen wurde zum Vorbild für Schichtmodelle der Persönlichkeit. Zweitausend Jahre nach Aristoteles wird die Psychologie ihre Erneuerung als eigene wissenschaftliche Disziplin auch damit begründen, daß sie dazu berufen sei, seine Konzeption des Psychischen aufzugreifen, fortzuentwickeln und zu vollenden (s. Abschnitte 4.2.2, 4.3.1).

3.1.3 Ethische Werte: Das Gute, Tugend, Glück

Die Perikleische Zeit leitete eine Epoche sozialen Wandels und kultureller Konflikte ein (vgl. Abschnitt 3.1.1). Überlieferte Sitten und Gesetze taugten nicht mehr oder reichten nicht mehr aus. Sophisten stellten die Möglichkeit einer Unterscheidung von Recht und Unrecht sogar grundsätzlich in Frage. Platon und Aristoteles betrachteten es dagegen als lösbare Aufgabe der Philosophie, in einer Sittenlehre, der Ethik (griech. *ethikos*, sittlich) Maßstäbe für richtiges Handeln und Leben zu begründen. Ihre Welt- und Seelenlehren dienten ihnen als Grundlage zur Deutung der folgenden Begriffe, welche damit zu Zentralkonzepten der Ethik wurden:

- Glück (griech. *eudaimonia,* Wohlstand): der gute Zustand der Seele;
- Gut (griech. *agathon*): ein Besitz, der Glück verschafft;
- Tugend (griech. *arete)*: die Fähigkeit der Seele, Gutes und Glück zu erlangen.

Die Ethik des Platon und des Aristoteles hatte als Ziel, die Tugend zu fördern und damit die seelische Gesundheit (vgl. bereits Abschnitt 2.3.2).

Radikale Ethik: Kynismus

Tugend und Glück wollte die Gruppe der Kyniker durch Autarkie, d.h. Selbständigkeit (griech. *autarkeia)* erlangen (Billerbeck, 1991). Autarkie erreiche man einerseits durch beharrliche Übung von (z.B. handwerklichen) Fertigkeiten, welche zur Überwindung praktischer Schwierigkeiten nützlich seien, zum anderen durch körperliche Bedürfnislosigkeit und Herabsetzung sozialer Werte. Vor allem hinsichtlich der Radikalität ihrer Selbstgenügsamkeit und ihrer Gesellschaftsferne ist die kynische Lebensweise vorbildhaft geworden. Sie verlangte Abhärtung gegen Hunger und Durst, Rohkost, bescheidene Wohnung und Kleidung, Verzicht auf Ansehen, Reichtum und Macht. Kynisches Leben sollte dabei keineswegs freudlos sein, sondern die Seele befreien und ihr das wahre Glück bringen.

Als Gründer der Vereinigung der Kyniker wird meist der etwa im Jahre 444 v. Chr. geborene Athener Antisthenes genannt - angeblich ein junger Mann aus reichem Hause, der sich unter den Begleitern von Sokrates und Platon befunden habe. Ihren Namen wählten die Kyniker wahrscheinlich nach der Symbolfigur des Hundes (griech. *kyon*), in dem sie ein wachsames, genügsames und respektloses, ja schamloses Tier sahen. Von den Kynikern sind Kraftsprüche wie *„lieber verrückt als fröhlich"* und *„Eigentum ist Diebstahl"* überliefert. Ihre Lebensweise ist in zahlreichen Anekdoten bezeugt - wie den Erzählungen von dem in einem Faß wohnenden Diogenes.

Am kynischen Leben beteiligten sich übrigens auch Frauen. Eine von ihnen war die Mathematikerin Hypatia. Sie soll einem Schüler, der in sie verliebt war, ein Tuch mit ihrem Menstrualblut vorgehalten haben, um ihm seine Liebe auszutreiben.

Die Ethik Platons spiegelte sein dualistisches und idealistisches Denken wider (s. Abschnitte 2.4.2, 3.1.2). Das höchste Gut war eine jenseitige Idee, das höchste Glück die Teilnahme an dieser Idee. In seinem Werk *Der Staat* (s. Abschnitt 3.1.2) bezeichnet Platon das höchste Gut als Sonne, die alles erleuchtet. Andere Ideen sowie Körper können Wert nur gewinnen, indem sie an der Idee des Guten einen Anteil erhalten:

„... was der Erkenntnis Wahrheit gibt und dem Menschen die Fähigkeit zur Erkenntnis ... sei die Idee des Guten; sie sei Ursache der Erkenntnis sowie der Wahrheit, ... und doch etwas anderes und höheres als diese beiden. ... Erkenntnis und Wahrheit für etwas Gutartiges zu halten, ist richtig ...; doch noch höher zu schätzen ist das Gute als solches."

(Übersetzung aus Platon, undatiert/1971, S. 542)

Freilich gibt es nach der platonischen Lehre dreierlei Seelen (s. wieder Abschnitt 3.1.2), die am jenseitigen höchsten Gut nicht den gleichen Anteil haben. Das Glück, das den drei Seelen zu genießen vergönnt ist, ist deshalb unterschiedlich hoch. Die begehrende Seele verschafft als Güter Nahrung, Kleidung u.ä. und damit ein körperliches Glück, das ganz von dieser Welt ist. Die zielstrebige Seele findet ihr Glück in Leistung und Überlegenheit und damit in materiellen und sozialen Gütern wie Erfolg und Ehre, die ebenfalls nur im irdischen Zusammenhang zählen. Das höchste Glück durch Erlangung des höchsten Guts ist allein der Denkseele beschieden. Sie erreicht das Glück der Erkenntnis (vgl. Abschnitt 2.1.3).

So verschieden wie die Seelen sind ihre Tugenden. Tugenden der begehrenden Seele sind Geschick und Fleiß, welche Befriedigung von körperlichen Bedürfnissen verschaffen. Tugenden der zielstrebigen Seele sind der starke Wille und die Weitsicht zum Bewältigen schwieriger und gefährlicher Aufgaben. Die Tugend der denkenden Seele ist jedoch die Fähigkeit zur Einsicht in Theorie.

Wie das Bild vom Wagenlenker (s. wieder Abschnitt 3.1.2) ausdrückt, soll die denkende Seele über die beiden anderen Seelen die Herrschaft ausüben. Die Tugend der theoretischen Einsicht soll somit Willen und Weitsicht ebenso lenken wie Fleiß und Geschick. Gelingt dies, dann strahlt höchstes Gut auf die niederen Errungenschaften aus, und den niederen Seelen teilt sich ein wenig von dem hohen Glück der Denkseele mit.

Die idealistische Ethik verwirft weder die materiellen und sozialen Güter noch die körperlichen und sozialen Tätigkeiten. Sie achtet das Handwerk sowie seine Kunstfertigkeit und seinen Fleiß. Sie achtet auch das Militär mit seinem Mut und seiner Planung. Doch stellt eine solche Ethik Handwerk wie militärischen Dienst unter Rechtfertigungszwang. Beide sind nach Maßgabe höherer Einsicht und unter Beachtung höherer Werte zu gestalten. Die Einsichten und Werte für die Praxis gibt die Philosophie vor, die sich damit selbst zur Leiterin und Richterin erklärt.

Anders faßte Aristoteles das Gute auf. Sein monistisches Weltbild sah ein ideales, jenseitiges Gutes nicht vor. Das Gute mußte vielmehr mit der Natur der Dinge selbst begründet werden. Eine solche Begründung leitete Aristoteles aus seinem Begriff der Zweckbestimmung ab (s. Abschnitt 3.1.2). Jedes Wesen sei gemäß seiner Natur mit einem Zweck, einem Streben ausgestattet. Gut sei für jedes Wesen, was den ihm innewohnenden Zweck erfülle. So strebe der Schuster zum Schuhwerk, der Krieger zum Sieg. Hierfür sind Tugenden erforderlich. Tugend nennt Aristoteles die einem Wesen gemäße Fähigkeit und Kraft zum Erwerb von Gütern. Schuster wie Krieger bedürfen eigener Kunstfertigkeiten, Techniken (griech. *techne)*, um ihre jeweilige Zweckbestimmung zu erfüllen.

Dabei sind Güter und Tugenden nach ihrer Zweckhaftigkeit in Rangreihen zu ordnen. Viele Güter strebt man um anderer Güter willen an; sie sind nur Mittel zu einem weiteren Zweck (Instrumentalität). Doch kann man Güter auch um ihrer selbst willen lieben (Selbstzweck). Zum Beispiel liebt man Musik um ihrer selbst willen. Eine Flöte liebt man nicht um ihrer selbst willen, sondern wegen der damit erzeugten Musik. Je höher die Instrumentalität eines Gutes, desto niedriger ist dessen Platz in der Rangordnung; je mehr ein Gut Selbstzweck ist, desto höher steht es im Rang. Entsprechend stehe eine Kunstfertigkeit umso höher, je mehr sie dem Selbstzweck diene. So seien die Heilkunst und die Baukunst der Sozialfürsorge untergeordnet, diene diese doch der Familien- und Bürgergemeinschaft.

Den Begriff des höchsten Gutes findet man auch bei Aristoteles. Er bezeichnet damit das Gut an der Spitze der beschriebenen Rangordnung. Es sei von äußerster Vollkommenheit und deshalb nur um seinetwillen zu erstreben. Das höchste Gut gewähre das höchste Glück. Nicht anders als Platon betrachtet Aristoteles die Weisheit der Philosophen als höchstes Gut. Mehr als alles andere besitze Weisheit einen eigenen Wert und verschaffe Glück.

Weisheit muß den Menschen auch bei der Vervollkommnung seiner Fähigkeiten und Kräfte lenken. Dazu sind die ethischen Gesetze zu ergründen. Ein solches Gesetz ist das Maßhalten. Der Mensch soll seine natürlichen Fähigkeiten entwickeln und seinen Neigungen folgen. Doch soll er sich vor Übertreibungen hüten. Die Vollkommenheit liege in der Mitte des Entwicklungsspielraums. Dazu gibt der Autor folgende Beispiele:

„... in Hinsicht auf ... Angst und Verwegenheit ist Tapferkeit die Mitte. ... Wer maßlos verwegen ist, heißt sinnloser Draufgänger, wer übersteigerte Angst ... hat, heißt feige. In Hinsicht auf die Empfindungen von Lust und Unlust ... ist Besonnenheit die rechte Mitte."

(Aristoteles, undatiert/1967, S. 38, übersetzt von F. Dirlmeier)

Offensichtlich bestimmt Aristoteles im Rahmen des Monismus Glück und Tugend im Hinblick auf eine wohlverstandene und sozial angepaßte menschliche Natur. Sämtliche im Menschen angelegten Fähigkeiten und Neigungen hält er grundsätzlich für förderungswürdig. Er befürwortet somit eine Entwicklung der Persönlichkeit durch verantwortungsbewußte Selbstverwirklichung.

Solche ethischen Entwürfe waren Anleitungen zur Beurteilung und Gestaltung von Handlungen sowie zur Erziehung. Rückblickend erkennt man in ihnen Theorien für eine Praktische Psychologie. Ausdrücklich setzten sie bei den Fähigkeiten, Einsichten, Neigungen und Gefühlen der Menschen an. Das Streben nach Tugend haben sie als Vervollkommnung der Menschenseele gedeutet, das erstrebte Glück als Glückseligkeit, d.h. seelisches Wohlbefinden, seelische Gesundheit.

3.2
Neue (und überwiegend praktische) Lehren im Hellenismus und im Römischen Reich

3.2.1 Stoa und Gartenschule: Physik, Erkenntnistheorie, Logik

Der Stadtstaat Athen war zur Führungsmacht im Attischen Seebund geworden (s. Abschnitt 3.1.1). Doch andere Städte drängten auf einen Machtausgleich. Ein großes Mittelmeerreich war das Ziel. Es sollte Kleinasien, Ägypten, Nordafrika und Italien mit umfassen. Griechische Kultur und griechische Sprache sollten dieses Reich vereinheitlichen. Das war die Bewegung des Hellenismus (griech. *hellas*, Griechenland).

Wissenschaftliche Schulen gab es inzwischen an mehreren Orten. Allerdings: Viele hellenistische Philosophen, die dem Gründer der Akademie, Platon, nachfolgten, waren naturkundlicher ausgerichtet und pragmatischer gesonnen als dieser. Sie standen dem Dualismus skeptisch gegenüber und bedachten mehr das Diesseits als das Jenseits.

Zwei neue Schulen kennzeichneten die Wende in der hellenistischen Philosophie. Die eine Schule war die um 308 v. Chr. von Zenon in Athen eröffnete Stoa, die andere die etwa zwei Jahre jüngere Gartenschule Epikurs. Beide Schulen waren - wie ihre Vorgänger - nach ihrem Platz in der Stadt benannt. Die Schule Zenons erhielt ihren Namen nach der *Stoa Poikile* (griech. Bunte Halle), die Gartenschule nach einem nahe gelegenen, dem Epikur gehörenden Garten (Hoenn, 1950).

Billerbeck, M. (Hrsg.). (1991). *Die Kyniker in der modernen Forschung*. Amsterdam: Grüner.

Aristoteles (undatiert/1976). Nikomachische Ethik. *Werke* (Band 6), herausgegeben von E. Grumach. Darmstadt: Wissenschaftliche Buchgesellschaft.

Die Stoa bot ein breites Lehrprogramm. Ihr Fächerkanon gliederte sich in

- Physik (Naturlehre),
- Logik (Lehre vom Sprechen und Denken mit den Gebieten Grammatik, Rhetorik und Dialektik, d.h. Beweisführung),
- Ethik (Lehre vom rechten Leben).

Dieser Lehrplan diente der Vermittlung nützlicher Kenntnisse und Fertigkeiten. Gegenstände im Unterrichtsfach Physik waren der menschliche Körper, die Tiere, die Pflanzen. Logik sollte als Sprach-, Denk- und Sozialtheorie Wege zur Verbesserung der menschlichen Kommunikation und zum Erfolg in der Politik weisen. Ähnlich war das Lehrprogramm der Gartenschule ausgerichtet.

Vertreter der Stoa und der Gartenschule bemühten sich um die rechte Erkenntnistheorie. In ihrer Wertschätzung der Erfahrung als Quelle der Erkenntnis stimmten sie überein. Zur Wahrheit gelange man durch Beobachtung. Die Stoiker lehrten, nur Körperliches sei wirklich vorhanden. Epikur suchte das Wirkliche als eine Ansammlung von Atomen zu bestimmen. Den Vorgang der Wahrnehmung erklärte er folgendermaßen: Die Dinge sonderten Atome ab; zum Beispiel seien es Atome aus Feuer, welche die als heiß oder als hell empfundenen Gegenstände aussendeten. Dieser „Ausfluß" erreiche die Sinne und bewirke die Wahrnehmung. Ist die Wirklichkeit ihrer Natur nach körperlich, läßt sie sich durch sinnliche Wahrnehmung erfassen. Sinnliche Erfahrung kann demnach durchaus wahre Erkenntnis vermitteln.

Die Betonung der Wirklichkeit des Körperlichen und der Richtigkeit von Sinneserfahrungen wich von den metaphysischen Annahmen älterer Schulen ab, vor allem von Spekulationen über ein überirdisches Wesen der Dinge (vgl. Abschnitt 2.4.2). Allerdings erkannten die Stoiker auch physisch nicht Existentes an, und zwar als Inhalte von Aussagen. Das bedeutet: Erfahrung vermittelt re-

Hoenn, K. (1950). *Stoa und die Stoiker*. Zürich: Artemis.

Epikur (undatiert/1968). *Von der Überwindung der Furcht*, herausgegeben von O. Gigon. Zürich: Artemis.

alistisches Wissen, Sprache kann auch nicht wirklich Vorhandenes darstellen. So vollzog sich die Unterscheidung zwischen objektiver und subjektiver Wirklichkeit.

Wiederum im Rückblick beurteilt, hat die hellenistische Philosophie der Psychologie den Weg gebahnt. Mit ihrem Verständnis vom Menschen als Teil der Natur und ihrer Verteidigung der empirischen Methode hat sie wichtige Voraussetzungen für die spätere naturwissenschaftliche Richtung der Psychologie geschaffen. Ihre Lehren zur Logik hat die spätere Sprach- und Sozialpsychologie aufgegriffen und fortgeführt.

3.2.2 Ethik der Stoa sowie der Gartenschule

Die wichtigste Aufgabe der Ethik war die Förderung der seelischen Gesundheit (s. Abschnitt 2.3.2). Der Medizin als Körperheilkunde hat Epikur die Philosophie als Seelenheilkunde gegenübergestellt:

„Wie nämlich die Heilkunst keinen Nutzen hat, wenn sie nicht die Krankheiten aus dem Körper vertreibt, so hat auch die Philosophie keinen Nutzen, wenn sie nicht die Leidenschaft der Seele vertreibt."

(Epikur, undatiert/1968, S. 138, übersetzt von O. Gigon)

Mit Leidenschaften (griech. *pathos)* meinte Epikur belastende Gedanken und Gefühle, insbesondere Angst und Schmerz. Solche Belastungen können durch Naturereignisse ausgelöst sein. Daher wurde die Erforschung der Natur als Mittel betrachtet, Menschen von Sorgen und Schmerzen zu befreien:

„Wenn wir nicht beunruhigt würden durch den Verdacht, es möchten uns die Himmelserscheinungen und der Tod etwas angehen,

Zenon (ca. 354 - 262 v. Chr.)

ferner durch die Tatsache, daß wir die Grenzen von Schmerz ... nicht kennen, dann bedürften wir der Naturwissenschaft nicht."

(Epikur, undatiert/1968, S. 60, übersetzt von O. Gigon)

Ethik sollte den richtigen Umgang mit Gefühlen und Bedürfnissen lehren; sie sollte die Leidenschaften der Seele (s. Abschnitt 3.2.1) heilen und zu Glück verhelfen. Epikur vertrat eine Auffassung, welche Hedonismus (griech. *hedone*, Freude) genannt wird. Glück erwachse aus einem Leben voll Freude und Lust, frei von Schmerz. Freilich riet Epikur nicht zu zügellosem Genuß. Ganz im Gegenteil: Das Glück folge aus dem Verzicht.

Epikur (341 - 271 v. Chr.)

Theophrast über Pflanzen und Menschen

Theophrastos aus Eresos auf der Insel Lesbos (371-281 v.Chr.) war ein Schüler des Aristoteles, der Gedanken aus der platonischen Akademie sowie der aristotelischen Peripatetikerschule der Stoa zu übermitteln suchte. Einen Schwerpunkt in seinen Schriften bildete die Beschreibung und Klassifizierung von Pflanzen. Seine in der Botanik geübte Kunst der Darstellung und Unterscheidung wandte er auch auf Menschen an. So entstand seine Schrift über menschliche Charaktere (griech. *charakter*, Kennzeichen, Eigenart). In der Schrift stellte Theophrast (undatiert/1874) dreißig verschiedene Persönlichkeiten dar - u.a. den Schmeichler, den Schwätzer, den Prahlhans und das Lästermaul. Hier als Beispiel das Charakterbild des Geizhalses:

„Der schmutzige Geiz ist ein übertriebenes Streben nach niedrigem Gewinn. Ein ... Geizhals läßt bei Tische nicht genügend Brod aufstellen; ... Hat er Wein zu verkaufen, so verfälscht er ihn, selbst wenn er für seinen Freund bestimmt ist. In's Theater geht er nur, wenn der Unternehmer freien Eintritt gewährt und nimmt dann noch alle seine Kinder mit. Hat er eine Reise in Staatsangelegenheiten zu machen, so läßt er seine Diäten zu Hause und borgt von seinen Collegen ... . Seinem Bedienten packt er eine größere Last auf, als er zu tragen vermag, und gibt ihm die allerdürftigste Kost ... . Wenn seine Kinder wegen Krankheit nicht in die Schule kommen, so zieht er nach Verhältniß so viel vom Schulgeld ab; und den ganzen Monat Februar läßt er sie nicht in den Unterricht gehen, 'weil da so viele Feiertage sind' - nur um das Schulgeld nicht zahlen zu müssen. ... Verreist er mit Bekannten, so gebraucht er unterwegs deren Leute, während er unterdessen seinen eigenen Diener auswärts vermietet; wobei er das Miethsgeld für sich selbst behält. ... Verheirathet sich einer seiner Freunde, oder feiert derselbe die Hochzeit seiner Tochter, so verreist er einige Zeit vorher, um das Hochzeitsgeschenk zu vermeiden ... . “

(Theophrast, undatiert/1874, S. 44f., übersetzt von M. Oberbreyer)

Die Charaktere Theophrasts sind jeweils durch eine dominante Eigenschaft gekennzeichnet. So beschreibt der Autor als Geizhals die Standardform eines Menschen, dessen Urteil und Verhalten einzig und allein durch die Eigenschaft des Geizes bestimmt sind. Solche Charakterskizzen waren nicht nur reizvolle literarische Übungen, sondern hatten auch ihren praktisch-ethischen Zweck: sozial auffällige Personen besser zu erkennen und angemessen zu beurteilen.

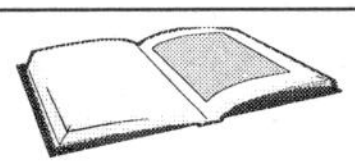

Theophrast (undatiert/1874). *Charakter-Bilder*, herausgegeben von M. Oberbreyer. Leipzig: Reclam.

Für seine Lehre vom großen Glück durch Verzicht führte Epikur mehrere Gründe an: Zum ersten: Man stelle sich Genuß oft großartiger vor, als er tatsächlich sei; so sei man manchmal vom Geschmack erlesener Speisen enttäuscht. Zum zweiten: Bedürfnisse, wenn sie zu reichlich befriedigt werden, wachsen; der ungehemmt Genießende werde unersättlich. Drittens: Starker Genuß werde durch unangenehme Folgen geschmälert; ein reiches Mahl erzeuge Magendrücken. Schließlich sei die Jagd nach dem Glück Ursache vieler Unannehmlichkeiten; so koste die Zubereitung erlesener Speisen viel Zeit und Mühe.

Epikur unterschied drei Arten von Begierden: natürliche und notwendige, natürliche und nicht notwendige sowie lediglich eingebildete. Nur die natürlichen und notwendigen Bedürfnisse verdienten Befriedigung. Um diese zu erkunden, soll Epikur Selbstversuche unternommen haben. Er habe ausprobiert, mit wie wenig Essen ein Mensch auskomme.

Die Stoiker empfahlen ein Leben in Übereinstimmung mit der Natur. Als Natur faßten sie das Weltganze (griech. *kosmos*) auf, vom Sternenhimmel bis zum unsichtbaren Atom. folge einer teleologischen, d.h. zielstrebigen (griech. *telos*, Ziel) Gesetzmäßigkeit (griech. *logos*). Das Glück des Menschen beruhe daher auf seinem Einklang mit dem Kosmos und dem Gehorsam gegenüber den kosmischen Gesetzen. Eigensucht und Eigensinn widersprächen der Ordnung des Kosmos.

Im Gegensatz zu den Anhängern des Epikur hielten die Stoiker Lust nicht für erstrebenswert. Lust sei eine eigensüchtige Erregung, tugendhaft sei dagegen die Überwindung jeder Erregung, die Unerschütterlichkeit (griech. *ataraxia*). Emotionen stellten die Stoiker als Leidenschaften dar, als Leiden der Seele (s. wieder Abschnitt 3.3.1). Zenon (Pohlenz, 1950, S.148) bezeichnete sie als *„unvernünftiges und widernatürliches Flattern der Seele"*.

Aus der ethischen Bewertung wurden praktische Ratschläge abgeleitet: Leidenschaften müsse man widerstehen und Leidensfreiheit, Apathie (griech. *apathia*) zu erreichen suchen. Freiheit von Leidenschaften und innere Ruhe waren die höchsten Ziele. In der Stoa übten die Schüler, durch Selbstinstruktion (z.B. durch leises Sprechen des Satzes „Schmerz darf mich nicht mehr quälen") Triebe, Gefühle und Schmerzen zu dämpfen. Um Leidensfreiheit zu erlangen, sollten sich die Schüler weiterhin gegen äußere Belastungen abhärten.

Freilich blieb die stoische Lehre maßvoll in ihren Forderungen. Trotz des Strebens nach Apathie waren mäßige und situationsangepaßte Gefühle durchaus gestattet. Sie mußten nur durch Vernunft zu rechtfertigen sein (vgl. das ethische Prinzip des Maßhaltens bei Aristoteles, Abschnitt 3.1.3). Zum Beispiel lautete eine Regel: Männer und Frauen sollten sexuell enthaltsam leben, um den Irritationen der Liebe zu entgehen. Doch war sexuelle Erregung gerechtfertigt, wenn Ehepartner ein Kind zur Welt bringen wollten (Pohlenz, 1948).

Es werden nach der hellenistischen Philosophie noch rund zweitausend Jahre vergehen, bis eine Praktische Psychologie unter diesem Namen ihre Dienste anbietet. Doch betrachtet man die Thesen und Themen, welche die Lehrer in Zenons Buntem Haus und in Epikurs Garten ihren Schülern beigebracht haben, dann entdeckt man darin eine Reihe von Thesen und Techniken, die auch heute noch einen festen Platz in der modernen psychologischen Praxis, insbesondere in der Klinischen Psychologie einnehmen (u.a. Gesprächstherapie, Selbstregulationstraining, s. Abschnitt 11.3.6).

Selbstkontrolle von Affekten

Die praktische Ausrichtung der römischen Philosophie bezeugt die folgende Anleitung zu einem Training der Selbstkontrolle von Affekten. Es stammt von dem Philosophielehrer Epiktet aus Nikopolis in Epirus (etwa 50 - 138 n. Chr.), der als Sklave geboren wurde und sich einerseits dem Stoizismus Senecas (s.o.) angeschlossen hat, andererseits dem Kynismus (s. Abschnitt 3.1.3).

„Wenn du nicht jähzornig sein willst, so ziehe in dir nicht die Gewohnheit groß und gib ihr keine Gelegenheit zum Wachsen. Anfangs suche dich zu beruhigen und zähle die Tage, an denen du nicht zornig bist: Gewöhnlich war ich an jedem Tag zornig, jetzt bin ich es nur über den anderen Tag, dann immer erst nach zwei Tagen, dann erst nach dreien; wenn du sogar dreißig Tage hast vorbeigehen lassen können, dann opfere der Gottheit. Die Gewohnheit bekommt erst Unterbrechungen, zuletzt hört sie ganz auf."

(Epiktet, undatiert/1905, S. 18, übersetzt von J. Grabisch)

Pohlenz, M. (Hrsg.). (1950). *Stoa und die Stoiker. Die Gründer, Panaitios, Poseidonios*. Zürich: Artemis.

Pohlenz, M. (1948). *Die Stoa*. Göttingen: Vandenhoeck & Ruprecht.

Epiktet (undatiert/1905). *Unterredungen*, herausgegeben von J. Grabisch. Jena: Diederichs.

3.3 Rom erobert Griechenland, die griechische Philosophie erobert Rom

3.3.1 Das Reich des Kaisers Augustus

Die hellenistische Bewegung brachte im dritten und zweiten vorchristlichen Jahrhundert (Abschnitt 3.2.1) Fortschritte im Handel und in der Verwaltung, doch auch Zwist zwischen Herrschern und Völkern. Nachbarvölker widersetzten sich dem griechischen Herrschaftsanspruch. Bis zum ersten vorchristlichen Jahrhundert war die hellenistische Bewegung politisch gescheitert. Im Osten übernahmen die (iranischen) Parther die Macht, im Westen die Römer. Den Römern fiel die Mittelmeerregion bis Ägypten zu; Griechenland unterwarfen sie als Provinz Mazedonien. Nachdem sich der Schwerpunkt der Macht nach Rom verlagert hatte, stießen dessen Armeen nach dem Westen und Norden Europas vor - nach Germanien, Gallien und Britannien.

Das Perikleische Zeitalter Athens (s. Abschnitt 3.1,1) wiederholte sich im Augusteischen Zeitalter, der Glanzzeit Roms, in welcher Gaius Octavius (63 v. Chr. - 14 n. Chr.) als erster römischer Kaiser regierte - mit dem Titel *Augustus* (lat. Erhabener). Augustus baute die Hauptstadt Rom aus und suchte durch Friedenspolitik den Wohlstand der Provinzen zu mehren. Durch Gesetze bemühte er sich um die Verbesserung der Verwaltung sowie der Sitten. Er förderte Kunst und Religion.

Rom war zwar zum neuen Machtzentrum aufgestiegen, der dort betriebenen Philosophie war jedoch keine reiche Blüte beschieden. Die römische Philosophie war nur ein Nachhall der klassisch gewordenen griechischen. Die Lehren der Akademie und der Peripatetiker (Abschnitt 3.1), der Stoa und der Gartenschule (Abschnitt 3.2) wurden in die lateinische Sprache übertragen und behutsam ergänzt; umwälzende Neuerungen blieben aus. Im großen und ganzen gewannen in der römischen Philosophie naturkundlicher Realismus und ethische Orientierung gegenüber idealistischen Richtungen die Oberhand.

Das Römische Reich zur Zeit des Kaisers Augustus (nach Putzger, 1993, S. 26f.)

3.3.2 Ethik im Stile der Stoa

Als Vorbild der römischen Ethik diente vornehmlich die Stoa (s. Abschnitt 3.2.2). Zu ihr bekannte sich auch Lucius Annaeus Seneca (etwa 4 v. Chr.-65 n. Chr.), einer der hervorragenden Vertreter der römischen Philosophie. Er übte den Beruf eines Advokaten aus, war als Politiker einflußreich (sein höchstes Amt war das eines Senators) und betätigte sich als Erzieher des späteren Kaisers Nero. Die von ihm erhaltenen Schriften widmeten sich vorwiegend ethischen Fragen. Den Grundsatz der Unerschütterlichkeit stellte er in den Mittelpunkt seiner Abhandlung *Über das glückselige Leben*:

„Nichts anderes verschafft uns Freiheit als Gleichgültigkeit gegenüber dem Schicksal: dann wird jenes unschätzbare Gut sich zeigen, Ruhe der Seele ... und ... erhabene Freude und unerschütterliche ... sowie Heiterkeit des Herzens."

(Seneca, undatiert/1971, S. 13, übersetzt von M. Rosenbach)

Auch für besondere Fälle des Lebens erteilte Seneca Ratschläge - z.B. zum Schenken:

„Es irrt einer, wenn er glaubt, eine leichte Sache sei es, Geschenke zu machen: sehr viel enthält diese Aufgabe an Schwierigkeit, wenn man nur mit planvollem Handeln verteilt, nicht nach Zufall und plötzlicher Eingebung um sich streut. Um diesen mache ich mich verdient, jenem vergelte ich; diesem helfe ich, dessen erbarme ich mich; jenen unterstütze ich, daß ihn nicht auf Abwege bringe die Armut ...; manchem werde ich nicht geben ..., weil auch, wenn ich gegeben habe, Mangel bestehen wird."

(Seneca, undatiert/1971, S. 59 ff., übersetzt von M. Rosenbach)

Senecas Tod (Kupferstich von Schuler, undatiert). Als Vorbild der Unerschütterlichkeit ist Senecas bewußtes Sterben überliefert. Nachdem seine Beteiligung an einer Verschwörung gegen den Kaiser Nero aufgedeckt worden sei, habe der Kaiser seinen Tod befohlen. Seneca habe sich in das Unvermeidliche geschickt und durch einen befreundeten Arzt seine Adern öffnen lassen (Rozelaar, 1976, S. 339f.).

Ein weiterer wissenschaftlicher Autor aus Rom, Marcus Tullius Cicero (106 - 43 v. Chr.), hatte wie Seneca den Beruf des Rechtsanwalts gewählt und war sogar bis zum Amt eines römischen Konsuls aufgestiegen. Er beschäftigte sich ebenfalls mit ethischen Fragen und verfaßte Schriften über Freundschaft und Liebe, Leidenschaft und Tugend, Tyrannei und Freiheit, Krankheit und Tod (z.B. Cicero, undatiert/1979). Als Jurist und Politiker erwarb er bedeutende rhetorische Erfahrung; Glanzstücke politischer Argumentation waren seine Anklagen gegen den Verschwörer Catilina. Diese Erfahrungen brachte er in ein Werk über Rhetorik ein (Cicero, undatiert/ 1976). Darin erläuterte er emotionale Wirkungen der Rede - wie in dem folgenden Abschnitt:

„... grenzt in allen Dingen an die größten Wonnen der Überdruß. ... mag eine ... Rede in noch so hellen Farben prangen, ohne Unterbrechung ... und Abwechslung kann sie keinen dauernden Genuß verschaffen. Man nimmt auch umso schneller an den Schnörkeln und dem falschen Glanze eines Redners ... Anstoß, als eine Übersättigung ... der Sinne durch den Instinkt, nicht den Verstand bedingt ist.“

(Cicero, undatiert/1976, S. 509, übersetzt von H. Merklin)

Marcus Tullius Cicero (106 - 43 v. Chr.)

Ciceros Respekt vor der ontologischen Tradition zeigt der folgende Ratschlag:

„Am wirkungsvollsten sind die Reden, die ... weit ausgreifen und von der individuellen ... Streitfrage zu einer wesentlichen und grundsätzlichen Erklärung führen; so können die Zuhörer sich nach der Erkenntnis der wesentlichen und grundsätzlichen Gesichtspunkte ein Urteil über die einzelnen Angeklagten, Vorwürfe und Streitfragen bilden.“

(Cicero, undatiert/1976, S. 521, übersetzt von H. Merklin)

Seneca, L. A. (undatiert/1971). Über das glückselige Leben. *Philosophische Schriften* (Band 2, S. 1-78), herausgegeben von M. Rosenbach. Darmstadt: Wissenschaftliche Buchgesellschaft.

Rozelaar, M. (1976). *Seneca. Eine Gesamtdarstellung.* Amsterdam: Hakkert.

Cicero, M. T. (undatiert/1976). *Über den Redner,* herausgegeben von H. Merklin. Stuttgart: Reclam.

Cicero, M. T. (undatiert/1979). *Gespräche in Tusculum,* herausgegeben von O. Gigon. München: Heimeran.

3.3.3 Naturkunde und Medizin

Zu der weiteren Hinterlassenschaft der griechischen Philosophie gehörten Lehren über die Anatomie und Physiologie von Menschen und Tieren. Diese Lehren wurden aufgegriffen und insbesondere für die Kunst der Ärzte nutzbar gemacht. Als Philosoph und Mediziner gerühmt wurde Claudius Galenus (ca. 129-199 n. Chr.). Er war in Pergamon in Kleinasien geboren und lebte in Rom als Arzt des Kaiserhauses und der Aristokratie; von ihm sind zahlreiche Schriften erhalten, die sich mit so unterschiedlichen Themen wie der Mathematik und der Physiologie beschäftigen. Von herausragender Bedeutung war seine Lehre von den Körpersäften, mit der er die Tradition der von dem griechischen Mediziner

Hippokrates (geboren ca. 460 v. Chr. auf der Insel Kos) begründeten Ärzteschule fortsetzte. Die Lehre von den Körpersäften leitete die Kreislauf-, Gallen- und Nierenforschung ein, die Hormonforschung sowie die Pharmakologie. Als Praktiker der Medizin trat Galen für die Allopathie (griech. *allos*, anderer) ein. Damit meinte er die Bekämpfung von Krankheiten mit „Gegenmitteln"; dies waren Arzneien, die er selbst herstellte (vgl. Furley & Wilkie, 1984).

Furley, D. J. & Wilkie, J. S. (1984). *Galen on respiration and the arteries.* Princeton, NJ: Princeton University Press.

Galen (undatiert/1919). *De temperamentis*, herausgegeben von G. Helmreich. Leipzig: Teubner.

Mit seiner Abhandlung *De temperamentis* hat Galen (undatiert/1919) eine anhaltende Tradition in der Psychologie eingeleitet. Er entwarf eine Theorie über Zusammenhänge zwischen Körperflüssigkeiten und Persönlichkeit. Galenus unterschied vier Körpersäfte: Blut (lat. *sanguis*), Schleim (griech. *phlegma*), gelbe Galle (griech. *cholos*) und schwarze Galle (griech. *melas cholos*). In jedem Menschen mischen sich diese Säfte, doch das Mischungsverhältnis schwankt. So kann jeweils eine der Flüssigkeiten überwiegen. Dann ergeben sich vier Typen von Persönlichkeiten:

- Sanguiniker (die von ihrem Blut bestimmten): schnell und stark erregbare, dabei freudvolle Menschen;
- Phlegmatiker (vom Schleim bestimmt): langsam und schwach in ihren Reaktionen, dabei jedoch nicht mißvergnügt;
- Choleriker (von der gelben Galle bestimmt): schnell und stark erregbar wie die Sanguiniker, jedoch anders als jene leicht verärgert;
- Melancholiker (von der schwarzen Galle bestimmt): langsam und schwach reagierend wie die Phlegmatiker, dabei mißvergnügt wie die Choleriker.

Die Typen nannte Galen Temperamente, d.h. Mischungen (lat. *temperare*, mischen).

Die Forschung hat die Ausgangsannahme, die Menge von Blut, Schleim und Galle übe einen unmittelbaren Einfluß auf das Verhalten aus, überhaupt nicht bestätigen können. Trotzdem ist die Lehre Galens für die Persönlichkeitstheorie wegweisend geworden. Zum einen hat sie frühzeitig die Aufmerksamkeit auf den Zusammenhang zwischen Körper und Persönlichkeit gelenkt. Wenn es auch nicht die vier angegebenen Flüssigkeiten sind, welche die persönliche Eigenart bestimmen, so dürften doch flüssige Stoffe anderer Art auf das Verhalten und Erleben Einfluß haben: die als Überträgersubstanzen im Nervensystem wirkenden Hormone. Zum anderen hat sich die Bestimmung der vier Persönlichkeitstypen als ungemein fruchtbar erwiesen. In der Tat unterscheiden sich Menschen grundlegend und dauerhaft nach ihrer Erregbarkeit (ruhig - erregt) und ihrer vorherrschenden Stimmung (heiter - betrübt).

3.3.4 Von der Ontologie zur Mystik: Einheit und Vielheit, Welt und Seele

Die Ontologie, die Betrachtung des Wesens von Welt und Überwelt, war in der römischen Antike keinesfalls vergessen. Insbesondere erinnerte man sich der pythagoreischen und der platonischen Lehren (Abschnitte 2.4.1, 3.1.2) und suchte diese zu erneuern. So entstand eine Schulrichtung, die später den Namen „Neuplatonismus" erhalten hat. Wohl am nachhaltigsten hat Plotin diese Richtung geprägt.

Plotin wurde um 205 nach Chr. in Oberägypten geboren und hat während seines Studiums in Alexandrien nicht nur Werke des von ihm als „göttlich" verehrten Platon kennengelernt, sondern auch Lehren von persischen Denkern. Im Jahre 244 begann er in Rom eine Tätigkeit als Philosophielehrer, als Erzieher und als Lebensberater. Bis ins Kaiserhaus reichte das Netz seiner Schüler und Freunde. Von der Überzeugungskraft seiner Persönlichkeit wird berichtet; man schrieb ihm okkulte Fähigkeiten zu, Kontakte zu Dämonen und höheren Mächten. Tatsächlich hat die Lehre Plotins in der Metaphysik ihren Schwerpunkt. Der Autor preist das Übernatürliche als eine unbeschreibliche Wunderwelt und mag selbst als Magier erschienen sein, der Einlaß in diese Wunderwelt gefunden habe. Plotin lebte bis zum Jahre 270.

Plotin sah das Weltganze als ein Gebäude mit fünf Stufen. Die erste und oberste Stufe überschreite die Lebenswelt des Menschen. Diese höchste Stufe bilde das Sein (griech. *en*). Das Sein sei nicht Stoff, und es sei auch nicht Geist; es stehe über allem Stoff und über allem Geist. Das Sein umfasse alles überhaupt Mögliche und forme ein geschlossenes Ganzes. Plotin hat es „das Eine" genannt. Das Eine sei von unübertrefflicher Vollkommenheit; es sei der Inbegriff des Guten. Weil das Eine das Beste sei, strebe es zu sich selbst; sich nur nach sich selbst zu richten, bedeute Freiheit.

Als zweite Stufe der Welt erzeuge das Eine den Geist (griech. *nus*). Der Geist sei ein Abbild des Einen; er habe Anteil an seinem Denken und an seiner Kraft (griech. *energeia*). Der Geist sei Gut wie das Eine, besitze Freiheit wie das Eine. Der Geist bilde jedoch anders als das Eine keine Einheit. Er enthalte Gesetze und Gedanken; diese zerfielen in mehrere Untereinheiten und könnten sogar im Widerspruch zueinander stehen. In einer dritten Stufe bringe der Geist die Seele hervor. Die Seele sei Abbild der Ordnung und Kraft des Geistes und erfülle das Weltall mit Leben. Als Weltseele bewege sie das Weltganze, den Kosmos. Die Weltseele schenke dem Kosmos Harmonie; sie lenke u.a. die Sterne auf ihrer Bahn, die Flüsse und Winde. Sie teile sich zugleich auf in Menschen-, Tier- und Pflanzenseelen, um jene Wesen mit Leben zu erfüllen; sie gestatte ihnen Fortpflanzung und Wachstum, äußere Bewegung und innere Abläufe.

Die drei obersten Stufen des Weltganzen sind demnach gut und frei. Ihnen stehe die Materie gegenüber, die sich in Mineralien, Flüssigkeiten u.ä. verwirklicht. Plotin wies der Materie die unterste Stufe des Weltganzen zu und sprach ihr wesenhaftes Sein ab. Materie sei flüchtig, vergänglich - also gar kein Sein (griech. *me on*). Ihr fehle Freiheit, denn sie folge dem äußeren Zwang oder dem inneren Trieb. Deshalb mangle es ihr auch an Güte; sie sei schlecht (griech. *kakon*). Schließlich besitze sie keine Einheit; sie sei in viele Teile zersplittert.

Zwischen jener untersten Stufe der Materie und der dritten Stufe der reinen Seele liege eine vierte Stufe: die lebenden Körper. In ihnen verbinde sich die Seele mit der Materie. Dies geschehe nur auf Zeit, denn die Seele sei (wie das Eine und der Geist) unvergänglich, die Materie jedoch vergänglich. Für die Lebenszeit steige die Seele in die Körperwelt herab. Dort befinde sie sich zwischen Geist und Körper, Gut und Böse, Freiheit und Zwang. So auch die Menschenseele:

„Denn alles, was Seele ist, trägt in sich ein Stück, das unten zum Leibe hin, und eines, das oben zum Geist hin liegt; die gesamte, die Welt-Seele lenkt mit ihrem dem Leibe zugewandten Teile das Weltall und bleibt selbst in der Höhe, frei von Mühe ...; die Seelen, die in ein Teilding eingetreten sind und ihm zugehören, haben ebenfalls das über die niedere Welt Erhabene; nur sind sie abgelenkt durch die Sinne und durch die Aufnahme vieler Dinge, die wider ihr Wesen sind und Schmerz und Verwirrung bringen."

(Plotin, undatiert/1956, S. 147f., übersetzt von R. Harder)

Der zur Materie abgestiegenen Seele obliege daher die ethische Verpflichtung, sich wieder von der fremden Materie zu lösen und zum Einen hochzusteigen.

Auf diese Weise differenzierte Plotin den Begriff der Seele. Einerseits verstand er darunter die übernatürliche Seele, andererseits die Naturseele. Was die Menschenseele anbelangt, hat er die Funktionentheorien von Platon und Aristoteles aufgegriffen (s. Abschnitt 3.1.2). Er erörterte körpernahe Funktionen wie Ernährung und Zeugung und geistige Fähigkeiten wie das Bewußtsein (griech. *synaisthesis*), das Urteil (griech. *krisis*), die Meinung (griech. *doxastikon*) und die Wahrnehmung (griech. *aisthesis*) (Blumenthal, 1971).

Der Differenziertheit von seelischen Fähigkeiten wie Urteil und Wahrnehmung stellte Plotin die Ganzheitlichkeit des Seelischen gegenüber. Seele sei zugleich Einheit und Vielheit. Die Einheit zeige sich im Selbstbewußtsein, der Erfahrung des einheitlichen Ich. Ebenfalls ganzheitlich sei das Bewußtsein (Vorstellung, Wahrnehmung) von anderen

Kritikpunkt

Arabische und indische Philosophie

Psychologie wird in diesem Buch als eine wissenschaftliche Disziplin dargestellt, die im abendländischen Denken verankert ist. Angesichts der Vielfalt kultureller und wissenschaftlicher Ansätze in aller Welt mag diese wissenschaftshistorische Auffassung als unzulässige Vereinfachung erscheinen. Insbesondere ist auf zwei andere Kulturen hinzuweisen, die religiöse und philosophische Seelentheorien, Sittenlehren und Lebensregeln entwickelt haben:

- Die arabisch-islamische Kultur (vgl. Batzli, Kissling, Ziehlmann, 1994),
- die indisch-buddhistische Kultur (Petzold, 1986).

Auch in diesen Kulturen findet man also psychologische Lehren.

Der Vergleich arabischer und indischer Psychologien mit der europäisch-amerikanischen ist eine Aufgabe unserer Zeit, in welcher die Staaten und Kulturen der Welt in vorher nicht gekanntem Ausmaß wirtschaftliche, künstlerische sowie wissenschaftliche Beziehungen unterhalten. Auch herrscht die Erwartung, durch Austausch mit anderen Kulturen könne die abendländische eine Bereicherung erfahren und damit eigene Einseitigkeiten und Mängel ausgleichen.

Der interkulturelle Vergleich sowie der Versuch, die bestehende abendländische Psychologie durch Übernahmen aus anderen Kulturen zu vervollkommnen, sind jedoch keine Anliegen dieses Buches. Hier ist nüchtern festzustellen, daß am Ende des zweiten nachchristlichen Jahrtausends die europäisch-nordamerikanische Psychologie die bisher international erfolgreichste Disziplin ihrer Art darstellt. In keiner anderen Kultur ist jedoch die in unserer Zeit weltweit verbreitete Psychologie stärker verwurzelt als in der griechischen Antike. Es ist daher sinnvoll und statthaft, sich hier zunächst auf die Wissenschaftskonzeption der Mittelmeerkultur zu konzentrieren und sodann zu verfolgen, wie sich Psychologie innerhalb der abendländischen Wissenschaften entwickelt hat.

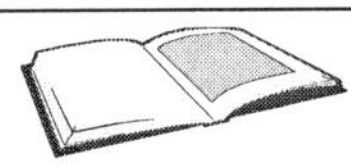

Petzold, M. (1986). *Indische Psychologie*. Weinheim: Psychologie Verlags Union.

Batzli, S., Kissing, F. & Ziehlmann, R. (1994). *Menschenbilder - Menschenrechte*. Zürich: Unionsverlag.

Personen sowie von Gegenständen. Ein solches Bewußtsein von einheitlichen Personen und Gegenständen müsse erst durch die Seele hergestellt werden; denn die körpereigenen Sinnesorgane lieferten nur zersplitterte, unzusammenhängende Empfindungen.

„Daß das Wesen der Seele ein solches sein müßte, daß es unmöglich eine Seele geben könnte die ... entweder nur unteilbar wäre oder nur teilbar, sondern daß sie ... beides sein muß, das ergibt sich aus dem folgenden. Auf der einen Seite: hätte sie wie die Körper verschiedene Teile, so könnte nicht, wenn ein Teil affiziert wird, ein anderer Teil zum Bewußtsein dieser Affektion kommen ... . wie kann sie dann das aus vielen, etwa Gehörs- und Gesichts-Wahrnehmungen Kommende als einheitlichen Gegenstand erkennen? ... Auf der anderen Seite: setzen wir die Seele als ... einheitlich, ... unteilbar und als in sich ruhende Einheit, so würde [die Seele] gleichsam im Mittelpunkt des Seelenwesens sich niederlassen und die ganze Masse des Lebewesens unbeseelt lassen.“

(Plotin, undatiert/1956, S. 97f., übersetzt von R. Harder)

Plotin konzipiert hier ein seelisches Zentrum, das die Ganzheitlichkeit sowohl des Ich-Bewußtseins als auch der Gegenstandserfahrung sichert. Dieses Zentrum integriert die seelischen Funktionen, die sich in Abhängigkeit von Körperfunktionen teilen, zu einem sinnvollen Ganzen.

Was ist das Eine? Woher stammt es? Wie bringt das Eine die niedrigeren Stufen der Wirklichkeit hervor? Wie entsteht Materie als Nichts und als Böses, und wie kann sie sich ohne und gegen das Sein sowie das Gute behaupten? Welcher Mensch kann solche Fragen schlüssig beantworten? Wer kann überhaupt die Berechtigung einer solchen Weltsicht beweisen? Autoren wie Plotin begründen ihre Lehre nicht mit lückenlosen Ketten von Erfahrungen und Argumenten. Vielmehr verkündigen sie ihre Lehre als unbezweifelbare Wahrheit. Sie verhalten sich, als wären sie im Besitz einer sonst verschlossenen Erkenntnis und ließen ihre Schüler daran teilhaben. Auf diese Weise wird Philosophie zur Offenbarung von Geheimnissen; sie wird mystisch (lat. *mysticus,* geheimnisvoll).

In der Mystik ist auch Plotins Seelenlehre angesiedelt. Der Autor schreibt der Seele geheimnisvolle Eigenschaften und Schicksale zu. Seele habe ihren Ursprung letztlich im Einen und strebe auch zu diesem. Das Eine sei aber mit Worten nicht darzustellen, in Begriffen nicht zu fassen (griech. *arreton,* unaussprechlich, unergründlich). So sei Seele letztlich ebenfalls nicht mit Worten und Begriffen zu bestimmen. Ist deshalb eine Theorie der Seele unmöglich? Keineswegs. Denn die Seele besitze die Fähigkeit, sich unmittelbar zu schauen. Dieses Schauen bedürfe nicht der Worte und Begriffe, der Schlußfolgerungen und Beweise. Die Selbstbetrachtung der Seele liegt vor (und über) dem Verstandes so wie das Eine vor (und über) dem Geist (s.o.).

Plotin (undatiert/1956). *Schriften* (Band 1), herausgegeben von R. Harder. Hamburg: Meiner.

Blumenthal, H. J. (1971). *Plotinus´ psychology.* Den Haag: Nijhoff.

Damit befürwortete Plotin eine Philosophie der inneren Erfahrung, der unmittelbar einleuchtenden Anschauung. Gerade die unmittelbare Anschauung beeindruckte ihn durch ihre Gewißheit. Die Gewißheit erklärte er als Zeichen der Anteilnahme an der höchsten Weisheit und Güte des geheimnisvollen Einen. Geist und Verstand, dem Einen nachgeordnet, und damit ausdrückliche Begriffsbestimmungen und Schlußfolgerungen hielt er für entbehrlich; ihre Erkenntniskraft sei zumindest begrenzt. Die unmittelbar einleuchtende Erkenntnis hat später einen eigenen Namen erhalten: Intuition (lat. *intueri*, schauen). Schon in der Antike gab es die Erklärung, Intuition sei eine von Göttern geschenkte Einsicht (vgl. Abschnitt 2.1.3). Bereits Aristoteles hat eingeräumt, daß Grundannahmen der Philosophie nicht schlüssig ableitbar sind, sich also auf Intuition stützen.

Freilich war Grundsatz der antiken Philosophie, daß Theorien mit den Mitteln des Verstandes zu rechtfertigen sind. Später wird man Ansätze, die eine Begründung von Theorien durch Verstand für unabdingbar halten, unter dem Begriff des Rationalismus (lat. *ratio*, Verstand) zusammenfassen (s. Kapitel 5). Im Gegensatz dazu sind Ansätze, die auf unmittelbar einleuchtende Anschauung bauen, als irrational zu bezeichnen. In diesem Sinne hat Plotin die Philosophie und mit dieser die Psychologie im Irrationalismus verankert.

Der Gegensatz von Rationalismus und Irrationalismus wird die Philosophie und die aus ihr hervorgehenden Wissenschaften weiter beschäftigen. Zwei methodische Fragen werden die Wissenschaftler verfolgen und entzweien: Welches ist wahre Erkenntnis - die intuitiv einleuchtende oder die logisch abgeleitete, schlüssig bewiesene? Und wie gelangt man zu wahrer Erkenntnis - durch den zündenden Einfall, verbunden mit dem intuitiven Erlebnis der Gewißheit oder durch regelgeleitetes gedankliches Prüfen, Abwägen und Schließen? Der Gegensatz wird sich zu folgender Frage zuspitzen: Besitzen Menschen überhaupt ein eigenes Vermögen zur Bildung von Erkenntnis? Oder bedürfen sie der Gemeinsamkeit mit einer übermenschlichen Weisheit, welche ihnen Wahrheit schenkt?

Zusammenfassung

1. Mit dem Aufstieg des Attischen Seebundes zur beherrschenden Macht am Mittelmeer im 4. vorchristlichen Jahrhundert übernahmen Philosophieschulen (vor allem in Athen) die höhere Bildung. Sie boten Lehrprogramme mit theoretischen und praktischen Fächern an, brachten Lehrtexte heraus und verbanden mit der Lehre Forschung.

2. Nach dem dualistischen Ansatz entwarf Platon eine Theorie der dreigeteilten Seele; beherrschend sei eine denkende Seele mit Sitz im Kopf. Aristoteles entwarf dagegen eine monistische Seelentheorie.

3. In ihrer Ethik forderten Platon und Aristoteles ein vernunftgeleitetes Streben nach Glück und Gütern. Zur Tugend erklärt wurde das Einhalten eines Mittelmaßes.

4. Die Stoa und die Gartenschule widmeten sich der Naturlehre. Die Kenntnis der Natur sollte Angst vor Naturereignissen sowie naturbedingte Schmerzen beseitigen. Die Stoa beschäftigte sich mit der beobachtbaren objektiven Wirklichkeit und der sprachlich dargestellten subjektiven Wirklichkeit.

5. In ihrer Ethik lehrten die beiden Schulen, der Mensch gewinne Glück durch Affekt- und Bedürfnislosigkeit.

6. Als ein Jahrhundert vor Christus das Römische Reich Griechenland als Weltmacht ablöste, setzten in Rom einheimische Schriftsteller sowie eingewanderte Gelehrte die Tradition der griechischen Philosophie fort.

7. Im alten Rom sind aus psychologischer Sicht besonders bedeutsam: die Lehre von den vier Temperamenten sowie die Ethik im Geiste der Stoa.

8. Der Neuplatonismus entwickelte eine irrationalistische Welt- und Seelenlehre. Er betonte den Erkenntniswert der unmittelbaren inneren Erfahrung.

LITERATUR ZUR ERGÄNZUNG UND VERTIEFUNG

Abegg, E. (1945). *Indische Psychologie.* Zürich: Rascher.

Düring, I. (Hrsg.). (1969). *Naturphilosophie bei Aristoteles und Theophrast.* Heidelberg: Stiehm.

Robinson, D. N. (1989). *Aristotle's psychology.* New York: Columbia University Press.

Volkmann, R. (1885/1963). *Die Rhetorik der Griechen und Römer in systematischer Übersicht.* Hildesheim: Olms.

Ein junger Gelehrter aus der Zeit der Renaissance. Der florentinische Adlige Ugolino Martelli im väterlichen Palast, später führender Literat und Humanist, im Alter von etwa 17 Jahren (Gemälde von Bronzino, ca. 1535, Gemäldegalerie, Staatliche Museen zu Berlin, Preußischer Kulturbesitz).

Kapitel 4

Seelenlehren im Christentum, Universitäten im Mittelalter, Psychologie als eigenes Fach

Kirchenväter, Scholastik, Humanismus

Das Römische Reich scheiterte bei seinem Versuch, Europa bis zum äußersten Norden zu erobern. Seit der Spätzeit des Römischen Reiches verbreitete sich aber eine neue geistig-religiöse Bewegung über ganz Europa: das Christentum. Christliche Lehren griffen philosophische Ideen aus der Antike auf. Allerdings wachte die christliche Kirche streng über die Rechtgläubigkeit. Ein Jahrtausend lang, das man später das Mittelalter nannte, herrschte christliche Dogmatik.

Mit Beginn der Neuzeit, in der Renaissance, verschaffte sich die Reformbewegung des Humanismus größere Freiheiten und knüpfte wieder an das freie Geistesleben der Antike an. Im Humanismus ist erstmals der Begriff der Psychologie nachweisbar.

Seit dem Ausgang des Mittelalters wächst die Zahl selbständiger Einrichtungen zur wissenschaftlichen Bildung sowie zur Forschung: die Universitäten. Die Universitäten gliedern sich nach Fakultäten. Auch Psychologie wird an den Universitäten gelehrt. Psychologie ist vor allem Lehrstoff an Philosophischen Fakultäten.

Zwischen dem Ende der Antike und dem Beginn der Neuzeit sind folgende geistige und institutionelle Entwicklungen für die Psychologie bedeutsam:

- christliche Seelenlehren,
- christliche Ethik,
- die Methode der Selbsterfahrung,
- die Auffächerung der Wissenschaften an den neu entstehenden europäischen Universitäten,
- die Entwicklung praktischer Berufe für Intellektuelle,
- die Psychologie als Fach unter freien Künsten.

4.1 Das Christentum übernimmt das Erbe der Antike

4.1.1 Erlösung, Glaube, Frömmigkeit

Während die römischen Heere zur Eroberung Europas ausrückten und römische Kaiser die von ihnen beherrschte Welt ihrer Verwaltung zu unterwerfen trachteten, ereignete sich eine geistige Revolution. Eine Lehre aus den von den Römern besetzten Landschaften Galiläa und Judäa, halb Religion, halb Sozialphilosophie, breitete sich über Kleinasien und Griechenland bis nach Rom aus: das Christentum. Das Christentum - zunächst von römischen Kaisern grausam verfolgt - wurde schließlich zum führenden Glauben im Römischen Reich. Im Jahre 380 erklärte Kaiser Theodosius I. das Christentum zur Staatsreligion.

Das Christentum erhob den Anspruch neuen Denkens - auch gegenüber der antiken Philosophie. Im Jahre 529 ließ der damals amtierende römische Kaiser Justinian die traditionsreiche Akademie in Athen schließen. Hat damit das Christentum die griechische Wissenschaft verdrängt? Nein, völlig verdrängt hat das Christentum die griechische Wissenschaft nicht, jedenfalls nicht alle ihre Lehren. Doch wandte sich das Christentum gegen das Heidentum der Griechen, ihr Unverständnis für den Christengott, die teilweise durch ihren Glauben an eigene Götter bedingt waren, teilweise durch ihren Atheismus, d.h. das Fehlen eines Gottesglaubens. Gebildete Römer und Griechen, die zum Christentum übergetreten waren, erkannten allerdings die intellektuelle Bereicherung, welche die antike Philosophie der christlichen Botschaft zu bieten hatte.

Das Christentum vertrat eine religiöse und sozialphilosophische Heilslehre - gipfelnd in der Behauptung, die jüdische Erwartung des Messias habe sich erfüllt (Isaias 9, 5; Johannes 12, 44) sowie in der Bekräftigung des mosaischen Gebots der Nächstenliebe (3 Moses, 19, 18; Matthäus 22, 39). Eine reflektierte Sicht der Welt und des Jenseits ließen die Schriften der christlichen Evangelisten - das sind die vier als Verkünder der neuen Lehre (griech. *euaggelion,* gute Botschaft) anerkannten Zeitzeugen Matthäus, Markus, Lukas und Johannes - vermissen. Sie beriefen sich auf Wunder - z.B die Heilung eines Blinden (Markus 10, 46-52) und die tausendfache Vermehrung von Broten (Matthäus 14, 13-21), veranschaulichten Prinzipien durch lebensnahe Vergleiche - z.B das Prinzip der göttlichen Liebe im Gleichnis vom verlorenen Sohn (Lukas 15, 11-32) - und verwendeten verheißungsvolle Bilder - z.B die Entsendung des Heiligen Geistes (Johannes 14, 26).

Doch wie sollten Intellektuelle mit analytisch geschärftem Verstand Fragen wie die Erweckung zum ewigen Leben erklären - als Wiederbelebung der Toten oder als körperloses persönliches Dasein (Matthäus 22, 23-33)? Hierzu fehlten in den Evangelien Erläuterungen über Zeit und Ewigkeit, Himmel und Erde, Körper und Seele. Gerade dazu hatte die griechische Metaphysik Begriffe und Theorien hervorgebracht. Ergebnisse der antiken Philosophie ließen sich für die christliche Lehre nutzbar machen; es eröffnete sich die Möglichkeit der Ergänzung und Präzisierung der neuen christlichen Botschaft mit Hilfe des erprobten metaphysischen Denkens. (Hier und auf den folgenden Seiten aufgeführte Autoren sind Propheten des Alten Testaments und Evangelisten des Neuen Testaments. Zugrunde gelegt wird hier die revidierte Fassung der Lutherschen Bibelübersetzung aus dem Jahre 1984 [Lutherbibel, 1994].)

Das Christentum hatte freilich ein unverrückbares Ziel: Erlösung des Menschen. Erlösung - damit war sowohl die Befreiung von persönlicher Schuld, der Sünde, gemeint als auch die Befreiung der Menschheitsschuld, der Erbsünde. Der Vorrang des Erlösungsanspruchs setzte der Einbeziehung philosophischer Theorien und Begriffe eine prinzipielle Grenze. Philosophie mußte sich in den Dienst der Erlösung stellen. Theorie durfte nicht mehr Selbstzweck bleiben, ein Mittel zur Bewußtseinserweiterung (s. Abschnitt 2. 1.3).

Wahrheit ließ das Christentum nicht mehr als bloße Frucht menschlichen Denkens gelten. Wahrheit liege allein im vollständigen, unwandelbaren und unfehlbaren Wissen des Gottes, der durch seinen Sohn Jesus die Menschheit erlöst habe. Daher dürfe nur das göttliche Wissen selbst Quelle menschlicher Erkenntnis werden. Dieses Wissen habe Gott in den als heilig anzuerkennenden Schriften - zuletzt dem Neuen Testament - den Menschen offenbart. Unwahrheit wurde damit zur Sünde, und zwar in doppelter Hinsicht: Als Verweigerung gegenüber der Erlösung und als Mißachtung der göttlichen Offenbarung. Die bisherige philosophische Freiheit war unter diesen Voraussetzungen nicht zu dulden. Das Denken mußte sich nach der aus den Schriften ersichtlichen Offenbarung ausrichten. Denken hatte sich einer anderen Funktion des Erkennens unterzuordnen, dem Glauben. Glaube bedeutete die unmittelbare Übernahme offenbarten Wissens, verbunden mit dem unbedingten Vertrauen in die göttliche Lehre.

Die christliche Auffassung von Glaubenswahrheit versprach zwar Gemeinsamkeit in der Erkenntnis. Doch tatsächlich herrschte oft Uneinigkeit über Glaubensfragen, die erbitterten Streit auslöste. Der Streit entzündete sich nicht nur an der Unterschiedlichkeit von Auffassungen über die göttliche Wahrheit, er entbrannte auch an der Auswahl jener Schriften, die als Träger der Offenbarung Anerkennung finden sollten. Aus solchen Zwistigkeiten suchte die christliche Kirche, die zu einer Organisation mit Laien, Presbytern (Kirchenältesten) und Bischöfen geworden war, einen Ausweg durch die Entscheidung einer Versammlung von Kirchenvertretern aus der gesamten bewohnten Welt, den ökumenischen Konzilen. So erhob das erste ökumenische Konzil im Jahre 325 in Nicäa die Gleichstellung von Gottessohn Jesus und Gottvater zu einem unanfechtbaren Glaubenssatz. Die Kirche nahm weiterhin Partei für einzelne Gelehrte, deren Aussagen damit Teil der verbindlichen kirchlichen Lehre wurden. Derartige Gelehrte wurden bis zum 7. Jahrhundert mit dem Titel des Kirchenvaters ausgezeichnet. So entstand ein innerhalb der Kirche unanfechtbarer Bestand von Glaubenssätzen.

Das Christentum stellte eine neue Forderung: ein Leben in Frömmigkeit. Frömmigkeit sei Voraussetzung für Erlösung, für das ewige Glück nach dem Tode. Frömmigkeit wurde auch zum Maßstab für die Wissenschaft. Von den Lehren der älteren Philosophen waren viele dem Christentum nicht dienlich. So fiel die Naturkunde (s. Abschnitt 2.2) in Ungnade. Was hätten etwa aus den naturkundlichen Theorien die Lehre von den vier Elementen oder die Ordnung der Tierwelt zum ewigen Heil beitragen sollen? Auch die antike Pragmatik (s. Abschnitt 2.3) wurde nicht fortgeführt. Ihre Einsichten zur Politik und Ökonomie waren ja dazu bestimmt, das Leben in dieser Welt zu bessern; zur Erlangung der Seligkeit in der ewigen Welt trugen sie nicht bei. Von den Künsten konnte allenfalls die Rhetorik bestehen, sofern sie dem Kirchenprediger nützte.

In ihrem Streben, die Menschen zur Erlösung zu führen, beherrschte die christliche Kirche das Denken mit ihren Dogmen. Als Dogma (griech. *dogma*, Meinung) bezeichnete man in der antiken Philosophie zunächst nur eine Lehrmeinung. Diese stützte sich auf die Kraft von Argumenten, auf Beobachtungen oder auf das Ansehen ihres Urhebers oder seiner Schule. Abweichungen von Lehrmeinungen waren gestattet; sie verlangten freilich eine Begründung. Mit dem Anspruch der Kirche, Rechtgläubigkeit durch Beschluß feststellen zu können (s.o), verschärfte sich der Begriff des Dogmas. Er bezeichnete nun eine Lehre, welche die Kirche mit ihrer Autorität zu einem Teil der göttlichen Wahrheit erklärt hatte. So verstanden wurde der Glaube an die Dogmen der Kirche zu einem Gebot für alle Bürger. Jede Leugnung oder Abweichung wurde als Abtrünnigkeit von Gott, als Häresie (griech. *hairesis*, willkürliche Wahl) verstanden. Nachdem ein Kirchenvater, das Konzil oder später der Papst als Oberhaupt der Kirche eine Auffassung zum Dogma erhoben hatte, war jeder Widerspruch ausgeschlossen. Abweichler galten als Sünder und wurden entsprechend bestraft. Mit der Anerkennung des Christentums als Staatsreligion (s.o.) verpflichtete sich der römische Staat selbst zur Verfolgung der Häretiker.

4.1.2 Lehren der frühen Kirchenväter

Die frühen Kirchenväter traten als Schriftsteller und als Lehrer hervor. Sie lebten in Rom, in Griechenland und in Nordafrika (von Campenhausen, 1955, 1965). In den Zeiten der Christenverfolgung betätigten sie sich als Apologeten (lat., griech. *apologia,* Rechtfertigung) der neuen Lehre. Zum Vorbild eines bekennenden intellektuellen Christen wurde der aus Samaria stammende Lehrer Justin. Er legte beim Kaiser Beschwerde dagegen ein, daß Christen als verbrecherische Sekte behandelt wurden. Ungefähr im Jahre 165 wurde er in Rom der Gesetzesübertretung angeklagt und schließlich enthauptet, weil er seinem Glauben nicht abschwören wollte. Als später das Christentum selbst Anteil an der Staatsmacht hatte (s.o.), erlangten Kirchenväter hohes öffentliches Ansehen und einflußreiche Ämter - wie etwa der als Bischof eingesetzte Gregor von Nyssa (etwa 335-394). Die Verdienste der beiden genannten Lehrer wurden übrigens von der Kirche in denkbar erhabener Form gewürdigt: Sie wurden heiliggesprochen, d.h. ihnen wurde die Erlösung zuerkannt.

Die Kirchenväter stützten sich vor allem auf das Alte und das Neue Testament. Doch hatten sie auch Zugang zur griechischen und römischen Philosophie. Einerseits werteten sie diese wegen ihres heidnischen Ursprungs ab, andererseits stellten sie deren Übereinstimmungen mit biblischen Quellen heraus. So behauptete Justin (s.o.), die wichtigsten Lehren Platons habe bereits der Prophet Moses verkündet. Und schon vor seiner Menschwerdung habe Christus der Welt - auch den Heiden - eine allgemeine Vernunft gestiftet.

Lutherbibel (1994). Stuttgart: Deutsche Bibelgesellschaft.

Campenhausen, H. Frhr. von (1955). Die *griechischen Kirchenväter.* Stuttgart: Kohlhammer.

Campenhausen, H. Frhr. von (1965). *Lateinische Kirchenväter.* Stuttgart: Kohlhammer.

Das Christentum - eine wissenschaftsfeindliche Religion?

Die christliche Lehre als göttliche Offenbarung, ihre Unanfechtbarkeit und das Gebot des Glaubens - das waren Grundsätze des Neuen Testaments. Schriftgelehrte aus der alttestamentarischen Tradition, Intellektuelle, welche die als heilig betrachteten Texte frei interpretierten, stießen dagegen auf Ablehnung. Der Evangelist Lukas (20, 46-47) zitierte dazu Jesus mit folgenden Worten:

„Hütet euch vor den Schriftgelehrten, die es lieben, in langen Gewändern einherzugehen, und lassen sich gern grüßen auf dem Markt und sitzen gern obenan in den Synagogen und bei Tisch; sie fressen die Häuser der Witwen und verrichten zum Schein lange Gebete. Die werden ein umso härteres Urteil empfangen.“

Vielleicht sollten diese Worte nur die Eitelkeit und den Opportunismus der Gelehrten treffen. Möglicherweise zielten sie jedoch ebenfalls auf ihre rednerische Gewandtheit und ihren Scharfsinn, welche Meinungsstreit anfachen und Zweifel nähren. Die Vermutung, das Christentum habe dem unbeirrbaren Glauben den Vorrang vor dem abwägenden Intellekt eingeräumt, bekräftigt gleich in der Bergpredigt (Matthäus 5, 3):

„Selig sind, die da geistlich arm sind; denn ihrer ist das Himmelreich.“

Die Kirchenlehrer haben viel von dem Idealismus Platons (Abschnitt 3.1.2) sowie dem Neuplatonismus (Abschnitt 3.3.3) übernommen. Zugleich paßten sie die klassische Philosophie ihrer Theologie an. Folgende Annahmen kennzeichnen das Weltbild und die Seelenlehre der frühen Kirchenlehrer:

- Das Eine, aus dem alles hervorgeht, ist der christliche Vatergott. Er ist Sitz aller Weisheit und Inbegriff aller Ordnung - getreu dem Wort des Evangelisten Johannes (1, 1): *„Am Anfang war das Wort, und das Wort war bei Gott, und Gott war das Wort“* (u.a. Justin, s.o.).

- Aus dem göttlichen Ursprung geht eine Hierarchie von Geschöpfen hervor: an der Spitze die Engel, dann der Mensch, ihm nachgeordnet Tiere, Pflanzen und unbelebte Körper (u.a. Gregor von Nyssa, s.o.).
- Der Mensch besitzt eine Seele, die - da gottähnlich - körperlos und vernünftig ist. Gott hat jede Menschenseele individuell erschaffen; sie ist unsterblich (u.a. Gregor von Nyssa, s.o.).

In diesen Sätzen spiegelt sich ebenso der orphisch-platonische Dualismus von der höheren und der niedrigeren Welt wie die neuplatonische Lehre von der Herkunft der Wirklichkeit aus der ungeteilten Vollkommenheit.

Die Geistseele des Menschen schafft die Möglichkeit eines Übergangs zur höheren Welt. Aus christlicher Sicht ist jedoch der Abstand zwischen den Menschen und Gott groß. Der Mensch kann weder aus eigenem Vermögen noch in vollem Umfang Gottes Weisheit erwerben; sein Wissen bleibt unvollkommen und bedarf der göttlichen Offenbarung. Origenes, ein 185 in Alexandria geborener Lehrer, Schulleiter und Bischof, drückte diese Auffassung in einer Lichtmetapher aus, die dem platonischen Höhlengleichnis (Abschnitt 3.1.2) nachgebildet sein dürfte:

„Unsere Augen können zunächst die Natur des Lichts selbst, d.h. die Substanz der Sonne, nicht anschauen; wir können aber ihren Glanz oder die Strahlen betrachten, die etwa durch Fenster oder irgendwelche Öffnungen fallen, und daraus schließen, wie groß die glühende Masse sei, der das körperliche Licht entströmt. So sind auch die Werke der göttlichen Vorsehung und der kunstvolle Bau dieses Alls gleichsam Strahlen von Gottes Natur ... . Unsere Vernunft erkennt also, da sie Gott nicht an sich, so wie er wirklich ist, betrachten kann, aus der Pracht seiner Werke ... den Vater des Alls."

(Origenes, undatiert/1976, S. 109, übersetzt von H. Görgemanns und H. Karpp)

Mit seiner Mittelstellung in der Schöpfungshierarchie befinde sich der Mensch zwischen Gut und Böse. Noch Origenes (s.o.) hatte in Anlehnung an die Orphiker angenommen, die Seele büße im Körper für ihre Sünden. Zum eigenen Guten - und damit zur Erlösung - gelange man durch Streben zum überirdischen Guten. Während allerdings höhere Wahrheit nur mit Gottes Hilfe erreichbar sei, sei der Mensch für die Überwindung der Sünde selbst verantwortlich:

„Daß es aber unsere eigene Leistung ist, gut zu leben, und daß Gott dies von uns fordert als etwas, das nicht von ihm ist oder von einem anderen kommt oder ... von der Schicksalsnotwendigkeit, ... bezeugen Propheten."

(Origenes, undatiert/1976, S. 475, übersetzt von H. Görgemanns und H. Karpp)

Ethik wurde zu einem zentralen Teil der christlichen Lehre. Die Abwertung des Diesseits, das Bewußtsein von menschlicher Unvollkommenheit und Schuld mündeten in die Forderung nach einem fehlerfreien und bedürfnislosen Leben. Zur Bekämpfung von Lastern wie Lüge, Neid und Unzucht hatte schon Jesus aufgerufen. Er gab Ratschläge für das Fasten (Matthäus 6, 16) und warnte vor übergroßer Sorge um den Lebensunterhalt:

„Sorgt nicht um euer Leben, was ihr essen und trinken werdet; auch nicht um euren Leib, was ihr anziehen werdet. Ist nicht das Leben mehr als die Nahrung und der Leib mehr als die Kleidung?"

(Matthäus 6, 25)

Für ein frommes, von Lastern freies Leben konnten die Kirchenväter keine besseren Lehrmeister finden als die Stoiker (Abschnitt 3.3.2). Aus der stoischen Ethik übernahmen sie vor allem zwei Grundsätze:

- Sittliches Leben ist Leben in Übereinstimmung mit der Weltordnung.
- Die Weltordnung spiegelt sich im Bewußtsein jedes Individuums.

Christliche Lehrer deuteten dabei die Weltordnung als göttliche Ordnung; die Ordnung wurde damit zum göttlichen Gebot. Das Wissen von den göttlichen Geboten wurde zum ethisch bedeutsamsten Teil des Bewußtseins. Man faßte es unter dem Begriff des Gewissens (lat. *conscientia).* Verstöße gegen die Gebote wurden als Ungehorsam gegen Gott selbst gewertet; entsprechend wurden sie verurteilt und bestraft.

4.1.3 Seelenvermögen, Introspektion, Irrationalismus

Unter den Kirchenvätern ragt einer hervor, dem das Christentum eine Fülle theologischer Klärungen verdankt, der aber auch zu einer Psychologie, die sich jenseits des Christentums entfaltet, fruchtbare theoretische und methodische Einsichten beigesteuert hat. Es ist Aurelius Augustinus, geboren 354 in Tagaste, gestorben 430 in Hippo Regius - beides Orte in Nordafrika.

Augustinus war eine facettenreiche Persönlichkeit, dem Christentum fromm ergeben und zugleich ein Intellektueller von eindrucksvoller Originalität und Leidenschaftlichkeit. Er wuchs auf als Sohn eines die römischen Götter verehrenden Vaters und einer christlichen Mutter und begann in Karthago eine Tätigkeit als Rhetoriklehrer. Doch Rom und Mailand als damalige Metropolen zogen ihn an. Nach umfangreicher Lektüre römischer Schriften, die ihm die griechische Philosophie nahebrachten, stieß er auf die Bibel sowie auf die Apostelbriefe. Er ließ sich taufen und kehrte als christlicher Priester nach Nordafrika zurück, wo er später in den Rang eines Bischofs aufstieg.

Augustin hat Schriften von schwärmerischer Frömmigkeit hinterlassen. Er trat aber auch als scharfsinniger Philosoph hervor, indem er die christliche Lehre um Auslegungen bereicherte und - wie alle Kirchenlehrer - gegen Kritik aus dem Lager ihrer Gegner verteidigte. Sein Werk gilt als der Höhepunkt der frühen Kirchenlehre; die Kirche hat auch ihn in die Reihe ihrer Heiligen aufgenommen.

Origenes (undatiert/1976). *Vier Bücher von den Prinzipien,* herausgegeben von H. Görgemanns & H. Karpp. Darmstadt: Wissenschaftliche Buchgesellschaft.

Augustin, A. (413-426/1911,1914,1916). *Über den Gottesstaat* (3 Bände), herausgegeben von O. Bardenhewer, Th. Schermann & K. Weyman. Kempten: Kösel.

Augustinus, dargestellt als Bischof (Figur aus dem Burgwitzer Altar in Saalfeld, etwa 1510, Kunstsammlungen Weimar). Das Herz auf seiner Brust ist ein Symbol der Liebe.

In seinen Werken hat Augustin zahlreiche Lehren früherer christlicher Schriftsteller neu gesichtet und geordnet. Zudem erweist er sich als Kenner platonischer und neuplatonischer Lehren; daraus führte er Begriffe und Argumente in die christliche Lehre ein. So entwarf er in seinen 22 Büchern *Über den Gottesstaat* eine christliche Version von Platons *Staat* (s. Abschnitt 3.1.2). Platon hatte - seinem Dualismus von jenseitiger Ideenwelt und diesseitigem Schattenreich folgend - eine Ausrichtung von Gesellschaft und Herrschaft an zeitlosen Ideen gefordert. Augustin unterschied entsprechend die Erdenbürger mit ihrer Eigensucht von den Gottesbürgern mit ihrer Liebe zu Gott und entwarf eine Sicht der Weltgeschichte, nach der sich die Reiche der beiden Bürgerschaften bis zu einem Weltgericht trennten, an dem der Sieg des Gottesreiches offenbar werde.

Augustin (etwa 416/1913, 34. Vortrag) begründete zudem den Glauben als Erkenntnisprinzip. Dazu griff er - wie schon Origenes (Abschnitt 4.1.2) - auf die Lichtmetapher und letztlich auf die platonische Erkenntnistheorie zurück. Die göttliche Erleuchtung (lat. *illuminatio*) verglich er mit dem natürlichen Licht (lat. *lumen*). Gott als hellstes Licht und reinste Wahrheit schenke im Glauben die höchste Form der Erfahrung. So führe Glaube zu Wissen und Wissen zu Glauben. Die Glaubenslehre Augustins stellt den Schlüssel zu seiner Psychologie dar. Denn seine Begründung des Erkenntniswertes von Glauben war gleichzeitig ein Bekenntnis zur Gewißheit innerer Erfahrung. Dabei war die Gewißheit innerer Erfahrung einerseits gegen den Selbstzweifel des philosophisch Gebildeten zu verteidigen (z.B gegen das Eingeständnis des Sokrates: *„Ich weiß, daß ich nichts weiß"*), andererseits gegen den rationalen Erklärungszwang, der Zweifel nur nach einvernehmlichen logischen Regeln aufzugeben bereit ist.

Welches sollten die Inhalte innerer Erfahrung sein? Ausdrücklich nannte Augustin das Göttliche und die Beziehung des Menschen zu Gott. Aber innere Erfahrung konnte auch den Menschen selbst betreffen, seine Freuden und Kümmernisse, allgemein: sein Wissen über sich selbst. Augustin hat seine eigene Selbsterfahrung in seinem 397 verfaßten Lebensrückblick festgehalten. In seiner autobiographischen Schrift *Bekenntnisse* hat er auch Erinnerungen an seine frühe Kindheit aufgezeichnet und offenherzig seine ungebundene Studienzeit geschildert. Dabei reflektierte er eingehend die Bedeutung seiner Selbstbeobachtungen. Einen systematischen Überblick über seine Seelenlehre gab Augustin (undatiert/1837) in seinem *Buch über Geist und Seele.*

In den beiden zuletzt genannten Schriften stellte Augustin seine Auffassungen vom Selbst, der Seele und den Fähigkeiten der Seele, d.h. den seelischen Funktionen dar. Die Seele betrachtete er unter zwei Aspekten: Unter dem metaphysischen Aspekt die dem Himmelsreich zustrebende Seele, unter dem empirischen Aspekt das Selbst, wie es sich in seiner eigenen Erfahrung widerspiegelt. Jene in der Selbsterfahrung sich spiegelnde empirische Seele ordnete Augustin zwar dem Diesseits zu. Doch nahm er sie vor dem möglichen Vorwurf der Frommen in Schutz, das Wissen über sich selbst sowie der Vorgang der Selbsterfahrung hielten den Menschen unangemessen im Hier und Jetzt fest und behinderten seine Erlösung. Augustin behauptete nämlich, nicht nur die theologischen Offenbarungen (z.B von Sünde und Erlösung) seien ein Geschenk Gottes, sondern auch die grundlegenden Kategorien der Selbstbeobachtung wie die Gedanken der Zeit, des Guten, der Zahl. Denn die Welt und ihre Ordnung seien ebenfalls aus Gottes Geist. Gott lasse den Menschen an seinem Geist teilhaben, indem er ihm Kategorien zum Erkennen der Welt schenke. Damit verankerte Augustin die Lehre Platons von den ewigen und allgemeingültigen Ideen auch im christlichen Denken.

An seelischen Funktionen behandelte Augustin die körpernahen der Sinnesempfindung (lat. *sensus*) sowie der Begierden (lat. *concupiscibilitas*). Seine Hauptaufmerksamkeit lag jedoch bei den Funktionen des Geistes (lat. *anima, mens)*. Die geistigen Funktionen ordnete er in der Dimension der Zeit. Die Erlebnisse des Menschen richteten sich auf die Vergangenheit, die Gegenwart und die Zukunft. Richte sich der menschliche Geist auf die Vergangenheit, betätige sich das Gedächtnis (lat. *memoria*), richte der Geist sich auf die Gegenwart, seien Einsicht, Verständnis (lat. *intellectus, intelligentia, ratio)* am Werk, auf die Zukunft ziele der Wille (lat. *voluntas*). Hinzu geselle sich die Vorstellung (lat. *imaginatio*) als Zwischenglied zwischen Gedächtnis und Einsicht.

In welch bildhafter Sprache und mit welch gedanklichem Reichtum Augustin seelische Fähigkeiten darstellte, mag der folgende Textauszug veranschaulichen. Darin schildert der Autor die Erfahrung seines eigenen Gedächtnisses als eine Reise durch die Innenwelt:

„Und ich gelange in die Gefilde und weiten Paläste des Gedächtnisses, wo die Schätze unzählbarer Bilder, welche die Sinne von allen möglichen Dingen aufgenommen haben, sich finden. Dort ist auch alles hinterlegt, was wir denken, mögen wir nun das, was die Sinne dort erfaßten, erweitern oder verringern oder irgendwie verändern, ebenso das, was sonst noch dort aufbewahrt und hinterlegt ist, sofern es nicht vom Vergessen verschlungen und begraben ist. Wenn ich dort bin, so muß mir auf meinen Befehl vorgeführt werden, was ich will; einige Bilder kommen sogleich hervor, andere müssen länger aufgesucht und gewissermaßen aus verborgenen Kammern hervor-

gezogen werden, einige drängen sich haufenweise hervor und treten, während man vielleicht nach etwas anderem sucht und verlangt, zutage, als wollten sie sagen: 'Sind wir es vielleicht?' Diese verscheuche ich mit der Hand meines Geistes aus den Augen der Erinnerung, bis das, was ich suche, aus dem Nebel hervortritt und aus der Verborgenheit ans Licht kommt. Wieder andere bieten sich mir ohne Mühe und in geordneter Reihenfolge dar, die früheren machen den späteren Platze, und indem sie Platz machen, werden sie etwas zurückgestellt, um, wenn ich es wünsche, von neuem hervorzutreten. Dies alles geschieht, wenn ich etwas auswendig erzähle."

(Augustin, 397/1914, S. 223, übersetzt von A. Hoffmann)

Seelische Funktionen wie Gedächtnis und Wille seien wohl unterscheidbar, und doch bilde die Seele eine Einheit. Die Einheit des Seelischen drücke sich in der Erfahrung des Selbst aus. Der Begriff des Selbst sollte später in der Psychologie - insbesondere in der Persönlichkeitstheorie - zum Inbegriff der Eigenständigkeit des sich erlebenden, sein eigenes Bewußtsein reflektierenden Menschen werden. Das Selbst sollte andererseits eine Instanz sein, welche dem Bewußtsein Einheit und Kontinuität vermittelt - u.a. beim Verknüpfen gleichzeitiger Sinnesempfindungen bei der Raumwahrnehmung und beim Verbinden sukzessiver Sinnesempfindungen bei der Wahrnehmung von Ereignissen. Unverkennbar ist hier Augustin dem Denkmuster Plotins von dem vollkommenen Einen gefolgt, aus dem der Mensch geschaffen wurde und nach dessen Vorbild die Seele - unbeschadet ihrer vielfältigen Funktionen - einen einheitlichen Mittelpunkt bildet und die Einheit des Bewußtseins herstellt (s. Abschnitt 3.3.4).

In Augustin wurde ein Schwarmgeist mit hohem analytischen Verstand, ausgestattet mit philosophischer Bildung und glänzender Rhetorik, zum Anwalt des Subjektivismus und Irrationalismus in der christlichen Wissenschaft. Denn nicht den regelgeleiteten Verstand hielt er für die treibende Kraft auf der Suche nach Gott und seiner Wahrheit, sondern die Liebe. Die Unruhe des menschlichen Herzens, die Gott mit seiner Liebe erwidere, führe zur Erkenntnis des Wesentlichen und zur Glückseligkeit. Subjektive Gewißheit der Erkenntnis sei dabei der beste Beweis für deren Wahrheit. Und in offener Absage an das Ordnungsdenken des Rationalismus: Liebe bringe Freiheit vom Gesetz (lat. *dilige, et quod vis fac*, liebe und tue, was du willst) (Augustin, etwa 416/1913, 78. Vortrag).

Der Subjektivismus und Irrationalismus Augustins leitete sich von der Erkenntnislehre Plotins her (s. wiederum Abschnitt 3.3.4). Doch hat Augustin sie ausdrücklich und ausführlich auf die Erscheinungen des eigenen Bewußtseins angewandt. Er hat damit eine für die Psychologie höchst fruchtbare Methode begründet; man hat sie später die introspektive oder die phänomenologische Methode genannt. Introspektion (lat. *introspectus*, Hineinsehen) bedeutet Selbstbeobachtung. Ähnlich versteht man in der Psychologie unter Phänomenologie (griech. *phainomenon*, Erscheinung) die Darstellung von inneren Erscheinungen im Bewußtsein. Die phänomenologische Betrachtung rechtfertigt sich durch ihre Selbstverständlichkeit. Ihre Kritiker haben darin ihre Schwäche gesehen: Selbstverständliches wird nämlich unkorrigierbar. Augustin hätte die Kritik zurückgewiesen. Sei doch die Gewißheit der Selbsterfahrung nicht Ausdruck menschlichen Eigensinns, sondern Zeichen ihrer Herkunft aus dem Geist Gottes.

Augustin, A. (etwa 416/1913). *Vorträge über das Evangelium des hl. Johannes* (Band 2), herausgegeben von O. Bardenhewer, Th. Schermann & K. Weyman. Kempten: Kösel.

Augustin, A. (397/1914). *Bekenntnisse*, herausgegeben von O. Bardenhewer, Th. Schermann & K. Weyman. Kempten: Kösel.

Augustin, A. (undatiert/1837). Liber de spiritu et anima. *Opera omnia* (Band 6, S. 1138-1212), herausgegeben vom Benediktinerorden. Paris: Gaume.

4.2 Klösterliche Gelehrsamkeit und Kirchenlehre im Mittelalter

4.2.1 Das Zentrum der Wissenschaft verlagert sich nach dem Westen und Norden Europas

Auch dem Römischen Reich war keine unbegrenzte Dauer beschieden. Militärische Erfolge hatten es zu einem Weltreich wachsen lassen, Rechts-, Verwaltungs-, Wirtschafts- und Heeresreformen sollten ihm seine innere Ordnung geben. Der kaiserliche Hof entwickelte absolutistische Herrschaftsansprüche und eine starke Bürokratie. Politische, soziale und religiöse Freiheiten gingen verloren. Manches Reformvorhaben erwies sich als Fehlschlag. Es kam zu Zwistigkeiten, Unruhen und Versuchen der Abspaltung. Nach dem Tod des Kaisers Theodosius im Jahre 395 teilte sich das Reich in eine Westhälfte mit der Hauptstadt Rom und eine Osthälfte mit der Hauptstadt Konstantinopel.

Zu den inneren Wirren trat die äußere Bedrohung. Völker, deren Gebiet die Römer bereits erobert hatten oder dem sie nahe gekommen waren, wandten sich gegen das Westreich: Gallier, Alemannen, Franken, Wandalen, Hunnen, Goten. Im Jahre 410 plünderten die Westgoten Rom. Im Jahre 476 endete das Westreich mit der Absetzung des Kaisers Romulus Augustus durch den Germanenführer Odoaker.

Im Ostreich um Konstantinopel - sein älterer Name: Byzanz - blieb das Kaisertum erhalten. Es wuchs dort eine eigene christliche Kirchenorganisation, und es entfaltete sich ein reiches Kulturleben, in dem sich griechisches, christliches und arabisches Denken begegneten. Bis zum Jahre 1453 dauerte die Regentschaft der Kaiser im Osten. Dann eroberten die Truppen des osmanischen Sultans Mohammed II. Konstantinopel. Die Stadt wurde zum neuen Zentrum eines Osmanenreichs, das sich kriegerisch vom Stammland Anatolien über Griechenland und den Balkan bis nach Ungarn ausdehnte. Mit der Ausdehnung des Osmanenreichs verbreitete sich die darin vorherrschende Religion des Islam bis tief nach Mitteleuropa.

Hatte sich Europa schon dem byzantinischen Ostreich entfremdet, so wurde die Kluft zu dem nachfolgenden osmanischen Reich, das sich zu einer anderen Religion bekannte und von einem unstillbaren Eroberungsdrang besessen schien, noch tiefer. Aus der Trennung zweier Staaten wurde schließlich die Trennung zweier Kulturen: das Abendland oder der Okzident (d.h. wo die Sonne untergeht) und das Morgenland oder der Orient (d.h. wo die Sonne aufgeht). Morgenland wie Abendland haben bis zum Mittelalter die griechisch-jüdisch-christliche Tradition gepflegt. Als aber die Neuzeit begann, hat nur das Abendland diese Tradition in die Wissenschaftskonzeption der Moderne überführt, aus der wiederum die moderne Psychologie hervorgegangen ist.

Lassen wir das Mittelalter mit dem Zusammenbruch des römischen Westreichs beginnen, also knapp vor dem Jahr 500. Lassen wir die Neuzeit mit der Entdeckung Amerikas und der Kirchenreformation um 1500 anfangen. Dann umspannt das Mittelalter ein ganzes Jahrtausend. Mittel-, West- und Nordeuropa war damals ein nur wenig erschlossenes, dünn besiedeltes Gebiet. Doch es bot Platz für eine Vielzahl von Völkern mit eigener Sprache, eigenen Sitten und eigenem Besitz: Kelten, Normannen, Franken, Katalonier, Burgunder, Alemannen und viele andere.

Adelsgeschlechter stritten um die Macht: Die Salier, Stauffer, Merowinger, Kapetinger, die aragonischen und dänischen Fürsten und viele andere. Auf den britischen Inseln, Dänemark und Schweden wurde um ein Nordreich gekämpft. Auf dem europäischen Kontinent rangen die mächtigsten Herrscher um die Nachfolge des untergegangenen römischen Westreichs. Dem Frankenkönig Karl I. gelang die Unterwerfung der Langobarden, Sachsen,

Bayern sowie mehrerer Völker im Süden Europas. Er wurde zum Herrscher über ein gewaltiges Gebiet auf dem europäischen Kontinent und nannte sein Herrschaftsgebiet „Römisches Reich“ (lat. *imperium Romanum*), sich selbst „Kaiser“ - wie die Cäsaren in jenem untergegangenen Reich. Die Kaiserkrone setzte ihm im Jahre 800 der Papst in Rom auf. Der Papst, ursprünglich nur Bischof von Rom, hatte eine Spitzenstellung in der Hierarchie der christlichen Kirche erreicht und wirkte - über Rom hinaus - auf dem europäischen Kontinent als oberster religiöser Führer.

Im Europa des Mittelalters bildete die christliche Kirche eine geistliche Macht, welche die einzelnen Staaten und Stämme verband. Zugleich wollte sie als geistige Macht gleichwertig neben der staatlichen stehen. Dies hatte erhebliche Auswirkungen auf Bildung und Wissenschaft. Sie wurden zu einer Aufgabe der Seelsorge und damit in den Dienst der Frömmigkeit gestellt.

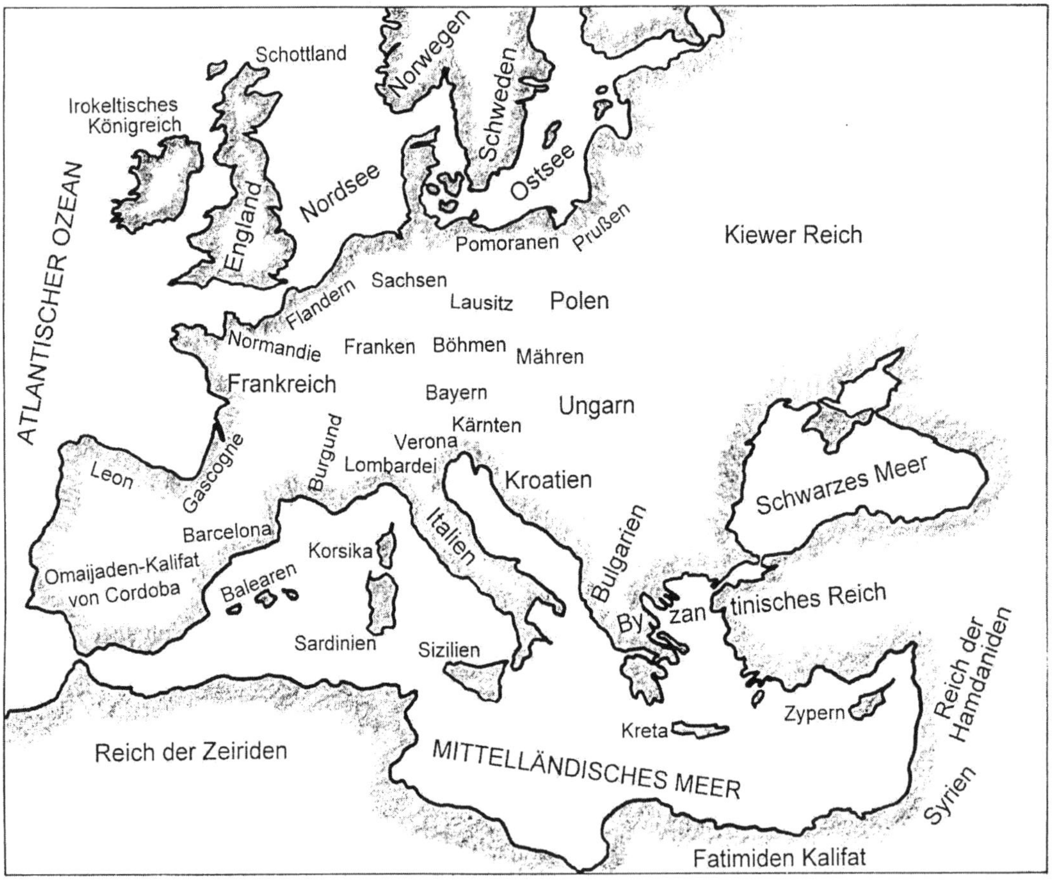

Europa im Hochmittelalter (um 1000) (nach Putzger, 1993, S. 44)

Glaube vor Verstand

Erhält das kirchliche Dogma den Vorrang vor der freien Argumentation, sind Quellen der Offenbarung und Bekenntnisse von angesehenen Frommen der gebotene Unterrichtsstoff. Ein Großteil des christlich geprägten Unterrichts war der Lektüre und Auslegung von Heiligenlegenden und Predigttexten gewidmet. Ein Beispiel: Die aus dem 14. Jahrhundert stammende Schrift *Paradis der fornunftigen sele* (lateinischer Titel: *paradisus anime intelligentis*) (Strauch, 1919) verstand unter „Vernunft" keineswegs die unvoreingenommene Überlegung. Vielmehr bildete sie eine Predigtsammlung berühmter „Lesemeister" - wie Giselher von Slatheim, Meister Eckhart und der Karmelit Hane. Ziel der Unterweisung war die Besinnung

„... wie sich des Menschen Geist richten soll nach Gottes Geist und nach dem Geist der Engel und nach dem Geist der rechtschaffenen Menschen, die vom heiligen Geist erfüllt sind."

(Übersetzung aus Strauch, 1919, Absatz 30)

Mönchsorden waren wichtige Träger der Christenmission in Europa. Bereits im Römischen Reich hatten sich Asketengruppen zu Lebensgemeinschaften zusammengeschlossen. Die Mönchsorden setzten diese Tradition im Christentum fort. Vor allem ist der von Benedikt von Nursia im 6. Jahrhundert gegründete Benediktinerorden zu nennen. Schon bald nach seiner Gründung begann der Orden seine Missionstätigkeit in England und verbreitete sich auf dem Kontinent, insbesondere im Reich Karls I. In die europäischen Entwicklungsgebiete brachten die Benediktinermönche - getreu ihrem Spruch „Beten und Arbeiten" (lat. *ora et labora*) - außer dem neuen Glauben auch neue Techniken, vor allem für Handwerk und Landwirtschaft.

Der Wissenschaft sowie der Kunst haben sich die Benediktiner ebenfalls gewidmet. Sie unterhielten Bibliotheken - noch heute zu besichtigen an Plätzen wie Montecassino, Cluny und Paris, St. Gallen, Lorsch und Hersfeld. In diesen Bibliotheken wurden alte Schriften und Dokumente nicht nur aufbewahrt, sondern auch zur Vervielfältigung oder Erneuerung abgeschrieben; weiterhin wurden neue Bücher hergestellt. Die Benediktiner pflegten ebenfalls die Vorlesung (lat. *lectio*); sie zu hören war für Ordensbrüder Pflicht.

Zunächst wurden Kloster- und Stiftsschulen für die Ausbildung von Priestern und Mönchen eingerichtet; später wurden dort auch Laien aufgenommen. Als das Ende des Mittelalters nahte, kam es zur Gründung neuer Lehranstalten, der Universitäten. Die Universitäten lehrten alle kirchlich anerkannten Wissenschaften. Sie wurden vornehmlich von Laien besucht - meist jugendlichen Bürgern (mehr in Abschnitt 4.3.3).

Die frühen Universitäten standen unter dem strengen Einfluß der Kirche. Dies bezeugt z.B. der Brief des päpstlichen Legaten Robert de Courcon an die Magister und Studenten der Universität Paris aus dem Jahre 1215:

„Die Lehrer dürfen Lektionen halten über die Logik des Aristoteles ... und über die Grammatik des Priscian ... . Nicht jedoch lehre man die Bücher des Aristoteles über Metaphysik und Physik ..."

(Fumagalli Beonio-Brocchieri, 1991, S. 15, übersetzt von A. Seling)

Zum Lehrstoff bestimmte die Kirche ausgewählte theologische und philosophische Themen und Thesen. So hieß mittelalterliche Theologie und Philosophie schlicht „Schulstoff" oder Scholastik (lat. *scholasticus*, zur Schule gehörig).

Strauch, Ph. (Hrsg.). (1919). *Paradisus anime intelligentis. Paradis der fornunftigen sele.* Berlin: Weidmann.

Fumagalli Beonio-Brocchieri, M. T. (1991). Die Universität der Ideen. In F. Cardini & M. T. Fumagalli Beonio-Brocchieri (Hrsg.), *Universitäten im Mittelalter* (S. 10-27). München: Südwest Verlag.

4.2.2 Scholastische Seelenlehre

Ihren Höhepunkt erreichte die Scholastik im Werk des Dominikanermönchs Thomas von Aquin. Es war im 13. Jahrhundert, als Thomas eine Zusammenfassung der mittelalterlichen Philosophie und Theologie in Angriff nahm. Dabei knüpfte er nicht nur an Ideen der früheren Kirchenväter an, sondern auch unmittelbar an Quellen der bisher von der kirchlichen Dogmatik nicht berücksichtigten klassischen Philosophie. Er kommentierte Lehren von Platon, Empedokles und insbesondere von Aristoteles; zugleich machte er die antiken Schriften wieder im Wortlaut bekannt. Er hinterließ ein enzyklopädisches Werk, das als Kanon höherer Bildung diente.

Thomas (1225-1274) stammte aus Aquino, einer Stadt zwischen Rom und Neapel. Im Kloster Montecassino sowie an der Universität Neapel ausgebildet, trat er mit etwa 18 Jahren dem Orden der Dominikaner bei. Er lehrte an mehreren Universitäten, nicht nur in seiner italienischen Heimat, sondern auch an der hoch angesehenen Universität Paris. Thomas erhielt 1272 die ehrenvolle und einflußreiche Stellung des Studienleiters seines Ordens. Über die Schulen seines Ordens hinaus prägte der „Thomismus" das Denken in der gesamten römisch-katholischen Kirche. 1567 wurde Thomas feierlich in die Reihe der Kirchenlehrer aufgenommen.

Thomas wertete im Vergleich zu Augustin (Abschnitt 4.1.3) die Philosophie (d.h. das gesammelte Wissen) gegenüber der Theologie (d.h. den kirchlichen Glaubenssätzen) auf. Zwar sei die Philosophie mit ihren Wissensbeständen der Theologie mit ihren Glaubenswahrheiten unterzuordnen, doch vollende sich christliche Weisheit erst in der Verbindung von Glauben und Wissen. Thomas (etwa 1270/1937) hat auch der Seelenlehre des Aristoteles (s. Abschnitt 3.1.2) zu neuer wissenschaftlicher Anerkennung verholfen, nachdem er sie im christlichen Sinne gedeutet hatte.

Maßgebend für die thomasische Theorie wurde das von Aristoteles stammende Begriffspaar „Möglichkeit" (lat. *potentia*) und „Wirklichkeit" (lat. *actus*). Ihm entspricht das Begriffspaar „Wesen" und „Sein". Jedem Seienden kommt nur ein einziges Wesen zu. Die Seele des Menschen stellt eine einheitliche Wesensform dar, die sowohl die körperlichen als auch die geistigen Möglichkeiten des Menschen umfaßt. Die Körperlichkeit bedingt, daß die Seele erst mit der Zeugung entsteht, die Geistigkeit jedoch, daß die Seele nach dem Tod des Körpers weiterlebt. Thomas übernahm von Aristoteles die Dreiteilung der Seele in eine Pflanzen-, Tier- und Geistseele (s. wieder Abschnitt 3.1.2). Sein Hauptaugenmerk als christlicher Theoretiker legte er auf die von Aristoteles bestimmte Geistseele. Die Geistseele deutete Thomas als jenen Wesenskern, welcher der Erlösung bedarf, jedoch zur ewigen Seligkeit gelangen kann.

Im Anschluß an die Kirchenväter (s. Abschnitt 4.1.2) entwarf Thomas (etwa 1260/1945) eine Weltordnung, die sich von Gott als voller Wirklichkeit (lat. *actus purus*) ableitete. Gott als Schöpfer stehe die Welt als dessen Schöpfung gegenüber. Von den geschaffenen Wesen seien die Engel Gott am ähnlichsten, die Tiere am unähnlichsten. Zwischen Engel und Tier stehe der Mensch. Thomas begründete mit dieser Zwischenstellung sowohl eine Entwicklungsdynamik als auch einen Konflikt: Der Mensch strebe aufgrund seiner Geistigkeit zu Gott, doch ziehe ihn seine Körperlichkeit zum Tier.

Thomas von Aquin (1225-1274) (Gemälde von Botticelli, Museum Raccolta Holford, London)

Rechtgläubigkeit, Bevormundung und Toleranz

Rechtgläubigkeit bildete im Mittelalter das vorherrschende Erziehungsziel. Der Zugang zu den Schriften in den Bibliotheken sowie die Verbreitung ihres Inhalts wurden überwacht. Gelesen werden sollte nur, was den als richtig angesehenen Glauben förderte.

Die Rechtgläubigkeit eines Werkes beurteilten hochrangige Kirchenbeamte oder gelehrte Mönche, die als Vormünder niederer Kirchenvertreter, einfacher Mönche sowie der Laien auftraten. Sie entschieden über Leseverbote und -gebote. Die Lektüre der für Unterricht und Predigt nicht zugelassenen Schriften blieb somit das Privileg einiger weniger Gelehrter, zumeist von hohem Rang in der kirchlichen oder klösterlichen Hierarchie. Vor allem Werke der nichtchristlichen griechisch-römischen Philosophie waren nur wenigen zugänglich. Vernichtet oder dem Verfall überlassen wurden die Schriften, denen man Rechtgläubigkeit absprach, jedoch nicht. So wurden auch Werke der antiken Philosophie in die Klosterbibliotheken aufgenommen. Sie wurden dort gepflegt, kopiert und auf diese Weise für die Nachwelt erhalten.

Der Seele als Substanz (lat. *substantia*, Wesen, Dauer- und Einheitsform) ordnete Thomas als Akzidenzien (lat. *accidentia*, unwesentliche Beigabe) seelische Fähigkeiten, Seelenvermögen (lat. *facultas*) zu. Bei der Beschreibung dieser Fähigkeiten schloß sich der Autor in vielen Einzelheiten der Seelenlehre des Aristoteles an (s. wieder Abschnitt 3.1.2) Ausführlich schilderte und kommentierte er dessen Theorie der Sinnesempfindungen mit der Lehre von den fünf Sinnesgebieten. Als höchste psychische Vermögen betrachtete er die Fähigkeiten des Denkens. Thomas wies den Aristotelischen Satz, das Denken lasse sich vom Körper trennen, zurück. Freilich räumte er ein, daß das Denken nicht an ein einzelnes Organ gebunden sei. Denken gehöre demnach dem Menschen als ganzem zu und gewinne als ganzheitliche Tätigkeit Eigenständigkeit gegenüber den einzelnen Sinnesempfindungen. Das befähige Denken zum Erkennen des Wesentlichen, des Seins, und mache es zum höchsten Seelenvermögen.

Sittlichkeit leitete Thomas (etwa 1260/1949) aus seiner Ontologie ab. Dem Sein komme - kraft seiner Gottähnlichkeit - Güte und Wahrheit zu. Deshalb verpflichteten die Gebote der Liebe und des Gehorsams gegenüber Gott den Menschen, seinen Verstand auf das Sein zu richten. Aus dem Erkennen des Seins erwachse die Einsicht in das Gute. Der Wille, d.h. die durch höhere Einsicht geleitete Entschlußkraft zur guten Tat, müsse somit auf dem Denken fußen. Denken und Wollen erklärte Thomas so zu seelischen Grundlagen der Sittlichkeit.

Psychologisches Denken erhielt hier einen Platz in der christlichen Ethik. Indem die römische Kirche sich die Ethik des Thomas zu eigen machte, betrieb sie deren Anerkennung unter Einsatz ihrer Autorität. Zur Pflicht wurde das Handeln aus rechtgläubiger Einsicht. Bekämpft wurden (neben den äußeren Verführungen) die Strebungen des Körpers, die rechtgläubiges Denken und frommes Wollen gefährdeten, vor allem die sinnlich empfundenen körperlichen Begierden. Mit des Autors eigenen Worten:

„Die vernunftbegabte Kreatur untersteht ... in der Weise der göttlichen Vorsehung, daß sie auch insofern an der Ähnlichkeit mit der göttlichen Vorsehung Anteil hat, als sie selbst in ihren Handlungen lenken kann ... . Dasjenige aber, wodurch die Handlungen ... gelenkt werden, heißt Gesetz."

(Thomas von Aquin, etwa 1260/1949, S. 204, übersetzt von H. Fahsel)

„Wie der Geist des Menschen Gott unterworfen ist, so sind auch der Körper der Seele und die niederen menschlichen Kräfte der Vernunft untergeordnet. ... Die Tugend besteht darin, daß sowohl die niederen Neigungen als auch die Verwendung der körperlichen Dinge durch die Vernunft geregelt werden."

(Thomas von Aquin, etwa 1260/1949, S. 246, übersetzt von H. Fahsel)

Unter Gesetz verstand Thomas nicht eine von Menschen beschlossene Regelung, sondern ein Ordnungsmuster im Weltganzen. Hatten nicht schon die Stoiker (s. Abschnitt 3.2.1) und nach ihnen Kirchenväter (Abschnitt 4.1.2) die Auffassung vertreten, es sei Pflicht, den Gesetzen des Kosmos zu gehorchen? Und hatten nicht Christen wie Nichtchristen daraus den Schluß gezogen, der Mensch brauche Unerschütterlichkeit und Freiheit gegenüber seinen Trieben und Affekten?

Thomas verlangte in seiner Ethik ebenso Selbstbeherrschung und Gehorsam. Vernunft solle Grenzen setzen: Sexuelle Befriedigung gestatte nur die monogame, unauflösliche Ehe, Ernährung dürfe nicht in Völlerei ausarten, Besitz dürfe den Besitzer nicht verderben. Jedoch schloß Thomas zugleich die körperliche Natur des Menschen in seine Weltordnung ein. Mit dem Prinzip der Gottähnlichkeit der Natur rechtfertigte er das naturgemäße Leben gegen radikale Forderungen nach Askese. So verteidigte er die Sexualität gegen das Keuschheitsideal, die natürliche Ernährung gegen exzessive Fastengebote, den Besitz gegen Armutsforderungen.

Die Definition der Seele als einheitlicher Wesensform des körperlich-geistigen Menschen sollte sich für die Psychologie als bedeutsam erweisen; begründete sie doch mit neuer Autorität ihren Anspruch auf einen eigenen, in sich geschlossenen Erkenntnisgegenstand. Dabei unterstrich Thomas die metaphysische Konzeption der Seele. Die besten Möglichkeiten der Menschenseele bildeten einen Ausschnitt aus der göttlichen Vollkommenheit; in ihrer Unsterblichkeit könne die Seele sich aus ihren körperlichen, ja irdischen Zusammenhängen lösen.

Die metaphysische Orientierung in der Seelenauffassung des Thomas sowie seine Folgerung, Erkenntnis vermittle Sittlichkeit, verstärkte weiterhin die schon bei Aristoteles angelegte Bewertung der Seelenvermögen in niedere und höhere. Verbunden war diese Unterscheidung mit einer Trennung von kognitiven und motivationalen Funktionen. So festigte sich das folgende Ordnungsschema, das seitdem viele Lehrbücher der Psychologie prägt.

Wissenschaft und Macht

Platon hatte in seinem *Staat* (s. Abschnitt 3.1.2) den „Philosophenkönig“ gefordert. Wer die Wahrheit schaue, solle auch den Staat regieren. Begann damit ein Pakt zwischen Wissenschaft und politischer Macht? Dreierlei könnte dies bedeuten:

- Anspruch des Wissenschaftlers auf eigene politische Macht,
- Werbung des Wissenschaftlers um Aufträge zur Beratung von Politikern und zur Erziehung von Politikernachwuchs,
- Legitimation von Politikern durch wissenschaftliche Unterweisung.

Hatte Platon noch auf eigene Autorität gepocht, berief sich Thomas von Aquin auf kirchliche, ja göttliche Autorität. Die Kirchenorganisation hat sich wiederum auf Thomas als Verkünder der Offenbarung berufen und seine Ethik zur Rechtfertigung gegenüber den Gläubigen benutzt. Um den Gelehrten als ihren Gewährsmann hervorzuheben, hat ihn die Kirche mit den Ehrentiteln „Philosophenfürst“ (lat. *princeps philosophorum*) und „Engelsgelehrter“ (lat. *doctor angelicus*) ausgezeichnet.

Ordnungsschema für psychische Funktionen

	Motivation	Kognition
niedriger Vorgang	Trieb, Begierde	Wahrnehmung
höherer Vorgang	Wille	Denken

Dieses Ordnungsschema hat Probleme der Erkenntnistheorie und der Ethik aufgeworfen, um die noch heftig gestritten werden sollte: den Gegensatz von niederen Sinnesempfindungen und höherem Verstand sowie den Gegensatz von niederen Begierden und höherem Willen. Damit war eine Dynamik angesprochen, die spätere Autoren als Auseinandersetzung und Konflikt zwischen Erfahrung und Vernunft, zwischen Es und Ich, zwischen Instinkt und Kultur gedeutet haben.

4.3 Seelenkunde und Wissenschaft im Humanismus

4.3.1 Kirchenreformation und Melanchthons „Buch über die Seele"

Im ausgehenden Mittelalter verfiel die Zentralgewalt der römisch-deutschen Kaiser. Territorialfürsten wie die Wittelsbacher in Bayern und der Pfalz und die Wettiner in Sachsen und Thüringen gewannen an Macht. Ganze Landschaften versagten den Reichsgesetzen ihren Gehorsam wie die Schweizerische Eidgenossenschaft im Jahre 1495. Städte erklärten ihre Selbständigkeit und schlossen sich zu Städtebünden zusammen wie die Hanse. Blutige Fehden bestimmten die Politik, und die Pest vernichtete große Teile der Bevölkerung. Die Bürger in den Städten gaben sich eigene Ordnungen. Sie bildeten Zünfte für die Angehörigen von Handwerks- und Dienstleistungsberufen, und sie wählten Räte zur Verwaltung ihrer Gemeinden.

Die Zentralgewalt der römischen Kirche blieb nicht unangefochten. Eine Protestbewegung, angeführt von dem Wittenberger Augustinermönch und Theologieprofessor Martin Luther (1483-1546), leitete eine Kirchenreformation ein; Fürsten und Laien verweigerten dem Papst aus theologischen und politischen Gründen die Gefolgschaft und gründeten eigene Kirchenorganisationen.

Thomas von Aquin (etwa 1270/1937). *Die Seele,* herausgegeben von A. Mager. Hegner: Wien.

Thomas von Aquin (etwa 1260/1945). *Summa contra gentiles oder die Verteidigung der höchsten Wahrheiten* (Band 2), herausgegeben von H. Fahsel. Zürich: Fraumünster.

Thomas von Aquin (etwa 1260/1949). *Summa contra gentiles oder die Verteidigung der höchsten Wahrheiten* (Band 4), herausgegeben von H. Fahsel. Zürich: Fraumünster.

In jener Zeit entstand eine wissenschaftliche Richtung, welche die Jenseitsorientierung und den Dogmatismus der Scholastik zu überwinden trachtete: der Humanismus (lat. *humanus*, menschlich). Der Humanismus knüpfte an die römische und griechische Philosophie an; er trat für mehr Eigenständigkeit des individuellen Denkens sowie für eine Aufwertung des Individuums ein.

Mit wachsender Freiheit des Denkens steigerten sich Lebenslust und Freizügigkeit - allerdings nur bei den wohlhabenden Ständen und an den prunkvollen Fürstenhöfen. Städter, Bauern, viele Heimatlose litten bittere Not. Blutige Ausschreitungen, Ungerechtigkeiten und Ängste waren wiederum Gründe, um der Menschlichkeit willen strenge Disziplin zu fordern. Deshalb schrieb Luther an den Adel:

„Syntemal alle wellt böse und unter tausend kaum eyn recht Christ ist, würde eyns das ander fressen, das niemant kund weyb und kind zihen, sich neeren ... . Darumb hat Gott die zwey regiment verordnet, das geystliche, wilchs ... frum leutt macht durch den heyligen geyst ..., unnd das welltliche, wilchs den unchristen und böβen weret, daβ sie euβerlich müssen frid hallten und still seyn on yhren danck."

(Luther, 1523/1900, S. 251)

Einen hervorragenden Vertreter des Humanismus (s.o.) gewann Luther als Freund und Mitstreiter für die Reformation: Philipp Schwarzert (1497-1560). Schwarzert (auch Schwarzerd) versah seit 1518 an der Universität Wittenberg das Amt eines Professors der griechischen Sprache und hatte nach Art der Humanisten seinen Namen gräzisiert zu Melanchthon (griech. *melas*, schwarz; griech. *chthon*, Erde). Als Philosoph und Sprachforscher war er nach Wittenberg berufen worden und hatte sich dort auch der Theologie zugewandt. Sein Streben nach Erneuerung der Wissenschaft verband er mit dem Eifer, deren Verbreitung durch Um- und Ausgestaltung des Bildungswesens zu fördern. Die Nachwelt hat ihm das mit dem Ehrentitel *Praeceptor Germaniae* (lat. Lehrmeister Deutschlands) gedankt.

Behutsam löste Melanchthon weltliche Wissenschaft aus der Theologie, Vernunft vom christlichen Glauben. Vernunft sei dem Menschen von Gott eingepflanzt und ihrem Schöpfer verpflichtet. Allerdings könne Vernunft nur weltliche Dinge erfassen und versage vor der Metaphysik:

„Es kann aber menschlich vernunfft von yhr selb nichts gewiß beschliessen vor Gott. Denn ob sie schon hellt, das eyn Gott sey, dannoch leßt sich die vernunfft nicht bewegen, das sie sich entsetz vor seynem gericht .... Viel weniger kann die vernunfft fassen, das Gott sünd verzeyhe, sie helt yhn nicht so freuntlich und so gut ....“

(Melanchthon, 1522/1951, S. 171f.)

Melanchthon (1497-1560)
(1526, Stich von Albrecht Dürer)

Die aristotelische Schrift *Über die Seele* (s. Abschnitt 3.1.2) forderte auch Melanchthon heraus. Mit ihr setzte er sich in seinem 1553 erschienenen *liber de anima* (lat. Buch über die Seele) auseinander. Er übernahm einerseits die Theorie der drei Seelenschichten und unterschied organische, tierische und menschliche Anteile der Seele. Dem menschlichen Anteil schrieb Melanchthon Zugang zu göttlicher Weisheit zu. So behielt er die Dimension der Höhe psychischer Leistungen bei. Ebenfalls in traditioneller Weise trennte Melanchthon kognitive und motivationale Vorgänge. Zu den niederen Leistungen zählte er den inneren Sinn (lat. *sensus interior*), die Bedürfnisse (lat. *appetitus*) und Gefühle (lat. *affectus*) sowie die Körperbewegung (lat. *potentia locomotiva*). Als höhere Leistungen behandelte er den Verstand (lat. *intellectus*) und den Willen (lat. *voluntas*).

Den inneren Sinn erklärt der Autor als eine Hirnfunktion, welche der Wahrnehmung diene. Er ist den äußeren Sinnen (Sehen, Hören usw.) übergeordnet und leistet die Auffassung (lat. *apprehensio*) von Gegenständen, indem er die Empfindungen äußerer Sinne unterscheidet, ordnet und deutet. Beteiligt am inneren Sinn ist das Gedächtnis (lat. *memoria*). Entsprechend der Schichtung der Seele, gliedern sich die Bedürfnisse in organische, sinnliche und willentliche. Sinnliche Bedürfnisse werden durch äußere Reize (lat. *per contactum*) befriedigt oder enttäuscht, woraus Freude und Schmerz erwachsen. Willentliche Bedürfnisse beruhen auf innerer Überlegung, und ihre Stärke kommt in den Gefühlen zum Ausdruck. Der Schöpfer habe eine Ordnung der Gefühle vorgegeben, doch diese Ordnung sei später gestört worden. Daher gebe es hilfreiche Gefühle - vorrangig die Freude, die Hoffnung und die Liebe - sowie zerstörerische Gefühle - vorrangig Traurigkeit, Angst, Zorn und Haß. Melanchthon erörterte die Hirn- und Muskelfunktionen, welche die Bewegung des Körpers steuern, und unterschied die willkürliche von der unwillkürlichen Bewegung.

Luther, M. (1523/1900). Von welltlicher Uberkeytt, wie weyt man yhr gehorsam schuldig sey. *Werke* (Band 11, S. 245-281). Weimar: Böhlau.

Melanchthon, Ph. (1522/1951). Unterschidt zwischen weltlicher und Christlicher Fromkeyt. *Werke* (Band 1, S. 171-175). Gütersloh: Mohn.

Melanchthon, Ph. (1553/1961). Liber de anima. *Werke* (Band 3, S. 303-372). Gütersloh: Mohn.

Der Verstand verhelfe dem Menschen zu Berechnungen und Schlußfolgerungen, zu Unterscheidungen und begründeten Urteilen; er schließe auch die Erinnerung ein. Zu einem einzigartigen Sinn werde der Verstand, weil er Gott und die Vielfalt der Natur zu seinem Gegenstand machen könne. Auf dem Verstand beruhte der menschliche Wille. Menschlicher Wille begründe Bedürfnisse und Zuwendungen (lat. *appetenda et amanda*) in Übereinstimmung mit Gott und Natur.

Die Erkenntnis des Verstandes sei der sinnlichen Wahrnehmung überlegen, da Sinne nur flüchtige Einzelerscheinungen erfaßten, der Verstand aber das Allgemeingültige, die von Gott gestiftete Ordnung. Durch seinen Verstand gelange der Mensch zur Partnerschaft mit Gott:

„Du sollst Gott lieben aus deinem ganzen Herzen. Darum hat Gott Geschöpfe mit Verstand ausgestattet, damit es noch andere Wesen gäbe, denen er seine Weisheit und Güte mitteilen könne; denn gut ist die Gemeinsamkeit."

(Übersetzung aus Melanchthon, 1553/1961, S. 345)

Anders als bei Thomas (s. Abschnitt 4.2.2) wird Gott hier als Wesen eingeführt, das der Verbindung mit den Menschen bedarf. Damit kommt ein neues Wissenschaftsideal zum Ausdruck, das Ideal der kommunikativen Wissenschaft, einer Wissenschaft, die Menschen im Verständnis der Wahrheit vereint. Beibehalten wird zugleich das Ideal der allgemeingültigen Erkenntnis, der Erkenntnis von ewigen Gesetzmäßigkeiten. Beide Ideale verpflichten die Wissenschaft zur Metaphysik, öffnen zugleich aber den Weg zur Beschäftigung mit der Schöpfung, der Naturkunde.

Brožek, J. (1973). Psychologia of Marcus Maurulus (1450-1524). *Episteme, 7*, 125-131.

Scheerer, E. (1989). Psychologie. In J. Ritter & K. Gründer (Hrsg.), *Historisches Wörterbuch der Philosophie* (Band 7, S. 1599-1653). Basel: Schwabe.

4.3.2 „Psychologie" - ein neuer Begriff und ein neues Programm

Die Seelenlehre Melanchthons hat antike Ontologie bewahren helfen und Maßstäbe für Philosophie und Psychologie in den folgenden Epochen des Rationalismus gesetzt. Im übrigen hat Melanchthon in seiner Schrift über die Seele wohl viel zusammengetragen, was auch andere Autoren im Geiste des Humanismus gelehrt haben. Denn Anthropologie (griech. *anthropos*, Mensch) war ein zentrales Thema des Humanismus, und die Seelenlehre versprach, das Bild vom freien und selbstbewußten Menschen zu erhellen, gleichwohl jedoch seine Grenzen aufzuzeigen. In der Seelenkunde entwickelte sich ein Lehrgebiet, das wachsendem Interesse begegnete. Dieses Lehrgebiet hat mehrere Namen erhalten: Pneumatik, Pneumatologie, Geisterlehre, Animastik und auch Psychologie.

„Psychologie" (griech. *psyche*, Seele; *logos*, Wort, Kunde) hat sich als Gebietsbezeichnung erst im 19. Jahrhundert völlig durchgesetzt. Nach Brožek (1973) ist der Begriff der Psychologie erstmals als Titel einer Schrift des dalmatinischen Humanisten Marko Maurulic (latinisiert: *Marcus Marulus*) nachzuweisen. Der Titel lautet: *Psychologia de ratione animae humanae* (lat. Psychologie des menschlichen Geistes). Die Schrift soll etwa 1520 verfaßt worden sein und ist verschollen; ihr Titel ist nur aus einer alten Bibliographie bekannt. Erhalten ist dagegen die Schrift von Casmann aus dem Jahre 1594 mit dem Titel *Psychologia anthropologica sive animae humanae doctrina* (lat. Anthropologische Psychologie oder die Lehre von der menschlichen Seele).

Aus dem Lateinischen ging der Begriff zuerst in die deutsche Sprache über, später im 18. Jahrhundert ins Französische und Englische. Mit dem Begriff der Psychologie sollte offenbar eine Theorie der geistigen Natur propagiert werden, in Ergänzung einer Theorie der körperlichen Natur. Insofern gehörte Psychologie zu einem Fortschrittsprogramm, das eine neue Philosophie gegenüber der alten, scholastischen durchsetzen wollte (Scheerer, 1989).

Kunst der Renaissance

Reichtum und Macht heben die Lebensfreude und drängen nach Selbstdarstellung. So ist die Renaissance zu einer Epoche künstlerischer Produktivität geworden. Familien wie die Medici, welche durch Geschick in Handel und Politik die Führung der Republik Florenz übernahmen, ließen Kirchen und Paläste bauen und beschäftigten Dichter, Maler und Bildhauer - unter ihnen so bedeutende wie Michelangelo und Botticelli. Ebenso prunkten wohlhabende und auf Eroberungen erpichte Städte wie das südlich von Florenz gelegene Siena mit hohen Rathaustürmen und prächtigen Kirchen.

Die Kunst der Renaissance teilte mit dem wissenschaftlichen Humanismus die Aufgeschlossenheit für die Antike und das Ideal des selbstbewußten Individuums. Die Veränderung des Menschenbildes in der Renaissance (ital. *rinascimento*, Wiedergeburt) ist in der Wandlung der Madonnendarstellungen zu erkennen. Am Ende des Mittelalters herrschte noch eine schematische Ikonenmalerei (z.B bei der unten links abgebildeten „Madonna" Cimabues). Die frühe Renaissance zeigte dagegen Maria als lebhafte junge Frau mit individuellen Zügen (z.B die rechts unten abgebildete „Madonna" Lippis).

„Madonna mit Kind, auf dem Thron, mit acht Engeln und vier Propheten" (Ausschnitt), gemalt von Cimabue, ca. 1285 in Florenz (Galleria degli Uffizi, Florenz).

„Madonna mit Kind und zwei Engeln" gemalt von Filippo Lippi, 1465 in Florenz) (Galleria degli Uffizi, Florenz).

4.3.3 Universitäten, Fakultäten und die Psychologie unter den freien Künsten

Mit dem Humanismus entstand ein Hochschulsystem, das die Tradition der antiken Philosophenschulen (s. Abschnitt 3.1.1) fortsetzte und sich zunehmend aus der kirchlichen Verwaltung in die staatliche verlagerte: die Universität. Der Name Universität hat eine zweifache Bedeutung. Ursprünglich bezeichnete er Genossenschaften von Lehrenden und Lernenden (lat. *universitas magistrorum et scholarum)*, die das Recht auf Selbstverwaltung beanspruchten. Später verwies der Name auf die Gesamtheit der an einem Ort vertretenen Wissenschaften (lat. *universitas literarum*). Zum Teil aus Ärzte- und Juristenschulen hervorgegangen, gliederten sich voll ausgebaute Universitäten zunächst in vier Fachbereiche, Fakultäten (lat. *facultas*, Vermögen):

- Theologie,
- Medizin,
- Rechtswissenschaft,
- Philosophie oder freie Künste (lat. *artes liberales*).

Die Theologie genoß das höchste Ansehen, Medizin und Rechtswissenschaften verschafften die meisten Einkünfte. Diese Fächer boten eine Spezialisierung für eingeführte Berufsgruppen (z.B Pfarrer, Ärzte, Richter). Die Künstler- oder Artistenfakultät vermittelte dagegen eine breit gefächerte Bildung in den sprachlichen Fächern (Grammatik, Rhetorik, Logik - das sog. Trivium) sowie in den mathematisch-naturwissenschaftlichen Fächern, zu denen auch ästhetische zählten (vor allem Arithmetik, Geometrie, Musik, Astronomie - das sog. Quadrivium) (North, 1993). Diese Fächer bildeten oft das Grundstudium, welches Studierende zu durchlaufen hatten, bevor sie sich der Theologie, Medizin oder den Rechtswissenschaften zuwenden durften. Die Artistenfakultät stellte also die Eingangsstufe für die anderen Fakultäten dar.

Den unmittelbaren Zugang zu einem einträglichen Beruf eröffnete das Studium der freien Künste nicht. Manchmal verschaffte die Gunst von Fürsten den Absolventen philosophischer Fächer die Möglichkeit, ihre Studien mit fester Besoldung fortzusetzen. Sonst hatten sie die Möglichkeit, als Professoren im Dienste der Universität ihren Lebensunterhalt zu verdienen. Und manchem Vertreter der freien Künste hat seine philosophische Allgemeinbildung zu einer Stellung als Diplomat, als Hauslehrer oder als Berater verholfen.

Die Universitäten besaßen ein wichtiges Privileg. Sie konnten den erfolgreichen Abschluß von Studien bescheinigen und Titel verleihen. Am weitesten verbreitet waren die Titel *magister* (lat. Meister) und *doctor* (lat. Lehrer). Der Doktortitel schloß ursprünglich die Lehrbefugnis ein. Universitätstitel gewährten gesellschaftliche Vorteile - z.B eine bevorzugte Behandlung vor Gericht, wie sie sonst dem Adel zustand. Vor allem genossen die Inhaber von Universitätstiteln eine Vorzugsstellung im Berufsleben; die Bescheinigung der Universitätsausbildung diente insbesondere der Zulassung zu staatlichen oder kirchlichen Ämtern (Rüegg, 1993).

Die freien Künste, die sich unter dem Namen der Philosophie versammelten, deckten eine beträchtliche Breite von Wissensgebieten ab. Zu ihnen gehörten die Naturforschung, die Sprach- und Kunsttheorie, die Logik und Metaphysik. In ihrer Mitte siedelte sich das im Entstehen begriffene Fach Psychologie an. Dabei hat die Psychologie zunächst keine volle Eigenständigkeit beansprucht. Viele ihrer Themen hat sie mit anderen Fächern geteilt. Anders ausgedrückt: Ihre Nachbarfächer traten der Psychologie als neuer Spezialdiszi-

North, J. (1993). Das quadrivium. In W. Rüegg (Hrsg.), *Geschichte der Universität in Europa* (Band 1, S. 303-320). München: Beck.

Cardini, F. & Fumagalli Beonio-Brocchieri, M. T. (Hrsg.). (1991). *Universitäten im Mittelalter.* München: Südwest Verlag.

Verger, J. (1993). Grundlagen. In W. Rüegg (Hrsg.), *Geschichte der Universität in Europa* (Band 1, S. 49-82). München: Beck.

Rüegg, W. (Hrsg.). (1993). *Geschichte der Universität in Europa* (Band 1: Mittelalter). München: Beck.

Die Ausbreitung der Universitäten

Gab es in Europa bis zum 13. Jahrhundert neunzehn Universitäten, so war bis zum Ende des 15. Jahrhunderts ihre Zahl auf 82 angestiegen. Die ältesten europäischen Universitäten sind (in Klammern das Gründungsjahr): Bologna (1088), Oxford (1167), Paris (1170). Später folgten Cambridge (1209), Padua (1222), Salamanca (1242), Montpellier (1289), Prag (1348), Krakau (1364), Wien (1365), Heidelberg (1386), Glasgow (1450) und Uppsala (1477).

Das Gründungsjahr ist übrigens nicht für alle Universitäten durch Urkunden eindeutig festzulegen. Die Angaben hier folgen Cardini und Fumagalli Beonio-Brocchieri (1991, S. 230f.), vgl. auch Verger (1993).

Universitätsgründungen bis 1500 (nach Verger, 1993, S. 78)

Latein als Sprache der Wissenschaft

Latein, die im antiken Rom gebräuchliche Sprache, wurde im Mittelalter zur Verwaltungs- und Liturgiesprache der christlichen Kirche. Latein lehrten die Dom- und Klosterschulen sowie später die Fürstenschulen und städtischen Schulen. Die mittelalterlichen Gelehrten benutzten Latein als Unterrichts-, Disputations- und Verwaltungssprache; ihre Urkunden und Bücher waren in dieser Sprache verfaßt. Die Humanisten übernahmen diesen Brauch. Zwar wollten die reformierten unter ihnen vom römischen Papst unabhängig werden, doch suchten sie den Zugang zur antiken römischen Philosophie.

Weit über Mittelalter und Humanismus hinaus blieb Latein die Standardsprache der abendländischen Wissenschaft. Angesichts der Vielfalt von Sprachen und Dialekten im damaligen Europa ermöglichte die Benutzung der Standardsprache eine größere Mobilität der Gelehrten und eine weitere Verbreitung ihrer Schriften.

Lehrformen: Vorlesung, Diskussion

Die häufigste Veranstaltungsform an den Universitäten war die Vorlesung (lat. *lectio*). Der Lehrer trug in einem Lehrstuhl (lat. *cathedra*) ein Manuskript vor. Die Schüler fertigten Notizen an. Daneben gab es das Streitgespräch, den Disput (lat. *disputatio*), als Lehr- und Prüfungsform.

Fumagalli Beonio-Brocchieri, M. T. (1991). Die Universität der Ideen. In F. Cardini & M. T. Fumagalli Beonio-Brocchieri (Hrsg.), *Universitäten im Mittelalter* (S. 10-27). München: Südwest Verlag.

Die mittelalterlichen Universitäten waren aus heutiger Sicht klein. Mitunter waren es ein bis zwei Dutzend Professoren, welche hundert oder mehrere hundert Studenten unterrichteten.

Vorlesung *ex cathedra* (lat. von einem Lehrstuhl aus). (Initiale aus einer Handschrift, Fumagalli Beonio-Brocchieri, 1991, S. 14).

plin keinesfalls alle geeigneten anthropologischen Themen zur ausschließlichen Bearbeitung ab. Vielmehr fuhren Fächer fort, sich mit psychologisch einschlägigen Forschungen zu befassen, wenn sie diese bereits vor der Spezialisierung eines Fachgebiets Psychologie gepflegt hatten. So kam es zu einer Vervielfachung psychologisch bedeutsamer Forschung und zu transdisziplinären, d.h. Disziplingrenzen überschreitenden psychologischen Unternehmungen (s. Abschnitt 1.1.3).

Ebenso durchdrangen psychologisch einschlägige Fragen die Theologie, die Medizin und die Rechtswissenschaft, die sich als eigene Fakultäten ausgegliedert hatten. In diesen Fachgebieten spielten insbesondere ethische Probleme eine wichtige Rolle, für welche wiederum Themen bedeutsam waren, welche die neue Psychologie ebenfalls ihrem Bestand zurechnete - etwa Wille und Verantwortlichkeit des Menschen, Normalität und Krankheit des Denkens und Wahrnehmens.

Während Psychologie sich also anschickte, zu einer eigenen wissenschaftlichen Disziplin zu werden, blieb sie zugleich Teil zahlreicher anderer Disziplinen innerhalb und außerhalb der Philosophischen Fakultät. Seitdem durchzieht Psychologie vielerlei Disziplinen, die man später in natur-, geistes- und sozialwissenschaftliche trennen wird. Psychologie stellt sich somit als transdisziplinäre Wissenschaft dar (s. wieder Abschnitt 1.1.3).

KRITIKPUNKT

EPOCHEN - HISTORISCHE REALITÄTEN ?

Dieses Kapitel ist dem Übergang vom Mittelalter zur Neuzeit gewidmet. Sind Mittelalter und Neuzeit zwei Epochen, zwischen denen eine Grenze zu überschreiten ist? Auch sonst finden Leserinnen und Leser in diesem Lehrbuch Bezeichnungen von politisch, kulturell oder wissenschaftlich einheitlich erscheinenden Epochen: Hellenismus, Renaissance, Absolutismus, Humanismus u.ä. Sind solche Epochen historische Realitäten, unumstrittene, einheitliche Blöcke im Fluß der Geschichte?

Der Epochenbegriff ist aus mehreren Gründen problematisch. Zum einen unterstellt er einen datierbaren Wechsel von Regierungsformen, Denkweisen und Stilrichtungen. Bei näherer Betrachtung erweisen sich Wechsel jedoch oft als langwierige Prozesse mit Vorläufen und Rückwendungen. Zum anderen legt der Epochenbegriff einen gleichzeitigen Wechsel in verschiedenen Bereichen nahe (z.B Gleichzeitigkeit von Kirchenreform, wissenschaftlichem Fortschritt und künstlerischer Erneuerung); bei näherer Betrachtung zeigen sich jedoch zeitliche Verschiebungen zwischen Wandlungen in unterschiedlichen Bereichen (z.B förderten auch nicht reformierte Kirchenfürsten die Malerei der Renaissance). Überhaupt stellt man fest: Epocheneinteilungen sind oft umstritten und uneinheitlich. Manche wurden erst von den Nachkommen eingeführt; manche Epocheneinteilungen wurden wieder aufgegeben.

Epochen sollte man daher als erklärende, nicht als beschreibende Begriffe werten. Dann interessiert mehr das Zustandekommen eines Epochenbewußtseins sowie die Gründe für die Einführung von Epochenschwellen in historischen Darstellungen (Herzog & Koselleck, 1987). Ein Lehrbuch wie dieses benutzt Epocheneinteilungen gerne als didaktisches Mittel, um Leserinnen und Lesern Prozesse des Wandels und das Auftreten von Traditionsbrüchen zu verdeutlichen.

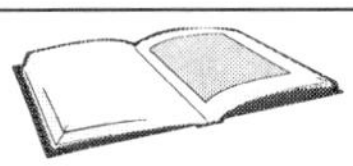

Herzog, R. & Koselleck, R. (Hrsg.). (1987). *Epochenschwelle und Epochenbewußtsein.* München: Fink.

Zusammenfassung

1. Mit dem Römischen Reich verbreitete sich das Christentum. Es übernahm Konzeptionen der klassischen griechischen Philosophie, einschließlich der Seelenlehre. Kirchenväter nennt man Autoren, deren Lehren wegen ihrer Übereinstimmung mit den Grundsätzen des christlichen Glaubens für verbindlich erklärt wurden.
2. Der Kirchenvater Augustin brachte platonisches und neuplatonisches Denken in das Christentum ein. Er unterschied eine metaphysische und eine empirische Seele. Die Methode der Selbsterfahrung (Introspektion) benutzte er, um seelische Funktionen (Gedächtnis, Intelligenz, Wille) zu erkunden. Damit förderte er die Phänomenologie und den Irrationalismus in der Psychologie.
3. Die von der Kirche autorisierte Lehre im Mittelalter, die Scholastik, faßte Thomas von Aquin zusammen. Seine Seelenlehre und Ethik stützten sich auf die Philosophie des Aristoteles. Thomas deutete die menschliche Seele als überdauernde und einheitliche Substanz, der einzelne Fähigkeiten zukommen; als Fähigkeiten unterschied er höhere (gottähnlichere) und niedrigere (dem Tier nahe) Funktionen der Kognition und der Motivation. Seine Ethik stellt Grundsätze für ein natürliches und durch Vernunft geregeltes Leben auf.
4. Im Humanismus ist erstmals der Begriff „Psychologie“ nachweisbar. Er bezeichnete die Lehre vom Geist des Menschen.
5. Mit dem Humanismus setzte sich der Protestantismus als christliche Reformbewegung durch. Eine für den Protestantismus maßgebende Seelenlehre vertrat Melanchthon.
6. Seit dem elften Jahrhundert wurden in Europa Universitäten als Einrichtungen für wissenschaftliche Lehre und Forschung gegründet. Die Universitäten gliederten sich in der Regel in vier Fakultäten für Theologie, Medizin, Rechtswissenschaften und Philosophie. Das neue Fach Psychologie hatte seinen Platz in der philosophischen Fakultät.
7. Als „freie Kunst“ innerhalb der philosophischen Fächer besaß die Psychologie zunächst kein eigenes Berufsbild; doch verschaffte ein erfolgreiches Studium der Philosophie Vorteile beim Wettbewerb um Ämter und Aufträge.

Literatur zur Ergänzung und Vertiefung

Brennan, R. E. (1941). *Thomistic psychology.* New York: Macmillan.

Hawel, P. (1993). *Das Mönchtum im Abendland. Geschichte, Kultur, Lebensform.* Freiburg i. Br.: Herder.

Maurer, W. (1967,1969). *Der junge Melanchthon* (2 Bände). Göttingen: Vandenhoek & Ruprecht.

Mausbach, J. (1920). *Grundlage und Ausbildung des Charakters nach dem hl. Thomas von Aquin.* Freiburg i. Br.: Herder.

Paulsen, F. (1902/1966). *Die deutschen Universitäten und das Universitätsstudium.* Hildesheim: Olms.

Wind, E. (1958/1984). *Heidnische Mysterien in der Renaissance.* Frankfurt a. M.: Suhrkamp.

Modisch gekleideter Student mit Diener (Kupferstich von D. C. C. Fleischmann, 1751).

Kapitel 5

Welt- und Seelenlehren im Rationalismus und Empirismus

Die ontologische Tradition in der Philosophie des 17. und 18. Jahrhunderts

Die Philosophie der Aufklärung hat das Mittelalter eine finstere Zeit genannt. Licht sollte die Finsternis vertreiben. Finsternis - das waren vor allem dogmatische, mit Autorität verbreitete Lehren. Licht - damit war ein Erkenntnisfortschritt gemeint, den Menschen mit Hilfe ihrer eigenen Vernunft herbeiführen. Zwei methodische Ansätze zur Vermehrung und Verbesserung von Erkenntnis boten sich an:

- rationales Denken, d.h. die sachliche und logische Begründung von Urteilen,
- empirische Untersuchung, d.h. die Stützung von Aussagen durch Beobachtung.

Rationalität und Empirie erschlossen zwei Welten, die Welt der Körper und die Welt des Geistes. Zwei theoretische Ansätze lieferten grundsätzlich unterschiedliche Deutungen der beiden Welten:

- Der Rationalismus nimmt eine in beiden Welten vorgegebene Ordnung der Vernunft an.
- Der Empirismus bestreitet die Existenz einer vorgegebenen Vernunftordnung. Wie Welten tatsächlich seien, lehre allein die Erfahrung.

Die europäische Wissenschaft erneuerte im 17. und 18. Jahrhundert ihre methodischen und theoretischen Grundpositionen. In einer Zeit der Neuordnung Europas, welche einerseits durch den Aufstieg von Großmächten geprägt war, andererseits durch die Durchsetzung des Bürgertums, bewährte sich Wissenschaft als deutende und zur Gestaltung anregende Kraft. Die Philosophie der Aufklärung widmete sich insbesondere aktuellen Fragen des gesellschaftlichen und privaten Lebens, welche die gebildete Öffentlichkeit bewegten.

5.1 Neue Wege zur wissenschaftlichen Erkenntnis

5.1.1 Europa im 17. und 18. Jahrhundert: Glaubenskriege, Großmächte und bürgerliche Ordnung

Die Reformation (s. Abschnitt 4.3.1) entzweite Europa nicht nur religiös, sondern auch politisch. Regierende Fürsten erklärten sie zu einer Staatsangelegenheit. Die Folge waren Glaubenskriege. Als eine verheerende Serie von Auseinandersetzungen zwischen protestantischen und katholischen Fürsten ist der Dreißigjährige Krieg von 1618 bis 1648 in Erinnerung geblieben. Böhmen, Dänen und Schweden bildeten dabei die protestantische Seite, Pfälzer, Bayern, Österreichische Habsburger und Franzosen vertraten die katholische Seite. Der Dreißigjährige Krieg erschütterte Mittel- und Nordeuropa. Das am stärksten betroffene Deutsche Reich verlor ein Drittel seiner Bevölkerung. Die Wirtschaft in den Städten und auf dem Lande erlitt einen nachhaltigen Niedergang. Armut, Krankheit und Kriminalität waren die Folgen.

Nach dem Dreißigjährigen Krieg ebbten die Glaubenskriege ab. Doch Thronfolge- und Territorialkriege (wie der Spanische Erbfolgekrieg von 1701 bis 1714 und die Schlesischen Kriege zwischen Österreich und Preußen von 1740 bis 1763) bestimmten weiterhin die Verteilung der Macht in Europa. Als alte und neue Großmacht bestätigte sich Frankreich. Mit der Größe Frankreichs, seiner wirtschaftlichen und militärischen Stärke sowie mit dem Glanz seiner Kunst und Architektur wetteiferten vor allem England, Spanien und Österreich. Italien zersplitterte sich in mehrere Her-

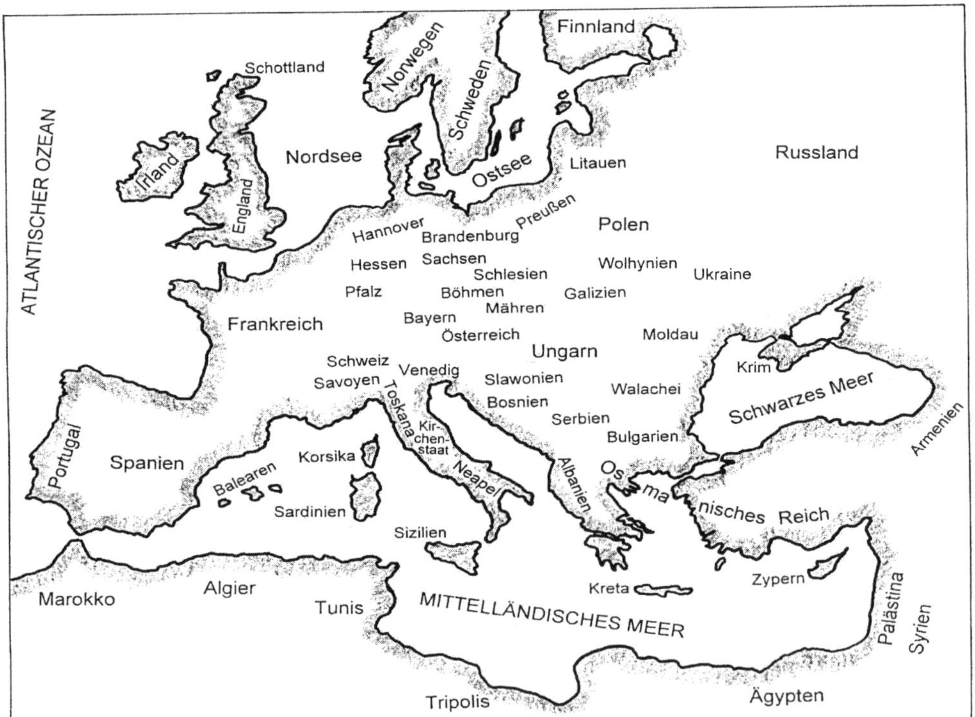

Die Länder Europas in der Mitte des 18. Jahrhunderts (nach Putzger, 1993, S. 78f.)

zogtümer. Im Westen gewannen die Niederlande ihre Unabhängigkeit, im Osten stiegen Preußen und Rußland zu Großmächten auf. Zwischen allen Staaten bestanden diplomatische und kulturelle Beziehungen, so daß sich - trotz religiöser und politischer Konflikte - in Europa ein Kulturraum entwickelte, der sich von seinen Ursprüngen im Süden und im Westen in den Norden und Osten ausdehnte.

Für die Auseinandersetzung zwischen Staaten galt das Prinzip der Staatsräson, d.h. der Wahrung nationaler Interessen. Gleichzeitig begannen Überlegungen für eine dauerhafte Friedensordnung in Europa, eine Ordnung, die den Ausgleich nationaler Interessen und ein Gleichgewicht der Mächte herbeiführen sollte.

Die Entwicklung innerhalb der Staaten war von technischen Erfindungen und sozialem Wandel begleitet. Agrar- und Wirtschaftskrisen wechselten mit Perioden des Wohlstands. Ehrgeizige Unternehmungen der Fürsten verursachten Staatsverschuldung und Steuerlasten. Immer stärker traten Spannungen zwischen dem Adel und dem Klerus einerseits und den Bürgern (Kaufleute, Industrielle u.a.) andererseits zutage. Adlige und Geistliche genossen gegenüber Bürgern beträchtliche Privilegien. Sie wurden bei der Vergabe von Ämtern bevorzugt, von der Gerichtsbarkeit nicht verfolgt und von Steuern freigestellt.

Die Sehnsucht nach einer Ordnung wuchs, welche allen Bewohnern eines Landes gleiche Rechte gewährte. Zu einem Triumph der Bürgerbewegung wurde im Jahre 1789 die Französische Revolution. Zu ihren maßgeblichen Errungenschaften gehörten die Erklärung von Menschenrechten, die Einrichtung einer Nationalversammlung sowie die Durchsetzung einer Verfassung (s. Schulze, 1998).

Die Gestaltung von Ordnungen für Staaten und Bürger wirft Fragen nach der Beschaffenheit der Welt, des Menschen und des Zusammenlebens der Menschen auf. Die Beantwortung dieser Fragen verlangt das auf Erfahrung gestützte Urteil und die beweiskräftige Argumentation. Mit diesen Methoden suchte sich die zeitgenössische Wissenschaft zu erneuern, und ihr fiel die Aufgabe zu, auf die drängenden Fragen ihrer Zeit eine Antwort zu finden (mehr in Abschnitt 6.1.1).

5.1.2 Neubewertung von wissenschaftlichen Methoden: Kritisches Urteil und Beobachtung

Zur Ausweitung und Vertiefung vorhandener Erkenntnis über die Welt und den Menschen sowie zur Befreiung von Vorurteilen und Irrlehren bedurfte es neuer Methoden. Die Vertreter der neuen Wissenschaft vertrauten der Erkenntnisfähigkeit des Menschen. Menschen seien mit ausreichender Vernunft ausgestattet, das Wesen der Welt und des Menschen zu ergründen. Diese Überzeugung verurteilte kirchliche Dogmen, die sich lediglich auf überirdische Weisheit beriefen und zum Glauben aufforderten, als Irrlehren.

Vorurteilsfreie, schlüssige Erkenntnis stellt freilich hohe Anforderungen. Um sie zu erlangen, werden zwei Arten von wissenschaftlichen Methoden befürwortet:

- rationales Denken oder Spekulation (lat. *speculatio*, Betrachtung), d.h. die von Vernunft geleitete Überlegung,
- empirische Untersuchung (griech. *empeiria*, Erfahrung), d.h. die planvolle und sorgfältige Beobachtung.

Spekulative und empirische Methoden sollten die Gegenstände in ihrer wirklichen Beschaffenheit darstellen und damit Täuschungen und Meinungsverschiedenheiten vorbeugen.

Vernünftiges Denken und Sprechen wurden in engem Zusammenhang behandelt. Beide sollten mit einem wahren und als wahr begründbaren Urteil schließen. Insofern wurden die Regeln zur Begründung wahrer Urteile gleichermaßen der Kunst der Rede (Rhetorik, Dialektik, Argumentation) und der Kunst des Denkens (Logik), zugeordnet (s.a. Abschnitte 3.2.1 und 7.3.3).

Für die vernünftige Argumentation entwarf der französische Humanist Petrus Ramus eine einflußreiche Denkschule (franz. *art de penser*). Zu den maßgebenden Kategorien seiner

Putzger, F. W. (1993). *Historischer Weltatlas*. Berlin: Cornelsen.

Schulze, H. (1998). *Phoenix Europa*. Berlin: Siedler.

Kunst des Denkens und der Argumentation, die er Dialektik (griech. *dialektike techne*, Kunst der Gesprächsführung) nannte, erklärte Ramus die Erfindung, d.h. die Wahl geeigneter Themen, Begriffe und Argumente, und das Urteil, d.h. die Bewertung von Aussagen:

„Die Dialektik gliedert sich in zwei Teile: Die Erfindung und das Urteil. Erstere macht verschiedene Angaben, aus welchen ein Satz zusammengesetzt ist; letzteres zeigt die Art und Weise ihrer Anordnung. So lehrt der erste Teil der Grammatik die Teile der Rede, und die Syntax beschreibt den Aufbau."

(Übersetzung aus Ramus, 1555, S. 4)

Ramus (1555) verwarf die scholastische Dialektik, welche lediglich auf die formale Richtigkeit von Ableitungen in festgeschriebenen Denkmustern (Syllogismen) achtete. Dies sei eine pedantische Vernunft, die einer natürlichen Vernunft weichen müsse. Ausdruck der natürlichen Vernunft sei die freie Argumentation, welche sich den gegebenen Tatsachen anpaßt. Eine wichtige Neuerung war daher die Betonung der „Erfindungen", d.h. sachdienlicher Argumente und Begriffe; z.B. werden Taten durch Motive der Täter sachdienlich erklärt. In den Erfindungen sollte sich die Logik der erörterten Dinge selbst spiegeln; u.a. soll man natürliche Ereignisse auf ihre natürlichen Ursachen zurückführen und nicht auf übernatürliche Eingriffe (z.B ist als Ursache für das Umstürzen einer Kutsche eher der Bruch eines Rades als die strafende Hand Gottes anzunehmen). Für jedes Urteil verlangte der Autor hinreichend viele und zutreffende Argumente (z.B. sind bei der Erörterung des Lernens zugleich Begabung und Fleiß zu berücksichtigen).

Was das Urteil betrifft, forderte Ramus die Unterscheidung zwischen dem wissenschaftlich begründeten Urteil und der unbegründeten Meinung. Das wissenschaftliche Urteil verlangt die Trennung des Allgemeinen von dem Besonderen sowie der Ursache von der Wirkung. Weiterhin verlangt es die Definition von Begriffen, den nachvollziehbaren Gang der Beweisführung und dazu die logischen Figuren des Vergleichs, der Unterscheidung und des Gegensatzes.

Ramus unterschied somit zwischen dem unwissenschaftlichen Gespräch und der wissenschaftlichen Gesprächsführung. Wissenschaftliche Gesprächsführung sollte sich durch ihre Methode auszeichnen, nicht durch ihr Ergebnis. Die Methode der Dialektik, die den von Ramus vorgeschlagenen Regeln der Vernunft folgte, erhielt einen zusätzlichen Namen: Kritik (griech. *kritike techne,* Urteilskunst). Vernunftkritik wurde damit für viele zu einem Qualitätsmerkmal von Wissenschaft (vgl. Bormann, 1976).

Die Wirkung der ramistischen Dialektik war bis zum Ende des 17. Jahrhunderts groß - besonders an den reformierten Schulen und Hochschulen. Denn die kritische Methode versprach Erkenntnisfortschritt sowie Befreiung von Vorurteilen und Täuschungen. Zudem war die Übung in ramistischer Dialektik eine Kunst, mit der sich Intellektuelle zu einer geistigen Elite qualifizieren konnten.

Petrus Ramus war übrigens der lateinische Name des französischen Adligen Pierre de la Ramée. Er hat in Frankreich, Deutschland und der Schweiz Naturwissenschaften und Medizin gelehrt. Im Jahre 1515 geboren, schloß er sich der hugenottischen Reformationsbewegung an und befand sich 1572 unter den tausenden von Opfern, die in der Bartholomäusnacht wegen ihres Glaubens ermordet wurden (Waddington, 1855).

Die Beobachtung wurde zunächst vor allem in der Naturforschung gepflegt. Später wurde sie auch eine Methode der Sozialforschung. Was Beobachtungen anbelangt, ist zu unterscheiden zwischen:

- Beobachtung der eigenen Person (Selbstbeobachtung) im Gegensatz zur Beobachtung von Personen und Dingen in der Umgebung (Fremdbeobachtung),
- Beobachtung der Oberfläche (äußere Beobachtung) im Gegensatz zur Beobachtung des Inneren (innere Beobachtung) sowie
- Beobachtung natürlicher Gegenstände und Abläufe (natürliche Beobachtung) im Gegensatz zur Beobachtung eigens zur Untersuchung hergestellter Gegenstände und Abläufe (Experiment).

Unverfänglich war die äußere Beobachtung fremder Gegenstände, wie sie die Astronomen zur Bestimmung der Sterne und ihrer Bahnen betrieben. Das Eindringen in das unbekannte Innere von Körpern erregte leicht Anstoß. Dies galt vor allem für den menschlichen Körper. Anatomen mußten sich oft vor der Stadtwache in acht nehmen, wenn sie Leichen öffneten, um Bau und Lage der Organe zu untersuchen. Unanstößig war dagegen die Selbstbeobachtung sowie die Introspektion (vgl. Abschnitt 4.1.3), das Eindringen in die Innenwelt des eigenen Bewußtseins.

Die Wissenschaft durch empirische Methoden zu erneuern und nutzbar zu machen, war das Programm von Francis Bacon. Selbst umfassend gebildet und als Politiker und Publizist einflußreich, wollte er die Wissenschaft als Mittel des Fortschritts fördern (zum Prinzip der Nützlichkeit s. später Abschnitt 6.1.3). Bacon lebte von 1561 bis 1626 in London. Er betätigte sich als Mathematiker, Naturforscher und Historiker. Am englischen Hof versah er hohe Ämter; auf dem Gipfel seiner Macht war er Lordkanzler des Königs.

Bacon (1620/1963) wandte sich wie Ramus gegen die Übungen der formalen Logik, die er steril und weltfremd nannte. In der Praxis der Politik und der Wirtschaft verurteilte er Konvention, Eigensinn und leere Worte. Zutreffendes und praktisch verwertbares Wissen könne man nur aus Erfahrung schöpfen; deshalb sei die empirische Methode auszubauen und anzuwenden. Bacon unterschied die Gelegenheitsbeobachtung (lat. *experientia vaga*) von der planmäßigen Beobachtung (lat. *experientia ordinata*). Die planmäßige Beobachtung trennte er in die systematische Beobachtung und das Experiment.

Unter systematischer Beobachtung waren längerfristige Aufzeichnungen von Ereignissen zu verstehen. Ein Beispiel sind die regelmäßigen Aufzeichnungen der über das Jahr wechselnden Zeiten des Sonnenaufgangs und -untergangs. Experimente waren Beobachtungen unter hergestellten Bedingungen. Ein Beispiel eines solchen Experiments lieferte im

Ramus, P. (1555). *Dialecticae libri duo*. Genève: Droz.

Bormann, C. von (1976). Kritik als Methode. In J. Ritter & K. Gründer (Hrsg.), *Historisches Wörterbuch der Philosophie* (Band 4, S. 1255-1262). Basel: Schwabe.

Waddington, Ch. (1855). *Ramus (Pierre de la Ramée). Sa vie, ses écrits et ses opinions*. Paris: Meyrneis.

Bacon, F. (1620/1963). Novum Organum. *Francis Bacon´s works,* herausgegeben von J. Spedding, R. L. Ellis & D. D. Heath (Volume 1, pp. 70-365). Stuttgart-Bad Cannstadt: Frommann (Holzboog).

Petrus Ramus (1515-1572)

Francis Bacon (1561-1626)

Jahre 1657 der Magdeburger Bürgermeister und Physiker Otto von Guericke. Um die Wirkung des Luftdrucks zu demonstrieren, fügte er zwei hohle, metallene Halbkugeln auf einem Lederring aneinander und pumpte sie leer; die äußere Atmosphäre drückte die beiden Halbkugeln so stark zusammen, daß acht Pferde auf jeder Seite sie nicht voneinander zu trennen vermochten.

Erkenntnis sollte sich auf die Verallgemeinerung gesicherter Beobachtungen stützen. Bacon befürwortete damit die Methode der Induktion, d.h. des Schließens von einzelnen oder wenigen Fällen auf die zugehörige Gesamtgruppe von Fällen (z.B. von den Magdeburger Halbkugeln auf alle Körper im Raum).

5.1.3 Felder der Forschung: Descartes' Lehre von den zwei Welten

Der neuen Wissenschaft boten sich zwei Felder zur Forschung an: die
- Welt der körperlichen Erscheinungen, die
- Welt der geistigen Erscheinungen.

Doch wie begründete eine kritische und empirische Wissenschaft die Bedeutung der beiden Felder? Wie erklärte sie Zusammenhänge zwischen ihnen? Diese Fragen stellten sich bei der Deutung der Welt im allgemeinen. Als zentral erwiesen sie sich insbesondere für eine Theorie des Menschen, die dessen Körper als ebenso wesentlich erachtete wie dessen Geist.

Ein maßgeblicher Ansatz, der Körper und Geist gleichermaßen zu Gegenständen wissenschaftlicher Forschung erklärt und dabei ausführlich auf den Menschen eingeht, stammt von dem französischen Philosophen René Descartes. Descartes hat selbst anatomische Studien an Menschen angestellt. Aus psychologischer Sicht von besonderem Interesse sind Descartes' Studien über Vorgänge im menschlichen Körper, die mit Verhalten und Gefühlen in Zusammenhang stehen. So beschrieb Descartes in seiner 1632 verfaßten Schrift *De homine* (lat., Über den Menschen) einen Reflex. Es handelte sich um einen Schutzreflex, und zwar um das Zurückziehen von Fuß, Hand usw. bei Feuer und bei anderen Schmerzreizen.

Descartes hielt den Reflexvorgang in der folgenden Abbildung fest:

Reflexschema nach Descartes (1632/1969, S. 68)

Seine Darstellung erläuterte der Autor folgendermaßen:

„Befindet sich ... das Feuer A in der Nähe des Fußes B, dann haben die kleinen, bekanntlich schnell bewegten Teilchen dieses Feuers aus sich heraus die Kraft, die betroffene Stelle der Haut dieses Fußes in Bewegung zu versetzen. Indem sie dadurch an der kleinen ... Faser cc ziehen, ... öffnen sie im gleichen Augenblick den Eingang der Pore de, an der diese ... endet, ebenso wie man in dem Augenblick, in dem man an den Enden eines Seilzuges zieht, die Glocke zum Klingen bringt, die an dem anderen Ende hängt. Nachdem so der Eingang der Pore ... de geöffnet ist, treten die Spiritus animales der Hirnkammer F dort ein und werden auf diesem Wege ... in die Muskeln getragen, die dazu dienen, diesen Fuß vom Feuer wegzuziehen ... ."

(Descartes, 1632/1969, S. 69, übersetzt von K. E. Rothschuh)

Ungeachtet der physiologischen und biochemischen Unzulänglichkeiten seiner Beschreibung von Erregungsvorgängen, hat Descartes das Modell eines Reflexbogens mit folgenden Teilen vorgestellt:

- afferente (d.h. aufwärts zum Hirn führende) Erregung des Sinnesnerven,
- Umschaltung der Erregung im Gehirn,
- efferente (d.h. vom Hirn abwärts führende) Erregung des Bewegungsnerven,
- Muskelaktion.

Ein solches Reflexmodell reicht aus, die Entstehung von Verhalten zu erklären, das jeweils von den Reizen der Umgebung ausgelöst wird (s.a. später Abschnitt 10.2.3).

Nach dem Reflexmodell ist der menschliche dem tierischen Körper vergleichbar. Darüber hinaus macht Descartes zwischen belebten und unbelebten Körpern keinen grundsätzlichen Unterschied. Gleichen lebende Körper nicht einer Brunnenanlage? Fließt nicht ihr Blut durch Venen und Arterien wie das Wasser durch Röhren? Wenn (die damals in den fürstlichen Gärten beliebten) Wasserspiele sich anmutig drehten oder Skulpturen Wasser spien - entsprach das nicht dem Verhalten der Tiere und Menschen? So entsteht der Begriff einer umfassenden Körperwelt. Hervorstechendes Merkmal dieser Körperwelt ist die räumliche Ausdehnung. Descartes nennt die Körperwelt daher „räumlich ausgedehnte Sache“ (lat. *res extensa*).

Wie im menschlichen Körper Reflexe ablaufen, bilden sich in der Körperwelt mannigfache Wirkungsketten aus. Die gesamte Körperwelt gliedere sich in Teile, die nach dem Prinzip der Kausalität, d.h. in einem Verhältnis von Ursache und Wirkung miteinander verbunden seien. Die Bewegung eines Teils sei notwendig durch die Bewegung eines anderen Teils ausgelöst. Körper werden also als Bewegungsapparate gedeutet, als Maschinen (griech. *mechane,* Werkzeug, Maschine). Ist die Bewegung eines Körpers einmal angestoßen, nimmt sie einen eigenen, stets gleichen Verlauf. In diesem Sinne bewegt sich ein Körper von selbst, automatisch (griech. *automatos*, sich selbst bewegend). Theorien der regelhaften Körperbewegung bezeichnet man daher auch als mechanistische Theorien und als Automatentheorien.

Mechanik, Automatik, Kausalität waren nach Descartes unveränderliche Gesetze der Natur. Mit dieser Auffassung geriet er allerdings in Konflikt mit der kirchlichen Lehre. War die Körperwelt nicht Gottes Schöpfung? Konnte Gottes allmächtiger Wille nicht stets und überall Naturgesetze aufheben, durch andere ersetzen? Hatte Gott in der neuen Naturlehre keinen Platz mehr? Descartes Antwort offenbarte Respekt vor der herrschenden Theologie und distanzierte sich gleichwohl davon. Er verglich den Schöpfergott mit einem Brunnenmeister. Der Meister habe eine Brunnenanlage nach eigenem Entwurf gebaut, er habe sie eingestellt; er könne sie umbauen oder neu einstellen. So seien die Körperwelt und ihre Gesetze ein Teil der Schöpfung und in Gottes Hand. Doch der Brunnenmeister könne sein Werk sich selbst überlassen; damit bleibe es, wie es sei. So habe wohl der göttliche Schöpfer sein Werk zum Abschluß gebracht und überlasse es nun sich selbst. Die Natur folge damit auf Dauer den ihr eigenen Gesetzen.

Die Geltung des mechanistischen Modells ist freilich begrenzt - meinte Descartes. Es versagt bei der Anwendung auf geistige Prozesse. Gedankengänge, wie der Autor sie in seinen *Meditationes de prima philosophia* (lat., *Meditationen über die Grundlagen der Philosophie*) schilderte, lassen sich nicht als Teile eines kausal gesteuerten Reflexbogens darstellen. Sie scheinen frei dahinzufließen, ohne erkennbare Auslöser, ohne notwendige Folgen. Außerdem: Während die Beobachtung von Körpern sichere Erkenntnis zu erbringen verspricht, kommt die Gewißheit geistiger Erkenntnis gerade bei eingehender Überlegung leicht abhanden.

Seine radikale Spekulation trieb Descartes bis zu der Gewißheit der Unmöglichkeit wahrer Erkenntnis:

„Ich setze also voraus, daß alles, was ich sehe, falsch ist, ich glaube, daß nichts jemals existiert hat, was das trügerische Gedächtnis mir darstellt: Ich habe überhaupt keine Sinne; Körper, Gestalt, Ausdehnung, Bewegung und

René Descartes - ein Intellektueller im 17. Jahrhundert

René Descartes - nach Art der Humanisten latinisiert zu Renatus Cartesius - wurde 1596 in La Haye (Touraine) geboren. Der Sohn einer Adelsfamilie - er nannte sich *„Seigneur du Perron, gentilhomme du Poitou“* - besuchte das Jesuitenkolleg in La Fléche und studierte bis 1616 Rechtswissenschaft an der Universität von Poitier. Mit zwanzig Jahren erwarb er das Bakkalaureat sowie die juristische Lizenz. Zwei Jahre später trat er in den Militärdienst ein - zunächst in den Niederlanden bei Moritz von Nassau, dann in Bayern bei Kurfürst Maximilian. Als Offizier kämpfte er mit dem Degen. Doch wissenschaftliche Interessen bewogen Descartes im Jahre 1620, den Militärdienst aufzugeben. Die Einkünfte aus seinem Vermögen gestatteten ihm, wissenschaftlichen Studien nachzugehen, ohne einen Broterwerb zu suchen.

Häufig verlegte er seinen Wohnsitz. Zeitweilig lebte er auf dem Lande, zeitweilig in der Stadt; er zog von Frankreich nach Holland und kehrte von da wiederum nach Frankreich zurück. Zur Ehe hat er sich nicht entschlossen. Mit der Mutter seiner Tochter Francine verband ihn nur eine freie Partnerschaft. Er unternahm Bildungsreisen durch Europa und korrespondierte mit zahlreichen Forschern und Förderern der Wissenschaft. Die schwedische Königin Christine, mit der er einen regen wissenschaftlichen Briefwechsel gepflegt hatte, lud ihn 1649 an ihren Hof nach Stockholm ein. Dort ist Descartes nach viermonatigem Aufenthalt an Lungenentzündung gestorben.

Die Studien Descartes' erstreckten sich von der Metaphysik über die Mathematik bis zur Medizin und Physik. Die Mathematik bereicherte er durch seine analytische Geometrie; in der Physik entwarf er zunächst eine Theorie der Materie und der Korpuskularbewegung, stellte sodann auf deren Grundlage eine Theorie des Sonnensystems und der Planetenbewegung auf; zur Medizin trug er anatomisch-physiologische Ideen bei. In der Erkenntnistheorie und Theologie drang er bis zu den Gottesbeweisen vor.

Derart als hervorragender Gelehrter seiner Zeit ausgewiesen, hat Descartes nie ein akademisches Amt bekleidet. Aus seiner wissenschaftlichen Tätigkeit hat er kein regelmäßiges Einkommen bezogen. Descartes ist das Beispiel eines freien Wissenschaftlers aus der frühen Neuzeit. Als wissenschaftlicher Autor hat Descartes die Zustimmung von Universitätsdoktoren und Priestern gesucht und war in zahlreiche Kontroversen verwickelt.

René Descartes (1596-1649)

Der Verdacht, er sei am schwedischen Hofe mit Arsen vergiftet worden, weil man seinen aufrührerischen Einfluß auf die eigenwillige Königin Christine fürchtete, ist nicht erhärtet. Doch gibt der Ort zu denken, an dem sein Leichnam zunächst bestattet wurde: der „Friedhof der ohne Taufe oder vor dem vernünftigen Alter gestorbenen Kinder“ in Stockholm. Im Jahre 1663 hat die römisch-katholische Kirche die Schriften des Descartes auf ihren Index der verbotenen Bücher gesetzt, weil seine Seelentheorie der christlichen Heilslehre widerspreche.

Ort sind nichts als Chimären. Was also bleibt Wahres übrig? Vielleicht nur dies eine, daß nichts gewiß ist."

(Descartes, 1641/1959, S. 43, übersetzt von L. Gäbe)

Im Zweifel an der Erkenntnis liegt jedoch für Descartes der Beweis des Ich-Bewußtseins:

„... woher weiß ich denn, daß es nichts ... gibt, an dem zu zweifeln nicht der geringste Anlaß vorliegt? Gibt es etwa einen Gott ..., der mir diese Vorstellungen einflößt? - Weshalb aber sollte ich das annehmen, da ich doch am Ende selbst ihr Urheber sein könnte? Also wäre doch wenigstens ich irgend etwas? ... Indessen, ich habe mir eingeredet, daß es schlechterdings nichts in der Welt gibt: keinen Himmel, keine Erde, keine denkenden Wesen, keine Körper, also doch wohl mich selbst nicht? Keineswegs; sicherlich war ich, wenn ich mir etwas eingeredet habe. - Aber es gibt einen ... Betrüger, der mich geflissentlich stets täuscht. - Nun, wenn er mich täuscht, so ist es also unzweifelhaft, daß ich bin."

(Descartes, 1641/1959, S. 43, übersetzt von L. Gäbe)

Die aus radikalem Zweifel erschlossene Gewißheit einer geistigen Existenz und einer geistigen Identität muß dem Autor als Wiedergeburt aus der Kraft der Vernunft erschienen sein. Dies bezeugt der jubelnde Schluß seiner Abhandlung:

„Das Denken ist's! Das Denken allein ist untrennbar mit meinem Ich verbunden. Es gibt mich wirklich!" (lat., „Cogitatio est, haec sola a me divelli nequit; ego sum, ego existo, certum est)."

(Übersetzung aus Descartes, 1641/1959, S. 47)

Geist ist somit von Körpern grundlegend verschieden. Er wirkt nicht mechanisch und ist nicht räumlich ausgedehnt. Descartes nimmt also eine eigene Welt des Geistes, eine „denkende Sache" (lat. *res cogitans*) an. Diese tritt neben die oben beschriebene Körperwelt (lat. *res extensa*). Der Autor entschied sich somit für einen Dualismus von Körper und Geist (zum dualistischen Ansatz in der Antike vgl. Abschnitt 3.1.2).

Zwischen dem Körper und dem Geist des Menschen nahm Descartes (1649/1984) Wechselwirkungen an. Derartige Wechselwirkungen untersuchte er bei den Gefühlen der Liebe, des Hasses, des Staunens, des Begehrens, der Freude und der Traurigkeit. Er hatte beobachtet: Gefühlserlebnisse vermögen den Körper zu erregen; der Zustand des Körpers kann Gefühlserlebnisse beeinflussen. Zum Beispiel werden nach Descartes Personen und Ereignisse nach ihrer Macht und ihrem Einfluß eingeschätzt; daraus ergeben sich die Gefühle der Achtung und Verachtung. Es muß also eine Verbindung zwischen Geist und Körper bestehen. Descartes vermutete eine solche Verbindung beim Menschen in der Zirbeldrüse am Hirnstamm.

Die Philosophie Descartes' offenbart eine Hinwendung der Wissenschaft zur Beobachtung und zur vernunftgeleiteten Spekulation. Der Glaube an die unveränderlichen Gesetze der Natur entfernt die Wissenschaft von der Metaphysik. Doch löst sich der Autor nicht ganz von der Annahme überirdischer Weisheit. Er leugnete keinesfalls die Existenz Gottes und erkannte Gott als Quelle von Naturgesetz und Vernunft an. Menschliches Erkennen bedürfe sogar der Vorgaben an übernatürlicher Weisheit. Grundlegende Ideen wie „Gott", „Raum", „Geist" entwickle der Mensch nicht selbst. Sie seien ihm angeboren, d.h. gottgegeben, und ermöglichten ihm erst die Erfahrung und Reflektion des Göttlichen, Räumlichen und Geistigen.

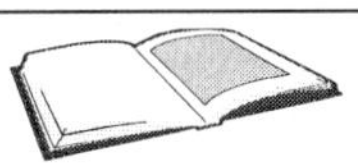

Descartes, R. (1632/1969). *Über den Menschen,* herausgegeben von K. E. Rothschuh. Heidelberg: Lambert Schneider.

Alquié, F. (1956/1962). *Descartes.* Stuttgart-Bad Cannstatt: Frommann (Holzboog).

Descartes, R. (1641/1959). *Meditationen über die Grundlagen der Philosophie,* herausgegeben von L. Gäbe. Hamburg: Meiner.

Descartes, R. (1649/1984). *Die Leidenschaften der Seele,* herausgegeben von K. Hammacher. Hamburg: Meiner.

5.1.4 Widerstände gegen die neue Wissenschaftlichkeit: Dogmatismus und Mystik

Das neue wissenschaftliche Denken wurde nicht überall und immer befürwortet; mitunter wurde es sogar bekämpft und unterdrückt. Ein Grund für die Ablehnung war der anhaltende Dogmatismus. Neues Denken verstieß gegen kirchliche Glaubenssätze. So wurde in einigen Regionen die Annahme von Kausalitäten (s. Abschnitt 5.1.3) als Bekenntnis zur Prädestinationslehre (lat. *praedestinatio*, Vorbestimmung) des Genfer Kirchenreformators Calvin verurteilt. Calvin leitete aus der Bibel ab, das Heil des Menschen sei durch göttliche Vorsehung vorbestimmt. Dagegen behauptete die katholische und die lutherische Lehre, der Mensch besitze einen freien Willen und sei deshalb für sein Handeln verantwortlich. Für den Philosophen Christian Wolff (s. Abschnitt 5.2.3) wurde die (von Descartes übernommene) Lehre zum Verhängnis, in der Natur habe alles seinen vorbestimmten Grund. Er wurde des „Determinismus" bezichtigt und mußte im Jahre 1723 seine Lehrtätigkeit an der Universität Halle aufgeben.

Eine einflußreiche Bewegung, die sich kritischer Vernunft und Beobachtung entzog, blieb die Mystik. Sie setzte im 17. Jahrhundert die Tradition des Irrationalismus und Subjektivismus (s. Abschnitte 3.3.4, 4.1.3) fort. Ihr bekanntester Vertreter war der Görlitzer Schuster und Schriftsteller Jacob Böhme (1575-1624), von seinen Anhängern in Schlesien als erster deutscher Philosoph („*philosophus teutonicus*") gepriesen. Seine zahlreichen Schriften verbreiteten seine Anschauungen vor allem in den reformierten Gemeinden.

Auch Böhme schwärmte von einer geheimnisvollen überirdischen Welt der Vollkommenheit, einer Welt des Lichts mit uneingeschränkter Güte und Wahrheit. Als Herrn der Lichtwelt lobte er Gott als den Einen, den „ewigen Vater", den Anfang und Urgrund alles Seienden. An der Seite Gottes sah er noch andere anziehende Gestalten wie die androgyne „Jungfrau Sophia". Der Welt des Lichts stellte Böhme eine „Finsterwelt" gegenüber; damit meinte er nichts anderes als die Wirklichkeit des menschlichen Lebens. Er forderte zur Abkehr von der „Finsterwelt" auf und versprach dafür Freiheit, Weisheit und Erwekkung aus Trübsal. Ziel seines Strebens war die geheimnisvolle Vereinigung (lat. *unio mystica*) mit dem Einen, die Hochzeit mit der „Jungfrau Sophia".

Mit machtvoller und bildhafter Sprache, gemischt mit graphischen Darstellungen, versuchte Böhme den Weg ins Geheimnis zu weisen. Kritischer Argumentation und Beobachtung (s. Abschnitt 5.1.2) erteilte er eine Absage. Hohe Erkenntnis lasse sich nicht mit scharfen Argumenten und Begriffen ausklügeln und nach Maß und Zahl bemessen, denn „der wahre Verstand" sei „ohne Zahl, Maß und Grund, nach Art der ewigen Weisheit des Einen, welcher alles ist" (nach Grunsky, 1956, S. 195).

Die Mystik Böhmes bezeugt das Bedürfnis nach ganzheitlicher Erkenntnis sowie die andauernde Kraft der Intuition. Abstrakten Begriffen stellt sie bildhafte Symbole gegenüber, den Erklärungen kausaler Beziehungen die sinnfällige Deutung mannigfacher Konstellationen. Man findet bei Böhme Bilder, deren Deutung noch die moderne Tiefenpsychologie beschäftigen wird (s. insbesondere Abschnitt 10.3.3) - darunter Matrix, die gebärende Mutter, das planetarische Rad und den Feuerblitz. Psychologisch bedeutsam ist weiterhin das Denken in Gegensätzen - Gut und Böse, Mann und Frau, Engel und Tier. Aufschlußreich ist nicht nur die Trennung, sondern auch die Verbindung des Gegensätzlichen. Ausführlich behandelt Böhme die Gleichzeitigkeit von Gut und Böse (z.B. im wilden Tier), von Engel und Tier (z.B. im Menschen), von Mann und Frau (im Hermaphroditen). Neuzeitliche Mystik wird so zur Schule tiefgründiger Interpretationen des menschlichen Wesens.

Grunsky, H. (1956). *Jacob Böhme*. Stuttgart: Frommann (Holzboog).

Böhme, J. (1620/1960). Psychologia vera oder Viertzig Fragen von der Seelen. *Sämtliche Schriften* (Band III, Teil IV), herausgegeben von W.-E. Peuckert. Stuttgart: Frommann.

5.2
Rationalistische Lehren von der Welt und vom Menschen

5.2.1 Grundzüge des Rationalismus

Rationalismus (lat. *ratio,* Vernunft) nennt man eine theoretische Richtung, welche annimmt,

- daß der Welt eine Vernunftordnung zugrunde liegt, und
- daß sittliches Handeln auf Vernunft gründet.

In der Vernunftordnung der Welt suchen rationalistische Theorien deren wahre Beschaffenheit, ihr Wesen, zu erfassen. Insofern führt der Rationalismus die klassische ontologische Tradition (s. Abschnitt 2.4.2) fort. Dabei bedient er sich der kritischen Argumentation (s. Abschnitt 5.1.2) als maßgeblicher Methode. Im folgenden werden rationalistische Lehren über die Welt und den Menschen behandelt. Auf die rationalistische Ethik wird das nächste Kapitel (Abschnitt 6.1.2). eingehen.

Ein zentrales Thema im Rationalismus ist der Gegensatz von Subjekt und Objekt. Unter Subjekt versteht man das erkennende Ich (hier Wissenschaftler), unter Objekt den Gegenstand seines Erkennens (hier vor allem Seelenlehren). Dabei ist das erkennende Ich als vernunftbegabt zu denken. Aber auch die mannigfaltigen Gegenstände des Erkennens sollen der Vernunft entsprechen. Die Vernunft beruht dabei auf Ordnung, und alle Erscheinungen der Vernunft weisen Ordnung auf. Die Ordnung ist nicht beliebig und wandelbar, sondern einmalig und dauerhaft. Das erkennende Subjekt steht also einer Ordnung gegenüber, die älter ist und länger bestehen wird als das Subjekt. Diese Ordnung besteht, auch wenn sie in den Gegenständen der Erfahrungswelt nicht verwirklicht ist. Sie besteht auch ohne daß ein Subjekt sie erkennt.

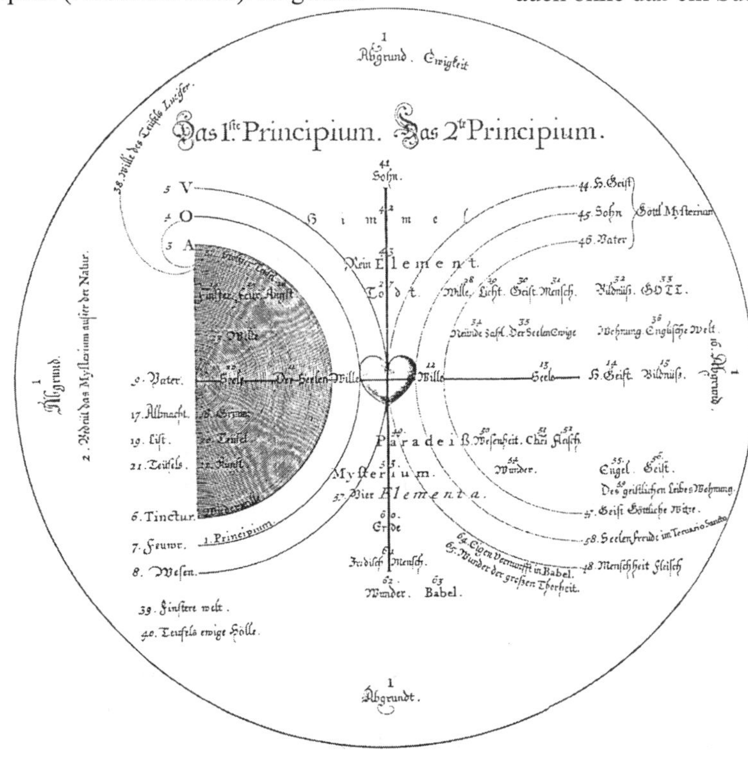

Böhmes (1620/1960, nach S. 30) Philosophische Kugel oder Wunder=Auge der Seligkeit.

Als Beispiele dauerhafter, von subjektiver Kenntnis und objektiver Verwirklichung unabhängiger Ordnung werden oft die geometrischen Gesetze angeführt. Der Satz, daß im rechtwinkligen Dreieck die Innenwinkel eine Summe von 180 Grad ergeben, sei gültig - unabhängig davon, ob ein Mensch ihn je denke und ob irgendwo tatsächlich ein rechtwinkliges Dreieck existiere. Vernunftwahrheiten bildeten also eine Welt für sich, eine transzendente, die menschliche Erfahrung überschreitende (lat. *transcendere*, überschreiten) Welt (s. wieder. Abschnitt 2.4.2). Diese transzendente Welt stellt eine Metaphysik ohne Theologie dar.

Rationalistisch orientierte Forscher messen der Empirie, vor allem der äußeren Beobachtung nur einen begrenzten Wert zu. Beobachtung könne wohl zu den Vernunftwahrheiten hinführen. Doch könne Erfahrung allein vernünftige Erkenntnis nicht leisten. So könne ein Schüler vielfach rechteckige Dreiecke betrachten. Er könne ihre Innenwinkel ausmessen. Doch die Einsicht, warum die Summe der Innenwinkel stets und genau 180 Grad betrage, könne er nur durch gedankliche Analyse gewinnen.

Rationalisten gehen sogar noch einen Schritt weiter: Erfahrung bleibe überhaupt blind, wenn sie nicht durch vernünftige Prinzipien, d.h. Grundeinsichten geleitet werde. Dies gelte z.B. für das Erkennen von Kausalität, der Beziehung von Ursache und Wirkung. Die sinnliche Erfahrung zeige lediglich ein Nacheinander (etwa zwischen einer Frage und einer Antwort). Es bedürfe des Prinzips der Kausalität, um eine Antwort als Wirkung und eine Frage als Ursache zu begreifen. Derartige Prinzipien könne der Geist nicht selbst schaffen; sie müßten ihm vorgegeben sein. Vorgegebene (oder nach Descartes, s. Abschnitt 5.1.3, angeborene) Ideen hat man mit dem Zusatz *a priori* (lat., von vornherein) versehen. Die Lehre von den Erkenntnisvorgaben nennt man deshalb auch Apriorismus.

Hat der Rationalismus das Denken nach der Scholastik (Abschnitt 4.2) revolutioniert? In einer Hinsicht sicherlich: Die offene Argumentation, nicht die Autorität der Kirche, sollte Wissen und Wahrheit rechtfertigen. Dabei gaben die rationalistischen Philosophen den Begriff „Gott“ keineswegs auf. Doch der Gott ihrer Metaphysik war nicht mehr der persönliche Gott des Alten oder Neuen Testaments. Vielmehr bedeutete er ihnen - wie schon im Neuplatonismus (Abschnitt 3.3.4) - den Inbegriff von Vollkommenheit und Güte. So war es vor allem der Rationalismus, der an wichtigen Positionen der antiken dualistischen Ontologie festgehalten hat: am Glauben

- an eine vernunftgemäße Ordnung der Welt,
- an die Vorrangigkeit dieser Vernunftordnung vor dem menschlichen Denken,
- an die Vorrangigkeit der Vernunftordnung vor aller Wirklichkeit,

Man kann folgende Einschätzung hinzufügen: Die rationalistische Philosophie trat an die Stelle der Kirchenlehren, die an Einfluß verloren. Als Teil der Aufklärung (s. später Abschnitt 5.4.2) ist sie kirchlichem Dogmatismus entgegengetreten. Doch durch eine von Theologie befreite Metaphysik hat rationalistische Philosophie auch etwas von dem Glanz, ja sogar von der irrationalen Anziehungskraft der Religion auf sich gezogen. Jedenfalls waren Einfluß und Ansehen des Rationalismus beträchtlich - besonders in Frankreich und Deutschland, wo sich die Hochburgen des Katholizismus und des Luthertums (s. Abschnitt 4.3.1) befanden.

5.2.2 Ordnung und Beseelung der Welt: Systemtheorien von Spinoza und Leibniz

Die Theorien von Benedictus de Spinoza und Gottfried Wilhelm Leibniz sind in ihrem Anspruch fundamental und global. Ihr Anspruch ist fundamental, weil sie richtungsweisende Kernaussagen anstreben. Er ist global, weil die Autoren das gesamte denkbare und erfahrbare Universum mit allen seinen Voraussetzungen zu ergründen suchen. Die Lehren von Spinoza und Leibniz kann man als Systemtheorien bezeichnen, weil sie Zusammenhänge in einem großen Ganzen deuten. In ihrem Ansatz sind die beiden Theorien jedoch verschieden. Spinoza sieht die Welt als eine geschlossene Einheit. Leibniz deutet sie als eine Organisation aus einer Vielfalt von Gliedern.

Spinozas Philosophie läßt sich aus drei Begriffen erschließen:

- Pantheismus,
- Determinismus,
- psychophysischer Parallelismus.

Pantheismus (griech. *pan,* alles; *theos,* Gott) nennt man die Annahme, daß Gott das gesamte Dasein darstellt. Gott ist nach Spinoza von größter Vollkommenheit, ewig, unendlich vielfältig. Gott ist der Inbegriff des unabhängigen Denkens, das nur seinen eigenen Regeln folgt. Gott ist zudem Inbegriff der Freiheit, da nur er sich bestimmt und nicht von anderen bestimmt wird. Gott besitzt unendlich viele Erscheinungen; zwei davon sind Geist und Körper. Anders ausgedrückt: Natur ist ein Teil Gottes. Die Annahme der Teilidentität von Gott und Natur brach mit dem Glauben an die Schöpfung der Welt durch Gott. Nach Spinoza hat Gott nicht eine von ihm getrennte Welt geschaffen, sondern sich - wenn auch nur mit einem Teil seines Wesens - in der Welt verwirklicht.

Nach dieser Auffassung ist der Körper des Menschen Teil von Gottes Körper, sein Geist Teil von Gottes Geist; insofern sind Körper wie Geist des Menschen göttliche Erscheinungen. Spinoza über den menschlichen Geist:

„Hieraus folgt, dass der menschliche Geist ein Theil des unendlichen göttlichen Verstandes ist; und wenn wir demnach sagen, der menschliche Geist fasse dies und jenes auf, sagen wir nichts Anderes, als dass Gott ... insofern er durch die Natur des menschlichen Geistes ausgedrückt ist, oder insofern er das Wesen des menschlichen Geistes ausmacht, diese oder jene Vorstellung hat."

(Spinoza, 1677/1980, S. 179, übersetzt von B. Auerbach)

Die Gleichsetzung von Gott, Natur und Mensch bedeutete eine strenge Regelhaftigkeit. Denn in Gott herrscht eine vollkommene Ordnung. Diese teilt sich der Natur und dem Menschen mit, wenn sich Gott in ihnen verwirklicht. Und weil der menschliche Geist Anteil an Gottes Geist hat, kann der Mensch mit seinem Verstand die Regelhaftigkeit der Welt begreifen:

Benedictus de Spinoza (1632-1677)

„Es giebt in der Natur nichts Zufälliges, sondern alles ist aus der Nothwendigkeit der göttlichen Natur bestimmt, auf gewisse Weise da zu seyn und zu wirken."

„Es liegt in der Natur der Vernunft, die Dinge nicht als zufällige, sondern als nothwendige zu betrachten."

(Spinoza, 1677/1980, S. 131 und 233, übersetzt von B. Auerbach)

Die Argumentation lautet also: Gott hat Ordnung aus innerer Notwendigkeit geschaffen; er verwirklicht sich in dieser Ordnung. Dabei ist Gott selbst, weil er nur seiner eigenen Notwendigkeit folgt, frei. Die einzelnen Teile sind allerdings der Ordnung im Ganzen unterworfen; sie unterliegen dem Zwang der Regeln von Ursache und Wirkung. Damit wird alles Geschehen in der Welt als kausal vorbestimmt gedeutet. Eine solche Lehre nennt man Determinismus (lat. *determinare*, bestimmen).

Aus dieser Sicht bilden Körper und Geist eine Einheit. Sie unterliegen den gleichen Ursachen, nehmen aber nicht Einfluß aufeinander. Seelisches und Körperliches sind überhaupt nur verschiedene Betrachtungsweisen ein- und desselben Seins (s.o.), es sind Parallelerscheinungen. Diese Auffassung nennt man „psychophysischen Parallelismus".

Gottfried Wilhelm Leibniz (1646-1716)

Spinoza entwirft also das Bild einer Einheitswelt, die in ihrer Gänze nach einem übergreifenden Plan gestaltet ist. Der Plan kann nicht anders sein, als er ist. Das ist gut so; denn dafür bürgt eine übergreifende Vernunft. Und jedes Wesen (außer Gott, dem Ganzen selbst) ist bestimmt durch seinen Platz im Ganzen. Wie jedes Wesen ist der Mensch ein Teil der Natur und ihren Einflüssen ausgesetzt. Sein hoher Verstand verschafft ihm bessere Einsicht in die Weltordnung. Trotzdem ist der Mensch nicht ganz vollkommen. Denn nur zum Teil verwirklicht sich Gott in ihm.

Nach Leibniz (1714/1915) gliedert sich das Weltganze in unendlich viele Einheiten; er nennt sie Monaden (griech. *monas,* Einheit). Unter Monaden versteht er Zentren mit Eigendynamik; sie unterliegen keinen äußeren Einflüssen und üben keinen Einfluß auf andere aus. Monaden sind alle körperlichen Lebewesen (Menschen, Pflanzen, Tiere); außerdem nimmt Leibniz Geistmonaden ohne Körper an; die vollkommenste Geistmonade ist Gott. Jede Monade verhält sich nach ihrer eigenen Dynamik, und doch fügen sich alle Monaden in ihrem Verhalten zu einem kunstvoll geordneten Ganzen zusammen. Denn in jeder einzelnen Monade spiegle sich das gesamte Universum; so seien im ganzen die Einzeltätigkeiten aufs beste aufeinander abgestimmt.

Leibniz entwickelt damit eine Theorie der Organisation von Systemen. Die Organisationsleistung schreibt er wiederum einer höchsten Vernunft zu, die er Gott nennt. Gott läßt - so lehrt Leibniz - den Monaden ihre Freiheit, bestimmt aber gleichwohl voraus, wie sie sich ihrer Natur nach entscheiden. Eigenaktivität und Systemaktivität bildeten also keine unvereinbaren Gegensätze. Die Vorbestimmung durch die göttliche Vernunft selbst gewährleiste die beste erreichbare Organisation. Im Universum entfalte sich eine „prästabilierte Harmonie“ (lat. *prae*, vorher; *stabilitas*, Festigkeit). Der Autor schrieb:

„Nun hat diese höchste Weisheit in Verbindung mit einer Güte, die nicht weniger unendlich ist als sie, nur das Beste wählen können. ... so kann man bezüglich der Weisheit ... behaupten, daß, wenn es keine beste unter allen möglichen Welten gäbe, Gott gar keine erschaffen haben würde.“

(Leibniz, 1710/1985), S. 219, übersetzt von H. Herring)

Monaden deutet Leibniz als körperlose Substanzen; sie umfassen Perzeptionen, d.h. Erkenntnisse und Vorstellungen sowie Entelechien, d.h. zielgerichtete Kräfte. Erkenntnisse und zielgerichtete Kräfte lassen sich wiederum als seelische Funktionen bestimmen. Daraus folgt: Die ganze Welt ist beseelt, und ihre Harmonie erwächst aus dem Zusammenspiel der Einzelseelen. Die Monadenlehre ist also eine allgemeine Seelenlehre. Darin gilt: So wie der Mensch ein Teil der Welt ist, spiegelt sich in der Seele des Menschen die Seele der Welt.

Es waren vor allem die folgenden Punkte aus der Monadenlehre, die sich für die Weiterentwicklung psychologischer Theorien als fruchtbar erwiesen haben:

- die Begriffe der Perzeption und Apperzeption,
- die Annahme der Einheit von Erkennen und Begehren,
- die Annahme von Bewußtheitsstufen,
- die Annahme der Einheit der Person,
- die Lehre von der Synchronizität von Körper und Geist,
- die Annahme der Individualität.

Perzeption nennt Leibniz alle inneren Darstellungen äußerer Gegenstände. Perzeptionen seien stets von Begierden begleitet, so daß die Perzeption nach Neuem strebe. Jede Kenntnis enthalte einen Antrieb, und jeder Antrieb fuße auf einer Kenntnis. Anders ausgedrückt: Es besteht ein Zusammenhang, ja eine Einheit von Erkennen und Begehren. Daraus folgt, daß gute Erkenntnis mit rechtem Begehren einhergeht - der Grundsatz der rationalistischen Ethik (s. Abschnitt 5.2.1).

Monaden, deren Perzeptionen von Erinnerungen begleitet werden, nennt Leibniz „Seelen" (franz. *ame*). Nach dieser Definition besitzen Tiere ebenfalls eine Seele. Allerdings ist eine perzipierende, begehrende und erinnernde Seele noch keine vernünftige Seele. Monaden werden erst durch Apperzeption zu vernünftigen Seelen (franz. *ame raisonnable*). Unter Apperzeption versteht Leibniz die Selbsterkenntnis, verbunden mit der Fähigkeit zur Reflexion, dem Überdenken der eigenen Erkenntnis. Damit differenziert der Autor den Begriff der Seele auf eine neue Weise (vgl. dagegen die antiken Schichtenlehren, Abschnitt 3.1.2).

Ein Thema, das die Psychologie wie kaum ein anderes weiterbeschäftigen wird, ist die Stufung des Bewußtseins. Leibniz verweist auf die unterschiedliche Klarheit von Erkenntnissen. Er ordnet Perzeptionen nach ihrer Klarheit in eine Stufenfolge. Große Klarheit entspricht dabei hoher Bewußtheit. Je geringer die Klarheit von Perzeptionen, desto geringer ist auch deren Bewußtheit.

„Übrigens gibt es gar viele Anzeichen, aus denen wir schließen müssen, daß es in jedem Augenblick in uns eine unendliche Menge von Perceptionen ohne bewußte Wahrnehmung und Reflexion gibt, d.h. Veränderungen in der Seele selbst, deren wir uns nicht bewußt werden, weil diese Eindrücke entweder zu gering und zu zahlreich oder zu gleichförmig sind, ... Nichtsdestoweniger können sie zusammen mit anderen ihre Wirkung tun und sich insgesamt wenigstens in verworrener Weise zur Wahrnehmung bringen."

(Leibniz, 1704/1959, S. XXI, übersetzt von W. v. Engelhardt und H. H. Holz)

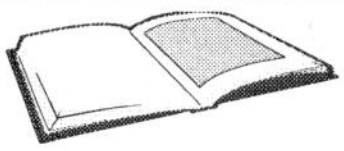

Spinoza, B. de (1677/1980). Ethica/Ethik. *Werke* (Band 2, S. 84-556), herausgegeben von K. Blumenstock. Darmstadt: Wissenschaftliche Buchgesellschaft.

Leibniz, G. W. (1714/1915). Monadologie. *Ausgewählte Philosophische Schriften* (Band 2, S. 133-151), herausgegeben von H. Schmalenbach. Leipzig: Meiner.

Leibniz, G. W. (1710/1985). Die Theodizee. Von der Güte Gottes, der Freiheit des Menschen und dem Ursprung des Übels. *Philosophische Schriften* (Band II/1), herausgegeben von H. Herring. Darmstadt: Wissenschaftliche Buchgesellschaft.

Leibniz, G. W. (1704/1959). Neue Abhandlungen über den menschlichen Verstand. *Philosophische Schriften* (Band III/1), herausgegeben von W. v. Engelhardt und H. H. Holz. Darmstadt: Wissenschaftliche Buchgesellschaft.

Schon andere Autoren (u.a. Spinoza) haben auf unklare Erkenntnis verwiesen. Doch im Unterschied zu diesen wertet Leibniz Unklarheiten als „kleine Perzeptionen" auf. Als Beispiele nennt er das Meeresrauschen und das gewohnte Klappern der Mühle. Sie entgehen ganz oder teilweise der Aufmerksamkeit; doch komme ihnen hohe Bedeutung zu. Sie seien ein „Ich-weiß-nicht-was" (franz. *je-ne-sais-pas*), das im Bewußtsein die zeitliche und räumliche Einheit herstelle und von der Gegenwart in die Zukunft eine Brücke schlage.

Aus dem Begriff der Monade folgt der Begriff der Einheit der Person. Person ist das unteilbare Ganze eines Menschen, unbeschadet der Vielfalt seiner Erscheinungen. Die Person eint auch Körper und Seele. Wie löst nun Leibniz das grundlegende Problem der Beziehung von Körper und Seele? Keinesfalls lenke die Seele den Körper - dazu fehlen ihr die Mittel. Nach dem Prinzip der prästabilierten Harmonie (s.o.) könne es nur so sein: Körper und Seele verhalten sich unabhängig, doch zu jeder Zeit zueinander passend:

„Daher muß ich unfehlbar auf dieses System kommen, demzufolge Gott die Seele gleich in Anbeginn so geschaffen hat, daß sie das der

Reihe nach hervorbringen und vorstellen muß, was im Körper geschieht, und wonach der Körper ebenfalls derart geschaffen ist, daß er von selbst tun muß, was die Seele gebietet.“

(Leibniz, 1710/1985, S. 299, übersetzt von H. Herring)

Zum Beispiel treibe der Körper genau zur gleichen Zeit Blut in die Wangen, zu der die Seele Scham empfinde. Doch sei die Scham nicht Grund für das Erröten und erst recht nicht das Erröten Grund für die Scham. Vielmehr verhielten sich Körper und Seele nach dem gleichen Zeitplan, in welchem für diesen das Erröten und für jene das Schämen vorgesehen sei. Man nennt eine solche Abstimmung nach der Zeit Synchronizität (griech. *syn-*, mit; *chronos*, Zeit). Leib und Seele verhalten sich nach Leibniz unabhängig, aber - wie von zwei gleichlaufenden Uhren getaktet - aufeinander abgestimmt.

Schließlich besagt die Leibnizsche Lehre: Jede Monade besitzt ihre eigenen Perzeptionen und Strebungen. Es gibt unendlich viele Monaden, und jede ist anders. Deshalb seien alle Menschen und Menschenseelen einzigartige Individuen.

5.2.3 Seelengeschichte und Seelenwissenschaft nach Christian Wolff

Christian Wolff lehrte an deutschen Universitäten - eine Generation nach Spinoza und Leibniz. Eine eigene umwälzende philosophische Lehre hat er nicht hervorgebracht. Und doch war er im 18. Jahrhundert ein überragender Gelehrter, vielfach umstritten, doch von zahlreichen Studierenden verehrt. Er suchte die Leibnizsche Philosophie fortzuführen und übte einen beträchtlichen Einfluß auf die nachfolgende Generation aus. So hat er vor allem in Deutschland die Philosophie geprägt und ihre Stellung in den Universitäten gestärkt. Wolff hat ein gewaltiges enzyklopädisches Werk hinterlassen, eine „Philosophie aller möglichen Dinge“. Seine Schriften reichen von der Metaphysik und Theologie über die Mathematik und Physik bis zur Rechtslehre und Ökonomie.

In seiner Liste der wissenschaftlichen Disziplinen taucht Psychologie zweifach auf: als

- Seelengeschichte oder empirische Psychologie und als
- Seelenwissenschaft oder rationale Psychologie.

„Geschichte“ bedeutete im damaligen Gebrauch nicht mehr als „Beschreibung“. Seelengeschichte war also die Sammlung von psychischen Phänomenen. Da Beschreibung eine Leistung der Erfahrung ist, nannte Wolff (1738/1968) diese Richtung lateinisch „*psychologia empirica*“, wofür sich die deutsche Bezeichnung „Erfahrungsseelenkunde“ einbürgerte. „Seelenwissenschaft“ sollte mit den Mitteln der vernünftigen Spekulation das Wesen der Seele und des Geistes aufschließen. Wolff (1740/1972) nannte diesen Ansatz lateinisch „*psychologia rationalis*“. Von Vernunft geleitete Analyse sollte über Erfahrung hinaus in die Metaphysik führen. Insofern bilde die rationale Psychologie die eigentliche Wissenschaft von der Seele.

Die ausdrückliche Verankerung der Psychologie im neuen Kanon der Wissenschaften hat ihr eine bevorzugte Stellung verschafft. Das Wolffsche Vorbild hat wohl nicht unwesentlich dazu beigetragen, daß die Psychologie sich im Rahmen der Philosophie kräftig entfalten konnte. Daß der Einfluß Wolffs besonders nachhaltig war, sich aber weitgehend auf den deutschen Sprachraum beschränkte, liegt wohl an seiner Schrift *Vernünfftige Gedancken von Gott, der Welt und der Seele des Menschen, auch allen Dingen überhaupt* aus dem Jahre 1720. Damit schuf er das erste Lehrbuch, das die zu seiner Zeit maßgeblichen psychologischen Begriffe mit deutschen Bezeichnungen versah. Die Pflege der Psychologie innerhalb der deutschen Sprachgemeinschaft hat er dadurch ungemein gefördert.

Wissenschaftspolitisch beachtlich sind nicht nur die Beiträge Wolffs zur Stärkung der Psychologie innerhalb der Philosophie. Mit seiner Trennung einer empirischen von einer rationalen (metaphysischen) Psychologie hat er dem Fach zugleich den Spaltpilz mitgegeben, der es später nicht nur der Philosophie entfremden, sondern auch in seinem Inneren entzweien sollte (s. Kapitel 9, 10).

Christian Wolff (1679-1754)

Welches waren Wolffs philosophisch-psychologische Lehren? Der Autor bekannte sich zur rationalen, d.h. analytischen und deduktiven Methode von Leibniz, übernahm dessen Lehren von der prästabilierten Harmonie sowie von der Vernunft Gottes, welche unter den möglichen Welten die beste zur Verwirklichung ausgewählt habe. Weiterhin betrachtete er - wie Leibniz - die Seele als geistige Einheit, die mit Vorstellung, d.h. mit Bewußtsein, ausgestattet ist (Abschnitt 5.2.2). Wolff folgte allerdings nicht durchweg seinem erklärten Vorbild. So bevorzugte er einen Leib-Seele-Dualismus, wie ihn Descartes vertreten hatte, und erklärte häufig natürliche Zusammenhänge - abweichend von der Monadenlehre - als mechanische Ursache-Wirkungs-Beziehungen. Das Verharren bei abstrakten Prinzipien ist kein hervorstechendes Merkmal seiner Darstellungen. Insbesondere wenn sich der Autor in psychologische Phänomene vertieft, überwiegt das intuitive Verständnis die grundsätzliche Besinnung.

Als Teil der empirischen Psychologie behandelt Wolff die Erscheinungen des Bewußtseins: Sinnesempfindung und Wahrnehmung, Vorstellung, Einbildung und Traum, Gedächtnis, Begriffe und Schlußfolgerungen, Sprache, Lust und Schmerz, Gefühl und Wille. Er beschreibt diese als Fähigkeiten der menschlichen Seele, als Seelenvermögen. Die Seele als ganze könne sich jeder dieser Fähigkeiten bedienen. Dazu müsse sie freilich Kraft aufbringen; sonst blieben die Vermögen ungenutzt.

Manche Sätze Wolffs bezeugen die Not der rationalistischen Psychologie, mit Scharfsinn und Sprachkunst die Einsicht in Bewußtseinsphänomene zu steigern, die den Betroffenen durch ihr Selbstverständnis bereits wohlbekannt sind. Wenn z.B. Sprachkundige bereits mit dem Begriff des Gedächtnisses vertraut sind: Zu welchen neuen Erkenntnissen verhilft ihnen die folgende Definition?

„Deswegen nun, daß wir Gedancken, die wir wieder von neuem hervorbringen, erkennen können, daß wir sie schon vor diesem gehabt, eignen wir der Seele ein Gedächtniß zu. Das Gedächtniß ist also nichts anderes als das Vermögen Gedancken, die wir vorhin gehabt haben, wieder zu erkennen, daß wir sie schon gehabt haben, wenn sie uns wieder vorkommen.“

(Wolff, 1720/1983, S. 139)

Derartige Definitionen und Erklärungen sind als pedantisch gescholten worden. Doch ist die Sorgfalt und Gründlichkeit, mit welcher der Autor die Vielfalt psychologischer Probleme und Aspekte zusammengestellt hat, der Psychologie als Wissenschaft zugute gekommen.

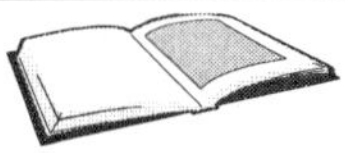

Wolff, Ch. (1738/1968). Psychologia empirica. *Gesammelte Werke* (II. Abt. Band 5). Hildesheim: Olms.

Wolff, Ch. (1738/1972). Psychologia rationalis. *Gesammelte Werke* (II. Abt. Band 6). Hildesheim: Olms.

Wolff, Ch. (1720/1983). Vernünfftige Gedancken von Gott, der Welt und der Seele des Menschen, auch allen Dingen überhaupt. *Gesammelte Werke* (I. Abt. Band 2). Hildesheim: Olms.

Spinoza, Leibniz, Wolff und der Beruf des Wissenschaftlers in Mitteleuropa

Benedictus (vorher Baruch) de Spinoza wurde 1632 als Sohn cincr aus Portugal nach Holland eingewanderten Kaufmannsfamilie in Amsterdam geboren. In der jüdischen Gemeinde, welcher seine Eltern angehörten, erhielt er eine biblisch-talmudische Ausbildung; aus eigenen Stücken befaßte er sich mit der Scholastik und las Schriften von Descartes. Seine Kritik an der jüdisch-christlichen Dogmatik erboste sowohl jüdische als auch christliche Zeitgenossen. Doch hatte er einflußreiche Freunde, die ihm durch regelmäßige Zahlungen den Lebensunterhalt erleichterten. Im übrigen arbeitete er als Optiker; das Angebot einer Professur an der Universität Heidelberg schlug er aus. Er lebte zurückgezogen und ohne Familie. Von seinen Schriften erschienen die meisten erst nach seinem Tode im Jahre 1677.

Als Sohn eines Professors wurde Gottfried Wilhelm Leibniz (auch Leibnitz) 1646 in Leipzig geboren; er besuchte in seiner Heimatstadt sowie in Jena die Universität. Nach seiner juristischen Promotion trat er als Jurist und Diplomat in die Dienste des Kurfürsten von Mainz. 1672 ging er für vier Jahre nach Paris, knüpfte dort Verbindungen zu bedeutenden Politikern und Gelehrten und betrieb Studien der Mathematik und Naturwissenschaften. 1676 nahm Leibniz beim Herzog von Braunschweig-Lüneburg in Hannover eine Stelle als Hofrat und Bibliothekar an. Er widmete sich dem Auftrag, eine Geschichte der Welfen zu schreiben, und führte eine ausgedehnte Korrespondenz mit Politikern und Gelehrten - vor allem in Frankreich, England, Österreich und Rußland. Als er 1716 in Hannover starb, hatte er weitaus mehr Pläne entworfen, als er verwirklichen konnte. Unter den verwirklichten Plänen war einer für die Wissenschaft besonders wichtig: Leibniz war auch als Wissenschaftsorganisator erfolgreich. Er gewann die preußische Königin Sophie Charlotte für die Einrichtung einer *Societät der Wissenschaften*. Diese Societät wurde im Jahre 1700 in Berlin gegründet; sie bot Wissenschaftlern einen Lebensunterhalt und einen Platz für regelmäßige Sitzungen. Leibniz wurde ihr erster Präsident.

Aus Breslau stammte Christian Wolff (auch Wolf). Er wurde 1679 als Sohn eines Gerbers geboren, studierte in Leipzig Theologie, Mathematik und Philosophie und wurde 1707 Professor der Mathematik in Halle an der Saale; er hielt auch Vorlesungen in anderen Fächern - vor allem in der Physik und Philosophie. Gegner aus der pietistischen Gemeinde, die ein besonders strenges lutherisches Christentum pflegten, beschuldigten ihn der Gottlosigkeit und der Religionsfeindlichkeit. Sie setzten im Jahre 1723 seine Amtsenthebung und seine Ausweisung aus dem Königreich Preußen durch. Danach lehrte Wolff siebzehn Jahre lang an der hessischen Universität Marburg. Erst 1740 wurde er von dem freisinnigen König Friedrich II. rehabilitiert und als Professor für Natur- und Völkerrecht nach Halle zurückberufen. Dort starb er im Jahre 1754.

Diese drei Lebensläufe zeigen:

- Bis zum 18. Jahrhundert wird Wissenschaft zu einem bürgerlichen Beruf. Wissenschaftler haben manchmal, aber nicht immer, einen Wissenschaftler als Vater.
- Um ihren Lebensunterhalt zu verdienen, benötigen Wissenschaftler eine Lehrstelle an einer Universität oder eine Forschungsstelle wie z.B. an der Berliner Societät.
- Stellen für Wissenschaftler sind in der Regel staatlich (d.h. von den jeweiligen Landesfürsten) finanziert und unterliegen staatlicher Aufsicht. Deshalb sind kritische Wissenschaftler leicht Verfolgungen ausgesetzt.
- Zudem bemerkt man beim Vergleich der drei Lebensläufe, wie sich der Einzugsbereich der Wissenschaft in den Osten Mitteleuropas erweitert.

Wolff stellte ungewöhnliche psychologische Erscheinungen vor - wie den Fall des Mathematikers Wallis, der aus 54stelligen Zahlen die Wurzel ziehen konnte. An diesem Fall erläuterte er die Steigerung der geistigen Fähigkeit durch Konzentration. Der Rechenkünstler gelangte nämlich zu Höchstleistungen „des Nachts im Finstern, wenn alles stille ist" (Wolff, 1720/1983, S. 147).

Weiterhin bereicherte Wolff die Psychologie um neue Fragestellungen. Eine davon betraf das Verhältnis von Vorstellung und Sprache. Erstere betrachtete er als Voraussetzung für die Sprache:

„... zum Verstehen wird weiter nichts erfordert, als daß wir uns bey dem Nahmen auch die Sache, und bey der Sache zugleich den Nahmen vorstellen können, und uns besinnen, daß dieser die Sache sey ... . Wenn wir sie aber reden sollen, müssen wir ausser diesem auch die Worte aussprechen, welches geschiehet, indem wir durch die Gliedmassen der Sprache die einfachen Töne formiren, daraus der Ton des Wortes zusammen gesetzet wird. ... Da nun ausser demjenigen, was erfordert wird, eine Sprache zu verstehen, noch etwas mehreres nöthig ist, wenn man sie reden will; so ist kein Wunder, daß ein Kind die Mutter-Sprache eher verstehen, als reden kan."

(Wolff, 1720/1983, S. 164)

Innerhalb der rationalen Psychologie befaßt sich Wolff mit theoretischen Fragen, vor allem dem Wesen der Seele und der Natur des Bewußtseins, dem Leib-Seele-Problem, der Freiheit des Willens und der Ethik des Handelns, der Logik, der Vernunft und der Wahrheit. Dabei wirft er wiederum neue Fragen auf, wie sie der unbefangenen Beobachtung und vorurteilslosen Deutung entspringen. Ein Beispiel ist das Phänomen des automatischen Sprechens. Wolffs Deutung dieses Phänomens beweist seine Annäherung an Theorien des Unwillkürlichen und Unbewußten:

„... so siehet man, daß auch aus der Kraft des Leibes der Mund alle zu Vernunft-Schlüssen erforderten Worte vorbringen kan, ohne daß sich die Seele mit darein mischet."

(Wolff, 1720/1983, S. 521)

So hat Wolff mit seinen systematischen, theoretischen und empirischen Beiträgen Lehr- und Forschungsprogramme gefördert, aus denen später Psychologie als Einzelwissenschaft hervorgehen wird.

5.3 Empiristische Lehren von der Welt und vom Menschen

5.3.1 Grundzüge des Empirismus

England war vom europäischen Kontinent durch das Meer getrennt und nahm in politischer, künstlerischer und religiöser Hinsicht eine eigene Entwicklung. Das Land wurde von Königen regiert; doch seit dem 13. Jahrhundert stand dem König ein Parlament aus Vertretern der Regionen (Städte, Grafschaften u.ä.) gegenüber, dessen Macht mitunter groß genug war, einen König vom Thron zu stürzen. Die englische Kirche hatte sich bereits 1534 von der römischen Amtskirche getrennt und wirkte als Nationalkirche mit dem König als ihrem Oberhaupt. Manches von der katholischen Theologie und Kirchenordnung wurde beibehalten, protestantische Lehren kamen hinzu. Innerhalb der englischen Kirche traten neue Bewegungen auf; die radikalste war der Puritanismus. Die puritanische Bewegung strebte nach Innerlichkeit, welche durch Verzicht auf Kirchenämter, liturgische Pracht und kunstvolle theologische Auslegungen im Christentum „Reinheit vom Götzendienst" (lat. *puritas*) wiederherstellen sollte. Die religiösen Richtungen begegneten sich in heftigem, mitunter blutigem Streit, versöhnten sich jedoch wieder um der Einheit willen.

Innerhalb eines Königreichs mit Ansätzen zu einer parlamentarischen und kirchlichen Demokratie und beträchtlicher Meinungsvielfalt entstand ein Denken, das in seinen Anfängen als spezifisch britisch bezeichnet wurde. Es ist der Empirismus, auch Britischer Empirismus genannt. Empirismus ist mehr als bloß eine methodische Richtung, die in der Nachfolge Bacons (s. Abschnitt 5.1.2) Erkenntnisfortschritt durch Beobachtung verspricht. Tatsächlich bedienen sich die Vertreter der empiristischen Philosophie vorzugsweise spekulativer Methoden. Es ist vielmehr die grundsätzliche Auffassung der Welt als einer Tatsachen- und Erfahrungswelt.

Die Grundsätze des Empirismus kann man folgendermaßen zusammenfassen:

- Die Welt ist eine Körperwelt; sie besteht aus einer Ansammlung von Tatsachen.
- Der menschliche Geist erhält Kenntnis von der Körperwelt durch seine Sinne.
- Aus eigenem Vermögen kann der menschliche Geist seine sinnliche Erfahrung verallgemeinern, ordnen oder sonstwie bearbeiten.
- Die sinnliche Erfahrung ist stückhaft, zerfällt in Elemente.
- Eine der Körperwelt selbst innewohnende Ordnung ist nicht anzunehmen, ebensowenig eine der Körperwelt übergeordnete Ordnung.

Anders als der Rationalismus (vgl. Abschnitt 5.2.1) verzichtet also der Empirismus auf die Annahme einer eigenständigen und vorrangigen Vernunftordnung sowie auf die Annahme einer ganzheitlichen Ordnung der Welt nach Maßgabe der Vernunft. Er verzichtet weiterhin auf die Hoffnung, der Mensch könne an höherer Vernunft teilhaben, die vollkommener ist als sein eigener Geist.

Der Empirismus lehnt konsequent alles Streben nach transzendenter Erkenntnis sowie alle metaphysischen Vorgaben (wie angeborene Ideen) ab. Die Abkehr von der Metaphysik geht einher mit einer Hinwendung zum menschlichen Geist. Es sei der menschliche Geist selbst, der vermöge seiner Fähigkeiten zur sinnlichen Anschauung und zum Denken Inhalt und Ordnung der Erkenntnis bestimme. Im Empirismus wird der Mensch wiederum „zum Maß aller Dinge" (s. Abschnitt 2.4.3).

Der Empirismus vollzieht den Abschied von der Ontologie, der Suche nach dem höheren und beständigen Wesen der Dinge sowie ihrer Ordnung zu einem vollkommenen Ganzen (s. Abschnitt 2.4.2). Denn ein „eigentliches Sein" der Dinge wäre eine metaphysische Vorgabe; und solche Vorgaben erkennt der Empirismus nicht an. Damit fällt auch die im „eigentlichen Sein" enthaltene Annahme der Beständigkeit. Denn Beständigkeit setzt ein höherrangiges Wesen voraus, das Veränderungen nicht duldet. Aus der Sicht des Empirismus ist die Körperwelt beliebig wandelbar. Da sie kein von Anfang an vernunftmäßig geordnetes Ganzes bildet, fehlen ihr sowohl Vollkommenheit als auch Regelhaftigkeit.

Obwohl der Empirismus die Ontologie im strengen Sinne aufgibt, behandelt dieses Lehrbuch die empiristischen Richtungen weiterhin im Zusammenhang der ontologischen Tradition in der Psychologiegeschichte. Denn auch der Empirismus will Dinge, wie sie sind, erfassen. Nur ist das neu gesehene „Sein der Dinge" nicht metaphysisch vorgegeben, sondern entspringt der eigenen Erkenntnis der Menschen.

5.3.2 Ideen aus sinnlicher Erfahrung

Die Grundlagen empiristischen Denkens hat John Locke in seiner 1690 erstmals erschienenen Abhandlung *Versuch über den menschlichen Verstand* (engl. *Essay concerning human understanding*) dargelegt. Der Autor schreibt dem menschlichen Verstand eine hohe Leistungsfähigkeit und Bedeutung zu:

„Da der Verstand dasjenige ist, wodurch sich der Mensch über alle anderen sinnlichen Wesen erhebt, ..., so ist es sicherlich ein Gegenstand, der schon um seines hohen Adels willen die Mühe einer Untersuchung lohnt."

(Locke, 1690/1913, S.19, übersetzt von C. Winckler)

Gleichwohl verweist der Autor auf die Begrenztheit der menschlichen Erkenntnisfähigkeit. Doch sei die Leistung des menschlichen Verstandes nach seiner Nützlichkeit zu bewerten (dazu später mehr in Abschnitt 6.1.3):

„Wir Menschen haben allen Anlaß, mit dem zufrieden zu sein, was Gott für uns passend gefunden hat, weil er uns ... alles, was für die Bequemlichkeit des Lebens ... erforderlich ist ... erkennbar gemacht hat. ... Wie weit auch unser Erkennen hinter einer universalen oder vollkommenen Erfassung alles Seienden zurückbleibt, so sind doch unsere wichtigsten Interessen dadurch gewahrt, daß das Licht, das wir haben, ausreicht, um uns zur Kenntnis unseres Schöpfers und zur Einsicht in unsere Pflichten zu verhelfen. ... Die Leuchte, die in uns entzündet ist, erstrahlt für unsere Zwecke hell genug."

(Locke, 1690/1913, S. 22f., übersetzt von C. Winckler)

Erkenntnis wird nach Locke zum Zwecke der erfolgreichen Lebensgestaltung erworben und beruht ausschließlich auf eigener Erfahrung. Ausführlich und eindringlich lehnt der Autor alle Annahmen von angeborenen oder sonstwie vorgegebenen Gedanken und Grundwahrheiten ab. Gäbe es diese, müßten sie einerseits bei allen Kindern, andererseits bei allen Völkern nachweisbar sein. Das sei aber nicht der Fall. So könnten Kinder mit dem elementaren Satz der Identität („Ein Ding, das ist, kann nicht gleichzeitig nicht sein.") noch nichts anfangen; es gebe Völker, denen der elementare Begriff „Gott" unbekannt sei. Der Geist des einzelnen Menschen gleiche also zu Beginn einem leeren Blatt.

Sämtliche Inhalte des Geistes, d.h. des Bewußtseins, faßt Locke unter einem einheitlichen Begriff zusammen, dem Begriff der Idee (engl. *idea*). Erkenntnis baut sich nach seiner Theorie in vier Stufen auf:

- Sinneserfahrung erzeugt partikulare Ideen,
- partikulare Ideen werden durch Abstraktion verallgemeinert,
- abstrahierte Ideen werden mit Wörtern benannt,
- die Wörter lassen sich zu Sätzen zusammenfügen; dies ermöglicht den Diskurs, die Erörterung.

Dann sind zwei Arten von geistiger Tätigkeit zu unterscheiden:

- Sinneserfahrung (engl. *sensation*) und
- Reflexion (engl. *reflection*).

Sinneserfahrung (äußerer Sinn) richtet sich nach außen. Sie ist passiv, weil sie nicht umhin kann, in Kontakt mit äußeren Gegenständen Ideen zu bilden. Die von der Sinneserfahrung bereitgestellten Ideen werden zu Gegenständen der Reflexion. Unter Reflexion versteht Locke die Selbstbeobachtung der Wahrnehmung, des Denkens und anderer eigener geistiger Tätigkeiten (innerer Sinn). Reflexion ist aktiv, indem sie neue Ideen hervorbringt; die von ihr hervorgebrachten Ideen sind willkürlich.

Durch Sinneserfahrung und Reflexion füllt sich der Geist mit Inhalten. Einen umfangreichen Teil seiner Abhandlung widmet der Autor der Klassifikation von Ideen. Er unterscheidet vor allem einfache und komplexe Ideen. Einfache Ideen entspringen unmittelbar der Sinneserfahrung (z.B. die Wahrnehmung eines Tons oder eines Geruchs), der Reflexion (z.B. die Erfahrung des Zweifels oder der Erinnerung) oder beiden (z.B. die Erfahrung eines Schmerzes oder der Freude). Komplexe Ideen sind von den einfachen abstrahiert; es sind allgemeine Repräsentanten der unmittelbaren Erfahrung. Die komplexen Ideen gliedern sich in Modi, Substanzen und Relationen. Modi sind einzelne Begriffe, die wiederkehrende, einfache Erfahrungen zusammenfassen (z.B. vereint der Begriff „Rose" Ideen des Geruchs, des Sehens und des Tastens; der Begriff „Mensch" Seh-, Hör- und Tasterfahrungen mit Personen sowie die mit ihnen verbundenen inneren Erfahrungen der Lust und Unlust). Die Ideen der Substanz stellen Träger der Modi dar, d.h. den Glauben an die tatsächliche Existenz der in den Modi zutage tretenden Ideen (z.B. der Glaube an die tatsächliche Existenz von Menschen oder Rosen). In den Relationen stellt sich das Mit- und Gegeneinander, das Neben- und Nacheinander von Substanzen dar (z.B. das Verhältnis von Ursache und Wirkung, Schöpfer und Geschöpf).

Abstrahierte Ideen lassen sich mit Wörtern bezeichnen. Doch bedeuten nach Locke diese Wörter nicht mehr als die Ideen, für welche sie stehen. Insbesondere dürfe man aus dem Vorhandensein eines Wortes nicht auf die objektive, d.h. die Idee übersteigende Existenz des Bezeichneten schließen. Zum Beispiel enthält das Wort „Rose" neben dem Begriff, der die äußeren Merkmale der Rose erfaßt, auch die Substanzannahme, daß es den als Rose begriffenen Gegenstand tatsächlich gibt. Doch seien Begriff und Substanz Voraussetzungen für die Bildung und Benutzung des Wortes; das Wort könne nicht umgekehrt als Beweis ihrer Realität dienen.

Die Welt der Ideen ist aber nach Locke nur teilweise frei gegenüber der Realität. Zwar seien Ideen keinesfalls äußeren Gegenständen gleich. Doch äußere Gegenstände besäßen die Kraft, Ideen hervorzubringen. Dabei unterscheidet Locke an den Gegenständen primäre und sekundäre Qualitäten. Die primären Qualitäten gehören den Gegenständen untrennbar zu (z.B. deren Festigkeit, Ausdehnung, Gestalt, Bewegung). Die sekundären Qualitäten treten hinzu und ändern sich mit den Umständen (z.B. die Farbe, der Geschmack). In der Empfindung der primären Qualitäten erhalte der menschliche Geist also eine recht realitätsgetreue Information über die Wirklichkeit.

Pragmatisch erörtert Locke (1690/1911) die Realitätstreue von komplexen Ideen. Einerseits sei ihre Bildung der menschlichen Willkür unterworfen. Die Wörter, mit denen man Dinge bezeichne, seien Ausdruck menschlichen Verständnisses, nicht Widerspiegelung erkannter Realität. Andererseits erscheinen ihm solche Annahmen lebensfern. Sollten gerade die fortgeschrittensten Ideen nur Hirngespinste sein? Sollte sich das Leben letztlich nur in einer imaginären Welt abspielen? Aus praktischen Erwägungen gelangte Locke schließlich zur Gewißheit, in einer realen Welt zu leben und darin real zu wirken. Er glaubte sogar an eine höhere Weisheit, der sich der Mensch unterzuordnen habe, und bekannte sich zu einem Gott, der den Menschen den Auftrag zur Erkenntnis und Gestaltung der Welt und ihres eigenen Lebens gegeben habe. Aus solcher Gewißheit schöpfte der Autor die Zuversicht, der Geist sei zu einer realitätsangemessenen Erkenntnis der Welt imstande. Gott selbst werde noch in dieser Welt wahre Erkenntnis lohnen, indem er dem darauf aufbauenden Handeln Erfolg schenkte.

John Locke (1632-1704)

Lockes anfangs dargestellte Erklärung der Subjektivität, Eigenständigkeit und Willkürlichkeit leugnete eine objektive Wirklichkeit jenseits menschlicher Erkenntnis. Seine nachfolgende Erklärung, Ideen könnten nützliche Abbilder der Realität sein, bedeutete eine versöhnliche und beschwichtigende Rückwendung zur Objektivität, die sogar metaphysische Züge einschloß. Auf diese Inkonsequenz hat George Berkeley (1710/1979) aufmerksam gemacht.

Berkeley bestritt die Trennung von Subjektivität und Realität. Realität sei selbst ein subjektiver Eindruck. Wahrnehmende könnten gar nicht unterscheiden, ob ein Gegenstand als wirklich erscheine oder ob er wirklich sei:

„Einige Wahrheiten liegen so nahe und sind so einleuchtend, daß man nur die Augen des Geistes zu öffnen braucht, um sie zu erkennen. Zu diesen rechne ich die wichtige Wahrheit, daß der ganze himmlische Chor und die Fülle der irdischen Objekte, ... alle die Dinge, die das große Weltgebäude ausmachen, keine Subsistenz außerhalb des Geistes haben, daß ihr Sein ihr Perzipiertwerden oder Erkanntwerden ist, daß sie also, so lange sie nicht wirklich durch mich erkannt sind ... oder in meinem Geist oder im Geist irgend eines anderen geschaffenen Wesens existieren, ... überhaupt keine Existenz haben ..., da es ... alle Verkehrtheit der Abstraktion in sich schließt, wenn irgend einem ihrer Teile eine

von dem Geist unabhängige Existenz zugeschrieben wird. Um sich hiervon zu überzeugen, braucht der Leser nur ... den Versuch zu machen, in Gedanken das Sein eines sinnlich wahrnehmbaren Dinges von dessen Perzipiertwerden zu trennen.“

(Berkeley, 1710/1979, S. 28, übersetzt von F. Überweg)

Das Sein der Dinge ist demnach ihr wahrgenommen sein (lat. *esse est percipi*). Negativ ausgedrückt: Es gibt kein Sein außerhalb des Bewußtseins.

Über die subjektive Wahrnehmung hat Berkeley eine scharfsinnige Abhandlung mit dem Titel *Versuch einer neuen Theorie der Gesichtswahrnehmung* (engl. *Essay toward a new theory of vision*) verfaßt. Besonders aufschlußreich ist darin seine Theorie des Tiefensehens. Die Augen erhielten aus der Außenwelt keine unmittelbaren Informationen über Größe und Entfernung der Dinge. Vielmehr verwerte der Betrachter die Empfindung der eigenen Augenbewegungen, um Entfernungen im Raum abzuschätzen. Denn die Augen konvergierten, d.h. sie bildeten unterschiedliche Blickwinkel, um Gegenstände in verschiedenen Entfernungen scharf abzubilden.

Berkeley verwarf mit dem Argument, der Wahrnehmungsprozeß bestimme stets das Ergebnis der Wahrnehmung, Lockes Annahme von Primäreigenschaften, die untrennbarer Bestandteil von Objekten seien und daher über die Sinne Kenntnis von der Realität verschafften. Es gebe nichts in der Außenwelt, von dem die Wahrnehmung abhänge. Diese Deutung von Subjektivität schloß die Annahme der Individualität ein. Weil jeder Mensch seine Wahrnehmungstätigkeit je für sich vollziehe, besitze jeder Mensch auch seine eigenen Wahrnehmungsbilder.

Nun ist Berkeley ebenfalls beeindruckt von dem zwingend realistischen Charakter vieler Bewußtseinsinhalte. Die vernunftgeleitete Argumentation, daß menschlicher Erkenntnis eine Einschätzung der Wirklichkeit grundsätzlich nicht möglich sei, verhinderte schließlich auch bei Berkeley nicht die subjektive Überzeugung, das Wahrgenommene existiere tatsächlich. Berkeley wollte allerdings - anders als Locke - nicht der Wirklichkeit selbst die Kraft zusprechen, sich in Erfahrung umzusetzen. Doch wollte er letztlich ebenfalls nicht die Wahrhaftigkeit, den Zusammenhang und die Ordnung menschlicher Ideen leugnen. Als frommer Mann gelangte er zu dem Schluß, es müsse ein höherer Geist, also Gott selbst sein, der den Menschen die Gewißheit ihrer Erkenntnis schenke (vgl. Abschnitt 4.1.3). Sogar Berkeley, der wie kein anderer zu seiner Zeit die Subjektivität des Geistes verkündete, rief schließlich nach einer metaphysischen Ordnungsmacht. Trotzdem blieb Berkeley diesseitiger Erfahrungstheoretiker. Die Hilfe Gottes - erklärte er - bringt keine neue überirdische Erkenntnis, sondern unterstützt nur die irdische Erfahrung des Menschen.

5.3.3 Assoziationen von Ideen

Lehren, welche als kleinste Einheiten des Bewußtseins elementare Sinnesempfindungen (z.B. Töne und Gerüche) betrachten, stehen vor der Frage, wie sich diese Einheiten zu immer umfassenderen Erkenntnissen (z.B. dem Bild einer Pferdekutsche, den Sätzen der Geometrie) zusammenfügen. Bereits Locke (1709/1912, S. 478ff.) behandelte das Phänomen der Verbindung von Ideen, der Assozia-

George Berkeley (1685-1753)

tion (engl. *association*). Als Beispiel nannte er die Abneigung gegen Schulbücher, d.h. die Verbindung zwischen einem Affekt und der Idee eines Gegenstands.

Erst ein halbes Jahrhundert nach Erscheinen der erkenntnistheoretischen Schriften von Locke und Berkeley begründete David Hume die Assoziation als alleiniges Prinzip der geistigen Ordnung. In seinem 1748 gedruckten Buch *Eine Untersuchung über den menschlichen Verstand* (engl. *Enquiry concerning human understanding*) knüpfte er an eine bahnbrechende Theorie seiner Zeit an, die Gravitationstheorie Newtons. Der englische Physiker und Mathematiker Isaac Newton (1643-1727) hatte durch Beobachtung und Berechnung herausgefunden, daß sich Himmelskörper wie Gegenstände auf der Erde nach der gleichen Gesetzmäßigkeit bewegen: Sie ziehen einander nach Maßgabe ihrer Masse an. Damit läßt sich die Bahn der Planeten ebenso erklären wie der Fall von Gegenständen im Schwerefeld der Erde. Hume betrachtete das Gravitationsgesetz als eine jener unabänderlichen und allgegenwärtigen Regelmäßigkeiten der Natur. Das Gravitationsgesetz ist von bestechender Einfachheit, doch seine Anwendung bringt komplizierte Ordnungen hervor, z.B. die elliptische Umlaufbahn des Mondes um die Erde und die unterschiedliche Fallgeschwindigkeit von Körpern. Komplizierte Ordnungen sind also den Körpern weder eingeschrieben noch vorgezeichnet; sie sind nur Auswirkungen eines einfachen Naturgesetzes.

David Hume (1711-1776)

Diese Einsichten suchte Hume auf die Welt der Ideen zu übertragen. Auch Ideen - meinte er - können einander anziehen. Dadurch entstehen Ideenverbände. In diesen Ideenverbänden können komplizierte Ordnungen in Erscheinung treten. Diese Ordnungen besitzen keinen eigenen Ursprung und bedürfen daher nicht der gesonderten Erklärung; entscheidend seien vielmehr die Einzelverbindungen, auf denen die Ordnungen beruhen.

Hume nannte drei Prinzipien, nach denen Ideen miteinander in Verbindung treten:

- Ähnlichkeit (z.B. zwischen zwei wahrgenommenen Gesichtern),
- raum-zeitliche Nähe (z.B. zwischen zwei nebeneinanderliegenden Gemächern),
- Verursachung (z.B. zwischen der Wahrnehmung einer Wunde und der Empfindung des Schmerzes).

Nach eingehenderer Untersuchung kam Hume zu dem Schluß, man könne die Verursachung als Spezialfall der raum-zeitlichen Nähe einstufen. Damit verbleiben zwei grundlegende Assoziationsprinzipien, das Ähnlichkeitsprinzip sowie das Prinzip der Nachbarschaft, auch Kontiguitätsprinzip (engl. *contiguity,* Berührung, Angrenzen) genannt. Diese Prinzipien wirkten auf alle Arten von Ideen, zu jeder Zeit und in gleicher Weise. Sie bedürften auch keiner äußeren Unterstützung. Assoziationen ergeben sich demnach automatisch, d.h. von selbst, und mechanisch, d.h. wie in Maschinen (vgl. Abschnitt 5.1.3).

Humes Assoziationstheorie wandte sich gegen Lockes Annahmen über das Durchschlagen der Weltordnung im Bewußtsein und Berkeleys Annahme einer göttlichen Ordnungshilfe (s. Abschnitt 5.3.2). Hume tilgte damit im Empirismus die anfänglich verbliebenen metaphysischen Ansätze. Indem er Ordnungsprinzipien aus der Natur einführte und ein völlig mechanisches Wirken dieser Prinzipien annahm, lenkte er den Empirismus in das Lager der Materialisten (s. später Abschnitt 5.4.2). Die Assoziationstheorie kennzeichnet man seitdem mit den folgenden Schlagworten:

Locke, Berkeley, Hume - Gelehrte von den Britischen Inseln

Die in diesem Kapitel vorgestellten Vertreter des Britischen Empirismus haben alle eine Universitätsausbildung genossen. Doch haben sie nicht oder nur vorübergehend an einer Universität gelehrt. Die meiste Zeit ihres Lebens waren sie als Privatgelehrte tätig, als Hauslehrer und Sekretäre hochgestellter Persönlichkeiten. Eine andere Möglichkeit war: Sie traten in den diplomatischen oder kirchlichen Dienst. Außerdem standen ihnen Regierungsämter offen.

John Locke wurde 1632 als Sohn eines Rechtsanwalts in der Nähe von Bristol im Südwesten Englands geboren. Er studierte am Christ College in Oxford und gab dort ab 1656 Unterricht in Griechisch, Rhetorik und Moralphilosophie. 1667 trat er als Hauslehrer und Privatsekretär in den Dienst des späteren Earl of Shaftesbury. Shaftesbury besaß am englischen Hof eine einflußreiche Stellung und wurde königlicher Lordkanzler. Doch fiel er 1675 wegen des Verdachts, einen Staatsstreich vorzubereiten, in Ungnade; er mußte England verlassen und ging nach Frankreich ins Exil. Locke folgte ihm dorthin, kehrte nach vier Jahren nach London zurück, mußte jedoch 1683 erneut ins Exil - diesmal nach Holland. Er war kein Freund der in diesen Jahren herrschenden Könige aus der Familie der Stuarts, die ihre Macht stärken und die Religionsfreiheit einschränken wollten. Im Jahre 1689, als das Parlament durch Umsturz seine Rechte gestärkt und Wilhelm von Oranien auf den Thron gerufen hatte, kehrte Lokke nach London zurück und übernahm einflußreiche politische Ämter wie die Mitgliedschaft in der königlichen Kommission für Handel und Kolonien. Seine letzten Jahre bis 1704 verbrachte er als hoch angeseher Gast im Haushalt der Lady Masham.

George Berkeley, 1685 in Irland geboren, studierte am Trinity College in Dublin, wurde 1710 zum Priester der anglikanischen Kirche geweiht und blieb seinem College bis 1728 als Bibliothekar und Lehrer für Theologie, Griechisch und Hebräisch verbunden. Besorgt um den Bestand Großbritanniens, sah er die Kolonialisierung und Missionierung der Neuen Welt als vorrangige Aufgabe. Er entwarf ein großes Entwicklungsprojekt für die Bermudas und siedelte selbst 1728 nach Neuengland im Osten Amerikas über. 1731 kehrte er jedoch enttäuscht nach London zurück und wurde 1734 Bischof von Cloyne (nahe Cork) in Irland. 1752 übergab er das Bischofsamt seinem Bruder und zog nach Oxford, wo er im folgenden Jahre starb.

David Hume entstammte einer schottischen Adelsfamilie. Er wurde 1711 geboren, studierte in Edinburgh und zog 1734 für drei Jahre nach Frankreich, um seine Studien privat fortzusetzen. Danach wirkte er in wohlhabenden Familien als Erzieher und Privatsekretär. Der diplomatische Dienst führte ihn nach Wien und Turin sowie für drei Jahre an die englische Botschaft in Paris. 1766 kehrte er nach London zurück und wurde Unterstaatssekretär im Auswärtigen Amt. 1769 zog er wieder in seine schottische Heimat und starb 1776 in Edinburgh.

Locke, Berkeley und Hume haben eine Fülle von Schriften zu aktuellen philosophischen und politischen Fragen veröffentlicht; sie werden als glänzende Gesellschafter und begehrte Ratgeber beschrieben. Ihre Weltläufigkeit war beachtlich. Durch seine Aufenthalte in Frankreich kannte insbesondere Locke den dort vertretenen Rationalismus. Hume lernte in Frankreich den aufkommenden Materialismus kennen. Ihre freisinnigen Ansichten erregten oft Anstoß. Während Locke - wie oben beschrieben - politisch umstritten war, geriet Hume unter den Vorwurf des Atheismus. Hume glaubte nicht an ein Leben nach dem Tode. Seine Freunde berichteten, mit welch heiterer Gelassenheit er noch in seinen letzten Stunden an dieser Überzeugung festgehalten habe.

- Elementarismus, d.h. Zerlegung des Bewußtseins in kleinste Einheiten,
- Sensualismus, d.h. die Annahme der Herkunft aller Erkenntnis aus der Sinneserfahrung,
- Mentalismus, d.h. speziell bei Berkeley die Annahme, es gebe nur Ideen oder Bewußtseinsinhalte, und keine das Bewußtsein übersteigende Realität sowie
- Assoziationismus, d.h. die Lehre von den mechanischen Ideenverbindungen.

Mit diesen Ansätzen stellte sich der Empirismus in schroffem Gegensatz zu rationalistischen Theorien der menschlichen Erkenntnis. Vertreter der Assoziationstheorie warfen Rationalisten ein unwissenschaftliches Spekulieren über Ordnungsmuster vor, während Vertreter rationalistischer Theorien empiristische Autoren der Blindheit für Ordnungsstrukturen sowie der Seelenlosigkeit bezichtigten.

Locke, J. (1690/1913). *Versuch über den menschlichen Verstand* (1. Band), herausgegeben von C. Winckler. Leipzig: Meiner.

Locke, J. (1690/1911). *Versuch über den menschlichen Verstand* (2. Band), herausgegeben von C. Winckler. Leipzig: Meiner.

Berkeley, G. (1710/1979). *Eine Abhandlung über die Prinzipien der menschlichen Erkenntnis.* herausgegeben von A. Klemmt. Hamburg: Meiner.

Berkeley, G. (1709/1912). *Versuch einer neuen Theorie der Gesichtswahrnehmung,* herausgegeben von R. Schmidt. Leipzig: Meiner.

Hume, D. (1748/1984). *Eine Untersuchung über den menschlichen Verstand,* herausgegeben von J. Kulenkampff. Hamburg: Meiner.

5.4 Philosophie der Aufklärung

5.4.1 Aufklärung und Popularphilosophie

Die Bewegung, welche die Überwindung der Scholastik (s. Abschnitt 4.2.1) betrieb, traditionelle Vorurteile bekämpfte und Wissen förderte, trägt den Namen „Aufklärung" (engl. *enlightenment,* franz. *lumières*). Rationalismus (Abschnitt 5.2) und Empirismus (Abschnitt 5.3) steuerten zur Aufklärung nicht nur erkenntniskritische, sondern auch sozialkritische Lehren bei. Ihre Kritik traf Religion und Kirche (dazu mehr im folgenden Abschnitt 5.4.2) sowie das Staats- und Bildungswesen (dazu mehr im folgenden Kapitel 6).

Die Philosophie der Aufklärung blühte auf, indem sie ihren Bestand an Begriffen und Argumenten verfeinerte und vermehrte. Ihre Vertreter gehörten überwiegend dem Bürgertum an, nicht dem Adel und dem Klerus. Das aufstrebende Bürgertum - Staatsbeamte und Kaufleute, Lehrer und Pfarrer, Ärzte und Baumeister - wollte Anteil am aufgeklärten Denken nehmen. Da offenbarte sich ein Gegensatz zwischen Gelehrten und „Weltmännern", d.h. in angesehenen Stellungen und Berufen erfolgreichen Bürgern. Gerade die fortgeschrittensten Theorien der Gelehrten erschienen dem bildungswilligen Publikum ihrem Inhalt nach „weltfremd", in ihrer Form zu scharf- und tiefsinnig. „Abstraktion" und „Spekulation", die bevorzugten Verfahren der Vernunftkritik, wurden selbst zum Gegenstand von Kritik.

Die Popularphilosophie war ein Versuch, philosophische Lehren dem Verständnis und den Interessen der gebildeten Bürgerschaft anzupassen. Der Weltmann wurde dabei einerseits Gegenstand, andererseits Adressat der Popularphilosophie. Die Popularphilosophie nahm sich vorrangig der Themen an, welche die Bürger in ihrem individuellen und gesellschaftlichen Leben beschäftigten: Religion und Moral, Wahrheit und Schönheit, Kunst und Natur, Einsamkeit und Geselligkeit u.ä.

Die Behandlung dieser Themen sollte einem breiten Publikum eine Sinndeutung für das Leben geben und eine Stütze in Krisen. Diese Zielsetzung verlangte eine hohe Verständlichkeit von Begriffen und Argumenten.

Die Popularphilosophie war

- vernunftgeleitet, zugleich jedoch
- empirisch, d.h. an der Lebenswirklichkeit orientiert; zudem war sie
- eklektisch, d.h. sie mischte Lehren aus verschiedenen theoretischen Ansätzen.

Empirie war für den Leipziger Philosophen Christian Garve ein Korrektiv gegenüber Weltfremdheit, d.h. einem radikalen und auf letzte Ursprünge gerichten Denken:

„Wenn der Philosoph ... die wirkliche Welt aus den Augen verliert, und nicht seine alten Erfahrungskenntnisse durch neue Erfahrungen auffrischt: so wird er erstens in seinen Betrachtungen zu speculativ, seine Ideen werden zu abstract."

(Garve, 1801, S. 316)

Eklektisch (lat. *elegere,* auswählen) nennt man ein wissenschaftliches Vorgehen, das Befunde und Argumente aus verschiedenen Richtungen zusammenträgt. Die Einheitlichkeit theoretischer Ansätze geht dabei verloren. Auf Geschlossenheit und Vertiefung kam es der Popularphilosophie freilich nicht an. Vielmehr versuchte sie, durch Kombination unterschiedlicher Standpunkte eine lückenlose Darstellung zu erreichen und überhaupt durch Vielfalt zu bilden und zu erfreuen.

Ein Buch, das den Rationalismus, Empirismus und Eklektizismus der Popularphilosophie deutlich in Erscheinung treten läßt und sich zudem der psychologischen Thematik widmet, ist die *Neue Anthropologie für Ärzte und Weltweise* des Leipziger Physiologieprofessors Ernst Platner aus dem Jahre 1790. Gleich in der Vorrede beruhigt der Autor das Publikum: *„Von speculativer Metaphysik findet man hier gar nichts erhebliches ... . Auf Litteratur wollte ich hier am allerwenigsten Ansprüche machen."* Gleichwohl breitet der Autor viele Einzelheiten aus Anatomie und Physiologie aus (nicht zuletzt zum Aufbau des Gehirns und des Nervensystems) und geht auf aktuelle wissenschaftliche Kontroversen ein.

Die Seele definiert Platner (1790, S. 52) als ein *„von seinem Körper ... unterschiedenes, einfaches, geistiges, selbständiges, und bey allem Wechsel ... beharrliches Wesen."* Er setzt sie mit dem erlebten Ich gleich. Die Seele bilde das Subjekt, welches Vorstellungen und Strebungen hervorbringe, das urteile, zweifle und schlußfolgere. Stützt sich so weit die Definition auf unmittelbare Erfahrung, führt die weitere Deutung in die physiologische Spekulation. Seele als selbständiges, immaterielles Wesen könne nicht mit der materiellen Welt durch Vorstellungen und Handlungen in Beziehung treten; dazu benutze die Seele als Werkzeug den Körper, insbesondere Gehirn und Nerven (deshalb die erwähnte ausführliche Behandlung des Nervensystems). Als Mittler zwischen Körper und Seele trete demnach ein eigenes Seelenorgan auf, das Platner als „Nervengeist" bezeichnet.

Die in den Anfangskapiteln logisch strenge und medizinisch anspruchsvolle Darstellung wird zunehmend durch Exkurse in die Charakterkunde sowie in die Pädagogik aufgelokkert. Eine „Anlage zu Vorurtheilen" sowie einen „Trieb nach Gedankenbeschäftigung" begründet Platner (1790, S. 165) mit der „Reizbarkeit des Seelenorgans". Aus recht plausiblen Beobachtungen über das Gedächtnis leitet der Autor (1991, S. 167) die Einsicht ab, es sei *„der allzu frühe und oft ungewöhnliche Unterricht in Sachkenntnissen die vornehmste Ursache der bey der Jugend zunehmenden Abneigung gegen todte Sprachen."* Geradezu schwärmerisch gehen in den letzten Kapiteln die strengen wissenschaftlichen Erörterungen in Sinndeutungen für ein glückliches Leben über. Ein Auszug aus einer längeren Ausführung zur „Geschlechtsliebe" soll das belegen:

„Die Geschlechtsliebe, wenn sie nicht allzu leidenschaftlich wirkt, und weder in gemeine Sinnlichkeit ausartet, noch mit Schwermuth, Gram und Verzweiflung verbunden ist, kann, als Bestrebung, vielerley wohlthätige Wirkungen in der Seele und im Körper hervorbringen. Sie ermuntert überhaupt die Kräfte des Geistes; Sie erwärmt die Einbildungskraft, erweckt die Empfindsamkeit, und macht fähig zum Enthusiasmus: sie schärft den Witz und übt die Klugheit, und bringt eine gewisse Ge-

Kritikpunkt

Wissenschaftsgeschichte: Werk grosser Persönlichkeiten?

Spinoza, Leibniz und Wolff (Abschnitt 5.2), Locke, Berkeley und Hume (Abschnitt 5.3) - waren sie die einzigen erwähnenswerten Denker ihrer Zeit? Wäre ohne sie die Wissenschaft nicht fortgeschritten? Hätte die Wissenschaft einen anderen Fortgang genommen, wenn es ihre Lehren nicht gegeben hätte? Ohne Zweifel ist dieses Lehrbuch unvollständig. Es stellt einige Autoren heraus und läßt eine Vielzahl anderer Autoren unberücksichtigt.

Die mangelnde Berücksichtigung einiger antiker Autoren kann man noch oft mit unzureichenden Quellen erklären. Mit dem 17. Jahrhundert sorgt jedoch der Buchdruck zunehmend für eine verläßliche Überlieferung unterschiedlicher Denkrichtungen. Mit der Vermehrung von Schriften über die Jahrhunderte wächst freilich die Notwendigkeit, unter ihren Autoren eine Auswahl zu treffen. Darunter leidet oft der Blick auf Querverbindungen zwischen Zeitgenossen sowie Längsverbindungen über Generationen hinweg.

Die umsichtige Lektüre zeigt, daß einzelne Autoren selten ohne Vorläufer und Weggenossen waren. So gehört der Begriff der Monade zum älteren Bestand der Philosophie, und der italienische Naturphilosoph Giordano Bruno hatte die Monadenlehre 1584 in seiner Schrift *Von der Ursache, dem Prinzip und dem Einen* (ital. *De la causa, principio ed uno*) erneuert, bevor Leibniz sich ihr zuwandte. Ebenso hat 1665 der holländische Universitätslehrer Arnold Geulincx in seiner *Ethik* die Leibnizsche Idee der prästabilierten Harmonie vorweggenommen.

Die getroffene Auswahl bevorzugt Schriften und Autoren, die durch

- Neuheit in ihrer Zeit,
- Vervollkommnung älterer Ansätze sowie
- Einfluß auf spätere Ansätze

hervortreten. Man nennt sie gerne „große Werke“ und „große Wissenschaftler“.

Ob und wie weit die Geschichte der Wissenschaften von einzelnen Persönlichkeiten und ihren maßgeblichen Werken gestaltet wird, ist umstritten. Wissenschaftsgeschichte läßt sich auch als kollektiver Prozeß auffassen, der einerseits einer inneren Entfaltungslogik entspringt, andererseits sozialen Umständen folgt. Aus letzterer Sicht ist die Zuschreibung von Größe zu einzelnen Werken und Persönlichkeiten eine Strategie der Mythologisierung; sie dient im Streit der Richtungen der Durchsetzung von bevorzugten Ansätzen (vgl. bereits Kritikpunkt Kapitel 2).

Für ein Lehrbuch wie dieses ist die Auswahl und Hervorhebung einzelner Autoren und Schriften didaktisch zu begründen. Lassen sich doch an ihnen die Paradigmata und Paradigmenwechsel, welche Wissenschaftsgeschichte ausmachen (s. Abschnitt 1.1.1), am ehesten originalgetreu und unterscheidbar vermitteln. Sollte der Autor dieses Lehrbuchs sich dabei in den Dienst der oben erwähnten Mythologisierung stellen bzw. deren Opfer werden, so werden kritische Leserinnen und Leser dies aufzudecken und zu korrigieren haben.

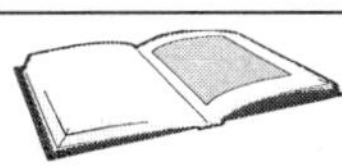

Bruno, G. (1584/1977). *Von der Ursache, dem Prinzip und dem Einen,* herausgegeben von P. R. Blum. Hamburg: Meiner.

Geulincx, A. (1665/1948). *Ethik oder über die Kardinaltugenden Fleiss, Gehorsam, Gerechtigkeit und Demut,* herausgegeben von G. Schmitz. Hamburg: Meiner.

wandtheit in den Verstand. Sie lehrt Gefälligkeit, Nachgiebigkeit, Erduldung, Entschlossenheit. Sie trägt bei zur Bildung des ästhetischen und moralischen Sinnes; nährt den Geschmack an dem Natürlichen, Einfachen, Unschuldigen ... . Sie macht wohlwollend, freundschaftlich, dienstfertig, freygebig, mitleidig ... . Sie überwindet den Rangstolz, und tödtet den Geiz. Sie verbreitet die gute Laune über das ganze Gemüth, und macht dadurch den Menschen aufgelegter und geschickter, nicht allein zum geselligen Umgang, sondern auch zur berufsmäßigen Arbeit."

(Platner, 1790, S. 618 f.)

Innerhalb der akademischen Philosophie ist die Popularphilosophie kein erfolgreicher Zweig geworden. Die Vertreter der Philosophie wurden zunehmend zu Fachleuten, deren Begriffe und Deutungen die gängige Bildung überforderten (vgl. Holzhey, 1989). Doch die Psychologie hat in mehreren ihrer Ansätze die popularphilosophische Wende mit nachhaltigem Erfolg vollzogen. Sie hat nicht nur das Bewußtsein von Bürgerinnen und Bürgern zu ihrem zentralen Gegenstand gemacht. Sie hat diese auch als psychologische Experten in eigener Sache anerkannt und damit als Partner in den psychologischen Forschungsprozeß einbezogen (z.B. in Befragungen). Mit Betroffenen hat sie praktische Deutungs- und Entscheidungshilfen erarbeitet.

Zugleich ist Psychologie ein beliebtes Feld für ein breites Publikum geworden, und viele Vertreter der Psychologie haben sich gerne der Popularisierung gewidmet. Schon im 18. Jahrhundert wurde für die Psychologie mit ihrer Verständlichkeit geworben. Als der spätere Weimarer Hofdichter Christoph Martin Wieland im Jahre 1772 noch Professor der Philosophie in Erfurt war, empfahl er „*Psychologie oder Theorie von der menschlichen Seele*" als „*die eigentliche Grundwissenschaft ..., auf welche sich alle anderen stützen*". Und im Vergleich zu anderen Zweigen der Philosophie lobte er als besonderen Vorzug der Psychologie: Sie verschone vor „*allzustarken Speculationen und subtilen Grübeleyen*" (Seuffert, 1888).

5.4.2 Deismus, Atheismus, Materialismus

In ihrem Kampf gegen Dogmatismus wandte sich die Philosophie der Aufklärung gegen den traditionellen Kirchenglauben. Die Annahme eines persönlichen Gottes, insbesondere die Auslegung der Bibel durch traditionsgebundene Kirchenlehrer, wurde in Zweifel gezogen. Sie schienen weder dem vernünftigen Urteil noch der unvoreingenommenen Erfahrung zu entsprechen; dafür gerieten sie in den Verdacht, der Macht und dem Reichtum der Kirchenverwaltungen und ihren Verbündeten zu dienen. So erschien es als ein Gebot der Wahrhaftigkeit wie der Mündigkeit, den überlieferten Gottesglauben als Aberglauben zu entlarven oder ihn in eine aufgeklärte Fassung zu überführen.

Einen aufgeklärten Gottesbegriff hat der Rationalismus ebenso entwickelt wie der Empirismus. Leibniz und Spinoza haben die Welt als göttlich gedeutet (s. Abschnitt 5.2.2), Lokke und Berkeley die Gewißheit der Erfahrung auf Gott zurückgeführt (s. Abschnitt 5.3.2). Dabei legten sie jedoch als Wissenschaftler kein Bekenntnis zu einer christlichen Konfession ab. Vielmehr ist der Gott ihrer Philosophie ein Prinzip, das der Welt Ordnung und Beständigkeit verleiht. Diese um Sinn und Lebensmut bemühte Deutung weist dem Menschen die Rolle eines verständnisreichen und verantwortungsvollen Wesens zu. Diese Richtung wird als Deismus bezeichnet.

Garve, Ch. (1801). *Versuche über verschiedene Gegenstände aus der Moral, der Literatur und dem gesellschaftlichen Leben* (4. Teil). Breslau: Korn.

Platner, E. (1790). *Neue Anthropologie für Aerzte und Weltweise* (1. Band). Leipzig: Crusins.

Holzhey, H. (1989). Popularphilosophie. In J. Ritter & K. Gründer (Hrsg.), *Historisches Wörterbuch der Philosophie* (Band 7, S. 1093-1100). Basel: Schwabe.

Seuffert, B. (1888). *Wielands Berufung nach Weimar*. Weimar: Böhlau.

Der Deismus rückte weiterhin von der Annahme der fortdauernden Allmacht Gottes ab. Mit der Annahme einer Vernunft als bestmöglicher Ordnung vertrug sich nicht die Idee der beliebigen Veränderbarkeit der Natur- und Denkgesetze. Nur die Welt und der Mensch sollten sich ändern, um den Gesetzen immer mehr gerecht zu werden. Wie schon Descartes in seiner Metapher von Gott als Brunnenmeister (s. Abschnitt 5.1.3) ausgedrückt hat: Gott hat die Welt nach seinem besten Vermögen geordnet und kann seine Ordnung nicht mehr zurücknehmen.

Sowohl vom Deismus als auch von dem mit ihm einhergehenden Rationalismus setzte sich der Atheismus in aller Schärfe ab. Er bestritt nicht nur die Existenz eines persönlichen Gottes, sondern auch die Geltung eines verbindlichen und unveränderlichen Vernunfts- und Sittlichkeitsprinzips. In der Welt herrschten zwar Gesetze. Doch seien diese Gesetze nicht als vollkommen, sinnvoll oder gut zu bewerten. Sie seien lediglich als gegeben hinzunehmen, allenfalls als vorübergehend nützlich.

Mit der Absage an das Vernunftprinzip war der Weg frei für eine konsequente materialistische (lat. *materia*, Stoff) Weltdeutung. Die Hauptthesen des Materialismus lauten:

- Die gesamte Welt ist eine Körperwelt.
- Die Körperwelt folgt mechanischen Gesetzen.

In Frankreich fanden Atheismus und Materialismus besonders radikale Vertreter; möglicherweise war dies eine Reaktion auf die Dominanz der katholischen Orthodoxie in Frankreich. Aus der Sicht der Naturwissenschaften beschrieb Paul Henry Thiry (getauft als Paul Heinrich Dietrich) d'Holbach in seinem 1770 erschienenen Werk *System der Natur* (franz. *Systéme de la nature*) die Welt als einen umfassenden, seelenlosen, nach festen Gesetzen arbeitenden Mechanismus. Der Mediziner Pierre Jean Georges Cabanis (1802/1956) wandte das mechanistische Prinzip auf den Menschen an. Nicht nur seine Muskelbewegungen seien mechanisch gesteuert, wie Descartes (s. Abschnitt 5.1.3) behauptet hatte, sondern auch seine geistigen Tätigkeiten. Denn die geistigen Tätigkeiten seien nichts anderes als Abläufe im Gehirn. Und das Gehirn sei seinerseits ein körperlicher Mechanismus, in dem Organe ihren Dienst verrichteten wie im Rumpf die Drüsen.

Die radikalen materialistischen Schriften lösten heftige Kontroversen aus. Ihre Autoren wurden nicht selten vom Staat verfolgt. Das mußte auch der französische Arzt und Schriftsteller Julien Offray de La Mettrie erfahren. Im Jahre 1709 in Saint Malo in der Bretagne geboren, studierte er in Paris Naturwissenschaften und Medizin, ließ sich zunächst in seiner Heimat als Arzt nieder und trat dann als Leibarzt in den Dienst des Grafen de Grammont ein. Seine im Geiste des Materialismus verfaßten Schriften trugen ihm öffentliche Anfeindungen ein. Sein Buch *Naturgeschichte der Seele* (franz. *Histoire naturelle de l'ame*) wurde 1745 vom Henker von Paris verbrannt. La Mettrie mußte 1747 nach Holland ins Exil gehen und wurde von dort als Vorleser und Arzt an den Hof nach Potsdam berufen, wo der aufklärerisch gesonnene Preußenkönig Friedrich II. eine Gruppe französischer Intellektueller versammelte.

Im Jahre 1748 ließ La Mettrie sein berühmtestes und umstrittenstes Buch drucken, das sich unmittelbar der Psychologie zuwandte. Es trug den provokanten Titel: *Der Mensch als Maschine* (franz. *L'homme machine*). In diesem Buch führte der Autor aus, daß Menschen - nicht anders als Tiere - selbstgesteuerte Mechanismen seien, abhängig von äußerer Energiezufuhr. Die Seele des Menschen zeichne keine Erhabenheit aus, sein Wille besitze keine Freiheit.

„Der Körper der Menschen ist eine Maschine, die ihre Triebfedern selbst spannt, ... Die zugeführte Nahrung sorgt dafür, daß sie in Gang bleibt. ... Ohne Nahrung verliert die Seele zunehmend an Kraft, ... Versorgt man den Körper jedoch mit vorzüglicher Nahrung und stärkenden Säften, so wird die Seele ebenso vorzüglich sein und stark. ... Tiere, die sich von rohem Fleisch ernähren, zeigen eine gewisse Grausamkeit. Würden Menschen sich ebenso ernähren, wären sie ebenso grausam."

(La Mettrie, 1748/1988, S. 26, übersetzt von B. A. Laska)

Materialismus und Feinmechanik: Die Uhrenmetapher

Ein lange anerkanntes Argument für die Existenz und andauernde Wirksamkeit Gottes war die Bewegung in der großen Welt, dem Makrokosmos, und in der kleinen Welt, dem Mikrokosmos. Der Makrokosmos war das Weltall, in dem die Gestirne sich auf ihren Bahnen bewegten. Mikrokosmen waren alle Teile des Weltalls, darunter Menschen und Tiere; auch diese vollführten Bewegungen. Wie sollten Sterne, Menschen, Tiere die Kraft der Bewegung aufbringen? Die Antwort der Scholastik lautete: Ursprung aller Bewegung sei Gott; er sei der „erste Beweger“.

Diese Lehre geriet ins Wanken, seitdem im 14. Jahrhundert die Uhrfeder erfunden wurde. Im Jahre 1675 stellte der niederländische Physiker und Astronom Christiaan Huygens die erste Federuhr mit Unruhe her. Nun ließen sich Sphärenhimmel anfertigen, d.h. Modelle der Gestirne, die sich, von Federwerken getrieben, wie am Himmel beobachtbar bewegten. Federgetriebene Menschen- und Tierpuppen wurden ebenfalls hergestellt. Sie ahmten Kunstfertigkeiten und natürliche Bewegungen nach: Schreiber, Musikanten, Bogenschützen, laufende, schnatternde, verdauende Vögel (Oechslin, 1985; Sauer, 1983). Damit wurde deutlich, daß Bewegung nicht des äußeren Anstoßes bedurfte; ein innerer Mechanismus konnte ein Wesen in Bewegung versetzen.

Der Vergleich lag nahe: Alles Natürliche, alles Lebendige bewegt sich wie eine Federuhr. Die Uhrenmetapher beflügelte die materialistische Philosophie: Gott sei als Beweger entbehrlich; Dinge könnten sich automatisch bewegen; darin glichen sich natürliche Lebewesen und technische Maschinen. Der Mensch sei lediglich eine besonders kunstvolle und leistungsfähige Maschine. Die Herstellung eines vollwertigen Menschen sei nur eine Frage des technischen Fortschritts (vgl. Schmidt-Biggemann, 1980).

Oechslin, L. (1985). *Die Uhr als Modell des Kosmos und der astronomische Apparat Bernando Facinis.* Città del Vaticano: Bibliotheca Apostolica Vaticana.

Sauer, L. (1983). *Marionetten, Maschinen, Automaten.* Bonn: Bouvier.

Schmidt-Biggemann, W. (1980). Maschine. In J. Ritter & K. Gründer (Hrsg.), *Historisches Wörterbuch der Philosophie* (Band 5, S. 790-802). Basel: Schwabe.

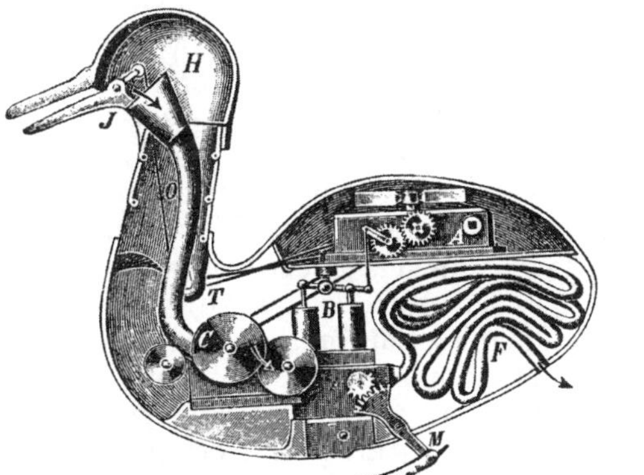

Canard Digérant (franz., Ente mit Verdauung) von Jacques de Vaucanson aus dem Jahre 1738.

Der Geist lasse sich auf das Gehirn zurückführen. Das Gehirn sei eine symbolverarbeitende Maschine; es komme nur auf ihre Leistung an:

„All das Wissen, das das Gehirn unserer arroganten Schulfüchse so sehr aufbläht, ist ... nichts als eine riesengroße Ansammlung von Wörtern und Figuren, die im Kopf jene Spuren hinterlassen, mittels derer wir die Objekte unterscheiden und in Erinnerung behalten.“

(La Mettrie, 1748/1988, S. 43, übersetzt von B. A. Laska)

„Da nun aber einmal alle Funktionen der Seele ... von der entsprechenden Organisation des Gehirns und des ganzen Körpers abhängen, da sie offensichtlich nichts anderes sind als diese Organisation selbst, haben wir es ganz klar mit einer Maschine zu tun.“

„Die hervorragende Stellung der Vernunft hängt ... ab ... von ihren tatsächlichen Fähigkeiten ... . So wäre ... eine Seele, die uns ein Stück Dreck ist, aber ... die Beziehungen und Konsequenzen einer Fülle schwieriger Ideen erfaßte, ohne Frage einer dummen und stupiden Seele vorzuziehen, bestünde diese auch aus den kostbarsten Stoffen.“

(La Mettrie, 1748/1988, S. 67, S. 19, übersetzt von B. A. Laska)

Der Deismus und - radikaler - der Atheismus und der Materialismus haben nicht nur den kirchlichen Gottesdienst und die kirchlich autorisierte religiöse Unterweisung in Frage gestellt, sondern auch die Autorität der Kirche in der Anweisung zur Lebensgestaltung. Die Empörung über diese Richtungen teilten auch viele aufklärerische Rationalisten. Sie verurteilten den darin enthaltenen Nihilismus (lat. *nihil*, nichts), der keinen übergeordneten Sinn und Wert im Erkennen und Handeln gelten lassen wollte. Dagegen bejubelte die aufgeklärte Wissenschaft ihre neu gewonnene Freiheit, Erkenntnis und Lebensregeln nach eigenen Maßstäben zu bilden und zu verbreiten.

Die Aufklärung mit ihrer Betonung von Vernunft und Erfahrung sowie ihrer Anerkennung des bürgerlichen Glücksstrebens ging allerdings mit einer Aufwertung der psychologischen Betrachtungsweise einher. Die Anwendung menschlicher Vernunft führte zu einer stärkeren Beachtung der geistigen Funktionen des Menschen. Insbesondere der Empirismus machte deutlich, daß die neuen Maßstäbe der Erkenntnis spezifisch menschliche waren. Der Materialismus schließlich bahnte den Weg zu einer unbefangenen Betrachtung geistiger und motorischer Abläufe bei Mensch und Tier. So zog Psychologie ihren Vorteil aus dem Zurückdrängen von Theologie und Religion. Mit weniger Vorsicht ausgedrückt: Die Psychologie schickte sich an, theologische und religiöse Seelen- und Lebenslehren abzulösen.

D'Holbach, P. Th. (1770/1960). *System der Natur*, herausgegeben von F.-G. Voigt. Berlin: Aufbau-Verlag.

Cabanis, J. G. (1802/1956). Rapports du physique et du moral de l'homme. In *Oeuvres philosophiques* (Band 1, S. 105-631), herausgegeben von C. Lehec und J. Cazeneuve. Paris: Presses Universitaires de France.

La Mettrie, J. O. de (1748/1988). *Der Mensch als Maschine*. Nürnberg: LSR-Verlag.

5.4.3 Okkulte Erscheinungen

Die Aufklärung bekämpfte den Glauben an überirdische Erscheinungen: Engel, Wunder, Prophezeiungen u.ä. Ebenso verwahrte sich die Aufklärung gegen die Kunst der Zauberei, das angebliche Hexen- und Teufelswerk - wie Geisterbeschwörung, Tischrücken oder Bewegen entfernter Gegenstände. Doch sollten alle diese Erscheinungen Aberglaube gewesen sein? Ließen sie sich nicht auch mit Vernunft begründen und durch nüchterne Erfahrung bestätigen?

Vor allem entspann sich ein heftiger Streit über die Existenz körperloser Geister. Auch wer nicht an die himmlischen und teuflischen Engel der Religionslehren glauben wollte, konnte immer noch Naturgeister (etwa Wasser-, Luft-, Feuer- und Erdgeister) für möglich halten. Die Annahme, daß die Seelen Verstorbener als körperlose Geister weiterlebten, ließ sich auch ohne christlichen Erlösungsglauben begründen. Eine im 18. Jahrhundert viel beachtete Theorie, die für die Existenz von Geistern sprach, stammte von einem Naturforscher, dem Genfer Charles Bonnet (1720-1793). Bonnet hatte die Fortpflanzung und die Stammesentwicklung untersucht und sich dann der Seelenkunde zugewandt (Bonnet, 1755/1978). Er kam zu dem Schluß, die Welt gliedere sich in unterschiedliche Gattungen mit eigenen Gesetzen; er nannte sie Reiche - wie das Reich der Kristalle und das Reich der Fische. Die Reiche ordneten sich in Stufen, wobei mit der Stufe auch Beseeltheit zunahm.

In Fortsetzung der Stufen siedelte Bonnet oberhalb des Menschenreiches ein Reich der Engel an. Der menschlichen Seele schrieb er Unsterblichkeit zu. Da sie nicht vergehe, lebe sie nach dem Tod des Körpers als Geist fort.

Die Theorie Bonnets berücksicht bei alledem schon das zeitgenössische sensualistische und materialistische Denken. Die Seele brauche die Sinne, um zu Erfahrungen über die Welt zu gelangen (vgl. Abschnitt 5.3.2) und das Gehirn, um dort Gedächtnisspuren abzulegen. Deshalb komme die Seele nie ganz ohne Körper aus. Ihr Leib sei aus feinem Stoff, der für das menschliche Auge unsichtbar sei. Im Tode des Körpers vergingen zwar die festen Teile wie Knochen und Muskeln. Doch der feine, durchsichtige Leib der Seele bleibe erhalten.

Bonnets Theorie der Geister fügte sich in die rationale Diskussion seiner Zeit ein. Empirische Unterstützung fand sie ebenfalls. Einfache und Gebildete berichteten von Geister- und Gespenstererscheinungen, milchigen Gestalten und dunklen Stimmen, die man für den Ausdruck eines Minimalleibes halten konnte. So entspann sich eine heftige Auseinandersetzung, ob Geister- und Gespenstererscheinungen nur auf Einbildung (oder gar Täuschung) beruhten oder ob sie wirklich Kunde von einer Geisterwelt gäben.

Der in Jena lehrende Philosoph Justus Christian Hennings (1780) stellte strenge Kriterien für die Anerkennung von Geistererscheinungen auf - u.a. die Urteilsfähigkeit von Berichterstattern betreffend. Er hielt auch weitere „philosophische Geheimnisse“ für möglich - wie Vorahnungen von Krankheits- und Todesfällen. Die Wissenschaft solle sich um den Nachweis und die Erklärung solcher rätselhafter Erscheinungen bemühen. So sammelte Hennings Fälle von Vorahnungen, die sich später bewahrheiteten. Er erklärte sie mit der Empfindsamkeit für frühe und schwache Anzeichen von Krankheiten oder Gesundheitsrisiken.

Die Annahme, die Wissenschaft habe noch nicht den Zugang zu allen untersuchenswerten Gebieten gefunden, müsse aber ernsthaften Hinweisen auf deren Existenz nachgehen, ist zum Prinzip der okkultistischen Forschung (lat. *okkultus,* verborgen, geheim) geworden. Das Prinzip hat sich auf einigen Gebieten der Naturwissenschaft bewährt. So erschienen im 17. und 18. Jahrhundert elektrische und magnetische Erscheinungen noch recht rätselhaft, die Lehren darüber recht geheimnisvoll, ihre Autoren mitunter wenig glaubwürdig. Doch hat bis zum 19. Jahrhundert die Physik die Natur, die Entstehung und das Wirken der Elektrizität und der Magnetkräfte weithin aufgeklärt. Elektrizität und Magnetismus braucht man seitdem nicht mehr zu den geheimnisvollen und zweifelhaften Erscheinungen zu rechnen. Eine solche überzeugende Klärung haben viele Gelehrte auch für Geistererscheinungen sowie für übernatürliche, d.h. nach den bekannten naturwissenschaftlichen Theorien eigentlich nicht mögliche Leistungen erhofft.

Auf diese Weise sind die Geisterlehre und die Lehre von den übernatürlichen Leistungen Themen des um Aufklärung bemühten Okkultismus geworden. Der Okkultismus widmet sich Phänomenen, deren Untersuchung die etablierten Wissenschaften aufgegeben haben, ohne freilich den endgültigen Nachweis der Nichtexistenz solcher Phänomene führen zu können (Kiesewetter, 1891). Weil Geister den menschlichen Seelen gleich oder ähnlich gedeutet werden, hat Psychologie stets Vertreter gehabt, welche die Forschung an okkulten Phänomenen fortzusetzen geneigt waren. Umgekehrt haben die Verfechter des Okkultismus von der Psychologie die Beschäftigung mit zahlreichen okkulten Erscheinungen erwartet (zum Okkultismus in der Psychologie zu Beginn der Moderne s. Abschnitt 10.1.4).

Bonnet, Ch. (1755/1978). *Essai de Psychologie.* Hildesheim: Olms.

Hennings, J. Ch. (1780). *Von Geistern und Geistersehern.* Leipzig: Weygand.

Kiesewetter, C. (1891). *Geschichte des neueren Okkultismus.* Leipzig: Friedrich.

ZUSAMMENFASSUNG

1. Die europäische Wissenschaft im 17. und 18. Jahrhundert strebte nach Überwindung der Scholastik und nach Selbständigkeit gegenüber dogmatischen und mystischen Einflüssen.
2. Die sich erneuernde Wissenschaft sollte sich auf eine begründbare Methodik stützen. Als maßgebliche wissenschaftliche Methoden wurden die Vernunftkritik und die Empirie anerkannt.
3. Eine Reihe von Lehren läßt sich zur Richtung des Rationalismus zusammenfassen. Vertreter des Rationalismus glauben an eine umfassende und überdauernde Weltordnung. Diese Weltordnung folgt einer vollkommenen Vernunft und hat deshalb selbst Anteil an deren Vollkommenheit. Aus dieser Auffassung ergibt sich ihre Erkenntnistheorie: Der menschliche Geist kann sich einen Teil der übergeordneten Vernunft zu eigen machen; er kann aber selbst keine Vernunft hervorbringen, die nicht schon vorher und unabhängig von ihm vorhanden ist.
4. Andere Lehren lassen sich zur Richtung des Empirismus zusammenfassen. Vertreter des Empirismus glauben ebenfalls an die Gesetzmäßigkeit der Welt. Doch machen sie keine Annahmen über eine vollkommene Weltordnung. Die empiristische Erkenntnistheorie: Der menschliche Geist wäre inhaltsleer, wenn er nicht durch die Sinne Eindrücke von der Welt erhielte. Aus seiner sinnlichen Erfahrung kann der Mensch jedoch komplexere und abstraktere Ideen herstellen. Insbesondere bildeten sich nach einfachen Prinzipien Verbindungen (Assoziationen) zwischen Ideen.
5. Sowohl die rationalistische als auch die empiristische Erkenntnistheorie sind Ausgangspunkte von Theorien über die Seele, das menschliche Bewußtsein und die Erkenntnisleistungen des Menschen geworden. Neben der Analyse von bewußten geistigen Funktionen (wie Wahrnehmung, Gedächtnis, Schlußfolgerung) wird auch das Unbewußte zum Thema.
6. Für das Leib-Seele-Problem werden mehrere Lösungen angeboten. Eine ist die Annahme wechselseitiger Einflüsse von Körper und Seele. Ein andere - aus dem Rationalismus stammende - Annahme ist der Parallelismus, d.h. stimmiger Gleichlauf von Leib und Seele ohne wechselseitige Abhängigkeit. Materialistische Lehren bestreiten grundsätzlich die Existenz eines geistig-seelischen Wesens. Sie betrachten den Körper und insbesondere das Gehirn als Ort des Bewußtseins und geistige Funktionen als Körper-, insbesondere Hirnprozesse.
7. Für die Entwicklung der Psychologie als Fach wird die ausdrückliche Trennung einer empirischen und einer rationalen Psychologie bedeutsam. Die empirische Psychologie - später Erfahrungsseelenkunde genannt - wendet sich zahlreichen, auch ungewöhnlichen Beobachtungen zu (z.B. mathematischen Fähigkeiten, der Vorahnung zukünftiger Ereignisse). Die rationale Psychologie pflegt metaphysische Fragestellungen (z.B. Willensfreiheit, Leib-Seele-Problem).
8. Innerhalb der Philosophie entwickelt sich die Richtung der Popularphilosophie, die Bildung und Lebenshilfe für Bürger („Weltmann“) anstrebt. Psychologische Fragestellungen (darunter auch okkultistische) gehören zu den bevorzugten Themen der Popularphilosophie.
9. Mit der Philosophie der Aufklärung vollzieht sich eine Wende zum Deismus und Atheismus. Zugleich rückt die Frage nach der Natur und dem Glück des Menschen stärker in den Mittelpunkt wissenschaftlichen Interesses. Theologie und Religionslehre verlieren somit ihre beherrschende Stellung. Psychologie ist unter den Unternehmungen, die sich anschicken, ihren Platz einzunehmen.

Literatur zur Ergänzung und Vertiefung

Ammermann, M. (1978). *Gemeines Leben. Gewandelter Naturbegriff und literarische Spätaufklärung.* Bonn: Bouvier.

Bartuschat, W. (1992). *Spinozas Theorie des Menschen.* Hamburg: Meiner.

Barudio, G. (1997). *Das Zeitalter des Absolutismus und der Aufklärung 1648-1799.* Frankfurt a. M.: Fischer.

Krämer, S. (1991). *Berechenbare Vernunft. Kalkül und Rationalismus im 17. Jahrhundert.* Berlin: de Gruyter.

Pfeil, H. (1973). *Psychologismus im englischen Empirismus.* Bodenheim: Hain.

Tipton, I. C. (1974). *Berkeley: The philosophy of immaterialism.* London: Methuen.

Student der belgischen Universität Löwen (Handzeichung, anonym, 1663, gefunden in einen Lehrbuch).

Kapitel 6

Praktische Psychologie für das öffentliche Leben

Lehren über Staat, Wirtschaft und Erziehung im 16. - 18. Jahrhundert

Als Teil der Aufklärungsphilosophie, angelehnt an den Rationalismus oder an den Empirismus (Kapitel 5), entwickelten sich Lehren über ein durch Vernunft und Erfahrung geleitetes Leben. Zugleich vollzog sich in Europa der Aufstieg des Bürgertums, und immer mehr Angelegenheiten wurden zu öffentlichen Aufgaben erklärt. Fürsten und Parlamente, Stadt- und Kirchengemeinden sowie bürgerliche Vereinigungen übernahmen dafür Verantwortung. Dies betraf vor allem die staatliche Verwaltung und das Rechtswesen, die Wirtschaft und die Erziehung. Die erfolgreiche Arbeit in diesen Bereichen verlangte pragmatisch ausgerichtete Lehren.

Die neuen Lehren trachteten nach allgemeiner Wohlfahrt. Dies warf erneut die Fragen auf: Worin besteht menschliches Glück? Und wie gelangt der Mensch zu seinem Glück? Das Glück des Menschen, seine Besserung und die angemessene Gestaltung seiner Lebensumstände wurden in unterschiedlichen praktischen Zusammenhängen Gegenstände der in der Neuzeit entstehenden Staats-, Wirtschafts- und Erziehungslehren. Sie wurden zunächst in der Moralphilosophie zusammengefaßt, lassen sich aber rückblickend als Ansätze einer Praktischen Psychologie deuten.

Freilich wird es bis zum 20. Jahrhundert dauern, bis Vertreter einer einzelwissenschaftlichen Psychologie in der öffentlichen Verwaltung, der Wirtschaft und der Erziehung ihren Beruf finden. Inzwischen werden sich diese Berufsfelder verselbständigt haben. Sie werden ihre eigenen Disziplinen und Vertreter hervorbringen und später Absolventen der Psychologie, die in ihren Berufsfeldern einen Platz beanspruchen, als Neuankömmlinge und Konkurrenten empfangen (s. Kap. 11).

6.1 Wachstum und sozialer Wandel Moralphilosophie und praktische Disziplinen

6.1.1 Bevölkerungswachstum, Handel und öffentliche Verwaltung

Um 1500 lebten in Europa 82 Millionen Menschen, etwa so viele wie gegenwärtig allein in Deutschland. Bis zum Jahre 1700 stieg die Einwohnerzahl Europas auf 115 Millionen, und das Wachstum sollte sich weiterhin stetig fortsetzen. Überproportional stark war der Anstieg in den Städten. Im 17. und 18. Jahrhundert verdreifachte sich die Einwohnerzahl der europäischen Metropolen. Um 1800 lebten in London 900 000 Menschen, in Paris 550 000, in Wien 150 000 (Kossok u.a., 1986, S. 15, 121).

Die Europäer hatten ferne Kontinente entdeckt. Portugiesen fuhren nach Indien und Japan, Spanier nach Mittel- und Südamerika, Franzosen und Holländer nach Afrika; Engländer siedelten in Nordamerika. Sie alle wollten neue Welten erkunden. Doch von zunehmender Bedeutung waren die Waren und Rohstoffe, die sie mitbrachten: Porzellan, Papier und Gewürze aus Asien, aus Amerika Gold, Silber und Kupfer. Aus Afrika wurden Schwarze nach Amerika exportiert; von dem Erlös erwarben die Sklavenhändler in Südamerika Zucker, Kaffee und Baumwolle und importierten diese Waren nach Europa.

In der Güterproduktion setzte ein gewaltiger Strukturwandel ein. Die Betriebseinheiten vergrößerten sich, und es entstand der Beruf des Unternehmers, welcher die Produktion organisierte. Unternehmer traten zunächst bevorzugt als Verleger auf, später als Fabrikanten. Der Verlag gab Produktionsaufträge an Werkstätten, stellte hierfür die Rohstoffe bereit und übernahm den Vertrieb der Fertigwaren. Es gab z.B. Textilverlage, welche handwerklich betriebene Webereien (oft Familienbetriebe) mit der Anfertigung von Tuchen aus Wolle beauftragten, die Arbeit entlohnten und die Ware veräußerten. Bei der Fabrikproduktion stellte der Unternehmer nicht nur das Rohmaterial zur Verfügung, sondern auch die Produktionsmittel. Eingeführt wurden neuartige, leistungsfähige Produktionsmittel wie Spinn- und Webmaschinen, die in einer zentralen Produktionsstätte, der Fabrik, aufgestellt wurden. Es bildete sich die Gruppe der Fabrikarbeiter, die an den Werktagen ihr Heim verließen, um für Lohn einen Platz in einer Fabrik einzunehmen.

Verlage und Fabriken erforderten einen hohen Kapitaleinsatz. Die Lagerung von Rohstoffen und Fertigwaren sowie die Anschaffung, die Unterhaltung und der Betrieb von Maschinen waren kostspielig. Erfolgreiche Unternehmer konnten neben Reichtum beträchtliches Ansehen erwerben. Darin waren sie den Handelsherren vergleichbar, die viel Kapital für den Erwerb von Handelswaren, für seetüchtige Transportschiffe u.ä. aufwandten. Überhaupt begann sich die Geldwirtschaft zu verselbständigen. Papiergeld, Staatsanleihen und Anteilscheine an Unternehmungen wurden gebräuchlich. Kredite wurden aufgenommen, Schuldscheine und Wechsel auf Zahlungen zu einem späteren Termin ausgestellt.

Für viele Menschen erweiterte sich der Lebensraum ihres Dorfes oder ihrer Stadt. Land und Wasserstraßen wurden ausgebaut. Nicht nur Waren legten lange Wege zurück, sondern auch Nachrichten und Meinungen. Der Buchdruck mit beweglichen Lettern führte zu einer beträchtlichen Vermehrung von Schriften, nicht zuletzt von Zeitungen, die in regelmäßigen Abständen regionale und auswärtige Berichte aus Politik und Wirtschaft sowie Nachrichten über allerlei Wissenswertes und Außergewöhnliches aus der ganzen Welt in die Bürgerhäuser brachten.

Die Veränderungen vollzogen sich nicht ohne Beschwerden und gerieten nicht allen gleichermaßen zum Vorteil. In den schnell wachsenden Städten bildeten sich Elendsviertel; auf dem Lande war ein Teil der Bevölkerung ebenfalls von den wirtschaftlichen und technischen Fortschritten ausgeschlossen. Weg- und Passierzölle behinderten den Handel. Räuber machten Wege unsicher. Frachtschiffe kenterten im Sturm oder fielen Piraten zum Opfer. Die Einfuhr von Gold und Silber gefährdete die Stabilität der Währungen. Die Einkommen konnten oft mit der Teuerung nicht Schritt halten (Braudel, 1986a, b).

Die vielfältigen Mißstände und Nöte riefen nach Ordnungen und Regeln. Die Verwaltung der Städte, Recht, Erziehung und Wirtschaft sollten dadurch verbessert werden. Sogar Frieden zwischen den Völkern versprach man sich von allgemein anerkannten Prinzipien. Im Geiste des Humanismus ergingen Aufrufe zu einem dauerhaften Frieden; es wurden Friedensordnungen entworfen, ja sogar Pläne für ein von allen Staaten anerkanntes internationales Gericht, das die Handels- und Territorialkonflikte der damaligen Zeit schlichten sollte (Raumer, 1953).

Der Wandel der Verhältnisse begünstigte einige gesellschaftliche Gruppen und benachteiligte andere. Begünstigt waren vor allem Kaufleute, Advokaten, Apotheker, Ärzte sowie andere Vertreter eines immer selbstbewußter werdenden Bürgertums. Sie gewannen mit Reichtum soziales Ansehen und politischen Einfluß. Soziales Ansehen und Macht, mitunter sogar Reichtum, konnten auch Intellektuelle erwerben, die sich als Verwaltungsfachleute und überhaupt als Experten für neue Ordnungen bewährten. Sie standen zum Teil im Dienste der herrschenden Fürsten, als deren Minister, Berater, Beamte. Manche der neuen Ordnungen widersetzten sich der bestehenden Macht und führten sogar zum Aufruhr gegenüber den herrschenden Fürsten. Zahlreiche Aufklärer wurden so zu Revolutionären.

Die neuen Ordnungen dienten überwiegend den Interessen der Bürger; es waren in diesem Sinne bürgerliche Ordnungen. Durch sie verloren vor allem der Adel und der Klerus an Ansehen und Macht; bürgerliche Ordnungen erkannten ihnen zunehmend Besitz und Privilegien ab. Reformen begünstigten zunächst mehr die Städter als die Bauern, mehr die Selbständigen als die Lohnarbeiter. (Über das Verständnis des Bürgers und seiner Rechte mehr in Abschnitt 7.1.3.)

6.1.2 Rationalistische Moralphilosophie

Zu rechter Erkenntnis über die Beschaffenheit der Welt zu gelangen, war nur eines der Ziele neuzeitlicher Philosophie. Ein anderes Ziel war das Erkennen des Guten sowie des rechten Handelns. Rationalismus und Empirismus entwickelten somit eine Ethik bzw. eine Moralphilosophie, mit welcher sich die Tradition der Pragmatik fortsetzte (vgl. Abschnitte 2.3, 3.1.3, 3.2.2).

Der Rationalismus (Abschnitt 5.2) begründete eine Ordnungs- und Pflichtethik. Gottfried Wilhelm Leibniz hatte die Welt als ein harmonisch geordnetes Universum gedeutet. Von Gottes Vernunft bestimmt, folge die Natur der Notwendigkeit (vgl. Abschnitt 5.2.2). Ebenso habe Gott der menschlichen Seele Moral eingegeben; der Mensch müsse seine seelische Natur erkennen und ihr folgen. Insofern entspreche die Pflicht der Naturnotwendigkeit. Mit der Pflicht genüge der Mensch der Güte und Weisheit Gottes. Zugleich erlange er seine Freiheit, da er mit der Pflicht seine eigene Bestimmung erfülle (Leibniz, 1720/1985).

Aus dieser Sicht erwuchs die Aufgabe, die aus der Ordnung der Welt und der Natur der Seele herrührenden Regeln zur Erreichung des Guten und zur Meidung des Bösen zu ermitteln, die moralischen Gesetze. Christian Wolff (Abschnitt 5.2.3) untersuchte die „*Fertigkeit,*

Kossok, M. und Autorenkollektiv. (1986). *Allgemeine Geschichte der Neuzeit.* Berlin: Deutscher Verlag der Wissenschaften.

Braudel, F. (1986a). *Sozialgeschichte des 15.-18. Jahrhunderts. Aufbruch zur Weltwirtschaft.* München: Kindler.

Braudel, F. (1986b). *Sozialgeschichte des 15.-18. Jahrhunderts. Der Handel.* München: Kindler.

Raumer, K. von (1953). *Ewiger Frieden. Friedensrufe und Friedenspläne seit der Renaissance.* München: Alber.

seine Handlungen nach den Gesetzen der Natur einzurichten" (Wolff, 1720/1976, S. 41) und behandelte dabei (in der folgenden Reihenfolge) Verpflichtungen gegenüber

- dem Verstand (nach Wissen, Gründlichkeit, Scharfsinn, Erinnerung u.ä. streben),
- dem Willen (Gutes wollen, Liebe gegen Haß, Neid, Mißgunst setzen, Mäßigung gegen Zorn und andere Affekte setzen u.ä.),
- dem Leib (sich nicht in Lebensgefahr begeben, keinen Selbstmord verüben, Gesundheit und körperliche Geschicklichkeit pflegen, richtig essen und trinken, wärmende und schamhafte Kleidung anlegen, Sehkraft und Hörvermögen erhalten u.ä.),
- dem äußerlichen Zustand (ausreichendes Vermögen erwerben, Fleiß und Sparsamkeit, bei der Arbeit nicht nur auf Gewinn achten, Zügellosigkeit und Ehrgeiz meiden u.ä.),
- Gott (Ehrerbietung, Dankbarkeit, Vertrauen zu Gott, Teilnahme am Gottesdienst u.ä.),
- Freunden (Hilfe, keine Beleidigung, keine Verführung zu Lastern u.ä.),
- Feinden (Angemessenheit von Gegenwehr, Strafen u.ä.),
- Eigentum (Bezahlung nach Kauf, Schadensersatz, Bürgschaften, Almosen u.ä.),
- Reden und Verträgen (Aufrichtigkeit, Gewissenhaftigkeit u.ä.).

Das Bekenntnis zur Pflicht ist zentraler Bestandteil der rationalistischen Ethik geblieben. Zu einem Höhepunkt des neuzeitlichen Idealismus wurde die Lobrede Kants in seiner *Kritik der praktischen Vernunft*:

„Pflicht! du erhabener großer Name, der du nicht Beliebtes ... in dir fassest, sondern Unterwerfung verlangst, doch auch nichts drohest, was natürliche Abneigung im Gemüte erregte und schreckte, um den Willen zu bewegen, sondern bloß ein Gesetz aufstellst, welches von selbst im Gemüte Eingang findet, und doch sich selbst wider Willen Verehrung (wenn gleich nicht immer Befolgung) erwirbt, vor dem alle Neigungen verstummen, wenn sie gleich in Geheim ihm entgegenwirken, ... von welcher Wurzel abzustammen die unnachlaßliche Bedingung desjenigen Werts ist, den sich Menschen allein selbst geben können."

(Kant, 1788/1968, S. 209)

Daß Pflicht sich aus sich selbst begründe, folgte dabei für einige aus der These, Moral sei ein Naturgesetz. Kant deutete Pflicht als Gebot der Vernunft.

Sittlichkeit als Gebot der Vernunft veranschaulichte Kant (1788/1968, S. 136) an folgendem Beispiel: Ein Mann A habe von einem Mann B eine Summe Geldes zur Aufbewahrung erhalten. Der B sterbe, ohne eine Verfügung über sein Depot zu hinterlassen. Der A könne nun das Geld für sich behalten, ohne daß jemand das bemerke. Wäre das sittlich? Nein, denn das Geld unbemerkt zu behalten, würde dem Sinn der Vereinbarung widersprechen; das Depot wäre dann kein Depot mehr. Dem Sinn der Vereinbarung würde es dagegen entsprechen, das deponierte Geld dem Erbe des B zuzuführen.

Kant erklärte eine Regel, nach welcher die Sittlichkeit einer Handlung rational zu beurteilen sei, zum *„Grundgesetz der reinen praktischen Vernunft"*:

„Handle so, daß die Maxime deines Willens jederzeit zugleich als Prinzip einer allgemeinen Gesetzgebung gelten könne."

(Kant, 1788/1968, S. 140)

Deponiertes Geld nach dem Tode des Besitzers seinem Erbe zuzuführen, wäre danach eine allgemeingültige Verpflichtung. Man hätte damit dem übergeordneten Grundsatz, der Maxime (von lat. *maxima regula,* höchste Regel) Rechnung getragen: Deponiertes Geld ist nur zur Aufbewahrung übergeben und nicht dem Bewahrer übereignet worden; insofern gehört es zum vererbbaren Vermögen.

Der Autor nahm freilich eine erkenntnistheoretische Einschränkung vor. Die rationale Beurteilung der Sittlichkeit von Handlungen setze Begriffe voraus, die der Vernunft selbst nicht entspringen. Dazu gehörten die Begriffe des Guten und des Bösen, der Pflicht und der Erlaubnis; diese Begriffe setzten ihrerseits die Idee eines höchsten Gutes voraus, das sich aus dem Dasein Gottes und göttlicher Weisheit herleite. Kant nannte solche Voraussetzungen rationalen Urteilens *a priori* (lat. vorab) Kategorien. Da moralische Urteile von *a priori* Kategorien abhingen, sei Sittlichkeit rational nicht zu begründen.

Leibniz, G. W. (1720/1985). Die Theodizee. Von der Güte Gottes, der Freiheit des Menschen und dem Ursprung des Übels. *Philosophische Schriften* (Band II/2), herausgegeben von H. Herring. Darmstadt: Wissenschaftliche Buchgesellschaft.

Wolff, Ch. (1720/1976). *Vernünfftige Gedanken von der Menschen Thun und Lassen, zu Beförderung ihrer Glückseligkeit.* Hildesheim: Olms.

Kant, I. (1788/1968). Kritik der praktischen Vernunft. *Werke* (Band 6, S. 106-302), herausgegeben von W. Weischedel. Darmstadt: Wissenschaftliche Buchgesellschaft.

Streng unterschied Kant zwischen dem Guten und Bösen einer Handlung und dem Wohl und Wehe eines Menschen. Wohl und Wehe ergeben sich mit Rücksicht auf das Begehren; sie seien also lediglich subjektive Erfahrungen. In dem obigen Beispiel könnte der B, der einen Geldbetrag verwahrt, diesen für sich verwenden, nachdem der ursprüngliche Besitzer A verstorben ist. Dies täte dem B wohl; würde es doch seine Habsucht befriedigen. (Man könnte nicht einmal einwenden, das Fehlen des Geldes würde die Erben des A schmerzen; denn diese wissen ja - so das Beispiel - gar nichts von dem deponierten Betrag.) Eine Handlung, die lediglich die subjektive Erfahrung des eigenen Wohlseins erzeuge, stehe nicht in Beziehung zu vorgegebenen Begriffen der Sittlichkeit; sie entziehe sich daher der Rechtfertigung durch die Vernunft und tauge nicht als Vorbild für eine allgemeine Gesetzgebung.

Kant betonte in seiner Ethik die grundsätzliche Andersartigkeit der vorgegebenen Gesetzlichkeit und der subjektiven Erfahrungswelt. (Mehr über Kants Theorie der begrifflichen Voraussetzungen des menschlichen Erkennens in Abschnitt 9.1.3.) Die subjektive Erfahrung der Befriedigung von Bedürfnissen hielt der Autor für moralisch unzureichend, weil sie den Egoismus nicht zu überwinden vermöge. Den Egoismus verurteilte er in allen seinen Erscheinungsformen. Als verwerflich nannte er den Eigendünkel, den Solipsismus, (d.h. Selbstliebe, lat. *solus,* allein; *ipse,* selbst) sowie die Arroganz (d.h. Anmaßung, lat. *arrogans,* anmaßend).

6.1.3 Empiristische Moralphilosophie

Die Ethik des Empirismus (Abschnitt 5.3) war hedonistisch (griech. *hedone,* Freude) und utilitaristisch (engl. *utility,* Nutzen) ausgerichtet. Handlungen suchten Lust (engl. *pleasure*) zu verschaffen und Schmerz (engl. *pain*) zu mindern. Locke (Abschnitt 5.3.2) rechnete Freude und Schmerz zu den einfachen Ideen. Aus der Erfahrung von Freude und Schmerz entstünden die Begriffe „gut" und „schlecht".

„Gut nennen wir das, was in uns die Freude zu wecken oder zu steigern oder den Schmerz zu verringern geeignet ist ... . Im Gegensatz hierzu nennen wir dasjenige böse, was einen Schmerz zu wecken oder zu steigern oder eine Freude in uns zu verringern ... geeignet ist."

(Locke, 1690/1913, S. 262, übersetzt von C. Winckler)

Die Nützlichkeit von Handlungen erwachse aus ihren Folgen. Sie seien nützlich, wenn sie Freude verschafften und Schmerz minderten. Solche Aussagen bedeuteten zunächst nicht mehr als Beschreibungen von Sachverhalten. Damit wurden freilich Lust und Unlust, Gut und Schlecht zu Naturgegebenheiten. Man konnte sie nüchtern nach der naturwissenschaftlichen Methode untersuchen und aus der Untersuchung vorteilhafte Erkenntnisse zu gewinnen trachten.

Der Londoner Rechtswissenschaftler Jeremy Bentham (1748-1832) wurde zu einem leidenschaftlichen Verfechter des Utilitarismus; er sah darin die Grundlage für die Staats- und Rechtslehre. Getreu dem mathematisch-naturwissenschaftlichen Ansatz wollte er ein „hedonistisches Kalkül", d.h. eine Maßzahl für Glück und Unglück berechnen. In diese Maßzahl sollten eingehen: die Intensität der aus einer Handlung entspringenden Befriedigung oder Enttäuschung, deren Dauer, die Gewißheit ihres Eintretens, die Nähe des Eintreffens und ihre Folgenträchtigkeit, d.h. die Art und Menge ihrer weiteren Wirkungen. Die

Gefühl und Moral

Ziel der Moral ist das Glück. Daher nehmen im 17.-18. Jahrhundert die Begriffe „Moral" und „sittlich" die Bedeutung „Gefühl" und „emotional" an. In diesem Sinne hat Goethe (1808-1810/1977) die „sinnlich-sittliche Wirkung der Farbe" erörtert. Damit meinte er die *„Erfahrung ..., daß die einzelnen Farben besondre Gemütsstimmungen geben"* (S. 207). Zum Beispiel stellte er bei den Farben Blau, Rotblau und Blaurot fest: *„Sie stimmen zu einer unruhigen, weichen und sehnenden Empfindung"* (S. 210).

Nach diesem Verständnis behandelte die Moralphilosophie oft das Wesen und die Herkunft von Gefühlen. Ein herausragendes Beispiel ist die *Ethik* Spinozas (s. Abschnitt 5.2.2). Mit der monistischen Annahme einer Verbindung von Geist und Körper in der Einheit Gottes begründet Spinoza, das Streben zu Gott sei höchste Tugend und vermittle höchste Glückseligkeit. Da Gott die Natur erfülle, sei Leben nach der Natur der Welt und des Menschen gut. Gut sei auch der Affekt der Freude, welcher die menschliche Tätigkeit fördere. Allerdings gebe es Zustände und Handlungen, die nicht mit der menschlichen Natur übereinstimmen. Diese sind schlecht; sie erzeugen Affekte wie Traurigkeit, welche die Tätigkeit des Menschen hemmen.

Spinoza zeigte in einer systematischen Analyse, wie aus wenigen Grundaffekten eine Vielzahl von Gefühlen hervorgehen kann; die Beschaffenheit der Gefühle führte der Autor auf unterschiedliche Vorstellungen zurück. Die Grundaffekte der Freude und Trauer können sich u.a. mit Vorstellungen von Lob und Tadel, Schuld und Unschuld verbinden. Zum Beipiel sei Scham

„... Traurigkeit, begleitet von der Idee einer von uns verrichteten Tat, die wir uns von anderen getadelt vorstellen."

(Spinoza, 1677/1980, S. 183, übersetzt von C. Vogl)

Da Vorstellungen - je nach Lebensumständen, Handlungen und sozialen Beziehungen - zahlreich und vielgestaltig sind, entstehen aus ihrer Verbindung mit den Grundaffekten der Freude und der Trauer eine Fülle von glücklichen und traurigen Erlebnissen: Neid, Barmherzigkeit, Mitleid, Reue, Verzweiflung, Sicherheit, Spott und viele andere Gefühle.

Der Geist vermöge Affekte und ihre Ursachen zu erkennen. Diese Fähigkeit rühmte Spinoza als gesteigerte Weltsicht und Gottesliebe zugleich:

„Wer sich und seine Affekte klar und deutlich erkennt, liebt Gott, und umso mehr, je mehr er sich und seine Affekte erkennt. ... Wer sich und seine Affekte klar und deutlich erkennt, erlebt Freude ..., und zwar verbunden mit der Idee Gottes ...; und also ... liebt er Gott, und zwar ... umso mehr, je mehr er sich und seine Affekte erkennt."

(Spinoza, 1677/1955, S. 284, übersetzt von C. Vogl)

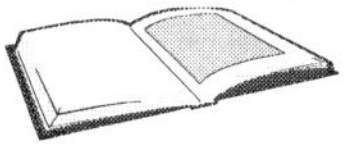

Goethe, J. W. von (1808-1810/1977). Schriften zur Farbenlehre. *Sämtliche Werke* (Band 16, 1.Teil, S. 7-838), herausgegeben von E. Beutler. Zürich: Artemis.

Spinoza, B. de (1677/1980). Ethica/Ethik. *Werke* (Band 1), herausgegeben von H. Blumenstock. Darmstadt: Wissenschaftliche Buchgesellschaft.

Die geistigen Voraussetzungen sowie die Bedeutungen von Gefühlen zu ergründen, war eine beliebte Übung in der Moralphilosophie. Nicht zuletzt empiristische Autoren haben sich um Aufklärung der Erfahrungen bemüht, welche in Gefühlserlebnissen verschlüsselt sind. Zum Beispiel hat Hume in seiner Moralphilosophie (s.u.) dem Entzücken und der Liebenswürdigkeit, der Furcht und dem Zorn sowie den Erscheinungen des Lächerlichen und des Erhabenen ebenso empfindsame wie scharfsinnige Analysen gewidmet.

geschätzten Einzelmerkmale der Nützlichkeit sollten zu einem einzigen Wert des Gesamtnutzens zusammengezogen werden (Bentham, 1789/1948).

Die Bestimmung von empirischen Zusammenhängen zwischen Handlung, Nutzen und Lust war nur ein erster Schritt. Ihm folgte als zweiter Schritt die Erklärung der Lust zum moralischen Prinzip. Befriedigung menschlicher Bedürfnisse sei gut, ebenso die Befreiung von Sorgen und Angst, lehrte Francis Hutcheson (1694-1746), Professor für Moralphilosophie und Ästhetik im schottischen Glasgow. Gott und die Natur stünden dem Menschen wohlwollend gegenüber. Die Welt biete Schönheit und Harmonie. Ihr Angebot zum Genuß anzunehmen, entspreche natürlicher Sittlichkeit.

Den Vorrang des Gefühls in der Moral begründete Hume (s. Abschnitt 5.3.3) 1751 in seiner *Untersuchung über die Principien der Moral.* Vernunft zeige die Mittel, die zu guten Lebenszwecken führten. Doch ob ein Zweck gut sei, entscheide das Gefühl oder der Geschmack (engl. *taste*). So könne Vernunft begründen, daß Leibesübungen gut für die Gesundheit seien; daß aber Gesundheit ein Gut sei, sage nur das Gefühl. Durchaus möglich sei die Bestimmung unterschiedlicher

„... Gebiete und Functionen der Vernunft und des Geschmackes ... . Die erstere bringt die Erkenntniss des Wahren und Falschen, der letztere gibt das Gefühl des Schönen und Hässlichen, des Lasters und der Tugend ... . Die Vernunft, da sie kalt und gleichgiltig ist, ist kein Motiv zum Handeln und leitet blos ..., indem sie uns die Mittel zur Erreichung des Glückes und Vermeidung des Unglücks zeigt. Der Geschmack, da er ... Glück und Elend schafft, wird ein Motiv zum Handeln. ... indem er alle Gegenstände der Natur mit den von dem inneren Gefühle erborgten Farben entweder vergoldet oder befleckt, bringt er gleichsam eine neue Schöpfung hervor."

(Hume, 1751/1883, S. 132, übersetzt von T. G. Masaryk)

Wie schon in seiner Erkenntnistheorie (vgl. Abschnitt 5.3.1) vermied der Empirismus in seiner Moralphilosophie die Annahme vorgegebener Ideen sowie sittlicher Ordnungen jenseits der Erfahrung. Kant (s.o.) hat die britischen Empiristen gescholten, ihre sittliche Rechtfertigung diene nur dem menschlichen Eigennutz. Haben sie tatsächlich den sozialen Charakter der Moral nicht beachtet?

In der Tat rechtfertigte die Gefühlstheorie der Moral den Eigennutz. Adam Smith (1723-1790), der bei Hutcheson in Glasgow (s.o.) studiert hatte und später selbst Professor an dieser Universität wurde, verteidigte das kluge Nützlichkeitsstreben des Einzelnen. Er machte aber auch deutlich: In einer entwickelten Gesellschaft sei der individuelle Nutzen nur durch sozialen Austausch zu mehren. Deshalb erwachse aus Eigennutz gesellschaftlicher Nutzen:

„... der Mensch ... braucht fortwährend die Hilfe seiner Mitmenschen und er würde diese vergeblich von ihrem Wohlwollen allein erwarten. Er wird viel eher zu dem Ziele kommen, wenn er ihre Eigenliebe zu seinen Gunsten interessieren und ihnen zeigen kann, daß sie selbst einen Vorteil haben, wenn sie für ihn tun, was er von ihnen haben will. ... so erhalten wir voneinander den bei weitem größeren Teil der guten Dienste, die wir benötigen. Nicht von dem Wohlwollen des Fleischers, Brauers oder Bäckers erhalten wir unsere Mahlzeit, sondern von ihrer Bedachtnahme auf ihr eigenes Interesse."

(Smith, 1786/1923, Band 1, S. 18, übersetzt von E. Grünfeld)

In einem dritten Schritt wird also die Entstehung der Sozialmoral beschrieben. Zum (selbstbezogenen) Gefühl geselle sich das (auf andere und die Gesellschaft bezogene) Mitgefühl (engl. *sympathy*), lehrte Smith (1759/1926). Der Mensch sei empfindsam für die körperlichen Nöte seiner Mitmenschen, für deren Hunger und Schmerz; er reagiere auf anderer Lob und Tadel, achte auf Pflichten und Gebote; er glaube an die Heiligkeit (Gottgegebenheit) guter Sitten. Das alles sei Ausdruck natürlicher Sittlichkeit. Das bedeutet freilich auch: Alle Gefühle sind sozial vermittelt. Selbst die Gefühle der Erhabenheit sind Produkt natürlicher Erfahrung, nicht übernatürlicher (metaphysischer) Einsicht.

Gibt es die Möglichkeit, zu einer vernunftgeleiteten sozialen Übereinstimmung über moralische Urteile zu gelangen? Smith schlug hierfür das unparteiische Urteil vor. Aufgrund des Mitgefühls trete natürliche Sittlichkeit im Urteil des Beobachters zutage, der frei von eigenen Interessen sei. Erkenne ein unparteiischer Beobachter ein Streben und Handeln als sittlich an, so könne man dies als Ausweis allgemeiner Sittlichkeit betrachten.

Die empiristische Lehre vom Streben nach Befriedigung und Nutzen stand im Einklang mit materialistischen Anschauungen (s. Abschnitt 5.4.2). Der französische Materialist Claude Helvétius stimmte zu: Menschen werden nicht durch Religion und andere Appelle zur Sittlichkeit besser, sondern nur durch die Erfahrung eigenen Nutzens. Man muß ihre Selbstliebe befriedigen, vor allem ihr Macht- und Besitzstreben. Erst dadurch gelangt man zu Erfolg in Politik und Erziehung. So wird aus der empiristischen Sittenlehre in einem vierten Schritt ein Anwendungsprinzip abgeleitet: das Prinzip von Lohn und Strafe. Helvétius sprach sich für den planmäßigen Einsatz von Belohnungen aus. Für große Taten seien große Belohnungen angebracht. Insofern sei Luxus in einer Gesellschaft notwendig, auch wenn grundsätzlich im Leben der Bürger Sparsamkeit ratsam sei.

Locke, J. (1690/1913). *Versuch über den menschlichen Verstand* (1. Band), herausgegeben von C. Winckler. Leipzig: Meiner.

Bentham, J. (1789/1948). *An introduction to the principles of morals and legislation*. Oxford: Blackwell.

Hutcheson, F. (1755 [postum]/1969). *A system of moral philosophy*. Hildesheim: Olms.

Hume, D. (1751/1883). *Eine Untersuchung über die Principien der Moral,* herausgegeben von T. G. Masaryk. Wien: Konegen.

Smith, A. (1786/1923). *Eine Untersuchung über Natur und Wesen des Volkswohlstandes* (2 Bände), herausgegeben von E. Grünfeld. Jena: Fischer.

Smith, A. (1759/1926). *Theorie der ethischen Gefühle*, herausgegeben von W. Eckstein. Leipzig: Meiner.

Helvétius, C. A. (1772/1972). *Vom Menschen, seinen geistigen Fähigkeiten und seiner Erziehung,* herausgegeben von G. Mensching. Frankfurt a. M.: Suhrkamp.

6.1.4 Aufklärung, neue Berufsfelder und die Universitäten

Die europäischen Universitäten pflegten in einigen ihrer Bereiche das Alte und wurden in anderen Bereichen zu einem Nährboden für neues Denken und neue Praxis. Drei ihrer Fakultäten bereiteten die Studierenden auf eingeführte Berufsfelder vor: die Theologie, die Medizin und die Jurisprudenz (s. bereits Abschnitt 4.3.3). Die gesellschaftlichen Probleme der beginnenden Neuzeit führten zu einer Ausweitung der Wissenschaften und brachten neue Berufsfelder hervor. Auf Zustimmung stieß vielfach die Forderung Bacons (vgl. Abschnitt 5.1.2) nach praktischer Orientierung der Wissenschaft. Forschung solle dem Guten dienen, doch das Gute verwirklichen könne nur das Handeln. Deshalb müsse Forschung die Praxis unterstützen.

Zu den Lehrfächern, die sich durch aktuelle Fortschritte und praktische Bedeutsamkeit hervortaten, gehörte die Mechanik. Die Mechanik (griech. *mechanike techne,* Maschinen[bau]kunst) befaßte sich vorzugsweise mit Bergbau und Forstwirtschaft sowie mit Metallgewinnung und -verarbeitung. Neue Konstruktionen wie Windmühlenflügel und wassergetriebene Hammerwerke veränderten darüber hinaus Handwerk, Landwirtschaft und Haushalt (vgl. Krünitz, 1773-1858). Die mechanischen Künste (lat. *artes mechanicae)* gewannen an Bedeutung und Ansehen; seit der Scholastik beanspruchten sie einen Platz neben den *artes liberales,* den Freien Künsten (Ludwig & Schmidtchen, 1992).

Zu einem vorrangigen Ziel der öffentlichen Ordnung wurde die Wohlfahrt des Staates und seiner Bevölkerung. Johann Heinrich Gottlob von Justi (1717-1771), Professor am Theresianum in Wien und Leiter der Preußischen

Bergwerke, einer der Begründer der neuzeitlichen Staats- und Wirtschaftslehre, nannte als oberste Aufgabe der Herrscher die *„Glückseligkeit der Unterthanen"*. Damit meinte er

„die Vollkommenheit unseres moralischen Zustandes und die daher rührende Zufriedenheit unserer Seele, ...". Äußere Voraussetzung hierzu sei *„eine solche gute Einrichtung und Beschaffenheit eines Staats, daß jedermann einer vernünftigen Freiheit genieße, und durch seinen Fleiß vermögend sey, sich diejenigen moralischen und zeitlichen Güter zu erwerben, die er nach seinem Stande zu einem vergnügten Leben nöthig hat."*

(Justi, 1758, S. 65f.)

„Vergnügtheit" bedeutet hier die gesicherte Befriedigung der Bedürfnisse der Bürger, und zwar bemessen nach ihrer Stellung - etwa als Bauern, Kaufleute, Landbesitzer, Adlige.

Justi hat aus dieser Sicht die öffentlichen Aufgaben systematisch gegliedert und jeder von ihnen eine eigene wissenschaftliche Disziplin zugeordnet:

- Regierungswissenschaft zur Förderung von Frieden im Staate und zwischen Staaten, einschließlich der Gesetzgebung,
- Commerzienwissenschaft mit zwei Zweigen, der Staatswirtschaft (betreffend Steuern, Münzprägung, Anleihen u.ä.) und dem privaten Handel (betreffend An- und Verkäufe, Importe, Exporte u.ä.),
- Ökonomie als Lehre vom privaten Erwerb und der Sicherung von Vermögen; Ökonomie gliedert sich in Produktion von Gütern in der Landwirtschaft und im Gewerbe (z.B. Schafzucht, Erzgewinnung) und in Vermögensverwaltung (z.B. Verpachtung von Land, Verzinsung von Kapital),
- Polizeiwissenschaft zur Förderung der öffentlichen Ordnung (gesicherte Versorgung und Lebenswandel der Bürger). Als Teil der Polizei erwähnt der Autor auch die
- Kinderzucht, die öffentliche Erziehung.

Der Autor unterscheidet also vor allem zwischen staatlichen und privaten Angelegenheiten, zwischen Produktion und Handel sowie zwischen Erwerb und Erhaltung bzw. Nutzung und Vermehrung von erworbenem Vermögen.

Krünitz, J. G. (Hrsg.). (1773-1858). *Oekonomisch-technologische Encyklopädie, oder allgemeines System der Staats-, Stadt-, Haus- und Landwirthschaft, und der Kunst-Geschichte* (Theil 1-242). Berlin: Pauli.

Ludwig, K.-H. & Schmidtchen, V. (Hrsg.). (1992). *Metalle und Macht*, herausgegeben von W. König, Band 2). Berlin: Propyläen Verlag.

Justi, J. H. G. von (1758). *Staatswirthschaft oder Systematische Abhandlung aller Oekonomischen und Cameral-Wissenschaften* (2 Teile). Leipzig: Breitkopf.

Eine große Rolle spielte in Justis Staatslehre das Rechnungswesen. Diesem war eine eigene, sich schnell entwickelnde Disziplin gewidmet: die Kameralwissenschaft. Die Kameralwissenschaft (lat. *cameralia*, die Schatzkammer des Landesfürsten betreffende Angelegenheiten) befaßte sich ursprünglich mit den Staatsfinanzen (z.B. Ausgaben für den Hofstaat). Später nahm sie sich aller Einnahmen und Ausgaben der öffentlichen Verwaltung an (z.B. Zölle und Gebühren, Aufwendungen für Straßen und Brücken).

Von der Politik trennte sich die Polizei als Verwaltung zur Sicherung der öffentlichen Ordnung. Lehren zur öffentlichen Ordnung nannte man daher Polizeiwissenschaft. Die oben erwähnte „Kinderzucht" als öffentliche Aufgabe sollte zunächst die Verwahrlosung verhindern, war also ein sozialpädagogisches Vorhaben (mehr in Abschnitt 6.2.3).

Unterricht erhielten Kinder oft im Elternhaus. Doch gleichzeitg begann der Aufbau eines öffentlichen Schulwesens. Für die Bestimmung von Lehrzielen, die Gestaltung von Lehrplänen und die Durchführung des Unterrichts bedurfte es erziehungswissenschaftlicher Theorien; sie wurden unter der Bezeichnung „Pädagogik" gelehrt (mehr dazu in Abschnitt 6.3).

Technik und Produktion wurden also zunehmend aus privaten Haushalten in Betriebe verlagert, in welchen Männer (und teilweise

Kinder) für Lohn arbeiteten. Die häusliche Erziehung begann, der öffentlichen Erziehung Platz zu machen. Damit haben sich zwei Wissensbereiche aus der klassischen Ökonomie verselbständigt (über weitere Lehren zur Gestaltung des Familienlebens mehr in Abschnitt 7.3). Das Gebiet der Politik hat sich mit dem Aufkommen von Staatswirtschaft und öffentlicher Verwaltung ausgeweitet und differenziert (mehr hierzu in Abschnitt 6.2.3).

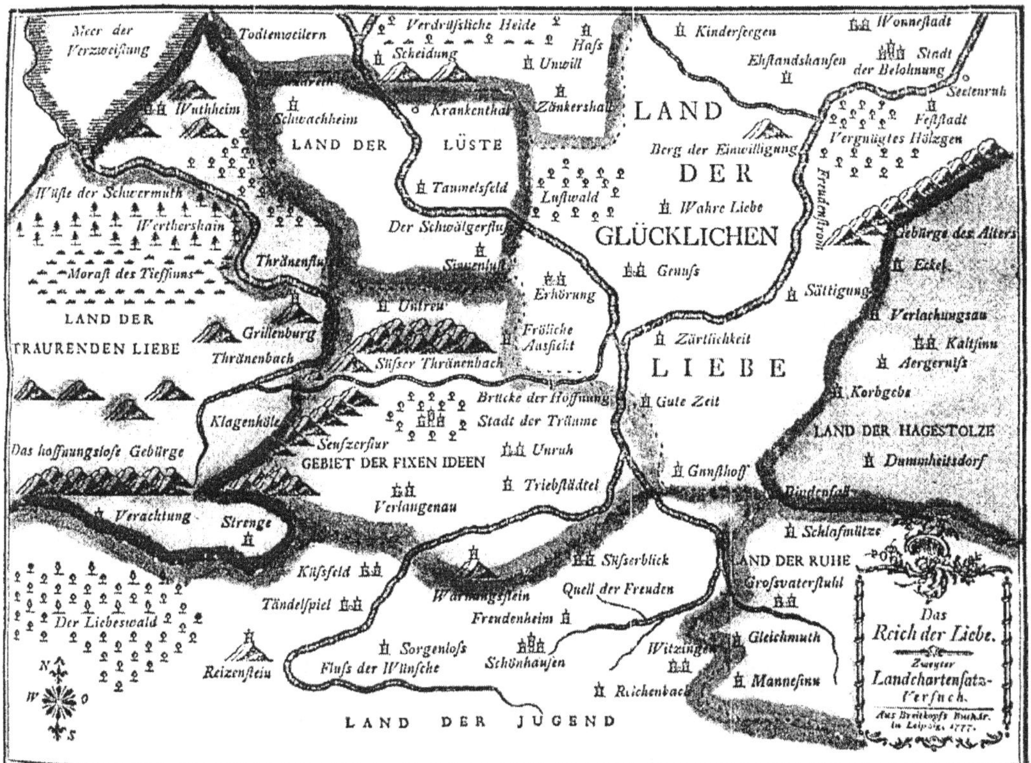

Ein praktisch-wissenschaftlich ehrgeiziges Werk war die von dem Arzt und Schriftsteller Johann Georg Krünitz 1773 eröffnete und erst nach seinem Tode im Jahre 1796 von anderen Herausgebern vollendete *Oekonomisch-technologische Encyklopädie*. Sie enthielt neben Darstellungen technischer Gegenstände (z.B. zum Stichwort „Licht") auch psychologische Erläuterungen (z.B. über „Leidenschaften"). Die obige Abbildung zeigt eine Landschaft der Gefühle. Es ist ein Ausschnitt aus einer Druckprobe zu einem „Atlas der moralischen Welt" (Krünitz, 1793, 60. Theil, S. 196).

Wenn sich nun praktische Lehren zur Beurteilung und Gestaltung des öffentlichen Lebens nach verschiedenen Berufs- und Praxisfeldern (wie Wirtschaft und Erziehung) trennten: Verloren sie den Bezug zueinander? Oder behielten sie Gemeinsamkeiten, welche sie zu einer übergreifenden Theorie vereinten? Adam Ferguson von der Universität Edinburgh glaubte letzteres. Er hielt eine einzige Lehre für möglich, welche auf einer gemeinsamen Grundlage die Praxis auf sämtlichen Aufgabenfeldern des öffentlichen Lebens umfaßt: die Moralphilosophie.

Ferguson hat in einem Lehrbuch aus dem Jahre 1768 einen Entwurf für eine solche Moralphilosophie vorgelegt. Darin behandelte er die folgenden Kapitel:

1. Natur des Menschen (Bildung, Nahrung, Wohnung; Bewußtsein, Gefühl, Vorstellung, Gedächtnis, Raisonnement, Begierde, Wille),

2. Theorie der Seele (Gesetze des Verstandes und des Willens, Eigennutz, Nacheiferung, Stolz, Rechtschaffenheit),

3. Gott,

4. Moralische Gesetze (Gut und Böse, Leben und Tod, Vollkommenheit, Glückseligkeit),

5. Rechtswissenschaft,

6. Gewissenspflichten (Tugend, Pflicht, Religion),

7. Staatskunst (Nationalreichtum, Verteilung der Ämter, Verfassung des Staates).

(Ferguson, 1768/1772, Inhaltsverzeichnis, übersetzt von Ch. Garve)

Ferguson war Professor für Pneumatik und Moralphilosophie. Pneumatik heißt Seelenlehre (s. bereits Abschnitt 4.3.2). Schon das Inhaltsverzeichnis seines Lehrbuchs zeigt: Ferguson betrachtete die Moralphilosophie als konzeptionellen Rahmen für die Rechts-, Staats- und Wirtschaftswissenschaft. Psychologie sollte der Moralphilosophie als Grundlage dienen. Auf der Kenntnis der Seele des Menschen, seines Verstandes und seines Strebens sollte das Verständnis des sozialen Lebens gründen. Darauf wiederum sollten die praktischen Lehren zur sozialen Ordnung aufbauen.

Die Popularpsychologie (Abschnitt 5.4.3) hat die Moralphilosophie Fergusons mit viel Beifall bedacht. Von daher rührt die Auffassung, Psychologie durchdringe alle Bereiche des menschlichen Lebens; sie vermöge darin Unzulänglichkeiten aufzudecken und zu beseitigen. Aus dieser Sicht kann Psychologie als praktische Lehre vom Leben des einzelnen Menschen und seinen Gemeinschaften den Kern aller Lehren zum öffentlichen Leben bilden und diese zu einer Einheit verbinden.

Tatsächlich wurde Psychologie von Staats-, Wirtschafts-, Verwaltungs und Erziehungslehren vereinnahmt, ohne daß dies eine erhebliche institutionelle Vereinheitlichung zur Folge gehabt hätte. Vielmehr teilten sich die Disziplinen nach den Berufs- und Anwendungsbereichen, denen sie sich bevorzugt zuwandten - z.B. dem Gerichtswesen, der Staatsregierung oder der Wirtschaftsverwaltung. Mit den Berufen trennten sich auch die Ausbildungsgänge. Zum Beispiel besuchten angehende Juristen und Wirtschaftler zunehmend getrennte Studiengänge. Praktische Psychologie wurde in diesem Ausbildungs- und Berufssystem zu einem Gemeingut, zu einem transdisziplinären Unternehmen (vgl. Abschnitt 1.1.5).

Übrigens hatte die Einrichtung und zunehmende Ausweitung der öffentlichen Verwaltung erhebliche berufs- und standespolitische Auswirkungen. Öffentliche Aufgaben konnten immer weniger von den Fürstenhöfen zentral wahrgenommen werden. Sie mußten über das Land hinweg auf Kollegien und Ämter verteilt werden. Zur zentralen Verwaltung hatten die Fürsten sich schon immer auf sachkundige Berater gestützt, die nicht selten als Hofräte langfristig ihren Dienst versahen und hierfür aus staatlichen Mitteln eine Versorgung bezogen. Mit der Spezialisierung öffentlicher Aufgaben differenzierten sich auch die Stellungen und Titel dieser Sachverständigen; zum Beispiel unterschied man zwischen Commerzienräten und Manufakturräten.

Zudem waren immer mehr Sachverständige im Auftrag des Fürsten außerhalb des Hofes tätig. Das setzte Vertrauen auf der Seite des Fürsten und Loyalität auf der Seite der ihm dienenden Sachverständigen voraus. Die Verleihung und Wahrnehmung eines Amtes verlangte daher neben der erforderlichen Sachkenntnis moralische Eigenschaften: Treue, Verschwiegenheit, Unbescholtenheit, Unbestechlichkeit, Pflichteifer, Gewissenhaftigkeit. Zum Dienst am Staat im Interesse des öffentlichen Wohls entwickelte sich also ein neuer Berufsstand: die Beamtenschaft. Die Selbstlosigkeit der Staatsdiener verdiente jedoch einen gerechten Lohn. Alle Beamten sollten mit ihren Familien aus der Staatskasse eine lebenslange Versorgung genießen (Stolleis, 1988). Zumindest auf dem europäischen Kontinent fiel den Beamten ein großer Teil der staatlichen Macht zu; es bildete sich eine Bürokratie (franz. *bureaucratie,* Ämterherrschaft).

Zu jener Zeit hatte die Psychologie noch nicht ihre heutige Stellung als Einzelwissenschaft und Spezialberuf erreicht. Sie hatte deshalb als Einzelwissenschaft keinen Anteil an den öffentlichen Angelegenheiten und als Beruf keinen Anteil an der Macht der Ämter. Aus diesem Grunde wird sie es bei ihrer späteren Professionalisierung (s. Kapitel 11) schwer haben, dieselbe Anerkennung zu erringen wie die praktischen Wissenschaften und Berufe, welche bereits im 18. Jahrhundert ihren Platz im öffentlichen Dienst eingenommen haben.

Ferguson, A. (1768/1772). *Grundsätze der Moralphilosophie,* übersetzt von Ch. Garve. Leipzig: Dyck.

Stolleis, M. (1988). *Geschichte des öffentlichen Rechts in Deutschland* (Band 1). Reichspublizistik und Policeywissenschaft 1600-1800. München: Beck.

Hammerstein, N. (1996). Die Universitäten in der Aufklärung. In W. Rüegg (Hrsg.), *Geschichte der Universität in Europa* (Band II, S. 495-506). München: Beck.

Justi, J. H. G. von (1758). *Staatswirthschaft oder Systematische Abhandlung aller Oekonomischen und Cameral-Wissenschaften* (2 Teile). Leipzig: Breitkopf.

Praxisorientiertes Studium

Die frühe Neuzeit hat die Wissenschaften aufgewertet. Sowohl der Rationalismus als auch der Empirismus hat der wissenschaftlichen Untersuchung neue Impulse gegeben. Doch Träger wissenschaftlichen Fortschritts waren vorwiegend Gelehrte außerhalb der Universitäten - wie Descartes, Spinoza und Leibniz (s. Abschnitte 5.1.3, 5.2.3), Locke, Berkeley und Hume (s. Abschnitt 5.3.3). Dies sollte sich mit der Aufklärung ändern. Die Universität war ja die einzige Einrichtung für fortgeschrittene Studierende. Sie sollte die neuen Lehren verbreiten, und zwar neben den Naturwissenschaften die Staatswissenschaften (Hammerstein, 1996).

Den Universitäten fiel damit die Aufgabe zu, den Nachwuchs für die Beamtenschaft (s.o.) auszubilden. Das belegt die Vorrede Justis zu seinem Lehrbuch *Staatswirthschaft:*

„Da nun die Universitäten die Jugend vornehmlich solchergestalt unterrichten sollen, daß sie dereinst als Bediente des Staates und als rechtschaffene Bürger dem gemeinen Wesen nützliche Dienste zu leisten, und ihre Pflichten vollkommen zu erfüllen imstande sind: so müssen die ökonomischen und Cameralwissenschaften, durch deren Kenntniß junge Leute vornehmlich in diesen Stand gesetzt werden, allerdings eines der vornehmsten Augenmerke auf Universitäten seyn."

(Justi, 1758, S. XXI, Vorwort)

Zur Lehre der Staatswirtschaft wurden eigene Professuren geschaffen. Die Preußische Regierung errichtete im Jahre 1727 gleich zwei Lehrstühle für Polizeiwissenschaft, und zwar an den Universitäten Frankfurt/Oder und Halle. Das Studienprogramm der Universitäten gewann auf diese Weise Nähe zur politischen Praxis. Damit ergab sich eine Wechselbeziehung von Universität und Politik. Wissenschaftliche Lehre konnte Einfluß nehmen auf Politik und ihre Verwaltung. Eben deshalb strebte die Politik umgekehrt nach Einfluß auf die Universitäten und ihre Lehre.

6.2 Staatslehren Regierungskunst und Bürgerglück

6.2.1 Herrschaft und Moral

Die Staaten der Neuzeit waren Republiken oder Fürstentümer. Erstere wurden von ihren Bürgern verwaltet, letztere von Herrschern oder Herrscherfamilien. Die staatlichen Gebilde hatten wechselhafte Schicksale. Sie wurden gegründet und zerfielen, stärkere vereinnahmten schwächere; die Herrschaft über Regionen wechselte durch Kauf oder Erbschaft. Da stellten sich die Fragen nach

- politisch klugem Verhalten und der
- richtigen staatlichen Ordnung.

Über diese Fragen gab es heftige Auseinandersetzungen. Druckschriften warben für kontroverse Positionen. Erfahrene Politiker, Politikberater und Fürstenerzieher legten ihre Auffassungen in Lehrbüchern nieder.

Das Schicksal der Staaten konnte man betrachten wie das Schicksal einzelner Menschen: Glück und Unglück fielen ihnen mitunter durch die Gunst oder Ungunst äußerer Umstände zu; doch konnten sie auch selbst ihr Glück durch kluges Verhalten bewirken, ihr Unglück durch unkluges Verhalten verschulden. Die Aufgabe seiner Staatslehre sah der Florentiner Stadtkanzler und Diplomat Niccolò Machiavelli (1469-1527) in der Sammlung und Vermittlung wirkungsvoller Regeln für den Erhalt und die Stärkung von Staaten. So warnte er vor Bündnissen mit schwachen Staaten; diese brauchten viel Zeit für ihre Entscheidungen, und langsame Entschlüsse seien in der Politik schädlich. Auch rät der Autor zu Realpolitik. Man solle zum Beispiel nicht auf den Ruf von Bündnispartnern achten, sondern auf deren tatsächliche Macht; denn nur die mächtigen Verbündeten könnten im Kriegsfall wirkungsvolle Hilfe leisten. Vor blindem Eroberungsdrang warnte er; die Eroberung anderer Staaten könne in den Ruin führen. Eine Expansionspolitik führe einen Staat nur unter bestimmten Voraussetzungen zu mehr Größe und Macht. Zum Beispiel müßten die unterworfenen Staaten über hinreichende Mittel verfügen, weil sonst ihre Erhaltung zu hohe Subventionen koste. Außerdem müßten die Verkehrs- und Nachrichtenverbindungen zu ihnen hinreichend ausgebaut sein, weil sie sonst leicht abtrünnig werden könnten.

Ein durchgehender Zug in Machiavellis (1531/1967) Staatslehre ist die Unterordnung des Individuums unter den Staat. Ohne etwa den moralischen Wert von Wahrheit und Ehre grundsätzlich zu leugnen, lehrt er dennoch: Wenn es dem Wohl des Staates diene, müsse eine Täuschung der Bürger zulässig sein, und Bürger müßten persönliche Beleidigungen ertragen. Höchste politische Ziele sind nach Machiavelli die Sicherheit und das Wohlergehen des Staates. Diesen Zielen dienen die Einigkeit und die Durchsetzungskraft. Reale Macht ist demnach eine politische Tugend. Andere menschliche Werte wie Gesundheit, Leben und Freiheit von Einzelnen haben sich den Staatszielen unterzuordnen.

Der pragmatische Ansatz Machiavellis erfährt seine kräftigste Ausprägung in seinem Ratgeber für Herrscher *Der Fürst* aus dem Jahre 1513. Ein Herrscher trage persönliche Verantwortung für den Bestand seines Staates. Er dürfe sich nicht auf günstige Umstände und fremde Hilfe verlassen, sondern nur auf seine eigene Kraft. Daher sei Herrschaft eine Kunst (ital. *virtù)* eigener Art. Sie bedürfe neben der politischen Klugheit des Machtwillens. Der erfolgreiche Herrscher müsse über „Wildheit" (ital. *ferocia)* und „Grausamkeit" (ital. *crudeltà)* verfügen. Im Kampf um die Macht dürfe er nicht mit Freundschaft und Liebe anderer rechnen. Auf die Frage, *„ob es besser sei, geliebt zu werden als gefürchtet"*, antwortet er,

> *„daß es am besten wäre, geliebt und gefürchtet zu sein; da es aber schwer ist, beides zu vereinigen, ist es weit sicherer, gefürchtet zu werden als geliebt ... . Denn von den Men-*

schen läßt sich im allgemeinen so viel sagen, daß sie undankbar, wankelmütig und heuchlerisch sind, voll Gier nach Gewinn ... . Ein Fürst, der sich ganz auf ihre Versprechungen verlassen und keinerlei andere Vorkehrungen getroffen hat, ist verloren.“

(Machiavelli, 1513/1923, S. 97f., übersetzt von E. Merian-Genast)

Stehe der Fortbestand des Staates auf dem Spiel, dürfe sich auch der Fürst selbst nicht von den Gefühlen der Freundschaft und Liebe leiten lassen. Untreue, Betrug und Mord seien dann zulässige Mittel der Politik.

Die pragmatische Staatslehre Machiavellis spiegelt die heftigen Machtkämpfe, Eroberungskriege und Revolutionen zur Zeit der Renaissance wider. Andere Lehren zeichnen das Bild eines harmonischen Zusammenlebens im Staat. Vorbild für die Harmonie im Staate ist die Harmonie in der Familie. Dem Regenten fällt dabei die Rolle eines klugen und gütigen Landesvaters zu. In seiner um 1630 entstandenen Schrift *Patriarcha* deutete der englische Adlige Robert Filmer (1588-1653) das Königtum als ererbte Macht. Könige seien Nachfolger eines ersten Vaters, und nur ihnen komme das Recht auf Herrschaft zu. Landeskinder seien ihnen zu Untertanen bestimmt; sie dürften ihnen keine Vorschriften machen. (Letztere Forderung richtete sich gegen das Bestreben der Parlamente, die Macht des Königs durch Gesetze einzuschränken.) Freiheit für Bürger führe unweigerlich zu Anarchie und zerstöre die Ordnung im Staate.

Patriarchalische Lehren wie die von Robert Filmer schreiben dem Herrscher besondere Fähigkeiten zur Regierung zu. Sie seien ihm durch Abstammung und göttliche Gnade verliehen, so wie dem gewöhnlichen Hausvater die Gabe, Familie und Gesinde zu leiten. Es gab freilich auch fürstentreue Lehren, welche Herrschaft nicht als persönliche Begabung auffaßten. Vielmehr rechtfertigten sie die Macht der absoluten Herrscher mit Vernunftprinzipien. Diese erhielten ihre Autorität durch die Weisheit ihrer Gesetze und ihrer Rechtsprechung. Im übrigen sei Herrschaft ein Naturprinzip; auch die Natur sichere ihren Bestand durch Über- und Unterordnung. Das Argument, Fürstentum beruhe nicht auf persönlicher Begabung, sondern diene dem Wirken der Vernunft, hat bis zur Zeit der Aufklärung (s. Abschnitt 5.4.1) das Fürstentum rechtfertigen helfen. Es solle, wie Christoph Martin Wieland (1772/ o.J., 2. Teil, S. 101) es ausdrückte, *„nicht der König durch das Gesetz, sondern das Gesetz durch den König regieren“*. Das Gesetz lege dem Herrscher selbst Pflichten auf, u.a.

- dem Volk innere Ruhe und Sicherheit vor Feinden zu verschaffen,
- zu öffentlichen Ämtern die tauglichsten Personen zu befördern,
- die Staatseinkünfte zum allgemeinen Nutzen zu verwenden.

Machiavelli, N. (1531/1967). *Vom Staate*. Darmstadt: Wissenschaftliche Buchgesellschaft.

Machiavelli, N. (1513/1923). *Der Fürst*, herausgegeben von F. Meinecke. Berlin: Hobbing.

Filmer, R. (1630/1949). *Patriarcha and other writings*, herausgegeben von J. P. Sommerville. Cambridge, MA: Cambridge University Press.

Wieland, Ch. M. (1772/o. J.). Der goldne Spiegel. *Werke*. Berlin: Hempel.

Niccolò Machiavelli (1469-1527)

Das Vertrauen in eine politische Vernunftordnung erwuchs aus der rationalistischen Ethik (Abschnitt 6.1.2). Die empiristisch ausgerichtete Ethik (s. Abschnitt 6.1.3) teilte dieses Vertrauen nicht. Widersprach eine gute, natürliche Ordnung menschlicher Gemeinschaften nicht der Erfahrung? Gingen nicht Eigennutz, Anarchie und Streit der sozialen Ordnung voraus? Bedurfte es nicht erst mühsamer Einigung, um eine wünschenswerte Ordnung des Zusammenlebens zu erreichen? Diese Auffassung vertrat jedenfalls der englische Philosoph Thomas Hobbes (1588-1679). Hobbes war ein vielseitiger Gelehrter. Er beschäftigte sich mit alten Sprachen, Physiologie, Physik und Mathematik, verdiente seinen Unterhalt als Hauslehrer bei adligen Familien; bei Francis Bacon (s. Abschnitt 5.1.2) arbeitete er in dessen letzten Jahren als Sekretär. Zur Staatslehre drang er vor, als im Streit zwischen König Karl I. und dem Parlament ein Bürgerkrieg England zu erschüttern drohte und Hobbes als Königstreuer 1640 nach Frankreich ins Exil ging.

1640 ist Hobbes' erste große Schrift zur Politik unter dem Titel *Elements of law* erschienen. Sie beginnt als eine Einführung in die Seelenlehre mit Ausführungen über Empfindungen und Vorstellungen, Denken und Sprache, Gefühl und Willen. Hobbes (1640/

Thomas Hobbes (1588-1679)

1926, S. 59) zog aus seinen Beobachtungen und Überlegungen zwei Schlüsse: Aufgrund seiner Sinnlichkeit und seiner Begierden sei *„der Mensch ein Wolf für den Menschen"*. Durch Sprache und Verstand werde *„der Mensch ein Gott für den Menschen"*. Auf diesen Grundannahmen baute Hobbes in seinem zweiten großen Werk *Vom Bürger* aus dem Jahre 1642 seine Theorie vom sozialen Naturzustand und dem Staatsvertrag auf.

Im ursprünglichen Naturzustand ist der Mensch ein eigensinniges und eigensüchtiges Wesen; er besitzt von Natur keinen sozialen Sinn. Deshalb strebe jeder Mensch nach Vorteil und Macht, und rücksichtslose Rivalität herrsche im Zusammenleben der Menschen. Der ursprüngliche Naturzustand sei ein *„Krieg aller gegen alle"* (Hobbes, 1642/1959, S. 83). Um Sicherheit und Frieden zu schaffen, und nur aus diesem Grunde (nicht etwa wegen höherer Vernunft oder menschlicher Geselligkeit), müßten Verträge vereinbart und Gesetze erlassen werden. Verstand und Sprache ermöglichen den Abschluß eines Staatsvertrages. Damit werde der ursprüngliche Naturzustand überwunden und eine höhere Naturgesetzlichkeit erreicht. Im Staatsvertrag verzichteten Bürger auf selbstsüchtiges Begehren und individuelle Freiheiten. Dafür handelten sie sich jedoch Schutz und Rechte ein. Ihre Hauptmotive für die Unterwerfung unter einen Vertrag seien Furcht und Hoffnung.

Politische Moral habe also auf die Schaffung und Pflege von Vertragsverhältnissen hinzuwirken. Oberstes Ziel der politischen Moral sei die Sicherung des Friedens. Hobbes erörtert mehrere mögliche Staatsformen: die Republik, die Aristokratie und die Monarchie. Er selbst gibt der Monarchie den Vorzug, weil er glaubt, daß ein starker Regent die höchste Gewähr für die Achtung der Gesetze biete.

Ähnlich wie Machiavelli (s.o.) billigte der Autor den Regenten Souveränität gegenüber den Bürgern zu. So wie Furcht und Hoffnung zur Unterwerfung unter Verträge bewegt, kann man deren Achtung bewirken, wenn man Furcht vor den Folgen der Verletzung von Gesetzen weckt und Hoffnung auf Vorteile bei deren Einhaltung. Deshalb liegt es im Ermessen des Regenten, Strafen für Übertretungen und Ungehorsam zu verfügen. Der Regent hat jedoch dafür einzustehen, daß die Bürger die ihnen nach den Gesetzen zustehenden Rechte und Freiheiten tatsächlich genießen können. Im übrigen darf der Staat den Bürgern ihre Lebensweise, ja sogar ihre Religion vorschreiben; er darf von ihnen Steuern und Dienste (z.B. Militärdienst) verlangen. Gleichwohl darf der Regent nicht aus persönlichen Motiven zum Tyrannen werden und Willkür üben. Politische Moral gestatte nur, was den Staat fördere.

Staatslehren werden in Europa und in der Neuen Welt Amerikas, die zu Nationalstaaten und zu Demokratien streben, ein beherrschendes Thema bleiben. Bereits in den Theorien der frühen Neuzeit erkennt man erneut die Kluft zwischen den eher optimistischen rationalistischen Ordnungslehren und den eher pessimistischen empiristischen Zweckmäßigkeitslehren. Die ersteren glauben an eine unmittelbar gegebene soziale Neigung der Menschheit; aus ihr erwachsen ein harmonisches Zusammenleben und eine naturgesetzliche Staatsverfassung. Letztere bestreiten eine ursprüngliche soziale Neigung bei Menschen; sie sehen soziale Organisationen eher als Mechanismen, die Prinzipien der Zweckmäßigkeit folgen; deshalb sei soziales Verhalten mit Lohn und Strafe zu steuern. Ansätze für eine Sozialpsychologie sind in dreifacher Hinsicht zu erkennen: in den Annahmen über die individuellen seelischen Grundlagen des menschlichen Zusammenlebens, in den Theorien über die Organisation des menschlichen Zusammenlebens sowie in den praktischen Ratschlägen zu dessen Gestaltung.

Hobbes, Th. (1640/1926). *Naturrecht und allgemeines Staatsrecht in den Anfangsgründen*, herausgegeben von F. Tönnies. Berlin: Hobbing.

Hobbes, Th. (1642/1959). *Vom Menschen. Vom Bürger*, herausgegeben von G. Gawlick. Hamburg: Meiner.

6.2.2 Recht: Gesetz und Gericht

Frieden und Gerechtigkeit im Zusammenleben der Menschen wollten die Bürger der Neuzeit und ihre aufgeklärten Regenten erreichen. Dazu bedurfte es allseitig bekannter, verbindlicher Ordnungsregeln. Die Humanisten griffen auf die Römischen Gesetzesregeln (lat. *mos gallicus*) zurück. Ihre Nachfolger suchten sie zu erneuern und zu ergänzen und dadurch zu einer zeitgemäßeren Praxis (lat. *usus modernus)* zu gelangen. Auf dem europäischen Kontinent wurden im Laufe des 18. Jahrhunderts umfassende Gesetzeswerke kodifiziert, d.h. schriftlich niedergelegt und durch förmlichen Beschluß in Kraft gesetzt. Dazu gehörten das Bayerische Zivilgesetzbuch (*Codex Maximilianeus Bavaricus civilis)* aus dem Jahre 1756 sowie das *Allgemeine Landrecht für die preußischen Staaten* aus dem Jahre 1791. Eine starke Ausstrahlung und Verbreitung hatte der französische *Code civil* von 1804, nach dem damals herrschenden Kaiser Napoleon auch *Code Napoleon* genannt (Ebel, 1993).

Von den Anwendungsgebieten des neuen Rechts seien zunächst hervorgehoben:

- Staatsrecht. Das Staatsrecht regelt die Beziehungen zwischen den Bürgern und ihren Herrschern oder Regierungen (z.B. Steuern und andere Abgaben, Gesetzgebung).
- Völkerrecht. Das Völkerrecht regelt die Beziehungen zwischen Staaten (z.B. Krieg und Frieden, Bündnisse und Verträge, Befugnisse von Gesandten).
- Bürgerliches Recht (Zivilrecht). Das Bürgerliche Recht regelt die Beziehungen zwischen den Bürgern (z.B. Eigentum und Schuld, Erbschaften, Ehe und Familie).
- Strafrecht (Kriminalrecht). Das Strafrecht bestimmt sozial schädliche Taten, insbesondere Verbrechen (z.B. Mord, Raub) und legt Strafen für diese fest (z.B. Haft, Tod am Galgen).

Verstöße gegen das Zivil- und das Kriminalrecht, meist auch solche gegen das Staatsrecht wurden vor Gerichten verhandelt, welche der Staat oder die Gemeinden einrichteten. Für Völkerrechtsfälle wären internationale Gerichte notwendig gewesen; aber die fehlten zu Beginn der Neuzeit.

Aufklärung, Rechts- und Bildungsreform: Christian Thomasius

Christian Thomasius (1655-1728), einer protestantischen Gelehrtenfamilie entstammend, lehrte Rechtswissenschaften und Philosophie an den Universitäten Leipzig und Halle. Als Universitätsprofessor und Publizist trat er für eine Praxis ein, deren Grundsätze sich durch Vernunft rechtfertigen sollten. Seine Person und sein Werk bezeugen das Drängen der Aufklärungsphilosophie nach Reform des bürgerlichen Lebens.

Selbst mit klassischer Bildung ausgestattet, bemängelte Thomasius den Formalismus und die Lebensferne der *„philosophia pedantica"*. Damit meinte er die scholastische Philosophie (Abschnitt 4.2.2), welche auch der Protestantismus nicht überwunden habe. Er forderte eine praktische Philosophie, welche Ethik und Politik auf der Grundlage einer Weltkenntnis betreibe; dabei sollte Weltkenntnis auch Naturkunde einschließen. Indem er medizinische, kulturhistorische und theologische Fragestellungen in seine Vorlesungen für Juristen einführte, gab er ein Beispiel für die Reform des Universitätsstudiums. Akademische Lehre sollte nicht nur Fachwissen, sondern auch Persönlichkeitsbildung vermitteln.

Förderung der praktischen Vernunft war auch das Ziel der von Thomasius angeregten Schulreform. Nicht mehr sprachliche Fächer allein - vor allem nicht die alten Sprachen des Lateinischen und des Griechischen - sollten den Lehrplan füllen, sondern auch die Mathematik sowie die „Realwissenschaften" - wie Physik, Chemie, Geographie. Hinzutreten sollte Sozialkunde („gottesfürchtige Sittenlehre", „manierliche Höflichkeit").

Der vernunftgeleiteten Lebensgestaltung diente außerdem eine Zeitschrift, die Thomasius ab 1688 herausgab: die *Monatsgespräche*. Die Zeitschrift wandte sich an gebildete Bürger aus verschiedenen Berufsgruppen - wie Lehrer und Pfarrer, Ärzte und Apotheker. Verfaßt waren die *Monatsgespräche* auf deutsch - für eine Schrift mit wissenschaftlichem Anspruch durchaus neu. Bereits 1687 hatte Thomasius Anstoß erregt, als er an der Universität Leipzig eine Vorlesung in deutscher Sprache hielt. Sprachreform war ihm ein Teil der Bildungsreform. Latein und Französisch, die vorherrschenden Sprachen der Wissenschaft, erschienen ihm formelhaft erstarrt; die regional gebräuchliche, im Leben bewährte Sprache hielt er für das geeignetere Mittel zur aktuellen und kontroversen Argumentation (Fleischmann, 1931; Rausch, 1931).

Christian Thomasius (1655-1728)

Ein wichtiges Anliegen der praktischen Philosophie des Thomasius war, *„die Regeln der Weißheit und Klugheit aus der gesunden Vernunfft und aus ... handgreifflicher Warheit"* (Thomasius, 1710/1971, S. 2) herzuleiten. Thomasius bekannte sich zum reformierten Christentum. Doch die noch von Melanchthon (Abschnitt 4.3.1) vertretene Trennung von göttlicher Weisheit und menschlicher Klugheit wollte er nicht länger gelten lassen. Ja, die Berufung auf eine übermenschliche Weisheit verurteilte er sogar als möglichen Kunstgriff zur Verdrängung der Vernunft:

„Die Albernen oder Tummen aber/ ... ergreifen/ weil sie nichts anderes wissen/ den Deckmantel der Religion oder Gottesfurcht. Dieser Deckmantel wird zwar öffters auch von arglistigen Leuten gebraucht; doch zeiget die Erfahrung/ daß ihn die Albernen auch wohl zu nutzen wissen/ indem kein Laster so abscheulich und handgreifflich ist/ das nicht öffters in der Welt unter dem Vorwand der Religion und Weißheit begangen worden sey. ... Und zwar brauchen Alberne den Deckmantel der Religion öffters nach Wunsch und nicht ohne Beypflichtung des Volcks."

(Thomasius, 1710/1971, S. 47ff.)

Diese harte Äußerung war nicht zuletzt auf die damals noch vorkommenden Hexenprozesse gemünzt. Die Folterungen und Verbrennungen der als Hexen verurteilten Frauen beruhten aus aufgeklärter Sicht auf Justizirrtümern. Sie stützten sich auf Dämonenlehren und befriedigten die Sensationslust eines großen Publikums. Die von Thomasius geforderte „Vernunfftsjustiz" hat die Hexenverfolgung abgeschafft und eine Justizreform herbeiführen helfen. Diese Reform bewirkte die Erhöhung der Rechtssicherheit sowie eine Straffung der Verfahren (Fleischmann, 1931).

Als Grundlage für seine Reformarbeit entwarf Thomasius (1710/1971) eine Konzeption der bürgerlichen Klugheit. Bürgerliche Klugheit umfasse Regeln für das rechte Verständnis und Verhalten in der bürgerlichen Gesellschaft: in der Öffentlichkeit und in der Familie, zwischen Freunden, zwischen Frauen und Männern. Hierfür suchte der Autor Begründungen aus der „Krafft des menschlichen Verstandes", einer Kraft, die Bildung voraussetze, aber keine akademische Ausbildung:

„... ein anders ist klug seyn/ ein anders gelehrt seyn. Und es kan so wohl ein Gelehrter närrisch/ als ein Ungelehrter klug seyn."

(Thomasius, 1710/1971, S. 56)

Denn Gelehrte urteilten nach vorgegebenen Gesetzen, Kluge dagegen

„nach den Regeln der Erbarkeit/ Freundschafft und nach den Regeln ... der Vorsichtigkeit und Nutzbarkeit."

(Thomasius, 1710/1971, S. 57)

Fleischmann, M. (1931). Christian Thomasius. In M. Fleischmann (Hrsg.), *Thomasius. Leben und Lebenswerk* (S. 1-248). Halle: Niemeyer.

Rausch, A. (1931). Christian Thomasius. Bedeutung für deutsches Geistesleben und deutsche Erziehung. In M. Fleischmann (Hrsg.), *Thomasius. Leben und Lebenswerk* (S. 249-282). Halle: Niemeyer.

Thomasius, Ch. (1710/1971). *Kurzer Entwurf der politischen Klugheit, sich selbst und anderen in allen menschlichen Gesellschaften klug zu raten und zu einer gescheiten Conduite zu gelangen.* Frankfurt a. M.: Athenäum.

Sollten Gesetze nicht auf der Willkür der Gesetzgeber beruhen, mußten sie sich entweder auf Tradition und Konvention, d.h. auf langen, einvernehmlichen Gebrauch, oder auf gute Gründe berufen. Auf den britischen Inseln neigten viele der Auffassung zu, Recht sei ein Urteil des Gemeinsinns (engl. *common sense).* Der schottische Philosoph Thomas Reid (1764/1991) hatte die Theorie entworfen, Menschen falle im allgemeinen aufgrund von Erfahrung und Sprachkenntnis die für die Praxis notwendige Erkenntnis zu. Es sei also ein „gemeiner Mensch" (engl. *common man)* anzunehmen, dessen „gesundem Verstand" ein gerechtes Urteil zuzutrauen sei. Demgegenüber vertraten rationalistisch gesonnene Rechtstheoretiker, zumeist solche auf dem europäischen Kontinent, die Meinung: Das Recht spiegelt eine eindeutige Ordnung wider, die man mit Hilfe vernünftiger Argumentation ermitteln und belegen kann.

Rationalistische Ordnungstheorien und die Lehre vom „gesunden Menschenverstand" trafen sich in der Annahme von menschlichen

Grundrechten. Grundrechte stünden allen Menschen von Geburt an zu. Weder Macht noch Gewohnheit könnten sie ihm streitig machen. Der holländische Rechtsgelehrte und Diplomat Hugo Grotius (holl. *Huigh de Groot,* 1583-1645) nannte als solche Grundrechte: Das Recht auf Leben und Gesundheit, auf Eigentum sowie auf Benutzung der Land- und Wasserstraßen. Solche Rechtsansprüche ermöglichten erst menschengerechtes Leben und daher seien sie ebenso zwingend wie die Naturgesetze. Diesen Ansatz nennt man die Lehre vom Naturrecht.

Hugo Grotius (1625/1869) war ein einflußreicher Verfechter der Naturrechtslehre. Selbst Zeitgenosse von René Descartes (s. Abschnitt 5.1.3), begründete er die Unabänderlichkeit des Rechts mit demselben Argument wie jener die Unabänderlichkeit der Wirkungsgesetze der Natur (z.B. das Gesetz des freien Falls). Gott habe das Naturrecht wie die Naturgesetze mit der Schöpfung in Kraft gesetzt und seine Schöpfung dann sich selbst überlassen - wie der Brunnenmeister des Descartes seine Brunnenanlage. So müßten sie notwendig bleiben, wie sie sind:

„Das natürliche Recht ist das Gebot der Vernunft, welches anzeigt, dass einer Handlung, wegen ihrer Uebereinstimmung ... mit der vernünftigen Natur selbst, eine ... moralische Nothwendigkeit innewohne, weshalb Gott, als der Schöpfer der Natur, eine solche Handlung ... geboten ... habe."

„Diese hier dargelegten Bestimmungen würden auch Platz greifen, selbst wenn man annähme, was freilich ohne die grösste Sünde nicht geschehen könnte, dass es keinen Gott gebe, oder dass er sich um die menschlichen Angelegenheiten nicht bekümmere."

(Grotius, 1625/1869, S. 75, S. 31)

In Rechtsangelegenheiten war viel nach Vernunft oder „gesundem Menschenverstand" zu regeln: Die Zurechenbarkeit einer Handlung, d.h. die Fähigkeit eines Angeklagten, in Not, Verwirrung, Dummheit u.ä. die Folgen seines Tuns zu beurteilen, die „Peinlichkeit" (lat. *poena,* Strafe) einer Tat, d.h. ihre Strafbarkeit sowie die Angemessenheit von Art und Höhe einer Strafe, und überhaupt der Sinn von Strafen - wie Besserung des Täters oder Schutz von Opfern. Diese Rechtsfragen waren zugleich Probleme einer Moralphilosophie, welche alle an öffentlichen Angelegenheiten Interessierten als ihr Gemeingut betrachteten.

Eine Trennung juristischer und psychologischer Aspekte war in der Moralphilosophie weder möglich, noch wurde sie angestrebt. Juristischer und psychologischer Sachverstand vereinten sich in denselben Gelehrten. Das zeigt in hervorragender Weise das Beispiel Christian Wolffs (s. Abschnitte 5.2.3, 6.2.1). Wolff wurde zweimal als Professor an die Universität Halle berufen, zuerst für Mathematik und Philosophie, später für Natur- und Völkerrecht. Bedeutende Werke hat er sowohl zur Psychologie beigesteuert als auch zur Moralphilosophie und zur Rechtswissenschaft. Ein anderer Gelehrter, der psychologisches und juristisches Denken vereinte, war der oben (Abschnitt 6.1.4) erwähnte Adam Ferguson, dessen Entwurf einer Moralphilosophie die Rechtswissenschaft ausdrücklich auf der Grundlage der Psychologie aufbaute.

Es war nicht die Rechtstheorie, sondern die Gerichtspraxis, welche schon früh in der Neuzeit zu einer Spezialisierung und Professionalisierung der Juristen führte. Dies sei am Stand der Richter erläutert. Zu Gericht saßen im Mittelalter und über das Mittelalter hinaus die Fürsten selbst. Auch angesehene Bürger wurden zu Richtern bestellt. Zumeist bildeten mehrere von ihnen ein Schöffengericht. Sie hatten keine juristische Ausbildung, waren also Laienrichter. Doch versahen sie ihr Amt oft viele Jahre, erhielten ein Entgelt für ihre Tätigkeit und konnten so eingehende Erfahrungen mit Rechtsfällen sammeln; mitunter vererbte sich das Schöffenamt sogar vom Vater auf den Sohn. Insbesondere im rationalistisch geprägten Rechtswesen des Kontinents wuchs allerdings die Fülle der gesetzlichen Regelungen, und die Ansprüche an die Qualität der Urteilsbegründung stiegen. Zudem galt im Strafprozeß zunehmend die Forderung nach Aktenkundigkeit. Für das Urteil durfte keine Aussage verwendet werden, die nicht in den Gerichtsakten aufgezeichnet war. Von Richtern wurde somit eine Qualifikation gefordert, wie sie selbst erfahrene Laien nicht zu bieten

Ebel, F. (1993). *Rechtsgeschichte* (Band 2). *Neuzeit.* Heidelberg: Müller.

Reid, Th. (1764/1991). *Practical ethics,* herausgegeben von K. Haakonssen. Princeton, NJ: Princeton University Press.

Grotius H. (1625/1869). *Drei Bücher über das Recht des Krieges und Friedens.* Berlin: Heimann.

Stölzel, A. (1872/1964). *Die Entwicklung des gelehrten Richtertums* (2 Bände). Aalen: Scientia.

hatten: Pandektentum, d.h. Kenntnis einschlägiger Rechtssammlungen (lat. *pandectes,* Rechtsbücher). Die Rechtsprechung ging daher zunehmend auf den „gelehrten Richter" über. Der „gelehrte Richter" erwarb seine Expertise durch ein spezialisiertes Studium und nahm danach einen Beruf wahr, den ihm weder ein „Ungelehrter" noch ein Gelehrter einer anderen Fachrichtung streitig machen konnte (Stölzel, 1872/1964).

6.2.3 Ökonomie, Cameral- und Polizeiwissenschaft

Der Staat der Neuzeit hatte sich die allgemeine Wohlfahrt seiner Bürger zum Ziel gesetzt. Seine Repräsentanten ergriffen Ordnungsmaßnahmen, um die allgemeine Wohlfahrt zu gewährleisten. Die Ordnungsmaßnahmen konnten ihr Ziel verfehlen. Schlimmer noch: Sie konnten selbst schuld sein an der Beeinträchtigung des Glücks der Bürger; Mißwirtschaft und Konflikte drohten. Im großen ganzen mußte eine gute Verwaltung jedoch der Grundforderung der Moralphilosophie genügen, welche Francis Hutcheson in seiner Schrift aus dem Jahre 1755 (s. Abschnitt 6.1.3) aufgestellt hatte: Größtmögliches Glück für die größtmögliche Zahl von Menschen.

Die Lehren zur Ökonomie, zur Kameralistik und zur Polizei suchten Wege zu dieser doppelten Maximierung von Glück. Oft werden unter diesen drei verschieden lautenden Bezeichnungen dieselben Themen (s. bereits Abschnitt 6.1.4) abgehandelt. Vom Standpunkt der gegenwärtigen Psychologie lohnt der Rückblick auf frühe Lehren zur Güterproduktion (z.B. Salzgewinnung und Bestellung von Wiesen) ebensowenig wie Lehren zur Landentwicklung, Wirtschaftsförderung und Bevölkerungspolitik (z.B. Bau von Wasserleitungen, Prämien für Erzfunde, Ansiedlung von Fremden) sowie zur Organisation und Finanzierung der Ämter (z.B. Zuständigkeiten, Aktenhaltung, Geschäftsordnungen, Gebühren). Doch wird das Interesse zumindest empirisch orientierter Psychologen beim Anblick einiger Tabellen wachsen, welche das Rechnungswesen hervorgebracht hat. Darunter sind Produktions- und Bevölkerungsstatistiken, denen Erhebungen in bestimmten Regionen und Jahren zugrunde liegen.

Weiter verdient Interesse: Die Kameralistik hat zahlreiche Aufstellungen von Nutzen und Kosten hervorgebracht - im Rückblick auf eine verflossene Rechnungsperiode die Bilanzierung von Einnahmen und Ausgaben (z.B. für den Hofstaat), vorausschauend auf eine bevorstehende Rechnungsperiode einen Haushaltsplan, d.h. einen Voranschlag der zu erzielenden Einnahmen und der zu erwartenden Ausgaben (z.B. den Haushaltsplan des Staates). Das präzise Feststellen von Kosten und Nutzen war Ausgangspunkt für Überlegungen zum tatsächlichen und zum gerechten Austausch von Gütern und Dienstleistungen. Spätestens bei diesen Themen gewinnen die Ökonomie und die Kameralistik einen beträchtlichen sozialpsychologischen Gehalt. Dies sei an zwei Theorien veranschaulicht, der Werttheorie des neapolitanischen Geistlichen Ferdinando Galiani und der Theorie des Wirtschaftskreislaufs von Francois Quesnay, der Arzt am Hofe Ludwigs XV. war.

Galiani (1750/1986) wies die Subjektivität von Werten nach, wie sie sich in Preisen für Güter und Dienstleistungen niederschlagen. Waren und Arbeiten besäßen keinen festen Wert; ihr Wert bilde sich vielmehr durch ein Urteil. In das Urteil gehen zwei Schätzungen ein: Die Einschätzung der Nützlichkeit sowie die Einschätzung der Verfügbarkeit. Die Nützlichkeit hängt ihrerseits von dem jeweiligen Bedarf ab, und dessen Bestimmung liegt wiederum im subjektiven Ermessen. Der Wert von Waren und von Arbeit schwankt daher nach Angebot und Nachfrage. Man kann ihren Wert nicht absolut festlegen, sondern nur relativ zu anderen Waren und Arbeiten. Daß Wertbestimmungen mit Personen und mit der Zeit wechseln, versteht sich von selbst. Denn weder der Bedarf noch die Verfügbarkeit ist stets und bei allen gleich. Die Subjektivität und Veränderlichkeit der Werte habe jedoch eine durchschlagende Wirkung: sie veranlasse zum Tausch. Ein Tausch komme zustande, wenn sich zwei Partner finden, die beide den Besitz des anderen höher bewerten als den eigenen. So suchen Käufer und Verkäufer, Arbeiter und deren Auftraggeber jeweils ihren Vorteil, indem sie - nach eigener Bedürftigkeit und Verfügungsgewalt - ihre Arbeitskraft, ihre Waren oder ihr Geld eintauschen. Von der Lust, welche der vorteilhafte Tausch bereite, lebe die Wirtschaft.

Während Galianis Theorie die Wirtschaft in eine Menge von einzelnen Tauschbeziehungen auflöst, betrachtet Quesnay (1759/1971) die Wirtschaft eines Landes als ein organisches Ganzes. Nach dem Vorbild des Blutkreislaufs, der ihm als Arzt vertraut war, entwarf er das Bild eines Wirtschaftskreislaufs. In diesem Kreislauf treten drei Klassen in einer endlosen Kette von Geldgeschäften in Beziehung: die Bauern, die Grundbesitzer sowie die Händler und Gewerbetreibenden. Quesnay war ein Anhänger der Naturrechtstheorie (s. Abschnitt 6.2.2). Grundbesitz zählte er zu den natürlichen Rechten; er sei erworben durch die Nutzbarmachung des Bodens. Indem die Grundbesitzer den Bauern das nutzbare Land zur Verfügung stellten, ermöglichten sie ihnen ihre Produktion. Für die Überlassung nutzbaren Bodens zahlten die Bauern als Gegenwert die Pacht. Der Ertrag der Landwirtschaft übersteige allerdings den Wert der Pacht; insofern schöpften die Bauern neue Werte, sie allein erzielten einen Überschuß gegenüber dem Kapitaleinsatz, einen Mehrwert. Daher bezeichnete Quesnay die Bauern (und nur die Bauern) als produktive Klasse. Die dritte Klasse der Händler, Gewerbetreibenden (auch Diener und freie Berufe) nennt der Autor „steril". Sie schöpften keine neuen Werte, sondern erhielten für ihre Waren und Dienstleistungen lediglich den Gegenwert zum Kapitaleinsatz. Im Wirtschaftskreislauf werde das Nationaleinkommen auf die drei Klassen verteilt. Ziel sei jeweils die Reproduktion des Kapitaleinsatzes; das Nationaleinkommen solle so verteilt werden, daß jede Klasse ihre Werte erhalte. Quesnay glaubte an eine natürliche Ordnung, in welcher eine vollkommene Reproduktion erfolge. Zur Erreichung dieser Ordnung schlug er Wirtschafts- und Finanzreformen vor - u.a. die Förderung leistungsfähiger Großbetriebe in der Landwirtschaft und den Abbau von Ausfuhrzöllen für Getreide. Den Ansatz Quesnays bezeichnete man nach dessen Tod übrigens als Physiokratie (griech. *physis,* Natur; *kratein*, herrschen), weil er den beschriebenen Wirtschaftskreislauf als eine gesetzmäßige Vorgabe der Natur selbst auffaßte.

Praktische Sozial- und Gemeindepsychologie findet sich zuhauf in Schriften zur Polizeiwissenschaft. Die Polizeiwissenschaft überschnitt sich mit der Zeremonialwissenschaft für Private, auf welche das folgende Kapitel (Abschnitt 7.3.1) eingehen wird. Die Zeremonialwissenschaft sammelte, begründete oder verwarf Regeln für das gute Betragen: Tisch-, Gruß- und Kleiderordnungen, das rechte Verhalten bei freudigen und traurigen Anlässen, gute Sitten in Ehe und Familie, auf Straßen und in Wirtshäusern u.ä. Den Regeln der Zeremonialwissenschaft sollten die Bürger aus innerer Überzeugung folgen, zumindest aus Furcht, bei Mitbürgern Anstoß zu erregen. Mit der Polizei übernahm der Staat die Regelung der Selbstdarstellung und des Benehmens. Er schrieb den Bürgern ihr Verhalten vor, traf Vorkehrungen für die Einhaltung der Vorschriften und verhängte Strafen bei deren Verletzung. Die sittliche Ordnung wurde insofern zur öffentlichen Aufgabe. Sie sollte einerseits das Gemeinwesen festigen, anderseits das persönliche Wohl der Bürger fördern.

Aus der frühen Neuzeit gibt es strenge staatliche Ordnungen; sie wollten vor allem Verschwendung, Gewalt und außereheliche Sexualität verhindern. So bestimmte die Württembergische Landesordnung von 1621 (nach Ebel, 1993, s.o., S. 21) für Hochzeiten,

„... *daß sie* (die Brautleute) *mögen laden ihrer beederseits Vatter, Mutter, Ehni, Ahna, und andere Eltern, aufsteigender Linien, auch ihrer Vatter und Mutter Geschwistrige ... und darzu nicht über acht Personen, bey der straff vier gulden ... .*"

Den Mummenschanz der alemannischen Fastnacht verbietet die genannte Ordnung ganz,

„*da sich Frauen in Manns- und Männer in Frauen-Kleider verstellen, vor GOTT ein grosser Greuel ist, auch viel Schand und Laster darunter geschieht, ... bey Straff des Thurns oder Narrenhäußleins.*"

Der aufgeklärte Justi (1782, S. 249) verwirft solche Verbote als Eingebungen von „*mürrischen und blödsinnigen Geistlichen*". Im Gegenteil: Der Staat müsse das Privatleben schützen und „unschuldigen Zeitvertreib" zulassen. Ebenso hätten Kunst und Wissenschaft Anspruch auf staatliche Fürsorge. Insofern sei weder der Besuch von Komödien und Balletten zu beanstanden noch die Teilnahme an Tanzvergnügungen. Die Polizei habe erst bei „*Tumulten*", „*Schreyen, Lärmen und Zanken auf der öffentlichen Strassen*" (Justi, 1782, S. 252) einzugreifen. Der Autor stellt mit Nachdruck fest, daß das Recht der Polizei ein moralisch geringeres sei als das Strafrecht der Gerichte (s. Abschnitt 6.2.2). Es bleibe

„... *der Policey im engen Verstande nur die Aufsicht und Bestrafung solcher Laster und Ausschweifungen übrig, welche die Menschen zur Ausübung ihrer bürgerlichen Pflichten unfähig machen und die öffentliche Ruhe und Sicherheit stöhren ..., besonders wenn die Laster ... zu öffentlichem Aergerniß Anlaß, oder zu Verführung und Nachahmung Anreizung geben.*"

(Justi, 1782, S. 248)

Was aber rechtfertigte im Geist der Aufklärung das staatliche Eintreten für die öffentliche Ordnung? Die Wahrung der öffentlichen Ordnung wurde in erster Linie mit wirtschaftlichen Interessen begründet. Wohlfahrt des Staates und der Bürger bedeutete vor allem eine gesicherte Existenzgrundlage für alle Familien, einen auskömmlichen Unterhalt, ausreichende Rücklagen für Krankheit und Alter sowie einen bescheidenen Hausstand und Hausrat. Der Staat hat Bürgern in Not nur wenig helfen können. Da war die Polizei eine staatliche Einrichtung, welche die sozialen Grundlagen für die selbständige Versorgung der Bürger schaffen wollte. Nachtruhe, Sicherheit auf Straßen und Plätzen, mäßigen Alkoholkonsum u.ä. betrachtete Justi als Voraussetzungen für die Erwerbsfähigkeit und die Erhaltung der erworbenen Mittel.

Die Bedeutung, die der öffentlichen Ordnung für den wirtschaftlichen Wohlstand beigemessen wurde, bezeugt der hohe Anteil der vorgesehenen Maßnahmen zur Verhinderung von Eigentumsdelikten - vor allem Raub, Einbruch, Diebstahl, Betrug. Das belegen auch Vorkehrungen zur Steigerung der Arbeitsamkeit. Zum Beispiel sollten polizeiliche Visitationen von Gasthöfen Eigentumsdelikten von durchreisenden „liederlichen Personen" vorbeugen; Gesindeordnungen sollten zur ununterbrochenen Beschäftigung anhalten.

So bildeten Polizei, Ökonomie und Kameralistik einen Verbund praktischer Lehren, die sich der vorwiegend wirtschaftlich verstandenen Wohlfahrt des Volkes verschrieben hatten. Daß sie fürsorglich für alle Bürger wirken sollten und nicht nur zum Vorteil der Reichen, stellte Justi ausdrücklich klar. Ihm erschienen Reichtum und Verschwendung (z.B. teurer Schmuck, üppige Mahlzeiten) als lasterhaft, so daß er sogar die Möglichkeit ihres Verbots erörterte.

Hutcheson, F. (1755/1969). *A system of moral philosophy*. Hildesheim: Olms.

Galiani, F. (1750/1986). *Della moneta,* herausgegeben von W. Engels, H. Hax, F. A. von Hayek & H. C. Recktenwald. Düsseldorf: Wirtschaft und Finanzen.

Quesnay, F. (1759/1971). *Ökonomische Schriften* (Band I, 1. Halbband), herausgegeben von M. Kuszynski. Berlin: Akademie Verlag.

Justi, J. H. G. von (1782). *Grundsätze der Policeywissenschaft.* Göttingen: Vandenhoeck & Ruprecht.

6.3
Lehren zur Erziehung
Pädagogik als Wissenschaft und als Beruf

6.3.1 Didaktik, Pädagogik und der Aufbau des öffentlichen Schulwesens

Die Erziehung von Kindern, einschließlich der Unterweisung in Lesen, Schreiben, Rechnen, in Sprachen, Naturkunde und Musik war bis ins 18. Jahrhundert vorrangig eine Aufgabe der Familien. Als Erzieher waren zum Teil die Eltern tätig, zum Teil von den Eltern bestellte Hauslehrer. An den fürstlichen Höfen unterrichteten Hofmeister und Prinzenerzieher die jungen Adligen. Seit dem 15. Jahrhundert traten zu den schon im Mittelalter eingerichteten kirchlichen Schulen (s. Abschnitt 4.2.1) immer mehr bürgerliche Schulen. Es waren Schreib- und Leseschulen für den Grundunterricht sowie Realschulen und Gymnasien für den weiterführenden Unterricht. Die bürgerlichen Schulen wurden teilweise von den Bürgern selbst, etwa Kaufleuten und Zunfthandwerkern, betrieben; teilweise waren es kommerzielle Unternehmen, die Unterricht gegen Entgelt anboten. Die rangniederen, „unehrlich" genannten Stadtbewohner, Dienstleute und Handwerker ohne Zunftzugehörigkeit, unterhielten für ihre Kinder die übel beleumundeten Klipp- und Winkelschulen (Günther, Hofmann, Hohendorf, König & Schuffenhauer, 1966). Erziehung und Unterricht wurden damit zunehmend zu öffentlichen Aufgaben, und die Regierungen selbst nahmen sich ihrer an. So führte in Preußen Friedrich II. mit dem „General-Landschul-Reglement" von 1763 die allgemeine Schulpflicht ein.

Theorien über die Erziehbarkeit und Erziehung des Menschen waren zu allen Zeiten Inhalt der Moralphilosophie. Es fehlte nicht an Schriften mit Ratschlägen zur Verbesserung des Lehrens und des Lernens. Zum Teil waren es Universalgelehrte wie Leibniz (Abschnitt 5.2.2), Wolff (Abschnitt 5.2.3, s. a. später Abschnitt 6.3.4) und Locke (Abschnitt 5.3.2, s. a. später Abschnitt 6.3.3), die sich zu Fragen der Erziehung äußerten. Zum Teil waren es praktisch tätige Erzieher, die ihre Auffassungen zur Erziehung in philosophischen Schriften verbreiteten (Ballauf & Schaller, 1970; Blankertz, 1982). Doch erst im 18. Jahrhundert, im Zuge der Aufklärung (s. wieder Abschnitt 5.4.1) und mit dem Wachstum der öffentlichen Erziehung (s.o.), wurde die Erziehungslehre in den Kanon der Wissenschaften aufgenommen und war als eigenes Fach im akademischen Unterricht vertreten (Hügli, 1989).

Als Zweige der Erziehungslehre trennte man die

- Didaktik und die
- Pädagogik.

Die Didaktik (griech. *didaktike techne,* Lehrkunst) behandelte die Gestaltung des Unterrichts, z.B. die Verwendung von Lehrmitteln (wie Holz-, Wachs- und Schiefertafeln) sowie von Lehrmethoden (wie Veranschaulichung, Gedächtnishilfen). Unter Pädagogik (griech. *paidagogos,* Kinderführer) verstand man darüber hinaus die Begründung von Erziehung, die Bestimmung von Lehrzielen, von Erziehungsverantwortung und von Erziehungsstilen (geduldiges Unterweisen, Verzicht auf körperliche Züchtigung u.ä.). Pädagogik war somit um eine umfassende Erörterung von Erziehung und Bildung bemüht. Ihre Inhalte waren

- Bildungseinrichtungen - die Schule sowie andere bildende Anstalten (z.B. Theater) und Beziehungen (z.B. Freundschaften);
- Bildungsphasen - Kindheit und Jugend, doch auch das mittlere und höhere Alter;
- der Bildungsprozeß - Wissenserwerb sowie Charakterbildung (z.B. Schulung des Willens sowie der Gesinnung).

Mit der Pädagogik wuchs somit ein Fach heran, das sich ausschließlich einem Praxisfeld von überragender kultureller Bedeutung widmete und das den Anspruch erheben konnte, der Berufsgruppe der Lehrer eine wissenschaftliche Ausbildung anzubieten.

Mit ihrem Programm steht die Pädagogik der Psychologie so nahe wie kaum eine andere praktisch ausgerichtete Disziplin. Damit bahnt sich zwischen den beiden Fächern nicht nur eine fruchtbare Kooperation, sondern auch heftige Konkurrenz an. Psychologie kann als ihren Bestand an Wissen und Können beanspruchen, was Erziehungstheorie ausmacht und zum Erzieher qualifiziert: Kenntnis des menschlichen Geistes sowie der Gesetzmäßigkeiten menschlicher Entwicklung, Fähigkeit zur Beurteilung individueller Begabung, zur Unterstützung des Wissenserwerbs und der Persönlichkeitsbildung sowie zur Intervention in Entwicklungs- und Persönlichkeitskrisen. Doch noch bevor Psychologie zur Einzelwissenschaft geworden ist und die berufliche Spezialisierung in Pädagogischer Psychologie möglich wurde, haben pädagogisch ausgebildete Lehrer und Schulverwalter das expandierende und zunehmend in staatliche Obhut übergehende Praxisfeld besetzt.

Günther, K.-H., Hofmann, F., Hohendorf, G., König, H. & Schuffenhauer, H. (1966). *Geschichte der Erziehung*. Berlin: Volk und Wissen.

Ballauf, Th. & Schaller, K. (1970). *Pädagogik. Eine Geschichte der Bildung und Erziehung*. (Band II). Freiburg: Alber.

Blankertz, H. (1982). *Geschichte der Pädagogik. Von der Aufklärung bis zur Gegenwart*. Wetzlar: Büchse der Pandora.

Hügli, A. (1989). Pädagogik. In J. Ritter & K. Gründer (Hrsg.), *Historisches Wörterbuch der Philosophie* (Band 7, S. 1-35). Basel: Schwabe.

6.3.2 Erziehungslehre im Humanismus: Johann Amos Comenius

Die Breite und Leistungsfähigkeit der Erziehungslehre zur Zeit des Humanismus belegt das Werk von Johann Amos Comenius (1592-1670). Comenius (vor der humanistischen Latinisierung seines Namens: Komenský) begann seine Laufbahn als Gemeindepfarrer und Schulleiter in Böhmen. Er hatte sich der hussitischen Reformbewegung der Böhmischen Brüder angeschlossen, wurde 1632 deren Bischof und Leiter ihres Schulwesens. Als Theologe kündigte Comenius die baldige Ankunft eines Friedensreiches an, in welchem die Menschheit zur göttlichen Einheit und zum ewigen Licht gelangen werde. Auf dieses Reich müsse sich die Menschheit vorbereiten, unter anderem durch umfassende Bildung und Erziehung. Die Fülle des Wissens sei dazu in Enzyklopädien zu sammeln; eine universale Schule für alle solle das Wissen verbreiten. Aus dieser Mischung von christlicher Erlösungssehnsucht und rationalistischem Aufklärungsstreben hat Comenius selbst ein gewaltiges Werk über theologische, naturkundliche und politische Fragen erstellt; groß an Umfang und Gewicht sind darin seine Ausführungen zur Pädagogik (Dietrich, 1991).

Comenius (1657/1960) nannte seine Erziehungslehre Didaktik (s.o.). Seine Didaktik erstreckte sich auf alle Menschen. Grundsätzlich sollten *„alle alles"* lernen. Schulen sollten offen stehen für Adlige und Nichtadlige, Reiche und Arme, für Frauen und Männer aller Stände aus Stadt und Land (Comenius, 1657/1960, S. 15). Freilich schränkte der Autor ein: Es gibt unterschiedliche Begabungen sowie unterschiedliche Bestimmungen; nach diesen muß sich Erziehung richten. So seien Frauen nicht für Theologie und Politik bestimmt, sondern für die Mutterschaft und Hauswirtschaft. Doch er räumte ein: Frauen sind bewährt in der Heilkunde; sie haben schon über Völker geherrscht, haben Könige und Bischöfe beraten.

Die Didaktik des Comenius erstreckte sich weiterhin auf alle Lebensphasen: Das vorgeburtliche Leben, die frühe Kindheit, das Knabenalter, die Reifezeit, das Jugendalter, das Erwachsensein, das Greisenalter. Jede Lebensphase habe ihre eigenen Lern- und Erziehungsziele. Der Knabe müsse etwa Lesen lernen, der Jüngling die Fremde erwandern, der Greis sich auf den Tod vorbereiten. Alles sei wert, unterrichtet zu werden: die Gegenstände der Natur, die Ideen der Theologie und der Philosophie, praktische Fertigkeiten und anständiges Benehmen.

Als Leiter des Schulwesens äußerte sich Comenius zu überaus zahlreichen technischen und organisatorischen Fragen: dem Aufbau und der Gestaltung von Schulbüchern und Lehrplänen, der Verwendung von Tafeln und Schreibwerkzeugen. Comenius verfaßte ein aufwendiges Bildlexikon mit dem Titel *Orbis sensualium pictus* (lat., Die sichtbare Welt). Alle diese Lehrmittel waren ihm rationale, dem menschlichen Geist gemäße Hilfen, um das hohe Ziel der Bildung als Vorstufe der Erlösung (s.o.) zu erreichen.

Die Erziehungslehre von Comenius war von seiner Naturphilosophie geprägt. Lernen deutete er als Erfüllung natürlicher Möglichkeiten. Es sollte deshalb keine Plage sein, sondern ungezwungen und natürlich ablaufen. Unterricht sollte möglichst in Gruppen stattfinden und sich der Muttersprache bedienen. Comenius wurde zum Anwalt des spielerischen, sinnlichen und praktischen Lernens:

„...die Einsicht in die Sachenwelt soll durch die Sinneswahrnehmung unterstützt werden. Dabei soll die Sache jeweils zum Ansehen, Hören und Schmecken vorgelegt werden. ... Ähnlich sollst du in den ... praktischen Fächern lehren ... : Mache vor und laß nachmachen.“

(Comenius, 1656/1960, S. 211, übersetzt von D. Tschizewskij)

Abbildung „Die Bierbrau“ aus dem Bildlexikon des Comenius (1658/1970, S. 142).

Denkmal des Comenius, gestaltet von dem Prager Künstler Josef Vajce. Das Denkmal steht in einem nach pädagogischen und didaktischen Ideen des Comenius entworfenen Lehrgarten. Die Anlage befindet sich in Berlin im Bezirk Neukölln. Sie wurde anläßlich des 400. Geburtstags von Comenius geschaffen - in der Nähe des brandenburgischen Böhmischen Dorfes, in welchem die Landsleute und Glaubensgenossen von Comenius im 18. Jahrhundert nach Verfolgung in ihrer Heimat Zuflucht gefunden hatten (Vierck, 1989).

6.3.3 Empiristische, materialistische und philanthropische Erziehungslehren

Keine Philosophie hat die Notwendigkeit von Erziehung eindringlicher begründet als der Empirismus (s. Abschnitt 5.3). Wenn dem Menschen Erkenntnis nicht geschenkt wird, sondern er diese durch eigene Erfahrung erwerben muß, wird es zur vordringlichsten Aufgabe von Eltern und Lehrern, Kinder bei der Bildung von Erfahrung zu unterstützen. John Locke hat nicht nur die Erkenntnistheorie des Empirismus maßgeblich bestimmt (s. Abschnitt 5.3.2), sondern im Jahre 1693 auch eine Schrift mit dem Titel *Gedanken zur Erziehung* veröffentlicht, welche in der Pädagogik eine nachhaltige Beachtung fand.

Der Autor betrachtete das Lernen wie Comenius (s.o.) als einen natürlichen Wachstumsprozeß. Körper und Seele sollten sich darin im Gleichklang entwickeln. Körperliche Gesundheit und Geschicklichkeit sei ebenso Ziel der Erziehung wie Verstand und Wille. Zum Erziehungsprogramm gehörten deshalb gesunde Ernährung sowie Anweisungen zu ausreichendem Schlaf und regelmäßigem Stuhlgang. Fechten und Tanzen sollten die Körperbeherrschung fördern. Die klassische Bildung dürfe nicht vernachlässigt werden; daher wurde Latein als Unterrichtsfach empfohlen. Doch sollten vor allem praktisch wichtige Fertigkeiten vermittelt werden: Französisch, Mathematik und Geographie, Recht und Geschichte, die Naturkunde, dazu Kurzschrift, Abfassen von Briefen und Zeichnen. Großen Wert legte Locke auf Moral und Lebensart. Er empfahl Reisen zur Verbesserung der Menschenkenntnis. Im übrigen forderte der Autor: Erziehung müsse individuell angelegt sein; sie müsse auf die Begabung, das Temperament, den vorgesehenen Beruf, den angeborenen Stand der Zöglinge abgestimmt sein. Deshalb zog Locke den Privatunterricht den öffentlichen Schulen vor.

Zwang (z.B. die Prügelstrafe) hat Locke als Mittel der Erziehung verworfen. Er setzte mehr auf das Vorbild der Erzieher sowie auf den Stolz über eigene Fortschritte. Erzieher sollten ein Klima des Vertrauens schaffen; den Lernerfolg sollten sie fördern, indem sie mit Lob den Stolz der Zöglinge auf ihre Leistung vermehren und mit Tadel die Scham über ihr Versagen.

Überhaupt müsse Erziehung unaufdringlich sein. Der Zögling solle in jedes Gebiet lediglich eine Einführung erhalten; er dürfe sich nicht allzu sehr hinein vertiefen, denn sonst werde sein Wissen und Können schematisch und er verliere die Freiheit, das Gelernte abzuwandeln, wie es in der jeweiligen Situation nützlich sei. Auch seien vorhandene Neigungen zu wecken, um mit der Freude am Lernen auch dessen Erfolg zu steigern.

Lernen als Naturvorgang, Erziehung als Hegen und Pflegen, Bildung als Vorbereitung auf das Leben: Locke hat mit diesen Prinzipien nachfolgende Generationen von Erziehern begeistert. Einer von ihnen war Jean-Jacques Rousseau, dessen Theorie von der Kraft und Güte der Natur am Anfang einer neuen Epoche der Romantik stehen wird (s. Abschnitt 8.1.2). Ein anderer Verehrer Lockes war der deutsche Pädagoge Johann Bernhard Basedow (1724-1790); er ist als nachhaltig wirkender Schulreformator hervorgetreten. Das Lockesche Programm mit Körpererziehung und Naturkundeunterricht wollte er in einem neuen Schultyp verwirklichen. Dort wollte Basedow auch die Prinzipien des spielerischen, sinnlichen Lernens von Comenius (s. Abschnitt 6.3.2) in den Unterricht einführen.

Dietrich, V. J. (1991). *Johann Amos Comenius*. Reinbek: Rowohlt.

Comenius, J. A. (1657/1960). *Große Didaktik*, herausgegeben von A. Flitner. Düsseldorf: Lippe.

Comenius, J. A. (1656/1960). *Pampaedia*, herausgegeben von D. Tschizewskij, H. Geissler & K. Schaller. Heidelberg: Quelle & Meyer.

Comenius, J. A. (1658/1970). Orbis sensualium pictus/Die sichtbare Welt. *Johannis Amos Comenii opera omnia* (Band 17, S. 53-303), herausgegeben von J. Cervenka, S. Kralik, & J. Kyrasek. Praha: Academia.

Vierck, H. (1989). Grüße aus dem Comenius-Garten. *Hegel-Jahrbuch* (S. 41-55).

KRITIKPUNKT

TRENNUNG DES ÖFFENTLICHEN VOM PRIVATEN

Öffentliches unterscheidet sich von Privatem:

- Öffentliches ist aller Welt bekannt oder zugänglich (z.B. öffentliche Verlautbarungen, öffentliche Plätze), Privates nur Vertrauten (z.B. private Geheimnisse, Privatgemächer).
- Über Öffentliches kann und soll sich jeder Bürger ein Urteil bilden; ein Urteil über das Private steht nur den Betroffenen zu.
- Öffentliche Angelegenheiten werden von der Allgemeinheit betrieben, sie werden zu Aufgaben des Staates oder stehen unter staatlicher Aufsicht; Privates bleibt in der Verantwortung einzelner Bürger.

Es war das aufkommende Bürgertum, das seit dem 17. Jahrhundert immer mehr Öffentlichkeit (z.B. Bekanntgabe von Geheimdokumenten der Regierungen) durchsetzte und immer mehr Aufgaben an staatliche Instanzen übertrug (Hölscher, 1984). Zugleich kämpfte das Bürgertum um seine eigenen privaten Freiheiten und wehrte sich gegen Einmischungen vonseiten des Staates (Veyne, 1985/1989, Vorwort).

Öffentliches und Privates stehen allerdings auch in Wechselwirkung, und die Grenzen zwischen ihnen verwischen sich:

- Öffentliches wirkt auf Privates ein (z.B. Steuerverpflichtungen, Einweisung in Haftanstalten), Privates auf Öffentliches (z.B. Korruption von Staatsbeamten).
- Das Private weitet sich in öffentliche Räume aus (z.B. Clubs, Vereine, Läden).
- Öffentliche und private Zuständigkeiten sind strittig oder ungeregelt (z.B. Bürger- und Staatsjustiz, Nationalökonomie und Privatwirtschaft).

Da bleibt es nicht aus, daß das vorliegende Kapitel 6 und das nachfolgende Kapitel 7, welche die Praxis im öffentlichen und privaten Leben unter sich aufzuteilen versuchen, in Zuordnungsschwierigkeiten geraten. Wie soll man Lehren für die häusliche Erziehung von der Theorie der Erziehung in der Schule trennen? Ist die heilkundliche Praxis eine Privatangelegenheit, weil sie ein persönliches Gut, die individuelle Gesundheit, betrifft, oder ist sie eine öffentliche Angelegenheit, weil die Pflege der Gesundheit Teil staatlicher und kommunaler Fürsorge wird?

Dieses Lehrbuch wird eine Trennung von Öffentlichem und Privatem versuchen, um das schwerwiegende Problem der Professionalisierung von Psychologie anpacken zu können. Es werden zunächst in diesem Kapitel Berufsfelder als öffentliche behandelt, für die bereits frühzeitig eigene Experten ausgebildet, in den Staatsdienst übernommen oder unter öffentliche Aufsicht gestellt worden sind (z.B. Lehrer und Ärzte). Davon getrennt erscheinen im folgenden Kapitel Gebiete, die nicht das gleiche öffentliche Interesse genossen haben. In Kapitel 11 wird zu zeigen sein, daß mit der Etablierung der Psychologie als moderne Einzelwissenschaft in sämtlichen hier vorgestellten Praxisfeldern Psychologen ihren Beruf finden werden. Doch während sie als Neuankömmlinge in privaten Bereichen die Nützlichkeit einer professionellen Tätigkeit überhaupt erst unter Beweis stellen müssen, stoßen sie in öffentlichen Bereichen auf die Konkurrenz von Experten (insbesondere Lehrer und Ärzte), die dort schon seit langem ihre berufliche Stellung eingenommen haben.

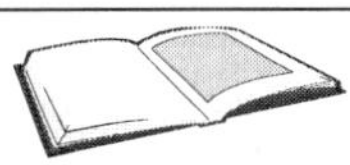

Hölscher, L. (1984). Öffentlichkeit. In J. Ritter & K. Gründer (Hrsg.), *Historisches Wörterbuch der Philosophie* (Band 6, S. 1134-1140). Basel: Schwabe.

Veyne, P. (1985/1989). *Geschichte des privaten Lebens* (1. Band). Frankfurt a. M.: Fischer.

„Philanthropinum“ nannte Basedow seinen neuen Schultyp. Das erste Philanthropinum gründete er 1774 in Dessau. Im Geist der Philanthropie, der Menschenliebe, sollte die neue Schule wirken; sie sollte Glück in Harmonie mit der Natur verschaffen. So kündigte Basedow die Gründung seiner Schule an.

„Natur, Schule, Leben! Ist Freundschaft unter diesen dreien; so wird der Mensch, was er werden soll, und nicht alsobald sein kann; fröhlich in der Kindheit, munter und wißbegierig in der Jugend, zufrieden und nützlich als Mann. Aber wenn die Natur von der Schule gepeitscht, und die Schule vom Leben des Mannes verhöhnt wird, da ist der Mensch dreifach als eine Misgeburt an einander gewachsen, drei Köpfe, sechs Arme, und in täglichem Zank unzertrennlich. Erbarmt euch, ihr Kenner der Menschheit, ... !“

(nach Pinloche, 1896, S. 75)

Basedow hat in zahlreichen leidenschaftlichen Schriften seine Philanthropie auch außerhalb seiner eigenen Schule verbreitet. Er wandte sich an sämtliche „Väter und Mütter der Familien und Völker“ (Basedow, 1770/1913) und rief sie auf, aus dem Quell der Menschenliebe ihr persönliches Glück und das Glück ihres Volkes zu schöpfen. (Mehr über Philanthropie in Abschnitt 7.1.2.)

Im Verbund mit dem Materialismus nahm die empiristische Erziehungstheorie eine andere Wende (vgl. Abschnitte 5.4.2, 6.1.3). So faßte Claude Helvétius (1773/1972) den Menschen als eine Maschine auf, die ohne Wissen und Begabung zur Welt komme; mit Hilfe der Sinne könne diese Maschine allerdings die äußere Wirklichkeit widerspiegeln und sei von außen steuerbar. Gute Erziehung sei daher eine Notwendigkeit, um die Menschen zu persönlichem Glück zu führen und das Glück der Nation herzustellen. Diese Auffassung verbindet eine pessimistische Einschätzung der natürlichen Fähigkeiten und der Moral der Menschen mit einem hohen Optimismus bezüglich der Wirksamkeit von Erziehung.

Helvétius hielt alle Menschen für gleich begabt; bei der Geburt unterschieden sie sich nicht bezüglich ihres Verstandes und ihres Charakters. Die enormen Unterschiede zwischen Menschen kämen nur durch unterschiedliche Erziehung zustande:

„Der stärkste Beweis für die Macht der Erziehung ist der ständig zu beobachtende Zusammenhang zwischen der Verschiedenheit der Unterrichtung und ihren verschiedenen Erzeugnissen ... . Der zivilisierte Mensch ist gebildeter und hat mehr Ideen als der Wilde, weil er eine größere Anzahl von verschiedenen Eindrücken empfängt ... . Wenn die Menschen, die unter einer freiheitlichen Regierung ... offen, redlich, fleißig und menschlich sind, unter der Tyrannei aber ... verderbt, geistlos und mutlos werden, so ist dieser Unterschied in ihrem Charakter die Folge der verschiedenen Erziehung, die sie unter der einen oder der anderen Regierung erhalten haben.“

(Helvétius, 1773/1972, S. 446f., übersetzt von G. Mensching)

Helvétius befürwortete geistige und praktische Übungen für alle, auch zum Ausgleich der Benachteiligung der niederen Stände. Die sinnliche Wahrnehmung nannte er die Quelle des Verstandes. Begierden sollten nicht unterdrückt, sondern als Antriebe des Lernens genutzt werden. Die menschliche Maschine lasse sich mit Lohn und Strafe leiten; denn sie strebe nach Lust und meide Schmerz. Erziehung solle materielle Anreize (Kleidung, Nahrung oder deren Gegenwert in Geld) nutzen, dazu soziale Anreize (Ehrungen, Titel) sowie den Wettbewerb um solche Vergünstigungen.

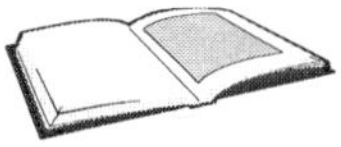

Locke, J. (1693/1962). *Gedanken über Erziehung,* herausgegeben von H. Wohlers. Heilbrunn: Klinkhardt.

Pinloche, A. (1896). *Geschichte des Philanthropinums,* deutsche Bearbeitung von J. Rauschenfels und A. Pinloche. Leipzig: Brandstetter.

Basedow, J. B. (1770/1913). *Methodenbuch für Väter und Mütter der Familien und Völker,* herausgegeben von Th. Fritzsch. Leipzig: Kohler.

Helvétius, C. A. (1773/1972). *Vom Menschen, seinen geistigen Fähigkeiten und seiner Erziehung,* herausgegeben von G. Mensching. Frankfurt a. M.: Suhrkamp.

6.3.4 Rationalistische Erziehungslehren, Aufklärung und Revolution

Rationalistisch orientierte Autoren haben den uneingeschränkten Erziehungsoptimismus der Materialisten nicht geteilt, nicht das Naturvertrauen der Empiristen und schon gar nicht die Schwärmerei des Philanthropinismus. In seinen Königsberger Vorlesungen zur Pädagogik hat Kant (s. bereits Abschnitt 6.1.2) vielmehr die Einzigartigkeit der menschlichen Erziehung als Kulturleistung hervorgehoben:

„Der Mensch ist das einzige Geschöpf, das erzogen werden muß. Unter der Erziehung verstehen wir die Wartung (Verpflegung, Unterhaltung), Disziplin (Zucht) und Unterweisung nebst der Bildung. Demzufolge ist der Mensch Säugling, Zögling und Lehrling."

(Kant, 1803/1970, S. 697)

Der Autor betonte die Mühen der Erziehung. Ihre Erfolge müsse sie oft der Natur abringen; vor mangelnder Begabung versage sie.

Obwohl rationalistisch ausgerichtete Autoren die Voraussetzungen und Aussichten von Erziehung nüchtern einschätzten, haben sie deren Notwendigkeit stets verfochten. Erziehung war auch ihnen ein unentbehrliches Mittel zur Besserung des Menschen. Christian Wolff (1720/1976) forderte in seiner Ethik (s. Abschnitt 6.1.2) ein öffentliches Schulwesen zur Förderung des Gemeinwohls. An der Universität Halle wirkte Wolff zusammen mit August Herrmann Francke (1663-1727). Francke war zugleich Professor für orientalische Sprachen und Pfarrer im nahe gelegenen Glauchau, damals eine Stadt in sozialen und wirtschaftlichen Nöten. Francke setzte die Forderungen Wolffs in die Praxis um. Er richtete in Glauchau eine Armenschule ein und in Halle ein gegliedertes Schulsystem mit Bürgerschule, Lateinschule (zur Pflege der humanistischen Bildung), Mädchenschule und einem Pädagogium (humanistische Bildung wurde dort ergänzt durch naturwissenschaftliche und technische Fächer).

Die *Franckeschen Stiftungen* in Halle waren ein gegliedertes Schulsystem mit unterschiedlichen Zweigen (Lateinschule, Bürgerschule, Mädchenschule und Pädagogium). Die Stiftungen wurden unterhalten durch Zahlungen von Schülern aus wohlhabenden Häusern sowie durch einen Zuschuß des Preußischen Herrenhauses. Dazu erwirtschafteten sie einen Teil ihres Unterhalts selbst durch angeschlossene „erwerbende Anstalten" - eine Buchhandlung, eine Druckerei und eine Apotheke (Sommer, 1927).

Der Erwerb theoretischen Wissens war aus rationalistischer Sicht ein wichtiges Bildungsziel. Doch rationalistisch orientierte Erzieher schätzten auch die Bedeutung praktischer Fertigkeiten hoch ein, verhalfen sie doch zu Versorgung und Wohlstand und beugten damit der Kriminalität, der Unehrlichkeit und der Verwahrlosung vor. Praktische Bildung sollte also Sittlichkeit gewährleisten (dazu mehr im folgenden Abschnitt 6.3.5), und Sittlichkeit erschien überhaupt vorrangig als Erziehungsziel. Schon für Wolff (1720/1976) war die Schule vornehmlich eine Einrichtung, um den Heranwachsenden das Verständnis für Gut und Böse beizubringen. Später beschwört insbesondere die idealistische Pädagogik Kants (1803/1970) die Welt der unverzichtbaren Werte. Erziehung habe sie zu vermitteln: Reinlichkeit, Ordnung, Ehrlichkeit, Ehrerbietung, Pünktlichkeit und - über allem - Einsicht in die Pflicht (vgl. wieder Abschnitt 6.1.2).

Die idealistische Moralphilosophie hat die Werte für den Menschen als vorgegeben und damit als unabänderlich und verbindlich angesehen. Diese Auffassung rechtfertigt große Strenge bei der erzieherischen Vermittlung von Werten. Tatsächlich gab es drakonische Erziehungsmethoden mit beschwerlichen geistigen und körperlichen Übungen sowie harten Strafen, die mit den höheren Geboten der Sittlichkeit gerechtfertigt wurden. Dagegen hat zumindest Kant erklärt, bei aller gebotenen Strenge sei die Würde der Zöglinge zu achten. Ihr Wille müsse geformt, er dürfe nicht gebrochen werden. Als praktische Konsequenz hat der Philosoph als Mittel der Erziehung die geduldige Überzeugung befürwortet; die Prügelstrafe lehnte er ab.

Mit ihren materialistischen Widersachern teilten die rationalistischen Autoren die Meinung, Erziehung im allgemeinen und das öffentliche Schulwesen im besonderen seien als Mittel im Kampf um die Aufklärung einzusetzen: gegen Unwissenheit und Aberglaube, gegen Klerus und Feudalismus. Daher setzte in der Französischen Revolution die Gesetzgebende Versammlung ein eigenes Komittee für das öffentliche Unterrichtswesen ein. Dessen Vorsitzender, der Marquis de Condorcet, trug der Versammlung im Jahre 1792 einen umfassenden Entwurf für ein neues Schulsystem vor. Das System sah vierjährige Grundschulen für alle Kinder vor, Sekundarschulen für Naturkunde, Gewerbe und Handel sowie Tertiärschulen für Landwirtschaft, Militär und Medizin. Auf den beiden ersten Stufen sollten sonntägliche Konferenzen zur Bildung der erwachsenen Bürger hinzutreten. Neben praktischen Fertigkeiten (wie Landvermessung) war dem politisch-moralischen Unterricht ein hoher Rang zugedacht. Diese gewaltige Organisation war allerdings nur als Mittel der Revolution geplant. Nach Erreichen aller revolutionären Ziele (insbesondere nach Entmachtung von Klerus und Adel) sollte das öffentliche Schulwesen überflüssig werden. In diesem Sinne schloß Condorcet seine Rede vor der Versammlung mit den Worten:

„Es wird ohne Zweifel eine Zeit kommen ..., in der ... jede öffentliche Unterrichtsanstalt nutzlos werden wird: das wird jene Zeit sein, wo kein allgemeiner Irrtum mehr zu fürchten ist, ... wo sich die Aufklärung gleichmäßig auf alle Orte ... wie auf alle Klassen ... ausgebreitet hat; wo alle Wissenschaften und ihre Anwendungsgebiete vom Joch allen Aberglaubens wie vom Gift falscher Doktrinen befreit sind.“

(Condorcet, 1792/1966, S. 82, übersetzt von R. Schepp)

Kant, I. (1803/1970). Über Pädagogik. In W. Weischedel (Hrsg.), *Werke in zehn Bänden* (Band 10, S. 693-761). Darmstadt: Wissenschaftliche Buchgesellschaft.

Wolff, Ch. (1720/1976). *Vernünfftige Gedanken von der Menschen Thun und Lassen, zur Beförderung ihrer Glückseligkeit.* Hildesheim: Olms.

Sommer, F. (1927). *August Hermann Francke und seine Stiftungen.* Halle: Buchhandlung des Waisenhauses.

Condorcet, M.-J. de (1792/1966). Bericht und Entwurf einer Verordnung über die allgemeine Organisation des öffentlichen Unterrichtswesens. In H. H. Schepp (Hrsg.), *Condorcet* (S. 22-82). Weinheim: Beltz.

6.3.5 Industrieschulen

Schließlich ist ein weiterer Schultyp zu erwähnen, dessen Einrichtung im 17. Jahrhundert begann und dessen Verbreitung in der Zeit der Aufklärung stark zunahm: die Industrieschule. In der Industrieschule waren Kinder mit Erwerbsarbeit beschäftigt. Daneben erhielten sie eine Grundausbildung in Lesen, Schreiben, Rechnen und Naturkunde; sie wurden moralisch unterwiesen und erhielten Unterricht auf dem Gebiet ihrer Erwerbsarbeit. Die Industrieschulen waren zum Teil Manufakturen (vor allem Spinnereien und Webereien) angeschlossen, zum Teil landwirtschaftlichen Betrieben (z.B. Obstbau, Tierhaltung). Sie gliederten sich damit in Manufakturschulen und landwirtschaftliche Schulen.

Die „Industriosität" (lat. *industria,* Fleiß, Betriebsamkeit), welche die Schulen pflegen sollten, umfaßte zugleich ein Förderprogramm für sozial benachteiligte Familien sowie für Wirtschaftszweige und -regionen (Wagemann, 1791). Ihr Anliegen war

- die Heranbildung von Fachkräften,
- die Verbesserung der Produktion und damit
- die Hebung und breitere Streuung des Wohlstandes.

Die Erwerbsarbeit der Kinder hat diese sicher belastet und die wünschenswerte Aufmerksamkeit für Gegenstände der allgemeinen Bildung gehemmt. Doch angesichts der Armut und des sozialen Elends in vielen Familien war eine frühzeitige Erwerbstätigkeit der Kinder unerläßlich, die Anreicherung der Kinderarbeit mit allgemeinbildendem Unterricht ein pädagogischer Fortschritt. Die Kinder konnten dadurch selbst berufliche Fertigkeiten erwerben, die später ihnen und ihren Familien ein beständiges Einkommen sicherten. Indem berufliche Bildung zu Arbeit und Brot verhalf, wurde sie auch eine Maßnahme zur Verbesserung der Moral. Denn mit regelmäßiger Beschäftigung und ausreichendem Auskommen sollten die Bürger weniger der Gefährdung durch Alkohol, Gewalt und Verwahrlosung erliegen. Ja, sie sollten dadurch sogar an politischer Mündigkeit gewinnen. Arbeit, Sittlichkeit und Freiheit sind aus dieser Sicht fest miteinander verknüpft.

Die Industrieschulen boten zudem die Gelegenheit einer schnellen Verbreitung neuer naturwissenschaftlicher und technischer Erkenntnisse. So schilderte etwa Schlettwein (1763/1782), wie im Schulunterricht Kenntnisse und Fertigkeiten zur Verbesserung der Landwirtschaft vermittelt wurden, und wie man bei der Arbeit sogleich ihren Gebrauch einübte. Als Beispiele führte der Autor aus der Landwirtschaft an: die Düngung von Feldern, die Baumpflege, die Gesundheitsvorsorge bei Tieren. Die Industrieschule übernahm also die Lehre der Ökonomie für die sozial Benachteiligten. Damit beteiligte die Schule ihre Zöglinge einerseits an der Vermehrung der nationalen Produktion, andererseits setzte sie diese in die Lage, sich stärker an dem Genuß des nationalen Reichtums zu beteiligen (über Ökonomie als Teil der Staatswirtschaft s. wieder Abschnitt 6.2.3).

Aus den Industrieschulen sind später die Berufsschulen hervorgegangen. Ingenieurschulen haben ebenfalls von ihrem Vorbild profitiert; allerdings war die Lehre der Mechanik schon vorher und auf jeweils höchstem Stand in Hochschulen vertreten (s. Abschnitt 6.1.4). Schließlich ist für die Entfaltung der wissenschaftlichen Lehren von Bedeutung: Seitdem es schulische Unterweisungen in berufliche Arbeiten gibt, entstehen eigene pädagogisch-didaktische Lehren über die rechte Ausführung von Arbeiten, die richtige Anleitung hierzu und überhaupt über die Behandlung und Organisation arbeitender Menschen. Damit entwickelt sich im Verbund der Wissenschaften ein weiterer Zweig: die Arbeitswissenschaft.

Wagemann, A. (1791). *Über die Bildung des Volkes zur Industrie.* Göttingen: Vandenhoeck & Ruprecht.

Schlettwein, J. A. (1763/1782). Gedanken und Vorschläge von der besten Erziehung des Landvolkes in Absicht auf die Landwirtschaft. *Archiv für den Menschen und Bürger in allen Verhältnissen* (Band IV, S. 61ff.). Leipzig: Weygand.

6.4 Behandlung von psychisch Kranken Gewahrsam, Sensation, Hilfe

6.4.1 Geisteskrankheit, Irrenhaus und „moralisches Regime"

Im 18. Jahrhundert haben aufgeklärte Ärzte und Laien manifeste psychische Störungen als Krankheiten diagnostiert: den Wahn - die Störung des Erkennens (z.B. Größenwahn, Verfolgungswahn), die Verstimmung - die Störung des Gefühls (z.B. chronische, unbegründete Euphorie oder Melancholie), den Zwang - die Störung des Verhaltens (z.B. Waschzwang). Die Aufklärung schrieb solche Störungen nicht länger bösen Mächten - Teufeln oder Dämonen - zu, die von Menschen Besitz ergreifen und aus diesen vertrieben werden müssen. Beschwörende Gebete (Teufelsaustreibungen) und Feuer (Hexenverbrennungen) schieden deshalb als Gegenmittel aus. Doch wie sollte man psychisch Kranke behandeln? Man versuchte das eine oder andere in der Allgemeinmedizin bewährte Mittel (wie den Aderlaß), erprobte darüber hinaus spezielle Verfahren (wie die Rotation des Patienten auf einem Drehstuhl, die mehr Blut in den Kopf treiben sollte). Derartige Methoden halfen freilich nicht viel. So erschienen die Geisteskrankheiten als unheilbar.

Die Pflege von Kranken war eine Aufgabe der Familie. Doch was geschah mit Kranken ohne familiären Rückhalt? Wie verläßlich war dieser Rückhalt, wenn die Krankheit die Familie unerträglich belastete? Den Geisteskranken selbst fehlt ja oft das Krankheitsbewußtsein; sie weisen angebotene Hilfe zurück, sondern sich ab, verwahrlosen, gefährden sich und andere. So häuften sich in den Gemeinden Fälle von Kranken ohne Familie und von Familien, die ihre Kranken in fremde Obhut geben wollten. Wohltätige Stiftungen, entgeltpflichtige Heime und staatliche Anstalten nahmen sich der Geisteskranken an. Beispiele sind das bis in das 13. Jahrhundert zurückreichende *Bethlehem Hospital* (oft einfach *Bedlam* genannt) in London und das 1602 entstandene „Unsinnigenhaus" der Hansestadt Lübeck. In den Anstalten, die man Irren- oder Narrenhäuser nannte, waren Kranke meist unter ihresgleichen. Doch in anderen Häusern gerieten Geisteskranke unter bürgerlich Randständige und Ausgestoßene, Bettler, Kriminelle und Prostituierte. Das *Salpêtrière* genannte Hospiz (nach einer dort befindlichen Salpetersiederei), das der französische König Ludwig XIII. 1656 in Paris gründete, war ein solches Auffangbecken.

Zeitgenössische Berichte und Abbildungen aus Irrenanstalten des 18. Jahrhunderts schildern Kranke als absonderliche, unbeherrschte Wesen. Wie wilde Tiere wurden sie sediert, isoliert, gezüchtigt und diszipliniert. Wer da die Pflege der Verrückten zu seinem Beruf macht, ist oder wird leicht selbst verrückt. So entstand das Bild des *„mad doctor"*, des Irrenarztes, der selbst ein Irrer ist. Diese schaurige Welt übte in ihrer Absonderlichkeit auf Bürger allerdings einen erheblichen Anreiz aus. Künstler und Reisende besuchten Irrenanstalten wie das Londoner *Bedlam* als Sehenswürdigkeiten (Jetter, 1981; Schrenk, 1973).

Geisteskranke wurden oft in Ketten gelegt. Hier eine Kranke mit einem sogenannten Tollriemen (Kraepelin, 1920, S. 20).

Mit Fortschreiten der Aufklärung und der philanthropischen Bewegung (s. später Abschnitt 7.1.2) gerieten die frühen Anstalten für Geisteskranke unter doppelte Kritik. Zum einen forderte man die Anerkennung der Kranken als empfindende menschliche Wesen und damit ihr Anrecht auf eine menschenwürdige Behandlung. Zum anderen setzte sich die Auffassung durch, daß die Zustände in den Irrenanstalten einschließlich der dort üblichen Zwangsbehandlung den Zustand der Kranken verfestigte, ja sogar verschlimmerte. In England und Frankreich führte man ein „moralisches Regime“ in den Krankenhäusern ein: Verständnis für die Kranken (z.B. sorgfältige Beobachtung ihrer Eigenarten, Eingehen auf harmlose Wahnvorstellungen), Freundlichkeit (z.B. tröstende Worte), geduldige Pflege (z.B. Förderung von Sauberkeit und Schlaf), regelmäßigen Besuch der Ärzte und vor allem: Verzicht auf entbehrliche Zwangsmaßnahmen (s. wieder Schrenk, 1973).

Einer der einflußreichsten Verfechter des „moralischen Regimes“ war der an der Salpêtrière in Paris (s.o.) wirkende Arzt Philippe Pinel. Pinel (1798/1799) hat unter dem Namen „Philosophische Nosographie“ ein Konzept für eine humane Psychiatrie entwickelt, die psychische Störungen nach Art und Entstehung unterscheidet und je nach Störungsform eine eigene Therapie anwendet. In Deutschland war es der Hallenser Medizinprofessor Johann Christian Reil (1803/1968), der als Beitrag zum „moralischen Regime“ „psychische Curmethoden für Geisteszerrüttungen“ eingeführt hat (mehr über den von Reil geprägten Begriff der Psychiatrie sowie seine psychotherapeutischen Verfahren s. später Abschnitte 8.6.1, 9.4.3).

Jetter, D. (1981). *Grundzüge der Geschichte des Krankenhauses.* Darmstadt: Wissenschaftliche Buchgesellschaft.

Schrenk, M. (1973). *Über den Umgang mit Geisteskranken.* Berlin: Springer.

Kraepelin, E. (1920). *Arbeiten aus der Deutschen Forschungsanstalt für Psychiatrie in München.* Berlin: Springer.

Pinel, P. (1798/1799). *Philosophische Nosographie oder Anwendung der analytischen Methode in der Arzneikunde* (2 Bände). Tübingen: Cotta.

Reil, J. Ch. (1803/1968). *Rhapsodien über die Anwendung der psychischen Curmethode auf Geisteszerrüttungen.* Amsterdam: Bonset.

Die Einführung der humanen Behandlung von Geisteskranken wurde in ganz Europa als Fortschritt gerühmt. An der Salpêtrière in Paris nahm im Revolutionsjahr 1793 Pinel einigen Patienten ihre Ketten ab, welche sie mit Sträflingen und politischen Gefangenen geteilt hatten. Dieses Ereignis hat 1876 - knapp hundert Jahre später - der französische Maler T. M. Fleury romantisch verklärt in seinem Gemälde „Pinel befreit die Geisteskranken“ (franz. *Pinel delivrant les aliénés*) dargestellt (Bibliothèque Charcot, Salpêtrière Paris).

Zur Geschichte des Krankenhauses

Krankenpflege begann als private Einrichtung. Krankheiten aller Art und aller Schweregrade wurden zunächst im eigenen Haushalt behandelt. Ärzte konnten zur Behandlung hinzugezogen werden und erhielten dafür ein Entgelt. Zur öffentlichen Aufgabe wurde die Krankenpflege in Europa im 17. Jahrhundert. Es wurden Hospitäler für Kranke gegründet, die keine Pflege in einem Haushalt erhielten, d.h. vor allem für Arme und Fremde. Der Name Hospital (spätlat. *hospitale,* Gastzimmer) deutet noch heute darauf hin, daß Krankenhäuser zunächst für Personen ohne eigenes Heim eingerichtet wurden.

Träger der Krankenhäuser waren zuerst christliche Pflegeorden wie die „Barmherzigen Brüder“, die 1614 in Wien und 1620 in Prag Hospitäler einrichteten. Später traten als Träger Kommunen in Erscheinung - wie 1696 der Bremer Magistrat, sowie aufgeklärte Fürsten - wie der Preußische König Friedrich I., der 1727 in Berlin das Krankenhaus *Charité* (franz., Wohltätigkeit) gründete. Immer stärker wurde das Krankenhauswesen zur Staatsangelegenheit.

Die ständige Anwesenheit von Ärzten in Krankenhäusern ist erst um die Wende zum 18. Jahrhundert zur Regel geworden. Damit nahm die Ärzteschaft ihren Platz im öffentlichen Dienst ein. Außerdem verstärkte sich der medizinische Charakter des Krankenhauses gegenüber dem fürsorglich-wohltätigen. In den frühen christlichen Hospitälern gesellten sich zu den Kranken eine Vielzahl von Behinderten, Siechen und Sterbenden. Im 18. Jahrhundert wird das Krankenhaus zu einer Spezialeinrichtung für akut Heilungsbedürftige.

Murken, A. H. (1988). *Vom Armenhospital zum Großklinikum.* Köln: DuMont.

6.4.2 Wunderheilung oder Suggestion?

An Magie oder an überirdische Wunder hat die Aufklärung nicht geglaubt. Doch barg die Natur nicht noch Geheimnisse? Konnte man von der Entdeckung dieser Geheimnisse nicht Glück und Gesundheit erhoffen (vgl. Abschnitt 5.4.3 über Okkultismus)? Ein Ärgernis aus der Sicht der Aufklärung bildete jedenfalls der als Wunderheiler auftretende Johann Josef Gaßner, ein katholischer Pfarrer aus dem Bistum Chur (Ego, 1991, S. 4f.; Tischner & Bittel, 1941, S. 52f.). Gaßner zog riesige Mengen leidender Menschen an. Allein im Jahre 1774 soll er während eines siebenmonatigen Aufenthaltes in Ellwangen rund 20 000 Kranke behandelt haben. Nach zeitgenössischen Berichten (Ego, 1991, S. 5) kamen sie mit

„Krebs, Eiter, Grind und Krätze ... selbst was die Seele drückt und entmannt - Schwermut, Wahnsinn, Tollheit, stille Wut, Raserei ... .“

Sie seien vom Teufel besessen, lehrte Gaßner, und er treibe ihnen den Teufel aus durch das Zeichen des Kreuzes und durch Beten. Die Frommen priesen seine Heilerfolge. Die Aufgeklärten schalten ihn einen Scharlatan (ital. *ciarlatano,* Marktschreier, Betrüger).

Ähnliche Anziehungskraft und Heilerfolge erzielte der in Wien ausgebildete Arzt Franz Anton Mesmer (1734-1815). Er war vor allem in Wien und Paris tätig und wurde an den dortigen Höfen empfangen. Reisen nach England, Deutschland und der Schweiz mehrten seinen Ruhm. Wissenschaftliche Akademien und Kommissionen erstellten Gutachten über seine Heilmethode. Einige zollten Messmer Anerkennung, andere verurteilten ihn als Scharlatan. Kontroversen begleiteten ihn, und einmal wurde er sogar als Aufrührer verhaftet.

Mesmer griff eine alte Ansicht auf: daß der Mensch vom Weltall, dem Globus sowie den Planeten, bestimmt sei. Insbesondere herrsche in der Welt die Schwerkraft; ihren Wechsel erkenne man an der Flut und der Ebbe des Meeres. Säfte flössen auch in Menschen und Tieren. Sie folgten ebenfalls der allgemeinen Schwerkraft und gerieten dadurch in Bewegung wie das Meer. Bei ihrer Bewegung könnten sie aus dem Gleichgewicht geraten, und der Verlust des Gleichgewichts äußere sich in vielfältigen Krankheitsbildern (Tischner & Bittel, 1941; Ego, 1991).

Mesmer deutete jene körperliche Eigenschaft, welche auf die Schwerkraft reagiere, als tierischen Magnetismus. Magnetismus nennt man die Anziehung zwischen Metallen sowie einigen Steinen. Diese Erscheinung war im 18. Jahrhundert ein aktuelles Forschungsthema, ebenso wie die Elektrizität, deren Zusammenhang mit den magnetischen Erscheinungen die physikalische Forschung damals entdeckte. Mit dem Begriff des Magnetismus schloß sich Mesmer also der zeitgenössischen Naturwissenschaft an. Magnetische Gegenstände schienen ihm geeignete Mittel, Ebbe und Flut der Körpersäfte zu bewirken und damit Störungen der Harmonie des tierischen Magnetismus zu beseitigen. Mesmer bestrich oder behängte daher seine Patienten mit Eisenmagneten oder führte sie in Eisengestelle. Um mehrere Patienten gleichzeitig behandeln zu können, setzte er sie in den gleichen Badezuber oder verband sie mit Ketten.

Mesmer mit Patienten an einem Baquet, einem magnetisierten Gestell.

Ego, A. (1991). *Animalischer Magnetismus oder Aufklärung.* Würzburg: Königshausen & Neumann.

Tischner, R. & Bittel, K. (1941). *Mesmer und sein Problem.* Stuttgart: Marquardt.

Bei seinen Magnetkuren machte Mesmer schließlich folgende Beobachtung: Physikalische Magneten waren für den Heilerfolg gar nicht erforderlich. Auch Holz, Papier und Glas eigneten sich, wenn der Therapeut diese nur vorher berührt hatte. Die magnetische Kraft mußte also von der Person des Therapeuten ausgehen. Dann konnte man freilich auf sämtliche physikalischen Gegenstände verzichten und die Patienten unmittelbar mit den eigenen Fingern oder Händen berühren oder bestreichen, z.B. ihnen die Hände auf den Kopf legen. Ja, man konnte sogar die magnetische Kraft auf dem Luftwege zu den Patienten senden, z.B. mit den auf den Patienten weisenden Fingern.

Man sollte sich von der Oberfläche aus Metaphysik, Mystik und unvollkommener Naturkunde, welche der Gaßnerismus und der Mesmerismus bieten, nicht vorschnell abwenden. Dahinter verbergen sich beachtenswerte Zugänge zu einer eigenen Klasse psychisch bedingter Leiden sowie deren Heilung. Pfarrer Gaßner selbst hat seine Patienten als „Hypochondriaci" (lat. *hypochondria,* eingebildete Krankheit, Gemütskrankheit) bezeichnet, seine Heilerfolge als Wirkung von „Sympathie" und „Gottvertrauen" (s. Ego, 1991, S. 3). Mesmer wiederum hat in seinem Schreiben *Über die Magnetkur* aus dem Jahre 1775 als Träger des tierischen Magnetismus bzw. der entsprechenden Flüssigkeiten die Nerven ausgemacht. Insofern erklärt er die Wirkung seiner Kur damit, daß sie

„die ungleiche Austeilung und dispensation des fluidi nervei und dessen verwirrende Bewegung durch ... gleichförmigen Strom wieder herstelle und denjenigen Zustand hervorbringe, den ich die Harmonie der Nerven nenne."

(nach Tischner & Bittel, 1941, S. 39)

Damit formen sich Einsichten zur Natur und Behandlung von Neurosen und psychosomatischen Störungen. Es sind dies körperliche Leiden ohne unmittelbare Ursache in dem auffälligen Organ (z.B. Lähmungen von Gliedmaßen bei intaktem Muskel- und Knochenapparat) oder seelische Leiden ohne äußere Auslöser (z.B. Ängste ohne Bedrohung). Obwohl naturwissenschaftlich abwegig, öffnet die Theorie vom tierischen Magnetismus doch den Blick für die Entstehung neurotischer und psychosomatischer Störungen aus innerer Fehlregulation.

Gaßners und Mesmers belegbare Heilerfolge verweisen zudem auf die Möglichkeit der sozial fundierten Behandlung einiger Arten von psychischen Störungen. Ein Therapeut mit einer starken, Vertrauen weckenden Persönlichkeit ist hierfür vonnöten. Die sozial fundierte Methode hat seitdem verstärkte Aufmerksamkeit gefunden. Man hat sie später als Suggestion oder Hypnose bezeichnet. Insbesondere in Frankreich ist die Anwendung und Erforschung suggestiver und hypnotischer Methoden fortgeführt worden (s. Abschnitt 8.6.2).

ZUSAMMENFASSUNG

1. Das 17. und 18. Jahrhundert erlebte ein starkes Bevölkerungswachstum und die Ausweitung von Handel und Industrie. Das Bürgertum drängte zur Macht. Immer mehr Bereiche wurden zu öffentlichen Angelegenheiten und durch allgemein verbindliche Gesetze und öffentliche Ordnungen geregelt.

2. Zu öffentlichen Aufgaben wurden zunehmend Politik, Recht und Wirtschaft. Es wuchsen ebenfalls die öffentlichen Anteile am Erziehungswesen und an der Medizin. Weiterhin gab es unter der Bezeichnung „Polizei“ das Bemühen um eine öffentliche Ordnung, welche den Frieden, die Gesundheit und das Auskommen der Bürger gewährleisten sollte.

3. Die Moralphilosophie suchte die Grundlagen für die Praxis der Staaten und ihrer Bürger zu ermitteln. Ziel der Moralphilosophie war die Bestimmung von Glück. Die rationalistisch orientierte Philosophie entwickelte eine Pflichtethik. Sie leitete Glück aus vorgegebenen Ordnungen und Werten ab. Die empiristische Moralphilosophie setzte auf eine Erfolgsethik. Sie betrachtete Glück als Mehrung von Nutzen oder als Wohlergehen.

4. Die Moralphilosophie begründete Regeln für die Verteilung von staatlicher Macht, für die Staats- und Gemeindeverwaltung, für die Wirtschaftsführung, die öffentliche Ordnung sowie die Erziehung. Die genannten Bereiche wurden in der Moralphilosophie miteinander verknüpft. Doch in der Praxis trennten sie sich. Für jeden dieser Bereiche entwickelte sich eigene Sachkenntnis, und Experten machten die Arbeit darin zu ihrem Beruf. Auf diese Weise entstand ein öffentlicher Dienst bzw. eine Staatsbeamtenschaft.

5. Psychologie galt zumindest den Empiristen als Grundlage der Moralphilosophie. Insofern hat Psychologie die oben genannten praktischen Disziplinen für Staats- und Stadtverwaltung, Wirtschaft, Recht und Erziehung durchdrungen. Wenn später einzelwissenschaftliche Psychologie in diesen Bereichen als Beruf durchgesetzt werden soll, wird dies im Wettbewerb mit den dort bereits etablierten Spezialdisziplinen geschehen.

6. In der Medizin setzte sich ein neues Verständnis für Geisteskrankheiten und psychosomatische Störungen durch. Die Suggestion wurde als Heilmethode erprobt und bot sich der Psychologie als Forschungsthema an. Daraus ergeben sich zwischen Medizin und Psychologie Verbindungen und Konkurrenz.

Literatur zur Ergänzung und Vertiefung

Brückner, J. (1977). *Staatswissenschaft, Kameralismus und Naturrecht.* München: Beck.

Catel, R. (1976/1979). *Die psychiatrische Ordnung.* Frankfurt a. M.: Suhrkamp.

Döring, K. D. (1969). *Lehr- und Lernmittel.* Weinheim: Beltz.

Koneffke, G. (Hrsg.). (1982). *Zur Erforschung der Industrieschule des 17. und 18. Jahrhunderts.* Vaduz: Topos.

König, R. (1979). *Niccolò Machiavelli.* München: Hanser.

Pribram, K. (1983/1992). *Geschichte des ökonomischen Denkens.* Frankfurt a. M.: Suhrkamp.

Sachße, Ch. & Tennstedt, F. (1980). *Geschichte der Armenfürsorge in Deutschland* (Band 1). Stuttgart: Kohlhammer.

Sachße, Ch. & Tennstedt, F. (Hrsg.). (1983). *Soziale Sicherung und Disziplinierung.* Frankfurt a. M.: Suhrkamp.

Wieacker, F. (1996). *Privatrechtsgeschichte der Neuzeit.* Göttingen: Vandenhoeck & Ruprecht.

Laura Bassi (1711-1778), Physikerin und erste Professorin in Europa als junge Frau.

Kapitel 7

Praktische Psychologie für das private Leben

Lehren zur Menschenkenntnis und zur Menschenbehandlung im 16. - 18. Jahrhundert

Das aufstrebende Bürgertum strebte auch im privaten Leben nach Glück und Erfolg. Praktische Lehren sollten zu einem guten Privatleben verhelfen. Mit ihren Urteilen und Ratschlägen zu Familie, Freundschaft, Geschäftsbeziehungen u.ä. setzten sie die Tradition der Pragmatik, insbesondere der Ökonomie (s. Kapitel 2), fort.

Die Lehren für das Privatleben befaßten sich ausführlich mit

- Lebensweisheit, d.h. Einsichten und Regeln für die Bewertung und Gestaltung des menschlichen Lebens,
- Psychognostik, d.h. dem Erkennen seelischer Eigenschaften sowie der Beurteilung des Charakters von Menschen,
- Psychagogik, d.h. der Anleitung und richtigen Behandlung von Menschen.

Damit entfaltete sich eine Praktische Psychologie. Sie konzentrierte sich auf umschriebene Lebensbereiche (wie die Familie) sowie auf einzelne Techniken (wie die kommunikativen Techniken der Rede und der Gestik).

Dieses Kapitel wird am Ende über das *Magazin für Erfahrungsseelenkunde* berichten, eine ausschließlich psychologischen Fragen gewidmete Zeitschrift. Darin wurden Beobachtungen und Meinungen über allerlei psychische Auffälligkeiten ausgetauscht. Menschenkenntnis und die richtige Behandlung von Menschen sind regelmäßige Themen des Magazins, weshalb es einen Meilenstein in der Entwicklung der Psychologie als praktische Disziplin darstellt.

7.1 Lebenskunst Glück, Erfolg und Eintracht für alle Bürger

7.1.1 Sitten und Moden

Das Zeitalter der absoluten Monarchie und des aufsteigenden Bürgertums hat Kenntnisse über andere Völker und Kulturen verbreitet und einen beträchtlichen Aufschwung in Handel und Produktion erlebt (Abschnitte 5.1.1, 6.1.1). Zahlreiche technische Erfindungen sind in dieser Zeit entstanden: Brille und Fernrohr, Pendeluhr und Taschenuhr, Flinte und Kanone. Immer größere und schnellere Fregatten und Kutschen wurden gebaut. Die Kunst löste sich zunehmend aus dem kirchlichen Rahmen und widmete sich der weltlichen Bildung und Unterhaltung. An den Höfen und in den Städten spielten Orchester, tanzten Ballette, traten Schauspieltruppen auf, betätigten sich Dichter, Maler und Bildhauer. Die Dramen und Komödien Shakespeares (1564-1614) zeigten menschliche Situationen und Schicksale. Lully (1632-1687) und Couperin (1668-1733) gelang mit ihren Kompositionen der Durchbruch zu einer nur dem Genuß des Hörers gewidmeten Musik. Rembrandt (1606-1669) schuf Portraits angesehener Bürger sowie Bilder von ihren Versammlungen. Über mehrere Generationen entfalteten sich neuartige künstlerische Stile und Techniken (van Dülmen, 1990).

Wohlstand und Frohsinn waren freilich durch Katastrophen und Konflikte gefährdet, unter anderem durch Feuersbrunst und Pest, durch höfische Intrigen und durch Kriege. Die meisten Zeitgenossen hatten ohnehin keinen Anteil an dem wirtschaftlichen und kulturellen Aufschwung. Obwohl sie sich in einigen Landschaften nur von Brot, Brei und Gemüse ernährten, mußten sie 50%-80% ihres Einkommens für Nahrungsmittel aufwenden. Kinder galten unter diesen Umständen oft als lästige Esser. Man versuchte, ihre Zahl durch Erschwerung von Heiraten zu begrenzen; so durften Handwerker erst nach ihren Wanderjahren eine Familie gründen, Soldaten bedurften zur Eheschließung der Genehmigung ihrer Vorgesetzten (Beuys, 1980).

Nur wenige Reiche vergnügten sich regelmäßig bei Ballett und Konzert, genossen Wurst, Wein und Konfekt. Doch zwischen den wenigen Reichen und den vielen Armen entstand eine bürgerliche Mittelschicht, die nach Bildung, Kultur und Wohlstand drängte. Die Bürger strebten nach Glück und Erfolg im privaten Leben, in ihrer Familie, bei ihren Geschäften, in der Gemeinschaft ihrer Freunde. Gutes Leben betrachteten sie als eine Kunst, als Lebenskunst. Für diese Kunst suchten sie Kenntnisse und Regeln. Lebenskunst umfaßte die guten Sitten, d.h. angemessenes soziales Verhalten. Ein nicht geringer Teil der Sitten richtete sich auf die äußere Erscheinung, die Kleidung, Haartracht und Redeweise.

In der sich wandelnden Welt konnten gute Sitten nicht immer die überlieferten Sitten sein. So wurden die Bräuche der Handwerkszünfte (z.B. ihre Aufnahmerituale) als zu starr beklagt. Adelige Sitten taugten oft nicht für die Bürger. Das Leben in Fürstenhäusern mußte sich einem strengen Protokoll unterwerfen. Ein Beispiel sind Regeln für Geburten. Für eine bürgerliche Frau war eine Geburt ein intimer Vorgang; sie zog sich dazu mit vertrauten Helferinnen in einen Privatraum zurück. Anders bei Fürstinnen; ihre Entbindung sollte keinen Zweifel an der Legitimität der Nachfolge aufkommen lassen. Daher fand die Niederkunft an einigen Höfen vor dem Hofstaat und vor auswärtigen Gesandten statt,

„daß jederman sehen kan, daß kein ander Weib noch Kind darunter sey. Nach der Geburth wird das neugebohren Kind, wie es aus der Mutter Leibe kommen, den Fürstlichen und anderen hohen Personen gezeigt, und damit aller Argwohn einer Supposition genommen.“

(Rohr, 1733/1990)

Bürgerliche Familien standen weniger unter dem Zwang des Protokolls und der Legitimation. So lag es nahe, neue Sitten zunehmend aus dem Bürgertum und nur für dieses zu bestimmen.

Oft dienten die Sitten anderer Städte und Völker als Vorbilder, die man nachahmte. In Deutschland nahmen sich viele Bürger italienische Musik oder französische Kleidung zum Vorbild. Die Vorbilder wechselten mitunter schnell. Seit dem 17. Jahrhundert werden solche wechselnden Vorbilder Moden (franz. *á la mode,* nach geltender Art) genannt. Sie waren umstritten, sofern sie nicht als Ausdruck der Vernunft erschienen, sondern als Folge von Konformität und Wankelmütigkeit.

Akademische Philosophen, welche Prinzipien der Moral behandelten (Abschnitt 6.1.2), leisteten auch Beiträge zur Neuordnung des privaten Lebens. Zum Beispiel verurteilte Kant (1798/1970, S. 616) die Tafelmusik als Unsitte, weil sie den Austausch von Gedanken in der Tischgesellschaft störe und jedem Gast den Rückzug in den Egoismus gestatte. Trotz aller Anrufungen der Vernunft gab es jedoch keine allgemein anerkannte Doktrin zur Festlegung guter Sitten. Vielmehr wurde dies zu einem populären Thema, das von einer Vielzahl von Betroffenen aus ihrer jeweiligen Sicht behandelt wurde. Die gehobene Bürgerschaft bildete Gesprächskreise zur Förderung der Bildung und der Sitten. Ärzte, Richter, Pastoren und Angehörige anderer angesehener Berufe schlossen sich zu literarischen, ökonomisch-landwirtschaftlichen, patriotisch-politischen, religiösen und wohltätigen Gesellschaften zusammen (Hof, 1982). Die Auffassungen einzelner Autoren und die Ergebnisse von Debatten innerhalb der Bürgerschaft wurden in moralphilosophischen Schriften festgehalten und verbreitet.

Dülmen, R. van (1990). *Kultur und Alltag in der Frühen Neuzeit* (Band 1). München: Beck.

Beuys, B. (1980). *Familienleben in Deutschland.* Reinbek: Rowohlt.

Rohr, J. B. von (1733/1990). *Ceremonial-Wissenschafft der Grossen Herren* herausgegeben von M. Schlechte. Weinheim: VCH.

Kant, I. (1798/1970). *Anthropologie in pragmatischer Hinsicht. Werke* (Band 10, S. 399-622), herausgegeben von W. Weischedel. Darmstadt: Wissenschaftliche Buchgesellschaft.

Hof, U. im (1982). *Das gesellige Jahrhundert: Gesellschaft und Gesellschaften im Zeitalter der Aufklärung.* München: Beck.

Modische Gestalten: Junger Stutzer, Pariserin in Jakobinerhaube, Bürger mit langem Überrock

7.1.2 Menschenfreundlichkeit, Philanthropie

Menschenfreundlichkeit war schon ein Thema der antiken Ethik. Zur Menschenfreundlichkeit zählten vor allem die Gastfreundschaft (gegenüber Fremden), die Wohltätigkeit (gegenüber Armen) und die soziale Verträglichkeit (gegenüber Familienmitgliedern und Mitbürgern). Aus der Antike überliefert ist hierfür der Begriff der Menschenliebe, der Philanthropie (griech. *philein*, lieben; *anthropos*, Mensch). Die rationalistische Philosophie hat den Begriff erneuert. So erklärte Christian Wolff (s. Abschnitt 5.2.3) die Menschenliebe zu einem Grundprinzip des Naturrechts. Menschenliebe verpflichte, *„jedermann Freund, niemandem aber Feind zu seyn"* (Wolff, 1720/1976, S. 547).

Im Verlauf des 18. Jahrhunderts entstanden philanthropische Gesellschaften. In Deutschland setzten Gleichgesinnte eine Bewegung in Gang, die den Namen „Philanthropismus" erhielt. Der Philanthropismus hatte seinen Schwerpunkt in der Pädagogik. Sein wohl auffälligster Vertreter war jener Pädagoge Johann Bernhard Basedow, der seine Reformvorstellungen in einem neuen, „Philanthropinum" genannten Schultyp zu verwirklichen gesucht hat (s. Abschnitt 6.3.3).

Basedow hatte sich der Romantik (s. Abschnitt 8.1.2) angeschlossen. Er schwärmte vom sittlichen Prinzip der Philanthropie als einem Ausdruck des Mitfühlens mit anderen Menschen, der Sympathie (griech. *sympathia,* Mitgefühl, Mitleid). Basedow hielt die Selbstliebe für die maßgebliche Triebfeder des Menschen. Doch gehöre zur menschlichen Natur auch die Liebe zu den Mitmenschen. Nichts verschaffe mehr eigene Glückseligkeit, als das Glück anderer mitzuerleben, ja selbst zu diesem Glück beizutragen. Menschenliebe richte sich nicht nur auf einige wenige Nahestehende, sondern auf *„Bekannte und Unbekannte, Gegenwärtige und Künftige"* (Basedow, 1774/1909, S. 483), d.h. auf die gesamte Menschheit. Es seien unnatürliche Affekte, welche der natürlichen Neigung zur Menschenfreundlichkeit entgegenwirken, und solche Affekte brächten lieblose und grausame Gewohnheiten hervor.

Unnatürliche Affekte nannte Basedow die Eitelkeit, die Heuchelei und den Eigennutz. Sie verdürben das private und öffentliche Leben mit unaufrichtigen, ungerechten und seltsam verschnörkelten Konventionen:

> *„Testimonium ohne Zeugniß! Examen ohne Untersuchung! ... Opponens ohne alle wirklichen Zweifel ... Kuß ohne Ehrfurcht und Liebe ... Unsterbliche Danksagungen für keine Wohlthaten."*

(Basedow, 1768/1893, S. 33)

Gegen menschenunfreundliche Affekte und Konventionen setzte der Autor die Tugenden der Aufrichtigkeit, der Gerechtigkeit und der Einfachheit.

Philanthropie war Teil der bürgerlichen Revolution; sie strebte die Gleichberechtigung aller Bürger und die Beseitigung der Privilegien von Klerus und Adel an (vgl. Abschnitt 6.1.1). Zugleich war sie Teil der aufklärerischen Moralphilosophie, welche durch Vernunft zu Wahrheit und Sittlichkeit gelangen wollte. In ihrem Ansatz war Philanthropie popularphilosophisch (vgl. Abschnitt 5.4.1). Sie hat praktische Regeln zur guten Beurteilung und Behandlung von Menschen gefördert. Die Einrichtung des Philanthropinums (s.o.) zeigt, daß dies auch im Rahmen von professionellen Institutionen geschehen ist. Doch haben sich philanthropisch orientierte Autoren besonders nachhaltig zum Privatleben geäußert. Deshalb wurde der Philanthropie vorzugsweise Platz in diesem Kapitel zugewiesen.

Wolff, Ch. (1720/1976). Vernünfftige Gedancken von der Menschen Thun und Lassen, zu Beförderung ihrer Glückseeligkeit. *Gesammelte Werke* (I. Abt. Band 4). Hildesheim: Olms.

Basedow, J. B. (1774/1909). *Elementarwerk.* Leipzig: Wiegandt.

Basedow, J. B. (1768/1893). *Vorstellung an Menschenfreunde.* Leipzig: Richter.

Pinloche, A. (1896). *Geschichte des Philanthropinums,* deutsche Bearbeitung von J. Rauschenfels und A. Pinloche. Leipzig: Brandstetter.

7.1.3 Familienleben als Rest der Ökonomie

Zu den antiken Lehren, welche der Humanismus erneuerte, gehörte auch die Ökonomie, die Lehre von der Kunst des Haushalts (s. Abschnitt 2.3.1). Doch mit der Neuzeit gingen einschneidende Veränderungen der Haushaltung einher. Zum einen vermehrten und verbesserten sich die Techniken der Produktion und der Rohstoffbeschaffung, zum anderen verlagerten sich Produktion und Rohstoffbeschaffung aus dem Haushalt von Großfamilien in eigene Fabriken, Bergwerke und ähnliche Einrichtungen. Die Folge war, daß die Ratgeber für den Haushalt sich auf das Zusammenleben der Familienmitglieder und den Konsum der erwirtschafteten Güter in der Familie beschränkten.

Den Produktions- und Beschaffungstechniken wurden eigene Schriften gewidmet: über Eisengewinnung und -verarbeitung, Architektur, Forstwirtschaft, Jagd, Fischerei u.ä. Die Schriften nahmen nicht mehr (oder nur gelegentlich) auf das Familienleben Bezug. Doch die gemeinsame Herkunft der Schriften über technische Produktion und über das Familienleben aus der alten Haushaltslehre bleibt noch bis zum 18. Jahrhundert daran erkennbar, daß sie teilweise von gleichen Autoren verfaßt wurden. So stammt von dem Florentiner Humanisten Leon Battista Alberti (1404-1472) nicht nur ein vierbändiges Werk über das Familienleben (1437-1441/1962), sondern auch ein zehnbändiges über Baukunst (1485/1975). Der sächsische Hofbeamte Julius Bernhard von Rohr (1688-1742) verfaßte neben seinen „Ceremoniel-Wissenschafften" für Gutsherren Ratgeberbücher über Ackerbau, Viehzucht, Forstwirtschaft, Recht und Verwaltung (Frühsorge, 1990). Dagegen ist die Einführung des Chemnitzer Arztes und Bürgermeisters Georgius Agricola (ursprünglich Georg Bauer) in das Berg- und Hüttenwesen (Agricola, 1557/1985) ein Spezialwerk aus praktisch-naturwissenschaftlicher Sicht (mehr über von Rohr und Alberti in den Abschnitten 7.3.1 und 7.3.2).

Während der Begriff der Familie sich einerseits auf die kleine private Familiengemeinschaft verengte, erweiterte er sich andererseits unter dem Gleichheitsideal des Bürgertums zur Vision der Menschheitsfamilie, d.h. einer Gesellschaft, in der alle Menschen als Brüder und Schwestern zusammenleben. Es galt, das Glück der großen Menschheitsfamilie zu sichern. Darin war dann das Wohlergehen der Kleinfamilie aufgehoben.

Der allgemeinen Wohlfahrt dienten die Lehren der Nationalökonomie (s. Abschnitt 6.2). Bedurfte es da noch gesonderter Regeln für die Kleinfamilie, ja für private Individuen wie Freunde, Liebende, Verwandte? Adolf von Knigge (s. Abschnitt 7.3.1), obwohl selbst weltbürgerlich gesonnen, verteidigte die Achtung und Förderung der Familie, der Privatheit und Individualität. Über jenes *„goldene Zeitalter"*, in welchem *„wir alle nur eine Familie ausmachen"*, spottete er:

> *„... dann drücken wir den edlen, liebenswürdigen Menschenfresser brüderlich an unsere Brust, ... Dann fallen alle Fesseln ab, dann schwinden alle Vorurteile! Dann brauche ich nicht meines Vaters Schulden zu bezahlen; ich habe nicht nötig, mich mit einem Weibe zu begnügen, und das Schloß vor meines Nachbars Geldkasten ist kein Hindernis ... . So weit sind wir nun aber doch nicht gekommen, ... da es viele Menschen gibt, ... , die ihre Verwandten lieben, und Sinn für häusliche Freuden und für das Familienband haben, ..."*
>
> (Knigge, 1788/o.J., S. 171)

Alberti, L. B. (1437-1441/1962). *Über das Hauswesen.* Zürich: Artemis.

Alberti, L. B. (1485/1975). *Zehn Bücher über die Baukunst.* Darmstadt: Wissenschaftliche Buchgesellschaft.

Frühsorge, G. (1990). Nachwort in J. B. von Rohr (1728/1990). *Einleitung zur Ceremoniel-Wissenschafft der Privat-Personen,* herausgegeben von G. Frühsorge (S. 1-54). Weinheim: VCH.

Agricola, G. (1557/1985). *Vom Bergkwerck.* Weinheim: Acta humaniora.

Knigge, A. von (1788/o.J.). *Umgang mit Menschen.* Berlin: Weichert.

7.2 Psychognostik

7.2.1 Menschenkenntnis: Ein Überblick

Menschenkenntnis umfaßte mancherlei Wissen über den Menschen (darunter Wissen über Krankheiten, gesunde Ernährung u.ä.). Nicht zuletzt sammelte sie Einsichten über die Seele des Menschen, d.h. sein Denken, seine Motive, Gefühle und Gewohnheiten. Die Erkenntnis der menschlichen Seele wird hier - einer älteren Überlieferung folgend - Psychognostik (griech. *psyche,* Seele; griech. *gnosis,* Erkenntnis) genannt.

Die Psychognostik strebte nach

- Allgemeinerkenntnis, d.h. nach universell gültigem Wissen über die seelische Beschaffenheit der Gattung Mensch sowie unterschiedlicher Menschentypen,
- Personenkenntnis, d.h. nach spezifischem Wissen über individuelle Personen (z.B. Verwandte, Freunde, Handelspartner),
- Selbsterkenntnis, d.h. nach spezifischem Wissen über die eigene Person.

Als berechtigte Motive für das psychognostische Streben wurden genannt:

- Menschenkenntnis sei Selbstzweck: Die Kenntnis anderer und vor allem die Selbsterkenntnis erhöhe den Wert des Menschen und bereite ihm Glückseligkeit.
- Pragmatisches Urteil: Menschenkenntnis sei nützlich für folgenreiche Einschätzungen und Entscheidungen (z.B. ob man einem Fremden trauen dürfe, ob ein junger Mann zum Schwiegersohn tauge, mit wem man einen Vertrag abschließen dürfe).
- Philanthropie (s. Abschnitt 7.1.2): Kenntnis über die seelische Verfassung der Mitmenschen zu erlangen, sei eine Forderung der Menschenliebe. Menschen zu kennen, bedeute Menschen zu verstehen. Verständnis bedeute weiterhin Teilnahme an ihren Empfindungen und Wünschen, an ihren Hoffnungen und Ängsten, an ihrer Freude und ihrem Kummer. Aus diesem Verständnis erwachse nicht nur herzliche Zuneigung, sondern auch Hilfsbereitschaft.

Doch wie sollte man zur Kenntnis über das Innere der Menschen gelangen, insbesondere über das Innere fremder Menschen? Die Rede und das Benehmen der Menschen waren stets eine wichtige Quelle der Menschenkenntnis. Vielfach wurde versucht, die Beschaffenheit der Seele aus körperlichen Zeichen, z.B. aus den Gesichtszügen (s. später Abschnitt 7.2.2) zu erschließen. Dieser Ansatz fügt sich in eine längere Tradition von Zeichendeutungen ein, die sich bis in die Antike zurückverfolgen läßt. Aus dem Überschneidungsbereich von Religion und Wissenschaft stammt die Annahme, die Geheimnisse der Natur und die Geschicke der Menschen offenbarten sich in äußeren Anzeichen. In der römischen Antike boten etwa Auguren (lat. *augures*, Seher) an, aus dem Vogelflug den Erfolg von Unternehmungen vorherzusagen. Während der Renaissance belebten sich die Bemühungen, aus dem Studium der Natur Kunde über das menschliche Geschick zu erhalten. Die Astrologie unternahm Versuche, aus Stellung und Lauf der Gestirne den Lebensweg von Menschen abzulesen. Wenn man sogar in Erwägung zog, aus dem Makrokosmos Aufschluß über einen Menschen erhalten zu können: wieviel näher lag es, an dem Körper des Menschen selbst nach deutbaren Zeichen zu suchen. So wurde seit der Renaissance die Kunst des Handlesens gepflegt. Das Handlesen erstreckt sich vor allem auf die Linien und Erhebungen der Handfläche. Es tritt als Chiromantie und Chirologie auf. Chiromantie (griech. *cheir*, Hand; griech. *manteia*, Sehergabe) nennt man das Weissagen der Zukunft aus der Hand, Chirologie die Feststellung seelischer Eigenschaften oder des Charakters aus der Hand.

Körperliche Merkmale, die man für geeignet zur Bestimmung von psychischen Merkmalen hielt, nannte man Seelenzeichen. Die Lehre von den Seelenzeichen hieß entsprechend Seelenzeichenkunde. Die Seelenzeichenkunde nahm einen hervorgehobenen Platz innerhalb der Psychognostik ein.

7.2.2 Charakterkunde

Die Charakterkunde des 16.-18. Jahrhunderts diente zunächst dem allgemeinen Zweck, die seelische Beschaffenheit der Gattung Mensch zu beschreiben. In dieser Absicht bestimmte die Charakterkunde:

- psychologische Typen, d.h. Klassen von Menschen, die durch eine maßgebliche seelische Eigenschaft oder mehrere zusammenhängende seelische Eigenschaften (s.u.) gekennzeichnet sind.
- seelische Eigenschaften, d.h. dauerhafte Neigungen, Einstellungen und Verhaltensweisen. Charakterlehren entscheiden, welche seelischen Eigenschaften als maßgeblich anzuerkennen und u.U. zur Bestimmung von Typen (s.o.) heranzuziehen sind.

Die Charakterkunde im 17. Jahrhundert knüpfte unmittelbar an antike Typenlehren an; das belegt schon die Weiterverwendung der Begriffe „Typus“ und „Charakter“ (Abschnitte 3.2.1, 3.3.3). Zum Teil werden die Charakterbeschreibungen mit der menschlichen Natur begründet, nicht mit den zeitgenössischen gesellschaftlichen Verhältnissen. Dies ist besonders deutlich in der Fortführung der Temperamentenlehre Galens (s. wieder Abschnitt 3.3.3). Die Charakterbeschreibungen nach dem Vorbild des Theophrast (s. wieder Abschnitt 3.2.1) beziehen sich dagegen deutlich auf die zeitgenössischen gesellschaftlichen Verhältnisse. In diesem Teil der Charakterkunde ist die moralische und pragmatische Absicht offensichtlich. In ihrem Mittelpunkt stehen sittlich anstößige Menschentypen, und die aktuelle Beschreibung ihrer Erscheinung dient der Warnung vor ihren Vertretern.

In Paris veröffentlichte im Jahre 1688 der Schriftsteller Jean de La Bruyère, der auch als Advokat und Erzieher tätig war, eine neue französische Übersetzung der Charakterkunde des Theophrast, fügte dieser jedoch zahlreiche literarische Portraits und Sittenbeschreibungen aus der Pariser Gesellschaft und dem Hof Ludwigs XIV. hinzu. So entstanden Darstellungen von Geltungssucht und Postenjägerei, Starrköpfigkeit, Frömmelei und Hochmut, Gaunerei, Spielsucht und Treulosigkeit.

Wie weit der Autor lebensechte Schilderungen von Personen aus seinem Bekanntenkreis lieferte, wie weit er stadtbekannte Personen anprangerte oder ob er in seiner Darstellung lediglich Kunstfiguren schuf, ist für heutige Leser unerheblich. Ob naturgetreue Wiedergaben oder künstlerische Schöpfungen: die Charakterbilder des La Bruyère dürften detaillierter Beobachtung entspringen; zudem haben das Einfühlungsvermögen, der Scharfsinn und das schriftstellerische Geschick des Autors ihnen Verallgemeinerbarkeit und Unverwechselbarkeit gesichert. Die Geschlossenheit der Charakterbilder beruht in der Regel - wie schon bei Theophrast - auf einer beherrschenden Eigenschaft. Diese konnte sich je nach Situation und Motivation der Betroffenen zu einem facettenreichen Bild entfalten.

Nur selten findet man in dem Sittengemälde einen Charakter, der Anerkennung und Nachahmung verdient. Der Autor verweist vor allem auf das persönlich Verderbliche und das sozial Schädliche. Seine Darstellung beschränkt sich auf die Schilderung von Charak-

Jean de La Bruyère (1645-1695)

Charakterdarstellungen bei La Bruyère

Die Charakterbilder von La Bruyère umfassen Situations-, Verhaltens- und Motivbeschreibungen. Eine moralische Bewertung erfolgt teilweise durch die Wortwahl; teilweise wird eine moralische Beurteilung ausdrücklich hinzugefügt. Obwohl die Charakterbilder allgemeinere Geltung beanspruchen, werden die Darstellungen einzelnen Personen mit eigenem Namen zugeschrieben. Ein Beispiel ist die Charakterisierung des (vermutlich fiktiven) Celsus, eines intellektuell mittelmäßigen Intriganten und Zwischenträgers:

„Celsus gehört einem mittleren Rang an; aber Große dulden ihn. Er ist kein Gelehrter, aber er hat Bekanntschaft mit Gelehrten; ... er ist nicht geschickt, aber er hat eine Zunge, die gut als Dolmetscher dienen kann; und Füße, die ihn leicht von einem Ort zum anderen zu tragen vermögen. Das ist ein Mensch wie geboren für das Hin- und Herlaufen, um Worte aufzufangen und sie wieder zu berichten; um ein Geschäft daraus zu machen; um über seinen Auftrag hinauszugehen und dann sich verleugnen zu lassen; ... um in einer Angelegenheit glücklich zu sein und es in tausenden zu verfehlen; um sich den Ruhm des Gelingens zuzuschreiben und den Haß wegen eines üblen Erfolgs auf Andere zu wälzen. Er ... selbst thut nichts, er sagt und hört nur, was andere Leute thun. Er ist ein Neuigkeitskrämer, er weiß selbst die Familiengeheimnisse; ja er dringt in die höchsten Geheimnisse ein; er kennt genau den Grund ... des Zerwürfnisses zweier Brüder und warum zwei Minister mit einander gebrochen haben. Hat er nicht den Ersteren die traurigen Folgen ihres Mißverständnisses vorausgesagt? ... War er nicht gegenwärtig, als man gewisse Reden fallen ließ? ... Hat man ihm glauben wollen, hat man ihn nur angehört? ... Wer hat an allen diesen Hofintriguen mehr Antheil gehabt als Celsus?"

(La Bruyère, 1688/o.J., S. 70, übersetzt von K. Eitner)

terschwächen und Lastern. Ratschläge zu ihrer Meidung oder Bekämpfung gibt der Verfasser nicht. Denn er bezweifelt die Erziehbarkeit schlechter Menschen:

„Will man von Widdern verlangen, daß sie keine Hörner haben? Ebenso wenig darf man hoffen, daß sich so hartköpfige, so wilde und ungelehrige Naturen durch diese Charakterzeichnung werden bessern lassen. Das Beste, was man thun kann, sobald sie sich nur von Weitem blicken lassen, sie aus allen Kräften fliehen, ohne sich auch nur umzusehen."

(La Bruyère, 1688/o.J., S. 116f., übersetzt von K. Eitner)

Mit weit verbreiteten Eigenschaften und Gebräuchen befaßten sich die *Essais* des Schriftstellers und Philosophen Michel de Montaigne (1533-1592). Montaigne (1592/1998, S. 572f.) hatte Rechtswissenschaften studiert und Bildungsreisen nach Italien, der Schweiz und nach Deutschland unternommen. Vier Jahre amtierte er als Bürgermeister von Bordeaux. Im übrigen verbrachte er sein Leben auf seinem von den Eltern ererbten Schloß Montaigne im Südwesten Frankreichs.

Mit bissiger Schärfe äußerte sich Montaigne über Kindheit und Alter, Liebe und Ehe, Wahrheit und Lüge, Zorn und Reue, Gesundheit und Krankheit und viele andere Fragen des privaten und gesellschaftlichen Lebens. Seine Analysen zeichnen sich durch eine kulturkritische Haltung aus. Die vorherrschenden sozialen Umstände und Meinungen prägen den Charakter und das Verhalten der Menschen - war seine Überzeugung. Der Natur begegnete er mit Achtung. Doch die sozialen Umstände und Meinungen, die er vorfand, billigte er nicht; sie seien durch falsche Konvention und schädliche Autorität verdorben. Das ziehe auch den Charakter und die Gebräuche der Menschen in Mitleidenschaft.

So solle man einer Krankheit ihren (natürlichen) Gang lassen und sich nicht (in konventioneller Weise) den Ärzten anvertrauen. Selbst der Tod sei als natürlicher Vorgang gelassen hinzunehmen; bedrückend werde er erst durch die üblicherweise damit verbundenen Bräuche:

„... habe ich oft darüber nachgedacht, woher es kommt, daß im Krieg das Gesicht des Todes ... uns unvergleichlich weniger schrecklich scheint als in unseren Häusern .. . Ich glaube, daß in Wirklichkeit die Leichenbittermienen und die schauerlichen Veranstaltungen, mit denen wir den Tod umgeben, uns mehr Angst einjagen denn er selbst: ... das Geschrei der Mütter, Ehefrauen und Kinder, der Besuch bestürzter und erschütterter Verwandter und Bekannter, die Handreichungen von Scharen bleicher und verheulter Bedienter, ein Zimmer ohne Tageslicht, brennende Kerzen, das Bett von Ärzten und Priestern belagert - kurz, um uns herum nur Graus und Schrecken."

(Montaigne, 1592/1998, S. 52, übersetzt von H. Stilett)

Drastisch und eindringlich hob Montaigne die Kulturspezifität von Lebensformen und Einstellungen hervor. Eine Einheitsnorm für Sitte und Charakter gebe es nicht. Vielmehr herrschten an verschiedenen Orten unterschiedliche Konventionen und Autoritäten:

„... Völker gibt es, wo Männer ... Ehen miteinander schließen; wo die Frauen mit ihren Gatten in den Krieg ziehen und nicht nur im Kampf ihren Mann stehn, sondern auch im Kommandieren; wo an Nase und Lippen, Wangen und Zehen Ringe getragen werden ...; wo man sich beim Essen die Finger an den Schenkeln, am Hodensack oder an den Fußsohlen abwischt; ... wo man einen Verstorbenen kocht und dann so zerstampft, daß er eine Art breiige Brühe bildet, die man dem Wein beimischt und trinkt."

(Montaigne, 1592/1998, S. 62, übersetzt von H. Stilett)

La Bruyère, J. de (1688/o.J.). *Die Charaktere oder die Sitten im Zeitalter Ludwigs XIV.*, herausgegeben von K. Eitner. Leipzig: Bibliographisches Institut.

Montaigne, M. de (1592/1998). *Essais*, herausgegeben von H. Stilett. Frankfurt a. M.: Eichborn.

7.2.3 Seelenzeichenkunde

Ein bewährtes Verfahren, Charakter und Charaktereigenschaften eines Menschen zu erschließen, ist die Beobachtung. Stellt man z.B. fest, daß eine Person die Wahrheit sagt, obwohl ihr das Nachteile einbringt, wird man der Person die überdauernde Eigenschaft der Aufrichtigkeit zuschreiben. Doch mag es langwierig und beschwerlich sein, ausreichende Beobachtungen über das Benehmen eines Menschen anzustellen. Oft will man zudem über den Charakter eines Menschen Bescheid wissen, bevor seine Eigenschaften in beobachtbarer Form zutage treten. Man will z.B. einen Handel mit einem Fremden abschließen; das Geschäft ist eilig. Gleichwohl will man vor Abschluß des Handels wissen, ob man dem Partner trauen kann. Aus diesen Gründen wünscht man die schnelle und zuverlässige Beurteilung von Charaktereigenschaften eines Menschen, bevor dieser etwas getan oder auch nur ein einziges Wort gesprochen hat. Ein Urteil sollte sogar in Abwesenheit einer Person möglich sein - aufgrund ihres Bildes. Alles dies beanspruchte die Kunst der Physiognomik (griech. *physis*, Körper; griech. *gnome*, Erkenntnis) zu leisten. Vertreter der Physiognomik glaubten: Aus Formen und Abständen der Körperoberfläche - insbesondere des Kopfes - lassen sich Schlüsse auf Charaktereigenschaften ziehen.

Physiognomische Lehren sind bereits aus dem Altertum überliefert. Im 17. Jahrhundert erneuerte sich das Interesse an der Physiognomik; sie wurde im 18. Jahrhundert zum beliebtesten Zweig der Seelenzeichenkunde (zu dem Begriff s. Abschnitt 7.2.1). Besonders verbreitet war die Ermittlung psychischer Eigenschaften aus dem Gesicht. Doch auch Haare, Brust und Hände wurden in die Deutung einbezogen. Antike Quellen zur Körperdeutung sammelte und ergänzte der neapolitanische Naturforscher und Theaterschriftsteller Joannis Baptista della Porta in seinem 1593 gedruckten Werk über die menschliche Physiognomie. Darin behandelte er Eigenschaften wie Tapferkeit, Traurigkeit und Klugheit und entwarf ganzheitliche Charakter-, Stimmungs- und Krankheitsbilder.

Physiognomisch bedeutsam waren für della Porta besonders Stirn, Auge und Nase. Der Autor erwies sich als Verfechter der Aufklärung, indem er die Bedeutung von Körpermerkmalen auf natürliche Ursachen zurückführte. Er erklärte die körperliche Erscheinung wie die seelische Verfassung als Ergebnisse eines Anpassungsprozesses an die natürliche Umgebung. Diese Erklärung schloß die Annahme seelischer wie körperlicher Ähnlichkeiten zwischen Menschen und Tieren ein. Weil beide die gleiche natürliche Umgebung teilten, seien beide gleichen Anpassungsprozessen unterworfen:

„Was wir über die Menschen gesagt haben, scheint auch für die übrigen Lebewesen zu gelten: Habichte, Falken und Adler sind größer und stärker in den nördlichen Gegenden. Denn in den kalten Ländern wachsen mächtigere Körper heran, strotzend von Blut und Lebensgeistern; diese bringen dann Wagemut und Wildheit hervor. Gerade in solchen Landschaften kann man beobachten, wie sich Stärke und Unerschrockenheit in gleichem Maße wie der Körper entwickeln.“

(Übersetzung aus della Porta, 1593, S. 36)

In Schrift und Bild bestimmte della Porta eine Reihe von Menschentypen nach Art von Tiergattungen: Den Löwen- und Panthermenschen, den Eulen-, Affen-, Hunde-, Eber-, Esel-, Hahn- und Schafsmenschen. An allen diesen Mensch-/Tiervergleichen versucht der Autor, die Lebensumstände, Bedürfnisse und Lebensweisen ausfindig zu machen, die zu der doppelten und gleichsinnigen Ausbildung von Körper und Seele führen. Wo etwa die Jagd gefordert sei, entwickelten Lebewesen Körper mit Krallen, spitzen Schnäbeln u.ä. und zugleich, was ihre seelische Verfassung anbelangt, Grausamkeit und Schnelligkeit.

Zu den körperlichen Veränderungen zählte della Porta auch die Veränderung der Körpersäfte. Bei den jagenden Lebewesen steige der Anteil des Blutes; dadurch würden sie feuriger und zupackender. Ausdrücklich berief sich della Porta auf die Temperamentenlehre Galens (s. Abschnitt 3.3.3). Die Mischung von Körpersäften bilde die Grundlage für individuelle Unterschiede in Stimmung und Verhalten. Der individuelle Charakter richte sich demnach ebenso nach Umweltbedingungen wie das körperliche Wachstum.

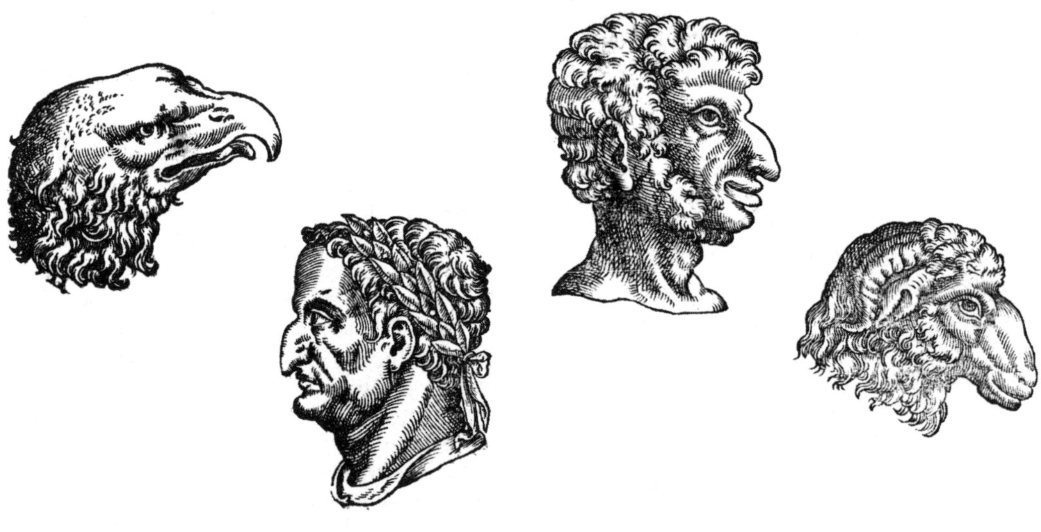

Adlertier und Adlermensch, Schafsmensch und Schafstier (della Porta, 1593, 2. Buch). Adlerwesen und Schafswesen sollen sich in ihrer körperlichen Erscheinung wie in ihrer seelischen Beschaffenheit unterscheiden: Der spitzen Gesichtsmitte (Schnabel/Nase) entspreche Stolz und Angriffslust, dem gerundeten Untergesicht entspreche Gutmütigkeit und Unterwürfigkeit.

Zu hohem Ansehen gelangte die Physiognomik durch Johann Caspar Lavater (1741-1801). Lavater war Pfarrer an der Hauptkirche St. Peter in Zürich, zudem Autor patriotischer *Schweizerlieder* und religiöser Abhandlungen, in denen er das Christentum als Vernunftglauben verteidigte. Das Werk, das vor allem mit seinem Namen verbunden ist, sind die vier Bände seiner *Physiognomischen Fragmente.* Dieses Werk enthält neben theoretischen Ausführungen eine Sammlung von Portraits und deren physiognomische Deutung.

Lavater behauptete, es gebe feste Zuordnungen von Körpermerkmalen und Charaktereigenschaften. Eine hohe Stirn zeige z.B. Klugheit und Edelmut an, ein knapper Augenabstand List; Geradlinigkeit der Nase und Spitzigkeit des Kinns seien Zeichen von kaltem Verstand. Der Autor betonte zudem die Ganzheitlichkeit körperlicher und seelischer Erscheinungen. Insbesondere dürfe man nicht von einem einzigen Körpermerkmal auf den gesamten Charakter schließen; es komme vielmehr auf das Gefüge der Körpermerkmale an. Die von ihm angenommenen Zusammenhänge zwischen Körper und Charakter begründete Lavater mit der natürlichen Ganzheitlichkeit des Menschen. Das Innere, die Seele, entspreche dem Äußeren, dem Leib; und auch das Umgekehrte gelte.

Der Maler Raffael im Urteil Lavaters

Die Physiognomik Lavaters ist von Empfindsamkeit und christlicher Schwärmerei getragen. Ein Beispiel seiner Menschenbeurteilung ist die Charakterisierung des italienischen Malers und Architekten Raffael (1483-1520) nach dem folgenden Kupferstich:

„Liebe und Wollust: Einfalt und hoher poetischer Sinn ist über das ganze Gesicht ausgegossen. Poetischer Sinn, ohn' alles kalte Räsonierwesen, Zergliedern und Zusammenreihen oder Zusammenflicken. Stille Einfalt, die durch keine Leerheit entnervt, durch kein geheimes Feuer verbrannt wird! Ruhe mit verborgener Kraft! In dieser offenen einfachen harmlosen Stirne ... ist die anstrengungsloseste Empfänglichkeit. So auch im Raume zwischen den Augenbrauen. So flach gewölbt, breit, zuglos, ist's bei keinem Spekulierer, Staatsklugen, Metaphysiker, Räsonierer - und auch keinem Helden und Krieger. Die Augenbrauen sind ganz des dichterischen Malers. Nicht Geist, nicht Witz, nicht Kunstbesonnenheit - nur Kunstseele, Naturseele, Kunstverliebtheit, die Naturgefühl ist - im Auge! ... Das rechte Auge, obwohl auf dem Kupfer zu hart, ist dennoch wie voll Einfalt und Liebe! Der Knopf der Nase ist voll Ausdrucks des reinsten Adels. ... der Mund - welch ewiger Buchstabe liebenden Hochgefühls und schmachtender Einfalt! - Hals! Stellung! Haar! wie simpel alles! wie alles im Ton des Gesichtes! wie alles evangelisch, apostolisch."

(Lavater, 1777/1969, S. 60)

Der Maler Raffael, nach Lavater 1777/1969, S. 61

Tierphysiognomien und Tier-/Menschvergleiche spielen in der Lavaterschen Sammlung nur eine Nebenrolle. Anders als della Porta bemühte sich Lavater nicht um natürliche Erklärungen physiognomischer Zusammenhänge. Vielmehr pries er deren unmittelbare Einsichtigkeit. Für ihn war Physiognomik eine Kunst der Betrachtung, die sich ebenso wie die darstellende Kunst der Zeichnung durch ihre Selbstgewißheit beweist:

„Physiognomik ... wird werden die Wissenschaft der Wissenschaften, und dann keine Wissenschaft mehr seyn - sondern Empfindung, schnelles Menschengefühl! denn - Thorheit, sie zur Wissenschaft zu machen, damit man darüber reden, schreiben, Collegia halten und hören könne!"

(Lavater, 1755/1968, S. 55)

Letztlich verankerte Lavater die Physiognomik im Deismus (s. Abschnitt 5.4.2) sowie im Irrationalismus (s. Abschnitte 3.3.4, 4.3.1), indem er sie zum Teil der göttlichen Offenbarung erklärte. Gott offenbare sich in der Natur. Der Mensch sei jedoch nichts anderes als Ebenbild Gottes. Daher offenbare sich die Seele des Menschen in seiner körperlichen Erscheinung.

Die Physiognomik fand viel Beachtung und empfahl sich als nützliche Kunst. Della Porta (s.o.) versprach seinen Lesern aus allen Ständen Nutzen und höchste Unterhaltung durch Vertiefung in seine Lehre. Auch Lavater (1775/1968, S. 157f.) lobte ihren *„dreyfachen Verdienst der Nutzbarkeit"* für den *„Staatsmann, Seelsorger, Hofmeister, Arzt, Kaufmann, Hausvater und Ehegenossen"*. Zugleich suchte Lavater mit seiner Physiognomik die Philanthropie zu fördern. So leitete er seine *Physiognomischen Fragmente* folgendermaßen ein:

„... das ich bezwecke ... : Gefühl der Menschenwürde; Freude an der Menschheit; - Anschaubarkeit Gottes im Menschen - Öffnung eines neuen unerschöpflichen Quells der Menschenfreude, ... Menschen! Ich möchte euch die Menschheit heilig und ehrwürdig machen; ... Ich möchte mit Euch den Menschen kennen, und fühlen lernen; fühlen lernen, welch Glück es ist, Mensch zu seyn. ... Menschen anschauen, Menschen kennen, Menschen lieben ... ."

(Lavater, 1776/1968, S. 4 ff.)

Pathognomik und Graphologie

Lavater traf die Unterscheidung zwischen

- Physiognomik als Deutung des ruhenden Körpers und
- Pathognomik als Deutung der Körperbewegung.

Zu den charakterologisch zu deutenden Körpererscheinungen gehören vor allem die Ausdrucksbewegungen des Gesichts, der Hände und Arme, die Mimik und Gestik, sowie die Ausdrucksbewegungen des Ganges. Lavater selbst hat immer wieder auf die Bedeutung der Körperbewegungen für die Menschenkenntnis hingewiesen, sich ihrem Studium jedoch nur wenig gewidmet. Ausdrücklich hat er in den *Physiognomischen Fragmenten* die Möglichkeit erörtert, die Handschrift als Spur der Handbewegung charakterologisch auszuwerten. So könne man - behauptete er - aus der Schriftstärke auf die Willensstärke des Schreibers schließen.

Wohl unter dem Einfluß Lavaters hat ein Jahrhundert später der französische Geistliche Jean-Hippolyte Michon (1875) die Diagnose des Charakters aus der Handschrift systematisch zu begründen versucht und dieser Richtung den Namen „Graphologie" (griech. *graphein*, schreiben) gegeben.

Della Porta, J. B. (1593). *De humana physiognomia* (libri quattuor). Hanovia: Guilielmus Antonius/Petrus Fischer.

Lavater, J. C. (1775-1778/1968-1969). *Physiognomische Fragmente zur Beförderung der Menschenkenntnis und Menschenliebe* (4 Bände). Zürich: Orell Füssli.

Michon, J. H. (1875). *Système de graphologie*. Paris: Lecuir.

Johann Caspar Lavater (1741-1801)

Die Beurteilung von Charakteren aufgrund der körperlichen Erscheinung konnte durchaus den aufklärerischen Anspruch erheben, durch Naturbetrachtung zu einer Vermehrung des Wissens zu gelangen. Dieser Anspruch ließ sich jedoch bestreiten, und zwar ebenfalls im Namen der Aufklärung, gestützt auf Erfahrung und vernunftgeleitete Überlegung. Widerspruch gegen die Behauptungen der Physiognomen erhob der Göttinger Physikprofessor Georg Christoph Lichtenberg. Er war ursprünglich der physiognomischen Lehre wohlgesonnen, so daß, als Lavater 1772 seine erste Schrift *Über Physiognomik* im *Hannoverschen Magazin* anonym drucken ließ, Lichtenberg für deren Autor gehalten wurde. Nachdem Lavater aber drei Jahre später mit der Veröffentlichung seiner schwärmerischen *Fragmente* begonnen hatte, trat Lichtenberg (1778/1983) ihm und seinen Anhängern in einer Abhandlung im *Göttinger Taschenkalender* erbost entgegen (Ohage, 1992).

Der Göttinger Professor bestritt der Physiognomik die Stellung einer Naturlehre. Der Körper sei so gebaut, daß er den Anforderungen der Natur entspreche, nicht um von der *„Beschaffenheit des Geistes und des Herzens"* (Lichtenberg, 1778/1983, S. 86) Kunde zu geben. Insofern sei nicht einmal das Gesicht *„eine Tafel, wo jedem Strich transzendente Bedeutung beigelegt"* werden könne (Lichtenberg, 1778/1983, S. 111). Tatsächlich lehre die Erfahrung - spottete der Kritiker: Gelehrte und Narren besitzen oft das gleiche Gesicht! Schließlich müßte, falls die Seele den Körper forme, umgekehrt auch die Verformung des Körpers die Seele in Mitleidenschaft ziehen,

„so daß wenn eine platte Nase Schadenfreude bedeutet, der schadenfroh wird, dem man die Nase platt drückt."

(Lichtenberg, 1778/1983, S. 89)

Praktische Erfolge würden der Physiognomik nur irrtümlich zuerkannt. In Wirklichkeit stützten sich zutreffende Urteile über Menschen auf die Beobachtung ihrer Lebenslage sowie soziale Merkmale:

„Was unserem Urteil aus Gesichtern noch so oft einige Richtigkeit gibt, sind die untrüglichen Spuren ehmaliger Handlungen, ohne die kein Mensch auf der Straße oder in Gesellschaft erscheinen kann. Die Liederlichkeit, der Geiz, die Bettelei etc. haben ihre eigene Livree, woran sie so kenntlich sind, als der Soldat an seiner Uniform, oder der Kaminfeger an der seinigen. Eine einzige Partikel verrät eine schlechte Erziehung, und die Form unseres Hutes und die Art ihn zu setzen, unseren ganzen Umgang und Grad von Geckerei. ... Es wird mehr aus Kleidung, Anstand, Kompliment beim ersten Besuch, und Aufführung in der ersten Viertelstunde, in ein Gesicht hinein erklärt, als die ganze übrige Zeit aus demselben wieder heraus."

(Lichtenberg, 1778/1983, S. 110)

Lichtenberg, G. Ch. (1778/1983). Über Physiognomik; wider die Physiognomen. *Schriften und Briefe*, hrsg. von F. H. Mautner (Band 2, S. 85-116). Frankfurt a. M.: Insel.

Ohage, A. (1992). Raserei für Physiognomik in Niedersachsen. Lavater, Zimmermann, Lichtenberg und die Physiognomik. *Georg Christoph Lichtenberg (1742-1799) - Wagnis der Aufklärung* (S. 175-184). München: Hanser.

7.3 Psychagogik - Kunst der Menschenführung

7.3.1 Richtiges Verhalten: Regeln und Prinzipien für soziale Situationen

„Psychagogik" (griech. *psyche,* Seele; griech. *agein*, führen) ist ein überlieferter Sammelbegriff für Anleitungen zum richtigen Verhalten in sozialen Situationen. Es sind Anleitungen zur Behandlung von Menschen, und zwar zur

- Selbstkontrolle, d.h. zum Umgang von Personen mit sich selbst, und zur
- Behandlung von anderen Personen.

Psychagogische Lehren begründen auf verschiedene Weise, ob Verhalten zu empfehlen oder zu verurteilen ist:

- durch Konvention, d.h. nach dem am Ort geltenden, überlieferten Sittenkodex;
- durch Vernunft, d.h. nach ihrer Begründbarkeit durch Erfahrung und kluge Argumentation;
- durch Philanthropie, d.h. nach ihrer Verankerung im Verständnis für Menschen sowie der Liebe zu ihnen.

Philanthropie bewertet Handlungen bevorzugt nach dem inneren Glück, welches ihre Ausführung und ihre Ergebnisse vermitteln (z.B. freundliches Einverständnis, dankbare Erinnerung). Vernunft erkennt dem äußeren Erfolg (z.B. Erhalt von Macht und Ansehen, Gewinn von Reichtum) einen hohen Rang zu. Die Berufung auf die Konvention stützt sich meist auf die Behauptung langjähriger Bewährung sowie auf die Androhung sozialer Nachteile, falls von der Konvention abgewichen wird.

Eine Sammlung von Verhaltenskonventionen für Bürger hat der sächsische Hofbeamte und Diplomat Julius Bernhard von Rohr im Jahre 1728 veröffentlicht. Von Rohr setzte die Aufklärungsethik seines Lehrers Christian Wolff (Abschnitt 7.1.2) fort und verfaßte eine Serie von Schriften in der Nachfolge der klassischen Haushaltslehre (s.o. Abschnitt 7.1.3). In seiner *Ceremoniel-Wissenschafft der Privat-Personen* behandelte er nicht nur das angemessene Verhalten bei formellen Veranstaltungen wie Hochzeit, Taufe und Begräbnis, sondern gab auch Ratschläge über Kleidung und Wohnung, Konversation und Korrespondenz, Spielen, Tanzen und Theaterbesuche. Seine strenge und gleichwohl kritische Haltung belegen u.a. die folgenden Ausführungen über das Lachen in Gesellschaft:

> *„Ein junger Mensch muß sich ... auch bey dem Lachen vernünfftig und mäßig aufführen. Die Sittsamkeit und Erbarkeit erstreckt sich zwar nicht so weit, wie einige junge Leute dencken, als ob man in Gegenwart hoher Standes-Personen, oder sonst in Gesellschafft vornehmer Leute gantz und gar nicht lachen dürffte; Dieses gehet nur die Subalternen und Bedienten an ..., nicht aber, die sich unter der Gesellschafft mit aufhalten; diesen ist erlaubt zu lachen, und sie haben nicht nöthig, bey allem demjenigen, was lächerlich vorkommt, ein finster und sauer Gesicht zu machen; sie müssen aber nicht allein lachen, sondern zu der Zeit, wenn andere vernünfftige Leute mit lachen, und über solche Sachen, die das Lachen verdienen, sie müssen die ersten mit seyn, die zu lachen aufhören, ... und nicht so, daß sie vor allen anderen zu hören seyn."*
>
> (Rohr, 1728/1990, S. 194f.)

Hervorragende Beispiele von Regeln und Prinzipien zur Lebensgestaltung und zur Behandlung von Mitmenschen, gestützt auf kritische Argumentation und tief durchdachte Lebenserfahrung, findet man in der weit verbreiteten Sammlung von Spruchweisheiten des spanischen Jesuiten Balthasar Gracián (1604-1658). Gracián vertrat eine Philosophie der Selbstdisziplin nach dem Vorbild der Stoa (s. Abschnitte 3.2.2 und 3.3.2). Doch war er zugleich der Welt und ihren Werten zugewandt und gab Ratschläge, wie man Ansehen und Macht erringen, Bildung und Leistung erreichen könne.

Stellt man in der praktischen Philosophie zu Beginn der Neuzeit - z.B. im 17. Jahrhundert im Werk des Graciàn (s.o.) - eine pessi-

Aus der *Kunst der Weltklugheit* des Graciàn

„Der Kluge verhüte, daß man sein Wissen und sein Können bis auf den Grund ermesse, wenn er von allen verehrt sein will. Er lasse zu, daß man ihn erkenne, aber nicht, daß man ihn ergründe. Keiner darf die Grenzen seiner Fähigkeiten auffinden können, wegen der augenscheinlichen Gefahr einer Enttäuschung. Nie gebe jemandem Gelegenheit, daß einer ihm ganz auf den Grund komme. Denn größere Verehrung erzeugt die Mutmaßung über die Ausdehnung der Talente eines jeden als die genaue Kundschaft davon, so groß sie auch immer sein mögen."

„Es dahin bringen, daß man zurückgewünscht wird."

„Nie aus Eigensinn sich auf die schlechtere Seite stellen, weil der Gegner sich bereits auf die bessere gestellt hat. Denn sonst tritt man schon besiegt auf den Kampfplatz ...; mit schlechten Waffen wird man nie gut kämpfen."

„Man unternehme das Leichte, als wäre es schwer, und das Schwere, als wäre es leicht."

(Gracián, 1647/o.J., Sentenzen 94, 124, 142, 204, übersetzt von A. Schopenhauer)

mistische Grundhaltung fest, so gewinnt in der nachfolgenden Zeit der Aufklärung Kulturoptimismus die Oberhand. Ausdruck des Optimismus waren Regeln für ein Leben in persönlicher und sozialer Harmonie, das durch Philanthropie möglich schien.

Ein eher skeptischer Vertreter der Psychagogik in der Zeit der Aufklärung war der Schriftsteller und Verwaltungsjurist August von Knigge (1751-1796). Weit verbreitet war seine im Jahre 1788 erstmals erschienene Schrift *Umgang mit Menschen.* Die Schrift gibt eine Fülle verständnisvoller Beschreibungen von Charakteren und praktische Anleitungen zu ihrer freundlichen Behandlung. Verständnis und Menschenfreundlichkeit sollten nicht nur sozialen Partnern zugute kommen, sondern auch den Handelnden selbst. Knigge bestärkte seine Leser in ihrem Anspruch auf eigenes Glück: *„Jeder Mensch muß sich in der Welt selbst geltend machen"* (Knigge, 1788/o.J., S. 5). Doch er betonte auch das Recht der anderen auf Glück sowie die aus den allseitigen Ansprüchen und Rechten erwachsende Notwendigkeit der gegenseitigen Rücksichtnahme. So empfahl er Regeln für das Verhältnis zwischen Jung und Alt, Arm und Reich, Mann und Frau, zwischen Freunden und zwischen Nachbarn sowie zwischen Herrschaft und Dienerschaft (mehr in Abschnitt 7.3.2).

Mehrere Kapitel widmete von Knigge der Behandlung von Menschen unterschiedlichen Temperaments, unterschiedlicher Bildung, Stimmung und Einstellung. Das folgende Zitat gibt Einschätzungen und Ratschläge zur richtigen Behandlung von Ängstlichen wieder; es stammt aus dem Kapitel *Über den Umgang mit Leuten von verschiedenen Gemütsarten*:

„Zu übertrieben bescheidene und furchtsame gute Menschen soll man zu ermuntern, sie mit größerer Zuversicht zu sich selber zu erfüllen suchen. So verachtenswert Unbescheidenheit und Dünkel sind, so unmännlich ist zu weit getriebene Schüchternheit. Der Edle soll seinen Wert fühlen und eben so wenig ungerecht gegen sich wie gegen andere sein. Übertriebenes Lob und zu weit ausgedehnter Vorzug aber beleidigen den Bescheidenen. Er soll weniger aus deinen Worten als aus deinen ungekünstelten, wahre Zuneigung verratenden Handlungen deine Hochachtung zu ihm erkennen."

(Knigge, 1788/o.J., S. 138f.)

Rohr, J. B. von (1728/1990). *Ceremoniel-Wissenschafft der Privat-Personen,* herausgegeben von G. Frühsorge. Weinheim: VCH.

Gracián, B. (1647/o.J.). *Die Kunst der Weltklugheit.* Wien: Neff.

Knigge, A. von (1788/o.J.). *Umgang mit Menschen.* Berlin: Weichert.

7.3.2 Richtiges Verhalten in der Familie

In der Tradition der Haushaltslehren stehen die Ratgeber für ein gutes Familienleben. Sie befassen sich mit Themen wie

- Wahl von Ehepartnern und Verhalten in der Ehe,
- Verpflichtungen von Kindern, charakterliche Erziehung von Kindern,
- Verhalten gegenüber Verwandten und Freunden,
- Pflichten der Bediensteten und Behandlung der Bediensteten,
- Verhalten gegenüber Kranken,
- Besitz und Wohltätigkeit.

Die Lehren sind vor allem für Familienväter in deren Eigenschaft als Haushaltungsvorstände verfaßt und werden deshalb der sogenannten Hausväterliteratur zugerechnet. Einschlägige Schriften erörtern nur gelegentlich die Spracherziehung sowie die Unterweisung in Sachkunde und Fertigkeiten (z.B. in Geographie und Rechnen). Dies erstaunt insofern, als Väter vor dem 19. Jahrhundert ihre Kinder oft selbst unterrichtet haben. Offenbar hat die Diskussion von Erziehungsfragen zu Beginn der Neuzeit den häuslichen und schulischen Unterricht nicht grundsätzlich getrennt (vgl. Abschnitt 6.3.1 zur Pädagogik sowie den Kritikpunkt in Abschnitt 6.3.2 zur Trennung von Öffentlichkeit und Privatheit).

Stil und Zielsetzung der Haushaltslehren spiegeln jeweils dominierende Weltanschauungen ihrer Entstehungszeit wider. Dies sei an drei Beispielen veranschaulicht: der Haushaltslehre von Leon Battista Alberti (1437-1441/ 1962) aus der Renaissance, der christlichen Ökonomie von Justus Menius (1529) aus der Reformationszeit und den Ratschlägen zum Umgang unter Eheleuten sowie mit Kindern und Verwandten von August von Knigge (1788/o.J.) aus der Zeit der Aufklärung. (Über Alberti und Knigge sowie über die Rolle der Familienlehren in der Ökonomie s. Abschnitte 7.1.3 und 7.3.1.)

Alberti knüpfte voll Verehrung an Xenophon (s. Abschnitt 2.3.1) an. Seine Schrift benutzte die klassische Form des Dialogs und berief sich häufig auf Moralphilosophen der Antike. Sein übergreifendes Thema war das Verhältnis von Freiheit und Ordnung. Zum Beispiel diskutieren seine Dialogpartner: Darf ein Mann sich wegen Kinderlosigkeit von seiner Ehefrau trennen, um mit einer neuen Frau Nachkommen zu zeugen? Oder soll er an seiner Ehe festhalten und zu seiner Nachkommenschaft Kinder adoptieren? Ein anderes Beispiel: Darf man der Klugheit folgen, die gebietet, einen Familienangehörigen mit einer ansteckenden Krankheit zu meiden, wo doch Liebe und Mitleid seine Pflege verlangen? Durch Abwägen suchte der Autor gangbare Kompromisse zwischen widerstreitenden Interessen zu finden. Dabei ließ er sich von den humanistischen Werten der Liebe und Treue, der Vernunft und der Wahrheit, des Fleißes und der Lebensfreude leiten. Er sprach sich gegen die Knechtschaft aus und er riet zur Ansammlung von Vermögen, das Unabhängigkeit verschafft; u.a. empfahl er den Kauf eines Landguts als sichere Anlage.

In den Dienst der protestantischen Reformation stellte Justus Menius, der Wittenberger Stadthauptmann Hans Metsch, seinen Familienratgeber mit dem Titel *Oeconomia Christiana*. Die Familie solle die erneuerten christlichen Lehren und Tugenden verbreiten. Ehe und Familie seien von Gott gestiftet; Kinder sollten die wahre christliche Lehre weitergeben. Deshalb verurteilte Menius sowohl „Hurerei und Laster" als auch die Ehelosigkeit der katholischen Priester und Nonnen, die

> *„selbs wollen so klug sein/ das sie die mühe/ arbeit/ sorg und verdrießliche unlust des ehestands also zu umbgehen un fliehen gedencke/ oder das sie nit ... mit Kindlein überfallen/ un in armut komen möchten."*
>
> (Menius, 1529, o.S.)

Alberti, L. B. (1437-1441/1962). *Über das Hauswesen.* Zürich: Artemis.

Menius, J. (1529). *Oeconomia Christiana/ das ist/ von christlicher Haushaltung.* Nürnberg: Peypus.

KRITIKPUNKT

PRAKTISCHE PSYCHOLOGIE ALS SPEZIALISIERUNG AUF DAS PRIVATE?

Ein maßgeblicher Anwendungsschwerpunkt der Praktischen Psychologie ist das Private: Liebe, Freundschaft, Ehe, Eltern-Kind-Beziehungen u.ä. Dies ist jedenfalls die Annahme, welche dieses Kapitel untermauern soll. Die historische Sicht, auf welche sich die Annahme stützt: Die pragmatischen Lehren der Antike gliederten sich zwar in politische und ökonomische, richteten sich aber in der Regel an alle Bürger. Denn diese waren gleichermaßen dazu verpflichtet, ihren Lebensunterhalt durch Hauswirtschaft zu sichern und in der Stadt Verwaltungs- und Entscheidungsaufgaben wahrzunehmen (s. Abschnitt 2.3.1). Dies änderte sich in der Neuzeit. Viele öffentliche Tätigkeiten wurden zunehmend zu Berufen; ihre Ausübung verschaffte ein Einkommen, das einen häuslichen Erwerb ersetzte. Voraussetzung für eine solche Professionalisierung öffentlicher Tätigkeit war die wachsende Expertise in Praxisfeldern. Diese Expertise wurde in eigenen Lehrgebieten festgehalten, in den Rechts-, Staats- und Wirtschaftswissenschaften (Abschnitt 6.2).

Aus dem ursprünglichen Gebiet der Ökonomie verselbständigten sich naturwissenschaftlich-technische Disziplinen wie Forstwirtschaft und Hüttenwesen (s. Abschnitte 6.1.1 und 7.1.3). Sie bildeten eigene Berufsfelder für Ingenieure. Sogar die Erziehung als Kernbereich der klassischen Hauswirtschaft wurde zu einem eigenen Berufs- und Praxisfeld, teils durch erhöhte Anforderungen an die Expertise der Lehrenden, teils durch die Einrichtung des öffentlichen Schulwesens (s. Abschnitt 6.3.1). Alle diese praktischen Disziplinen haben für sie bedeutsame psychologisch zu nennende Wissensbestände mitgenommen und weiterhin gepflegt. Damit besitzen sie Anteile an einer transdisziplinären Psychologie. Doch aus der sich als Einzeldisziplin verstehenden Psychologie sind sie zunächst ausgeschieden (s. Abschnitt 1.3.2). Die Praktische Psychologie wird später große Anstrengungen unternehmen, um Anteile an den genannten Berufsfeldern zurückzuerobern (s. Kapitel 11).

Was für die Praktische Psychologie bis zum Ende des 19. Jahrhunderts bleibt, ist die Beschäftigung mit dem Privaten und Persönlichen. Dieses Private und Persönliche tritt in den neuzeitlichen Hauslehren und in den Lehren zur Lebensweisheit (s.o.) zutage und wird nach den Prinzipien der Popularphilosophie (s. Abschnitt 5.4.1) behandelt. Dabei ergibt sich freilich ein Widerspruch: Die Feinsinnigkeit und Empfindsamkeit bei der Betrachtung des Privaten weckt die Scham vor der Aufdeckung des Intimen. Dies ist vor allem bei der Behandlung der Sexualität zu beobachten. Menius (1529, o. S.) ermutigt den Ehemann noch offen: *„Frew dich des weibs deiner jugent/ ... und ergetze dich allezeyt in ihrer ... liebe!“* Zweihundert Jahre später lobt Knigge (1788/o.J., S. 206f.) die Verschwiegenheit der Liebe und spricht im übrigen ebenso vieldeutig wie unbestimmt von den „seligen Freuden der Verliebtheit“, der „Liebespein“ und dem „Dahinschmelzen in Wonne“.

Scham verhindert die öffentliche Erörterung der sinnlichen Erfahrung und der biologischen Bedeutung der Sexualität, sexueller Fehlentwicklungen und Konflikte. Gleichwohl ist mit dem Privaten und Persönlichen das Intime der Psychologie als Gegenstand zugewiesen. Vorzugsweise von ihr wird man die Aufklärung des Intimen erwarten. Der Psychologie wird sich ein ergiebiges, nur von wenigen Konkurrenten besetztes Berufsfeld eröffnen, wenn sie - etwa als Psychoanalyse und als Klinische Psychologie (s. Abschnitte 10.3.2, 11.3.6) - Probleme in persönlichen, verwandtschaftlichen und sexuellen Beziehungen behandeln wird.

Der Hausvater habe das christliche Ziel zu verfolgen, *„das er frome, Gotfürchtige/ gehorsame und tugentsame Kinder auffziehe"*, nicht das heidnische Ziel, *„das man narung erwerbe und reich werde"*. Von Mühsal und Not der Familien ist oft die Rede. Der Hausvater wird ermutigt, gegenüber Frau, Kindern und Gesinde die nötige Strenge walten zu lassen. Doch solle er darüber nicht unmäßig und gewalttätig werden, nicht *„... scheutzlich poltern/ fluchen und schelten/ reuffen schlahen ..."*. Regelmäßige Arbeit soll Kinder und Gesinde vom Müßiggang und den damit einhergehenden Lastern abhalten *„als da sind/ liegen/ triegen/ sauffen/ spielen/ tauschen/ buelen/ stelen/ und der gleichen"* (Menius, 1529, o.S.).

Diese und weitere Lehren (z.B. über den rechten Gebrauch von weltlichen Gütern) verkündete der Autor mit der Entschiedenheit eines Reformators, der sich im rechten Glauben weiß. Anders als der Humanist Alberti (s.o.) zeigte er keine Alternativen und keine Abwägung zwischen ihnen. Was als praktische Folgerung aus dem rechten Glauben dargestellt wird, bedarf nicht mehr der Berufung auf überlieferte Weisheit; gebildete Verweise auf antike Moralphilosophie gibt es in der christlichen Ökonomie von Menius nicht.

Auch Knigge erteilte seine Ratschläge für die Familie ohne eingehende Beweisführung und Berufung auf Autoritäten. Grundlage seiner Überzeugung sollten - anders als bei Menius (s.o.) - Lebenserfahrung und menschliches Empfinden sein. Für Knigge ist der Haushalt ein Garant der bürgerlichen Ordnung; ohne einen Platz im Haushalt kann ein Bürger kein Ansehen genießen. Der Haushalt ist nicht nur Heimat für Eltern und Kinder, sondern auch Zuflucht für alleinstehende Verwandte, Freunde und Reisende.

Freundliche Gefühle wie Zuneigung und Dankbarkeit sollten das Leben im Haushalt verschönen. Doch verschwieg Knigge (1788/ o.J., S. 169ff.) nicht Lieblosigkeiten und Gehässigkeiten in Familien: Eifersucht zwischen Eheleuten, Vernachlässigung der Kinder, *„hofmeisternde, gichtische, hysterische Vettern und Tanten, besonders unverheiratete"*, der *„äußerst steife und üble Ton, besonders in Reichsstädten"*, das *„unaufhörliche Zanken und Necken"*. Dagegen setzte der Autor die Forderung nach gegenseitiger Achtung zwischen Eheleuten, nach Ehrerbietung der Kinder gegenüber den Eltern, nach Rücksichtnahme der Verwandten und Gäste. Dann komme es z.B. nicht zu ehelicher Untreue und zu Eifersuchtsszenen, bei denen etwa der Mann *„pöbelhaft die Briefe seiner Frau erbricht und ihre Schränke durchsucht"*. Eltern sollten erwachsene Kinder nicht wie Unmündige behandeln.

Leon Battista Alberti (1404-1472)

August von Knigge (1751-1796)

Was sind die Voraussetzungen für eine harmonische Ehe? Knigge (1788/ o.J., S. 195f.) widmete auch dieser Frage einige Aufmerksamkeit. Eheleute müßten durchaus nicht gleich sein in ihren Neigungen und Fähigkeiten und in ihrem Temperament. Denn schließlich hätten sie im Haushalt verschiedene Aufgaben. Solle eher der Mann oder die Frau vermögend sein? Der Autor meinte: Am besten sei, wenn sie beide etwas Vermögen in die Ehe einbrächten; sonst sei ein höherer Besitz beim Hausherrn vorzuziehen, da anderenfalls seine Autorität bedroht sei. Solle der Mann klüger sein als die Frau? Diese Frage lehnte der Autor ab. Denn die wünschenswerte Klugheit des Mannes und die Klugheit der Frau seien von verschiedener Art. Die Frau brauche *„Feinheit, unschuldige Verschlagenheit, Behutsamkeit, einen Witz, ... eine Nachgiebigkeit und Geduld“*, während der Mann *„vorschauender, gefaßter bei allen Vorfällen, ..., unerschütterlicher, ..., ausdauernder und gebildeter“* sein müsse.

Unverkennbar meinte Knigge die städtische Familie, in welcher der Mann außer Haus seinen Geschäften oder seinem Gewerbe nachgeht. Die als Regelfall angenommene wirtschaftliche Lage ist das ausreichende, aber knappe Auskommen. In dieser Lage kommt es auf gutes Wirtschaften an, für das Mann und Frau verantwortlich sind.

„Gute Hauswirtschaft ist eines der notwendigsten Stücke zur ehelichen Glückseligkeit. ... wenn schlechte Haushaltung den Ehemann und Vater in Armut gestürzt hat und er nun den Blick umherwirft auf die Personen seiner Familie, die von ihm Unterhalt, Nahrung, Wartung, Erziehung, Vergnügen fordern; wenn er dann oft nicht weiß, woher er auf morgen Brot nehmen, wovon er die großen Mädchen kleiden soll, ... wenn seine bürgerliche Ehre, seine Beförderung, die Versorgung seiner Kinder davon abhängt, daß er mit den Seinigen in einem gewissen anständigen Aufzuge ... erscheine; wenn Gläubiger und Advokaten ihn in die Enge treiben ...; dann fallen böse Launen, Krankheit des Leibes und der Seele den Unglücklichen an; ... Verzweiflung ergreift ihn; ... von Außen verfolgen ihn bittere Vorwürfe seines Weibes; ... die Freunde fliehen, das Hohngelächter der Feinde und Neider erschüttert jeden Nerv, und in dieser traurigen Lage schwindet dann freilich aller Schatten von häuslicher Freude. ... Der ... Teil, der besser mit dem Gelde umzugehen weiß, übernehme die Kasse! Man mache sich einen genauen Etat, wie man dem Haushalte wieder aufhelfen will, und besorge diesen pünktlich, schränke sich ein, sorge aber dafür, daß womöglich auch etwas zu erlaubten Vergnügungen übrig bleibe, damit ... die Einschränkungen und Entbehrungen nicht zu schwer werden.“

(Knigge, 1788/ o.J., S. 194f.)

7.3.3 *Darstellung und Selbstdarstellung*

Sowohl das Leben als auch das Denken sollten nach den Prinzipien der Vernunft, der Erfahrung und der Zweckmäßigkeit gestaltet werden. Da mußte auch die Verständigung zwischen den Menschen diesen Prinzipien entsprechen. Die zwischenmenschliche Kommunikation bildete einen weiteren Gegenstand für praktisch orientierte Lehren. Wie bei anderen Gegenständen des öffentlichen und privaten Lebens (s.o.) war es zunächst der Humanismus, der einschlägige Lehren aus der Antike (s. Abschnitte 3.2.1, 3.3.2) neu aufbereitete; später traten neue Lehren hinzu, welche rationalistische, empiristische und utilitaristische Gesichtspunkte stärker berücksichtigen. So gab es neue Ansätze zur

- Kunst des Schreibens,
- Kunst des Redens, der Rhetorik,
- Kunst des Bewegungsausdrucks, der Mimik (lat. *ars mimica,* Mienenspiel) und Gestik (lat. *gestus,* Gebärde).

Nach dem Gesichtspunkt der Vernunft geht es in Lehren zur sprachlichen und nichtsprachlichen Kommunikation um die einsichtige Ordnung, nach dem Gesichtspunkt der Erfahrung um Übereinstimmung zwischen Darstellung und Inhalt, nach dem Gesichtspunkt der Nützlichkeit um Verständlichkeit und Überzeugungskraft.

Wiederum ist daran zu erinnern: Lehren für das Öffentliche und das Private sind nicht immer zu trennen (s. wieder Kritikpunkt Abschnitt 6.3.3). Tatsächlich waren die Lehren zur sprachlichen und nichtsprachlichen Kommunikation oft ausdrücklich für Angehörige darstellender Berufe bestimmt, vor allem für Kanzelredner, Advokaten und Schauspieler. Sie sollten zu mehr Ansehen und größerer Durchsetzung in Ämtern verhelfen. Insofern dürften sie nicht in dieses Kapitel über die Praxis des Privatlebens eingeordnet werden.

Doch gewannen die Lehren zunehmend Bedeutung für den privaten Umgang. Sie konzentrierten sich auf die unmittelbare persönliche Beziehung zwischen individuellen Kommunikationspartnern. Einen bestimmten öffentlichen Rahmen (wie z.B. eine Kirche für eine Predigt) setzten solche Theorien in der Regel nicht voraus. Die zu regelnde kommunikative Beziehung gestaltete sich im öffentlichen Raum (z.B. im Gerichtsstreit) zumeist nicht anders als im privaten (z.B. im Streitgespräch zwischen Freunden, beim geselligen Mahl). Beredsamkeit, Eloquenz (lat. *eloquentia*) wurde zu einem allgemeinen Ideal für junge Intellektuelle und Edelleute (Howell, 1971). Deshalb ist die Einordnung in dieses Kapitel ebenfalls möglich.

Petrus Ramus hatte die kritische Bewegung in Gang setzen helfen, indem er die Widerspruchsfreiheit der Argumentation und deren Angemessenheit für den behandelten Gegenstand forderte (Abschnitt 5.1.2). Der letztere Gedanke schlug sich im Prinzip der Harmonie zwischen Stoff und Stil nieder. Aus dem 17. Jahrhundert stammt zum Beispiel eine dreistufige Hierarchie von Stoff- Stilkombinationen:

- Die würdevolle Darstellung des Feinsinnigen und Gewichtigen (lat. *sublimis, grave*),
- die mittelmäßige Darstellung der mittelmäßigen Themen (lat. *res mediocres*),
- die einfache und schmucklose Darstellung des Niedrigen (lat. *humilis*).

Der Darstellungsstil sollte die Wahl der Worte, der Gleichnisse sowie der erwähnten Figuren umfassen. Zum Beispiel sollte von Gottheiten mit gehobeneren Worten gesprochen werden als von Bauern. Fürsten durfte man mit Gestalten aus der Mythologie vergleichen, Bürger jedoch nicht (Dyck, 1969/1990).

Aus der Dialektik ließ sich eine Fülle von Regeln für die schriftliche und mündliche Argumentation ableiten. So lehrte Christian Schröter (1704/1974) die Umsetzung dialektischer Prinzipien auf Briefe, Komplimente (vor allem Danksagungen und Glückwünsche), Inschriften sowie öffentliche Ansprachen. Es müsse - so lautete eine seiner wichtigsten Empfehlungen - der Inhalt einer Darstellung folgerichtig geordnet sein.

Die inhaltliche Folgerichtigkeit veranschaulichte der Autor mit vorbildlichen Beispielen für verschiedene Anlässe. Ein solcher Anlaß war der Todesfall. In einem Kapitel über „Staats- und Kriegsreden" gab Schröter eine Trauerrede für den in Polen gefallenen Herzog von Hollstein Gottorf wieder. Für Texte dieses Typs empfahl er eine dreigliedrige Argumentation mit der Abfolge „Lobpreisung", „Trauerbekundung", „Tröstung":

„I. Der todte Herzog ist zu loben.

Ratio. Denn er war ein ausbündiger Fürst, ... ein tapfferer Held und ein guter Regent.

II. Der todte Herzog ist zu betrauren.

Ratio. Weil wir einen so vollkommenen Hertzog nunmehr verlohren haben.

III. Man muß sich trösten lassen.

Ratio 1. Denn der Hertzog ist rühmlich gestorben. 2. Denn er ist seelig gestorben. 3. Denn wir haben noch einen Trost an dem hinterlassenen Printzen."

(Schröter, 1704/1974, S. 418f.)

Howell, W. S. (1971). *Eighteenth-century British logic and rhetoric*. Princeton: Princeton University Press.

Dyck, J. (1969/1990). Dreistiltheorie und Decorumlehre im 17. Jahrhundert. In J. Kopperschmidt (Hrsg.), *Rhetorik* (Band 1, S. 197-227). Darmstadt: Wissenschaftliche Buchgesellschaft.

Schröter, Ch. (1704/1974). *Gründliche Anweisung zur deutschen Oratorie nach dem hohen und sinnreichen Stylo der unvergleichlichen Redner unseres Vaterlandes*. Kronberg: Scriptor.

Für die Rhetorik zu Beginn der Neuzeit bahnbrechend und zugleich beispielhaft war das Werk des aus Genf stammenden protestantischen Pfarrers Michel Le Faucheur (1590-1657) *Traité de l'action de l'orateur, ou de la prononciation et du geste* (franz., Abhandlung über das Verhalten des Redners, oder über Aussprache und Gestik). Dieses Buch - zunächst 1657 anonym erschienen - erreichte, auch in lateinischen, deutschen und englischen Übersetzungen, Leser aus ganz Europa (Howell, 1971). In deutscher Übersetzung erhalten ist eine Bearbeitung des königlichen Sekretärs Conrart aus dem Jahre 1709.

Der Text gibt Anweisungen für die *„zierliche Action und admirable Aussprache"*; Maßstab hierfür sind *„die Natur und gesunde Vernunfft"* (Conrart, 1709, S. 33ff). Was natürlich und vernünftig sei, das solle sich dem gesunden Urteil des Lesers von selbst erschließen, wobei Erfahrung und Autorität des Verfassers dem Urteil des Lesers zu Hilfe kommen mögen. Von selbst verstehen soll sich etwa die Verurteilung allgemeiner Unarten wie *„Lahmheit und Waschhafftigkeit"*, der unangemessene Gebrauch von Dialektwörtern sowie das *„husten, sich reispern oder ausspeyen"* während der Rede (Conrart, 1709, S. 76, 85).

Aus dem Schatz seiner Erfahrungen und Überzeugungen schilderte der Autor die Möglichkeiten und Wünschbarkeiten des

- Satzbaus sowie der
- Stimmführung, der
- Mimik, des Gesichtsausdrucks, und der
- Gestik, des Ausdrucks der Bewegung von Rumpf und Gliedmaßen.

Was den Satzbau anbelangt, unterschied er eine Fülle von Redesorten und -figuren, und er beschrieb deren Auswirkung auf den Hörer. Vor allem trennte er informierende Reden (Erzählungen, Berichte) von appellierenden und einstimmenden (Ermahnungen, Aufrufe). Während die ersteren durch fortlaufende Sätze und Folgerichtigkeit der Inhalte gewinnen (z.B. Aufeinanderfolge von Ursache und Wirkung), erhalten die letzteren eine Steigerung durch Antithesen (z.B. „Der Feind will unser Land zerstören; wir werden ihm entgegentreten"), durch Fragen (z.B. „Wollt ihr dem Teufel eure Seele verkaufen?") und durch Wiederholungen (z.B. „Er lebt, ja er lebt").

Stimmausdruck, Mimik und Gestik sollten sich dem Satzbau, dem Inhalt und dem damit jeweils verbundenen Affekt anpassen. Zum Beispiel solle man zur Anzeige des Satzendes bei Erzählungen die Stimme senken, das Gesicht entspannen und in der Bewegung einhalten. Bereits an Stimme und Bewegung solle man erkennen, ob *„von natürlichen Sachen, ... guten oder bösen Verrichtungen der Menschen, ... dem glücklichen oder unglücklichen Ausgang des Lebens"* (Conrart, 1709, S. 99) die Rede sei.

Ebenso solle der Ausdruck Mitleid und Haß, Bewunderung und Verehrung, Lob und Klage widerspiegeln.

> *„Die Augen müssen nach deren Affecten regieret werden; als in schändlichen Dingen müssen sie niedergeschlagen, und in rühmlichen Dingen erhoben werden."*
>
> *„Die Bewegung der Hände soll mit der Natur der Materie, davon die Rede ist übereinstimmen. Denn so einer sagete, an sich ziehen/ und hielte die Hand von sich, oder von sich halten/ wenn er die Hand an sich zöge ... , das wäre nichts anders als wider die Natur aller Dinge."*
>
> *„... daß man das Haupt nicht starrend und aufgereckt halte, weil dieses hochmüthig scheint. ... Auch soll man es nicht auf eine Achsel hängen, weil dieses eine Schwermüthigkeit anzeiget, ..."*
>
> (Conrart, 1709, S. 102, S. 200, S. 208)

Im übrigen hielt de Faucheur bzw. Conrart die Mimik und Gestik für eine Universalsprache. Anders als die gesprochene Sprache, welche Inhalte des Verstandes übermittle, drücke die Körpersprache vorzugsweise Gefühle aus und sei als solche Gemeingut des gesamten menschlichen Geschlechts.

Bis zum Ende des 18. Jahrhunderts wurde die Körpersprache zunehmend zum Gegenstand genauer Beobachtung, eingehender Beschreibung und vertiefter Analyse. Johann Jakob Engel (1785-1786/1968) trennte in seinen Briefen zur „körperlichen Beredsamkeit"

Gnothi Sauton - Magazin zur Erfahrungsseelenkunde

Am Ende des 18. Jahrhunderts erschien für die Dauer von zehn Jahren eine Zeitschrift mit dem Titel *Gnothi Sauton* (griech., Erkenne dich selbst). Die Zeitschrift enthielt regelmäßig die folgenden Rubriken:

- Seelennaturkunde,
- Seelenzeichenkunde,
- Seelenkrankheitskunde,
- Seelenheilkunde.

In der Rubrik „Seelennaturkunde" wurden Beobachtungen von bemerkenswerten seelischen Erscheinungen wiedergegeben: Über Kindheitserinnerungen (wie lange sie zurückreichen und wie weit sie sich als zutreffend bestätigen lassen); über das Sehen bei Taubstummen (ob das Auge die Defizite des Gehörs auszugleichen vermag); über Träume und Vorahnungen (ob sie die Zukunft zutreffend wiedergeben), über Geistererscheinungen, Grammatik, die Verwendung der Pronomina „ich" und „mein" und vieles mehr.

ΓΝΩΘΙ ΣΑΥΤΟΝ

oder

Magazin

zur

Erfahrungsseelenkunde

als ein

Lesebuch

für

Gelehrte und Ungelehrte.

Mit

Unterstützung mehrerer Wahrheitsfreunde

herausgegeben

von

Carl Philipp Moritz.

Ersten Bandes erstes Stück.

Berlin,

bei August Mylius 1783.

Titelblatt der ersten Ausgabe von *Gnothi Sauton*, der ersten ausschließlich der Psychologie gewidmeten Zeitschrift.

Unter „Seelenzeichenkunde" wurden Charakterbeschreibungen (z.B. der Geizige, der Melancholische) vorgestellt, Typeneinteilungen erörtert sowie Ansichten über die Bedeutsamkeit von Charaktermerkmalen mitgeteilt. Die Physiognomik sowie die angemessene Behandlung verschiedener Charaktere (vgl. Abschnitte 7.2.3, 7.2.1) waren beliebte Themen. Unter „Seelenkrankheitskunde" wurden Fälle von beunruhigend ungewöhnlichem und normwidrigem Verhalten geschildert: Der Fall eines (vermutlich sadistischen) Lehrers, der Kinder - angeblich zur gerechten Strafe - im Winter ohne wärmende Kleidung in die grimmige Kälte schickte; der Fall einer (vermutlich hysterischen) Frau, der angeblich jede Nacht ein kleines Männchen erschien und Aufträge erteilte, worauf die Frau nach einiger Zeit Mund und Augen nicht mehr öffnen konnte; zahlreiche Morde aus ungewöhnlichen Motiven - wie etwa ein Kindesmord aus Lebensüberdruß. Mögliche Heilverfahren für Seelenkrankheiten (z.B. Kaltwassergüsse) wurden unter der Rubrik „Seelenheilkunde" vorgeschlagen und diskutiert.

Initiator des Magazins und Herausgeber der meisten Hefte war der Berliner Gymnasialprofessor Carl Philipp Moritz (1756-1793). Moritz, auch als Schriftsteller bekannt (s. Schrimpf, 1980), hatte das Magazin mit der Absicht ins Leben gerufen, eine Sammlung psychologisch einschlägiger Beobachtungen und Probleme anzulegen. Sein Ziel war die Förderung und Verbreitung der Erfahrungsseelenkunde (vgl. 5.2.3). Dazu strebte er eine breit angelegte Bestandsaufnahme psychologischer Erscheinungen an. Von sachverständigen Persönlichkeiten erhoffte der Herausgeber realitätsgetreue Berichte und nüchterne Deutungen, ohne Sensationslust und irreführende Gefühlsbekundungen. So wollte er erreichen

„..., daß ich Fakta, und kein moralisches Geschwätz, keinen Roman, und keine Komödie, liefere ..."

(Moritz, 1783, Vorrede zum ersten Band)

Beiträge für das Magazin schrieben außer Moritz selbst die Ärzte Markus Hertz und Christoph Knape, die Philosophen Salomon Maimon und Moses Mendelssohn, die Gymnasiallehrer Heinicke und Jördens, die Pastoren Varnhagen und zur Hellen, ein Archivarius Evers, ein Assessor Hagen, ein Kanzleidirektor Goelzingk, ein Hofmeister Müller, der Braunschweiger Prinzenlehrer Pockels, der Oberkonsistorialrat Silberschlag, der Hof- und Kriminalrat Ritter zu Großglogau und zahlreiche andere Personen; sie blieben mitunter anonym wie eine Madame ***. Es war also ein größerer Kreis psychologisch interessierter Intellektueller aus verschiedenen Berufen, die ihre Erfahrungen austauschten. Einige von ihnen waren Akademiemitglieder und Gymnasialprofessoren, andere genossen Anerkennung als philosophische Schriftsteller. Moritz legte darüber hinaus Wert auf die Beteiligung von „Ungelehrten“, d.h. von Personen, die außerhalb der gängigen wissenschaftlichen Thematik und Reflexion aufgrund ihrer praktischen Erfahrung psychologisch einschlägige Beobachtungen und Einsichten beizusteuern vermochten.

Gemeinsam war den Autoren und Lesern des Magazins das Bedürfnis nach Aufklärung, nach Erwerb allgemein anerkannten Wissens und nach Nutzanwendung im Interesse aller Menschen. Die Zeitschrift *Gnothi Sauton* war damit ein hervorragendes Organ der popularphilosophischen Bewegung (s. Abschnitt 5.4.1) und ein bedeutsames Unternehmen der Popularpsychologie (s. Abschnitt 1.1.4).

Moritz, C. Ph., Pockels, C. F. & Maimon, S. (Hrsg.). (1783-1793). *Gnothi Sauton oder Magazin zur Erfahrungsseelenkunde* (10 Bände). Berlin: Mylius.

Schrimpf, H. J. (1980). Das Magazin zur Erfahrungsseelenkunde und sein Herausgeber. *Zeitschrift für deutsche Philologie, 99*, 161- 187.

Das *Magazin für Erfahrungsseelenkunde* verdient die Anerkennung als erste regelmäßig erscheinende, für eine Vielfalt von Themen offene psychologische Fachzeitschrift. Für das Entstehen eigenständiger wissenschaftlicher Disziplinen ist die Gründung von Fachzeitschriften von großer Bedeutung. Fachzeitschriften sind möglicherweise nicht nur Vorboten, sondern sogar Voraussetzungen für die Verselbständigung von Einzeldisziplinen. Ist das *Magazin für Erfahrungsseelenkunde* also eine Wiege der modernen Psychologie? Moritz hatte eine solche Grundlegung tatsächlich im Sinn. Schon zu Beginn des ersten Magazinbandes bekannte er sich zu dem Wagnis,

„... einige Materialien zu einem Gebäude zusammen zu tragen, das seinen Baumeister noch sucht, und ihn wahrscheinlich einmal finden wird.“

(Moritz, 1783, Vorrede zum ersten Band)

Carl Philipp Moritz (1756-1793)

- Bewegungen, die ihre Bedeutung unmittelbar in sich tragen,
- Bewegungen, welche innere Gedanken in sichtbarer Form ausdrücken, und
- Bewegungen mit symbolischer Bedeutung.

So sei unmittelbar ersichtlich:

„Handschlag, Kuß, Umarmung sind drey Arten von Versicherungen der Freundschaft; die erste die schwächste, weil sie von den Körpern nur ein Paar über äußerste Theile vereinigt; die lezte die stärkste, weil sie die ganzen Körper einander näher bringt und ihre oberen Theile umschlingt."

(Engel, 1785-1786/1968, S. 37)

Eine innere Idee komme etwa zum Ausdruck, wenn man im Falle des Abscheus eine abweisende Handbewegung mache, also gleichsam einen Gedanken zu einem äußeren Gegenstand verwandle und dann wegschiebe. Sogar innere Erwartungen könne man so veräußerlichen. Das sei etwa zu beobachten, wenn ein Bediensteter aus Angst vor Strafe seinen Rücken zu reiben beginne, bevor er noch einen Schlag erhalten habe. Symbolisch sei eine Bewegung zu nennen, die auf einen festen Sachverhalt verweise - z.B. die Bewegung des Händewaschens zur Beteuerung der Unschuld oder das Blasen über die flache Hand zur Demonstration des Nichts.

Daß die Körpersprache sich hervorragend zu mehrdeutigen und widersprüchlichen Mitteilungen eignet, ist ebenfalls bei Engel zu lesen. So zeigt der Autor, wie man unter dem Anschein des sozial Wünschenswerten (wie Lob, Ehrerbietung, Zuneigung) Abschätziges (wie Tadel, Herabsetzung, Zurückweisung) zum Ausdruck bringen kann. Auf diese Weise entstehe z.B. Ironie (lat. *ironia*, Verstellung, versteckter Spott):

„Das junge Frauenzimmer, das einem Liebhaber, den es verachtet, den Korb giebt, verneigt sich tief, aber höhnisch."

(Engel, 1785-1786/1968, S. 91)

Johann Jakob Engel (1741-1802) bezeichnete sich selbst als „Philosoph für die Welt" und bekannte sich somit zur Popularphilosophie (s. Abschnitt 5.4.1). Seine Schrift zur

Engel hat seinen Beschreibungen eine Reihe von Abbildungen beigefügt. Diese zeigen jeweils vollständige Gestalten - Männer, Frauen, Kinder, Personen von der Straße und auf der Theaterbühne. Die ganzheitliche Darstellung begründet der Autor folgendermaßen:

„Charakter überhaupt wird nie sicher aus einzelnen Zügen, immer besser durch gleichzeitige Beäugung aller erkannt."

Zu der oben abgebildeten Figur kommentiert er:

„Ungemein bedeutend ist ... ein vom Nacken gar nicht aufrecht getragenes, gegen die Brust hin fallendes Haupt; ungeschlossene Lippen, die das Kinn hängen lassen, wie es hängt; Augen, deren halber Apfel hinter dem Lide steckt; einsinkende Knie; ein vorwärts gestreckter Bauch; einwärts gekehrte Füße; geradeweg in die Tasche des Roks fahrende Hände oder wohl gar frey herabbaumelnde Arme ... . Wer erkennt da nicht die schlaffe unthätige Seele ... ? Nur der äusserst Dumme und Faule kann eine so nichtssagende, seelenlose Stellung nehmen."

(Engel, 1785–1786/1968, S. 113f.)

„körperlichen Beredsamkeit" wandte sich zwar in erster Linie an Schauspieler. Doch wollte sie mehr sein als nur ein künstlerischer Ratgeber. Sie wollte die Natur des körperlichen Ausdrucks erkunden. Denn die ästhetische Wirkung beruhe allein auf der gelungenen Nachahmung der Natur. *„Werke der Kunst müssen als die vollkommensten Produkte der Natur erscheinen"*, und es entstehe erst *„durch ... Wahrheit die höchste mögliche Täuschung"* (Engel, 1785-1786/1986, S. 19f.).

Bemerkenswert ist auch eine kleinere Abhandlung Engels (1774/1964) *Über Handlung, Gespräch und Erzählung.* Darin entwarf der Autor eine Theorie der Sprecherrollen. Zu einer Rolle (z.B. der Rolle eines Postboten) gehören besondere Verhaltensweisen, Fähigkeiten und Anforderungen. Menschen haben Rollenerwartungen; sie erwarten, daß Personen mit einer Rolle die zugehörigen Verhaltensweisen und Anforderungen übernehmen. Auch als Sprecher kann ein Mensch unterschiedliche Rollen einnehmen. Ein Sprecher kann etwa in der Rolle eines Erzählers auftreten. Dann erwartet man von ihm die Kenntnis zeitlich zusammenhängender Ereignisse und Handlungen. Weil der Erzähler zu jedem Zeitpunkt seiner Erzählung die gesamte Geschichte kennen soll, steht es ihm gut an, Rückschau und Vorschau zu halten. Ein guter Erzähler unterbricht mitunter seine Geschichte, um zum besseren Verständnis an frühere Ereignisse oder frühere Personen zu erinnern (z.B. „Der junge Siegfried schmiedet jetzt aus alten Bruchstücken ein neues Schwert. Das sind die Splitter vom Schwert seines Vaters Siegmund. Wißt ihr noch, wie Siegmunds Schwert im Kampf mit Hunding zerbrochen ist?"). Der Erzähler kann weiterhin spätere Ereignisse vorwegnehmen, um die Aufmerksamkeit der Hörer zu lenken oder ihre Ungeduld zu befriedigen (z.B. „Beim Bad im Drachenblut fällt Siegfried ein Lindenblatt zwischen die Schultern; das wird ihn später das Leben kosten!").

Den Erzähler verglich Engel mit dem Dialogpartner. Er befinde sich in einem fortlaufenden Gespräch. Er konzentriere sich auf sein Gegenüber und wende sich in der Regel nicht an etwaige Zuhörer. Während er spricht, entwickelt sich erst eine Handlung (z.B. ein Streit). Der Dialogpartner unterbricht also weder seine Rede für Erklärungen, noch kann er eine Vorausschau halten. Anhand solcher Analysen entsteht eine sozialpsychologische Betrachtung von Kommunikation, aus der sich mancherlei praktische Folgerungen für Erzählungen, Ansprachen, Debatten, Konversationen u.ä. ableiten lassen.

Rückblickend wird man die Unterweisungen zur guten Darstellung und Selbstdarstellung als frühe Beiträge zu einer praktischen Kommunikations- und Sprachpsychologie bewerten. Bemerkenswert ist nicht zuletzt folgendes: Obwohl oft zur Anwendung in bestimmten Berufsfeldern wie der Theologie oder der Rechtswissenschaft entworfen, sind die Lehren nicht in den speziellen Bestand dieser Disziplinen eingegangen. Vielmehr haben sie sich selbständig fortentwickelt, und eine sich verselbständigende Sozialpsychologie kann später den Anspruch erheben, sie ihrer Theorie und Praxis zuschlagen zu dürfen.

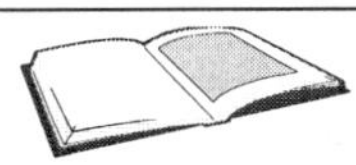

Le Faucher, M. (1657). *Traitté de l'action de l'orateur, ou de la prononciation et du geste.* Paris: Courbé.

Conrart, M. (1709). *Gründlicher Unterricht wie ein Geistlicher und Weltlicher Orator in der Aussprache und Gestibus sich manierlich und klug aufzuführen hat,* nach Johann Hübner. Jena: Bielcken.

Engel, J. J. (1785-1786/1968). *Ideen zu einer Mimik* (zwei Teile). Darmstadt: Wissenschaftliche Buchgesellschaft.

Engel, J. J. (1774/1964). *Über Handlung, Gespräch und Erzählung.* Stuttgart: Metzler.

Zusammenfassung

1. Die bürgerliche Gesellschaft zur Zeit der Aufklärung bildete ihre eigenen Vorstellungen von guter Sitte und Ordnung. Dem Gleichheitsideal des aufgeklärten Bürgertums entsprach die Forderung nach Philanthropie, d.h. nach Menschenliebe.
2. Lebenskunst sollte Glück und Erfolg im privaten Leben sichern helfen. Lebenskunst umfaßte Menschenkenntnis. Lehren zur Menschenkenntnis gaben Ratschläge zum besseren Erkennen des Charakters der Mitmenschen (Psychognostik) sowie zu ihrer richtigen Behandlung (Psychagogik). Weiterhin sollte Menschenkenntnis die Selbsterkenntnis und den rechten Umgang mit sich selbst fördern.
3. Charakter- und Sittenbeschreibungen (z.B. von La Bruyère und Montaigne) schilderten die Vielfalt menschlicher Persönlichkeiten und Lebensweisen. Sie sparten nicht mit Kritik an bestehenden Zuständen und Gebräuchen.
4. Besonderen Anklang fanden Lehren zur Physiognomik (z.B. von Lavater). Die Physiognomik behauptete, die psychischen Eigenschaften eines Menschen seien aus seiner körperlichen Erscheinung, vor allem aus seinem Gesicht, abzulesen.
5. Wege zu Glück und Erfolg in verschiedenen sozialen Situationen suchten Schriften zur Lebensweisheit zu weisen (z.B. von Graciàn). Dazu gab es besondere Ratgeber für das Familienleben, die sich vor allem an die Familienväter richteten (z.B. von Alberti).
6. Unterweisungen zur guten Darstellung und Selbstdarstellung in Rede, Schrift, Mimik und Gestik waren frühe Beiträge zur praktischen Kommunikations- und Sprachpsychologie (z.B. von le Faucheur, Engel). Sie befaßten sich u.a. mit Wortwahl und Satzbau, Logik der Argumentation, Stimmführung, Kopfhaltung und Augenbewegung.
7. Für die Begründung der Psychologie als Einzelwissenschaft bedeutsam war das von Carl Philipp Moritz herausgegebene *Magazin für Erfahrungsseelenkunde.* Es war dies eine Zeitschrift, in welcher Angehörige verschiedener Berufe Beobachtungen und Ansichten über psychische Erscheinungen sowie über Fragen der Psychognostik und Psychagogik austauschten. Dazu gehörte auch die Bestimmung und Behandlung psychischer Krankheiten.

Literatur zur Ergänzung und Vertiefung

Bezold, R. (1984). *Popularphilosophie und Erfahrungsseelenkunde im Werk von Karl Philipp Moritz.* Würzburg: Königshausen & Neumann.

Hoffmann, J. (1959). *Die "Hausväterliteratur" und die "Predigten über den christlichen Hausstand".* Weinheim: Beltz.

Jones, H. (1989). *The Epicurean tradition.* London: Routledge.

Plett, H. F. (Hrsg.). (1993). *Renaissance-Rhetorik/Renaissance Rhetoric.* Berlin: de Gruyter.

Morgenstimmung in einer Studentenbude (Holzstich nach einem Gemälde von E. Tetzner, 1879).

Kapitel 8

Vergleichende Psychologie

Die differentielle Betrachtung von Individuen, Gattungen, Altersstufen, Gruppen, Kulturen

Am Ende des 18. Jahrhunderts kam eine Richtung auf, welche die Natur gegenüber der Vernunft, das Gefühl gegenüber dem Verstand und das organische Wachstum gegenüber der logischen Ordnung aufwertete: die Romantik. Das romantische Denken strebte nicht nach der Bestimmung eines unveränderlichen Wesens der Gattung Mensch. Vielmehr betrachtete es die individuellen, regionalen und zeitlichen Besonderheiten der menschlichen Existenz. Aus diesem Ansatz entstanden Spezialisierungen der Psychologie, die in diesem Kapitel unter dem Namen „Vergleichende Psychologie" dargestellt sind:

- Tierpsychologie: Vergleich zwischen Tiergattungen sowie zwischen Mensch und Tier.
- Völker- und Sozialpsychologie: Vergleich zwischen Kulturen sowie Menschen in verschiedenen Gruppen.
- Psychologie der Humanentwicklung, insbesondere Kinderpsychologie: Vergleich von Alters- bzw. Entwicklungsstufen.
- Differentielle Psychologie: Vergleich von individuellen Merkmalen.

Die Vergleichende Psychologie ist, was ihre Methoden anbelangt, stark empirisch ausgerichtet. Was ihre Theorien anbelangt, läßt sie viel Raum für Lehren vom Unbewußten sowie für die Darwinsche Evolutionslehre (mit der Annahme der Abstammung des Menschen aus dem Tierreich). Mit der Vergleichenden Psychologie entsteht ein alternatives Programm zur bisher vorherrschenden Allgemeinen Psychologie, deren Fortgang im 19. Jahrhundert das Kapitel 9 behandelt.

8.1 Natur und Gefühl
Eine Wende in der Philosophie und in der Psychologie

8.1.1 Alte und Neue Welt

Bis zum 15. Jahrhundert kannten die Europäer drei Kontinente: Europa, Afrika, Asien. Diese bildeten - selbst noch nicht ganz erforscht - die „Alte Welt“. Als Kolumbus Amerika entdeckte, nannte er den Kontinent „Neue Welt“. Im 17. Jahrhundert wurde Australien als „Neueste Welt“ entdeckt. Das 18. und 19. Jahrhundert wurde zu einer Epoche der interkontinentalen Seefahrt sowie der Expeditionen in das Innere unbekannter Länder. Geographen kartographierten Flüsse und Gebirge, Biologen registrierten die Tier- und Pflanzenwelt, Anthropologen erfaßten Körperbau und Lebensweise von Menschen aus fernen Kulturen. Wagemutige Pioniere wie die Engländer James Cook (1728-1779), der dreimal die Welt umsegelte, und David Livingstone (1813-1873), der Afrika bis zu den Quellen des Nils durchquerte, wurden zu Leitfiguren; die Natur- und Sozialwissenschaften verdanken ihnen wichtige Anstöße (Beck, 1971).

Immer mehr Bewohner der Alten Welt gelangten in die Neue Welt und verdrängten dort die Ureinwohner. Nordamerika wurde vor allem von England, Spanien und Frankreich aus besiedelt, Australien von England aus. Im 17. Jahrhundert setzte ein Strom von Einwanderern von den britischen Inseln nach Amerika ein. In der Neuen Welt suchten die Einwanderer wirtschaftliche Sicherheit und religiöse Freiheit, denn ihre Heimat war von Hunger und Armut geplagt; Religionskämpfe führten zur Benachteiligung von Puritanern und anderen religiösen Gemeinden. Politisch Verfolgte fanden in der Ferne Zuflucht. Kriminelle wurden dorthin verbannt - allein nach Australien fast 200 000 (Dippel, 1996; Voigt, 1998).

Über die Ureinwohner der fernen Kontinente lasen die in Europa Zurückgebliebenen allerhand Ergötzliches und Verstörendes. Abschreckend wirkten Erzählungen von nackten Wilden, Kopflosen und Menschenfressern. Verlockend klang dagegen im Jahre 1771 der Bericht des französischen Kapitäns Louis-Antoine de Bougainville über die Südseeinsel Tahiti: mit stetem Sommer, mit Nahrung im Überfluß, bewohnt von unbefangenen Menschen, die in Frieden, Harmonie und sexueller Freizügigkeit leben. Nach dieser Schilderung war Tahiti ein Naturparadies, geradezu das Gegenstück zur herrschenden europäischen Zivilisation mit ihren Nöten und Kriegen, ihren Zwängen und ihrer Sittenstrenge. Der Schriftsteller Heinrich Wilhelm von Gerstenberg warb um 1780 für den Plan, ein Dichterparadies auf Tahiti zu gründen. Namhafte Intellektuelle wie die norddeutschen Dichter Matthias Claudius und Friedrich Gottlob Klopstock erwogen, ihr Hab und Gut zu verkaufen und sich der Expedition anzuschließen. Tatsächlich kam die Expedition nicht zustande, und spätere Besucher Tahitis entlarvten den Reisebericht Bougainvilles als Mixtur aus Halbwahrheiten und Mißverständnissen. Gleichwohl hielt sich der Mythos von den glücklichen Inseln der Südsee. Er bezeugt die aufkommende Sehnsucht, die in ihren Ordnungen und Verpflichtungen erstarrte Welt der Aufklärung zu verlassen, sowie die Hoffnung, in fernen, im Einklang mit der Natur lebenden Kulturen Freiheit und Glück zu erlangen (Wagner, 1920, S. 107).

Den Ruf der Freiheitlichkeit und der Fortschrittlichkeit in einem modernen Sinne erwarben sich die Siedler der Neuen Welt. Ihr Gemeinsinn und ihr Gewerbefleiß, das Fehlen von Standesunterschieden und Erbprivilegien versprachen bessere Entfaltungsmöglichkeiten und höhere Lebenszufriedenheit. In der Zeit der Kolonialisierung hatte der englische König die Oberhand über Frankreich und Spanien behalten. Doch gegen seine Abgabenpolitik protestierten die Ostkolonien. Nach blutigen Kämpfen erklärten dreizehn von ihnen im Jahre 1776 ihre Unabhängigkeit. Die Föderation erweiterte sich bis zum Ende des 19. Jahrhunderts durch Beitritte angrenzender Staaten bis zum Pazifik im Westen und bis Mexiko im Süden. Es entstanden die Vereinigten Staaten von Amerika. Ihre Verfassung garantierte jedem Bürger das Recht auf Streben nach Glück (engl. *pursuit of happiness*). Ein unabhängiges Gerichtswesen und eine demokratisch kontrollierte Verwaltung hielten sowohl die Macht des Staates als auch den Einfluß von Einzelpersonen in Grenzen. Die humanitären Ideale der französischen Revolution „Freiheit, Gleichheit, Brüderlichkeit" waren zugleich die Grundlagen der amerikanischen Verfassung. Doch war in Amerika vom gemeinsamen Willen der weißen Siedler getragen, was sich in Europa oft nur im Wechsel von Revolution und Gegenrevolution durchsetzte (s.a. Abschnitt 9.1.1). Auf ihre härteste Probe wurde die humanitäre Demokratie der USA im Sezessionskrieg von 1861-1865 gestellt. Die Nordstaaten zwangen darin die Südstaaten zur Anerkennung der Bürgerrechte für Afroamerikaner, insbesondere zu deren Befreiung aus der Leibeigenschaft (Dippel, 1996).

Die Vormachtstellung der Alten Welt begann also zu schwinden. Das Vertrauen in ihre Fähigkeit, das Glück der Menschen zu fördern, sank. Zweifel an der Überlegenheit, ja an dem Wert der vorherrschenden europäischen Kultur wurden laut. Rückentwicklung und Neubeginn wurden zu bedenkenswerten Alternativen. Der Blick schweifte zunehmend in die Ferne, und Vielfalt wurde als Bereicherung der Erfahrung begriffen.

Beck, H. (1971). *Große Reisende*. München: Callwey.

Dippel, H. (1996). *Geschichte der USA*. München: Beck.

Voigt, J. H. (1998). *Geschichte Australiens*. Stuttgart: Kröner.

Wagner, A. M. (1920). *Heinrich Wilhelm von Gerstenberg und der Sturm und Drang* (Band 1). Heidelberg: Winter.

8.1.2 Romantik und Kulturphilosophie

Der Rationalismus hatte die Welt und den Menschen als unvollkommene Erscheinungsformen vollkommener Ordnung gedeutet. Die zugrunde liegende Ordnung offenbare sich nur der Vernunft. Daher folgte der Rationalismus dem Primat des Geistes. Geist und Vernunft urteilten nicht allein über die Wahrheit, sondern auch über das richtige Leben, die Moral. Doch der Vorrang des Geistes ist nicht unumstritten geblieben. Entsteht Verständnis nur in rationalen Diskursen, nach den Regeln der kritischen Argumentation? Oder sind Gefühl und Empfindsamkeit nicht gleichwertige, vielleicht sogar überlegene Quellen des Verständnisses? Liegt in ihren Eingebungen nicht reinere und tiefere Wahrheit? Möglicherweise sind Gefühl und Empfindsamkeit auch bessere Ratgeber für das rechte Leben. Sie urteilen treffender als formale Regeln, was sich schickt, was den Menschen ehrt, wen man als Freund wählen soll und wen als Ehepartner.

Die neue Bewegung fand ihren Ausdruck in der Kunst. Die Dichtung des „Sturm und Drang" - benannt nach dem gleichnamigen Drama von Franz Maximilian von Klinger aus dem Jahre 1776 - rebellierte gegen menschenverachtende Konventionen und setzte ungehemmte Gefühlsausbrüche an die Stelle strenger Kunstformen. Die Lyrik widmete sich der Innerlichkeit. In ihr traten persönliche Beziehungen und Empfindungen hervor: Leid und Liebe, Abschied und Heimkehr u.ä. Bevorzugt dargestellte Situationen waren die privaten und naturgegebenen: Stube und Hütte, Wald und See, Abendsonne, Gewitter u.ä. Damit öffnete sich die Kunst den Themen der Mystik und der Esoterik (s. Abschnitte 5.1.4, 5.4.3): Naturwesen wie Nixen und Wassermänner, Wundertäter wie Feen und Zauberer sowie Vorgänge jenseits der Vernunft wie die Offenbarung von Wahrheit im Traum und die Verwandlung von Personen. Diese Themen hatte auch die Volkskunst überliefert. Daher wurden Volkssagen, -märchen und -lieder gesammelt und künstlerisch überarbeitet. Ein Beispiel ist die ab 1812 erschienene Sammlung der Kinder- und Hausmärchen von Jacob und Wilhelm Grimm.

Musik und Malerei schlossen sich der Literatur an. Eine Kunstrichtung verbreitete sich, die den Namen „Romantik" (von franz., engl. *romance*, volkssprachlich, märchenhaft, wunderbar) erhielt (Klessmann, 1969). Die Romantik pflegte einen unverwechselbaren Stil, den der Dichter Novalis (1772-1801, eigentlich Friedrich von Hardenberg) folgendermaßen charakterisierte:

„Die Welt muß romantisirt werden. ... Indem ich dem Gemeinen einen hohen Sinn, dem Gewöhnlichen ein geheimnißvolles Ansehen, dem Bekannten die Würde des Unbekannten, dem Endlichen einen unendlichen Schein gebe so romantisire ich es."

(Novalis, 1798/1978, S. 334)

Die Botschaft der Romantik verkündeten die Naturphilosophie Rousseaus (1712-1778) und die Geschichtsphilosophie Herders (1744-1803). Jean-Jacques Rousseau stammte aus Genf und verbrachte die längste Zeit seines Lebens als Schriftsteller, Komponist und Erzieher in Frankreich. Berühmt wurde er durch seine Preisschrift zur Frage, *„ob die Wissenschaften etwas zur Läuterung der Sitten beigetragen hätten"*. Rousseau (1750/1978) verneinte die Frage. Wissen habe der Tugend geschadet. Rationale Ordnung in Politik und Kunst habe unter einem Schleier von Sittsamkeit und Höflichkeit natürliche Freiheit erstickt. Sie habe Furcht, Kälte, Haß und Verleumdung genährt und zu einem Verfall ursprünglicher Freundschaft, Tapferkeit und Achtung geführt. Der Autor ruft daher zur Umkehr auf:

„... erkennt also einmal, daß euch die Natur vor der Wissenschaft hat bewahren wollen, so wie eine Mutter ihrem Kinde eine gefährliche Waffe aus den Händen reißt. Erkennt, daß alle Geheimnisse, welche sie euch verbirgt, ebenso viele Übel sind, vor denen sie euch bewahrt, und daß die Mühe, welche ihr anwenden müßt, um sie zu erlernen, nicht die geringste ihrer Wohltaten ist. Die Menschen sind verdorben, und sie würden noch elender sein, wenn sie das Unglück gehabt hätten, gelehrt geboren zu werden."

(Rousseau, 1750/1978, S. 43, Übersetzer anonym)

Seinem Kulturpessimismus stellt Rousseau einen Naturoptimismus gegenüber, der nicht zuletzt in der Erziehungslehre tiefe Wirkungen hinterlassen hat (s. bereits Abschnitt 6.3.3).

Johann Gottfried Herder studierte in Königsberg Medizin, Theologie und Philosophie. Ab 1776 wirkte er in Weimar, zuletzt in der einflußreichen Stellung eines Oberkonsistorialpräsidenten; ihm unterstand die Kirchenverwaltung des Herzogtums. Herder verfaßte Gedichte und Schauspiele, aber auch theoretische Schriften zur Kultur und Ästhetik. Dabei hob er die Eigenart und Eigenständigkeit nationaler Literaturen hervor. Seine Entwürfe zur Deutung der menschlichen Kultur faßte er in seinen zwischen 1784 und 1791 in mehreren Bänden erschienen *Ideen zur Philosophie der Geschichte der Menschheit* zusammen.

Für Herder ist die Welt - ganz im Sinne Spinozas (s. Abschnitt 5.2.2) - ein zusammenhängender Organismus; darin eingebettet lebt der Mensch. Das große Ganze ist zugleich beständig und dynamisch. Es bildet und gestaltet sich *„nach ewigen Gesetzen, die keine Willkür des Menschen verändert"* (Herder, 1784-1791/1978, S. 21). Als Teil des Ganzen ist der Mensch selbst beständig - vor allem vermöge seiner Erbanlagen und seiner Tradition - und zugleich in steter Entwicklung begriffen - aufgrund seines Anteils an der fortschreitenden Organisation der Welt.

Aus der Natur schöpft der Mensch nicht nur Nahrung und Sinneserfahrung, sondern auch seine geistigen Bestände:

„... und so wird uns Erde, Luft, Wasser, selbst die tiefste Tiefe der belebten Schöpfung ein Vorratshaus der Gedanken, seiner Erfindungen nach und zu einem Hauptgebilde der Kunst und Weisheit."

(Herder, 1784-1791/1978, S. 28)

Überhaupt betrachtete Herder das Weltganze nicht nur als Materie, sondern auch als geistige und moralische Einheit. Fortschritt teile sich der Gesellschaft und der Regierung mit (z.B. Familien-, Herrschaftsordnung), der Sprache und Kunst, der Religion und der Humanität. Herder schrieb dem Weltganzen Beseeltheit und Göttlichkeit zu. Damit deutete er

Klessmann, E. (1969). *Die Welt der Romantik.* München: Desch.

Novalis (1798/1978). *Schriften* (Band 2), herausgegeben von R. Samuel. München: Hansen.

Rousseau, J.-J. (1750/1978). Abhandlung über die Frage, ob die Wiederherstellung der Wissenschaften und Künste zur Läuterung der Sitten beigetragen hat? *Schriften,* herausgegeben von H. Ritter (Band 1, S. 26-60). München: Hanser.

Herder, J. G. (1784-1791/1978). Ideen zur Philosophie der Geschichte der Menschheit. *Werke,* herausgegeben von R. Otto (Band 4). Berlin: Aufbau-Verlag.

- weiterhin im Sinne Spinozas (s.o.) - die Welt nach dem Prinzip der Ordnung und des Guten. Das Festhalten an diesem Prinzip und das Fortschreiten in seiner Entfaltung gewährt dem Menschen auf Dauer seine Kultur.

Der Autor (1784-1791/1978, S. 109) betonte ausdrücklich: *„Nur ein- und dieselbe Gattung ist das Menschengeschlecht auf der Erde."* Und doch bemerkte er regionale Unterschiede. Diese beruhten auf „genetischer Kraft" und auf „Klima". Lebensbedingungen seien überall anders, und Entwicklung vollziehe sich in Auseinandersetzung mit der Umwelt. So ergäben sich Unterschiede zwischen Völkern, am offensichtlichsten in ihrer Sprache. Damit war das Programm einer Kulturphilosophie vorgegeben, die einen Gegensatz zwischen Natur und Kultur nicht aufkommen lassen wollte und das Bild des Menschen facettenreich anlegte: als soziales und geistiges Wesen, mit gattungsspezifischen Anlagen ausgestattet und zugleich mit einem Entwicklungspotential versehen, das eine Vielfalt gleichwertiger Ausprägungen hervorbringt.

Herder hat dem Rationalismus widersprochen. Zum ersten schaffe die Natur selbsttätig ihre eigene Ordnung. Zum zweiten entfalte die Natur ihre Ordnung in einem Prozeß des organischen Wachstums. Und drittens bringe die Natur je nach lokalen Wachstumsbedingungen unterschiedliche Ordnungen hervor. Denken gehe in die Irre, wenn es ideale Einheitsformen zu ermitteln trachte und Natur in diese Formen zu zwängen versuche. Daher solle sich der Mensch seinem Gefühl anvertrauen. Im Gefühl teile sich ihm die Natur mit, fühlend lebe er im Einklang mit der Natur:

„Der allgemeinste und notwendigste Sinn ist das Gefühl: er ist die Grundlage der andern und bei dem Menschen einer seiner größten organischen Vorzüge. Er hat uns Bequemlichkeit, Erfindungen und Künste geschenkt und trägt zur Beschaffenheit unserer Ideen vielleicht mehr bei, als wir vermuten."

(Herder, 1784-1791/1978, S. 141)

8.1.3 Generelle und Spezielle Psychologie

Die Anerkennung von Gefühl und Empfindsamkeit als Quellen des Verstehens, die Ausweitung des Seelenbegriffs auf die gesamte belebte Natur, die Annahme von Entwicklungen und Verzweigungen des Seelischen eröffneten der wissenschaftlichen Psychologie den Weg aus dem Rationalismus und aus der ihm eigenen ontologischen (vgl. Abschnitt 2.4.2) Betrachtungsweise. Seelenkunde brauchte nicht mehr nach dem Allgemeinen, ewig Gültigen zu streben; das (allgemeine und dauerhafte) Wesen des Menschen war nicht mehr notwendig ihr Gegenstand. Weil aber in diesem Sinne das Wesen des Menschen nicht mehr zur Untersuchung anstand, bedurfte es zu seiner Erhellung nicht der vollkommensten geistigen Fähigkeiten (z.B. der höchsten annehmbaren Logik, des stärksten annehmbaren Willens).

Der Betrachtung des Gefühls und der Empfindsamkeit widerstrebt das rationalistisch-ontologische Einheits- und Vollkommenheitsstreben. Gefühl und Empfindung sind subjektiv. Sie verwirklichen sich jeweils im Einzelnen. Vor Gefühl und Empfindung versagen ausgeklügelte Begriffe und Maßstäbe der Vollkommenheit. Daher verdienen Freude und Leid, das Erleben des Schönen und das innere Sehnen jedes einzelnen Menschen die gleiche Achtung - sei er Gelehrter oder Narr, Erwachsener oder Kind, reich oder arm.

Auf ihrem neuen Weg unterwarf sich die Psychologie folgenden Änderungen:

- Alleiniger Gegenstand blieb nicht der Mensch. Psychologie wandte sich auch anderen, einfacheren Lebewesen zu. Dabei wurde der Mensch selbst als Naturwesen betrachtet - wenn auch durchaus in Ansehen seiner besonderen Fähigkeiten.
- Einheitliche Theorien verloren an Interesse. Dafür rückten Eigenarten von Individuen sowie von Lebensgemeinschaften in den Mittelpunkt der Betrachtung.
- Es zählte nicht nur die klare, vollkommene und dauerhafte Erscheinung. Nein, das Verschwommene, Flüchtige, Unscheinbare, Verachtete schien mindestens gleichermaßen der Betrachtung wert.

Damit wurde die Variation des Psychischen zu einem wissenschaftlichen Gegenstand. Weil es verschiedene Arten und Ursachen von Variationen gab, entwickelten sich mehrere neue Zweige für die Psychologie:

- Tierpsychologie (s. Abschnitt 8.2) zur Betrachtung der Unterschiede zwischen Gattungen von Lebewesen (einschließlich des Menschen),
- Entwicklungspsychologie (s. Abschnitt 8.3) zur Betrachtung der Unterschiede zwischen Altersstufen (beginnend vor der Geburt),
- Völker- und Sozialpsychologie (s. Abschnitt 8.4) zur Betrachtung von Kulturen und Gruppen,
- Differentielle Psychologie und Persönlichkeitspsychologie (s. Abschnitt 8.5) zur Betrachtung von (ererbten und erworbenen) Eigenarten von Individuen.

Die neuen Richtungen erhielten einen eigenen Sammelnamen: Spezielle Psychologie. Sie hob sich ab von der bisher vorherrschenden Psychologie, welche entsprechend als „generelle“ bezeichnet wurde. Der Jenaer Philosophieprofessor Carl Christian Schmid erläuterte die beiden Begriffe folgendermaßen:

„In der allgemeinen Seelenlehre (Psychologia generalis) werden diejenigen Merkmale und Naturgesetze des menschlichen Geistes betrachtet, die allen Individuen des Menschengeschlechtes immer und ohne Ausnahme zukommen oder zukommen können. Die besondere Seelenlehre (Psychologia specialis) untersucht die Verschiedenheit, wodurch sich die einzelnen Menschenklassen unterscheiden.“

(Schmid, 1796, S. 26)

Generelle Psychologie behandelt also den Menschen als Gattung, spezielle als Individuum. Allerdings verstand Schmid am Ende des 18. Jahrhunderts als „besondere Seelenlehre“ lediglich die Differentielle Psychologie. Später haben insbesondere die Tier-, die Kinder- und die Völkerpsychologie unter den Spezialpsychologien an Bedeutung gewonnen.

Es gab noch eine andere, und zwar zunächst häufiger benutzte Bezeichnung für alle Richtungen, welche die Variation psychischer Erscheinungen innerhalb ausgewählter Dimensionen untersuchen: Vergleichende Psychologie. In der Tat vergleicht die Tierpsychologie Vögel mit Säugern, die Entwicklungspsychologie Kinder mit Erwachsenen, die Völker- und Sozialpsychologie Kulturen sowie Rollen in Gruppen, die Differentielle Psychologie Persönlichkeitstypen u.ä.

Gegenwärtig hat sich der Begriff der Vergleichenden Psychologie allerdings verengt; viele Fachvertreter wenden ihn nur noch auf die Tierpsychologie (engl. *comparative psychology*) an (s. später Abschnitt 8.2.3). Der Begriff der „speziellen“ oder „besonderen“ Psychologie hat sich nicht durchgesetzt, der Begriff der Differentiellen Psychologie wird lediglich auf die Behandlung individueller Unterschiede bezogen. So gibt es in der modernen Fachsprache für die aus dem Geist der Romantik hervorgehenden Richtungen inzwischen keinen allgemein anerkannten Sammelbegriff mehr, und auch das Bewußtsein ihrer historischen Zusammengehörigkeit scheint geschwunden zu sein. Um dieses Bewußtsein aufzufrischen, wird hier versucht, den Begriff der Vergleichenden Psychologie im weiteren Sinne wieder zu beleben.

Schmid, C. Ch. E. (1796). *Empirische Psychologie* (Erster Theil). Jena: Cröker.

8.2 Stammesgeschichte und Seele Tierpsychologie, Tier- Mensch-Vergleich

8.2.1 Menschen- und Tierseele

Carl Gustav Carus (1789-1869) hatte bereits ein Lehrbuch der vergleichenden Anatomie verfaßt, als er im Jahre 1866 eine *Vergleichende Psychologie oder Geschichte der Seele in der Reihenfolge der Thierwelt* drucken ließ. Dabei ging es ihm nicht um eine schlichte Vermehrung der zu seiner Zeit vielfach zu lesenden Berichte über unterschiedliches Verhalten verschiedener Tierarten, ihre Instinkte und Fähigkeiten, ihre Über- und Unterlegenheit gegenüber dem Menschen (z.B. Flourens, 1841). Carus strebte vielmehr eine Deutung des seelischen Lebens in der Natur an, und zwar im Geiste der Geschichtsphilosophie Herders (s. Abschnitt 8.1.2). Mit Herder bekannte sich Carus (1861/1990) zu den Prinzipien der durchgehenden Beseeltheit der Natur und des natürlichen Dranges jedes Lebewesens zur Entfaltung. Aus Urzuständen entfalte sich die Natur in doppeltem Werden:

- über die Stammesgeschichte, d.h. über die tierischen Gattungen,
- über die Lebensgeschichte, d.h. über die Altersstufen der Individuen.

Der Autor (1866/1986, S. 8ff.) ordnete Gattungen und Entwicklungsstadien zu durchgehenden Reihen:

Carus, C. G. (1866/1986). *Vergleichende Psychologie oder Geschichte der Seele in der Reihenfolge der Thierwelt.* Hildesheim: Olms.

Flourens, P. M. J. (1841). *De l'instinct et de l'intelligence des animaux.* Paris: Paulin.

Carus, C. G. (1861/1990). *Natur und Idee. Oder das Werdende und sein Gesetz.* Hildesheim: Olms.

- Urzelle: beim werdenden Menschen ein unbewußter Seelenkeim, bei Protoorganismen, darunter auch Pflanzen, ein Lebensmittelpunkt.
- Ideelle Lebensmitte: beim menschlichen Embryo die unbewußte Seele, bei tierischen Eizellen deren seelische Mitte.
- Gefühls- und Reaktionsmitte: das dämmernde Bewußtsein des Neugeborenen, die unbewußte Seele von Mollusken u.ä.
- Dunkle Gefühle wie Hunger und Geschlechtstrieb, Erregbarkeit durch äußere Reize, Gegenwirkungen oder Reaktionen: die unbewußte Seele des Säuglings, die dunkle, unbewußte Seele höherer Weich- und Gliedertiere.
- Innere, deutliche Gefühle, Erinnerungen, Handlungen: Weltbewußtsein des kleinen Kindes und der höheren Wirbeltiere.
- Selbstbewußtsein, Anlage zum Gottesbewußtsein („geflügelte Seele"): Dies sei nur beim Menschen verwirklicht.

Eine solche Reihung vom Einzeller bis zum reflektierten Wesen wird erst möglich durch Verzicht auf die Annahme der völligen Eigenständigkeit des Geistes. Vielmehr ist nach Carus Bewußtsein eingebettet in das Unbewußte, aus welchem es hervorgeht. Unter Geist verstand er nicht allein und vorwiegend die Abstraktion und die logische Argumentation, sondern ein „Gemeingefühl", ein komplexes Erfassen und Erspüren. Zu den höchsten menschlichen Errungenschaften zählte der Autor daher nicht die Beweise der Mathematik, sondern das Bewußtsein des Göttlichen und des eigenen Selbst. Dies bedeutet

„... *die Idee seines eignen Daseyns irgendwie gewahr zu werden und an dieser Erkenntniss zum Wissen von irgendeinem Göttlichen und Ewigen - d.i. zum Gottbewußtseyn - sich zu erheben; ... Bleibt ja doch auch ganz ebenso jeglicher in Gott gedachten Idee alles Orga-*

Carl Gustav Carus - Wissenschaftler im Geist der Romantik

Carl Gustav Carus war Arzt und betätigte sich als Naturforscher. Doch viele kennen ihn vor allem als Künstler. Mit dem berühmten Maler der Romantik Caspar David Friedrich befreundet, hat er mehrere hundert Bilder im romantischen Stil hinterlassen. Er ist Herder begegnet und hat mit Goethe korrespondiert.

Carl Gustav Carus (1789-1869) (Gemälde von J. C. Rößler).

Carus wurde 1789 in Leipzig geboren. Dort besuchte er die Thomasschule, absolvierte das Studium der Medizin und nahm Zeichenunterricht. Bereits mit 25 Jahren wurde er als Professor für Geburtshilfe und Direktor der Akademie für Chirurgie und Medizin nach Dresden berufen. Er betrieb eine private Praxis und diente dem sächsischen Königshaus als Leibarzt (Genschorek, 1989).

Zu seinen Tätigkeiten gehörten Vorlesungen vor einem eingeladenen Kreis von angesehenen Bürgern, Ärzten und Naturwissenschaftlern, Diplomaten und Beamten, Schriftstellern und Malern. Im Winter 1829 war das Thema seiner Vorlesungen die Psychologie. Er behandelte darin die Entwicklungsreihe der Natur (Pflanze - Tier - Mensch), die Entwicklungsreihe des Lebens (Kindheit - Jugend - Reife), den Wechsel von Schlaf und Wachen, die seelische Gesundheit als Harmonie von Körper und Geist, Individuum und Gesellschaft sowie soziale Beziehungen wie Liebe und Sympathie (Carus, 1831). Ganz im Geiste der Romantik betonte er die Natürlichkeit alles Seelischen, die Bedeutung der Innenwelt sowie das natürliche Prinzip, komplexe Organisationsformen aus einfachen Anfängen zu entfalten.

Sein Verständnis von Natürlichkeit und Innerlichkeit gipfelte in der Überzeugung von der Vorrangstellung des Unbewußten:

„Der Schlüssel zur Erkenntnis vom Wesen des bewußten Seelenlebens liegt in der Region des Unbewußtseins. ... Wir besitzen zu jeder Zeit, während wir nur einigen wenigen Vorstellungen uns wirklich bewußt sind, tausende von Vorstellungen, welche doch durchaus dem Bewußtsein entzogen sind, ... und doch da sind und folglich zeigen, daß der größte Teil des Seelenlebens in die Nacht des Unbewußtseins fällt."

(Carus, 1846/1926, S. 1)

In der „Nacht des Unbewußten" finde der Mensch zurück zum „Allleben der Natur". Daher dringen in seinen Traum die Bilder von Naturerfahrungen wie Liebe und Tod.

Die Lehre vom Unbewußten als Schnittstelle des Menschen zur Natur war eine für viele bedeutsame wissenschaftliche These. Sie war zugleich eine popularwissenschaftliche Botschaft, die sich nachhaltig einprägte. Die Tiefenpsychologie wird später die These von der unbewußten Naturerfahrung wieder aufgreifen, und zwar als Theorie des kollektiven Unbewußten (Abschnitt 10.3.3). Während innerhalb der Wissenschaft die Theorie auf starke Bedenken stoßen wird, werden große Teile der gebildeten Öffentlichkeit das Unbewußte und seine Naturgegebenheit als zentrale Themen der Psychologie nachfragen.

nischen ... der Begriff der Ewigkeit eigen, eben so gewiss, wie dies auch von allen Elementen an und für sich gilt ... .“

(Carus, 1846/1986, S. 308f.)

Offenbar spricht sich der Autor hier nicht für eine Kirchenfrömmigkeit aus, sondern meint - erneut im Sinne Herders - mit Gottbewußtsein das Verständnis für das Naturganze und seine Gesetzlichkeit, mit Selbstbewußtsein das Gefühl der eigenen Einbezogenheit in die Gesamtheit der Natur.

Seine Naturphilosophie belegte der Autor mit einer Fülle morphologischer und neurologischer Befunde aus der Zoologie. Die beschriebene Reihung führte er vor allem auf die Entwicklung des Nervensystems zurück. Fehlt den Urformen noch jedwede nervöse Ausstattung, bilden sich zunehmend Sinnesorgane und -bahnen, Wirkorgane und Bewegungsbahnen heraus. Gefühl und Bewußtsein werden schließlich als Funktionen eines immer stärker differenzierten Gehirns gekennzeichnet. So entfaltet sich ein Spektrum von Lebensformen. Empfindungs- und Reaktionsfähigkeiten, innere Sensibilität und Instinkte, äußere Anpassung und Reflektiertheit werden bei Pflanzen, Tieren und Menschen verglichen. Die reichsten Darstellungen entfallen auf die

- Weichtiere, Würmer und Insekten ohne zentrales Nervensystem, die
- Fische, Amphibien und Vögel mit entwickelter Hirnbildung, die
- Säugetiere mit einem hoch entwickelten Gehirn, das sie zu besonderen Intelligenzleistungen (z.B. Bauten des Biebers) und sozialen Gewohnheiten (z.B. Herdenbildung, Anhänglichkeit, Trauer, Mut und Furcht) befähigt.

Aus den Vergleichen folgt keineswegs stets eine Überlegenheit höher entwickelter Wesen gegenüber niedrigeren, insbesondere des Menschen gegenüber den Tieren. Zweifellos ist der Mensch den Tieren in der Beherrschung der Außenwelt überlegen, er besitzt eine höhere Analysefähigkeit, einen stärker der Vernunft unterworfenen Willen und wohl auch ein reicheres Gefühlsleben. Doch was Sinnesleistungen und Instinktstärke anbelangt, dürften Tiere den Menschen mehrfach übertreffen. Dies ist jedenfalls das Fazit von Karl Friedrich Burdach (1776-1847), einem Professor der Anatomie in Dorpat, auf den sich Carus gestützt hat. Mit seinem im Jahre 1842 erschienenen zweibändigen Werk *Blicke ins Leben,* das den Untertitel *Comparative Psychologie* trägt, hat Burdach der neuen Forschungsrichtung ihren Namen gegeben.

Burdachs *Blicke ins Leben* stellte eine naturkundlich-empirische Psychologie dar, die um Begriffe wie Leben, Individualität, Selbstgefühl, Instinkt, Vernunft, Harmonie und Sympathie kreiste. Häufige Darstellungen aus der Tierwelt belegten die Verankerung der genannten psychischen Erscheinungen in der Natur. Häufige Verweise auf menschliche Sitten betonten einerseits die Einbettung des Menschen in die Natur, andererseits sein Hinauswachsen aus dieser.

Besondere Beachtung schenkte der Autor der Intelligenz von Tieren. Zahlreiche Literaturverweise zeigen das zu jener Zeit wache Interesse an Tierbeobachtungen und Tiervergleichen. Hier ein Auszug:

„Wie der Erfindungsgeist ... dem Kunsttriebe diente, so kommt er auch dem Nahrungstriebe zu Hülfe. Der Steinfuchs stürzt nach Steller durch Untergraben eine Säule um, auf welcher man Fleisch vor ihm zu sichern gesucht hat. Jesse erzählt, daß Ratzen an einer Oelflasche die Blase, womit sie verschlossen war, fraßen und hierauf das Oel verzehrten, indem sie die Schwänze eintauchten und ableckten.“

(Burdach, 1842, Band 1, S. 242f.)

Genschorek, W. (1989). *Carl Gustav Carus - Arzt, Künstler, Naturforscher.* Frankfurt a. M.: Wötzel.

Carus, C. G. (1831). *Vorlesungen über Psychologie.* Leipzig: Fleischer.

Carus, C. G. (1846/1926). *Psyche,* herausgegeben von L. Klages. Jena: Diederichs.

Burdach, K. F. (1842). *Blicke ins Leben - Comparative Psychologie* (2 Bände). Leipzig: Voss.

8.2.2 Stammesgeschichte, Evolution

Als Geschichte versteht man heute in der Regel eine zeitliche Folge von Ereignissen oder Zuständen. Dieses Verständnis herrschte im 19. Jahrhundert nicht vor. Vielmehr verstand man unter Geschichte (oder Historie) zunächst nicht mehr als eine Beschreibung von Sachverhalten. Insofern hat Carus (1866/1986, S. 311f.) die „Reihenfolge der Tierwelt" keineswegs als Folge von Abstammungen betrachtet. Vor allem bestritt er die Annahme, der Mensch habe Tiere als Vorfahren. Er meinte, jede Gattung müsse ihren eigenen Weg von der Urzelle zur Endform zurücklegen - nach ihrer jeweiligen Bestimmung.

Doch seit dem 18. Jahrhundert verbreiteten sich Theorien, welche höhere Gattungen als Abkömmlinge der niederen ansahen. Diese Abstammungstheorien stießen auf heftige Ablehnung. Zum einen standen sie im Widerspruch zur biblischen Schöpfungsgeschichte, nach der die Arten getrennt erschaffen wurden. Insbesondere die Folgerung, der Mensch sei ein vervollkommneter Affe, verletzte die Christen, die den Menschen für eine eigene, und zwar die höchste göttliche Schöpfung hielten. Zum anderen schien die Abstammungstheorie gesicherter Erfahrung zu widersprechen. Dazu schrieb Matthias Claudius in seiner Zeitschrift *Wandsbeker Bote*:

> *„Es gibt ... berühmte Gelehrte ... . Ihnen sind die Spezies nur Ruhepunkte und Stufen, wo die Natur sich, so zu sagen, besinnt und ausruht, um von da weiter und immer von Geringern zum Bessern und Vollkommenen vorwärts zu gehen; so daß z. E. aus einer Auster ein Krokodil, aus einer Mücke ein Kolibri etc., und aus den vollkommensten Tieren endlich gar Menschen und Engel werden könnten. Diese Meinung ist artig erfunden; nur das Erste und Hauptsächlichste dagegen ist, daß sie nicht wahr ist. Aus den Hühner-Eiern kommen nimmer Fasanen, sondern immer wieder Hühner hervor. Das ist Beobachtung neuer und alter Zeiten ... . Auch Noah muß die alte Meinung gehabt haben; er hätte sonst viel Mühe und Raum sparen können."*
>
> (Claudius, 1789/1984, S. 280)

Zur Entwicklung höherer Arten aus niederen gab es unterschiedliche Erklärungen. Der am Botanischen Garten in Paris wirkende Naturforscher Jean-Baptiste de Lamarck begründete im Jahre 1809 in seiner *Philosophischen Zoologie* die Theorie von der Vererbbarkeit erworbener Eigenschaften. Ein Beispiel: Giraffen könnten bei der Suche nach Nahrung ihren Hals strecken. Diese erworbene Eigenschaft könnten sie an ihre Nachkommen weitergeben. Gattungen brauchten nach dieser Theorie nicht immer zu bleiben, wie sie sind. Durch umfängliches Lernen könnten sogar ganz neue Gattungen entstehen.

Lamarcks Lehre von der Vererbung erworbener Eigenschaften hat sich nicht recht belegen lassen (vgl. Zimmermann, 1969). Dafür kam eine andere Abstammungslehre auf, welche Fachleute und die gebildete Öffentlichkeit stärker überzeugte: die Theorie der Selektion (lat. *selectio*, Auswahl) von Charles Darwin (1859/1992). Danach bildet das Erbgut von Individuen keinen feststehenden Vorrat an Genen. Vielmehr sind die einzelnen Gene spontanen Veränderungen, Mutationen (lat. *mutatio*, Veränderung) unterworfen. Zudem ergeben sich durch Paarung neue Genkombinationen. Daher variieren Erscheinungen und Fähigkeiten von Lebewesen. Je nach ihrer Beschaffenheit sind Lebewesen den Anforderungen ihrer Umgebung angepaßt. Bessere Anpassung verschafft - so die Evolutionstheorie - mehr Nahrung und Schutz sowie bessere Chancen, Nachwuchs hervorzubringen und aufzuziehen. Kurz: Anpassung fördert das Überleben. Unzureichend angepaßte Arten sterben aus, während angepaßte sich über Generationen fortpflanzen. Dabei können sich die Lebewesen grundlegend wandeln, so daß neue Gattungen enstehen; dies geschieht nach Wandel der Umgebung selbst (z.B. in Phasen dramatischer Abkühlung) oder nach Wanderung in eine neue Umgebung.

Darwins Theorie der Entwicklung durch Mutation und Selektion wurde bald zum Inbegriff einer naturwissenschaftlichen Betrachtung der Entstehung des Lebens. Sie gilt seitdem als Evolutionstheorie schlechthin (lat. *evolvere*, entwickeln, eigentlich abwickeln einer Schriftrolle). Darwins frühes Werk stützte sich auf Beobachtungen an Vögeln und anderen Tieren aus frühen Stufen der Entwicklungsreihe. Im Jahre 1871 nahm Darwin in seinem zweibändigen Werk *Die Abstammung des Menschen* Stellung zu der Frage, welche die Zeitgenossen am meisten erregte: Gilt die Theorie auch für den Menschen? Darwin hat die Frage bejaht. Er versuchte nachzuweisen, daß die Gattung Mensch aus der Gattung der Affen hervorgegangen ist.

Die Behauptung, alle Lebensformen hätten sich aus vorangehenden durch Anpassung entwickelt, bis zuletzt die Gattung Mensch hervorgetreten sei, hat sich tiefgreifend in der Psychologie niedergeschlagen. Folgte doch daraus der Schluß, daß Eigenschaften aus der frühen Stammesgeschichte, sofern sie nur der Anpassung gedient hätten, sich auf den Menschen übertragen haben. Zwischen Mensch und Tier müßten demnach bedeutsame Übereinstimmungen nachweisbar sein. Darwin (1872/1872) selbst ist dieser These auf dem Gebiet der Ausdruckserscheinungen nachgegangen. Er wandte sich gegen die Ansicht des Anatomen Charles Bell (1806), nur der Mensch sei mit Muskeln ausgestattet, um seine Gefühle zum Ausdruck zu bringen. Darwin behauptete dagegen: Menschen und Tiere haben durchaus Emotionen gemeinsam, und dieselben Emotionen äußern sich bei unterschiedlichen Gattungen in gleicher Weise.

Claudius, M. (1789/1984). Über die Unsterblichkeit der Seele. *Sämtliche Werke* (S. 279-291). München: Winkler.

Lamarck, J.-B (1809/o.J.). *Philosophische Zoologie. Leipzig: Kröner*

Zimmermann, W. (1969). *Vererbung 'erworbener Eigenschaften' und Auslese.* Stuttgart: Fischer.

Darwin, C. (1859/1992). *Die Entstehung der Arten.* Darmstadt: Wissenschaftliche Buchgesellschaft.

Darwin, C. (1871/1992). *Die Abstammung des Menschen.* Wiesbaden: Fourier.

Haeckel, E. (1870). *Natürliche Schöpfungsgeschichte.* Berlin: Reimer.

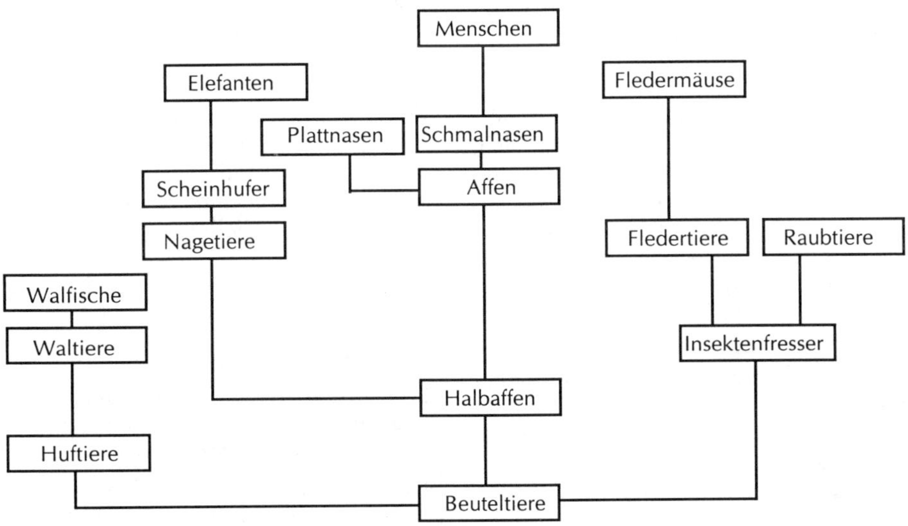

Auszug aus dem Stammbaum des Tierreichs nach Haeckel (1870, S. 545). Ernst Haeckel (1834-1919), Professor für Vergleichende Anatomie und Zoologie in Jena, war ein lebhafter Verfechter der Darwinschen Abstammungslehre. Die naturwissenschaftlich begründete Theorie der Entstehung der Arten nach der Zweckmäßigkeit der Anpassung sollte die überlieferte Lehre ersetzen, ein übermenschlicher Schöpfer habe die Lebewesen nach seinem Plan geformt und in Klassen geteilt.

Charles Darwin - Privatgelehrter, Revolutionär

Charles Darwin wurde 1809 in der Nähe von Shresbury in England geboren; er starb 1887 auf seinem Landsitz Down House nahe London, wo er sich 1842 niedergelassen hatte. Bereits sein Vater Erasmus Darwin war ein geachteter Naturforscher und Schriftsteller. George, der Sohn von Charles Darwin, sollte ein bedeutender Astronom werden. Von Darwins Vetter, Francis Galton, wird später (Abschnitt 8.5.3) noch zu berichten sein. Die Familie Darwin war wohlhabend. Ihre Angehörigen konnten sich auf eigene Kosten der Wissenschaft widmen. Ein Amt oder einen bezahlten Forschungsauftrag hat Charles Darwin jedenfalls nicht besessen.

Darwin studierte zunächst in Edinburgh und Cambridge Theologie und Medizin, bevor er sich der Biologie und Geologie zuwandte. 1831 begab er sich auf das britische Forschungs- und Vermessungsschiff *Beagle* und reiste damit fünf Jahre lang durch die Welt, von Südamerika bis Neuseeland. Nach England zurückgekehrt, beschäftigte er sich vorwiegend mit der Auswertung seiner Beobachtungen und der Verbreitung seiner Lehre. Seine Resonanz in Wissenschaft und Öffentlichkeit war enorm. Seine Thesen - oft zu den Schlagwörtern „Kampf ums Dasein“ (engl. *struggle for life*) und „Überleben des Passendsten“ (engl. *survival of the fittest*) verkürzt - waren Gegenstand erbitterter Auseinandersetzungen. Obwohl andere Autoren vor und mit ihm eine „Evolution durch Zuchtwahl“ in Erwägung gezogen haben, erkannte man Darwin die Priorität für die entscheidende Formulierung und Belegung der Theorie zu, die seitdem als „Darwinismus“ seinen Namen trägt (Schmitz, 1983).

Darwin befaßte sich mit zahlreichen Emotionen, darunter Freude und Trauer, Stolz und Scham, Überraschung und Furcht. Solche Gefühle - nahm er an - beruhten zunächst auf einer Erkenntnis - z.B. beruhe Furcht auf der Voraussicht einer Gefahr. Auf verschiedene Weise werde Emotion zum Ausdruck gebracht: in der Mimik, der Gestik, der Haltung, der Stimme. Ausdrucksbewegungen seien teilweise von Generation zu Generation weitergegebene Gewohnheiten - wie die Bittbewegung; sie dienten von Anfang an nur der Mitteilung. Teilweise dienten Bewegungen ursprünglich anderen Zwecken, bevor sie zur Kommunikation benutzt wurden. Als Beispiel nannte der Autor das Aufreißen der Augen bei Überraschung; es weite das Gesichtsfeld und verhelfe zur besseren Orientierung in einer unerwarteten Situation.

Seine Hauptthese, der Ausdruck von Gefühlen zeige Übereinstimmungen bei Menschen verschiedener Kultur, Erwachsenen und Kindern, Menschen und Tieren suchte Darwin mit einer Fülle von empirischen Methoden zu belegen. Er stellte eingehende Beobachtungen an Kindern an; darunter war auch sein eigenes Kind, über das er (Darwin, 1877) sogar von Geburt an ein Tagebuch führte (vgl. Abschnitt 8.3.1). Weiterhin beobachtete er Blinde und Geisteskranke sowie mehrere Arten von Haustieren. In einer Versuchsreihe ließ er in seinem Umkreis Photographien mit Gesichtern beurteilen, um die Übereinstimmung von Beurteilern innerhalb derselben Kultur abzuschätzen. Um die Übereinstimmung zwischen verschiedenen Rassen, d.h. Angehörigen unterschiedlicher Kulturen abzuschätzen, unternahm er eine postalische Befragung von Lehrern, Missionaren und Kolonialbeamten in verschiedenen Erdteilen.

Darwin, C. (1872/1872). *Der Ausdruck der Gemüthsbewegungen bei dem Menschen und den Thieren.* Stuttgart: Schweitzerbart.

Bell, Ch. (1806). *Essays on the anatomy of expression in paintings.* London: Longman.

Schmitz, S. (1983). *Charles Darwin - Leben - Werk - Wirkung.* Düsseldorf: Econ.

Darwin, Ch. (1877). A biographical sketch of an infant. *Mind, 2,* 285-294.

8.2.3 Experimentelle Tierpsychologie

Darwins Evolutionstheorie (s. Abschnitt 8.2.2) hat innerhalb der Tierpsychologie bald einen beherrschenden Platz eingenommen. Die Annahme durchgehender Übergänge in der Stammesgeschichte eröffnete den Weg zur planmäßigen Untersuchung von

- Besonderheiten einzelner Gattungen oder Untergattungen sowie von
- Gemeinsamkeiten verschiedener Gattungen.

Aus der Sicht der Evolutionstheorie waren Besonderheiten von Gattungen die Folge regionaler Anpassung, Gemeinsamkeiten die Reste eines gemeinsamen Ursprungs. Mehr denn je zuvor war der Mensch in die Betrachtung der Stammesgeschichte einbezogen. Schrieb man ihm gleiche Ursprünge zu wie anderen Wirbeltieren, konnte man ähnliche Fähigkeiten und Triebe bei ihm vermuten wie bei Vögeln und Nagern.

Charles Darwin selbst hat seine Theorie stets mit Beobachtungen von Körpermerkmalen (z.B. Schnäbeln, Flügel) belegt. Er soll sehr beglückt gewesen sein, als er einen jungen Gelehrten kennenlernte, der eine Evolution des Geistes nachzuweisen versuchte, die sich nach den gleichen Prinzipien vollzog, wie sie Darwin für Körper behauptet hatte. Der junge Mann war George Romanes (1848-1894). Er hatte im englischen Cambridge Mathematik und Naturwissenschaften studiert. Sein Vermögen gestattete ihm ein Leben als Privatgelehrter. Er stellte selbst Beobachtungen an Tieren an - unter anderem im Zoo von London - und sammelte Berichte über Tiere, welche ihm gebildete Tierfreunde reichlich zusandten. Denn er genoß zu seiner Zeit hohes Ansehen als Tierschriftsteller (Boakes, 1984).

Romanes (1882/1970) unterschied primäre und sekundäre Instinkte. Primäre Instinkte nannte er stereotype Verhaltensweisen mit geringem Bewußtsein und wenig Beeinflußbarkeit durch Lernen. Beispiele für primäre Instinkte sind Beiß-, Freß- und Fluchtreflexe. Unter sekundären Instinkten verstand der Autor erlernte Gewohnheiten; als Beispiele gab er den Nestbau und den Gesang der Vögel an. Gewohnheiten entstünden durch Übung wie durch Nachahmung und besäßen einen höheren Anteil an Bewußtheit. Im Hinblick auf ihre Anpassungsfähigkeit und Bewußtheit deutete Romanes primäre Instinkte als unintelligent, sekundäre Instinkte bzw. Gewohnheiten dagegen als intelligent.

In Übereinstimmung mit Darwin lehrte Romanes: Das Weiter- und Überleben hängt von der Anpassung der Instinktausstattung an die jeweiligen Anforderungen und Angebote der Umwelt ab. Doch er nahm an, daß sich nicht nur primäre Instinkte, sondern auch sekundäre über Generationen fortpflanzen, und diese Annahme stand mit dem Darwinschen Prinzip der Zuchtwahl nicht im Einklang. Das Prinzip der Zuchtwahl läßt sich nämlich nur auf die Primärinstinkte anwenden. Diese bilden eine feste Ausstattung, die sich allenfalls durch Mutation verändert, und daraus vollzieht sich dann die Auslese der am besten Angepaßten (s.o.). Wenn Romanes für möglich hielt, daß auch individuell erworbene Gewohnheiten und Fähigkeiten weitervererbt werden, wich er von der Darwinschen Lehre ab und lehnte sich an die früher von Lamarck (s. Abschnitt 8.2.2) vertretene Lehre von der Vererbung erworbener Eigenschaften an.

Auf jeden Fall war das Anliegen von Romanes, die „geistige Evolution" (engl. *mental evolution*) so darzustellen, wie frühere Autoren (z.B. Haeckel, s. Abschnitt 8.2.2) die Evolution der Körperorgane (engl. *organic evolution*) beschrieben hatten. Besonders interessierte ihn jene Stelle des Stammbaums, an dem sich die Entwicklung tierischen und menschlichen Verhaltens getrennt hat. So suchte er nach Gemeinsamkeiten in Tätigkeiten, Vorstellungen, Willensbekundungen sowie dem stimmlichen und gestischen Ausdruck. Teilten Menschen, Katzen, Hunde und Affen nicht einen Grundvorrat an Handlungen und Handlungsbegriffen wie „graben", „kratzen", „beißen"? Wurde nicht gar von Haustieren berichtet, sie hätten - stummen Erwachsenen oder sprachunkundigen Kindern gleich - Retter an ihrem Rock zu einem Verunglückten gezogen (Romanes, 1889/1893)?

Wie gelangte der Autor zu seinen Urteilen über Ähnlichkeiten zwischen tierischem und menschlichem Verhalten, Fühlen und Denken? Romanes betrachtete das Verständnis für Tiere als Teil der praktischen Lebenskunde. Wie Menschen aufgrund ihrer gemeinsamen Herkunft und Lage sowie aufgrund ihres Zusammenlebens Menschenkenntnis erwerben, die ihnen gestattet, Gefühle, Überlegungen und Absichten von Mitmenschen intuitiv zu erfassen, so haben Tierkenner aufgrund der gemeinsamen Herkunft sowie des Zusammenlebens von Mensch und Tier Verständnis für die Motive und Vorstellungen der ihnen vertrauten Tiere. Gegen eine solche Zuversicht spricht freilich ein gewichtiger Einwand: Ähnlichkeiten zwischen menschlichem und tierischem Verhalten können oberflächlich sein, und Menschen begehen einen Fehler, wenn sie ihre eigenen Vorstellungen und Motive Tieren unterstellen. Anders ausgedrückt: Es können äußerlich ähnliche Erscheinungen beim Tier anders begründet sein als beim Menschen.

Es war der englische Naturforscher C. Lloyd Morgan (1903), der für das Prinzip eingetreten ist, bei jeder Gattung beruhe das Verhalten auf anderen Grundlagen. Je einfacher eine Gattung sei, desto einfacher seien die Grundlagen ihres Verhaltens. Deshalb sei es falsch, Tieren komplexe menschliche Ideen wie Schönheit und Wahrheit zuzuschreiben und ihr Verhalten mit komplexen sozialen und ästhetischen Begriffen wie Eifersucht oder Entzücken über die Blütenpracht zu erklären. Vielmehr gelte:

„Wir dürfen auf keinen Fall eine Handlung als das Ergebnis der Ausübung einer höheren geistigen Fähigkeit deuten, wenn wir sie auch als das Ergebnis der Ausübung einer Fähigkeit deuten können, die innerhalb der geistigen Rangordnung niedriger steht.“

(Übersetzung aus Morgan, 1903, S. 53)

Mit seinen strengen methodischen Forderungen hat er maßgeblich dazu beigetragen, die Tierpsychologie zu einer objektiven Wissenschaft zu machen. Das intuitive Verständnis des Tierfreundes genügte ihm nicht. Vielmehr verlangte er genaue Beobachtung und nüchterne Deutung von Befunden. Als einer der ersten Tierpsychologen ging er zum Experimentieren über. Vor allem demonstrierte er in Experimenten mit Hühnern, Enten und Hunden die Wirksamkeit der Assoziation (vgl. Abschnitt 5.3.3). Zum Beispiel stellte er ein schwarzes Tablett mit Wasser vor junge Enten; die Tiere gewöhnten sich daran, auf dem Tablett zu trinken und zu baden. Als er sie später auf das leere Tablett setzte, führten die Enten auch ohne Wasser Trink- und Waschbewegungen aus. Morgan (1903, S. 89) deutete dies als Beleg für eine erlernte Verbindung zwischen den Bewegungen und dem Tablett als Auslöserreiz. Überhaupt warnte er vor einer Überschätzung der Erbanlagen und führte zahlreiche Beispiele für das Lern- und Erinnerungsvermögen von Tieren an - wie etwa den Fall eines Elefanten, der einen Kapitän naßspritzte, weil ihn dieser sechs Wochen zuvor mit Cayenne-Pfeffer gefüttert hatte.

Boakes, R. (1984). *From Darwin to behaviorism.* Cambridge, GB: Cambridge University Press.

Romanes, G. J. (1882/1970). *Animal intelligence.* London: Kegan Paul, Trench.

Romanes, G. J. (1889/1893). *Die geistige Entwicklung beim Menschen. Ursprung der geistigen Befähigung.* Leipzig: Günther.

Morgan, C. L. (1903). *An introduction to comparative psychology.* London: Scott.

Am Ende des 19. Jahrhunderts war die Tierpsychologie zu einer modernen Naturwissenschaft geworden, in deren Mittelpunkt vier Begriffe standen: Instinkt und Gewohnheit, Vererbung und Lernen. Morgans Lehre von der Anpassung des Verhaltens durch Lernen hat auch viel Anklang in den Vereinigten Staaten gefunden. Das mag mit dem Schicksal des Landes zusammenhängen, dessen Bevölkerung aus einer wachsenden Zahl von Einwanderern bestand, die in neuer Umgebung ihre Anpassung finden mußten. So war es wohl auch kein Zufall, daß - von den USA ausgehend - die Morgansche Vergleichende Psychologie zu einer Lernpsychologie verallgemeinert wurde, die menschliches und tierisches Verhalten gleichermaßen erklären sollte: der Behaviorismus. Der Behaviorismus blühte mit der Wende zum 20. Jahrhundert auf und stützte sich unverkennbar auf Morgans Prinzipien: konsequente Anwendung der Methoden der Verhaltensbeobachtung und des Lernexperiments, positivistische Theoriebildung, Untersuchung von Tieren zur Ermittlung grundlegender Verhaltensmechanismen, vor allem von Reiz-Reaktionsverbindungen sowie die Vorrangigkeit von Lernen (vgl. Abschnitt 10.2.3).

Morgan (1852-1936) war Professor für Geologie und Zoologie im englischen Bristol. Seine Beobachtungen hat er zumeist an Haus- und Zootieren angestellt. Seine Universität hat ihn dabei nicht unterstützt. Vielmehr unterhielt er seine Hunde und Katzen sowie seinen „experimentellen Geflügelhof" (engl. *experimental poultry yard*) aus privaten Mitteln. Da war seine Hoffnung verständlich,

„eine britische Universität möge einen Lehrstuhl für Vergleichende Psychologie einrichten, verbunden mit einer Versuchsstation, wo Tiere unter Prüfbedingungen sowie mit Zieheltern aufgezogen werden können, damit man die Entwicklung ihrer Intelligenz sorgfältig untersuchen kann."

(Übersetzung aus Morgan, 1903, S. 211)

KRITIKPUNKT

NOCH EINMAL: DER BEGRIFF DER VERGLEICHENDEN PSYCHOLOGIE

Der Begriff der Vergleichenden Psychologie hat sich gegenwärtig auf die Tierpsychologie verengt (s. bereits Abschnitt 8.1.3). Insbesondere unter der englischen Bezeichnung *Comparative Psychology* wird man neuerdings nur Tierstudien vorfinden. Man mag sich daher wundern oder sogar daran stören, in diesem Buch den Ausdruck „Vergleichende Psychologie" als Oberbegriff für Tier- und Humanentwicklungspsychologie, für Sozial- und Völkerpsychologie sowie für Differentielle Psychologie verwendet zu sehen.

Tatsächlich kehrt der Autor hier zu der breiteren Definition des Begriffs der Vergleichenden Psychologie aus dem 19. Jahrhundert zurück. Bastian (1868) z.B. behandelte unter dem Titel „Vergleichende Psychologie" kulturvergleichende Themen. An anderen Stellen sind es die Kinderpsychologie und die Differentielle Psychologie, die als vergleichende Disziplinen behandelt werden.

Aus historischer wie aus systematischer Sicht erscheint die Rückkehr zur breiteren Bedeutung ratsam. Macht sie doch einerseits die gemeinsamen theoretischen Grundlagen sowie die thematischen Überschneidungen der genannten „Speziellen Psychologien" (s. wieder Abschnitt 8.1.3) kenntlich, andererseits deren besondere Stellung im Verbund psychologischer Teildisziplinen. Der hier unternommene Versuch der Wiederbelebung eines älteren Begriffsverständnisses ist auch nicht unabhängig von aktuellen Vorbildern. Die neuere Entwicklung wissenschaftlicher Disziplinen hat der Komparatistik (z.B. Vergleichende Literaturwissenschaft, Vergleichende Religionswissenschaft, Rechtsvergleich) eine Aufwertung verschafft. Die „Speziellen Psychologien" sollten sich ausdrücklich als komparatistische Zweige der Psychologie bestimmen, um auf dieser Grundlage ihre interdisziplinären Beziehungen auszubauen.

Bastian, A. (1868). *Beiträge zur vergleichenden Psychologie*. Berlin: Dümmler.

Morgans Wunsch ist vor allem an nordamerikanischen Universitäten in Erfüllung gegangen, wo Psychologische Institute Tierlaboratorien zu Ausbildungs- und Forschungszwecken unterhielten. Die Stationen erlaubten freilich nur die Aufzucht und Haltung von Kleintieren wie Nagern, Tauben, Würmern, Fischen und Krabben. Zur Prüfung ihrer Lernfähigkeit wurden eigene Apparate entworfen - wie Holzkästen mit einem Labyrinth, durch das die Tiere den Weg ins Freie oder zu Futter finden mußten. Wollte man fortgeschrittenere Intelligenzleistungen bei Tieren bestimmen, gar Intelligenzleistungen, die menschlichen ähneln, mußte man größere Tiere in großflächigeren Umgebungen heranziehen. Vor allem interessierte die Untersuchung von Schimpansen, den Tieren, welche nach der Evolutionstheorie dem Menschen am nächsten stehen.

Es folgte daher die Einrichtung von Tierlaboratorien, die mehr Freiraum in natürlicher Umgebung boten. Zu den ersten derartigen Tierstationen, an denen bekannte Psychologen wirkten, gehörten die Primatenstationen der Samsonschen Stiftung auf Teneriffa (Köhler, 1921) sowie der *Yale University* in Orange Park, Florida (Yerkes, 1907/1927/1973).

Köhler, W. (1921). *Intelligenzprüfungen an Anthropoiden. Abhandlungen der Preußischen Akademie der Wissenschaften 1917*. Berlin: Springer.

Yerkes, R. M. (1907/1927/1973). *The dancing mouse and the mind of a gorilla*. New York: Arno.

8.3 Humanentwicklung Kinderpsychologie, Erforschung des Lebenslaufs

8.3.1 Beobachtungen an Kindern

Das im 18. Jahrhundert neu erwachende Interesse am Seelenleben von Kindern hatte wohl mehrere Wurzeln:

- Romantische Philosophie entdeckte im Kind den unverbildeten Menschen in seiner höchsten Natürlichkeit und mit einer den Betrachter rührenden Anmut.
- Philanthropische Pädagogik (s. Abschnitt 6.3.3) suchte die natürlichen Fähigkeiten und Neigungen des Kindes zu ermitteln, um diesen in einer freien Erziehung gerecht werden zu können.
- Mediziner, Biologen und Ethnologen wollten die genetische Ausstattung und den Entwicklungsverlauf von Kindern feststellen, einerseits um normale und benachteiligte Kinder unterscheiden zu können, andererseits um Leistungen von Kindern mit denen von Kranken, Tieren und sog. Naturvölkern zu vergleichen.
- Der Erfahrungsseelenkunde war das Kind ein leicht zugängliches Objekt; es wehrte sich weder gegen die Beobachtung noch gegen die Niederschrift und Verbreitung von Beobachtungsergebnissen.

Es waren zunächst wissenschaftlich, erzieherisch oder literarisch orientierte Väter, die Notizen über die Entwicklung ihrer Kinder machten (vgl. Bühler & Hetzer, 1929). Unter ihnen befanden sich berühmte Pädagogen, Schriftsteller und Naturforscher wie Heinrich Pestalozzi, Jean Paul und Charles Darwin (s. Abschnitt 8.2.2).

Die ausführlichsten Aufzeichnungen waren tageweise Niederschriften von Entwicklungsfortschritten. Nach dieser Methode entstand eine eigene Art von Protokollen: die Elterntagebücher. Das erste umfänglichere in Druck gegebene Tagebuch über die Entwicklung eines Kindes stammt von dem Marburger Philosophieprofessor Dietrich Tiedemann (1787). Tiedemann hatte von der Geburt im Sommer

1781 an bis zum Frühjahr 1784 Aufzeichnungen über die Entwicklung seines Sohnes Friedrich gemacht, der übrigens später Professor der Medizin in Heidelberg wurde. Beobachtungen und Kommentare wechselten wie in den beiden folgenden Ausschnitten:

„Am 30ten hörte er zum erstenmal auf dem Klavier spielen, und bezeigte sich dabei ungemein freudig und munter; also die Töne selbst, ohne Kenntnis der Melodie, oder der dadurch ausgedrükten Empfindung, machen angenehmen Eindruck."

„Sympathie und Eigenliebe hatten nach und nach bis zum Gefühl der Ehre sich entwickelt, am 10. Nov. weinte er, wenn man die Hand ausschlug, welche er zum Zeichen der Zuneigung gern zu reichen pflegte, ... Eigenliebe entsteht früh bei Kindern, noch eher als man ihre Zeichen äuserlich bemerken kann ... ."

(Tiedemann, 1787, S. 328, 488)

Nach Bühler und Hetzer (1929, S. 217f.) notierten die Eltern vorwiegend Entwicklungsfortschritte in folgenden Bereichen:

- Sinnesleistungen und Erkennen (z.B. Unterscheiden und Erkennen von Gerüchen),
- Spiel und Phantasie,
- Bewegung (z.B. Handgeschick, Gehen),
- Imitation (vor allem Nachahmung Erwachsener),
- Sprache (Laut- und Satzbildung),
- Gefühle und Gefühlsausdruck (z.B. Anlaß und Äußerung von Freude).

Bis zum Ende des 19. Jahrhunderts waren Beobachtungen an eigenen Kindern die wichtigste Quelle für die Kinderpsychologie. Zu Marksteinen wurden die Monographien *Die Seele des Kindes* von William Preyer (1882/1989) sowie *Die Kindersprache* und *Erinnerung, Aussage und Lüge in der ersten Kindheit* von Clara und William Stern (1907/1920, 1909/1920) - erstere beruhend auf Beobachtungen an Preyers Sohn Axel, letztere auf Beobachtungen an den drei Kindern der Sterns, Hilde, Günther und Eva. Preyer dokumentierte die Entwicklung in den drei ersten Lebensjahren, die Sterns fertigten über einen Zeitraum von sieben Jahren Aufzeichnungen an.

William Preyer sowie Clara und William Stern waren Wissenschaftler (s. Abschnitt 8.3.2). Wie weit dies ihren Blick schärfte, wie weit es ihre Unbefangenheit minderte, sei hier nicht erörtert. Anders war dies bei dem Breslauer Lehrerpaar Scupin. Die Scupins wollten sich theoretischer Deutungen enthalten und *„lediglich den berufenen Forschern einwandfreies Beobachtungsmaterial geben"* (Scupin & Scupin, 1907/1933, S. VII). Tag für Tag zeichneten sie auf, was ihnen als Eltern an Entwicklungsfortschritten im Leben ihres Sohnes Ernst Wolfgang beachtenswert schien. Ein Beispiel aus dem dritten Lebensjahr:

„Der Pelerinenkragen hakte heute am Kleidchen fest, das Kind schleift ihn mit stolzer Miene wie eine Schleppe hinter sich her und sagte: 'Das is ein S-litten!' Der erste Gebrauch des unpersönlichen 'man' wurde heute beobachtet, Bubi sagte: 'Man hat hier Milch gegossen, was war'n das, was hier Milch gegossen hat?' Für 'wer' wurde also wie gewöhnlich 'was' gesagt. Auch 'wem' wird oftmals durch 'was' ersetzt: 'Was gehärt denn das?'"

(Scupin & Scupin, 1907/1933, S. 173)

Bühler, Ch. & Hetzer, H. (1929). Zur Geschichte der Kinderpsychologie. *Beiträge zur Problemgeschichte der Psychologie* (S. 204-224). Jena: Fischer.

Tiedemann, D. (1787). Beobachtung über die Entwicklung der Seelenfähigkeit bei Kindern. *Hessische Beiträge zur Gelehrsamkeit und Kunst, 2*, 313-333, 3, 486-502.

Preyer, W. (1882/1989). *Die Seele des Kindes*, herausgegeben von G. Eckardt. Berlin: Springer.

Stern, C. & Stern, W. (1907/1920). *Die Kindersprache*. Leipzig: Barth.

Stern, C. & Stern, W. (1909/1920). *Erinnerung, Aussage und Lüge in der ersten Kindheit*. Leipzig: Barth.

Scupin, E. & Scupin, G. (1907/1933). *Bubis erste Kindheit*. Leipzig: Dürr.

Die Textprobe auf der vorangehenden Seite zeigt dreierlei: Die Autoren betrieben eine teilnehmende Beobachtung (z.B. erschlossen sie den Stolz des Kindes aus ihrer Mitempfindung). Sie waren differenzierte und informierte Beobachter (z.B. kennen sie den Unterschied zwischen persönlichen und unpersönlichen Fürwörtern). Und schließlich legen sie ein besonderes Augenmerk auf die Sprache. Eingehende Beobachtungen über Laut-, Wort- und Satzbildung haben ihre Sammlung zu einer Fundgrube für die Spracherwerbsforschung werden lassen. Hier zwei Beispiele:

„1. Lebensjahr; 2. Monat:
Gu, brr, grr, a-rr, bw, a, ä, ö, eia, arra bei Behagen. Abrr, abuh wurde nachgesprochen; jaja, bah, buah am Schluß des Schreiens.

2. Lebensjahr; 13. Monat:
s-s-s = Fliege; später: Fliege.
Degda, dagda, digda, diggag = Uhr. ...
babau = bimbam, Troddeln. ...
oo-ho = so groß; später: so doß, so goß ... . "

(Scupin & Scupin, 1907/1933, S. 211)

Die genannten Autoren unterwarfen sich bei der Beobachtung großer Disziplin. Nach Möglichkeit wurde jeder Tag zu Aufzeichnungen genutzt. Überhaupt stellte sich die Frage nach der angemessenen Methode für die Beobachtungen an Kindern. Preyer entschied sich für feste Zeitstichproben: Jeden Morgen, Mittag und Abend begab er sich zu Axel und protokollierte, was sich zu den Beobachtungszeiten ereignete. Die Sterns lehnten ein festes Beobachtungsschema ab. Zumindest ein Elternteil leistete den Kindern ja ständig Gesellschaft. Da wurde aus dem ganzen Tagesablauf das Bemerkenswerte notiert. Am Abend wurde ein Gedächtnisprotokoll angefertigt; Beobachtungen (z.B. von sprachlichen Wendungen), die schwer zu behalten waren, wurden sogleich im Stenogramm festgehalten. Verträgt sich die regelmäßige Beobachtung mit der Erziehung? Clara und William Stern scheinen eine gewisse Spannung zwischen der Eltern- und der Beobachterrolle empfunden zu haben. Sie berichten: Ihre Kinder hätten nicht bemerkt, daß über ihre Entwicklung ein Protokoll geführt worden sei.

Ernst Wolfgang, genannt „Bubi", der Sohn von Ernst und Gertrud Scupin, im Alter von 2 Jahren, 1 Monat (Scupin & Scupin, 1907/1933, nach S. 112).

1914 findet sich in William Sterns Monographie *Psychologie der frühen Kindheit* ein Abschnitt über „experimentelle Methoden". Beobachter warteten nicht mehr auf das spontane Auftreten von Verhaltensweisen und Fertigkeiten (z.B. Lächeln, Wortverständnis), sondern verwandten eigene Prüfmethoden, um ihr Vorhandensein festzustellen. Wiederholbare Anreize oder Aufgaben (z.B. Attrappen von Gesichtern, Verständnisfragen) ermöglichten Reihenuntersuchungen. Aufgrund ihrer Ergebnisse konnte man die psychische Entwicklung nicht nur im Längsschnitt, sondern auch im Querschnitt vergleichen. In längsschnittlicher Betrachtung zeigten sich die Veränderungen von Leistung und Verhalten über Altersstufen hinweg. In querschnittlicher Betrachtung waren Entwicklungsunterschiede in gleichen Altersstufen festzustellen.

Der standardisierte Test hatte Einzug gehalten in die Kinderpsychologie. Zu den Verfahren, die als vorbildlich galten, gehörten die Intelligenztests von Alfred Binet und Théodore Simon (1905) von der Sorbonne in Paris und die Kleinkindertests von Charlotte Bühler und Hildegard Hetzer (1932) aus Wien. Die Binet-Simon-Tests gestatteten in ihrer endgültigen Fassung die Bestimmung des Entwicklungsstandes vom 4. - 14. Lebensjahr. Mit den Bühler-Hetzer-Tests konnte man bereits Säuglinge untersuchen (mehr zur Entwicklungsdiagnostik in Abschnitt 11.2.2).

8.3.2 Entwicklungsverläufe, Phasenlehren

Die Beobachtung regelmäßiger Abfolgen in der Entwicklung von Kindern warf zwei Fragen auf:

- nach der Chronologie der Entwicklung sowie
- nach der Entwicklungslogik.

Die erste Frage setzt die Annahme einer individuellen Eigendynamik voraus, gleichsam nach einer inneren Uhr, welche die Geschwindigkeit der Entwicklung vorgibt. Unter dieser Annahme war es eine empirische Aufgabe, den wahrscheinlichsten Zeitpunkt für das Auftreten einzelner Leistungen festzustellen. Eine Entwicklungsstatistik war auch das Ziel Tiedemanns (s. Abschnitt 8.3.1):

„... *weil auf die Zeitbestimmung im Fortgang der Entwicklung sehr vieles ankommt; ... Zwar kann die hier wahrgenommene nicht allgemeine Regel seyn, weil wie bei Erwachsenen so auch bei Kindern einige geschwinder andere langsamer fortschreiten; allein sie lehrt doch immer unter den möglichen Geschwindigkeiten eine kennen, und so das bisher ganz unbestimmte etwas bestimmen. Hat man erst hierüber mehrere Beobachtungen, dann läßt sich aus deren Vergleichung eine Mittelzahl für den gewöhnlichen Naturverlauf herleiten.*"

(Tiedemann, 1787, S. 313f.)

Die Frage nach der Entwicklungslogik setzt ihrerseits ein Aufbauprinzip voraus. Danach entwickeln Leistungen sich zum einen parallel und in Wechselbeziehung (z.B. sind die Raumanschauung und die Körperbewegung in ihrer Entwicklung verknüpft), zum anderen entwickeln sie sich in aufeinanderfolgenden Stufen (z.B. baut das Rechnen mit Zahlen auf dem Abzählen auf). Insbesondere die romantische Deutung der Entwicklung als Wachstumsprozeß legte die Suche nach organischen Verbindungen und Abfolgen nahe. So hat Carus (1831, S. 158) in seinen *Vorlesungen zur Psychologie* (s. Abschnitt 8.2.1) die Entwicklung der menschlichen Seele mit dem Entfalten einer Pflanze verglichen. Wie die Pflanze erst Stiel, dann Blätter und dann Blüten hervorbringt, bilde die Seele erst die Empfindung aus, bevor die Besinnung, d.h. Einsicht und Vernunft heranreifen könnten, und diese seien wiederum die Voraussetzung für Zukunftsdenken und Willensentscheidung.

Eine feste Chronologie der Entwicklung kommt für Carus somit nicht in Betracht, und spätere Autoren wie Preyer (s.u. und Abschnitt 8.3.1) folgen ihm hierin: Entwicklungsreihen - ja, Auftretenstermine - nein. Doch konsequent wird dieser Standpunkt nicht durchgehalten. Es fällt die Genauigkeit auf, mit welcher die erstmalige Beobachtung eines Verhaltens datiert wird - die bevorzugte Zeiteinheit ist der Lebensmonat. Berichten Preyer und Stern in den ersten Auflagen ihrer Bücher nur von ihren eigenen Kindern, fügen sie in späteren Auflagen Berichte über andere Kinder hinzu, welche ihnen deren Eltern zum Vergleich zugesandt haben. Der Vergleich des individuellen Entwicklungstempos ist ein wesentlicher Gesichtspunkt der standardisierten Entwicklungsdiagnostik (s. Abschnitt 8.3.1). Insbesondere Längsschnittstudien mit größeren Stichproben liefern schließlich Normwerte für Entwicklungsverläufe - Durchschnittswerte (das Lebensalter, in dem 50% der Bevölkerung einen bestimmten Stand erreichen) oder mildere Standards (z.B. das Lebensalter, in welchem 75% der Bevölkerung einen Entwicklungsstand erreichen).

Je großzügiger die Studien der kindlichen Entwicklung angelegt waren, desto verbindlicher wirkten deren Ergebnisse. Eindrucksvoll war etwa das Forschungsprogramm des amerikanischen Mediziners und Psychologen Arnold Gesell (1880-1961) an der *Yale Clinic of*

Stern, W. (1914). *Psychologie der frühen Kindheit.* Leipzig: Quelle & Meyer.

Binet, A. & Simon, T. (1905). Application des méthodes nouvelles au diagnostic du niveau intellectuel chez enfants normaux et anormaux d´hospice et d´école primaire. *L´Année psychologique, 11*, 245-366.

Bühler, Ch. & Hetzer, H. (1932). *Kleinkindertests.* Leipzig: Barth.

Child Development in New Haven, USA. Gesell, seine Mitarbeiterinnen und Mitarbeiter haben von rund 12 000 Kindern Beobachtungsprotokolle, Film- und Fotoaufnahmen gesammelt. Bei einem Teil dieser Kinder verfolgten die Untersucher die Entwicklung von der Geburt bis ins Jugendalter. Als Ergebnisse dargestellt wurden einerseits

- Altersquerschnitte, andererseits
- Funktionslängsschnitte

(Gesell, Halverson, Thompson u.a., 1940; Gesell & Ilg, 1946; Gesell, Ilg & Ames, 1956).

Altersquerschnitte beschrieben für jede Alterstufe den zu erwartenden Entwicklungsstand in sämtlichen bedeutsamen Funktionen (Bewegungskoordination, Handgeschick, Sozialverhalten, Zeichnen, Gesundheit u.a.). Funktionslängsschnitte verfolgten die Entwicklung einzelner Funktionen über Altersstufen hinweg. Ein Auszug aus dem Längsschnitt „Schlafen" diene als Beispiel:

„18 Monate. Wacht manchmal während der Nacht auf und schreit. Oft mit Bettnässen verbunden.

21 Monate. Wacht manchmal weinend auf und will zur Toilette.

36 Monate. Beginnt, die Nacht durchzuschlafen, ohne das Bett zu nässen oder aufgenommen werden zu müssen.

48 Monate. Wacht manchmal wegen eines Traums auf und kann gewöhnlich den Traum wiedergeben."

(Übersetzung aus Gesell, Halverson, Thompson u.a., 1940, S. 244).

Es lag nahe, auf repräsentative Erhebungen gestützte Angaben als Altersnormen zu deuten. Eltern, Erzieher und wissenschaftliche Gutachter verglichen Quer- und Längsschnittbeschreibungen, wie sie Charlotte Bühler, Arnold Gesell und andere Autoren lieferten, mit den Beobachtungen an den ihnen anvertrauten Kindern und Jugendlichen und fanden es angemessen, wenn ihre Beobachtungen den wissenschaftlichen Beschreibungen entsprachen. So blieb es nicht aus, daß Fachleute um die besten Festlegungen von Entwicklungsphasen und deren zeitliche Grenzen wetteiferten.

Entwicklungsphasen wurden nach ihrem ganzheitlichen Erscheinungsbild bestimmt (z.B. die Phase der frühen Kindheit vor der Trotzperiode im 3. Lebensjahr), nach beobachtbaren Leistungen (z.B. die Phase des kritischen Realismus nach dem 10. Lebensjahr) oder nach psychodynamischen Kriterien (z.B. im Sinne der Psychoanalyse die frühgenitale Phase der Libidofixierung auf den gegengeschlechtlichen Elternteil zwischen dem dritten und fünften Lebensjahr, s. Abschnitt 10.3.2). Obwohl stets die individuelle Variabilität der Altersangaben beteuert wurde, war das Bestreben, *„eine Mittelzahl für den gewöhnlichen Naturverlauf"* zu finden - wie das Tiedemann (s.o.) ausgedrückt hatte - unverkennbar (vgl. Bergius, 1959).

Gesell, A., Halverson, H. M., Thompson, H. u.a. (1940). *The first five years of live.* New York: Harper.

Gesell, A. & Ilg, F. L. (1946). *The child from five to ten.* New York: Harper.

Gesell, A., Ilg, F. L. & Ames, L. B. (1956). *Youth. The years from ten to sixteen.* New York: Harper.

Bergius, R. (1959). Entwicklung als Stufenfolge. In H. Thomae (Hrsg.), *Handbuch der Psychologie* (Band 3). *Entwicklungspsychologie* (S. 104-195). Göttingen: Hogrefe.

8.3.3 Entwicklungsprinzipien: Anlage und Umwelt

Phasenlehren beruhen zumeist auf der Annahme eines natürlichen Wachstums von Neigungen und Fähigkeiten (s.o.). Insofern haben sie die Entwicklung als einen Vorgang der Reifung natürlicher Anlagen betrachtet. Die Evolutionstheorie (s. Abschnitt 8.2.2) hat dagegen die Rolle der Anpassung betont. Insofern war Entwicklung in ihrer Abhängigkeit von der Umwelt zu betrachten. Das Abwägen der Wirkungen von Anlage und Umwelt wurde daher auch in der Psychologie der Humanentwicklung zu einem zentralen Anliegen.

Ererbtes und Erworbenes in der Entwicklung der Sinnesleistungen, des Willens und des Verstandes beim Menschen zu unterscheiden, war ein maßgebliches Motiv für die kinderpsychologischen Studien William Preyers (s. Abschnitt 8.3.1). In einer Studie über das Wachstum des Embryos hat er die biologische Entwicklung bis zur Geburt untersucht (Preyer, 1883). Die Schrift *Die Seele des Kindes* (s.o.) setzte sich mit der psychischen Entwicklung nach der Geburt auseinander.

Die Bedeutung der Anlagen schätzte der Autor hoch ein:

„Die Erblichkeit ist ebenso wichtig wie die eigene Thätigkeit in der Psychogenesis. Hier ist kein Mensch ein blosser Emporkömmling, der durch eigene Erfahrung allein seine Psyche zur Entwicklung brächte, vielmehr muß jeder durch sie die ererbten Anlagen, die Reste der Erfahrungen und Thätigkeiten seiner Ahnen ausbilden und wiederbeleben."

(Preyer, 1882/1989, S. IX)

Die grundlegende Bedeutung von Anlagen hatte sich schon bei den Studien über Embryos erwiesen. Zum Beispiel wachsen die Lungenflügel bis zur Geburt nach einem arteigenen genetischen Plan, bevor die Atemtätigkeit beginnt. Auch im Verhalten sah Preyer einen starken genetischen Anteil - so z.B. bei der Ausbildung des Lachens:

„Aus der Gesammtheit meiner Beobachtungen über das Lächeln und Lachen der Säuglinge geht unzweifelhaft hervor, dass beide ursprüngliche expressive Bewegungen sind, welche bereits im ersten Monat deutlich sich wahrnehmen lassen, keinesfalls durch Nachahmung zum ersten Male zu Stande kommen und ausnahmslos von Anfang an Lustgefühle ausdrücken ... ."

(Preyer, 1882/1989, S. 187)

Die Forschergeneration, die Preyer folgte, konzentrierte sich stärker auf Umweltfaktoren, welche die Entwicklung von Kindern fördern und hemmen: Familie und Schule, Dorf und Stadt, Klima und Gesellschaft. Als Pionierarbeit bekannt geworden ist vor allem eine Studie der Hamburger Psychologin Martha Muchow, einer Mitarbeiterin William Sterns, und ihres Bruders Hans Heinrich Muchow *Der Lebensraum des Großstadtkindes*. In dieser Studie legen die Autoren detaillierte Daten von Kindern zwischen 9 und 12 Jahren vor. Daraus geht hervor, wie diese ihre Wohnung und ihre Stadt kennenlernen, wie sie sich private und öffentliche Plätze für Spiele und andere Zwecke aneignen - und welche Bereiche ihnen unzugänglich oder fremd bleiben. Auch die wirtschaftliche und soziale Lage von Kindern und Jugendlichen fand Beachtung in psychologischen Untersuchungen (z.B. Hetzer, 1929).

Mit Studien über soziale und ökologische Faktoren entfernte sich die Entwicklungspsychologie von ihren Ursprüngen in der Biologie. Die der Evolutionstheorie entlehnten Fragestellungen verloren ihren Vorrang. Befinden, Leistungsfähigkeit und Schicksal von Kindern wurden zu eigenständigen wissenschaftlichen Themen. Damit schwand die enge Beziehung der Kinderpsychologie zur Tierpsychologie (vgl. Abschnitt 8.2). Die Kinderpsychologie rückte näher zur Pädagogik, sie nahm Anteil an der Schul- und Sozialpolitik. Ein aufschlußreiches Beispiel ist die Beziehung der Kinderpsychologie von Charlotte Bühler und Hildegard Hetzer (s.o.) in Wien zu der von der Sozialdemokratie geförderten Schulreformbewegung (vgl. Ash, 1989).

Preyer, W. (1883). *Specielle Physiologie des Embryo*. Leipzig: Grieben.

Muchow, M. & Muchow, H. H. (1935). *Der Lebensraum des Großstadtkindes*. Hamburg: Riegel.

Hetzer, H. (1929). *Kindheit und Armut*. Leipzig: Hirzel.

Ash, M. G. (1989). Psychology and politics in interwar Vienna: The Vienna Psychological Institute, 1922-1942. In M. G. Ash & W. R. Woodward (Eds.), *Psychology in twentieth-century thought and society* (pp. 143-164). Cambridge, MA: Cambridge University Press.

William Thierry Preyer (1841-1897)

Die Biographie Preyers (s. Eckardt, 1989) lehrt zweierlei:

- die Wurzeln der Kinderpsychologie in der Physiologie des 19. Jahrhunderts,
- das ursprünglich geringe Interesse der deutschen Universitäten an der Kinderpsychologie.

Preyer erhielt in Heidelberg, Wien, Berlin und Paris bei den bedeutenden Physiologen Helmholtz, Brücke, Ludwig, du Bois-Reymond und Claude Bernard seine akademische Ausbildung und habilitierte sich mit 24 Jahren an der Philosophischen Fakultät der Universität Bonn für Zoochemie und Zoophysik. Mit 28 Jahren wurde er als Professor für Physiologie an die Universität Jena berufen. Es war ein glänzender Beginn einer akademischen Laufbahn für einen jungen Vertreter der im 19. Jahrhundert aufblühenden „Organischen Physik“ (mehr dazu in Abschnitt 9.3). Preyer war aber auch ein überzeugter Anhänger der Evolutionstheorie geworden. In Jena stand er in regem Austausch mit Ernst Haeckel, welcher in Deutschland das Evolutionsprinzip mit unübertroffener Nachdrücklichkeit propagierte. Mit Darwin selbst stand Preyer in brieflicher Verbindung. Es bestehen kaum Zweifel, daß die Studien Preyers an Embryos mit Haeckels biogenetischen Untersuchungen in Beziehung stehen, Preyers Beobachtungen an seinem Sohn Axel mit Darwins Aufzeichnungen über seinen Sohn William (s. Abschnitt 8.2.2).

Preyer war ein für Neuerungen und Grenzgebiete aufgeschlossener, international orientierter Naturwissenschaftler. So betätigte er sich als einer der ersten deutschen Hochschullehrer auf den damals in England und Frankreich stärker bearbeiteten Gebieten der Hypnose und der Graphologie (Preyer, 1890, 1895).

Durch seine Schriften zur Kinderpsychologie, Hypnose und Graphologie war Preyer unter Gebildeten weithin bekannt. Zudem entfaltete er eine rege Vortragstätigkeit. In seiner akademischen Lehrtätigkeit konnte er seine Vielseitigkeit jedoch nicht voll entfalten, und die Arbeitsbedingungen in Jena widerstrebten ihm. Er vollzog einen ungewöhnlichen Schritt: Er gab seinen Lehrstuhl im Jahre 1888 auf. Als Grund gab er an:

„Die Professur in Jena legte ich ... nieder, weil ich in dem feuchten, alten, zum Teil baufälligen Raum, in welchem das dortige physiologische Institut untergebracht ist, nicht ohne Nachtheil für die Gesundheit arbeiten, vortragen & praktisch unterrichten konnte.“

(nach Schmidt & Becker, 1981, S. 250)

In Berlin begann Preyer an der Medizinischen Fakultät der Universität eine neue Karriere. Doch er blieb Privatdozent, d.h. Hochschullehrer ohne festes Gehalt. Ein Vorzug des Wechsels: Er konnte an der Universität die gut ausgestatteten Laboratorien für eigene Forschungen nutzen. Ein für Preyer wohl nicht geringer Vorzug: Er übernahm die Leitung einer Abteilung der Berliner „Urania“, einer Einrichtung zur Volksbildung, besonders zur Verbreitung naturwissenschaftlicher Kenntnisse. Das an Neuerungen interessierte bürgerliche Publikum verschaffte ihm mehr Freiheit, sich auf Gebieten zu bewegen, gegen welche die Lehrpläne und Wissenschaftsauffassungen an den Universitäten sich sträubten.

Eckardt, G. (1989). Einleitung. In W. Th. Preyer, *Die Seele des Kindes*, herausgegeben von G. Eckardt (S. 11-52). Berlin: Springer.

Preyer, W. (1890). *Der Hypnotismus*. Wien: Urban & Schwarzenberg.

Preyer, W. (1895). *Zur Psychologie des Schreibens*. Hamburg: Voss.

Schmidt, H.-D. & Becker, K.-H. (1981). Dokumente über Wilhelm Preyers Beziehungen zur Berliner Universität. *Zeitschrift für Psychologie, 189*, 247-254.

8.3.4 Von der Kinderpsychologie zur Psychologie der Lebensspanne

In der ersten Hälfte des 20. Jahrhunderts eignete sich die Psychologie ein neues Thema an: die Jugend. Das beginnende Jahrhundert hatte sich zu einer neuen Zeit des Aufbruchs und des Fortschritts erklärt, zur Moderne (s. später Abschnitt 10.1.1). Jugend wurde zu einem Ideal der Moderne. Umso mehr schmerzten die Nöte der Jugendlichen - ihre unerfüllten Wünsche, ihre Konflikte mit der überkommenen Kultur. Drei einflußreiche Bücher seien genannt, die sich an die wissenschaftliche Darstellung und Deutung der jugendlichen Psyche wagten: G. Stanley Halls (1904) *Adolescence,* Eduard Sprangers (1924) *Psychologie des Jugendalters* und Charlotte Bühlers (1922/1929) *Seelenleben des Jugendlichen.*

Die Jugendpsychologie der zwanziger Jahre war - anders als anfangs die Kinderpsychologie (s. Abschnitt 8.3.3) - nicht biologisch ausgerichtet. Sie wollte nicht die Gültigkeit evolutionstheoretischer Prinzipien prüfen. Sie war eher ein hermeneutisches Unternehmen (s. später Abschnitt 9.2.3) und versuchte, Jugend als eigenständiges Phänomen aufzuklären. Die frühe Jugendpsychologie beruhte, anders als die Kinderpsychologie, weniger auf systematischen Beobachtungen von Erziehern und Eltern; sie stützte sich vielmehr auf Selbstdarstellungen der Jugendlichen - vor allem auf Aufsätze, Briefe, Gedichte und Tagebucheintragungen. Die Reihe ihrer jugendpsychologischen Schriften hat Charlotte Bühler (1922/1927, 1925) mit der Veröffentlichung und Kommentierung von Tagebüchern 14-18jähriger eröffnet.

Charlotte Bühler war es auch, die an frühere Ansätze der Lebenslaufbetrachtung (z.B. an die in Abschnitt 6.3.2 beschriebene Lehre des Comenius von der lebenslangen Erziehung) anknüpfte und die moderne Entwicklungspsychologie auf die gesamte Lebensspanne ausdehnte. Sie begann mit der Analyse von Biographien bekannter Persönlichkeiten (u.a. Forschern wie Nansen, Sängern wie Caruso), betrachtete den normalen Lebenslauf von Berufsständen (wie Bauern oder Schauspielern) und fragte ältere Leute nach ihrem Leben. Die

William Thierry Preyer (1841-1897)

gesammelten Dokumente und Berichte bewertete die Autorin nach vier Dimensionen:

- der Vitalität, d.h. nach biologischer Verfassung und körperlichen Leistungen (z.B. Gesundheit, sportliche Erfolge),
- der Zielsetzung sowie der bevorzugten Werte (z.B. Familie, Beruf),
- der Produktivität (vor allem technische Erfindungen, wissenschaftliche und künstlerische Werke),
- der sozialen Stellung (Ämter, Ehrungen, Einkommen).

Hall, G. S. (1904). *Adolescence: Its psychology and Its relations to physiology, anthropology, sociology, sex, crime, religion, and education* (2 volumes). New York: Appleton.

Spranger, E. (1924). *Psychologie des Jugendalters.* Leipzig: Quelle & Meyer.

Bühler, Ch. (1922/1929). *Das Seelenleben des Jugendlichen.* Jena: Fischer.

Bühler, Ch. (1922/1927). *Zwei Mädchentagebücher.* Jena: Fischer.

Bühler, Ch. (1925). *Zwei Knabentagebücher.* Jena: Fischer.

Bühler, Ch. (1933). *Der menschliche Lebenslauf als psychologisches Problem.* Leipzig: Hirzel.

Charlotte Bühler (1893-1974)

Zu den hervorragenden Persönlichkeiten der neueren Psychologie gehört Charlotte Bühler, geboren als Charlotte Malachowski. Unvergessen sind ihre vielfältigen Beiträge zur Entwicklungspsychologie (s.o.) und ihr Eintreten für die Humanistische Psychologie (s. Abschnitt 10.4.2). Daß sie eine Frau mit eigener Familie war, verdient ebenso Erwähnung wie ihre Herkunft aus einem jüdischen Elternhaus. Nur eine Generation früher wäre einer Frau an den meisten Universitäten der Studienplatz verweigert worden, und die jüdische Abstammung hätte in Deutschland eine wissenschaftliche Laufbahn verhindert. Doch die Gymnasiastin Malachowski wuchs in einer neuen Zeit auf. Ihre Eltern standen ihren Studienplänen aufgeschlossen gegenüber. Die Berliner Universität, an der sich Charlotte Malachowski nach ihrer Schulzeit einschrieb, hatte sich wenige Jahre zuvor zur Zulassung von Frauen entschlossen. Nach dem Ende des Ersten Weltkriegs fielen zudem die Einschränkungen weg, welche Wissenschaftler wegen ihrer Herkunft benachteiligten.

In ihrer Autobiographie berichtete Bühler (1972) von viel Unterstützung und nur wenigen persönlichen Anfeindungen. Ihre Dissertation führte sie nach München, wo sie Karl Bühler (s. Abschnitt 9.3.4) traf, mit dem sie 1916 die Ehe schloß. Karl Bühler nahm 1918 einen Ruf nach Dresden an, 1922 einen Ruf nach Wien. Als Charlotte Bühler ihm dorthin folgte, hatte sie in den Jahren 1917 und 1919 zwei Kinder zur Welt gebracht, 1918 ihre Promotion abgeschlossen und 1920 ihre Habilitation. An der Universität Wien wurde sie 1929 zur außerordentlichen Professorin ernannt. Ihre Professur war unbesoldet; nur Hörergelder standen der Inhaberin zu. Jedoch sammelte sich um Charlotte Bühler ein Kreis von Mitarbeitern und Mitarbeiterinnen, von denen einige später selbst international bekannt wurden - wie Else Frenkel, Hildegard Hetzer und Lotte Schenk-Danzinger. Die „Kinderübernahmestelle“ der Stadt Wien bot Gelegenheit für ihre diagnostischen Untersuchungen.

Zu der Forschungs- und Lehrtätigkeit in Wien gesellte sich eine lebhafte Vortragstätigkeit. Bühler berichtet von ihrem Dilemma, zugleich ihren wissenschaftlichen Aufgaben und ihrer Familie gerecht zu werden. Ihre innige Liebe zu ihren Kindern und ihrem Mann ist ein wiederkehrendes Thema in ihrer Autobiographie. Nach dem Einmarsch der Deutschen unter Hitler fiel auch Österreich in einen überwunden geglaubten Antisemitismus zurück. Aber Karl Bühler widerstand dem Ansinnen, sich von seiner Frau wegen deren jüdischer Herkunft scheiden zu lassen. Die Familie verließ das Herrschaftsgebiet des Faschismus und fand nach Zwischenstationen in England und Norwegen im amerikanischen Kalifornien eine neue Heimat.

In den USA begann ein neuer Abschnitt in Charlotte Bühlers wissenschaftlicher Laufbahn. Sie wandte sich der Psychotherapie und Psychoanalyse zu, nicht ohne Bedauern, die Jahre in Wien nicht zum Austausch mit Freud genutzt zu haben (zu Freud und seiner Lehre s. Abschnitt 10.3.2). Darüber wurde sie freilich nicht zur orthodoxen Psychoanalytikerin, sondern schloß sich moderaten Vertretern der Tiefenpsychologie an - darunter Karen Horney (s. Abschnitt 10.3.4). Mit ihren neuen Weggefährten propagierte sie die „Humanistische Psychologie“, eine Richtung, welche Wert und Würde des Menschen betonte und praktisch zu verwirklichen suchte.

Während Karl Bühler in den USA keine akademische Position erhielt, die dem Rang seiner Wiener Professur entsprach, wurde Charlotte Bühler im Jahre 1945 Professorin für Psychiatrie mit Schwerpunkt „Klinische Psychologie“ in Los Angeles. Nach dem Ende der nationalsozialistischen Diktatur hatten die Bühlers die Genugtuung, als hochgeehrte Gäste nach Deutschland und Österreich zurückkehren zu können. Im Rückblick bezeichnet Charlotte Bühler ihre wissenschaftliche Arbeit und ihre Familie, erweitert um Schwiegerkinder und Enkel, als die beiden Bereiche, die ihrem Leben Wert und Sinn gegeben haben.

Die Entwicklung in diesen Dimensionen verläuft über die Lebensspanne unterschiedlich. Die Vitalität erreicht im dritten Lebensjahrzehnt meist ihren Gipfel und fällt dann ab. Der Vitalität angepaßt, erreicht die Produktivität ihren höchsten Stand oft in der ersten Lebenshälfte. Doch gibt es auch stetige Produktionen über das ganze Leben hinweg. Über die gesamte Lebensspanne verbessert sich oft die soziale Stellung. Auffällig waren in mehreren Biographien Veränderungen von Werten in der Lebensmitte. Praxis und Familie gewannen an persönlicher Bedeutung.

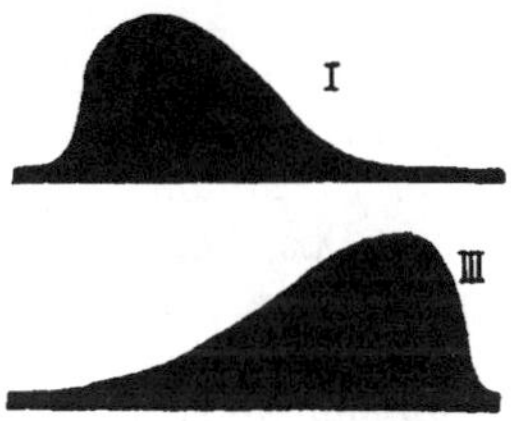

Verteilung von Leistungen über die Lebensspanne (Bühler, 1933, S. 220). Früher Gipfel bei Bergsteiger Kugy, Erfinder Gabelsberger (Typ I), später Gipfel bei Politiker Stresemann, Dichter Mörike (Typ III).

Charlotte Bühler (1893-1974)

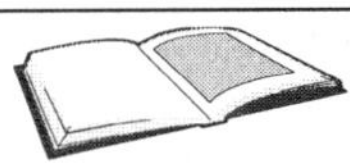

Bühler, Ch. (1972). Autobiographie. In L. J. Pongratz, W. Traxel & E. G. Wehner (Hrsg.), *Psychologie in Selbstdarstellungen* (S. 9-42). Bern: Huber.

8.4 Unterschiede zwischen Kulturen, Einflüsse von Gruppen Völkerpsychologie und Sozialpsychologie

8.4.1 Völker- und Sprachpsychologie

Die Menschen in Europa machten sich mit dem Gedanken vertraut, sie seien dem Tierreich entsprungen (s. Abschnitt 8.2.2). Als sie zudem Berichte über die Bewohner anderer Kontinente erreichten, die meist weniger entwickelt waren als sie selbst (s. Abschnitt 8.1.1), lag der Gedanke nahe, jene fernen Primitiven bildeten Zwischenglieder zwischen dem Tier und dem Menschen der Hochkultur. Damit eröffnete sich ein neues Wissensgebiet: die Kulturgeschichte des Menschen.

Kulturgeschichte konnte man aus zwei Perspektiven betreiben, einer individuellen sowie einer sozialen. Individuell zu betrachten waren sinnliche und geistige Fähigkeiten, Sehschärfe und Hörvermögen, Witz und Scharfsinn, Schmerz und Lust, Begierden, Triebe, Willen, Charakter und Gemüt. Sozial, d.h. nur für alle Mitglieder einer Kultur zusammen zu betrachten, waren dagegen Tugend und Sitte, Recht und Standesordnung, Familie und Verwandtschaft, Sprache, Kunst, Religion und Aberglauben. Die aufgezählten Begriffe stammen aus einer *Geschichte der Menschheit* von Isaak Iselin aus dem Jahre 1768. Der Autor vertrat die Überzeugung, die Menschheitsgeschichte sei eine Entwicklungsgeschichte der menschlichen Seele, weshalb er sie mit einer Betrachtung begann, die er ausdrücklich „psychologisch" nannte.

Iselins Darstellung war kulturoptimistisch. Er beschrieb die Menschen „im Stande der Natur“ als „Barbaren“, leichtsinnig, leichtgläubig, unbeständig und deshalb falsch, untreu, grausam, faul und feige (wenn auch manchmal unvernünftig verwegen), sinnenfroh und trunksüchtig, ohne rechte Bindung an Volk und Familie, ohne Sinn für das Schöne (wenn auch phantasievoll), abergläubisch und falschen Göttern ergeben. Dem „nothwendigen Durchgang durch die Barbarey“ folge jedoch der „gesittete Stand“ bis zu seiner höchsten Form in der „häuslichen Gesellschaft“. Der Mensch gelange schließlich zu Sitte und Sprache, zu Friedfertigkeit und Selbstbeherrschung, zu Kunst und wahrer Religion. Dazu verhelfen ihm vor allem die Ehe, die Familie und die Verwandtschaft. Diese seien die wichtigsten Kultureinrichtungen, aus denen Kulturgüter hervorgingen.

Iselin (1728-1782) stammte aus Basel. Er stand Basedow und seiner philanthropischen Bewegung nahe (s. Abschnitt 6.3.3). Seine *Geschichte der Menschheit* war an die von ihm gegründete *Gesellschaft zur Beförderung des Guten und Gemeinnützigen* gerichtet und verfolgte moralisch-politische Ziele. Reichhaltiger in den Belegen und nüchterner in der Bewertung war knapp hundert Jahre später ein dreibändiges Werk mit dem ähnlichen Titel *Der Mensch in der Geschichte.* Sein Autor war Adolf Bastian (1826-1905) aus Bremen. Anders als Iselin, der Mitteleuropa wohl nie verlassen hat, war er als Schiffsarzt durch die ganze Welt gereist und hat fremde Kulturen selbst in Augenschein genommen. Aus der Fremde brachte er Gegenstände in seine Heimat; seine Sammlung wurde zum Grundstock des *Museums für Völkerkunde* in Berlin.

Bastian bezeichnete seine Geschichtsdarstellung ebenfalls als Seelenlehre, als Psychologie. Unter dem Titel „Psychologie als Naturwissenschaft“ behandelte er zunächst Denken und Sprache sowie die individuelle Entwicklung und Sozialisation. Unter „Psychologie und Mythologie“ berichtete der Autor über Erscheinungen des kollektiven Denkens: über Religionen und Kulte, Magie und Mysterien, Genialität und Wahnsinn. Als „Politische Psychologie“ folgte schließlich die Betrachtung kollektiver Institutionen. Er beschrieb die übergreifenden Formen der Organisation - vor allem Staat, Wirtschaft und Gesellschaft - mit ihren Regelungen - wie Herrschaft, Eigentum, Ackerbau, Blutrache, Geschlechterbeziehungen.

Der Autor mischte eigene Erfahrungen mit Gerüchten und literarischen Zeugnissen; zu den letzteren gehörten auch antike Quellen. Es fällt die Unbefangenheit auf, mit der Menschen aus den verschiedensten Kulturen sowie Tiere verschiedener Gattung miteinander verglichen werden. Ein Beispiel:

„Die Jagas feierten schamlose Feste beim öffentlichen Beischlaf ihrer Fürsten, eine vielen Völkern heilige Institution, ..., während Katzen, Dachse und Rennthiere sich nur bei Nacht begatten. Das Reh sucht abgelegene Stellen um zu gebären, während in Brasilien die Mutter sich kaum in ihren gewöhnlichen Lebensverrichtungen unterbrechen läßt.“

(Bastian, 1860/1986, Band 3, S. 283f.)

Für Bastian waren Heim und Familie nicht die ausschließlichen Kulturträger. Kultur könne sich ebenfalls in anderen sozialen Institutionen entfalten - etwa unter Priestern und Gelehrten, bei der Arbeit und bei Regierungsgeschäften. Entscheidend sei der Austausch von Gedanken, Erfahrungen und Einschätzungen. So sei etwa Moral das Ergebnis eines Diskurses zwischen einem Älteren und einem Jüngeren:

„Die Ausbildung des aus dem Mitleiden hervorsprossenden Moralsystems wird in geselliger Mittheilung um so rascher vor sich gehen. Der mit ruhigem Urtheil auf seinen grösseren Erfahrungsschatz zurückblickende Vater fragt seinen noch allzu rasch durch jedes Motiv zur hastigen That getriebenen Sohn: Warum hast du diesen Menschen getödtet? Das Für und Wider wird erwogen. Ich würde ihn ungestört gelassen haben, sagt der Vater; es thut mir leid, einen Menschen zu tödten. Das Gefühl ist da, ... der Sohn hat eine bestimmte Erfahrungsregel gewonnen, die er der nächsten Generation als das Verbot zu tödten überliefern ... wird.“

(Bastian, 1860/1986, Band 1, S. 221)

Kollektives Denken wurde so zum Mittelpunkt der Kultur. Die Annahme eines kollektiven Geistes und eines kollektiven Willens war den Gebildeten aus der romantischen und aus der idealistischen Philosophie (s. Abschnitte 8.1.2, 9.1.3) wohl vertraut. Herder (1784-1791/1978) hatte bereits Nationen, Völkern und Epochen ihren eigenen „Genius", ihren eigenen Geist zugesprochen. Diesem National-, Volks- oder Zeitgeist entspringe ihre Sprache, ihre Kunst, ihre Religion. Fichte (1810, S. 130) hat jenseits des individuellen Ich ein über-individuelles angenommen, Hegel (1830/1970) jenseits des subjektiven Geistes einen objektiven Geist, der sich in Recht und Sitte verwirklicht, sowie einen absoluten Geist, der Kunst, Religion und Wissenschaft erfüllt (s. später Abschnitt 9.1.3).

Die Begriffe „Volksgeist" und „Zeitgeist" beanspruchten zur Mitte des 19. Jahrhunderts Moritz Lazarus und Hajim Steinthal (1860) für einen eigenen Zweig der Psychologie, den sie Völkerpsychologie nannten. Moritz Lazarus lehrte Philosophie, Psychologie und Pädagogik an den Universitäten Bern und Berlin. Hajim Steinthal war ihm erst als Freund, dann auch als Schwager verbunden. Steinthal lehrte zunächst als außerordentlicher Professor an der Universität in Berlin, später auch als ordentlicher Professor an der dortigen, neu gegründeten Hochschule für die Wissenschaft des Judentums. Steinthal war als Literaturwissenschaftler und Sprachforscher ausgewiesen. Er hatte nicht nur asiatische, afrikanische, slawische und romanische Sprachen erlernt, sondern auch linguistische Arbeiten über die Klassifikation und Entwicklung von Sprachen verfaßt. Da er die Sprache als Ausdruck der Seele deutete, war für ihn Psychologie die Grundlage der Sprachwissenschaft (Steinthal, 1864).

Steinthal und Lazarus verband somit das Interesse an der „Seele der Völker". Gemeinsam gaben eine *Zeitschrift für Völkerpsychologie und Sprachwissenschaft* heraus, die bis 1890 auf zwanzig Bände anwuchs (Sprung, 1992). Das Programm und die damalige Stellung der Völkerpsychologie wird aus der Einleitung zum ersten Band der genannten Zeitschrift ersichtlich:

Iselin, I. (1768/1976). *Über die Geschichte der Menschheit* (2 Bände in einem). Hildesheim: Olms.

Bastian, A. (1860/1986). *Der Mensch in der Geschichte* (3 Bände). Osnabrück: Biblio-Verlag.

Herder, J. G. (1784-1791/1978). Ideen zur Philosophie der Geschichte der Menschheit. *Werke*, herausgegeben von R. Otto (Band 4). Berlin: Aufbau-Verlag.

Fichte, J. G. (1810). *Die Wissenschaftslehre in ihrem allgemeinen Umrisse*. Berlin: Hitzig.

Hegel, G. W. F. (1830/1970). Enzyklopädie der philosophischen Wissenschaften. *Werke* (Band 8, 9, 10), herausgegeben von E. Moldenhauer & K. M. Michel. Frankfurt a. M.: Suhrkamp.

„Wir wenden uns nicht bloß an diejenigen Männer, denen die Bearbeitung der Psychologie berufsmäßig und namentlich obliegt, sondern auch an alle, welche die geschichtlichen Erscheinungen der Sprache, der Religion, der Kunst und Literatur und Wissenschaft, der Sitte und des Rechts, der gesellschaftlichen, häuslichen und staatlichen Verfassung, kurz an alle, welche das geschichtliche Leben der Völker nach irgend einer seiner mannigfachen Seiten derartig erforschen, daß sie die gefundenen Thatsachen aus dem Innersten des Geistes zu erklären, also auf ihre psychologischen Gründe zurückzuführen streben."

(Lazarus & Steinthal, 1860, S. 1)

Anhand sprachlicher Dokumente und Artefakte (d.h. Kunstprodukte wie Vasen und Geräte für den Ackerbau) sollte der kollektive Geist von Kulturen ermittelt werden. Wie die Einleitung zu ihrer Zeitschrift zeigt (s.o.), ist die Anlage des Programms von Lazarus und Steinthal popularpsychologisch. Zur Völkerpsychologie sollten auch solche Spezialisten und Interessenten für Sprache und Kultur beitragen, die ihren Schwerpunkt sonst nicht in der Psychologie hatten (zur ähnlichen Konzeption des *Magazins für Erfahrungsseelenkunde* vgl. Abschnitt 7.3.3).

Lazarus, M. & Steinthal, H. (1860). Einleitende Gedanken über Völkerpsychologie. *Zeitschrift für Völkerpsychologie und Sprachwissenschaft, 1,* 1-73.

Steinthal, H. (1864). *Philologie, Geschichte und Psychologie in ihren gegenseitigen Beziehungen.* Berlin: Dümmler, Harrwitz & Gossmann.

Sprung, H. (1992). Hajim Steinthal (1823-1899) und Moritz Lazarus (1824-1903) und die Ursprünge der Völkerpsychologie in Berlin. In L. Sprung & W. Schönpflug (Hrsg.), *Zur Geschichte der Psychologie in Berlin* (S. 83-96). Frankfurt a. M.: Lang.

Die angegebene Zielsetzung verlangte den Kulturvergleich nicht zwingend. Die Erfahrung und Deutung einer einzigen Kultur reichte zum Erschließen kollektiven Denkens. Die ins Auge gefaßte Kultur brauchte zudem nicht notwendig eine fremde Kultur zu sein. Mit Themen wie „Das Theatralische bei den Franzosen", „Kohlearbeit in England", „Dichterische Behandlung von Tieren" wurde die Völkerpsychologie zu einer psychologischen Theorie der Kunst, Architektur und Literatur, der Gesellschaft und Wirtschaft.

Mit überwiegend völkerkundlichem Material ausgestattet und doch nicht vorwiegend auf Kulturvergleich bedacht, war ein monumentales Werk des Leipziger Professors Wilhelm Wundt (mehr zu seiner Person und seinen experimentalpsychologischen Beiträgen in Abschnitt 9.3.3): seine zehnbändige *Völkerpsychologie.* Wundt wollte mit diesem Alterswerk das Gebiet der „Vulgärpsychologie" entziehen, die sich „*in der Hinübertragung einer subjectiven Reflexion über die Dinge in die Dinge selbst*" (Wundt, 1900, Band 1, S. 28) erschöpft. Das Ziel des Autors war, die subjektive Erfahrung in der Völkerpsychologie zu überwinden und damit den „Volksgeist" oder die „Volksseele" als eigenständiges soziales Wesen zu erfassen. Da menschliches Denken und Wollen sich erst in seinen sozialen Formen vervollkommne, sei es der Völkerpsychologie vorbehalten, zur Analyse der höheren psychischen Leistungen vorzustoßen.

Zum Begriff der Geschichte

Geschichte oder Historie (griech., lat. *historia*) kann zweierlei bedeuten:

- Erfahrung, Erzählung über Vergangenes,
- Entfaltung eines (oft unscheinbaren) Ursprungs, daher folgerichtiger zeitlicher Zusammenhang von Ereignissen und Strukturen.

Geschichtsschreibung im ersten Sinne hält Wissen über Vergangenes fest und erlaubt u.U. induktive Schlüsse von Einzelfällen auf ähnliche Fälle (z.B. der Verrat eines Königs wird festgehalten und warnt vor einem ähnlichen Vorgang). Die zweite Bedeutung betont im Sinne der Romantik (s. Abschnitt 8.1.2) das natürliche Wachstum des Lebendigen.

Die Vergleichende Psychologie ist weitgehend der Romantik verbunden und verwendet daher den Begriff der Geschichte zumeist in seiner zweiten Bedeutung. Insbesondere die Begriffe der Stammes- und Menschheitsgeschichte sind dann als Wachstumsbeschreibungen zu verstehen. Doch hält sich in der Psychologie der Begriff der Geschichte auch in seiner ersten Bedeutung. „Geschichtlich" oder „historisch" bedeutet dann schlicht „empirisch". In der zitierten Einleitung zur *Zeitschrift für Völkerpsychologie und Sprachwissenschaft* dürfte der Ausdruck „geschichtliche Erscheinungen" nichts anderes bedeuten als „empirische Befunde".

Der subjektiven Erfahrung zugängliche Erklärungen seien damit hinfällig. Zum Beispiel taugten subjektive Motive wie Angst, Fürsorge und Bequemlichkeit nicht, um soziale Erscheinungen wie die Familie oder den Sprachwandel zu erklären. Vielmehr müsse „*das Bestreben aller wahren Psychologie darauf gerichtet*" sein, „*die Thatsachen so zu erfassen, wie sie unabhängig von unserer subjectiven Beurtheilung beschaffen sind*" (Wundt, 1900, Band 1, S. 29).

Wundt befürwortete eine kategoriale und funktionale Analyse im Sinne des Rationalismus. Dabei sollten soziale Erscheinungen in ihrem objektiven Zusammenhang gedeutet werden. Zum Beispiel erörterte Wundt (1919, Band 3, S. 230f.) die Entstehung von Kunstwerken und kam zu dem Schluß, in allen Kulturen seien Keramiken nach dem Vorbild von Fruchtschalen geformt. Mit derartigen Deutungen gelangte er zu der Kategorisierung von Kunstwerken als Augenblicks-, Erinnerungs-, Zier-, Nachahmungs- und Idealkunst.

Die funktionelle Analyse verlangte, daß unter gleichen Verhältnissen die gleichen Erscheinungen zutage treten. Hierzu ein Beispiel zur Herausbildung von Herrschaftsformen: Wundt (1917, Band 8, 2. Teil, S. 294f.) meinte, daß am Anfang aller Gesellschaften ein Nebeneinander von Sippe und Häuptling zu beobachten sei. In der Konkurrenz könne die Sippe sich durchsetzen; dann resultiere ein Beamtenstaat. Setze sich der Häuptling durch, etabliere sich Königtum. Eine Bedingung für den Beamtenstaat sei die Offenheit der Siedlung. Eine solche Offenheit habe bei den antiken Stadtstaaten wie Rom mit seinem Zugang zum Meer geherrscht, und ebenso bei den Irokesen in Nordamerika mit ihren weiten Jagdgebieten. Daher hätten Römer wie Indianer ungeachtet ihrer sonstigen Verschiedenheiten Räteregierungen gebildet - die Römer ihren Senat, die Irokesen ihren Ältestenrat.

Ethologie

Als Disziplinbezeichnung für Sittengeschichte trifft man im 19. Jahrhundert den Begriff der Ethologie (griech. *ethos*, Brauch, Sitte). Wundt (1921, S. 347f.) zögerte nicht, Ethologie mit Völkerpsychologie, wie er sie verstand, gleichzusetzen.

In England hat John Stewart Mill (1843/1962) der Ethologie die Rolle einer Milieutheorie zugedacht. Sie sollte erkunden, welchen Einfluß die Umwelt auf den Charakter von Individuen ausübt. Diese Absicht hat später die Differentielle Psychologie (s. Abschnitt 9.5.3) verfolgt, ohne den Begriff der Ethologie zu übernehmen. Den Begriff der Ethologie hat sich dagegen die moderne, biologisch orientierte Verhaltensforschung (s. Abschnitt 10.2.2) zu eigen gemacht.

8.4.2 Soziale Physik, Massenpsychologie, Sozialdarwinismus

Auch soziale Gebilde - Gruppen, Verbände, Nationen, Völkergemeinschaften - sind Erscheinungen der Natur. Daher sollen sie Gegenstände der Naturlehre sein und mit naturwissenschaftlichen Methoden untersucht werden. Das war jedenfalls die Forderung von Auguste Comte (1830-1842/1968-1969, zu seiner positivistischen Wissenschaftstheorie s. Abschnitt 9.2.2). In seinem System der Wissenschaften sah er als Fortführung und Krönung der Biologie das Studium von Sozialkörpern (franz. *organisme collectif*) vor. Diese neue Sparte der Naturlehre bezeichnete er als „soziale Physik" (franz. *physique sociale*).

Der Begriff des Sozialkörpers beruhte auf dem Systemgedanken. Durch ein Geflecht von Beziehungen zwischen Individuen ergibt sich die Gesellschaft mit ihren Untergliederungen - Staat und Wirtschaft, Kirche und Wissenschaft, Erwerbszweige und Bevölkerungsklassen (zu früheren Gesellschaftstheorien vgl. Abschnitt 6.2). Die Gesellschaft und ihre Untergliederungen sind - verglichen mit Individuen - höher entwickelte Systeme. Daher besitzen sie eigene Eigenschaften und folgen eigenen Gesetzen. Damit sind die beiden Grundprobleme der neuen Sozialwissenschaft bestimmt:

- die Gesellschaft und ihre Einrichtungen als selbständige Wesen,
- das Verhältnis des Individuums zur Gesellschaft.

Schultz, G. (1974). Geschichte, Historie. In J. Ritter (Hrsg.), *Historisches Wörterbuch der Philosophie* (Band 3, S. 344-398). Basel: Schwabe.

Wundt, W. (1900-1920). *Völkerpsychologie* (10 Bände). Leipzig: Engelmann.

Wundt, W. (1921). *Logik* (Band 3). Stuttgart: Enke.

Mill, J. St. (1843/1962). A system of logic. *Collected works* (volume 8), herausgegeben von M. Robson. Toronto: Routledge & Kagan.

Das erste Problem ist in der Regel nicht der Psychologie zugerechnet worden. Ihm widmete sich eine neu aufkommende Sozialwissenschaft, die Soziologie (s. Abschnitt 9.4.2). Die Untersuchung des Verhältnisses von Individuum und Gesellschaft bzw. des Individuums und seiner Bezugsgruppen wurde dagegen häufig als psychologisches Forschungsprogramm gekennzeichnet. Man nannte das Programm zunächst Massenpsychologie. Die Massenpsychologie beherrschten zwei Themen: Imitation und Suggestion.

Die Imitation, die Nachahmung, war bereits als Mechanismus des tierischen Lernens ein bevorzugtes Thema der Tierpsychologie (s. Abschnitt 8.2.3) gewesen. Der französische Kriminologe und Philosoph Gustave Tarde (1882/1895) hat die Imitation als Sozialisationsmechanismus schlechthin dargestellt. Er beschrieb die immerwährende Wiederholung, d.h. die Kontinuität, als Merkmal von Sozialsystemen. Kontinuität wird einerseits durch Vererbung gesichert, andererseits durch Nachahmung. Nachahmung wird häufig durch Außendruck erzwungen; Gesetze und Sitten nötigen zur Übernahme von Gruppennormen. Nachahmung entsteht jedoch auch aus dem inneren Bedürfnis, den Mitmenschen und insbesondere den Vorgängern ähnlich zu werden. Mit anderen Worten: Tarde behandelte die Anpassung von Individuen in Gruppen. Damit hat er zugleich die Frage der individuellen und sozialen Verantwortlichkeit aufgeworfen. Haben etwa jugendliche Gewalttäter als freie Individuen die Gesetze verletzt, oder haben sie gesellschaftliche Umstände und falsche Ratgeber zur Gewalt verführt? Dauerhafte Anpassung führt schließlich zu Tradition. Tradition unterliegt freilich einer doppelten Gesetzlichkeit. Sie drängt zur Fortsetzung; gleichwohl beobachtet man immer wieder Traditionsbrüche. Wie kommt es, daß eine Tradition eine andere verdrängt? Wie verändern sich Gruppen mit einem Traditionswechsel?

Dem Verhalten des Einzelnen als Mitglied großer Gruppen, seinen Meinungen und Gefühlen wandte sich der französische Arzt Gustave Le Bon (1895/1959) in seiner Massenpsychologie zu. Während Tarde die Imitation ohne Voreingenommenheit analysiert hat, bekannte sich Le Bon von vornherein zu einer kulturpessimistischen Moralphilosophie:

> *„Die Hauptmerkmale des einzelnen in der Masse sind also: Schwinden der bewußten Persönlichkeit, Vorherrschaft des unbewußten Wesens, Leitung der Gedanken und Gefühle durch Beeinflussung und Übertragung in der gleichen Richtung, Neigung zur unverzüglichen Verwirklichung der eingeflößten Ideen. Der einzelne ist nicht mehr er selbst, er ist ein Automat geworden, dessen Betrieb sein Wille nicht mehr in seiner Gewalt hat.*
>
> *Allein durch die Tatsache, Glied einer Masse zu sein, steigt der Mensch also mehrere Stufen von der Leiter der Kultur herab. ... in der Masse ist er ein Triebwesen, also ein Barbar. Er hat die Unberechenbarkeit, die Heftigkeit, die Wildheit, aber auch die Begeisterung und den Heldenmut ursprünglicher Wesen, ...“*
>
> (Le Bon, 1895/1959, S. 18f., Übersetzer anonym)

Die angenommene Selbstentfremdung, den Zuwachs an Spontaneität und Emotionalität sowie den Verlust an Rationalität suchte der Autor mit zahlreichen Beispielen zu belegen. Er schilderte Geschworene, die als Mitglieder des Schwurgerichts beschließen, wozu sie allein nicht ihre Zustimmung gäben, Parlamentarier, die sich nach Redeschlachten von ungezügelten Gefühlen zu Entscheidungen hinreißen lassen, die sie - später allein zur Vernunft gekommen - wieder bereuen. Le Bon beschrieb weiterhin Personen, die zu Führern von Massen werden, sowie die Techniken, mit deren Hilfe diese die Massen beherrschen.

Seine kulturpessimistische Haltung begründete der Autor mit der Behauptung, es sei ein neues Zeitalter angebrochen, das Zeitalter der Massen. Insofern ist Le Bon als Kritiker der Moderne aufgetreten, zu deren Merkmalen in der Tat Bevölkerungswachstum, Massenproduktion und Massenorganisation gehören (s. Abschnitt 10.1.1). Seine Kritik zielte damit auf Einrichtungen, die als Errungenschaften der Neuzeit gelten: Demokratie, öffentliche Gerichtsbarkeit und öffentliche Meinung.

Im Gegensatz zu Le Bon pflegte der englische Philosoph und Publizist Herbert Spencer (1872/1966, S. 364f.) eine optimistische Sicht

Quetelet (1796-1874) und die Sozialstatistik

Lambert Adolphe Jacques Quetelet lehrte als Mathematikprofessor in Brüssel. Unter seiner Leitung wurde die dortige Sternwarte gebaut, deren Direktor er 1828 wurde. Nicht weniger als mit der Beobachtung von Himmelskörpern hat er sich mit der Erfassung von Daten zur Kennzeichnung der Bevölkerung befaßt. Sein herausragender Beitrag zur Sozialen Physik (s.o.) war die Sozialstatistik (Quetelet, 1869/1921).

Quetelet, A. J. (1869/1921). *Soziale Physik oder Abhandlung über die Entwicklung der Fähigkeiten des Menschen* (2 Bände). Jena: Fischer.

Quetelets Ziel war die Bestimmung eines Durchschnittsmenschen (franz. *homme moyen*). Der Durchschnittsmensch sollte sowohl die menschliche Gattung als auch die menschliche Gesellschaft darstellen:

„Zunächst wollte ich durch die Untersuchung der körperlichen und geistigen Eigenschaften der Menschen das Gesetz, nach welchem sie sich in den verschiedenen Lebensaltern entwickeln, und die Modifikationen kennen lernen, die sie durch Ort, Zeit, Jahreszeit und alle Ursachen überhaupt erfahren, die sich anscheinend verändern können.

Die Notwendigkeit, von den einzelnen Menschen abzusehen, um mich mit dem zu beschäftigen, was sich auf die Massen bezieht, hat mich ... dazu geführt, den mittleren Menschen anzunehmen, der mit Rücksicht auf das soziale System als das betrachtet werden kann, was bei den Körpern der Schwerpunkt ist."

(Quetelet, 1869/1921, Band 2, S. 3, übersetzt von V. Dorn)

Die Sozialstatistik hat gesellschaftliche Zustände und Leistungen festgehalten: Geburten, Todesfälle und Eheschließungen, Verbrechen und Selbsttötungen, den Betrieb von Telegraphenämtern und Eisenbahnstationen. Mit seinen Erhebungen hat Quetelet mehreren Forschungsrichtungen den Weg gebahnt. Auch die Vergleichende Psychologie verdankt ihm wertvolle Daten.

- Zur Entwicklungspsychologie, einschließlich der Lebenslaufforschung (s. Abschnitt 8.3) hat Quetelet u.a. beigetragen: Alterskurven von Größe und Gewicht, von Gehörs- und Geruchsempfindung, von Greif- und Sprungkraft; Erhebungen der Produktivität und Originalität von Dramatikern über die Lebensspanne.
- Für die Sozialpsychologie (s. Abschnitt 8.4.3) aufschlußreich waren Statistiken über den Zusammenhang von abweichendem Verhalten (wie Selbstmord und Alkoholsucht) mit Wohnort und Jahreszeit.
- Der Nachweis erheblicher Streuungen von körperlichen und geistigen Leistungen hat die Differentielle Psychologie (s. Abschnitt 8.5.3) bereichert.

In der Sozialen Physik Quetelets sind diese Zweige der Vergleichenden Psychologie nicht getrennt. Vielmehr verbinden sie sich im Dienste der gemeinsamen Aufgabe, Sozialsysteme in ihrer Gesamtheit zu beschreiben.

Der Autor hat seine Befunde als Häufigkeitsverteilungen wiedergegeben - teilweise tabellarisch, teilweise graphisch. Dabei bestätigte sich meist die Regel, daß Werte mittlerer Höhe mit größter Häufigkeit auftraten und Abweichungen von der Mitte umso seltener wurden, je größer sie waren. Empirische Häufigkeitsverteilungen näherten sich also berechneten Wahrscheinlichkeitsfunktionen an. Quetelet führte die Wahrscheinlichkeitstheorie in die Sozialstatistik ein. Insbesondere bestimmte er nach Maßgabe der Wahrscheinlichkeitstheorie die zu erwartenden Abweichungen der Einzelwerte vom Mittelwert der Verteilung (s. Abbildung auf der folgenden Seite; zur Biostatistik s. noch Abschnitt 8.5.3).

Comte, A. (1830-1842/1968-1969). Cours de philosophie positive. *Oevres* (Band 1-6), herausgegeben von S. Perignon. Paris: Edition anthropos.

Tarde, G. (1882/1895). *Les lois de l'imitation*. Paris: Alcan.

Le Bon, G. (1895/1959). *Psychologie der Massen*. Stuttgart: Kröner.

Spencer, H. (1872/1966). *The study of sociology*. Ann Arbor, MI: University of Michigan Press.

von Sozialsystemen. Wie Comte vertrat er die Annahme, soziale Gebilde seien höhere Organisationsformen der Natur (s.o.). Mit Darwin glaubte er an den Fortschritt durch Selektion (s. Abschnitt 8.2.2). Damit war für ihn erwiesen: Auch Sozialsysteme unterliegen einer Evolution, die den angepaßten und überlegenen Bestand und Fortschritt sichert. Staat und Wirtschaft, die Familie, Gesetz und Religion rechtfertigten sich durch ihre Zweckdienlichkeit. Diese Moralphilosophie nennt man Sozialdarwinismus.

8.4.3 Sozialpsychologie

Je weiter die Teilung der Wissenschaften fortschreitet, desto mehr wird die Psychologie zur Theorie der Individualseele und zur Lehre vom Privatleben (s. bereits Abschnitt 6.3.3). Dieser Rollenzuteilung fügt sich auch die im 19. Jahrhundert neu hervortretende Sozialpsychologie. Die Untersuchung der großen gesellschaftlichen Gebilde mit ihren eigenen Gesetzlichkeiten überließ sie der Soziologie, den Staats- und Wirtschaftswissenschaften; sie befaßte sich in der Regel nicht mit Staat, Regierung, Parteien und Verbänden, nicht mit sozialen Klassen, allgemeiner Wohlfahrt und öffentlicher Meinung (vgl. Abschnitt 9.4.2). Die Psychologie gab weitgehend das Programm der Völkerpsychologie auf, den kollektiven Geist in Sitte, Kunst und Religion zu erfassen (vgl. Abschnitt 8.4.1). Vielmehr richtete sie ihre Aufmerksamkeit auf das Leben in kleineren Gruppen (z.B. Freundeskreise, Arbeitsgruppen) und untersuchte den Einfluß der Gruppen auf ihre individuellen Mitglieder, auf

- soziale Kognitionen, d.h. das durch andere geformte Bewußtsein des Einzelnen, sowie
- soziale Interaktionen, d.h. das Handeln innerhalb von Gruppen.

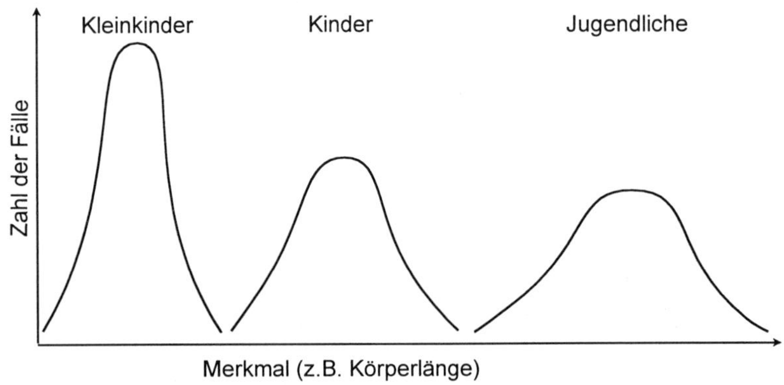

Häufigkeitsverteilungen nach Quetelet (1869/1921, Band 2, S. 71), d.h. Häufigkeiten der Beobachtung verschiedener Einzelwerte (z.B. Messungen des Körpergewichts von Kindern). Die Fläche unter der Häufigkeitskurve entspricht der Gesamtzahl von Beobachtungen. Der am häufigsten beobachtete Einzelwert lag zumeist in der Mitte der Verteilung. Bei Längsschnitten, d.h. Erhebungen über mehrere Jahre, nahm die Gesamtzahl durch Ausfall (u.a. Tod) von beobachteten Personen ab. In Entwicklungsstudien erhöhte sich die Streuung, d.h. die Spannweite zwischen dem niedrigsten und höchsten Einzelwert. (Zum Beispiel wächst bei Erhebungen des Körpergewichts der Unterschied zwischen der schwersten und der leichtesten Person vom ersten bis etwa zum zwanzigsten Lebensjahr.)

Eine Theorie sozialer Kognitionen hat der Prager Philosophieprofessor Gustav Lindner (1871) in seinen *Ideen zur Psychologie der Gesellschaft* entworfen und dafür auch die Bezeichnung „Sozialpsychologie" verwendet. In seiner Theorie hat der Autor zwei Traditionen miteinander verbunden: Die Tradition des Idealismus, die unter Psychologie vorzugsweise die Lehre vom individuellen Bewußtsein verstanden hat (vgl. Abschnitt 9.2), sowie die Tradition der Romantik, die der natürlichen und kulturellen Umwelt eine prägende Kraft für das individuelle Bewußtsein zuerkannte. Lindner führte Herbarts (s. Abschnitt 9.2.2) Lehre von den Vorstellungen als dynamische Einheiten des Bewußtseins fort. Zugleich berücksichtigte er die Wirkungen des sozialen Umfeldes auf das individuelle Bewußtsein. Lindner stellte daher an den Anfang seines Lehrbuchs die Unterscheidung zwischen dem individuellen, privaten Bewußtsein und dem sozialen, öffentlichen Bewußtsein. Sodann beschrieb er die Entstehung des sozialen Bewußtseins durch Ausbreitung von Ideen in der Gesellschaft (z.B. durch Appelle, Gerüchte, Propaganda). Schließlich widmete er sich Ideen, die ihrem Inhalt nach als sozial zu bezeichnen sind (vor allem politische, religiöse Ideen).

Zu einer Lehre mit Anspruch auf Eigenständigkeit ist die Sozialpsychologie freilich erst drei Jahrzehnte nach Lindners Werk geworden. Im Jahre 1908 erschienen gleich zwei Lehrbücher der Sozialpsychologie, eines von dem Amerikaner Edward Albert Ross, das andere von dem damals noch im englischen Oxford lehrenden William McDougall. Beide kannten die zeitgenössischen Ansätze der Soziologie und der Massenpsychologie. Sie griffen sie teilweise auf, teilweise grenzten sie sich davon ab. Ross (1908/1913) bekannte seine Bewunderung für Tardes *Lois de l'imitation.* Er mied jedoch biologische Begriffe wie „Rasse" und soziologische Begriffe wie „Staat" und „Religion". Vielmehr beschränkte er die Zuständigkeit der Psychologie auf die unmittelbaren zwischenmenschlichen Beziehungen in Organisationen und Kulturen, auf Wechselwirkungen (engl. *interactions*) und geistigen Austausch (engl. *mental contacts*) zwischen Personen. Innerhalb enger gezogener Grenzen entwarf er jedoch ein reichhaltiges Bild sozialer Phänomene. So behandelte er den Hang zur Konvention, den Drang zur Neuerung, die Wirksamkeit der Imitation, die Macht von Bezugsgruppen, soziale Konflikte und Kompromisse, Suggestion und soziale Verrohung (engl. *mob mind*). Seine Darstellung gipfelte in einer Reihe von praktisch bedeutsamen Thesen (z.B. „Arme pflegen Reiche zu imitieren").

Grundsätzlicher angelegt war William McDougalls (1908/1928) Einführung in die Sozialpsychologie. McDougall war ein biologisch orientierter Autor. Die Betonung der andauernden Wirksamkeit angeborener Instinkte ist ein charakteristisches Merkmal seiner „Hormischen Psychologie" (s. später Abschnitt 10.2.2). Comte und der von ihm inspirierten Soziologie (s.o.) hielt er vor, sie hätten zu schnell die Verselbständigung der Sozialsysteme gegenüber den sie tragenden Individuen angenommen. Die Sozialkörper und das soziale Leben fußten auf der biologischen Verfassung der Individuen. Daher müsse die Analyse bei der biologischen Ausstattung von Menschen (und Tieren) ansetzen und von dieser Grundlage aus den Prozeß ihrer Vergesellschaftung verfolgen. Es sei

„... *das grundlegende Problem der Sozialpsychologie die Moralisierung des Individuums durch die Gesellschaft ... , in das es als Geschöpf hineingeboren wurde, in dem die nicht-moralischen und rein egoistischen Triebe viel stärker sind als irgendwelche altruistischen.* "

(McDougall, 1908/1928, S. 15, übersetzt von G. Kautsky-Brunn)

Lindner, G. (1871). *Ideen zur Psychologie der Gesellschaft als Grundlage der Socialwissenschaften*. Wien: Gerold.

Ross, E. A. (1908/1913). *Social psychology*. New York: Macmillan.

McDougall, W. (1908/1928). *Grundlagen einer Sozialpsychologie*. Jena: Fischer.

Getreu dieser Konzeption ist der umfangreichste Teil der McDougallschen Sozialpsychologie seine Instinktlehre geworden. Es ist eine eingehende Beschreibung der sieben für den Autor grundlegenden Instinkte: Flucht, Abwehr, Kampf, Neugier, Brutpflege, Selbsterhaltung, Selbsterniedrigung. Jeder dieser Instinkte umfaßt drei Komponenten: ein Motiv, einen Affekt und eine Aktion (z.B. enthalte der Pflegeinstinkt den Affekt der Zärtlichkeit und Aktionen wie Nestbau und Füttern). Mit einer solchen Instinktausstattung trete das Individuum in das Sozialleben ein. Es setze einige seiner Instinkte zum Vorteil des Soziallebens ein (z.B. den Pflegeinstinkt), müsse aber auch lernen, selbstdienliche Instinkte zu überwinden oder zu überformen, damit sie sozialdienlich werden oder zumindest nicht sozialschädlich bleiben. Es komme also darauf an, soziale Gesinnungen, insbesondere Altruismus (lat. *alter*, der andere) zu entwickeln. Das Leben in der Gesellschaft unterstütze Mechanismen zur Überwindung von Egoismus und zur Aneignung von Sozialmoral. Der Autor behandelte in diesem Zusammenhang ausführlich die Nachahmung, d.h. das Lernen nach Vorbildern, sowie die sozialisierende Wirkung von Spiel und Humor.

Ross hat seine Analysen und Thesen mit einer Fülle meist historischer Beispiele belegt: Machtstreitigkeiten im römischen Kaiserreich, Familiensitten in China, Marktregeln in Holland, Ereignisse während des Goldrauschs in Kalifornien und Fälle von religiöser Verzükkung. McDougall hat sich auf zahlreiche Tierbeobachtungen und Allgemeinerfahrungen mit Menschen gestützt.

In der Folge hat sich die Sozialpsychologie immer weniger auf den vorhandenen Erfahrungsschatz verlassen, sondern ist zur eigenen theoriegeleiteten Sammlung von Beobachtungen übergegangen. Dabei hat sie sich zweier empirischer Ansätze bedient:

- der Feldforschung und
- des Experiments.

Feldforschung nennt man wissenschaftliche Erhebungen in einem realen Lebensraum. Ein frühes sozialpsychologisches Feldforschungsprojekt war Puffers (1912) Untersuchung von Kindern und Jugendlichen in der Großstadt. Ziel war die Erfassung ihrer sozialen Kognitionen und Interaktionen, insbesondere der wechselseitigen Einflüsse von Gleichaltrigen (engl. *peers*), die sich zu Gruppen (engl. *gangs*) zusammenschließen. Stärker als von Feldforschungen war das Bild der wissenschaftlichen Sozialpsychologie zunächst von experimentellen Untersuchungen geprägt. Es wurden zum Zwecke der Beobachtung eigene Untersuchungsanordnungen geschaffen, die auch die systematische Veränderung von Beobachtungsbedingungen gestatteten. Die frühen sozialpsychologischen Experimente verdankten ihre Fragestellungen der Massenpsychologie (s. Abschnitt 8.4.2). Sie wollten Behauptungen der Massenpsychologie einer Prüfung nach strengen naturwissenschaftlichen Maßstäben unterziehen. Die Experimentelle Psychologie (s. Abschnitt 9.3.3) erschien hierfür als geeignete Grundlage. So bezeichnete Walther Moede (1888-1958) als „Aufgabe der Gruppen- und Kollektivpsychologie“

„die psychophysischen Reaktionen nach Art und Ausmaß zu analysieren, die eintreten, wenn der Einzelne sich in der Gruppe befindet oder von kollektiven Bedingungen beeinflußt wird. Die psychophysische Wechselwirkung der Mitglieder einer Gruppe ist nach Quantität und Qualität zu untersuchen, es müssen generelle Tatsachen festgestellt, sowie differentielle Verhaltungsweisen der Einzelnen aufgedeckt werden.“

(Moede, 1920, S. 4)

Als erstes sozialpsychologisches Experiment wird häufig eine Studie gefeiert, die Norman Triplett im Jahre 1898 veröffentlicht hat. Darin simuliert der Autor Situationen aus dem Radsport. Rennfahrer gehen manchmal allein auf die Strecke und fahren „gegen die Uhr“, manchmal folgen sie einem verbündeten „Schrittmacher“, manchmal fahren sie mit einem Konkurrenten um die Wette. Triplett baute einen Apparat mit Handkurbeln. Die Drehung dieser Kurbeln wurde auf einen Zeiger übertragen, der eine Spur auf einer Papierrolle hinterließ. Wie Fahrer, welche durch Treten von Pedalen ihre Rennräder bewegen, konnten Schüler mit ihren Kurbeln den Zeiger

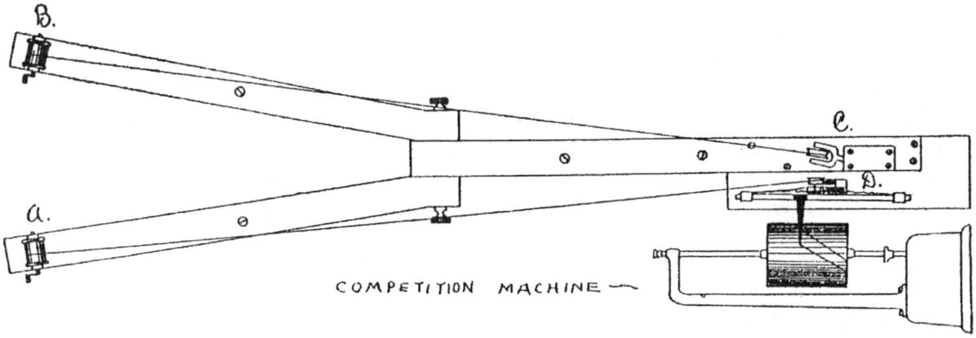

Tripletts (1898, S. 519) Gerät zur Untersuchung von Wettbewerb (engl. *competition machine*). An zwei Kurbeln a und b wickelten zwei Personen um die Wette einen Seidenfaden auf. Die Probanden benutzten jeweils die Kurbel a. Die Geschwindigkeit, mit der Probanden die Kurbel a drehten, wurde auf einen Schreibstift übertragen und auf einer Rolle aufgezeichnet.

in Bewegung setzen - allein, d.h. ohne Helfer und Konkurenten, oder mit einem Helfer, der an einer anderen Kurbel „Tempo machte", oder in unmittelbarem Wettbewerb mit einem gleichzeitig kurbelnden Konkurrenten. Der Vergleich der Bedingungen zeigte: Im unmittelbaren Wettbewerb war die Geschwindigkeit am höchsten, ohne jedweden Partner am niedrigsten (auch wenn die Versuchsteilnehmer aufgefordert wurden, ihr bestes zu geben). Der Autor deutete das Ergebnis als ideomotorischen Effekt d.h. als Bewegung aufgrund einer Vorstellung. Die Beobachtung fremder Bewegung erzeuge den Impuls, die beobachtete Bewegung selbst auszuführen.

Tripletts Untersuchung war der Einzelbeitrag eines radsportbegeisterten Studenten aus Indiana. Es dauerte danach noch zwei Jahrzehnte, bevor Berichte über längere sozialpsychologische Versuchsreihen erschienen. Ein Bericht stammte von Floyd Henry Allport (1920) aus Harvard, ein anderer von Walther Moede (1920), damals Privatdozent, später Professor an der Technischen Hochschule Charlottenburg (inzwischen Technische Universität Berlin). Beide Autoren überprüften, wie weit die Anwesenheit anderer Personen - sei es als Beobachter oder als Mitwirkende - psychische Funktionen wie Urteile oder Leistungen veränderte. So ließ Allport seine Pro-

Apparat zur Registrierung von Handbewegungen (Moede, 1920, S. 80). Die Hand ruhte auf einem "Fingerbrettchen". Bewegungen in den drei Raumrichtungen (vorwärts - rückwärts, rechts - links, abwärts - aufwärts) wurden über Drähte auf einen Schreiber übertragen. Moede maß mit diesem Apparat ideomotorische Effekte, d.h. die (meist unwillkürlichen) Mitbewegungen bei der Beobachtung der Handbewegungen einer anderen Person.

banden eine Reihe von Texten aus der Moralphilosophie lesen. Die Probanden sollten dazu Gegenargumente aufschreiben - teils allein, teils in Gegenwart anderer. Allport zählte die geäußerten Argumente, ließ deren Qualität einschätzen und zog den Schluß: Mehr Argumente werden in der Gruppe genannt; der Anteil guter Argumente ist freilich höher, wenn man allein ist.

Moede hat in seinen Untersuchungen zur Experimentellen Massenpsychologie anhand einer Fülle von Leistungen überprüft, wie weit individuelles Verhalten dem Einfluß anderer Anwesender unterliegt. Die anderen Anwesenden konnten dabei die Rolle von stillen Beobachtern übernehmen oder die Rolle von Mitarbeitern, die zur gleichen Zeit mit denselben Aufgaben beschäftigt waren - unter Umständen im Wettbewerb miteinander. Der Autor stellte in Schulklassen und anderen Gruppen tatsächlich Einflüsse der sozialen Situation auf psychische Funktionen fest. So fand er vor allem:

- bessere Sinnesleistungen (z.B. feinere Unterscheidungen von Geräuschen),
- stärkeren Willen (z.B. höhere Ausdauer bei Konzentrationsaufgaben, höhere Schmerztoleranz bei elektrischer Reizung),
- schnelleres Lernen und langsameres Vergessen (von Buchstabenkombinationen).

Puffer, J. A. (1912). *The boy and his gang.* Boston: Houghton & Mifflin.

Moede, W. (1920). *Experimentelle Massenpsychologie.* Leipzig: Hirzel.

Triplett, N. (1898). The dynamogenic factors in pacemaking and competition. *American Journal of Psychology, 9,* 507-533.

Allport, F. H. (1920). The influence of the group upon association and thought. *Journal of Experimental Psychology, 3,* 159-182.

Allport, F. H. (1924/1967). *Social psychology.* New York: Houghton Mifflin.

Murphy, G. & Murphy, L. B. (1931). *Experimental social psychology.* New York: Harper.

Sozialpsychologie - Spezialgebiet oder mehr?

Mit Schwerpunkt auf Kognition und Verhalten in Gruppen ist die Sozialpsychologie zu einer der „Speziellen Psychologien“ (s. Abschnitt 8.1.3) geworden. Doch zugleich hat sich ein Begriff von Sozialpsychologie herausgebildet, der die Psychologie in ihrer Bedeutung für das gesamte soziale Leben zu umfassen trachtete. Lebte hier die Tradition der Moralphilosophie weiter, welche Wohlfahrt, Recht und Glauben auf der Kenntnis der menschlichen Seele aufbauen wollte (vgl. Abschnitt 6.1.4)? War dieses Verständnis der Disziplin vom Sozialdarwinismus geprägt, der das soziale Leben als höchste Stufe der Naturrevolution deutete (s. Abschnitt 8.4.2)?

Unter dem Titel „Sozialpsychologie“, ja sogar „Experimentelle Sozialpsychologie“ haben jedenfalls angesehene Forscher Schriften veröffentlicht, die ein Kompendium von psychologisch Wissenswertem überhaupt anzubieten trachteten (z.B. Allport, 1924/67; Murphy & Murphy, 1931). Sie behandeln neben Themen, die im engeren Sinne als sozialpsychologisch gelten können (Individuum und Gruppe, Sprache und Kommunikation, soziale Einstellungen und Gefühle), auch biologische und entwicklungspsychologische Probleme, die sich als sozial bedeutsam erweisen (angeborene Instinkte und Lernen, Persönlichkeit und Persönlichkeitsdiagnostik, Kinder- und Jugendpsychologie).

Die frühen sozialpsychologischen Studien Allports und Moedes waren Wiederholungen von geläufigen Aufgaben der zeitgenössischen Experimentalpsychologie (s. Abschnitt 9.3.3) in einer sozialen Umgebung. Später fand die experimentelle Sozialpsychologie eigene Fragestellungen und Theorieansätze. Zu ihren bevorzugten Themen gehörten: Einstellungsänderung und Rollenverhalten in der Gruppe, Gruppenzusammenhalt und Gruppendruck, Harmonie und Konflikt, Kommunikationsstrukturen und Verteilregeln.

8.5 Unterschiede zwischen Personen: Persönlichkeitspsychologie, Differentielle Psychologie

8.5.1 Charakterologie, Vermögenspsychologie

Die Unterschiede im Verhalten und Denken der Menschen bildeten einen gewichtigen Gegenstand der Lehren zur praktischen Menschenkenntnis (s. Abschnitt 7.2.1). Die anschauliche Darstellung menschlicher Charaktere war seit dem 18. Jahrhundert ein beliebtes Thema der bürgerlichen Kunst (z.B. der Komödien- und Dramendichtung Molières und Lessings). Nach dem Vorbild Theophrasts (s. Abschnitt 3.2.1) und La Bruyères (s. Abschnitt 7.2.2) wurde die Kunst der Charakterographie, d.h. der Charakterdarstellung weiterhin gepflegt. Die Beschreibung und Deutung von Charakteren auf eine wissenschaftliche Grundlage zu stellen, war eine naheliegende Forderung. Doch erst in der zweiten Hälfte des 19. Jahrhunderts hat ein philosophisch engagierter Gymnasiallehrer aus Pommern, Julius Bahnsen (1867/1932), dem Forschungsgebiet den ersten Namen gegeben, der weitere Verbreitung fand: Charakterologie.

Die mit wissenschaftlichem Anspruch betriebene Charakterkunde folgte recht unterschiedlichen Ansätzen. Und doch kristallisierten sich einige Prinzipien heraus, deren ausdrückliche Erörterung die wissenschaftliche Charakterkunde von der künstlerischen Charakterbeschreibung abheben sollte:

- die Definition von Charaktereigenschaften, die als gewichtig genug erachtet wurden, um zur Kennzeichnung von Personen zu dienen,
- die Definition von Charaktertypen, denen verschiedene Personen zugeordnet werden konnten,
- die Bestimmung der Individualität, d.h. der Einzigartigkeit von Personen,
- die Bestimmung der Einheit der Person, d.h. der Integration individueller Eigenschaften zu einem „Ich“ oder „Selbst“.

Die Charakterlehren mit wissenschaftlichem Anspruch blieben zunächst - nicht anders als ihre künstlerischen Gegenstücke - Teil der ethischen und pädagogischen Tradition. Sie trennten gute von schlechten Charakteren, und sie beschäftigten sich mit den Gründen des schlechten Charakters wie mit den Möglichkeiten zu seiner Besserung. Mit dem Beginn des 20. Jahrhunderts gliederten sie sich jedoch zunehmend in das Programm der selbständig werdenden Psychologie ein. Dort sind sie später sogar mit zwei Schwerpunkten vertreten, und zwar als

- Persönlichkeitspsychologie (s. Abschnitt 8.5.2) sowie als
- Differentielle Psychologie bzw. als Psychologie der individuellen Unterschiede (s. Abschnitt 8.5.3).

Im Rahmen einer Sozialutopie hat der französische Privatgelehrte Charles Fourier (1829/1973) eine höchst ausgefeilte Klassifizierung menschlicher Charaktere vorgenommen. Die Gesellschaft brauche alle Arten von Charakteren, und jeder Charakter finde in der Gesellschaft einen passenden Platz - als Industriearbeiter oder Bauer, als Künstler oder Dandy, ja sogar als „Birnenfanatiker“. Allerdings komme es auf die Zusammensetzung und den Aufbau der Gesellschaft an. Der Autor propagierte daher die Gründung von vorbildlichen Lebens- und Arbeitsgemeinschaften (franz. *phalanstéres*), die Menschen aller charakterlicher Ausprägungen vereinten. In der rechten Weise zusammengesetzt, würden die Gemeinschaften zu höchstem Wohlstand, ihre Angehörigen zu höchstem Glück gelangen.

Maßgebliche Charakterzüge waren für Fourier die Leidenschaften. Unter Berufung auf den Naturoptimismus Rousseaus (s. Abschnitt 8.1.2) warb er für die Befreiung der Leidenschaften aus gesellschaftlicher Unterdrückung. (So setzte er sich für die freie Liebe ein.) Um Menschen nach ihren Leidenschaften ordnen und zu abgestimmten Gemeinschaften organisieren zu können, entwarf der Autor ein System zu ihrer Differenzierung. Er unterschied vor allem die sinnlichen Leidenschaften (z.B. Streben nach kulinarischem Luxus), die affektiv-sozialen Leidenschaften (Freundschaft, Ehrgeiz, Liebe, Familie) sowie die Stile der Auseinandersetzung (Streitlust, Neuerung, Begeisterung, franz. *cabaliste, papillonne, composite*). Der Autor verwandte ungewöhnlichen Scharfsinn auf die feinere Darstellung dieser Merkmale und ihrer Kombinationen. Ein Hang zur Zahlenmystik ist dabei nicht zu verkennen. Durch kunstvolle Einteilungen von Gattungen und Varianten gelangte er zu einer Zahl von 810 Charaktertypen. Jedes Motiv könne dabei dominant werden (z.B. der Ehrgeiz). Manche Menschen besäßen keine oder nur ein einziges dominantes Motiv, andere - und das mache sie mitunter zu besonders wertvollen Mitgliedern der Gesellschaft - seien von mehreren dominanten Motiven geleitet.

Ganz anders hat der schottische Philosoph und Psychologe Alexander Bain (1861) seine Charakterlehre angelegt. Für ihn war der Charakter eine Ausprägung der in der menschlichen Seele angelegten Möglichkeiten. Aus-

KRITIKPUNKT

NACHTRÄGLICHE GRENZZIEHUNGEN

Dieses Kapitel versucht das Verständnis durch zweierlei Einordnungen zu erleichtern: Es legt den Beginn der Vergleichenden Psychologie in das 19. Jahrhundert, und es sortiert die Ansätze der Vergleichenden Psychologie nach den Richtungen der Tier-, Entwicklungs-, Sozial- und Persönlichkeitspsychologie. In der Tat haben die genannten Richtungen gegenwärtig ein erhebliches Maß an Selbständigkeit erlangt (u.a. bilden sie eigene Studienschwerpunkte, und ihrer Pflege widmen sich eigene, mitgliederstarke Vereinigungen). Im Rückblick sind ihre Wurzeln durchaus zu trennen, und die Suche nach Anfängen ist im 19. Jahrhundert tatsächlich besonders ergiebig. Doch wäre eine scharfe Zeitbestimmung nicht zu rechtfertigen, und die Einteilung nach Richtungen nimmt eine disziplinäre Ordnung vorweg, die zur Zeit des Entstehens noch nicht recht absehbar war.

Was die Periodenbestimmung anbelangt, ist zunächst an eine frühere Selbstkritik (Abschnitt 4.3.3) über die historische Realität von Epochen zu erinnern. Im übrigen ist offensichtlich, daß die romantische Bewegung, aus welcher die Vergleichende Psychologie hervorgeht, bereits vor Beginn des 19. Jahrhunderts einsetzt. Auch hat sich die Etablierung der verschiedenen Zweige teilweise bis ins 20. Jahrhundert erstreckt. So war die Entwicklungspsychologie im 19. Jahrhundert nur als Kinderpsychologie wohl begründet; zur Psychologie der lebenslangen Veränderung wurde sie erst im 20. Jahrhundert (s. Abschnitt 8.3).

Die Trennung verschiedener Richtungen hat sich erst vollzogen, nachdem deren Bestand gefestigt war. Vorher waren Gemeinsamkeiten der Methodik und der Theorie wichtiger als Unterschiede zwischen ihren Gegenständen. So hat die Anwendung der statistischen Methode Quetelets (s. Abschnitt 8.4.2) gleichermaßen zu entwicklungs-, sozial- und differentialdiagnostischen Fragen geführt. Das Bekenntnis zur Evolutionstheorie verband Tierpsychologen mit Entwicklungs- und Sozialpsychologen; für Galton war die Erblehre der Ausgangspunkt für seine Differentielle Psychologie (s. Abschnitte 8.2.2, 8.3.3, 8.4.2, 8.5.3). Ein solches gemeinsames Studium der Seele war generische Wissenschaft - einfach Philosophie. Erst mit der Teilung der Wissenschaften ist der Psychologie als Einzeldisziplin das Studium der Seele zugefallen. Und indem die Psychologie sich selbst in Teildisziplinen gliederte, trennten sich ihre vergleichenden Zweige.

gangspunkt war somit eine Theorie der seelischen Funktionen. Diese gliederte Bain in drei Gruppen: den Verstand, das Gefühl und den Willen. Jeder Mensch sei mit einer begrenzten Menge von seelischer Energie ausgestattet. Diese Menge verteile er auf seine Funktionen. Eine ungleiche Verteilung sei die Regel. Daraus erwachsen die Unterschiede zwischen Personen. Manche werden zu Verstandesmenschen (mit wenig Gefühlsregungen und Entschlußkraft), manche zu Gefühlsmenschen (mit wenig Überlegung und Entschlossenheit) und wieder andere zu Tatmenschen (ohne viel Überlegung und Gefühl).

Bains Ansatz, die charakterlichen Unterschiede aus dem Wesen des individuellen Menschen herzuleiten, hat in der Psychologie weitaus mehr Anhänger gefunden als das Bemühen Fouriers, menschliche Charaktere innerhalb einer sozialen Theorie zu deuten. Charakter wurde demnach zunächst nicht als soziale Rolle gedeutet, sondern als psychische Ausstattung. Die maßgeblichen Teile dieser Ausstattung nannte man zumeist „Vermögen" (engl. *faculty;* franz. *faculté*). Lebhaft waren die Auseinandersetzungen über die wichtigen menschlichen Vermögen. Zahlreiche Autoren beteiligten sich daran mit unterschiedlichen Aufzählungen. Beispielhaft ist ein Auszug aus der Aufzählung angenommener Vermögen des Philosophen Thomas Reid (1785/1971, 1788) - Bains Vorgänger an der Universität in Aberdeen: Selbsterhaltung, Beibehaltung von Gewohnheiten, Sinnenlust, Nachahmungstrieb, Sprache, Machtstreben, Wissensdrang, Dankbarkeit, Wetteifer, Mitleid, Sinn für das Gemeinwohl, Religion, Pflicht, Wahrnehmung, Phantasie, Gedächtnis, Urteil, Denken, Begriffsbildung.

Bahnsen, J. (1867/1932). *Beiträge zur Charakterologie* (2 Bände), herausgegeben von J. Rudert. Leipzig: Barth.

Fourier, Ch. (1829/1973). *Nouveau monde industriel et sociétaire*. Paris: Flammarion.

Bain, A. (1861). *On the study of character, including an estimate of phrenology*. London: Parkeson & Bourne.

Reid, Th. (1785/1971). *Essays on the intellectual powers of man*. New York: Garland.

Reid, Th. (1788). *Essays on the active powers of man*. Edinburgh: Bell.

Reid hat die psychischen Vermögen in aktive und geistige Kräfte unterteilt. Geistige Kräfte (darunter Gedächtnis, Wahrnehmung) sind Fähigkeiten für besondere Leistungen (z.B. zum Erinnern, zum Erkennen), aktive Kräfte (darunter Nachahmung, Wetteifer) sind Neigungen, Motive. Für Bahnsen (s.o.) waren Fähigkeiten und Neigungen keine gleichwertigen Charakterzüge. Vielmehr hielt er - unter Berufung auf Schopenhauers Willensphilosophie - die Motive für vorrangig. Vor allem vier Motive prägten den Charakter: Egoismus (eigenes Wohl), Bosheit (fremdes Weh), Mitleid (fremdes Wohl) und Askese (eigenes Weh) (Bahnsen, 1967/1932, Band 1, S. 53). Geistige Fähigkeiten (Phantasie, Abstraktion u.a.) ordnen sich nach Bahnsen den Motiven als Werkzeuge unter. So wird die Bosheit des Klugen zur Betrügerei, die Bosheit des Dummen zur Brutalität. Der Betrüger und der Gewalttätige seien aber charakterlich gleich, weil sie dasselbe Motiv der Bosheit teilten.

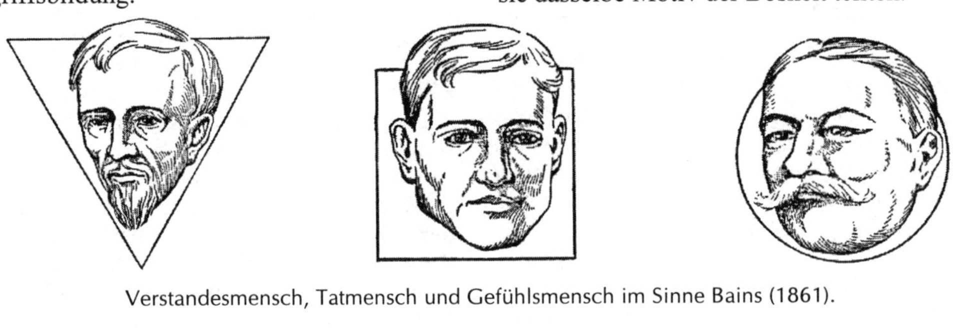

Verstandesmensch, Tatmensch und Gefühlsmensch im Sinne Bains (1861).

Wenn mehrere Menschen dieselben Vermögen oder insbesondere Motive aufweisen, entsteht eine Erscheinungsform, die man als Charaktertypus bezeichnen kann. Insofern spricht man in der Charakterologie allgemein vom Typ des Einfallsreichen oder vom Typ des Mitleidigen. Verschiedene Lehren wetteifern um die schlüssigste und praktisch erfolgreichste Typologie. Dabei wird übrigens immer wieder auf die aus der Antike überlieferte Temperamentenlehre (s. Abschnitt 3.3.3) zurückgegriffen.

In der Zuordnung eines Menschen zu einem Typus erschöpfte sich die Charakterologie freilich nicht. Autoren wie Bahnsen strebten letztlich zur Bestimmung der Individualität, einer Erscheinungsform, die eine und nur eine Person unverwechselbar kennzeichnet. Doch worin besteht

„jenes Plus ..., welches den Individualcharakter eben zum individuellen macht, jenes an sich reale Etwas, vermöge dessen der eine auf dieses, der andere auf jenes Grundmotiv reagirt, jenes die einzelne Individualität materialiter, *nicht blos* formaliter *Determinirende?"*

(Bahnsen, 1867/1932, Band 1, S. 119)

Bahnsen erklärt Individualität dreifach: als Abweichung von der Vollform der Grundmotive, als Mischung der Grundmotive sowie als Modifikation des Charakters durch intellektuelle Fähigkeiten. So mag eine Person starken Egoismus mit ein wenig Bosheit mischen und mit gutem Gedächtnis und rhetorischen Fertigkeiten ein tüchtiger, wenn auch nicht ganz redlicher Kaufmann werden.

Bahnsens Werk ist reich an typologischen und individuellen Charakterbeschreibungen. Hier ein kurzer Auszug als Probe:

„... es gibt auch eine cholerische Abart der Charakterlosigkeit ... oft nahe heranstreifend an die Erscheinungen der Tobsucht mit ihrem blind gewaltsamen Zufahren und Tappen im Dunkel der Leidenschaft ..., weil man nicht weiß, wohin im tiefsten Grunde die eigene Willensrichtung strömt und steuert. Da begegnen wir den Gestalten rücksichtsloser Wüstlinge, die in ihrem souveränen Belieben sich gar nicht fragen, ob sie eigentlich in seinem ganzen Umfangen das wollen - zu vertreten gedenken - was sie durch ihre Handlungen bewirken."

(Bahnsen, 1867/1932, Band 1, S. 433)

Die Bewunderer solcher scharfsinnigen, wortgewandten, weltkundigen Charakterisierungen haben darin das Vorbild einer wissenschaftlichen Charakterkunde gesehen, eine geglückte Anwendung der idiographischen Methode (vgl. Abschnitt 9.2.3). Dabei fällt freilich auf, daß der Autor mitunter zu unscharfen Begriffen der Umgangssprache (z.B. „der Windhund") übergeht, zu fragwürdigen Stereotypen (z.B. „der Holländer") oder gar zu eigensinnigen, wohl nur Eingeweihten verständlichen Charakterisierungen (z.B. „der Kriesling"). Mit seiner Bedächtigkeit unterscheidet sich Bahnsen von dem schwärmerischen Lavater. Doch teilt er mit seinem Vorgänger das Streben nach Ganzheitlichkeit und den Hang zum Subjektivismus (vgl. Abschnitt 7.2.3)

8.5.2 Psychologie der Persönlichkeit

Ist Charakter nur eine irgendwie geartete Zusammensetzung oder Mischung von Vermögen oder Motiven? Ist Individualität lediglich die Einmaligkeit der charakterlichen Erscheinung? Beide Fragen lassen sich verneinen. Den Charakter kann man als ein Ganzes auffassen, dessen Züge nicht beliebig zusammengewürfelt, sondern sinnvoll aufeinander abgestimmt sind. Individualität kann man mit dem Selbstbewußtsein begründen, das jedem Menschen die Gewißheit seiner Einzigartigkeit gibt. Innerhalb der Charakterkunde hat sich ein Schwerpunkt gebildet, welcher das Prinzip der ganzheitlichen Ordnung psychischer Fähigkeiten und Motive sowie das Prinzip der Einzigartigkeit von Personen in den Mittelpunkt gestellt hat. Dieser Schwerpunkt hat später einen eigenen Namen erhalten: Persönlichkeitspsychologie.

Das Problem der seelischen Persönlichkeit tauchte zuerst in der Tierpsychologie und in der Kinderpsychologie (s. Abschnitte 8.2.1, 8.3.2) auf. Im Vergleich von Mensch und Tier stellte sich die Frage nach den grundlegenden Unterschieden sowie dem Zeitpunkt, zu dem

Franz Joseph Gall (1758-1828) und die Phrenologie

Die Lehre von den Vermögen (s.o.) erregte im 19. Jahrhundert viel Aufsehen, weil die Theorie verfochten wurde,

- Menschen seien von Natur aus mit einem festen Bestand an Vermögen ausgestattet,
- jedes Vermögen habe einen festen Sitz im Gehirn,
- Vermögen seien individuell unterschiedlich stark ausgeprägt,
- die Stärke jedes individuellen Vermögens beruhe auf der Ausdehnung des zugehörigen Hirnteils,
- da sich die Größe der Hirnteile am Schädel abzeichne, könne man an der Schädelform die individuellen Vermögen ablesen.

Für diese Lehre hat sich die Bezeichnung „Phrenologie" (griech. *phren,* Geist, Wille) am weitesten durchgesetzt. Man nannte sie aber auch „Organologie" und „Kraniologie" (griech. *kranion*, Schädel)

Die Phrenologie versprach eine biologische Erklärung des individuellen Charakters, der Geisteskrankheit und der Kriminalität, aber auch des arteigenen Verhaltens (s. Young, 1970). Insofern hat die Phrenologie nicht nur die Charakterologie beschäftigt - wie z.B. die Psychologie Bains (s.o.). Auch die zeitgenössische Psychiatrie (s. Abschnitt 8.6.2) und die Tierpsychologie jener Zeit (s. Abschnitt 8.2.3) hat sie nachhaltig beeinflußt. Bei derart hoher Aktualität blühte die phrenologische Forschung. Schädelsammlungen wurden angelegt, und insbesondere auf die Schädel berühmter Persönlichkeiten und berüchtigter Verbrecher setzte eine eifrige Jagd ein.

Als Begründer der Phrenologie ist Franz Joseph Gall bekannt geworden. In der Nähe von Pforzheim im Jahre 1758 geboren, hat er in Wien Medizin studiert und war dort bald ein begehrter Arzt. In Privatvorlesungen, die sich lebhaften Zuspruchs vonseiten der gebildeten Bürgerschaft erfreuten, demonstrierte er seine „Schedellehre". Der österreichische Staatskanzler Lazansky verbot allerdings Galls Vorträge, da

„... über diese neue Kopflehre ... vielleicht manche ihren eigenen [Kopf] verlieren dürften, diese Lehre auch auf Materialismus [s. Abschnitt 5.4.2] *zu führen, mithin gegen die ersten Grundsätze der Religion und Moral zu streiten scheint ..."*

(nach Lensky, Einleitung zu Gall, 1979, S. 11)

Aus Wien vertrieben begab sich Gall 1805 auf eine fast dreijährige Vortragsreise durch Europa - und zwar zusammen mit seinem Kollegen Johann Caspar Spurzheim. 1807 ließen sich Gall und Spurzheim in Paris nieder und setzten dort ihre Forschungen und Publikationen fort. 1809 begannen sie, ihre anatomischen Studien und charakterologischen Deutungen in Buchform zu veröffentlichen. Gall hatte darüber hinaus glänzende Erfolge als Redner. Seine Vorträge verschafften ihm ein hohes Einkommen.

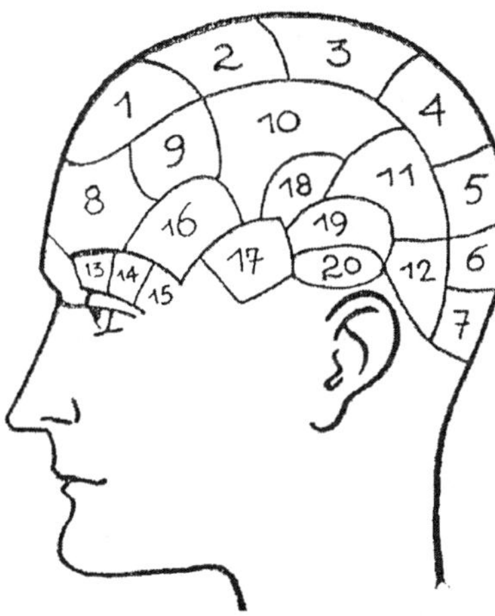

Gall und Spurzheim haben zwanzig Vermögen unterschieden und verschiedenen Hirnfeldern zugeordnet: (1) Denken, (2) Wohlwollen, (3) Ehrfurcht, (4) Gewissenhaftigkeit, (5) Ruhmsucht, (6) Nächstenliebe, (7) Liebe, (8) Geist, (9) Frohsinn, (10) Idealismus, (11) Vorsicht, (12) Kampflust, (13) Farbensinn, (14) Ordnungssinn, (15) Zahlensinn, (16) Musikalität, (17) Schaffenstrieb, (18) Begehren, (19) Verschwiegenheit, (20) Zerstörungstrieb.

Young, R. M. (1970). *Mind, brain and adaptation in the nineteenth century.* Oxford: Clarendon Press.

Gall, F. J. (1979). *Ausgewählte Texte,* herausgegeben von E. Lensky. Bern: Huber.

Gall, F. J. & Spurzheim, J. C. (1809). *Untersuchungen über die Anatomie des Nervensystems überhaupt und des Gehirns insbesondere.* Strasburg: Treuttel & Würtz.

die Entwicklung der Seele den Umschlag vom Tierischen zum Menschlichen vollzieht. Als maßgebliches Kriterium herangezogen wurde die Ausbildung des Selbstbewußtseins. Das Selbstbewußtsein umfaßt den Begriff „Ich“, der seinerseits die Erkenntnis der räumlichen und zeitlichen Identität der eigenen Person einschließt. Burdach (s. wieder Abschnitt 8.2.1) beschrieb das Selbstbewußtsein als ein „Gemeingefühl“:

„Im Gemeingefühl ist das beseelte Wesen inne geworden, daß ihm eine räumliche Individualität zukommt. ... In seiner vollsten Entwicklung, welche es im Menschen allein erreicht, besteht es in dem unmittelbaren Innewerden des geistigen Befriedigtseins, mithin auch des Grundes, worauf dies beruht, nämlich des wahrhaften Wesens und der Bestimmung unserer Seele.“

(Burdach, 1842, S. 90)

Die Berufung auf das „wahrhafte Wesen“ und die „Bestimmung unserer Seele“ verweist auf die Verwurzelung der frühen Persönlichkeitstheorie in der Romantik (s. Abschnitt 8.1.2). Ganz im Sinne der romantischen Entwicklungsphilosophie entfaltet sich die menschliche Seele als ein organisches Ganzes, und zwar nach einem Plan, der schon in ihren ersten Anfängen vorhanden ist. Das Verständnis vom Zu-sich-selbst-kommen der Seele, eingebettet in eine umfassendere Kultur, die ihrerseits auf dem Weg zu ihrer eigenen Vollkommenheit ist, verleiht dem Begriff der Persönlichkeit eine besondere Weihe:

„Wollen wir uns aber den schönen Begriff der Persönlichkeit recht deutlich machen, so werden wir allerdings finden, es könne in diesem Sinne die Entwickelung der Persönlichkeit, oder des immer klarern Durchtönens einer höhern Idee im Leben des Menschen, gewiß nicht anders als für eine der höchsten Aufgaben des Lebens gehalten werden.“

(Carus, 1831, S. 161)

Romantisch geprägt ist in der frühen Persönlichkeitspsychologie auch die hohe Wertung von Emotionen und Motiven, wie sie bereits in der Charakterologie Bahnsens (s. Abschnitt 8.5.2) festzustellen war. Burdach (s.o.) behandelte die (langfristigen) Stimmungen und (schnell verfliegenden) Affekte als die wesentlichen Zustände des Selbst. Ähnlich meinte Carus (1831, S. 161): *„Persönlichkeit bekundet sich ... namentlich auch im Wollen und Thun.“*

Persönlichkeit - ein Begriff aus der Theologie

Der Begriff der Persönlichkeit stammt aus der christlichen Theologie. Der Streit, ob der Vatergott des Alten Testaments, der Gottessohn des Neuen Testaments oder ein heiliger Geist der wahre und einzige Gott sei, wurde durch den Kompromiß geschlichtet, sie bildeten alle zusammen eine Dreifaltigkeit mit einem gemeinsamen Wesen. Jenes Wesen, das die drei göttlichen Personen vereinte, wurde „Persönlichkeit“ (lat. *personalitas*) genannt.

Im 18. Jahrhundert wurde der Begriff in die Psychologie übernommen. Autoren wie Locke (s. Abschnitt 5.3.2) und Leibniz (s. Abschnitt 5.2.2) haben ihn verwendet. In psychologischer Hinsicht wurde Persönlichkeit mit dem Bewußtsein der Identität gleichgesetzt, das dem Menschen - über die Vielzahl seiner psychischen Funktionen hinweg - den Eindruck seiner Einheit vermittelt sowie - ungeachtet des Wechsels seiner psychischen Zustände - den Eindruck der Beständigkeit (Dierse & Lassahn, 1989).

Die der Persönlichkeit zugeschriebene Einheit, Einzigartigkeit und Selbstbewußtheit erschienen vielen als Ideale, und der Glanz ihrer zentralen Begriffe schlug sich nicht selten in der Glorifizierung der Persönlichkeitspsychologie als Forschungsprogramm nieder. Vielen galt sie als „Krönung" der Psychologie überhaupt. Die Idealisierung litt freilich unter Beobachtungen von Widersprüchen und Brüchen in der Persönlichkeit. So hat Bahnsen (1867/1932, Band 2, S. 9, S. 152) auf Schwankungen von Charakterzügen hingewiesen (etwa auf die Unbeständigkeit des Selbstvertrauens) sowie auf regelmäßige Gegensätzlichkeiten (etwa auf den Egoismus und die Rücksichtslosigkeit von Idealisten, die sich auf höchste Güter berufen). Überhaupt nicht in die Theorie des einheitlichen Selbst paßten wissenschaftlich zuverlässige Berichte über Persönlichkeitsspaltungen. Diese begannen mit einer Fallbeschreibung des französischen Psychiaters Azam (1887). Der Arzt hatte mehrere Jahre lang eine Frau behandelt, die sich abwechselnd als eine von zwei Personen mit unterschiedlichem Namen und Charakter erlebte.

Daß die Persönlichkeitstheorie einen festen Standort in der Psychologie finden sollte, wurde spätestens mit der Schrift *Die menschliche Persönlichkeit* des einflußreichen Psychologen William Stern (s. Abschnitt 8.3.1) aus dem Jahre 1918 deutlich. Zwar berief sich Stern in dieser Schrift auf seine philosophische Orientierung und wiederholte weitgehend schon vorher vorgebrachte Prinzipien. Zugleich lieferte er jedoch ein Grundsatzprogramm für eine zukünftige psychologische Persönlichkeitsforschung.

Stern bestimmte Persönlichkeit als

- Vieleinheit, welche die Mannigfaltigkeit psychischer Funktionen integriert, durch
- Zweckwirken, das ganzheitliche Absichten und übergeordnete Zielsetzung umfaßt, als
- Besonderheit, d.h. einer Verselbständigung gegenüber der Umwelt - der Landschaft, der Arbeits- und Wohnwelt, dem Staat, der Rasse, dem Geschlecht u.ä.

Aus dieser Bestimmung ergeben sich nach Stern weitere Fragestellungen der Persönlichkeitstheorie: Das Reifen der Persönlichkeit in einem Prozeß der Selbstbestimmung, die Auseinandersetzung jeder Person mit ihrer Umwelt sowie die Harmonisierung innerhalb der Person. Zur Auseinandersetzung zwischen Person und Umwelt gehört der Einfluß von Erbanlagen auf das Lernen sowie das Eingehen von Kompromissen bei der Übernahme fremder Zwecke in den eigenen Willen. Eine wichtige Leistung der inneren Harmonisierung ist nach Stern die Konvergenz zwischen Richtungs- und Rüstungsdispositionen. Richtungsdispositionen nennt der Autor Motive und Interessen; unter Rüstungsdispositionen versteht er Fähigkeiten. Konvergenz zwischen Richtung und Rüstung bedeutet dann: Die reife Persönlichkeit soll können, was sie will, und wollen, was sie kann.

8.5.3 Differentielle Psychologie

Mit den Unterschieden in den beobachtbaren Eigenschaften der Menschen, ihren Fähigkeiten, Neigungen und Gewohnheiten befaßt sich jene Forschungsrichtung, die später den Namen „Differentielle Psychologie" erhalten hat. Sie fragte nach den normal zu nennenden menschlichen Fähigkeiten und Interessen, nach menschlichen Höchstleistungen und überhaupt nach der Verteilung von Fähigkeiten und Neigungen in der Bevölkerung. Das Programm der sozialen Physik, wie es Quetelet vorbildlich vertrat, hat den Anfang mit der

Burdach, K. F. (1842). *Blicke ins Leben - Comparative Psychologie* (2 Bände). Leipzig: Voss.

Carus, C. G. (1831). *Vorlesungen über Psychologie*. Leipzig: Fleischer.

Dierse, U. & Lassahn, R. (1989). Persönlichkeit. In J. Ritter & K. Gründer (Hrsg.), *Historisches Wörterbuch der Philosophie* (Band 7, S. 345-352). Basel: Schwabe.

Azam, E. E. (1887). *Hypnotisme, double conscience et alteration de la personalité*. Paris: Ballière.

Stern, W. (1918). *Person und Sache* (2. Band). *Die menschliche Persönlichkeit*. Leipzig: Barth.

Erhebung individueller Merkmale in der Bevölkerung gemacht (s. Abschnitt 8.4.2). Vor allem an Kindern sind systematische Verhaltensbeobachtungen vorgenommen worden (s. Abschnitt 8.3.1). Die systematische Erhebung von Verhaltensweisen, Fähigkeiten und Neigungen von Erwachsenen war der nächste Schritt. Solche Erhebungen begründeten die Differentielle Psychologie als eine Disziplin, die sich vorzugsweise nach der positivistischen und naturwissenschaftlichen Methodik ausrichtete.

Einen eindrucksvollen Schwerpunkt bildeten Erhebungen über psychisch bedeutsame individuelle Unterschiede im wissenschaftlichen Werk von Francis Galton. Sein Interesse an solchen Unterschieden entzündete sich an der Erbforschung. Galton (1869/1892) beschäftigte zunächst das Problem, ob geistige Fähigkeiten sich ebenso vererben wie körperliche. Um dies festzustellen, studierte er die Geschichte von rund 300 Familien, aus denen Angehörige aufgrund ihres Ansehens (engl. *reputation*) und ihrer Begabungen (engl. *natural gifts*) bekannt geworden waren - unter ihnen Richter, Offiziere, Geistliche, Literaten, Musiker, Maler und Ringer. Die beiden wichtigsten Ergebnisse: Erstens, viele hervorragende Männer stammen von bedeutenden Vätern oder Großvätern ab. Zweitens, Fähigkeiten können sich vererben, ohne daß sich die körperliche Erscheinung (Gesicht, Größe u.ä.) vererbt.

Nachfolgende Untersuchungen Galtons haben die Frage der Erblichkeit psychischer Eigenschaften zurückgestellt und sich auf die Erhebung individueller Unterschiede konzentriert. Wie Darwin (s. Abschnitt 8.2.2) hielt er die individuelle Variation für ein Ergebnis der Evolution, wie Fourier (s. Abschnitt 8.5.1) war er davon überzeugt, daß die Gesellschaft der individuellen Vielfalt bedarf:

Galton, F. (1869/1892). *Hereditary genius. An inquiry into its laws and consequences.* London: Macmillan.

Galton, F. (1883). *Inquiries into human faculty and its development.* London: Macmillan.

„Die belebte Welt besteht nicht aus einer Wiederholung ähnlicher Elemente, sondern aus einer unendlichen Vielfalt von Elementen, die - Leib und Seele - aus einem Prozeß der Auslese hervorgegangen sind, durch enge Anpassung an ihre Mitmenschen sowie an die physischen Umstände ihres Lebensraums. Der emotionale und intellektuelle Reichtum eines Volkes beruht in großem Umfang auf der mannigfaltigen Vielzahl von Begabungen der Menschen, aus denen sich das Volk zusammensetzt, und es wäre alles andere als ein Fortschritt, wenn man alle Menschen nach einem gemeinsamen Vorbild gleich machen wollte."

(Übersetzung aus Galton, 1883, S 3.)

Was Galton gesammelt hat, waren zum einen dokumentarische Daten - z.B. das Lebensalter von Angehörigen verschiedener Stände und Berufe. Aus der Altersstatistik konnte man - wie das Mill mit seiner Ethologie (s. Abschnitt 8.4.1) vorschwebte - Einflüsse der Lebensweise ablesen. Galton (1883, S. 277f.) glaubte z.B., mit seiner Statistik der Lebenserwartung die Unwirksamkeit von Gebeten nachgewiesen zu haben. Sie zeigte nämlich, daß die Angehörigen des Königshauses und des Hochadels, für deren Leben und Gesundheit am meisten gebetet wurde, keineswegs die längste Lebensdauer besaßen.

Bevölkerungsgruppe	Anzahl	Jahre
Mitglieder des Königshauses	97	64.0
Geistliche	945	69.5
Juristen	294	68.1
Ärzte	244	67.3
Hochadel	1179	67.3
Landadel	1632	70.2
Kaufleute	513	68.7
Armeeoffiziere	569	67.1
Künstler	239	65.9

Mittlere Lebensdauer von Männern aus unterschiedlichen Bevölkerungsgruppen, die älter als 30 Jahre geworden sind. Berücksichtigt sind Todesfälle aus den Jahren 1758-1843; Unglücksfälle und Fälle von gewaltsamem Tod sind ausgeschlossen (Auszug aus Galton, 1883, S. 281).

Francis Galton (1822-1911) und die Eugenik

Galtons Interesse an der Variation sowie an der Vererbung individueller Merkmale hatte einen sozialpolitischen Hintergrund: die Eugenik. Den Begriff der Eugenik (griech. *eugenes*, wohlgeboren) hat Galton in einem Vortrag im Jahre 1901 geprägt. Er verstand unter Eugenik eine Theorie und eine Praxis, welche die geistige und körperliche Gesundheit der Bevölkerung über Generationen hinweg verbessert. Dies sei zu erreichen, wenn die Weitergabe gesunden Erbguts gefördert werde (positive Eugenik) oder indem die Weitergabe ungesunden Erbguts gehemmt werde. Galton bezog sich auf eine Londoner Bevölkerungsstatistik und deutete die darin gewählte Klasseneinteilung als Ausdruck der Qualität des Erbguts (engl. *genetic worth*). Gesundheit und Wohlstand der Bevölkerung würden steigen, wenn die arbeitende Mittelklasse, die Handwerker und Unternehmer mehr Nachwuchs hervorbringen würden als die Unterschicht von Kriminellen und Trinkern.

Die wissenschaftliche Begründung und politische Umsetzung der Eugenik wurde das Ziel von Vereinen und Bürgern. In England wurde die stark beachtete *Eugenic Education Society* gegründet. Die eugenische Bewegung verstand sich als humanitär und aufgeklärt.

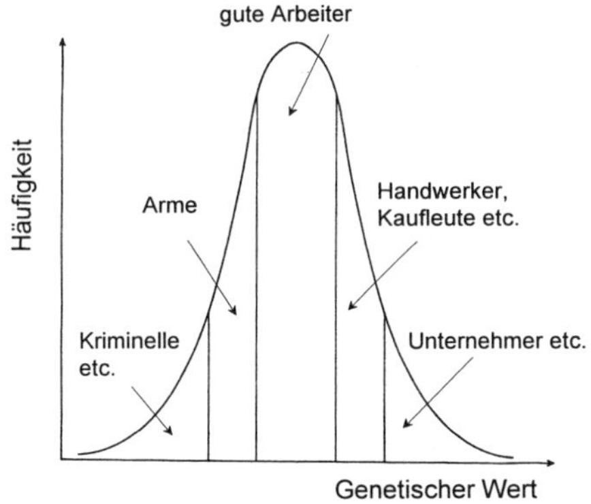

Galtons Darstellung der Bevölkerung von London, eingeteilt in fünf Klassen unterschiedlicher Häufigkeit und unterschiedlichen „genetischen Wertes" (nach MacKenzie, 1981, S. 17).

Ihre Ziele wollte sie mit erzieherischen und sozialpolitischen Maßnahmen (z.B. Steuererleichterungen für Kinderreiche) verfolgen. Die radikalen und verbrecherischen Maßnahmen der Eugenik im Faschismus (Zwangssterilisation oder gar Tötung von Behinderten) haben die Gründer der Bewegung nicht befürwortet. Erst recht haben sie nie Völker oder Rassen im ganzen als minderwertig eingestuft und deren Vernichtung geplant - wie das der Faschismus getan hat.

Francis Galton (1822-1911)

Die Eugenik folgte unmittelbar aus der Evolutionstheorie, welche Darwin eine Generation zuvor belegt und verbreitet hatte (s. Abschnitt 8.2.2). Übrigens waren Charles Darwin und Francis Galton Vettern. Wie Darwin gehörte Galton einer wohlhabenden Familie an. So mag er seine Gesellschaftstheorie vom Standpunkt der bürgerlichen Oberschicht aus entworfen haben. Galton hat nie ein öffentliches Amt bekleidet und konnte das Leben eines Privatgelehrten führen. Er hat zuerst Medizin studiert, dazu Mathematik. Er hat auch an Expeditionen in arabische und afrikanische Länder teilgenommen (Galton, 1908). Als er starb, hinterließ er der Universität London die Mittel, um einen Lehrstuhl für Eugenik einzurichten. Diesen Lehrstuhl hat Karl Pearson übernommen (s. folgende Seite).

Merkmalsvariation, Erbforschung und Statistik

Wie beschreibt man die Variation individueller Merkmale in einer Bevölkerung? Galton benutzte hierzu - wie schon Quetelet - die Darstellungsform der Häufigkeitsverteilung (s. vorangehende Seite und Abschnitt 8.4.2). Er nahm eine glockenförmige Normalverteilung mit einem häufigsten Wert μ und Wendepunkten im Abstand σ an. Die Glockenkurve heißt auch Gaußsche Fehlerkurve - nach dem Göttinger Mathematiker und Astronomen Carl Friedrich Gauss (1777-1855). Als Astronom kannte Gauss das Problem der fehlerhaften Zeitmessung. Beim Blick durch das Fernrohr gaben manche Beobachter den Durchgang eines Sterns durch eine Markierungslinie früher an, andere später. (Ähnlich verhielten sich Jäger und Soldaten: Auf bewegliche Ziele schossen sie manchmal zu früh und manchmal zu spät.) Gauss (1821f./1973) nahm an, daß vorschnelle Reaktionen ebenso häufig vorkämen wie verspätete; im übrigen versuchte er, die Verteilung von Reaktionen nach der Funktion $y=C\ exp(-x^2)$ zu berechnen, wobei y die Häufigkeit in der Beobachtungsmenge, d.h. die Wahrscheinlichkeit des Auftretens, darstellt und x die Reaktionszeit.

Galton hat gemessene individuelle Merkmale nicht als Fehler angesehen. Zum Beispiel war hohe musikalische Begabung nicht als Überschätzung einer Normalbegabung zu erklären. Gleichwohl glaubte der Autor an die Naturgegebenheit der Glockenkurve. Es sei der gleiche natürliche Variationsmechanismus, der die Häufigkeitsverteilung der Fehler und der Merkmale hervorbringe.

Die Überlegungen zur Merkmalsverteilung waren Teil der Erbforschung. Das Problem der Vererbung ließ sich statistisch nämlich folgendermaßen formulieren: In jeder Generation stellt die Natur von jedem Merkmal eine Verteilung her. Wird jedesmal die Verteilung von Grund auf neu bestimmt, wenn zwei (oder mehr) Generationen aufeinanderfolgen? Oder stehen die Verteilungen aufeinanderfolgender Generationen in Beziehung, weil Nachgeborene ihren Vorfahren ähneln? Falls eine solche Beziehung besteht: Wie stark ist sie für jedes Merkmal? Zur Beantwortung dieser Fragen benötigte man ein Maß, das die Stärke der Beziehung zwischen Häufigkeitsverteilungen wiedergab. Man fand es in den Kontingenz- und Korrelationskoeffizienten. Besonders leistungsfähig war der Produkt-Moment-Koeffizient von Karl Pearson, der in der eugenischen Bewegung eine führende Rolle spielte.

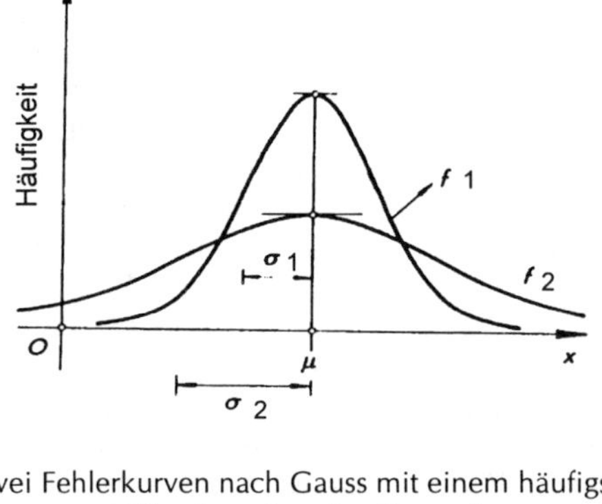

Zwei Fehlerkurven nach Gauss mit einem häufigsten Wert μ und Wendepunkten im Abstand σ.

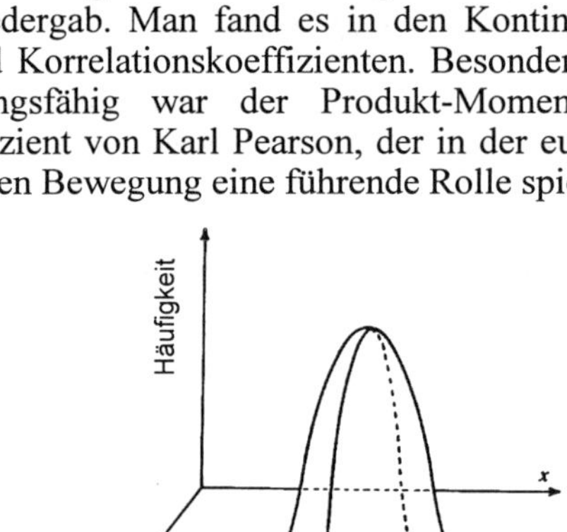

Bivariate Häufigkeitsverteilung (nach MacKenzie, 1981, S. 157, 247). Die Normalverteilungen der Variablen x und y werden rechtwinklig zueinander dargestellt. Die Korrelation zwischen x und y ist vollkommen, wenn Werte von x und y, die von gleichen oder verwandten Personen stammen, vom Mittelwert gleich weit entfernt sind.

Andere Daten hat Galton durch mündliche und schriftliche Befragungen sowie durch unmittelbare Prüfungen gewonnen. Er befürwortete die Einrichtung von „Anthropometrischen Laboratorien", zur körperlichen und geistigen Untersuchung von Einzelpersonen und Familien. Bei der Internationalen Gesundheitsausstellung in South Kensington im Jahre 1884 hat Galton (1885) sogar selbst eine solche Prüfstelle betrieben. Die Ausstellungsbesucher konnten dort ihre Sehschärfe und ihr Hörvermögen, die Kraft ihrer Hand, ihre Schlaggeschwindigkeit, ihren Farbensinn u.ä. feststellen lassen. In einem Jahr haben über 9000 Personen diesen Dienst in Anspruch genommen und dadurch dem Forscher zu einer damals einzigartigen Menge von statistischen Daten verholfen.

Ein psychisches Phänomen, das Galton ungemein beschäftigte, war die Vorstellung und ihre individuelle Variation. Zur Untersuchung von Gesichts-, Gehörs-, Geschmacks-, Geruchs- und Berührungsvorstellungen verteilte er einen Fragebogen. Die Befragten sollten versuchen, sich eine realistische Szene vorzustellen - vorzugsweise den häuslichen Frühstückstisch. Dann sollten sie sich vor allem äußern zur Helligkeit, Farbigkeit, Deutlichkeit und Ausgedehntheit ihres Vorstellungsbildes, zur Art der vorgestellten Szene, zu den vertretenen Personen, zur Entfernung der vorgestellten Gegenstände und zur Wirklichkeitstreue der Vorstellung. Gefragt wurde auch nach der willentlichen Beeinflußbarkeit der Vorstellung - u.a. ob man eine sonst flüchtige Vorstellung willentlich festhalten könne. Hundert Personen beantworteten die Fragen und ermöglichten dem Autor die Skalierung des Vorstellungsvermögens nach statistischen Kriterien.

In Selbstversuchen hat Galton (1883, S. 185f.) auch die Menge und Geschwindigkeit von Einfällen zu ermitteln versucht. Er stellte u.a. eine Liste mit 75 Wörtern zusammen, die er in größeren zeitlichen Abständen viermal durchlas. Dazu fielen ihm insgesamt 505 Assoziationen (Bilder und Begriffe) ein. Davon waren 29 beständig; sie wiederholten sich bei jedem der vier Versuche. Flüchtig waren 167; sie traten jeweils nur einmal auf. Mit Hilfe einer Stoppuhr stellte der Autor fest: Für 50 Assoziationen brauchte er 60 Sekunden. Im Vergleich zum natürlichen Gedankenfluß erschien ihm das „jämmerlich langsam". Immerhin: Es war ein Beginn für die Psychometrie, d.h. die Messung psychischer Eigenschaften.

MacKenzie, D. A. (1981). *Statistics in Britain (1865-1930). The social construction of scientific knowledge.* Edinburgh: Edinburgh University press.

Galton, F. (1908). *Memories of my life.* London: Methuen.

Gauss, C. F. (1821f./1973). Theoria combinationis observationum erroribus minimis obnoxiae. *Werke* (Band IV, S. 3-93). Hildesheim: Olms.

Galton, F. (1885). On the Anthropometric laboratory at the late International Health Exhibition. *Journal of the Anthropological Institute, 14,* 205-219.

1. Suboktil: Vollkommen klare und helle, vollständige Vorstellungsbilder.
1. Oktil: Vorstellungsbild hat fast die gleiche Qualität wie die Wahrnehmung.
1. Quartil: Ziemlich deutlich und vollständig, man muß sich anstrengen, das Bild vollständig zu sehen.
Mittelwert: Ziemlich deutlich. Helligkeit gegenüber dem Original zur Hälfte oder zu zwei Dritteln gemindert.
Letztes Quartil: Dunkel, flau, Bild zerfällt in Teile.
Letztes Oktil: Dunkel, sehr unklar, unvollständig.
Letztes Suboktil: Vorstellung eines Gegenstandes gelingt selten oder nie.

Skalierung des Vorstellungsvermögens nach Galton (1883, S. 93). Die Skalenstufen sind mit der Lage in der Häufigkeitsverteilung (s. vorangehende Seite) in Beziehung gesetzt. Die Skala ist in vier Bereiche eingeteilt, denen je ein Viertel der Personen zugeordnet ist. Die drei Grenzwerte zwischen den Vierteln werden Quartile genannt; das zweite Quartil ist der Mittelwert der Verteilung. Oberhalb des ersten Quartils befindet sich das Viertel der Personen mit der besten Leistung, unterhalb des letzten Quartils das Viertel mit der schlechtesten. Die Viertel werden weiterhin durch Oktile in zwei Achtel geteilt, die Achtel durch Suboktile in zwei Sechzehntel.

Im Jahre 1900 hat William Stern das Studium individueller Unterschiede zu einem eigenen Gebiet der Psychologie erklärt und dafür den Namen „Differentielle Psychologie" vorgeschlagen. Als Gegenstand der Differentiellen Psychologie betrachtete er die

„unendliche ... Mannigfaltigkeit, in der sich seelisches Sein und Leben bei verschiedenen Individuen, Völkern, Ständen, Geschlechtern u.s.w. darstellt".

(Stern, 1900, S. 2f.)

Als der Autor elf Jahre später eine Neuauflage seiner Schrift zur Differentiellen Psychologie vorlegte, betonte er die strenge Methodik des neuen Forschungsgebiets. Er erörterte in diesem Zusammenhang vor allem die Unterschiede zwischen der Selbstbeschreibung und der Fremdbeschreibung von Personen, stellte die Besonderheiten des psychologischen Prüfexperiments (später „Test") und der psychologischen Sammelforschung (d.h. Daten- und Testarchive) vor und trennte Verfahren der Typenbestimmung von individuellen Darstellungen. Ausführliche Abschnitte widmete er den einschlägigen statistischen Methoden, insbesondere der Variations- und der Korrelationsstatistik (s.o.).

Im Register von Sterns Schrift zur Differentiellen Psychologie fehlt der Begriff der Persönlichkeit, zu deren psychologischer Erforschung er in seiner späteren Schrift zur Persönlichkeit (s. Abschnitt 8.5.2) den Rahmen abgesteckt hat. Jene Schrift widmete sich eigenen Fragestellungen und erwähnt nicht die Methodik der Differentiellen Psychologie. Damit wird offenkundig, daß in der Differentiellen Psychologie und in der Persönlichkeitspsychologie zwei Programme entstehen, die verschiedene Richtungen einschlagen.

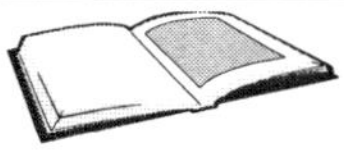

Stern, W. (1900). *Über Psychologie der individuellen Differenzen*. Leipzig: Barth.

Stern, W. (1911). *Die differentielle Psychologie in ihren methodischen Grundlagen*. Leipzig: Barth.

8.6 Psychopathien Abweichendes Verhalten, extreme Persönlichkeiten

8.6.1 Seelische Krankheit, Seelenheilkunde

Geistige und seelische Leiden - insbesondere Störungen der Vorstellung (Größenwahn, Verfolgungswahn u.ä.) und des Affekts (Manie, Depression) - verlangten die sachkundige Hilfe des Arztes. Doch als Abarten und Störungen von Geist und Gemüt beschäftigten sie ebenso nicht-ärztliche Geisteswissenschaftler. So waren es gleichermaßen Philosophen und Mediziner, die Abhandlungen und Klassifikationen von psychischen Störungen verfaßten. Sie äußerten sich über Tollheit und Blödheit, Hypochondrie und Melancholie, Wahnsinn und Wahnwitz (Friedreich, 1830/ 1965). Geistige und seelische Leiden waren somit durchaus gängige Themen der Psychologie des 19. Jahrhunderts. Zum Beispiel hat der Philosoph und Psychologe Friedrich Eduard Beneke (s. Abschnitt 9.2.2) seinem *Lehrbuch der Psychologie* aus dem Jahre 1845 einen „Überblick der Lehre von den Seelenkrankheiten" beigefügt.

Die Ursachen psychischer Leiden konnte man allein im Körper suchen. Gegen diese rein materialistische Auffassung hat sich Beneke (1824) in einer eigenen Schrift gewandt. Eine vermittelnde Stellung hat der Hallenser Mediziner Johann Christian Reil eingenommen. Reil (1808) erkannte körperliche Grundlagen psychischer Leiden an, verwies jedoch auf die Bedeutung von seelischen Ursachen

Die reformierte Psychiatrie des 19. Jahrhunderts wandte Bewegungs- und Beschäftigungstherapien an. Dazu gehörten (für Frauen wie für Männer) militärische Leibesübungen wie das Exerzieren mit Gewehr (Ausschnitt aus einem Kupferstich, aus Jaeckel, 1992, Anhang).

(Vorstellungen, Gefühle, Begierden) für sämtliche Krankheiten, insbesondere die psychischen. Diese Ursachen vermöge der Arzt durch Einfluß auf die Umgebung und durch sprachliche Instruktion zu verändern. In diesem Sinne trennte er drei medizinische Disziplinen, die Chirurgie, die Arzneikunde und die Psychiatrie. Der Psychiatrie (griech. *psyche, hiatros;* Seele, Arzt) ordnete er die psychischen Störungen und ihre Heilung zu; letztere nannte er abwechselnd „psychische Medizin" und „psychische Therapeutik".

Die Psychiatrie im Sinne Reils beschäftigte sich nicht allein mit geistigen und seelischen Störungen, doch bildeten diese ihr wichtigstes Anwendungsfeld. Die psychiatrische Gesprächs- und Verhaltenstherapie wurde fallweise durch pharmakologische und chirurgische Maßnahmen ergänzt, da zugleich eine organische Verursachung angenommen wurde. Reil (1803/1968) empfahl Arzneien (z.B. Mohnsaft zur Beruhigung), Salbungen, Bäder, das Einatmen ätherischer Öle sowie als chirurgische Eingriffe in schweren Fällen Aderlaß und Kastration.

Die von Reil konzipierte „psychische Curmethode" setzt auf die Besonnenheit und das Wertbewußtsein von Kranken. Im Gespräch sollten sie die Unvernunft ihrer Wahnvorstellungen und Zwänge einsehen lernen, Vorbilder sollten sie zu vernünftiger Gesinnung und verträglichem Verhalten anleiten. Im übrigen könne ein Arzt helfen, die Umgebung der Kranken angemessen zu gestalten (z.B. durch Abdunkeln des Raums bei Raserei, durch Entfernen von Spiegeln bei Wahn). Weiterhin fördere Gymnastik die Heilung.

Reil befürwortete ein „moralisches Regime" zur Humanisierung der Behandlung von Geistes- und Nervenkranken. Er wandte sich gegen *„Toll- und Narrenhäuser"*, wo die *„Erhaltung von Ruhe und Ordnung auf terroristischen Principien beruht"* und wo *„gewinnsüchtige Wärter"* die Insassen *„wie seltene Bestien zerren, um den müßigen Zuschauer zu belustigen"* (Reil, 1803/1968, S. 15; vgl. Abschnitt 6.4.1). Irrenanstalten sollten in anmutigen Gegenden liegen. Sie sollten Kranke davor bewahren, andere und sich selbst zu schädigen, sie zu Beschäftigung anhalten und ihnen zu mehr Lebensfreude verhelfen.

Friedreich, J. B. (1830/1965). *Versuch einer Literärgeschichte der Pathologie und Therapie der psychischen Krankheiten.* Amsterdam: Bonset.

Beneke, F. E. (1845). *Lehrbuch der Psychologie als Naturwissenschaft.* Berlin: Mittler.

Beneke, F. E. (1824). *Beiträge zu einer rein seelenwissenschaftlichen Bearbeitung der Seelenkrankheitkunde.* Leipzig: Reclam.

Reil, J. Ch. (1808). Über den Begriff der Medicin und ihre Verzweigungen, besonders in Beziehung auf die Berichtigung der Topik der Psychiatrie. In J. Ch. Reil & J. Ch. Hoffbauer (Hrsg.), *Beyträge zur Beförderung einer Kurmethode auf psychischem Wege* (S. 161-279). Halle: Curt.

Reil, J. Ch. (1803/1968). *Rhapsodien über die Anwendung der psychischen Curmethode auf Geisteszerrüttungen.* Amsterdam: Bonset.

Der von Reil geprägte Begriff der Psychiatrie hat sich in der ganzen Welt verbreitet, und zwar in der engeren der beiden ihm vom Autor zugedachten Bedeutungen. Er bezeichnet seitdem die Lehre von den Geistes- und Nervenkrankheiten.

Jaeckel, G. (1992). *Die Charité: die Geschichte eines Weltzentrums der Medizin.* Berlin: Ullstein.

Kraepelin, E. (1883). *Compendium der Psychiatrie.* Leipzig: Abel.

Bleuler, E. (1911). *Dementia praecox oder Gruppe der Schizophrenien.* Leipzig: Deuticke.

8.6.2 Psychosen und Neurosen

Art und Ursachen psychischer Leiden waren seit dem 19. Jahrhundert zentrale Themen der Psychiatrie. Zwei unterschiedliche Klassen von Krankheiten wurden ermittelt:
- die Psychosen und
- die Neurosen.

Unter einer Psychose versteht man die Störung oder den Verlust einer psychischen Funktion. Als Grundlage von Psychosen hat man von Anfang an oft Hirnschädigungen angenommen, obwohl bei diagnostizierter Psychose zunächst Veränderungen am Hirnorgan meist nicht oder nicht zuverlässig festzustellen waren. Unter einer Neurose versteht man die Fehleinstellung (sonst intakter) psychischer Funktionen. Hirnorganische Schäden hat man als Grundlage von Neurosen zunächst nicht angenommen.

Vorbildliche Untersuchungen zur Psychosenlehre stammten von einem Mediziner, der sich in Leipzig bei Wilhelm Wundt auch mit der Psychologie vertraut gemacht hat: Emil Kraepelin (1856-1926). Kraepelin (1883) unterschied zwei Formenkreise der Psychosen. Er nannte sie Dementia praecox („Jugendirresein“) und manisch-depressives Irresein. Ein Züricher Psychiater, der auch als Förderer der Tiefenpsychologie in Erscheinung getreten ist (s. Abschnitt 10.3.3), hat ebenfalls maßgeblich zur Psychosenlehre beigetragen: Eugen Bleuler (1857-1939). Bleuler (1911) hat den Begriff der Dementia praecox durch den inzwischen geläufigen der Schizophrenie ersetzt. Er hat damit die optimistische Sicht korrigiert, Schizophrenie trete vorwiegend in der Jugend auf und sei häufiger heilbar als Manien und Depressionen. Letztere stellen vorwiegend Affektstörungen (unangepaßt hohe Freude bzw. Traurigkeit) dar. Die Schizophrenien umfassen so verschiedene Beschwerden wie Halluzinationen (z.B. Hören nicht wirklich vorhandener Stimmen), Beziehungsstörungen (z.B. Glaube an tatsächlich nicht vorhandene Verfolgung) und Katatonie (Gliederstarre).

Mit dem Begriff der Neurose trat in Schottland der Arzt William Cullen (1784/1789) der Auffassung entgegen, Hysterien (Überspanntheit mit Lähmungen, Krämpfen, Ohnmacht u.a.), Hypochondrien (übermäßige Angst vor Krankheiten u.a.) und ähnliche Leiden seien das Werk böser Geister oder die Auswirkung schlechter Körpersäfte (vgl. Abschnitt 6.4.2). Vielmehr bringe das Nervensystem aus eigener Kraft diese Erscheinungen hervor.

An der Salpêtrière in Paris (s. Abschnitt 6.4.1) hat Jean Martin Charcot (1825-1893) Hysterie mit Hypnose (s. Abschnitt 6.4.2) behandelt. Er glaubte übrigens, daß nur Personen mit einer Neigung zur Hysterie hypnotisierbar seien. Charcots hypnotische Behandlung sollte über ein Stadium der Lethargie (griech. *lethargia*, Schlafsucht) über ein Stadium der Katalepsie (griech. *katalepsia*, Starrkrampf) zum Somnambulismus (franz. *somnambulisme*, Schlafwandeln) führen. Im somnambulen Zustand legen Menschen ihre vorangehende Starre und Müdigkeit ab und sind ansprechbar. Der Arzt kann ihnen dann den Auftrag geben, hysterische Symptome zu zeigen. Zum Beispiel kann er Patienten ankündigen, ihr Arm werde steif, und es stellt sich tatsächlich eine Lähmung des Armes ein. Dies war als Nachweis zu werten: Es gibt körperliche Störungen nervösen Ursprungs, und unter Hypnose tritt eine sonst verborgene nervöse Innenwelt zutage. Tatsächlich stellte Charcot Patientinnen vor, die im somnambulen Zustand bizarre Bewegungen ausführten und phantasievolle Äußerungen von sich gaben. In ihren Auftritten erschienen sie wie verwandelt, als breche ein neues Wesen aus ihrem Inneren hervor (Charcot, 1872/1883).

Pierre Janet (1859-1947), der als Assistent bei Charcot gearbeitet hatte, beschrieb Neurotiker, d.h. unter Neurose leidende Personen, als gespaltene Persönlichkeiten. In ihnen trenne sich ein kohärentes Bewußtsein von einem dissoziierten Unbewußten. Das Bewußtsein ist eine Schicht von reflektierbaren, schlüssigen, geordneten Vorstellungen und willentlichen Tätigkeiten, das Unbewußte eine Schicht unzusammenhängender Vorstellungen und unwillkürlicher, automatischer Tätigkeiten ohne Selbsterfahrung. Unter den dissoziierten Vorstellungen könne eine sich festsetzen und übermächtig werden - z.B. Eifersucht, Sauberkeit. Janet nannte solche Vorstellungen fixe Ideen (franz. *idée fixe*). Wenn die Energie von Menschen durch Angst, Entbehrung o.ä. geschwächt sei, konzentriere sich der verbleibende Rest auf das dissoziierte Unbewußte. Dies begünstigt die Herrschaft fixer Ideen und das Zustandekommen unwillkürlicher Tätigkeiten (Janet, 1919).

In Nancy war Hippolyte Bernheim (1840-1914) tätig. Er stand Charcots Annahme, nur Hysteriker seien hypnotisierbar, kritisch gegenüber. Auch hielt er die Tiefenhypnose nicht für einen außergewöhnlichen Zustand, hervorgerufen durch besondere Kräfte. Vielmehr sah er in der Hypnose einen normalen Zustand der Entspannung, der auf natürlicher Bereitschaft und schlichtem Zureden beruhe. Menschen leisteten in Hypnose weniger Widerstand gegen Anweisungen. Dies könne man im Falle von neurotischen Patienten ausnützen, um sie von falschen Einstellungen zu befreien. Bernheim nannte diesen Vorgang Suggestion (lat. *suggestio*, Einreden). So schilderte Bernheim (1888/1985, S. 212) den Fall eines hysterischen Metallarbeiters, der ohne organischen Grund unter Fühllosigkeit und Lähmung der Beine litt. Bernheim suggerierte ihm mehrfach unter Hypnose, er könne wieder ohne Beschwerden gehen. Tatsächlich konnte er sich nach mehreren Wochen wieder ohne Schmerzen bewegen.

Charcot genoß als Neurologe einen vorzüglichen Ruf. Seine Zuwendung zur Hypnose verschaffte dieser wissenschaftliche Anerkennung. Die Salpêtrière in Paris und die Klinik in Nancy zogen interessierte Besucher an. Einer von ihnen war Sigmund Freud, der als junger Mediziner in Frankreich wichtige Anregungen für seine Theorie der Psychoanalyse erhielt (s. später Abschnitt 10.3.2). Am Ende des 19. Jahrhunderts wurde der Hypnotismus zu einer beachtlichen wissenschaftlichen Bewegung. Der Erste Internationale Hypnosekongreß, der unter Beteiligung hervorragender Forscher aus Europa, Amerika und Japan 1889 in Paris stattfand, bewies die damalige Stärke dieser Bewegung.

Cullen, W. (1784/1789). *Anfangsgründe der praktischen Arzneykunst. Nervenkrankheiten* (Band 3), *Gemüthskrankheiten* (Band 4). Leipzig: Fritsch.

Charcot, J.-M. (1872-1883). *Leçons sur les maladies du système nerveux faites à la Salpêtrière* (3 Bände). Paris: Delahaye.

Janet, P. M. F. (1919). *Les obsessions et la psychasthenie*. Paris: Alcan.

Bernheim, H. (1888/1985). *Die Suggestion und ihre Heilwirkung*. Tübingen: Discord.

ZUSAMMENFASSUNG

1. Mit der Romantik entstand im 18. Jahrhundert eine Philosophie, welche die Natur gegenüber der Kultur aufwertete, das organismische Wachstum gegenüber dem beständigen Sein, die gefühlvolle Empfindung gegenüber dem Verstand, die Individualität gegenüber dem allgemeinen Wesen. Dieser Umwertung folgte die Psychologie in speziellen Richtungen, die in diesem Kapitel unter dem Oberbegriff „Vergleichende Psychologie“ dargestellt sind.
2. Dem Vergleich von Mensch und Tier sowie dem Vergleich von Tiergattungen dient die Tierpsychologie. Sie - aber auch die anderen Richtungen der Vergleichenden Psychologie - wurden maßgeblich bestimmt von der Darwinschen Evolutionstheorie, welche die Entwicklung von Gattungen - die Gattung des Menschen eingeschlossen - als unablässige Auslese angepaßter Individuen erklärt. Die Tierpsychologie hat im 20. Jahrhundert die Beobachtung von Tieren unter natürlichen Lebensbedingungen durch experimentelle Forschungen ergänzt.
3. Die Psychologie der Humanentwicklung hatte ihren Schwerpunkt bei der Untersuchung von Kindern. Es waren zunächst Eltern und Erzieher, die regelmäßige Aufzeichnungen von Entwicklungsfortschritten vornahmen. Die Aufzeichnungen beschränkten sich zunächst auf die frühe Kindheit. Danach dehnten Untersuchungen die Betrachtung auf die gesamte Lebensspanne aus. Querschnitts- und Längsschnitterhebungen an größeren Stichproben lösten Beobachtungen einzelner, in der Regel eigener Kinder ab. Konzeptionen von normgerechter Entwicklung wechselten mit Analysen von Entwicklungsfaktoren in Anlage und Umwelt sowie mit Betrachtungen des Sinngehalts verschiedener Lebensphasen.
4. Einflüsse von kleineren Gruppen wie der Familie und großen regionalen Gemeinschaften auf das individuelle Bewußtsein und Verhalten sind das Thema der Sozialpsychologie. Die Sozialpsychologie trat zuerst unter dem Namen der Völkerpsychologie auf und untersuchte Sprache, Herrschafts- und Verwandtschaftsbeziehungen, Kunstwerke u.ä., um Prinzipien kollektiven Denkens zu ermitteln. Analysen über Interaktionen in Gruppen, nicht zuletzt über das Verhalten in Massen, mündeten schließlich in eine experimentelle Sozialpsychologie, die zunächst vor allem den Einfluß Anwesender auf Denken, Meinen und Handeln feststellte.
5. Die Unterschiede in den Eigenschaften verschiedener Menschen sind das Thema der Differentiellen Psychologie. Die Persönlichkeitspsychologie untersucht, wie sich die unterschiedlichen Eigenschaften eines Menschen so verbinden, daß sich dieser als einheitliche und beständige Person erfährt. Als psychische Eigenschaften werden vorzugsweise menschliche Fähigkeiten und Neigungen betrachtet. Die freie Beobachtung von Personen wird ergänzt durch die Messung von Persönlichkeitsmerkmalen. Die Psychometrie schließt an die bereits für die Sozialpsychologie bedeutsame Bevölkerungsstatistik an. Für die durch Reihenuntersuchungen erhobenen umfangreichen Datensätze werden statistische Verfahren entwickelt.
6. Psychische Störungen werden zunehmend als natürliche Krankheiten betrachtet, human behandelt und wissenschaftlich erörtert. Die Psychiatrie übernimmt als Zweig der Medizin die Betreuung von psychisch Kranken und die Führung in der Erforschung der Formen und Ursachen psychischer Krankheiten. Es entstehen Psychosen- und Neurosenlehren.

Literatur zur Ergänzung und Vertiefung

Danziger, K. (1992). The project of an experimental social psychology: Historical perspectives. *Science in Context, 5*, 309-328.

Eckardt, G. (Hrsg.). (1997). *Völkerpsychologie - Versuch einer Neuentdeckung.* Weinheim: Psychologie Verlags Union.

Eckardt, G., Bringmann, W. G. & Sprung, L. (Eds.). (1985). *Contributions to a history of developmental psychology.* Amsterdam: Mouton.

Fay, J. W. (1939). *American Psychology before William James.* New Brunswik: Rutgers University Press.

Geweke, F. (1992). *Wie die neue Welt in die alte k*am. München: Deutscher Taschenbuchverlag.

Kern, H. (1982). *Empirische Sozialforschung. Ursprünge, Ansätze, Entwicklungslinien.* München: Beck.

Kossak, H.-Ch. (1989). *Hypnose*. München: Psychologie Verlags Union.

Lepenies, W. (1976). *Das Ende der Naturgeschichte.* München: Hanser.

Oeser, E. & Schubert-Soldern, R. (1974). *Die Evolutionstheorie. Geschichte - Argumente - Erklärungen.* Wien: Braunmüller.

Richards, R. J. (1987). *Darwin and the emergence of evolutionary theories of mind and behavior.* Chicago, ILL: University of Chicago Press.

Rössner, M. (1988). *Auf der Suche nach dem verlorenen Paradies*. Bodenheim: Hain.

Schott, H. (1988). Die „Strahlen" des Unbewußten - von Mesmer zu Freud. In G. Wolters (Hrsg.), *Franz Anton Mesmer und der Mesmerismus,* (S. 55-70). Konstanz: Universitätsverlag.

Walter, W. (1983). *Der Geist der Eugenik. Francis Galtons Wissenschaftsreligion in kultursoziologischer Perspektive.* Bielefeld: B. K.Verlag.

Ziolkowski, Th. (1990/1992). *Das Amt der Poeten. Die deutsche Romantik und ihre Institutionen.* Stuttgart: Klett-Cotta.

Studenten beim Hambacher Fest im Mai 1832. An der Wiederbelebung der bürgerlichen Revolution zwischen 1830 und 1848 hatten Studenten maßgeblichen Anteil. Deutsche, Franzosen und Polen trafen sich zu einer Massenkundgebung auf dem Schloß Hambach an der Rheinpfälzer Weinstraße und forderten republikanische Verfassungen für ein einheitliches Deutschland und seine europäischen Nachbarn. Zudem verlangten sie Versammlungs- und Pressefreiheit.

Kapitel 9

Allgemeine Psychologie

Psychologische Grundlagenforschung im 19. Jahrhundert

Nach langwierigen Kriegen mit dem napoleonischen Frankreich gelangte Europa zu neuer politischer Ordnung. Großmächte entfalteten eine erhebliche Wirtschaftskraft. Technische und soziale Probleme waren enorm, doch groß waren auch die Fortschritte zu ihrer Lösung. Die Wissenschaften gerieten ebenfalls in eine Phase des Umbruchs und des Wachstums. Zu den Folgen gehörte die Verselbständigung der Psychologie als Einzeldisziplin.

Die im 19. Jahrhundert als eigenständige wissenschaftliche Disziplin hervortretende Psychologie war zunächst nur ein spezialisierter Forschungszweig innerhalb der Philosophie. Sie verbreitete sich vor allem im deutschsprachigen Raum. Die damalige deutschsprachige akademische Psychologie war vor allem geprägt durch ihre Auseinandersetzung mit der philosophischen Richtung des Idealismus sowie durch ihre Anlehnung an die sich ebenfalls neu etablierende Physiologie.

Kennzeichnend für den Umbruch in der Wissenschaftsorganisation war die Trennung von Naturwissenschaften und Geisteswissenschaften. Die Psychologie vollzog diese Trennung mit und gliederte sich in eine

- naturwissenschaftlich orientierte Psychologie sowie,
- geisteswissenschaftlich orientierte Psychologie.

Innerhalb der naturwissenschaftlichen Psychologie trat eine experimentelle Richtung hervor, innerhalb der Geisteswissenschaften eine Verstehende Psychologie. Es war vor allem die Experimentelle Psychologie, welche die Besonderheit der Psychologie als Einzelwissenschaft begründete und zu einem international wirkungsvollen Modell für die Neuorientierung des Faches wurde.

9.1 Das Jahrhundert der Großmächte und die Wissenschaften Bedingungen für die Verselbständigung der Psychologie

9.1.1 Revolution, Restauration, Reform

Die französische Revolution wurde wegen ihrer Ziele (Freiheit, Gleichheit, Brüderlichkeit) von aufgeklärten Bürgern und Intellektuellen in ganz Europa begrüßt. Doch die Verhaftungen, Hinrichtungen und Kirchenzerstörungen, mit denen die radikalen Jakobiner die Revolution vorantrieben, riefen Abscheu und Ablehnung hervor. Der Terror dauerte bis zum Jahr 1794. Danach kam ein junger Offizier an die Macht - Napoleon Bonaparte. 1804 ließ er sich zum Kaiser krönen. Napoleon führte die französischen Truppen durch ganz Europa - bis nach Ägypten und Rußland. 1806 traten zahlreiche deutsche Fürsten aus dem Reichsverband aus und begaben sich als Rheinbund unter das Protektorat Napoleons. Der amtierende deutsche Kaiser Franz II. trat zurück. Damit ging das erste Deutsche Reich nach tausendjährigem Bestehen zu Ende.

Napoleon suchte Europa nach den Prinzipien des aufgeklärten Bürgertums neu zu gestalten. Nachhaltig waren seine Verwaltungsreformen und die Einführung eines Bürgerlichen Gesetzbuches, das seinen Namen trug (*Code Napoléon*). Doch die anstehenden wirtschaftlichen und sozialen Probleme konnte er nicht lösen. Dagegen überzog er die Länder mit Eroberungs- und Unterwerfungskriegen. So schlossen sich die großen Länder gegen ihn zusammen: England, Rußland, Österreich, Preußen, Bayern. Nach wechselnden Erfolgen in den Befreiungskriegen schlugen die Verbündeten im Herbst 1813 die französischen Truppen und zogen ein halbes Jahr später in Paris ein. Napoleon wich schließlich in die Verbannung. Das frühere Königshaus der Bourbonen übernahm wieder die Regierung.

Der Wiener Kongreß endete 1815 mit einem Vertrag über die Neuverteilung Europas. Er bestätigte die Vorherrschaft von fünf Großmächten: England, Frankreich, Rußland, Österreich und Preußen. Deutsche Fürsten und freie Städte schlossen sich zum Deutschen Bund zusammen.

Mit der Bildung von Großmächten sowie kleineren Staaten (u.a. Polen, Schweiz, Niederlande) wurden die Grundlagen für ein Nationalbewußtsein geschaffen. Freilich waren die gebildeten staatlichen Einheiten (z.B. die Fürstentümer im Deutschen Bund) oft klein. Die Bevölkerung gliederte sich weiterhin in zahlreiche Landsmannschaften. Trotzdem empfanden viele Patrioten die Sehnsucht nach einem Nationalstaat. Diese Sehnsucht verband sich mit der Forderung nach einer Nationalversammlung, einem Bürgerparlament.

Nach dem Wiener Kongreß kehrten alle Länder zur monarchischen Staatsform zurück. Eine Phase der politischen Restauration, ja der Unterdrückung setzte ein. Widerstand regte sich. Im Jahre 1848 ging eine Welle von Revolutionen über die Länder. Studenten, die für eine Nationalversammlung eintraten, und Arbeiter, die ihre Lage bessern wollten, haben sie maßgeblich getragen. In Paris und Wien zogen sich die Monarchen zurück, in Berlin hielt sich der König an der Macht, indem er sich zur revolutionären Bewegung bekannte. Noch im Jahr 1848 tagte in der Paulskirche in Frankfurt am Main eine Deutsche Nationalversammlung - übrigens unter starker Beteiligung von Wissenschaftlern und Schriftstellern. Verfassungen zur Sicherung von Bürger- und Minderheitenrechten wurden in zahlreichen Ländern verabschiedet. Doch es bedurfte in Deutschland noch längerer Bemühungen zur Gründung eines Nationalstaates. Erst zwei Jahrzehnte nach der Versammlung in der Frankfurter Paulskirche - Deutsche waren gerade nach einem erneuten Krieg mit Frankreich in Paris einmarschiert - rief der preußische Ministerpräsident Otto von Bismarck seinen König Wilhelm I. zum Kaiser des zweiten Deutschen Reiches aus.

Das 19. Jahrhundert begann mit einem großen Bedarf an Reformen. In Preußen wurde die Erbuntertänigkeit der Bauern aufgehoben, die Selbstverwaltung der Städte gestärkt und die Gewerbefreiheit eingeführt; die Judenemanzipation begann. Bedrückend war die „soziale Frage“. Die Löhne erreichten trotz eines Arbeitstags von zwölf Stunden kaum das Existenzminimum. Kinderarbeit war weit verbreitet. Es herrschten enge und ungesunde Wohnverhältnisse. Ein „vierter Stand“ (neben Adel, Klerus und Bürgerschaft) hatte sich gebildet: das Proletariat (lat. *proletarius*, der ärmste Bürger, der als Besitz nur *proles*, d.h. seine Nachkommen, hat). Das Proletariat entstand unter den Bedingungen der Überbevölkerung und der Unterbeschäftigung. Letztere war wiederum eine Folge der fortschreitenden Industrialisierung und Mechanisierung der Arbeit (s. bereits Abschnitt 6.1.1).

Zugleich bahnte sich technischer und wirtschaftlicher Fortschritt an, der den Wohlstand mehrte. Immer bessere Produkte wurden in immer größeren Mengen angeboten. Das Verkehrswesen stand vor einem atemberaubenden Wandel. War 1830 die erste Eisenbahnstrecke zwischen Manchester und Liverpool eröffnet worden, konnte man bereits 1870 mit dem Zug von Kiel oder Königsberg bis Budapest, Genf oder Paris reisen. Damit die Industrie die Vorteile der verbesserten Verkehrsverbindungen besser nutzen konnte, sorgte ab 1834 der Deutsche Zollverein für den Abbau von Zöllen zwischen den deutschen Ländern. Handel und Industrie gingen einer Blüte entgegen. Zusammenschlüsse in Form von Aktiengesellschaften oder Kartellen dienten der Kapitalvermehrung. Anteile von Industrieunternehmen, Eisenbahngesellschaften u.ä. wurden an Börsen gehandelt.

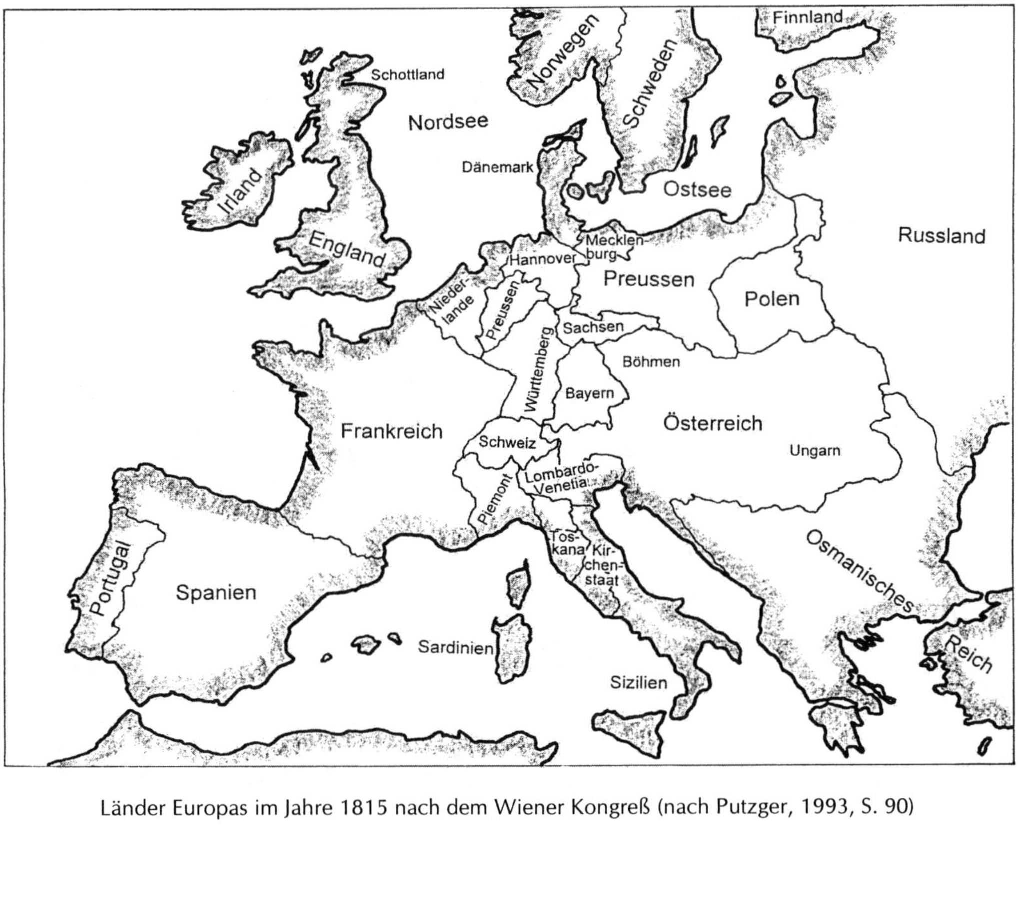

Länder Europas im Jahre 1815 nach dem Wiener Kongreß (nach Putzger, 1993, S. 90)

Der deutsch-französische Krieg von 1870-1871 war nur einer von mehreren blutig ausgetragenen regionalen Konflikten. Vordergründig wegen einer Erbfolgefrage erklärt, zeigt er wechselseitige nationale Animositäten und eine erbitterte militärische und wirtschaftliche Konkurrenz zwischen den Staaten. Die gewaltigen Reparationszahlungen Frankreichs an die deutschen Sieger lösten Investitionen in ganz Europa aus; Großbauten entstanden; die Börsenkurse stiegen. Die Konjunktur konnte allerdings nicht Schritt halten. Nach einem „schwarzen Freitag" an der Wiener Börse verfiel die Wirtschaft in eine Depression, die zwölf Jahre dauerte.

Als das Jahrhundert in der Euphorie der „Gründerjahre" zu Ende ging, waren auch Lösungen für die Probleme der Arbeiterschaft in Sicht. Es hatten sich regionale und nationale Arbeitervereine gebildet, die sich 1869 in London zur *Internationalen Arbeiter Association* zusammenschlossen. In Deutschland ging aus der Arbeiterbewegung die *Sozialdemokratische Arbeiterpartei* unter der Führung von August Bebel hervor. Das Deutsche Reich hat einerseits das Wirken der Arbeiterbewegung (nach zwei mißglückten Attentaten auf den Kaiser) durch ein „Sozialistengesetz" behindert, andererseits ist seine Sozialpolitik vorbildlich geworden. Bis 1891 waren Gesetze zur Kranken-, Alters-, Unfall- und Invalidenversicherung verabschiedet. Eine Arbeiterschutzgesetzgebung verbot die Kinderarbeit, regelte die Arbeitszeit und erhöhte die Arbeitssicherheit. Der nach 1895 einsetzende Wirtschaftsaufschwung kam auch der Beschäftigung und den Löhnen zugute (vgl. Schulze, 1998).

9.1.2 Geistige Liberalität und Idealismus

Die Beschwernisse des politischen, wirtschaftlichen und sozialen Umbruchs, bittere Not, Verfolgung und Unterdrückung belasteten die Menschen. Insbesondere in der Restaurationsphase nach dem Wiener Kongreß suchten Polizei, Zensur und Spitzel die freie Meinungsäußerung zu unterbinden, wo sie sich gegen die Obrigkeit richtete. Einige Bürger wanderten aus, andere zogen sich ins Privat- und Vereinsleben zurück. In der Zeit des Biedermeier zwischen Wiener Kongreß und Märzrevolution - benannt nach der zeitgenössischen Witzblattfigur des spießbürgerlichen Gottlieb Biedermeier - entwickelte sich eine erlesene Wohnkultur. Es blühten die Hausmusik und der private Salon, die Liedertafel und das Lesekabinett. Bescheidener Wohlstand genügte Beamten, Geistlichen, Ärzten u.a. für künstlerische und wissenschaftliche Betätigung. Während die Bürger, auf ihr Auskommen bedacht, vorsichtig Distanz zur staatlichen Macht hielten, wetteiferten Künstler und Intellektuelle mit ihren Werken um Beachtung und Anerkennung.

Auch kleinere Fürstenhöfe bewährten sich als Förderer von Wissenschaft und Kunst. Ein weithin strahlendes Beispiel war der Hof des Herzogtums Weimar mit den benachbarten Universitäten Erfurt und Jena. Die Schriftsteller Goethe und Schiller, die Philosophen Wieland und Herder (vgl. Abschnitte 5.4.1, 8.1.2) versahen dort Ämter. Durch sie wurde das politisch unbedeutende Weimar zu einem Zentrum europäischer Kultur.

Die französische Schriftstellerin Germaine de Staël pries das nördliche Deutschland als „Vaterland des Denkens". Mit der Rigorosität, dem politischen Pragmatismus, dem Zentralismus ihrer Heimat unter Napoleon unzufrieden, lobte sie die Vielfalt, die Freizügigkeit, die Gelehrsamkeit, die Gründlichkeit und die Selbstgenügsamkeit, die sie auf ihren Reisen durch Deutschland antraf:

„Deutschland kann, seiner geographischen Lage nach, für das Herz von Europa gelten ... Verschiedenheit der Sprachen, natürliche Grenzen, gemeinschaftliche Erinnerungen aus der Geschichte der Vorzeit, alles dies trägt dazu bei, um unter den Menschen die großen Individuen zu bilden, die man Nationen nennt."

„Ganz Norddeutschland ist mit den gelehrtesten Universitäten Europas übersät. ... die öffentliche Erziehung ... bildet wissenschaftliche Menschen, aber nicht Bürger, Krieger und Staatsmänner. In Deutschland reicht der philosophische Geist viel weiter als in irgend-

einem anderen Lande ... . Aber eine unermeßliche Kluft trennt die Geister der ersten und der zweiten Ordnung, weil für Menschen, die sich nicht zur Höhe der umfassendsten Konzeptionen erheben, weder ein Interesse noch ein Gegenstand der Tätigkeit vorhanden ist. Wer sich in Deutschland nicht mit dem Universum befaßt, hat nichts zu tun.“

(Staël, 1814/1985, S. 111, übersetzt von F. Buchholz, S. H. Catel und J. E. Hitzig)

De Staël schildert also das Aufkommen einer neuen intellektuellen Elite. Diese Elite sei anders als ihre materialistisch gesonnenen Landsleute: sie trachte nach prinzipiellem und systematischem Denken und knüpfe dabei an die Tradition des Idealismus an:

„Man könnte mit Recht behaupten, daß die Franzosen und die Deutschen an den beiden äußersten Enden der moralischen Kette stehen, da jene die äußeren Gegenstände als den Hebel aller Ideen annehmen, und diese die Ideen für den Hebel aller Eindrücke halten.“

(Staël, 1814/1985, S. 19, übersetzt von F. Buchholz, S. H. Catel und J. E. Hitzig)

Putzger, F. W. (1993). *Historischer Weltatlas*. Berlin: Cornelsen.

Schulze, H. (1998). *Phoenix Europa*. Berlin: Siedler.

Staël, G. de (1814/1985). *Über Deutschland*. Frankfurt a. M.: Insel.

Die Liberalität, welche de Staël beschrieb, sowie die intellektuelle Gründlichkeit, welche sie rühmte, sind wichtige Voraussetzungen für das Wachstum der Wissenschaften in Deutschland geworden. Die zeitweilig vorherrschenden Lehren des Idealismus haben sich nicht überall durchgesetzt. Aber sie waren Marksteine für die wissenschaftliche Untersuchung des menschlichen Geistes. So war der deutsche Idealismus auch Nährboden für eine wissenschaftliche, grundlagenorientierte Psychologie, wie sie vorzugsweise in den Universitäten des deutschen Sprachraums zu einer eigenständigen akademischen Disziplin geworden ist.

Abendgesellschaft der Herzogin Anna Amalia (Mitte) in Weimar; unter den Gästen Goethe (dritter von links, mit abgewandtem Gesicht) und Herder (außen rechts). (Gemälde von Melchior Kraus, 1795, Graphische Sammlung, Stiftung Weimarer Klassik, Weimar.)

9.1.3 Deutscher Idealismus: Erkennen, Geist, Wissenschaft

Die idealistische Philosophie blickte mit Respekt auf die Antike zurück. Doch der Glaube an ein von Göttern bewohntes Jenseits war ihr ebenso abhanden gekommen wie die christliche Hoffnung auf göttliche Offenbarung (vgl. Abschnitte 2.4.2, 5.4.2). An der Ontologie (s. Abschnitt 2.4.1) hat sie freilich festgehalten. Die Grundpositionen des Rationalismus (vgl. Abschnitt 5.2.1) hat sie verteidigt. Sie hat den Dingen ein unveränderliches Wesen und eine immerwährende Ordnung zuerkannt und Wesenheiten - wie das Wesen des Menschen oder das Wesen des Kreises, logisch-mathematische Gesetze - wie die Sätze der Geometrie - sowie Naturgesetze - wie die Fallgesetze der Physik - zu ergründen versucht. Dabei hat der Idealismus die Möglichkeit ausgeschlossen, Wesenheiten sowie Denk-und Naturgesetze allein durch Beobachtung zu ermitteln. Dazu müsse man die sinnliche Erfahrung überschreiten. Damit eröffnet sich wiederum eine Ideenwelt, eine neue Metaphysik.

Die idealistische Philosophie handelt die Frage des Erkennens von Wesenheiten und Gesetzen unter dem Begriff der Apperzeption ab. Apperzeption ist aufmerksames, deutlich unterscheidendes, reflektierendes Erkennen. Sie hebt sich ab von der Perzeption, die sich nur auf die unmittelbare Sinneserfahrung stützt. So ist etwa die einfache Beobachtung des Fallens von Körpern eine Perzeption. Sie liefert Kenntnis von der Vielfalt äußerer Erscheinungen - z.B. dem dumpfen Fall eines Felsbrockens oder dem Abwärtsschweben einer Vogelfeder. Der Vielfalt beobachtbarer Erscheinungen liegt allerdings ein allgemeingültiges Fallgesetz $h = \frac{1}{2}g \times t^2$ zugrunde (dabei bedeutet h die im Fall zurückgelegte Strecke, t Zeit, g die Konstante der Beschleunigung an der Erdoberfläche). Die Abstraktion der Größen h, g, t und die Ermittlung ihrer mathematischen Beziehung ist dann ein Fall von Apperzeption. Im Anschluß an Leibniz hat Christian Wolff die Begriffe der Perzeption und der Apperzeption in seine Psychologie (s. Abschnitt 5.3.2) übernommen. Apperzeption wird in seiner *Rationalen Psychologie* (Wolff, 1738/1972) zur Grundfunktion des höheren Erkennens. Damit beginnt eine Wende im rationalistischen Denken: Erkennen von Wesenheiten und Gesetzmäßigkeiten ist nicht mehr einfache Teilhabe an jenseitiger Weisheit - etwa durch Erleuchtung oder Offenbarung. Es ist des Menschen eigener Geist, der die Erkenntnis schafft.

Kein Autor hat diesen Ansatz so scharf herausgearbeitet wie der Königsberger Philosoph Immanuel Kant (s. bereits Abschnitt 6.1.2) in seiner *Kritik der reinen Vernunft* (erste Auflage 1781). Kant bekannte sich zu den Prinzipien des Idealismus. Dabei nahm er an der zeitgenössischen Naturforschung Anteil und verachtete die Natur keineswegs als finsteres Diesseits. Zugleich beteiligte er sich an der Aufklärung und setzte ein ideales Jenseits nicht als Glaubenswahrheit voraus. Vielmehr wollte er Erkenntnis nur aus Vernunft selbst schöpfen. Seine kritische Methode (vgl. dazu Abschnitt 5.1.2) vertraut ganz der

„Vernunft, das beschwerlichste aller ihrer Geschäfte, nämlich das der Selbsterkenntnis aufs neue zu übernehmen und einen Gerichtshof einzusetzen, der sie bei ihren gerechten Ansprüchen sichere, dagegen aber alle grundlosen Anmassungen ... nach ihren ewigen und unwandelbaren Gesetzen, abfertigen könne und dieser ist kein anderer als die Kritik der reinen Vernunft selbst.

Ich verstehe ... hierunter ... eine Kritik des Vernunftsystems überhaupt, in Ansehung aller Erkenntnisse, zu denen sie, unabhängig von aller Erfahrung, streben mag, mithin die Entscheidung der Möglichkeit oder Unmöglichkeit einer Metaphysik überhaupt und die Bestimmung sowohl der Quellen, als des Umfanges und der Grenzen derselben, alles aber aus Prinzipien."

(Kant, 1781/1968, Band 3, S. 13)

Erfahrung achtete der Autor nicht gering. Doch als Erfahrung galten ihm nur die Sinnesempfindungen, und diese bedürften der Deutung und der Ordnung. Dies erläuterte er als

- transzendentale Ästhetik,
- transzendentale Analytik und
- transzendentale Dialektik.

Ästhetik bedeutet hier sinnliche Wahrnehmung. Die Hauptthesen zur Ästhetik: Erfahrung liefert eine Fülle von Sinnesempfindungen, die neben- und nacheinander eintreffen. Doch würde man das Neben- und Nacheinander nicht als solches erkennen, gäbe es nicht vorher die Erkenntnis von Raum und Zeit. Aus dem Nebeneinander ersteht das Bild eines Raumes, aus dem Nacheinander der Eindruck eines Zeitverlaufs. Da Raum und Zeit Voraussetzungen der Anschauung von räumlicher und zeitlicher Ordnung sind, können sie nicht aus der Erfahrung selbst stammen. Es sind vielmehr durch die Vernunft bereitgestellte Grundlagen des Erkennens, Prinzipien. Die sinnliche Erfahrung nach einer Begegnung mit einem Gegenstand nennt der Autor Erkenntnis *a posteriori* (lat., im nachhinein). Die vorauszusetzende, schon vorher vorhandene Kenntnis der Prinzipien von Raum und Zeit bezeichnet er als Erkenntnis *a priori* (lat., von vornherein). Anders ausgedrückt: Einströmende Sinnesempfindungen stellen eine Stoffmenge dar. Mit Hilfe der Prinzipien von Raum und Zeit gibt der Verstand dem Stoff eine Form (vgl. Abschitt 5.2.1).

Ähnlich argumentierte der Autor in seinem Kapitel zur Analytik bezüglich der Begriffsbildung. Sinnlich (*a posteriori*) sei die Anschauung der Gegenstände (z.B. die Härte von Metall). Doch müsse die fortschreitende Erkenntnis über die Gegenstände Urteile fällen (z.B. Metall ist nicht brennbar). Um in Urteilen behandelt werden zu können, müssen Gegenstände begrifflich gefaßt werden. Dies sei ebenfalls ein Vorgang der Formung. Die Vernunft müsse dazu die Mannigfaltigkeit der Gegenstände nach vorgegebenen (*a priori*) Kategorien ordnen. Der Autor unterscheidet zwölf für die Urteilsbildung maßgebliche Kategorien. Als erste behandelt er die folgenden vier Kategorien: Quantität (das Urteil gelte für alle, einige, einzelne Gegenstände), Qualität (das Urteil sei bejahend, verneinend), Relation (das Urteil gelte kategorisch - d.h. unbedingt, hypothetisch - d.h. unter einer Bedingung, disjunktiv - d.h. unter einer von mehreren Bedingungen), Modalität (das Urteil sei problematisch - d.h. es betreffe eine Möglichkeit, assertorisch - d.h. das Urteil betreffe die Wirklichkeit, apodiktisch - d.h. das Urteil gelte mit logischer Notwendigkeit).

Tischgesellschaft im Hause von Immanuel Kant (1724-1804) in Königsberg (Gemälde von Emil Doerstling, um 1900, Archiv für Kunst und Geschichte, Berlin).

In dem Abschnitt über transzendentale Dialektik befaßte sich Kant schließlich mit der Begründung von Vernunftbegriffen sowie der vernunftgeleiteten Argumentation. Es handelt sich dabei nicht um Regeln für zwingende Schlüsse, sondern um Prinzipien für plausible Ergebnisse. Einer der erörterten Vernunftbegriffe ist der Begriff der Seele. Es sei gerechtfertigt, darunter die Einheit des denkenden Subjekts zu fassen. Damit erfahre die Mannigfaltigkeit seelischer Erscheinungen ihre Synthese. Nicht gerechtfertigt sei jedoch, einer solchen gedanklichen Synthese eine substantielle Bedeutung zu unterlegen. So definiert, werde die Seele keineswegs ein real vorstellbares Ding wie z.B. ein Luftgeist, der in einem Menschen haust und für diesen empfindet, Schlüsse zieht u.ä.

Transzendentale Dialektik helfe auch bei der Auflösung von Widersprüchen. Auf Widerspruch stößt etwa der Satz 1: Der Mensch ist als Teil der Natur Ursachen unterworfen, die sein Handeln bestimmen (z.B. veranlassen falsche Erziehung, Not u.ä. Menschen zu Verbrechen). Dagegen steht Satz 2: Der Mensch ist frei und für seine Handlungen verantwortlich (nur dann sind ihm z.B. vor Gericht Verbrechen zuzurechnen). Kant löst den Widerspruch auf, indem er den ersten Satz als Erfahrungswahrheit, den zweiten als Vernunftwahrheit gelten läßt. Daß Handlungen zwingend erscheinende Ursachen haben, lehrt die Erfahrung. Doch der Verstand entwirft die Konzeption einer Handlung aus innerer Notwendigkeit, aus Neigung und Fähigkeit. Vernunft hält zumindest eine Freiheit von äußeren Ursachen für möglich. Darüber hinaus hält Vernunft an der Annahme der Freiheit fest, weil ohne sie ethische Gebote nicht begründbar wären (s. wieder Abschnitt 6.1.2).

Kant wandte sich also gegen einen einseitigen Empirismus, der beansprucht, nur aufgrund der Erfahrung, ohne formende Kraft des Verstandes, zu Erkenntnis zu gelangen. Er wandte sich jedoch auch gegen einen einseitigen Rationalismus, der meint, die Kraft des Verstandes mache Beobachtungsmaterial entbehrlich. Sein zentrales Thema war freilich nicht die Förderung von Erfahrung, sondern deren verstandesgemäße Formung. Seine Philosophie strebte - wie eben die klassische Ontologie - nach dem Wesen und der Ordnung der Dinge. Für Wesen und Ordnung gibt es jedoch nach Kant nur einen einzigen Maßstab: den Verstand selbst. Er erkennt - mangels empirischer Hinweise - weder eine andere, eine ideale Welt an, welche Wesen und Ordnung vorgibt, noch eine andere, höhere Intelligenz, welche diese vordenkt.

Der Begriff der Metaphysik wird durch diese Deutung umwälzend neu gefaßt. Metaphysik ist nicht mehr ein Jenseits der natürlichen Welt. Metaphysik steht als Vernunft innerhalb der natürlichen Welt; sie befindet sich lediglich jenseits der unmittelbaren Erfahrung. Das Überschreiten des Diesseits bezeichnete Kant als transzendent, das Überschreiten der Erfahrung als transzendental (lat. *transcendere*, überschreiten). Die Apperzeption (s.o.) wird transzendental, indem sie das nach der Begegnung mit einem Gegenstand (*a posteriori*) Erfahrene überschreitet und es nach schon vorhandenen Prinzipien (*a priori*) überarbeitet. Woher apriorische Prinzipien stammen, kann der Autor nicht angeben. Für ihre Wahrheit besitzt er keinen Beweis außerhalb der Vernunft. Doch er argumentiert: Der Mensch besitzt keine andere Quelle der Erkenntnis als sein Denken. So kann er nicht umhin, als wahr anzuerkennen, was ihm sein Denken als vernünftig erweist.

Schließen Ideale nur Wahres und Schönes ein? Sind sie nur in individuellen Menschen angesiedelt? Erschöpfen sie sich im Urteil oder erzeugen sie auch Neues? Diese Fragen haben die idealistische Philosophie seit Kant eingehend beschäftigt. Es waren insbesondere Johann Gottlieb Fichte (1762-1814) und Georg Wilhelm Friedrich Hegel (1770-1831), die diese Fragen verneint und mit ihren Antworten dem Idealismus weitere maßgebliche Impulse gegeben haben. Fichte war der erste Rektor der nach den Freiheitskriegen gegründeten Berliner Universität, Hegel wurde 1817 dort Fichtes Nachfolger. Beide hatten vorher u.a. in Jena (s. Abschnitt 9.1.2) gelehrt.

Als Sammelbegriff für das Ideale benutzten Fichte und Hegel den Begriff „Geist". Der Begriff des Geistes umfaßte neben den Idealen des Wahren und Guten das Ideal des

Schönen (z.B. als Geist einer Dichtung). In seiner Sittenlehre hat Fichte (1798/1963) den Begriff des Geistes auf Gemeinschaften, ja auf die vernunftbegabte Menschheit insgesamt ausgedehnt (z.B. Geist einer Nation). Und Geist war ihm nicht nur eine erkennende Instanz. Geist schaffe auch Neues und Beschwerliches, er sei handelnder Geist. Geist führe die Menschheit durch ihre Geschichte.

Seine Konzeption des Geistes hat Hegel (1830/1970) in seiner *Enzyklopädie der philosophischen Wissenschaften* dargelegt. Geist ist darin ein Prinzip, das nicht nur das Innere des Menschen, sondern auch sein Äußeres umfaßt. Innenwelt und Umwelt werden also in ihrem Zusammenhang gesehen. Geist umfasse Selbsterkenntnis und Tatkraft. Zudem besitze er Freiheit, d.h. er könne sich von äußeren Einflüssen befreien und sich selbst bestimmen. Durch Selbstbestimmung komme der Geist zunehmend zu sich selbst, d.h. er verwirkliche das in ihm Angelegte. Deshalb sei Geschichte jeweils ein auf Fortschritt zugeschnittener Vorgang. Geschichte sei ein folgerichtiger Weg, der über mehrere Stufen zu Freiheit und Selbstverwirklichung führe.

Hegel hat das Fortschreiten des Geistes aus der Natur zu sich selbst als einen Vorgang auf drei Entwicklungsstufen beschrieben. Die höchste Ebene bilde der absolute Geist; er trete in Kunst, Religion und Philosophie in Erscheinung. Ihm untergeordnet sei der objektive Geist, wie er in den sittlichen Formen der Familie, des Rechts und des Staates sich zeige. Auf der untersten Ebene sei der subjektive Geist eingeordnet; er offenbare sich im individuellen Bewußtsein sowie in der individuellen Lebensart, in regionalen Sitten, individuellen wie nationalen Charakteren.

Man kann in den oben skizzierten Geistes- und Vernunftstheorien umfängliche Ansätze für eine rationale Psychologie sehen. Man könnte behaupten: Kant handelt vom menschlichen Denken, Fichte und Hegel zusätzlich von menschlicher Produktivität und Sozialität. Doch dies wäre nicht im Sinne der Autoren. Kant und Hegel weisen der Psychologie in ihrem Wissenschaftssystem vielmehr einen untergeordneten Platz zu. Gestützt auf die gängige rationale Psychologie und die zeitgenössische Erfahrungsseelenkunde bestimmen sie als Gegenstand der Psychologie das subjektive Bewußtsein. So bestimmt, verfehlt Psychologie aus idealistischer Sicht die höheren Kriterien der Wissenschaftlichkeit.

Wissenschaft zeichnet sich aus idealistischer Sicht durch das Befassen mit Gesetzmäßigkeiten aus. Als Ausweis der Gesetzmäßigkeit war die mathematische Formulierung weithin unbestritten (vgl. o. das Beispiel des Fallgesetzes $h = \frac{1}{2}g \times t^2$). Die schon bei den Pythagoreern (s. Abschnitt 2.3.2) anzutreffende Wertschätzung von Zahlenverhältnissen hat sich im Rationalismus erneuert. Der Elsässer Mathematiker und Physiker Johann Heinrich Lambert (1764/1990, S. 301f.) hat in einer einflußreichen Schrift zur Erkenntnis- und Wissenschaftstheorie die vielfältigen Methoden der Beobachtung und Beschreibung (systematische Beobachtung, Experiment u.ä.) als „Erzählungen über Natur" zusammengefaßt und ihnen die „wissenschaftliche Erkenntnis" gegenübergestellt. Während die Erzählungen nur individuelle und unstete Erfahrungen festhielten, gelange Wissenschaft zu „ewigen und unveränderlichen Wahrheiten". Solche Wahrheiten seien nur mit Hilfe mathematischer Methoden zu erfassen.

Kant (1786/1968) hat Lamberts Kriterium der Wissenschaftlichkeit übernommen und auf

Wolff, Ch. (1738/1972). Psychologia rationalis. *Gesammelte Werke* (II. Abt. Band 6). Hildesheim: Olms.

Kant, I. (1781/1968). Kritik der reinen Vernunft. *Werke* (Bände 3 und 4), herausgegeben von W. Weischedel. Darmstadt: Wissenschaftliche Buchgesellschaft.

Fichte, J. G. (1798/1963). *Das System der Sittenlehre nach den Prinzipien der Wissenschaftslehre*. Hamburg: Meiner.

Hegel, G. W. F. (1830/1970). Enzyklopädie der philosophischen Wissenschaften. *Werke* (Band 8, 9, 10), herausgegeben von E. Moldenhauer & K. M. Michel. Frankfurt a. M.: Suhrkamp.

die Anwendung von *a priori* Prinzipien erweitert. Nur wenn Beobachtungen nach solchen Prinzipien behandelt würden, entstehe „eigentliche Wissenschaft“. Davon könne aber bei der Psychologie als Lehre vom subjektiven Bewußtsein nicht die Rede sein:

„Ich, als denkend, bin ein Gegenstand des inneren Sinnes und heiße Seele. ... Demnach bedeutet der Ausdruck: Ich, als ein denkend Wesen, schon den Gegenstand der Psychologie, welche die rationale Seelenlehre heißen kann, wenn ich von der Seele nichts weiter zu wissen verlange, als was unabhängig von aller Erfahrung ... aus diesem Begriffe Ich ... geschlossen werden kann. ... Wir haben also schon eine angebliche Wissenschaft vor uns, welche auf dem einzigen Satze: Ich denke, erbaut worden ... . Man darf sich daran nicht stoßen: daß ich doch an diesem Satze, der die Wahrnehmung seiner selbst ausdrückt, eine innere Erfahrung habe, und mithin die rationale Seelenlehre, welche darauf erbaut wird, niemals rein, sondern zum Teil auf ein empirisches Prinzipium gegründet sei.“

(Kant, 1781/1968, Band 4, S. 341f.)

Die Auffassung Lamberts und Kants, daß Wissenschaft eigentlich mathematisch betrieben werden müsse, hat Hegel nicht geteilt. Sein Vorbehalt gegenüber der Psychologie als Lehre vom subjektiven Bewußtsein beruht auf dem Umstand, daß in seinem System subjektives Bewußtsein lediglich auf der untersten Stufe der Entwicklung des Geistes steht. Im dritten Buch seiner *Enzyklopädie* (s.o.) hat Hegel den Fragen des subjektiven Bewußtseins (Vorstellung, Erinnerung, Unterschiede zwischen Temperamenten und Geschlechtern) ausführliche Darstellungen gewidmet. Doch waren diese Darstellungen nicht ergiebig für die Betrachtung der höheren Formen von Recht und Staat, Kunst, Religion und Philosophie. Es erschien vorrangig, sich diesen höheren Stufen zuzuwenden. Die Beschäftigung mit höheren Stufen bedeutete aber eine andere Wissenschaft als Psychologie.

Im Sinne des neuen deutschen Idealismus waren also zu trennen:

- individuell vollzogenes Wissen und Handeln sowie
- reine Vernunft (nach Kant) und absoluter Geist (wie ihn Hegel als höchste Entwicklungsstufe darstellte).

Reine Vernunft und absoluter Geist überstiegen individuelles Denken und Wollen. Sie waren transsubjektiv, der Menschheit als ganzer eigen. Das war die Botschaft von der neuen Metaphysik.

Die Lehre von der Metaphysik, d.h. von der transsubjektiven Vernunft und dem überindividuellen Wollen sollte die vornehmste Zuständigkeit der Philosophie sein. Demgegenüber galt die Lehre vom individuellen Denken und Wollen als eine wenig vornehme Übung. So war es etwa Ziel der Hegelschen (1833/1986) Geschichtsbetrachtung, das Wirken des Weltgeistes nachzuweisen. Kriege, Wanderungen und Herrschaften dienten der Durchsetzung von Religion, Kunst, Weltanschauung. Heerführer, Dichter u.a. stünden im Dienst des Weltgeistes oder sie seien zum Scheitern verurteilt. Oft genug seien sich diese Personen ihrer Rolle als Werkzeuge des Weltgeistes gar nicht bewußt und scheinen von individuellen Motiven wie Habsucht und Ehrgeiz getrieben. Philosophische Geschichtsbetrachtung muß über solche individuellen Motive hinwegsehen. Sie schätzt die Disziplin der Psychologie gering, da sie lediglich solche Motive zu ihrem Gegenstand macht.

Der Idealismus hat die Psychologie als Einzeldisziplin einerseits gefördert, andererseits zurückgesetzt. Die Förderung beruhte auf der Herausarbeitung von Paradigmen des Er-

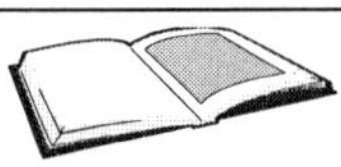

Lambert, J. H. (1764/1990). *Neues Organon*. Berlin: Akademie-Verlag.

Kant, I. (1786/1968). Metaphysische Anfangsgründe der Naturwissenschaft. *Werke* (Band 8, S. 10-135), herausgegeben von W. Weischedel. Darmstadt: Wissenschaftliche Buchgesellschaft.

Hegel, G. W. F. (1833/1986). Vorlesungen über die Philosophie der Geschichte. *Werke* (Band 12), herausgegeben von E. Moldenhauer & K. M. Michel. Frankfurt a. M.: Suhrkamp.

kennens sowie des zielgerichteten Wollens. Zurückgesetzt wurde die Psychologie insofern, als sie lediglich die individuellen Prozesse des bewußten Erkennens und Wollens als Gegenstände zugewiesen erhielt und Individualität als nachrangig und unvollkommen bewertet wurde. Die Folge war die Einbindung der Psychologie in die Philosophie als deren minderer Teil. Psychologie wurde - vor allem an den deutschsprachigen Universitäten - im Rahmen der Philosophie gelehrt. Professoren beschränkten sich jedoch nicht auf psychologische Vorlesungen, sondern beteiligten sich auch an dem weiteren philosophischen Lehrprogramm; z.B. lasen sie oft abwechselnd Psychologie und Logik.

9.1.4 Natur- und Geisteswissenschaften

Für das Verständnis der Wissenschaften im 19. Jahrhundert, in deren Kreis sich die Psychologie zu einer Einzeldisziplin entwickelte (s. Abschnitt 9.4), sind drei Punkte wichtig:

- Die Zeit des Universalgelehrtentums geht zu Ende. (Hegel gehörte zu den letzten Gelehrten, die allein eine Enzyklopädie mit drei Büchern zur Logik, zur Natur- und zur Geisteswissenschaft verfaßten.) Die Zahl der Einzelwissenschaften mit abgegrenzten Gebieten, eigenen Methoden und spezialisierten Vertretern wächst.
- Aus dem traditionellen Bereich der Philosophie gehen zwei große Gruppen von Einzeldisziplinen hervor: die Geistes- und die Naturwissenschaften.
- Die Philosophie bleibt ihrem Anspruch nach eine Universalwissenschaft, durchläuft aber ebenfalls eine Spezialisierung und wird wie eine Einzelwissenschaft organisiert.

Zunächst zur Philosophie: Erst Wissenschaft schlechthin (s. Abschnitt 2.4.1), dann freie Kunst außerhalb Theologie, Jurisprudenz und Medizin (s. Abschnitt 4.3.3), ist sie im Idealismus mit dem Anspruch auf universelle Grundlegung und ultimative Begründung aufgetreten. Das hat ihr Bewunderung und hohes Ansehen eingetragen. Diesen Weg ist sie weitergegangen, mit radikalen Denkansätzen und einer eigenständigen Sprache. Darüber hat Philosophie freilich an Austausch mit Gelehrten wie Gebildeten eingebüßt. Philosophie wurde - ungeachtet ihres Anspruchs auf universelle und prinzipielle Geltung - zu einer Spezialdisziplin für Experten.

Aus dem Programm der freien Künste begaben sich zahlreiche Forschungsgebiete auf den Weg in die institutionelle Selbständigkeit. Auch sie wurden Spezialdisziplinen für Experten. Eine hervorragende Rolle unter ihnen übernahmen die naturforschenden Fächer - vor allem die Physik, die Chemie und die Biologie. Zum Teil genügten sie dem idealistischen Kriterium der mathematischen Bestimmung von Gesetzmäßigkeiten. Ihren Erfolg verdankten sie aber mehr zwei anderen Vorzügen:

- der Neuartigkeit ihrer Befunde sowie
- der Nutzanwendung ihrer Theorien.

Eines von vielen eindrucksvollen Beispielen ist die Einführung der Spektralanalyse durch Robert Bunsen und Gustav Kirchhoff im Jahre 1859. Durch Messung der elektromagnetischen Strahlung bzw. der Lichtabsorption in verdampften Stoffen konnten sie die Zusammensetzung der Stoffe ermitteln. Wenig später gelang ihnen mit Hilfe der Spektralanalyse sogar die Entdeckung zweier bis dahin unbekannter chemischer Elemente, des Cäsiums und des Rubidiums. Die Ergebnisse der Spektrometrie waren im Sinne Lamberts nur „Erzählungen der Natur“ (s.o.), doch boten sie zugleich erregende Einblicke in die Welt des Mikrokosmos. Wenn der Reiz von Wissenschaft in der Bewußtseinserweiterung liegt (s. Abschnitt 2.1.3), dann standen im 19. Jahrhundert die Entdeckungen der Naturforschung den tiefgründigen Erkenntnissen zeitgenössischer Vernunftanalysen nicht nach. Zudem war die Spektralanalyse für die Gas- und Werkstoffanalyse außerordentlich nützlich. Eine mächtige Industrie baute später auf den Methoden und Ergebnissen der chemischen Forschung auf (Danzer, 1972).

Im übrigen vervollkommneten sich die Methoden der Naturforschung. Die Kunstfertigkeit beim Aufbau von Untersuchungsanordnungen, das Geschick und die Ausdauer bei der Beobachtung, der Sachverstand bei der

Deutung von Beobachtungen verdienten hohe Anerkennung. Nicht wenige schätzten die naturwissenschaftlichen Fertigkeiten ebenso hoch ein, ja sogar höher als den Scharf- und Tiefsinn der Philosophen. Um die Jahrhundertwende unterscheidet der - übrigens der Psychologie recht zugetane - Physiker Ernst Mach (1905) respektvoll den Philosophen vom Naturforscher. Der letztere solle dem ersteren das *„Systematisieren und Schematisieren"* überlassen, ansonsten aber

„zufrieden sein, wenn er die bewußte psychische Tätigkeit des Forschers als eine methodisch geklärte, verschärfte und verfeinerte Abart der instinktiven Tätigkeit der Tiere und Menschen wiedererkennt, die im Natur- und Kulturleben täglich geübt wird."

(Mach, 1905, S. V [Vorwort])

Wilhelm Dilthey (1833-1911)

Den an der Erfahrungsseelenkunde geschulten Psychologen konnte eine solche Auffassung nur recht sein. Ermöglichte sie ihnen doch die weitere empirische Beschäftigung mit dem individuellen Bewußtsein. Fortschritte versprachen dabei

- verfeinerte Methoden der Verhaltens- und Selbstbeobachtung,
- die Einbeziehung neuer physikalisch-physiologischer Methoden.

So entwickelte sich eine an den zeitgenössischen Naturwissenschaften orientierte Richtung der Experimentellen Psychologie.

Es sei hier nur kurz erwähnt, daß einige Vertreter der empirischen Richtung hofften, wie andere Naturwissenschaftler durch Nutzanwendung der eigenen Forschungsergebnisse zum sozialen und technischen Fortschritt beizusteuern. (Mehr dazu in Kapitel 11, s. zunächst Abschnitt 11.1.2.)

Es gab weitere Disziplinen, die sich auf Wissensgebiete aus der geistigen Welt spezialisierten - vor allem die Sprach- und Literaturwissenschaften, die Geschichtswissenschaften, die Wirtschafts- und Sozialwissenschaften sowie die Philosophie (im nunmehr engeren Sinne). Wilhelm Dilthey (1883) (s.a. Abschnitt 9.2.3) hat für diese Wissenschaften die Bezeichnung „Geisteswissenschaften" propagiert. Geisteswissenschaften sollten

- Erfahrungen über geistige Schöpfungen - Werke (z.B. Kunstwerke), Gedankengebäude (z.B. Religionen), soziale Systeme (z.B. Rechtsordnungen) - sammeln und
- die Reflexion ihrer Bedeutung pflegen.

Wie die Naturwissenschaften konnten Geisteswissenschaften durch neues Material (z.B. die Entdeckung unbekannter Texte) und Aufsehen erregende Deutungen hervortreten. Allerdings war die Einmütigkeit in den Geisteswissenschaften geringer. Häufiger als in den Naturwissenschaften entzweiten sich die zuständigen Experten. Und ein im Lichte der idealistischen Erkenntnistheorie wichtiger Unterschied: Während Naturwissenschaften aufgrund von Einzelfällen weithin generalisierbare, zeitlose Theorien erschlossen, blieben geisteswissenschaftliche Theorien meist auf ihren unmittelbaren Gegenstand in seinem zeitlichen und räumlichen Zusammenhang beschränkt. So sind die in der Spektralanalyse erhobenen Frequenzbänder für jedes Element konstant über die Zeit und über Meßorte. Kunstwerke sind aber in der Regel nur im Kontext der Region und der Epoche ihrer Entstehung zu deuten. Sind Geisteswissenschaften demnach „uneigentliche", minderwertige Wissenschaften? Dies war in einer Zeit lebhaften Wachstums der Universitäten eine wissenschaftspolitisch wichtige Frage.

Dilthey betonte den rationalen Anspruch der Geisteswissenschaften. Ihr Zweck,

„das Singulare, Individuale der geschichtlich-gesellschaftlichen Wirklichkeit zu erfassen, ... könne nur vermittels der Kunstgriffe des Denkens, vermittels der Analysis und der Abstraktion erreicht werden."

(Dilthey, 1883/1962, S. 27)

Der Autor benutzt hier in der Tradition des kritischen Rationalismus die Begriffe der Analysis und Abstraktion. Seine Einzelfallanalysen bestechen freilich durch seine logisch weniger strengen, dafür einfühlsameren Methoden der Hermeneutik (griech. *hermeneutike techne,* Deutekunst, insbesondere die Kunst der Auslegung von Texten).

Wenig später, im Jahre 1894, ist der Philosoph Wilhelm Windelband - bekannt als Neukantianer - in seiner Antrittsrede als Rektor der Universität Straßburg dafür eingetreten, auch „*das Einzelne in der geschichtlichen Gestalt, ... den einmaligen, in sich bestimmten Inhalt des wirklichen Geschehens*" (S. 12) als vollwertigen Gegenstand von Wissenschaft anzuerkennen. Den sozialen Wert der Zeitlichkeit und Individualität ließ er neben dem rationalen Wert der Ewigkeit und Allgemeinheit bestehen:

„Wie aber alle lebendige Weltbeurteilung ... an der Einzigartigkeit des Objekts hängt, das erweist sich vor allem in unserer Beziehung zu den Persönlichkeiten. Ist es nicht ein unerträglicher Gedanke, dass ein geliebtes, ein verehrtes Wesen auch nur noch einmal ganz ebenso existiere? ... Daher das Grauenhafte, das Gespenstige in der Vorstellung des Doppelgängers ... . Und was so vom individuellen Menschenleben gilt, das gilt erst recht von der Gesamtheit des geschichtlichen Prozesses: er hat nur Wert, wenn er einmalig ist."

(Windelband, 1894/1904, S. 22)

Windelband begründete, warum in den abendländischen Wissenschaften das Allgemeingültige, stetig Wiederkehrende zum höchsten Erkenntnisziel geworden sei. Doch er verwies auch auf die intellektuelle Herausforderung durch Einzelgegenstände sowie die hohe methodische Könnerschaft, welche zu ihrer Beschreibung und Untersuchung nötig sei. Daher solle die Erkenntnistheorie die wissenschaftliche Geltung von Einzelanalysen ebenfalls anerkennen. Der Autor trennte damit

- Gesetzeswissenschaften mit nomothetischem (d.h. gesetzgebendem) Denken zur Bestimmung zeitloser, allgemeiner Gesetze und
- Ereigniswissenschaften mit idiographischem (d.h. Eigenheiten beschreibendem) Denken für die Charakterisierung zeitgebundener, besonderer Gestalten.

In den Gesetzeswissenschaften siege das Denken mit seiner Abstraktion; Gesetze stützten sich auf logische Beweise. In den Ereigniswissenschaften herrsche die Anschauung des individuellen Lebens mit seiner Freiheit und seiner Ausdruckskraft; die Anschauung stütze sich auf Tatsachen.

Der nomothetische und der idiographische Ansatz seien nicht eindeutig den verschiedenen Wissensgebieten zuzuordnen, betonte Windelband. Zum Beispiel könne man in der Sprache einerseits überdauernde Formgesetze bestimmen (etwa Regeln der Grammatik), andererseits einmalige Gestalten (etwa ein Geburtstagsgedicht). Diese doppelte Zugänglichkeit gilt auch für die Erforschung der Seele. Psychologie wird sich - oft ausdrücklich unter Berufung auf Windelband - wahlweise des nomothetischen und des idiographischen Ansatzes bedienen.

Danzer, K. (1972). *Robert W. Bunsen und Gustav R. Kirchhoff. Die Begründer der Spektralanalyse.* Leipzig: Teubner.

Mach, E. (1905). *Erkenntnis und Irrtum.* Leipzig: Barth.

Dilthey, W. (1883/1962). Einleitung in die Geisteswissenschaften. *Gesammelte Schriften* (Band 1), herausgegeben von B. Groethuysen. Leipzig: Teubner.

Windelband, W. (1894/1904). *Geschichte und Naturwissenschaft.* Strassburg: Heitz.

9.2 Selbsterfahrung und Sinndeutung

9.2.1 Introspektion und Analyse: Alte und neue Lehrbuchweisheiten

Es waren vor allem die psychologischen Lehren von Alexander Gottlieb Baumgarten (1779/1963) und Johannes Nikolaus Tetens (1777/1913), gegen die sich Kants Kritik (s. Abschnitt 9.1.3) wandte. Baumgarten und Tetens - der eine Professor in Frankfurt (Oder), der andere in Kiel - setzten Wolffs Tradition der Empirischen und Rationalen Psychologie (s. Abschnitt 5.3.2) fort. Während Baumgarten die logische Analyse zu vertiefen suchte, setzte Tetens auf die empirische Analyse, und zwar über die Introspektion hinaus auf die experimentelle Variation:

„*Was die Methode betrifft, deren ich mich bedient habe ... . Sie ist die beobachtende, die unsere Psychologen in der Erfahrungs-Seelenlehre befolgt haben. Die Modifikationen der Seele so zu nehmen, wie sie durch das Selbstgefühl erkannt werden; diese sorgfältig wiederholt, und mit Abänderung der Umstände gewahrnehmen, beobachten, ihre Entstehungsart und die Wirkungsgesetze der Kräfte, die sie hervorbringen, bemerken; alsdann die Beobachtungen vergleichen, auflösen, und daraus die einfachsten Vermögen und Wirkungsarten und deren Beziehung auf einander aufsuchen; dieß sind die wesentlichen Verrichtungen bey der psychologischen Analysis der Seele ... . Diese Methode ist die Methode der Naturlehre.*“

(Tetens, 1777/1913, S. III [Vorwort])

Mit Introspektion, Fremdbeobachtung und Vernunftanalyse hat sich Psychologie als Lehre von der Natur des menschlichen Bewußtseins eingebürgert. Ihre thematischen Schwerpunkte bildeten das

- Seelenwesen bzw. das Wesen der Seele sowie das
- Seelenleben oder die Seelentätigkeiten oder die Seelenvermögen.

Als Seelenwesen wird die Seele als ganze behandelt, ihre Erfahrung als einheitliches „*Ich, das wir mit unserem Selbstgefühl empfinden und beobachten können*“ (Tetens, 1777/1913, S. 726), ihre Beschaffenheit als immaterielle Substanz, die Frage ihrer Freiheit und ihrer Determiniertheit, ihre Einheitlichkeit und Veränderlichkeit (z.B. in Jugend und Alter, in Wachheit und Schlaf), ihre Bewußtheit und Vernünftigkeit.

Seelisches Leben, seelische Tätigkeiten und Vermögen - sie umfassen alle psychischen Funktionen. Hatte Baumgarten sie noch im Anschluß an Wolff in Vorstellung und Begehren, d.h. in Kognition (Wahrnehmung, Vorstellung, Denken, Gedächtnis) und Motivation (Triebe, Wille) gegliedert, trat bei Tetens als wichtige Ergänzung das Gefühl hinzu. Damals neu diskutierte Themen der Psychologie waren etwa die Frage nach den äußeren und inneren Ursachen der Gefühle (z.B. nach den Ursachen des Witzes) sowie deren Folgen (z.B. der anregenden Wirkung von Freude und Zorn, der niederdrückenden von Kummer).

Psychologie als Lehre vom Wesen und Leben der Seele war bis zur Mitte des 19. Jahrhunderts offenbar in den Kanon der Philosophischen Fakultät eingegangen. Das bezeugen einschlägige Schriften, die unter dem Titel „Psychologie“ gedruckt wurden und als Lehrbücher für Studierende zu erkennen sind (z.B. Beneke, 1845; Erdmann, 1862/1872). Mit der Aufnahme in das Lehrprogramm war freilich eine gewisse Standardisierung verbunden. Das Streben nach systematischer und einleuchtender Unterweisung grenzte mitunter an Pedanterie. So begegnet man Lehrbuchweisheiten wie dieser:

„*§ 136. Da der Trieb in der Befriedigung erlischt, so würde ein Wesen, dessen Wille nur Trieb wäre, nach derselben keine Willensthätigkeit mehr äussern, weil ja das Gegenständliche, worauf sie ginge, vernichtet wäre. Da aber itzt das Gegenständliche auch nach der Befriedigung bleibt, so bleibt auch die Wil-*

lensthätigkeit, freilich wird sie den bestimmten Zielpunkt und die bestimmte Richtung verloren haben. Der richtungslos gewordene Trieb ist das Gelüsten.“

(Erdmann, 1862/1872, S. 108f.)

Solche Sätze scheinen zunächst nur das allgemeine Sprachverständnis zu explizieren; insofern lassen sie den Wunsch nach Erkenntnis jenseits des Allgemeinverständnisses offen. Phänomenologische Analysen, die das Allgemeinverständnis übersteigen, werden freilich eine Domäne der Philosophie bleiben (mehr dazu in Abschnitt 9.4.4). Überdies offenbart die kritische Lektüre solcher Lehrbuchsätze Zweifel. (Gibt es tatsächlich einen Willen ohne Ziel? Wenn ja, unter welchen Umständen?) Hier wird die experimentelle Psychologie mit ihren Methoden der kontrollierten Beobachtung und Bedingungsvariation ansetzen (mehr dazu in Abschnitt 9.3.3).

9.2.2 Ein neuer Ansatz: Erfahrung und Mathematik

Philosophie und Psychologie welkten nach ihrer Blütezeit unter Kant und Fichte dahin, und ihr Untersuchungsgeist bedürfe neuer Nahrung, erklärte 1824 der Philosoph und Pädagoge Johann Friedrich Herbart (1776-1841) zu Beginn seines zweibändigen Werks *Psychologie als Wissenschaft*. Herbart war 1809 Kants Nachfolger in Königsberg geworden und lehrte ab 1833 an der Universität Göttingen. Was die Psychologie betraf, glaubte er Kants Kritik an deren Beschränkung auf Selbsterfahrung begegnen zu können, indem er die Gesetzmäßigkeit des Psychischen mit mathematischen Methoden bestimmte.

Herbarts Analyse begann wiederum mit dem Ich der Selbsterfahrung. Das Ich sei Subjekt, das eine Mannigfaltigkeit wechselnder Vorstellungen betrachte. Doch da das Subjekt sich nicht unmittelbar selbst betrachten könne, brauche es Vorstellungen als seine Objekte. Daher sei *„das reine Ich ... die blosse Identität des Objects und des Subjects“* (Herbart, 1824/1850/1968, Band 1, S. 83).

Baumgarten, A. G. (1779/1963). *Metaphysica.* Hildesheim: Olms.

Tetens, J. N. (1777/1913). *Philosophische Versuche über die menschliche Natur und ihre Entwickelung* (Band 1). Berlin: Reuther & Reichard.

Beneke, F. E. (1845). *Lehrbuch der Psychologie als Naturwissenschaft.* Berlin: Mittler.

Erdmann, J. E. (1862/1872). *Grundriß der Psychologie.* Leipzig: Vogel.

Herbart, J. F. (1824-1825/1850/1968). *Psychologie als Wissenschaft, neu gegründet auf Erfahrung, Metaphysik und Mathematik* (2 Bände). Amsterdam: Bonset.

Vorstellungen faßte Herbart, wie schon Leibniz (s. Abschnitt 5.2.2), nicht nur als Inhalte, sondern auch als Kräfte auf. Insofern seien sie aktiv und beweglich. Sie könnten

- an Kraft verlieren und verfallen,
- sich vereinigen und verschmelzen,
- sich einseitig oder wechselseitig hemmen.

Vor allem der Hemmung widmete der Autor umfangreiche mathematische Modellierungen. Vorstellung (z.B. Bilder, Töne) kämpften um Aufmerksamkeit. Je stärker eine Vorstellung sei, desto wirksamer verdränge sie andere Vorstellungen (z.B. kann ein übler Geruch einen angenehmen Wachtraum vertreiben). Der Autor berechnete nun mit Formeln nach dem Vorbild der Mechanik, wie zwei, drei oder mehr Vorstellungen sich (u.U. wechselseitig) schwächen, indem sie Aufmerksamkeit untereinander aufteilen. Dabei kann die Stärke einer Vorstellung auf den Wert 0 sinken. So berechnete der Autor die Reststärke r einer Vorstellung $c = 10$ im Kampf mit zwei konkurrierenden Vorstellungen a und b über sechs aufeinander folgende Zeitpunkte hinweg:

Zeitpunkt 1:	$a = b = 10$	$r = 3,33$
Zeitpunkt 2:	$a = b = 11$	$r = 2,54$
Zeitpunkt 3:	$a = b = 12$	$r = 1,75$
Zeitpunkt 4:	$a = b = 13$	$r = 0,93$
Zeitpunkt 5:	$a = b = 14$	$r = 0,11$
Zeitpunkt 6:	$a = b = 15$	$r = 0.$

Positivismus - Gegenpol zur idealistischen Erkenntnistheorie

Die Abwertung der Empirie in der Wissenschaft, wie sie der Idealismus befürwortete (s. Abschnitt 9.1.2), stieß selbst in den Hochburgen des Idealismus auf Widerstand. Sogar in Fichtes und Hegels Berliner Universität (s.o.) war Widerspruch zu vernehmen. Friedrich Eduard Beneke, der dort Philosophie und Psychologie lehrte, sträubte sich gegen eine ausschließlich spekulative Theoriebildung und verlangte Beobachtungen zur Überprüfung von Theorien:

„Wahre Wissenschaft (das kann ich freilich in unserer Zeit eher allgemein bestritten, als allgemein anerkannt voraussetzen ...) kann auf nichts anderem fast begründet werden, als auf Wahrnehmung und der aus dieser durch Vergleichung und Ineinanderarbeitung gewonnenen Erfahrung."

(Beneke, 1820, S. 7)

In späteren Jahren wandte sich Beneke mit drastischen Worten gegen eine Metaphysik ohne Empirie. Er bemängelte

„... bei uns Deutschen namentlich, daß man über der hochwichtigen Beschäftigung mit dem absoluten Nichts noch immer keine Zeit und Lust erübrigen kann, sich mit dem Wirklichen zu beschäftigen. Aber hoffentlich ist die Zeit nicht mehr fern, wo man endlich dieser Begriffsspielereien müde geworden sein wird. Die allgemeine Stimmung hat in dieser Hinsicht allmählich eine höchst bemerkenswerthe Umwandlung erfahren. Während zu Kants Zeit alle höher Gebildeten von der neuen philosophischen Richtung das Heil der Welt erwarteten, ist seit geraumer, und namentlich in der jüngst verflossenen Zeit, der Abfall immer größer und größer geworden; nur ein sehr kleines Häuflein noch glaubt einigermaßen an das spekulative Evangelium."

(Beneke, 1845, S. IX [Vorwort])

Das Vertrauen in radikale Vernunftlehren büßte an Kraft ein. Benekes Erwähnung eines deutschen Sonderwegs (s.o.) ist zugleich ein Verweis auf die empiristischen Tendenzen in der Philosophie der englischen und französischen Nachbarn. Ihr einflußreichster Verfechter wurde der französische Universalgelehrte Auguste Comte (1798-1857). Comte (1830-1842/1968-1969) entwarf eine neue materialistisch-empiristische Enzyklopädie, welche vor allem die Astronomie, Physik, Chemie und Soziologie berücksichtigte. Er bezeichnete sie als „positive Philosophie" (franz. *philosophie positive*), ihre Leitsätze faßte er unter dem Begriff „positiver Geist" (franz. *esprit positif*) zusammen. Unter „positiv" verstand er echte Tatsachen, auf denen Wissenschaft verläßlich aufzubauen sei, anders als auf Meinungen, Einbildungen und Stimmungen, die er „negativ" nannte. Vom Negativen zum Positiven entwickle sich Wissenschaft in drei Stadien: Von der Theologie (dem Glauben an überirdische Mächte und Wahrheiten) über das Stadium der Metaphysik (dem Vertrauen in das eigene Denkvermögen) zum dritten (und endgültigen) Stadium der empirischen Naturforschung (einschließlich der „sozialen Physik", d.h. der Sozialforschung).

Die Wissenschaftstheorie Comtes - kurz „Positivismus" genannt - gipfelt in folgenden Annahmen und Forderungen:

- Wissenschaftliche Analyse hat sich auf Tatsachen und deren beobachtbare Beziehungen zu stützen.
- Metaphysische Deutungen wie die Zuschreibung von Ursachen und Wesen sind wissenschaftlich nicht zu rechtfertigen.
- Maßstab der Wahrheit ist die Gewißheit, welche durch intersubjektive Übereinstimmung der Forscher entsteht.
- Wissenschaft ist grundsätzlich unvollendet. Es bleibt stets Wirklichkeit, die durch Wissen nicht erfaßt ist.
- Wissenschaft erschöpft sich nicht im Sammeln von Beobachtungen. Aus Beobachtungen sind Theorien abzuleiten.
- Positive Wissenschaft dient dem technischen und sozialen Fortschritt der Menschheit (dazu mehr in Abschnitt 12.1.2).

Zu den deutschsprachigen Wissenschaftlern, welche die Metaphysik ablehnten und Erkenntnis nur auf Sinneserfahrung aufbauen wollten, gehört der in Zürich lehrende Richard Avenarius (1843-1896). Seine *Kritik der reinen Erfahrung* (Avenarius, 1888-1890/1907) ist unter der Bezeichnung „Empiriokritizismus“ bekannt geworden.

Beneke, F. E. (1820/1965). *Erfahrungsseelenlehre als Grundlage alles Wissens.* Amsterdam: Bonset.

Comte, A. (1830-1842/1968-1969). Cours de philosophie positive. *Oevres* (Band 1-6), herausgegeben von S. Perignon. Paris: Edition anthropos.

Comte, A. (1844/1915). *Abhandlungen über den Geist des Positivismus,* herausgegeben von F. Sebrecht. Leipzig: Meiner.

Avenarius, R. (1888-1890/1907). *Kritik der reinen Erfahrung* (2 Bände). Leipzig: Reisland.

Daß die Stärke einer Vorstellung auf den Wert 0 sinken kann, deutet Herbart als

„das allgemeinste aller psychologischen Wunder. Wir alle bemerken an uns, dass von unserem sämmtlichen Wissen, Denken, Wünschen, in jedem einzelnen Augenblicke eine unvergleichbar kleinere Menge uns wirklich beschäftigt, als diejenige ist, welche auf gehörige Veranlassung in uns hervortreten könnte. Dieses abwesende, aber nicht entlaufene, sondern in unserem Besitz gebliebene und verharrende Wissen ... .“

(Herbart, 1824-1825/1850/1968, Band 1, S. 152)

Herbart erinnerte an die „kleinen Wahrnehmungen“ im Sinne von Leibniz (s. Abschnitt 5.2.2) und den Begriff des Unbewußten bei Carus (s. Abschnitt 8.2.1) und nannte den Grenzwert 0 „Bewußtseinsschwelle“.

Sogar zur Geschwindigkeit der Hemmung stellte der Autor Berechnungen an. Er nahm einen Hemmungsverlauf nach der Formel

$$\sigma = S\,(1 - e^{-t})$$

an, wobei σ die Gesamthemmung nach der Zeit t darstellt und S die Stärke zur Zeit $t = 0$; e ist die Eulersche Zahl 2,71, die Basis der natürlichen Logarithmen. Die Funktion ergibt u.a. die folgenden Werte (nach Herbart, 1824/1850/1968, Band 1, S. 210):

$$t = 0,\ \sigma = 0$$
$$t = 1,\ \sigma = 0{,}63\ S$$
$$t = 2,\ \sigma = 0{,}86\ S$$
$$t = 3,\ \sigma = 0{,}95\ S.$$

Das heißt: Die Funktion ist verlangsamt. In der ersten Zeiteinheit werden z.B. etwa zwei Drittel der Anfangsstärke gehemmt, in der zweiten nur noch etwa ein Viertel.

Gibt es ein Wiedererstarken von Vorstellungen, ein Zurück ins Bewußtsein? Wie gelangen Vorstellungen überhaupt ins Bewußtsein? Herbart (1825/1850/1968, Band 2, S. 190ff.) erklärte das als Vorgang der Apperzeption (s. Abschnitt 9.1.3). Apperzeption ergibt sich nach Herbart aus der Dynamik der Vorstellungen, die sich zu „Complexionen“ zusammenschließen. Stets dominiere eine „Apperzeptionsmasse“, d.h. ein Vorstellungskomplex. Als Beispiele nannte der Autor Situationen wie „das Schauspielhaus“, „das Kartenspiel“, aber auch Regeln und Erwartungen wie „Rhythmus einer Musik“, „Grammatik der Sprache“. Neu (z.B. aus der Wahrnehmung) gebildete Vorstellungen können sich der Apperzeptionsmasse „zueignen“, d.h. anschließen und anpassen (z.B. erscheint ein neuer Ton als passende Fortsetzung einer Melodie), sie können von der herrschenden Masse gehemmt und verdrängt werden (z.B. ein Mißklang während der Musik) oder sie können die Apperzeptionsmasse selbst hemmen und verdrängen (z.B. lenkt ein Hilferuf von der Musik ab). Ebenso können alte und geschwächte Vorstellungen aufgefrischt werden, wenn sie Anschluß an die Apperzeptionsmasse finden. Die herrschende Apperzeptionsmasse bildet nach Herbart den Inhalt des Bewußtseins.

Herbart ersetzte teilweise die Bezeichnung Apperzeption durch den geläufigeren Ausdruck „Aufmerksamkeit“. Und wieder gab er mathematische Gleichungen an, um die Wirkung der Aufmerksamkeit und ihre Lenkung zu charakterisieren. Dabei wendete der Autor seine Berechnungen stets auf abstrahierte Größen an (z.B. eine angenommene Vorstellungsreihe *m, n, o, p, q* ....) - ebenso wie ein Mathematiker, der sich mit Seiten der Länge *a, b* und *c* in rechtwinkligen Dreiecken befaßt, ohne die Strecken auf konkreten Flächen wie Wiesen oder Holzstücken auszumessen.

Erst die Experimentelle Psychologie (s. später Abschnitt 9.3.3) hat die von Herbart gemeinten Vorgänge der Komplexion und Apperzeption empirisch zu belegen versucht. Seine Vorstellungsmechanik ist als geistlos verurteilt worden. Solche Urteile berücksichtigen freilich nicht die von dem Autor unterstellte Vorstellungsdynamik. Seine Auffassungen von der Vereinigung der Vorstellungen zu Komplexen und ihrem Kampf bis zur Verdrängung unter eine Bewußtseinsschwelle nehmen - wie erwähnt - ausdrücklich Bezug auf die von der Romantik geprägte Lehre von Carus zum Unbewußten und dürften für die Überleitung zur späteren Tiefenpsychologie von Bedeutung sein.

9.2.3 Ganzheit des Bewußtseins: Verstehende Psychologie

„Mehr Inhalt, wen'ger Kunst“ forderte Hamlets Mutter von ihrem Kammerherrn Polonius, als dieser sie mit weitschweifigen Formulierungen hinhielt (Shakespeare, o. J./1956, S. 257). „Mehr Inhalt“ mögen viele Freunde der Psychologie auch von deren akademischen Vertretern gewünscht haben. Was waren denn Vorstellungsreihen, die das Bewußtsein erfüllten? Beethovens glanzvolle Symphonien, die Geschichte vom Aufstieg und Niedergang des römischen Weltreiches. Was bildete sich im Bewußtsein als Komplex ab? Gothische Kathedralen und Sommergärten in voller Blumenpracht. Wo ereigneten sich Willensentscheidungen und Gefühlsausbrüche? In Kriegen und Revolutionen. Diese geistig komplexen und emotional erregenden Bewußtseinsinhalte kamen in der Rationalen Psychologie immer weniger zur Sprache, denn die Wissenschaft zog exakte Definitionen und Analysen anhand einfacher Fälle und abstrakter Fragestellungen vor. Als Introspektion und Vernunftanalyse durch experimentelle Untersuchungen ergänzt wurden, verstärkte sich noch die Tendenz zur Minimierung der Erfahrungsgrundlage. Man untersuchte die Empfindung einzelner Töne, die Verknüpfung schlichter Worte, das Einprägen sinnarmer Lautkombinationen (s. später Abschnitte 9.3.2, 9.3.3).

Wilhelm Dilthey (vor 1880/1982) hat bereits in seinen frühen Schriften die Möglichkeiten der wissenschaftlich gesicherten Erlebnisanalyse erkundet. Innerhalb der Geisteswissenschaften (s. bereits Abschnitt 9.1.4) hat er die Hermeneutik (s. wieder Abschnitt 9.1.4) als methodische Alternative zum induktiven, die Ursachen erklärenden Verfahren der Naturforschung befürwortet. Dilthey selbst - er war Professor in Basel, Kiel und Breslau, bevor er 1882 an die Berliner Universität berufen wurde - hat übrigens ein Werk von weitgespannter Thematik hinterlassen: zur Wissenschaftstheorie und -politik, zur Geschichte der Kunst und der Philosophie - mit Deutungen des Lebens und Wirkens so unterschiedlicher Persönlichkeiten wie der Philosophen Hegel und Schelling, des Dichters Uhland, des Komponisten Richard Wagner und des Militärpolitikers Scharnhorst.

Der Psychologie hat Dilthey (1883/1962) in seiner Konzeption der Geisteswissenschaften eine grundlegende Rolle zugedacht. Während Geisteswissenschaften das *„Singulare, Individuale der geschichtlich-gesellschaftlichen Wirklichkeit“* bearbeiten sollen, sei der Gegenstand der Psychologie

> *„jederzeit nur das Individuum, welches aus dem lebendigen Zusammenhang der geschichtlich-gesellschaftlichen Welt ausgesondert ist, und sie ist darauf angewiesen, die allgemeinen Eigenschaften, welche psychische Einzelwesen in diesem Zusammenhang entwickeln, durch einen Vorgang der Abstraktion festzustellen.“*
>
> (Dilthey, 1883/1962, S. 27, S. 30)

Der Autor trennte also

- die Betrachtung von Einzelpersönlichkeiten in ihrer zeitlichen und sozialen Einbingung (z.B. Friedrich Schiller, der Verfasser der „Räuber", im 18. Jahrhundert aufgewachsen als Zögling einer Militärschule und ausgebildet als Arzt, vertraut mit Fürstenwillkür und revolutionären Bestrebungen, Freund Goethes in Weimar usf.) und
- die Betrachtung des Allgemein-Menschlichen vor einer Einbindung in spezielle historische und soziale Zusammenhänge (z.B. der introvertierte Typus, dem Schiller als Individuum zuzuordnen sein mag).

Die zweite, ontologisch bestimmte Fragestellung weist Dilthey der Psychologie zu.

Psychologie, die sich in dieser Absicht der hermeneutischen Leistung der Sinnfindung und Sinnstiftung unterzieht, nannte Dilthey (1894/1924) „beschreibende und zergliedernde Psychologie", kürzer jedoch „verstehende Psychologie". Der Vorgang des Verstehens sei - im Unterschied zum naturwissenschaftlichen Erklären - durch folgende Merkmale gekennzeichnet:

- Die Objekte des Verstehens sind jeweils ganzheitliche Gebilde (z.B. die Biographie eines Menschen, ein Schauspiel).
- Das verstehende Subjekt ist selbst eine Ganzheit mit ihren Fähigkeiten und ihrem Gemüt (z.B. historischen Kenntnissen, Mitgefühl).
- Grundlage des Verstehens ist das unmittelbare Erleben bei der Begegnung des Subjekts mit dem Objekt.
- Zergliederung, Analyse des Erlebten gibt Aufschluß über allgemeine Gleichförmigkeiten und Strukturzusammenhänge.
- Die höchste Stufe des Verstehens ist erreicht in der Verbindung des Allgemeinen mit dem Individuellen: Wenn man im Individuellen das Allgemeine erkennt, aber zugleich in der Erkenntnis des Allgemeinen das Erleben seiner individuellen Erscheinungen gegenwärtig bleibt.

Den zuletzt aufgeführten Punkt hat Dilthey (1895/1924) in seinen *Beiträgen zum Studium der Individualität* hinzugefügt, in denen er den Ansatz der Verstehenden Psychologie auf das Gebiet der Persönlichkeit anwandte.

Das Verstehen von Individuen in ihrer jeweiligen Situation, das Verständnis von Person- und Situationsstrukturen ist vor allem ein Zugang zur professionell betriebenen Diagnostik (s. Abschnitt 11.2.2) geworden. Dabei hat der Autor Werke, Denk- und Normsysteme ebenfalls als Objekte des Verstehens vorgesehen. Insofern schließt sich sein verstehenspsychologischer Ansatz der zeitgenössischen Völkerpsychologie (s. Abschnitt 8.4.1) an.

Die Verstehende Psychologie hat als Alternative zur aufkommenden positivistisch orientierten Psychologie (s. Abschnitt 9.2.2) viel Kritik, aber auch viel Zustimmung erfahren. Die Betonung des Subjekts, der Ganzheitlichkeit von Objekt und Subjekt, die Einbeziehung von Gefühlen, vor allem der Empathie (engl. *empathy,* Einfühlung) in den Erkenntnisprozeß entsprachen dem Entwurf der introspektiven Psychologie nach Tetens und dem Programm des Irrationalismus (s. Abschnitte 9.2.1, 4.1.3). Überhaupt hat Dilthey mit seiner Konzeption von Geisteswissenschaft die genannten traditionellen Ansätze im Rahmen der modernen Erkenntnistheorie neu bestimmt.

Shakespeare, W. (o.J./1956). *Sämtliche Werke* (Band 3), herausgegeben von A. Schlösser. Berlin: Aufbau Verlag.

Dilthey, W. (vor 1880/1982). Frühe Entwürfe zur Erkenntnistheorie und Logik der Geisteswissenschaften. *Gesammelte Schriften* (Band 19, S. 1-57), herausgegeben von H. Johach & F. Rodi. Göttingen: Vandenhoek & Ruprecht.

Dilthey, W. (1883/1962). Einleitung in die Geisteswissenschaften. *Gesammelte Schriften* (Band 1), herausgegeben von B. Groethuysen. Leipzig: Teubner.

Dilthey, W. (1894/1924). Ideen über eine beschreibende und zergliedernde Psychologie. *Gesammelte Schriften* (Band 5, S. 139-240), herausgegeben von G. Misch. Leipzig: Teubner.

Dilthey, W. (1895/1924). Beiträge zum Studium der Individualität. *Gesammelte Schriften* (Band 5, S. 241-316), herausgegeben von G. Misch. Leipzig: Teubner.

9.3 Naturbeobachtung und Analyse

9.3.1 Physiologische Psychologie

Eine naturwissenschaftlich orientierte Psychologie verbreitete sich vorzugsweise unter den Bezeichnungen „Physiologische Psychologie", „Physiologie der Seele" und „Medizinische Psychologie". Unter diesen Bezeichnungen traten Lehren auf, die psychische Funktionen in ihrem Zusammenhang mit körperlichen Vorgängen betrachteten. „Physiologie" bedeutete nichts anderes als „Lehre von der Natur des Menschen bzw. anderer Lebewesen". Frühe Schriften zur Physiologischen Psychologie decken sich in ihrer Thematik weitgehend mit den auf Introspektion beruhenden psychologischen Lehren (s. Abschnitt 9.2.1). Sie behandelten das Ich und die Bewußtheit, Empfindung, Gefühl und Willen - kurz Seelenwesen und Seelenleben. Und doch gibt es einen gewichtigen Unterschied: Vertreter der Physiologischen Psychologie begnügen sich nicht mit der Introspektion, sondern suchen nach körperlichen Grundlagen für die beobachteten Phänomene.

Die physiologische Ausrichtung war von Anfang an in der Erfahrungsseelenlehre angelegt. Platner (s. Abschnitt 5.4.1) hat dem „Nervengeist" viel Aufmerksamkeit gewidmet, Tetens (s. Abschnitt 9.2.1) das „Hirn" als Ort des Seelenwesens diskutiert. Wie schwierig solche Erörterungen im einzelnen waren, ist dem 1852 erschienenen Lehrbuch des vor allem in Göttingen tätigen Philosophen und Mediziners Rudolf Herrmann Lotze (1817-1881) zu entnehmen. Lotze (1852, S. 115ff.) nahm eine Seele als immaterielle Substanz an. Seelischen Vorgängen sollten *„Erregungen der materiellen Nervenmolecule"* entsprechen. Die höchsten und wichtigsten Vorgänge waren in den nervösen Einheiten des Gehirns zu vermuten. Doch da bestand ein grundlegendes Problem: Die Seele schien eine Einheit zu bilden; das Erlebnis des Ich zeigte das an. Doch ist Gehirn in zwei Hälften geteilt. Wie soll etwa an der Hirnrinde ein geschlossenes Wahrnehmungsbild entstehen, wenn sich die Seele über zwei Hirnhemisphären verteilt? Ob der Sitz der Seele etwa zwischen den Hirnhemisphären liegt, vielleicht in der Brücke, welche die Verbindung zwischen ihnen herstellt? Ob die Seele im Gehirn gar keinen festen Ort besetzt, sondern sich von Ort zu Ort bewegt? Das waren Überlegungen, die der Autor anstellte.

Welche Erkenntnisse die Anatomie und Physiologie im 19. Jahrhundert den psychologisch Interessierten zu bieten hatten, ist dem Werk *Das Gehirn als Organ des Geistes* von H. Charlton Bastian, einem Anatomieprofessor vom *University College* in London zu entnehmen. Es beschreibt in den Grundzügen den Aufbau des zentralen und des peripheren Nervensystems, die Beschaffenheit von Nervenzellen und Nervenverbindungen und die Lokalisation von einigen Fähigkeiten wie Sprechen, Lesen und Schreiben. Begründete Annahmen gibt es auch über den hirnorganischen Ursprung einiger Geisteskrankheiten - wie der Epilepsie. Doch für *„die Localisation gewisser höherer Verstandes- und Geisteskräfte"* fehlt es noch an ausreichenden Untersuchungen. Gleichwohl bekräftigt der Autor seine Überzeugung: *„Das Bewußtsein ... muß eine Erscheinung sein, die einen natürlichen Ursprung hat"* (Bastian, 1882, S. 366, S. 367).

Weiter fortgeschritten und damit hilfreicher für die psychologische Argumentation waren zu jener Zeit die anatomischen und physiologischen Kenntnisse über die Peripherie des Nervensystems, die Sinnesorgane und die von ihnen zur Hirnrinde aufsteigenden Sinnesbahnen, die Muskeln und die zu ihnen von der Hirnrinde absteigenden Bewegungsbahnen. Insbesondere die Fortschritte der Sinnesphysiologie und -anatomie bereicherten die psychologischen Theorien zur Sinneswahrnehmung. Innerhalb der Physiologischen Psychologie bildete daher zunächst die Sinnes- und Wahrnehmungspsychologie einen umfangreichen Schwerpunkt.

Kein anderes Werk des 19. Jahrhunderts spiegelt wohl den durch naturwissenschaftliches Herangehen möglichen Erkenntnisfortschritt im Bereich der Bewußtseinstheorie besser wider als das dreibändige *Handbuch der physiologischen Optik* des Physikers und Physiologen Hermann von Helmholtz (1856-1866/1909-1911). Zum Teil gestützt auf Untersuchungen mit neuartigen Instrumenten wie dem Augenspiegel, legte Helmholtz die anatomischen, physiologischen und physikalischen Grundlagen des Sehens dar:

- den Aufbau des Auges als komplexes Sinnesorgan (Glaskörper, Iris, Linse, Netzhaut, Augenmuskeln u.ä.),
- die lichtempfindlichen Aufnehmer der Netzhaut (helligkeitssensible Stäbchen und farbsensible Zapfen),
- die Sehnerven, welche periphere Erregungen zur Sehrinde des Großhirns leiten,
- das Verhalten des optischen Systems (Akkomodation der Linse, Bewegungen der Iris sowie der Augenmuskeln u.ä.),
- das Verhalten von Lichtstrahlen (Brechung, Farbmischung, Farbstreuung u.ä.).

Die funktionelle Beschreibung des Sehapparats und des Sehvorgangs ging weit über die Selbsterfahrung des Betrachters hinaus.

Eine der wichtigsten neuen Erkenntnisse: Innerhalb gleicher Sinnesgebiete wirken spezialisierte Aufnahmesysteme. So wäre es falsch, von einem einheitlichen Gesichtssinn zu sprechen. Nicht einmal der Farbsinn ist einheitlich. Vielmehr weisen Farbaufnehmer unterschiedliche Empfindlichkeit auf. Die von Helmholtz bevorzugte Theorie des dreifarbigen Sehens nimmt drei farbempfindliche Komponenten an, je eine für langwelliges Licht - erlebt als Farbe Rot, für kurzwelliges Licht - erlebt als Farbe Violett sowie für mittlere Wellenlängen - erlebt als Grün. Das Spektrum der rund 150 unterschiedenen Farbtöne entsteht aus der Mischung der drei Komponenten.

Obwohl nicht im Einklang mit der Selbsterfahrung - niemand hat den unmittelbaren Eindruck, Farben „mit drei Augen" zu sehen, besitzt die Theorie des dreifarbigen Sehens einen hohen Erklärungswert. Unter anderem erklärt sie Rot-Grün-Anomalien und Nachbilder in Gegenfarben. Fällt etwa bei einem Menschen die Rot-Komponente aus, wird die Grün-Komponente dominant - der häufigste Fall von Farbenblindheit. Die gleiche Anomalie entsteht kurzfristig, wenn eine Komponente durch Überbeanspruchung ermüdet. Betrachtet man etwa lang genug ein rotes Dreieck und wendet dann den Blick auf eine graue Fläche, erlebt man ein Nachbild des Dreiecks, und das Dreieck erscheint grün.

Obwohl Helmholtz in der Neurophysiologie an der Spitze der Forschung stand - ihm gelang 1850 als erstem, die Fortpflanzungsgeschwindigkeit der Nervenerregung zu messen, konnte auch er nicht die Vollendung des Wahrnehmungsvorgangs im Gehirn aufklären. Doch er war überzeugt: Im Gehirn findet eine Synthese und Integration von Sinnesempfindungen zu Bildern, Räumen und Abfolgen statt. Damit trat er in die erkenntnistheoretische Diskussion ein. Er bestritt die idealistische Konzeption vorgegebener Erkenntniskategorien wie Raum und Zeit (s. Abschnitt 9.1.3) und bekannte sich zu einem empiristischen Standpunkt (vgl. Abschnitt 5.3.1):

> *„Die Sinnesempfindungen sind für unser Bewußtsein Zeichen, deren Bedeutung verstehen zu lernen unserem Verstande überlassen ist."*
>
> (Helmholtz, 1866/1911, S. 433)

Objekt-, Raum-, Zeitwahrnehmungen werden demnach ausschließlich aufgrund eigener Erfahrung gebildet. Zum Beispiel müßten Menschen lernen, daß Empfindungen der rechten Hälfte der Netzhaut von Reizen aus der linken Hälfte des Greifraums stammten. Ein solches Lernen beruhe auf induktiven Schlüssen, d.h. auf der Verallgemeinerung einzelner Erfahrungen. Helmholtz hat den Begriff „unbewußtes Schließen" eingeführt, um zum Ausdruck zu bringen, daß induktives Wahrnehmungslernen unbemerkt verläuft. Wegen seiner Mehrdeutigkeit hat er später den Begriff aufgegeben, nicht jedoch die ihm zugrunde liegende empiristische Theorie.

Helmholtz (1879) ging noch einen Schritt weiter. Die in unserer Kultur anzutreffenden Anschauungsformen seien lediglich durch die Wirklichkeit vorgegeben; notwendig und ohne denkbare Alternative seien sie nicht. So brauche ein Raum nicht euklidisch gedacht zu werden (nach dem Mathematiker Euklid, ca. 450-370 v. Chr.), d.h. dreidimensional und rechtwinklig. Denkbar seien auch gekrümmte Räume, wie der Riemannsche Raum (nach dem Göttinger Mathematiker Georg Friedrich Riemann, 1826-1866). Für nicht-euklidische Räume verliert u.a. der Satz, daß Parallelen sich erst im Unendlichen treffen, seine Gültigkeit. Da die euklidische Geometrie dem natürlichen Lebensraum angepaßt sei, habe man sie als logische Vorgabe der Raumanschauung gedeutet. Die Deutung sei aber nicht zwingend. Wäre der Lebensraum nicht-euklidisch gestaltet, hätten die Menschen nicht-euklidische Abbildungsregeln erlernt und eine andere Raumanschauung erworben.

Die Physiologische Psychologie hat sich nach und nach sämtlicher großer Themen der rationalistischen Psychologie angenommen - Wahrnehmung und Vorstellung, Gefühl, Wille, Gedächtnis und Ästhetik (vgl. Wundt, 1874/1908-1911). Theoretisch haben ihre Verfechter sich zumeist vom Idealismus abgewandt und dem Empirismus zugewandt. Innerhalb der Physiologischen Psychologie haben sich die Programme der Psychophysik und der Experimentellen Psychologie entfaltet; ihnen sind die beiden folgenden Abschnitte 9.3.2 und 9.3.3 gewidmet.

Lotze, R. H. (1852). *Medicinische Psychologie oder Physiologie der Seele.* Leipzig: Weidmann.

Bastian, H. Ch. (1882). *Das Gehirn als Organ des Geistes.* Leipzig: Brockhaus.

Helmholtz, H. von (1856-1866/1909-1911). *Handbuch der physiologischen Optik* (3 Bände), herausgegeben von A. Gullstrand, J. v. Kries & W. Nagel. Hamburg: Voss.

Helmholtz, H. von (1879). *Die Thatsachen in der Wahrnehmung.* Berlin: Hirschwald.

Wundt, W. (1874/1908-1911). *Grundzüge der physiologischen Psychologie* (1 Band/3 Bände). Leipzig: Engelmann.

9.3.2 Psychometrie, Psychophysik

Naturwissenschaften messen und zählen. Sofern die Seele Teil der Natur ist, können auch an seelischen Erscheinungen Messungen und Zählungen vorgenommen werden. Dies war der Ansatz der Psychometrie (griech. *psyche,* Seele; *metron,* Maß). Unter den ersten Vertretern der Psychometrie ragt der Leipziger Physiker, Philosoph und Psychologe Gustav Theodor Fechner (1801-1887) hervor. Seine einflußreichsten Untersuchungen befaßten sich mit zwei Aspekten der menschlichen Empfindung, der

- Repräsentation physikalischer Merkmale (wie Licht und Schall) im Bewußtsein und
- der ästhetischen Wirkung wahrgenommener Objekte.

Die ästhetischen Studien Fechners seien hier vor allem wegen ihres psychometrischen Vorgehens erwähnt. Mehr als nur eine Kuriosität ist Fechners (1875) Studie *Warum wird die Wurst schief durchgeschnitten?* Dazu sammelte er Wurstscheiben und maß ihre Schnittwinkel nach. War die Wurst gerade geschnitten, war die Scheibe rund. Je nach Schnittwinkel nahm die Scheibe die Form einer Ellipse mit unterschiedlich langen Achsen an. Wurde eine bestimmte Ellipsenform bevorzugt? Wenn ja: Welches waren die bevorzugten Achsen? Ähnliche Untersuchungen über ästhetisch bevorzugte Proportionen hat Fechner (1876) ebenfalls an Gebäuden, Bilderrahmen u.ä. vorgenommen.

Mit Hilfe einer öffentlichen Befragung hoffte Fechner (1872) sogar, eine aktuelle Kunstkontroverse zu schlichten. Es gibt zwei dem jüngeren Hans Holbein zugeschriebene Madonnenbilder. Kunstexperten behaupteten, nur eines der Gemälde könne das Original sein; das andere sei eine Kopie. Doch welches von beiden war das Original? Als 1871 in Dresden eine Holbein-Ausstellung Gelegenheit bot, beide Bilder unmittelbar zu vergleichen, legte Fechner ein Album aus. Die Besucher der Ausstellung sollten eintragen, welches der Bilder ihnen besser gefalle, oder genauer: Welchem der beiden Bilder sie in ihrer Wohnung lieber *„einen Platz zur dauerhaften und wiederholten Betrachtung gönnen"* würden. Zudem sollten die Beantworter Namen, Stand und Wohnort angeben. Die Beteiligung an der Umfrage war gering. Von rund 11 000 Besuchern trugen sich nur 113 in das Album ein. Doch danach konnte kein anderer Autor mehr für sich in Anspruch nehmen, er sei der erste gewesen, der eine Publikumsumfrage durchgeführt habe.

Bahnbrechend war Fechners Begründung der Psychophysik. Unter dem von ihm neu geprägten Begriff der Psychophysik verstand der Autor

„... eine exacte Lehre von den functionellen oder Abhängigkeitsbeziehungen zwischen Körper und Seele, allgemein zwischen körperlicher und geistiger, physischer und psychischer Welt".

(Fechner, 1860/1889, Teil 1, S. 8)

Fechner bekannte sich zum Monismus: Geist und Körper seien eins - jeweils nur von zwei Standpunkten aus gesehen (s. bereits Abschnitt 3.1.2). Daher könne

„... niemand Geist und Körper, wie sie unmittelbar zusammengehören, auch unmittelbar zusammen erblicken ... . Es kann eben Niemand zugleich äusserlich und innerlich gegen dieselbe Sache stehen."

(Fechner, 1860/1889, Teil 1, S. 4)

Der Begriff des Geistes war eindeutig. Er bedeutete die subjektive Innenwelt, das bewußte Erleben. Doch der Begriff des Körpers besaß zwei Bedeutungen: zum einen die objektive Innenwelt, den eigenen Körper, zum anderen die ihn umgebende Außenwelt, den Raum.

Fechner, G. Th. (1875). Warum wird die Wurst schief durchgeschnitten? In Dr. Mises (Pseudonym), *Kleine Schriften* (S. 383-406). *Leipzig: Breitkopf & Härtel.*

Fechner, G. Th. (1876). *Vorschule der Aesthetik.* Leipzig: Breitkopf & Härtel.

Fechner, G. Th. (1872). *Bericht über das bei der Dresdner Holbein-Ausstellung ausgelegte Album.* Leipzig: Breitkopf & Härtel.

Die Beziehung des Geistes bzw. der Seele zum Körperlichen war somit eine doppelte:

- Beziehung der subjektiven Innenwelt zur objektiven Innenwelt: Bewußtsein in seiner Beziehung zum eigenen Körper. Fechner nannte diese Beziehung „innere Psychophysik".
- Beziehung der subjektiven Innenwelt zur objektiven Außenwelt: Bewußtsein in seiner Beziehung zum umgebenden Raum. Diese Beziehung nannte der Autor „äußere Psychophysik".

Probleme der inneren Psychophysik sind: Der Zusammenhang von Vorstellungen und Hirnaktivitäten, von Sinnesempfindungen und den Erregungen der Sinnesorgane u.ä. Hierzu fehlte es auch Fechner an einschlägigen physiologischen Befunden (vgl. bereits Abschnitt 9.3.1). Doch zur äußeren Psychophysik fand der Autor einen überzeugenden Zugang: den Zusammenhang von subjektiven Empfindungen und physikalischen Reizen.

Physikalische Reize sind alle Gegebenheiten der Außenwelt (z.B. Licht, Schall, Berge, Seen). Physikalische Reize besitzen zweierlei quantitative Eigenschaften:

- Intensität, d.h. Stärke (z.B. Lichtstärke, Schallstärke) sowie
- Extensität, d.h. Ausdehnung (z.B. Länge, Fläche, Dauer).

Die Methoden der Physik (z.B. Anlegen eines Zollstocks, Ablesen eines Thermometers) erfassen die Eigenschaften der Reize.

Subjektive Empfindungen spiegeln physikalische Reize im Bewußtsein wider. Sprachliche Urteile bringen die Empfindungen zum Ausdruck. So setzt äußere Psychophysik physikalische Maße von Intensitäten und Extensitäten mit sprachlichen Urteilen über dieselben in Beziehung.

Fechner hat mit seinen Schülern an Intensitäten die Lichtstärke, die Lautstärke, das Gewicht und die Temperatur untersucht, an Extensitäten die Entfernung von Punkten, den Abstand von Linien sowie die Dauer von Zeiten. Beispielhaft sind Beobachtungen, die Fechner (1860/1889, Teil 1, S. 202f.) selbst im Dezember 1855 angestellt hat. An mehreren Tagen füllte er eine Schale A mit Wasser; jeden Tag hatte das Wasser eine andere Temperatur, und zwar zwischen 15 und 32 Grad Réaumur. (Nach Réaumur mißt man die Temperatur auf einer Skala mit 80 Graden, wobei der Grad 0 dem Gefrierpunkt und der Grad 80 dem Siedepunkt des Wassers entspricht.) Zusätzlich waren mehrere andere Schalen mit etwas stärker erhitztem Wasser gefüllt; die Temperaturen in den zusätzlichen Schalen waren auch voneinander verschieden. Durch Eintauchen eines *„sehr genauen und genau verglichenen*“ Thermometers aus dem *Leipziger physikalischen Cabinet* wurden die Temperaturen nach Teilen von Graden gemessen. Abwechselnd tauchte der Autor nun zwei Finger in die Schale A sowie die anderen Schalen. Dabei ermittelte er die Vergleichstemperatur, auf welche das Urteil zutraf: „eben merklich von der Temperatur in Schale A verschieden“.

Die Ergebnisse: Je höher die Temperatur, desto größer mußte ein Temperaturunterschied sein, um bemerkt zu werden. Die kleinste bemerkbare Differenz stand dabei zu dem Ausgangswert in einem festen Verhältnis. Fechner berechnete: Die Temperatur muß jeweils um einen Anteil von 0,0362 oder rund 4% gesteigert werden, damit ein Unterschied bemerkt wird. Solche Quotienten hatte bereits Ernst Heinrich Weber (1795-1878), ebenfalls Professor in Leipzig, und zwar an der Medizinischen Fakultät, ermittelt. Weber (1851) hatte in eigenen Beobachtungen festgestellt: Auf den verschiedenen Sinnesgebieten sind unterschiedlich starke Veränderungen von Reizen notwendig, um das Erlebnis einer Veränderung zu erzeugen. Innerhalb jedes Sinnesgebiets stehen die eben merklichen Differenzen in einem konstanten Verhältnis zum Betrag des Ausgangsreizes. So gab Weber die folgenden Konstanten an:

2 - 5%	für Helligkeiten,
3 - 10%	für Druck auf die Haut,
2,5 - 3%	für Gewichte,
1%	für die Länge von Linien.

Nun war offensichtlich, daß sich die Weberschen Konstanten nur im Mittelbereich der Reizvariation bewährten - etwa in Fechners Temperaturstudie nur zwischen 20°R und 28°R. Dies veranlaßte Fechner zu folgenden grundsätzlichen Überlegungen: Das Urteil beruhe auf einer psychophysischen, zugleich geistigen und körperlichen Tätigkeit. Es bedürfe zunächst eines Reizes von einer Mindestintensität oder -extensität, damit diese Tätigkeit in Gang komme. Bei Reizen, deren Stärke oder Größe nur wenig über dem Minimalreiz liege, müsse der psychophysische Prozeß eine Anfangsträgheit überwinden; die Weberschen Konstanten würden dann unterschritten. Je stärker die Reizung werde, desto mehr beschleunige sich der psychophysische Prozeß und die Weberschen Konstanten würden überschritten.

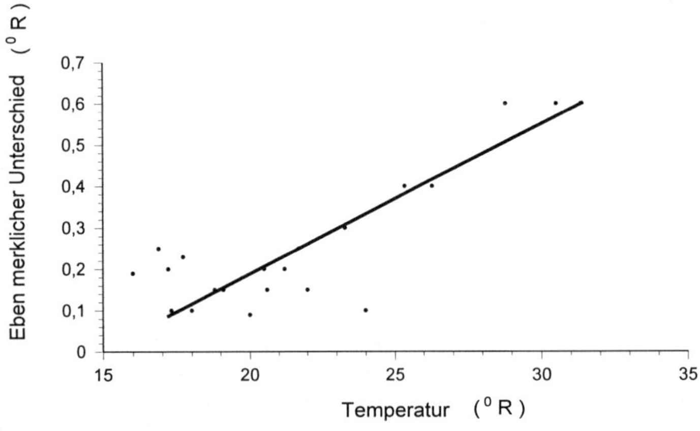

Eben merkliche Unterschiede von Temperaturen in Abhängigkeit von der Ausgangstemperatur. Aufgrund der Beobachtungen wurde ein konstantes Verhältnis von 0,036:1 zwischen merklichen Unterschieden und Ausgangstemperatur errechnet. Die durchgezogene Linie zeigt die berechnete Beziehung an (nach Fechner 1860/1889, Teil 1, S. 202f.). Alle Temperaturangaben sind in Grad Réaumur; 1°R entspricht 1,25°C.

Fechner schlug daher vor:

- Die Definition einer Absolutschwelle, d.h. der Mindeststärke oder -größe eines Reizes, der überhaupt bemerkt wird.
- Die Definition einer Unterschiedsschwelle, d.h. der Mindestdifferenz von Stärken oder Größen, die zu unterscheiden sind.
- Die Darstellung der Empfindungsstärke oder -größe auf einer Skala mit der Absolutschwelle als Nullpunkt und den Unterschiedsschwellen als Maßeinheiten.
- Die Modellierung der psychophysischen Beziehung zwischen Reizung und Empfindung als logarithmische Funktion.

Diese Annahmen vereinigte Fechner in seiner „Massformel“:

„Die Grösse der Empfindung (γ) steht im Verhältnisse nicht zu der absoluten Grösse des Reizes (β), sondern zu dem Logarithmus der Grösse des Reizes, wenn dieser auf seinen Schwellenwerth (b) ... bezogen wird ..., oder kurz, sie ist proportional dem Logarithmus des fundamentalen Reizwerthes.“

(Fechner, 1860/1889, Teil 2, S. 13)

Der „fundamentale Reizwert“ - symbolisiert als γ - ergibt sich damit aus der Formel:

$$\gamma = k\,(\log \beta - \log b)$$

oder $\gamma = k\,(\log \beta / b)$.

Fechner, G. Th. (1860/1889). *Elemente der Psychophysik*. Leipzig: Breitkopf & Härtel.

Weber, E. H. (1851). *Die Lehre vom Tastsinne und Gemeingefühle. Auf Versuche begründet.* Braunschweig: Vieweg.

Gutberlet, C. (1905). *Psychophysik*. Mainz: Kirchheim.

Dabei ist *k* eine für jede Reizart neu anzupassende Konstante. Von den berechenbaren Logarithmen hat Fechner - wie schon vor ihm Herbart (s. Abschnitt 9.2.2) - dem sog. natürlichen zur Basis *e* den Vorzug gegeben.

Die logarithmische Beziehung zwischen Empfindung und Reiz ist als „Fechnersches Gesetz“ bekannt geworden. Die Geltung des Gesetzes für verschiedene Reizarten und die Anwendbarkeit unterschiedlicher Methoden zur Erfassung von Empfindungen wurden ergiebige Themen für ein mächtiges Forschungsprogramm. Die sich neu konstituierende Psychologie zählte es zu ihren wichtigsten Errungenschaften (vgl. Gutberlet, 1905). Dabei war es wohl nicht Fechners Absicht gewesen, die Psychologie auf ihrem Weg in die Selbständigkeit zu fördern. Eher wollte er die Psychophysik als eigene Lehre pflegen, in der sich Physik und Philosophie begegneten.

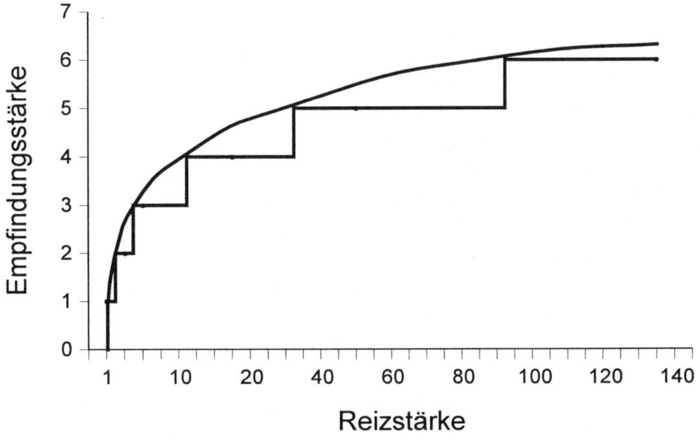

Psychophysische Funktion nach Fechners (1860/1889, Teil 2, S. 13) Maßformel: Die Stärke oder Größe der Empfindung ist eine logarithmische Funktion der Reizstärke oder -größe β. Einheit der Empfindungsskala ist hier die Unterschiedsschwelle. Dem Nullpunkt der Empfindung entspricht die Absolutschwelle b. Reizstärken oder -größen werden mit Hilfe physikalischer Skalen dargestellt. Die Treppenkurve zeigt den Anstieg der Empfindungsstärke.

9.3.3 Experimentelle Psychologie

Der Begriff des Experiments (lat. *experimentum*) besitzt drei Bedeutungen:
- Erfahrung, d.h. Beobachtung sich bietender Gegenstände und Ereignisse,
- Versuch, d.h. Schaffung einer Situation zum Sammeln von Beobachtungen und
- Versuch mit Bedingungsvariation, d.h. Schaffung einer Situation, die eine planmäßige Veränderung theoretisch bedeutsamer Ursachenfaktoren gestattet.

Weil der Begriff des Experiments mehrdeutig ist, wird auch der Begriff der Experimentellen Psychologie in mehreren Bedeutungen gebraucht. Im allgemeinsten Sinne versteht man darunter lediglich eine Psychologie, die sich auf gesammelte Erfahrung stützt - wie die Erfahrungsseelenlehre des 18. und 19. Jahrhunderts (s. Abschnitte 7.3.3, 9.2.1). Oft versteht man unter Experimenteller Psychologie eine Forschungsrichtung, in der Forscher die Situationen, unter denen sich bestimmte psychische Erscheinungen einstellen, selbst arrangieren - wie die Psychophysik mit ihren Darbietungen von Reizstärken und -größen (s. Abschnitt 9.3.2). Im strengen Sinne ist Experimentelle Psychologie eine Forschungsrichtung, die den Zusammenhang von psychischen Erscheinungen und ihren Entstehungsbedingungen untersucht, indem sie letztere (zusammen mit Vergleichsbedingungen) variiert und die Auswirkung dieser Variation auf die ersteren beobachtet.

Der Übergang zu experimentellen Ansätzen im strengen Sinne, den Forschungen mit systematischer Bedingungsvariation, hat sich stetig, aber nur langsam vollzogen. Wichtiger als die Versuchsplanung war in der Frühzeit psychologischen Experimentierens die Genauigkeit von Beobachtungsbedingungen sowie von Beobachtungen. Dabei halfen vor allem Darbietungs- und Meßgeräte, wie sie die zu jener Zeit an Leistungsfähigkeit gewinnende Feinmechanik den Forschern zur Verfügung stellte. Zum Zwecke des Experimentierens wurden später eigene Räumlichkeiten eingerichtet, die psychologischen Laboratorien. Manche Laboratorien arbeiteten regelmäßig mit feinmechanischen Werkstätten zusammen.

Die frühen psychologischen Experimente waren häufig Selbstversuche. Oft nahmen studentische Kollegen und der betreuende Professor als Beobachter an den Versuchen teil. (Dies ist aus Versuchsberichten zu ersehen, in denen die Probanden namentlich aufgeführt sind.) Unter diesen Umständen blieb die Zahl der Probanden klein, doch der Austausch mit ihnen war intensiv. Größere Probandengruppen wurden erst später untersucht, nachdem die zufallskritische Bewertung der Versuchsergebnisse zur Forderung erhoben wurde.

Generelle Psychologie

Ob auf Selbsterfahrung bauend oder auf physiologische Beobachtung: die Psychologie, wie sie im 19. Jahrhundert an deutschen Universitäten gepflegt wurde, ist zuallererst Generelle, Allgemeine Psychologie (vgl. Abschnitt 8.1.3) gewesen. Ihre wichtigsten Erkenntnisgegenstände waren:
- der Mensch als geschlossener Organismus oder als einheitliches Ich,
- die universellen Strukturen (Sinnesorgane, Gedankenverbindungen u.ä.) und
- die universellen Funktionen (Sinnesleistungen, Vorstellungsabläufe u.ä.).

Das Aufdecken des Inneren, sofern es dem Bewußtsein zuzuordnen war, fesselte die Aufmerksamkeit introspektiv wie physiologisch orientierter Forscher. Ihre Theorien strebten nach Aufschlüssen über den Menschen als Gattungswesen. Dies alles war ein Erbe der Ontologie (s. Abschnitt 2.4.2).

Die Seele als individuelle Gestalt, die Seele als Glied der Geschichte und der Gemeinschaft (vgl. Kapitel 8) - das wollte zunächst nicht in dieses ontologische Schema passen. Oder vielleicht doch? Wenn der menschliche Geist als kulturelles Wesen seine höchste Entwicklungsstufe erreicht, dann offenbart Kultur- und Völkerpsychologie sein universelles Wesen. Insofern, aber auch nur in diesem Sinne, hat Wundt seine Völkerpsychologie (s. Abschnitt 8.4.1) ebenfalls als Allgemeine Psychologie verstanden - und zwar als Krönung der Psychologie.

Die Experimentelle Psychologie hat somit Ansätze der rationalistischen Psychologie (s. Abschnitt 9.2.1) ebenso fortgeführt wie Ansätze der Physiologischen Psychologie (s. Abschnitt 9.3.1). Als frühe Vertreter experimentalpsychologischer Forschung seien genannt:

- Wilhelm Wundt in Leipzig,
- Hermann Ebbinghaus in Berlin sowie
- Georg Elias Müller in Göttingen.

Wilhelm Wundt war unter den Genannten der Älteste. Er hat als erster von ihnen ein psychologisches Laboratorium eingerichtet (s.u.) und zahlreiche Mitarbeiter und Studierende für ein experimentelles Programm gewonnen. Das Leipziger Programm war recht vielfältig. Schwerpunkte darin waren Psychophysik und Sinnesempfindungen, Apperzeption und Reaktion sowie Emotion. Die Untersuchungen zur Psychophysik und Sinnespsychologie folgten weitgehend Fechners und Helmholtzs Vorbild (Wundt, 1874/1908, Band 1, s.a. Abschnitte 9.3.1, 9.3.2).

Ein Anliegen der Forschungen zur Bewegungsreaktion war die experimentelle Trennung der unterschiedlichen Komponenten der Reaktion. Als einfache Bewegung untersucht wurde u.a. das Niederdrücken einer Taste mit einem Finger; diese Bewegung hatte einen Zeitbedarf. In der Regel war die Bewegung erst auf ein Signal hin, auf einen Reiz (z.B. einen Ton) auszuführen. Das Erkennen des Reizes nahm ebenfalls Zeit in Anspruch; um diese Zeit verzögerte sich die Reaktion. Noch länger wurden die Reaktionszeiten, wenn mehrere Reize (z.B. mehrere Farben) geboten wurden, aber nur auf einen der Reize (z.B. Grün) zu reagieren war; denn dann waren Unterscheidungen zu treffen, die ihrerseits Zeit kosteten. Ein zusätzlicher Zeitaufwand entstand durch die Wahl der Reaktion - wenn etwa bei Blau mit einem Finger der linken Hand oder durch Drücken einer Taste auf der linken Seite zu reagieren war und bei Grün mit einem Finger der rechten Hand oder auf der rechten Seite. Eine weitere Bedingung, welche die Reaktion oft erheblich verzögerte: Reagiert werden sollte mit einer auf einen Reiz einfallenden Assoziation (z.B. mit einem Einfall wie „Wind“ zu dem Reizwort „Sturm“) (Wundt, 1911, Band 3, S. 427).

Die Apperzeptionsforschung knüpfte bei Herbarts Ideenmechanik (s. Abschnitt 9.2.2) an. Apperzeption wurde als aktives Verbinden von Vorstellungen betrachtet. Unterschieden wurden vor allem zwei Arten der Apperzeption: die Verschmelzung und die Komplikation von Vorstellungen. Verschmelzung bedeutete das Herstellen einer Verbindung zwischen Vorstellungen, in welcher nicht mehr alle eingehenden Vorstellungen einzeln zu erkennen sind. So verschmelzen Töne zu einem Klang wie Kupfer und Zinn zu Bronze. Bei Verschmelzungen von Vorstellungen tritt eine oft hervor, während die anderen unauffällig bleiben. Zum Beispiel wird, wenn Töne zu einem Klang verschmelzen, der tiefste zum Grundton, die anderen zu Obertönen; der Grundton bestimmt die Tonhöhe, die Obertöne die Klangfarbe.

Komplikation nannte Wundt (1911, Band 3, S. 516f.) Verbindungen von Vorstellungen aus disparaten, d.h. getrennten Sinnesgebieten (z.B. eine Verbindung zwischen dem Anblick einer scharfen Spitze und der Empfindung eines Stiches auf der Haut). Wundts Theorie war: Disparate Vorstellungen treten nacheinander ins Bewußtsein. Anders ausgedrückt: Die Apperzeption kann sich jeweils nur auf eine Vorstellung richten; treffen mehrere Reize gleichzeitig ein, bildet sich eine Warteschlange, bevor die Apperzeption eine Vorstellung nach der anderen abfertigt. Diese Theorie belegte der Autor mit folgender Beobachtung: Je mehr und je unterschiedlichere Reize gleichzeitig dargeboten wurden, desto später schätzten Beurteiler den Zeitpunkt der Darbietung ein.

Woldemar von Tchisch (1885), ein Arzt aus St. Petersburg, hat im Leipziger Laboratorium die Zeitverschiebung durch Komplikation gründlich untersucht. Über zehntausend Einzelversuche hat er dazu an sich selbst angestellt. Er benutzte ein Gerät, das mehrere Reize gleichzeitig darbieten konnte (s. nächste Seite): einen Glockenton, ein Summgeräusch, einen Druck durch einen Stift sowie Stromstöße, die eine milde Hautempfindung hervorriefen. Die Haut konnte an vier Stellen gleichzeitig elektrisch gereizt werden: an Hand und Schläfe, jeweils links und rechts.

Das Gerät, das diese Reize auslöste, war eigentlich eine Pendeluhr. Ein Zeiger bewegte sich über eine Sekundenskala. Man konnte die Zeit einstellen, zu der ein Reiz oder mehrere Reize gleichzeitig ausgelöst wurden. Die Aufgabe lautete nun: die Zeigerstellung beim Erscheinen der Reize ablesen. Die Hypothese war: Je mehr Reize gleichzeitig dargeboten werden, desto später wird ihr Erscheinen angesagt. Denn die Apperzeption wendet sich nur einem einzigen Reiz zu einer Zeit zu; gleichzeitig eintreffende Reize sind also nacheinander abzufertigen (s.o.). Die erwartete Zeitverschiebung zeigt somit die Länge der Warteschlange von Reizen an.

Dazu gab es eine Zusatzhypothese: Ähnliche Reize verschmelzen, unähnliche nicht; daher ist die Zeitverschiebung für ähnliche Reize geringer als für unähnliche. Als ähnlich betrachtet wurden der Summ- und der Glokkenton sowie die Stromstöße an vier Stellen. Als unähnlich galten dagegen die Laute, der Druck des Stifts sowie die Stromstöße. Die Ergebnisse bestätigten die Hypothesen. Folgende Verschiebungen stellte Tchisch fest (Angaben in tausendstel Sekunden):

	Verschmelzung (Reize ähnlich)	Komplikation (Reize unähnlich)
1. Reiz	277	557
2. Reiz	199	409
3. Reiz	102	103

Wurde gleichzeitig mit einem Reiz A ein weiterer Reiz B oder zwei weitere Reize B und C oder gar drei weitere Reize B, C und D dargeboten, nahm die Zeitverschiebung mit jedem Reiz zu. Waren die Reize ähnlich (z.B. bei einem Glockenton als Reiz A und einem Summton als Reiz B) so fiel die Verschiebung geringer aus als bei Unähnlichkeit (z.B. bei Glockenton als A und Stromstoß als B). Je mehr Reize hinzutraten, desto weniger nahm die Verschiebung zu. Dies deutete Tchisch folgendermaßen: Die Apperzeption ist begrenzt; mehr als fünf Reize kann sie nicht bewältigen. Und je mehr Reize sie abzufertigen hat, desto weniger Zeit kann sie den einzelnen zuwenden.

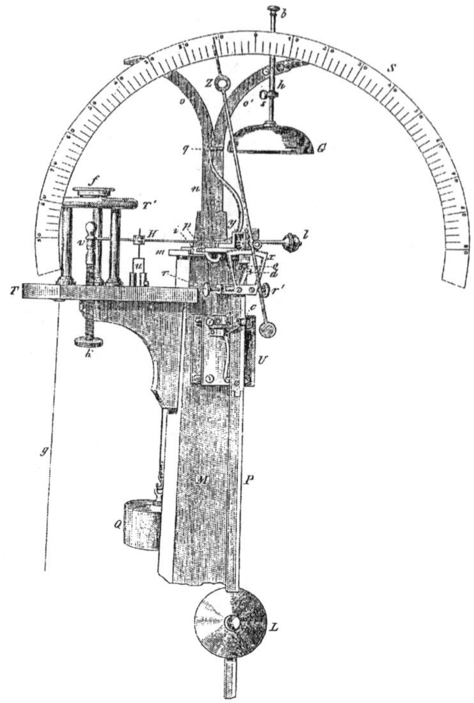

Gerät für Komplikationsversuche aus dem Leipziger Laboratorium (Wundt, 1893, Band 2, S. 405). Ein Federwerk bewegt nach Schlag eines Pendels einen Zeiger; der Zeiger deutet jeweils auf eine Stelle einer Zeitskala. Über das Federwerk können gleichzeitig ausgelöst werden: ein Glockenschlag, ein Summer, der Druck eines Stiftes auf die Haut sowie mehrere Stromstöße zur Erzeugung einer milden Hautreizung.

Zu den Vorstellungen zählte Wundt (1911, Band 3, S. 192f.) die Emotionen - wie vor ihm schon Herbart. Nach subjektiver Einsicht trennte er bei der Betrachtung von Emotionen Inhalt und Form. An formalen Eigenschaften unterschied er drei: Lust - Unlust, Erregung - Beruhigung, Spannung - Lösung. Die Emotionsforschung im Leipziger Laboratorium zeichnete sich auch durch die Verwendung physiologischer Methoden aus. Insbesondere wurden Atmung, Herzschlag und Blutdruck gemessen. So prüfte Paul Mentz (1895) den Einfluß von Tönen, Gerüchen (z.B. Menthol), Geschmäckern (z.B. Zucker) und Bildern

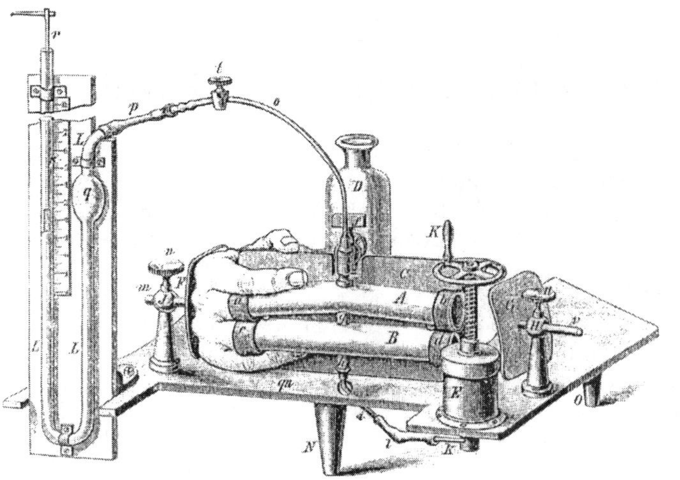

Gerät zur Blutdruck- und Pulsmessung aus dem Leipziger Laboratorium (Kiesow, 1895, S. 42). Die Finger der Teilnehmer stekken in mit Wasser gefüllten Röhren. Die Röhre ist über einen Schlauch mit einem Quecksilbermanometer verbunden. Wenn sich die Finger mit dem durch Herzschlag wechselnden Blutdruck ausdehnen, erhöht sich der Druck in der Röhre. Der Druck pflanzt sich fort zur Quecksilbersäule und setzt den darauf befindlichen Schwimmer in Bewegung. Der Schwimmer trägt einen Stift, der die Bewegung auf einer vorbeilaufenden Rolle aufzeichnet.

(z.B. Ornamenten) auf Herzschlag und Atmung. Ziel war, Zusammenhänge zwischen den körperlichen Vorgängen und den drei genannten formalen Dimensionen der Emotion zu ermitteln. Wundt (1900, S. 163) stellte die in der nebenstehenden Übersicht dargestellten Beziehungen des Herzschlags zum Gefühlserlebnis fest:

Herzschlag		Gefühlserlebnis	
	langsamer	Lust	
stärker			Erregung
	schneller	Lösung	
	langsamer	Spannung	
schwächer			Depression
	schneller	Unlust	

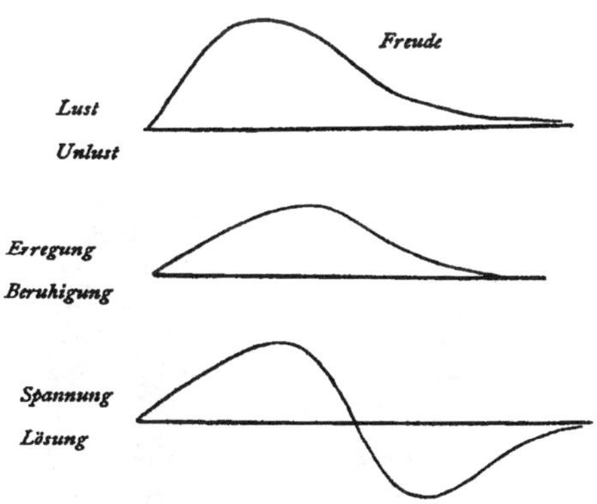

Die Emotion der Freude. Freude kann ihrem Inhalt nach variieren; es kann sich u.a. um Wiedersehensfreude oder um Schadenfreude handeln. In formaler Hinsicht hielt Wundt (1911, Band 3, S. 201) bei Freude die abgebildeten Verläufe in den drei Dimensionen Lust - Unlust, Erregung - Beruhigung, Spannung – Lösung für typisch. Unter Spannung verstand er offensichtlich die Eigenaktivität des Betroffenen (z.B. ist bei Stolz die Spannung höher als bei Vergnügen).

Wundt, W. (1874/1908-1911) *Grundzüge der physiologischen Psychologie* (1 Band/3 Bände). Leipzig: Engelmann.

Tchisch, W. von (1885). Über die Zeitverhältnisse der Apperception einfacher und zusammengesetzter Vorstellungen, untersucht mit Hülfe der Complicationsmethode. *Philosophische Studien, 2*, 603-634.

Mentz, P. (1895). Die Wirkung akustischer Sinnesreize auf Puls und Athmung. *Philosophische Studien, 11*, 371-393, 563-602.

Wundt, W. (1900). Bemerkungen zur Theorie der Gefühle. *Philosophische Studien, 15*, 149-182.

Kiesow, F. (1895). Versuche mit Mosso´s Sphygmomanometer über die durch psychische Erregungen hervorgerufenen Veränderungen des Blutdrucks beim Menschen. *Philosophische Studien, 11*, 41-60.

Fechner und Wundt: Wiedergeburt der Psychologie aus der Organischen Physik

Gustav Theodor Fechner und Wilhelm Maximilian Wundt, die unbestrittenen Repräsentanten jener Generation, welche der neuen, der Experimentellen Psychologie Geltung verschafft hat, weisen eine Reihe von Ähnlichkeiten auf. Beide stammen aus Pfarrhäusern, haben ein Studium der Medizin absolviert, haben neben der Naturforschung auch die Geisteswissenschaft gepflegt; beiden ist Leipzig zur dauerhaften Wirkungsstätte geworden.

Fechner hat sich auch mit Pharmazie und Chemie beschäftigt. Seine Forschungen zur Elektrizitätslehre trugen ihm 1828 eine Professur für Physik an der Universität Leipzig ein. Im Jahre 1834 erlitt Fechner eine Nervenkrankheit, welche den Verzicht auf seinen Lehrstuhl zur Folge hatte. Nach Überwindung der gesundheitlichen Krise wandte er sich der Naturphilosophie zu. Er hatte sich schon vorher als Satiriker und Literaturhistoriker betätigt, nun verfaßte er Studien über die Beseelung der Natur, u.a. der Pflanzen (Fechner, 1848). Diese Werke stießen auf Kritik. Doch offenbarten sie bereits seine Auseinandersetzung mit dem Problem der Psychophysik (s. Abschnitt 9.3.2) (Lasswitz, 1902).

Wundt hat in seinen Studenten- und Dozentenjahren in Heidelberg und Berlin Anschluß an Chemie, Physik und Physiologie als aufstrebende Naturwissenschaften gewonnen. In Heidelberg arbeitete er mit Bunsen (s. Abschnitt 9.1.4) zusammen, seit 1858 mit Helmholtz (s. Abschnitt 9.3.1). Aus dieser Zeit stammen seine Untersuchungen zur Sinneswahrnehmung und Muskelbewegung. Doch schon als er 1874 seinen ersten Ruf auf eine Professur erhielt - und zwar an die Universität Zürich, legte er Wert auf die Festschreibung der Philosophie als sein Lehrgebiet. In Leipzig hat er sich zahlreichen Sparten der Philosophie zugewandt, insbesondere der Erkenntnistheorie und Wissenschaftssystematik (Wundt, 1880-1883/1907-1908). Als die Experimentelle Psychologie erstarkte und Forderungen nach einer institutionellen Trennung von Philosophie und Psychologie laut wurden, hat Wundt (1913) entschieden vor einer Psychologie gewarnt, die ihre Rückbindung an die großen Theorien der Philosophie und damit ihre Stellung im Verbund philosophischer, d.h. damals geistes- , sozial- und naturwissenschaftlicher Disziplinen verliert.

Gustav Theodor Fechner (1801-1887)

Wilhelm Wundt (1832-1920)

Der Wissenschaftshistoriker Timothy Lenoir (1992) hat die Ausrichtung, welche Fechner und Wundt kennzeichnet, als „Organische Physik“ bezeichnet. Er analysierte sie vor allem anhand der Physiologischen Institute von Carl Ludwig in Leipzig und Emil Du Bois-Reymond in Berlin. Die Organische Physik war konzipiert als eine Lebenswissenschaft, betrieben mit den Meß- und Analysemethoden der Chemie und Physik. Ihre Vertreter waren Bürger mit hoher, oft humanistischer Bildung. Philosophische Fragen - wie nach dem Wesen der Erkenntnis und der Freiheit - wollten sie mit ihren naturwissenschaftlich-empirischen Forschungen neu aufwerfen und einer Lösung näher bringen. Philosophie war für sie keineswegs durch Naturwissenschaft überholt.

Wissenschaft war aus dieser Sicht eingebettet in Politik. Lenoir beschreibt die neuen Vertreter der Wissenschaft als nationalbewußt und kaisertreu, doch auch als sozial und liberal. Die deutschen Staaten waren auf wissenschaftliche Erkenntnisse dringend angewiesen. Noch herrschten in der vorrevolutionären Zeit (s. Abschnitt 9.1.1) Hunger und soziales Elend; die Industrialisierung war voranzutreiben. Daher flossen besonders in der Gründerzeit seit den siebziger Jahren erhebliche staatliche Mittel in die experimentelle Forschung. Zentren des Ausbaus wurden das badische Heidelberg, das preußische Berlin sowie das sächsische Leipzig. Zwischen diesen Zentren bahnte sich ein kräftiger Wettbewerb an.

An dieser politischen Auseinandersetzung um Macht und Förderung hatte die Psychologie gegenüber der Chemie, der Physik und der Physiologie nur einen geringen Anteil. Doch dürfte die Organische Physik mit ihrem wissenschaftstheoretischen Anspruch und ihrer politischen Stellung einen unentbehrlichen Nährboden für eine neue Psychologie abgegeben haben, die im interdisziplinären Verbund als ihre spezifische Aufgabe die Klärung des Bewußtseinsproblems übernahm.

Zur gleichen Zeit, als die ersten Studenten in Wundts Leipziger Laboratorium zu experimentieren begannen, führte Hermann Ebbinghaus (1850-1909) in Berlin Versuche über die Gedächtnisleistung durch. Ebbinghaus stammte aus Barmen; er wirkte ab 1894 als Professor an der Universität Breslau, danach ab 1905 an der Universität Halle. Ebbinghaus hatte in Bonn seine Doktorarbeit über das Unbewußte nach Hartmann (s. Abschnitt 10.3.1) abgeschlossen und strebte in Berlin die Habilitation zur Erlangung der Lehrbefugnis an. Bei seinen Gedächtnisuntersuchungen war er ganz auf sich allein gestellt. Ein psychologisches Laboratorium gab es damals an der Berliner Universität noch nicht. Für seine damaligen Selbstversuche brauchte er allerdings kein Laboratorium; er konnte sie in seiner eigenen Studierstube anstellen (Sprung & Sprung, 1985).

Wie die erste schriftliche Fassung seiner Studie aus dem Jahre 1880 festhält, wollte Ebbinghaus mit seinen Gedächtnisstudien ursprünglich die Fechnersche Psychophysik (s. Abschnitt 9.3.2) auf dauerhafte Eindrücke ausweiten und den Nachweis von Komplexbildungen im Sinne der Herbartschen Vorstellungsmechanik (s. Abschnitt 9.2.2) führen. Die später gedruckte Fassung von 1885 begründete dagegen die Untersuchung mit der Notwendigkeit einer exakten empirischen Ermittlung psychischer Phänomene. Im Geiste des Positivismus (s. Abschnitt 9.2.2) wurde eine neue wissenschaftliche Sicht auch für altbekannte Phänomene gefordert. Daher das Motto auf dem Titelblatt der Fassung von 1885: „*De subjectu vetustissimo novam promovemus scientiam*“ (lat., eine neue Wissenschaft für einen alten Gegenstand).

In der Tat boten die experimentellen Ergebnisse, sah man von ihrer mathematischen Formulierung ab, nichts Neues:

1. Je mehr Stoff zu erlernen ist, desto länger dauert das Lernen.
2. Je mehr Zeit nach dem Lernen vergangen ist, desto mehr wird von dem Gelernten vergessen.
3. Das Wiederlernen vergessenen Materials vollzieht sich schneller als dessen erstes Erlernen.

Die Einrichtung des ersten psychologischen Laboratoriums

Das Jahr 1879 genießt in Darstellungen der Psychologiegeschichte hohes Ansehen; manche feiern es als Geburtsjahr der modernen Psychologie. In diesem Jahr soll Wilhelm Wundt in Leipzig das erste psychologische Laboratorium eröffnet haben. Manche Autoren verlegen die Eröffnung auf das Jahr 1875. Doch sowohl die Datierung als auch die Deutung dieses Ereignisses bedürfen einer nüchternen Erläuterung.

Bis zur Mitte des 19. Jahrhunderts besaßen Universitäten an Räumlichkeiten für den akademischen Betrieb nur Bibliotheken, Hörsäle und Seminarräume. Die Professoren hatten in ihrem Heim ein Arbeitszimmer mit Büchern und Schreibtisch. Auch naturwissenschaftliche Forschungen wurden in Privaträumen betrieben und privat finanziert. Dies war kein befriedigender Zustand. Professoren verlangten von den Universitäten Anschaffungsmittel für wissenschaftliche Geräte sowie Räume für deren Aufbewahrung und Betrieb. Die Universitäten waren jedoch auf solche Bedürfnisse nicht eingestellt. Sie konnten zunächst nur wenig Geld für Apparate erübrigen und in den bestehenden Bauten lediglich Nebenräume als Laboratorien (Arbeitsräume; lat. *laborare*, arbeiten) zur Verfügung stellen. Erst mit dem Aufschwung der Naturwissenschaften - nicht zuletzt der Organischen Physik (s.o.) - änderte sich dieser Zustand. Es wurden Untersuchungsräume gebaut und Mittel für die Anschaffung und den Betrieb von Apparaten bewilligt.

In die Phase der Gründung physiologischer Institute mit großzügigen Einrichtungen - das Leipziger Physiologische Institut wurde 1865 neu eröffnet, das Berliner 1877 - fielen auch Wundts Bemühungen um ein psychologisches Laboratorium. Wundt hatte sich bereits während seiner Lehrtätigkeit in Heidelberg und Zürich aus eigenen Mitteln eine Apparatesammlung zugelegt. Als er 1875 nach Leipzig berufen wurde, wies man ihm einen Raum zur Aufbewahrung seiner Geräte zu. Doch erst vier Jahre später wurde eine technische Anlage für eine experimentelle Untersuchung (Friedrich, 1883) benutzt. Es bedurfte einer Bleibeverhandlung - die Universität Breslau hatte Wundt einen Ruf erteilt, bevor Wundt um 1882 neue Räume, darunter zwei Experimentierräume, sowie einen Etat für wissenschaftliche Untersuchungen erhielt. Nach zehn Jahren erfolgreicher Tätigkeit bezog das Leipziger Psychologische Laboratorium 1892 elf neue Arbeitsräume; diese waren - dem technischen Fortschritt entsprechend - mit elektrischen Anschlüssen ausgestattet (Bringmann & Ungerer, 1980; Wundt, 1920).

E.ZIMMERMANN
LEIPZIG-BERLIN

Führend bei der Herstellung feinmechanischer Geräte für die psychologische Forschung war die Firma Zimmermann in Leipzig.

Seit den achtziger Jahren ist es Wundt gelungen, eine Reihe von Mitarbeitern aus mehreren Ländern an sein Laboratorium zu binden, die später führende Rollen in der Psychologie übernommen haben: James McKeen Cattell, Harald Höffding, Emil Kraepelin, Friedrich Kiesow, Oswald Külpe, Karl Marbe, Ernst Meumann, Edward W. Scripture, Edward B. Titchener, Lightner Witmer - um nur einige zu nennen. Vor allem die zwanzig Bände der von Wundt von 1881 bis 1903 herausgegebenen *Philosophischen Studien* dokumentieren ihre Beiträge zur Experimentellen Psychologie. Durch seine Avantgarde junger Wissenschaftler ist das Leipziger Laboratorium zu einem Vorbild für Neugründungen geworden - nicht nur in Europa, sondern auch in den USA (s. Abschnitt 10.1.2).

Fechner, G. Th. (1848). *Nanna oder über das Seelenleben der Pflanzen.* Leipzig: Voss.

Lasswitz, K. (1902). *Gustav Theodor Fechner.* Stuttgart: Frommanns.

Wundt, W. (1880-1883/1907-1908). *Logik* (3 Bände). Stuttgart: Enke.

Wundt, W. (1913). *Die Psychologie im Kampf ums Dasein.* Stuttgart: Kröner.

Wundt, W. (1920). *Erlebtes und Erkanntes.* Stuttgart: Kröner.

Lenoir, T. (1992). *Politik im Tempel der Wissenschaft.* Frankfurt a. M.: Campus.

Friedrich, M. (1883). Über die Apperceptionsdauer bei einfachen und zusammengesetzten Vorstellungen. *Philosophische Studien, 1,* 39-77.

Bringmann, W. & Ungerer, G. (1980). The foundation of the Institute of Experimental Psychology at Leipzig University. *Psychological Research, 42,* 5-18.

Ebbinghaus kannte solche Zusammenhänge aus seiner Tätigkeit als Sprachlehrer; er unterrichtete u.a. den Prinzen Waldemar von Preußen in Französisch. Der ungewöhnliche Vorzug der Ebbinghausschen Gedächtnisstudien war jedoch ihre methodische Präzision und die Exaktheit ihrer Funktionsbestimmungen.

Die beiden grundlegendsten Funktionen waren die Lern- und die Vergessenskurve. Die Lernkurve zeigt die Zunahme des Behaltens in Abhängigkeit von der Übung. Die Vergessenskurve zeigt die Abnahme des Behaltens mit der Dauer der seit dem Lernen verstrichenen Zeit. Mit der Zeit sinkt die Geschwindigkeit des Lernens wie des Vergessens. Ebbinghaus berechnete die Lern- wie die Vergessenskurve als logarithmische Funktionen und stellte fest: Für das Gedächtnis galt der gleiche Funktionstyp wie in Fechners Psychophysik (s. Abschnitt 9.3.2).

Ebbinghaus prüfte zunächst das Lernen und Vergessen von Prosatexten und Gedichten - Material, wie viele Schüler und Erwachsene es sich einprägten. Doch stellte er bald

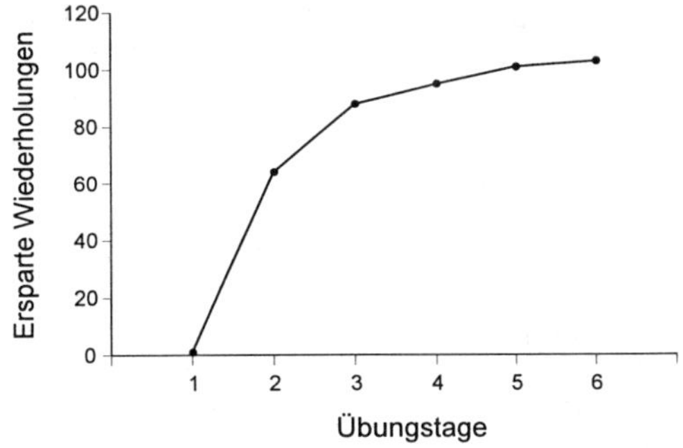

Lernkurve (nach Ebbinghaus, 1885/1971, S. 71). Der Lernfortschritt wurde hier nach der sog. Ersparnismethode ermittelt. Der Autor erlernte zunächst zwei Reihen von je 36 Silben bis zur völligen Beherrschung. An den folgenden fünf Tagen wiederholte er den Vorgang. Brauchte er am ersten Übungstag noch 112 Wiederholungen, waren es am nächsten nur noch 48, dann 24, 17, 11 und schließlich 9. Durch Lernen hatte er also zunächst 64, zum Schluß 103 Wiederholungen erspart.

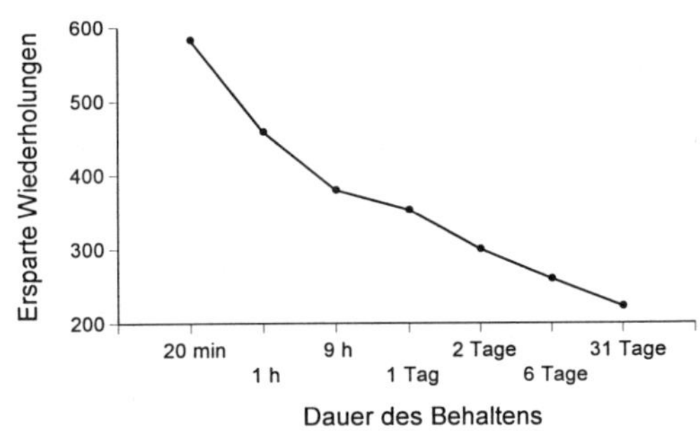

Vergessenskurve (nach Ebbinghaus, 1885/1971, S. 56ff.). Das Fortschreiten des Vergessens wurde hier nach der sog. Ersparnismethode ermittelt. Der Autor erlernte zunächst mehrmals acht Reihen von je 36 Silben bis zur völligen Beherrschung. Nach Ablauf eines Zeitabschnitts wiederholte er den Vorgang. Die Zeit zwischen Neulernen und Wiederlernen wurde in sieben Stufen verändert. Die kürzeste Zeit des Behaltens betrug 20 min, die längste 31 Tage. Brauchte der Autor am ersten Übungstag rund 1100 Wiederholungen, waren es nach 20 min nur noch rund 500, nach einer Stunde immerhin rund 700, nach neun Stunden über 800 und schließlich nach einem Monat rund 900. Durch Lernen hatte er also Wiederholungen erspart; durch Vergessen ging jedoch im Laufe der Zeit die Ersparnis verloren.

fest, daß das Lernen und Behalten von sinnhaltigen Texten mehr war als nur mechanisches Einprägen von einiger Dauer. Lernen und Behalten mischten sich vor allem mit Verstehen und dem Erinnern früherer Erlebnisse. Um Einprägen in möglichst reiner Form zu erfassen, konstruierte Ebbinghaus unverstehbares und ungewohntes Material: Buchstabenkombinationen wie RAK und ROP, die in der gebräuchlichen Sprache nicht vorkamen. Die Wahl seines Materials begründete der Autor folgendermaßen:

„Das beschriebene, völlig sinnlose Material bietet ... mannigfache Vorteile. Es ist zuvörderst verhältnismäßig einfach und verhältnismäßig gleichartig. Bei den zunächst sich darbietenden Stoffen, Gedichten und Prosastücken, muß der bald erzählende, bald reflektierende Inhalt, hier eine pathetische, dort eine lächerliche Wendung, die Schönheit oder Härte der Metaphern, die Glätte und Eckigkeit von Rhythmus und Reim eine Fülle von unregelmäßig wechselnden und deshalb störenden Einflüssen ins Spiel bringen: hin- und herspielende Assoziationen, verschiedene Grade der Anteilnahme ... usw. Alles dies wird bei unseren Silben vermieden."

(Ebbinghaus, 1885/1971, S. 20)

Vertreter der experimentellen Psychologie haben die Konstruktion von „sinnlosen Silben" als geniale Methode der streng konzipierten Gedächtnisforschung gefeiert. Doch insbesondere Vertreter der Verstehenden Psychologie (s. Abschnitt 9.2.3) werteten die Verwendung sinnarmen Materials als Beleg für die Sinnarmut der experimentellen Forschung selbst.

Die von Ebbinghaus begonnene Gedächtnisforschung wurde zunächst in Göttingen von Georg Elias Müller und seinen Mitarbeitern - vor allem Friedrich Schumann, Alfons Pilzecker und Adolf Jost - aufgegriffen. Die Methodik des Gedächtnisversuchs wurde verfeinert, ebenso der theoretische Gehalt der Fragestellungen. Sinnarme Lautkombinationen (s.o.) waren wiederum der bevorzugte Lernstoff. Die Autoren konstruierten ein Projektionsgerät zur Darbietung der Silben. Eine

Hermann Ebbinghaus (1850-1909)

elektrische Schaltung kontrollierte die Darbietungszeit. Ein sogenannter Stimmschlüssel war mit einem Chronoskop, d.h. Zeitmesser verbunden; erhoben Probanden ihre Stimme, schloß sich ein Kontakt und brachte eine Uhr zum Stillstand. Damit ließ sich die Zeit für mündliche Reproduktionen genau messen (Müller & Schumann, 1894).

Mit dieser Anordnung ließen Müller und Pilzecker (1900) Reihen von Silben lernen. Den Fortschritt des Lernens bestimmten sie nach der sog. Treffermethode. Es wurden die einzelnen Glieder der Reihe vorgegeben, und

Georg Elias Müller (1850-1934)

die Probanden sollten die jeweils nachfolgende Silbe nennen. Die Zeit zwischen vorgegebener Silbe und nachfolgender Wiedergabe wurde mit dem Chronoskop gemessen. Der Lernfortschritt bei wiederholter Darbietung (w) zeigte sich in der Zunahme von Treffern, d.h. richtigen Wiedergaben (r) sowie in der Abnahme falscher Wiedergaben (f). Die Zeit für richtige Wiedergaben (T(r)) sank. Ein neuer Befund war, daß die Zeit für falsche Wiedergaben (T(f)) mit den Wiederholungen anstieg. Das zeigt die folgende Tabelle (nach Müller & Pilzecker, 1900, S. 27, T steht für Tausendstelsekunden):

w	r	T(r)	f	T(f)
6	0,20	5280	0,51	6470
9	0,23	3390	0,43	7320
12	0,26	3430	0,37	7430
15	0,40	4160	0,30	7890

Mit Hilfe solcher Methoden ließen sich theoretisch wie praktisch bedeutsame Probleme des Lernens untersuchen. Ein wichtiges Problem war die rückwirkende Hemmung: War nach einer Reihe A eine weitere Reihe B zu lernen, verschlechterte sich die Wiedergabe von Reihe A (Müller & Pilzecker, 1900). Der Lernerfolg hing also nicht nur von der Zahl der Wiederholungen ab, sondern auch von deren Verteilung über die Zeit. Jost (1897) hat nachgewiesen: Der Erfolg von 24 Wiederholungen kann durchaus unterschiedlich ausfallen. Wiederholt man eine Silbenreihe an zwölf aufeinander folgenden Tagen je zweimal, erzielt man am Ende etwa dreimal so viele Treffer wie bei je achtmaliger Wiederholung an drei aufeinander folgenden Tagen.

Georg Elias Müller (1850-1934) - aus Sachsen stammend und wie Fechner und Wundt in einem Pfarrhaus aufgewachsen (s.o.) - gelangte über das Studium der Philosophie und Geschichte zur Naturphilosophie. Im Jahre 1881 wurde er zum Nachfolger seines Lehrers Rudolf Lotze (s. Abschnitt 9.3.1) nach Göttingen berufen. Vierzig Jahre wirkte Müller in Göttingen. Mit vielgerühmter methodischer Strenge baute er das dortige Psychologische Institut zu einem Zentrum der Experimentalpsychologie aus. Die Gedächtnisforschung bildete einen einflußreichen Schwerpunkt in seinem Forschungsprogramm. Doch ebenso umfangreich sind Müllers Studien zur Psychophysik und Wahrnehmung (z.B. Müller, 1897).

Georg Elias Müller hat übrigens auch große Verdienste um die Organisation der deutschsprachigen Psychologen erworben. Er war es, der die Initiative zur Gründung der *Gesellschaft für experimentelle Psychologie* (s.u.) ergriff und 23 Jahre lang - von 1904-1927 - deren Vorsitzender war (Sprung & Sprung, 1997).

Sprung, L. & Sprung, H. (1985). Hermann Ebbinghaus zum Gedenken - Leben, Werk und Wirken für eine wissenschaftliche Psychologie. *Zeitschrift für Psychologie, 193*, 2-7.

Ebbinghaus, H. (1880/1983). *Urmanuskript „Ueber das Gedächtniß" 1880*, herausgegeben von W. Traxel. Passau: Passavia Verlag.

Ebbinghaus, H. (1885/1971). *Über das Gedächtnis.* Darmstadt: Wissenschaftliche Buchgesellschaft.

Müller, G. E. & Schumann, F. (1894). Experimentelle Beiträge zur Psychologie des Gedächtnisses. *Zeitschrift für Psychologie, 6*, 81-190, 257-339.

Müller, G. E. & Pilzecker, A. (1900). *Experimentelle Beiträge zur Lehre vom Gedächtniss.* Leipzig: Barth.

Jost, A. (1897). Die Assoziationsfestigkeit in ihrer Abhängigkeit von der Verteilung der Wiederholungen. *Zeitschrift für Psychologie, 14*, 436-472.

Müller, G. E. (1897). Zur Psychophysik der Gesichtsempfindungen. *Zeitschrift für Psychologie, 14*, 1-76, 161-193.

Sprung, L. & Sprung, H. (1997). Georg Elias Müller (1850-1934) - Skizzen zum Leben, Werk und Wirken. In G. Lüer & U. Lass (Hrsg.), *Erinnern und Behalten* (S. 338-368). Göttingen: Vandenhoeck & Ruprecht.

9.3.4 Studien über Denken - Streit über die Grenzen des psychologischen Experiments

Zwei Jahrzehnte voller Fleiß und Einfallsreichtum hatten der Experimentellen Psychologie Erfolg und Ansehen gebracht. Doch waren ihre Erkenntnisse nicht auf Wahrnehmung, Gedächtnis und Körperbewegung beschränkt - also auf jene psychischen Funktionen, welche die Rationale Psychologie die niederen nannte (vgl. Abschnitte 5.2.3, 9.1.3)? Die als die höheren bezeichneten geistigen Prozesse, das Urteil, der Schluß, waren bisher anhand von Sprache, Kunst und Religion, von Recht, Sitte und Gesellschaft analysiert worden - das war ja das Programm der Völkerpsychologie (s. Abschnitt 8.4.1) gewesen. Doch eine experimentelle Untersuchung zum Urteilen und Schließen hatte zunächst niemand unternommen.

Dies sollte sich ändern, als Oswald Külpe (1862-1915), ein Mitarbeiter Wundts, im Jahre 1894 einen Lehrstuhl an der Universität Würzburg übernahm. Seine Mitarbeiter wählten das Denken zum Gegenstand ihrer Untersuchung. Wie in anderen Experimenten schufen sie hierfür geeignete äußere Bedingungen und bedienten sich der Methode der Beobachtung. Sie stellten Versuchspersonen Aufgaben, ließen sich deren Einfälle und Erlebnisse berichten und hielten diese in Protokollen fest. So ließ Karl Marbe (1901) Gewichte hantieren, Kopfrechnungen ausführen und Übersetzungen aus dem Lateinischen anfertigen. Karl Bühler (1907) fragte nach dem Sinn von Aphorismen (z.B.: „Man soll das Böse schonen, wie man den Wald schonen soll") und stellte schwierige Fragen (z.B.: „Halten Sie die Sonderdarstellung der Psychologie Fichtes für eine fruchtbare Arbeit?"). Um den Anforderungen einiger Experimente gewachsen zu sein, mußte man eine gute Vorbildung haben, und Bühler (1907, S. 304) wählte als Versuchspersonen überhaupt nur Professoren und Doktoren der Philosophie aus.

Ziel der Untersuchung war eine Bestandsaufnahme der Inhalte des Denkens. Dabei sollten die Probanden frei von theoretischen Vorannahmen ihre unmittelbaren Erlebnisse kundtun. Die Methode soll

„... die psychischen Tatsachen des Denkens unmittelbar selbst ... fassen. Sie hält sich an das hic et nunc [lat., hier und jetzt] *Erlebte ... . Zufälligkeit und Willenseinfluß des Erlebenden, die beiden Mißstände aller älteren Beobachtungen, hat sie durch eine einfache Arbeitsteilung beseitigt. Es wird nämlich dem Beobachter ein Versuchsleiter beigegeben, der die Erlebnisse hervorruft und die Beobachtungen zu Protokoll nimmt, so daß die Versuchsperson nur mit ihrem Erlebnis und seiner Beschreibung beschäftigt ist."*

(Bühler, 1907, S. 299)

Als Ergebnis stellten die Autoren Denkinhalte verschiedener Art fest: anschauliche Vorstellungen (z.B. Druck- oder Gehörsempfindungen), Wissen aus dem Gedächtnis - sowohl über Sachverhalte (z.B. Kenntnis einer Ursache) als auch über Regeln (z.B. Regeln für Analogien), Beziehungen (z.B. Gegensätze), Intentionen (z.B. Meinungen). Vor allem drei Einsichten erregten Aufsehen:

- Nicht alle Denkinhalte sind anschaulich, d.h. über die Sinne vermittelt; es gibt unanschauliches Denken.
- Nicht alle Urteile und Schlußfolgerungen sind regelhaft hergeleitet; vieles im Denken ereignet sich unreflektiert, automatisch.
- Es gibt gesonderte Einschätzungen des eigenen Denkens - in Würzburg prägte man dafür den Ausdruck „Bewußtseinslagen": Zweifel und Sicherheit, den Eindruck der Originalität u.ä. (in heutiger Terminologie „Metakognitionen").

Wundt (1907) hat die Würzburger Experimente zum Denken nicht gebilligt. Er hat sie sogar als „Scheinexperimente" gescholten. Weder sei die planmäßige Variation der Versuchsbedingungen gewährleistet noch die zuverlässige Erfassung der Probandenäußerungen; für beides fehlten apparative Hilfsmittel. Die Ergebnisse seien ganz dem subjektiven Ermessen der Versuchspersonen überlassen. Aus allen diesen Gründen könne man solche Erhebungen nicht planmäßig wiederholen, wie dies für Experimente zu fordern sei. Vor allem fürchtete Wundt den Verfall des Experimentierens durch Verbreitung der „Ausfragemethode":

KRITIKPUNKT

PSYCHOLOGIE - EINE DEUTSCHE WISSENSCHAFT?

Die Erneuerung der Psychologie als moderne und selbständige akademische Disziplin - hat sie sich im wesentlichen im Dreieck der Städte Leipzig - Berlin - Göttingen (bzw. im Doppel der Länder Sachsen und Preußen) vollzogen? Dieses Kapitel erwähnt nicht das Fortschreiten psychologischen Denkens in den habsburgisch-bayrischen Universitäten Graz, Prag, Wien, München (z.B. Brentano, 1874/1928-1971), nicht einschlägige empirische und theoretische Beiträge aus England (z.B. Bain, 1855), Frankreich (z.B. Ribot, 1896), den Niederlanden (z.B. Donders, 1868) und anderen europäischen Ländern sowie aus der erstarkenden nordamerikanischen Wissenschaftslandschaft (z.B. James, 1890). Wird hier, was nicht (nord)deutsch ist, aus Lokalpatriotismus mißachtet? Waltet hier gar der böse Geist des Nationalismus, der - nirgendwo hat dies die Generation des Autors bitterer erfahren als in Deutschland selbst - berechtigten Stolz auf wissenschaftliche Leistungen mißbraucht hat, um Rassenwahn und Völkermord zu rechtfertigen?

Nein, weder Patriotismus noch Nationalismus haben hier zur Konzentration auf die Psychologie als Wissenschaft aus Deutschland geführt. Vielmehr sollte gezeigt werden, daß der Innovations- und Institutionalisierungsschub in der deutschen Psychologie sich unter bestimmten regionalen und epochalen Bedingungen ereignete. Wichtig waren vor allem die folgenden Voraussetzungen:

- die idealistische Tradition,
- das Aufkommen von Naturwissenschaft und Technik,
- die Stellung der Universitätsprofessoren,
- das wirtschaftliche Wachstum.

Um mit den beiden letzten Punkten zu beginnen: Das wirtschaftliche Wachstum war in Deutschland (besonders im industrie- und gewerbestarken Preußen und Sachsen) beträchtlich, und Wissenschaft versprach dort nicht nur Ansehen und Qualifikation, sondern auch Fortschritt. Eine selbstbewußte, durch Beamtentum und gesellschaftliches Ansehen gesicherte Professorenschaft genoß die Unabhängigkeit von Forschung und Lehre und nutzte sie zur Erneuerung. Naturwissenschaftliche und technische Entdeckungen waren nicht nur Folgen steigenden Wohlstands, sondern trugen selbst zum volkswirtschaftlichen Wachstum bei. Dies waren günstige Ausgangsbedingungen für den Ausbau der Universitäten sowie die Ausweitung und Verselbständigung wissenschaftlicher Disziplinen.

Was unter diesen Ausgangsbedingungen den Ausschlag für den Erfolg des Programms der akademischen Psychologie in Deutschland gab, war ihre Anlehnung an die idealistische Philosophie. Psychologie hat bei der Arbeitsteilung akademischer Disziplinen die vom Idealismus ontologisch gemeinte Frage übernommen, was denn eigentlich Bewußtsein, was Geist sei. Die Absicht, diese Frage in moderner Manier durch Naturbeobachtung, ja durch Experiment und nicht mehr durch metaphysisch ausgerichtete Spekulation zu beantworten, hat den Bezug zum deutschen Idealismus nicht geschmälert; das belegen u.a. die häufigen Einlassungen von Helmholtz und Wundt zu Kants Erkenntnistheorie.

Freilich darf man über der Erfolgsbilanz der deutschen akademischen Psychologie ihre Beschränkungen nicht vergessen. Zum einen war Psychologie, wie sie in deutschen Philosophischen Fakultäten zu einem international vorbildlichen Modell wurde, vorzugsweise Allgemeine Psychologie. Das nährt bis heute ihr wissenschaftliches Ansehen als Grundlagenfach. Der Einführung der Vergleichenden Psychologie und der Praktischen Psychologie (s. Kapitel 8, 11) war es jedoch abträglich. Die Fortschritte in diesen Bereichen waren zunächst oft das Werk von Gelehrten ohne Amt oder ein Nebenprodukt beamteter Professoren. War es das Hauptwerk von Universitätsangehörigen, genossen diese hierfür nur geringe Anerkennung.

Wer allerdings Deutschland als Wiege der modernen Experimentellen Psychologie preist, sollte es nicht vorschnell als deren sorgenfreies Elternhaus loben. Die Stellung und Förderung der Psychologie als selbständiges Fach an Philosophischen Fakultäten in Deutschland hat bei dessen Vertretern stets Wünsche offen gelassen. Unter den neuen Einzeldisziplinen war die Psychologie noch lange nicht unumstritten und keineswegs sonderlich privilegiert (zur Berufungs- und Haushaltspolitik im Fach Psychologie, s. Ash, 1980).

Brentano, F. (1874/1928-1971). *Psychologie vom empirischen Standpunkt* (3 Bände), herausgegeben von O. Kraus. Hamburg: Meiner.

Bain, A. (1855). *The senses and the intellect.* London: Longmans & Green.

Ribot, Th. (1896). *La psychologie des sentiments.* Paris: Bailliere.

Donders, F. C. (1868). Die Schnelligkeit psychischer Processe. *Archiv für Anatomie, Physiologie und wissenschaftliche Medicin, 6,* S. 657-681.

James, W. (1890). *Principles of psychology* (2 volumes). New York: Holt.

Ash, M. G. (1980). Experimental psychology in Germany before 1914: Aspects of an academic identity problem. *Psychological Research, 42,* 75-86.

„Diese Methode ist so ungeheuer einfach. Man braucht nur zu fragen und jemanden zu haben, der sich fragen läßt, so kann man über die höchsten und über die tiefsten Probleme des Bewußtseins Aufschluß gewinnen, ohne sich mit komplizierten Instrumenten zu beheligen und ohne sich um seitabliegende Kontrollmittel zu bemühen. Angesichts dieser verlockenden Einfachheit, die sich gleichwohl mit dem stolzen Namen einer experimentellen, also exacten ... Methode schmückt, halte ich es nicht für ausgeschlossen, daß das Ausfrageexperiment noch weitere Kreise zieht, ... so gibt es ... ihnen verwandte Verfahrungsweisen, wie z.B. die ... Sammlung von Selbstbeobachtungen mittels der Versendung von Fragebogen, ... Welche Triumphe wird ... diese Methode feiern, wenn sich die Pädagogik ihrer bewältigt, wenn die Schulbank gleichzeitig zur Experimentierbank wird ... .“

(Wundt, 1907, S. 359f.)

Bühler (1908) hat das Würzburger Verfahren verteidigt. Durch Trennung von Selbstbeobachtung und Protokollierung könnten sich die Versuchspersonen unbefangen auf ihre Erlebnisse konzentrieren. Zwar seien Denkabläufe nicht so beliebig zu wiederholen wie etwa Handreaktionen auf Signale, doch könne man bei gleichartigen Aufgaben gleichartiges Denken erwarten. Überhaupt sei es die gestellte Aufgabe, durch die der Versuchsleiter den Probanden nicht weniger lenke als durch die Ton- und Lichtsignale des psychologischen Standardversuchs.

Marbe, K. (1901). *Experimentell-psychologische Untersuchungen über das Urteil.* Leipzig: Engelmann.

Bühler, K. (1907). Tatsachen und Probleme zu einer Psychologie der Denkvorgänge. I. Über Gedanken. *Archiv für die gesamte Psychologie, 9,* 297-365.

Wundt, W. (1907). Über die Ausfrageexperimente und über die Methoden zur Psychologie des Denkens. *Psychologische Studien, 3,* 301-360.

Bühler, K. (1908). Antwort auf die von W. Wundt erhobenen Einwände gegen die Methode der Selbstbeobachtung an experimentell erzeugten Erlebnissen. *Archiv für die gesamte Psychologie, 12,* 93-123.

Bühlers entschiedene Verteidigung des in Würzburg gepflegten Forschungsansatzes hat dafür gesorgt, daß Denken Gegenstand experimenteller Studien geblieben ist und Experimentalpsychologie sich nicht auf die Untersuchung der weniger komplexen Kognitionen beschränkt hat. Freilich bleibt die Kontroverse zwischen Wundt und Bühler der Erinnerung wert. Am Ende einer Periode des glänzenden Aufstiegs und im Wechsel der Generationen hat sie aus der Innensicht der Experimentalpsychologie einige ihrer Schwachstellen, Grenzen und unbestreitbaren Gefahren bloßgelegt.

9.4
Die neue Psychologie und ihre Nachbarn

9.4.1 Die Psychologie als Einzeldisziplin: Siegerin im Freiheitskampf oder Spaltprodukt?

Oft erscheint das eigene Schicksal als einzigartig, selbst dann, wenn es dem anderer gleicht. So hat sich in das Selbstverständnis vieler Psychologinnen und Psychologen die Auffassung eingeschlichen, ihr Fach habe sich zum Ende des Jahrhunderts in den Universitäten seinen eigenen Platz als Einzeldisziplin erkämpft, während allen anderen vergleichbaren Fächern eine solche Eigenständigkeit schon längst vergönnt gewesen sei. Insbesondere habe die Philosophie das Fach Psychologie in ihren Fängen gehalten, und die Psychologie habe sich daraus befreien müssen.

Eine andere Sicht kommt der Wirklichkeit wohl näher: Der Psychologie ist es nicht viel anders ergangen als anderen Disziplinen der Philosophischen Fakultät. Diese Fakultät war bis zum 19. Jahrhundert ein Sammelbecken für alle wissenschaftlichen Unternehmungen, die nicht den Traditionsgebieten der Theologie, der Rechtswissenschaft und der Medizin zugehörten (zur Philosophischen Fakultät als Ort der freien Künste s. Abschnitt 4.3.3): geistes-, sozial- und naturwissenschaftliche Projekte. Der wachsende Erkenntnisgewinn legte Spezialisierungen in Lehre und Forschung nahe; die Zunahme der Zahl von Gelehrten gestattete die Unterteilung in kleinere Organisationseinheiten. Da kam es zur Aufteilung der Philosophie in verschiedene eigenständige Disziplinen (vgl. Baumgarten, 1997). Eine der Disziplinen war die Psychologie.

Aus dieser zweiten Sicht ist Psychologie eines von mehreren Produkten der Spaltung. Sicherlich beruht ihre selbständige Existenz auf der Eigenart ihres Gegenstandes, des Bewußtseins, das in seiner allgemeinen Erscheinungsform keine andere Disziplin zu ihrem Gegenstand machte. Zugleich übernahm die Psychologie einen Restbestand, welchen andere Disziplinen auf ihrem Weg in die Selbständigkeit zurückgelassen haben. Es lohnt, einen Blick auf diese Disziplinen zu werfen und die neue Rolle zu überprüfen, welche der Psychologie nach der Arbeitsteilung innerhalb der Philosophischen Fakultät zufiel.

9.4.2 Geistes- und Sozialwissenschaften

Um sich an einer Universität als Einzeldisziplin auszuweisen, bedurfte es der Einrichtung einer eigenen Organisationseinheit, wahlweise Lehrstuhl, Seminar oder schlicht Institut (lat. *institutum*, Einrichtung) genannt. Dafür war wissenschaftliche Innovation eine Voraussetzung. Die Geistes- und Sozialwissenschaften erreichten ihre Erneuerung, indem sie über die überlieferten beschreibenden und vergleichenden Verfahren hinaus zu strukturellen Analysen übergingen, zur Suche nach Ordnungsmustern und deren Entstehungsbedingungen.

Zu den Disziplinen, die sich derart etablierten, gehörten

- die Sprachwissenschaft,
- die Geschichtswissenschaft,
- die Soziologie,
- die Ethnologie.

Zur Institutionalisierung der Psychologie: Vereinigungen, Zeitschriften

Bis zum Ende des 19. Jahrhunderts besaß die Psychologie, insbesondere deren experimenteller Zweig, nicht nur eine Schar aktiver Vertreter, sondern auch zahlreiche Freunde und Förderer. Diese schlossen sich zu wissenschaftlichen Vereinigungen zusammen, trafen sich zu regelmäßigen Kongressen und dokumentierten die Fortschritte psychologischer Forschungen in Fachzeitschriften.

So wurden an Vereinigungen gegründet:

- 1892 in den USA die *American Psychological Association,*
- 1896 in Deutschland die *Gesellschaft für experimentelle Psychologie*,
- 1901 in Frankreich die *Société de Psychologie,*
- 1902 in England die *British Psychological Society,*
- 1910 in Italien die *Societa Italiana Psicologica.*

An spezialisierten allgemeinpsychologischen Fachzeitschriften sind zu nennen:

- *Philosophische Studien* (ab 1881),
- *American Journal of Psychology* (ab 1887),
- *Zeitschrift für Psychologie* (ab 1890),
- *Psychological Review* (ab 1894),
- *Archiv für die gesamte Psychologie* (ab 1903),
- *L'Année Psychologique* (ab 1894),
- *British Journal of Psychology* (ab 1904)
- *Rivista di Psicologia Generale e Applicata Normale e Patologica* (ab 1905).

Die Sprachwissenschaft war organisatorisch eng mit der Literaturwissenschaft verknüpft, doch hatte sie einen eigenen Themen- und Theorienkanon erarbeitet, der von der Phonologie über die Morphologie und Syntax bis zur Kommunikationsbeziehung reichte. (vgl. Arens, 1969). Nach dem Vorbild des Genfer Sprachwissenschaftlers Ferdinand de Saussure (1857-1913) ermittelte sie Ordnungsmuster des Sprachsystems (s. Abschnitt 10.4.3). Ebenso hat sich die Geschichtswissenschaft über die einfache Geschichtsschreibung hinaus der Deutung ihrer Regelmäßigkeiten zugewandt. Der Berliner Historiker Leopold von Ranke (1795-1886) wurde vorbildlich mit seiner Forderung nach kritischer Erschließung von Quellen und nach dem Verständnis von Epochen aus ihrer eigenen Bestimmung (vgl. Jaeger & Rüsen, 1992).

Die Soziologie konzentrierte sich nach dem Vorbild von Autoren wie Émile Durkheim (1858-1917) und Max Weber (1864-1920) - der eine lehrte zuletzt in Paris, der andere in München - auf die Analyse von Wert- und Moralvorstellungen, auf Arbeit und Familie, überhaupt auf Gesellschafts-, Verwaltungs- und Herrschaftsstrukturen (vgl. Aron, 1965-1967/1971). Ein besonderes Merkmal war die von dem Brüsseler Mathematiker und Astronom Lambert Adolphe Quetelet (1796-1874) vorgeschlagene Sozialstatistik (s. Abschnitt 8.4.2). Für die Ethnologie beschafften Franz Boas (1858-1942) und Bronislaw Malinowski (1884-1942) - der eine in New York, der andere in London lehrend - authentisches Material durch eigene Expeditionen - vor allem zu den Ureinwohnern Nordamerikas und der Südsee. Sie wurden auch vorbildlich durch ihre kulturanthropologischen Interpretationen (vgl. Herskovits, 1953/1973).

Für die Psychologie bedeutete die Etablierung dieser Gebiete einen Verlust. Waren diese doch in ihren frühen Phasen der Psychologie als Lehre vom individuellen und kollektiven Geist (s. Abschnitt 8.4.1) zugeschrieben worden. Auch aus den neuen spezialisierten Disziplinen vernahm man Bedauern über die Trennung von der Psychologie, die ja als ihre Grundlage und als ihr einigendes Band gegolten hatte. Doch trotz wiederholter Kommunikations- und Kooperationsbemühungen vergrößerte sich die Entfernung der neuen Fächer von der Psychologie. Ihrer wachsenden Expertise konnten die Vertreter der Psychologie immer weniger folgen. Auf der anderen Seite erschienen den Vertretern der anderen Fächer die von Psychologen hervorgebrachten Theorien für die eigenen Zwecke immer weniger brauchbar. Die Vision, Sprach- und Ge-

Baumgarten, M. (1997). *Professoren und Universitäten im 19. Jahrhundert.* Göttingen: Vandenhoeck & Ruprecht.

Arens, H. (1969). *Sprachwissenschaft.* Freiburg i. Br.: Alber.

Jaeger, F. & Rüsen, J. (1992). *Geschichte des Historismus.* München: Beck.

Aron, R. (1965-1967/1971). *Hauptströmungen des soziologischen Denkens* (2 Bände). Köln: Kiepenheuer & Witsch.

Herskovits, M. J. (1953/1973). *Franz Boas. The science of man in the making.* Clifton, NJ: Kelly.

schichtswissenschaft, Soziologie und Ethnologie als Spezialpsychologien innnerhalb einer globalen Psychologie anzusiedeln, ist wohl an der Begrenzung der Auffassungs- und Kommunikationsfähigkeit der beteiligten Wissenschaftlerinnen und Wissenschaftler gescheitert.

9.4.3 Naturwissenschaften und Medizin

Von den der Psychologie nahen Naturwissenschaften seien zwei hervorgehoben: die

- Physik und die
- Physiologie.

Der Begriff der Physik bezeichnete nicht länger die Naturlehre im allgemeinen (s. Abschnitt 3.1.1). Er hatte sich auf die Theorie vom meßbaren Verhalten lebloser Körper verengt. Der Physik im engeren Sinne waren Aufsehen erregende Entdeckungen auf den Gebieten der Optik und Akustik, der Mechanik und Thermodynamik, der Elektrizität und des Magnetismus gelungen (vgl. Mason, 1953/1961). Enormen Nutzen von diesen Entdeckungen hatte die Physiologie, die sich als Physik der lebendigen Körper begriff. Ihr gelang es u.a., das Fließen elektrischer Ströme als Grundlage der Nervenfunktionen nachzuweisen. Bei der Etablierung der Physiologie als eigenes Fach ist der Berliner Mediziner Johannes Müller (1801-1858) vorangegangen; seine Schüler, darunter Brücke, Helmholtz und Du Bois-Reymond, haben sie endgültig durchgesetzt (s. bereits Abschnitt 9.3.1).

Die Erfolgsgeschichte der Physik begann, was ihre Institutionalisierung anbelangt, recht bescheiden. Selbst ein hervorragender Physiker wie Ernst Chladni (1756-1826) forschte und lehrte privat. So annoncierte er 1825

„... ungefähr 14 Vorlesungen ... über die Akustik ... mit den nöthigen Experimenten ... und über die vom Himmel gefallenen Massen, mit Vorzeigung seiner Sammlung. ... Das Honorar ist ein Friedrichsd'or. Unterzeichnung wird im Hause des Hrn. Geh. R. Hermbstädt, Bauhof No. 8, angenommen."

Besser ging es Physiologen, sofern sie in der Anatomie einen Arbeitsplatz und ein Honorar erhielten. Später unterstützten die Universitäten die physikalische wie die physiologische Forschung, stießen jedoch angesichts des Bedarfs schnell an die Grenzen ihres Budgets. Da half die Industrie bei der Einrichtung von Forschungsinstituten. So wurde 1888 mit erheblicher Unterstützung des elektrotechnischen Unternehmens Siemens in Charlottenburg die Physikalisch-Technische Reichsanstalt gegründet. Helmholtz, als Professor für Physik an die Philosophische Fakultät nach Berlin berufen, wurde Präsident der Anstalt.

Die Medizin hatte an den Fortschritten der Naturwissenschaften großen Anteil. Es entfaltete sich eine „physiologische" Medizin, die einzelne Organe als Entstehungsorte von Erkrankungen erkannte und lokal behandelte. Neue diagnostische Methoden (z.B. Durchleuchtung mit Röntgenstrahlen) sowie neue Verfahren der Therapie (z.B. chirurgische Entfernung von Geschwülsten, Abbinden von Blutgefäßen) bewährten sich. Blutstillende und anästhetische Mittel erhöhten die Genesungschance, aseptische Vorkehrungen sowie Impfungen senkten die Gefahr von Entzündungen (z.B. Wundstarrkrampf) und Ansteckungen (z.B. Pocken) (Haeser, 1881/1971).

Konnte man der Psychologie gegenüber Geistes- und Sozialwissenschaften die Stellung einer Grundlagendisziplin einräumen (s. Abschnitt 9.4.2), so hatte sie, sofern sie sich überhaupt als Naturlehre verstand, Physik und

Materialismus und Monismus

Die Fortschritte bei der Erforschung des Sinnes-, Bewegungs- und Nervensystems gab dem Materialismus (s. Abschnitt 5.4.2) Auftrieb. Eine Objektive Psychologie wurde gefordert, die nur meßbare körperliche Vorgänge als Grundlage psychischer Leistungen gelten läßt. Einer der einflußreichsten Verfechter der Objektiven Psychologie war der russische Physiologe Iwan Sechenov (1829-1905), dem der Nachweis von zentralnervösen Bahnungen und Hemmungen von Reflexen gelungen ist (Sechenov, 1863/1965).

Über die Grenzen der Wissenschaft hinaus verbreitete der Biologe Haeckel (s. Abschnitt 8.2.2) eine materialistische Weltanschauung, die er „Monismus" nannte. Ihre Anhänger, die „Monisten", behaupteten die Einheit von Materie und Geist; alles Leben bis hin zur Religion sei nach Darwins evolutionärem Prinzip aus einer biologischen Ursubstanz hervorgegangen (Haeckel, 1900).

„Psychologie ohne Seele", d.h. eine auf das Körperliche beschränkte Psychologie ohne die Annahme einer eigenen geistigen Substanz, sei als naturwissenschaftlicher Ansatz möglich, urteilte Friedrich Albert Lange (1875, S. 381) in seinem historischen Überblick über den Materialismus. Doch der Autor, Philosophieprofessor in Marburg, der sich selbst zum Neukantianismus bekannte, hielt eine solche seelen- und geistlose Psychologie für allzu eng. Sie werde der Ethik, der Ästhetik, dem kulturellen Verständnis des Menschen nicht gerecht.

Sechenov, I. M. (1863/1965). *Reflexes of the brain*, herausgegeben von G. Gibbons. Cambridge, MA: MIT Press.

Haeckel, E. (1900). *Der Monismus als Band zwischen Religion und Wissenschaft.* Bonn: Straus.

Lange, F. A. (1873-1875). *Geschichte des Materialismus* (2 Bände). Iserlohn: Baedecker.

Physiologie als ihre eigenen Grundlagendisziplinen anzuerkennen oder zumindest eine Parallelität zwischen Theorien des Physischen und des Psychischen anzunehmen. Diesem Ansatz folgte die Physiologische Psychologie (s. Abschnitt 9.3). Physik und Physiologie genossen besonderes Ansehen. Doch fällt auf, mit welcher Leichtigkeit Vertreter der Physiologie und Physik zur Psychologie überwechselten und umgekehrt. Die Trennung der Disziplinen vollzog sich institutionell zwar unaufhaltsam, doch sorgten gemeinsame philosophische Grundlagen noch längere Zeit für einen Zusammenhalt. Zu den gemeinsamen Grundlagen zählte nicht zuletzt die romantische Philosophie, mit deren Anschauungen über die Selbstbestimmung des Lebens und der organischen Ordnung der Lebewesen Johannes Müller seine Physiologie untermauerte (s. Hagner & Wahrig-Schmidt, 1992).

Das Verhältnis zwischen Psychologen und anderen Naturforschern beruhte also auf Arbeitsteilung mit Kooperation und wissenschaftlichem Austausch. Johann Christian Reil (s. Abschnitt 8.6.1) hat die Psychotherapie als Teil jeder medizinischen Behandlung angesehen und ihre Erprobung als Teil der Erfahrungsseelenkunde (s. Abschnitt 7.3.3) betrachtet. Die Gleichstellung von Arzt und

Mason, S. F. (1953/1961). *Geschichte der Naturwissenschaft.* Stuttgart: Kröner.

Chladni, E. (1825). *Vossische Zeitung vom 25.3.*

Haeser, H. (1881/1971). *Lehrbuch der Geschichte der Medicin und der epidemischen Krankheiten* (Band 2). Hildesheim: Olms.

Hagner, M. & Wahrig-Schmidt, B. (Hrsg.). (1992). *Johannes Müller und die Philosophie.* Berlin: Akademie Verlag.

Reil, J. Ch. (1808). Über den Begriff der Medicin und ihre Verzweigungen, besonders in Beziehung auf die Berichtigung der Topik der Psychiatrie. In J. Ch. Reil & J. Ch. Hoffbauer (Hrsg.), *Beyträge zur Beförderung einer Kurmethode auf psychischem Wege* (S. 161-279). Halle: Curt.

Seelenkundler endete freilich bei der Behandlung von Kranken. Die Krankenbehandlung wollte Reil nur auf den Arzt beschränken:

„So würde es ... eine unphilosophische Anmaßung der Philosophen seyn, wenn sie die Psychiatrie von der Medicin trennen und sich dieselbe zueignen wollten. Nur die reine Wissenschaft der realen und idealen Natur des Menschen gehört in die Philosophie; aber die Anwendung derselben auf die Heilung der Krankheiten macht das Wesen der Medicin aus.“

(Reil, 1808, S. 165)

9.4.4 Die Philosophie als Einzel- und Universaldisziplin

Was ist nach der Disziplinenteilung aus der Philosophie geworden? Ist sie Rahmen- und Leitwissenschaft geblieben und eine Klammer, die alle auseinanderstrebenden Einzeldisziplinen zusammenhielt? Hat Philosophie Geistes-, Sozial- und Naturforscher zu einem interdisziplinären Verbund vereinigt, den Austausch zwischen ihnen gepflegt, ihnen den rechten Weg gewiesen? Solche Erwartungen wurden der Philosophie entgegengebracht, und einige ihrer Vertreter haben in der Tat eine zentrale Rolle für sie gefordert. Die Frage, ob ihre Einzeldisziplin für sich Bestand haben könne oder ob sie nicht der Einbettung in die Philosophie bedürfe, hat nicht nur die Psychologie bewegt (s. Abschnitt 9.3.3), sondern auch andere Fächer.

Doch was immer die Vorstellungen, Erwartungen und Forderungen waren - die Philosophie ist letztlich selbst zu einer Einzel- und Spezialdisziplin geworden. Zumindest hat sie sich selbst in eigenen Organisationseinheiten institutionalisiert, hat ihre eigenen wissenschaftlichen Gemeinschaften gebildet, ihre eigene Sprache gepflegt. Dabei hat sie als Einzelwissenschaft die Freiheit gewonnen, in die Grenzbereiche menschlichen Denkens vorzustoßen. So hat sich die neue Philosophie kritisch und radikal verhalten und hat sich dadurch den anderen Disziplinen entfremdet.

Philosophie widmet sich weiter Themen von übergreifendem wissenschaftlichem Interesse:

- Erkenntnis- und Wissenschaftstheorie (z.B. Blumenberg, 1987),
- Existenz- und Situationsanalyse (z.B. Bloch, 1968/1976),
- Ethik (z.B. Jonas, 1993).

Wie hat sich das Verhältnis der Psychologie zur Philosophie entwickelt? Zu Beginn dieses Jahrhunderts war ihre Verflechtung noch eng. Doch zur Jahrhundertmitte hat auch zwischen den beiden ursprünglich eng verbundenen Disziplinen die Entfremdung überhand genommen. Innerhalb der Psychologie herrschte oft der Eindruck, das Fach habe mit fortschreitender Professionalisierung und empirischer Fundierung die Philosophie als Traditionsunternehmen hinter sich gelassen. Doch eine andere Einschätzung ist ebenfalls begründbar: Die Philosophie ist mit radikalen Denkansätzen der Psychologie enteilt. Mit ihrer praktischen und empirischen Orientierung hat sich die Psychologie der verbreiteten Meinung und dem absicherbaren Wissen verpflichtet. Im Dialog der Theorien, im Wettbewerb der kühnen Ideen und ungewöhnlichen Argumente fällt sie zurück. So hat der Philosoph Edmund Husserl (1913/ 1993) eine Bewußtseinsanalyse unternommen, die sich - unter Ablehnung eines psychologischen Ansatzes - nicht auf die unmittelbar zugängliche subjektive Erfahrung stützt, sondern erfahrungsüberschreitende Quellen der Erkenntnis einbezieht.

Blumenberg, H. (1987). *Legitimität der Neuzeit.* Frankfurt a. M.: Suhrkamp.

Bloch, E. (1868/1976). Das Prinzip Hoffnung. *Gesamtausgabe* (2 Bände in Band 5). Frankfurt a. M.: Suhrkamp.

Jonas, H. (1993). *Das Prinzip Verantwortung.* Frankfurt a. M.: Suhrkamp.

Husserl, E. (1913/1993). *Ideen zu einer reinen Phänomenologie und phänomenologischen Philosophie.* Tübingen: Niemeyer.

ZUSAMMENFASSUNG

1. Im Übergang vom 18. zum 19. Jahrhundert gelangte die idealistische Philosophie mit Vertretern wie Kant und Hegel zu neuer Blüte. Die Erfahrungsseelenkunde hat der Idealismus geringgeschätzt. Doch hat die idealistische Philosophie grundlegende Probleme der Erkenntnis und des Verstandes aufgeworfen. Dies hat das Interesse an dem Problem des Bewußtseins geschärft, welches die in den Universitäten vertretene Allgemeine Psychologie zu ihrem Zentralthema machte.
2. Die Erfahrungsseelenkunde verfeinerte sich, und ihre Vertreter wie Tetens bekannten sich immer entschiedener zu einem empirischen Vorgehen nach dem Vorbild der im 19. Jahrhundert hervortretenden Naturwissenschaften.
3. Johann Friedrich Herbart hat eine Theorie der Vorstellungen entwickelt, die der Forderung nach mathematischer Formulierung von Gesetzmäßigkeiten zu entsprechen suchte.
4. Das Bemühen, körperliche Grundlagen für psychische Erscheinungen zu bestimmen und somit Psychologie als Naturlehre zu betreiben, kennzeichnet den Ansatz der Physiologischen oder Medizinischen Psychologie. Ein früher Vertreter dieser Richtung war Rudolf Hermann Lotze. Die Physiologische Psychologie krankte zunächst am Fehlen zuverlässiger Erkenntnisse über Hirnprozesse. Insbesondere im Werk von von Helmholtz finden sich jedoch beachtliche Befunde über Aufbau und Funktion von Sinnesorganen, über Sinnes- und Bewegungsnerven. So wird die Erforschung der Wahrnehmung und der Muskelbewegung zu einem wichtigen Feld der Physiologischen Psychologie.
5. Gustav Theodor Fechner stellte in seiner Psychophysik das Psychische und das Physische als zwei Erscheinungen derselben Welt dar. Er zeigte experimentell, daß die Stärke der Empfindung eine logarithmische Funktion der Reizstärke ist.
6. Die Experimentelle Psychologie pflegte die planmäßige Beobachtung mit genauer Messung des Verhaltens, wobei die Beobachtungsbedingungen kontrolliert und variiert wurden. Zu einem internationalen Vorbild ist die Experimentelle Psychologie im Laboratorium von Wilhelm Wundt an der Universität Leipzig geworden. Schwerpunkte der Leipziger Forschungen bildeten die Psychophysik und die Wahrnehmung, die Apperzeption und Reaktion sowie die Emotion. Die Experimentalpsychologie bei Wundt stützte sich vorzugsweise auf feinmechanische Geräte, darunter auch Geräte zur Messung physiologischer Reaktionen wie Atmung und Blutdruck.
7. Die experimentelle Lern- und Gedächtnisforschung begann mit Selbstversuchen von Hermann Ebbinghaus in Berlin und wurde mit einer Reihe von Studien unter Georg Elias Müller in Göttingen fortgesetzt.
8. In Würzburg versuchten u.a. Marbe und Bühler die experimentelle Erforschung des Denkens. Dies führte zu einer Kontroverse mit Wundt über die Eignung der experimentellen Methode für die Untersuchung höherer geistiger Prozesse.
9. Als geisteswissenschaftliche Alternative bot sich die von Wilhelm Dilthey konzipierte Verstehende Psychologie an. Verstehende Psychologie will die gesamte Erkenntnis- und Gemütsfähigkeit auf Objekte ansetzen und einerseits deren Individualität, andererseits deren allgemeine Struktur erfassen.
10. Im 19. Jahrhundert entwickelte sich insbesondere an deutschen Universitäten eine Allgemeine Psychologie, die - wie zahlreiche andere Disziplinen zu jener Zeit - organisatorische Selbständigkeit gewann. Die Psychologie fügte sich teilweise in die neu entstehende Gruppe der Geisteswissenschaften ein, teilweise in die Gruppe der Naturwissenschaften. Mit den letzteren profitierte sie von technischem Fortschritt und vom Wirtschaftsaufschwung.

Literatur zur Ergänzung und Vertiefung

Brožek, J. & Gundlach, H. (Hrsg.). (1985). *G. T. Fechner and psychology*. Passau: Passavia Verlag.

Danziger, K. (1990). *Constructing the subject. Historical origins of psychological research*. Cambridge, GB: Cambridge University Press.

Gundlach, H. (1993). *Entstehung und Gegenstand der Psychophysik*. Berlin: Springer.

Hearnshaw, L. S. (1964). *A short history of British Psychology 1840-1940*. London: Methuen.

Lamberti, G. (1995). *Wilhelm Maximilian Wundt (1832-1920). Leben, Werk und Persönlichkeit in Bildern und Texten*. Bonn: Deutscher Psychologen Verlag.

Der Nationalsozialismus fand Verbündete in der Deutschen Studentenschaft, der Gesamtorganisation aller Studierenden an den deutschen Hochschulen. Im Namen der Deutschen Studentenschaft organisierten nationalsozialistische Studenten im Mai 1933 in Berlin und anderen Städten öffentliche Verbrennungen „undeutschen Schrifttums". Verbrannt wurden auch Bücher aus dem Institut für Sexualwissenschaft, das der Nervenarzt Magnus Hirschfeld 1918 gegründet hatte. Dieses Bild zeigt einen Raum des Instituts nach der Zerstörung der Bibliothek, dazu einen uniformierten Studenten.

Kapitel 10

Theorien für eine moderne Psychologie

Behaviorismus, Tiefenpsychologie, Kognitivismus

Am Ende des 19. Jahrhunderts gewann die Psychologie die Stellung einer eigenständigen Einzelwissenschaft. Diese Stellung festigte sie nachfolgend durch die Entwicklung von Theorien, die allein ihr zugerechnet wurden. Fragestellungen, Forschungsmethoden und Erklärungsansätze lassen sich im 20. Jahrhundert weitgehend einer von drei beherrschenden theoretischen Richtungen zuordnen:

- Dem Kognitivismus, d.h. der Lehre vom Bewußtsein und von der rationalen Erkenntnis,
- der Tiefenpsychologie, d.h. der Lehre vom Unbewußten und seiner Irrationalität,
- dem Behaviorismus, d.h. der Lehre vom Verhalten und seiner Angepaßtheit an die Lebenswelt.

Man kann die Auffassung vertreten: Die drei Richtungen erfassen unterschiedliche Aspekte des Psychischen; insofern ergänzen sie einander. Tatsächlich haben die hervorragendsten Vertreter dieser Theorien sich als Konkurrenten verstanden; sie haben um die Anerkennung ihrer eigenen Theorie gekämpft und andere Theorien zumeist nicht beachtet oder sogar angegriffen.

Wenn Kognitivismus, Tiefenpsychologie und Behaviorismus als moderne Theorien und zugleich als Stützen einer modernen Psychologie dargestellt werden, wirft das die Frage auf: Was ist eigentlich unter „modern“ zu verstehen. Deshalb beginnt dieses Kapitel mit einem Abschnitt über die Theorie der Moderne.

10.1 Aufbruch in die Moderne Psychologie als neue Disziplin für eine neue Zeit

10.1.1 Die Moderne

Es gibt Zeiten, in denen die Menschen des Alten überdrüssig werden und ihre Hoffnung auf den Fortschritt setzen. Eine solche Zeit bahnte sich im 19. Jahrhundert an und schien im beginnenden 20. Jahrhundert gekommen: die Moderne. Aus der Sicht der Jahrhundertwende schrieb Robert Musil in seinem Roman *Der Mann ohne Eigenschaften:*

„Das damals zu Grabe gegangene [Jahrhundert] hatte sich in seiner zweiten Hälfte nicht gerade ausgezeichnet. Es war klug im Technischen, Kaufmännischen und in der Forschung gewesen, aber außerhalb dieser Brennpunkte seiner Energie war es still und verlogen wie ein Sumpf. Es hatte gemalt wie die Alten, gedichtet wie Goethe und Schiller und seine Häuser im Stil der Gotik und Renaissance gebaut. Die Forderung des Idealen waltete in der Art des Polizeipräsidiums über allen Äußerungen des Lebens. ... es ist jedesmal wie ein Wunder, wenn nach einer solchen flach dahinsinkenden Zeit plötzlich ein kleiner Anstieg der Seele kommt, wie es damals geschah. Aus dem ölglatten Geist der zwei letzten Jahrzehnte des neunzehnten Jahrhunderts hatte sich plötzlich in ganz Europa ein beflügelndes Fieber erhoben. Niemand wußte genau, was im Werden war; niemand vermochte zu sagen, ob es eine neue Kunst, ein neuer Mensch, eine neue Moral oder vielleicht eine Umschichtung der Gesellschaft sein solle. ... Aber überall standen Menschen auf, um gegen das Alte zu kämpfen."

(Musil, 1970, S. 54 f.)

Die Moderne war eine Bewegung, über die in Europa mit besonderer Heftigkeit gestritten wurde, weil das angegriffene Alte dort am stärksten verankert war. Der als modern gefeierte Fortschritt stellte sich auf manchen Gebieten schneller in den Vereinigten Staaten von Amerika ein, weil dort manche Überlieferung sich nicht in gleichem Maße hatte verfestigen können. Viele Verfechter der Moderne blickten daher mit Bewunderung auf Amerika, während ihre Verächter Fortschritte im Sinne der Moderne oft abschätzig als „Amerikanismen", d.h. als unangemessen für die Alte Welt Europas bezeichneten.

Auf breiter Front setzten sich Neuerungen durch. Teils als Errungenschaften gefeiert, teils als verderblich bekämpft, veränderten sie jedenfalls zentrale Bereiche der Kultur:

- Wissenschaft: Die Naturwissenschaften gewannen an Ansehen und Einfluß durch umwälzende Entdeckungen, Theorien und Verfahren (z.B. Evolutionstheorie, Atomphysik, Ammoniaksynthese).
- Medizin: Neue Diagnose-, Therapie- und Präventionstechniken sicherten Leben und Gesundheit (z.B. Röntgendiagnostik, chirurgische Eingriffe unter Narkose, Schutzimpfungen).
- Technik: Neue Produkte, Energien und Dienste (z.B. Eisenbahn, Flugzeuge, Elektrizität, Telephon) erleichterten das Leben. Die industrielle Herstellung von Waren erhöhte den Ausstoß bei sinkenden Kosten (z.B. durch Fließbandfertigung, Einsatz von Dampfmaschinen).
- Gesellschaft: Eine neue Solidarität mit Alten und Kranken entstand durch Renten- und Krankenversicherungen.
- Politik: Die Einführung des allgemeinen Wahlrechts in parlamentarischen Demokratien gestattete allen Bürgern die Teilhabe an der Regierung.

In allen diesen Bereichen war der modern genannte Fortschritt vor allem vier Zielen verpflichtet:

- Einheitlichkeit,
- Massenhaftigkeit,
- Zweckmäßigkeit und
- Wirtschaftlichkeit.

Modernes Leben verbreitete sich zuerst in den Großstädten. Waren und Dienstleistungen wurden auf die Bedürfnisse großer Bevölkerungsgruppen zugeschnitten. Sie sollten in hohen Stückzahlen in der Bevölkerung verteilt werden. Die Massenversorgung verlangte ihrerseits eine Minimierung von Kosten; diese war wiederum nur durch Standardisierung des Angebots zu erreichen.

Auf Wirtschaftlichkeit bedachte Massenproduktion ereignete sich auch im Bereich der Kunst. Eine große Zahl von Konsumenten genoß Kunstwerke in technischen Reproduktionen (z.B. Seriendrucke von Gemälden, Filme, Schallplatten). Um eine massenhafte Verbreitung sicherzustellen, paßte sich die Kunst dem Geschmack und damit der Konventionalität der Mehrheit an. Doch gab es auch eine andere Kunst, die sich mit Vorliebe und ausdrücklich als modern bezeichnete. Sie war gesellschaftlich provokativ und ästhetisch innovativ - und zwar mit solcher Konsequenz, daß nur noch Minderheiten sie pflegten und die Mehrheit sich entrüstet von ihr abwandte. Herausragende Erscheinungsformen moderner Kunst im zweiten Sinne ist die abstrakte Malerei, welche Ausdruck ohne Bindung an einen festen Gegenstand darzustellen sucht, und die Zwölftonmusik, welche die zwölf gleichabständigen Töne der Oktave zu freien Reihen zusammenfügt. Die Moderne entfaltet sich somit in zwei einander entgegengesetzte Richtungen: als ökonomische und als ästhetische Moderne (vgl. Welsch, 1991, S. 45ff.).

Ökonomische Moderne: Glashochhaus (Modell von Ludwig Mies van der Rohe, 1922).

Ästhetische Moderne: Dadaistische Collage (Hannah Höch, 1919).

Wissenschaften hatten einen erheblichen Anteil an der Durchsetzung der ökonomischen Moderne. Zugleich waren es Stimmen aus den Wissenschaften, welche vor der ökonomischen Moderne und ihren Auswirkungen warnten. Ein Zentrum der kritischen Auseinandersetzung mit der Moderne bildete das *Institut für Sozialforschung* in Frankfurt am Main. Das Institut wurde im Jahre 1930 gegründet und von seinem Direktor Max Horkheimer (1895-1973) während der Zeit des Faschismus zuerst nach Frankreich und dann in die USA verlegt. 1950 wurde das Institut unter der Leitung von Horkheimer und Theodor W. Adorno (1903-1969) neu gegründet. Die Analysen der Gruppe um Horkheimer und Adorno faßt man unter der Bezeichnung „Kritische Theorie" zusammen.

Die Kritische Theorie betrachtete sich als Unternehmen der Aufklärung (s. Abschnitt 5.4.1). Ihre kritische Haltung bezog sich nicht auf die Argumentationskritik im Sinne von Petrus Ramus (s. Abschnitt 5.12), sondern auf Gesellschaftskritik im Sinne des Historischen Materialismus nach Karl Marx (Horkheimer, 1937/1968). Grundgedanke war die Entfremdung des Individuums in einer von Wirtschaft, Technik und Verwaltung beherrschten Welt:

„Die Signatur des Zeitalters ist es, daß kein Mensch, ohne alle Ausnahme, sein Leben in einem einigermaßen durchsichtigen Sinn, ... mehr selbst bestimmen kann. Im Prinzip sind alle, noch die Mächtigsten, Objekte ... . Das objektive Ende der Humanität ist nur ein anderer Ausdruck fürs Gleiche. Es besagt, daß der Einzelne als Einzelner, wie er das Gattungswesen Mensch repräsentiert, die Autonomie verloren hat, durch die er die Gattung verwirklichen könnte."

(Adorno, 1944/1980, S. 41)

Adorno (1944/1980, S. 38, 42, 44, 46, 155) nannte zahlreiche Symptome der Selbstentfremdung des modernen Menschen: Die Standardisierung der industriell hergestellten Güter (z.B. Möbel), welche individuelle Entwürfe und Wahlen ausschließe, der Warencharakter der Dinge sowie das Eindringen des Tauschhandels in das Privatleben (z.B. die Regel, weniger zu geben, als man erhalte; Geschenke nur nach dem Anschaffungswert zu beurteilen und bei Nichtgefallen umzutauschen); Zweckmäßigkeit verdränge Privatheit (z.B. verschwänden leise und fest schließende Türen), Arbeitshast greife über auf Freizeit.

Kunst, wenn sie einmal zum Teil der Massenkultur geworden sei, zerstöre ebenfalls die Innerlichkeit und Privatheit, die Fähigkeit, *„eine andere Welt zu gestalten"*. So diene die Unterhaltungskunst nur der Anpassung an die Industriegesellschaft und verliere ihren Charakter als Kunst. Überleben könne Kunst

„nur noch in jenen Werken, die kompromißlos die Kluft zwischen dem monadischen Individuum und seiner barbarischen Umwelt zum Ausdruck bringen - in der Prosa von Joyce etwa und in Bildern wie Picassos Guernica."

(Horkheimer, 1941/1968, S. 318)

Adorno (1972, S. 56ff.) fordert noch mehr von der Ästhetik: Radikal ihre Kräfte entfesselnd, könne sie die Funktionen der Dinge selbst entwickeln und damit zustande bringen, was Produktionsverhältnisse sonst verhindern.

Musil, R. (1970). *Der Mann ohne Eigenschaften.* Reinbek: Rowohlt.

Welsch, W. (1991). *Unsere postmoderne Moderne.* Weinheim: VCH, Acta humaniora.

Horkheimer, M. (1937/1968). Traditionelle und kritische Psychologie. In A. Schmidt (Hrsg.), *Kritische Theorie* (Band 2, S. 137-200). Frankfurt a. M.: Suhrkamp.

Adorno, Th. W. (1944/1980). Minima Moralia. *Gesammelte Werke* (Band 4), herausgegeben von R. Tiedemann. Frankfurt a. M.: Suhrkamp.

Horkheimer, M. (1941/1968). Neue Kunst und Massenkultur. In A. Schmidt (Hrsg.), *Kritische Theorie* (Band 2, S. 313-332). Frankfurt a. M.: Suhrkamp.

Adorno, Th. W. (1972). Ästhetische Theorie. *Gesammelte Werke* (Band 7, S. 7-388), herausgegeben von G. Adorno und R. Tiedemann. Frankfurt a. M.: Suhrkamp.

10.1.2 Moderne Psychologie

Psychologie ist im doppelten Sinne als moderne Wissenschaft dargestellt worden: zum einen weil ihre theoretischen Einsichten modern seien, zum anderen weil sie der modernen Welt praktische Dienste leisten könne. Tatsächlich hatte Psychologie seit der zweiten Hälfte des 19. Jahrhunderts Anteil an dem starken Wachstum der Universitäten im Deutschen Reich und Österreich.

Im Jahre 1889 versammelte sich in Paris der erste Weltkongreß für Psychologie. Internationale Verbreitung war ebenfalls ein Argument für Modernität - waren doch Export und Import von Waren Erfolgsmerkmale moderner Wirtschaft. Es galt auch für Universitäten als Ausdruck von Anerkennung, ausländische Studierende anzuziehen und internationale Kontakte mit Fachkollegen zu pflegen. Die Psychologie wurde solchen Maßstäben gerecht. Vor allem an den Universitäten Europas und Nordamerikas wurden Psychologische Institute eingerichtet. Eine besondere Auszeichnung für die Psychologie in Deutschland war, daß nicht wenige Psychologische Institute in aller Welt nach Vorbildern in Deutschland gegründet wurden, und zwar oft von Absolventen deutscher Universitäten.

Das schlagkräftigste Argument für die Modernität der Psychologie war ihre Hinwendung zu den Naturwissenschaften. Charakteristisch sind die Worte, mit denen Theodor Ziehen (1862-1950), zuerst Professor für Psychiatrie in Jena, dann Professor für Psychologie in Halle, seine *Vorlesungen in die Physiologische Psychologie* einleitete:

„Die Psychologie, welche ich Ihnen vortragen will, ist nicht jene alte Psychologie, welche die psychischen Erscheinungen auf einem ... spekulativen Wege zu erforschen versuchte. Diese Psychologie ist von denen, die naturwissenschaftlich zu denken gewohnt sind, längst verlassen. An ihre Stelle ist die rein empirische oder induktive Psychologie mit Fug und Recht getreten. Alle Metaphysik ist aus der Psychologie verbannt. Nur die Erfahrung, die Beobachtung ist maßgebend."

(Ziehen, 1891, S. 1)

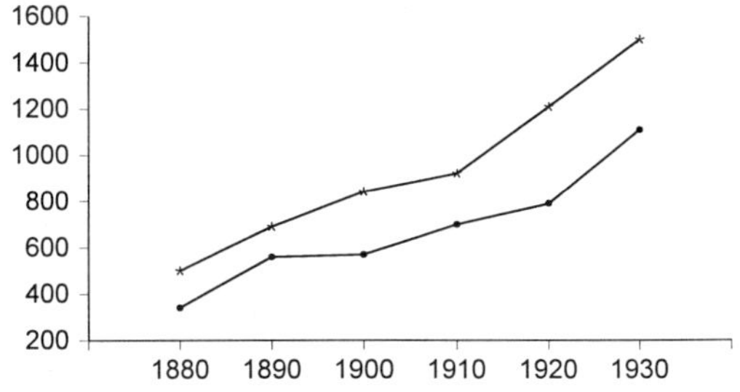

In den Jahren 1880-1930 verdreifachte sich die Zahl der Lehrkräfte (Professoren, Privatdozenten, Lehrbeauftragte) an den Philosophischen Fakultäten der deutschen Hochschulen, und zwar in den Geistes- wie in den Naturwissenschaften (nach von Ferber, 1956, Tabelle I).

Es war also die Erfahrungsseelenkunde, erweitert um die experimentelle Methodik (s. Abschnitt 9.3.3), welche das Bild der modernen Psychologie prägte. Ihren Fortschritten verdankte das Fach die Einrichtung neuer Lehrstühle sowie die Eröffnung von Seminaren und Instituten; sie ließen die Teilnehmerzahlen von Fachkongressen ansteigen.

Hinzu kam die Praktische Psychologie, deren Fortschritte zur Modernität der Psychologie beitrugen. Den Prinzipien der Zweckmäßigkeit und der Wirtschaftlichkeit getreu, bot sie der modernen Welt ihre Dienste an, zur Verbesserung der Erziehung, des Rechtswesens, des Handels, der industriellen Produktion usf. (dazu mehr im folgenden Kapitel 11).

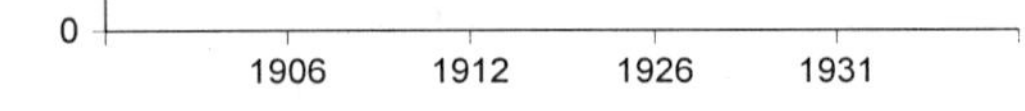

In den ersten drei Jahrzehnten der *Gesellschaft für experimentelle Psychologie* (s. Abschnitt 9.4.2) verfünffachte sich die Zahl ihrer Mitglieder, wobei deren Spezialisierung auf das Fach Psychologie zunahm.

Eröffnung	Ort	Erste Fachvertreter
1879	Leipzig	Wilhelm Wundt
1883	Baltimore, USA	G. Stanley Hall
1886	Kasan, Rußland	Wladimir M. Bechterew
	Kopenhagen, Dänemark	Carl Georg Lange
1887	University of Pennsylvania, Philadelphia	James McKeen Cattell
1888	Göttingen	Georg Elias Müller
	Tokio, Japan	Yujiro Motora
1889	Paris, Frankreich	Henri-Ètienne Beaunis, Alfred Binet
	Rom, Italien	G. Sergi
	Clark University, Worcester MA., USA	Edmund C. Sanford
1890	Rennes, Frankreich	Benjamin Bourdon
	Toronto, Kanada	James M. Baldwin
1891	Bonn	G. Martius
	Genf, Schweiz	Théodore Flournoy
	Löwen, Belgien	Armand Thiery und Desire Mercier
	Cambridge, England	James Ward
	Harvard University, Boston, USA	Hugo Münsterberg
1892	Yale University, New Haven, USA	Eduard W. Scripture
	Kansas University, Lawrence, USA	O. Templin
	Chicago, USA	C. A. Strong
1893	Friedrich-Wilhelms-Universität Berlin	Carl Stumpf
	Groningen, Niederlande	J. F. Heymans
	Princeton University, New Jersey, USA	James M. Baldwin
	Stanford University, Palo Alto, USA	Frank Angell
	Minnesota, USA	J. R. Angell
1894	Breslau	Hermann Ebbinghaus
	Graz, Österreich	Alexius Meinong
	City University, New York, USA	C. B. Bliss
1895	Turin, Italien	Federico Kiesow
	Moskau, Rußland	A. Tokarski
	St. Petersburg, Rußland	Wladimir M. Bechterew
1896	Würzburg	Oswald Külpe
	Marburg	Hermann Cohen
	Reggio Emilia, Italien	A. Tamburini
	University of California, Berkeley, USA	George M. Stratton
1897	Halle	Benno Erdmann
	Brüssel, Belgien	G. Dwelshauvers
	Krakau, Polen	W. Heinrich
	London, England	Baron William H. R. Rivers
1898	Bryn Mawr College, Pennsylvania, USA	James H. Leuba
	Buenos Aires, Argentinien	H. C. Pinero

Neugründungen psychologischer Forschungs- und Lehreinrichtungen (Laboratorien, Institute, Seminare) an Universitäten in Europa, Amerika und Asien (nach Sprung & Sprung, 1999). Die Angaben über den Beginn einer Einrichtung variieren in verschiedenen Quellen, da man einen solchen Zeitpunkt nach unterschiedlichen Kriterien festlegen kann (vor allem: Berufung eines Professors, Anfang eines Arbeitsprogramms, Einrichtungsbeschluß der Universität oder einer staatlichen Instanz).

Den Wert der Einheit (s.o.) machte sich auch die Psychologie als moderne Wissenschaft zu eigen. Sie behauptete daher die

- Einheitlichkeit ihres Gegenstandes, die
- Einheitlichkeit ihrer Theorie und die
- Einheit von Theorie und Praxis.

Damit grenzte sie sich in ihren Aufgaben und in ihren Kompetenzen von allen anderen Disziplinen ab. Zugleich rechtfertigten die beiden anderen modernen Werte der Zweckmäßigkeit und der Breitenwirkung (s.o.) die Eigenständigkeit der Psychologie als Einzelwissenschaft. Sie erhob daher Anspruch auf

- einen eigenen Platz im Verbund der Wissenschaften sowie
- eine Fachexpertise für ihre Vertreter und
- einen eigenen Studiengang.

Ein Entwurf für eine einheitliche, klar abgegrenzte Psychologie stammt von dem Berliner Professor Carl Stumpf. Er hat ihn im Jahre 1906 vor der *Preussischen Akademie der Wissenschaften* vorgetragen. Stumpf bestimmt zunächst die Menge des Wissenswerten und teilt allen wissenschaftlichen Disziplinen einen Anteil an dieser Menge zu. Grundlegend ist für ihn die Trennung von Natur- und Geisteswissenschaften. Der Psychologie weist Stumpf ihren Platz unter den Geisteswissenschaften zu; ihr Gegenstand seien die elementaren geistigen Funktionen (wie Vorstellung, Gedächtnis). Die anderen Geisteswissenschaften wie Sprach-, Staats- und Kunstwissenschaft behandeln komplexe geistige Funktionen. Träger geistiger Komplexität sind soziale Gebilde; Träger elementarer Funktionen sind Individuen. Stumpf trennt die Wissenschaften nach Gegenständen, nicht nach Methoden. Indem er der Psychologie den Geist als Gegenstand zuteilt, legt er sie keinesfalls auf die geisteswissenschaftlichen Methoden seiner Zeit fest. Geistige Erscheinungen besitzen körperliche Grundlagen, stellt er ausdrücklich fest. Insofern können Psychologen, um zu den körperlichen Grundlagen geistiger Prozesse vorzudringen, sich durchaus naturwissenschaftlicher Methoden bedienen. In jeder Wissenschaft erkennt Stumpf eine Vielzahl von methodischen und theoretischen Ansätzen, besteht jedoch darauf, daß sie einen einheitlichen Komplex zu bilden haben.

Stumpfs Berliner Fakultätskollege Eduard Spranger hat später (1926) - ebenfalls in der *Preussischen Akademie der Wissenschaften* - heftig widersprochen. Der Unterschied zwischen Geistes- und Naturwissenschaft sei unüberbrückbar. Deshalb könne Psychologie, die sich teils dieser, teils jener zuwende, keine Einheit bilden. Sie bleibe gespalten in eine Physiologische und eine Verstehende Psychologie. Die erstere behandle Erlebnisse mit objektivem Sinn, d.h. Vorstellungen, Erinnerungen usf., die sich auf physikalische Objekte beziehen (zur Physiologischen Psychologie vgl. Abschnitt 9.3.1). Die letztere behandle die Erfahrung von subjektivem Sinn (z.B. den Sinn des Satzes „Franz ist umgekommen"), und dieser gründe nicht in der Welt der Natur, sondern in Werten, Absichten und Theorien (zur Verstehenden Psychologie vgl. Abschnitt 9.2.3). Zudem sei der objektive Sinn kausal aus den physikalischen Bedingungen und körperlichen Prozessen ableitbar, nicht jedoch der subjektive Sinn. Daher

„... wird die physiologische Psychologie der sonstigen immer als ein anderes gegenüberstehen. Denn es bleibt wesensmäßig und in alle Ewigkeit ein Unterschied der Fragestellung, ob ich Seelisches als eine kausal abhängige Reihe oder gar als Spiegelung von Leiblichem meine, oder die intentionale Beziehung des seelischen Erlebnisgefüges auf eine objektive Welt betrachte, die teils als Körperwelt, teils als objektiv-geistige Welt aufzufassen ist."

(Spranger, 1926, S. 199).

Karl Bühler (1927), der damals die Psychologie an der Universität Wien vertrat, blieb nicht verborgen, daß es lediglich ein Teilbereich der zeitgenössischen Psychologie war, über den sich seine Berliner Kollegen entzweiten: die Bewußtseinspsychologie. Erweiterten doch inzwischen die Tiefenpsychologie, die das Unbewußte zu ihrem Gegenstand machte, sowie der Behaviorismus, der das Verhalten untersuchte, das Methoden- und Theorienangebot (mehr s. zunächst Abschnitt 10.1.3). Entwickelte sich da nicht erst recht eine Vielfalt, welche die Einheit der Psychologie sprengte? Bühler verneinte diese Frage.

In seiner Schrift *Die Krise der Psychologie* führt Bühler die unterschiedlichen, ja gegensätzlichen Aspekte des Psychischen auf: Geist - Körper, Individuum - Gesellschaft, Bewußtsein - Unbewußtes, objektive Welt - subjektiver Sinn, Verhalten - Erleben. Und doch meint er: Diese vielfältigen Aspekte *„gehören irgendwie zusammen, konstituieren eine höhere Einheit“*. Die im Titel seines Buches genannte „Krise der Psychologie“ kennzeichne ein Übergangsstadium, in welchem die Zusammengehörigkeit des nur scheinbar Unzusammenhängenden sich erweisen werde. Die Krise sei jedoch zu überwinden. Dann sei *„eine Einheit am Ende, eine einheitliche Wissenschaft“* zu erwarten (Bühler, 1927, S. 64).

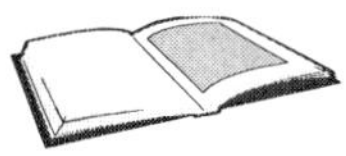

Ziehen, Th. (1891). *Leitfaden der Physiologischen Psychologie*. Jena: Fischer.

Ferber, Ch. von (1956). *Die Entwicklung des Lehrkörpers der deutschen Universitäten und Hochschulen, 1864-1954*. Göttingen: Vandenhoek & Ruprecht.

Sprung, L. & Sprung, H. (1999). Rückblicke auf ein schwieriges Jahrhundert. In W. Hacker & M. Rinck (Hrsg.), *Bericht über den 41. Kongreß der Deutschen Gesellschaft für Psychologie in Dresden*. Lengerich: Pabst.

Stumpf, C. (1906). Zur Eintheilung der Wissenschaften. *Abhandlungen der königlich preussischen Akademie der Wissenschaften aus dem Jahre 1906* (Abt. V, S. 1-94). Berlin: Reimer.

Spranger, E. (1926). Die Frage nach der Einheit der Psychologie. *Sitzungsberichte der Preussischen Akademie der Wissenschaften, 24* (S. 172-199). Berlin: de Gruyter.

Bühler, K. (1927). *Die Krise der Psychologie*. Jena: Fischer.

Eine einheitliche, abgegrenzte Disziplin kann sich eine eigene Expertise zuschreiben und zugleich diese Expertise den Angehörigen anderer Disziplinen absprechen. Ein solcher Anspruch hat in der modernen Psychologie tatsächlich eingesetzt. Auf Dauer war es die zunehmende Qualifikation und Spezialisierung der Forschung, welche Psychologen die Gewißheit ihrer eigenen Kompetenz vermittelte. Doch hat eine solche Tendenz wohl erst seit den fünfziger Jahren die Psychologie als ganze erfaßt. Zunächst waren es eher die Vertreter der Praktischen Psychologie, welche auf eine Anerkennung psychologischer Expertise und eine Sonderstellung gegenüber anderen Berufen drängten.

In Deutschland jedenfalls hat die aufkommende experimentelle Psychologie sich zunächst als interdisziplinär verstanden oder sich zumindest nicht von anderen Disziplinen abgeschirmt. Die Vereinigung aller wissenschaftlicher Psychologen, die *Gesellschaft für Experimentelle Psychologie* (s. bereits Abschnitt 9.4.2) besaß zahlreiche Mitglieder aus anderen Fachgebieten und Berufen, vor allem aus der Philosophie, der Medizin und der Pädagogik. Doch im Jahre 1929 änderte die Vereinigung ihren Namen und ihre Zielsetzung. Sie nannte sich *Deutsche Gesellschaft für Psychologie* (Volkelt, 1930, S. V) und verfolgte zunehmend berufspolitische Ziele. In einem Manifest *Über die Pflege der Psychologie an den deutschen Hochschulen* trat die Gesellschaft für eine verstärkte Psychologieausbildung und eine erhöhte Anerkennung der psychologischen Praxis ein (Volkelt, 1930, S. VII-X). Die Folge dieser Politik war: Mediziner, Philosophen und Pädagogen verließen die Gesellschaft, und mehr psychologisch Spezialisierte traten ein (Geuter, 1990).

In den Vereinigten Staaten war die gleiche Entwicklung zu beobachten. Dort waren es eine Gruppe von freiberuflichen Psychologen (engl. *consulting psychologists)* innerhalb der *American Psychological Association* (s. Abschnitt 9.4.2), die in den Jahren 1921-1927 eine eigene Anerkennung mit Zertifikat durchsetzten. Allerdings erfreute sich diese Regelung zunächst keines großen Zuspruchs, weshalb sie 1932 aufgehoben wurde (Hilgard, 1987, S. 752). Erst in den fünfziger Jahren wurde die Zertifizierung von Fachpsychologen in den Vereinigten Staaten wieder aufgenommen - und dann mit großem Erfolg.

Den Zusammenhang von Hochschulausbildung und Professionalisierung hat das oben erwähnte Manifest aus dem Jahre 1929 klar angesprochen: Eine eigenständige Profession verlangte einen eigenständigen Studiengang. Tatsächlich wurden in Europa und Amerika spezielle Studien in Psychologie angeboten. In Deutschland - damals in den Grenzen des sog. Dritten Reichs - wurde im Jahre 1941 eine Diplomstudienordnung für Psychologen erlassen, welche mit hohen und breit gefächerten Anforderungen die unanfechtbare Sonderkompetenz der Berufspsychologen sicherstellen sollte. Erklärtes Ziel war die

„Scheidung zwischen allseitig geschulten, mit allem wissenschaftlichen Rüstzeug versehenen Psychologen und den vielen, die im Gebiete der Psychologie auf Grund oft mehr behaupteter als erwiesener Sonderbegabungen dilettieren oder gar nur mit Kunstgriffen zu blenden suchen."

(Kroh, 1941/1942, S. 13)

Volkelt, H. (Hrsg.). (1930). *Bericht über den XI. Kongreß für experimentelle Psychologie in Wien*. Jena: Fischer.

Geuter, U. (1990). Mitgliederverluste in der Deutschen Gesellschaft für Psychologie 1928 - 1932 - Ausdruck des Protestes von Experimentalpsychologen oder der Verselbständigung der Disziplin? *Psychologische Rundschau, 41,* 144-153.

Hilgard, E. R. (1987). *Psychology in America. A historical survey*. New York: Hartcourt Brace Jovanovich.

Kroh, O. (1941/1942). Ein bedeutender Fortschritt in der deutschen Psychologie. Werden und Absicht der neuen Prüfungsordnung. *Zeitschrift für Psychologie, 151,* 1-32.

Der neue Studiengang begann mit einer Einführung in die Grundlagenforschung. Er endete mit einer Qualifikation für die Praxis. Denn das sei das Neue an der Psychologie als Wissenschaft:

„Sie greift mit Auslese, Begutachtung, Lenkung, Betreuung, Hygiene der seelischen Kräfte der gesunden Glieder des Volkes, mit Hilfe und Beratung bei auffälligen, gefährdeten und leistungsgehemmten Kräften tief hinein in die notwendigen Aufgaben der Regelung, Pflege und Stärkung der Volkskraft ... ."

(Kroh, 1941/1942, S. 8)

Die Psychologie hat der Moderne also vor allem eine ihr gemäße Praxis versprochen, und vor allem aus diesem Grunde hat die Moderne der Psychologie die Stellung einer eigenständigen Einzelwissenschaft eingeräumt.

10.1.3 Theorien für eine moderne Psychologie: Sind sie selbst modern?

Forschung und Praxis in der Psychologie des 20. Jahrhunderts haben sich auf drei Gruppen von Theorien berufen:

- Kognitivismus, auch Bewußtseinstheorie,
- Tiefenpsychologie, die Theorie des Unbewußten,
- Behaviorismus, die Theorie des Verhaltens.

Begriffe, Fragen, Methoden, Beobachtungen und Erklärungsansätze waren ihrer Art nach oft einer und nur einer dieser Gruppen zuzuweisen. Ihre Vertreter schlossen sich zu wissenschaftlichen Gemeinschaften zusammen; sie scharten sich um ihre Wegbereiter und Leistungsträger. Die Pflege des Kognitivismus, der Tiefenpsychologie und des Behaviorismus schuf eigene Paradigmata (zu dem Begriff des Paradigmas s. bereits Abschnitt 1.1.1). Die Psychologie bestätigte sich auch dadurch als Einzelwissenschaft, daß sie diese Paradigmata als ihren alleinigen Besitz beanspruchte und sich von anderen Disziplinen abgrenzte, indem sie ihnen die Zuständigkeit für die Paradigmata zu verwehren suchte.

Karl Bühler war wohl der erste angesehene Vertreter der akademischen Psychologie, der die drei oben genannten theoretischen Richtungen als gleichwertige Bestände der modernen Psychologie anerkannt hat. In seinem oben (Abschnitt 10.1.2) erwähnten Buch *Die Krise der Psychologie* unterscheidet er die Richtungen nach ihrem bevorzugten Gegenstand: Denken und Erleben in der Bewußtseinspsychologie, die unbewußten Vorstellungen und Kräfte in der Tiefenpsychologie sowie das Benehmen und die Werke im Behaviorismus. Die von Bühler konstatierte Krise entstehe durch die getrennte Sicht der Gegenstände. Überwunden werde die Krise, indem man die Gegenstände in ihrem Zusammenhang zu sehen lerne. Gelinge es, *„eine Konkordanz"* zwischen den Theorien *„herzustellen, dann dürfen wir Großes von der Zukunft erwarten"* (Bühler, 1927, S. 1). Die Vertreter der drei angesprochenen theoretischen Richtungen haben sich dem vermittelnden Urteil Bühlers selten angeschlossen und sich meist unverhohlen als Konkurrenten gebärdet. In der oft unversöhnlich geführten Auseinandersetzung spielte die Frage der Modernität bzw. des Beitrags der Theorie zum modernen Fortschritt eine nicht zu unterschätzende Rolle.

Am entschiedensten, ja aggressivsten hat sich der Behaviorismus als neue Lehre für eine neue Zeit angeboten. Im Jahre 1913 hat John B. Watson mit einem programmatischen Artikel in der amerikanischen Fachzeitschrift *Psychological Review* die völlige Umwälzung der wissenschaftlichen und praktischen Psychologie durch den Behaviorismus angekündigt. Ausführlich rechnet er mit der mentalistischen und metaphysischen Tradition seines Faches ab und setzt an ihre Stelle die strenge Verhaltensbeobachtung:

„... nie wieder Begriffe wie Bewußtsein, Bewußtseinszustände, Seele, Bewußtseinsinhalt, introspektiv ... . Wir können eine Psychologie schreiben in den Begriffen Reiz und Reaktion, Gewohnheitsbildung, Gewohnheitsintegration usw. ... ."

(Watson, 1913/1968, übersetzt von L. Kruse)

In seinem Fortschrittspathos beruft sich Watson auf die jüngsten Fortschritte der Naturwissenschaften und der Technik: die Entwicklungsbiologie, welche Leben als stetige Anpassung an die Lebensverhältnisse beschreibt (vgl. Abschnitt 8.2.2), die wachsende Gesundheit der Bevölkerung sowie die Produktivität in der Massengesellschaft.

Watson argumentiert also im Grunde nicht anders als im 19. Jahrhundert die Verfechter der Physiologischen Psychologie (vgl. Abschnitt 9.3.1). Doch sein Ansatz ist radikaler; kann er doch inzwischen auf drastische Änderungen naturwissenschaftlichen Denkens und wissenschaftlich gestützter Praxis verweisen. Psychologie soll aus dieser Sicht eine Lerntheorie sein, welche Anpassungen an neue Anforderungen erklärt und ihren Vollzug fördert. Watson verwirft die Bewußtseinspsychologie auch mit der Begründung, für ihre Begriffe und Prinzipien fänden sich keine nützlichen Anwendungen. Dagegen könne der Behaviorismus, indem er die Ursachen des Verhaltens erforsche, das Verhalten der Menschen verbessern. Als aktuelle Anwendungsgebiete behavioristisch geprägter psychologischer Theorien nennt er die Pädagogik, den Gebrauch von Pharmaka, die Justiz und die Werbung (mehr in Abschnitt 10.2.4).

Auch die Tiefenpsychologie ist mit dem Anspruch auf Fortschrittlichkeit aufgetreten. Sie verstand sich als Glied der Aufklärungsbewegung (s. Abschnitt 5.4.1). Das Unbewußte des Menschen aufzudecken, verstand sie nicht nur als Beitrag zu seiner Selbsterkenntnis, sondern auch zu seiner Befreiung. Sigmund Freud, für viele der Begründer der Tiefenpsychologie, hat Mündigkeit und Handlungsfähigkeit der Menschen als Ziel seiner Arbeit im Sinn gehabt. Seine Botschaft an die Moderne lautete: *„Wo Es war, soll Ich werden"* (Freud, 1932/1940, S. 86). Mit „Es" meinte er die ungezügelten Triebe, mit „Ich" die Fähigkeit zur realitätsgerechten Wahrnehmung und zur wirklichkeitsangepaßten Handlung (mehr über Tiefenpsychologie in Abschnitt 10.3). Fortschritt war für Freud somit die Entfaltung der menschlichen Fähigkeit, Bedürfnisse ohne Angst vor Strafe zu befriedigen. Dem oben zitierten Satz: *„Wo Es war, soll Ich werden"* fügte er hinzu: *„Es ist Kulturarbeit etwa wie die Trockenlegung der Zuydersee."* (Die Zuidersee ist eine Nordseebucht vor Holland, die im Jahre 1932, als Freud dies schrieb, durch einen Damm vom Meer abgetrennt wurde - eines der größten technischen Projekte der Moderne.)

Der Massengesellschaft und dem technischen Fortschritt stand Freud ablehnend gegenüber. In den Massenorganisationen sah er die Nachfahren der urtümlichen Horden, die mit ihren sozialen Normen das Ich schwächten (Freud, 1921/1940). Die moderne Technik mit ihren Motoren, Mikroskopen und Telephonen führe das Individuum als schwaches Tierwesen dem Ideal der Allmacht und Allwissenheit entgegen. So werde der Mensch wie im Märchen aus einem hilflosen Säugling zu einem gottähnlichen Wesen. Doch er sei nur ein *„Prothesengott ..., recht großartig, wenn er alle seine Hilfsorgane anlegt, aber sie sind nicht mit ihm verwachsen"* (Freud, 1930/ 1948, S. 451).

Der Autor verfällt sogar in Ironie, ja Spott auf die Moderne:

„Wäre nicht die Schiffahrt über den Ozean eingerichtet, so hätte der Freund nicht die Seereise unternommen, ich brauchte den Telegraphen nicht, um meine Sorge um ihn zu beschwichtigen."

Und er fährt fort:

„Was nützt uns die Einschränkung der Kindersterblichkeit, wenn gerade sie uns die äußerste Zurückhaltung in der Kinderzeugung aufnötigt, so daß wir im ganzen doch nicht mehr Kinder aufziehen, als in den Zeiten vor der Herrschaft der Hygiene, dabei aber unser Sexualleben in der Ehe unter schwierige Bedingungen gebracht und wahrscheinlich der wohltätigen, natürlichen Auslese entgegengearbeitet haben?"

(Freud, 1930/1948, S. 447)

Die technischen Errungenschaften der modernen Massengesellschaft könnten den Menschen - so Freud (1930/1948, S. 447) - nur „billiges Vergnügen" verschaffen, jedoch keine Befriedigung seiner wirklichen Bedürfnisse. Der Kulturpessimismus Freuds stand somit im Gegensatz zur wirtschaftlichen Moderne. Doch in gutem Einklang befand er sich mit der Kritischen Theorie von Horkheimer und Adorno (s. Abschnitt 10.1.1). Was Freud als kulturell erzwungenen Triebverzicht beschrieb, deuteten Autoren der Frankfurter Schule als Entfremdung des Individuums durch Wirtschaft und Technik. Tiefenpsychologie stärkte aus dieser Sicht Individuen gegen die Macht moderner Institutionen. Tiefenpsychologie wurde als Gegenkraft zur Moderne eine Theorie der Moderne.

Wie modern war der Kognitivismus? Bekenntnisse zum modernen Leben oder Programme zur Steigerung des Fortschritts sind nicht charakteristisch für die frühen kognitivistischen Theorien. Ihre Verfechter, die vorwiegend aus dem idealistischen Lager stammten, dürften ihre Wissenschaft einerseits als zeitlos betrachtet haben; zum anderen waren praktische Anwendungen nicht ihr unmittelbares Ziel (vgl. Abschnitt 9.1.3). Unter diesen Voraussetzungen konnte man Kognitivistische Theorie abgesondert und abgewandt von der Aktualität betreiben, in den neuen Instituten, Seminaren und Laboratorien der Universitäten.

Erst in den sechziger Jahren findet die kognitivistisch ausgerichtete Forschung Anschluß an moderne Technik. Sie entwirft zunächst Modelle nach dem Vorbild der Nachrichtentechnik, kurze Zeit später in Analogie zur elektronischen Rechen- und Schalttechnik, zum Computer (engl. *compute,* rechnen). Als einer der Pioniere der neuen kognitivistischen Richtung ist Donald E. Broadbent (1958) aus Cambridge in England zu nennen. Broadbent hat Probleme der menschlichen Aufmerksamkeit und des Gedächtnisses mit Begriffen der Nachrichtentechnik - wie Information, Kanal, Speicher - beschrieben.

Watson, J. B. (1913/1968). Psychologie, wie sie der Behaviorist sieht. In *Behaviorismus,* herausgegeben von C. F. Graumann (S. 11-30). Berlin: Kiepenheuer & Witsch.

Freud, S. (1932/1940). Neue Folge der Vorlesungen zur Einführung in die Psychoanalyse. *Gesammelte Werke* (Band 15). Frankfurt a. M.: Fischer.

Freud, S. (1921/1940). Massenpsychologie und Ich-Analyse. *Gesammelte Werke* (Band 13, S. 71-161). Frankfurt a. M.: Fischer.

Freud, S. (1930/1948). Das Unbehagen in der Kultur. *Gesammelte Werke* (Band 14, S. 419-506). Frankfurt a. M.: Fischer.

Broadbent, D. E. (1958). *Perception and communication*. London: Pergamon.

10.1.4 Hat es auch Verlierer gegeben?

Zumindest einer der bisherigen Richtungen der Psychologie war der Übergang in die Moderne verwehrt: dem Okkultismus (s. Abschnitt 5.4.3). Er hat seitdem vorwiegend außerhalb der akademisch anerkannten Wissenschaften um sein Überleben gekämpft. In seiner Ablehnung waren sich namhafte Vertreter aller drei großen theoretischen Richtungen einig. Adornos (1944/1980, S. 274, s. schon Abschnitt 10.1.1) Aphorismus: „*Okkultismus ist die Metaphysik der dummen Kerle*“ bildet den Abschluß einer Reihe von Urteilen, welche dem Okkultismus eine wissenschaftliche Berechtigung absprachen.

Die Abwendung der wissenschaftlichen Psychologie vom Okkultismus ist dokumentiert in den Programmen der ersten Internationalen Kongresse für Psychologie um die Jahrhundertwende. Der erste Internationale Psychologenkongreß fand 1889 in Paris statt; zwei seiner Schwerpunkte waren Hypnose und Telepathie. Diese Themen traten beim zweiten Internationalen Kongreß in London 1892 zurück. Der dritte Internationale Kongreß für Psychologie 1896 in München brachte die Entscheidung. Gleich in der Eröffnungsrede nahm der Vorsitzende Carl Stumpf (s. schon Abschnitt 10.1.2) offen Stellung zur Frage, „*wie und wo speciell gegenüber dem sogenannten Okkultismus die Grenze der zulässigen Vorträge ... zu ziehen sei*“ (Stumpf, 1897, S. 5), und er begründete die weitgehende Ablehnung von Vorträgen zu okkultistischen Themen.

Max Dessoir, ein weiterer Kollege Stumpfs aus der Berliner Philosophischen Fakultät, hat einige Jahre später einen kritischen Überblick über den Okkultismus der Jahrhundertwende gegeben. Dabei hat er durchaus dessen Beziehung zur Psychologie anerkannt. Er erklärte ihn als Lehre von den „*aus dem normalen Verlauf des Seelenlebens heraustretenden Erscheinungen*“ (Dessoir, 1917, S. V) und schlug dafür den Namen „Parapsychologie“ (griech. *para,* neben) vor. Dessoir rechnete dazu die Psychologie des Unterbewußten, insbesondere des Traums und der Hypnose. Das waren Themen, denen die akademische Psychologie kognitivistischer und behavioristischer Prägung zunächst abweisend gegenüberstand. Dagegen hat die Tiefenpsychologie den Themen des Unbewußten ihre volle Aufmerksamkeit gewidmet (mehr s. Abschnitt 10.3); sie hat dafür von vielen Anhängern der Esoterik Lob und Zuspruch erhalten. Ihre Nachbarschaft zur Esoterik war freilich ein zusätzlicher Grund für Vertreter der beiden konkurrierenden und akademisch besser etablierten Richtungen, die Tiefenpsychologie als wissenschaftlich unseriös abzuweisen.

Andere Themen, welche Dessoir zu den Beständen der Parapsychologie zählte, waren der Spiritismus (z.B. die Verständigung zwischen Lebenden und Toten), Magie wie Telepathie (z.B. Gedankenübertragung und Gedankenlesen) und mystische Lebensphilosophie (z.B. Neo-Buddhismus und Anthroposophie). Dessoir selbst weist auf die häufig nachweisbaren Betrügereien bei spiritistischen und magischen Vorführungen hin. Solche Themen schloß Dessoir aus der wissenschaftlichen Parapsychologie aus. Mit Stumpf (s.o.) war er sich einig, daß die Hoffnung des aufklärerischen Okkultismus (s. wieder Abschnitt 5.4.3), natürliche Erklärungen für Geistererscheinungen, übersinnliche Fähigkeiten u.ä. zu finden, weitgehend geschwunden sei. Selbst dramatische Fortschritte der Naturwissenschaften hatten keine zwingenden Erklärungen für okkulte Erscheinungen zutage gefördert. Die Zuwendung zur modernen Naturwissenschaft war also der Hauptgrund für die Abwendung vom Okkultismus.

Adorno, Th. W. (1944/1980). Minima Moralia. *Gesammelte Werke (*Band 4), herausgegeben von R. Tiedemann. Frankfurt a. M.: Suhrkamp.

Stumpf, C. (1897). Eröffnungsrede. In *Dritter Internationaler Congress für Psychologie in München* (S. 3-16). München: Lehmann.

Dessoir, M. (1917). *Vom Jenseits der Seele. Die Geheimwissenschaften in kritischer Betrachtung*. Stuttgart: Enke.

10.2 Behaviorismus

10.2.1 Die Wende zum Behaviorismus

Psychologie als Lehre vom Verhalten zu betreiben, war das Programm des Behaviorismus (engl. *behavior,* Verhalten). Entwürfe für eine behavioristische Psychologie entstanden in den Anfangsjahren des 20. Jahrhunderts. Kurz nacheinander stellten in den Jahren 1912 und 1913 zwei Schriften den Behaviorismus als neues Programm der Psychologie vor. Ihre Autoren waren der damals in Oxford lehrende William McDougall (1871-1938) und John B. Watson (1878-1958) von der Johns Hopkins University in den USA. Beide Autoren warben für eine biologische Ausrichtung der Psychologie. Einige ihrer Auffassungen teilten sie, doch unterschieden sie sich in ihrer Methodik und ihren Forschungsschwerpunkten.

Nach McDougall ist es das

„... *Ziel der Psychologie ..., unser Verständnis der Verhaltensweisen von Mensch und Tier und unsere Macht, sie zu leiten und zu beherrschen, zu fördern.* "

(McDougall, 1912/1945, S. 19)

Zur Begründung führt McDougall drei Prinzipien an:

- Alle Arten von Lebewesen besitzen eigene Triebe; der Autor nennt sie konative Dispositionen (lat. *conatus,* Trieb, Drang) oder triebhafte Instinkte (lat. *instinctus naturae,* Naturtrieb).
- Zur Befriedigung ihrer Triebe in der angestammten Umgebung verfügen alle Arten von Lebewesen über eigene Verhaltensweisen, das artspezifische Instinktverhalten.
- Insbesondere in neuen Umgebungen erlernen Lebewesen neues Verhalten.

Seine Prinzipien belegt McDougall mit Beispielen aus der Beobachtung von Tieren. So drängt es zahlreiche Vogelarten zu bestimmten Zeiten zum Nestbau. Jede Art benutzt zum Nestbau ihre eigenen Materialien, bevorzugt eigene Plätze und eigene Techniken. Man kann annehmen: Den Tieren sind die instinkthaften Triebe und Verhaltensweisen angeboren; nach ausreichender Reifezeit bedarf es nur angemessener Auslöser (z.B. Jahreszeit, Partner), und die Triebe treten mit

William McDougall (1871-1938)

John B. Watson (1878-1958)

dem zugehörigen Verhalten hervor. Wenn dagegen Möwen hinter Schiffen herfliegen, um sich von deren Abfällen zu ernähren, so ist das als angeborenes Verhalten nicht zu erklären. McDougall wählt dies vielmehr als Beispiel für erlerntes Verhalten.

Mit diesen Grundannahmen wendet sich die behavioristisch orientierte Forschung den folgenden Fragen zu:

- Welches sind die den Menschen und den Tieren arteigenen, angeborenen Verhaltensweisen?
- Wie entsteht neues, erlerntes Verhalten?
- Welches sind die äußeren Reize, die Umweltreize, die angeborenes und erlerntes Verhalten auslösen?
- Welches sind die inneren Reize, die Triebreize, die angeborenes und erlerntes Verhalten auslösen?
- Wie wirken Erfolg und Mißerfolg, Lohn und Strafe auf die Ausführung von Verhalten?
- Wie wirken Erfolg und Mißerfolg, Lohn und Strafe auf den Erwerb von Verhalten?

Konkurrierende Forschungsprogramme innerhalb des Behaviorismus haben diese Fragen verschieden gewichtet. Insbesondere hat die von McDougall der modernen Psychologie zugedachte Verhaltensforschung einen anderen Weg genommen als die von Watson eingeführte. Das McDougallsche Programm konzentrierte sich auf Instinktverhalten, d.h. auf arteigene, angeborene Verhaltensweisen und innere Triebe. Dagegen erklärte die Forschung in der Nachfolge Watsons das Lernen neuer Gewohnheiten zu ihrem zentralen Gegenstand und damit auch den Einfluß von Belohnung und Bestrafung auf das Lernen.

Mit den unterschiedlichen thematischen Schwerpunkten gingen verschiedene methodologische Orientierungen einher. Zwar bekannten sich Watson und McDougall (1929) zu gemeinsamen Grundlagen: zur Evolutionstheorie (s. Abschnitt 8.2.2), zum Utilitarismus (s. Abschnitt 6.1.3) und zum Positivismus (s. Abschnitt 9.2.2). Doch Watson und die ihm folgende Forschergeneration folgten der positivistischen und der pragmatischen Doktrin mit besonderer Konsequenz. Nur noch die strenge, als objektiv anzuerkennende Beobachtung des Verhaltens wollten die Watsonianer als wissenschaftlich gelten lassen. McDougall hat das Bewußtsein nicht aus der Untersuchung ausgeschlossen; insbesondere beachtete er die Antriebs- und Willenserlebnisse.

Weiterhin hat Watson, indem er individuell erworbene Gewohnheiten in den Mittelpunkt seiner Betrachtungen stellte, die Bedeutung der Naturgeschichte abgewertet. Insbesondere haben er und seine Nachfolger sich der materialistischen Erziehungstheorie mit ihrem enormen Glauben an die Bildbarkeit des Menschen (s. Abschnitt 6.3.3) verschrieben; da wurde in ihrer Theorie das angeborene Verhalten beliebig ersetzbar durch neue Gewohnheiten. Dagegen war für McDougall Anpassung ein langwieriger Prozeß; in seiner Theorie blieb der Mensch ungleich stärker durch seine tierischen und urzeitlich menschlichen Vorfahren bestimmt. Überdies hat McDougall die Neigung Watsons zur Milieutheorie bemängelt, wie sie in dessen Betonung von Reiz- und Belohnungswirkungen zum Ausdruck kam. Er setzte der Milieutheorie seinen „Animismus" entgegen: Verhalten entfalte sich vorzugsweise von innen, aufgrund eigener Triebenergien (mehr dazu in den Abschnitten 10.2.3, 10.2.4).

Im Rückblick auf ihr Lebenswerk haben Watson und McDougall (1929) ihre Auseinandersetzung um den richtigen Weg im Behaviorismus als „Schlacht" (engl. *battle)* bezeichnet. Wenn es die Menge nachfolgender Forschungsprojekte und die Durchsetzung von Begriffen ist, die über den Sieg in solchen

McDougall, W. (1912/1945). *Psychologie. Die Wissenschaft von den Verhaltensweisen.* Bern: Francke.

Watson, J. B. (1913/1968). Psychologie, wie sie der Behaviorist sieht. *Behaviorismus,* herausgegeben von C. F. Graumann (S. 11-30). Berlin: Kiepenheuer & Witsch.

Watson, J. B. & McDougall, W. (1929). *The battle of behaviorism.* New York: Norton.

wissenschaftlichen Auseinandersetzungen entscheiden, hat Watson mindestens für die Dauer einer Forschergeneration den Sieg davongetragen. Denn der von ihm verfochtene Ansatz einer Theorie erworbener Gewohnheiten hat die Psychologie bis in die sechziger Jahre dominiert. Den Begriff des Behaviorismus hat die Watsonsche Richtung dabei ganz für sich vereinnahmt; kaum jemand zählt heute noch McDougall zu den Behavioristen.

Als Lerntheorie mit kompromißlosem Kurs in der Tradition des Materialismus, Pragmatismus und Positivismus ist der Behaviorismus für viele zur „amerikanischen Psychologie" schlechthin geworden. Keine psychologische Richtung schien dem modernen Fortschrittsdenken so zu entsprechen wie der Behaviorismus, und nirgends schien modernes Fortschrittsdenken eine bessere Heimat zu haben als in den Vereinigten Staaten von Amerika. Mancherorts war die behavioristische Lehre vom *„american dream"* beflügelt; anderswo stieß sie auf anti-amerikanische Ressentiments. Die europäische Erbschaft im Behaviorismus haben weder ihre Verfechter noch ihre Widersacher gebührend berücksichtigt. Waren Evolutionstheorie, Materialismus und Positivismus nicht zuerst in England und Frankreich gepflegt worden? Und sind sie nicht von dort in die britischen und französischen Kolonien an der amerikanischen Ostküste gelangt, aus denen die ersten amerikanischen Bundesstaaten hervorgegangen sind (s. Abschnitt 9.1.1)? So sind im Streit um die „Amerikanisierung" der Psychologie durch den Behaviorismus alte Kontroversen in neuem Gewande wiedergekehrt.

10.2.2 Hormische Psychologie und Ethologie

William McDougall hat seine Verhaltenstheorie bereits 1908 in seiner *Sozialpsychologie* dargelegt. Darin unternimmt er die Deutung menschlicher Handlungen - im privaten Leben wie in Politik und Wirtschaft (s. bereits Abschnitt 8.4.3). Diese Handlungen beruhten auf angeborenen Neigungen, den Instinkten: dem Fortpflanzungs- und Pflegeinstinkt, dem Kampf-, dem Herden-, dem Abwehr-, dem Flucht-, dem Neugierinstinkt, dem Erwerbs- und Schaffensinstinkt. Diese Instinkte drängten Menschen zu ihren Handlungen. Von Natur aus setze sich der jeweils stärkste der Instinkte durch. Allerdings sei der Mensch mit Wille und moralischem Bewußtsein ausgestattet. Aufgrund moralischer Vorstellungen könne der Wille einen stärkeren Instinkt unterdrücken und einem schwächeren zur Wirkung verhelfen (z.B. einem geschlagenen Feind Hilfe zu leisten, anstatt ihn zu töten).

Später hat McDougall seine Theorie vertieft und ihr die Bezeichnung „hormische Psychologie" (griech. *horman,* antreiben, drängen) gegeben. Instinkte seien dem Menschen innewohnende Energien; sie drängten ihn zu seinen Tätigkeiten. Entscheidend sei der Drang zu einer Tätigkeit, nicht deren Ergebnis. Vögel bauten beispielsweise, ihrem Fortpflanzungsinstinkt folgend, unbeirrt ihre Nester, auch wenn Räuber ihre Eier wegnehmen. Ebenso folgten die Menschen ihrem jeweiligen Drang, der Neugier, der Liebe, der Kampfeswut u.ä.; davon ließen sie sich nicht abhalten, auch wenn sie scheiterten oder gar dafür leiden müßten. Mit dieser Auffassung wandte sich der Autor gegen die behavioristischen Theorien Watsonscher Prägung (s. Abschnitt 10.2.1), welche Verhalten auf äußere Anreize, d.h. Lohn und Strafe, zurückführten. Er nannte sie im Gegensatz zu seiner hormischen Psychologie hedonistische Theorien (s. bereits Abschnitt 6.1.3), da sie Lust und Unlust, wie sie Lohn und Strafe hervorrufen, zu den maßgebenden Bedingungen des Verhaltens erklärten (McDougall, 1932).

In ihrem inneren Drang sind Menschen den Tieren vieler Gattungen ähnlich, teilen sie doch mit ihnen die gleiche Naturgeschichte - so jedenfalls die hormische Psychologie. Freilich war McDougall selbst kein Naturforscher,

McDougall, W. (1908/1928). *Grundlagen einer Sozialpsychologie.* Jena: Fischer.

McDougall, W. (1932). *The energies of men.* New York: Scribners.

der das Leben der Tiere in der Natur systematisch beobachtete. Er war stets akademischer Lehrer und Laborforscher - mit Ausnahme der Jahre des Ersten Weltkriegs, in denen er psychiatrisch tätig war. Er begann seine wissenschaftliche Laufbahn als Dozent im englischen Oxford. Zum Professor wurde er 1920 an der amerikanischen Harvard Universität in Boston ernannt; sieben Jahre später wechselte er an die Duke University im amerikanischen Bundesstaat North Carolina. Was tierisches Verhalten anbelangt, war er auf Erfahrungen mit Haustieren angewiesen, auf Beobachtungen an Tieren im Labor sowie auf einschlägige Berichte aus der Biologie.

Anders war dies bei Naturforschern, die sich der systematischen Beobachtung des Verhaltens von Tieren in ihrer Lebenswelt verschrieben hatten. Ihnen gelang es, das Wissen über das natürliche Verhalten der Tiere beträchtlich zu erweitern. So entdeckte Karl von Frisch (1886-1982) die Verständigung zwischen Bienen (Frisch, 1993), Nikolaas Tinbergen (1907-1988) ermittelte in vielen Einzelheiten das Sozialverhalten von Vögeln, insbesondere der Silbermöwe (Tinbergen, 1953/1958), und Konrad Lorenz (1903-1989) belegte die Prägung von Jungtieren auf Mutterwesen, die nicht mit der biologischen Mutter identisch zu sein brauchen (Lorenz, 1992). Durch die systematische Tierverhaltensforschung ist die Instinktlehre zu einer eigenen wissenschaftlichen Disziplin geworden. Dies brachte nicht zuletzt die Verleihung des Nobelpreises für Medizin an von Frisch, Lorenz und Tinbergen im Jahre 1973 zum Ausdruck.

Die Beobachtungen an Tieren stützen eine Reihe von Annahmen (Tinbergen, 1951/1979):

- Jede Gattung besitzt ein eigenes Repertoire an Verhaltensweisen (Aktionskatalog). Das gattungsspezifische Verhalten (z.B. Nestbau, Angriff) vollzieht sich weitgehend in stets gleicher Weise.
- Verhalten kann spontan, d.h. aufgrund innerer Reize oder Triebe auftreten (z.B. Krähen von Hähnen).
- Meist wird Verhalten durch besondere Reize aus der Umwelt hervorgerufen (Signal- oder Schlüsselreize).
- Die Regelmäßigkeit, mit der Schlüsselreize Verhalten auslösen, läßt auf einen eigenen sensorisch-nervösen Mechanismus (angeborener Auslösemechanismus) schließen.
- Je stärker (näher, deutlicher) die Schlüsselreize, desto besser reagiert der angeborene Auslösemechanismus. Innere Reize, Triebe, Stimmungen erhöhen die Reaktionsbereitschaft. Daher wirken meist innere und äußere Reize bei der Auslösung von Verhalten zusammen (Reizsummenregel).

Wie weit diese für das Tierreich gut gesicherten Begriffe und Regeln auf den Menschen anzuwenden sind, ist umstritten.

Schlüsselreize: Nur die angekreuzten Attrappen lösen bei verschiedenen Vogelarten Fluchtreaktionen aus (nach Tinbergen, 1951/1979, S. 31).

Gattungsspezifisches Verhalten: Drohhaltung (links) und Angsthaltung (rechts) bei der Silbermöwe (nach Tinbergen, 1953/1958, S. 70).

Die Lehre vom natürlichen Verhalten der Tiere (und der Menschen) wird heute meist der Zoologie zugerechnet. Man nennt sie auch Verhaltensphysiologie oder Ethologie (griech. *ethos*, Lebensweise). Damit erneuert man den Begriff „Ethologie", den der britische Philosoph John Stewart Mill (1843/1974) eingeführt hat. Mill forderte mit der Ethologie eine Ergänzung der bestehenden Psychologie, welche den Einfluß der physikalischen und sozialen Umwelt auf den menschlichen Charakter erforschen sollte (s. Abschnitt 8.4.1). Die Ethologie war also seit ihrer Begründung der Psychologie zugeordnet. In ihrer neuen Form ist sie vor allem in der Biopsychologie und in der Tierpsychologie vertreten.

Konrad Lorenz (s.o.) hatte zu Beginn seiner Laufbahn noch einen Lehrstuhl für Psychologie an der Universität Königsberg inne und berichtete über seine ersten Untersuchungen an Enten und Hühnern beim Kongreß der Deutschen Gesellschaft für Psychologie (Lorenz, 1939). Seitdem hat sich die Ethologie institutionell weitgehend von der Psychologie gelöst; nur wenige Vertreter der Psychologie beteiligen sich noch aktiv an ethologischen Forschungen. Der Grund hierfür: Die Tierverhaltensforschung verlangt eine andere methodische Spezialisierung, als sie die gegenwärtige Psychologenausbildung vermittelt. In den theoretischen Diskussionen der Psychologen spielen ethologische Hypothesen und Befunde jedoch weiterhin eine nicht zu unterschätzende Rolle. Die Erinnerung an die Anfänge des Behaviorismus zeigt den Ort, welcher der Ethologie in der Psychologie zukommt.

Frisch, K. von (1927/1993). *Aus dem Leben der Bienen*. Berlin: Springer.

Tinbergen, N. (1953/1958). *Die Welt der Silbermöwe*. Göttingen: Musterschmidt.

Lorenz, K. (1965/1992). *Über tierisches und menschliches Verhalten* (2 Bände). München: Piper.

Tinbergen, N. (1951/1979). *Instinktlehre*. Berlin: Parey.

Mill, J. St. (1843/1962). A system of logic. In *Collected works* (Band 8), herausgegeben von M. Robson. Toronto: Routledge & Kagan.

Lorenz, K. (1939). Ausfallerscheinungen im Instinktverhalten von Haustieren und ihre sozialpsychologische Bedeutung. In O. Klemm (Hrsg.), *Bericht über den 16. Kongreß der Deutschen Gesellschaft für Psychologie in Bayreuth 1938* (S. 139-146). Leipzig: Barth.

10.2.3 Konnektionismus, klassisches Konditionieren

Zu einem zentralen Bestandteil der behavioristischen Lerntheorie ist die Lehre von den Verbindungen zwischen Reizen und Reaktionen geworden. Edward L. Thorndike hat ihr eine allgemeinere Fassung einer Assoziationstheorie gegeben, Iwan P. Pawlow die speziellere Fassung einer Theorie vom bedingten Reflex. Beide Autoren haben ihre Darstellungen neurophysiologisch begründet.

Thorndike (1913) unterscheidet die vielen Situationen S(1), S(2) ... S(n), denen ein Individuum begegnet, sowie die nicht minder zahlreichen Aktionen R(1), R(2) ... R(n), mit denen es auf diese Situationen antwortet (engl. *respond*). Die Aktionen können motorischer Natur sein (z.B. das Winken der Hand beim Abschied) oder mentaler Natur (z.B. die Lösung „15" für die Aufgabe „3 x 5"). Nervöse Mechanismen können Aktionen und Situationen verknüpfen. Solche Verknüpfungen (engl. *association, bond*) können unterschiedlich stark sein. Grundsätzlich läßt sich für jede Kombination einer Situation S(i) und einer Aktion R(i) zu jeder Zeit die Stärke ihrer Verknüpfung angeben. So gelangt man zu einer Matrix wie dieser (nach Thorndike, 1913, Band 2, S. 40f.):

	S(1)	S(2)	S(3)	S(n)
R(1)	8	3	1	2
R(2)	2	9	3	1
R(3)	1	2	7	1
:				
R(n)	2	2	2	8

Die Zahlen in dieser Matrix geben die Stärke von Verknüpfungen an (S(1) und R(1) sind hier z.B. stark verknüpft). Je stärker die Verknüpfung, desto höher ist die Bereitschaft (engl. *readiness*) zu einer Aktion in der zugehörigen Situation. Mit Situationen verknüpfte Aktionen nennt der Autor Gewohnheiten (engl. *habits*).

Thorndike (1898) hat die Ausbildung von Gewohnheiten eingehend an Tieren untersucht. Berühmt geworden sind seine Untersuchungen an Katzen. Es waren dreizehn hungrige Katzen, die er nacheinander in einen Käfig aus Holzlatten sperrte. Sie konnten dem Käfig entkommen und einen Futternapf erreichen, wenn sie den Riegel zu einer Tür öffneten. Das schafften die Tieren auch. Doch bevor sie das erste Mal den Riegel zurückschoben, machten sie eine Menge unnützer Bewegungen; sie bissen, rieben sich an den Käfigwänden u.ä. Wiederholte man den Versuch, nahm die Menge unnützer Bewegungen stetig ab. Nach einigen Tagen der Übung schoben die Katzen den Riegel sogleich nach Einsperren in den Käfig zurück, ohne sich mit unnützen Bewegungen aufzuhalten. Man hat dies später „Lernen nach Versuch und Irrtum" genannt. Thorndike (1913, Band 2, S. 32f.) selbst bezeichnete es als „Lernen durch Analyse und Selektion".

Offenbar faßte der Autor das Lernen von Gewohnheiten als einen Prozeß der Evolution auf (s. Abschnitt 8.2.2). In frühen Lernstadien sind Situationen mit vielen Einzelheiten mit vielen Tätigkeiten verknüpft (z.B. sind Katzen im Käfig dem Geruch des Holzes, dem Licht zwischen den Latten u.ä. ausgesetzt; sie reagieren darauf mit Schnüffeln, Reiben des Kopfes an der Käfigwand u.ä.). Analyse bedeutet dann: Das Lernen ermittelt zunächst die in einer Situation bedeutsamen Merkmale (z.B. die Lage des Türriegels) sowie die in der Situation nützlichen Aktionen (z.B. Zurückschieben des Riegels). Bedeutsame Situationsmerkmale und nützliche Aktionen werden dann für die Verknüpfung ausgewählt - dies ist der Vorgang der Selektion. Vorteilhafte Gewohnheiten setzen sich somit im Lernen ebenso durch wie angepaßte Lebewesen in der Stammesgeschichte.

Für die Gewohnheitsbildung nannte der Autor zwei Gesetze: das Gesetz der Übung (engl. *law of exercise)* und das Gesetz der Wirkung (engl. *law of effect*). Das Übungsgesetz besagt, daß Gewohnheiten umso stärker werden, je häufiger eine Reaktion in einer Situation ausgeführt wird. Das Wirkungsgesetz besagt: Die Stärke von Gewohnheiten wächst, wenn während oder nach einer Reaktion *„ein Zustand der Befriedigung"* eintritt; die Stärke der Gewohnheit sinkt, wenn *„ein lästiger Zustand"* (Thorndike, 1913, Band 1, S. 172f.) einer Reaktion folgt oder wenn er sie begleitet. Mit diesen Aussagen übernimmt Thorndike Prinzipien der Assoziationstheorie und des Utilitarismus (s. Abschnitte 5.3.3, 6.1.3).

Etwa zur gleichen Zeit, als Thorndike im amerikanischen Harvard seine Versuche mit Katzen durchführte, beschäftigte sich Iwan P. Pawlow im russischen St. Petersburg mit Hunden. In seinem physiologischen Laboratorium untersuchte er ursprünglich die Ausscheidung der Verdauungsdrüsen. Da machte er die Beobachtung, daß Speichelfluß nicht erst bei der Einnahme von Futter einsetzte, sondern bereits vorher bei Geräuschen, die der Fütterung vorangingen. Aufgrund solcher Beobachtungen entwickelte Pawlow (1904/1953) seine Lehre vom bedingten Reflex.

Edward L. Thorndike (1874-1949)

Als Reflex bezeichnet man in der Neurophysiologie eine Reaktion (z.B. Schreck) auf einen Reiz (z.B. Knall). Reize werden auf afferenten (d.h. aufsteigenden) Nervenbahnen an eine Umschaltstelle im Gehirn gemeldet und lösen dort über efferente (d.h. absteigende) Nervenbahnen Reaktionen der Muskeln oder der Drüsen aus. Pawlow erklärte als überzeugter Materialist den Reflex zur Einheit des Verhaltens. Das gesamte Leben lasse sich als einziger Reflex betrachten, als Lebensreflex (Pawlow, 1916/1953, S. 223). Der Lebensreflex gliedere sich in unzählige Teilreflexe, angeborene, arteigene sowie erworbene, individuelle:

„Unser Leben besteht aus einer Unzahl angeborener Reflexe. Es besteht gar kein Zweifel, daß es nur eine schulmäßige schematische Phrase ist, wenn man sagt, daß es drei Reflexe gibt: den Selbsterhaltungsreflex, den Nahrungsreflex und den Geschlechtsreflex. Es gibt aber eine große Zahl, und man muß sie einteilen und nochmals einteilen. ... Dann aber kommt noch eine unendliche Anzahl bedingter Reflexe hinzu.“

(Pawlow, 1917/1953, S. 241, übersetzt von L. Pikkenhain)

Iwan P. Pawlow (1849-1936)

Angeborene Reflexe sind nach Pawlow unbedingt, erworbene sind bedingt. Unter dem Begriff „Bedingung“ wird ein besonderes Lernprinzip verstanden: der Ersatz eines Auslösers durch einen anderen. Unbedingt sind somit Reflexe, die von ihren ursprünglichen Auslöserreizen hervorgerufen werden; diese ursprünglichen Auslöser nennt man dann unbedingte Reize. (Zum Beispiel ist der Speichelfluß wohl eine ursprüngliche Reaktion auf Futter, ebenso wie etwa das Saugen von Kindern an der Brust der Mutter.) Bedingt sind dagegen solche Reflexe, die durch einen (bekanntermaßen) neuen Auslöserreiz hervorgerufen werden; diesen neuen Auslöser nennt man dann bedingten Reiz. (Zum Beispiel ist der Speichelfluß als Reaktion auf das Geräusch einer Tür wohl durch Erfahrung erworben.)

Das Bedingen erklärt Pawlow als Umschaltung eines Reflexes auf einen neuen Auslöser. Die Umschaltung ereigne sich, wenn ein neuer Reiz während eines unbedingten Reflexes wirksam wird. Dann gelangen aufsteigende Meldungen des unbedingten wie des neuen Reizes an die Umschaltstelle im Gehirn, und der neue Reiz wird als Auslöser zugeschaltet. (Zum Beispiel kann das Geräusch der Tür als

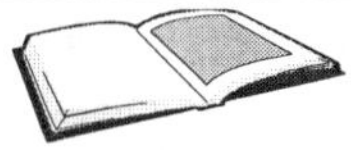

Thorndike, E. L. (1913). *Educational Psychology* (2 Bände). New York: Columbia University.

Thorndike, E. L. (1898). Animal intelligence. *Psychological Review, Monograph Supplements* (Vol. 2, No. 4, Serial No. 8).

Pawlow, I. P. (1904/1953). Über die psychische Sekretion der Speicheldrüsen (komplizierte Nervenerscheinungen bei der Tätigkeit der Speicheldrüsen). *Sämtliche Werke* (Band III/1, S. 22-35). Berlin: Akademie Verlag.

Pawlow, I. P. (1916/1953). Der Zielreflex. *Sämtliche Werke* (Band III/1, S. 222-227). Berlin: Akademie Verlag.

Pawlow, I. P. (1917/1953). Physiologie und Psychologie beim Studium der höheren Nerventätigkeit der Tiere. *Sämtliche Werke* (Band III/1, S. 235-247). Berlin: Akademie Verlag.

unbedingter Reiz zur gleichen Zeit auf der Sinnesbahn nach oben zum Gehirn gemeldet werden wie das Futter als unbedingter Reiz. An der Umschaltstelle wird die Speichelabsonderung, ein ursprünglich unbedingter Reflex, ebenfalls mit der Geräuschmeldung verkoppelt; sie wird in dieser neuen Verbindung zum bedingten Reflex.)

Die Behavioristen, vor allem Watson (1916) haben die Lehre vom bedingten Reflex als Bereicherung ihrer eigenen Auffassungen über die Bildung neuer Gewohnheiten anerkannt. *Conditioning,* die englische Bezeichnung des Begriffs „Bedingen", ist in die deutsche Sprache übernommen worden. Deshalb spricht man im Deutschen auch von Konditionieren, konditionierten Reflexen und konditionierten sowie unkonditionierten Reizen. Pawlow seinerseits hat in einem Rückblick auf seine eigene Arbeit die amerikanische Forschung gewürdigt:

„Erst einige Jahre nach Beginn unserer Arbeit nach der neuen Methode habe ich erfahren, daß man in Amerika in derselben Richtung an Tieren experimentiert ... . Dann lernte ich die amerikanischen Arbeiten eingehender kennen und muß gestehen, daß die Ehre, als erster diesen Weg beschritten zu haben, Thorndike eingeräumt werden muß, der unseren Versuchen um zwei bis drei Jahre zuvorgekommen ist und dessen Buch als klassisch sowohl in der kühnen Ansicht als auch der Genauigkeit der erhaltenen Ergebnisse anerkannt werden muß."

(Pawlow, 1923/1953, S. 2)

In einer Übersicht über die Anfänge der modernen Lernforschung in Amerika und Europa haben Hilgard und Marquis (1940) einen undifferenzierten Gebrauch des Begriffs „Konditionieren" festgestellt und die Unterscheidung zweier Arten von Konditionieren vorgenommen. Sie nannten diese das

- klassische Konditionieren sowie das
- instrumentelle Konditionieren.

Damit sollen Lernprozesse, welche neue Verknüpfungen mit Reizen herstellen, von Lernprozessen getrennt werden, in denen sich die ausgeführten Verhaltensweisen verändern. Den Begriff des klassischen Konditionierens weisen sie dem Erlernen neuer Auslöserreize zu, wie es Pawlow demonstriert hat. Der ehrenvolle Zusatz „klassisch" soll wohl die Anerkennung für die Pionierleistung der russischen Forscher zum Ausdruck bringen. Als instrumentelles Konditionieren bezeichnen sie dagegen das von Thorndike als Verhaltensauslese gedeutete Lernen, jene Vermehrung von Verhaltensweisen, die sich in einer Situation als nützlich bewährt haben. Auf das instrumentelle Konditionieren wird sich später eine eigene Forschungsrichtung konzentrieren, welche das Thorndikesche Wirkungsgesetz (s.o.), d.h. die Verhaltensänderung durch Lohn und Strafe, zu ihrem zentralen Gegenstand machen wird (s. Abschnitt 10.2.4).

Konnektionistische Theorien haben die assoziationistische Position in der modernen Psychologie verankert und dabei den Schwerpunkt der Forschung von den Gedankenverbindungen zu den Reiz-Reaktionsverbindungen, d.h. den Verknüpfungen von Sinneseindrücken und Bewegungen, verlagert. Starke Impulse erhielt die konnektionistische Forschung durch die Erwartung, in der Konditionierung den Grundvorgang jedweder fortgeschrittener psychischer Funktion zu erfassen. Insofern erschien die Lerntheorie als Schlüssel zur Wahrnehmungs-, Denk- und Motivationspsychologie, zur Sozial-, Entwicklungs- und Persönlichkeitspsychologie sowie zu allen Zweigen der Praktischen Psychologie. Ernest Hilgard drückt dies in seinem weit verbreiteten Lehrbuch über psychologische Lerntheorien folgendermaßen aus:

Watson, J. B. (1916). The place of the conditioned reflex in psychology. *Psychological Review, 23,* 89-116.

Hilgard, E. R. & Marquis, D. G. (1940). *Conditioning and learning.* New York: Appleton-Century.

Pawlow, I. P. (1923/1953). Einleitung. *Sämtliche Werke* (Band III/1, S. 1-6). Berlin: Akademie Verlag.

„... eine Ursache für das Interesse des Psychologen an Lernvorgängen ... ist die zentrale Stellung, die das Lernen in den breiter angelegten Theorien der Psychologie einnimmt. ... Für Psychologen ... besitzt die Lerntheorie eine erhebliche Bedeutung, weil so viele der unterschiedlichen Verhaltensweisen Ergebnisse von Lernprozessen sind. Wenn man die reiche Mannigfaltigkeit des Verhaltens aufgrund weniger Prinzipien verstehen kann, so müssen einige dieser Prinzipien notwendigerweise die Lernvorgänge betreffen.“

(Übersetzung aus Hilgard, 1948, S. 2)

Gemäß der ihnen zugedachten zentralen Bedeutung sind konnektionistische Theorien einer eingehenden Prüfung unterzogen worden. Eine Vielzahl von Experimenten sollte geäußerter Kritik begegnen und angesichts widersprüchlicher Beobachtungen die Aussagen der Theorie verfeinern helfen. Der grundlegende Charakter der theoretischen Aussagen rechtfertigte ihre Untersuchung an Tieren. Mit Tieren (vor allem Ratten, Mäusen, Tauben, Hühnern, Hunden) experimentierte man auch deshalb gerne, weil man ihre Lerngeschichte und ihre Lebensumstände am besten erfassen und beeinflussen konnte. (Zum Beispiel konnte man Tiere in einem abgedunkelten Käfig aufwachsen lassen, bevor sie die Wege durch ein Labyrinth erlernten; man konnte ihnen Futter vorenthalten, um die Wirkung des Hungers auf das Lernen festzustellen.)

Ein Einwand gegen den Konnektionismus lag nahe: Nicht einmal Tiere reagieren stets gleich, noch viel weniger Menschen. So kann der Klang einer Glocke an einem Tag Freude auslösen, an einem anderen Tag Schrecken. Diesem Einwand suchten Pawlows Anhänger durch die Bestimmung von komplexen Auslösern Rechnung zu tragen. Komplexe Auslöser entstünden durch Zusammenschaltung mehrerer bedingter Reize. Besonders Esras A. Asratjan (1971), ein Schüler Pawlows, hat in seinem Laboratorium in Tbilisi (Georgien) solche Zusammenschaltungen demonstriert. Zum Beispiel kombinierte er in einem Raum A einen Summton mit einem Elektroschock, worauf Hunde schon beim Hören des Tons mit einem Abwehrreflex reagierten. In einem anderen Raum B kombinierte der Autor dagegen mit demselben Summton eine Futtergabe, worauf die Hunde auf den Ton allein mit Speicheln reagierten. Die Besonderheit war allerdings: Es waren dieselben Tiere, die in den beiden Räumen konditioniert wurden. Jedes einzelne Tier reagierte also auf denselben Ton unterschiedlich, je nach dem Raum, in dem es sich befand.

Asratjan zeigte noch mehr solcher Kombinationseffekte. Dieselben Reize (Töne, Lichter) lösten bei denselben Tieren auch unterschiedliche Reaktionen aus, wenn sie von verschiedenen Wärtern oder zu unterschiedlichen Tageszeiten dargeboten wurden. Der Autor verallgemeinerte: Die Konditionierung tierischen und menschlichen Verhaltens ist plastisch. Konditionierung paßt Verhalten den verschiedensten Situationen in differenzierter Weise an. Deshalb werde das Prinzip der Konditionierung auch der Vielseitigkeit und der Wechselhaftigkeit menschlichen Verhaltens gerecht.

In den fünfziger Jahren schien die Zeit reif, die Fülle von Beobachtungen und Begriffen in einer allgemeinen Verhaltenstheorie zu integrieren. Clark L. Hull (1952) hat sich dieser Aufgabe unterzogen, und zwar mit präzisen Begriffsbestimmungen und anspruchsvollen mathematischen Formulierungen. Mit einer an den klassischen Naturwissenschaften geschulten Logik entwickelte Hull auf der Grundlage von experimentellen Befunden ein System von Gesetzen, Postulaten, Folgesätzen und Annahmen. Hulls Anhänger feierten sein Werk als den Durchbruch der Psychologie zur exakten Wissenschaft.

Hilgard, E. R. (1948). *Theories of learning.* New York: Appleton-Century-Crofts.

Asratjan, E. A. (1971). Die Schaltung bedingter Reflexe. In Th. Kussmann & H. Kölling (Hrsg.), *Biologie und Verhalten* (S. 77-103). Bern: Huber.

Hull, C. L. (1952). *A behavior system.* New Haven: Yale University Press.

Iwan Petrowitsch Pawlow, die Reflexologie und die Oktoberrevolution in Rußland

Pawlow stammt aus der russischen Residenzstadt Rjasan an der Oka. Sein Vater, ein russisch-orthodoxer Geistlicher, soll naturverbunden und für Bildung aufgeschlossen gewesen sein. Pawlow studierte an der Universität von St. Petersburg Naturwissenschaften. An der Militärärztlichen Akademie von St. Petersburg wurde er 1884 zum Dozenten für Physiologie ernannt, 1890 zum Professor für Pharmakologie.

Aufsehen erregten zunächst Pawlows Studien über die Physiologie der Verdauung. Hierfür erhielt er im Jahre 1904 den Nobelpreis für Medizin. Für die Psychologie sind allerdings erst die Fortsetzungen dieser Studien bedeutsam geworden, welche Pawlows oben beschriebene Lehre zur „psychischen Sekretion" begründet haben. Unter „psychischer Sekretion" verstand der Autor die Auslösung von Speichelreflexen durch bedingte, d.h. erlernte Reize. Als psychisch deutete er somit das individuell erworbene Verhalten. Im Vergleich mit seinen Kollegen aus der Psychologie betonte er jedoch seine Besonderheit als Physiologe. Seine Theorie betreffe die „höhere Nerventätigkeit" im Inneren, nicht etwa die äußerlich sichtbaren Auslöser oder die ausgelösten Bewegungen. Zu Thorndikes Buch *Animal intelligence* (s.o.) stellt er sogar fest,

> *„daß der dem praktischen Leben zugewandte amerikanische Geschäftssinn fand, daß die genaue Kenntnis des äußeren Verhaltens des Menschen wichtiger ist, als über seinen inneren Zustand mit allen seinen Kombinationen und Schwankungen Mutmaßungen anzustellen. ... Meine Mitarbeiter und ich verhalten uns anders. Wie unsere Arbeit von der Physiologie her begonnen hat, so wird sie auch strikt in dieser Richtung fortgesetzt."*
>
> (Pawlow, 1923/1953, S. 3)

Der im amerikanischen Behaviorismus hervortretende Utilitarismus dürfte den russischen Naturforschern fremd gewesen sein (s.a. Abschnitt 10.2.4). Das Bekenntnis zum Materialismus (s. bereits Abschnitt 10.2.1) ist amerikanischen und russischen Forschern gemeinsam. Pawlow wurde mit seiner „Physiologie der höheren Nerventätigkeit" zum einflußreichsten Vertreter der Reflexologie, die mehrere Jahrzehnte die Psychologie im östlichen Europa beherrschte. Der Name „Reflexologie" stammt von Wladimir Bechterew (s. a. Abschnitt 10.1.2). Bechterew (1913/1997) bezeichnete als Reflexologie die „objektive Psychologie" geistiger Vorgänge und Inhalte (Denken, Sprache, Persönlichkeit). Dabei berief sich Bechterew auf Setschenow, dessen Forschungen über die „Reflexe des Gehirns" (s. Abschnitt 9.4.3) er fortführen wollte. Die Reflexologie ist vor allem durch zwei Merkmale bestimmt: Zum einen führt sie geistige Vorgänge und Inhalte auf physiologische Grundlagen zurück; bewußte Erlebnisse gelten nur als Nebenerscheinungen der Nerventätigkeit. Zum anderen betrachtet sie psychische Erscheinungen als Folgen der äußeren Wirklichkeit, des Milieus.

Pawlow hat als liberaler und fortschrittlicher Patriot die russischen Revolutionen von 1905 und 1917 begrüßt. Doch die Bolschewiken, welche die Macht übernahmen, hat er öffentlich kritisiert, weil sie die Armut des rus-

Babkin, B. P. (1949). *Pawlow*. Chicago: University of Chicago Press.

Pawlow, I. P. (1923/1953). Einleitung. In *Sämtliche Werke* (Band III/1, S. 1-6). Berlin: Akademie Verlag.

Bechterew, W. (1913/1997). *Objektive Psychologie*. Bialogard, Polen: Danowski.

Lenin, W. I. (1921/1961). *Gesammelte Werke* (Band 32, S. 56). Berlin: Akademie Verlag.

sischen Volkes nicht beseitigen konnten und mit Zwang und Überwachung die Bevölkerung unterdrückten. Die neuen Machthaber haben Pawlow gleichwohl verehrt und gefördert, entsprach seine Theorie doch der These des von Marx und Lenin vertretenen Dialektischen Materialismus, das Bewußtsein spiegele die objektive Wirklichkeit wider. Das bezeugt ein 1921 unter dem Vorsitz des ehemaligen Grafen Uljanow, genannt Lenin, gefaßter Beschluß des Rats der Volkskommissare:

„In Anbetracht der ganz außerordentlichen wissenschaftlichen Verdienste des Akademiemitglieds I. P. Pawlow, die von ungeheurer Bedeutung für die Werktätigen der ganzen Welt sind, hat der Rat der Volkskommissare beschlossen:

1. Auf Grund der Vorlage des Petrograder Sowjets eine Sonderkommission mit weitgehenden Vollmachten in folgender Zusammensetzung zu bilden: Gen. M. Gorki, Gen. Kristi, Leiter der Petrograder Hochschulen, und Gen. Kaplun, Mitglied der Abteilung Verwaltung beim Petrograder Sowjet. Die Kommission wird beauftragt, in kürzester Frist maximal günstige Bedingungen zu schaffen, die die wissenschaftliche Arbeit des Akademiemitglieds Pawlow und seiner Mitarbeiter gewährleisten.

2. Der Staatsverlag wird beauftragt, das von Akademiemitglied Pawlow besorgte wissenschaftliche Werk, das die Ergebnisse seiner wissenschaftlichen Arbeiten während der letzten 20 Jahre zusammenfaßt, in der besten Druckerei der Republik in einer Luxusausgabe herauszubringen, wobei das Eigentumsrecht an diesem Werk für Rußland wie auch für das Ausland Akademiemitglied I. P. Pawlow vorbehalten bleibt.

3. Die Kommission für Arbeiterversorgung wird beauftragt, Akademiemitglied Pawlow und seiner Frau eine Sonderzuteilung zu bewilligen, die den doppelten Kaloriengehalt hat wie die üblichen Lebensmittelzuteilungen für Akademiemitglieder.

4. Der Petrograder Sowjet wird beauftragt, Professor Pawlow und seiner Frau die lebenslängliche Benutzung ihrer Wohnung zu sichern und diese sowie das Laboratorium des Akademiemitglieds Pawlow mit maximalen Bequemlichkeiten auszustatten.

Der Vorsitzende des Rats der Volkskommissare

W. Uljanow

Moskau, Kreml, 24. Januar 1921."

(Lenin, 1921/1961, S. 56)

Auch Hull nahm angeborene Reiz-Reaktionsverbindungen an. Sein zentrales Interesse galt jedoch den erworbenen Gewohnheiten. Die Entstehung von Gewohnheiten beschreibt sein 4. Postulat, das Gesetz der Gewohnheitsbildung (engl. *law of habit formation)*:

„Wenn Bekräftigungen in gleichmäßigen Abständen einander folgen, wächst - unter sonst gleichen Bedingungen - die Gewohnheit H als beschleunigte Funktion der Zahl von Wiederholungen, und zwar nach der Gleichung

$$H=1-10^{-.0305N},$$

wobei N die Gesamtzahl der Bekräftigungen ist."

(Hull, 1952, S. 6)

In seinem Gesetz der Gewohnheitsbildung bekennt sich Hull also zugleich zum Wiederholungsprinzip (s.o. Thorndikes Übungsgesetz) und zum Prinzip der Bekräftigung (s.o. Thorndikes Wirkungsgesetz). Das Bekräftigungsprinzip formuliert Hull als zweites Postulat. Es ist demnach ein Trieb (engl. *drive)* die unabdingbare Voraussetzung für das Lernen von Gewohnheiten; die Stärke von Reiz-Reaktionsverbindungen nimmt nur zu, wenn die Paarung von Reizen und Reaktionen mit einer Triebminderung einhergeht. Mit großer Sorgfalt bestimmt Hull den Begriff des Triebs. Zum einen versteht er darunter einen Erregungszustand (D), zum anderen einen inneren Reiz, den er Triebreiz (engl. *drive stimulus,* S_D) nennt. Je nach Triebbedingung wechselt der Triebreiz in seiner Qualität. (Zum Beispiel entspricht dem Entzug von Wasser der spezifische Triebreiz des Durstes.) Der Erregungszustand schwankt dagegen nur in seiner Höhe; die Qualität der Triebbedingung spiegelt er nicht wider. (Zum Beispiel steigt das Erregungsniveau mit der Dauer des Fastens und des Dürstens; die Qualität der Erregung unterscheidet sich jedoch bei Hunger und Durst nicht.)

Nach Hull sind es also äußere (Umgebungs)reize und innere (Trieb)reize, die das Verhalten bestimmen. Wie Asratjan (s.o.) nimmt er Reizkombinationen als besondere Auslöser an. Die Welt auslösender Reize, die Hull konzipiert, ist also höchst differenziert und variabel. Reichhaltig und variabel wird auch die Kopplung mit Reaktionen beschrieben. Mit jedem Reiz und jeder Reizkombination können mehrere Reaktionen verbunden sein, und zwar je nach Zahl vorheriger Bekräftigungen mit höherer oder geringerer Stärke (s.o. Gesetz der Gewohnheitsbildung). Hull nennt die Ordnung unterschiedlich starker Verbindungen von Reaktionen mit demselben Reiz Gewohnheitshierarchie (engl. *habit family hierarchy*). (Zum Beispiel kann ein Tier von seinem Schlafplatz aus mehrere Wege zu einem Futterplatz gelernt haben: es kann über einen Waldweg laufen, durch einen Bach schwimmen oder über einen Zaun springen. Das Laufen mag dabei die stärkste Gewohnheit sein, das Springen die schwächste.)

Hull hält im Netz der Reiz-Reaktionsverbindungen spontane Schwankungen (engl. *oscellation*) für möglich, wie sie in allen biologischen Strukturen auftreten. Daraus ergeben sich Unregelmäßigkeiten, die ihrerseits Lernchancen eröffnen. Es kann nämlich durch spontane Schwankung gelegentlich eine in der Gewohnheitshierarchie (s.o.) untergeordnete Gewohnheit zur Ausführung gelangen; folgt ihr Bekräftigung, steigt ihre Stärke an, und sie überflügelt in der Hierarchie die ihr vorher übergeordneten Gewohnheiten. (Zum Beispiel kann ein Tier, das zumeist einen Weg auf dem Land durchläuft, einmal einen seltenen Sprung über einen Zaun ausführen; dadurch verstärkt sich die Gewohnheit des Springens, und sie steigt in der Hierarchie.)

Clark L. Hull (1884-1952)

Wann tritt gelerntes Verhalten jedoch tatsächlich auf? Hull hielt Lebewesen keineswegs für Marionetten, die nicht umhin können, ihren Gewohnheiten zu folgen, wenn sie ein Reiz trifft. Vielmehr lehrte er: Die Ausführung eines Verhaltens setzt ein spezifisches Reaktionspotential (engl. *reaction potential*, E) voraus. Das Reaktionspotential hängt nicht nur von der Gewohnheitsstärke H (s.o.) und der Intensität (I) des Auslöserreizes ab, sondern auch vom Triebniveau D (s.o.) sowie dem Anreiz (K) der jeweils erhältlichen Belohnung (z.B. der Futtermenge).

Ein besonderes Problem stellt das Zusammenwirken der genannten Bestimmungsgrößen dar. Hull glaubte, experimentell nachweisen zu können, daß die Bestimmungsgrößen sich im Reaktionspotential wechselseitig verstärken. Dies drückt der Autor in Form einer multiplikativen Funktion aus:

$$H = E = H \times D \times I \times K.$$

Diese Grundformel ergänzt Hull um zahlreiche weitere, oft höchst ausgefeilte Annahmen und Begriffe (wie Reizgeneralisation, sekundäre Bekräftigung, Hemmung, vorgezogene Reaktionen). Die Ergänzungen verdeutlichen das Bestreben, die Theorie konsequent auszubauen, um sie einer wachsenden Zahl von Befunden anzupassen.

10.2.4 Instrumentelles oder operantes Konditionieren

Dem Lernen durch Belohnung, das Hilgard und Marquis (Abschnitt 10.2.3) als instrumentelles Konditionieren bezeichnet haben, war ein eigenes Forschungsprogramm im Rahmen des Behaviorismus gewidmet. Sein wohl einflußreichster Vertreter war der zuletzt an der Harvard University im amerikanischen Boston tätige Psychologieprofessor Burrhus F. Skinner. Skinner erkannte zwar Pawlows Prinzip des Auslöserreizes als richtig an. Er bestritt jedoch die Ausschließlichkeit, ja selbst die weite Verbreitung von Verhalten, das durch vorangehende Reize hervorgerufen sei. Das meiste Verhalten trete ohne erkennbare vorangehende Reizung auf. Die Lebewesen äußerten (engl. *emit,* aussenden) Verhalten von sich aus.

Das geäußerte Verhalten kann man in seiner Verteilung über die Zeit erfassen; es tritt häufig oder selten auf, in regelmäßigen oder unregelmäßigen Abständen. (Zum Beispiel kann ein Vogel oft oder selten singen, mit regelmäßigen oder unregelmäßigen Pausen.) Diese Verteilung stehe allerdings unter dem Einfluß nachfolgender Reize. (Zum Beispiel wird ein hungriger Vogel öfter singen, wenn er danach Futter erhält.) Skinner nennt solches wirkungsvolle Verhalten „operant", den Einfluß nachfolgender Reize „operantes Konditionieren" (engl. *operant,* wirksam).

Skinners Untersuchungen behandeln also nicht die Verbindung von vorangehenden Reizen und Reaktionen, sondern die Beziehung von Aktionen und nachfolgenden Reizen. Diese nachfolgenden Reize nennt Skinner bekräftigend (engl. *reinforcing*). Die Stärke der Beziehung zwischen Aktionen und Bekräftigungen ergibt sich aus zwei Grundsätzen:

„Konditionierungsgesetz ... . Wenn dem Auftreten von operantem Verhalten ein bekräftigender Reiz folgt, wächst die Stärke.

Löschungsgesetz ... . Wenn dem Auftreten bereits konditionierten operanten Verhaltens kein bekräftigender Reiz folgt, sinkt die Stärke."

(Übersetzung aus Skinner, 1938, S. 21)

Burrhus F. Skinner (1904-1990)

Das Skinnersche Programm konzentriert sich damit auf das Thorndikesche Wirkungsgesetz und führte auch dessen Tierversuche (s. Abschnitt 10.2.3) in großem Umfang weiter. Am häufigsten experimentiert wurde mit Tauben und Ratten. Für diese Tiere, die sich durch eine hohe spontane Aktivität auszeichnen, entwarf er eine eigene Untersuchungsanordnung: die sogenannte „Skinnerbox". Darin konnten Tiere sich Futter oder Flüssigkeit verschaffen, indem sie auf Scheiben pickten oder Hebel drückten. Ihr Verhalten war nichts anderes als Arbeit, die eine Belohnung erwirkte.

Wie schnell steigerte sich (im Prozeß der Konditionierung) das Verhalten unter Bekräftigung? Wie schnell verschwand es (im Prozeß der Löschung), wenn die Bekräftigung ausblieb? Ein experimenteller Ansatz suchte den Einfluß von Bekräftigungsschemata (engl. *schedules of reinforcement*) festzustellen. Bekräftigungsschemata variieren nach

- der Bekräftigungsquote, d.h. dem Verhältnis ausgeführter und bekräftigter Aktionen,
- den Zeitintervallen zwischen Bekräftigungen, d.h. der Länge der Pausen zwischen Bekräftigungen sowie
- der Regelmäßigkeit von Quoten oder Intervallen, d.h. beide können über die Zeit konstant bleiben oder schwanken.

Behaviorismus und Neopositivismus

Sämtliche Vertreter des Behaviorismus haben sich die positivistische Forderung nach empirischer Begründung theoretischer Sätze (s. wieder Abschnitt 9.2.2) zu eigen gemacht. Insbesondere die von Hull eingeschlagene Richtung hat die moderne Fortentwicklung der positivistischen Erkenntnistheorie berücksichtigt. Diese Fortentwicklung strebte nach logisch verbindlichen Regeln zur Gewinnung theoretischer Sätze. Diese Regeln wurden zunächst an Beispielen aus der Naturwissenschaft, besonders der Physik, dargestellt, sollten aber auch auf die Sozialwissenschaften und die Psychologie übertragen werden. Ziel war eine rationale Einheitswissenschaft (s. Schulte & McGuinness, 1992). Diese Richtung erhielt den Namen „Logischer Empirismus“; sie wird auch als Neopositivismus bezeichnet.

Ein bedeutsames Zentrum des Neopositivismus befand sich in den zwanziger Jahren in Wien. Dem „Wiener Kreis“ gehörten u.a. Otto Neurath (1882-1945), Moritz Schlick (1882-1936), Rudolf Carnap (1891-1970) und Herbert Feigl (1902-1988) an. Die demokratisch, rationalistisch und sozial gesonnene Gruppe war ein Ärgernis für klerikale und faschistische Kreise. Ihre Mitglieder wurden nach dem Eindringen des Nationalsozialismus in Österreich zur Emigration genötigt. Dadurch beschleunigte sich freilich auch die Verbreitung des Neopositivismus in England und Amerika (Geier, 1992).

Die Idee einer Einbettung der Psychologie in eine Einheitswissenschaft vertrug sich gut mit dem behavioristischen Anspruch, mit der Lerntheorie die Grundlage für alle sozialen Disziplinen zu schaffen (s. Abschnitt 10.2.3). Der experimentelle Ansatz kam der neopositivistischen Forderung nach operationaler Definition von Begriffen entgegen: Jeder theoretische Begriff sollte durch einen Beobachtungsvorgang (eine Meßoperation) belegt sein. So ist der Begriff „Meter“ durch Anlegen eines genau zu benennenden Längenmaßes (z.B. eines handelsüblichen Zollstocks) zu bestimmen. Hinreichend nachvollziehbare Meßoperationen gibt es auch im psychologischen Experiment. Man kann z.B. mit der Dauer, Ausdehnung und Helligkeit von Lichtpunkten den Begriff des Auslöserreizes bestimmen, mit der Menge und dem Gewicht von Futterkörnern den Begriff des Bekräftigers, mit der Dauer des Nahrungsentzugs den Hungertrieb. Insbesondere die Hullsche Theorie (Abschnitt 10.2.3) besticht durch die konsequente Zurückführung von Begriffen auf Beobachtungsvariablen.

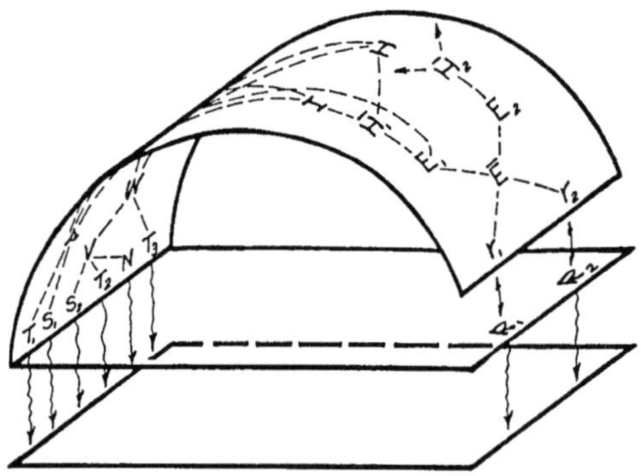

Bergmann und Spence (1941, S. 11) haben in dieser Abbildung die drei Ebenen der Hullschen Theorie dargestellt. Die oberste (überbrückende) Ebene umfaßt hoch abstrahierte Begriffe wie Gewohnheit (H) und Reaktionspotential (E). Diese werden als Funktionen von unmittelbar meßbaren bzw. experimentell veränderbaren Variablentypen bestimmt wie die Reizintensität (S) und die Häufigkeit von Wiederholungen (N); diese Variablen sind auf einer mittleren Ebene der Abstraktion angesiedelt. Sie werden operational, d.h. durch nachvollziehbare Messung oder Zählung auf einer dritten Ebene bestimmt, z.B. durch eine Schallpegelmessung oder durch ein Ablaufprotokoll.

Das Verlangen nach operationaler Definition gerät freilich in Konflikt mit der materialistischen Ausrichtung des Behaviorismus. Watson (1919, S. 113f.) und Thorndike (1913, S. 209ff.) haben noch anhand eingehender Darstellungen des Nervenapparats die biologischen Grundlagen ihrer Lerntheorie zu erläutern versucht. Skinner (1938, S. 423) erteilt solchen Versuchen aus erkenntnistheoretischen Gründen eine Absage: Da psychologische Forschung „neurologische Korrelate" des Lernens und Verhaltens nicht der eigenen Beobachtung unterziehen könne, dürften psychologische Theorien physiologische Begriffe wie Synapse oder Reflexbahnung nicht zur Erklärung benutzen. Man müsse wegen der unterschiedlichen Erfahrungsgrundlage eine Trennung der Verhaltensforschung von der Neurophysiologie vornehmen.

Schulte, J. & McGuinness, B. (Hsrg.). (1992). *Einheitswissenschaft.* Frankfurt a. M.: Suhrkamp.

Geier, M. (1992). *Der Wiener Kreis mit Selbstzeugnissen und Bilddokumenten.* Reinbek: Rowohlt.

Bergmann, G. & Spence, K. (1941). Operationism and theory in psychology. *Psychological Review, 48,* 1-14.

Watson, J. B. (1919). *Psychology from the standpoint of a behaviorist.* Philadelphia: Lippincott.

Thorndike, E. L. (1913). *Educational psychology* (Vol. 1). New York: Columbia University Press.

Je nach dem Schema der Bekräftigung verändert sich Verhalten:

- Je geringer die Quote der Bekräftigung, desto höher ist die Aktivität.
- Je kürzer die Zeiten zwischen Bekräftigungen, desto höher ist die Aktivität.
- Je unregelmäßiger die Bekräftigung beim Lernen ist, desto länger wird Verhalten bei Ausbleiben der Bekräftigung fortgeführt.

Skinner hat durch geschickt eingesetzte Belohnungen Tieren auch neuartiges Verhalten beigebracht. Dazu dienten ihm die Techniken der

- Näherung (engl. *approximation)* sowie der
- Formung (engl. *shaping*).

Unter Näherung versteht man das Heranführung des tatsächlichen Verhaltens an das zu lernende. Will man etwa eine Ratte zur Arbeit an einem Hebel veranlassen, so bekräftigt man sie zunächst dafür, daß sie sich überhaupt bewegt. Ist sie aktiv, wird sie nur noch bekräftigt, wenn sie sich in der Nähe des Hebels bewegt. Hat sie einmal den Hebel berührt, wird sie nur noch für das Drücken des Hebels belohnt. Man schränkt beim Näherungslernen die Breite des bekräftigten Verhaltens zunehmend ein. Bei der Formung werden unterschiedliche Akte zu einer Kette verknüpft. Ein Beispiel einer solchen Dressur:

„Als eine Spitzenleistung habe ich ... einer Ratte eine komplizierte Folge von Tätigkeiten beigebracht. Sie muß zuerst an einer Schnur ziehen, um eine Murmel von einem Gestell herunterrollen zu lassen. Dann muß sie die

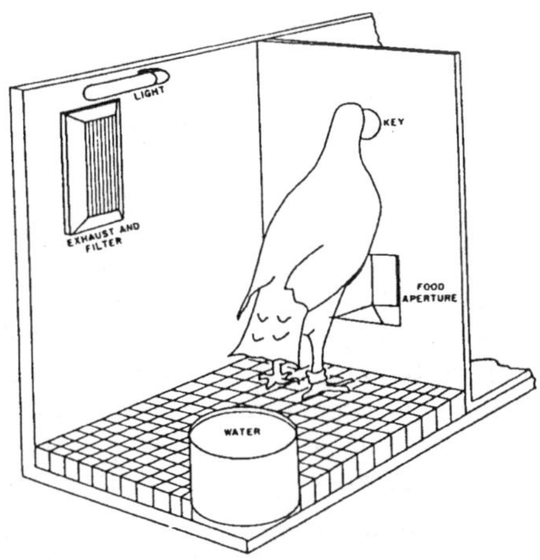

Taube in einer Skinner-Box. Durch Picken auf einen Schalter kann sich das Tier Futtergaben verschaffen (Ferster & Skinner, 1957, S. 14). Ein Mechanismus hält die Gesamtzahl der Reaktionen seit Versuchsbeginn fest. Die jeweils erreichte Gesamtzahl von Reaktionen wird über die gesamte Versuchszeit (Lernen und Löschung) in Form einer Summenkurve aufgezeichnet (Beispiele s. übernächste Seite).

Behaviorismus, Praxis, Ethik

Thorndike, E. L. (1936). Edward Lee Thorndike. In C. Murchison (Ed.), *A history of psychology in autobiography* (Vol. 3, pp. 263-270). Worcester, MA: Clark University Press.

Spence, K. W. (1952). Clark L. Hull (1884-1952). *American Journal of Psychology, 65,* 639-646.

Watson, J. B. (1925). *Behaviorism.* New York: Norton.

Skinner, B. F. (1971/1973). *Jenseits von Freiheit und Würde.* Reinbek: Rowohlt.

Skinner, B. F. (1968). *The technology of teaching.* New York: Meredith.

Die amerikanischen Behavioristen strebten durchweg nach praktischem Fortschritt. Thorndike (s.o.) war als Professor am *Teacher College* der *Columbia University* in New York tätig. Er wandte sich mit seiner Lerntheorie vornehmlich an Lehrer. Seine Ansichten hat er in Lehrmaterialien und -hilfen umgesetzt. Verbreitet waren sein Wörterbuch für Lehrer, eine Sammlung der 10 000 gebräuchlichsten Wörter sowie eine Anleitung zum einfachen Rechnen (Thorndike, 1936). Hull (s.o.) hat seine Theorie erst in seinen letzten Lebensjahren, bedrängt von einer tödlichen Krankheit, vollendet. Seine mathematisch-abstrakten Formulierungen scheinen sich von der Praxis weit zu entfernen. Und doch war Hull als praktisch orientierter Wissenschaftler an die *Yale University* berufen worden. Praktisch-methodische Interessen führten ihn in so unterschiedliche Gebiete wie die Eignungsdiagnostik und die Hypnose (Spence, 1952).

Von der Einführung des Behaviorismus in die Pädagogik und die Psychiatrie haben Watson (1925) und Skinner (1971/1973) erhebliche praktische Erfolge erwartet. Große Hoffnungen haben die von Skinner (1968) entworfenen Geräte zum programmierten Lernen geweckt. Watson und Skinner waren darüberhinaus Verfechter einer behavioristischen Ethik, die durch Anwendung von Lerntechniken das Wohl der Welt gewährleisten sollte. Die rigorose Befürwortung von Verhaltenskontrolle hat den Vorwurf der Menschenverachtung hervorgerufen, die puritanische Schlichtheit mancher Lernziele hat Spott herausgefordert. So schwärmt Watson von dem

„... *reichen und wunderbaren Menschen, den wir aus jedem gesunden Kinde machen sollten, wenn wir ihm nur ermöglichen könnten, sich richtig auszubilden, und wenn wir dazu eine Welt schaffen könnten ... frei von Volkssagen über tausende von Jahren zurückliegende Ereignisse, unbelastet von abscheulicher politischer Geschichte, ungehemmt von törichten Sitten und Gebräuchen ... . Ich rufe nicht nach Revolution. Ich verlange nicht, daß Menschen Eremiten werden ..., nackt herumlaufen oder in Kommunen leben ... . Ich trete nicht für die 'freie Liebe' ein. (Ich trete überhaupt nicht für Freiheiten ein - am wenigsten für freie Rede.) Ich will nur einen verbalen Reiz setzen, der, wenn darauf reagiert wird, nach und nach die ganze Welt umgestaltet.*"

(Übersetzung aus Watson, 1925, S. 248)

Skinner betonte gleichfalls die Bedeutung der Freiheit gegenüber der Wohlfahrt:

„*Was wir brauchen, ist eine Technologie des Verhaltens. Wir wären imstande, unsere Probleme rasch genug zu lösen, wenn sich das Wachstum der Weltbevölkerung genauso exakt regulieren ließe, wie wir den Kurs eines Raumschiffs regulieren, oder wenn wir Landwirtschaft und Industrie mit der gleichen Sicherheit verbessern könnten, mit der wir zum Beispiel Elektronen beschleunigen, oder wenn wir einer friedlichen Welt in der Art des unablässigen Fortschritts entgegenstrebten, mit dem die Physik dem absoluten Nullpunkt näher gekommen ist.*"

(Skinner, 1971/1973, S. 11, übersetzt von E. Ortmann)

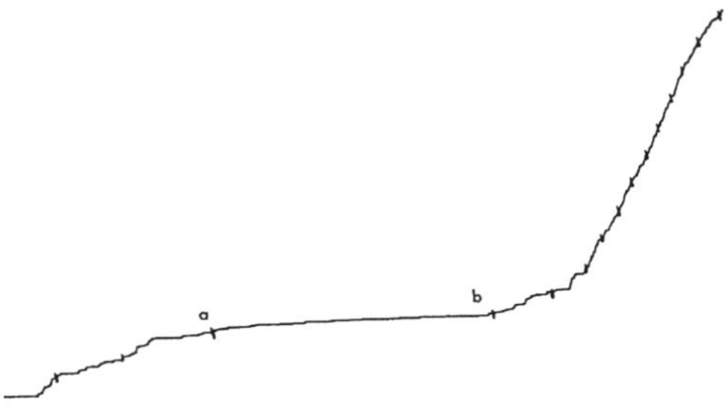

Aktivität einer Taube bei Übergang von hoher Quotenbekräftigung (für jede Aktion 1 Futterkorn) zu niedriger Quotenbekräftigung (für 50 Aktionen 1 Futterkorn). Die Kurve zeigt die Summe von Aktionen seit Versuchsbeginn; Querstriche zeigen Futtergaben an (Ferster & Skinner, 1957, S. 46).

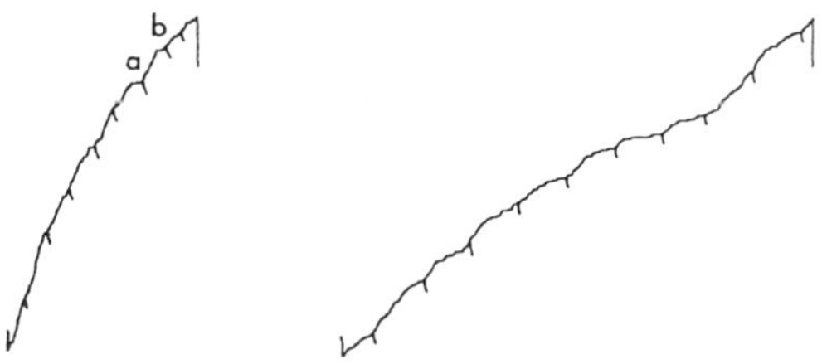

Aktivität einer Taube bei hoher Intervallbekräftigung (Abstand 1 Minute) und niedriger Intervallbekräftigung (Abstand 2 Minuten). Die Kurven zeigen die Summe von Aktionen seit Versuchsbeginn; Querstriche zeigen Futtergaben an (Ferster & Skinner, 1957, S. 137).

Murmel mit ihren Vorderpfoten aufheben, die Kugel zu einer Röhre tragen ... und die Kugel dort hineinwerfen. Jeder Abschnitt dieses Ablaufs mußte in mehreren Näherungsschritten eingeübt werden, weil die darin enthaltenen Aktionen nicht zum ursprünglichen Repertoire der Ratte gehörten.“

(Übersetzung aus Skinner, 1938, S. 339f.)

Durch Verhaltenskontrolle werde der Mensch keineswegs seiner Freiheit und Würde beraubt. Denn die Autonomie des Menschen, aus der Würde und Freiheit ableitbar wären, sei lediglich eine Fiktion und damit wissenschaftlich unhaltbar. Vielmehr bekennt sich Skinner (1971/1973, S. 137f.) ausdrücklich zum Sozialdarwinismus (s. Abschnitt 8.4.2). Der Autor teilt dessen Fortschrittsglauben, und Fortschritt versteht er als evolutionären Anpassungsprozeß. Aus dieser Sicht ist das Gute nichts anderes als das bekräftigend Wirkende. Die Besserung des Menschen vollzieht sich durch allseitige Bekräftigung und damit durch wechselseitige Verhaltenskontrolle.

Skinner (1938) hat seine Theorie ebenfalls durch Zusatzannahmen ergänzt, so zum

- Diskriminationslernen, d.h. zum Unterscheiden von Reizen, die mit verschiedenen Bekräftigungen einhergehen (z.B. Futter nach Hebeldruck, aber nur bei Aufleuchten einer Lampe), zur
- Beziehung von Bekräftigung und Antrieb (z.B. Abnahme der Wirkung von Futter bei zunehmender Sättigung) sowie zum
- Verhältnis von Tätigkeitsaufwand und Bekräftigung (z.B. Abnahme der Wirkung von Futter bei Erschwerung des Hebeldrucks).

Hätte Pawlow die Arbeit Skinners noch erlebt, hätte er darin noch ausgeprägter als bei Thorndike „amerikanischen Geschäftssinn“ (s. Abschnitt 10.2.3) entdeckt. Gleichen doch die Bekräftigungen Skinners den Anreizen der Marktwirtschaft. Freilich hat es auch im nachrevolutionären Rußland Untersuchungen zum instrumentellen Konditionieren gegeben, und zwar sogar in Pawlows unmittelbarer Nachbarschaft, am Hertzen-Institut unter der Leitung des Psychiatrieprofessors Anatol G. Iwanow-Smolensky (Touchette, 1977).

Iwanow-Smolensky hat in den zwanziger Jahren in Leningrad (so hatten damals die siegreichen Revolutionäre St. Petersburg umbenannt) Konditionierungsversuche mit Menschen durchgeführt. Er benutzte dazu einen Apparat, aus dem ein Stück Schokolade herausfiel, wenn Probanden einen Gummiball drückten. Ein Glockenton zeigte an, wann der Versuchsleiter die Schokolade bereitlegte. Die Probanden lernten also eine Reaktion auf den Glockenton. Der Autor prüfte mit dieser Methode die Konditionierungsleistung bei Kindern und Geistesgestörten.

Skinner, B. F. (1938). *The behavior of organisms.* New York: Appleton-Century-Crofts.

Ferster, C. B. & Skinner, B. F. (1957). *Schedules of reinforcement.* New York: Appleton-Century-Crofts.

Touchette, P. (1977). Ivanov-Smolensky and operant conditioning: An historical note. *Journal of the Experimental Analysis of Behavior, 28,* 181-184.

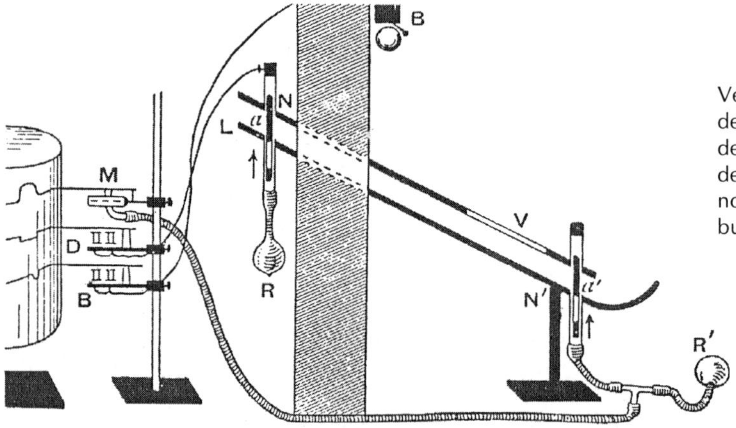

Versuchsapparatur zur Prüfung der Konditionierung bei Kindern und Geistesgestörten aus dem Laboratorium von Iwanow-Smolensky in St. Petersburg (Touchette 1977, S. 182).

Ein Druck des Versuchsleiters auf einen Gummiball R öffnet eine schräge Röhre, bringt eine Glocke B zum Läuten und betätigt gleichzeitig den Zeiger D eines Registriergeräts. Öffnete sich am oberen Eingang der Röhre der Verschluß a, so gelangte ein Stück Schokolade in die Röhre. Drückten die Versuchsteilnehmer nun den Gummiball R´, öffnete sich der untere Verschluß a´, und die Schokolade fiel auf den darunter befindlichen Teller. Der Druck auf R´ wird seinerseits über den Zeiger M registriert. Iwanow-Smolensky hat eine begriffliche Trennung von klassischem und instrumentellem Konditionieren nicht vorgenommen. So bleibt offen, wie weit seine Versuchsteilnehmer den Glockenton als neuen Auslöser oder die Schokolade als Bekräftiger erlernt haben.

10.3 Tiefenpsychologie

10.3.1 Prinzipien, Varianten, Widersprüche

Die Tiefenpsychologie umfaßt eine Gruppe von Theorien, die folgende Grundannahmen gemeinsam haben:

- Menschen besitzen Gedanken, Erinnerungen, Gefühle, die nicht (oder zumindest nicht immer) ins Bewußtsein gelangen. Insofern spaltet sich das Psychische in einen bewußten und einen unbewußten Bereich.
- Das Unbewußte greift - von den Betroffenen unerkannt - in das bewußte Erleben und das beobachtbare Verhalten ein. Dies führt zu Fehleinstellungen (z.B. krankhaften Haß- und Liebesgefühlen), Bewußtseinstäuschungen (z.B. Verkennungen, Erinnerungsausfällen) und Fehlhandlungen (z.B. Versprechen, Vergreifen) bis hin zu Persönlichkeitsstörungen (neurotische, infantile Persönlichkeit). Aus dieser Sicht ist das Unbewußte die Quelle von psychischen Leiden, von Psychopathien (griech. *pathos,* Leiden).
- Dem Wirken des Unbewußten verdankt die Kultur freilich einige ihrer hervorragendsten Leistungen (vor allem in der Kunst). Ungewöhnliche Taten der Weltgeschichte haben ihren Ursprung in unbewußten Motiven von Individuen, Gruppen und Völkern. Das wirft die Frage auf, wieweit kulturelle und historische Fortschritte individuellen oder sozialen Psychopathien (s.o.) entspringen.
- Tiefenpsychologisch geschulte Wissenschaftler können unbewußte Gedanken, Gefühle, Einstellungen sowie ihre Entstehung aufdecken. Indem sie diese den Betroffenen zu Bewußtsein bringen, können sie Fehlentwicklungen korrigieren und Fehleinstellungen beseitigen. Damit befreien sie die Betroffenen von ihren Psychopathien.

Aus dieser Sicht ist Unkenntnis die Quelle von Krankheit und Unglück, die Wahrheit jedoch der Schlüssel zu Glück und Gesundheit.

Jenseits dieser Gemeinsamkeiten gibt es in der Tiefenpsychologie kontroverse Fragen:

- Wie entsteht das Unbewußte? Ist es geistiges Erbgut? Bildet es sich im Schock der Geburt? Wird es in der frühen Kindheit erworben?
- Was ist der Inhalt des Unbewußten? Sind es Bilder, etwa Bilder von Urszenen wie Geburt und Tod und von Urgestalten wie Vater und Mutter? Sind es Triebenergien wie Liebe und Haß?
- Was sind die Mechanismen des Unbewußten? Wie ist zu erklären, daß Unbewußtes nicht bewußt wird? Entzieht es sich der Darstellung im Bewußtsein? Oder sträubt sich das Bewußtsein gegen die Inhalte des Unbewußten?

Solche Fragen haben Vertreter der Tiefenpsychologie entzweit. Darüber sind verschiedene tiefenpsychologische Richtungen entstanden.

Von den tiefenpsychologischen Richtungen werden im folgenden behandelt:

- die Psychoanalyse nach Freud (Abschnitt 10.3.2),
- die Analytische Psychologie nach Jung (Abschnitt 10.3.3),
- die Individualpsychologie nach Adler (Abschnitt 10.3.3),
- neopsychoanalytische Ansätze nach Reich, Fromm und Horney (Abschnitt 10.3.5).

Viele wissenschaftlich Interessierte, darunter zahlreiche Studienanfänger der Psychologie, halten tiefenpsychologische Ansätze für den Kern, ja für den ausschließlichen Inhalt der Psychologie (vgl. Witte & Brasch, 1991). Tatsächlich führt die Tiefenpsychologie innerhalb der akademischen Psychologie ein randständiges Dasein. Zum anderen preisen viele die Tiefenpsychologie als revolutionäre Kraft im Kampf um den gesellschaftlichen Fortschritt, gegen Verlogenheit und Unterdrückung. Unter Fachleuten besitzt die Tiefenpsychologie jedoch viele Gegner, die ihre Unwissenschaftlichkeit und Unwirksamkeit verurteilen. Wie kommt es zu diesen Widersprüchen?

Das lebhafte und anhaltende Interesse einer breiten Öffentlichkeit an der Tiefenpsychologie hat wohl mehrere Gründe. Zum einen faszinieren die Darstellungen psychopathischer Fälle mit ihrem Anspruch auf Beispielhaftigkeit. In der Tiefenpsychologie findet die popularwissenschaftliche Erfahrungsseelenkunde (s. Abschnitt 5.4.1) - gemessen an der Verbreitung und der Diskussion ihrer Schriften - eine auffällige Fortsetzung. Mehr jedenfalls als die Demonstrationen der Experimentalpsychologie regen die Falldarstellungen der Tiefenpsychologie die Fragen an: Gibt es das wirklich? Bin ich nicht selbst ein solcher Fall? Finde ich ähnliche Fälle in meiner Umgebung? Zum anderen hält die Tiefenpsychologie an den Problemen der Irrationalität bis hin zur Esoterik fest, während Kognitivismus und Behaviorismus sich von diesen Problemen distanzieren (s. bereits Abschnitt 10.1.4).

Damit trennen sich Kognitivismus und Behaviorismus, nicht jedoch die Tiefenpsychologie von der Lebenskunst, wie sie das gebildete Bürgertum pflegt. Wenn die öffentliche Kunstdiskussion zur psychologischen Betrachtung übergeht, ist es vornehmlich die Tiefenpsychologie, welche einschlägige Deutungen anzubieten hat. Malerei, Musik und Literatur haben das Interesse an Irrationalität und Esoterik wach gehalten. Schauspiel und Oper haben Gestalten vorgeführt, die von Außerirdischen mit geheimnisvollen Kräften und Kenntnissen ausgestattet waren, die in unheilvolle Verstrickungen gerieten und nur durch den Tod erlöst oder durch ein Wunder gerettet wurden. Ein Beispiel ist Schillers (1801/1984) Gestalt der Jeanne d´Arc: ein legendäres Bauernmädchen, das auf rätselhafte Weise zur Rettung Frankreichs berufen wird, wozu ihr eine höhere Macht ungewöhnliches Wissen und Können verleiht. Es war vor allem die Romantik (s. Abschnitt 8.1.2), welche in Wort und Bild das Thema der Beseeltheit jenseits von Vernunft und Einsicht behandelt hat, das dem wachen Geist seiner Herkunft nach unbekannte und seinem Inhalt nach unbewußte Wissen und Streben. Ein Wissen und Streben freilich, dessen Herkunft und Inhalt zutage tritt, sobald Wachheit dem Schlaf weicht und Phantasie an die Stelle der Vernunft tritt.

Die enge Verknüpfung von Psychologie und Kunst bei der Behandlung des Unbewußten belegt das Werk von Karl Philipp Moritz. Derselbe Autor, der in dem *Magazin für Erfahrungsseelenkunde* das Programm einer empirischen Psychologie vorweggenommen hat (s. Abschnitt 7.3.3), hat um das Jahr 1780 ein Drama mit dem Titel *Blunt oder der Gast* verfaßt. Blunt ist ein Mann, der seinen Gast ersticht. Später stellt sich heraus: Es war Blunts eigener Sohn. Die Fragen drängen sich auf: Hat Blunt seinen eigenen Sohn wirklich nicht erkannt? Hat er ihn gar aus Haß umgebracht? Soll das Drama einen jener Familienkonflikte vorführen, in denen die spätere Psychoanalyse die Quelle menschlicher Ängste und die Ursache für die Abspaltung eines Unbewußten gesehen hat?

Nicht einmal der Begriff des Unbewußten mußte durchgesetzt werden, als um die Wende zum 20. Jahrhundert die ersten Schriften der sich neu formierenden Tiefenpsychologie gedruckt wurden. Der Begriff war zu dieser Zeit bereits weithin gebräuchlich. Die philosophische Erörterung des Unbewußten ist mindestens bis zu Leibniz (s. Abschnitt 5.2.2) zurückzuverfolgen und war im 19. Jahrhundert nicht zuletzt durch das Aufkommen der Romantik (s.o.) wieder aufgelebt. Dies belegt ein im Jahre 1869 erschienenes zweibändiges Werk des Privatgelehrten Eduard von Hartmann (1843-1906) zur *Philosophie des Unbewussten.* Die Nachfrage nach diesem Werk war so stark, daß bis zum Jahre 1923 zwölf Auflagen ausgeliefert wurden.

Witte, E. H. & Brasch, D. (1991). Wege und Umwege zum Studium der Psychologie. II. *Psychologische Rundschau,42,* 206-210.

Schiller, F. (1801/1984). Die Jungfrau von Orleans. *Sämtliche Werke* (Band 4, S. 419-545). Berlin: Aufbau Verlag.

Moritz, K. Ph. (o. J./1981). Blunt oder der Gast. *Werke* (Band 1, S. 7-32). Frankfurt a. M.: Insel.

Hartmann, E. von (1869). *Philosophie des Unbewussten.* Leipzig: Friedrich.

Weshalb hat also die Tiefenpsychologie in der akademischen Psychologie so schlecht Fuß fassen können? Der experimentellen Psychologie (s. Abschnitt 9.3.3) hat das methodische Rüstzeug zur Untersuchung des Unbewußten gefehlt. Die Verstehende Psychologie (s. Abschnitt 9.2.3) hätte die Deutemethoden der Tiefenpsychologie übernehmen können. Doch über unterschiedliche methodische Ausrichtungen hinweg nahmen die meisten Vertreter der akademischen Psychologie Anstoß an der Urtümlichkeit und Ungebärdigkeit der Inhalte, welche Tiefenpsychologen aus dem Unbewußten zutage zu fördern behaupteten. Sie verwiesen darauf, daß die Tiefenpsychologien sich vorwiegend mit Psychopathien befaßten. Sie lehnten das Argument ab, solche Psychopathien seien keine Einzelschicksale, sondern seelische Eigenheiten der gesamten Menschheit oder zumindest aller Menschen der zivilisierten Welt. Mit der Begründung, Psychologie handle vorwiegend vom gesunden und normalen Menschen wurde daher Tiefenpsychologie an den Rand der akademischen Psychologie gedrängt.

10.3.2 Die Psychoanalyse

Die Theorie der Psychoanalyse ist eng mit der Person ihres Begründers Sigmund Freud verbunden, mit seiner Geschichte und seinem Umfeld. Geboren wurde Freud im Jahre 1856 in der mährischen Provinzstadt Freiberg (jetzt Pribor, Tschechien). Sein Vater war Wollhändler. Armut veranlaßte die Eltern, Freiberg zu verlassen und zunächst nach Leipzig, dann nach Wien überzusiedeln. Sigmund Freud war vier Jahre alt, als er nach Wien kam. Dort wuchs er mit fünf Schwestern und einem jüngeren Bruder auf. Am Leopoldstädter Kommunalgymnasium erhielt er eine altsprachliche Ausbildung und war seitdem an Fragen der Philosophie, der Kunst, der Archäologie, der Religion und Ethnologie interessiert. Studiert hat er an der Wiener Universität vor allem Medizin und Zoologie. Er spezialisierte sich als Nervenarzt und erhielt bereits mit 29 Jahren an der Universität Wien die Lehrbefugnis für das Fach Neuropathologie.

Freud hat sich zunächst der streng naturwissenschaftlichen Forschung verschrieben. Zu seinem wissenschaftlichen Vorbild wählte er den Physiologen Ernst Wilhelm von Brücke (1819-1892). Freud arbeitete in Brückes Laboratorium, und bewunderte dessen positivistische Haltung und die daraus hervorgehende präzise Untersuchungsmethodik. Doch noch ein anderer großer Gelehrter faszinierte ihn: Charcot in Paris (s. Abschnitt 8.6.2). Freud erhielt 1885 von der Medizinischen Fakultät in Wien, kurz bevor diese ihn zum Privatdozenten ernannte, ein sechsmonatiges Reisestipendium für einen Studienaufenthalt an der Salpêtrière. Dort hat Freud in Charcots pathologischem Laboratorium Gehirne von Kindern mikroskopisch untersucht. Doch wurde er auch Zeuge seiner Hypnoseexperimente und lernte die Theorie der Neurosen kennen. Freud berichtet in Briefen an seine spätere Ehefrau Martha Bernays begeistert von der glänzenden Rhetorik und der persönlichen Ausstrahlung Charcots, von dem tiefen Eindruck, den seine Diagnosen hinterlassen. In Paris hat Freud den Schlüssel zu seiner Psychoanalyse gefunden. Und möglicherweise hat das Erlebnis der Wissenschaftlerpersönlichkeit Charcots auch den Stil geprägt, mit dem Freud seine Lehre einem unübersehbar großen Kreis von Gebildeten zugänglich gemacht hat.

Vor der Einführung in Freuds psychoanalytische Lehre sei kurz seine Biographie zu Ende geführt. Freud kehrte nach seinem Studienaufenthalt in Frankreich nach Wien zurück und lebte dort bis kurz vor seinem Tode. Er versah seine Praxis als Nervenarzt, hielt Vorlesungen und Vorträge und verfaßte wissenschaftliche Schriften. Seine Lehren waren bald populär und zugleich heftig umstritten. Obwohl atheistisch gesonnen, bekannte er sich zu seiner jüdischen Herkunft. Im damaligen Österreich trafen eine liberale Politik und Antisemitismus zusammen. Freuds Herkunft war kein Hindernis für seine Ernennung zum außerordentlichen Professor im Jahre 1902, doch hätte sie eine Berufung auf eine ordentliche Professur (mit Besoldung und Lehrstuhl) nicht zugelassen. Fatal wirkte sich die Herkunft Freuds im Faschismus aus. Seit bei den Bücherverbrennungen im Jahre 1933 deutsche

Studenten die Schriften Freuds ins Feuer warfen, war die Psychoanalyse als zersetzend und jüdisch der Verfolgung preisgegeben (mehr über das Schicksal der Psychoanalyse unter dem Nationalsozialismus in Abschnitt 10.3.3). Im März 1938 marschierten die deutschen Truppen in Österreich ein, Hitler erklärte den „Anschluß Österreichs an das Reich". Sigmund Freud, inzwischen 82 Jahre alt und an Krebs erkrankt, entzog sich nach langem Widerstand der immer bedrohlicher werdenden Verfolgung und emigrierte nach London. Ein Jahr später schied er aus dem Leben, bevor die durch seinen Mundkrebs verursachten Beschwerden völlig unerträglich wurden (Gay, 1987/1989; Jones, 1960, 1962).

Aus Frankreich ist Freud mit zwei für ihn neuen Erfahrungen heimgekehrt. Zum einen hat er die unter dem Bewußtsein verborgene Irrationalität des Menschen kennengelernt, zum anderen die Technik der Hypnose (s. wieder Abschnitt 8.6.2). Mit seinem Freund und Kollegen Josef Breuer suchte er diese Erfahrungen bei der Behandlung von Hysterien zu nutzen. Es handelte sich um Lähmungen, Tics (franz., unwillkürliche Zuckungen), rheumatische Schmerzen u.ä. Hysterisch nannte man diese Leiden, weil eine körperliche Ursache für sie nicht festzustellen war. Es war daher eine psychische Ursache anzunehmen. Bei wachem Bewußtsein konnten die Patienten keine Auskunft über die Entstehung ihrer Beschwerden geben. Und doch waren Breuer und Freud der Überzeugung, daß sie unter traumatischen Reminiszenzen, d.h. schmerzhaften Erinnerungen litten. Die Autoren nahmen daher an: Die Auslöser von Hysterien verbergen sich unterhalb der Bewußtseinsschwelle; unter Hypnose sind sie erinnerlich. So versetzten Breuer und Freud ihre Patienten in einen hypnotischen Zustand und konnten tatsächlich berichten, daß sie belastende Erlebnisse erinnerten, die als Auslöser ihrer Leiden zu verstehen waren: den Anblick von Toten, quälendes Wachen am Krankenbett, Widerwillen beim Essen u.ä. Als besonders bemerkenswert berichteten die Autoren: Nachdem die Patienten ihre traumatischen Reminiszenzen bewußt wiedergewonnen hatten, verschwanden ihre hysterischen Symptome.

Breuer und Freud erklärten zum Erfolg ihrer „Redekur":

„Wir fanden ..., daß die einzelnen hysterischen Symptome sogleich und ohne Wiederkehr verschwanden, wenn es gelungen war, die Erinnerung an den veranlassenden Vorgang zu voller Helligkeit zu erwecken, damit auch den begleitenden Affekt wachzurufen, und wenn dann der Kranke den Vorgang in möglichst ausführlicher Weise schilderte und dem Affekt Worte gab. ...

Es ist ... verständlich, wieso die ... von uns dargelegte Methode der Psychotherapie heilend wirkt. Sie hebt die Wirksamkeit der ursprünglich nicht abreagierten Vorstellung dadurch auf, daß sie dem eingeklemmten Affekte derselben den Ablauf durch die Rede gestattet, und bringt sie zur assoziativen Korrektur, indem sie dieselbe ins normale Bewußtsein zieht ... ."

(Breuer & Freud, 1893/1952, S. 85, S. 97)

Diese Erklärung schließt ein:

- Das Prinzip der Verdrängung: Traumatische Erfahrung wird aus dem Bewußtsein entfernt, doch im Unbewußten erhalten.
- Die Dynamik des Unbewußten: Unbewußte Erfahrung bleibt mit Affekten verbunden und drängt weiterhin zur Wirksamkeit.
- Die aufklärende Wirkung der Sprache: Zur Rede gebracht, wird die Verdrängung rückgängig gemacht, der unbewußt gehaltene Affekt wird frei.

Doch warum ereignet sich Verdrängung aus dem Bewußtsein? Wie wirkt sich die Dynamik des Unbewußten aus? Und welche Erfahrungen sind für den Menschen schmerzhaft? Das sind die Fragen, die Freud bei der weiteren Entwicklung seiner Theorie der Psychoanalyse leiten werden.

Antworten auf diese Fragen bieten seine Lehren zu den

- drei Instanzen der Persönlichkeit (Ich, Es, Über-Ich), zu den
- Grundtrieben (Lebens-, Todestrieb), den
- Abwehrmechanismen sowie der
- Symbolik des Unbewußten (Theorien des Traums, des Witzes und der Fehlhandlung).

Der Mensch lebt - so Freud - zuallererst nach dem Lustprinzip. Er strebt nach Befriedigung, nach „Abfuhr“ seiner Triebe. Doch das nur auf den Genuß von Lust beschränkte Leben ist enttäuschend, mitunter sogar leidvoll. Leidvoll wird das Streben nach Lust, wenn es Gefahren mißachtet. Das zeigt das Beispiel des Kindes, das am Spiel mit dem Feuer seine Freude hat, aber mit Verbrennungen dafür büßen muß. Enttäuscht wird, wer stets nur auf Lust wartet, ohne selbst zur Befriedigung seiner Wünsche beizutragen. So erfahren Kinder, daß ihre Eltern sie nur in der Phase der Hilflosigkeit mit Nahrung versorgen; wachsen sie heran, müssen sie selbst für ihren Unterhalt sorgen. Das Lustprinzip bedarf somit der Ergänzung durch das Realitätsprinzip. Der Mensch muß zum Erkennen der Wirklichkeit sowie zum Handeln in der Wirklichkeit fähig werden. Durch Einsicht und Planung erfaßt er dann Chancen und Risiken, wendet Schaden ab und erzielt Nutzen. So kann die Beachtung der Realität die Lust mehren.

Es gibt - meint Freud - Situationen, welche sowohl das Lustprinzip als auch das Realitätsprinzip verletzen. Jeder Mensch erfahre das erstmals in der frühen Kindheit. Jungen verlieben sich in ihre Mutter, Mädchen in ihren Vater. Der jeweils andere Elternteil wendet sich mit Haß gegen das Kind und verhindert den Fortgang der Liebesbeziehung. Besonders drastisch schildert Freud das Schicksal des männlichen Kindes (vgl. den Fall des Hans, Abschnitt 1.1.1). Es will sexuell mit der Mutter verkehren, ja sogar ein Kind mit ihr zeugen. Um dies zu verhindern, droht der Vater dem Sohn die Kastration an, und der Sohn verzichtet in Angst. In diesem Konflikt verinnerlicht das Kind die Forderungen des Vaters; damit bildet sich der Ausgangspunkt für die Übernahme sozialer Gebote und Verbote. Um Angst zu vermeiden, werden in Zukunft soziale Gebote und Verbote beachtet.

Freud hat den beschriebenen Familienkonflikt als allgemeines Menschenschicksal gedeutet und als dessen ergreifendstes Zeugnis die Ödipussage herangezogen. Die Ödipussage und ihre weithin als provokant empfundene Deutung belegt das folgende Zitat:

Sigmund Freud (1856-1939)

„Nach meinen ... Erfahrungen spielen die Eltern im Kinderseelenleben aller späteren Psychoneurotiker die Hauptrolle, und Verliebtheit gegen den einen, Haß gegen den anderen Teil des Elternpaares gehören zum eisernen Bestand des in jener Zeit gebildeten ... Materials an psychischen Regungen. Ich glaube ... nicht, daß die Psychoneurotiker sich hierin von den anderen normal verbleibenden Menschenkindern scharf sondern, ... Es ist bei weitem wahrscheinlicher ..., daß sie auch mit diesen verliebten und feindseligen Wünschen gegen ihre Eltern uns nur durch Vergrößerung kenntlich machen, was minder deutlich und weniger intensiv in der Seele der meisten Kinder vorgeht. Das Altertum hat uns zur Unterstützung dieser Erkenntnis einen Sagen-

Gay, P. (1987/1989). *Freud. Eine Biographie für unsere Zeit.* Frankfurt a. M.: Fischer.

Jones, E. (1960/1962). *Das Leben und Werk von Sigmund Freud* (3 Bände). Bern: Huber.

Breuer, J. & Freud, S. (1893/1952). Über den psychischen Mechanismus hysterischer Phänomene. In S. Freud, *Gesammelte Werke* (Band 1, S. 81-98). Frankfurt a. M.: Fischer.

Fiktion und Lebenslüge

Hans Vaihinger (1852-1933), Philosophieprofessor in Halle, hat im Jahre 1877 an der Universität Straßburg eine Habilitationsschrift eingereicht, die später unter dem Titel „*Die Philosophie des Als Ob*" weite Verbreitung gefunden hat. Vaihinger unterscheidet darin die objektive Gültigkeit von Erkenntnis und deren Wert für die Lebenspraxis. Was der Mensch vermöge seiner Erkenntnisfähigkeit bilden könne, seien Vorstellungen und Fiktionen; diese ließen sich nur rechtfertigen durch den Erfolg des Handelns, das sich auf sie stützt. Vaihingers Fiktionalismus gleicht dem amerikanischen Pragmatismus (z.B. James, 1907), sofern er den Erfolg zum Maßstab der Richtigkeit macht. Anders als die amerikanischen Pragmatiker glaubt Vaihinger jedoch nicht, daß erfolgreiches Handeln die getreue Erfassung der Wirklichkeit durch sinnliche Erfahrung voraussetzt. Vielmehr bildeten Fiktionen eine eigene Schicht zwischen Sinneserfahrung und Bewegungsapparat.

Doch Fiktionen können als Lebenshilfen versagen. Der norwegische Dramatiker Henrik Ibsen (1828-1906) hat in mehreren gesellschaftskritischen Stücken Menschen vorgestellt, die mit Fiktionen frühere Schuld zu verdrängen suchen. Die Fiktionen verhelfen über viele Jahre zur Bewältigung des Lebens, ermöglichen die Gründung einer Familie sowie beruflichen und sozialen Aufstieg. Doch eines Tages bricht die alte Schuld hervor, und die Fiktion wird als solche entlarvt. Ein Beispiel ist der Photograph Hjalmar Ekdal in Ibsens 1885 erstmals aufgeführtem Schauspiel „Die Wildente". Ekdahl will nicht wahrhaben, daß die ihm zugeschriebene Tochter Hedwig aus der Beziehung seiner Frau Gina mit dem Fabrikbesitzer Werle stammt. Ibsen hat die Selbsttäuschung des Ekdahl eine Lebenslüge genannt, und dieser Ausdruck hat sich schnell über den Kontinent verbreitet.

In gleicher Weise deutet Psychoanalyse das Bewußte als Fiktion, das die Erinnerung an Angst, Schuld und Gewalt verdrängt und dadurch neues Leiden schafft.

stoff überliefert, dessen ... Wirksamkeit nur durch eine ähnliche Allgemeingültigkeit der besprochenen Voraussetzung aus der Kinderpsychologie verständlich wird.

Ich meine die Sage vom König Ödipus ... . Ödipus, der Sohn des Laios, Königs von Theben, und der Jokaste, wird als Säugling ausgesetzt, weil ein Orakel dem Vater verkündet hatte, der noch ungeborene Sohn werde sein Mörder sein. Er wird gerettet und wächst als Königssohn an einem fremden Hofe auf, bis er, seiner Herkunft unsicher, selbst das Orakel befragt und von ihm den Rat erhält, die Heimat zu meiden, weil er der Mörder seines Vaters und der Ehegemahl seiner Mutter werden müßte. Auf dem Wege von seiner vermeintlichen Heimat weg trifft er mit dem König Laios zusammen und erschlägt ihn in rasch entbranntem Streit. Dann kommt er nach Theben, wo er die Rätsel der den Weg sperrenden Sphinx löst und zum Dank dafür von den Thebanern zum König gewählt und mit Jokastes Hand beschenkt wird. Er ... zeugt mit der ihm unbekannten Mutter zwei Söhne und zwei Töchter, bis eine Pest ausbricht ... ."

(Freud, 1900/1973, S. 267f.)

Als weibliches Gegenstück zur Ödipussage dient dem Autor die Geschichte der Elektra.

Vaihinger, H. (1877/1922). *Die Philosophie des Als Ob*. Leipzig: Meiner.

James, W. (1907). *Pragmatism*. New York: Longman & Green.

Ibsen, H. (o. J.). Die Wildente. *Sämtliche Werke* (Band 7, S. 215-343), herausgegeben von G. Brandes, J. Elias & P. Schlenther. Berlin: Fischer.

Ellis, H. (1897/1936-1942). *Studies in the psychology of sex* (2 Volumes). New York: Random House.

Krafft-Ebing, R. v. (1886/1902/1984). *Psychopathia sexualis*. München: Matthes & Seitz.

Brede, W. (1984). Aufklärungen, Abklärungen. In R. v. Krafft-Ebing, *Psychopathia sexualis* (Vorwort). München: Matthes & Seitz.

Sexualität und Aufklärung

Liebesgefühle und Liebesbeziehungen waren im 18. und 19. Jahrhundert bevorzugte Themen der Literatur. Doch Gedichte, Romane und Dramen aus dieser Zeit vermieden zumeist die unmittelbare Schilderung des körperlichen Verhaltens von Liebenden. Umso mehr Aufsehen erregten Schriftsteller wie Giacomo Casanova (1725-1798), Donatien de Sade (1740-1814) und Leopold von Sacher-Masoch (1836-1895), die mit vielen Einzelheiten das ausschweifende Liebesleben sowie grausame und erniedrigende Liebespraktiken beschrieben. Unter dem Normaspekt wurde die körperliche Liebesbeziehung in Morallehren und Strafrechtstheorien behandelt - vor allem eheliche Pflichten und Rechte, die Statthaftigkeit von Liebesbeziehungen (z.B. stand im Habsburgerreich die körperliche Liebe zwischen Männern, nicht aber zwischen Frauen unter Strafe) und die mit geschlechtlicher Befriedigung einhergehenden Straftaten (z.B. Lustmord).

Die wissenschaftliche Untersuchung körperlicher Liebe begann erst in der zweiten Hälfte des 19. Jahrhunderts, und in der Wissenschaft bürgerte sich ein neues Wort für „Liebe" ein: Sexualität. In den Vereinigten Staaten veröffentlichte Havelock Ellis 1897 seine auf Umfragen basierenden *Studies in the psychology of sex.* Bereits 1886 legte Richard von Krafft-Ebing seine *Psychopathia sexualis* vor. Das Werk von Krafft-Ebing ist von besonderer Bedeutung für die Geschichte der Psychoanalyse, bereitet es doch den Boden für Freuds Sexualtheorie.

Krafft-Ebing stand als Psychiater in hohem Ansehen. Die *Psychopathia sexualis* hatte er als Direktor der Psychiatrischen Klinik in Graz verfaßt. Danach wurde er als Leiter der Psychiatrischen Klinik an die Universität Wien berufen. Sein Buch dokumentiert, klassifiziert und kommentiert nach einer ausführlichen biologischen und kulturtheoretischen Einführung Fälle aus der psychiatrischen Praxis (z.B. Fetischismus, d.h. geschlechtliche Erregung an Kleidungsstücken u.ä., Masochismus, d.h. Erregung unter Erniedrigung); besonders berücksichtigt sind Fälle, die unter das Strafrecht fallen (z.B. Mädchenstechen, d.h. Erregung durch Stiche in den Unterleib von Frauen, Nekrophilie, d.h. Erregung an Toten). Krafft-Ebing hat sein Buch für Ärzte und Juristen geschrieben, und damit tatsächlich einen Beitrag zur Liberalisierung des Sexualstrafrechts geleistet (Brede, 1984). Im übrigen war der Autor selbst überrascht von der Aufnahme seines Buches in der Öffentlichkeit:

„Der unerwartet grosse buchhändlerische Erfolg ist wohl der beste Beweis dafür, dass es unzählige Unglückliche gibt, die in dem sonst nur Männern der Wissenschaft gewidmeten Buche Aufklärung und Trost hinsichtlich ihrer eigenen Vita sexualis suchen und finden."

(Krafft-Ebing, 1902/1984, Vorwort zur 12. Auflage)

Das gebildete Bürgertum, Betroffene und Interessierte, benutzten also neben der Kunst die Wissenschaft, um über sexuelle Probleme ins Gespräch zu kommen. Denn die Philanthropie hatte mit Feinsinn und Empfindsamkeit gerade die Erfahrung des Geschlechtsverkehrs zu einer Intimität erklärt und mit der öffentlichen Auseinandersetzung zugleich die private Aussprache unterbunden (s. Abschnitt 7.3.2, Kritikpunkt). So hat die wissenschaftliche Sexualtheorie das Werk der Aufklärung fortgesetzt, reale Probleme der rationalen Erörterung zuzuführen und damit Vorurteile und Fehlanpassungen zu beseitigen.

In diesen Prozeß der Aufklärung hat sich die Psychoanalyse eingeschaltet. Freud hat in Wien an Sitzungen der damals von Krafft-Ebing geleiteten Psychiatrischen und Neurologischen Gesellschaft teilgenommen und zugleich an den aktuellen Diskussionen in dieser Stadt. Obwohl Krafft-Ebing Freuds Sexualtheorie nicht sonderlich geschätzt zu haben scheint, hat er seine akademische Karriere doch gefördert (Brede, 1984).

Elektra war eine griechische Königstochter, die ihre Mutter Klytemnästra mit Haß verfolgt, nachdem diese den von Elektra geliebten Vater Agamemnon getötet hatte. Der Haß der Töchter auf ihre Mutter beruht freilich nicht auf Kastrationsängsten, weil Frauen keinen Penis zu verlieren haben. Freud nimmt als Grund vielmehr „Penisneid“ aufseiten der Tochter an. Dieser entlädt sich gegenüber der Mutter als *„Groll, dass sie sie so mangelhaft ausgestattet in die Welt geschickt hat“* (Freud, 1938/1972, S. 120).

Freud nennt die für das Lustprinzip zuständige Instanz der Persönlichkeit „Es“, die für das Realitätsprinzip zuständige „Ich“. Die für die sozialen Gebote und Verbote zuständige Instanz bezeichnet er als „Über-Ich“. Eine der hervorstechenden Eigenschaften des Ich sei seine Bewußtheit. Zwar seien nicht alle Einsichten, Pläne, Gefühle des Ich stets im Bewußtsein gegenwärtig. So sind die meisten Erinnerungen nicht zu jeder Zeit klar bewußt. Doch seien die Inhalte des Ich mindestens bewußtseinsfähig; stünden sie gerade nicht im Bewußtsein, würden sie in einem Vorbewußtsein ruhen und könnten von dort ohne weiteres ins Bewußtsein gelangen. Neben dem Bewußtsein und dem Vorbewußten nimmt Freud einen dritten Zustand an: das Unbewußte. Es ist vorwiegend der Bereich des Es, welcher im Unbewußten verbleibt. Zwar gelangen zahlreiche Trieb- und Lusterfahrungen ins Bewußtsein. Doch es gehört zu den Kernannahmen der Psychoanalyse, daß wichtige Triebregungen unbewußt bleiben oder sogar aus dem Bewußtsein ins Unbewußte abgeschoben werden. Dies wird mit der dynamischen Beziehung der Persönlichkeitsinstanzen erklärt.

Die Beziehungen zwischen den Instanzen der Persönlichkeit schildert Freud als überaus konfliktreich. Denn Es und Über-Ich stellten rücksichtslose Ansprüche. Oft genug stünden Es und Über-Ich im Widerstreit. Das Streben nach sinnlicher Lust gerate in Gegensatz zur Forderung nach sozialer Ordnung. Zudem verhielten sich Es und Über-Ich oft wirklichkeitsfremd. Das Drängen nach Lust und das Durchsetzen sozialer Ordnung schaffe Gefahren und Beschwerden. Dem Ich komme daher die Rolle der Vermittlung und Kontrolle zu. Es müsse zwischen den Ansprüchen des Es und des Über-Ich einen Ausgleich schaffen, und es müsse die Ansprüche der beiden Instanzen der Realität anpassen. Dazu gehört die Zurückweisung und die zeitliche Verschiebung der Wunscherfüllung. Zugleich muß das Ich seinen Einfluß auf die Außenwelt geltend machen, um innere Wünsche auch gegen äußeren Widerstand erfüllbar zu machen.

Die Aufgaben des Ich sind also vielseitig und schwierig. Es braucht ein leistungsfähiges und starkes Ich, um sie zu bewältigen. Doch oft fehlt es dem Ich an Stärke oder es ist sich seiner Stärke nicht gewiß. Dann entwickelt das Ich Angst vor drohenden Gefahren. Freud (1923/1972, S. 286) betrachtet das Ich daher auch als *„armes Ding, welches unter dreierlei Dienstbarkeiten steht und demzufolge unter den Drohungen von dreierlei Gefahren leidet, von der Außenwelt her, von der Libido des Es und von der Strenge des Über-Ichs“*. Aus der erwähnten dreifachen Dienstbarkeit erwächst die dreifache Angst des Ich, als Realangst (vor der Außenwelt), als Gewissensangst (vor dem Über-Ich) und als neurotische Angst (vor den Ansprüchen des Es).

Worin bestehen eigentlich die Wünsche des Menschen? Erste Grundlage des Lebens war für Freud ein Lebenstrieb, dem er die allgemeine Bezeichnung „Libido“ (lat. *libido*, Lust) gab. Libido betrachtete er als Grundbestand des Es. Libido sei Energie und Spannung. Sie suche sich ihre Objekte (wie z.B. den gegengeschlechtlichen Elternteil), besetze diese und gelange durch Genuß der Objekte zu Entladung und Entspannung. Mit der Bildung des Ich und des Über-Ich gehe Libido vom Es auf die neuen Instanzen über. Beim Übergang von Libido zu Ich und Über-Ich erfahre diese eine Differenzierung; neue Objekte (z.B. Abbildungen geliebter Menschen) werden libidinös besetzt. Freud hat seit seinen frühen Schriften zur Neurosenlehre (1898/1972) die Auffassung vertreten, es sei Sexualität, welche den Lebenstrieb präge. Insofern durchziehe das Thema der Sexualität die gesamte Libidoentwicklung. Das psychische Leben widme sich der Befriedigung sexueller Wünsche und leide unter deren Unterdrükkung oder deren krankhafter Verformung.

In seiner Schrift *Jenseits des Lustprinzips* hat Freud (1920/1972) einen weiteren Grundtrieb eingeführt: den Todestrieb. Der Todestrieb dränge zurück zu einem Anfangszustand, zu dem Nichts und dem Chaos, das dem Leben vorangegangen sei. Freud hat die genannte Schrift am Ende des Ersten Weltkriegs verfaßt. Er war selbst nicht an der Front, hat jedoch erlebt, wie die anfängliche Kriegsbegeisterung seiner Landsleute dem Entsetzen über die Langwierigkeit und Grausamkeit der militärischen Auseinandersetzungen wich; auch litt er persönlich unter der Verschlechterung der Versorgung und dem Rückgang seiner Praxis (Gay, 1987/1989, S. 387ff.). Die seiner Sorge entspringende Erweiterung seiner Theorie um den Begriff des Todestriebs beurteilt der Autor selbst als spekulativ. Doch erscheint sie ihm unentbehrlich, um Aggressionen (wie Kämpfen zwischen Völkern) und schlichte Wiederholungen des Gleichen (wie rituell ablaufende Spiele) zu erklären.

Dem vorwärtsstrebenden Liebestrieb und dem rückwärtsgewandten Todestrieb soll das Ich nun seine Befriedigung verschaffen. Doch weil Es und Über-Ich sich darüber entzweien oder weil die Realität dem ihren Widerstand entgegensetzt, gerät das Ich - wie oben bereits erläutert - leicht in Bedrängnis und in Angst.

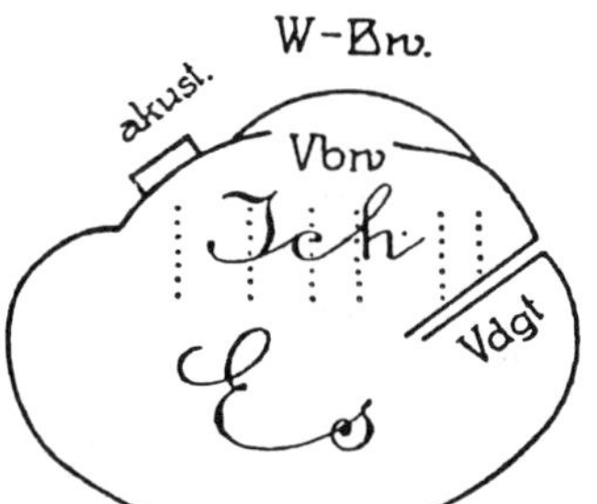

Der „seelische Apparat" in der Darstellung Freuds (1923/1972, S. 252). Zwischen Ich und Es liegt ein unscharfer Übergang. Beim Ich herrschen die Zustände des Wachbewußtseins (W-Bw) und des Vorbewußtseins (Vbw). Das Verdrängte (Vdgt) ist vom Ich scharf getrennt und dem Es zugeordnet. Der Autor hat das Ich noch mit einer „Hörkappe" (akust.) als Zugang zur Außenwelt ausgestattet.

Um sich von Angst - insbesondere von neurotischer Angst und Gewissensangst (s.o.) - zu befreien, benutze das Ich eigene Abwehrmechanismen. Der für die Psychoanalyse zentrale Abwehrmechanismus ist die Verdrängung: Die angstauslösenden Wünsche und die Vorstellungen ihrer Objekte werden aus dem Bewußtsein in das Unbewußte verschoben.

Freud (1915/1946) nimmt noch eine Reihe weiterer Abwehrmechanismen an. Diese wandeln die angstauslösenden Wünsche und ihre Objekte. Zwei dieser Mechanismen sind Projektion und Reaktionsbildung. Unter Projektion versteht man die Zuschreibung angstauslösender eigener Wünsche und Gefühle an andere. (Zum Beispiel: Person A leugnet den eigenen Haß auf Person B; dafür unterstellt A: „B haßt mich".) Reaktionsbildung heißt die Umkehr angstauslösender Wünsche und Gefühle. (Zum Beispiel: Verbotener Haß auf den Vater wird zur Liebe.) Projektion und Reaktionsbildung spiegeln dem Bewußtsein Verhältnisse vor, die weder neurotische Angst noch Gewissensangst hervorrufen. Die Kenntnis der wahren, ängstigenden Verhältnisse kommt freilich nicht völlig abhanden; sie wird nur ins Unbewußte abgedrängt.

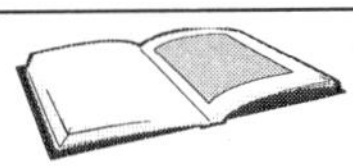

Freud, S. (1900/1973) Die Traumdeutung. *Gesammelte Werke* (Band 2/3). Frankfurt a. M.: Fischer.

Freud, S. (1938/1972). Abriß der Psychoanalyse. *Gesammelte Werke* (Band 17, S. 63-147). Frankfurt a. M.: Fischer.

Freud, S. (1923/1972). Das Ich und das Es. *Gesammelte Werke* (Band 13, S. 235-289). Frankfurt a: M.: Fischer.

Freud, S. (1898/1972). Die Sexualität in der Ätiologie der Neurosen. *Gesammelte Werke* (Band 1, S. 489-516). Frankfurt a: M.: Fischer.

Freud, S. (1920/1972). Jenseits des Lustprinzips. *Gesammelte Werke* (Band 13, S. 1-70). Frankfurt a: M.: Fischer.

Freud, S. (1915/1946). Triebe und Triebschicksale. *Gesammelte Werke* (Band 10, S. 209-232). Frankfurt a. M.: Fischer.

Daß Libido auf das Individuum ausgerichtet ist und erst Verzicht auf individuelle Triebansprüche Kultur hervorbringt, erläutert Freud am Abwehrmechanismus der Sublimation. Als bevorzugtes Fallbeispiel benutzt Freud (1910/1969) Leonardo da Vinci, der im 15. Jahrhundert in Florenz lebte. Leonardo sei als uneheliches Kind bei seiner Mutter aufgewachsen. Die Mutter, deren Beziehung zu Leonardos Vater beendet war, habe ihm als Ersatz für seinen Vater ihre Liebe und Zärtlichkeit zugewandt. In der erfüllten Liebesbeziehung zu seiner Mutter habe er schon als Kind die Rolle des Mannes als Liebesobjekt erfahren. Dies habe einerseits Neugier entfacht, andererseits Homosexualität. Seine Homosexualität habe er als Erwachsener unterdrücken müssen, da die Sittengesetze seiner Zeit sie nicht duldeten; so habe er geschlechtlich enthaltsam gelebt. Umso stärker habe sich seine Libido in Wissenschaft und Kunst entladen, und von seiner intimen Beziehung zu seiner Mutter zeugten seine Gemälde von Frauen mit geheimnisvollem Lächeln - vor allem das Portrait der Mona Lisa und das Bild der Heiligen Anna (im Pariser Louvre). So führe Verdrängung sozial unerwünschter Sexualität zu sozial hochgeschätzten Kulturleistungen. Libido werde derart verfeinert, sublimiert (lat. *sublimis,* erhaben).

Indem das Ich zur Beseitigung innerer Konflikte seine Abwehrmechanismen anwendet und nach seiner Beherrschung der Wirklichkeit Objekte zur Besetzung zuweist, wandeln sich die Grundtriebe. Aus der Zweiheit von Lebens- und Todestrieb wird die Mannigfaltigkeit der vorfindbaren individuellen Wünsche und Bedürfnisse.

Die in das Unbewußte verdrängten Triebregungen, die damit verbundenen, ebenfalls dem Bewußtsein entzogenen Vorstellungen und Affekte ruhen nicht. Mit libidinöser Kraft drängen sie zurück ins Bewußtsein und suchen Verwirklichung im Verhalten. Das Zurückdrängen verdrängter Inhalte ins Bewußtsein hat Freud in seiner *Traumdeutung* (s.o.) geschildert, ihren Einfluß auf das Verhalten in seiner Schrift *Zur Psychopathologie des Alltagslebens*. Das Ich leiste gegen das Zurückdrängen des Unbewußten Widerstand. Dieser Widerstand sei stark, so lange das Bewußtsein wach sei; im Schlaf nehme er ab. In den Erlebnissen des Traumes könnten daher Inhalte des Unbewußten zum Ausdruck kommen. Zwar sei ein offener Ausdruck verdrängter Wunschvorstellungen selbst im Traum selten. Doch gelinge es mitunter, die Schranke zum Bewußtsein zu überwinden wie eine politische Zensur: durch Anspielungen und Verschlüsselungen. So seien dem Leonardo (s.o.) seine zu seiner Zeit verpönten homosexuellen Wünsche in folgender Phantasie zu Bewußtsein gelangt: Ein Geier habe seinen Schnabel in seinen Mund gestoßen. Freud deutet diese Phantasie als Gleichnis des Oralverkehrs zwischen Männern. Der Schnabel des Vogels stehe hier anstelle des männlichen Gliedes. Bilder und Worte, die, selbst unanstößig, im Bewußtsein an die Stelle von anstößigen treten, nennt Freud „Symbole des Unbewußten" (griech. *symbolon,* Zeichen).

Als Auswirkungen unbewußter Strebungen deutet Freud außerdem Fehlhandlungen wie Vergreifen und Versprechen. Als Beispiel führt er (Freud, 1904/1973, S. 188f.) das scheinbar unabsichtliche Fallenlassen einer Vase an. Was zunächst als Mißgeschick erscheint, stellt sich in der Deutung des Autors als Symbolhandlung heraus: Die Vase stammte von einer Frau und vertrat diese im Bewußtsein ihres Besitzers. Der Mann, ein Arzt, wehrte sich gegen eine Bindung an die Frau. Die Zerstörung der Vase entsprach demnach seinem Wunsch, sich der Frau zu entledigen. Leicht als unwillkürlicher Ausdruck verborgener Abneigung zu deuten ist der Versprecher beim Abschied: *„Von nun an hoffe ich euch noch seltener zu sehen"* (Freud, 1904/1973, S. 96).

Freud, S. (1910/1969). Eine Kindheitserinnerung des Leonardo da Vinci. *Gesammelte Werke* (Band 8, S. 127-211). Frankfurt a. M.: Fischer.

Freud, S. (1904/1973). Zur Psychopathologie des Alltagslebens. *Gesammelte Werke* (Band 4). Frankfurt a. M.: Fischer.

10.3.3 Analytische Psychologie

Die Psychoanalyse stand gerade in der Epoche moderner Naturforschung und Naturbeherrschung dafür ein, daß sich in der menschlichen Natur ein schwer zugänglicher Bereich verbarg und daß dessen Dynamik erhebliche Gefahren für Glück und Gesundheit heraufbeschwor. Für die Untersuchung dieses Bereichs schienen die fortschrittlichen Methoden des apparativen Experimentierens und Messens ungeeignet, und so erneuerte die Psychoanalyse die Kunst der Interpretation, die Hermeneutik (griech. *hermeneutike techne,* Fertigkeit im Auslegen von Texten, Erklären von Werken) bis hin zur Traumdeutung. Die psychoanalytische Theorie war allerdings auch bei Autoren umstritten, die Freuds tiefenpsychologischen Ansatz teilten. So entstanden weitere tiefenpsychologische Theorien. Eine der einflußreichsten Alternativen war die Analytische Psychologie Carl Gustav Jungs.

Jung war Schweizer. Er wurde 1875 in Kesswil am Bodensee geboren. Er studierte Medizin und praktizierte ab 1900 am Sanatorium Burghölzli, einer psychiatrischen Klinik der Universität Zürich. 1910 wurde er dort Professor. Jung wuchs in einem protestantischen Pfarrhaus auf. Seine Jugend war erfüllt von Phantasien und Träumen. Sein Lesehunger soll ungewöhnlich groß gewesen sein. Er war aufgeschlossen für Philosophie und Naturkunde. Besonders zogen ihn Ethnologie, Religion und Okkultismus an. Später hat er weite Reisen unternommen und dabei andere Kulturen kennengelernt: Indien, Afrika, die Pueblo-Indianer im amerikanischen Südwesten. Obwohl in erster Linie Arzt, hat Jung sich auch als Erzieher verstanden. Seine Anhänger versammelte er ab 1916 in seinem „Psychologischen Club" in Zürich. Es gibt Hinweise darauf, daß er zeitweise den Club zu einer spirituellen Gemeinschaft zu erweitern trachtete, bei deren Ritualen ihm eine Priesterrolle zugefallen wäre. 1961 ist Jung in Zürich gestorben (Jung, 1962; Noll, 1994).

Ein Thema, das Jungs Schriften durchzieht, sind die Gegensätzlichkeiten im Verständnis der Welt: Licht und Finsternis, Feuer und Wasser, Himmel und Erde - um nur drei von ihnen zu nennen. Solche Gegensätze findet er auch in der Seele des Menschen: Gut und Böse, Männlichkeit und Weiblichkeit, Geist und Tier. Zugleich lehrt Jung: Welt und Seele zerbrechen nicht an ihren Gegensätzen, sondern fügen sie zu einem geordneten Ganzen zusammen. Dadurch finden sie ihre Einheit. Garant der seelischen Einheit sei das Selbst.

Die Zweiheit von Bewußtem und Unbewußtem sei eine der Gegensätzlichkeiten der Seele. Dabei sei das Unbewußte nicht - wie Freud lehrt - in Angst und Konflikt durch Verdrängung aus dem Bewußtsein abgespalten (s. Abschnitt 10.3.2). Vielmehr sei das Unbewußte die ursprüngliche Seelenschicht. Das Bewußtsein habe sich erst spät in der Stammesgeschichte entwickelt - und zwar so rasch, daß das Bewußtsein sich teilweise vom Unbewußten abgekoppelt habe. Daraus ergäben sich Übermittlungsschwierigkeiten. Denn die Darstellung im Unbewußten sei anschaulich, bildlich. Das Bewußtsein bevorzuge dagegen die Begriffe der Sprache. Die Trennung des Unbewußten vom Bewußtsein beruhe daher nicht vornehmlich auf Abwehr, sondern auf Unverständnis für die Bedeutung von Bildern. Die von Freud betonte Verdrängung peinlicher Inhalte ins Unbewußte läßt Jung nur als eine nachrangige Möglichkeit der Verschiebung gelten.

Gegensätzlichkeiten in der alchimistischen Betrachtung der Welt: himmlisch-irdisch, geistig-körperlich (Außenkreis); Sommer-Winter, Männlichkeit-Weiblichkeit, Frühling-Herbst, Himmel-Erde (Kreisinneres) (nach Jung, 1971/1978, S. 9).

Im übrigen bestünde ein lebhafter Austausch zwischen Unbewußtem und Bewußtem, was man u.a. an intuitiven Urteilen und Entscheidungen erkenne (Jung, 1931-1954/1976). Je nach Schicksal und Eigenart bilde somit jeder Mensch seinen eigenen Bestand an unbewußten Erfahrungen aus. Jung nennt dies das „persönliche Unbewußte". Zentral und unverwechselbar ist in der Analytischen Psychologie die Annahme eines allen Menschen gemeinsamen „kollektiven Unbewußten". Im kollektiven Unbewußten sammelten sich grundlegende Menschheitserfahrungen: Naturereignisse (z.B. Blitz und Donner), Lebenserfahrungen (z.B. Geburt und Tod), Lebenspartner (z.B. Vater und Mutter), transzendente Wesen (z.B. der Teufel), die Einheit der eigenen Person (das Selbst). Solche Erfahrungen prägten sich als Bilder ein. Jung nennt sie Urbilder, Archetypen (griech. *archetypon*, Urform). Urbilder formten sich in frühen Menschheitsphasen und würden dann über Generationen weitergegeben. Deshalb wiederholten sie sich auch in verschiedenen Kulturen.

Urbilder aus dem Unbewußten seien dem Bewußtsein nicht ohne weiteres verständlich. Oft erschienen sie als sinnlos oder harmlos, in Märchen und Sagen, in alchemistischen und astrologischen Schriften und anderen als unwissenschaftlich geltenden Quellen. Dann sei es eine wissenschaftliche Aufgabe, die ihnen innewohnende Bedeutung zu entschlüsseln.

„Das kollektive Unbewußte scheint ... aus etwas wie mythologischen Motiven oder Bildern zu bestehen, weshalb die Mythen der Völker die eigentlichen Exponenten des kollektiven Unbewußten sind. Die gesamte Mythologie wäre eine Projektion des kollektiven Unbewußten. ...

Wie es mythologische Theorien gibt, die alles von der Sonne ableiten wollen, so gibt es auch lunare Theorien, die dasselbe mit dem Mond tun wollen. ... Der Mond ist das wechselnde Erlebnis der Nacht. Er fällt daher zusammen mit dem sexuellen Erlebnis des Primitiven, mit dem Weib, das für ihn ebenfalls das Ereignis der Nacht ist."

(Jung, 1931-1945/1976, S. 176, S. 178)

In dieser Deutung wird der Mond zum urtümlichen Bild der Frau. Die Analytische Psychologie hat unermüdlich nach schlichten Bildern mit existentieller Bedeutung gefahndet. Die Bilder wurden - und hier bestand wiederum Übereinstimmung mit der Psychoanalyse - als Symbole des Unbewußten aufgefaßt (s. wieder Abschnitt 10.3.2). Einmal in ihrer Bedeutung erkannt, konnten sie auch bei Individuen entdeckt und gedeutet werden - in ihren spontanen Einfällen, ihrer Wachphantasie, ihren Träumen.

Diese Darstellung des „Himmelskönigs" im *Rosarium Philosophorum* aus dem Jahre 1593 deutet Jung (1944/1972, S. 138) als Sinnbild der Individuation. Unter Individuation versteht der Autor die Entfaltung des Selbst (s.o.). Die einzelnen Bildteile seien als miteinander verbundene Archetypen aufzufassen. Die in der Mitte erhöht stehende Figur symbolisiere das Selbst, ihre beiden Köpfe die jedem Menschen innewohnende Zweigeschlechtlichkeit - Männlichkeit (*animus*) und Weiblichkeit (*anima*). Das Selbst trete weiterhin in Beziehung mit der Schlange, dem Symbol der Bewußtwerdung, und dem Löwen, dem Symbol der Macht.

Bilder können Kräfte binden, aber sie besitzen selbst keine Kraft. Jung (1912/1977) nennt - wie Freud - die Lebenskraft des Menschen Libido. Doch Libido ist für ihn nicht ausschließlich sexuelle Energie. Es ist eine Kraft, die sich aus allen Instinkten des Menschen nährt und in ihrer Richtung nicht von vornherein eindeutig festgelegt ist. Libido ist somit frei für vielseitige Bindungen; sie aktiviert seelische Tätigkeiten wie Wille und Phantasie und dabei seelische Inhalte wie die beschriebenen Archetypen. Libido verhilft auch zur Bewußtwerdung, sofern sie dem Ich zufließt. „Ich" nennt Jung den bewußten Geist mit seinen Wahrnehmungen, Erinnerungen und Einsichten. Doch Libido kann auch unbewußt wirken, und an diesem Punkt setzt Jungs Neurosenlehre an.

In der gesunden Entwicklung verteilt sich Libido über mannigfache seelische Tätigkeiten und Inhalte und schafft so eine reiche und vielseitige Persönlichkeit. Individualität sei möglich und wünschenswert. So könne eine Person ihren Verstand stärken, eine andere ihr Gefühl. Ebenso könnten sich thematische Schwerpunkte ergeben; zum Beispiel könne die Familie in den Mittelpunkt rücken. Im persönlichen Unbewußten (s.o.) können sich auf diese Weise Komplexe bilden, d.h. Netze von Erinnerungen, Wahrnehmungen, Gefühlen. Kerne solcher Komplexe können wiederum Archetypen (s.o.) sein, Themen wie Macht, Wissen, Göttlichkeit, Männlichkeit, Mütterlichkeit. Mit einem Übermaß an Libido ausgestattet, würden solche Komplexe überwertig, beherrschten die Persönlichkeit bis zum Wahn und richteten sozialen Schaden an. Neurosen beruhten somit auf Macht-, Göttlichkeits-, Männlichkeitskomplexen u.ä.; sie würden als Machtgier, Göttlichkeits-, Männlichkeitswahn u.ä. in Erscheinung treten. Als Beispiel schilderte Jung den Mutterkomplex und seine Auswirkungen:

„Die Übersteigerung des Weiblichen bedeutet eine Verstärkung aller weiblichen Instinkte, in erster Linie des Mutterinstinktes. Den negati ven Aspekt davon stellt eine Frau dar, deren einziges Ziel das Gebären ist. Der Mann ist offenkundige Nebensache; er ist wesentlich Zeugungsinstrument ... . Auch die eigene Person ist Nebensache; sie ist sogar oft mehr oder weniger unbewußt, denn das Leben wird

Jung, C. G. (1962). *Erinnerungen, Träume, Gedanken,* aufgezeichnet und herausgegeben von A. Jaffé. Zürich: Rascher.

Noll, R. (1994). *The Jung cult. Origins of a charismatic movement.* Princeton, NJ: Princeton University Press.

Jung, C. G. (1971/1978). Mysterium coniunctionis. *Gesammelte Werke* (Band 14/1). Olten: Walter.

Jung, C. G. (1931-1954/1976). Die Dynamik des Unbewußten. *Gesammelte Werke* (Band 8). Olten: Walter.

Carl Gustav Jung
(1875-1961)

Die tiefenpsychologische Bewegung - Vereinigungen, Zwistigkeiten, Institutionalisierung

Nach dem Erscheinen seiner *Traumdeutung* im Jahre 1902, begann Freud mit dem Aufbau einer Organisation zur dauerhaften Pflege der Psychoanalyse. Akademische Schüler (vor allem Doktoranden) hatte er zu dieser Zeit nicht. Doch eine wachsende Leserschaft erörterte seine Schriften, und er fand Anhänger, meist jüngere Ärzte, die ihre Erfahrungen und Ansichten regelmäßig mit ihm austauschten. Er traf sich mit ihnen jeweils Mittwoch abends. Das war der Beginn der *Wiener Psychoanalytischen Mittwoch-Gesellschaft*. Aus dem Ausland erschienen interessierte Gäste, die ähnliche Gruppen in ihrer Heimat organisierten: Sándor Ferenczi in Budapest, Ernest Jones in London, Max Eitingon und Karl Abraham in Berlin. Seit 1911 rivalisierten in den Vereinigten Staaten sogar zwei Gruppen, die *New York Psychoanalytic Society* und die *American Psychoanalytic Association.* Als besonderen Erfolg vermerkte Freud die Anerkennung in der Züricher Psychiatrie unter dem in der Medizin hoch angesehenen Eugen Bleuler (s. Abschnitt 8.6.2).

Neben einer *Wiener Psychoanalytischen Vereinigung* wurde eine *Internationale Psychoanalytische Gesellschaft* gegründet. Letztere veranstaltete Internationale Psychoanalytische Kongresse. Der erste Kongreß dieser Art fand 1908 in Salzburg statt. Eine Folge dieses Kongresses war die erste Zeitschrift der neuen Richtung, das *Jahrbuch für psychoanalytische und psychopathologische Forschungen.* Im Jahre 1920 folgte in englischer Sprache das *International Journal of Psycho-Analysis.* Dank der Unterstützung eines ungarischen Patienten entstand 1918 ein eigener *Internationaler Psychoanalytischer Verlag* (s. Freud, 1914/1969; Gay, 1987/1989).

Die Ausbreitung der psychoanalytischen Bewegung war allerdings von heftigen Zwistigkeiten begleitet. Einige davon führten zu Abspaltungen. Besonders bedeutungsvoll war die von Alfred Adler in der Wiener Mittwoch-Gesellschaft angefachte Kontroverse über die Organminderwertigkeit (s. Adler 1907/1927). Adler bestritt die beherrschende Rolle der Sexualität. Anstatt dessen nahm er Erfahrungen eigener Unzulänglichkeit als Inhalte des Unbewußten und als Ursache von Neurosen an. Was Menschen vor sich verbergen, seien körperliche Schwächen und Mängel wie Kleinwüchsigkeit und Sprachfehler. Gleichwohl strebten sie danach, für ihre Schwächen und Mängel einen Ausgleich zu schaffen, sie zu kompensieren. In krankhafter Übersteigerung, in Überkompensation, entwickelten sie neurotische Symptome mit sozialschädlichem Verhalten. So beobachte man bei Kleinwüchsigen und Stotterern krankhaften Ehrgeiz. Als Adler 1911 seine Theorie auf die Annahme vom „männlichen Protest" zuspitzte, kam es zum Bruch. Adler behauptete, Frauen (und Männer) faßten ihre Weiblichkeit als Minderwertigkeit auf; im Streben nach deren Kompensation brächten sie neurotische Symptome hervor: übertriebene Männlichkeit mit einer Überbetonung der männlichen Erscheinung (in Kleidung, Frisur, Gebärden u.ä.) sowie mit einem krankhaftem Bedürfnis nach Leistung und Überlegenheit. Adler hatte damit eine Alternative zu Freuds Sexualtheorie der Neurosen entworfen und konnte nicht länger Mitglied in der Psychoanalytischen Vereinigung bleiben. Er hat danach seine Theorie zu einer eigenen Richtung der Tiefenpsychologie ausgearbeitet, die unter dem Namen Individualpsychologie (Adler, 1924/1994) großen Einfluß gewann.

Das Interesse Jungs an der Psychoanalyse hat bei Freud zunächst größte Hoffnungen geweckt. Daher wurde die Trennung von ihm zu einer schweren Enttäuschung. Jung hatte wie Freud Studien an der Salpêtrière in Paris betrieben, wo inzwischen Pierre Janet über Neurosen und Hypnose lehrte. In der Züricher Psychiatrie lernte Jung Schriften Freuds kennen. Es entspann sich ein Briefwechsel zwischen Freund und Jung, dem wechselseitige Besuche in Wien und Zürich folgten. Der fünzigjährige Freud sah in dem dreißigjährigen Jung seinen Nachfolger in der Leitung der Psychoanalytischen Bewegung. Der junge Schweizer wurde 1910 der erste Präsident der Internationalen Psychoanalytischen Gesellschaft. Doch bereits 1914 trat er von seinem Amt zurück und verließ die Gesellschaft.

Der Konflikt hatte sich bereits im Jahre 1909 angebahnt. Freud und Jung waren - nunmehr als Exponenten der neuen Bewegung bis in die Neue Welt bekannt - von der Clark University in Massachusetts aus Anlaß ihres zwanzigjährigen Bestehens zu Vorträgen eingeladen. (Freud erhielt außerdem den Ehrendoktor der Rechte.) Insbesondere die lange Schiffsreise nutzten die Kollegen zu Gesprächen, in denen sie auch gegenseitig ihre Träume analysierten. Bei dieser Gelegenheit wurde die unüberwindliche Abneigung Jungs gegen die Sexualtheorie Freuds offenbar. Freud wiederum störte Jungs Neigung zu religiöser Schwärmerei. Mit der wissenschaftlichen Übereinstimmung schwand die persönliche Eintracht. Mißverständnisse und Rücksichtslosigkeiten häuften sich, so daß später auch andere Mitglieder der Psychoanalytischen Gesellschaft die Trennung begrüßten.

Auf diese Weise ist die tiefenpsychologische Bewegung gewachsen und hat sich dabei zugleich in mehrere Richtungen aufgespalten. Doch ist sie über die Jahrzehnte weitgehend selbständig geblieben; sie ist weder in der akademischen Medizin noch in der akademischen Psychologie aufgegangen. Der Medizin fühlte sie sich zugehörig, waren doch die meisten ihrer Vertreter Ärzte und bildete doch die Behandlung von Patienten ihre unmittelbare Praxis. An den Medizinischen Fakultäten blieb der Tiefenpsychologie die Anerkennung allerdings weitgehend versagt. Man verwahrte sich gegen deren „wissenschaftliche Märchen“ und nahm Anstoß an ihrer Moral.

Eine Eingliederung in die akademische Psychologie haben die tiefenpsychologischen Vereinigungen nie erwogen. Zum einen waren ihnen die in der akademischen Psychologie tonangebenden Richtungen der Bewußtseins- und Verhaltenstheorien ebenfalls nicht gewogen. Zum anderen war die Psychologie in der frühen Blütezeit der Tiefenpsychologie noch kein Heilberuf und insofern kein geeigneter Rahmen für eine Neurosenlehre. Wenn Freud und andere Vertreter der Tiefenpsychologie ihre Theorie als Psychologie bezeichneten, taten sie dies nicht im Anschluß an die sich als neue Einzeldisziplin durchsetzende Psychologie, sondern in der von Reil bestimmten Tradition einer Psychiatrie, die sich auf Erfahrungsseelenkunde stützte (s. Abschnitt 9.4.3). Tiefenpsychologie verstand sich als Seelenkunde, weil sie keine körperlichen Grundlagen neurotischer Symptome annahm.

Auf sich allein gestellt, hat Tiefenpsychologie ihre eigenen Institutionen geschaffen. Über die oben genannten Vereinigungen und Publikationsinstitute hinaus waren das vor allem privat organisierte Lehrinstitute. Das erste dieser Lehrinstitute eröffnete Max Eitingon (s.o.) 1920 in Berlin. Die Ausbildungskonzeption dieses Instituts wurde vorbildlich: Wer als Analytiker anerkannt werden wollte, mußte sich einem Programm mit theoretischen Kursen sowie einer Lehranalyse unterziehen. Doch wer sollte zur Ausbildung zugelassen werden? Eine einflußreiche Gruppe meinte: nur Ärzte. Gleichwohl wurden auch medizinische Laien als Kandidaten in die Institute aufgenommen.

Freud, S. (1914/1969). Zur Geschichte der psychoanalytischen Bewegung. *Gesammelte Werke* (Band 10, S. 43-113). Frankfurt a. M.: Fischer.

Gay, P. (1987/1989). *Freud. Eine Biographie für unsere Zeit.* Frankfurt a. M.: Fischer.

Adler, A. (1907/1927). *Studie über die Minderwertigkeit von Organen.* München: Bergmann.

Adler, A. (1924/1994). *Praxis und Theorie der Individualpsychologie.* Frankfurt a. M.: Fischer.

in den anderen und durch die anderen gelebt, indem man infolge der Unbewußtheit der eigenen Persönlichkeit mit diesen identisch ist. Erst trägt sie die Kinder, dann hängt sie sich diesen an, denn ohne diese hat sie überhaupt keine raison d'etre. ... weshalb dieser Typus bei aller offenkundiger mütterlicher Selbstaufopferung doch gar kein wirkliches Opfer zu bringen imstande ist, sondern seinen Mutterinstinkt mit oft rücksichtslosem Machtwillen bis zur Vernichtung der Eigenpersönlichkeit und des Eigenlebens der Kinder durchdrückt."

(Jung, 1954/1976, S. 102)

Auf dem Hintergrund solcher Erwägungen hat Jung Psychotherapien durchgeführt. Er führte offene Gespräche mit seinen Patientinnen und Patienten, um ihnen Aufklärung über die Inhalte ihres Unbewußten zu verschaffen und leidbringende Komplexe aufzulösen.

Jung, C. G. (1954/1976). Die Archetypen und das kollektive Unbewußte. *Gesammelte Werke* (Band 9). Olten: Walter.

Jung, C. G. (1944/1972). Psychologie und Alchemie. *Gesammelte Werke* (Band 12). Olten: Walter.

Jung, C. G. (1912/1977). Symbole der Wandlung (ursprünglich: Wandlungen und Symbole der Libido). *Gesammelte Werke* (Band 5). Olten: Walter.

Kant, I. (1788/1968). Kritk der praktischen Vernunft. *Werke* (Band 6, S. 105-302), herausgegeben von W. Weischedel. Darmstadt: Wissenschaftliche Buchgesellschaft.

Analytische Psychologie, Tradition und Modernität

Jung hat in seiner Analytischen Psychologie eine Fülle traditioneller Gedanken wiederverwertet. Die Existenz einer alles durchdringenden Kraft der Natur, die Spannung der Welt und des Menschen zwischen Gegensätzen (einschließlich des Gegensatzes von dunkel und hell), die Einheit von Welt und Menschen jenseits aller Gegensätze - diese Ideen schöpft Jung unmittelbar aus der Mystik (Abschnitt 5.1.4) und dem ihr vorangehenden Neuplatonismus (Abschnitt 3.3.4).

Der Begriff des Archetypus hat, bevor ihm Jung in seiner Analytischen Psychologie eine zentrale Stellung einräumt, ebenfalls eine lange Überlieferung in der idealistischen Philosophie. Er bezeichnet dort angeborene Ideen, die nicht durch Anschauung zu erwerben sind, sondern die Anschauung selbst übersteigen. Ihre Vorgabe ermöglicht erst anschauliche Erkenntnis. Kein Geringerer als Kant (Abschnitt 9.1.3) hat ausdrücklich die *natura archetypa* (lat., Urbilder der Natur) behandelt. Damit meinte er Darstellungen der Natur, welche sich zwar in der Sinnenwelt abbilden, deren Gattungszugehörigkeit (z.B. Blume, Tier) und andere kategoriale Einordnungen jedoch nur Vernunft zu erkennen vermag (Kant, 1788/1968, S. 157).

In seiner Lehre vom kollektiven Unbewußten (s.o.) hat Jung freilich die mystisch-idealistische Traditionslinie im Sinne der sich damals gerade durchsetzenden Völkerpsychologie (s. Abschnitt 8.4.1) und Evolutionstheorie (s. Abschnitt 8.2.2) modern umgedeutet. Das bei der Geburt vermittelte elementare Wissen von Naturereignissen und Menschenschicksalen ist dem Menschen nicht aus einer fernen Ideenwelt zugeflogen; es ist ebensowenig von einem göttlichen Geist geschenkt. Vielmehr hat es die Menschengemeinschaft selbst als ihren kollektiven Geist erworben und pflanzt ihn über Generationen fort als Stück ihrer eigenen Natur. So reiht Jung Archetypen ein unter die Naturgegebenheiten.

10.3.4 Neopsychoanalytische Richtungen

Die Nachfolger der tiefenpsychologischen Gründergeneration standen vor der Wahl, die überlieferte Lehre getreu zu bewahren, sie zu präzisieren und zu komplettieren oder ihr im Interesse größeren Einvernehmens ihre Schärfen zu nehmen. Ein Autor, der die Psychoanalyse theoretisch und praktisch radikalisierte, war Wilhelm Reich (1897-1957). Schon als Medizinstudent wurde er Mitglied der Wiener Psychoanalytischen Vereinigung. Den Begriff der Libido verengte er noch radikaler als Freud selbst auf die biologische Sexualität. Die Unterdrückung von Sexualität erschien ihm schlechthin als Ursache aller Neurosen, der Orgasmus als einzige Rettung vor dem verhängnisvollen Stau der Sexualenergie (Reich, 1927/1987). Zugleich marxistisch orientiert, rief Reich zur sexuellen Revolution auf und gründete 1930 in Berlin den *Deutschen Reichsverband für proletarische Sexual-Politik* als Träger einer „Sexpol-Bewegung“. Sein Einsatz für die Sexpol-Bewegung führte zum Ausschluß aus der Internationalen Psychoanalytischen Vereinigung und aus der Kommunistischen Partei (Boadella, 1981). Die Studentenbewegung der sechziger Jahre hat Reichs Mischung aus politischer und psychologischer Revolutionstheorie jedoch mit Begeisterung aufgegriffen.

Ein anderer Weg war: Psychoanalyse als Lehre von den unbewußten Vorstellungen und Bedürfnissen sowie von den sozialen Ursachen psychischer Leiden fortzuschreiben, ohne die empirisch schwer belegbaren und theoretisch umstrittenen, leicht als eigensinnig und zeitgebunden zu beurteilenden Bestandteile Freudianischen Denkens zu übernehmen. Das Ergebnis war eine Psychoanalyse ohne Ödipuskonflikt und Penisneid, ohne auf Sexualität reduzierte Libido und ohne Todestrieb. Ein Autor, der sich als Theoretiker und Praktiker dieser neuen Richtung der Psychoanalyse einen Namen gemacht hat, war der aus dem Frankfurter Institut für Sozialforschung (s. Abschnitt 10.1.1) hervorgegangene Erich Fromm (1900-1980). Aufschluß über seine kritische Verbundenheit mit der klassischen Psychoanalyse gibt sein Buch *Sigmund Freuds Psychoanalyse - Größe und Grenzen*. In gleicher Richtung wirkte die in dem Berliner Psychoanalytischen Institut ausgebildete Karen Horney (1885-1952), die 1932 in die USA emigrierte und in New York zur Abgrenzung von den Vertretern der traditionellen Psychoanalyse eine eigene Vereinigung gründete: die *Association for the Advancement of Psychoanalysis* (Paris, 1996).

Horney macht sich zahlreiche Begriffe und Annahmen der traditionellen Psychoanalyse (vgl. Abschnitt 10.3.2) zu eigen:

- die Existenz unbewußter Motive,
- die emotionale Natur des Unbewußten,
- die Verdrängung aus vordergründiger Rationalität,
- das Entstehen von Neurosen durch Fehlverarbeitung von Konflikten,
- die Symbolfunktion von Traum und Phantasie,
- psychische Vorgänge von der Art der Freudianischen Abwehrmechanismen: Projektion (z.B. Zuschreibung eigener Haßgefühle gegenüber anderen Personen), Reaktionsbildung (z.B. Umschlagen von Liebe in Haß), kulturelle Veredelung (z.B. Befriedigung unerfüllter Liebe in der Kunst),
- die prägende Kraft frühkindlicher Konflikte und Enttäuschungen und daher
- die große Bedeutung von Familie und Erziehung für das spätere Glück, die Gesundheit und die soziale Anpassung von Individuen.

Reich, W. (1927/1987). *Die Funktion des Orgasmus*. Köln: Kiepenheuer & Witsch.

Boadella, D. (1981). *Wilhelm Reich*. München: Scherz.

Fromm, E. (1979/1980). *Sigmund Freuds Psychoanalyse - Größe und Grenzen*. Stuttgart: Deutsche Verlagsgesellschaft.

Paris, B. J. (1994/1996). *Karen Horney. Leben und Werk*. Freiburg im Breisgau: Kore.

Horney, K. (1939/1977). *Neue Wege in der Psychoanalyse*. München: Kindler.

In den Mittelpunkt ihrer Theorie stellte Horney nicht den Gewinn von Lust sondern den Erhalt von Geborgenheit:

„Was ... all den Trieben ihre besondere Stärke verleiht, ist der Umstand, daß sie sowohl der Befriedigung als der Sicherheit dienen. Der Mensch wird nicht vom Lustprinzip allein beherrscht, sondern von zwei leitenden Prinzipien: Sicherheit und Befriedigung. Da der Neurotiker mehr unter Angstzuständen zu leiden hat als der seelisch Gesunde, muß er unendlich viel mehr Energie zur Aufrechterhaltung seiner Sicherheit aufwenden, und die Notwendigkeit einer ständig lauernden Angst gegenüber Beruhigung zu finden, macht seine Wünsche so stark und hartnäckig. Der Mensch kann solange auf Nahrung, Geld, Achtung, Liebe verzichten, als er damit nur auf gewohnte Befriedigungen verzichtet, aber er kann auf diese Dinge nicht verzichten, wenn er ohne sie in die Gefahr der Not und des Hungers käme oder sich hilflos allgemeiner Feindschaft ausgesetzt sähe, mit anderen Worten, wenn er das Gefühl der Sicherheit verlöre."

(Horney, 1939/1977, S. 59)

Tiefenpsychologie, Bolschewismus und Nationalsozialismus

Nach der Oktoberrevolution im Jahre 1917 stieß die Psychologie des Unbewußten in der Sowjetunion zunächst auf den Widerstand der materialistischen Doktrin der Reflexologie (Abschnitt 10.2.3). In den dreißiger Jahren wurde sie von der neu legitimierten Bewußtseinspsychologie (s. Abschnitt 10.4.1) bekämpft. Schließlich hat unter der Herrschaft Stalins das Zentralkomitee der Kommunistischen Partei die Psychologie des Unbewußten verboten. Das Verbot hat die Verbreitung und Anwendung der Lehre in der Sowjetunion jedoch nicht vollständig verhindert (Etkind, 1993/1996). Nach der Auflösung der Sowjetunion hat der russische Präsident Jelzin im Jahre 1996 mit einem Dekret das Verbot aufgehoben.

In Deutschland lehnte der Nationalsozialismus die Psychoanalyse Freuds und die Individualpsychologie Adlers ab - vorgeblich wegen der jüdischen Herkunft der beiden Autoren. Der Vorwurf, ihre Suche nach verborgenen Psychopathien verrate den „zersetzenden jüdischen Geist" und sei daher „volksschädlich", begründete das Verbot ihrer Schriften, ihrer Lehren und ihrer Praxis. Die Analytische Psychologie Jungs wurde dagegen als „germanisch" und aufbauend anerkannt; einige ihrer maßgeblichen Vertreter haben sie den damaligen Machthabern auch so empfohlen. In der Tat ließen sich Kampfbegriffe des Faschismus wie Blut und Boden, Volk und Führer als Stammeserbe in der Tiefe der Seele deuten. So war es kein Zufall, daß 1931 in Berlin eine C. G. Jung-Gesellschaft gegründet wurde und Jung 1933 den Vorsitz in der *Allgemeinen ärztlichen Gesellschaft für Psychotherapie* übernahm. Die deutsche Sektion der Gesellschaft erklärte ihren Willen,

„unter bedingungsloser Treue zu dem Führer des deutschen Volkes, Adolf Hitler, diejenigen deutschen Ärzte zusammenzufassen, die willig sind, im Sinne der nationalsozialistischen Weltanschauung eine seelenärztliche Heilkunst auszubilden oder auszuüben ..."

(nach Lockot, 1985, S. 62).

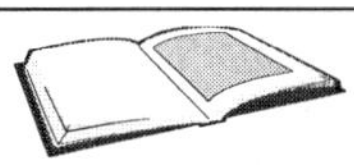

Etkind, A. (1993/1996). *Eros des Unmöglichen. Die Geschichte der Psychoanalyse in Rußland.* Leipzig: Kiepenheuer.

Lockot, R. (1985). *Erinnern und Durcharbeiten. Zur Geschichte der Psychoanalyse und Psychotherapie im Nationalsozialismus.* Frankfurt a. M.: Fischer.

Krankheit, persönliches Unglück und sozialer Konflikt sind also kein unvermeidliches Schicksal - hier widerspricht Horney Freud, sondern Folgen abwendbarer Fehlentwicklungen. Es bedarf auch keines Blicks in die Frühzeit menschlicher Kultur, um verborgene Motive und Vorstellungen zu deuten - damit entfernt sich Horney von Jung. Was Tiefenpsychologie zu behandeln hat, sind Fehlanpassungen, die von zentralen Emotionen der Angst und der Hilflosigkeit herrühren. Eine unfreundliche Lebenswelt mit Kriegen, politischem Terror und wirtschaftlicher Not ist ein Nährboden für das Wachsen solcher Emotionen - das verkennt die Autorin nicht, die Krieg, Diktatur und Wirtschaftskrisen selbst erlebt hat. Doch prägend für eine lebenslange Grundangst sei doch die Familie. In der Beziehung zu den Eltern lerne das Kind entweder Sicherheit und Vertrauen oder Unsicherheit und Angst. Als erste Orientierung erworben, bleibe diese Grundeinstellung lange erhalten; durch neue Erfahrungen in der Jugend und im Erwachsenenalter sei sie nur schwer zu verändern.

Einen Grundkonflikt innerhalb der Familie nimmt auch Horney an: In seinem Streben nach Befriedigung sei das Kind auf die Unterstützung der Eltern angewiesen. Die Eltern nehmen also gegenüber dem Kind eine ambivalente Rolle ein: als Helfer und als Hindernis auf dem eigenen Wege zur Befriedigung. Die Erfahrung der Abhängigkeit von den Eltern münde dann in Feindseligkeit ihnen gegenüber.

Angst, Unsicherheit, Feindseligkeit würden aus dem Bewußtsein verdrängt und mit den Mitteln der Abwehr (s.o.) weiter verarbeitet. Persönlich belastend und sozial schädlich würde die Fehlanpassung, indem sie Motive neurotisch überforme. So erhielten natürliche und soziale Bedürfnisse nach Liebe, Anerkennung und Unterstützung, nach Macht und Leistung, nach Unabhängigkeit und Vollkommenheit krankhafte Züge.

Merkmale der neurotischen Fehlanpassung seien:

- Zwanghaftigkeit, d.h. die Unfähigkeit, auf Liebe, Macht, Leistung u.ä. ganz oder zeitweilig zu verzichten,
- Absolutheit, d.h. die Neigung, eigene Ziele und Bedürfnisse ohne Rücksicht auf Folge- und Nebenwirkungen durchzusetzen (z.B. auf eigener Unabhängigkeit bestehen und dabei andere im Stich lassen oder sich selbst späterer Unterstützung berauben),
- Situationsunangepaßtheit, d.h. das Verfolgen von Zielen bei ungünstiger oder sozial nicht annehmbarer Gelegenheit (z.B. Arbeiten trotz unzureichender Mittel fortsetzen, in der Liebesbeziehung die eigene Überlegenheit zu beweisen suchen),
- Fassadenhaftigkeit, d.h. die Erscheinung geringer innerer Beteiligung an äußerlich intensiv verfolgten Zielen. Die Erklärung der Fassadenhaftigkeit: Ziele wie Macht, Unabhängigkeit, Vollkommenheit, Liebe werden gar nicht um selbst willen angestrebt, sondern lediglich zur Bekämpfung von Unsicherheit und Angst (z.B. ein politisches Amt zur Selbstbestätigung annehmen, ohne an den damit verbundenen Aufgaben Interesse zu zeigen).

Das tiefenpsychologisch geführte Gespräch könne Erscheinungsweisen und Ursprünge von Neurosen ermitteln und Patienten Einsicht davon verschaffen. Diese Einsicht könne Angst und Unsicherheit abbauen und dadurch Patienten von neurotischen Leiden befreien.

Karen Horney (1885-1952)

10.4 Kognitivismus

10.4.1 Geist, Bewußtsein, Erkenntnis

Der moderne Kognitivismus hat viele Geburtshelfer, aber keinen übermächtigen Gründungsvater. Zahlreiche Schriften bahnen ihm den Weg, aber ein umwälzendes Werk, das seine Epoche eröffnet, ist nicht zu nennen. Der Kognitivismus entfaltet sich vielmehr aus einem Kranz von Themen und Prinzipien, die allesamt der rationalistischen und empiristischen Erkenntnistheorie (Abschnitte 5.2, 5.3) entstammen:

- Phänomenologie. Beschreibung der Inhalte des individuellen Bewußtseins: Empfindungen, Urteile, Gefühle, Werte, Beziehungen u.ä. (z.B. Freude über die Genesung des Geliebten, dem Fahrer die Schuld an dem Unfall zuschreiben).
- Erkenntniswert von Bewußtseinsinhalten. Sind Bewußtseinsinhalte wahr, d.h. stellen sie eine Wirklichkeit jenseits des Bewußtseins dar? (Brennt z.B. im Haus wirklich ein Feuer, wenn man ein Feuer riecht?) Sind sie praktisch bedeutsam, d.h. sichert es den Erfolg von Handlungen, wenn diese sich nach Bewußtseinsinhalten richten? (Nützt es z.B., aufgrund des Geruchs von Feuer Nachbarn zu alarmieren?)
- Erkenntnisfunktionen, d.h. einerseits die (beobachtbaren) Erkenntnisleistungen, andererseits die ihnen zugrunde liegenden (meist schwer erfaßbaren) Erkenntnisprozesse. Zu den Leistungen der Erkenntnis zählen u.a.: Das Seh-, Hör- und Riechvermögen, die Fähigkeiten der Erinnerung und der Vorstellung, der Schlußfolgerung und des Urteils. Auf welche Weise, in welchen Prozessen kommen die Leistungen zustande? Wie unterscheidet z.B. das Auge die Farben? Wie verknüpft das Gedächtnis neues und altes Wissen über denselben Gegenstand? In welchen Schritten vollzieht sich das schlußfolgernde Denken? Warum ist der Ärger über einen absichtlich zugefügten Schaden größer?
- Aufbau des Erkenntnisapparats. Welcher Funktionseinheiten und -verbindungen bedarf es, um die angenommenen Erkenntnisprozesse zu vollziehen und beobachtbare Erkenntnisleistungen hervorzubringen? Als solche Funktionseinheiten wurden u.a. ermittelt: Sinnesorgane, welche physikalische Merkmale der Umwelt erfassen (z.B. das für Schallwellen empfindsame Innenohr), eine Einheit zur Lenkung der Aufmerksamkeit (z.B. zum Ausfiltern einer Sprechstimme aus einem Schallgewirr), getrennte Gedächtnisse für kurzzeitiges und langzeitiges Behalten (z.B. Merken einer Telefonnummer für die Dauer des Wählens und Merken der Telefonnummer für die Dauer eines ganzen Tages).

Schon als im Humanismus des 16. Jahrhunderts die Psychologie sich als Theorie des menschlichen Geistes bestimmte, hat sie sich dem Studium von Bewußtseinsinhalten und Erkenntnisfunktionen verschrieben. Und als sie sich im 19. Jahrhundert als Einzeldisziplin verselbständigte, tat sie das dies, um sich vor allem der Erforschung des Bewußtseins zu widmen (s. Abschnitte 4.3, 9.2.1). So war Psychologie für ihre gelehrten Vertreter wie für ihre gebildeten Freunde die Wissenschaft vom menschlichen Geist und vom menschlichen Erkenntnisvermögen. Erst als mit Behaviorismus und Reflexologie konkurrierende Ansätze auftraten, welche Geist, Bewußtsein und Erkenntnis als wissenschaftliche Gegenstände verwarfen (s.o. Abschnitt 10.2), wurde es nötig, das Festhalten an Problemen und Theorien des Erkennens in der Psychologie ausdrücklich zu bekunden. Dies geschah in englischsprachigen Schriften durch programmatische Betonung der Begriffe „*cognition*“ und „*cognitive*“. Die Begriffe waren keineswegs neu; sie dienten schon vorher als Übersetzungsäquivalente für „Erkenntnis“ und „geistig“. Der Ansatz schien wichtig genug, um eine eigene Richtung der Psychologie zu begründen, die schließlich im englischen

Sprachraum als „*cognitive psychology*“ propagiert wurde. Bald übernahm man im Bereich der deutschen Sprache diese Bezeichnung in lautähnlicher Übertragung als „Kognitive Psychologie“. Ältere Bezeichnungen wie „Erkenntnis“ und „geistig“ wichen dann den Lehnwörtern „Kognition“ und „kognitiv“ (vgl. Prinz, 1976).

Lange und häufig benutzt, ist der Begriff der Kognition unscharf und reich an Nuancen. Insbesondere sind zwei Bedeutungen der Bezeichnung „Kognitive Psychologie“ zu unterscheiden. Man versteht darunter

- ein Programm zur Untersuchung kognitiver Fähigkeiten wie Wahrnehmen und Denken (s.o.), d.h. eine Psychologie kognitiver Domänen, oder
- ein Programm zur Deutung von Bewußtsein und Verhalten als einsichtsvoll, vernunftgeleitet und selbstbestimmt, d.h. eine Psychologie nach einem kognitiven Paradigma.

Für die Erforschung kognitiver Funktionen bzw. Domänen findet man auch den Namen „Kognitionspsychologie“. Deutungen im Rahmen des kognitiven Paradigmas werden oft schlicht „kognitive Theorien“ genannt (zur Unterscheidung von Domänen und Paradigmata s. Abschnitt 1.1.1).

Der Begriff „Kognitivismus“ umreißt somit eine besondere theoretische Richtung in der modernen Psychologie. Nicht länger unumstritten gleichzusetzen mit Psychologie schlechthin, ist Kognitivismus zu einer Bewegung geworden, die ihr eigenes Programm pflegt und sich gegenüber Konkurrenten durchzusetzen sucht.

Hinzugefügt sei: Indem kognitivistische Forschung geistige Leistungen zu ihrem Gegenstand macht, schließt sie körperliche Tätigkeiten (z.B. Handarbeiten, Turnübungen) keineswegs aus ihrer Betrachtung aus. Denn aus kognitivistischer Sicht sind alle Tätigkeiten vernunftgeleitet; besonders die zielgerichteten Muskelbewegungen sind durch kognitive Prozesse geplant, gesteuert und geregelt. Man setzt sie streng von Reaktionen und Reflexen (s. Abschnitt 10.2.3) ab und bezeichnet sie im Unterschied zu diesen als „Handlungen“.

Die Vielfalt kognitivistischer Ansätze ist beträchtlich und kann im folgenden lediglich an vier Schwerpunkten dargestellt werden:

- Theorien zur kognitiven Ordnung, insbesondere die Gestalttheorie und Piagets Strukturalismus.
- Theorien der sozialen Kognition, insbesondere Heiders Analyse der Alltagsbegriffe.
- Handlungstheorien, insbesondere die Feldtheorie Lewins und Tolmans Lerntheorie.
- Funktionalistische Theorien, insbesondere kybernetische und informationstheoretische Ansätze.

10.4.2 Kognitive Ordnung und Ordnung der Natur: Gestalttheorie und Strukturalismus

In seinem Rückblick auf rund fünfzig Jahre psychologischer Erkenntnistheorie stellt Jean Piaget (1968/1980) drei zentrale Merkmale bedeutungsvoller Bewußtseinsinhalte fest:

- Ganzheit,
- Transformierbarkeit und
- Selbstregulation.

Zur Veranschaulichung betrachte man dieses Punktmuster:

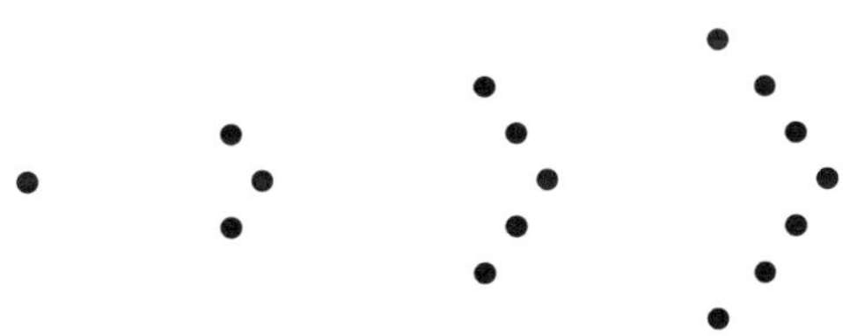

Das Muster erscheint als „Schar von Winkeln“. Jeder Winkel scheint aus zwei Schenkeln zu bestehen. Betrachter sehen die Schenkel als Linien, obwohl solche nicht eingezeichnet sind, und übersehen darüber die eingezeichneten Punkte. Für die Erscheinung der „Winkelschar“ sind die Punkte tatsächlich entbehrlich. Man kann sie durch Buchstaben ersetzen - wie im folgenden Bild:

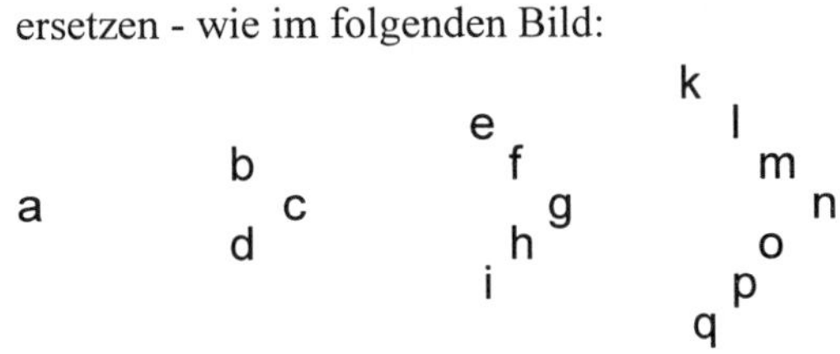

Die abgebildeten Muster aus Punkten und Buchstaben stammen von Max Wertheimer (1923, S. 305). Wertheimer hat daran das Verhältnis eines Ganzen zu seinen Elementen erläutert. Die Punkte seien Elemente, das erlebte Muster der Winkelschar ein Ganzes. Der Eindruck des Ganzen beruhe auf der Anordnung seiner Elemente, ihrer räumlichen Beziehung (u.a. liegen die Punkte auf einer Schar paralleler Winkel). Buchstaben in gleicher Anordnung bilden dieselbe räumliche Beziehung. Insofern seien die Punkte durch Buchstaben ersetzbar. Wertheimer behauptete, im Bewußtsein träten Ordnungsgefüge hervor, und diese Ordnungsgefüge seien nur als Ganze aufzufassen. Den einzelnen Elementen falle in den Ordnungsgefügen jeweils eine Rolle zu (ein Punkt wird z.B. zur „Spitze“ eines Winkels). Doch die Rolle jedes Elements lasse sich erst aus dessen Beziehung zu anderen Elementen ermitteln (z.B. wird ein Punkt erst zur Spitze eines Winkels, wenn andere Punkte sich zu dessen Schenkeln verbinden lassen). Das Ganze - so Wertheimer - sei daher mehr als eine Und-Summe seiner Elemente. Ganzheitliche Ordnungsgefüge nannte Wertheimer „Gestalten“. Vor allem mit Wolfgang Köhler (1929) und Kurt Koffka (1935) widmete er sich der Analyse von Gestalten und entwickelte damit die Richtung der Gestalttheorie.

Im Mittelpunkt von Wertheimers wahrnehmungspsychologischen Untersuchungen stand die Frage nach „Gestaltgesetzen“, d.h. nach Regeln der Gestaltbildung. Wieder ein Beispiel (nach Wertheimer, 1923, S. 326):

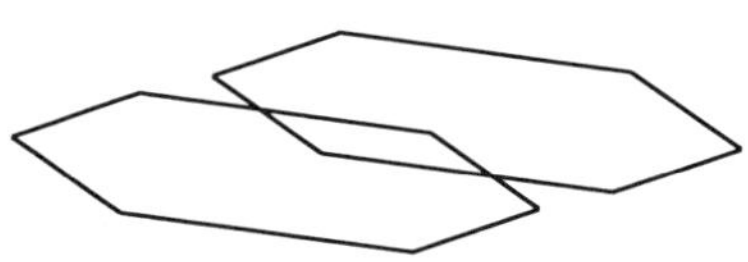

In der obigen Zeichnung erkennt man zwei einander überschneidende Sechsecke. Bei anderer Anordnung derselben Figuren erkennt man ein großes Sechseck, das ein kleines Viereck umschließt:

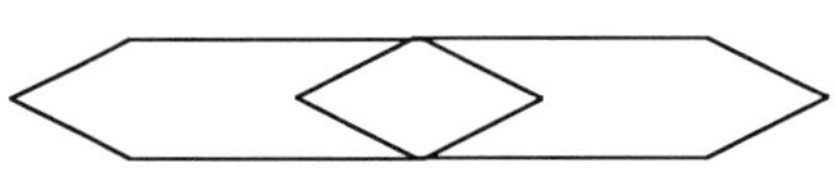

Wertheimer erklärt beide Sichtweisen als Ausdruck einer „Tendenz zur guten Gestalt“. „Gut“ ist dabei wahlweise als „einfach“, „geschlossen“, „gleichmäßig“ zu verstehen. In beiden Zeichnungen wurden lediglich zwei geschlossene Teilfiguren (zwei Sechsecke oder ein Sechseck und ein Viereck) gesehen, nicht etwa drei geschlossene Figuren oder mehrere offene Figuren oder gar zahlreiche Geraden, Fragmente aus Geraden oder Punkte. So dränge die Wahrnehmung stets nach Einheit und Einfachheit, nach Güte und Prägnanz.

Was Piaget als Transformation bezeichnet (s.o.), hat Herta Kopfermann, eine Doktorandin Wertheimers, am Fall der räumlichen Perspektive dargestellt. Man erlebt Körper dreidimensional - mit Höhe, Breite, Tiefe. Je nach Perspektive, d.h. nach Blickrichtung, erscheint derselbe Körper verschieden. Sogar in einer zweidimensionalen Zeichnung läßt sich ein Körper abbilden - wie dieser Würfel:

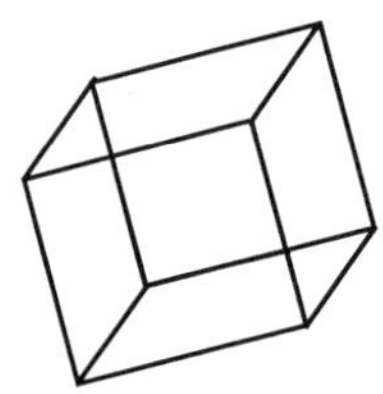

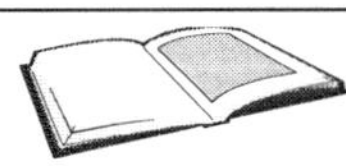

Prinz, W. (1976). Kognition, kognitiv. In J. Ritter & K. Gründer (Hrsg.). *Historisches Wörterbuch der Philosophie* (Band 4, S. 866-877). Basel: Schwabe.

Piaget, J. (1968/1980). *Der Strukturalismus*. Stuttgart: Klett-Cotta.

Wertheimer, M. (1923). Untersuchungen zur Lehre von der Gestalt. II. *Psychologische Forschung, 4,* 301-350.

Köhler, W. (1929). *Gestalt psychology*. New York: Liveright.

Koffka, K. (1935). *Principles of Gestalt psychology*. New York: Hartcourt.

Kopfermann, H. (1930). Psychologische Untersuchungen über die Wirkung zweidimensionaler Darstellungen körperlicher Gebilde. *Psychologische Forschung, 13,* 293-364.

Das ist so zu erklären: Menschen verfügen über Standardvorstellungen. Gestaltpsychologen nennen sie „prägnante Gestalten", andere kognitivistische Autoren „Invarianten". Dazu gehört das Bild eines Würfels, beschränkt auf seine unentbehrlichen und damit invarianten (d.h. unveränderlichen) Merkmale, in dieser Beschränkung in seiner besten Form und damit prägnant (lat. *praegnans*, trächtig). Die Erscheinung von Gestalten bzw. Invarianten kann nun wechseln - wie das Bild eines Würfels aus unterschiedlicher Perspektive, in dreidimensionaler (räumlicher) oder zweidimensionaler (flächiger) Darstellung. In diesem Sinne werden Standardvorstellungen transformiert, d.h. umgeformt.

Ein zentrales Problem in der Untersuchung Kopfermanns ist das Verhältnis von Prägnanz und Transformation. Die Autorin veranschaulicht dies an zwei weiteren Zeichnungen von Würfeln (nach Kopfermann, 1930, S. 298):

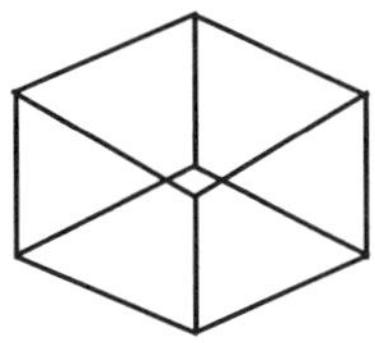

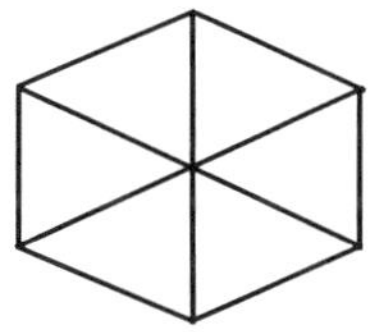

Offensichtlich ist die obere Zeichnung nicht ganz leicht als Würfel zu erkennen, die untere Zeichnung nur ganz schwer. Der Grund: Die beiden Darstellungen gleichen zunehmend einer prägnanten zweidimensionalen Figur, einem „Sechseck mit Achsen".

Aufschlußreich ist die Betrachtung der oberen Zeichnung: Ihr Eindruck ist instabil. Man sieht abwechselnd einen Würfel und ein Sechseck, nur mit großer Mühe beide gleichzeitig. Bei unbefangener Betrachtung wechseln die beiden Eindrücke „wie von selbst", als würden sie „kippen". Diese Beobachtung veranschaulicht Piagets Begriff der Selbstregulation (s.o.). Gestalten, Ganzheiten im Bewußtsein bilden sich selbsttätig, zwanglos heraus. Sie werden nicht etwa durch äußere Kräfte hergestellt, aufgezwungen.

Die Gestalttheorie hat die Ganzheitlichkeit und Prägnanz von erlebten Gestalten auf die Dynamik und Ordnung der Natur selbst zurückgeführt. Im Bewußtsein bildeten sich Figuren vorzugsweise rechtwinklig ab; Menschen tendierten dazu, rechte Winkel herzustellen (z.B. in der Architektur). Entspreche dies nicht in der Natur der Wirkung der Schwerkraft? Als „gute Gestalt" erlebten Menschen den Kreis. Bringe nicht die Natur selbst bevorzugt Kreisformen hervor, und zwar aufgrund ihrer Tendenz zur Energieverteilung in Medien (z.B. breiten sich elektrische Felder kreisförmig aus)? Köhler (1920) hat diese These zu seiner Isomorphietheorie (griech. *isos,* gleich; *morphe,* Gestalt) ausgebaut. Der physikalische Raum, das Gehirn, das Bewußtsein - sie seien Teile der gleichen Natur. In allen wirkten die gleichen Gestaltgesetze. Deshalb stellten sich in jedem Medium erneut die gleichen Gestalten ein. Zum Beispiel breite sich auf der heißen Suppe geschmolzenes Fett als „Fettauge" kreisförmig aus; in gleicher Weise nehme im Bewußtsein das Bild des Fetts die Kreisform an. Köhler hält auch Gestalttendenzen bei Vorgängen im Gehirn für möglich - z.B. eine kreisförmige Erregungsausbreitung auf der Sehrinde. Unterschiedliche Medien gelangten dabei unabhängig voneinander zu derselben Ordnung. Kreisformen gesehener Figuren bildeten sich z.B. im Bewußtsein selbsttätig, ohne Einwirkung der kreisförmigen Erregung auf der Sehrinde oder der Kreisform des gesehenen physikalischen Körpers. Isomorphie, d.h. Gestaltgleichheit (s.o.), ergebe sich auf den jeweiligen Ebenen der Außen- und Innenwelt parallel nach Maßgabe der gleichen Naturdynamik.

Die Gestalttheorie setzt also ein Naturganzes voraus, das durch eigene Ordnungstendenzen zu Regelmäßigkeit und Vollkommenheit strebt. Damit knüpft sie an rationalistische sowie romantische Lehren von der Ganzheitlichkeit und Güte der Natur sowie der in ihr wirkenden Kräfte der Selbstorganisation an (vgl. Abschnitte 2.3.2, 5.2.1, 8.1.2, 9.2.3).

Kognitive Wende und Neuhumanismus

Wie ein Sieg wurde in den USA und bald darauf auch in Westeuropa eine „kognitive Wende“ ausgerufen. Dies ging einher mit dem Erstarken kognitionspsychologischer Forschung und kognitiver Theorien. Insbesondere gegenüber dem Behaviorismus konnte sich der Kognitivismus immer besser behaupten; nach häufiger Defensive gewann er zunehmend die Oberhand. Was freilich mit den dramatischen Ausdrücken „Sieg“ und „Wende“ belegt wird, war weitgehend eine Krise innerhalb des Behaviorismus selbst. Jüngere Forscher, von denen man die Fortführung der behavioristischen Tradition erwartete, bedienten sich kognitivistischer Konzepte, um Begrenztheiten der behavioristischen Theorie und Methode zu überwinden.

Den Übergang bzw. die Rückkehr vom behavioristischen zum kognitivistischen Ansatz erkennt man recht deutlich in Neissers *Cognitive Psychology* aus dem Jahre 1967 - ein Buch, das häufig als Markstein der kognitiven Wende angeführt wird. Der Autor erkennt das behavioristische Reiz-Reaktionsschema als Ausgangspunkt für psychologische Fragestellungen durchaus an. Er bemängelt aber die Enthaltsamkeit behavioristischer Autoren bezüglich der inneren Prozesse, die zwischen dem Eintreffen eines Reizes und der folgenden Reaktion liegen. Bevor ein Reiz im Verhalten seine Wirkung zeige, durchlaufe er mehrere Wandlungen und diese seien wiederum die Folge innerer Bearbeitungsprozesse. Diese inneren Prozesse nannte der Autor kognitiv. Unbeschadet aller methodischen Unsicherheiten und Vorbehalte, forderte er die Analyse dieser Vorgänge. Was er an Untersuchungsbeispielen vortrug, stammte aus dem Repertoire der experimentellen Bewußtseins- und Assoziationspsychologie (s. Abschnitt 9.3.3) Er erweiterte es mit Hilfe moderner Methoden (z.B. der Tachistoskopie, d.h. der schnellen Reizdarbietung) und mit neuen theoretischen Ansätzen (z.B. der Informationstheorie). Zwischen Sinnesreizung und Reaktion schoben sich in Neissers kognitiver Psychologie Speicher-, Aufmerksamkeits- und Vorstellungsprozesse, ereigneten sich Merkmalsanalysen (engl. *feature analysis*) und bildeten sich Zusammenhänge (engl. *synthesis*).

Widerspruch regte sich ebenfalls gegen den von behavioristischer Seite befürworteten Sozialdarwinismus und die darauf aufbauenden Techniken der Verhaltenskontrolle (s. Abschnitt 10.2.3). Eine Gruppe gesellschaftspolitisch engagierter Psychologinnen und Psychologen - unter ihnen Charlotte Bühler, Kurt Goldstein, Abraham Maslow, Carl Rogers, Henry Murray und David Riesman - bekräftigten im Sinne der idealistischen Ethik die Verpflichtung auf bürgerliche Werte. Sie forderten vor allem die Beachtung von Menschenwürde und Freiheit und wählten für ihre Richtung einen Namen, der an die Befreiung des Menschen in der Renaissance (s. Abschnitt 4.3) erinnert: Humanistische Psychologie. Die Humanistische Psychologie trat in der Wissenschaft für Forschungen und Theorien ein, welche den Menschen in seiner Kreativität, seiner Sinnhaftigkeit und seiner Selbstbestimmung zeigen. Praxis sollte die Menschen in ihrem Streben nach Selbstverwirklichung unterstützen. Dabei verstanden die Humanistischen Psychologen Wissenschaft und Praxis als Teil der Politik und wandten sich in Erklärungen insbesondere gegen Verletzungen von Menschenrechten und gegen Folter (Bühler & Allen, 1962/1974).

Bereits dreißig Jahre vor der „kognitiven Wende“ und der „humanistischen Revolution“ in den westlichen Demokratien hat sich in der Sowjetunion die Rückkehr zur Bewußtseinspsychologie und zu einem humanistischen Menschenbild vollzogen. Während freilich in den westlichen Demokratien Auseinandersetzungen über die einzuschlagende theoretische Richtung Angelegenheiten der wissenschaftlichen Gemeinschaft blieben, haben in der Sowjetunion Staat und Partei die wissenschaftlichen Kontroversen an sich gezogen und durch eigene Beschlüsse entschieden. Daß nach der russischen Oktoberrevolution im Jahre 1917 der Materialismus zur Staatsdoktrin werden sollte, war unumstritten. Doch welches war die richtige Auslegung des Materialismus? Miteinander stritten eine mechanistische und eine dialektische Richtung. Der mechanistischen Richtung entsprach die Reflexologie, die zunächst hohe Förderung genoß (s. Abschnitt 10.2.3). Um Techniken der Verhaltenskontrolle ergänzt, wie sie aus dem Behaviorismus bekannt wurden (s. Abschnitt 10.2.4), entwickelte sich die praxisorientierte Disziplin der Reaktologie. Reflexologie und Reaktologie versprachen, durch Umgestaltung der Lebensbedingungen nach Naturgesetzen den neuen Menschen zu schaffen. Dagegen berief sich die dialektische Richtung auf die von Marx und Engels beschriebene Wechselwirkung zwischen Mensch und Umwelt: Die Wirklichkeit bestimme den Menschen, aber ebenso schaffe der Mensch sich seine Umwelt. Seinen schöpferischen Anteil könne der Mensch aber nur leisten vermöge seiner eigenen zielgerichteten Kraft und seines die Zukunft planenden Bewußtseins.

Im Jahre 1929 sprach sich die *Zweite allgemeine Konferenz der marxistisch-leninistischen wissenschaftlichen Institutionen der Sowjetunion* in einer Resolution für die dialektische Richtung aus. Daraufhin erließ das Zentralkomitee der Kommunistischen Partei ein Dekret zur Einführung des dialektischen Standpunkts. Damit galt als Staatsdoktrin: Das Bewußtsein ist eine höhere Form der Materie; es unterliegt anderen Gesetzen als sein stoffliches Substrat, das Sinnes- und Nervensystem. Außerdem: Der Mensch folgt dem teleologischen Prinzip, d.h. dem ihm innewohnenden Streben und nicht ausschließlich äußeren Einflüssen. Mit dem erwähnten Dekret trennte sich die Psychologie in der Sowjetunion von reflexologischen sowie von reaktologischen Ansätzen und verpflichtete sich kognitivistischen und humanistischen Prinzipien unter den Bedingungen des Realsozialismus (Bauer, 1952/1955).

Den Glauben der Gestalttheoretiker an die Naturdynamik hat Jean Piaget nicht geteilt. Der Mensch bleibe nicht passiv, indem er das Ordnen seiner Erkenntnis Naturkräften überlasse. Der Mensch betreibe das Erkennen aktiv und trage selbst zu dessen Ordnung bei. Deshalb nennt Piaget gewonnene Erkenntnisse „kognitive Strukturen", d.h. geistige Aufbauten (lat. *structura,* Bau). Dem Aufbau kognitiver Strukturen dienten auch sensumotorische Operationen, Handgriffe und andere sinnvolle Bewegungen. Man könne dies am besten bei der Entwicklung der menschlichen Intelligenz beobachten. Daher bevorzugte der Autor die Untersuchung von Kindern und verglich die Stufen der geistigen Entwicklung von Menschen.

Ein einschlägiges Problem ist die Entwicklung von Zahlen- und Mengenbegriffen. Erwachsene verfügen in der Regel über den Begriff der gleichbleibenden Menge. Sie können dann eine ganze Menge teilen und die sich ergebenden Teilmengen wiederum zur ganzen Menge zusammenfügen. Bei jüngeren Kindern ist das anders. Alina Szeminska, eine Mitarbeiterin Piagets, hat dies mit einer einfachen Anordnung demonstriert. Sie hat vor den Augen von Betrachtern Bonbons zur Verteilung vorbereitet. Sie sagte etwa: „Diese sind die Bonbons für Thibaut; diese bekommt er am Morgen, diese am Nachmittag. Diese Bonbons bekommt Marcel, und zwar diese am Morgen, diese am Nachmittag." Zugleich legte sie für Thibaut zuerst vier und danach nochmals vier Bonbons auf den Tisch, für Marcel erst eines, dann sieben. Danach stellte sie die Frage:

Neisser, U. (1967/1974). *Kognitive Psychologie.* Stuttgart: Klett.

Bühler, Ch. & Allen, M. (Hrsg.). (1962/1974). *Einführung in die humanistische Psychologie.* Stuttgart: Klett.

Bauer, R. A. (1952/1955). *Der Neue Mensch in der Sowjetischen Psychologie.* Bad Nauheim: Christian.

„Wer bekommt mehr Bonbons - Thibaut oder Marcel?“ Kinder von etwa sechs Jahren antworten darauf: „Marcel“. Ihre Antwort begründen sie damit, daß für Marcel der größte Haufen mit sieben Bonbons vorbereitet ist. Erst mit etwa acht Jahren antworten Kinder wie Erwachsene: „Thibaut und Marcel bekommen gleich viel; denn was Thibaut am Morgen mehr erhält, erhält er am Nachmittag weniger“. In diesem Stadium haben die Kinder erkannt: Zählt man die Bonbons für morgens und nachmittags für jedes Kind zusammen, ergibt sich die gleiche Menge. Zwischen dem Stadium des Verfügens über den Begriff der Gesamtmenge und dem Anfangsstadium, in welchem dieser Begriff fehlt, beobachtete Szeminska ein bemerkenswertes Zwischenstadium. Die Kinder hielten nachdenklich ein und schoben Bonbons hin und her. Der siebenjährige Riq nahm z.B. drei Bonbons von den sieben für Marcel für den Nachmittag vorbereiteten weg und legte sie zu dem einen für Marcel für den Vormittag vorbereiteten. Durch diese Manipulation wurde anschaulich: die Gesamtmenge für beide Kinder ist gleich; sie ist nur unterschiedlich geteilt (Piaget & Szeminska, 1941/1975, S. 244 ff.).

Piaget glaubte, mit Beobachtungen an Kindern belegen zu können, daß Menschen ihre kognitiven Strukturen mit Hilfe eigener, oft manueller Operationen selbst aufbauen. Damit passen sie ihr Verständnis der Wirklichkeit an. Freilich können die inneren Strukturen mit der Wirklichkeit im Widerspruch stehen. Dann sind die kognitiven Strukturen der Wirklichkeit anzupassen. Eine solche Anpassung hat nach Auffassung Piagets Riq vollzogen, als er merkte, daß sich die gleiche Menge in mehrere unterschiedlich große Haufen aufteilen läßt. Der Autor nennt die Anpassung des Verständnisses der Welt an kognitive Strukturen „Assimilation“ (lat. *assimilare*, angleichen), die Anpassung kognitiver Strukturen an Erfahrungen der Welt „Akkomodation“ (lat. *akkomodare*, anpassen). Die Entwicklung der Intelligenz strebe nach einem Gleichgewicht zwischen Strukturbildung und Welterfahrung, Assimilation und Akkomodation. Diesen Abgleich nennt Piaget „Äquilibration“ (franz. *èquilibration*).

Köhler, W. (1920). *Die physischen Gestalten in Ruhe und im stationären Zustand.* Braunschweig: Vieweg.

Piaget, J. & Szeminska, A. (1941/1975). Die Entwicklung des Zahlenbegriffs beim Kinde. *Gesammelte Werke* (Band 3). Stuttgart: Klett.

Piaget, J. (1975/1976). *Die Äquilibration der kognitiven Strukturen.* Stuttgart: Klett-Cotta.

Jean Piaget (1896-1980)

10.4.3 Theorie sozialer Kognitionen

Zu den neu aufgenommenen Projekten gehörte auch die Analyse von Begriffen des Alltagsdenkens. Fritz Heider (1958/1977) plädierte dafür, die „naive Psychologie“, den „*common sense*“, ernst zu nehmen und die Begriffe zu klären, welche soziale Beziehungen leiten. Heider legte seinen Analysen bekannte, leicht verständliche Texte zugrunde - wie die Fabel vom Raben und dem Fuchs: Der Rabe hatte ein Stück Käse im Schnabel. Da bat ihn der Fuchs: „Sing mir ein Lied, damit ich dich den König der Vögel nennen kann!“ Der Rabe krächzte, da fiel ihm der Käse aus dem Schnabel. Der Fuchs fing den Käse und entfernte sich mit den Worten: „Traue keinem Schmeichler!“ Welche Begriffe muß man kennen, um diese Geschichte zu verstehen?

Heider konzentrierte sich auf Geschehnisse innerhalb der kleinsten möglichen Gruppe von zwei Personen, der Dyade (lat. *dyas,* Zweiheit). Als wichtig für deren Verständnis erwiesen sich vor allem folgende Begriffe:

- eine Hauptperson, aus deren Perspektive das Geschehen betrachtet wird (p),
- eine andere Person (a),
- ein Gegenstand (x), auf den sich die Personen beziehen (z.B. Geld, eine Meinung),
- Verursachung,
- Richtung der Verursachung (von p nach a, von a nach p),
- Bewertung, Gefühl (positiv, negativ),
- gehören (Besitz, Zugehörigkeit),
- Umwelt.

Die Begriffe p, a, x und Bewertung reichen aus, um einfache soziale Situationen darzustellen. Es seien etwa p und a zwei Freunde, die Jazzmusik (x) lieben. Dies ist eine dreifache Beziehung:

```
p          +          a

     +          +

          x
```

Anders wäre darzustellen, daß nur p Jazzmusik liebt, nicht aber a:

```
p          +          a

     +          -

          x
```

Offensichtlich ist die erste Konstellation harmonisch, stabil, die zweite nicht. Heider nennt dies das „Gleichgewicht“ (engl. *balance*) von Situationen. Man kann zwischen p, a und x insgesamt acht Beziehungskonstellationen herstellen. Die Frage ist dann: Nach welchen Regeln stellt sich ein Gleichgewicht ein?

Besonders ergiebig war in Heiders Analysen der Begriff der Verursachung. Der Begriff läßt sich mit einer handelnden Person verbinden und nimmt dann die Bedeutungen „Fähigkeit“ oder „Anstrengung“ an. Er kann sich aber auch mit der Umwelt verknüpfen und erhält dann die Bedeutungen „Schwierigkeit“, „Glück“ u.ä. Auch dabei gibt es passende und unpassende Beziehungen. So ist es nach dem Gemeinverständnis passend, Anstrengung zu zeigen, wenn die Fähigkeit im Vergleich zur Schwierigkeit gering ist. Heiders Analyse der Verursachung ist später in der Motivations- und Emotionspsychologie ausgebaut worden. Dabei werden Erklärungen von Ursachen mit Gefühlen in Beziehung gesetzt. So wird offenkundig: Das Gefühl des Stolzes umfaßt die Überzeugung, selbst etwas Gutes verursacht zu haben, während das Gefühl der Dankbarkeit auf der Überzeugung beruht, Nutznießer der Leistung anderer zu sein (Weiner, Russell & Lerman, 1978).

Das wissenschaftliche Interesse an „Jedermanns“ Begriffen ist in den sechziger Jahren sprunghaft angewachsen. Recht unscharf kann man die untersuchten Begriffe einteilen in

Strukturalismus

Piaget (1968/1980) hat seine Lehre von den kognitiven Strukturen Strukturalismus genannt. Er ordnete seine Psychologie damit einer interdisziplinären Richtung zu, die sich auf den Genfer Sprachwissenschaftler Ferdinand de Saussure (1857-1913) beruft. De Saussure begründete mit Studien über die indogermanischen Sprachen die Trennung zwischen Sprechakten (franz. *parole*) und dem ihnen zugrunde liegenden Sprachsystem (franz. *langue*). Das Sprachsystem enthalte Zeichen und Regeln. Es sei ein Gedankengebilde, von einer Gemeinschaft geschaffen. Die Konstruktion von Sprachsystemen erfolge nicht nur über die Zeit (diachron), sondern auch in Wechselwirkung gleichzeitiger Einflüsse (synchron) (de Saussure, 1916/1986).

Die Suche nach kollektiven, kognitiven Strukturen ist seitdem nicht nur ein Anliegen von Linguisten und Psychologen, sondern auch von Anthropologen, Ethnologen und Soziologen. Strukturalistische Forschung will aus der Sprache, aus Dokumenten und Artefakten (z.B. Erzählungen, Kunstwerken) den „Geist“ von Kulturen erfassen - wie vor ihm die Völkerpsychologie (s. Abschnitt 8.4.1).

solche, die das Verständnis von Personen, von Dingen sowie die Beziehung zwischen Personen betreffen. Was schreibt man sich selbst und seinen Mitmenschen an Gefühlen, Motiven, Absichten und Fähigkeiten zu? Was nennt man eine Stadt, und was hat sie zu bieten? Was versteht man unter Liebe und Freundschaft, unter Umwelt und Zukunft, unter Macht und Gerechtigkeit?

„Jedermanns" Denken umfaßt weiterhin kognitive Prozesse: Urteilen und Schlußfolgern (z.B. Einschätzen der Sympathie, Zuweisen von Verantwortung), Merken und Erinnern (z.B. Erinnern von Siegen und Niederlagen), Umgangs-, Kommunikations- und Handlungsregeln (z.B. für Tauschen und Schenken, für Mitteilen und Verschweigen, für die Behandlung von Fremden).

Bis zu den achtziger Jahren sind die Forschungen zu den kollektiven Bewußtseinsinhalten - Begriffen wie Prozessen - so ergiebig geworden, daß eine eigene Handbuchserie dafür aufgelegt wurde (Wyer & Srull, 1984). Das Gebiet hat auch eine eigene Sammelbezeichnung erhalten: soziale Kognition. Mehrdeutig und unscharf ist dabei das Attribut „sozial". Es bedeutet wahlweise oder gleichzeitig:

- einer Gruppe gemeinsam,
- im sozialen Zusammenhang begründet,
- für das Zusammenleben wichtig,
- für das Handeln verbindlich,
- dem Wohle der Gemeinschaft dienlich.

Die Untersuchung sozialer Kognitionen hat vor allem die Sozialpsychologie zu ihrem Anliegen erklärt und ist dadurch zu raschem Aufschwung gelangt. Doch auch die Entwicklungs- und Persönlichkeitspsychologie haben erheblichen Anteil an der Untersuchung sozialer Kognitionen genommen. Damit ist die Psychologie zurückgekehrt zur Sprach- und Denkkritik der rationalistischen Philosophie - nicht zuletzt zur ramistischen Dialektik und zu Spinozas Ethik (vgl. Abschnitte 5.1.2, 6.1.3). Zu erinnern ist weiterhin an Unternehmen des 18. und 19. Jahrhunderts, die sich die Analyse individuellen und kollektiven Bewußtseins zur Aufgabe gemacht hatten: die Verstehende Psychologie, die Sprach- und Völkerpsychologie sowie die Popularpsychologie (s. Abschnitte 9.2.3, 8.4.1, 5.4.1). In der modernen Psychologie sozialer Kognitionen lebt auch der Anspruch der empiristischen Moralphilosophie (s. Abschnitt 6.1.3) weiter, durch Klärung menschlicher Vorstellungen und Gefühle die soziale Übereinkunft und das rechte Handeln zu fördern.

Heider, F. (1958/1977). *Die Psychologie der interpersonalen Beziehungen.* Stuttgart: Klett.

De Saussure, F. (1916/1986). *Grundfragen der allgemeinen Sprachwissenschaft.* Berlin: de Gruyter.

Weiner, B., Russell, D. & Lerman, D. (1978). Affective consequences of causal ascriptions. In J. H. Harvey, W. J. Ickes & R. F. Kidd (Eds.), *New directions in attribution research* (Vol. 2, pp. 59-90). Hillsdale, NJ: Erlbaum.

Wyer, R. S. & Srull, Th. K. (Eds.). (1984). *Handbook of social cognition* (Vol. 1). Hillsdale, NJ: Erlbaum.

10.4.4 Handlungspsychologie: Feldtheorie und kognitive Lerntheorie

Die rationalistische Moralphilosophie hat stets dem Menschen einen eigenen Willen zuerkannt, die Fähigkeit, mit Einsicht und Verantwortungsbewußtsein über seine Taten entscheiden zu können. An diese Tradition knüpfte Kurt Lewin (1926) in seiner programmatischen Schrift *Vorsatz, Wille und Bedürfnis* an. Er sprach sich einerseits für eine Berücksichtigung von „Erlebniselementen" in der „Handlungs- und Affekt-Psychologie" aus, zum anderen für die Anerkennung der Beherrschbarkeit von Affekten. Er bestritt nicht die Möglichkeit spontan auftretender und nicht oder nicht vollständig beherrschbarer Affekthandlungen. Doch sein Interesse galt den absichtsvollen Willenshandlungen.

Die Willenshandlung beginne mit einem Entschluß, einer Vornahme. Der Vornahme gehe ein Motivationsprozeß voraus, ein „Kampf der Motive". Doch reiche das Vorhandensein eines Motivs, selbst wenn es in der Konkurrenz mit anderen Motiven die Oberhand gewinnt, für die Auslösung einer Willenshandlung nicht aus. Ebensowenig bringen situative Auslöser allein (z.B. ein Briefkasten) eine Willenshandlung in Gang. Die Vornahme sei ein Akt, in dem eine Zielvorstellung gebildet und eine innere Spannung aufgebaut werde; die Spannung löse sich erst mit Erreichen des Zieles. Die Handlung könne sich so von Bedürfnissen abkoppeln. Aufgrund einer Vornahme entstehe das „Quasibedürfnis", eine Aufgabe erledigen zu wollen; die Erledigung brauche nicht notwendig unmittelbare Bedürfnisse zu befriedigen.

Experimentelle Belege zu Lewins Theorie berichtete Maria Ovsiankina (1926) in ihrer Doktorarbeit. Ihren Probanden stellte sie eine Reihe von Aufgaben wie: ein Mosaikbild zusammenlegen, eine Figur aus Plastilin modellieren, ein verheddertes Garnknäuel aufwikkeln. Bei der Hälfte der Aufgaben arrangierte sie eine Störung. Während die Probanden mit der Erledigung der Aufgabe beschäftigt waren, betrat ein studentischer Kollege den Versuchsraum und bat um Hilfe o. ä. Waren Tätigkeiten einmal unterbrochen, wurden sie nicht fortgeführt; die Versuchsleiterin ging gleich zur nächsten Aufgabe über. Nach der letzten Aufgabe blieben die Probanden allein im Versuchsraum; die Arbeitsmaterialien lagen noch auf dem Tisch. Die Versuchsleiterin konnte von außen beobachten, was nun geschah: Die Probanden kehrten bevorzugt zu den unterbrochenen Aufgaben zurück und brachten sie zu Ende. Die Deutung: Die bei der Vornahme entstandene Spannung habe zur völligen Erledigung gedrängt.

Seinen handlungspsychologischen Ansatz hat Lewin (1936) in seiner Feldtheorie, auch Topologische Psychologie genannt, erweitert und formalisiert. Sein Programm brachte er auf die Formel:

Verhalten = Funktion (Person, Umwelt)

In dem Programm unternahm er die Analyse des „psychologischen", d.h. des subjektiven, Raums, wie er für Verhalten wirksam ist. Diesen Raum nannte der Autor „Lebensraum" (engl. *life space*). Er hob darin hervor:

- Regionen, d.h. Lebensbereiche (z.B. die Region des Berufs, die Region des Spiels). Menschen können die Regionen ihres Lebensraums unterschiedlich fein differenzieren (z.B. Sport in beliebig viele Übungen, zu verschiedenen Zeiten, Zwecken u.ä.)
- Grenzen zwischen Regionen; sie bestimmen die Schwierigkeit von Übergängen (z.B. schafft ein Verbot eine schwer zu überwindende Grenze).
- Kräfte; sie drängen oder ziehen eine Person in eine Region oder aus ihr heraus. Kräfte variieren in Stärke, Richtung und Angriffspunkt. Sie resultieren aus
- Bedürfnissen der Personen und aus dem
- Aufforderungscharakter (engl. *valence*, daher auch die Rückübersetzung „Valenz") der Regionen.

Lewins Feldtheorie beschreibt - teilweise mit Begriffen und Axiomen der mathematischen Topologie - Zusammenhänge in und Gliederungen von Lebensräumen. Durch Darstellung von Feldkräften werden Handlungen als Bewegungen durch den Raum (engl. *locomotions*) erklärt. Damit versucht Lewin Handlungen als Ganzheiten zu beschreiben. Seine Feldtheorie versteht er als Beitrag zur Gestaltpsychologie (s. Abschnitt 10.4.2).

Pragmatischer war der Zugang des an der *University of California* in Berkeley lehrenden Edward Tolman zur Handlungs- und Lerntheorie. 1886 geboren, gehörte Tolman zur ersten Studentengeneration, die sich mit

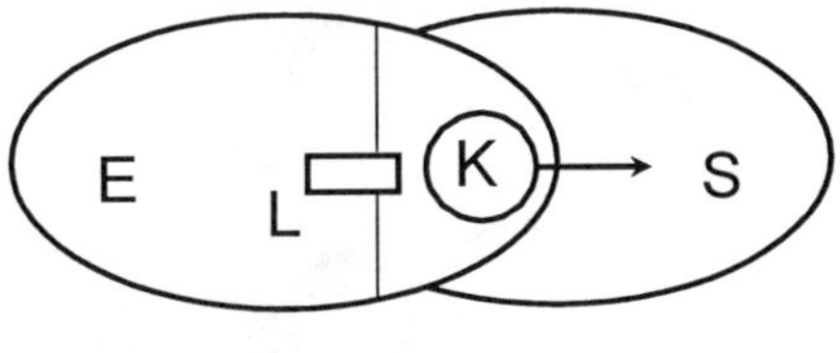

Der Lebensraum eines Kindes (K) (nach Lewin, 1969, S. 66). Das Kind soll essen; als Schnittstelle zwischen Kind und der Region des Essens (E) fungiert ein Löffel (L). Das Kind erfährt eine in die Region des Spielens (S) gerichtete Kraft (K). Doch eine feste Grenze um die Region E hindert das Kind am Übergang von E nach S: die Mutter besteht darauf, daß das Kind sein Essen zu sich nimmt.

Max Wertheimer (1880-1943)

Kurt Lewin (1890-1947)

Wolfgang Köhler (1887-1967)

Fritz Heider (1896-1988)

Kurt Koffka (1886-1941)

Edward Chace Tolman (1886-1959)

Gestaltpsychologie als Klammer zwischen zwei Kontinenten

Zwischen Europa und den Vereinigten Staaten war in der ersten Hälfte des 20. Jahrhunderts ein deutliches Bildungsgefälle festzustellen. Junge Amerikaner strebten zum akademischen Studium nach Europa. In umgekehrte Richtung reisten eher Ingenieure und Kaufleute, die in der Neuen Welt Erfahrungen sammeln wollten. Trotz gelegentlicher freundschaftlicher Kontakte und fachlicher Kooperationen waren die Beziehungen zwischen Wissenschaftlern europäischer und amerikanischer Universitäten oft distanziert. Der überwiegende Puritanismus und Pragmatismus amerikanischer Intellektuellen vertrug sich schlecht mit der unter europäischen Intellektuellen vorherrschenden religiösen Liberalität, ihrer klassischen Bildung, ihren literarischen und musischen Neigungen. Wo anders als vor der *American Psychological Association* hätte damals ein Präsident seine Ansprache mit dem Wunsch geschlossen, die aufstrebende Psychologie möge

„... das Betragen und den Charakter der Menschen verbessern, in der Schule, vor Gericht, im Gefängnis, in den Heimen für Schwerererziehbare und Kranke. Ja, ... sogar das geheiligte Wirken des gottesfürchtigen Lehrers ebenso wie das nicht weniger heilige Wirken der Mutter ... mit ihren nährenden Brüsten ... sei ... gesegnet durch die ... Fortschritte der ... Psychologie."

(Übersetzung aus Ladd, 1894, S. 21)

Der Kognitivismus und seine Wurzeln in der Philosophie wurde in der Neuen Welt zwar mit Respekt gewürdigt. Daß die kognitivistische Psychologie aber dort auch als moderne Richtung vertreten war, verdankt sie vor allem Verfechtern der Gestaltpsychologie. Ihren Kern bildeten mehrere Schüler Carl Stumpfs von der Friedrich-Wilhelms-Universität zu Berlin (s. Abschnitt 10.1.2), vor allem Max Wertheimer, Wolfgang Köhler, Kurt Koffka (s. Abschnitt 10.4.2) und Kurt Lewin (s. Abschnitt 10.4.4.). Diese Gruppe ist als „Berliner Schule der Gestaltpsychologie" bekannt geworden. Zur internationalen Anerkennung der Gestaltpsychologie hat wesentlich beigetragen, daß die Mitglieder der Berliner Schule ihre Lehre selbst in englischer Sprache und an amerikanischen Universitäten verbreitet haben. Der Grund hierfür war freilich die Zerrüttung der deutschen Universitäten durch den Nationalsozialismus. Die Machtübernahme der Nationalsozialisten trieb die gesamte erste Generation der Berliner Gestaltpsychologen in die Emigration.

Zunächst wurde in Berlin Köhler 1922 Stumpfs Nachfolger, Lewin 1927 außerordentlicher Professor. Koffka wurde 1918 als Professor nach Gießen berufen, Wertheimer 1929 nach Frankfurt am Main. Wertheimer und Lewin waren jüdischer Herkunft. Das berüchtigte „Gesetz zur Wiederherstellung des Berufsbeamtentums" beraubte sie ihrer Ämter an ihren deutschen Hochschulen. Sie wurden von amerikanischen Lehr- und Forschungseinrichtungen aufgenommen: Lewin an der *University of Iowa,* Wertheimer an der *New*

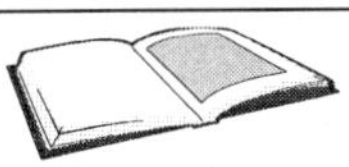

Ladd, G. T. (1894). Presidential address at the New York meeting of the American Psychological Association. *Psychological Review 1,* 1-21.

Ehrenfels, Ch. von (1890). Über 'Gestaltqualitäten'. *Vierteljahresschrift für wissenschaftliche Philosophie, 14,* 242-292.

Koffka, K. (1922). Perception: An introduction to the *Gestalttheorie. Psychological Bulletin, 19,* 531-585.

Ash, M. G. (1995). *Gestalt psychology in German culture (1890-1967).* Cambridge, MA: Cambridge University press.

Heider, F. (1983/1984). *Das Leben eines Psychologen.* Bern: Huber.

Schönpflug, W. (Hrsg.). (1992). *Kurt Lewin - Person, Werk, Umfeld.* Frankfurt a. M.: Lang.

School for Social Research in New York. Köhler hatte bereits in den zwanziger Jahren eine Gastprofessur an der *Clark University* in Chicago wahrgenommen. Die Übergriffe des Staates und die Provokationen der nationalsozialistischen „Deutschen Studentenschaft" wollte er nicht hinnehmen und reichte 1934 sein Entlassungsgesuch ein. Am *Swarthmore College* in der Nähe von Philadelphia fand er eine neue Wirkungsstätte.

Kurt Koffka hat 1922 als erster die Gestalttheorie der amerikanischen Öffentlichkeit vorgestellt. Er verließ 1928 seine Gießener Professur zugunsten einer Gastprofessur am *Smith College* in Massachusetts und blieb dort bis zu seinem Tode. 1930 vermittelte er Fritz Heider eine Stelle an demselben College. (Akademische Positionen für Psychologen waren während der zwanziger Jahre in den USA leichter zu erhalten als in dem von Wirtschaftskrisen geschüttelten Deutschland.) Heider hatte zuvor einige Jahre ohne festen Erwerb in Berlin verbracht. Er hatte sein Studium bei Alexius Meinong (1853-1920) in Graz abgeschlossen, der dem Gestaltprinzip großes Gewicht beimaß. Meinongs Wiener Studienkollege Christian von Ehrenfels (1859-1932) genoß den Ruhm, mit seiner Schrift *Über 'Gestaltqualitäten'* aus dem Jahre 1890 die moderne Gestalttheorie begründet zu haben. Ehrenfels lehrte übrigens ab 1896 an der deutschen Universität in Prag; seine Vorlesungen dort hatte Max Wertheimer zu Beginn seines Studiums besucht.

Koffka war es auch, der in Gießen Edward Tolman - damals noch Student - mit der Gestalttheorie bekannt gemacht hat. Seine Zugehörigkeit zu den Gestaltpsychologen hat Tolman später trotz seines Bekenntnisses zum Ganzheits- und Gestaltbegriff (s.o.) offen gelassen, äußerte aber, er *„wäre stolz, in ihre Gemeinde aufgenommen zu werden"* (Übersetzung aus Tolman, 1932/1967, S. 419). So baute sich ein europäisch-amerikanisches Netzwerk auf, in das Gestaltpsychologen eingebettet waren. Bald gab es kaum ein amerikanisches Lehrbuch der Psychologie, das der Gestaltpsychologie nicht ein Kapitel widmete.

dem Behaviorismus McDougallscher und Watsonscher Prägung (s. Abschnitt 10.2.1) auseinandersetzte. Auf der Grundlage umfangreicher Tierexperimente entwarf er eine Theorie des Verhaltens mit kognitiven Bestandteilen. Dabei deutete er das Kognitive nicht als das bewußt Erlebte. Ob seine Ratten Phasen der Bewußtheit hatten, mochte er weder ausschließen noch voraussetzen. Kognition war für ihn vielmehr ein funktioneller Begriff, ein inneres Ordnungsprinzip, das Verhalten als ein komplexes Ganzes zu seinem Ziel führte. So stellte er in den Mittelpunkt seiner Theorie die folgenden Begriffe:

- Zweckmäßigkeit (engl. *purposiveness*),
- Zielobjekte (engl. *goal-objects*),
- Zielbereitschaft (engl. *means-end-readiness*), d.h. die Neigung, mit dem Zielobjekt ein Bedürfnis zu befriedigen,
- Mittelobjekte (engl. *means-objects*), d.h. Hilfsmittel zum Erreichen eines Ziels,
- Diskriminanda, d.h. hinweisende Merkmale (z.B. Zeichen, Farben),
- Manipulanda, d.h. verhaltensbestimmende Merkmale (z.B. Breite von Wegen, Handhabung von Werkzeugen),
- Innere Landkarten (engl. *cognitive maps*).

Lernen bestehe im wesentlichen aus dem Erkennen und Merken solcher Gegenstände und Merkmale. Es forme Erwartungen über den Handlungsraum sowie die Folgen eigenen Verhaltens; solche Erwartungen würden die Ausführung von Verhalten leiten.

Einblick in die Besonderheit des Tolmanschen Forschungsprogramms vermitteln seine Untersuchungen zum latenten Lernen (engl. *latent learning*) und zum Lernen von „Zeichen-Gestalten" (engl. *sign-gestalt learning*). Zum Nachweis latenten, d.h. verborgenen Lernens, führte H. C. Blodgett in Tolmans Laboratorium folgenden Versuch aus: Drei Gruppen von Ratten sollten den Weg durch ein Labyrinth erlernen. Dazu wurden sie neun Tage in das Labyrinth gesetzt und durften sich darin frei bewegen. Gruppe I erhielt vom ersten Trainingstag an Futter als Belohnung für das erfolgreiche Durchqueren des Labyrinths. Gruppe II erhielt erst vom dritten Tag an Futter als Belohnung, eine weitere Gruppe III erst vom siebenten Tag an. Und so änderte sich in den drei Gruppen die Fehlerzahl (d.h. die Häufigkeit des Einlaufens in Sackgassen):

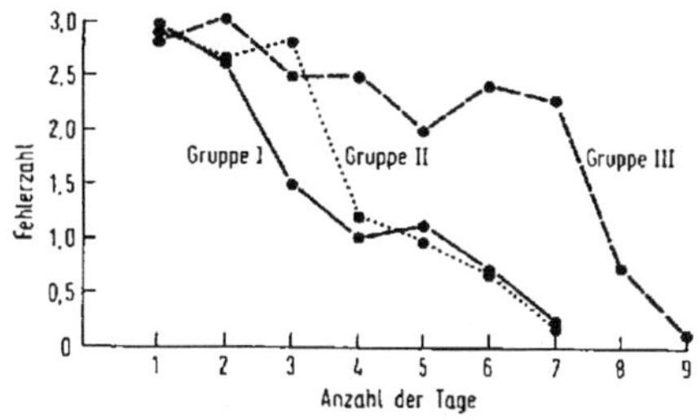

Fehler beim Durchqueren eines Labyrinths (nach Tolman, 1932, S. 49)

Während Gruppe I die Leistung stetig verbesserte, nahm sie in den Gruppen II und III sprungartig zu, nachdem diese Futter erhalten hatten. Dies widersprach nach Tolman der Annahme, Lernen beruhe auf einer Verstärkung von Reiz-Reaktionsverbindungen (s. Abschnitt 10.2.3). Nach Tolman hätten die Ratten durch Erkunden des Labyrinths dessen Wege bereits eingeprägt, bevor sie Futter bekommen hätten. Verborgen, d.h. am Verhalten nicht erkennbar, habe sich also Wissen gebildet. Die Gabe von Futter habe lediglich motiviert, unter den bekannten Wegen den einträglichsten auszuwählen.

Lewin, K. (1926). Vorsatz, Wille und Bedürfnis. Untersuchungen zur Handlungs- und Affekt-Psychologie. II. *Psychologische Forschung, 7,* 330-385.

Ovsiankina, M. (1928). Die Wiederaufnahme unterbrochener Handlungen. Untersuchungen zur Handlungs- und Affekt-Psychologie. VI. *Psychologische Forschung, 11,* 302-379.

Lewin, K. (1936/1969). *Grundzüge der topologischen Psychologie,* herausgegeben von R. Falk & F. Winnefeld. Bern: Huber.

Tolman, E. Ch. (1932/1967). *Purposive behavior in animals and men.* New York: Appleton-Century-Crofts.

Tolmans Kritik an der Theorie des klassischen Konditionierens ist beispielhaft für seine Auffassung vom Zeichen-Gestalt Lernen. Auch bedingte Reflexe (s. wieder Abschnitt 10.2.3) hält er nicht für neue Reiz-Reaktionsverbindungen. Vielmehr sei ein gedanklicher Zusammenhang zwischen unbedingtem und bedingtem Reiz hergestellt worden. Der bedingte Reiz (z.B. ein Ton) sei als (Vor-)Zeichen erkannt worden, welcher auf das Erscheinen des unbedingten Reizes (z.B. Fleisch) hinweise. Damit sei die Erwartung des unbedingten Reizes geweckt, und diese Erwartung bringe die zugehörige Aktion hervor (z.B. fließt bereits in Erwartung des angekündigten Fleisches der Speichel). Beim klassischen Konditionieren bilde sich also eine neue kognitive Struktur der folgenden Art:

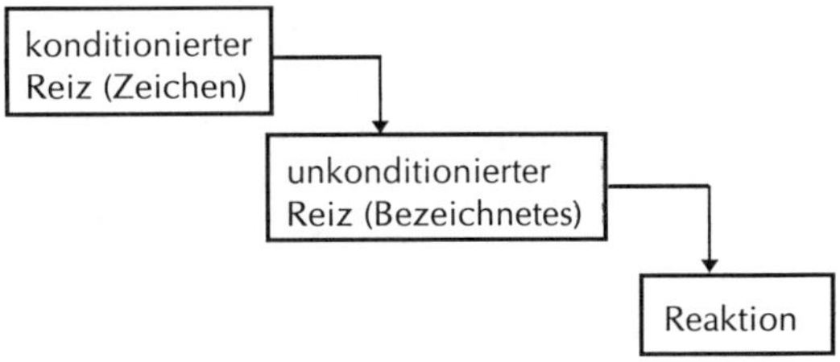

Kognitive Struktur beim klassischen Konditionieren (nach Tolman, 1932, S. 330).

Der Autor nennt diese Struktur eine ganzheitliche Gestalt (engl. *sign-gestalt whole*).

10.4.5 Funktionalistische Theorien: Kybernetische und informationstheoretische Ansätze

Die moderne Erforschung geistiger Funktionen (s. Abschnitt 10.4.1) erhielt maßgebliche Impulse aus zwei mathematisch-technischen Theorien über Automaten und Nachrichten, und zwar der

- Kybernetik (griech. *kybernetike techne,* Kunst des Steuermanns) und der
- Informationstheorie.

Die neuere Geschichte der Kybernetik leitet ein Buch des amerikanischen Mathematikers Norbert Wiener (1894-1964) aus dem Jahre 1948 ein: *Kybernetik. Regelung und Nachrichtenübertragung im Lebewesen und in der*

Maschine. Am Anfang der neueren Geschichte der Informationstheorie stand ein Werk der amerikanischen Ingenieure und Mathematiker Shannon und Weaver mit dem Titel *The mathematical theory of communciation* aus dem Jahre 1949.

Die Kybernetik definierte die Grundbegriffe der Regelung im System des „Regelkreises" wie folgt:

- Regelgröße. Ein Zustand, welcher der Regelung zugänglich ist (z.B. die Temperatur in einem Raum).
- Soll-Werte, d.h. Zielzustände (z.B. die gewünschte Zimmertemperatur).
- Ist-Werte, d.h. die verfügbaren Meßwerte über die Regelgröße (z.B. die Thermometeranzeige der herrschenden Raumtemperatur).
- Ist-Soll-Vergleiche. Sie ermitteln Abweichungen zwischen Ist- und Soll-Werten.
- Regelung (auch Regulation) als Maßnahme zur Beseitigung von Ist-Soll-Abweichungen (z.B. Zuführung von Brennstoff in einen Ofen). Die Regelung nimmt Einfluß auf die Regelgröße (z.B. Erhöhung der Raumtemperatur).
- Rückmeldung. Die Veränderung der Regelgröße führt zu Veränderungen der Ist-Werte (z.B. steigt das Thermometer bei erhöhter Brennstoffzufuhr).

Die Kybernetik beschrieb in exakter Weise das Verhalten von Automaten, die einen Ist-Wert einem Soll-Wert (als Führungsgröße) anpassen (z.B. Öfen mit Thermostaten). Regelung setzt bei Auftreten von Ist-Soll-Abweichungen ein und endet, wenn aufgrund von Rückmeldungen die Ist-Werte sich den Soll-Werten angleichen.

Doch ist offensichtlich: Die Beschreibung paßt auch auf biologische Systeme. Man kann etwa Lewins Begriff der Vornahme als Soll-Wert deuten, seine Konzeption der Erledigung von Aufgaben als Regelung (vgl. Abschnitt 10.4.4). Der kybernetische Ansatz fand daher freundliche Aufnahme in der Psychologie und stärkte dort vor allem deren kognitivistischen Zweig. Denn im menschlichen System waren Soll- und Ist-Werte als Kognitionen zu definieren; menschliche Handlungen ließen sich dann als Regelungen deuten.

Eine vorbildliche Umsetzung des kybernetischen Ansatzes in die Psychologie ist das TOTE-Modell von Miller, Galanter und Pribram (1960/1973). „TOTE" steht dabei für die Abfolge von

- Test, d.h. das Prüfen eines Sachverhalts (z.B. der Tiefe eines Nagels in einer Wand) auf Übereinstimmung mit einem Ziel,
- Operation, d.h. Tätigkeit, falls der Test keine Übereinstimmung ergibt (z.B. Hammerschlag auf einen zu weit aus der Wand herausstehenden Nagel),
- Test, d.h. erneute Prüfung des Sachverhalts (z.B. Tiefe des Nagels nach Schlag),
- Exit, d.h. Ende des Ablaufs, wenn der Test Übereinstimmung mit dem Ziel ergibt.

Das TOTE-Modell setzt also ein Ziel voraus, dessen Erreichen das Handeln (und vorher bereits das Planen) leitet.

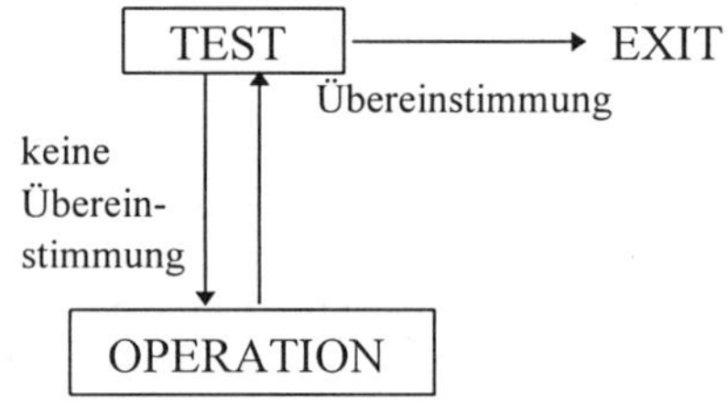

TOTE-Modell nach Miller, Galanter & Pribram (1960/1973, S. 34).

Die Informationstheorie beschäftigt sich vor allem mit der Bestimmung von Informationsmengen sowie mit der Informationsübertragung. Den Informationsgehalt einer Nachricht mißt sie einheitlich in bits (von engl. *basic indissoluble information unit*, kleinste unzerlegbare Informationseinheit), berechnet aus dem Zweierlogarithmus des zugehörigen Ereignisvorrats. Dazu das folgende Beispiel: Es gibt ein einfaches Roulette mit acht Feldern; vier Felder sind rot, vier andere grün. Eine Kugel rollt durch Zufall auf ein grünes Feld. Die Nachricht „Kugel auf grün" ist wenig informativ, denn es standen nur zwei Farben zur Wahl. Die Nachricht „die Kugel rollte auf die 6" ist schon informativer, denn es kamen acht Felder in Betracht. Der Informationsgehalt einer Nachricht wird somit nach ihrem Überraschungswert bestimmt bzw. nach der Unsicherheit, die sie beseitigt.

KRITIKPUNKT

WAS ZÄHLT? THEORIEN, DOMÄNEN ODER METHODEN?

Mit der Einrichtung von Laboratorien und anderen Forschungsstätten ist die Menge psychologischer Untersuchungen, insbesondere empirischer Untersuchungen, drastisch angewachsen. Neue Gebiete wurden erschlossen, ältere Fragestellungen verfeinert. Das frisch institutionalisierte Fach profilierte sich mit einer Fülle von Problemen, Beobachtungen und Methoden, die es sein eigen nannte.

Zum Teil vollzog sich der Forschungsfortschritt im Rahmen der Entwicklung einer Theorie. So hat die Berliner Gestaltpsychologie ihre zahlreichen Experimente auf den Gebieten der Wahrnehmung, des Gedächtnisses, des produktiven Denkens, der Motivation, der Emotion und des Handelns nicht zuletzt zum Nachweis des Gestaltprinzips und der Isomorphietheorie unternommen (vgl. Metzger, 1953). Zum Teil waren Untersuchungen gar nicht an fundamentale Prinzipien gebunden; sie wollten eher die Auswirkung von Variablen und Ergiebigkeit von Methoden erkunden. So sammelte sich ein großer Schatz von Erfahrungen, die einer grundsätzlichen Erklärung durch eine der drei großen Theorien nicht bedurften und auch nicht beanspruchten, im Wettstreit der großen Theorien zur Entscheidung beizutragen (vgl. Woodworth, 1938).

Dieses Lehrbuch widmet ein volles Kapitel den theoretischen Richtungen und einigen wenigen der für sie beispielhaften empirischen Programme. Darüber hinaus fehlt jedoch eine Übersicht über bearbeitete Domänen, angewandte Methoden und erhaltene Ergebnisse. Sind diese für das Verständnis einer Disziplin wie die Psychologie entbehrlich? Bestimmen sie den Erkenntnisfortschritt oder schlicht den Entwicklungsgang des Faches nicht ebenso (oder vielleicht sogar mehr als) theoretische Prinzipien? Zweifellos stößt hier dieses Lehrbuch an eine Grenze. Was ihm fehlt, sei nicht entschuldigt. Doch daß für das Selbstverständnis und die Außenwirkung der Psychologie im 19. Jahrhundert die Theorienbildung und der Theorienstreit maßgeblich waren, ist Begründung genug für die Hervorhebung psychologischer Theorien in einem Werk, das den Weg jenes Faches und die Rolle seiner Bestandteile nachzuzeichnen versucht.

Metzger, W. (1953). *Gesetze des Sehens.* Frankfurt a. M.: Kramer.

Woodworth, R. S. (1938). *Experimental psychology.* New York: Holt.

Die Größe eines Ereignisvorrats (s.o.) stellt die Informationstheorie im Zweiercode dar, d.h. in einem Zählsystem mit den Zeichen 0 und 1. (Dies ist das einfachste System zur Darstellung von Mengen.) Zwei Ereignisse erhalten im Zweiercode die Zahl 1, vier Ereignisse die Zahl 11, acht Ereignisse die Zahl 111. Noch anders ausgedrückt, nämlich als Logarithmus zur Basis 2, sind das Werte von 1, 2 und 3, und diese Werte gehen in das Maß bit für den Informationsgehalt ein. Im obigen Beispiel hat die Nachricht „grün" einen Informationsgehalt von 1 bit, die Nachricht „sechs" einen Informationsgehalt von 3 bit. Allgemein hat eine Nachricht aus einer Ereignismenge s einen Informationsgehalt von ld s (ld steht für *logarithmus dualis*).

Hat der so ermittelte Informationsgehalt eine Bedeutung für das menschliche Erkennen? Falls ja, gilt auch für den Menschen, was aus der Nachrichtentechnik belegt ist: Information wird über bestimmte Kanäle (z.B. Telefonleitungen) transportiert. Diese fassen nur eine begrenzte Menge Information, und diese Menge ist - sofern die Leitung sich nicht ändert - konstant. George Miller (1956) hat im Hinblick auf diese Frage einen Versuch über die Unterscheidung von Tonhöhen ausgewertet. Die Zahl der zu unterscheidenden Töne variierte zwischen zwei und 14. Die Unterscheidung gelang zuverlässig, wenn nicht mehr als sieben Tonhöhen zu unterscheiden waren. Steigerte man die Zahl zu unterscheidender Tonhöhen auf mehr als etwa sieben, nahm die Leistung nicht mehr zu: die Probanden vermochten einfach nicht mehr als sieben Töne zu unterscheiden. Die Analogie der „überlasteten Leitung" lag nahe. Miller verglich diese Beobachtung mit anderen Erkennensleistungen: Unterscheiden von Farben, Orten, Buchstaben u.ä. Stets stellte er den gleichen Grenzwert fest. Er gestand:

„Seit Jahren verfolgt mich eine Zahl. ... Sie erscheint in verschiedenen Verkleidungen, ist manchmal ein wenig größer, manchmal ein wenig kleiner, aber ändert sich nie so stark, daß man sie nicht wiedererkennen würde. ... Entweder ist die Zahl etwas besonderes oder ich leide an Verfolgungswahn."

(Übersetzung aus Miller, 1956, S. 81)

Offenbar ist die Zahl „sieben" tatsächlich eine kognitionspsychologische Besonderheit. Sie zeigt nämlich die Grenze der menschlichen Aufnahmekapazität. Informationstheoretisch ausgedrückt: Das menschliche System verarbeitet maximal ld 7 = 2,5 bits.

Im englischen Cambridge hat Donald Broadbent in ähnlicher Weise die Informationsverarbeitung beim Menschen zu ermitteln versucht. Er hat den Menschen als einen Organismus beschrieben, der - einem technischen Gerät vergleichbar - Informationen

- aufnimmt,
- verarbeitet, d.h. verknüpft, umwandelt u.ä. sowie
- speichert.

Dabei unterliegen alle Prozesse der Informationsverarbeitung einer Begrenzung. Der Autor schreibt dem System allerdings Dynamik zu: es kann seine Grenzen geschickt ausgleichen.

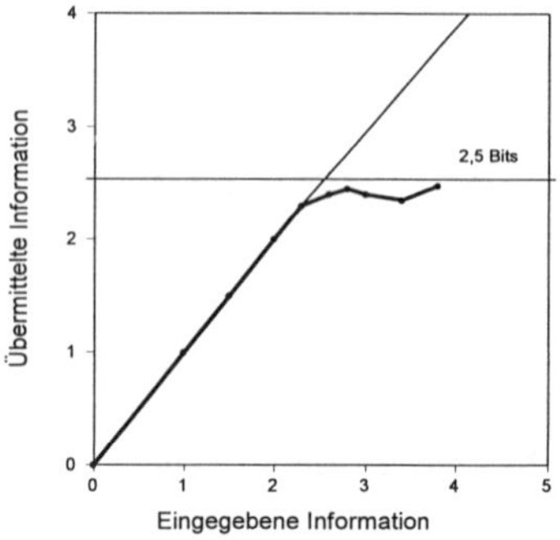

Unterscheiden von Tönen nach ihrer Höhe (100 - 8000 Hertz): Übermittelte Information, geschätzt nach der Zahl richtig getroffener Unterscheidungen, und eingegebene Information, bestimmt nach der vorgegebenen Zahl unterscheidbarer Töne. Würde die gesamte eingegebene Information übermittelt, lägen die Leistungen auf der durchgezogenen Geraden. Tatsächlich erreicht die Übermittlungsleistung bei einem Informationsgehalt von 2,5 bit ihre Obergrenze (nach Miller, 1956, S. 83).

Broadbent weist darauf hin: Das menschliche Informationssystem unterliegt erheblichen Schwankungen. Zum einen verändert sich sein Gesamtzustand; es kann sich in einem Zustand der Wachheit oder in einem Zustand der Müdigkeit befinden. Im Zustand der Müdigkeit sinkt die Verarbeitungskapazität. Zum anderen verändert sich die selektive Aufmerksamkeit des Systems; es kann seine Kapazitäten wahlweise verschiedenen Aufgaben zuwenden. Der Autor analysierte die selektive Aufmerksamkeit am Fall des Verfolgens einer einzelnen Stimme. Man kann eine Einzelstimme recht gut aus einem Stimmengewirr heraushören. Dies erklärt der Autor als Filterung. Wie bei einem technischen Gerät zur Schallübertragung könnten etwa im kognitiven System Filter wirken, die bevorzugt hohe oder tiefe Töne durchlassen (Hochpaß- und Tiefpaßfilter). Solche Filter könnten kurzfristig zugeschaltet werden (z.B. bei Aufschrei einer hohen Kinderstimme). Viel beachtet wurde auch Broadbents Unterscheidung eines Kurzzeitspeichers mit stark begrenzter Aufnahme nacheinander eintreffender Sinneseindrücke und eines Langzeitspeichers zur geordneten Aufbewahrung einer großen Menge von Erfahrungen und Bedeutungen.

Die funktionalistische Kognitionspsychologie hat in schneller Folge zwei Arten von theoretischen Modellen hervorgebracht:

- Modelle von Verarbeitungs- und Speicherungsprozessen (z.B. der Wahrnehmung von bedeutungsvollen Mustern, des Lernens von Texten). Diese Modelle wurden oft mathematisch formuliert (z.B. probabilistische Modelle, d.h. Modelle in Begriffen der Wahrscheinlichkeitstheorie).
- Modelle von Verarbeitungs- und Speichereinheiten (z.B. Trennung von Sinneskanälen, von Kurzzeit- und Langzeitspeicher) sowie der zwischen ihnen herrschenden Beziehungen (z.B. Einflüsse der Motiviertheit auf die Wahrnehmung, Zuordnung aktueller Wahrnehmungen zu langfristig gespeicherten Schemata). Psychologische Modelle von Funktionseinheiten gleichen den Blockschaltbildern und Flußdiagrammen der Elektrotechnik und der Organisationslehre (vgl. Klix, 1971).

Wiener, N. (1948/1968). *Kybernetik. Regelung und Nachrichtenübertragung im Lebewesen und in der Maschine.* Reinbek: Rowohlt.

Shannon, C. E. & Weaver, D. (1949). *The mathematical theory of communication.* Urbana: University of Illinois Press.

Miller, G. A., Galanter, S. & Pribram, K. (1960/1973). *Strategien des Handelns.* Stuttgart: Klett.

Miller, G. A. (1956). The magical number seven, plus or minus two: Some limits on our capacity for processing information. *Psychological Review, 63,* 81-97.

Broadbent, D. E. (1958). *Perception and communication.* London: Pergamon.

Klix, F. (1971). *Information und Verhalten.* Berlin: Deutscher Verlag der Wissenschaften.

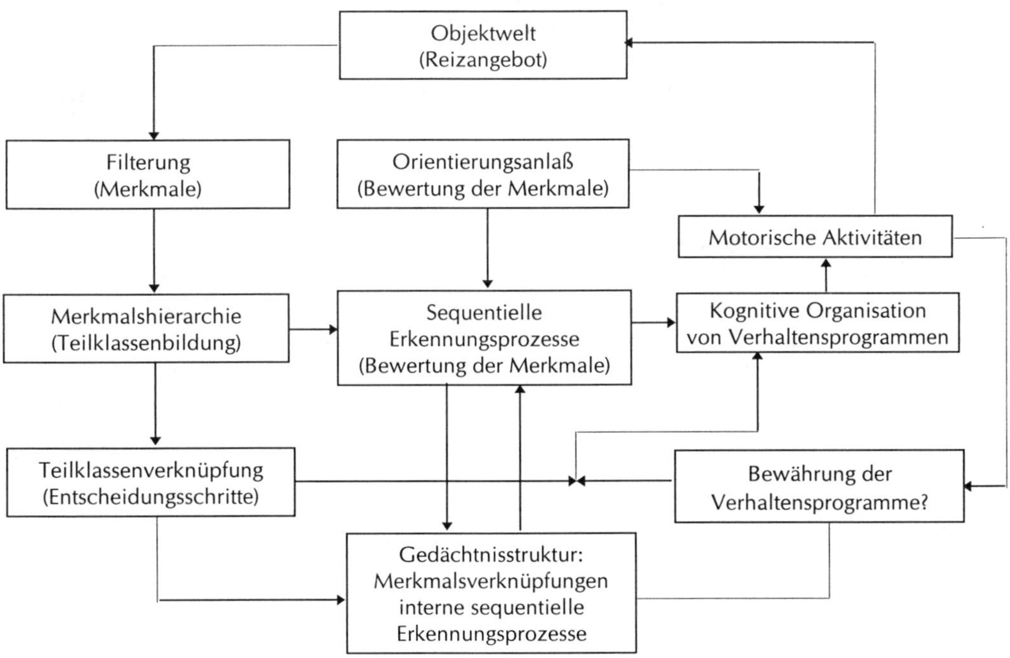

Ein Modell der menschlichen Informationsverarbeitung und Verhaltenssteuerung (nach Klix, 1971, S. 546).

Zusammenfassung

1. Im 19. und 20. Jahrhundert führen technischer Wandel und Bevölkerungswachstum in die Epoche der Moderne. Die Moderne wird einerseits als politischer, wirtschaftlicher und technischer Fortschritt gefeiert, andererseits stößt sie wegen ihrer Tendenz zur Vereinheitlichung auf Kritik. Die Psychologie bietet sich als Wissenschaft für die Bedürfnisse der Moderne an. Sie entwickelt verschiedene theoretische Richtungen, welche miteinander konkurrieren.

2. Vor allem in den Vereinigten Staaten von Amerika tritt der Behaviorismus als Lehre vom Verhalten hervor. Er vertritt positivistische, darwinistische und pragmatische Prinzipien und bevorzugt die Methode der Tierbeobachtung. Die Tradition des Behaviorismus wird stark von John Watson geprägt, der die Untersuchung des Bewußtseins als unwissenschaftlich ablehnt; in dieser Hinsicht stimmt der Behaviorismus mit der in Rußland von Iwan Pawlow vertretenen Reflexologie überein. Watson wie Pawlow konzentrieren sich auf die Untersuchung bedingter Reflexe, d.h. erworbener Reiz-Reaktions-Verbindungen.

3. McDougalls hormische Psychologie ist eine behavioristische Richtung, welche die Bedeutung angeborener Instinkte betont. Sie findet ihre Fortsetzung in der biologischen Verhaltensforschung, der Ethologie.

4. Weitere erfolgreiche Zweige des Behaviorismus sind Hulls Reiz-Reaktionstheorie und Skinners Lehre vom operanten Konditionieren; beide erklären Lernen mit dem Prinzip der Verstärkung (Belohnung).

5. Die Tiefenpsychologie nimmt ein Unbewußtes an, das in Phantasie und Traum zu symbolischem Ausdruck gelangt und sich auch in (Fehl-)Handlungen niederschlägt. Die Tiefenpsychologie nimmt vielfältige Anregungen auf, insbesondere aus der Romantik und der Mystik.

6. Freud wird zum Initiator einer weltweiten „Psychoanalytischen Bewegung". Er selbst steuert eine Verdrängungs- und Neurosentheorie bei, in deren Mittelpunkt Konflikte innerhalb der Familie stehen.

7. Jung deutet das Unbewußte teils als individuell erworben, teils als kollektiv tradiert. Archetypen stellten Grunderfahrungen der Menschheit in einer Bildersprache dar, die sich dem Bewußtsein schwer erschließt.

8. Neopsychoanalytische Lehren wie die von Horney betrachten die Bildung von Angst und Vertrauen in der Kindheit als zentrale Erfahrungen, von deren unbewußtem Wirken Glück und Anpassung abhängt.

9. Kognitivistische Richtungen führen das Programm des Rationalismus in der Moderne fort. Thema kognitivistischer Theorien sind zum einen - nach dem Verständnis der Psychologie als Lehre von den bewußten Erlebnissen - (soziale) Kognitionen, zum anderen - nach dem Verständnis der Psychologie als Lehre vom vernunftgeleiteten Erkennen und Handeln - geordnete und zielgerichtete kognitive Prozesse.

10. Der Strukturalismus nach Piaget und die Gestalttheorie u.a. nach Wertheimer und Köhler analysieren die ganzheitliche Ordnung von Wahrnehmen und Denken, ihre innere Dynamik und ihre Anpassung an die Umwelt.

11. Zu einem bedeutenden Forschungsfeld wird - u.a. im Anschluß an Heiders „Jedermann-Psychologie" - die Untersuchung allgemeinverständlicher Begriffe und Beziehungen.

12. Psychologische Theorien der Handlung - wie die von Lewin und Tolman - analysieren Wissen und Planen als Voraussetzungen erfolgreicher Tätigkeit sowie von Entschluß und Erledigung als deren Anfangs- und Endpunkte.

13. Die insbesondere aus der Mathematik und Nachrichtentechnik hervorgegangenen Ansätze der Kybernetik und Informationstheorie werden in psychologischen Modellen der Informationsverarbeitung und Informationsspeicherung aufgegriffen.

Literatur zur Ergänzung und Vertiefung

Attneave, F. (1959/1969). *Informationstheorie in der Psychologie.* Bern: Huber.

Balmer, H. H. (1972). *Die Archetypentheorie von C. G. Jung. Eine Kritik.* Berlin: Springer.

Bischof, N. (1996). *Das Kraftfeld der Mythen.* München: Piper.

Fietz, L. (1998). *Strukturalismus.* Tübingen: Narr.

Graumann, C. F. (Hrsg.). (1985). *Psychologie im Nationalsozialismus.* Berlin: Springer.

Kaiser-El-Safti, M. (1987). *Der Nachdenker. Die Entstehung der Metapsychologie Freuds in ihrer Abhängigkeit von Schopenhauer und Nietzsche.* Bonn: Bouvier.

Kussmann, Th. (1974). *Sowjetische Psychologie: Auf der Suche nach der Methode. I. P. Pawlows Lehren und das Menschenbild der marxistischen Psychologie.* Bern: Huber.

Kuttner, P. (1989). *Moderne Psychoanalyse.* München: Verlag Internationale Psychoanalyse.

Scheerer, E. (1983). *Die Verhaltensanalyse.* Berlin: Springer.

Stachowiak, H. (1965). *Denken und Erkennen im kybernetischen Modell.* Berlin: Springer.

Studierende der Berliner Universität im Wintersemester 1945/1946. Die Teilnehmer der Lehrveranstaltungen bringen Fensterpappe mit, um die im Krieg beschädigten Hörsäle abzudichten.

Kapitel 11

Praktische Psychologie in der Moderne

Psychologie als Beruf

Das zwanzigste Jahrhundert wurde eine Epoche der Massengesellschaft. Zu seinen charakteristischen Einrichtungen gehörten Verwaltung, Industrie, öffentliches Schul- und Sozialwesen. Organisationen und Privatpersonen suchten Hilfe bei ihren Entscheidungen. Der Bedarf an sozialen Dienstleistungen wuchs. Zahlreiche Tätigkeitsfelder eröffneten sich der Praktischen Psychologie, die sich daraufhin in verschiedene Zweige gliederte. Zu den wichtigen Zweigen gehörten zunächst die Pädagogische Psychologie, die Wirtschaftspsychologie, die Gerichtspsychologie und die Klinische Psychologie.

Bis zu den dreißiger Jahren waren es vorwiegend Hochschulangehörige, welche sich psychologischer Praxis widmeten. Denn zunächst fiel es schwer, mit dem Entgelt für psychologische Leistungen den Lebensunterhalt zu bestreiten. Nach den fünfziger Jahren besserte sich das Einkommen aus praktisch-psychologischer Tätigkeit, und die Zahl der psychologisch Berufstätigen außerhalb der Hochschulen nahm stärker zu als die Menge der Hochschulangehörigen im Fach Psychologie. So wurde Praktische Psychologie zu einem Beruf.

Aufgabengebiete der Praktischen Psychologie waren

- Diagnostik (Auslese für Schule, Wirtschaft und Verwaltung, Prognose bei psychischen Störungen, Begutachtung von Angeklagten und Zeugen in Gerichtsverfahren u.ä.),
- Intervention (Therapie psychischer Störungen, Gestaltung von Arbeitsplätzen u.ä.)
- sowie Evaluation (Bewertung von Unterrichtsverfahren, Verkaufswerbung u.ä.).

Ihren Anspruch auf Wissenschaftlichkeit begründete die Praktische Psychologie insbesondere mit der Einführung von geprüften und standardisierten Erhebungsverfahren, den sogenannten psychologischen Tests.

11.1 Praxis auf der Grundlage von Wissenschaft: Auch in der Psychologie?

11.1.1 Von 1900-1970: Weltkriege, Diktaturen, Demokratie, Wirtschaftskrisen, Aufbau

Beruflich betriebene Psychologie ist eine Erscheinung der Moderne (zum Begriff der Moderne s. Abschnitt 10.1.1). Die Anwendung von Psychologie hat sich bereits vor der Wende zum 20. Jahrhundert angebahnt (zur historischen Situation im 19. Jahrhundert s. Abschnitt 9.1.1). Doch rund zwei Drittel des 20. Jahrhunderts sind vergangen, bis sich ein Berufsbild für Psychologinnen und Psychologen geformt und verfestigt hat. In dieser Zeit - genauer: von 1900 bis 1970 - hat sich die Weltbevölkerung von 1,7 Milliarden auf 3,5 Milliarden Menschen verdoppelt. Dabei sind in Europa und Nordamerika das durchschnittliche Einkommen, die Lebensqualität und die Lebenserwartung gestiegen. Demokratie und soziale Sicherung sind feste Bestände des öffentlichen Lebens geworden. Immer mehr Menschen haben Schulen und Hochschulen besucht. Der wissenschaftliche, technische, gesellschaftliche und politische Fortschritt (s. wieder Abschnitt 10.1.1) verstetigte sich und führte Jahr um Jahr zu neuen Erfolgen. Bis zum Jahre 1970 hatten Menschen den Mond betreten, revolutionierten leicht erhältliche und anwendbare Mittel zur Geburtenkontrolle die sozialen Beziehungen und übertrugen Fernsehsender Bilder über weite Entfernungen. Insbesondere in Europa wäre die Bilanz der beiden ersten Drittel des 20. Jahrhunderts glänzend ausgefallen, hätte es nicht auch dieses gegeben: zwei Weltkriege, zwei Diktaturen, Ost-West- und Nord-Süd-Konflikt.

Der Erste Weltkrieg dauerte von 1914 bis 1918. Nach Auseinandersetzungen auf dem Balkan, die durch die Ermordung des österreichischen Thronfolgers in Sarajewo außerordentliche Publizität erhielten, nach Annexionen in Europa und Konkurrenz um Kolonien standen Deutschland und Österreich-Ungarn gegen Frankreich, England, Italien, Rußland, Serbien, denen ab 1917 die USA zu Hilfe kamen. Neue Kampfmittel wie Giftgas verbreiteten Tod und schwere Verletzungen. Die Zivilbevölkerung litt sowohl unter der Front als auch unter dem Zusammenbruch der Versorgung. Der Krieg endete mit der Kapitulation Deutschlands und Österreichs; der deutsche und der österreichische Kaiser dankten ab. Beide Länder führten parlamentarische Demokratien ein. Ungarn und die slawischen Länder trennten sich von Österreich.

Deutschland litt schwer unter den Kriegsfolgen und später auch unter einer weltweiten Wirtschaftskrise. Inflation und Arbeitslosigkeit erschwerten den Aufbau des neuen Staates, der nach seiner im Nationaltheater von Weimar beschlossenen Verfassung die Weimarer Republik hieß. Doch schon 1933 endete die Republik, obwohl sie im Inneren wie in der Außenpolitik achtbare Erfolge erzielt hatte. Eine radikale Bewegung, der Nationalsozialismus, übernahm die Regierung, besetzte alle Machtpositionen mit Angehörigen der eigenen Partei und verfügte die „Gleichschaltung" aller Verbände. Das nationalsozialistische Regime verfolgte und ermordete, wen seine Rassenideologie verdammte - darunter viele Deutsche jüdischer Herkunft. Nach dem unblutigen Einmarsch in Österreich begann 1939 mit dem Angriff auf Polen ein zweiter Weltkrieg. Deutsche Truppen rückten - unterstützt von dem damals faschistischen Italien - im Osten bis nach Rußland vor, im Norden nach Dänemark und im Westen bis an die französische Atlantikküste. Erst eine Allianz der Großmächte England, Sowjetunion, Frankreich und USA konnte 1945 die deutschen Truppen zur Kapitulation zwingen und zusammen mit der nationalsozialistischen Diktatur den Völkermord in Zwangslagern sowie die Not der Zivilbevölkerung beenden. Man kann das durch Krieg und Zwangsherrschaft herbeigeführte Leid nicht messen. Die Zahl der Toten betrug rund 60 Millionen.

Die siegreichen Mächte haben nach dem Krieg Europa in Einflußzonen aufgeteilt. Die drei Westmächte England, Frankreich und USA verfolgten eine weithin gemeinsame Politik des Aufbaus einer freien Marktwirtschaft und einer demokratisch kontrollierten Verwaltung. Die Sowjetunion setzte in ihrem Einflußbereich eine eigene sozialistische Doktrin durch. Die Union der Sozialistischen Sowjetrepubliken (UdSSR) war 1922 durch Zusammenschluß Rußlands mit osteuropäischen und asiatischen Ländern entstanden. Sie wurde von einer sozialistischen Einheitspartei beherrscht, welche die Kollektivierung von Landwirtschaft und Industrie mit rigoroser zentralistischer Planung betrieb und scharfe Sanktionen gegen Abweichler verhängte. Durch überkommene, unwirtschaftliche Strukturen belastet, zeitweilig von Hungersnot geplagt, mußte sich die Sowjetunion schließlich des deutschen Angriffs erwehren. Sie opferte dafür 20 Millionen ihrer Bürger - zehn Prozent ihrer Bevölkerung.

Der Gegensatz zwischen den freiheitlich und demokratisch organisierten Staaten im Westen, die durch wirtschaftliche Erfolge einen schnellen Wiederaufbau leisteten, und dem zentralistisch-diktatorisch geführten Herrschaftsbereich im Osten, der mit dem Westen wirtschaftlich nicht Schritt halten konnte, führte ab 1948 zu einer Spaltung in zwei Blöcke. Sie organisierten sich unter der Führung der USA zum Nordatlantischen Verteidigungsbündnis (NATO) und unter Führung der Sowjetunion zum Warschauer Pakt. Der „Kalte Krieg" zwischen ihnen hätte leicht in einen mit Atomwaffen ausgetragenen dritten Weltkrieg umschlagen können.

Überdies vertiefte sich die wirtschaftliche Kluft zwischen den industriellen Ländern im Norden (vor allem Nordeuropa, Nordamerika, Japan) und den Entwicklungsländern im Süden (vor allem Südamerika, Afrika). Um den Ausgleich zwischen Ost und West, Nord und Süd bemühten sich internationale Organisationen. Eine zentrale Position nahm die von allen politisch anerkannten Ländern beschickte *United Nations Organisation* (*UNO*) ein, die im Jahre 1945 die Nachfolge des 1920 gegründeten *Völkerbunds* in Genf antrat.

11.1.2 Konzeptionen für eine Praktische Psychologie: Pragmatische Psychologie, Kulturpsychologie, Psychotechnik

Die Erwartung, die Psychologie könne Beiträge zur Lösung aktueller gesellschaftlicher Probleme leisten, knüpfte sich an die Wendung der Erfahrungsseelenkunde zur Naturwissenschaft (vgl. Abschnitt 9.1.3). So schrieb in der Mitte des 19. Jahrhunderts Eduard Beneke unmittelbar im Anschluß an seine Kritik der Metaphysik (s. wieder Abschnitt 9.2.2):

> *„Gleich allen übrigen politischen, socialen, religiösen und kirchlichen Problemen, beziehn sich auch diejenigen, an deren unvollkommener Lösung unsere Zeit krankt, zuletzt auf Verwickelungen im Zusammenwirken menschlicher Einsichten, Bestrebungen, Stimmungen etc., also gewisser Produkte der menschlichen Seele, welche ihren tiefsten Gründen nach durch deren Natur bestimmt sind. Wie bei allen Naturentwickelungen also, ist auch hier eine gründliche Abhülfe nur möglich, indem man sie nach den ihnen eigenthümlichen Gesetzen behandelt: denn die Natur gehorcht dem Menschen nur, wenn er vorher auf die Natur gehorcht, dieser ihre Gesetze abgehorcht hat; dann aber gehorcht sie ihm bestimmt. ... die Psychologie unserer Zeit, in der Reform, durch welche sie zur Naturwissenschaft gemacht worden ist, hat dieselben* [Gesetze], *bis zu den tiefsten Grundprocessen und Grundelementen hin, mit großer Bestimmtheit und Klarheit dargelegt: so daß die Naturwissenschaft vom menschlichen Geiste ... schon jetzt hinter keiner anderen Naturwissenschaft zurückstehn möchte, und für die Zukunft alle zu übertreffen verspricht."*

(Beneke, 1845, S. VIII f.)

Beneke selbst (1850, 1853) hat eine „Pragmatische Psychologie" entworfen. Es war der Versuch, der eigenen Erfahrungsseelenlehre (s. Abschnitt 9.2.1) die Wendung zu einer Handlungs- und Sittenlehre zu geben. Auf der Grundlage seiner Theorien der menschlichen Vorstellung, des Willens u.ä. behandelt er moralische, ästhetische und andere praktisch bedeutsame Themen wie Genie, Bildung, das Lächerliche, die Gefühlserregung.

Pragmatische Psychologie war für Beneke eine Kunstlehre zur Erlangung von persönlichem Glück und sozialer Eintracht, eine Stütze auf dem Weg zur Vollkommenheit. Vom Vorrang der Theorie vor der Praxis war der Autor ebenso überzeugt wie von der Möglichkeit der unmittelbaren Nutzanwendung theoretischer Sätze:

„Die 'Pragmatische Psychologie' ist eine Anwendung der 'theoretischen' oder der gewöhnlich ohne Beinamen 'Psychologie' genannten Wissenschaft. Dieser letzteren allein gehört die eigentliche Forschung."

(Beneke, 1850, S. 17)

Als maßgeblich für das praktische Leben erläuterte Beneke (1853, S. 163) die „*reproduktive selbstthätige Bethätigung oder das Handeln*" sowie die „*produktive selbstthätige Bethätigung oder das geistige Schaffen*". Sie begründen nach Beneke (1853, S. 123ff., 163) Freundschaft, die Frieden und Einvernehmen schenkt, Liebe als Quelle der Wohltätigkeit sowie Achtung vor dem Eigentum, die den ungestörten Gebrauch von Sachen sichere.

Was der Pragmatischen Psychologie völlig fehlte, war das Eingehen auf konkrete Problemfälle und Aufgabenfelder. Sie verzichtete auf die Entwicklung und Beurteilung von Regeln für nützliches Verhalten. Dies sollte sich in der Folge ändern. Zum einen wandten sich Vertreter der Psychologie selbst bestimmten Aufgaben zu (z.B. Eignungsprüfung, Werbung). Zum anderen traten Vertreter anderer Berufe (z.B. Lehrer) an Psychologen mit der Bitte um Beratung und Unterstützung heran. Zu Beginn des 20. Jahrhunderts zählte Hugo Münsterberg (1914) jedenfalls eine imponierende Fülle von Aufgabengebieten für die neue Praktische Psychologie auf:

- Gesellschaftsordnung (Kommunikation, Menschenkenntnis, Gruppenleistung u.ä.),
- Gesundheit (Diagnose psychischer Krankheiten, Psychotherapie, Hypnose u.ä.),
- Wirtschaft (Landwirtschaft, Industrie, Handel),
- Recht (Verbrechensverhütung, Begutachtung von Zeugenaussagen, Beratung bei richterlichen Entscheidungen),
- Erziehung (Schulen von Fähigkeiten, Wekken von Interessen, Organisation des Unterrichts u.ä.),
- Kunst (Lebensgestaltung, Raumkunst - z.B. Gemälde, Zeitkunst - z.B. Musik u.ä.),
- Wissenschaft (Beseitigung von Fehlern bei der Beobachtung und der Theorienbildung in Natur- und Geisteswissenschaften).

Die so abgegrenzten Gebiete faßte Münsterberg als Bereiche der Kultur auf. Kultur war für ihn - immer noch im Gefolge des idealistischen Denkens (s. Abschnitt 9.1.2) - jener Bereich des menschlichen Lebens, den der menschliche Geist zu seiner Vollendung geschaffen hatte. Mit diesem Vorverständnis schlug der Autor folgende Begriffsbestimmungen vor:

„Der allgemeine Ausdruck 'angewandte Psychologie' bedeutet einerseits, daß wir rückblickend die Kulturvorgänge erklären; wir wollen dieses als Kulturpsychologie bezeichnen. Es bedeutet andererseits, daß wir mit Hilfe der Psychologie vorwärtsblickend das praktische Leben im Dienste der Kulturaufgaben gestalten wollen. Nun werden die der praktischen Aufgabenerfüllung zugewandten Wissenschaften allgemein als technische bezeichnet; wir wollen diesen Teil der angewandten Psychologie deshalb Psychotechnik nennen."

(Münsterberg, 1914, S. 6)

Noch einmal: Positivismus

Die Forderung nach praktischer Bedeutsamkeit von Wissenschaft ist ebenfalls Teil des Positivismus (s. Abschnitt 9.2.2) gewesen. Comte (1844/1915) verlangte:

- Wissenschaft soll die Kontrolle des Menschen über Natur und Technik steigern.
- Wissenschaft soll eine Prognose der Zukunft leisten.
- Sowohl Kontrolle als auch Prognose sollen der Humanität und der Realisierbarkeit verpflichtet sein, d.h. das beste für den Menschen Mögliche erreichen.

Mit seiner Konzeption einer retrospektiven Kulturpsychologie hat sich Münsterberg der Verstehenden Psychologie (s. Abschnitt 9.2.3) angeschlossen. Kulturpsychologie soll durch Nachempfinden und Durchdenken zum Verständnis menschlicher Werke und menschlichen Handelns beitragen. So diene es dem Verständnis eines Kunstwerks, „*die psychologischen Motive des Künstlers zu zerlegen*“, dem Verständnis einer politischen Tat, „*die psychischen Ursachen im Bewußtsein der handelnden Staatsmänner in ihren feinsten Faserungen zu verfolgen*“ (Münsterberg, 1914, S. 4).

Anders die prospektive Psychotechnik. Sie widmet sich nach Münsterberg

- der Voraussage,
- der Diagnose und
- der Gestaltung.

Aus neuerer Sicht vermißt man in dieser Aufzählung nur die ausdrückliche Nennung einer einzigen praktischen Funktion, nämlich die

- Evaluation, d.h. die Bewertung von praktischen Maßnahmen.

Mit diesem Funktionskatalog ist der Psychotechnik die Rolle einer Entscheidungs- und Gestaltungslehre zugewiesen.

11.1.3 Angewandte Psychologie: Rechtfertigung und Kritik

Münsterberg (1914) faßte die Psychotechnik und die Kulturpsychologie unter dem Begriff der Angewandten Psychologie zusammen. Die Begründung: Beide fußten auf der Psychologie als Grundlagenwissenschaft. Mit dieser Deutung schloß sich der Autor - wie schon vorher Beneke in seiner Pragmatischen Psychologie (s. Abschnitt 11.1.2) - einem aus den Naturwissenschaften geläufigen Zwei-Phasen-Modell an. Das Modell trennt

- Grundlagenwissen von der
- Anwendung des grundlegenden Wissens im Interesse des praktischen Fortschritts.

In diesem Sinne verhalten sich die Kulturpsychologie und die Psychotechnik zur psychologischen Grundlagenforschung wie die Ingenieurwissenschaft zur Physik oder die Agrarwissenschaft zur Botanik.

Angewandte Psychologie und Vergleichende Psychologie

Kinderpsychologie und Tierpsychologie, die Lehren von Unterschieden zwischen Individuen und zwischen Kulturen, vermittelten nicht nur reiche Lebenserfahrung, sondern boten auch Anregungen für die Lebensgestaltung. Zum Beispiel gestatteten die neuen Disziplinen Schlußfolgerungen für die private und öffentliche Erziehung. So kam es, daß die Vergleichende Psychologie (s. Kapitel 8) ebenfalls von einigen Autoren der Angewandten Psychologie zugerechnet wurde. William Stern und Otto Lipmann räumten jedenfalls in der 1908 von ihnen begründeten *Zeitschrift für Angewandte Psychologie und psychologische Sammelforschung* der Genetischen und der Differentiellen Psychologie sowie der Völker- und Sozialpsychologie eine maßgebliche Stellung ein.

Die Behauptung, die Zeit sei reif für eine Praktische Psychologie, die auf der Grundlage wissenschaftlicher Theorien aufbaue, war allerdings umstritten. Einige Kritiker meinten, die Psychologie, einschließlich ihrer neuen

Beneke, F. E. (1845). *Lehrbuch der Psychologie als Naturwissenschaft.* Berlin: Mittler.

Beneke, F. E. (1850). *Pragmatische Psychologie* (2 Bände). Berlin: Mittler.

Beneke, F. E. (1853). *Lehrbuch der pragmatischen Psychologie.* Berlin: Mittler.

Comte, A. (1844/1915). *Abhandlungen über den Geist des Positivismus,* herausgegeben von F. Sebrecht. Leipzig: Meiner.

Münsterberg, H. (1914). *Grundzüge der Psychotechnik.* Leipzig: Barth.

Stern, W. & Lipmann, O. (1908). Zur Einführung. *Zeitschrift für Angewandte Psychologie und psychologische Sammelforschung, 1,* I-III.

Hugo Münsterberg (1863-1916)

Hugo Münsterberg war ein ungemein vielseitiger Autor. Natur und Geist, Empirie und Theorie, Wissenschaft und Praxis wollte er miteinander in Einklang bringen. In der Tradition des Idealismus hat er in Deutschland seine akademische Laufbahn begonnen. In den USA geriet er unter den Einfluß des dort vorherrschenden Pragmatismus und wurde zu einem enthusiastischen Vertreter der Angewandten Psychologie.

Münsterberg stammte aus dem damals westpreußischen Danzig, erwarb in Leipzig mit einer Dissertation bei Wundt den philosophischen und in Heidelberg den medizinischen Doktorgrad. 1887 wurde er im badischen Freiburg Privatdozent und richtete aus seinen privaten Mitteln ein psychologisches Laboratorium ein. Bald konnte Münsterberg (1889-1892) über ein gelungenes Experimentalprogramm berichten. Zugleich widmete er sich der Philosophie. Er schloß sich der Gruppe der Neukantianer an - Windelband (s. Abschnitt 9.1.4) galt als ihr führender Kopf - und verfaßte eine Schrift über die ewigen Werte (Münsterberg, 1889). Es war für Münsterberg eine tiefe Befriedigung, einen Ruf auf den Lehrstuhl für Philosophie der Universität Königsberg zu erhalten, den ein Jahrhundert zuvor Kant (s. Abschnitt 9.1.3) besetzt hatte. Doch das war erst im Jahre 1905. Da wollte er seine Professur an der amerikanischen *Harvard University* nicht mehr aufgeben. Er hatte sie 1892 auf Probe, 1897 endgültig übernommen. Wegen seiner jüdischen Herkunft hatte er damals wenig Hoffnung auf eine besoldete Professur in seinem Heimatland.

In Harvard betrieb Münsterberg erneut mit großem Erfolg ein psychologisches Laboratorium. Eine eigene Abteilung befaßte sich mit Tierexperimenten. Doch nun wandte sich Münsterberg der Angewandten Psychologie zu. Er trat mit umfangreichen Beiträgen zur Gerichtsbarkeit, zur Industriearbeit und zur psychischen Gesundheit (engl. *social sanity*) hervor (s. Abschnitte 11.3.4, 11.3.6). Großes Interesse hatte Münsterberg an der Kunst. Unter dem Pseudonym Terberg veröffentlichte er einmal eigene Gedichte. Dem Film, der ihn als neue Kunstform beeindruckte, widmete er eine kenntnisreiche Monographie (Münsterberg, 1916/1996).

Hinzu kam eine publizistische Tätigkeit. Münsterberg, geschäftig und eloquent, äußerte sich öffentlich zu aktuellen Fragen der Politik, der Kunst und der Erziehung. Die amerikanischen Präsidenten Roosevelt und Taft luden ihn ins Weiße Haus in Washington ein. Allerdings widersprachen manche seiner Vorstellungen von sozialer Ordnung, wie er sie aus dem monarchistischen Deutschland mitgebracht hatte, den demokratischen Einstellungen seiner amerikanischen Gesprächspartner. Sein deutscher Nationalismus blieb auch nach zwanzig Jahren in den USA stark. Der Eintritt der Vereinigten Staaten in den Ersten Weltkrieg stürzte Münsterberg in große persönliche Konflikte. Ein Herzinfarkt setzte im Jahre 1916 seinem Leben ein Ende - während einer Vorlesung vor den Augen seiner Studenten (Hale, 1980; Münsterberg, 1922).

Hugo Münsterberg (1863-1916)

Münsterberg, H. (1889-1892). *Beiträge zur experimentellen Psychologie* (Band 1-4). Freiburg i. Br.: Mohr.

Münsterberg, H. (1889). *Der Ursprung der Sittlichkeit*. Freiburg i. Br.: Mohr.

Münsterberg, H. (1916/1996). *Das Lichtspiel*, herausgegeben von J. Schweinitz. Wien: Synema.

Hale, M. (1980). *Human science and social order: Hugo Münsterberg and the origins of applied psychology*. Philadelphia, PA: Temple University Press.

Münsterberg, M. (1922). *Hugo Münsterberg: His life and work*. New York: Appleton.

experimentellen Richtung sei noch zu jung und unerfahren, um bereits als Grundlage einer wirkungsvollen Praxis dienen zu können. Wundt (1909) befürwortete zwar das Bemühen um Nutzanwendung, vermißte aber bei der Betrachtung der zu seiner Zeit vorliegenden praktischen Ansätze eben jene Wissenschaftlichkeit, welche die Beziehung auf die Grundlagenforschung vermitteln sollte. Praxis werde meist ohne angemessene Analyse der zugrunde liegenden psychischen Prozesse betrieben. Ohne rechte Erklärung begnüge man sich mit der Feststellung von Sachverhalten (z.B. dem Auftreten von Erinnerungstäuschungen bei Zeugenaussagen) oder mit technischen Maßnahmen (z.B. Memoriermethoden im Schulunterricht).

Von grundsätzlicher Natur war der Einwand, Psychologie sei überhaupt „reine Wissenschaft", d.h. immer nur der Grundlagenforschung zugewandt. Sie diene der Bestimmung überdauernder und situationsübergreifender Gesetzmäßigkeiten. Die Aufklärung individuelle Fälle, die Beschäftigung mit Problemen, die sich aus der individuellen Lebensperspektive ergeben, falle nicht in die Zuständigkeit einer Gesetzeswissenschaft. Praxis zum Nutzen der Bevölkerung befasse sich dagegen stets mit Einzelfällen und gehe auf subjektive Wünsche und Erwartungen der Betroffenen ein. Psychologische Praxis sei damit eine Kunst und keine Wissenschaft. Daraus folge: Wissenschaftliche Psychologie könne nicht zum Beruf werden. Einschlägige Dienste seien Angelegenheiten eigener Berufszweige wie der Lehrer- oder der Ärzteschaft. Es war dies ein Standpunkt, welcher der idealistischen Wissenschaftsauffassung (s. Abschnitt 9.1.3) folgte und insbesondere an Universitäten in Deutschland überzeugte Vertreter hatte.

In pragmatisch eingestellten Ländern diskutierte man die Beziehung zwischen Grundlagenforschung und Praxis gelassener. Leon R. Geissler stellte im ersten Band des amerikanischen *Journal of Applied Psychology* die neue Kunstlehre als „praktische oder angewandte Wissenschaft oder Technik" vor, ohne eine Abhängigkeit von der Grundlagenforschung anzunehmen. Vielmehr betonte er die Unterschiede zwischen praktischer Wissenschaft und „allgemeiner oder reiner oder theoretischer Wissenschaft". Ziele, Standpunkte, Probleme und Methoden von Wissenschaft und Praxis seien grundsätzlich voneinander verschieden:

- Wissenschaft wolle mehr und besseres Wissen, Praxis wolle mehr besseres Leben und Verhalten.
- Wissenschaft suche allgemeingültige Gesetze, Praxis suche den Nutzen für Einzelne und Gruppen.
- Wissenschaft erkläre Ursachen, Ursprung und Entwicklung, Praxis verändere Situationen und Verhalten.
- Wissenschaft vereinfache, abstrahiere und klassifiziere, Praxis differenziere, korreliere und standardisiere.

Je stärker sich die Praktische Psychologie durchsetzte, desto häufiger hörte und las man Bekenntnisse zu ihrer Eigenständigkeit. So schrieb auch in Deutschland ein führender Vertreter der akademischen Psychologie:

> *„Die Zeit ist vorbei, in der der Unterschied zwischen reiner und angewandter Wissenschaft noch einen Qualitätsunterschied bedeuten könnte. Gerade im Fach der Psychologie gibt es keine einfache Übertragung erkannter allgemeiner Wahrheiten auf konkrete Fälle der Praxis."*
>
> (Kroh, 1941/1942, S. 9)

Trotz Spannungen und Zwistigkeiten haben die maßgeblichen Vertreter der Grundlagenforschung und der Praxis in aller Welt an der organisatorischen Einheit ihres Faches festgehalten. Zumindest in der Zielvorstellung stimmten sie überein: Praktische Psychologie muß wissenschaftlichen Maßstäben gerecht werden und am wissenschaftlichen Fortschritt teilhaben. Berufspsychologen außerhalb der Universitäten müssen zugleich Praktiker und Wissenschaftler (engl. *scientist-practitioner*) sein (Kroh, 1941/1942; Raimy, 1950). Das Zwei-Phasen-Modell nach naturwissenschaftlichem Vorbild (s.o.) wurde zum Grundpfeiler der Fachpolitik.

Die Forderung nach wissenschaftlicher Qualifizierung von psychologischer Berufspraxis schlug sich in der Einrichtung von Ausbildungsgängen für praktisch tätige Psychologen an den Universitäten nieder. Die Universitäten sollten als Stätten der Forschung den angehenden Berufstätigen nicht nur praktische Fertigkeiten von wissenschaftlicher Qualität vermitteln, sondern auch den aktuellen Forschungsstand mit seinen methodischen Standards und theoretischen Prinzipien. Der im Jahre 1941 in Deutschland eingeführte sechssemestrige Diplomstudiengang für Psychologen (s. Abschnitt 10.1.2) sah ein Grundstudium in Allgemeiner und Differentieller Psychologie vor, gefolgt von einem Studium der Diagnostik, der Psychagogik und mehrerer Anwendungsfelder wie Pädagogischer Psychologie und Arbeitspsychologie (s. wieder Kroh, 1941/1942).

Geissler, L. R. (1917). What is applied psychology? *Journal of Applied Psychology, 1,* 46-60.

Kroh, O. (1941/1942). Ein bedeutender Fortschritt in der deutschen Psychologie. Werden und Absicht der neuen Prüfungsordnung. *Zeitschrift für Psychologie, 51,* 1-32.

Wundt, W. (1909). Über reine und angewandte Psychologie. *Philosophische Studien, 5,* 1-47.

Raimy, V. C. (Ed.). (1950). *Training in clinical psychology.* New York: Prentice-Hall.

11.1.4 Der Weg der Psychologie in die Professionalisierung

Wann wird eine Tätigkeit zum Beruf? In der Regel setzt ein Beruf voraus:

- ein Berufsbild, d.h. eine Menge von qualifizierten Tätigkeiten, welche im Rahmen eines Berufs auszuüben sind,
- eine Ausbildung, welche die Befähigung zu den zum Berufsbild gehörigen Tätigkeiten vermittelt und mit einem anerkannten Zeugnis über den erfolgreichen Erwerb der beruflichen Fähigkeiten abschließt,
- einen Markt für Dienstleistungen, auf dem die beruflichen Tätigkeiten nachgefragt werden. Auf dem Markt können die Berufsangehörigen ihr Einkommen sichern.

Sobald in akademischen Studiengängen eine Spezialisierung in Psychologie möglich wurde, erhob sich die Forderung nach einem Berufsbild für Psychologen und die Erwartung von Marktchancen für die Angehörigen des Psychologenberufs.

So fruchtbar sich psychologische Praxis in verschiedenen Zweigen entwickelte (s. Abschnitt 11.3) - die Einrichtung von dauerhaften und angemessen dotierten Arbeitsplätzen für Berufspsychologen gestaltete sich zögerlich und beschwerlich. Versuche von Firmengründungen belegen dies. In diesem Zusammenhang ist aus Deutschland vom *Institut für Angewandte Psychologie und psychologische Sammelforschung* zu berichten. Otto Lipmann hat es im Jahre 1906 zusammen mit führenden Wissenschaftlern, darunter William Stern und Georg Elias Müller (s. Abschnitte 8.5.3, 9.3.3) in Neubabelsberg gegründet. Es widmete sich vor allem der Forensischen und der Pädagogischen Psychologie (u. a. Zeugenaussagen, frühkindliches Denken und Sprechen, Tests) und verband Praxis mit Forschung. Dem Institut gelang es nicht, die für seinen Betrieb notwendigen Mittel zu erwirtschaften. Lipmann hat diese zu einem großen Teil aus seinem Privatvermögen zur Verfügung gestellt. Als nach dem Ersten Weltkrieg eine private Finanzierung nicht mehr möglich war, bemühte man sich mit bescheidenem Erfolg um eine staatliche Förderung (Sprung & Brandt, 1992). Einige Jahre später gab es eine andere

Unternehmung in den Vereinigten Staaten: die *Psychological Corporation*. James McKeen Cattell (s. a. Abschnitt 9.3.3) hat sie zusammen mit prominenten Kollegen im Jahre 1921 ins Leben gerufen. Die *Psychological Corporation* war eine Agentur, die auf verschiedenen Feldern (u.a. Eignungsdiagnostik, Werbung) psychologisch-praktische Dienste vermittelte. Die *Corporation* sollte schnell Gewinne abwerfen. Aber sie war in den ersten zehn Jahren ihres Bestehens ein Zuschußgeschäft (Sokal, 1981).

Die zögerliche Durchsetzung von Psychologie in den Praxisfeldern selbst veranlaßte praktisch tätige Psychologen zunächst, ihren Lebensunterhalt durch Rückhalt in einem bereits etablierten Beruf zu sichern oder durch eine Lehrtätigkeit. Im ersten Falle betätigten sie sich zumeist hauptberuflich als Lehrer, Ärzte oder Leiter in Wirtschaftsunternehmen. Im zweiten Fall übernahmen sie eine Dozentur - zumeist an einer Universität. Ungeachtet der an Universitäten verbreiteten Bedenken gegenüber der Praktischen Psychologie waren es in der ersten Hälfte des 20. Jahrhunderts insbesondere Universitätsprofessoren, welche mit Beiträgen zur Praktischen Psychologie hervorgetreten sind. Zu ihnen gehörten Hugo Münsterberg (s. Abschnitte 11.3.4, 11.3.6), Edward L. Thorndike (s. Abschnitt 11.3.2), Karl Marbe, der sich als Gerichtsgutachter betätigte (s. Abschnitt 11.3.3), und Lightner Witmer, der an der *University of Pennsylvania* die erste psychologische Klinik betrieb (s. Abschnitt 11.3.6)

Einen recht verläßlichen Aufschluß über die Entwicklung der Praktischen Psychologie und des Psychologenberufs geben Statistiken der *American Psychological Association*. Sie verfolgten im Bereich der USA

- die Zunahme von Forschungsprojekten zur Praktischen Psychologie sowie
- das Wachstum des Arbeitsmarkts für Psychologinnen und Psychologen.

Der in den Statistiken ausgewiesene Anteil von Projekten zur Praktischen Psychologie (Testentwicklung, Klinische und Pädagogische Psychologie, Wirtschaftspsychologie) war von Anfang an recht hoch. Im Jahre 1920 lag er mit 37% nur knapp unter dem Anteil der psychologischen Grundlagenforschung (Allgemeine und experimentelle Psychologie, Tierpsychologie u.ä.) von rund 45% (Boring, 1920, S. 276). Bereits acht Jahre später haben die praxisorientierten Projekte mit einem Anteil von 48% die Grundlagenforschung mit einem Anteil von 32% überholt (Fernberger, 1928, S. 463). Dabei waren weitaus mehr Psychologinnen und Psychologen in Lehr- und Forschungseinrichtungen beschäftigt als in Praxiseinrichtungen wie Beratungsstellen, Krankenhäusern und Wirtschaftsunternehmen. Im Jahre 1928 hatten von den 616 Mitgliedern der *American Psychological Association* über 70% Stellen an Universitäten und Colleges und nur knapp 20% in Praxiseinrichtungen (Fernberger, 1928, S. 454). Seit den fünfziger Jahren hat der Arbeitsmarkt für Psychologen und Psychologinnen außerhalb der Universitäten einen starken Aufschwung genommen. Seitdem ist die Menge der außerhalb akademischer Einrichtungen praktisch tätigen Psychologen weit über die Zahl der in akademischen Einrichtungen lehrenden und forschenden hinausgewachsen (Wolfle, 1948; Stapp & Fulcher, 1981, zum gegenwärtigen Arbeitsmarkt in Deutschland s. Abschnitt 1.2.3).

Die Zahl der Mitglieder der *American Psychological Association* wuchs von 1928 bis 1948 von rund 600 auf rund 5000, bis 1981 auf rund 45 000. Dabei sank der Anteil der Beschäftigten an Universitäten und wissenschaftlichen Forschungsinstituten. Dagegen stiegen die Anteile der Beschäftigten in öffentlichen und privaten Praxiseinrichtungen (Schulen, Krankenhäuser, Wirtschaftsunternehmen u.a.) sowie der in eigenen Praxen selbständig Tätigen. Die Anteile der genannten Gruppen von Beschäftigten in den Jahren 1928, 1948 und 1981 zeigt die folgende Tabelle (nach Fernberger, 1928, S. 454; Wolfle, 1948, S. 509; Stapp & Fulcher, 1981, S. 1286).

	1928	1948	1981
Universitäten und Forschungsinstitute	73%	50%	43%
Öffentliche und private Praxiseinrichtungen	18%	36%	28%
Eigene Privatpraxis		2%	15%

11.2 Leistungen der Praktischen Psychologie

11.2.1 Psychologische Dienste, praktisch-psychologische Methoden

Wenn Psychologie zu einem Beruf werden wollte, welche Dienstleistungen hatte sie anzubieten? Mehr noch: Für welche Dienstleistungen konnten ihre Vertreter ein Entgelt erwarten? Auf diese Fragen gibt es zwei Antworten: Psychologie konnte sich einerseits bei der Analyse praktischer Probleme bewähren, andererseits bei deren Lösung. Durch die Vergleichende, die Experimentelle und die Verstehende Psychologie (s. Kapitel 8, 9) war der Psychologie neues Wissen über die kindliche Entwicklung, das soziale Leben, die menschliche Persönlichkeit, die menschliche Arbeit u.ä. zugewachsen. Dieses Wissen konnte dazu benutzt werden, praktisch bedeutsame Probleme präziser, umfassender und zutreffender zu beschreiben, und zwar in zahlreichen Bereichen des privaten und öffentlichen Lebens wie Erziehung und Arbeit. Vor allem kam es aber in der Praxis auf die Lösung der festgestellten Probleme an.

Zur Charakterisierung wie zur Lösung psychischer Probleme bedarf es eigener Methoden. Im folgenden werden drei Gruppen von Methoden unterschieden, die sich zur praktisch-psychologischen Dienstleistung eignen:

- Diagnostik,
- Intervention und
- Evaluation.

Die Methoden werden in diesem Abschnitt zunächst allgemein beschrieben - mit ihren maßgebenden Eigenarten und Varianten, in ihrer Zielsetzung und ihrem historischen Umfeld. Im folgenden Abschnitt 11.3 soll geschildert werden, wie sich Diagnostik, Intervention und Evaluation in einigen wichtigen und charakteristischen Praxisbereichen spezialisiert haben und sich im Rahmen bereichsspezifischer Lehren eigene Zweige von Psychologischer Praxis herausbildeten (darunter Rechtspsychologie, Klinische Psychologie).

Sprung, L. & Brandt, R. (1992). Otto Lipmann (1880-1933) und die Anfänge der angewandten Psychologie in Berlin. In L. Sprung & W. Schönpflug (Hrsg.), *Zur Geschichte der Psychologie in Berlin* (S. 139-159). Frankfurt a. M.: Lang.

Sokal, M. M. (1981). The origins of the Psychological Corporation. *Journal for the History of the Behavioral Sciences, 17,* 54-67.

Boring, E. G. (1920). Statistics of the American Psychological Association in 1920. *Psychological Bulletin, 17,* 271-278.

Fernberger, S. W. (1928). Statistical analyses of the members and associates of the American Psychological Association, inc. in 1928. *Psychological Review,* 35, 447-465.

Wolfle, D. (1948). Annual report of the executive secretary: 1948. *American Psychologist, 3,* 503-510.

Stapp, J. & Fulcher, R. (1981). The employment of APA members. *American Psychologist, 36,* 1263-1314.

11.2.2 Diagnostik

In der modernen Gesellschaft stieß die traditionelle Psychognostik (s. Abschnitt 7.2) an ihre Grenzen. Die Städte waren gewachsen, die Beweglichkeit der Bürger war gestiegen. Persönliche Bekanntschaft wich Anonymität, der Anteil individueller Beziehungen nahm in der Menge ab. Richter konnten immer seltener damit rechnen, Angeklagte und Zeugen schon vor den Verhandlungen zu kennen. In den Schulen wurden mehr Kinder zur Aufnahme angemeldet, und den Lehrern blieb weniger Zeit, die Schulreife einzelner Kinder festzustellen. Das moderne Leben, neue Techniken stellten neue Anforderungen. Es sollte die Eignung für den Telegraphendienst, das Fahren von Motorrädern und andere Tätigkeiten ermittelt werden, die es eine Generation zuvor noch gar nicht gegeben hatte. Ein wichtiges Ziel war Gerechtigkeit. Das verlangte das soziale Bewußtsein, vor allem wenn Urteile über Personen deren Schicksal bestimmten - insbesondere deren Ausbildung und Beschäftigung.

Wissenschaftlich gestaltete Prüfverfahren versprachen verläßlichere Ergebnisse und eine ökonomischere Durchführung. Urteile über Fähigkeiten und Neigungen sollten vor allem die folgenden Vorzüge aufweisen:

- Urteile verschiedener Experten (z.B. Ärzte, Lehrer) sollten übereinstimmen.
- Urteile von verschiedenen Zeitpunkten (z.B. Anfang und Ende eines Schuljahrs) sollten vergleichbar sein.
- Auch aus großen Gruppen (z.B. für einen Jahrgang von Schulanfängern) sollte jede Person der gleichen Prüfung unterzogen werden können.
- Die Urteile sollten zutreffende Vorhersagen für die Bewährung bei zukünftigen Aufgaben oder zu erwartenden Belastungen liefern (z.B. Feststellung der Schulreife, Eignung für eine Arbeit).

Die wissenschaftliche Gestaltung von Prüfverfahren zur Beurteilung menschlicher Fähigkeiten und Neigungen war eine Herausforderung für Mediziner, Pädagogen und verwandte Berufsgruppen. Vor allem waren es jedoch Vertreter der Psychologie, welche die Entwicklung und Anwendung solcher Verfahren vorantrieben. So erhielten die Verfahren bald die Bezeichnung „psychologische Tests" (engl. *test*, Prüfung). Die Tests waren nicht unumstritten. Doch verschafften sie der Psychologie - mehr als alle anderen Methoden - wissenschaftliche Anerkennung. Denn der mit dem Aufkommen der Naturwissenschaften einhergehende Fortschrittsglaube bemaß die Leistungsfähigkeit einer Disziplin nicht zuletzt daran, ob sie imstande war, neue Methoden und Instrumente hervorzubringen.

„Test" ist seit dem Artikel *Mental tests and measurements* von James McKeen Cattell (1890) ein fester Begriff in der Psychologie. Cattell, der seine Laufbahn als Assistent von Wundt begonnen hatte (s. Abschnitt 9.3.3), knüpfte als Professor an der amerikanischen Universität von Pennsylvania an die anthropometrischen Untersuchungen Galtons (s. Abschnitt 8.5.3) an. Seine Tests bestanden aus zehn Gruppen von Aufgaben aus der psychophysiologischen Forschung (u.a. Geschwindigkeit der Armbewegung, Unterschiedsschwelle für Gewichte, Zeitschätzung, Gedächtnis für Buchstaben). Die zugehörigen Instruktionen, Hilfsmittel und Auswertungsregeln hat der Autor ausführlich beschrieben, um eine genaue Wiederholung zu ermöglichen. So sind Cattells Tests zu Vorbildern für spätere Standardisierungen geworden.

Die Aufgaben Cattells eigneten sich vor allem für die differentiell-psychologische Forschung. Der Autor regte auch deren Verwendung zur Prüfung des Gesundheitszustandes an. Sonst taugten sie kaum für Vorhersagen und Entscheidungen in der Praxis. Ein Bedarf bestand vor allem an Methoden zur zuverlässigen Beurteilung der Schulreife und der Schulleistung sowie der geistigen und charakterlichen Eignung für Berufe. Ebbinghaus (s. Abschnitt 9.3.3) hat bereits in den neunziger Jahren Konzentrations- und Leistungstests für den Gebrauch an Breslauer Schulen entworfen. Zum Vorbild für viele spätere Lückentests wurde die dabei verwandte Aufgabe, fehlende Silben und Wörter aus einem Text zu ergänzen. Zum Beispiel erhielten die Schülerinnen und Schüler aus dem Roman *Gullivers Reisen* den folgenden Satz:

„Nach langer Wand ______ in dem fremden Lande fühlte ich ___ so schwach, daß ich ___ Ohn ____ nahe war."

(Ebbinghaus, 1897, S. 459)

In dem Satz waren die Lücken auszufüllen.

Als Durchbruch für die Entwicklung von Intelligenztests gilt die Sammlung und Erprobung von Aufgaben zur Messung der geistigen Leistungsfähigkeit durch Alfred Binet und Theodore Simon (1905a, 1905b, 1908) von der Universität Paris. Ursprünglich sollten die Aufgaben nur zur zuverlässigen Bestimmung der Schulreife dienen. Nach vier Jahren Arbeit war die Sammlung zu einem Instrument zur Intelligenzmessung bei normalen und geistig behinderten Kindern von 3-10 Jahren angewachsen.

Die Autoren stellten Fragen zur Prüfung des Wissens über

- den Prüfling und seine Familie (z.B. „Wie alt bist du?“ „Wie heißen deine Brüder?“),
- Raum und Zeit (z.B. „Wo wohnst du?“ „Was ist länger: ein Monat oder ein Jahr?“),
- Gegenstände (z.B. „Ein Schwamm - was ist das?“),
- soziale Sachverhalte (z.B. „Was macht ein Bäcker?“, „Wann wird man Soldat?“).

Durch Beobachtung wurde die Leistungsfähigkeit in folgenden Bereichen festgestellt:

- Körperbeherrschung (z.B. „Setz dich hin“),
- Artikulation (z.B. „Sage: Artillerie“),
- Lesen und Schreiben,
- Zeichnen,
- Rechnen.

Hinzu kamen Aufgaben zur Prüfung des Gedächtnisses, der Auffassung und des Denkens, darunter:

- Figuren aus dem Gedächtnis nachzeichnen,
- die Schwere von Gewichten, die Länge von Linien vergleichen,
- aus den drei Wörtern *Paris, rivière, fortune* (franz., Fluß, Schicksal) einen Satz bilden,
- eine Uhr „umgekehrt“ ablesen (als zeigte der kleine Zeiger die Minuten an und der große die Stunden).

Bild aus der Aufgabenserie von Binet und Simon (1908, S. 9). Die Kinder sollten möglichst genau den Inhalt des Bildes beschreiben (Personen, Gegenstände, Absichten der Personen u.ä.).

Die Tests gliederten sich in Gruppen mit ähnlichen Aufgaben, die in ihrer Schwierigkeit abgestuft waren. Zum Beispiel gab es zur Prüfung der Kenntnis und der Beherrschung des eigenen Körpers fünfzehn Aufgaben:

1. Zeige mir deine Hände.
2. Zeige mir deine Zunge.

...

7. Mache die Augen zu.

...

14. Wo ist dein Gehirn?
15. Schließe dein rechtes Augenlid.

So konnte man den jeweiligen Leistungsstand ermitteln. Es wurden Vergleiche zwischen Personen und zwischen Altersgruppen möglich. Häufig berechnete man - einem Vorschlag von William Stern (1911) folgend - Intelligenzquotienten. Intelligenzquotienten setzen das der erzielten Leistung entsprechende „geistige Alter“ eines Prüflings mit seinem Lebensalter in Beziehung. (Erzielt ein Junge z.B. die Durchschnittsleistung eines 15jährigen, ist aber erst zwölf Jahre alt, so beträgt sein Intelligenzquotient [15/12] x 100=125.)

Wissenschaftler wetteiferten nun mit ihren Intelligenz- und Entwicklungstests für Kinder und junge Erwachsene (s. Abschnitt 8.3.1). An der kalifornischen *Stanford University* legte Terman im Jahre 1916 eine englische Version des Binet-Tests vor. Ein Jahr zuvor hatte in Harvard Yerkes mit Bridges und Hardwick einen Intelligenztest in englischer Sprache veröffentlicht. Als die Vereinigten Staaten 1917 ihre Armee in den Ersten Weltkrieg schickten, waren Yerkes und Terman maßgeblich an der Eignungsauslese der neu eingezogenen Soldaten beteiligt. Dazu wurden - neben zahlreichen anderen Verfahren - zwei Testserien mit den Namen *army-alpha* und *army-beta* verwendet, erstere für Personen mit Schreib- und Lesekenntnissen, letztere für Analphabeten. Die Tests prüften nicht nur die allgemeine Tauglichkeit für den Wehrdienst, sondern auch die spezielle soziale und technische Eignung (z.B. für die Rekrutenausbildung oder für den Funkdienst). Über zwei Millionen Tests hat damals die amerikanische Armee durchgeführt - der erste Großeinsatz eines wissenschaftlich entworfenen psychologischen Instruments (Yerkes, 1921).

Cattell, J. McK. (1890). Mental tests and measurements. *Mind, 15*, 373-381.

Ebbinghaus, H. (1897). Über eine neue Methode zur Prüfung geistiger Fähigkeiten und ihre Anwendung bei Schulkindern. *Zeitschrift für Psychologie, 13*, 401-459.

Binet, A. & Simon, Th. (1905a). Sur la nécessité d´établir un diagnostic scientific des états inférieurs de l´intelligence. *L´Année Psychologique, 11*, 163-191.

Binet, A. & Simon, Th. (1905b). Application des méthodes nouvelles au diagnostic du niveau intellectuel chez les enfants normaux et anormaux d´hospice et d´école primaire. *L´Année Psychologique, 11*, 245-336.

Binet, A. & Simon, Th. (1908). Le développement de l´intelligence chez les enfants. *L´Année Psychologique, 14*, 1-94.

Stern, W. (1911). *Die differentielle Psychologie in ihren methodischen Grundlagen.* Leipzig: Barth.

Mit dem Intelligenztest war eine wissenschaftlich begründete Methode zur Bestimmung von Fähigkeiten verfügbar. Nun suchte man nach einer wissenschaftlichen Methode zur Bestimmung einzelner Neigungen (Motive) (zur Trennung von Fähigkeiten und Motiven s. Abschnitt 8.5.1). In ihrer Gesamtheit sollten die Neigungen sich zu einem Bild der Persönlichkeit zusammenfügen. Poppelreuter (1923) empfahl hierfür die freie Beobachtung, z.B. während der Probephase eines Arbeitsverhältnisses. Wünschenswert war freilich, Motivation und Persönlichkeit vor der Bewährungssituation in einer einzigen Sitzung zu prüfen. Offene Selbstbeschreibungen der zu Beurteilenden kamen hierfür infrage. Um diese zu standardisieren, stellte Robert S. Woodworth eine Reihe von Fragen zum persönlichen Befinden zusammen, die mit „ja" oder „nein" zu beantworten waren. Die Fragen (z.B. „Beunruhigt Sie gelegentlich das Gefühl, daß jemand anderer Ihre Gedanken liest?") ließen Rückschlüsse auf neurotische Symptome zu. Woodworths *Personal Data Sheet* vervollständigte die Testbatterie zur Feststellung der Eignung von amerikanischen Soldaten im Ersten Weltkrieg (Yerkes, 1919, S. 130).

Es folgte eine Reihe von Fragebögen zur Erfassung individueller Einstellungen, Eigenarten und Störungen. Noch unter der Anleitung von Woodworth arbeitete Samuel D. House 1927 einen Fragebogen zur psychischen Gesundheit (engl. *mental hygiene inventory*) aus. Für derartige Fragebögen bürgerte sich die Bezeichnung „Inventar" (engl. *inventory*) ein. Seit den vierziger Jahren errang ein repräsentatives Inventar mit rund 500 sorgfältig ausgewählten Fragen eine Vorzugsstellung auf dem Testmarkt: das *Minnesota Multiphasic Personality Inventory* von Hathaway und McKinley - der Erstgenannte ein Psychologe, der Zweite ein Psychiater, beide von der *University of Minnesota.* Das Inventar wurde vor seiner Veröffentlichung an rund 2000 Personen, psychiatrischen Patienten und Gesunden, erprobt. Die Befragten erhielten leicht verständliche Sätze zur Selbstbeschreibung (z.B. „Manchmal lache ich über einen schmutzigen Witz", „Ich weine leicht", „Manchmal möchte ich mit den Fäusten auf jemanden losgehen"), die sie mit „stimmt" zu bestätigen oder mit „stimmt nicht" oder „weiß nicht" abzulehnen hatten. Die Sätze waren neun Meßskalen zugeordnet, die neurotische und psychotische Tendenzen sowie persönliche Orientierungen bestimmen sollten: Hypochondrie, Depression, Hysterie, psychopathische Abweichungen, Maskulinität-Feminität, Paranoia, Psychasthenie, Schizophrenie und Hypomanie (Hathaway, McKinley & Meehl, 1956).

Zweifel an dem Wert von Selbstauskünften waren unvermeidlich. Konnten alle Befragten, insbesondere die psychisch Belasteten unter ihnen, überhaupt ihr Befinden zutreffend beurteilen? Waren alle, insbesondere die einer Auslese unterworfenen, zu ehrlichen Aussagen bereit? Um Zweifel an der Urteilsfähigkeit und -bereitschaft der Prüflinge zu beseitigen, wurden Verfahren vorgeschlagen, die Frank (1939) später die projektiven nannte. Projektive Verfahren nutzten spielerische und kreative Äußerungen, die dem Laien unverfänglich schienen, dem geübten Diagnostiker jedoch Rückschlüsse auf die Persönlichkeit gestatten sollten. Die gebräuchlichsten Tests dieser Art verlangten von den Probanden Zeichnungen oder Erlebnisberichte. Eine Vorrangstellung erlangte ein Verfahren zur Prüfung der Phantasie: Der Formdeutetest des schweizerischen Psychiaters Hermann Rorschach (1884-1922), der in Zürich bei Bleuler und Jung (s. Abschnitt 10.3.3) studiert hatte. Der Test enthielt bunte und graue Tafeln mit ungegenständlichen Formen, zu denen Einfälle und Gefühle zu äußern waren. In den Äußerungen sollte die *„private Welt"* des Individuums, die *„dynamische Persönlichkeit als Prozeß der Erfahrungsbildung und der Organisation des Lebensraums"* (Frank, 1939, S. 392, 402) zutage treten. Die Persönlichkeit mit ihren Eigenschaften übertrage sich in die Phantasieprodukte - daher die Bezeichnung „Projektiver Test" (lat. *proicere*, nach vorne werfen).

Blatt IV aus dem Formdeutetest von Rorschach (1921). Die Figur ist durch Verstreichen eines Farbkleckes auf einem gefalteten Papier entstanden. Einige Figuren sind nur in Grautönen wiedergegeben, andere enthalten bunte Farben. Anhand der Deutungen der Figuren (z.B. als verschwommen dargestellte Personen) und anhand von Assoziationen (z.B. Berichte über ausgelöste Gefühle) versuchte der Autor, Erlebnistypus, Charakter, Intelligenz und psychische Störungen zu bestimmen.

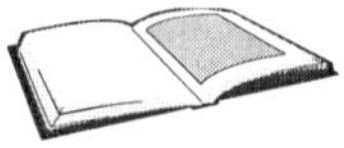

Terman, L. M. (1916). *The measurement of intelligence*. Boston: Houghton Mifflin.

Yerkes, R. M., Bridges, J. W. & Hardwick, R. S. (1915). *A point scale for measuring mental ability*. Baltimore: Warwick & York.

Yerkes, R. M. (1919). Report of the psychology committee of the National Research Council. *Psychological Review, 26*, 83-149.

Poppelreuter, W. (1923). *Allgemeine methodische Richtlinien der praktisch-psychologischen Begutachtung*. Leipzig: Kröner.

House, S. D. (1927). A mental hygiene inventory. *Archives of Psychology* (No.14).

Hathaway, S. R. & McKinley, J. C. (1943). *MMPI manual*. New York: Psychological Corporation.

Hathaway, S. R., McKinley, J. C. & Meehl, P. E. (1956). Construction. In G. S. Welsh & W. G. Dahlstrom (Eds.), *Basic readings on the MMPI in psychology and medicine* (pp. 58-123). Minneapolis, MI: University of Minnesota Press.

Frank, L. K. (1939). Projective methods for the study of personality. *Journal of Personality, 8*, 389-413.

Rorschach, H. (1921). *Psychodiagnostik*. Bern: Bircher.

In der Diagnostik, insbesondere in der Persönlichkeitsdiagnostik, bestand nunmehr die Wahl zwischen zwei Gruppen von Prüfverfahren. Die einen waren hoch standardisiert, an großen und wohldefinierten Eichstichproben erprobt, weitgehend objektiv anzuwenden und auszuwerten. Die anderen Verfahren beruhten mehr auf individueller Erfahrung von Experten; ihre subjektive Anwendung und Auswertung ließ dem Diagnostiker viel Spielraum. Bald hatten sich zwei Lager gebildet. Das eine Lager befürwortete im Sinne des Positivismus (s. Abschnitt 9.2.2) die objektiven, standardisierten Verfahren; als unwissenschaftlich verworfen wurden die oft schwer nachzuvollziehenden subjektiven Verfahren, insbesondere die projektiven Tests, deren Ergebnisse oft nicht wiederholbar waren. Im Gegensatz dazu schätzte das andere Lager die

Psychometrie und Diagnostik

Ungeachtet des Streits über die Angemessenheit quantitativer Tests (s.o.) ist die Konstruktion von Skalen zur Messung von Fähigkeiten und Neigungen fortgeschritten. Unerläßlich für Testentwicklung und -analyse wurden die Verfahren der Verteilungs- und Korrelationsstatistik (s. Walker, 1929). Verteilungen von Testwerten bestimmte man zur Normierung (z.B. von Leistungen). Korrelationsberechnungen dienten der Überprüfung

- der Zuverlässigkeit, d.h. der Übereinstimmung von Testwiederholungen (z.B. durch zwei verschiedene Untersucher),
- der inneren Gültigkeit, d.h. der Übereinstimmung zwischen ähnlich konzipierten Tests (z.B. verschiedenen Intelligenztests),
- der äußeren Gültigkeit, d.h. der Übereinstimmung zwischen Testwert und Bewährungskriterium (z.B. Intelligenzquotient und Schulerfolg).

Je mehr Intelligenztests verwendet wurden, desto dringlicher stellte sich die Frage, ob sie alle dasselbe maßen. Zur Beantwortung dieser Frage wurde die Korrelationsberechnung zur Faktorenanalyse fortentwickelt. Spearman (1914, S. 103) vertrat die Ansicht, *„alle geistige Tätigkeit"* beruhe *„bis zu einem gewissen Grade auf ein und demselben Vorrat an geistiger Energie"*. Entsprechend zerlegte er die Korrelationen zwischen Intelligenztests in zwei Anteile: einen allgemeinen Faktor G und mehrere spezielle Faktoren S_1, S_2 ... S_n für einzelne Tests (z.B. Wörter merken, Längen von Linien schätzen).

An der *University of Chicago* hat Thurstone (1931) das Verfahren der Faktorenanalyse ausgebaut. Er nahm keine allgemeinen Faktoren, sondern nur noch mehrere voneinander unabhängige Faktoren an. In einer Studie mit amerikanischen Collegestudenten erhob Thurstone (1938) 60 Tests und errechnete aus den Ergebnissen zwölf Intelligenzfaktoren, die er „primäre geistige Fähigkeiten" nannte. Dazu gehörten eine numerische Fähigkeit N (zum Addieren, Fortsetzen von Zahlenreihen u.ä.), eine verbale Fähigkeit V (zum Lesen, Erkennen von Wortzusammenhängen u.ä.) und eine Gedächtnisfähigkeit M (zum Wiedererkennen von Wörtern und Figuren u.ä.). Mit Hilfe der Faktorenanalyse hat Burt (1940) auch Persönlichkeitsfaktoren (engl. *traits*, Charakterzüge) ermittelt. Diese stellten langfristige Motive und Emotionen dar (z.B. Angst, Ärger, Selbstsicherheit, Geselligkeit).

Die Analyse von Testergebnissen knüpfte an die Psychometrie und die Statistik der Erbforschung und der Differentiellen Psychologie (s. Abschnitt 8.5.3) an. Über Jahrzehnte hinweg hat das *University College* in London ein maßgebliches Zentrum der psychometrischen Forschung unterhalten. Eine Reihe von Wissenschaftlern wirkte dort zugleich für Statistik und für Psychologie. Die Reihe begann mit Karl Pearson (1857-1936) auf dem von Francis Galton gestifteten Lehrstuhl für Eugenik (s. wieder Abschnitt 8.5.3) und setzte sich fort mit Charles Spearman (1863-1945) und Cyril Burt (1883-1971). Spearman hat übrigens bei Wundt in Leipzig (s. Abschnitt 9.3.3) seinen Doktorgrad erworben. Burt war ein Verfechter der Spearmanschen Theorie der G-Faktoren. Er bestimmte je einen G-Faktor der Intelligenz und der Emotionalität und nahm an, in diesen Faktoren konzentriere sich der Erbanteil der Intelligenz und der Persönlichkeit.

Walker, H. M. (1929). *Studies in the history of statistical method.* Baltimore: Williams & Wilkins.

Spearman, Ch. E. (1914). The theory of two factors. *Psychological Review, 21*, 101-115.

Thurstone, L. L. (1931). Multiple factor analysis. *Psychological Review, 38*, 406-427.

Thurstone, L. L. (1938). *Primary mental abilities.* Chicago: University of Chicago Press.

Burt, C. (1940). *The factors of the mind.* London: University of London Press.

Ganzheitlichkeit der subjektiven Verfahren sowie die individuelle Einfühlung, welche sie gestatteten. Objektive, standardisierte Verfahren wie Fragebögen lehnte man in diesem Lager ab; objektive Erhebungen seien oberflächlich und ließen der individuellen Deutung zu wenig Raum. Ein häufiges Gegenargument lautete: Die Seele ist nicht meßbar.

11.2.3 Intervention

Interventionsverfahren (engl. *intervention*, Eingriff) sollen Veränderungen herbeiführen. Sie sollen Verbesserungen bewirken oder Verschlechterungen verhindern. Berufspsychologen bieten dreierlei Interventionen an:

- Beratung,
- Schulung,
- Gestaltung.

In der Beratung äußern Psychologen ihre Expertenmeinung und überlassen es ihren Klienten, dieser Meinung zu folgen. In dem Maße, in dem ihnen als Experten Autorität zugeschrieben wird, nehmen sie in ihren Ratschlägen freilich die Entscheidungen ihrer Klienten vorweg (z.B. bei der Berufsberatung). Schulung und Gestaltung stellen dagegen unmittelbare Eingriffe dar.

Giese (1935) hat die Angewandte Psychologie in zwei Teile gegliedert,

- die Subjektpsychotechnik und
- die Objektpsychotechnik.

Subjektpsychotechnik betreibt die Anpassung des Menschen an die Anforderungen der Umwelt, Objektpsychotechnik die Anpassung der Umgebung an die Bedürfnisse des Menschen. So ist in der Industrie das Anlernen eine Anpassung der menschlichen Arbeit an die Erfordernisse der Produktion, insbesondere an die zur Produktion verwendeten Geräte. Die Gestaltung der Arbeitsplätze, u.a. deren günstige Ausleuchtung, soll dagegen die Arbeit erleichtern und die Gesundheit der Arbeiter schonen. Oft sind es nicht Einzelpersonen, welche der Intervention bedürfen, sondern Gruppen (z.B. Belegschaften von Betrieben, Jugendgruppen, Familien). Dann erweitert sich die Psychotechnik in den Bereich der Sozial- und Organisationspsychologie.

Wem diente die Praktische Psychologie ?

Als Psychologie ein Beruf zu werden begann, herrschte erhebliche Ungleichheiten und dramatische Spannungen zwischen sozial-ökonomischen Schichten. Der sozialen Bewegung gelang ein Abbau von Ungleichheiten und Spannungen (s. Abschnitt 9.1.1); doch Interessenkonflikte blieben. Da erhebt sich die Frage, wie weit psychologische Praxis sich in den Dienst der erfolgreichen und maßgebenden Bürger stellte, vor allem der Unternehmer, Grundbesitzer und Staatsbeamten, und wie weit sie den wirtschaftlich und politisch Benachteiligten zu helfen trachtete, vor allem den Kleinbauern, Fabrikarbeitern und Einkommensschwachen.

Der Soziologe Nicolas Rose (1990) hat die Meinung vertreten, die Psychologie sei von maßgeblichen Instanzen und Persönlichkeiten dazu benutzt worden, die Bevölkerung an die moderne Welt der Arbeit, des Handels und der Verwaltung anzupassen. Dazu gehörten einerseits die Eingliederung des Individuums in die Massengesellschaft (z.B. der Kinder ins öffentliche Schulsystem), andererseits aber auch die ausgleichende Pflege der psychischen Gesundheit von Individuen (z.B. durch Psychotherapie) (s.a. Abschnitt 11.3.6).

Aus den Reihen der Psychologen stammen allerdings auch Bekenntnisse zur Philantropie und zur sozialistischen Bewegung (z.B. Lewin, 1920). Wirkungslos sind sie keineswegs geblieben. Doch hat die Psychologie als neuer Beruf nicht bedingungslos Partei für den sozial und wirtschaftlich unterlegenen Teil der Bevölkerung ergriffen. Zu ihrer Durchsetzung bedurfte sie ja selbst der Unterstützung. Praktisch tätige Psychologen waren auf die Aufträge und Honorare zahlungskräftiger Kunden angewiesen. Insofern bekannte sich im amerikanischen *Journal of Applied Psychology* Frost (1920) offen zu einer Marktorientierung. Psychologen sollten beachten, was die Wirtschaft von ihnen erwarte und was bei Firmenleitungen unerwünscht sei.

Die Interventionsverfahren der Praktischen Psychologie zeichneten sich zunächst weniger durch die Eigenständigkeit ihrer Methode aus als durch ihre Zielsetzung. Beratungen hatten die Form von Gesprächen und schriftlichen Gutachten - nicht anders als in der Praxis des Rechtsanwalts. Schulungen umfaßten Anweisungen, Vorbilder, Übungen und Erfolgskontrollen - z.B. bei der betrieblichen Schulung von Außendienstmitarbeitern (Sturdevant, 1918). Gestaltungen erfolgten nach einschlägigen Regeln, eigenen Einfällen und Abwägungen - wie die Entwürfe von Ingenieuren. Die Ziele der Beratungen, Schulungen und Gestaltungen spiegelten jedoch besondere Bedürfnisse der verschiedenen Praxisbereiche wider, wie sie niemand besser zu verstehen beanspruchte als professionelle Psychologen - etwa die Befreiung von Ängsten im privaten Leben, von Lernschwierigkeiten in der Schule, von vermeidbarer Ermüdung bei der Arbeit.

Für ihre Interventionen besaß die frühe Praktische Psychologie nur wenige eigene Einrichtungen - wie Schulungs- und Therapiezentren. Vielmehr haben sich die Vertreter des Psychologenberufs meist als Berater, Gutachter oder Mitarbeiter auf Dauer oder für die Zeit von Projekten in bestehende Einrichtungen - Schulen und Krankenhäuser, Industrie- und Verkehrsbetriebe u.a. - eingegliedert.

11.2.4 Evaluation

Der dritte große Zweig psychologischer Berufstätigkeit ist die Evaluation. Verfahren der Evaluation (engl. *evaluation*, Bewertung) dienen dem Zweck, die Bewährung von Programmen festzustellen. In einem ersten Schritt sollen sie den Ablauf und die Ergebnisse von Programmen ermitteln und in einem zweiten Schritt Beurteilungen über ihre Nützlichkeit abgeben. Die Dokumentation der Realisierung von Programmen, ihrer Wirkungen und des hierfür betriebenen Aufwands dient rückblickend der Rechtfertigung oder der Kritik dieser Programme, vorausblickend der Entscheidung über deren Fortsetzung, Beendigung oder Veränderung.

Die Psychologie beteiligt sich vor allem an der Bewertung von öffentlichen und privaten Programmen mit sozialer Zielsetzung:

- Lehr- und Ausbildungsprogramme (z.B. zur Vorschulerziehung, zur beruflichen Ausbildung und Weiterbildung),
- Programme zur sozialen Förderung (z.B. zur Bekämpfung der Jugendkriminalität, zur Integration von Ausländern),
- Programme zur Gesundheitsförderung und Rehabilitation (z.B. zur Krebsvorsorge, zur Wiederherstellung nach Unfällen).

Insbesondere erwartet man von einer Evaluation

- die Dokumentation der beteiligten Personen, der verfolgten Ziele und der angewandten Methoden (z.B. in einem Programm zur Vorschulförderung: Zahl und Herkunft der Kinder, Ziele der Förderung, verwandte Unterrichtsmittel),
- die Bestimmung der Wirksamkeit und der Begünstigten (z.B. erreichte Lernziele; wie weit waren es wirklich die Förderungsbedürftigen, welche von dem Programm einen Nutzen hatten?),
- die Kosten (z.B. Höhe eingesetzter Geld- und Personalmittel, negative Neben- und Nachwirkungen von Förderungsmaßnahmen).

Giese, F. (1935). Methoden der Wirtschaftspsychologie. In E. Abderhalden (Hrsg.), *Handbuch der biologischen Arbeitsmethoden* (VI C, Band 2a, S. 119-744). Berlin: Urban & Schwarzenberg.

Rose, N. (1990). *Governing the soul: The shaping of the private self.* London: Routledge:

Lewin, K. (1920). Die Sozialisierung des Taylor-Systems. *Schriftenreihe Praktischer Sozialismus, 4*, 3-36.

Frost, E. (1920). What industry wants and does not want from the psychologist. *Journal of Applied Psychology, 4*, 18-24.

Sturdevant, C. R. (1918). Training course of the American Steel and Wire Company. *Journal of Applied Psychology, 2*, 140-147.

Praktische Psychologie - Verwissenschaftlichung von Praxis

Praktische Psychologie ist zu einer Dienstleistung geworden, welche von wissenschaftlich ausgebildeten Personen angeboten wurde. Die Probleme, deren Abhilfe sie versprach, hat die Praktische Psychologie in der Regel nicht selbst ausfindig gemacht. Die Betroffenen haben sie selbst benannt: Zweifel an der Schulreife, die Suche nach wirksamen Lohnanreizsystemen, Angst und Unentschlossenheit im Privatleben und vieles mehr. In Münsterbergs *Grundzüge der Psychotechnik,* jener breit angelegten Übersicht über die praktischen Aufgaben der Psychologie (s. Abschnitt 11.1.2), begegnet man einer Sammlung von aktuellen Fragen der Moderne.

Auch ihre Verfahren zur Lösung der anstehenden Probleme hat die Praktische Psychologie nicht grundsätzlich neu entwickelt. Vielmehr hat sie bewährte Erfahrungen zur Diagnostik, Intervention und Evaluation aufgegriffen: Techniken der Gesprächsführung, Trainingsmethoden, Prinzipien der Arbeitsgestaltung, Beurteilungsverfahren und manches andere. Praktische Psychologie hat damit teilweise die Nachfolge bestehender beruflicher und privater Tätigkeiten angetreten. Teilweise hat sie sich in Wechselwirkung mit bestehender Praxis entfaltet. Mit Beispielen aus der Werbepsychologie hat Harry D. Kitson (1921) das Prinzip vertreten: Es komme in der Psychologie nicht auf spektakuläre Neuerungen an, sondern auf unauffällige Fortentwicklungen vorhandener Vorbilder.

Die Wichtigkeit vorgegebener praktischer Erfahrungen sowie außerdisziplinärer Anforderungen und Förderungen läßt sich am Beispiel des Intelligenztests zeigen. Das Beispiel ist deshalb gewählt, weil die Psychologie als junger Berufszweig vor allem Intelligenztests als Belege für ihre Eigenständigkeit und Leistungsfähigkeit anführt (s. Abschnitt 11.2.2). Tatsächlich häuften sich seit der Jahrhundertwende Mitteilungen über neue psychologische Verfahren zur Eignungsprüfung. Die Vielfalt und Art der gewählten Aufgaben läßt darauf schließen: Sie stammen aus einem Bestand von Aufgaben, die bereits vorher von Lehrern, Ärzten, Betriebsleitern u.ä. zur Prüfung verwendet worden sind. Zum Beispiel verwiesen Simon und Binet (1905a) auf eine Sammlung von Wissensfragen des Arztes Dr. Blin, von denen sie zunächst viele übernommen haben. Ebbinghaus (1897) benutzte neben seinem Lückentest, der vielleicht selbst der Schulpraxis entstammt, auch Additions- und Multiplikationsaufgaben aus dem Schulunterricht.

Praktisch wichtige Tests sind überdies oft von Behörden in Auftrag gegeben worden. Ebbinghaus (1897) führte seine Untersuchungen als Mitglied einer Kommission durch, die auf Anfrage des Magistrats der Stadt Breslau der Klage nachging, die andauernde geistige Inanspruchnahme im Unterricht überbürde die Schüler und Schülerinnen. Binet und Simon (1905a) begannen mit der Entwicklung ihrer Intelligenztests, nachdem sie 1904 vom französischen Erziehungsministerium den Auftrag zur Erstellung eines Schulreifetests erhalten hatten. Die Eignungsprüfungen im amerikanischen Heer während des Ersten Weltkriegs standen unter der Leitung des *Committee on Classification of Personnel in the Army*, das 1917 vom Kriegsministerium der USA berufen worden war (Strong, 1918; Yerkes, 1921).

Die Verallgemeinerung dürfte berechtigt sein: Praktische Psychologie entfaltet und bewährt sich durch Verwissenschaftlichung bestehender Praxis. Hierzu gehört

- die Sichtung und Prüfung vorgefundener Praxis (wie z.B. der oben genannten Aufgabensammlung des Dr. Blin zur Feststellung der Schulreife),
- die Fortentwicklung vorgefundener Praxis unter Nutzung von Forschungserfahrungen (z.B. die Anreicherung der Binet-Simon-Tests mit Leistungsaufgaben aus der Experimentellen Psychologie),
- die Verbesserung und Verfeinerung der Methodik durch eigene wissenschaftlich-praktische Neuerungen (z.B. verläßliche Bestimmung von Altersnormen, Faktorenanalyse von Testergebnissen).

Kitson, H. D. (1921). Minor studies in the psychology of advertising from the Psychological Laboratory of Indiana University. *Journal of Applied Psychology, 5*, 5-13.

Binet, A. & Simon, Th. (1905a). Sur la nécessité d´établir un diagnostic scientific des états inférieurs de l´intelligence. *L´Année Psychologique, 11*, 163-191.

Ebbinghaus, H. (1897). Über eine neue Methode zur Prüfung geistiger Fähigkeiten und ihre Anwendung bei Schulkindern. *Zeitschrift für Psychologie, 13*, 401-459.

Strong, E. K. (1918). Work of the committee on classification of personnel in the army. *Journal of Applied Psychology*, 2, 130-139.

Yerkes, R. M. (Ed.). (1921). *Psychological examining in the U. S. Army*. Washington, DC: Memoirs of the National Academy of Sciences, 15.

Ein großer Vorzug von Evaluation besteht darin, daß sie bereits in Erprobungsphasen eingesetzt werden kann. Die Bewertung von frühen Formen der Erprobung fließt dann in die endgültige Gestaltung der Programme ein. Insofern sind wissenschaftliche Begleituntersuchungen häufig Teile von Modellprojekten (z.B. Schulversuchen).

In der frühen Zeit der Praktischen Psychologie waren Mittel für die Evaluation groß angelegter sozialer und pädagogischer Programme knapp. Die bis zum Ende des Zweiten Weltkriegs bekannt gewordenen Evaluationen blieben in Umfang und Anspruch bescheiden. Sie beschränkten sich auf Beschreibungen erfolgreicher Programme und empfahlen deren Nachahmung. Ein Beispiel ist ein amerikanisches Projekt zur Integration von Jugendlichen aus eingewanderten Familien, über das Myers (1921) berichtete. Man versuchte in diesem Projekt, den jugendlichen Immigranten soziale und patriotische Einstellungen zu vermitteln, indem man ihnen fingierte Briefe zu lesen gab oder vorlas (z.B. Briefe eines Feldsoldaten an seine Mutter und seine Braut).

In den Vereinigten Staaten und in Europa erlebten öffentlich geförderte Evaluationsprogramme seit den sechziger Jahren eine Blüte. Sie begleiteten die damals wachsende Fülle von staatlichen Sozialprogrammen, wie sie die amerikanische Regierung unter ihrem Präsidenten Kennedy betrieb (Rossi & Freeman, 1993). In der deutschen Bundesrepublik setzte unter der Kanzlerschaft von Willy Brandt eine Reformbewegung ein, zu deren Zielen auch die Erneuerung des Erziehungswesens zählte. An der Evaluation der Schulreform (z.B. der Einführung von Gesamtschulen) waren Fachleute aus der Psychologie beteiligt. Weiterhin erstreckte sich die Reform der Erziehung im Deutschland der siebziger Jahre auf die Vorschulerziehung. Kindergärten der Kirchen und Stadtgemeinden konkurrierten mit Kinderläden, welche von Eltern für ihre Kinder betrieben wurden. Die empirischen Untersuchungen, die Nickel, Schenk und Ungelenk (1980) von der Universität Düsseldorf damals über das Verhalten von Eltern, Erziehern und Kindern anstellten, sollten Aufschluß über verschiedene Organisations- und Interaktionsformen geben und mögen als Beispiel für eine der frühen, groß angelegten Evaluierungsstudien aus Deutschland dienen.

Zu erwähnen ist nicht zuletzt, daß die Psychologie, als ihre Praxis an Umfang und Kosten zunahm, ihre eigenen Programme ebenfalls Evaluationen unterzogen hat. Insbesondere Diagnose- und Therapieverfahren wurden in ihrer Aufwendigkeit und Leistungsfähigkeit beurteilt. Zudem dienten die Beurteilungen dem Vergleich konkurrierender Verfahren (dazu mehr in Abschnitt 12.3.2).

Myers, G. C. (1921). Control of conduct by suggestion. An experiment in Americanization. *Journal of Applied Psychology, 5*, 26-31.

Rossi, P. H. & Freeman, H. E. (1993). *Evaluation*. Newbury Park, CA: Sage.

Nickel, H., Schenk, M. & Ungelenk, B. (1980). *Erzieher- und Elternverhalten im Vorschulbereich*. München: Reinhardt.

Literaturkritik und Kulturpsychologie

Im bürgerlichen Frankreich blieb die Charakterbeschreibung (vgl. dazu bereits Abschnitt 7.2.2) eine hoch angesehene Kunst. Große Meisterschaft in der Beschreibung historischer Persönlichkeiten entfaltete in Paris der Publizist und Dichter Charles-Augustin Sainte-Beuve (1804-1869). Er verfaßte literarische Portraits aus Kunst, Wissenschaft und Politik, aus der Antike sowie aus dem Frankreich des 17.-19. Jahrhunderts. Unter den Portraitierten befanden sich übrigens viele Frauen - wie Madame de Staël (s. Abschnitt 9.1.2) und Madame Récamier, die einen einflußreichen literarisch-politischen Salon unterhalten hatte. Der Autor strebte nach dem getreuen Erfassen der jeweiligen Individualität (franz. *portrait fidèle*). Doch versuchte er ebenfalls, Geistesverwandtschaften (franz. *famille d'esprits*) zu ermitteln. Zum Beispiel faßte er Mme. de Sévigné, Mlle. L'Enclos, Molière und La Fontaine zu einer Familie der Extravertierten zusammen, die in besonderem Maße ihrer Umwelt zugewandt sind.

Sainte-Beuve wirkte im Sinne des Positivismus - Comte arbeitete übrigens sieben Jahre lang als sein Sekretär (s. Abschnitt 9.2.2). Der Autor verglich sich mit den Zoologen und Botanikern seiner Zeit und erklärte sich selbst zum Naturforscher, zu einem Naturforscher auf dem Gebiet des Geistes (franz. *naturalist des esprit*). Seine Charakterportraits beruhten auf gründlichen Recherchen von Dokumenten und Zeugenaussagen. Er stellte auch Überlegungen zur rechten Methodik der Erfassung von Charaktereigenschaften an. Den Katalog von Fragen, die Sainte-Beuve (1870) hierzu empfahl, kann man zu den ersten Persönlichkeitsinventaren (s. Abschnitt 11.2.2) zählen. Er wollte von jeder Person wissen: Was denkt sie über Religion? Wie steht sie zu Frauen? Wie zu Geld? Wie berührt sie das Schauspiel der Natur? Wie verbringt sie ihren Tag?

Stefan Zweig nannte Sainte-Beuve im Vorwort (S. 9) zu einer Auswahl seiner Portraits einen „Kulturpsycholog“. Als Kulturpsychologie hat auch Münsterberg jenen Teil der Angewandten Psychologie konzipiert, dem die Aufgabe der historischen Analyse zugedacht war, die rückblickend Kunst und Wissenschaft, Wirtschaft und Politik erklärt (s. Abschnitt 11.1.2). In der Tat: Hierfür bestand ein Bedarf, der immer weiter wachsen sollte. Ein Jahrhundert technischer, sozialer, ästhetischer und politischer Umwälzungen, ein Jahrhundert voller Greuel, aber auch voll Opfermut und Gerechtigkeitsstreben sollte folgen. Es hinterließ eine Überfülle von Fragen nach Gründen von Ereignissen und nach Motiven der Beteiligten. Wie kam es zu den Weltkriegen? Wie überlebten die Insassen von Todeslagern? Was für Persönlichkeiten waren Stalin, Hitler und Albert Schweitzer, der Arzt im Urwald von Lambarene? Moderne Fachpsychologen besaßen zur Beantwortung solcher Fragen weder eine Methodik noch eine Theorie. Einige haben sich - wie die Vertreter der Verstehenden Psychologie (s. Abschnitt 9.2.3) - zu den Literaturkritikern in der Nachfolge Sainte-Beuves gesellt, ohne freilich ein eigenes Profil als Psychologen zu gewinnen. So ist Kulturpsychologie als wissenschaftlich gestützte Geschichtsanalyse und Kulturkritik kein Berufsfeld für Psychologen geworden. Biographien und Epochendarstellungen, auch solche mit psychologischer Ausrichtung, sind vielmehr Werke von Geschichtswissenschaftlern und historisch versierten Publizisten geblieben (z.B. Mann, 1992; Fest, 1995).

Sainte-Beuve, Ch.-A. (1923). *Literarische Portraits*, herausgegeben von St. Zweig (2 Bände). Frankfurt a. M.: Frankfurter Verlagsanstalt.

Sainte-Beuve, Ch.-A. (1870). *Nouveaux lundis* (Band 3). Paris: Lévy.

Mann, G. (1992). *Wallenstein*. Frankfurt a. M.: Fischer.

Fest, J. C. (1995). *Hitler*. Berlin: Propyläen.

11.3 Berufsfelder für Praktische Psychologie

11.3.1 Universelle Praxis oder spezialisierte Praxisbereiche?

Gibt es eine umfassende psychologische Bildung, welche zu Urteil, Rat und Hilfe in sämtlichen Bereichen des Lebens befähigt? Oder muß psychologisches Wissen und Können, falls es nutzbar werden soll, sich den Besonderheiten der einzelnen Lebensbereiche anpassen und damit in verschiedene Sparten verzweigen? Anders gefragt: Ist Praktische Psychologie universell oder teilt sie sich, um sich auf verschiedene Praxisbereiche zu spezialisieren?

Persönlichkeiten wie Hugo Münsterberg (s. Abschnitt 11.1.3) haben den Eindruck erweckt, ihnen sei nicht nur eine universell anwendbare Bildung gegeben, sondern auch die Zuversicht, sich erfolgreich mit allen ihnen begegnenden praktischen Problemen auseinandersetzen zu können - aus Wirtschaft, Rechtswesen und Politik, aus Kunst und Erziehung sowie aus dem persönlichen und familiären Leben ihrer Mitbürger. Überhaupt bevorzugten Professoren an den Hochschulen überwiegend - nicht zuletzt unter Berufung auf die Grundlagenorientierung der Praktischen Psychologie (s. Abschnitt 11.1.2) - das Berufsbild und das Ausbildungsprogramm des allzuständigen Psychologen.

Der Wunsch nach Spezialisierung ging vor allem von bereits bestehenden Berufen aus. Zum Beispiel luden Lehrervereine Psychologieprofessoren wie Ernst Meumann (s. Abschnitt 11.3.2) regelmäßig zu weiterbildenden Vorträgen ein. Ein einjähriges Weiterbildungsstudium für Angehörige des Heeres forderte 1912 der Infanteriehauptmann Meyer:

„*Unbewußte Psychologen, und dabei oft recht gute, sind viele ... Offiziere und Unteroffiziere.* [Allerdings kann ihnen] *die experimentelle Psychologie so manches neue Rüstzeug zu ihrer Ausbildungstätigkeit an die Hand geben.*"

(Meyer, 1912, S. 81)

Die Begründung Meyers, seine Tätigkeit enthalte bereits eine beträchtliche psychologische Expertise, die jedoch durch fachwissenschaftliche Unterweisung noch zu fördern sei, ließ sich auf weitere Berufe übertragen - wie den Beruf des Richters oder den Beruf des Lehrers. Diese und andere Berufe waren durch eine eigene, langjährige Tradition gefestigt. Es gab für sie Berufsbilder, Laufbahnen sowie ein stetiges Angebot an dotierten Stellen oder honorierten Aufträgen. Doch die progressiv gesonnenen Angehörigen der traditionellen Berufe empfanden den Druck zur Modernisierung. Zugleich wollten sie in der Moderne verwirklichen, was Philanthropie gebot und die soziale Bewegung forderte: Glück und Freiheit für den Einzelnen. Wie ließ sich Effizienz fördern und zugleich die Zufriedenheit? Wie konnte man Jugendliche in die Gesellschaft eingliedern und zugleich den Erfordernissen ihrer Entwicklung Rechnung tragen? Wie war Gerechtigkeit für alle zu sichern und zugleich die individuelle Persönlichkeit zu schützen? Auf solche Fragen versprach Psychologie Antworten, und deshalb erhofften viele von der neuen Disziplin einen Beitrag zur Fortentwicklung bestehender Berufe.

Spezialisten im Psychologenberuf waren also zunächst Angehörige und Nachwuchskräfte traditioneller Berufe, die ihre Qualifikation in den Bereich der Psychologie als neuer Einzeldisziplin ausweiteten. Zu ihnen gesellten sich jedoch zunehmend Absolventen einer psychologischen Ausbildung, welche die Qualifikation für einen speziellen Praxisbereich zusätzlich erwarben. Diese Zusatzqualifikation war zum Teil in der Berufstätigkeit selbst informell anzueignen. Zum Teil wurde sie durch formelle Ausbildung erworben und durch eine im Praxisbereich anerkannte Prüfung nachgewiesen. Oft unterzogen sich Psychologen einem Doppelstudium. Zum Beispiel galt nach 1945 in der Bundesrepublik die Regel, daß Schulpsychologen als Lehrer und als Psychologen ausgebildet sein mußten.

Mit dem Auftreten vorwiegend psychologisch ausgewiesener Spezialisten bahnte sich ein Wettbewerb mit Angehörigen traditioneller Berufe an, u.a. zwischen Pädagogischen Psychologen und Lehrern sowie zwischen Klinischen Psychologen und Ärzten (vgl. Abschnitt 6.1.5). Dieser Wettbewerb hat in vielen Fällen die gute interdisziplinäre Zusammenarbeit nicht geschmälert. Er hat jedoch zahlreiche berufspolitische Konflikte heraufbeschworen, welche die Einführung des Psychologenberufs erschwert haben.

Praktische Psychologie läßt sich also als Einheit begreifen. Insbesondere die Methodik der Diagnostik, Intervention und Evaluation (s. Abschnitt 11.2) erscheint manchen Fachvertretern als einigendes Band zwischen Spezialisierungen. Freilich ist ebenso festzustellen: Berufspsychologen verteilen sich über verschiedene Praxisbereiche. Ihre Methoden passen sich den Erfordernissen der einzelnen Bereiche an. Und die unterschiedlich gesehene Problemlage in den verschiedenen Bereichen führt zu bereichsspezifischen Theorien, wie inzwischen eine Fülle von spezialisierten, praktisch-psychologisch ausgerichteten Monographien und Fachzeitschriften belegt (zur Einheit und Bereichsdifferenzierung des Berufsbilds für Psychologinnen und Psychologen vgl. Hockel, 1988).

Von der Psychologie für spezielle Praxisbereiche werden im folgenden fünf wichtige und charakteristische Zweige behandelt:

- Pädagogische Psychologie,
- Rechtspsychologie,
- Arbeits-, Betriebs-, Verkehrspsychologie,
- Werbepsychologie und
- Klinische Psychologie.

Meyer, A. (1912). Psychologie und militärische Ausbildung. *Zeitschrift für Pädagogische Psychologie und experimentelle Pädagogik, 13,* 81-85.

Hockel, M. (1988). Das Berufsbild des Psychologen. In D. Frey, C. Graf Hoyos & D. Stahlberg (Hrsg.), *Angewandte Psychologie* (S. 647-660). Weinheim: Psychologie VerlagsUnion.

11.3.2 Pädagogische Psychologie

Die Moderne hat große Hoffnungen auf Fortschritt durch Erziehung gesetzt. Sie hat das öffentliche Schulwesen und die allgemeine Schulpflicht eingeführt. Die Erziehung in der Familie und die Privaterziehung sind dadurch zurückgedrängt worden, verloren aber nicht ihre große Bedeutung. Zahlreiche Einrichtungen wie Kirchen und darstellende Kunst entfalteten neben Familie und Schule erzieherische Wirkungen. Seit den sechziger Jahren dieses Jahrhunderts beteiligen sich private und öffentliche Medien verstärkt am Erziehungsprozeß. Erziehung vollzieht sich damit nicht nur an Heranwachsenden, sondern auch an Erwachsenen aller Altersstufen. Vielfältig werden auch die Wirkungen der Erziehung; sie gehen über den Erwerb elementarer Fähigkeiten wie Rechnen und Schreiben hinaus - u.a. in den Bereich der politischen Bildung und der Gesundheitserziehung.

In den letzten Jahrzehnten hat die Pädagogische Psychologie den Prozeß der Erziehung mit allen seinen Institutionen, Betroffenen und Wirkungen zu ihrem Thema gemacht (Weinert, 1968). In ihren Anfängen widmete sie sich allerdings fast ausschließlich der Schule, insbesondere den Schülerinnen und Schülern sowie der Gestaltung des Unterrichts. Dabei stützte sie sich auf die pädagogische Tradition, in der die Didaktiken des Comenius und des Basedow (s. Abschnitte 6.3.2, 6.3.4) eine oft gerühmte Rolle spielten.

Die Psychologie als Grundwissenschaft zur Schülerbeurteilung und Unterrichtsgestaltung in der Pädagogik zu verankern, war das Bestreben des unter Pädagogen hoch angesehenen Johann Friedrich Herbart (s. Abschnitt 9.2.2). In seinem *Umriß paedagogischer Vorlesungen* erklärte er:

> *„Pädagogik als Wissenschaft hängt ab von der praktischen Philosophie und Psychologie. Jene zeigt das Ziel der Bildung, diese den Weg, die Mittel und die Hindernisse."*

(Herbart, 1835/1964, S. 69)

Unter praktischer Philosophie zu verstehen ist hier die Ethik als Lehre von Werten und Tugenden (wie Bildung, Gesundheit, Recht) sowie als Theorie von der Bestimmung und Bildbarkeit des Menschen (seiner Freiheit, seiner Anlagen, seiner Beeinflußbarkeit durch Erziehung). Damit wurden Bildungsziele begründet (z.B. Lesen und Schreiben als Grundkenntnisse für alle). Psychologie sollte als Menschenkunde sowie als Theorie des Geistes der Verwirklichung dieser Ziele dienen. Mit ihrer Hilfe sollten u.a. Unterrichtsstufen ermittelt werden, die in Inhalt und Anspruch den Entwicklungsstufen der Schüler entsprachen. Praktische Menschenkunde sollte helfen, Lernschwierigkeiten zu erkennen und zu beseitigen (z.B. Lernunlust, Über- und Unterforderung). Vor allem wollte Herbart die Unterrichtsgestaltung auf der Theorie des Geistes aufbauen, nicht zuletzt auf seiner eigenen Lehre von der Vorstellungsmechanik (s. wieder Abschnitt 9.2.2). Unterricht und Freizeit sollten sich günstig abwechseln, um Hemmungen von Vorstellungen vorzubeugen. Mathematisch-analytische Darstellungen (z.B. prägnante Begriffe, Formeln, Tabellen) sollten bevorzugt, weitschweifige Darlegungen vermieden werden (Herbart, 1831/1964).

Herbarts Auffassung folgend, wurde Psychologie zu einem regelmäßigen Bestandteil der Lehrerausbildung. Zahlreiche Lehrbücher stellten psychologisches Wissen für Lehrer zusammen (z.B. Herget, 1914). Manche Bücher für Lehrer bereicherten die Psychologie selbst - wie etwa Thorndikes *Educational Psychology* aus dem Jahre 1913. Lerntheoretisch orientierte Forscher traten auch mit Empfehlungen für den Unterricht und mit Lehrmitteln hervor - wie Thorndike mit seinen Regeln für einfaches Rechnen und seinem Wörterbuch der häufigsten Begriffe (s. Abschnitt 10.2.4). Freilich verging nach Herbarts Schriften ein ganzes Menschenalter, bevor die psychologischen Vorgänge in der Erziehung zum Gegenstand systematisch betriebener empirischer Forschung wurden. In Deutschland traten solche Forschungen zunächst unter dem Namen „Experimentelle Pädagogik" auf.

Die Experimentelle Pädagogik besaß zwei Schwerpunkte. Dies wurde spätestens offenbar, als Ernst Meumann und August Lay im Jahre 1905 eine eigene Zeitschrift für die neue Richtung herausbrachten. Meumann war damals Professor für Philosophie und Pädagogik an der Universität Königsberg. Er hatte nach dem Studium der Theologie in Tübingen die Arbeit im experimentalpsychologischen Laboratorium in Leipzig (s. Abschnitt 9.3.3) aufgenommen und sich dort mit einer Untersuchung über die Ästhetik des Rhythmus habilitiert. Auf der Grundlage der Experimentellen Psychologie wollte Meumann die Pädagogik als moderne Naturwissenschaft erneuern. Wilhelm August Lay war Professor am Lehrerseminar in Karlsruhe. Er bekannte sich zu einer empirisch-pragmatischen Ausrichtung der Experimentellen Pädagogik mit Beobachtungen und Erprobungen im gegebenen Praxisfeld der Schule.

Lay (1907/1918) wollte die „Wort- und Buchschule" in eine „Tatschule" umwandeln. Aktives Lernen (z.B. Zeichnen, Modellieren) sollte praktisch umsetzbares Wissen hervorbringen; natürliche Fähigkeiten wie das Sehen und das Gedächtnis sollten geschult werden (zu früheren Ansätzen einer solchen Reformpädagogik vgl. Abschnitte 6.2.2, 6.3.2). Hierzu schienen Lay Erfahrungen und Neuerungen in allen Bereichen der Erziehung nötig: Schulorganisation und Lehrplanung, Unterrichtsgestaltung, Familie und Umwelt. Den

Weinert, F. (1968). Einführung in das Problemgebiet der Pädagogischen Psychologie. In F. Weinert (Hrsg.), *Pädagogische Psychologie* (S. 13-41). Köln: Kiepenheuer & Witsch.

Herbart, J. F. (1835/1964). Umriß paedagogischer Vorlesungen. *Sämtliche Werke*, herausgegeben von K. Kehrbach und O. Flügel (Band 10, S. 65-196). Aalen: Scientia.

Herbart, J. F. (1831/1964). Briefe über die Anwendung der Psychologie auf die Paedagogik. *Sämtliche Werke*, herausgegeben von K. Kehrbach und O. Flügel (Band 9, S. 339-462). Aalen: Scientia.

Herget, A. (1914). *Psychologie und Erziehungslehre*. Prag: Haase.

Thorndike, E. L. (1913). *Educational Psychology* (2 Bände). New York: Columbia University.

Einfluß des Wetters auf die Leistung schloß er ebenso in seine Erörterungen ein wie das Problem der Koedukation, d.h. des gemeinsamen Unterrichts von Mädchen und Jungen.

Zu Lays bevorzugten Methoden zählten:

- der Unterrichtsversuch,
- die Statistik und
- die systematische Verhaltensbeobachtung.

Verhaltensbeobachtung, insbesondere während des Schulunterrichts, war ihm eine wertvolle Quelle der Erkenntnis. Sie gab Hinweise auf Probleme, die entweder unmittelbar einsichtig wurden oder in einer eingehenden Untersuchung zu klären waren (z.B. Konflikte zwischen Schülern und Lehrern). Verhaltensbeobachtung erwies auch die Brauchbarkeit von Erziehungsmethoden (z.B. die Wirksamkeit von Lob).

Statistiken konnten Rückschlüsse auf Risikofaktoren erlauben. So zitierte Lay eine Untersuchung an 591 Wiener Volksschülern, die einen Zusammenhang zwischen Alkoholkonsum und Schulleistung belegte. Wenn Schüler (nach eigenen Angaben) nie, gelegentlich oder täglich daheim ein Glas Bier tranken: wie gut wurden ihre Leistungen bewertet? Die folgende Tabelle (Lay, 1907/1918, S. 43) zeigt den Zusammenhang:

Alkohol	Leistung gut	genügend	ungenügend
nie	42%	49%	9%
gelegentlich	34%	56%	10%
täglich	28%	58%	14%

Einen einfachen, aber praktisch wichtigen Versuch unternahm Lay zur Rechtschreibung. Machten die Kinder weniger Fehler, wenn sie Wörter oder Sätze beim Diktat mitsprechen durften? Lay (1907/1918, S. 114) bejahte diese Frage aufgrund der folgenden Durchschnittswerte aus einer Schulklasse:

Hören ohne Sprechen	3,04 Fehler
Hören mit leisem Sprechen	2,69 Fehler
Hören mit lautem Sprechen	1,25 Fehler

Welche Fülle und Vielfalt die pädagogisch bedeutsame empirische Forschung bis zum Beginn des Ersten Weltkriegs aufwies, belegte Meumann (1907/1911, 1913/1920, 1914) in den drei Bänden seiner *Vorlesungen zur Einführung in die Experimentelle Pädagogik.* Kinderpsychologie und Entwicklungsdiagnostik wurden darin ausführlich gewürdigt. Den Schlüssel zum Verständnis von Erziehung und Unterricht sollte jedoch die Experimentelle Psychologie liefern. So erörterte Meumann die zentralen Fragen der Allgemeinen Psychologie und ihre Beziehungen zum Lernen und Lehren. Theorien über Aufmerksamkeit und Wahrnehmung, Vorstellung und Gedächtnis, Gefühl und Wille sollten die Beobachtungs- und Aufnahmefähigkeit von Schülerinnen und Schülern erklären, ihr Verständnis für Geometrie und ihre Disziplin in der Klasse.

Das psychologische Experiment sollte auch in der Schule zur führenden Forschungsmethode werden:

„Die wichtigste Anregung für die neue pädagogische Forschung lag ... in der Aufnahme der Untersuchungsmethoden der experimentellen Psychologie ... . Keiner unter den großen Pädagogen der Vergangenheit hat jemals den jugendlichen Menschen zu einem Gegenstand exakter Forschung erhoben und in der systematischen Beobachtung der geistigen und körperlichen Entwicklung die Grundlegung seiner theoretisch pädagogischen Absichten gesucht.“

(Meumann, 1907/1911, S. 3f.)

Einige Kapitel der Meumannschen *Vorlesungen* sind reich versehen mit Abbildungen von Darbietungs- und Meßgeräten, wie sie in psychologischen und physiologischen Laboratorien zu finden waren. Dazu gehörten Apparate zur Messung der Beanspruchung und Ermüdung - Dynamometer, Ergometer, Puls- und Blutdruckmesser. Solche Geräte ließen sich in der Tat einsetzen, um die Ermüdung der Kinder während des Schulunterrichts zu ermitteln. Dies entsprach auch einem öffentlichen Bedürfnis, da immer wieder Klagen über die „Überbürdung“ der Schulkinder laut wurden (vgl. Abschnitt 11.2.2 zur Beteiligung von

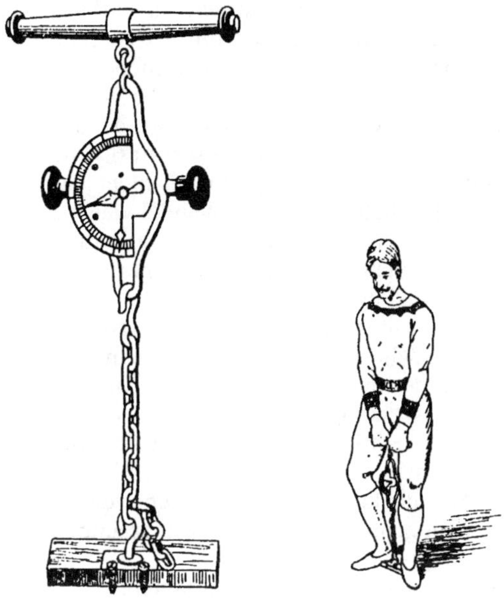

Dynamometer zur Messung der körperlichen Ermüdung, Gerät und Gebrauch (Meumann, 1914, S. 207).

Ebbinghaus an der Überbürdungsforschung). Allerdings waren die empfindlichen Geräte nur in Einzelfällen zu verwenden, so daß der Autor bei der Untersuchung von Schulklassen schließlich doch auf Erhebungen von Schulleistungen zurückgreifen mußte.

Zur Frage der Ermüdung im Unterricht gab Meumann (1914, S. 262f.) Beobachtungen an 11-13jährigen Schülern wieder. Die Jungen führten eine Stunde lang einfache Additionen und Multiplikationen aus. Dabei ergaben sich in den vier Vierteln der Stunde folgende Leistungen (für die gesamte Gruppe):

Minuten	Berechnete Ziffern	Fehler
1 - 15	28 200	3 %
16 - 30	32 500	4 %
31 - 45	35 400	5,7%
46 - 60	39 500	6 %

Die Schüler steigerten also die Menge ihrer Rechnungen auf Kosten der Richtigkeit.

Ließ sich Ermüdung vermeiden? Ein beliebtes Mittel zur Bekämpfung von Müdigkeit ist Kaffee. Meumann berichtete auch über Versuche mit Koffein. Tatsächlich ließ sich zeigen, daß beim Lesen Koffein den Abfall der Leistung aufhält.

Zeit für das Lesen einer Seite nach Injektion von 0,035g Koffein und ohne Koffein (nach Meumann, 1914, S. 243). Ohne Koffein verzögert sich das Lesen aufgrund von Ermüdung.

Im weiteren Verlauf ihrer Entwicklung hat sich die Pädagogische Psychologie geteilt. Die aufwendige Projektarbeit fordernde Lehr-Lern-Forschung ist von wissenschaftlichen Instituten übernommen worden. Die meist als Schulpsychologen einzelnen Schulen zugeteilten Pädagogischen Psychologen widmeten sich dagegen überwiegend der Begutachtung und Beratung von Schülern (Berg, 1985).

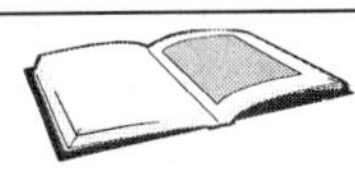

Meumann, E. & Lay, W. A. (1905). Zur Einführung. *Die Experimentelle Pädagogik, 1*, 1-30.

Lay, A. (1907/1918). *Experimentelle Pädagogik*. Leipzig: Teubner.

Meumann, E. (1907/1911, 1913/1920, 1914). *Vorlesungen zur Einführung in die Experimentelle Pädagogik und ihre psychologischen Grundlagen* (3 Bände). Leipzig: Engelmann.

Berg, D. (1985). Bericht über eine Umfrage zur Tätigkeit und Ausbildung von Schulpsychologen. In M. Greuer-Werne, L. Hellfritsch & H. Heyse (Hrsg.), *Berichte aus Schulpsychologie und Bildungsberatung* (S. 43-55). Bonn: Deutscher Psychologenverlag.

Auf die an Schulen arbeitenden oder in Beratungsstellen mit Schulen zusammenarbeitenden Pädagogischen Psychologen entfielen vor allem folgende Aufgaben:

- Gutachten über Schulreife,
- Schullaufbahnberatung (vor allem bei Wahl des Schulzweiges),
- Begutachtung und Beratung von Schülern mit Lernschwierigkeiten,
- Begutachtung und Beratung von sozial auffälligen Schülern (z.B. nach Störung des Unterrichts oder Delinquenz),
- Therapie von Schülern mit Lernschwierigkeiten und sozialer Auffälligkeit.

11.3.3 Rechtspsychologie

Was ist Recht? Ein Wettkampf zwischen Bürgern sagen die einen, bei dem der Stärkere oder Geschicktere oder Glücklichere gewinnt. Recht ist ein Teil der Weltordnung, sagen andere. Pflicht der Bürger ist, dem Recht zum Sieg über das Unrecht zu verhelfen. Die eine Auffassung leitet sich aus der empiristischen Moralphilosophie her, die andere aus der idealistischen (s. Abschnitte 6.1.3, 6.1.2). Trotz ihrer Gegensätzlichkeit erlauben beide Auffassungen den gleichen Schluß: Psychologie kann zu Recht verhelfen - nach der ersten Auffassung, indem ihre Anwendung einer der streitenden Parteien Vorteile verschafft, nach der zweiten, indem sie dem Recht durch Finden der Wahrheit sowie durch Unterscheiden von Gut und Böse den Weg zum Sieg bahnt.

In dem vom Idealismus geprägten Deutschland (s. Abschnitt 9.1.2) ist eine Rechtspsychologie entstanden, die sich der Durchsetzung des Rechts „nach objektiven Maßstäben" (Haff, 1935, S. 1) verschrieben hat. Objektivität bedeutete dabei - wie Haff ausgeführt hat - keineswegs eine Berufung auf apriorische (d.h. vorgegebene) Rechtsnormen, weder auf überirdische Gebote noch auf Gesetze der Natur selbst. Rechtsnormen seien vielmehr „psychische Seinstatsachen", die wissenschaftlich exakt zu ermitteln seien. Begriffe wie Schuld und Strafe, Vorsatz und Fahrlässigkeit müßten aus dem Verständnis des menschlichen Denkens und Wollens bestimmt werden. Im Privatrecht wie im öffentlichen Recht, im Strafrecht wie im Prozeßrecht müsse psychologisch-wissenschaftliche Analyse herrschen und nicht willkürliche Rechtskonstruktion oder Parteilichkeit (vgl. dazu Fergusons Moralphilosophie, Abschnitt 6.1.4). Wissenschaftliche Analyse könne dabei dem gesellschaftlich bedingten Wandel des Rechtsbewußtseins Rechnung tragen (z.B. dem Zurückweichen des Eigentumsrechts gegenüber dem Nutzungsrecht).

Im großen Feld des Rechtswesens hat psychologische Praxis sich zuerst dem Strafprozeß zugewandt. Es bildete sich eine Forensische Psychologie (lat. *forensis*, zum Forum, dem Gerichtsplatz gehörig) mit drei Schwerpunkten:

- Begutachtung von Aussagen vor Gericht (Zeugenaussagen und Einlassungen der Angeklagten),
- Begutachtung von Angeklagten,
- (selten) Rekonstruktion des Tathergangs.

Zeugenaussagen vor Gericht waren häufig Gegenstand kontroverser, auch öffentlich geführter Diskussionen, und Vertreter der Psychologie nahmen rege Anteil daran. Die Erfahrung der Praxis lautete: Zeugenaussagen sind nicht immer zutreffend und nicht immer glaubwürdig. Da anderseits auf Zeugenaussagen als Beweismittel nicht verzichtet werden konnte, lag die Forderung nach deren wissenschaftlicher Analyse und Begutachtung ebenso nahe wie das Bemühen um eine Verbesserung der Verhörmethoden. William Stern (1902) bot der Rechtswissenschaft und -praxis die Unterstützung der Psychologie an. Er trat selbst als Sachverständiger in Sittlichkeitsprozessen auf (vgl. Stern, 1926). Otto Lipmann (1905), damals von Stern in die Angewandte Psychologie eingeführt, veröffentlichte Vorschläge zur Reform der Zeugenvernehmung (z.B. bei Prüfungen des Wiedererkennens von Tätern ähnliche Personen oder ähnliche Portraits zum Vergleich vorzugeben).

Ein Problem war die Fähigkeit der Zeugen zu richtigen und vollständigen Aussagen. Die Fähigkeit konnte durch die Begrenztheit der Auffassung und des Gedächtnisses eingeschränkt sein. Dazu wurden eigene Experimente durchgeführt, da vor Gericht die zu verhandelnden Tatverläufe in der Regel nicht mehr objektiv rekonstruierbar waren. In den Experimenten wurde der zu berichtende Sachverhalt vorgegeben. Es war entweder eine Spielszene oder eine Abbildung. Personen, welche die Szene miterlebt oder die Abbildung gesehen hatten, wurden gebeten, frei darüber zu berichten (wie bei der freien Aussage vor Gericht oder Polizei) oder Antworten auf Fragen zu geben (wie bei der Vernehmung). Unterschieden wurde weiterhin zwischen primären und sekundären Aussagen, d.h. Aussagen, die auf eigener Erfahrung und solchen, die auf „Hörensagen" beruhten.

Eine Serie realitätsnaher Experimente mit Spielszenen eröffnete Jaffa (1903), indem er am Ende eines juristischen Seminars einen heftigen Disput über christliche Ethik inszenierte, in dessen Verlauf ein Dr. K. mit geballter Faust auf einen anderen Seminarteilnehmer Leh. zuging, worauf Leh. einen Revolver zog und auf K. richtete. Zehn Seminarteilnehmer schrieben einen Bericht über den unerwarteten Vorgang, einige noch am selben Tag oder am Tag danach, einige eine Woche oder fünf Wochen später. Fünf weitere Teilnehmer unterzogen sich einer Befragung nach einer Woche, die nach dem Muster eines polizeilichen Verhörs gestaltet wurde. Jaffa stellte fest: Den Probanden - Jurastudenten und Referendaren - unterliefen viele Fehler (z.B. falsche Ortsangaben) und Auslassungen (einem Probanden war sogar der Revolver entgangen); es wurden Einzelheiten hinzugefügt (z.B. Äußerungen Unbeteiligter). Am stärksten häuften sich Fehler und Auslassungen bei der Befragung.

Stern hat die Zuverlässigkeit von Zeugenaussagen mehrfach anhand von Bildbeschreibungen untersucht. In seiner ersten großen Studie (Stern, 1904) ließ er Schüler und junge Erwachsene (Seminaristen, Präparanden) ein farbiges Bild betrachten, das eine Familie in einer Bauernstube darstellte. Die Betrachtung dauerte eine Minute. Dann folgten freie Beschreibungen und die Beantwortung einer Liste mit 76 Fragen zu vorhandenen Bilddetails (Personen, Tätigkeiten, Sachen, Orte). Die Liste enthielt weiterhin zwölf Suggestivfragen nach nicht gezeigten Einzelheiten (z.B. „Ist nicht ein Ofen im Zimmer?").

Haff, K. (1935). Rechtspsychologie. In E. Abderhalden (Hrsg.), *Handbuch der biologischen Arbeitsmethoden* (VI C, Band 2a, S.1-118). Berlin: Urban & Schwarzenberg.

Stern, W. (1902). Zur Psychologie der Aussage. *Zeitschrift für die gesamte Strafrechtswissenschaft, 22,* 315-370.

Stern, W. (1926). *Jugendliche Zeugen in Sittlichkeitsprozessen.* Leipzig: Quelle & Meyer.

Lipmann, O. (1905). Reformvorschläge zur Zeugenvernehmung vom Standpunkt des Psychologen. *Archiv für Kriminal-Anthropologie und Kriminalistik, 20,* 68-81.

Jaffa, S. (1903). Ein psychologisches Experiment im kriminalistischen Seminar der Universität Berlin. *Beiträge zur Psychologie der Aussage, 1* (Heft 1), S. 79-99.

Stern, W. (1904). Die Aussage als geistige Leistung und als Verhörsprodukt. *Beiträge zur Psychologie der Aussage, 1* (ganzes Heft 2).

Der Autor berechnete nun die „Treue" der Wiedergaben als Anteil der richtigen Angaben (r) an allen Angaben, d.h. der Summe richtiger und falscher Angaben (r+f), also

$$\frac{r}{r+f}\,.$$

Die jungen Erwachsenen erzielten bei freien Berichten eine Treue von 0,94, bei den Befragungen (ohne Suggestivfragen) von 0,72. Denn während bei freien Berichten Wissenslücken nicht als Fehler zutage traten, nötigten die Fragen zum Raten, wenn eine Einzelheit nicht erinnerlich war, und Raten führte zu Fehlern. Gegenüber Suggestivfragen waren die jungen Erwachsenen nicht sonderlich anfällig; der entsprechende Treuewert betrug 0,89. Manche Einzelheiten (z.B. die Haarfarbe der Personen) wurden übereinstimmend schlechter erinnert als andere. Je jünger die Schüler waren, desto unzuverlässiger waren ihre Angaben. Mädchen hatten ungünstigere Werte als Jungen. So wies diese Studie wie mehrere nachfolgende Untersuchungen einige Faktoren nach, die bei der Beurteilung von Zeugenaussagen eine Rolle spielen.

William Stern (1871-1938)

Die Psychologie verdankt William Stern bedeutsame Beiträge zur Entwicklungspsychologie, zur Differentiellen Psychologie, zur Persönlichkeitspsychologie, zur Diagnostik (s. Abschnitte 8.3.1, 8.5.2, 8.5.3, 11.2.2) sowie zur Forensischen Psychologie (dieser Abschnitt). Alle diese Zweige wollte er zu einer Angewandten Psychologie mit zwei Ausrichtungen vereinen: Psychognostik als „richtendes Urteil" über Befähigung, Charakter u.ä. und Psychotechnik als „geeignete Handlungsweise für wertvolle Zwecke" (Stern, 1903).

Als Vertreter der modernen Psychologie genoß Stern hohes wissenschaftliches und öffentliches Ansehen. Dies zeigt die folgende Episode aus dem Jahre 1909: Die *Clark University* im US-Bundesstaat Massachusetts lud zum zwanzigsten Jahrestag ihrer Gründung führende europäische Wissenschaftler ein. Unter ihnen befand sich William Stern. Er fuhr übrigens mit dem gleichen Schiff über den Atlantik wie Freud und Jung, die ebenfalls eine Einladung erhalten hatten (s. Abschnitt 10.3.3). Gleichwohl litt Stern wegen seiner jüdischen Herkunft unter Benachteiligung und Feindseligkeit.

Stern hatte 1893 an der Berliner Universität in Philosophie promoviert und wurde kurz darauf Privatdozent, später außerordentlicher Professor an der Universität Breslau. Im Jahre 1916 bot die gleiche Universität Stern eine ordentliche Professur an - unter der Bedingung, daß er sich taufen ließ. Stern lehnte ab und wechselte nach Hamburg. Dort übernahm er die Nachfolge von Meumann (s. Abschnitt 11.3.2) am dortigen Kolonialinstitut, das 1919 in der neu gegründeten Universität Hamburg aufging. Stern beteiligte sich an dem von seinem Schüler Otto Lipmann in Neubabelsberg unterhaltenen *Institut für Angewandte Psychologie und psychologische Sammelforschung* (s. Abschnitt 11.1.4). 1931-1933 wirkte er als Vorsitzender der *Deutschen Gesellschaft für Psychologie*. Dann kamen die nationalsozialistischen Rassengesetze. Stern wurde 1933 fristlos entlassen; er durfte seine Universität nicht mehr betreten. Er verließ Deutschland, lebte ein Jahr in Holland und emigrierte in die Vereinigten Staaten. Bis zu seinem Tod im Jahre 1938 lehrte Stern dort an der *Duke University* in North Carolina (Michaelis-Stern, 1971).

Stern, W. (1903). Angewandte Psychologie. *Beiträge zur Psychologie der Aussage, 1* (Heft 1), 4-45.

Michaelis-Stern, H. (1971). *William Stern (1871-1938).* Jerusalem: Privatdruck.

William Stern mit seiner Frau und Mitarbeiterin Clara Stern

Zur Verzweigung der Praktischen Psychologie

Beiträge zur Praktischen Psychologie findet man um die Jahrhundertwende und danach bis zur Jahrhundertmitte in führenden Fachzeitschriften neben Beiträgen zur Experimentellen Psychologie (z.B. *L'Année Psychologique, Archiv für die gesamte Psychologie, American Journal of Psychology*). Zu Beginn des Jahrhunderts wurden in zwei Bereichen eigene Publikationsorgane gegründet: Für die Pädagogische Psychologie 1905 *Die Experimentelle Pädagogik*, herausgegeben von Meumann und Lay (s. Abschnitt 11.3.2) sowie 1910 das *Journal of Educational Psychology*, herausgegeben von Bagley, Bell, Seashore und Whipple, für die Aussagepsychologie und verwandte Gebiete 1903 die Reihe *Beiträge zur Psychologie der Aussage*, herausgegeben von Stern und Lipmann (s.o.). 1925 folgte, von Rupp herausgegeben, die *Psychotechnische Zeitschrift* mit einer Spezialisierung der Psychologie auf „Industrie, Gewerbe, Landwirtschaft, Handel, Verkehr“.

Die *Beiträge zur Psychologie der Aussage* gingen 1908 in der *Zeitschrift für angewandte Psychologie* auf. Dieser entsprach in den USA das 1917 von Hall, Baird und Geissler begründete *Journal of Applied Psychology.* Seit den zwanziger Jahren besaßen somit die Praktische Psychologie als ganze und einzelne ihrer Zweige eigene Periodika und damit eine eigene Identität.

Ein weiteres Problem ist die Ehrlichkeit. Oft leugnen Zeugen, insbesondere die Angeklagten selbst, ihre Beteiligung an einer Straftat, ja sogar ihre Kenntnis davon. Mitunter schützen sie einen Gedächtnisverlust vor. Erfahrene Richter erkennen solche Täuschungsversuche an unruhigen Bewegungen, Erröten und ähnlichen Symptomen. Vernehmungsbeamte wissen, daß Angeklagte bei Erschöpfung oder Erregung ihre Täuschungsversuche oft aufgeben. Max Wertheimer (s.a. Abschnitt 10.4.2) und Julius Klein (1904) hatten sich bei ihren Studien an der Universität Prag mit Kriminologie beschäftigt und gaben einen Überblick über Methoden der experimentellen Psychologie, die geeignet sein sollten, Täuschungen aufzudecken. Dazu zählten sie Verzögerungen von Assoziationen und motorischen Reaktionen sowie physiologische Begleiterscheinungen. Sie nannten auch Schläfrigkeit und Affekt als Bewußtseinszustände, in denen der Täuschungswille und die Selbstbeherrschung herabgesetzt sind. Sie merkten an, wie man solche Zustände herbeiführen könne - etwa durch Pharmaka oder Hypnose.

Wertheimer und Klein faßten die Methoden zur Aufdeckung von Unwahrheiten unter der Bezeichnung „Tatbestandsdiagnostik“ zusammen. Sie meinten damit die „Feststellung der Anteilnahme eines Menschen an einem Tatbestand“. In seiner Dissertation erkundete Wertheimer (1906) eingehend ein Verfahren zum Nachweis verschwiegener Erinnerungen an einen belastenden Sachverhalt: die Verlängerung von Reaktionszeiten beim Assoziieren. Carl Gustav Jung (s. Abschnitt 10.3.3) hat zur gleichen Zeit Untersuchungen mit ähnlicher Fragestellung durchgeführt und Fälle erfolgreicher Tatbestandsdiagnostik beschrieben (Jung, 1905a, b/1979).

Jungs Anliegen war zunächst die Persönlichkeitsdiagnostik. Er beobachtete, daß Assoziationen zu gefühlsbetonten Wörtern mehr Zeit benötigten als zu neutralen. Dies nutzte er, um „Komplexe“ seiner Patienten zu ermitteln. Zum Beispiel stellte er bei einem Patienten einen „Liebeskomplex“ und einen „Geldkomplex“ fest. Zum Reizwort „tanzen“ fiel dem Patienten die Assoziation „nicht“ ein, zum Reizwort „reich“ die Assoziation „ziemlich“. Das Aussprechen der Assoziationen dauerte bei dem Patienten länger als nach anderen Reizworten, die mit seinen Komplexen nicht in Beziehung standen. Jung nahm an, daß verheimlichte Schuld ebenso wirke wie ein Komplex. Einem jungen Mann, welcher des Diebstahls an seinem Gönner verdächtigt war, ließ er zum Reizwort „stehlen“ eine Assoziation bilden. Als der Mann erst nach längerem Zögern „nehmen“ antwortete, sagte ihm der Autor den Diebstahl auf den Kopf zu. Tatsächlich gestand der Mann.

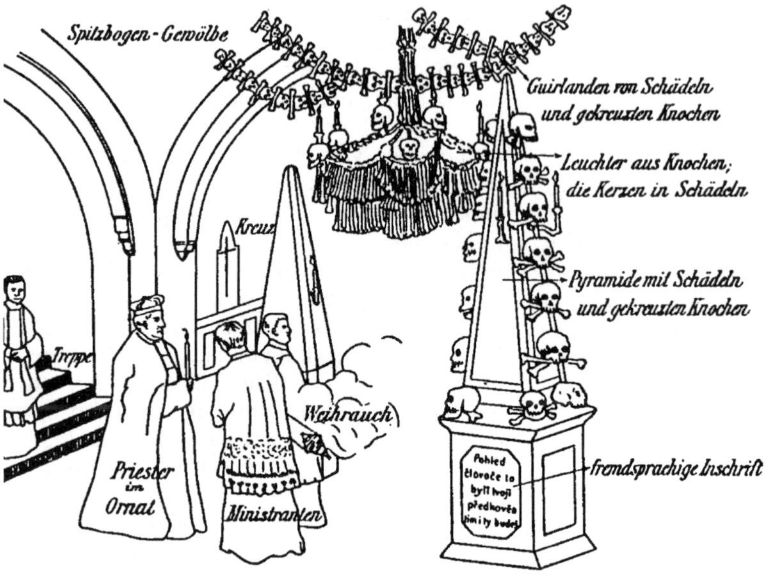

Bild einer Grabkapelle in Böhmen - eines der von Wertheimer (1906, S. 69) benutzten Bilder. Kritisch sind bei diesem Bild Begriffe wie „Schädel" und „Kreuz", neutral Begriffe wie „Hering" und „Getreide". Wer nach Betrachten des Bildes zum Reizwort „Schädel" das Wort „Kapelle" assoziiert, verrät seine Kenntnis der Situation.

Im Würzburger Labor Oswald Külpes (s. Abschnitt 9.3.4) hat Wertheimer die Verzögerung von Assoziationen beim Verheimlichen auch denkpsychologisch zu erfassen versucht. Er zeigte seinen Probanden Bilder und ließ sie danach auf Reizworte antworten. Ein Teil der Reizworte bezog sich auf die Bilder, ein anderer Teil nicht. Die Probanden wurden gebeten, so schnell wie möglich auf jedes Reizwort mit einer gesprochenen Assoziation zu reagieren; die Geschwindigkeit der Reaktion wurde mit einem elektrischen Gerät gemessen. Bei einem Teil der Bilder erhielten die Probanden die Instruktion, sie sollten sich vorstellen, in der auf dem Bild gezeigten Situation sei eine Straftat geschehen; sie stünden unter Verdacht, daran beteiligt gewesen zu sein; sie sollten Äußerungen vermeiden, die auf eine Kenntnis der Situation schließen lassen. Wie erwartet, verzögerten sich Antworten auf situationsbezogene Wörter, wenn die Probanden die Kenntnis der Situation zu verbergen suchten. Gedankenprotokolle ergaben vielfältige Gründe für die Verzögerung: Kampf gegen „unwiderstehliches Herausplatzen" einer verräterischen Reaktion, „Vakuum" nach erfolgreicher Unterdrückung u.ä.

Fortschritte gab es auch bei der Messung von unwillkürlichen motorischen und physiologischen Begleiterscheinungen unehrlicher Aussagen. Der Bonner Psychiater Otto Löwenstein (1922) entwarf ein Gerät zur Messung von Kopf-, Hand- und Beinbewegungen sowie der Brust- und Bauchatmung. Damit sollten sich Bewegungen feststellen lassen, welche Unehrlichkeit verrieten. Doch Löwenstein selbst äußerte sich skeptisch über die Verläßlichkeit seines Verfahrens. Besser durchgesetzt haben sich Blutdruck-, Puls- und Hautwiderstandsmessungen, die innere Erregung aufgrund von Schuldgefühlen oder Angst vor Überführung anzeigen sollten. Nach dem Vorbild psychophysiologischer Experimente aus der Gefühlsforschung (s. Abschnitt 9.3.3) ermittelte William M. Marston, ein Schüler Münsterbergs aus Harvard (s. Abschnitt 11.1.3), Erhöhungen des Blutdrucks während einer beabsichtigten Täuschung. Marstons Probanden mußten Sätze vorlesen, die als wahre Behauptungen oder als Lügen gekennzeichnet waren. Sie sollten sich vorstellen, dies seien Sätze aus einer polizeilichen Vernehmung; die Lügen äußerten sie, um einen verdächtigten Freund zu entlasten.

Wertheimer, M. & Klein, J. (1904). Psychologische Tatbestandsdiagnostik. *Archiv für Kriminal-Anthropologie und Kriminalistik, 15*, 72-113.

Wertheimer, M. (1906). Experimentelle Untersuchungen zur Tatbestandsdiagnostik. *Archiv für die gesamte Psychologie, 6*, 59-131.

Jung, C. G. (1905a/1979). Über das Verhalten der Reaktionszeit beim Assoziationsexperimente. *Gesammelte Werke* (Band 2, S. 239-288). Olten: Walter.

Jung, C. G. (1905b/1979). Die psychologische Diagnose des Tatbestandes. *Gesammelte Werke* (Band 2, S. 338-374). Olten: Walter.

Löwenstein, O. (1922). Über subjektive Tatbestandsmäßigkeit und Zurechnungsfähigkeit nebst kritischen Bemerkungen zur psychologischen Tatbestandsdiagnostik. *Archiv für Psychiatrie und Nervenkrankheiten, 65*, 411-458.

Marston, W. M. (1917). Symbolic blood pressure symptoms of deception. *Journal of Experimental Psychology, 2*, 117-163.

Psychophysiologische Meßgeräte zum Nachweis von beabsichtigten Täuschungen sind unter dem Namen „Lügendetektor“ (engl. *lie detector)* bekannt geworden. Der populäre Name stammt übrigens nicht aus der wissenschaftlichen Fachliteratur. In den deutschsprachigen Ländern sind - im Unterschied vor allem zu den USA - wissenschaftliche Verfahren der Tatbestandsdiagnostik nicht vor Gericht zugelassen worden. Die Begründung der Ablehnung: Sie verletzen die Menschenwürde, weil sie gegen den Willen des Betroffenen seine geheimen Gedanken und Gefühle aufdecken.

Die Rekonstruktion des Tathergangs selbst ist in der Regel die Aufgabe des Richters, bei der ihn Kriminalisten unterstützen. Ein Aufsehen erregender Gerichtsfall ist bekannt geworden, bei dem auch ein Psychologe an der Aufklärung des Tathergangs beteiligt war: das Müllheimer Eisenbahnunglück aus dem Jahre 1911. An einer Baustelle hatte der aus Basel kommende Eilzug ein Warnsignal überfahren und war bei der Einfahrt in den Müllheimer Bahnhof mit der damaligen Höchstgeschwindigkeit von 100 Stundenkilometern entgleist. Vierzehn Reisende starben; Lokomotivführer, Zugführer und Heizer überlebten und wurden vor Gericht gestellt. Der Lokomotivführer war nach Genuß von Wein und Schnaps eingenickt, der Zugführer und der Heizer hatten versäumt, die Bremse bzw. die Notbremse zu betätigen. Der Würzburger Psychologieprofessor Karl Marbe (s.a. Abschnitt 11.3.4) wurde als Gutachter herangezogen. Er legte vor Gericht den Zusammenhang von Alkohol und Aufmerksamkeit nach dem neuesten Stand der Experimentalpsychologie dar. Gesonderte Prüfungen waren notwendig, um die Frage des Gerichts zu beantworten, ob Zugführer und Heizer genügend Zeit gehabt hätten, das Versagen des Lokomotivführers zu bemerken und rechtzeitig am Führerstand die Bremsung einzuleiten bzw. in einem Anhänger die Notbremse zu ziehen. Für diese Prüfungen suchte Marbe (1926a) die Unfallsituation nachzubilden, teils im Laboratorium, teils in einer Lokomotive, teils in einem Packwagen. Unter Bedingungen, wie sie im Unglückszug geherrscht hatten, maß er die Geschwindigkeit von Reaktionen, wie sie für die Bremsung erforderlich waren. Marbe kam zu dem Schluß, daß das Unglück trotz Versagens des Lokomotivführers hätte vermieden werden können, wenn Zugführer und Heizer auf den Notfall eingestellt gewesen wären.

Die Begutachtung der Angeklagten ist neben der Zeugenbegutachtung zur häufigsten Aufgabe von Forensischen Psychologen geworden. Erwartet werden Expertenurteile zur Straffähigkeit von Jugendlichen, zur Zurechnungsfähigkeit von Erwachsenen sowie zu Tatmotiven, außerdem Prognosen für die Entwicklung der Angeklagten nach Abschluß des Strafprozesses - im Strafvollzug oder bei pädagogisch-therapeutischer Behandlung. Die Tätigkeit der Psychologen erstreckt sich inzwischen auch auf den Strafvollzug. Zu der Gutachtertätigkeit im Strafprozeß sind Begutachtungen in Zivil- und Verwaltungsgerichtsverfahren hinzugetreten. Dazu zählen insbesondere Fälle des Familienrechts (z.B. Entscheidungen über das elterliche Sorgerecht, Adoptionen) (Kühne, 1988).

Karl Marbe (1869-1953)
Wahrscheinlichkeitstheorie und Praktische Psychologie

Karl Marbe (Frontblatt aus Marbe, 1945).

Karl Marbe begann sein Studium der Philosophie mit einem Schwerpunkt in der Sprachwissenschaft. Im Verlauf seines Studiums gelangte er zur Experimentellen Psychologie und wurde Mitglied der Arbeitsgruppe um Külpe in Würzburg (s. Abschnitt 9.3.4). Dort habilitierte er sich 1896 und wurde 1909 Nachfolger seines Lehrers Külpe (Marbe, 1945). Nach fast zwanzig Jahren der Forschung in Experimenteller Psychologie wandte sich Marbe der Angewandten Psychologie zu. In einem Sammelreferat beim 5. Kongreß der Gesellschaft für experimentelle Psychologie beschrieb er zahlreiche mögliche Nutzanwendungen der Psychologie (Marbe, 1913). Er selbst hat danach eine Fülle von Schriften zur Arbeits-, Rechts-, Erziehungs- und Werbepsychologie vorgelegt. Er ist als Sachverständiger in Gerichtsprozessen (s. Abschnitt 11.3.3) tätig gewesen und als Berater für Wirtschaftsunternehmen (Mülberger, 1996).

Marbes Wissenschaftsverständnis war positivistisch geprägt. Wissenschaft sollte auf Erfahrung gründen und der Besserung des Lebens dienen (s. Abschnitt 11.1.2). Er glaubte auch an die Einheit der Wissenschaft. In dem oben erwähnten Kongreßvortrag betonte er die vielfache Beziehung der Psychologie zu anderen Disziplinen, der Medizin, der Sprach- und Literaturwissenschaft, der Geschichte, Pädagogik, Jurisprudenz und Philosophie. Besonders beschäftigten ihn die statistischen Regelmäßigkeiten in Natur und Gesellschaft. Ihnen sei die Wiederkehr des Gleichen und der Ausgleich zwischen Gegensätzen zu verdanken. Die Wahrscheinlichkeitstheorie erlaube, statistische Tendenzen zu berechnen und sogar Prognosen zu rechtfertigen (Marbe, 1916).

Eine Erfahrungsgrundlage für Marbes Theorie von der statistischen Gleichförmigkeit der Welt bildeten Unfallstatistiken. Marbe hat selbst solche Statistiken ausgewertet und daraus einen praktisch bedeutsamen Schluß gezogen: Es gebe eine Unfallneigung, die zwischen Personen variiere, aber bei Individuen stabil sei. Als Beleg stellte Marbe (1926b, S. 16) u.a. die Häufigkeit von Unfällen zusammen, die bei einer Versicherung für aktive Offiziere und Unteroffiziere gemeldet worden waren. Er sortierte die Versicherten in drei Gruppen mit zwei oder mehr Unfällen, einem und keinem Unfall in einem vorangehenden Zeitraum von fünf Jahren. Danach ermittelte er die Unfallzahlen dieser drei Gruppen in dem folgenden Fünfjahreszeitraum.

	Anzahl von Unfällen in den Jahren 1-5		
	0	1	>1
(1) Zahl der Fälle	1478	893	629
(2) Unfälle in den folgenden Jahren	763	817	840
(3) Verhältnis von (2) zu (1)	52%	91%	134%

Offensichtlich war die Unfallneigung der Gruppen über die Zeit gleich hoch geblieben. Marbe empfahl, Versicherte nach ihrer Unfallneigung in verschiedene Risikoklassen einzuordnen und danach ihre Versicherungsprämien zu berechnen. Kritikern seines Vorschlags entgegnete er:

„Jedenfalls ist eine Abstufung der Prämien nach Persönlichkeitsgefahrenklassen nicht bedenklicher als die Entlohnung nach Maßgabe der persönlichen Leistungen."

(Marbe, 1926b, S. 32)

Abgestufte Prämien seien nicht nur gerecht, sondern könnten eine durchaus wünschenswerte erzieherische Wirkung entfalten. Sofern die Unfallneigung auf einer nachlässigen Einstellung beruhe und nicht auf Ungeschicklichkeit zurückzuführen sei, könne die Aussicht auf eine Senkung der Versicherungsprämie zu größerer Vorsicht anhalten.

Marbe, K. (1945). *Selbstbiographie des Psychologen Geheimrat Prof. Dr. Karl Marbe in Würzburg*. Halle: Verlag der Akademie.

Marbe, K. (1913). Die Bedeutung der Psychologie für die übrigen Wissenschaften und die Praxis. *Fortschritte der Psychologie und ihrer Anwendungen, 1*, 5-82.

Mülberger, A. (1996). Der Weg Karl Marbes zur Angewandten Psychologie. In H. Gundlach (Hrsg.), *Untersuchungen zur Geschichte der Psychologie und Psychotechnik* (S. 117- 126). München: Profil.

Marbe, K. (1916). *Die Gleichförmigkeit der Welt*. München: Beck.

Marbe, K. (1926b). *Praktische Psychologie der Unfälle und Betriebsschäden*. München: Oldenbourg.

Ansätze aus der Persönlichkeits-, Entwicklungs- und Sozialpsychologie bildeten wichtige Grundlagen für rechtspsychologische Gutachten. Einschlägige diagnostische Methoden - vor allem Intelligenz- und Persönlichkeitstests - bestärkten Psychologen in ihrer Rolle als eigenständige Experten im Bereich der Rechtspflege. Theorien und Methoden der Rechtspsychologie haben im übrigen auf Lehren aus der Rechtswissenschaft selbst aufgebaut, an denen die Psychiatrie wiederum einen hohen Anteil hatte. Diese Lehren faßte man im Fach Kriminalistik zusammen. Kriminalistik mit ausgeprägtem psychologischem Schwerpunkt bezeichnete man auch als Kriminalanthropologie oder Kriminalpsychologie. Hanns Gross (1898) war unter den Juristen ein maßgeblicher Vertreter dieser Richtung, und er hat in Prag Max Wertheimer in die Probleme der Tatbestandsdiagnostik (s.o.) eingeführt. Einen guten Einblick in den Beitrag der damaligen Psychiatrie zur Begutachtung von Straftätern gibt ein Lehrbuch des Gießener Psychiaters Robert Sommer (1904). Es handelt von der Persönlichkeit von Straftätern, von verminderter Zurechnungsfähigkeit, Schwachsinn und Psychosen, der Simulation von Krankheiten, von kriminellen Anlagen sowie Besserungs- und Erziehungsmaßnahmen. Der Autor ging weiterhin auf Probleme des Strafvollzugs ein, u.a. auf die Entstehung von Psychosen in Einzelhaft und die „psychische Infektion" bei Jugendlichen, *„falls diese mit ausgeprägt Kriminellen in Berührung kommen"* (Sommer, 1904, S. 335).

Marbe, K. (1926a). *Der Psycholog als Gerichtsgutachter im Straf- und Zivilprozeß*. Stuttgart: Enke.

Kühne, A. (1988). *Psychologie im Rechtswesen*. Weinheim: Deutscher Studien Verlag.

Gross, H. (1898). *Criminalpsychologie*. Graz: Teuschner & Lubensky.

Sommer, R. (1904). *Kriminalpsychologie und strafrechtliche Psychopathologie*. Leipzig: Barth.

11.3.4 Arbeits-, Betriebs- und Verkehrspsychologie

Man spricht in der Moderne gern von der „Welt der Arbeit“, und tatsächlich hat sich mit dieser Epoche die Arbeit mit eigenen Organisationsformen verselbständigt. Der Verbund von Wohnen und Arbeiten, wie ihn vor allem Handwerker und Bauern, aber auch Kaufleute, Ärzte und andere Dienstleistungsberufe gepflegt hatten, löste sich vielfach auf. Familienbetriebe wichen zentralisierten Großbetrieben wie Fabriken, Kaufhäusern und Kliniken. Das Verkehrswesen war in diesen Wandel eingeschlossen. Zunächst waren es Schienenbahnen, welche Kutschen und Fuhrwerke ablösten. Später gewannen Automobile und Flugzeuge eine in ihren Anfängen nur von wenigen für möglich gehaltene Bedeutung für den Personen- und Gütertransport.

Die Probleme in Großbetrieben waren enorm, und von der Psychologie war manche Besserung zu erwarten: Steigerung der Arbeitsleistung, Senkung der Fehlzeiten, Erhöhung der Arbeitssicherheit, Minderung von Konflikten und Mehrung der Arbeitszufriedenheit. Beiträge der Psychologie konzentrierten sich auf folgende Schwerpunkte:

- Personalauslese und Qualifikation (Eignungsprüfung, Lehrlingsausbildung, Anlernen, Weiterbildung),
- Arbeitsplatzgestaltung, Arbeitsablaufplanung (Gestaltung von Arbeitsverfahren, Arbeitsmitteln und Arbeitsumgebung),
- Arbeitsorganisation (Arbeitspausen, Arbeitsgruppen),
- Betriebsorganisation (Führungsstrukturen, innerbetriebliche Kommunikation, Mitbestimmung u.ä.).

In den Verkehrsbetrieben (Bahn, Straßenbahn, Schiffahrt) stellten sich ähnliche Probleme ein wie in den Industriebetrieben (vgl. Martens, 1919). Deshalb wird die Verkehrspsychologie hier zusammen mit der Arbeits- und Betriebspsychologie behandelt.

Die weitaus umfangreichste Leistung, welche die frühe Arbeitspsychologie anbot, war die Eignungsauslese. Mit einer schnell wachsenden Fülle von Verfahren suchte die moderne Psychologie in der Wirtschaft einen festen Platz zu erobern. Tests wurden für Handelsvertreter und Ladenverkäufer, für Telefonistinnen und Stenographen, für Polizisten und Feuerwehrleute sowie viele andere Berufe angeboten. Münsterberg (s. Abschnitt 11.1.3) hat sich an der frühen Eignungsdiagnostik mit vielbeachteten Modellprojekten beteiligt. Eines widmete sich der Prüfung von Straßenbahnfahrern. Elektrische Straßenbahnen waren eine der modernen Errungenschaften der Städte. Zugleich war eine große Zahl von Unfällen zu beklagen, in die Straßenbahnen verwickelt waren. Münsterberg (1912/1997) führte die Unfälle zum Teil auf die unzureichende Eignung der Fahrer zurück und - unter Rückgriff auf seine Erfahrung als Experimentalpsychologe - wandte das folgende Verfahren an, um geeignete von ungeeigneten Fahrern zu trennen: In einen Kartenwechsler legte er Kartons im Format 9 x 26 cm. Die Mitte durchquerte ein Paar paralleler Linien, 26 cm lang im Abstand von 1 cm. Die Fläche zwischen den Linien war in 26 Quadrate aufgeteilt; in die Quadrate waren die Großbuchstaben A bis Z eingetragen. Außerhalb der Quadrate waren in unregelmäßiger Anordnung etwa 100 Ziffern verstreut; es waren die 1, 2 und 3, je zur Hälfte in schwarzer und in roter Farbe. Dazu lautete die Instruktion:

> *„Denken Sie sich, daß diese Mittellinien ein Geleise auf der Straße bedeuten, daß jede 1 einen Fußgänger, jede 2 einen Wagen und jede 3 ein Auto vorstellt, weil ein Auto sich um die dreifache, ein Wagen um die zweifache Strecke sich fortbewegt hat, wenn der Fußgänger einen einfachen Schritt macht. Alle schwarzen Zahlen bewegen sich dem Geleise parallel; kommen also für ein etwaiges Kreuzen der Geleise nicht in Betracht. ... Die roten Zahlen sind die gefährlichen. Sie bedeuten die Passanten, die sich ... auf das Geleise zu bewegen. Ihre Aufgabe ist es nun, das Geleise von A bis Z mit den Augen entlangzugehen und so schnell wie möglich herauszufinden, an welcher Stelle die roten Ziffern gerade auf das Geleise kommen würden, wenn die 1 einen Schritt, die 2 zwei Schritte und die 3 drei Schritte macht.“*
>
> (Münsterberg, 1912/1997, S. 52)

Zu ergänzen ist: Der Karton war in Quadrate mit 1 cm Kantenlänge eingeteilt; „Schritte“ wurden in durchquerten Quadraten gemessen. Bei dieser Aufgabe war also ein Gefahrenpunkt zu erkennen und mit dem zugehörigen Buchstaben zu bezeichnen. Dies sollte möglichst schnell geschehen; die Zeit bis zum Benennen wurde mit einer Stoppuhr auf eine Fünftelsekunde genau bestimmt. Münsterberg (1912/1997, S. 57) versicherte, er habe eine „weitgehende Parallelität“ im „Verhältnis der Ziffern zu den tatsächlichen Leistungen der Wagenführer im Betrieb“ festgestellt.

Eignungstests lassen sich grob in zwei Gruppen einteilen:

- Spezielle Funktionsprüfungen (z.B. der Rechenfähigkeit, des Handgeschicks) solche speziellen Prüfungen kann man je nach den Anforderungen des Arbeitsplatzes zu Testbatterien kombinieren.
- Integrierte Arbeitsproben an Prüfplätzen, die den zu besetzenden Arbeitsplätzen nachgebildet sind.

Tests für spezielle Funktionen waren in der Regel handlich und leicht transportabel. Prüfplätze waren komplizierter und bedurften fester räumlicher Einrichtungen.

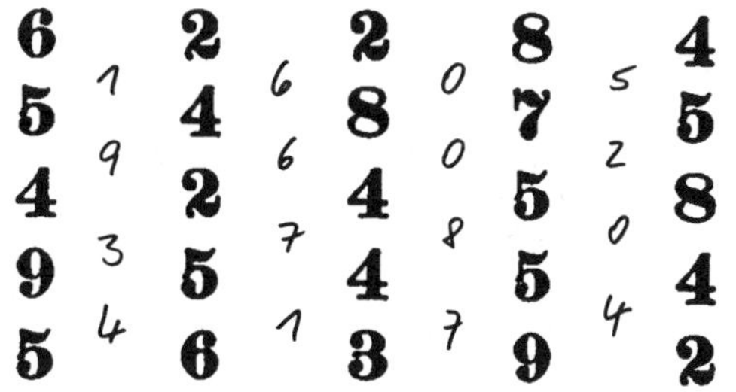

Arbeitsprobe nach Kraepelin (1902). Fortlaufendes Addieren einstelliger Zahlen und Notieren des Einers der Summe.

Die Messung der Ermüdung spielte in der Arbeitspsychologie von Anfang an eine bedeutende Rolle. Sie sollte einerseits die Belastbarkeit der Arbeitenden anzeigen, andererseits die Beanspruchung durch die Arbeit. Ermüdungsmessungen wurden daher oft zur Überprüfung des Arbeitsablaufs und der Arbeitsbedingungen herangezogen. Ein gründlich untersuchtes Verfahren war die Dauerbeanspruchung durch fortlaufende Additionen. Emil Kraepelin (1902, s.a. Abschnitt 8.6.2) ermittelte mit diesem Verfahren „Arbeitskurven“, d.h. charakteristische Leistungsverläufe, in denen sich Ermüdung, aber auch Anregung

Apparatesaal in der Central-Telegraphenstation zu Berlin (Ausschnitt aus Zeitungsdruck, Jahrhundertwende). Beispiel einer modernen Arbeitsumgebung mit mehreren Plätzen in einem Großraum.

Berufsberatung

Die Erweiterung des Arbeitsmarkts und die zunehmende Freiheit der Berufswahl verlangten eine Unterstützung und Lenkung insbesondere beim Übergang von der Schule zur Erwerbsarbeit. In Europa und in den Vereinigten Staaten boten Arbeitsverwaltungen, pädagogische Einrichtungen und Frauenverbände vor allem Jugendlichen eine Berufsberatung an, die zwei Teile umfaßte:

- Information über Berufsaussichten und Ausbildungsmöglichkeiten,
- Ermittlung der persönlichen Fähigkeiten und Neigungen.

Zur Ermittlung von Fähigkeiten und Neigungen erschienen die diagnostischen Verfahren der Psychologie eine wertvolle Hilfe. Theorien der Differentiellen Psychologie und der Persönlichkeitspsychologie versprachen, der Beratung eine wissenschaftliche Grundlage zu verschaffen. Zahlreiche Psychologen fanden daher in der Berufsberatung ihre Beschäftigung und ihr Auskommen (s. Parsons, 1909; Bogen, 1927).

Parsons, F. (1909). *Choosing a vocation.* Boston: Houghton Mifflin.

Bogen, H. (1927). *Psychologische Grundlegung der praktischen Berufsberatung.* Langensalza: Beltz.

und Übung widerspiegelten. Aus dem Verlauf von Arbeitskurven hat Kraepelin (1903) auch die Lage „günstiger Pausen“ zur Erholung von Beanspruchung erschlossen.

Zu ihren Aufgaben zählte die Arbeitspsychologie weiterhin die Gestaltung von Arbeitsabläufen. Frühe Studien über Arbeitsabläufe verfolgten vor allem zwei Ziele:

- die Rationalisierung der Arbeit,
- die Eingliederung von Behinderten in den Arbeitsprozeß.

Der Arbeitsgestaltung gingen oft detaillierte Bewegungsstudien voraus. Freie Beobachtungen und Filmaufnahmen von Arbeitsvorgängen wurden analysiert, um falsche oder überflüssige Bewegungen darin ausfindig zu machen und aus dem Ablauf auszuschließen. So sollte die Rationalisierung von Arbeit zugleich Zeit, Kraft und Material sparen; die Produktivität sollte sie steigern, die Beanspruchung senken. Den Rationalisierungsprojekten lag die Vorstellung zugrunde, für jede Verrichtung gebe es einen und nur einen „besten Weg“, dem sich jeder gesunde Mensch anpassen könne. Bewegungsstudien gab es auch für Opfer von Arbeits- und Verkehrsunfällen sowie für Kriegsversehrte. Ihr Bewegungsspielraum war durch Amputation von Gliedmaßen und durch Lähmungen eingeschränkt. Doch sollten sie ihre verbliebenen Fähigkeiten zur Arbeit bestmöglich nutzen.

Pumpe - links in Einzelteile zerlegt, rechts zusammengesetzt (Institut für Geschichte der Psychologie der Universität Passau). Probanden sollten aus den Einzelteilen die Pumpe zusammensetzen. Diese Arbeitsprobe nach Schulz (1929) war eines von zahlreichen Prüfverfahren, welche - in Ergänzung von mündlichen und schriftlichen Tests (vgl. Abschnitt 11.2.2) - die praktische Intelligenz ermitteln sollten.

Martens, H. A. (1919). Psychologie und Verkehrswesen. *Zeitschrift für angewandte Psychologie, 17*, 374-385.

Münsterberg, H. (1912/1997). *Psychologie und Wirtschaftsleben*, herausgegeben von W. Bungard und H. E. Lück. Weinheim: Beltz/Psychologie VerlagsUnion.

Kraepelin, E. (1902). Die Arbeitscurve. *Philosophische Studien, 19*, 459-507.

Kraepelin, E. (1903). Über Ermüdungsmessungen. *Archiv für die gesamte Psychologie, 1*, 9-30.

Schulz, W. (1929). La psychotechnique et l'orientation professionelle en Allemagne. *Science du Travail. Psychotechnique et Organisation, 1*, 85-107.

Die Rationalisierungsbewegung fiel mit der Einführung der Fließbandfertigung zusammen. Sie trug insbesondere in der Industrie zur Massenproduktion und zur Kostensenkung bei. Ein Beispiel früher Rationalisierungserfolge war die Automobilherstellung bei den Fordwerken in Detroit; sie machte das Automobil durch Preissenkungen zu einem Massenartikel. Ein Pionier der Arbeitsrationalisierung war der amerikanische Ingenieur Frederick Winslow Taylor (1911/1995). Systematischer als Taylor gingen Frank Bunker Gilbreth - auch er ein amerikanischer Ingenieur - und seine Ehefrau Lillian Gilbreth vor. Sie bestimmten Elementarbewegungen und suchten aus diesen optimale Bewegungsabläufe zusammenzusetzen. Dabei war jeder Elementarbewegung (z.B. Bewegen der leeren Hand, Greifen) eine Standardzeit zugeordnet (Gilbreth, 1911/1921, Gilbreth & Gilbreth, 1920).

Psychotechnisches Eignungslaboratorium der Berliner Straßenbahn in den frühen zwanziger Jahren (Abzug von Glasplatte, Institut für Geschichte der Psychologie der Universität Passau).

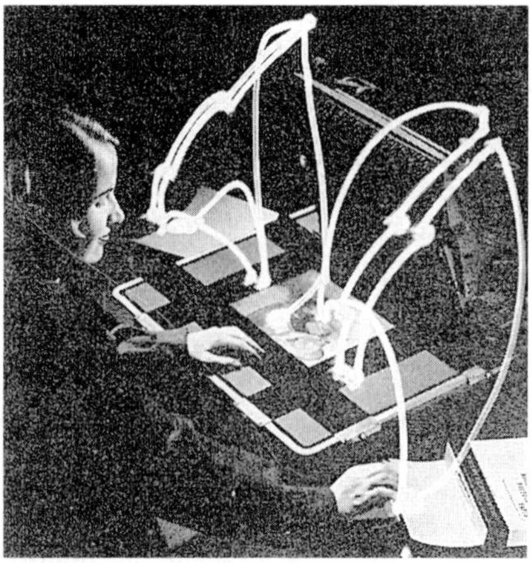

Frank und Lillian Gilbreth haben für ihre Bewegungsstudien die Methode der „Zyklographie" (engl. *cyclegraphic analysis*) entwickelt. An bewegten Gliedmaßen wurde eine elektrische Leuchte befestigt und die Spur des Lichts bei der Bewegung mit einer Standkamera festgehalten. Auf dem obigen Bild sind Handbewegungen an einem Photokopierer dargestellt (Barnes, 1958, S. 114).

Der „Taylorismus" trat als moderne Reformbewegung auf:

„Bisher stand die 'Persönlichkeit' an erster Stelle, in Zukunft wird die Organisation und das System an erste Stelle treten. Daraus ist aber nicht der Schluß zu ziehen, daß man keine bedeutenden Persönlichkeiten mehr braucht. Im Gegenteil, die Aufgabe eines jeden guten Systems muß es sein, sich erstklassige Leute heranzuziehen ... ."

(Taylor, 1911/1995, S. 4, übersetzt von R. Roesler)

Eine solche Überzeugung widersprach der in der Psychologie weithin vorherrschenden Philanthropie. Vertreter der Psychologie haben den konsequenten „Taylorismus" zumeist abgelehnt. Zudem wurde aus praktischer Sicht gegen Zeit- und Bewegungsstudien eingewandt, die rationalisierte Arbeit erzeuge Monotonie und verliere dadurch an Effizienz. So haben sich psychologische Studien zur Motorik kaum der Frage der Bewegungsökonomie und der Standardisierung der Bewegung zugewandt. Arbeitspsychologisch bedeutsam waren eher Studien zur Diagnostik und zum Training motorischer Fertigkeiten (z.B. Schorn, 1929). Die Standardisierung und Ökonomisierung der Arbeit ist dafür eine Domäne eines Zweiges der Ingenieurwissenschaft geworden, nämlich der Arbeitswissenschaft. In Deutschland wurde - ausgehend von dem 1924 gegründeten Reichsausschuß für Arbeitszeitermittlung (REFA), einer gemeinsamen Einrichtung der Metallindustrie und von Ingenieurvereinigungen - eine eigene Organisation zur Normierung von Arbeitszeiten geschaffen (s. Barnes, 1958; Böhrs, Bramesfeld & Euler, 1948).

Was die Gestaltung von Arbeitsplätzen und deren Umgebung anbelangt, hat die Arbeitswissenschaft (s.o.) ebenfalls oft eine Vorrangstellung gegenüber der Psychologie eingenommen. Häufig haben sich Vertreter der Psychologie dem großen technischen Sachverstand der Ingenieure sowie ihrer Vormachtstellung in Betrieben und Entwicklungsunternehmen angepaßt. Die Psychologie wandelte sich darüber zur Ingenieurpsychologie (engl. *engineering psychology*) oder ist in der neuen Disziplin des *„Human factor engineering"* aufgegangen. Diese Disziplin spezialisiert sich in der Analyse und Konstruktion von Mensch-Maschine-Systemen auf den „Faktor Mensch".

Taylor, F. W. (1911/1995). *Die Grundsätze wissenschaftlicher Betriebsführung*, herausgegeben von W. Bungard und W. Volpert. Weinheim: Beltz/Psychologie VerlagsUnion.

Gilbreth, F. B. (1911/1921). *Bewegungsstudien*. Berlin: Springer.

Gilbreth, F. B. & Gilbreth, L. M. (1920). *Motion study for the handicapped*. London: Routledge.

Barnes, R. M. (1958). *Motion and time study*. New York: Wiley.

Schorn, M. (1929). Untersuchungen über die Handgeschicklichkeit. *Zeitschrift für Psychologie, 112*, 325-378.

Böhrs, H., Bramesfeld, E. & Euler, H. (1948). *Einführung in das Arbeits- und Zeitstudium* (Band 1). München: Hanser.

Bis zur Mitte des Jahrhunderts hat die Arbeits- bzw. Ingenieurpsychologie eine Fülle von Erfahrungen gesammelt und Normen aufgestellt. Sie betrafen die Komponenten der Arbeitsplätze (z.B. Flugzeugcockpit, Packtisch) sowie deren Umgebung (z.B. Montagehalle, Höhenlage):

- Signale (z.B. Warnleuchten),
- Anzeigeinstrumente (z.B. Meßskalen, Drehzeiger),
- Griffe und andere Bedienelemente (z.B. Handregler, Steuerrad),
- Werkzeuge (z.B. Schaufeln, Zangen),
- Beleuchtung (ausreichende Helligkeit, Vermeidung von Blendung),
- Lärm und Erschütterungen,
- atmosphärische Bedingungen (Luftzusammensetzung, Temperatur, Wind).

Wichtig war das Arrangement der Komponenten am Arbeitsplatz (z.B. die Zuordnung von Anzeigen und Bedienelementen), insbesondere bei Häufung von Komponenten wie sie an verantwortungsvollen Arbeitsplätzen vorkamen (vgl. McCormick, 1964).

Einen weiteren Aufschwung nahm die Arbeitspsychologie mit der Einführung von Rechnern in Verwaltung, Konstruktion und Produktion. Aus ihren zahlreichen Perspektiven (Kognitionspsychologie, Differentielle Psychologie usf.) entfaltete die Psychologie eine beträchtliche Forschungs- und Beratungstätigkeit, um die Schnittstellen zwischen Benutzern und Computern zu verbessern, Software benutzerfreundlich zu gestalten und die Akzeptanz der neuen Technik in Organisationen zu erhöhen (vgl. Frese, Ulich & Dzida, 1987).

Über der Beschäftigung mit der Arbeitstechnik wurden soziale Probleme der Organisationen nicht vernachlässigt. Hatte doch bereits die Massenpsychologie (s. Abschnitt 8.4.3) erwiesen, daß individuelles Denken, Fühlen und Verhalten unter dem Einfluß anderer eine charakteristische Veränderung erfährt. Auf ein typisches Problem aus Organisationen stieß in den dreißiger Jahren Kurt Lewin (s. Abschnitt 10.4.4) mit seinen Mitarbeitern Lester Coch und John French (1953): den Widerstand gegen Veränderungen. In der Textilfabrik *Harwood* in Virginia - 600 Beschäftigte, darunter 500 Frauen, stellten dort Pyjamas her - stagnierte die Produktion; der Betrieb fiel hinter die Konkurrenz zurück. Dabei war die Belegschaft jung; das Durchschnittsalter betrug 23 Jahre. Die Leitung hatte bereits mit Einspielen von Musik sowie mit einem finanziellen Anreizsystem die Produktivität zu steigern versucht - ohne Erfolg. Lewin und seine Mitarbeiter erklärten die Situation folgendermaßen: Die Belegschaft bildete eine kohärente Gruppe und bestätigte ihre Zusammengehörigkeit durch Festhalten an gemeinsamen Standards. Ein solcher Standard war die Arbeitsnorm. Sollte sich die Norm ändern, mußte die Gruppe selbst dies betreiben. Aufgrund dieser Annahme unternahmen die Wissenschaftler einen Versuch in der Harwood Fabrik. Sie ließen keinen Zweifel an der Wünschbarkeit einer Produktionssteigerung. Änderungen der geltenden Leistungsnorm überließen sie aber der Belegschaft. In einer Betriebsgruppe herrschte vollkommene Mitbestimmung; alle Mitarbeiter konnten bei der Festlegung mitwirken. In einer anderen Gruppe wurde ein Vertretersystem eingeführt; alle diskutierten und einige Delegierte trafen die Entscheidung. Ein Vergleich mit Abteilungen ohne Mitbestimmung zeigte: Nach Einführung der Mitbestimmung - ob über Delegierte oder mit allgemeiner Beteiligung - stieg die Produktion stetig an und erreichte nach wenigen Wochen einen Zuwachs von 25%.

McCormick, E. J. (1964). *Human factors engineering.* New York: McGraw-Hill.

Frese, M., Ulich, E. & Dzida, W. (Eds.). (1987). *Psychological issues of human-computer-interaction at the work place.* Amsterdam: North-Holland.

Man hat den Autoren später schlichtes *„social engineering"* vorgeworfen, d.h. eine sozialwissenschaftlich geschickte Manipulation der Belegschaft im Interesse der Betriebsleitung. Doch kann man dem Vorwurf entgegenhalten: Lewin und seine Mitarbeiter wollten in der Harwood Studie wie in anderen Projekten die Wichtigkeit von sozialen Prozessen und Bedürfnissen demonstrieren. Als Lewin nach Amerika kam, hat er sein soziales Engagement (vgl. Abschnitt 11.2.3) keineswegs aufgegeben, sondern sich vielmehr der von dem amerikanischen Industriesoziologen Elton Mayo (1933) propagierten *human relations*-Bewegung (engl., humane Beziehungen) angeschlossen. Lewin stellte somit seine Sozialpsychologie in den Dienst der Demokratisierung der Industrie. Dabei läßt sich allerdings der konservative Ansatz der *human relations*-Bewegung bemängeln, welche der Betriebsleitung die Initiative für die Schaffung eines konfliktfreien Betriebsklimas zubilligte (vgl. van Elteren, 1992).

Zwischen der theoretisch orientierten Sozialpsychologie und der auf die Lösung praktischer Probleme ausgerichteten Betriebspsychologie haben sich in der Folge recht fruchtbare Wechselbeziehungen ergeben. Welche Breite und Tiefe die Untersuchung sozialer Probleme in Betrieben bis zu den sechziger Jahren erreicht hat, belegt eine Monographie von Daniel Katz und Robert Kahn. Die Autoren behandelten darin folgende Themen:

- Organisationsstrukturen,
- Rollen,
- Macht und Autorität,
- Kommunikation,
- Entscheidungen,
- Führung,
- Leistungsfähigkeit von Organisationen,
- Veränderungen in Organisationen.

Die aufgeführten Probleme traten nicht nur in Betrieben, sondern auch in Kindergärten, Schulen, Gemeinden und anderen Organisationen auf. Es lag also nahe, eine bereichsübergreifende Organisationspsychologie zu konzipieren. Kurt Lewin hat geradezu ein neues Programm der praxisorientierten Sozialforschung entstehen sehen, dem er einen eigenen Namen gegeben hat: „Gruppendynamik" (engl. *group dynamics*). Für dieses Programm wurde 1945 in Boston am *Massachusetts Institute of Technology* ein höchst produktives und einflußreiches Forschungszentrum gegründet, und Lewin wurde dessen erster Leiter.

Coch, L. & French, J. R. P. (1953). Overcoming resistance to change. In D. Cartwright & A. Zander (Eds.), *Group dynamics* (pp. 257-279). Evanston, IL: Row & Peterson.

Mayo, E. (1933). *The human problems of an industrial civilization.* New York: McMillan.

Elteren, M. van (1992). Sozialpolitische Konzeptionen in Lewins Arbeitspsychologie. In W. Schönpflug (Hrsg.), *Kurt Lewin - Person, Werk, Umfeld* (S. 127-147). Frankfurt a. M.: Lang.

Katz, D. & Kahn, R. L. (1966). *The social psychology of organizations.* New York: Wiley.

11.3.5 Werbepsychologie

Bis zum 19. Jahrhundert haben Handwerker und Bauern die Bürger mit Waren und Dienstleistungen versorgt, und der Handel vollzog sich überwiegend im persönlichen Kontakt mit den Kunden. Mit dem Ende des Jahrhunderts übernahmen Industrie und Dienstleistungsorganisationen in beträchtlichem Umfang die Versorgung der Bevölkerung; eigene Handelsorganisationen (z.B. Kaufhäuser) entstanden zur Vermittlung zwischen Erzeugern und Kunden. Die steigende Produktion und das Bevölkerungswachstum gingen mit der Entwicklung von Massenmedien einher, zunächst vor allem von Druckerzeugnissen wie Zeitungen. Um Erzeugnisse bekannt zu machen und Käufer zu gewinnen - auch in Konkurrenz mit anderen Anbietern - betrieben Produzenten und Händler Werbung - vorzugsweise mit Anzeigen in Zeitungen und Plakaten auf den Straßen.

Wirtschaftswerbung wurde zu einem wissenschaftlichen Thema, und die Psychologie nahm - in Deutschland zunächst oft unter der Bezeichnung „Reklamepsychologie" - an der Theorie und der Praxis der Werbung teil. Edmund Lysinski (1922) von der damaligen Handels-Hochschule in Mannheim, die eine Sammlung von Werbemitteln und eine Untersuchungsstelle für Wirtschaftsunternehmen unterhielt, reihte die neue Richtung unter die Erfahrungswissenschaften ein. Denn sie gründe sich auf theoriegeleitete Beobachtung, Statistik, Messung und Experiment.

Aus dem Bestand der Psychologie hob man vor allem die Wichtigkeit folgender Phänomene für die Analyse und Gestaltung von Werbemaßnahmen hervor:

- Aufmerksamkeit. Wie erregt und lenkt man Aufmerksamkeit (z.B. durch Beifügung von fett gedruckten, geschwungenen Hinweispfeilen als „Blickfang")?
- Wahrnehmung, Vorstellung. Wie gestaltet man ausdrucksvolle Bilder (z.B. Markenzeichen)? Wie sichert man die Verständlichkeit von Wörtern und Texten (z.B. Produktnamen, Produktbeschreibungen)?
- Gedächtnis. Wie erhöht man die Einprägsamkeit von Bildern und Texten (z.B. durch Verknappung auf das Wesentliche)?
- Motivation, Gefühl. Wie spricht man die Bedürfnisse von Käufern an (z.B. durch die Darstellung zufriedener Verbraucher)? Wie entsteht Sympathie für ein Produkt oder seinen Hersteller (z.B. durch Hinweise auf die Firmentradition)?
- Wille, Suggestion. Wie fördert man die Kaufentscheidung (z.B. durch Rückantwortkupons, mit denen man Prospekte anfordern kann)? Kann und darf Werbung zu Entscheidungen nötigen, die nicht im Interesse des Käufers liegen (z.B. durch eindringliche Appelle, Erzeugen von Angst)?

Im Jahre 1908 hat Walter Dill Scott, ein Psychologieprofessor von der *Northwestern University* bei Chicago, ein Buch mit dem Titel *Psychology of advertising in theory and practice* (engl., Theorie und Praxis der Anzeigenwerbung) veröffentlicht, das wie ein damals gängiges psychologisches Lehrbuch aufgebaut war. Anschaulich stellte er Prinzipien aus der Theorie der Wahrnehmung, der Vorstellung, des Gedächtnisses, des Willens usf. dar und erläuterte zugleich an praktischen Beispielen, wie man unter Berücksichtigung dieser Prinzipien die Gestaltung von Anzeigen verbessern könne. So bemängelte er Warenanzeigen, welche falsche Schlüsse auf die Bezugsquelle nahelegten und andere, die Verbraucher so unvorteilhaft abbildeten, daß Betrachter vom Kauf abgeschreckt werden konnten. Nach dem Ersten Weltkrieg hat die Werbepsychologie einen beträchtlichen Aufschwung genommen, wie eine Übersicht von Theodor König aus dem Jahre 1924 zeigt. Insbesondere hatte eine Fülle empirischer Studien das Wissen über die Wirksamkeit von Werbemitteln erheblich vermehrt.

Ein Teil der Studien waren Erhebungen an Lesern. Scott (1908/1921, S. 286f.) hat selbst eine vorbildliche Erhebung an 500 Personen durchgeführt. Er ließ sie jeweils zehn Minuten lang eine Ausgabe der Zeitschrift *Century Magazine* durchblättern; danach sollten sie - zu ihrer Überraschung - angeben, an welche Anzeigen sie sich noch erinnerten. Die Frage des Autors war: Wie wirkt die Anzeigengröße auf das Behalten? Die Ergebnisse:

	Größe der Anzeige			
	ganzseitig	halbseitig	viertelseitig	Kleinanzeige
Zahl der Anzeigen	27	39	67	98
Zahl der Seiten	27	18,5	16,8	6
Zahl aller erinnerten Anzeigen	530	358	223	65
Erinnerungen je Anzeige	19,6	9,2	3	0,7
Erinnerungen je Seite	19,6	18,3	13	10

Diese Ergebnisse sprechen für großformatige Anzeigen in Zeitschriften. Kleinanzeigen lohnen sich nicht - jedenfalls was den Gedächtniseindruck anbelangt.

Warenzeichen der Zigarettenfabrik Constantin, Hannover. König (1924, S. 79) zeigt dies als vorbildliches Beispiel für eine „einprägsame ... knappe, abstrahierende Form".

Eine Reihe praxisnaher Untersuchungen wurden im Laboratoriumsstil durchgeführt. So stellte Anna Berliner (1920) - übrigens Wundts einzige Doktorandin - in Versuchen mit Studierenden unterschiedliche „Atmosphärenwerte“ für Warengruppen fest, d.h. unterschiedliche Ausdrucksqualitäten. Drucktypen besitzen ebenfalls einen charakteristischen Ausdruck. So eigneten sich nicht alle Drucktypen für alle Waren. Dies belegte Berliner, indem sie ihre Probandinnen und Probanden verschiedene Kombinationen von Waren und Schrifttypen beurteilen ließ.

Die obere Drucktype paßte gut zur Ware „Orangenmarmelade“, die untere zur Ware „Fisch“ (nach Berliner, 1920, S. 171).

Nicht selten knüpfte die Werbewirkungsforschung unmittelbar an die Experimentelle Psychologie an. Der aus der Gedächtnispsychologie bekannte Effekt, daß Reihen leichter vorwärts als rückwärts zu reproduzieren sind, veranlaßte Lysinski (1918/1919) zu der Annahme, es sei besser erst (d.h. an linker Position) die Bezeichnung eines Artikels zu zeigen und dann (d.h. an rechter Position) den Markennamen. Zum Beispiel sei „Hautcreme Nivea“ leichter einzuprägen als „Nivea Hautcreme“. Die Assoziation zwischen Paaren bilde sich nämlich schneller aus, wenn sie von einer sinnvollen Vorstellung ausginge. Von Anfang an sinnvoll und vertraut sei die Artikelbezeichnung, während der Markenname anfangs nur ein unverständliches Kunstwort darstelle. Zum Artikel den Namen zu lernen sei folglich einfacher als umgekehrt zum Namen den Artikel. Versuche mit frei erfundenen Markennamen (z.B. „Burol Metallputz“) zeigten die Richtigkeit der Annahme. Papierstreifen mit Paaren von Artikeln und Markennamen wurden Studierenden und „Geschäftspersonal“ zum Lesen (nicht zum Merken) vorgelegt. Danach wurden die Probanden nach den Markennamen befragt (z.B. „Wie hieß die Seife?“). Die Zahl gelernter Namen war tatsächlich um ein Viertel höher, wenn zuerst der Artikel aufgeführt wurde.

Der auch als Lernpsychologe hervorgetretene Harvard-Professor David Starch (1923, S. 781ff.) übernahm sogar die Ebbinghaussche Methode des Einprägens von sinnlosen Silben (s. Abschnitt 9.3.3). Starch wandelte allerdings den Ebbinghausschen Standardversuch in besonderer Weise ab: Er verteilte die zu lernenden Silben auf die zwölf Seiten eines Hefts, welches die Probanden durchzublättern hatten. In einem seiner Experimente waren die Seiten des Heftchens in vier Quadranten geteilt - oben und unten, links und rechts. Die Anordnung der Silben schlug sich nachhaltig auf das Behalten nieder: Die Silben auf der ersten und der letzten Seite wurden doppelt so häufig wiedergegeben wie die Silben auf den Innenseiten des Heftes. Verglich man die Lage der wiedergegebenen Silben auf den Quadranten der Seiten, stellte man fest: Am häufigsten wiedergegeben wurden die Silben, die rechts oben standen, am seltensten die Silben von links unten. Der Autor erklärte diese Unterschiede mit den Lesegewohnheiten. Die Verallgemeinerung dieser Beobachtungen hat-

Lysinski, E. (1922). Die Methoden der Werbewissenschaft. *Handelswissenschaft und Handelspraxis, 15*, 17-19.

Scott, W. D. (1908/1921). *The psychology of advertising in theory and practice.* Boston: Small & Maynard.

König, Th. (1924). *Reklame-Psychologie.* München: Oldenbourg.

Berliner, A. (1920). „Atmosphärenwert“ von Drucktypen. *Zeitschrift für angewandte Psychologie, 17*, 166-172.

Lysinski, E. (1918/1919). Zur Psychologie der Wortmarkenreklame. *Zeitschrift für Handelswissenschaft und Handelspraxis,* 11, 144-149.

Starch, D. (1923). *Principles of advertising.* Chicago: Shaw.

te große wirtschaftliche Auswirkungen: Die Anzeigenkunden bevorzugten in Zeitungen und Zeitschriften die ersten und letzten Seiten sowie auf den Seiten die rechte obere Ecke. Für solche Plazierungen stiegen die Preise. Andere Anzeigenkunden nahmen die billigeren Ecken unten links, versuchten aber den Plazierungsnachteil durch auffällige Schriften, kräftige Ränder u.ä. auszugleichen.

Als Scott seine *Psychology of advertising* (s.o.) schrieb, schätzte er den jährlichen Aufwand für Zeitungsanzeigen in den USA auf 800 Millionen Dollar (Scott, 1908/1921, S. 2). Das war ein bescheidener Betrag, verglichen mit späteren Werbeetats in den Vereinigten Staaten und Europa. Zur anfangs überwiegenden Anzeigen- und Plakatwerbung kamen neue Werbemittel wie Leuchtreklamen. Neben Zeitungen und Zeitschriften sind Rundfunk, Film und Fernsehen zu beherrschenden Massenmedien geworden. Alles dies hat Technik und Umfang der Werbung erheblich erweitert. Zudem hat neben der kommerziellen Werbung die politische Werbung an Bedeutung gewonnen. Der Werbepsychologie sind damit neue Aufgaben zugewachsen. Sie hat zudem eine Erweiterung in die Markt- und die Meinungspsychologie vorgenommen und ermittelt Bedürfnisse und Einstellungen der Bevölkerung. Insofern wird oft die Zugehörigkeit der Werbepsychologie zur umfassenderen Richtung der Kommunikationspsychologie betont, welche den Informationsaustausch innerhalb einer komplexen Gesellschaft wissenschaftlich verfolgt und praktisch fördert.

Im wirtschaftlichen Wettbewerb muß Werbung oft Gegenvorstellungen der Konsumenten überwinden. Vonseiten der Reklamepsychologie wurde daher empfohlen, Entscheidungskonflikte in der Werbung offen anzusprechen und „Zweifel zu stiften". Diese Anzeige zeigt König (1924, S. 185) als Beispiel für eine „gute ... Stiftung von Zweifeln an behaupteten Vorzügen".

11.3.6 Klinische Psychologie

Der Begriff der *Psychological Clinic* kam der Fachöffentlichkeit wohl zum ersten Mal im Jahre 1896 zu Ohren, als Lightner Witmer bei einem Kongreß der *American Psychological Association* seine Vorstellungen von psychologischer Praxis mitteilte. Witmer (1897) trat für die „unmittelbare Anwendung psychologischer Prinzipien in Therapie und Erziehung" ein. Dazu befürwortete er die Zusammenarbeit mit Ärzten und Lehrern sowie mit Schulen und Kindergärten. Insbesondere schlug er vor:

- Ein Psychologisches Museum zur Dokumentation und Ausstellung von psychologischen Fällen und Verfahren sowie
- eine Psychologische Klinik mit Ambulanz (engl. *psychological clinic and dispensary*) zur Beratung und Behandlung.

Unter „Klinik" ist eine Lehranstalt zu verstehen, unter „Ambulanz" ein Untersuchungs- und Behandlungszentrum, das Hilfsbedürftige aufsuchen konnten.

Witmer lehrte Psychologie an der *University of Pennsylvania* in Philadelphia. Er hatte in Leipzig studiert und mit einer Dissertation über den goldenen Schnitt bei Wundt promoviert (Witmer, 1894). In die Heimat zurückgekehrt, wollte er jedoch kein experimentalpsychologisches Labor zur Pflege der Grundlagenforschung aufbauen. Vielmehr wollte er ein Laboratorium zur Förderung von Glück und Gesundheit unterhalten. Ein solches Labor zur Pflege der Praxis hat er an seiner Universität tatsächlich gegründet. Witmer (1907) nannte es „Psychologische Klinik" und prägte für die dort betriebene praktische Psychologie die Bezeichnung „Klinische Psychologie".

Nach dem Vorbild der Klinik in Philadelphia entstanden auch an anderen amerikanischen Universitäten Stellen zur psychologischen Beratung und Therapie. Man sprach geradezu von einer „klinischen Bewegung" (Brown, Brotemarkle, Merrill & Town, 1935). Die Kliniken befaßten sich vorwiegend mit Entwicklungs- und Erziehungsschwierigkeiten (z.B. Sprachstörungen, Übertreten des Rauchverbots). Hinzu kamen Fälle von geistiger Behinderung bei Kindern, soziale Probleme bei Jugendlichen (z.B. Schwangerschaften von Minderjährigen) und Betreuungsprobleme in Familien (z.B. Adoptionen, Pflegschaften). Einige Kliniken entwickelten Leistungs- und Persönlichkeitstests (Town, 1927).

Klinische Psychologie ging also aus dem Praxisfeld der Schul- und Familienerziehung hervor. Sie unterschied sich in ihrer Berufsauffassung von anderen Zweigen der Praktischen Psychologie, einschließlich der Pädagogischen Psychologie, soweit sie sich als Schulpsychologie (s.o.) verstand. Auftraggeber der klinischen Psychologen waren nicht öffentliche oder wirtschaftliche Organisationen wie Gerichte oder Betriebe, sondern die Hilfsbedürftigen selbst, ihre Eltern und ihre fürsorglichen Lehrer. So diente Psychologie in erster Linie den persönlichen und privaten Interessen der Klienten und erst in zweiter Linie ihren Arbeitgebern, Richtern u.ä. Daher suchten klinische Psychologen ihre Klienten nicht an ihrem Arbeitsplatz u.ä. auf, sondern hielten mit ihren Kliniken einen neutralen Ort bereit, an dem Klienten professionelle psychologische Hilfe nachfragen konnten. Mit solchen öffentlichen und später auch privaten Praxiseinrichtungen glichen sich Psychologen dem Ärztestand an, wodurch sich Zuständig-

Mental Hygiene

Die *Mental Hygiene* (engl., seelische Gesundheit) Bewegung wurde 1908 durch das Buch *A mind that found himself* (engl., Eine Seele findet zu sich selbst) ausgelöst. Autor des Buches war Clifford Beers, der als Patient in einer psychiatrischen Klinik gelebt hatte; zum Vorwort hatte der angesehene Psychologe William James beigetragen. Ursprünglich rief das Buch lediglich zur Hilfe für psychiatrische Patienten auf. Die *Mental Hygiene* Bewegung erweiterte dieses Programm zur Vorbeugung gegen Geisteskrankheiten und Delinquenz, zur Fürsorge für Kinder und Jugendliche, ja sogar zur Anleitung zum gesunden Leben - wie z.B. zum sogenannten Fletcherismus, dem von dem Ernährungsphysiologen Horace Fletcher empfohlenen gründlichen Kauen der Nahrung.

In den Vereinigten Staaten bildeten sich nationale und städtische Kommittees zur Förderung der *Mental Hygiene*, und auch in Europa gewann die Bewegung viele Anhänger. Für die Klinische Psychologie war die Bewegung ein guter Nährboden. In Amerika wie in Europa eröffneten Stadt- und Kirchengemeinden eigene Beratungs- und Behandlungsstellen für Kinder und Jugendliche - oft unter dem Namen *Child Guidance Clinic* (engl., Erziehungsklinik) oder Erziehungsberatungsstelle.

Die *Mental Health* Bewegung stand in der Tradition der Philanthropie (s. Abschnitt 7.1.2). Freilich blieb sie von Kritik nicht verschont. Sie habe sich - z.B. in der Behandlung jugendlicher Straftäter - der Anpassung verschrieben und staatlicher Reglementierung Vorschub geleistet. Die Psychologie als neuer Beruf habe sich bei dieser Politik besonders hervorgetan (Rose, 1985).

Riemann, H. (1967). *Die Mental Health Bewegung*. Tübingen: Mohr.

Rose, N. (1985). *The psychological complex*. London: Routledge & Kagan.

keitskonflikte mit diesem anbahnten (s. Abschnitt 11.3.1). Die Konflikte nahmen noch zu, als klinische Psychologen ihre Tätigkeit von Kindern und Jugendlichen auf Erwachsene ausdehnten.

Hugo Münsterberg (s. Abschnitt 11.1.3) erkannte die Bedeutung der Psychotherapie als neues Tätigkeitsfeld und widmete ihr 1909 eine eigene Monographie. Darin trennte er die Psychotherapie streng von der Psychiatrie. Psychiatrie sei für Geisteskrankheiten wie Wahnsinn und Epilepsie zuständig, Psychotherapie dagegen für Neurasthenien (vgl. die Trennung von Psychosen und Neurosen in Abschnitt 8.6.2). Als Neurasthenien erörterte der Autor Zwangsvorstellungen (z.B. unbeeinflußbare Gedanken an eine Freundin, die sich durch Gift das Leben genommen hat), Hypochondrien (z.B. psychisch bedingte Lähmungen), Süchte (z.B. Alkoholismus), Störungen des Gefühls (z.B. unbeeinflußbare Ängste), des körperlichen Wohlbefindens (z.B. Migräne), des Verhaltens (z.B. Schlaflosigkeit, Disziplinmangel im Schulunterricht). Münsterberg schilderte zwei Dutzend Behandlungsfälle aus eigener Praxis. Meist wandte er Hypnose (mit Berührung des Schädels und Fixieren einer Kristallkugel) an, um Klienten posthypnotische Aufträge (Suggestionen) zu erteilen (s. Abschnitt 8.6.2). So berichtete er: Der Auftrag, auf Zwangsvorstellungen nicht zu achten, habe eine dauerhafte Befreiung bewirkt. Dagegen sei Alkoholmißbrauch durch Aufforderungen zum Verzicht nur vorübergehend zurückgegangen.

Einen ersten Überblick gab Münsterberg über die Methoden der Psychotherapie:

- Veränderungen der Umgebung (z.B. Urlaub von belastender Arbeit, Trennung von Konfliktpartnern),
- Suggestionen (s.o.),
- Übungen (z.B. Sprechtraining für Stotterer),
- Gegenkonditionierung (z.B. willkürliche Vorstellungen der Freude bei Angstauslösern),
- Aufhebung von Fehleinstellungen (z.B. Beseitigung von Abneigungen durch deren Herleitung aus belastenden Erfahrungen - u.U. vergessenen Kindheitserlebnissen).

Witmer, L. (1897). The organization of practical work in psychology. *Psychological Review, 4*, 116-117.

Witmer, L. (1894). Zur experimentellen Aesthetik einfacher räumlicher Formverhältnisse. I, II. *Philosophische Studien, 9*, 96-144, 209-263.

Witmer, L. (1907). Clinical psychology. *Psychological Clinic, 1*, 1-9.

Brown, A. W., Brotemarkle, R. A., Merril, M. A. & Town, C. H. (Eds.). (1935). Report of the committee of the clinical section of the American Psychological Association. *Psychological Clinic, 23*, 1-140.

Town, C. H. (1927). *What happens in the psychological clinic.* Buffalo, NY: Children´s Aid Society.

Münsterberg, H. (1909). *Psychotherapy*. London: Fisher Unwin.

Der Autor räumte ein, daß Hilfe in seelischer Not auch in Kirche und Gemeinde, Schule und Familie geleistet werde. Psychotherapie schließe die dort verwandten Weisen der Erziehung, Ermunterung und Tröstung ein:

„Es wäre kurzsichtig, die große Vielfalt sekundärer Methoden des zwischenmenschlichen Umgangs außer Acht zu lassen, die [der Psychotherapeut] *übernimmt, die Methode, welche der Lehrer in der Schulklasse benutzt, die Eltern im Kinderzimmer benutzen, die Nachbarn untereinander anwenden, Methoden, die den Geist aufbauen, Methoden, die den Geist bilden, Methoden, die gute Manieren stärken und unzuträgliche unterdrücken, Methoden, die gesunde Gefühle fördern und mißliche Stimmung hemmen ... . "*

(Übersetzung aus Münsterberg, 1909, S. 237)

Das Aufkommen der psychologischen Diagnostik (s. Abschnitt 11.2.2) bereicherte die Arbeit zahlreicher klinischer Psychologen und Psychologinnen. Ihre Haupttätigkeit bestand jedoch in Therapie. Die Therapie teilte sich - wie sich schon in Münsterbergs Überblick (s.o.) ankündigt - in zwei Linien:

- Verhaltensmodifikation (Verhaltenstherapie) und
- Gesprächsführung (Gesprächstherapie).

Techniken der Verhaltensmodifikation und Gesprächsführung waren aus der Schul- und Familienerziehung abzuleiten: Vorführen und Übung wünschenswerten Verhaltens sowie dessen Belohnung einerseits, Fragen und Zurechtweisen, Ratschläge erteilen und Zureden andererseits. Dies geht ebenfalls aus Münsterbergs Darstellung (s.o.) hervor. Mit den Jahren suchte die therapeutische Praxis zunehmend Halt an Paradigmata der Grundlagenforschung.

Die Verhaltensmodifikation folgte vorwiegend behavioristischen Ansätzen. Die beiden einflußreichsten Paradigmen auf diesem Gebiet waren wohl das klassische Konditionieren (s. Abschnitt 10.2.3) und das operante Konditionieren (s. Abschnitt 10.2.4). Als Ergebnis klassischen Konditionierens waren vor allem Ängste zu erklären: Aus natürlichem Anlaß entstanden (z.B. nach einem Hammerschlag auf ein Stahlband), konnten sie sich mit einem gerade anwesenden neutralen Gegenstand (z.B. einem Kaninchen) verbinden, worauf nun auch der vorher neutrale Gegenstand Angst auslöste. Watson & Rayner (1920), die solche Übertragungen am Falle des phlegmatischen Jungen Albert vorgeführt hatten (s. Abschnitt 1.1.1), nahmen bereits an, man könne eine solche Verbindung aufheben, indem man den angstauslösenden Gegenstand mit einem erfreuenden paare (z.B. indem man zum ängstigenden Kaninchen ein Stück süße Schokolade reiche). Derartige Korrekturen ließen sich tatsächlich durchführen. Man nannte diesen Vorgang Gegenkonditionierung (engl. *counterconditioning*). Als besonders erfolgreich erwies sich ein Programm zur Bekämpfung von Ängsten (z.B. Schüchternheit, auf Angst beruhende männliche Impotenz und weibliche Frigidität), das sich auf die Prinzipien des klassischen Konditionierens berief. Es stammte von Joseph Wolpe, einem Absolventen der südafrikanischen Universität Witwatersrand in Johannesburg. Wolpe (1969/1972). Wolpe übte mit seinen Klienten die tiefe Muskelentspannung in Angstsituationen; dadurch sollte die Angst der Gelassenheit weichen. Außerdem unterzog er Klienten einem Selbstbehauptungstraining. Er hielt sie an, das Verhalten in Angstsituationen im Spiel zu erproben, um sie im Ernstfall gelassener bewältigen zu können (z.B. sollten sie im Rollenspiel um einen kleinen Geldbetrag bitten und dabei die Erfahrung machen, daß es gar nicht peinlich sein muß, in eine alltägliche Notsituation zu geraten).

Mit Techniken des operanten Konditionierens wurden unerwünschte Verhaltensweisen modifiziert. Am Anna State Hospital in Georgia haben Teodoro Ayllon und Nathan Azrin (1968) Patienten (u.a. Rita O., die in ihrer Ankleidesucht bis zu 40 kg Kleidung an ihrem Körper trug) durch Belohnungen (z.B. Vergabe von Essensmarken, Gutscheinen für Filmvorführungen) zu einer Änderung ihres Verhaltens zu veranlassen versucht. Sie gingen dabei nach dem Prinzip der Verhaltensformung (engl. *shaping*) vor: Jede Änderung in Richtung auf das gewünschte Verhalten wurde belohnt. Im Falle von Eßstörungen gaben sie zu Beginn des Trainings bereits Belohnungen, wenn der Patient sich zum Eßtisch führen ließ und die gereichten Speisen zu sich nahm. Nachdem er gelernt hatte, sich führen und füttern zu lassen, wurde er nur noch belohnt, wenn er selbst dem Ruf zum Speisesaal folgte, dort von einem Tablett sein Essen nahm und selbständig verzehrte.

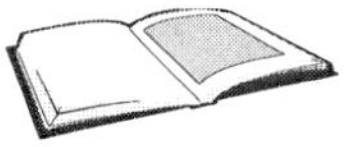

Watson, J. B. & Rayner, R. (1920). Conditioned emotional reactions. *Journal of Experimental Psychology, 3*, 1-14.

Wolpe, J. (1969/1972). *Die Praxis der Verhaltenstherapie*. Bern: Huber.

Ayllon, T. & Azrin, N. (1968). *The token economy*. New York: Appleton-Century-Crofts.

Therapeutische Gespräche orientierten sich mehr an kognitivistischen Theorien. Doch boten diese zunächst kaum konkrete Paradigmata an, nach deren Muster man die Gesprächsführung gestalten konnte. So verschrieben sich viele Gesprächstherapeuten der Tiefen-

Gesprächstherapie, Hermeneutik, Rhetorik

Die therapeutische Gesprächsführung hat oft auf zwei Ansätze aus der antiken Philosophie zurückgegriffen:

- die Hermeneutik und
- die Rhetorik.

Hermeneutik (s. Abschnitt 9.1.4) ist die Suche nach Sinn. Rhetorik (s. Abschnitt 3.2.1) ist die Kunst, durch Reden zu überzeugen.

Die Erkenntnis von Sinn schafft Trost. Schon die Anhänger der Stoa glaubten an die Ordnung des Kosmos. Wer sein eigenes Schicksal - und sei es Krankheit oder Verlust eines geliebten Menschen - als Teil der Weltordnung zu begreifen gelernt hat, kann nicht mehr betrübt sein (s. Abschnitt 3.2.1). So hat man auch in der modernen Psychotherapie innere Not zu beseitigen versucht, indem man ihren Ursachen einen Sinn zuerkannt hat. Als Beispiel schilderte der Wiener Arzt und Psychologe Victor Frankl (1905-1997), wie er einem Witwer in seiner durch den Tod seiner Frau ausgelösten Depression zu helfen versucht hat. Er hat ihm das Weiterleben als Fortsetzung und Erfüllung seiner glücklichen Ehebeziehung erklärt:

„Herr Stefan V., 58 Jahre alt, ... Seine Frau ist vor acht Monaten gestorben, an einem Karzinom. Daraufhin hat er sich das Leben zu nehmen versucht. ... auf meine Frage, weshalb er den Selbstmord nicht wiederholt habe, antwortet er: 'Nur deshalb nicht, weil ich noch etwas zu erledigen habe.' Und zwar hatte er sich um das Grab seiner Frau zu kümmern. Ich frage: 'Und darüber hinaus haben sie keine Aufgabe zu erfüllen? ... Wenn Sie sich verpflichtet fühlen, Ihrer Frau einen Grabstein zu setzen - fühlen Sie sich nicht verpflichtet, ihr zuliebe ein Leben zu führen, überhaupt weiterzuleben?'“

(Frankl, 1987, S. 152)

Frankl nannte seinen Ansatz der Sinnfindung Existenzanalyse. Den auf Existenzanalyse beruhenden Therapieansatz nannte er Logotherapie. Der Autor schrieb dem Menschen einen Willen zum Sinn zu. Es sei dies ein Lebenswille, nicht geringer einzuschätzen als Freuds Luststreben (s. Abschnitt 10.3.2). Der Wille zum Sinn sei stark genug, selbst *„in extremis und in ultimis ... reifen, wachsen, über uns selbst hinauswachsen zu können“* (Frankl, 1987, S. 251).

Strenge Hermeneutik verlangt, den Sinn aufzufinden, der in den Dingen und Ereignissen selbst enthalten ist (z.B. den Sinn eines Gedichts, wie ihn der Dichter hineingelegt hat). Erklärt Existenzanalyse den wirklichen Sinn eines Lebens? Gibt es überhaupt Sinn in der objektiven Wirklichkeit? Ist Sinngebung nicht vielmehr eine Konstruktion des menschlichen Geistes? Die subjektive Wirklichkeit des Denkens und der Sprache haben die Sophisten erörtert und sind zu dem Schluß gelangt, Rhetorik könne Dinge und Ereignisse jeweils erscheinen lassen, wie es wünschenswert sei. Ist Logotherapie vielleicht auch Rhetorik, die Menschen mit ihrem Leiden versöhnen soll?

Nach dem Prinzip der Rhetorik richtete sich noch ein anderer einflußreicher Psychotherapeut, Albert Ellis (geboren 1913). Ellis nannte seinen Ansatz (1962/1993) Rational-Emotive Therapie. Rational-Emotive Therapie sucht Leiden zu lindern, indem sie die ihnen zugrunde liegenden Wertvorstellungen ändert. Zwischen den Ereignissen selbst und den emotionalen Störungen, welche sie verursachten, liege nämlich ein Irrglaube (engl. *irrational belief*). Ein Irrglaube sei beispielsweise, man müsse von allen Mitbürgern geliebt und geachtet werden, ein anderer Irrglaube, es gebe für alle Probleme eine vollkommene Lösung, und man sei für das Finden dieser Lösung verantwortlich. Ellis schilderte, wie er seine Klienten in Dispute verwickelte, um sie von der Unhaltbarkeit ihres jeweiligen Irrglaubens zu überzeugen. Danach hätten die Klienten gelassen ihr Schicksal ertragen - Verluste von Angehörigen, Zurückweisungen durch Freunde und berufliche Mißerfolge. Auf diese Weise haben bereits die Kyniker glücklich zu werden versucht (s. Abschnitt 3.1.3).

psychologie. Nach dem Vorbild der „Redekur“ Freuds (s. Abschnitt 10.3.2) spürten sie Traumata nach - erinnerten und mutmaßlich verdrängten, neueren und frühkindlichen seelischen Verletzungen. Die Vielfalt tiefenpsychologischer Theorien gestattete der Gesprächsführung einen großen Gestaltungsspielraum. Therapeutinnen und Therapeuten konnten nach Kind-Eltern-Konflikten im Freudschen Sinne fahnden, nach Archetypen im Sinne Jungs, nach Kompensationen im Sinne Adlers, nach Grundvertrauen im Sinne Karen Horneys und vielem mehr (s. Abschnitte 10.3.3, 10.3.4).

Therapeutinnen und Therapeuten konnten sich bei ihrer Diagnose, Beratung und Behandlung auch von kognitivistischen und utilitaristischen Prinzipien leiten lassen. Manche beriefen sich dabei ausdrücklich auf Ansätze der Moralphilosophie (s. Abschnitte 5.3, 6.1) oder auf verwandte religiöse und politische Überzeugungen. Andere stützten sich auf Lebenserfahrung oder Gemeinsinn, auf die gerade vorherrschende öffentliche Meinung oder auf besondere eigene Auffassungen. Daraus ergab sich wiederum eine große Vielfalt von Wert- und Ordnungsvorstellungen, Deutungen von Klientenproblemen, Ratschlägen und Anweisungen. Riet ein Therapeut den Eltern gegenüber einem schwer zu erziehenden Kind eher zu strenger Aufsicht (z.B. Begleitung auf dem Schulweg), billigte ein anderer dem Kind eher mehr Selbstverantwortung zu. Riet eine Therapeutin ihren Klienten eher zur Bindung (z.B. an Familie), befürwortete eine andere eher die Unabhängkeit.

Viel Zustimmung und Nachahmer fand ein Mann, der über das Studium der Theologie und der Pädagogik zur Therapie gekommen war und an mehreren amerikanischen Universitäten als Professor für Psychiatrie und für Psychologie gelehrt hat: Carl Rogers (1902-1987). Rogers fand es unangemessen, gegenüber Klienten als Experte eine dominante Rolle einzunehmen. Genau das taten Psychotherapeuten, die als tiefenpsychologische Experten oder als Vertreter von Vernunft und Moral Gespräche mit Klienten führten. Dies taten erst recht die behavioristisch orientierten Therapeuten bei der Verhaltensmodifikation.

Frankl, V. (1987). *Logotherapie und Existenzanalyse.* München: Piper.

Ellis, A. (1962/1993). *Die rational-emotive Therapie.* München: Pfeiffer.

Rogers, C. R. (1951/1973). *Die klientenbezogene Gesprächstherapie.* München: Kindler.

Rogers (1951/1973) vertrat dagegen das Prinzip einer nicht-direktiven Therapie: Klienten müßten selbst zur Einsicht in ihre Probleme gelangen und müßten selbst Auswege aus ihren Schwierigkeiten finden. Aufgabe der Therapeuten sei lediglich, den Prozeß der Selbsterfahrung und Selbstreflektion in Gang zu halten (z.B. indem man Klienten ihre eigenen Äußerungen vorhält). Die nicht-direktive Therapie will damit die humanistischen Prinzipien des Kognitivismus in psychologische Praxis umsetzen: Individualität, Selbsterkenntnis und Autonomie (s. Abschnitt 10.4.2).

11.3.7 Psychologie in der Psychiatrie

Die Behandlung von Geisteskranken wurde im 19. Jahrhundert zum Berufsfeld der Medizin - wie Reil das gefordert hatte (s. Abschnitt 9.4.3). Doch waren Ärzte frei, Fortschritte der Psychologie im Bereich der Psychiatrie zu nutzen. Emil Kraepelin, der einflußreiche Psychiater, der seit seinen Studien im Leipziger Labor mit experimenteller Psychologie vertraut war (s. Abschnitt 9.3.3), schlug vor, Methoden der experimentellen Psychologie zur Untersuchung von Geisteskrankheiten zu nutzen. Wie die von ihm erhobene Arbeitskurve (s. Abschnitt 11.3.4) sollten Apperzeptionsversuche, Assoziationsmessungen, Wiedererkennungsprüfungen u.ä. eine Diagnose von geistigen und affektiven Störungen ermöglichen (Kraepelin, 1895). Diesem Programm war kein nachhaltiger Erfolg beschieden (Hildebrandt, 1993). Offensichtlich wurden die Verfahren der psychologischen Laborexperimente durch die neueren psychologischen Tests (s. Abschnitt 11.2.2) verdrängt.

KRITIKPUNKT

ARS UNUM - SCIENTIA ALIUD?

Beim Bau des Mailänder Doms, im 14. Jahrhundert, verlangte ein Architekt von den Handwerkern Pläne und Berechnungen, denn Handwerkskunst tauge nichts ohne Wissenschaft (lat. *ars sine scientia est nihil*). Die Handwerker sträubten sich dagegen. Sie wollten ihre Arbeit nach Gefühl und Erfahrung sowie nach dem Vorbild ihrer Lehrmeister verrichten. Handwerkskunst sei etwas anderes als Wissenschaft (lat. *ars est unum et scientia est aliud*).

Die Kontroverse (nach Cipolla, 1981/1997, S. 8) hätte sich auch in jedem anderen der großen Berufszweige entzünden können. Praxis beginnt als eine Menge von Urteilen, Entscheidungen und Eingriffen, die sich durch Bewährung rechtfertigen, nicht jedoch durch ausdrückliche, insbesondere logische Begründung. Erst später folgt die Erforschung der Grundlagen erfolgreicher Praxis. Beobachtungen, Berechnungen und Argumentationen ergeben Theorien, welche eine neue Sicht auf praktisch bedeutsame Probleme eröffnen und die Entwicklung neuer Methoden zu ihrer Lösung ermöglichen. So erzielt die Arzneimittelkunde inzwischen ihre größten Fortschritte aufgrund biochemischer Theorien; physikalische Theorien haben in der Elektrotechnik höchst bedeutsame Praxisfelder erschlossen.

Baut auch die Psychologie ihre Praxis auf der Theorie ihrer Grundlage auf? Dieses Lehrbuch vertritt die Auffassung: Die Praxis der Psychologie ist bis in die Moderne ohne maßgebliche Unterstützung der psychologischen Grundlagenforschung ausgekommen. Unsere Geschichtsbetrachtung hat daher mit der Unterscheidung einer ontologischen und einer pragmatischen Wissenschaftstradition begonnen (Kapitel 2), und danach verfolgt, wie innerhalb der beiden Traditionen psychologische Theorien (insbesondere Kapitel 9, 10) und psychologische Praxis (insbesondere Kapitel 7, dieses Kapitel 11) auf eigenen Wegen ihre moderne Gestalt gewonnen haben.

Die Deutung, Praktische und Theoretische Psychologie seien (immer noch) zweierlei, fordert sicherlich Widerspruch heraus. Man kann darin die Fortsetzung eines alten Abwehrkampfes idealistisch gesonnener Akademiker gegen die Praxis sehen (von Mayrhauser, 1993). Man kann weiterhin die Berechtigung und Fruchtbarkeit einer Gegenüberstellung von Grundlagenforschung und Praxis bezweifeln, wenn man eine Fülle von Wechselwirkungen zwischen ihnen sieht und zudem berücksichtigt, daß sie beide in einen Bestand von vorwissenschaftlichem Wissen und Handeln eingebettet sind (Semmer, 1993).

Auf diese Kritik läßt sich wiederum entgegnen: Die akademische Welt hat ihren Widerstand gegen materielle Bereicherung längst aufgegeben. Eine strategische Allianz zwischen Vertretern der Theorie und der Praxis dürfte inzwischen das Gebot der Wissenschafts- wie der Berufspolitik sein. Die einvernehmliche Verkündung der Einheit von Theoretischer und Praktischer Psychologie verleiht Praktikern wissenschaftliches Ansehen und Theoretikern die Anerkennung gesellschaftlicher Nützlichkeit. Gemeinsam können dann Praktiker und Theoretiker als Angehörige einer modernen Wissenschaft auftreten, die sich mit glänzenden Vorbildern aus den erfolgreichen Naturwissenschaften vergleicht (Schönpflug, 1993).

Überdies dürfte es nicht allein die Umsetzung von Grundlagenwissen sein, die eine wissenschaftliche Fundierung von Praxis gewährleistet. Psychologische Praxis kann ihre eigene wissenschaftliche Forschung entfalten. Die Bestimmung von Problemen, die Erprobung von Verfahren und die Festlegung von Normen können mit wissenschaftlicher Qualität reflektiert und dokumentiert werden - in der Evaluation von Berufstätigkeit sowie von Modellprojekten. Was dann vor allem zählt, ist die Bewährung; eine theoretisch begründete Erklärung ist hierfür nicht unentbehrlich.

Cipolla, C. M. (1981/1997). *Die gezählte Zeit.* Berlin: Wagenbach.

Mayrhauser, R. T. von (1993). Applied dualism: An old deception in new employment. *Applied Psychology: An International Review, 42,* 30-37.

Semmer, N. (1993). Differentiation between social groups: The case of basic and applied psychology. *Applied Psychology: An International Review, 42,* 40-46.

Schönpflug, W. (1993). Applied psychology: Newcomer with a long tradition. *Applied Psychology: An International Review, 42,* 5-30.

Als im Jahre 1951 der Berner Psychologieprofessor Richard Meili die inzwischen stattliche Fülle psychologischer Intelligenz- und Charaktertests in einem Lehrbuch darstellte, vermerkte er in seinem einführenden Kapitel:

„Daß in der Psychiatrie ... die Methoden der psychologischen Diagnostik immer ausgedehntere Verwendung finden, versteht sich wohl von selbst. Da diese Methoden aber schon sehr zahlreich und auch zum Teil kompliziert geworden sind, kommt es immer häufiger vor, daß in psychiatrischen Kliniken Psychologen speziell für die Anwendung dieser Methoden angestellt werden oder daß sie von Ärzten hinzugezogen werden."

(Meili, 1951, S. 14)

In der Tat waren Psychologinnen und Psychologen unter der Aufsicht von Ärzten diagnostisch tätig. Psychologie war insofern zu einem Medizinalhilfsberuf geworden.

Das Privileg der Therapie (einschließlich der Medikation) blieb bei der Medizin. Ärzte wie der Berliner Psychiater Albert Moll (1889) versuchten einen Brückenschlag zur Psychologie, indem sie Hypnosebehandlungen durchführten. Doch stießen sie mit diesem Ansatz auf schwindende Gegenliebe bei den Psychologen selbst, unter denen die maßgeblichen Persönlichkeiten den Hypnotismus als einen Zweig des Okkultismus ablehnten (s. Abschnitt 10.1.4). Erst in den letzten Jahrzehnten ist innerhalb der Klinischen Psychologie die Gesprächs- und Verhaltenstherapie so weit fortgeschritten (s. Abschnitt 11.3.6), daß sie den Anspruch auf Anerkennung einer nicht-ärztlichen Psychotherapie erheben kann.

Kraepelin, E. (1895). Der psychologische Versuch in der Psychiatrie. *Psychologische Arbeiten, 1,* 1-91.

Hildebrandt, H. (1993). Der psychologische Versuch in der Psychiatrie: Was wurde aus Kraepelins (1895) Programm? *Psychologie und Geschichte, 5,* 5-30.

Meili, R. (1951). *Lehrbuch der psychologischen Diagnostik.* Bern: Huber.

Moll, A. (1889). *Der Hypnotismus.* Berlin: Fischer.

ZUSAMMENFASSUNG

1. Die Wende zu den Naturwissenschaften verband die Psychologie mit der Erwartung ihrer Nutzanwendung. Als Pragmatische Psychologie sollte sie der Begründung von Ethik, Ästhetik und Religion dienen. Als Psychotechnik sollte sie die Praxis in allen Gebieten der Kultur (Erziehungs-, Rechts-, Gesundheitswesen usw.) verbessern. Als Kulturpsychologie sollte sie Vergangenes (z.B. politische Ereignisse) erklären.

2. Praktische Psychologie wurde bis ca. 1930 vorwiegend an Hochschulen betrieben. Weiterhin bildeten sich Angehörige eingeführter Berufe (Lehrer, Ärzte u.a.) in Psychologie weiter und übernahmen praktisch-psychologische Tätigkeiten. Ab etwa 1950 wuchs der Markt für psychologische Dienste. Seitdem sind die meisten Berufspsychologen in öffentlichen und privaten Organisationen sowie in freien Praxen tätig.

3. Die Praktische Psychologie hat sich in die moderne Gesellschaft zunächst vor allem mit diagnostischen Diensten eingeführt. Intelligenz- und Eignungstests, Persönlichkeitstests sowie Tests der psychischen Gesundheit sollten unvoreingenommene, verläßliche und einfach zu ermittelnde Beurteilungen von Schulanfängern, Stellenbewerbern u.a. erlauben.
4. Als weitere psychologische Dienstleistungen entwickelten sich Intervention und Evaluation. Die drei wichtigsten Formen der Intervention sind Beratung (z.B. bei der Berufswahl), Schulung (z.B. von Sozialverhalten) und Gestaltung (z.B. von Arbeitsplätzen). Evaluation umfaßt die Dokumentation öffentlicher und privater Programme (z.B. zur Förderung von Minderheiten, zur Gesundheitsvorsorge) und die Bewertung ihrer Wirksamkeit.
5. In der Pädagogik hat man die Psychologie traditionell als Grundwissenschaft zur Schülerbeurteilung und Unterrichtsgestaltung betrachtet. Als moderner Berufszweig widmete sich die Pädagogische Psychologie vor allem der Lehr-Lernforschung sowie der Begutachtung und Beratung von Schülern mit Erziehungsschwierigkeiten.
6. Die Rechtspsychologie ist vor allem mit Beiträgen zur Beurteilung von Zeugenaussagen zu einem stark beachteten Zweig der Praktischen Psychologie geworden.
7. Neuartige Arbeitsplätze insbesondere in Industrie- und Verkehrsbetrieben machten Eignungsauslese und Berufsberatung erforderlich. Die Einführung neuer Technik und das Streben nach Wirtschaftlichkeit verlangten eine sorgsame Arbeitsplatzgestaltung und Arbeitsablaufplanung. Weitere Probleme, die zu untersuchen und zu lösen waren, verursachte die soziale Dynamik in Organisationen.
8. Für das Warenangebot der modernen Wirtschaft, das auch Massenprodukte enthielt, wurde öffentlich geworben. Die Werbewirkung wurde psychologisch untersucht und Organisationen bei ihren Werbemaßnahmen (z.B. bezüglich Gestaltung und Plazierung von Anzeigen) beraten.
9. Die Klinische Psychologie leitet ihren Namen von der Tätigkeit in (amerikanischen) Erziehungsberatungsstellen ab, die als „*clinics*" bezeichnet wurden. Die klinische Tätigkeit wurde später auf Erwachsene ausgedehnt. Ihre wichtigste Aufgabe ist die Therapie (Hauptformen: Gesprächs- und Verhaltenstherapie) bei persönlichen Krisen und Verhaltensstörungen.
10. Die Behandlung Geisteskranker ist weitgehend ein Privileg der Medizin geblieben. Doch werden Berufspsychologinnen und -psychologen seit längerer Zeit in Psychiatrien zur Diagnose von Geisteskrankheiten herangezogen.

Literatur zur Ergänzung und Vertiefung

Dorsch, F. (1963). *Geschichte und Probleme der angewandten Psychologie*. Bern: Huber.

Gundlach, H. (1996). Psychologie und Psychotechnik bei den Eisenbahnen. In H. Gundlach (Hrsg.), *Untersuchungen zur Geschichte der Psychologie und der Psychotechnik* (S. 127-146). München: Profil.

Reisman, J. M. (1976). *A history of clinical psychology*. New York: Irvington.

Rüegsegger, R. (1986). *Die Geschichte der Angewandten Psychologie 1900-1940*. Bern: Huber.

Schorr, A. (1984). *Die Verhaltenstherapie*. Weinheim: Beltz.

Tent, L. (1967). Psychologische Tatbestandsdiagnostik (Spurensymptomatologie, Lügendetektion). In U. Undeutsch (Hrsg.), *Handbuch der Psychologie* (Band 2, S. 187-259). Göttingen: Hogrefe.

Studentendemonstration in Bamberg im Jahre 1970. An vielen Universitäten Europas und Amerikas erhob sich in den sechziger und siebziger Jahren Protest gegen Politik und Wirtschaft sowie gegen traditionelle, oft als faschistisch verurteilte Ziele und Formen von Bildung und Erziehung.

Kapitel 12

Nach der Moderne

Stabilität und Kontinuität der Psychologie als Einzelwissenschaft und als Beruf

Zu Beginn des 20. Jahrhunderts begrüßten viele Menschen in Europa und Amerika die Moderne als eine Epoche technischen, wirtschaftlichen, politischen und künstlerischen Fortschritts. Am Ende des 20. Jahrhunderts werden Zweifel an den Prinzipien der Moderne laut, und eine kulturelle Wende hin zu Individualität, Pluralität, Spielfreude und Emotionalität bahnt sich an. Die neue Epoche wird als Postmoderne bezeichnet. Es ist strittig, ob die Postmoderne die Moderne ablöst oder ob postmoderne Erscheinungen die modernen lediglich ergänzen.

Psychologische Forschung verzeichnet beträchtliche methodische und theoretische Fortschritte im Sinne der Moderne - insbesondere in der Biologischen Psychologie. Gleichzeitig treten Tendenzen zutage, die der Postmoderne zuzurechnen sind: Konstruktionismus, Subjektivismus sowie die Zuwendung zu qualitativer Methodik.

Psychologische Berufspraxis unterwirft sich im Sinne der Moderne einer umfangreichen Qualitätskontrolle. Insbesondere in Diagnose und Intervention werden effiziente Verfahren entwickelt und in Standardform eingesetzt. Zugleich wächst im Sinne der Postmoderne der Zweifel an Standardisierung. Subjektive, in der Auseinandersetzung mit den beruflichen Aufgaben frei gestaltete Verfahren werden erprobt. Weiterhin ändert sich die Geltung herkömmlicher Effizienzkriterien.

Die Psychologie bewegt sich also zwischen zwei Polen, einem „methodenstrengen Rationalismus“ und einem „philanthropischen Subjektivismus“. Trotz ihrer anhaltenden Uneinheitlichkeit konsolidiert sie sich als Wissenschaft und als Beruf. Ihre führenden Vertreter verheißen ihr eine glänzende Zukunft. Doch die Frage ist berechtigt: Wird Psychologie bleiben, was sie gegenwärtig ist?

12.1 Geht die Moderne zu Ende? Falls ja: was folgt danach? Theorie der Postmoderne

12.1.1 Ende des Ost-West-Konflikts, Sozialstaat, Liberalisierung und Globalisierung

Der Ost-West-Konflikt, der bis zu den sechziger Jahren einen dritten Weltkrieg heraufzubeschwören drohte, endete mit dem Zusammenbruch der kommunistischen Regime in Europa. In Polen betrieb ab 1980 die Gewerkschaft *Solidarnosc* eine zunehmende Demokratisierung des Landes. Die Führungsmacht des Kommunismus, die *Union der Sozialistischen Sowjetrepubliken,* zerfiel beim Versuch ihres „Umbaus" (russ. *Perestroika*), den Michail Gorbatschow, der letzte Generalsekretär der Kommunistischen Partei der Sowjetunion, im Jahre 1985 einleitete.

Schutz vor Not sowie die gerechte Verteilung von Gütern waren hochrangige politische Ziele - nicht nur im erklärtermaßen sozialistischen Ostblock, sondern auch im demokratischen und liberalen Westblock. Westliche wie östliche Länder wurden zu Sozialstaaten, indem sie durch Gesetze und Behörden (z.B. Steuer- und Sozialgesetze, Finanz- und Sozialämter) die Versorgung Benachteiligter übernahmen, eine allen Bürgern nutzbare Infrastruktur (z.B. Verkehrssysteme, Energieversorgung) aufbauten sowie gemeinnützige Regelungen für Handel, Wirtschaft, Bildung, Gesundheitswesen und andere Lebensbereiche trafen. Das Anwachsen staatlicher Maßnahmen zur Erhöhung von sozialer Sicherung und sozialer Gerechtigkeit brachte freilich auch Nachteile mit sich. Selbständigkeit und Entscheidungsfreude wurden gelähmt. So setzte zum Ende des Jahrhunderts eine verstärkte Liberalisierung ein. In aller Welt überließen die Staaten ihren Bürgern mehr Eigenverantwortung. Dienste, die vorher der Staat und die Gemeinden angeboten hatten (z.B. im Verkehrs- und Gesundheitswesen), wurden privatisiert. Insbesondere verringerte sich die staatliche Einflußnahme auf die Wirtschaft.

In Entwicklungsländern Afrikas, Asiens und Südamerikas kamen wünschenswerte soziale, wirtschaftliche und politische Reformen oft nur zögerlich voran. Gegenüber den Industriestaaten bildeten die Entwicklungsländer eine Dritte Welt. Doch Massentransportmittel ließen die Entfernungen zwischen Kontinenten schrumpfen. Massenmedien verbreiteten Nachrichten mit Eile über den Erdball. Ungeachtet kultureller Differenzen wuchs die Verbundenheit innerhalb einer über die gesamte Erde verteilten menschlichen Gemeinschaft. Die Folgen sind eine Fülle internationaler und interkultureller Verflechtungen, ein weltweiter Austausch von Waren und Ideen. Über die ganze Welt hinweg wirken Wirtschaftsunternehmen sowie Finanzsysteme (u.a. unter der Leitung der Weltbank), politische und kulturelle Organisationen (z.B. die „Vereinten Nationen" mit Sitz in New York). Diese neue Ausrichtung nennt man Globalisierung.

12.1.2 Ablösung der Moderne, Postmoderne

Trotz mancherlei Rückschläge - insbesondere in der Zeit der beiden Weltkriege - hat die wirtschaftliche und politische Moderne (s. Abschnitt 10.1.1) hochgesteckte Ziele in wenigen Jahrzehnten erreicht: Lebenserwartung und Wohlstand sind - zumindest in Europa und den USA - gestiegen, Arbeitszeit und Produktionskosten sind gesunken. Bildungsangebote kommen einem größeren Anteil der Bevölkerung zugute, die parlamentarische Demokratie hat sich durchgesetzt. Kunst und Wirtschaft haben inzwischen miteinander Frieden geschlossen. Für die einstmals mißachteten Werke von radikaler Ästhetik (vgl. Abschnitt 10.1.1) hat sich ein eigener Kunstmarkt entwickelt, in welchen erhebliche Erträge aus Wirtschaftsunternehmen fließen. Nicht selten zieht die Öffentlichkeit Vorteile daraus: Unternehmer überlassen wertvolle Sammlungen öffentlichen Museen, welche die Kunstwerke für viele tausende von Interessierten zugänglich ausstellen.

Das Unbehagen an der Standardisierung des modernen Lebens, wie sie die Kritische Theorie (s. Abschnitt 10.1.1) analysiert hat, ist allerdings mit Fortdauer der Moderne nicht geringer geworden. Klagen über die Entfremdung des Einzelnen in der modernen Gesellschaft dauerten an. Zum einen drohte das Angebot an Waren und Dienstleistungen, unterstützt durch Werbung, den Menschen Bedürfnisse aufzudrängen, welche ursprünglich nicht ihre eigenen waren. Zum anderen verlangte die Teilhabe am Konsum die Übernahme von Arbeiten, die nicht durch eigenen Antrieb motiviert waren. Hinzu kam eine weitere Erkenntnis: Modernes Leben, insbesondere Produktion und Verkehr, verbrauchen natürliche Rohstoffe, ohne sie zu erneuern, und gefährden das ökologische Gleichgewicht.

Eine anhaltend bedrückende Last blieb die Erinnerung an Krieg und Gewaltherrschaft. Es waren moderne technische und organisatorische Mittel - wie Bombenflugzeuge, Giftgas, Massentransporte, die den Völkern unsägliches Leid zugefügt und Millionen Opfern den Tod gebracht haben. Überhaupt haben Nationalsozialismus wie Kommunismus Prinzipien der Moderne für sich in Anspruch genommen. Sie verstanden sich als Massenbewegungen und strebten nach Einheit und Fortschritt.

In den sechziger Jahren begannen offene Proteste gegenüber modernen Lebensweisen und moderner Produktion. Daran beteiligten sich vor allem Jugendliche - darunter viele Studierende. Sie kämpften zugleich gegen Militärdienst, Bildungsinstitutionen und Industriekonzerne. Manche gingen vom Protest zum Boykott über und zogen sich aus der modernen Arbeits- und Konsumgesellschaft zurück. Als „Blumenkinder“ und „Aussteiger“ suchten sie den Weg in ein einfaches, naturnahes Leben; mit Handwerk und Landwirtschaft betrieben sie Selbstversorgung in überschaubaren Gemeinschaften. Der Protest der sechziger Jahre mündete in die ökologische Bewegung, und diese wurde fester Bestandteil der Politik.

Wirtschaft, Technik und Gesellschaft vollzogen ihrerseits einen beträchtlichen Wandel, nachdem die gewaltige Aufgabe des Wiederaufbaus nach dem Zweiten Weltkrieg bewältigt war. Zunehmend rückten sie vom Prinzip der Einheitlichkeit (s. Abschnitt 10.1.1) ab. Massenhaftigkeit bedurfte nicht mehr der Einheitlichkeit, ja war sogar teilweise durch Vielfalt besser zu erzielen. Ein Beispiel ist das in den fünfziger Jahren eingeführte Fernsehen. Begann das Angebot zunächst in den einzelnen Ländern mit einem einzigen nationalen Programm, so gestattete vier Jahrzehnte später die fortgeschrittene Technik die Ausstrahlung mehrerer dutzend Programme für Zuschauer mit unterschiedlichen Interessen. In der Wirtschaft ermöglichte der Fortschritt der Technik ebenfalls ein differenzierteres Angebot (z.B. industrielle Fertigung von Automobilen nach dem Baukastenprinzip, individuellen Kundenwünschen folgend). Zahlreiche Unternehmen konkurrierten mit ihren Angeboten. Meist wandten sie sich mit ihren Produkten nicht an die gesamte Bevölkerung, sondern an Kundengruppen mit spezifischen Bedürfnissen. Eine ähnliche Vielfalt war in der Politik zu beobachten. Die Bevölkerung stellte sich immer stärker als Verbund von Minoritäten dar (z.B. von Bewohnern einzelner Regionen, von Beschäftigungsgruppen und Schicksalsgemeinschaften). Parteien und Regierungen gingen differenziert auf unterschiedliche Bevölkerungsteile ein, um ihr Wählerpotential auszuschöpfen.

Ein weiteres Merkmal der neuen Gesellschaft war die Zunahme von Kommunikation. Telefondienste schufen billige private Sprechverbindungen. Bild- und Druckmedien vermittelten eine Flut von Nachrichten über alltägliche wie sensationelle Ereignisse. Seitdem 1969 Millionen von Fernsehzuschauern verfolgen konnten, wie Neil Armstrong als erster Mensch den Mond betrat, ist klar: Die Erfahrungswelt der Menschen weitet sich in den außerirdischen Raum aus. Je mehr sich freilich der Erfahrungsraum ausdehnt, desto häufiger ersetzt die Darstellung in den Medien die eigene Anschauung. Das Bild der Welt wird zunehmend medial, d.h. durch Nachrichtentexte und Bilder vermittelt.

Die in den Medien dargestellte Welt läßt sich durch neue Techniken immer geschickter manipulieren. Man kann u.a. in Filmen Personen und Ereignisse fingieren - paradiesische Zustände, aber auch Katastrophen bis hin zum Weltuntergang. Zur realen Welt gesellt sich so eine virtuelle (lat. *virtualis*, den Möglichkeiten entsprechend), und oft genug verdrängt im Bewußtsein eine virtuelle Welt die reale.

Aufmerksame Beobachter haben die These aufgestellt: Es hat eine neue Zeit begonnen. Ihre Prinzipien sind:

- Vielheit (Pluralismus),
- Individualität (Subjektivismus),
- Spielfreude,
- Emotionalität (Irrationalität).

Der so charakterisierten Zeit hat man einen eigenen Namen gegeben: Postmoderne, d.h. Epoche nach der Moderne.

Man hat darüber gestritten, ob die Postmoderne die Moderne wirklich ablöst. Möglicherweise waren die Prinzipien, die man postmodern nennt, von Anfang an Teil der Moderne und treten nun lediglich im Zuge des Fortschreitens der Moderne deutlicher daraus hervor (Welsch, 1991, insbesondere S. 77ff.). Der aus dem Frankfurter *Institut für Sozialforschung* (s. Abschnitt 10.1.1) hervorgegangene Sozialphilosoph Jürgen Habermas (1994) hat der Postmoderne sogar ihre Fortschrittlichkeit bestritten. Vielheit werde zum Vorwand für Traditionalismus, für den Rückschritt zu Irrationalität. Postmoderne sei insofern antimodern, als sie sich dem Drang der Moderne, die Aufklärung zu vollenden, widersetze.

Welsch, W. (1991). *Unsere postmoderne Moderne*. Weinheim: VCH, Acta humaniora.

Habermas, J. (1994). *Die Moderne - ein unvollendetes Projekt*. Leipzig: Reclam.

Jencks, Ch. (1978/1988). *Die Sprache der postmodernen Architektur*. Stuttgart: Deutsche Verlagsanstalt.

Postmoderne Architektur: Neue Staatsgalerie in Stuttgart, eröffnet im Jahre 1984, gebaut nach dem Entwurf des britischen Architekten James Frazer Stirling.

Postmodern zu nennende Erscheinungen sind in zahlreichen Bereichen der Kunst und Wissenschaft zutage getreten. Nirgends wird der Begriff der Postmoderne so anschaulich wie in der Architektur. Postmoderne Architektur zeichnet sich aus durch Abwendung von einem strengen Funktionalismus sowie durch Hinwendung zum Ornament und zum Dekor. Man greift unbekümmert auf historische Stilelemente zurück, spielt mit Mischungen von Bau- und Naturformen, freut sich über Kleinteiligkeit und Buntheit und achtet den menschlichen Maßstab (Jencks, 1978/1988).

12.1.3 Wandlungen in der Wissenschaft: Konstruktionismus, dynamische Systeme

In der Moderne fällt Wissenschaftlern eine ansehnliche Rolle zu. Sie sind jene Bürger, welche durch Forschung und Lehre der Aufklärung zum Sieg verhelfen und die Grundlagen für ein gesundes Leben mit wachsendem Wohlstand schaffen. Doch sind sie alle dieser Rolle stets gerecht geworden? Der Wissenschaftssoziologe Fritz Ringer (1969/1983) bestreitet dies insbesondere für Wissenschaftler aus Deutschland. Sie hätten bei der Verteidigung der parlamentarischen Demokratie in der Weimarer Zeit versagt und den Aufstieg des Nationalsozialismus begünstigt. Politisches Versagen wird Wissenschaftlern auch gegenüber kommunistischen Diktaturen vorgeworfen. Ebenso schwer wiegen Vorwürfe, Wissenschaftler hätten durch ihre Forschungen dem Krieg, der Umweltzerstörung und der Verletzung der Menschenwürde zugearbeitet. Solche Kritik hat nicht nur das Ansehen der Wissenschaft in der Öffentlichkeit beeinträchtigt, sondern auch Selbstzweifel bei den Wissenschaftlern geweckt.

Vom „Fall der Intellektuellen" spricht der Soziologe Wolf Lepenies (1992). Dabei unterscheidet er *„zwei Schichten der europäischen Intelligenz, ... die 'klagende Klasse' und die 'Menschen guten Gewissens'* ":

„Melancholie und Utopie - zwischen diesen Polen liegen Glanz und Elend der europäischen Intellektuellen. Wenn ich dies sage, so denke ich insbesondere an die Künstler und an die Schriftsteller. Eine Gruppe der Intellektuellen aber ... entzieht sich offenkundig dieser Alternative: es sind die Wissenschaftler. Man könnte die Wissenschaft geradezu als jenen Bereich intellektueller Tätigkeit charakterisieren, der jenseits der Melancholie und diesseits der Utopie liegt. Der Wissenschaftler verzweifelt nicht an der Welt, sondern bemüht sich, sie zu erklären, er denkt nicht in Utopien, sondern berechnet Prognosen; weder Verzweiflung noch Hoffnung charakterisieren sein Tun, sondern Sachlichkeit und ruhiges Gewissen."

(Lepenies, 1992, S. 17)

Der Begriff des Wissenschaftlers ist in dieser Betrachtung freilich mehrdeutig. Nicht alle in Lehr- und Forschungseinrichtungen als Wissenschaftler Beschäftigte entsprechen dem Bild des nüchtern erklärenden und prognostizierenden Arbeiters im Geiste des Positivismus (s. Abschnitt 9.2.2). Es sei *„die Grenze zwischen den Kunstgattungen und den Wissenschaftsdisziplinen durchlässiger geworden"*, erläutert Lepenies (1992, S. 77). Maßstab der so gewandelten Wissenschaft ist nicht mehr die Wahrheit, sondern die Schönheit. Wissenschaft in diesem Sinne spielt sich nicht in einer realen Welt ab, sondern in einer virtuellen und wird darüber selbst zum Medium. Wo es an Wirklichkeit und Wahrheit mangelt, kann man nicht mehr beschreiben, erklären und vorhersagen. Man kann nur noch erfinden und deuten. Ohne Vorausschau bleiben gegenüber der Zukunft nur Hoffnung oder Furcht, Utopien oder Wehklagen.

Den Wandel zum postmodernen Wissenschaftsverständnis belegt die Theorie des Konstruktionismus. Sie bricht mit der positivistischen wie mit der ontologischen Tradition, welche die Dinge in ihrer wirklichen bzw. ihrer eigentlichen Beschaffenheit zu erkennen trachten. Die konstruktionistische Theorie führt die sophistische Tradition fort, die Wirklichkeit als Produkt der Sprache und des Denkens auffaßt (s. Abschnitte 2.4.2, 2.4.3). Berger und Luckmann (1966/1970) meinen, in dieser Hinsicht bestehe gar kein grundsätzlicher Unterschied zwischen Alltagsleben und Wissenschaft: Begriffe, Aussagen und praktische Regeln dienten der Festigung sozialer Rollen in der Gesellschaft (z.B. Arzt und Pa-

Ringer, F. K. (1969/1983). *Der Niedergang der deutschen Mandarine 1890-1933.* Stuttgart: Klett-Cotta.

Lepenies, W. (1992). *Aufstieg und Fall der Intellektuellen in Europa.* Frankfurt a. M.: Campus.

Berger, P. L. & Luckmann, Th. (1966/1970). *Die gesellschaftliche Konstruktion der Wirklichkeit.* Frankfurt a. M.: Fischer.

tient, Eltern und Kinder). Eine „Legitimationsmaschine“ (Berger & Luckmann, 1966/1970, S. 94) dränge auf die Herstellung von Wissen, welches gesellschaftliche Einrichtungen erhalte. Gesellschaftliche Einrichtungen seien aber ihrerseits von Menschen geschaffen. Insofern gehen die Gestaltung des sozialen Lebens und die Herstellung von Wissen Hand in Hand. Dabei sind Menschen erfinderisch und gestalten an verschiedenen Orten und zu verschiedenen Zeiten ihr soziales Leben in unterschiedlicher Weise. Es gibt so viele verschiedene Wissensbestände (bzw. wissenschaftliche Theorien) wie Kulturen. Jeder Wissensbestand (bzw. jede wissenschaftliche Theorie) gelte freilich nur für die zugehörige Kultur. So könne eine Neurosentheorie für den amerikanischen Mittelstand „richtig“ sein, nicht aber für einen Stamm in Afrika. Für letzteren, jedoch nicht für ersteren könne dagegen eine Voodoo-Theorie der dämonischen Besessenheit gelten.

Ebenfalls charakteristisch für das postmoderne Wissenschaftsverständnis ist die Theorie komplexer, dynamischer Systeme (auch Chaostheorie, Theorie dissipativer Strukturen). Diese Theorie meidet Annahmen über langfristige Beziehungen zwischen Ursachen und Wirkungen. Zum einen wird die Trennung von Ursache und Wirkung in Frage gestellt. Jede Einheit könne zugleich Ursache und Wirkung sein. Sie könne damit auf sich selbst wirken (Autopoiese, d.h. Selbstschöpfung). Weiterhin wird die Begrenztheit der Berechenbarkeit von Wirkungen hervorgehoben. Selbst kleine Ursachen können in Wechselwirkung mit anderen Gegebenheiten große Wirkungen hervorbringen. Diese seien jedoch langfristig nicht vorhersagbar und (in diesem Sinne) unbestimmt bzw. zufällig (Nicolis & Prigogine, 1987; Maturana & Varela, 1987).

Besondere Aufmerksamkeit erregten synergetische Prozesse (Vorgänge des Zusammenwirkens) in komplexen Systemen. Viele Vorgänge in der Natur ereignen sich nur in einer Richtung, sind also nicht umkehrbar. Zum Beispiel strömt Gas aus einem vollen Gefäß A in ein leeres Gefäß B, bis beide Gefäße gleichmäßig gefüllt sind. Niemals strömt Gas aus B nach A zurück, so daß sich A stärker füllt und B entleert. Die gleichmäßige Verteilung ist ein Zustand niedrigerer Ordnung als die ungleichmäßige Verteilung, und es gilt die Regel: Die Natur strebt zur niedrigeren Ordnung. Aus Unordnung kann freilich auch höhere Ordnung entstehen. Haken (1991) führt dafür Beispiele aus verschiedenen Bereichen an: Gefriert Wasserdampf, so formen die zunächst unregelmäßig fliegenden Wassermoleküle regelmäßige Gitter, die als Eiskristalle in Erscheinung treten. In Wasserbecken schwimmende Menschen bewegen sich zunächst kreuz und quer durcheinander und gehen dann zum Schwimmen im Kreis über. Haken glaubt, damit ein neues Prinzip des Zusammenwirkens vorgestellt zu haben. Es gilt für offene Systeme, die Energie aufnehmen und abgeben. Für sie gilt der Satz vom Übergang zur niedrigeren Ordnung nicht. In offenen Systemen wird vielmehr höhere Ordnung erzeugt - durch Selbstorganisation.

Nicolis, G. & Prigogine, I. (1987). *Die Erforschung des Komplexen*. München: Piper.

Maturana, H. & Varela, F. (1987). *Der Baum der Erkenntnis*. Bern: Scherz.

Haken, H. (1995). *Erfolgsgeheimnisse der Natur*. Hamburg: Rowohlt.

Einem Mißverständnis sei ausdrücklich vorgebeugt: Die Wende zum Konstruktionismus, zu den komplexen, dynamischen Systemen mit ihrer Unbestimmbarkeit und Synergie hat keinesfalls die gesamte internationale Wissenschaft mitgemacht. Im Gegenteil: Es war nur ihr kleinerer Teil. Der größere Teil pflegt weiterhin die positivistisch oder ontologisch ausgerichtete Wissenschaft mit ihrem Glauben an objektives Wissen und überdauernde Gesetzmäßigkeiten. In der beschriebenen Teilung wissenschaftlicher Lager bestätigt sich jedoch die These, daß die Postmoderne neue Erfahrungen, Praktiken und Gruppierungen hervorbringt, ohne daß dadurch die Errungenschaften der Moderne preisgegeben werden.

12.2 Fortentwicklung psychologischer Theorien

12.2.1 Einheit und Vielheit

Aus der Sicht der Moderne war die Vereinheitlichung psychologischer Theorien ein vorrangiges Ziel (s.a. Abschnitt 10.1.2). Im Jahre 1903 erklärte Ernst Meumann die Integration psychologischer Forschung zur „Lebensfrage" des neuen Faches:

„Der heutigen Psychologie droht eine andre größere Gefahr als der Mangel an Einigkeit unter den Psychologen: es ist die Zersplitterung der psychologischen Einzelforschung, die ... den Überblick über das Ganze immer schwieriger macht. Nicht nur, daß neben die fast unübersehbare Stoffmenge der Individualpsychologie das weite Feld der völkerpsychologischen Untersuchungen getreten ist, wir müssen sogar auf fernere Gebietserweiterungen hoffen, auf den Ausbau der Kinderpsychologie, der Tierpsychologie ... . Die Zusammenfassung der gesamten psychologischen Arbeit wird allmählich eine Lebensfrage der Psychologie."

(Meumann, 1903, S. 7)

Die Zeit der Moderne hat der Psychologie ein beträchtliches Wachstum gestattet. Sie ist reicher geworden an Forschungs- und Praxisgebieten. Doch der Rückblick auf das verflossene Jahrhundert, in dem sich die Psychologie als universitäre Einzeldisziplin entfaltet hat (Koch & Leary, 1985), untermauert durch die Analyse von Zeitschriftenveröffentlichungen (Krampen & Wiesenhütter, 1993), offenbart eine unbändige Vielfalt, eine Fragmentierung des Fragens und des Wissens.

Immer wieder stößt man auf Versuche, das Auseinanderstrebende zu integrieren. Anne Richards (1997) schlägt einen feldtheoretischen Ansatz vor, um den „Auftrag zur Zusammenarbeit" zu erfüllen. Karl Theodor Kalveram (1998) hofft auf die integrierende Kraft des biokybernetischen Ansatzes. Solche Integrationsbemühungen nehmen gegenwärtig eine Randstellung ein. Im großen und ganzen ist die einheitliche Organisation der Psychologie kein vorrangiges Anliegen ihrer Vertreter. Dagegen blüht - wie in manchen Großunternehmen (s. Kleinbeck, 1996, S. 131) die „fraktale Organisation", die Pflege von kleineren, geschlossenen Untereinheiten mit eigener Zielsetzung. Untereinheiten, Fraktale in der Psychologie sind Forschungszweige und Forschergruppen (z.B. Sprachpsychologen, Gesundheitspsychologen), die miteinander kooperieren und wetteifern, sich zu eigenen Konferenzen treffen u.ä. Die Tendenz zur Globalisierung wirkt der Bildung von Fraktalen nicht entgegen, sondern fördert diese sogar. Lokale kleine Zweige und Gruppen können sich global zu wirkungsvollen Netzwerken zusammenschließen. Viele der gegenwärtigen Vertreter der Psychologie haben mit ihren Kollegen vor Ort fachlich wenig gemeinsam, pflegen jedoch ihre wissenschaftlichen Gemeinsamkeiten mit Kollegen an anderen Orten, ja in anderen Ländern.

Meumann, E. (1903). Vorwort. *Archiv für die gesamte Psychologie, 1*, 1-8.

Koch, S. & Leary, D. E. (1985). *A century of psychology as a science*. New York: McGraw-Hill.

Krampen, G. & Wiesenhütter, J. (1993). Bibliometrische Befunde zur Entwicklung der Teildisziplinen der Psychologie. *Psychologische Rundschau, 44*, 25-34.

Richards, A. C. (1997). Metapsychology: Revisiting the past, confronting the present, serving the future. *New Ideas in Psychology, 15*, 17-33.

Kalveram, K. Th. (1998). *Wie das Individuum mit seiner Umwelt interagiert*. Lengerich: Pabst.

Kleinbeck, U. (1996). *Arbeitsmotivation*. Weinheim: Juventa.

Interessanterweise ist die Psychologie als fragmentierte bzw. fraktale Organisation recht stabil. Meist wird ihr Zustand der Zersplitterung nur halbherzig beklagt. Die Pflege von Fraktalen zählt im Fach mehr als deren Zusammenführung. Dabei führt der Mangel an Einheit durchaus nicht zur alsbaldigen Auflösung. Fraktale Organisationen erweisen sich oft als komplexe, dynamische Systeme, die zwar schwer berechenbar und beherrschbar sind, sich jedoch durch Selbstorganisation erhalten und verbessern (s. Abschnitt 12.1.3). So mag nach der Moderne auch Psychologie als Einzeldisziplin einen Zusammenhalt zeigen, ohne eine Einheit zu bilden.

12.2.2 Psychologie zwischen methodenstrengem Rationalismus und philanthropischem Subjektivismus

Die Teilung der Wissenschaftler in „Menschen guten Gewissens" und „klagende Klasse" (s. Abschnitt 12.1.3) kehrt unter mehreren Bezeichnungen wieder: „Harte" und „weiche" Wissenschaftler, Empiriker und Hermeneutiker, Naturwissenschaftler und Geistes- bzw. Sozialwissenschaftler. Die Psychologie ist für alle genannten Ausrichtungen offen. Sie bewegt sich zwischen zwei Polen, von denen man den einen als „methodenstrengen Rationalismus", den anderen als „philanthropischen Subjektivismus" bezeichnen kann. George Kimble (1984) hat die Bedeutung dieser Begriffe eingehender bestimmt, indem er Studierende, Praktiker und Professoren der Psychologie nach ihren wissenschaftlich bedeutsamen Einstellungen befragte. Nach seinen Ermittlungen sind die beiden Pole durch sechs Paare von Unterbegriffen zu kennzeichnen:

Rationalismus	Subjektivismus
Erkenntniswert	Menschliche Werte
Kausalität	Unbestimmtheit
Objektivität	Intuition
Laborexperiment	Feldbeobachtung
Gesetzmäßigkeit	Einzelfall
elementar	ganzheitlich

Wolfgang Prinz (1994) hat zu der beschriebenen Polarisierung festgestellt:

- Psychologie hat ihre Stellung und ihr Ansehen als Einzelwissenschaft mit ihrer Methodenstrenge und ihren Forschungen über psychische Gesetzmäßigkeiten errungen. So ist sie zu verbindlichen allgemeinen Aussagen gelangt. Kritik am beschränkten praktischen Wert dieser Aussagen ist allerdings berechtigt.
- Philanthropische Praxis sowie das Eingehen auf Besonderheiten von Einzelfällen gehören ebenfalls in die Tradition der Psychologie. Doch sind die Leistungen philanthropischer Praxis hinter ihren Ansprüchen zurückgeblieben, und die Verbindlichkeit von Aussagen zu Einzelfällen ist noch nicht überzeugend dargelegt. Daher mangelt es diesen psychologischen Ansätzen an wissenschaftlicher Anerkennung.
- Anzuraten ist ein „produktives Arrangement" der beiden Richtungen, ein dritter und dann gemeinsamer Weg. Halte die Gespaltenheit der Psychologen an, werde die Öffentlichkeit der Psychologie bald überdrüssig werden und ihre Förderung einstellen.

In der Polarisierung der gegenwärtigen Psychologie leben offenbar die Gegensätzlichkeiten weiter, die bereits vor der Moderne in Erscheinung getreten sind: Experimentelle und Verstehende Psychologie, nomothetischer und idiographischer Ansatz (Abschnitte 9.2.3, 9.3.3), „reine" und „angewandte" Psychologie (Abschnitt 11.1.3). Nicht zu teilen braucht man freilich die Sorge des Autors, die Öffentlichkeit könne der alten Gegensätze überdrüssig werden. Warum sollte die Öffentlichkeit nicht dulden, was doch Teil der vorherrschen-

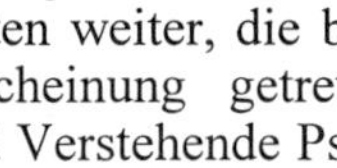

Kimble, G. A. (1984). Psychology´s two cultures. *American Psychologist, 39*, 833-839.

Prinz, W. (1994). Fünf Thesen zur sogenannten Erneuerung der sogenannten Psychologie. In A. Schorr (Hrsg.), *Die Psychologie und die Methodenfrage* (S. 3-9). Göttingen: Hogrefe.

den Kultur ist? Gerade in einer Epoche, die Buntheit, Spielfreude und Menschlichkeit schätzt, sollten Verwerfungen und Spannungen in der Öffentlichkeit Verständnis finden und der Psychologie Anteilnahme, Zuspruch und Unterstützung sichern.

12.2.3 Eingeschränkte Rationalität, Subjektivismus, qualitative Methodik: Anzeichen für eine postmoderne Wende?

In der Studie von Kimble aus dem Jahre 1984 (s. vorangehender Abschnitt) verteilten sich dreihundert Befragte im großen und ganzen gleichmäßig zwischen den Polen „methodenstrenger Rationalismus" und „Philanthropie". In der Zwischenzeit dürfte es jedoch eine Verschiebung zugunsten der philanthropischen Richtung gegeben haben. Dies ist zu begründen mit dem Aufkommen „weicherer" Forschungsthemen und -methoden. Als symptomatisch seien genannt:

- Forschungsprogramme zur eingeschränkten Rationalität, zum impliziten Verhalten sowie zur Emotionalität,
- subjektorientierte Modelle,
- qualitative Forschungsmethoden.

Bis in die siebziger Jahre suchte die Kognitionsforschung geistige Höchstleistungen zu beschreiben, die auf möglichst vollständigem Wissen und scharfsinnigen Verfahren der Logik und Mathematik beruhten. Sie folgte damit dem Prinzip der Rationalität (s. Abschnitt 5.2.1). Doch zu beobachten war: Nur selten ist vollständiges Wissen verfügbar. Und nur wenige Menschen beherrschen die formalen Regeln des logischen Schließens, der Wahrscheinlichkeitsrechnung sowie anderer mathematischer Verfahren. Die bedauernde Folgerung lag nahe: Menschen verhalten sich im allgemeinen nicht rational. Dies ließ Simon (1982) so nicht gelten. Für praktische Zwecke seien vollständiges Wissen und ausgefeilte Verrechnungsverfahren gar nicht erforderlich. Im praktischen Leben fehle es überhaupt an Zeit, Information und geistiger Kapazität, um hohe Rationalität zu erreichen. Menschen hätten daher gelernt, mit eingeschränkter Rationalität (engl. *bounded rationality*) zu leben.

Im Alltag, im Beruf müsse man sich in geistiger Genügsamkeit üben (engl. *satisficing).* Ein wichtiges Anwendungsfeld für Herbert Simon - zugleich Kognitionspsychologe und Wirtschaftswissenschaftler (1978 Nobelpreisträger für Wirtschaftswissenschaft) - waren Entscheidungen in Alltag und Verwaltung. Hierfür hatten Wissenschaftler mathematische Entscheidungsmodelle entwickelt, welche alle einschlägigen Entscheidungskriterien (z.B. beim Kauf eines Mantels: Stoff, Schnitt, Preis, Farbe usf.) berücksichtigen, gewichten und verrechnen. Doch in der Praxis verliefen Entscheidungsvorgänge meist nicht nach solchen Modellen. Oft wählten Entscheider schlicht das „erste Beste". Dabei gingen sie folgendermaßen vor: Sie setzten einige wenige Mindestanforderungen fest (z.B. beim Kauf eines Mantels Farbe, Preis und Größe) und griffen beim ersten Exemplar zu, welches die Mindestanforderungen erfüllte.

Einschränkungen der Rationalität braucht man keineswegs als Mangel zu empfinden. Gigerenzer und Goldstein (1996) vertreten die Meinung: Die „kurzen und bündigen" Verfahren des Denkens, Schließens und Entscheidens haben sich in der Evolution (s. Abschnitt 8.2.2) ausgebildet und bewährt. Ihr Nutzen steht auch heute noch außer Zweifel. Insofern sind sie anders als die in jüngerer Zeit von Wissenschaftlern erdachten Verfahren. Doch gerade in ihrer Sparsamkeit und Wirksamkeit sind sie nicht weniger rational.

„Kurze und bündige" Verfahren zeichnen sich nicht zuletzt durch Rückgriff auf Kenntnisse über Wahrscheinlichkeiten von Ereignissen und Zusammenhängen aus. Zum Beispiel kann es nützlich sein zu wissen, an welchen Stationen der Intercity Express der Deutschen Bahn hält und welche Fußballclubs in der deutschen Bundesliga spielen. Allein anhand solcher Merkmale ist nämlich zu unterscheiden, welche von zwei deutschen Großstädten die größere ist. Vergleicht man z.B.: Welche Stadt ist größer - Stadt X oder Stadt Y? Dann trifft man in 78% der Fälle die größere der beiden Städte, wenn man die mit dem ICE-Bahnhof nennt. Sogar 87% Treffer erzielt man bei Nennung der Stadt mit einem Bundesligaclub (Gigerenzer & Goldstein, 1996).

Wahrscheinlichkeiten von Ereignissen und Zusammenhängen, wie sie beim sparsamen Denken zutage treten, sind meist nicht absichtlich gelernt, oft sind sie nicht einmal als solche bewußt. Allenfalls zeigt ein unbestimmtes Gefühl der Vertrautheit die Kenntnis einer höheren Wahrscheinlichkeit an. Auch Autoren, die der Tiefenpsychologie der ersten Jahrhunderthälfte (Abschnitt 10.3) nicht zuneigen, bekennen sich nun zur Annahme unbewußter geistiger Vorgänge. Bewußte und unbewußte Prozesse erhielten neue Bezeichnungen. Die bewußten wurden explizit (ausdrücklich) genannt, die unbewußten implizit (eingeschlossen). Besondere Aufmerksamkeit schenkte die neuere Forschung dem impliziten Lernen. Implizites Lernen wird nicht von Erziehern organisiert und von den Betroffenen nicht mit Fleiß und Absicht betrieben. Und doch sind die Leistungen des impliziten Lernens enorm. Ein eindrucksvoller Beleg ist der Erwerb der Erstsprache. Kinder erhalten keinen Unterricht über die Regeln der Grammatik, und doch lernen sie, grammatische Regeln zu verstehen und beim Sprechen anzuwenden. Dabei sind sie meist gar nicht in der Lage, die Regeln ausdrücklich zu nennen. Sie entwikkeln jedoch ein sicheres „Gefühl, wie es richtig heißt" (Reber, 1992).

Im Erinnern, Vorstellen und Wahrnehmen, beim Denken und Problemlösen, Urteilen, Entscheiden und Handeln hat man ebenfalls eine Fülle impliziter Anteile gefunden. Zur unbewußten Informationsverarbeitung haben Perrig, Wippich und Perrig-Chiello (1993) eine Fülle von Studien zusammengestellt. Und ebenfalls als Gefühl wird oft bezeichnet, was jenen impliziten, weitgehend unbewußt bleibenden geistigen und praktischen Leistungen innewohnt; damit meint man eine sichere, aber nicht eingehender begründbare Erkenntnis (z.B. nach Gefühl urteilen, nach Gefühl handeln). Mit dem Begriff des Gefühls verbindet man noch eine andere Bedeutung: lust- oder unlustvolle Erregung wie Liebe und Haß. Gefühle im zuletzt genannten Sinne weisen selbst hohe implizite Anteile auf; vor allem entziehen sie sich oft der bewußten Kontrolle, und ihre Entstehung ist nicht bewußt nachvollziehbar. Zudem schlagen sich Gefühle wie Liebe und Haß und Stimmungen wie Freude und Trauer in geistigen Tätigkeiten nieder. Zum Beispiel werden in freudiger Stimmung Entscheidungen schneller getroffen als in trauriger, weil im ersteren Falle Gegenargumente weniger beachtet werden. In freudiger Stimmung gibt man auch günstigere Urteile über andere Personen ab, weil man ihre Vorzüge höher gewichtet als ihre Schwächen (Fiedler & Forgas, 1988).

In vielen Forschungsprojekten der Psychologie vollzieht sich gegenwärtig eine Abwendung von anspruchsvollen rationalistischen Modellen. Einschränkungen der Rationalität, das Unbewußte, ja sogar die Irrationalität rücken in den Mittelpunkt der Betrachtung. Mehr noch: Sie werden als konstruktiv und angepaßt anerkannt.

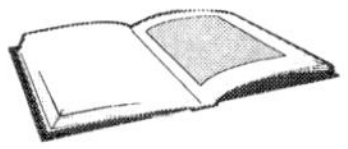

Simon, H. (1982). *Models of bounded rationality.* Cambridge, MA: Massachusetts Institute of Technology Press.

Gigerenzer, G. & Goldstein, D. G. (1996). Reasoning the fast and frugal way. *Psychological Review, 103,* 650-669.

Reber, A. S. (1992). The cognitive unconscious: An evolutionary perspective. *Consciousness and Cognition, 1,* 93-133.

Perrig, W. J., Wippich, W. & Perrig-Chiello, P. (1993). *Unbewußte Informationsverarbeitung.* Bern: Huber.

Fiedler, K. & Forgas, J. P. (Eds.). (1988). *Affect, cognition and social behavior.* Göttingen: Hogrefe.

Zu den Forschungen in der Persönlichkeits- und Sozialpsychologie, die neuerdings den stärksten Aufschwung genommen haben, gehören die Untersuchungen zum Selbst. Sie beschäftigen sich mit dem Konzept des Selbst sowie mit den auf das Selbst bezogenen Prozessen (Selbstaufmerksamkeit, Selbstdarstellung, Selbstkontrolle u.ä.) (Brown, 1997). Viele Forscher halten an der Annahme der Einheitlichkeit und der integrativen Kraft des

Selbst fest (vgl. Abschnitt 8.5.2). Konstruktionistische Ansätze behaupten dagegen: Das Selbst als Einheit gibt es nicht; das Selbst ist vielmehr eine gespaltene Struktur. Kenneth Gergen (1990) begründet dies mit der Uneinheitlichkeit der sozialen Welt. Personen können ihre Welt nicht mehr als Einheit konstruieren. Unterschiedliche Partner und Situationen vermitteln unterschiedliche Strategien und Werte. Daher konstruieren Personen jeweils ein Selbst, das so gespalten ist wie die Welt, mit der sie interagieren. Derselbe Mensch kann sich z.B. als freundlich-hilfreich und als feindselig-konkurrierend darstellen - das eine in der Familie, das andere am Arbeitsplatz. Mit der überwältigenden Vielfalt sozialer Situationen erklärt Gergen übrigens den hohen Wert der Selbstidentität in der Postmoderne. Von sozialer Pluralität gesättigt, ziehe sich der Mensch auf seine eigene Person zurück.

Die Perspektive betroffener Personen wird zum maßgebenden Thema subjektorientierter Psychologie, einer weiteren Richtung, deren Erstarken in der letzten Zeit zu bemerken ist. Subjektorientierte Psychologie setzt auf den Diskurs, d.h. die sprachliche Auseinandersetzung. Gegenstand des Diskurses ist das Bewußtsein der betroffenen Individuen; als Subjekte sollen diese selbst ihre Sichtweise bestimmen. Damit erscheint auch ihre Umwelt in ihrer subjektiven Sicht. Mehr noch: Als Subjekte wählen oder schaffen sie ihre Umwelt selbst (Bruder, 1993).

Konstruktionistische wie subjektivistische Theorien stellen einseitige Ursache-Wirkungsmodelle infrage und ersetzen diese durch Wechselwirkungsmodelle. So wollte die Entwicklungspsychologin Sandra Scarr (1985) nicht ihren Kollegen folgen, welche allein den Einfluß der mütterlichen Erziehung auf die Intelligenzentwicklung der Kinder erforschten. Sie fand nämlich: Mütter behandeln hochintelligente Kinder anders als niedrigintelligente. Daher erschien die Annahme einer Wechselwirkung zwischen mütterlichem Verhalten und kindlicher Intelligenz angemessen. Mütter und Kinder werden in dieser Sicht als Glieder eines dynamischen Systems begriffen. Ihre Wechselwirkung wird zu einem Vorgang der Autopoiese (s. Abschnitt 12.1.3)

Die subjektivistische Theorie verkennt nicht die Widerstände, welche die Umwelt den Subjekten bei ihrer Selbstbestimmung und Selbstschöpfung entgegensetzt. Indem sie für das Subjekt Partei ergreift, wird sie kritisch gegenüber der Gesellschaft, die ihre Entfaltung hemmt (z.B. gegenüber der Schule als Lehreinrichtung, die den Schülern ihre Lehrpläne aufnötigt). In diesem Sinne äußert sich eine Richtung, die sich als „kritische Psychologie“ bezeichnet (s.a. folgende Seite). Im übrigen eröffnet Subjektorientierung vielfältige Möglichkeiten, philosophische, politische, religiöse u.a. Überzeugungen in Diskursen zu berücksichtigen. Auch tiefenpsychologische Annahmen finden oft Eingang in subjektorientierte Erörterungen.

Insbesondere unter dem Einfluß des sozialen Konstruktionismus und der subjektorientierten diskursiven Psychologie hat sich das Methodenrepertoire der Psychologie verändert. Hatte die Psychologie bis in die sechziger Jahre noch auf ihre quantitative Methodik (insbesondere Meßverfahren, Verfahren der beschreibenden und prüfenden Statistik) mit Stolz als Beweis ihrer Wissenschaftlichkeit hingewiesen, begann danach die Ausbreitung qualitativer Verfahren. Besonders häufig sind (Lamnek, 1995):

- Einzelfallbeobachtungen,
- biographische Erhebungen,
- qualitative Interviews,
- Gruppendiskussionen,
- teilnehmende Beobachtung,
- Inhaltsanalysen von Dokumenten (Schriften, Filmen u.ä.).

Die genannten Verfahren können durchaus quantitativ verrechenbare Daten hervorbringen (z.B. Auftretenshäufigkeiten von Themen in Interviews). Viele Untersucher benutzen sie jedoch vorzugsweise oder gar ausschließlich, um qualitatives Material für Deutungen und Diskurse zu erhalten (z.B. Phasen eines Lebenslaufes, Motive für politische Entscheidungen).

Man kann die letztgenannten Tendenzen folgendermaßen zusammenfassen: Die Psychologie ist diskussionsfreudiger geworden. Sie läßt Betroffene häufiger unmittelbar zu Wort kommen. Sie übt sich mehr in der Deu-

Dekonstruktion und kritische Psychologie

Subjektorientierte Modelle erweitern oft die Theorie des sozialen Konstruktionismus (Abschnitt 12.1.3) zur Theorie der Dekonstruktion, wie sie die französischen Philosophen Jacques Derrida (1967/1972) und Jean-Francois Lyotard (1983/1989) ausgearbeitet haben. Danach unterscheidet man zunächst die Wörter (der Schrift, der Rede) von den Begriffen, welche diese Wörter bezeichnen. Begriffe werden durch Schreiben und Reden konstruiert, bis sie den Eindruck erwecken, für reale Dinge zu stehen. Die Verdinglichung (Reifikation) der Begriffe folgt der Sprachtradition (Logozentrismus). Mit der Sprachtradition gehen in die Begriffe Vorurteile, Machtansprüche und andere soziale Momente ein. Es gelte nun, die soziale Konstruktion der Begriffe aufzudecken. Die Analyse der sozialen Konstruktion offenbare Strategien der Macht, der Übervorteilung u.ä., die für die Konstruktion der Begriffe maßgebend gewesen seien. Diese Analyse wird Dekonstruktion genannt.

Dekonstruktion erfolgt im Diskurs, beim Sprechen und Lesen. Sie stützt sich auf die in Texten selbst enthaltenen Widersprüche, Mehrdeutigkeiten und Gegensätzlichkeiten. Diese erschließen Bedeutungen außerhalb des Textes, die der Text selbst zu verleugnen oder zu verschweigen sucht - sie werden „Differenzen“ (franz. *différance*) genannt. Indem man ermittelt, wie Texte konstruiert wurden, als seien sie gar nicht konstruiert, sondern getreue Darstellungen der Wirklichkeit, dekonstruiert man die in ihnen enthaltenen Begriffe. Zum Beispiel könne man die scheinbare Selbstverständlichkeit, mit der Rechtsbrecher als Täter dargestellt werden, als Weigerung deuten, sie als Opfer der Gesellschaft anzuerkennen.

Die Methode der Dekonstruktion wird meist gesellschaftskritisch eingesetzt. Sie stellt sich dann in den Dienst menschlicher Werte (Freiheit, Gerechtigkeit, Gleichheit). So ist auch eine kritische Psychologie entstanden, die sich mit Fragen der Selbstbestimmung in Bildung und Beruf, mit dem Verhältnis der Geschlechter, der Achtung kultureller Identität, der Gerechtigkeit der Justiz, der Behandlung abweichenden Verhaltens u.ä. beschäftigt (Fox & Prilleltensky, 1997).

Mit ihrer Wertorientierung hat die kritische Psychologie die Nachfolge der Humanistischen Psychologie (s. Abschnitt 10.4.2) angetreten. Übrigens betrachtet sie weder ihre Themen noch ihre kritische Methode (vgl. dazu Abschnitt 5.1.2) als fachspezifisch. Damit hält sie die Konzeption der Psychologie als Einzeldisziplin für eine verfehlte wissenschafts- und berufspolitische Konstruktion. Vielmehr stellt sich kritische Psychologie als disziplinüberschreitend dar und sucht die Kooperation mit anderen kritischen (u.a. marxistischen, feministischen, antirassistischen) Gruppen insbesondere aus den Sozial-, Rechts- und Wirtschaftswissenschaften.

Derrida, J. (1967/1972). *Die Schrift und die Differenz*. Frankfurt a. M.: Suhrkamp.

Lyotard, J.-F. (1983/1989). *Der Widerstreit*. München: Fink.

Fox, D. & Prilleltensky, I. (Eds.). (1997). *Critical psychology*. London: Sage.

tung ihrer Aussagen und weniger in der Prüfung ihrer Richtigkeit. Demgegenüber treten unmittelbare Verhaltensbeschreibungen und Leistungsermittlungen zurück. Kritiker dieser neuen Tendenzen bemängeln die „Weichheit“ solcher wissenschaftlichen Ansätze. Die Verteidiger der neu erstarkenden Richtungen halten diese eher für „menschengerecht“. Jedenfalls stützt die Kontroverse die Einschätzung, ein Umschwung habe neuerdings in der Psychologie eingesetzt, und zwar zugunsten der Hermeneutik und der Philanthropie.

12.2.4 Anhaltende Fortschritte im Stile der Moderne. Biologische Psychologie als hervorragendes Beispiel

Die Anhänger einer methodisch strengen, ja objektiven Psychologie haben keinesfalls die Waffen gestreckt. Sie halten an der Auffassung fest, daß Bewußtsein, geistige Leistungen, Verhaltensweisen und soziale Beziehungen reale Sachverhalte sind, welche die Psychologie als Wissenschaft verbindlich zu beschreiben und zu erklären vermag. Aus dieser Sicht sind der psychologischen Forschung beachtliche Erfolge beschieden gewesen. Insbesondere durch Nutzung der umwälzenden Fortschritte der Informatik und der Elektrotechnik hat die psychologische Forschung ihren Platz im Programm der Moderne (s. Abschnitt 10.1.1) weiterhin behauptet.

Mit einer Fülle neuartiger Befunde und Theorien haben die experimentalpsychologische Grundlagenforschung sowie die Feldforschung das Wissen des Faches bereichert - über Kognition, Emotion und Motivation, Handlung und Sprache, jeweils auch hinsichtlich sozial-, differentiell- und entwicklungspsychologischer Aspekte. Von den zahlreichen Forschungsgebieten, aus denen in jüngerer Zeit Fortschritte berichtet wurden, seien wenigsten zwei als Beispiele genannt: das Textverstehen (Graesser, Millis & Zwaan, 1997) und das Verfolgen persönlicher Ziele im Alltag (Brunstein & Maier, 1996).

Brown, J. (1997). *The self.* New York: McGraw-Hill.

Gergen, K. J. (1990). Die Konstruktion des Selbst im Zeitalter der Postmoderne. *Psychologische Rundschau, 41,* 191-199.

Bruder, K.-J. (1993). *Subjektivität und Postmoderne.* Frankfurt a. M.: Suhrkamp.

Scarr, S. (1985). Constructing psychology: Making facts and fables for our time. *American Psychologist, 40,* 499-512.

Lamnek, S. (1995). *Qualitative Sozialforschung.* Weinheim: Beltz/Psychologie VerlagsUnion.

Den Anspruch auf wissenschaftliche Objektivität vertritt gegenwärtig keine psychologische Forschungsrichtung so überzeugt wie die Biologische Psychologie. Kann sie doch - mehr als andere psychologische Richtungen - darauf verweisen, in den körperlichen Grundlagen des Bewußtseins und des Verhaltens reale Untersuchungsgegenstände zu besitzen. Dabei dürften elementare psychophysische Funktionen gegenüber kurzfristigen kulturellen Veränderungen recht stabil sein. Zudem verfügt die Biologische Psychologie (im Gefolge der Biologie und Medizin) über leistungsfähige Meßmethoden, welche anhaltenden Erkenntnisgewinn jenseits des subjektiven Ermessens versprechen.

Drei aktuelle Forschungsgebiete der Biologischen Psychologie seien hervorgehoben:

- Verhaltensgenetik,
- Psychoendokrinologie,
- Hirnforschung.

Die Verhaltensgenetik untersucht mit Methoden der Erbforschung (z.B. Zwillingsstudien) Persönlichkeitseigenschaften (einschließlich Persönlichkeitsstörungen) sowie Verhaltensweisen. Tatsächlich läßt sich feststellen, daß Eigenschaften und Verhaltensweisen von Eltern auf Kinder übertragen werden, ohne daß dies durch Erziehung oder andere Umwelteinflüsse zu erklären ist. So werden Fähigkeiten wie mathematische oder musikalische Begabung zu einem beträchtlichen Anteil vererbt, ebenso Persönlichkeitszüge wie Extraversion und Depressivität. Sogar Neigungen zu einzelnen Verhaltensweisen wie Fernsehen oder Geldausgeben dürften zu einem gewissen Anteil erblich sein. Psychische Eigenschaften und Verhaltenstendenzen sind demnach im Erbgut dargestellt. In der Generation der Kinder kommen sie unmittelbar zum Vorschein, oder sie beeinflussen zumindest die Wirkung der Umwelt auf die Entwicklung (Plomin, DeFries, McClearn & Rutter, 1997).

Die Endokrinologie befaßt sich mit den Wirkstoffen des Körpers, insbesondere des Nervensystems und des Immunsystems. Das Gehirn, die Sinnes- und Bewegungsnerven, das autonome Nervensystem - sie alle entfalten ihre Tätigkeit durch die Freisetzung von Transmittern (Übertragungsstoffen) und Modulatoren (Stoffen zur Zustandsänderung). Beispiele sind die Nebennierenhormone Adrenalin und Noradrenalin. Die Ausschüttung von Adrenalin geht mit einer Erhöhung der Erregbarkeit einher (und äußert sich u.a. durch erhöhten Puls und Schweißausbruch). Die Ausschüttung von Noradrenalin ist mit Mißstimmung verbunden (und zeigt einen Stresszustand an). Das adrenokortikotrope Hormon aus der Hirnanhangsdrüse (Hypophyse) fördert Aufmerksamkeit und Lernen. Eine schnell wachsende Fülle von Untersuchungen hat inzwischen sensorische, motorische und geistige Leistungen sowie emotionale Zustände auf biochemische Prozesse zurückgeführt (Nemeroff, 1992).

Ein besonderer Erfolg der biochemischen Forschung war die Entdeckung des Immunsystems. Das Immunsystem umfaßt vor allem Leukozyten, die aus dem Knochenmark oder aus dem Lymphgewebe gebildet und im Blutkreislauf über den gesamten Körper verteilt werden. Sie besitzen die Fähigkeit, eindringende Fremdstoffe wie Viren und Bakterien zu erkennen, zu zerstören oder sonstwie unschädlich zu machen. Das Immunsystem schützt vor Erkrankungen; zudem schlägt sich seine Stärke in Stimmung und Leistungsfähigkeit nieder. Umgekehrt wirken sich Leistung und Stimmung auf das Immunsystem aus. Daher können andauernder Mißerfolg (z.B. bei der Arbeit) oder soziale Herabsetzung (z.B. bei Verlust der Führungsposition) das Immunsystem schwächen und die Anfälligkeit für Krankheiten erhöhen (Schedlowski & Tewes, 1990).

Der enorme Aufschwung der Hirnforschung wurde vor allem durch die Entwicklung von äußerst empfindlichen und hoch auflösenden Meßgeräten sowie Rechnern von hoher Kapazität und Geschwindigkeit möglich. Dadurch lassen sich gleichzeitig von dutzenden Stellen der Schädeloberfläche mit einer zeitlichen Auflösung von Hundertstelsekunden Elektropotentiale ableiten, welche die Hirnaktivität widerspiegeln (Elektroenzephalographie). Millimetergenaue Lokalisationen von Aktivitäten im Gehirn erlaubt die Ausmessung des Magnetfeldes um den Schädel (Magnetenzephalographie, Magnetresonanztomographie). Hinzu kommen weitere Methoden wie die Bestimmung des Stoffwechsels in verschiedenen Hirnregionen (Positron-Emissions-Tomographie).

Zunehmend klärt sich nun die Arbeitsweise des Gehirns, seine Gliederung in Funktionsbereiche und deren Vernetzung. Aus psychologischer Sicht interessiert vor allem die Ausbreitung von Erregung bei kognitiven und motorischen Tätigkeiten sowie in emotionalen Zuständen. Man erkennt z.B.: Der Thalamus, eine Region im Zwischenhirn, ist an der Zuwendung von Aufmerksamkeit beteiligt, der benachbarte Hypothalamus an der Entstehung von Emotionen. Sprachverstehen und Sprachproduktion werden im Gehirn nicht am gleichen Ort unterstützt. Am Verstehen beteiligt ist vornehmlich der linke Schläfenlappen der Großhirnrinde (Wernicke-Zentrum), am Sprechen deren linker Stirnlappen (Broca-Zentrum). Aufsehen hat erregt, daß die beiden Hirnhälften unterschiedliche Leistungen hervorbringen. Unterstützt die linke Hälfte bevorzugt die Sprache und das abstrakte Denken, trägt die rechte Hälfte eher zur räumlichen Vorstellung, zum intuitiven Erfassen und zum emotionalen Bewerten bei (Pöppel, 1994).

Graesser, A. C., Millis, K. K. & Zwaan, R. A. (1997). Discourse comprehension. *Annual Review of Psychology, 48*, 163-189.

Brunstein, J. C. & Maier, G. W. (1996). Persönliche Ziele: Ein Überblick zum Stand der Forschung. *Psychologische Rundschau, 47*, 146-160.

Plomin, R., DeFries, J. C., McClearn, G. E. & Rutter, M. (1997). *Behavioral genetics*. New York: Freeman.

Nemeroff, C. B. (Ed.). (1992). *Neuroendocrinology*. Boca Raton, FL: CRC Press.

Schedlowski, M. & Tewes, U. (Hrsg.). (1996). *Psychoneuroimmunologie*. Heidelberg: Spektrum.

Pöppel, E. (1994). *Geheimnisvoller Kosmos: Das menschliche Gehirn*. Gütersloh: Bertelsmann.

Drehung 0 Grad

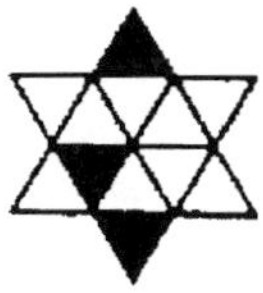

Drehung 60 Grad

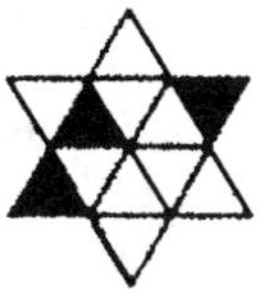

Drehung 120 Grad

Ein Experiment aus der Hirnforschung. Studierende der Universität Marburg erhielten 3 sec lang sechseckige Sternfiguren gezeigt. Danach sollten sie sich die gezeigten Figuren anschaulich vorstellen. In der Vorstellung sollten die Figuren ihre ursprüngliche Raumlage beibehalten (Drehung um 0 Grad), oder sie sollten in der Vorstellung gedreht werden - um 60 Grad oder um 120 Grad.

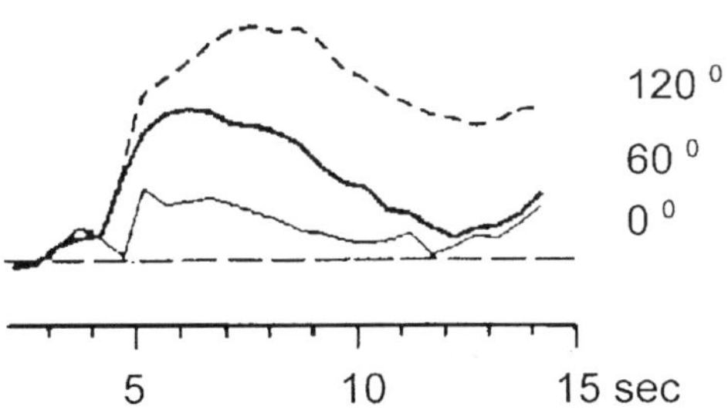

Die bildliche Vorstellung ließ sich durch Messung von Potentialschwankungen an der Schädeloberfläche verfolgen. Besonders deutlich war die Verschiebung des Elektropotentials zum negativen Pol am hinteren Scheitel. Die Verschiebung war umso größer, je weiter die Figur in der Vorstellung gedreht wurde (Rösler, Heil, Bajric, Pauls & Henninghausen, 1995, S. 137, 141).

Als die Psychologie zu Beginn des 20. Jahrhunderts als Einzelwissenschaft in die Moderne eintrat, hat sie die jüngsten Fortschritte ihrer objektivistischen Forschung allenfalls in ihren kühnsten Träumen vorweggenommen. Am Ende des Jahrhunderts haben ihre fortschrittlichen Techniken des Experimentierens, der Datenerhebung und der Datenanalyse sie den Disziplinen nähergebracht, mit denen sie die Entwicklung jener Techniken betreibt und mit denen sie beim Einsatz der Techniken kooperiert. Zu diesen Disziplinen zählen in erster Linie die Informatik, die Biochemie, die Neurophysiologie und die Psychiatrie. Weitere Disziplinen wie Philosophie, Sprach- und Kommunikationswissenschaften nehmen ebenfalls Anteil.

Zwischen den genannten Disziplinen wächst der Austausch. Es mehren sich die Stimmen, welche für eine Aufhebung der Grenzen zwischen den Disziplinen eintreten, um kooperierende Forschungsrichtungen zusammenzuführen. Vorgeschlagen werden vor allem zwei neue Disziplinen, welche sich bezüglich ihres Programms weitgehend decken: Kognitionswissenschaft (s. Münch, 1992) und Neurowissenschaft (s. Kandel, Schwartz & Jessell, 1995/1995). Kognitionswissenschaft will Grundlagen und Nutzbarkeit menschlicher, tierischer und technischer Intelligenz ermitteln. Sie vergleicht u.a. Erkennens- und Planungsleistungen bei Menschen und Computern (z.B. beim Schachspiel). Die Neurowissenschaft legt ihren Schwerpunkt auf die Untersuchung jener Mechanismen, welche intelligente Leistungen bei Lebewesen und Maschinen hervorbringen. Diese betrachtet sie als Netzwerke - als elektronische Schaltungen wie in Computern oder als Nervenverbindungen wie im Gehirn.

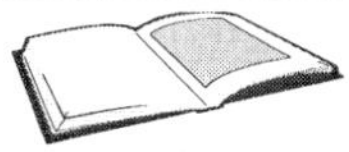

Rösler, F., Heil, M., Bajric, J., Pauls, A. C. & Henninghausen, E. (1995). Patterns of cerebral activation while mental images are rotated and changed in size. *Psychophysiology, 32,* 135-150.

Münch, D. (1992). *Kognitionswissenschaft: Grundlagen, Probleme, Perspektiven.* Frankfurt a. M.: Suhrkamp.

Kandel, E. C., Schwartz, J. H. & Jessell, Th. M. (1995/1995). *Neurowissenschaften.* Heidelberg: Spektrum.

12.3 Psychologische Praxis auf neuen Wegen?

12.3.1 Psychologenberuf oder psychologische Berufe?

Das Berufsfeld der Psychologie stellt sich wie ihre Forschungslandschaft dar: Nach außen geeint, im Inneren vielfach fragmentiert (s. Abschnitt 12.2.1). Der Berufsstand tritt in nationalen Berufsverbänden (in Deutschland: *Berufsverband deutscher Psychologinnen und Psychologen*) als Einheit auf, um so gegenüber anderen Berufsgruppen politische Ziele besser durchsetzen zu können. Innerhalb der Berufsverbände herrscht allerdings eine Gliederung nach Sektionen, deren trennende Kraft immer deutlicher zutage tritt. Die mitgliederstärksten Sektionen sind gegenwärtig Klinische Psychologie sowie Arbeits-, Betriebs- und Organisationspsychologie. Starke Sektionen tendieren ihrerseits zur weiteren Unterteilung; insbesondere teilt sich die Klinische Psychologie nach Therapierichtungen.

In fachlicher Hinsicht ist nur wenig Kooperation zwischen Angehörigen verschiedener beruflicher Sektionen festzustellen. Sie organisieren getrennte Weiterbildungsprogramme, betreiben unterschiedliche Forschungsprojekte und unterhalten jeweils eigene Nachrichtenblätter. Berufspsychologen haben gewöhnlich ihren Schwerpunkt in nur einer Sektion, und sie vollziehen nur selten einen Wechsel von einer Sektion zur anderen. Die Regel ist die frühe Spezialisierung in einem Berufszweig und das Festhalten an diesem Zweig während der gesamten beruflichen Laufbahn.

Wenige Jahrzehnte professioneller Psychologie haben ausgereicht, feste Berufsbilder zu schaffen: Psychotherapeuten, Personalberater, Gerichtsgutachter u.ä. Die Zahl solcher Berufsbilder dürfte sich vermehren. So verwies etwa Bruno Preilowski (1998) auf die Fortschritte der Hirnforschung (s. Abschnitt 12.2.4) und befürwortete die Schaffung eines Berufsbildes für klinische Neuropsychologen mit besonderen Aufgaben in Diagnostik, Therapie und Rehabilitation.

Zugleich ist jedoch eine Flexibilisierung des Berufsmarktes zu beobachten. Gestiegener Wohlstand und vielseitige Interessen nebeneinander existierender Minoritäten bedingen eine Nachfrage nach zusätzlichen Diensten für Psychologen. Der *Monitor*, das Blatt für die Mitglieder der *American Psychological Association*, berichtet laufend über neue praktische Aufgaben, bei denen sich Psychologen bewähren: Förderung von Lernbehinderten und Hochbegabten, Hilfen für Opfer von Naturkatastrophen und für Siedler in der Arktis, Gestaltung von Internetangeboten und Entwürfe von Freizeitparks sowie vieles andere. Die eingeführten, großflächigen Praxisfelder ergänzen Nischen für wagemutige und einfallsreiche Berufsvertreter. Neben langfristigen, standardisierten Berufsaufgaben eröffnen sich nicht oder noch nicht standardisierte, oft nur kurzfristig wahrzunehmende Beschäftigungschancen. Mit den neuen Berufsaufgaben für Psychologen steigt die Fragmentierung des Psychologenberufs weiter; ihre Instabilität führt aber zu mehr Mobilität.

Psychologische Praxis profiliert sich also in einer Vielfalt von Spezialisierungen, die man ohne weiteres als unterschiedliche psychologische Berufe bezeichnen kann. Diese Berufsspezialisierungen rühren weitgehend von der Konzentration auf umschriebene Praxisfelder wie Erziehung oder Gesundheit her. Sofern die Einbindung in die Psychologie als einheitliche Einzeldisziplin nur eine lockere ist, werden die Spezialberufe frei für Koalitionen und Kooperationen mit anderen Berufen aus ihrem Praxisfeld - mit Ärzten, Lehrern, Richtern u.ä. In der Frühzeit des Psychologenberufs mögen Zusammenarbeit und Austausch des Neuankömmlings mit den traditionellen Berufsständen (s. Abschnitt 6.1.4) im Konkurrenzkampf gelitten haben. Inzwischen hat sich der Psychologenberuf mit zahlreichen Vertretern durchgesetzt; die Anbahnung guter Partnerschaft mit Nachbarberufen war Teil und Folge dieser Entwicklung.

Überdies sind zahlreiche Praxisfelder im Umbruch; überkommene Aufgaben und Berufsrollen sind Änderungen unterworfen. Damit schwinden traditionelle Vorrechte, und die Psychologie als neuer Berufsstand erhält die Chance der besseren Integration auf dem Berufsmarkt. So steht in Deutschland eine Reform der Psychiatrie an. Die stationäre Behandlung in zentralen psychiatrischen Kliniken soll sich auf schwere und akute Fälle beschränken. Die weitere psychiatrische Versorgung sollen gemeindenahe Ambulanzen, Tageskliniken u.ä. übernehmen. Lothar Schmidt (1998) hat ausgeführt, daß sich damit Diagnostik und Therapie stärker auf die Person der Patienten sowie deren alltägliche Umgebung einzustellen haben, und daß Psychologen für die angestrebten gemeindenahen psychiatrischen Dienste besonders geeignet sein sollten.

12.3.2 Moderne psychologische Praxis: Normiert, effizienzkontrolliert

Den modernen Prinzipien der Funktionalität und Effizienz ist die psychologische Praxis in weiten Bereichen treu geblieben. Diesen Prinzipien versucht sie vor allem durch Normierung und Effizienzkontrolle gerecht zu werden. Normierung bezieht sich auf die Festlegung von Verfahren, die sich nicht nur als nutzbringend, sondern auch als die besten verfügbaren, als die am wirtschaftlichsten anwendbaren u.ä. erwiesen haben. Der Stolz der modernistischen Praxis ist ihr enormer Aufwand bei der Entwicklung von Verfahren sowie bei der Prüfung ihrer Bewährung. Systematische empirische Erhebungen gehen dabei einher mit ausgefeilten, oft eigens für die Zwecke psychologischer Praxis entworfenen mathematischen Analysen. Dabei gestattet inzwischen der Einsatz von Computern die Erhebung und Verarbeitung großer Mengen von Daten und darüber hinaus Datenanalysen von beträchtlicher Komplexität.

Psychometrie und Diagnostik, seit Beginn der Moderne als Paradebeispiele wissenschaftlich betriebener Psychologie vorgeführt, haben ihren Bestand an standardisierten Verfahren zur Prüfung von Fähigkeiten, Einstellungen und Motiven, Stimmungen, Meinungen und Persönlichkeitseigenschaften stetig ausgebaut (s. Kubinger, 1995). Ein Beispiel für die Verwissenschaftlichung der Beschreibung sind Instrumente zur Bestimmung von Persönlichkeitseigenschaften. Für solche Eigenschaften hält die Sprache rund 5000 Bezeichnungen bereit (z.B. freundlich, feige). Freilich sind die Bezeichnungen unscharf, oft mehrdeutig; teilweise überschneiden sie sich. Durch geduldiges Vergleichen wurde die Menge der Eigenschaften auf fünf, nach psychometrischen Kriterien neu definierten Persönlichkeitsdimensionen wie Extraversion und emotionale Stabilität reduziert. Standardisierte Listen halten beobachtbare oder abfragbare Eigenschaften fest, welche die bestmögliche Einordnung von Personen auf den „fünf Großen“ erlauben sollen. (Zum Beispiel deuten hohe Neugier und Geselligkeit auf eine starke Ausprägung in der großen Dimension der Extraversion hin.) Erhebungsinstrumente legen weiterhin die Darstellung der Stärke von Eigenschaften fest (z.B. auf fünfstufigen Skalen) sowie viele andere Einzelheiten der Beobachtung oder Befragung. So hofft man auf verläßliche und vergleichbare Beschreibungen von Personen, ja sogar auf Beschreibungen, die über Kultur- und Sprachgrenzen hinweg vergleichbar sind (De Raad, 1998).

Die Regeln der Testkonstruktion und Testbewertung (z.B. Auswahl von Testaufgaben

Preilowski, B. (1998). Zur Lage der Neuropsychologie (in Deutschland). *Psychologische Rundschau, 49*, 153-168.

Schmidt, L. R. (1998). Psychiatriereform und Klinische Psychologie. *Report Psychologie, 8*, 630-641.

Kubinger, K. D. (1995). *Einführung in die psychologische Diagnostik.* Weinheim: Psychologie VerlagsUnion.

De Raad, B. (1998). Five big, big five issues: Rationale, content, structure, status, and cross-cultural assessment. *European Psychologist, 3*, 113-124.

nach Schwierigkeit, Eichung von Testergebnissen, Bestimmung von Reliabilität (Zuverlässigkeit) und Validität (Vorhersagekraft) füllen längst eine eigene Testtheorie (z.B. Lienert & Raatz, 1994). Für standardisierte Testverfahren gibt es international abgestimmte, geprüfte Qualitätsnormen (Häcker, Leutner & Amelang, 1998). In Deutschland unterhält die Föderation deutscher Psychologenvereinigungen (1986) ein Testkuratorium zur Testbewertung (Einhaltung von Qualitätsnormen), zum Testschutz (z.B. Anwendung durch hierfür ausgebildete Personen) sowie zur Testentwicklung.

Qualitätssicherung wird ebenfalls bei psychologischen Interventions- und Gestaltungsmaßnahmen betrieben - z.B. bei Trainingsprogrammen und Rehabilitationsprojekten. Anhand von Effizienzbewertungen werden konkurrierende Verfahren miteinander verglichen; dazu ermittelt man einerseits ihre Erfolgsrate, andererseits ihre Kosten (vgl. Abschnitt 11.2.3). Besonders starke Konkurrenz herrscht in der psychologischen Praxis zwischen Therapieverfahren. Vergleicht man ihre Erfolge (vor allem Beseitigung von Störungen) sowie ihre Kosten (vor allem Therapiedauer), so erhält man unterschiedliche Bewährungsprofile. Damit werden „Gewinner" und „Verlierer" festgestellt. Dies erregt stets heftige Auseinandersetzungen über die Aussagekraft, ja sogar die Fairness der Untersuchung.

Der Klinische Psychologe Klaus Grawe von der Universität Bern hat mit seinen Mitarbeiterinnen Ruth Donati und Friederike Bernauer (1994) viel Widerspruch erfahren, als er - wie nicht wenige Vorgänger - der Verhaltenstherapie hohe Effizienz bescheinigte, nicht jedoch Gesprächstherapien, insbesondere der Psychoanalyse (s. Abschnitte 11.3.6, 10.3.2). Dabei hatten sich die Autoren eines weitgehend objektiven Verfahrens bedient. Aus allen ihnen zugänglichen Berichten über Psychotherapien nach einem Untersuchungsplan - über 3000 Veröffentlichungen aus wissenschaftlichen Fachzeitschriften - wählten die Autoren rund 900 nach ihrer Vergleichbarkeit aus. Die Angaben über den Therapieverlauf wurden einer Metaanalyse unterzogen. Das ist ein mathematisches Verfahren, das Daten aus mehreren vergleichbaren Studien zusammenfaßt und aus der gesamten verfügbaren Datenmenge die Stärke von Wirkungen neu berechnet. Die Kritik an dieser Studie war vielfältig. Erwähnenswert ist hier vor allem die von einigen Seiten geäußerte grundsätzliche Ablehnung von richtungsneutralen Vergleichen; jede Therapie habe ihre eigenen Ziele und Voraussetzungen und lasse sich deshalb nur im Rahmen ihrer eigenen theoretischen Ausrichtung beurteilen. Offenbar fehlt es an Einigkeit bei der Bestimmung von Effizienzkriterien. Darauf wird im folgenden Abschnitt noch näher einzugehen sein.

Lienert, G. & Raatz, U. (1994). *Testaufbau und Testpraxis.* Weinheim: Psychologie Verlags-Union.

Häcker, H., Leutner, D. & Amelang, M. (Hrsg.). (1998). *Standards für pädagogisches und psychologisches Testen.* Göttingen: Hogrefe & Huber.

Föderation deutscher Psychologenvereinigungen (1986). Testkuratorium. *Psychologische Rundschau, 37,* 162-165.

Grawe, K., Donati, R. & Bernauer, F. (1994). *Psychotherapie im Wandel. Von der Konfession zur Profession.* Göttingen: Hogrefe.

12.3.3 Die andere Seite der Praxis: Implizite Expertise und Kriterien jenseits der Effizienz

Eine Polarisierung zwischen methodenstrengem Rationalismus und philanthropischem Subjektivismus (s. Abschnitt 12.2.2) gibt es auch in der Praxis. Dem erstgenannten Pol zugewandt ist die norm- und effizienzorientierte Praxis, wie sie der vorangehende Abschnitt skizziert hat. Es ist aber auch von einer philanthropischen und subjektivistischen Praxis zu berichten. Es wurde oben das Streben nach Normierung und Effizienz als Stil der Moderne gedeutet. So liegt es nahe, philanthropisch-subjektive Praxis als Erscheinung der Postmoderne aufzufassen.

Subjektivismus und die Renaissance der Popularpsychologie

Das Subjekt der subjektorientierten Theorien (s. Abschnitt 12.2.3) tritt in vielerlei Exemplaren in Erscheinung: als Tennisspieler und Fußballtrainer, als Regierungsmitglied und Fernsehmoderator, als Busfahrer und Tourist, Lehrling, Verbrechensopfer, Süchtiger. Kaum ein Subjekt, dem seine Wünsche und Gefühle, seine Leistungen und Beziehungen nicht zu Bewußtsein kommen. Im vertrauten Kreis kommt das subjektiv Erlebte zur Sprache. Unversehens stoßen die vertraulichen Themen auf öffentliche Aufmerksamkeit.

Viel Subjektives findet in der privaten und öffentlichen Aussprache einen allgemein verstandenen Ausdruck (z.B. „mental gut drauf sein“, „sich loslassen können“). Einige Erfahrene, Mutige oder einfach Geschäftstüchtige übernehmen die Führung in der öffentlichen Darstellung oder stellen sich als Demonstrationsbeispiele zur Verfügung. Erstere verfassen Schriften zur Lebenskunde und Lebenshilfe oder veranstalten zu diesen Themen Fernsehrunden. Letztere enthüllen vor einem Publikum ihre Erfolgsstrategien, ihre bewältigten oder unbewältigten Leiden, ihre gewöhnlichen oder ungewöhnlichen Beziehungen.

Die Popularpsychologie (Abschnitt 5.4.1) dürfte in den letzten Jahren einen neuen Aufschwung erlebt haben. Martin (1996) befürchtet sogar eine um sich greifende „PsychoManie“.

„Das psychologische Gerede hat uns vereinnahmt und allesamt zu durch und durch psychologischen Wesen gemacht. Selbstbewußtsein ist heute das Bescheidwissen über sich in Form psychologischer Termini. ... Der vermeintlich individuelle Ausdruck des eigenen Innenlebens - wird er nach Jahren intensiver psychologischer Rasterfahndung gefunden - entwickelt sich im Handumdrehen zum ordinärsten der Art: 'Ich bin o.k. Du bist o.k.' An diesem Schlager zeigt sich die Misere. Mal ich, mal du, das Subjekt ist austauschbar.“

(Martin, 1996, S. 9f.)

Popularpsychologische Ansätze breiten sich auch in der praxisorientierten Psychologie aus. Der Organisationspsychologe Oswald Neuberger (1992) bedauert die Manieriertheit schriftlicher und bildlicher Darstellungen, die im Bestreben nach einfacher Erklärung und überzeugender Beratung entstehen. Der Autor nennt die angestrengte Schöpfung origineller Begriffe und einprägsamer Slogans „Wortakrobatik“. Die Gestaltung suggestiver Graphiken, die durch Symmetrie, Kreisform u.ä. imponieren sollen, erinnert ihn an den Bildzauber vergangener Kulturen. Wortakrobatik und Bildzauber vermitteln ihre Botschaften implizit, anschaulich, emotional. Explizite kritische Analysen und Argumentationen weichen zurück.

Popularpsychologie bezieht ihre Kenntnisse oft aus der wissenschaftlichen Psychologie. Das belegen zahlreiche Begriffe, die zunächst nur in Forschungsberichten verwendet werden und dann in den allgemeinen Sprachgebrauch übergehen (z.B. Minderwertigkeitskomplex, Kurzzeitgedächtnis, Stress). Doch ist die Möglichkeit nicht von der Hand zu weisen, daß Popularpsychologie einen Nährboden für wissenschaftliche Psychologie bildet. Subjektive, öffentlich dargestellte Erfahrung kann zur wissenschaftlichen Forschung Anregungen geben; durch Beifall und Ablehnung kann das interessierte Publikum in die Konkurrenz zwischen wissenschaftlichen Paradigmen eingreifen (vgl. Greenwood, 1991).

Martin, J. (1996). Einleitender Befund. In J. Martin (Hrsg.), *PsychoManie* (S. 9-14). Leipzig: Reclam.

Neuberger, O. (1992). Gaukler, Hofnarren, Komödianten. *Augsburger Beiträge zu Organisationspsychologie und Personalwesen, Heft 15.*

Greenwood, J. D. (Ed.). (1991). *The future of folk psychology*. Cambridge, UK: University Press.

Philanthropisch-subjektive Praxis ist durch ihre Freizügigkeit aufgefallen. Nach subjektivem Ermessen werden standardisierte Methoden abgewandelt und eigene Wege zur Lösung der Berufsaufgaben eingeschlagen. Dies wird in der Diagnostik am deutlichsten, weil dieser Bereich das größte Angebot an standardisierten Verfahren besitzt. Klaus Kubinger und seine Mitarbeiterin Marion Floquet (1998) haben zu ermitteln versucht, wie psychologische Diagnostik in der Praxis wirklich betrieben wird. Sie stellten bei Praktikern erhebliche Lücken im Wissen über Testtheorie und über verfügbare Tests fest. Besonders auffällig war der Mangel an „Updating-Wissen". Viele Praktiker kümmerten sich offenbar wenig um neue Testverfahren und um Revisionen alter Tests. Mehrere gaben an, standardisierte Inventare gar nicht oder nicht regelmäßig zu verwenden; sie verlassen sich auf andere Quellen (z.B. Lebenslauf, Gespräch) und stützen ihre Gutachten auf persönliche Eindrücke und Maßstäbe; diese seien das Ergebnis ihrer oft langjährigen Berufserfahrung. Bei der Therapie sowie anderen Berufstätigkeiten muß man mit ähnlichen Verhältnissen rechnen. Wohl in allen psychologischen Berufsfeldern können methodenstrenge Fachvertreter Mängel an gesicherter Qualität konstatieren.

Unter diesen Umständen müßte man auf heftige Klagen vonseiten der Klienten gefaßt sein. Allerdings werden von Klienten selten Vorwürfe über Fehlentscheidungen oder Fehlbehandlungen laut. Im Gegenteil: Als das amerikanische Magazin *Consumer Reports* zu Berichten über „Hilfe bei Stress und anderen emotionalen Problemen" aufrief, meldeten sich rund 22 000 Leserinnen und Leser, und ihre Äußerungen waren überwiegend positiv. Allerdings verteilten sie ihr Lob an alle, die sich ihrer Nöte angenommen hatten. Das waren nicht nur professionelle Psychotherapeuten, sondern auch Priester und Hausärzte, Freunde und Selbsthilfegruppen. Den Berufspsychotherapeuten wurden zwar die meisten Heilerfolge zugeschrieben, doch war ihr Vorsprung gegenüber den anderen Gruppen gering. Alle therapeutischen Techniken schnitten gleich gut ab, längere Behandlungen besser als kürzere (Seligman, 1995).

Aus postmoderner Sicht ist die Vielfalt subjektiv gestalteter Praxis wünschenswert, die Abkehr von Standardverfahren zu begrüßen. Lisa T. Hoshmand und Donald E. Polkinghorne (1992) haben diesen Standpunkt ausführlich begründet. Psychologische Praxis steht vor einer Fülle unterschiedlicher Herausforderungen. Es gibt kein einheitliches Rezept, diesen Herausforderungen zu begegnen; dies gelingt nur mit einem großen Repertoire von Theorien und Methoden. Dabei sind sowohl die zu lösenden Probleme als auch die zur Lösung gewählten Methoden soziale Konstruktionen von begrenzter Dauer. Trotz eingehender psychologischer Forschung gibt es keine klaren Maßstäbe für Wert und Bewährung. Vielmehr müßten psychologische Experten angemessene praktische Fähigkeiten in der Auseinandersetzung mit ihren jeweiligen Einzelfällen stets neu entwickeln. Methodische und theoretische Vorgaben legen vorschnell fest und behindern die fallorientierte Entwicklung. Deshalb empfehlen die Autoren Feldforschung und Praxisprojekte als Hauptteile der Fachausbildung. Objektivistische, standardisierte Verfahren dürfen keinen Vorzug vor alternativen Verfahren genießen. Es ist klar, daß diese Auffassung nicht auf explizites Wissen und Können setzt - z.B. auf ausführliche Fall- und Verfahrensbeschreibungen. Vielmehr sollen Verstehen und Handeln sich unmittelbar an den Problemen herausbilden, mit Intuition und einer Sensibilität, die allen sprachlichen oder mathematischen Beschreibungen und Regeln überlegen ist.

Eine besondere Rechtfertigung für die Subjektivität von Praxis hat Welzer (1990) gegeben. Psychologe und Klient stehen in einer reziproken Beziehung. Klienten übertragen ihre Wünsche und Vorstellungen auf (beobachtende, behandelnde) Psychologen; in umgekehrter Richtung ereignet sich eine Gegenübertragung von Psychologen auf ihre Klienten. Wechselbeziehungen erwachsen aus der Gemeinsamkeit von Themen sowie aus dem sozialen und wissenschaftlichen Kontext. Der Psychologe könne nicht in die Rolle eines objektiven, persönlich unbeteiligten Experten ausweichen; er müsse vielmehr seine Rolle als beteiligtes Subjekt reflektieren.

Kommunikation und Reflektion erhalten in postmodernen Deutungen einen hohen Eigenwert. Entscheidungshilfen von Psychologen werden dankbar angenommen, weil sie Begründungen und Begründungszusammenhänge liefern, die Klienten von möglichen Schuldgefühlen entlasten. Behandlungen und Beratungen von Psychologen werden nachgefragt, weil sie dem Bewußtsein persönlicher Not und Schwäche entgegenwirken. So verhilft die Arbeit der Psychologen den Klienten zur Konstruktion eines (konfliktfreieren, besseren und stärkeren) Selbst.

Hetzel (1992) hat die Suche nach einem besseren Selbst kritisch beleuchtet, indem er sie zum Symptom der oben erwähnten PsychoManie erklärt hat:

„Mit Nachdruck wird uns das Selbst, das verwirklichte, authentische, autonome und mit sich identische Selbst als Heilmittel verordnet ... . Hoffnungslos verstrickt im Gewebe seiner Biographie sucht es verzweifelt deren Autor, der alle Knoten mit einem Mal zu zerschlagen vermöchte. ... Darüber hinaus verkennt der Suchende, daß seine Suche vergeblich bleiben muß, ... Das Ende unserer Suche wäre gleichbedeutend mit dem Ende unseres Selbst. ... Die Illusion der Erreichbarkeit des wahren Selbst bleibt für die Erhaltung des realen Selbst unabdingbar. Der Prozeß der Selbstsuche darf nie an sein Ziel kommen."

(Hetzel, 1992, S. 145f.)

Der Autor erklärt damit Deutungen der eigenen Biographie, der eigenen Beziehungen, Motive u.ä. sowie Reden über die eigene Lebensgestaltung als Übungen zur Pflege des Selbstbewußtseins. Diese Übungen werden charakterisiert wie Kunst und Spiel. Bei letzteren steht der Prozeß höher als das Ergebnis; deshalb wollen Spiel und Kunstgenuß zu keinem Ende finden. In gleicher Weise mag die Pflege des Selbst sich im Vollzug zu befriedigen. Soweit dies so ist, bewähren sich Psychologen, indem sie die Selbstpflege in Gang halten, nicht indem sie bestimmte Zustände herbeiführen.

Unter solchen Voraussetzungen sind die modernen Kriterien der Effizienz außer Kraft gesetzt. Es kommt - richtet man sich nach postmodernen Wertvorstellungen - nicht auf zielgerechte Leistungen wie Richtigkeit von (diagnostisch begründeten) Entscheidungen oder (therapeutisch erreichte) Beseitigung von Störungen an. Auch Zeitersparnis - ein weiteres Kriterium moderner Effizienz - verliert an Wert, wenn der Fortgang des (diagnostischen oder therapeutischen) Prozesses selbst zum Ziel der Wünsche wird. Psychologische Praxis im Stile der Postmoderne bedient sich - erkennt man diese Deutungen an - also nicht nur anderer Methoden als die Praxis im Stile der Moderne. Sie folgt vor allem anderen Motiven.

Kubinger, K. D. & Floquet, M. (1998). Psychologische Diagnostik: Zum Informationsstand von Psychologen - in Österreich. *Report Psychologie, 23,* 456-463.

Seligman, M. E. P. (1995). The effectiveness of psychotherapy - the Consumer Reports study. *American Psychologist, 50,* 965-974.

Hoshmand, L. T. & Polkinghorne, D. E. (1992). Redefining the science-practice relationship and professional training. *American Psychologist, 47,* 55-66.

Welzer, H. (1990). Von Fehlern und Daten. *Psychologie und Gesellschaftskritik, 54/55,* 153-174.

Hetzel, A. (1992). Verkenne dich selbst. In J. Martin (Hrsg.), *PsychoManie* (S. 145-177). Leipzig: Reclam.

12.4 Ausblicke

12.4.1 Die Zukunft der Psychologie aus der Sicht ihrer Repräsentanten

Der Jahrtausendwechsel gibt auch der Psychologie Anlaß zu Rückblicken und Ausblikken. Stolz auf das in der Vergangenheit Geleistete begründet zuversichtliche Erwartungen für die Zukunft. Als Präsident der größten Psychologenvereinigung der Welt, der *American Psychological Association,* kündigt Martin Seligman (1998) das Nahen einer neuen Epoche der Weltgeschichte an; sie soll den Fortschritt der Menschheit ebenso vorantreiben wie die griechische Antike und die Renaissance zu Beginn der Neuzeit. Der Psychologie als Sozialwissenschaft falle dabei eine maßgebliche Rolle zu:

„Die Sozialwissenschaft wird, was den Menschen als Individuum anbelangt, den Entwurf, die Förderung und die Messung menschlicher Selbstverwirklichung zu ihrer Aufgabe machen. Was das Leben in Organisationen anbelangt, wird die bürgerliche Tugend ihr Anliegen sein. Meine Vision ist, daß die Sozialwissenschaft wird mehr leisten können, als wie bisher Wunden zu heilen und vor Unrat und Plackerei zu schützen. Sozialwissenschaft wird zu einer treibenden Kraft für das Verständnis und die Förderung der höchsten Qualitäten öffentlichen und privaten Lebens."

(Übersetzung von Seligman, 1998, S. 2)

Für die anbrechende Epoche humanistischwissenschaftlichen Fortschritts sieht der Präsident der *American Psychological Association* die Psychologie wohl gerüstet - mit ihren Theorien, ihren praktischen Methoden und ihren Erhebungs- und Meßtechniken. Offensichtlich versucht diese Vision, methodenstrengen Rationalismus und philanthropischen Subjektivismus (s. Abschnitt 12.2.2) miteinander in Einklang zu bringen und dadurch die Polarisierung innerhalb der Psychologenschaft zu überwinden.

12.4.2 Neuorganisation von Disziplinen und Ende einer Einheit, die nie eine war?

Das fruchtbare Weiterwirken der gegenwärtigen Psychologie bietet freilich keine Gewähr für ihren Fortbestand als Einzelwissenschaft mit ihren jetzigen Zuständigkeiten. Ein Grund für Veränderungen können die ganz im Sinne der Moderne erzielten Fortschritte der Experimentellen und Biologischen Psychologie (s. Abschnitt 12.2.4) sein. Sie haben die Menge des Wissenswerten ebenso vermehrt wie die methodischen Ansprüche. Die Folge ist: Der Erwerb und die Aktualisierung von Expertise setzen eine Spezialisierung innerhalb der Psychologie voraus. Die gleiche Spezialisierung fördert interdisziplåre Orientierung. So rücken auf umschriebenen Forschungsgebieten Psychologie, Informatik, Physiologie und andere einschlägige Disziplinen zusammen. Es bilden sich Forschungs- und Lehrgebiete, die durch ihre Problematik über Disziplinen hinweg zu bestimmen sind und sich dann Einzeldisziplinen nicht mehr eindeutig zuordnen lassen. Als Gebiete, in denen eine solche Entwicklung bereits abzusehen ist, wurden oben die Kognitions- und die Neurowissenschaft genannt.

Auch das Fortschreiten der subjektorientierten, diskursiven Psychologie kann sich auf den Bestand des Faches auswirken. Psychologen führen ihre Diskurse gern zusammen mit Angehörigen anderer Disziplinen. Bereitwillig beteiligen sie an ihren Verhandlungen Betroffene, selbst wenn diese nicht Wissenschaftler sind (s. Abschnitt 12.2.3, 12.3.3). So entstehen unterhaltsame Mischungen aus wissenschaftlicher Reflexion und Lebenserfahrung, und nicht selten nimmt der interdisziplinäre Diskurs eine populärwissenschaftliche Wendung. Ein Beispiel ist die Managementtheorie der kanadischen Wirtschaftsprofessorin Patricia Pitcher (1996/1997). Die Autorin entwirft eine Typologie von Führungskräften. Sie unterscheidet Handwerker, Künstler und Technokraten. Künstler - kühn, phantasievoll,

Kritikpunkt
Psychologiegeschichte als Metapsychologie

An diesem Kapitel kann man bemängeln, es verunsichere Leserinnen und Leser durch Überbewertung vorübergehender Schwächen, Irrungen und Mißbräuche in der gegenwärtigen Psychologie. Die wissenschaftliche Psychologie werde sie überwinden und unbeirrbar auf ihrem Weg zu mehr Wissen und praktischer Wirksamkeit fortschreiten. Erst recht zu unterlassen seien Mutmaßungen über die Endlichkeit der Psychologie, mit denen dieses Lehrbuch ausklingt. Überhaupt mag man diesem Lehrbuch vorhalten, es schweife zu weit aus und schenke Abseitigem und Überholtem zu viel Aufmerksamkeit. Einer solchen Kritik liegt die Idealvorstellung einer *psychologia perennis* (lat., immerwährende Psychologie) zugrunde. Als *psychologia perennis* besitzt das Fach einen festen Wesenskern und schreitet - unbeschadet zeitweiliger Moden und Irrtümer - seiner Vollendung entgegen.

Es sei niemandem verwehrt, die idealistische Geschichtsauffassung (vgl. Abschnitte 5.2.1, 9.1.3) auf die Psychologie als Einzelwissenschaft anzuwenden. Das Verfolgen von Kontinuitäten ist ja auch ein wichtiges Anliegen dieses Lehrbuchs (vgl. Kapitel 2, Kritikpunkt „Historismus"). Doch die Schilderung von Kontinuitäten führt zu der Einsicht: Im psychologischen Denken zeigen auch maßgebliche Gegen- und Alternativpositionen eine beachtliche Beständigkeit. Fortschritte im psychologischen Denken verstärken daher leicht dessen Polarisierungen.

Zu der Geschichte der Psychologie gehört maßgeblich die Konkurrenz ihrer Paradigmen. In dieser Konkurrenz gibt es im Laufe der Zeit Siege und Niederlagen. Doch oft gelingt den Verlierern die Revanche. Da stellt sich die Frage nach Umständen, welche jeweils Übermacht begünstigen. Und das Betrachten von Uneinheitlichkeit, Wechselhaftigkeit und deren Bedingtheit untergräbt den Glauben an eine unerschütterliche Existenz. Die Verselbständigung der Psychologie als Einzelwissenschaft ist aus dieser Sicht nur unter bestimmten Umständen möglich. Andere Umstände vorausgesetzt, sollte daher die Endlichkeit der Psychologie als Einzeldisziplin bedacht werden.

Erst die Überzeugung, daß Psychologie nur in ihrer Fragmentiertheit, Polarisiertheit und Zeitlichkeit zu verstehen ist, rechtfertigt das Studium ihrer Geschichte als Pflichtübung. Dabei soll die Betrachtung ihrer Geschichte die Psychologie

- in ihren historischen und kulturellen Zusammenhängen darstellen,
- von ihren alltäglichen wissenschaftlichen Routinen befreien,
- für Alternativen in Forschung und Praxis öffnen.

Eine solche Geschichtsbetrachtung ist weder ausschweifend noch verwirrend, sondern verhilft zur Orientierung angesichts eines Faches, das sich in seinen komplexen Zusammenhängen unübersichtlich und wechselhaft gestaltet.

Die obigen drei Programmpunkte sind übrigens von Gergen und Graumann (1996) formuliert worden. Sie rufen damit zu einer Diskursiven Psychologie (vgl. Abschnitt 12.2.3) auf, die sie postempiristisch nennen. Die letztgenannte Bezeichnung macht sich der Autor nicht zu eigen. Denn zum einen soll Geschichtsbetrachtung nicht mit einer generellen Distanzierung von empirischer Methodik einhergehen. Zum anderen soll der empirische Anteil historischer Forschung nicht in Frage gestellt werden, der auf Beschaffung und Auswertung von Dokumenten und Archivalien beruht. Geschichtsbetrachtung, wie sie in diesem Lehrbuch betrieben wird, ist vielmehr ein Unternehmen der Metapsychologie, einer empirischen wie theoretischen Forschungsrichtung, die Psychologie als Wissenschaft, Praxis und Beruf zu ihrem Gegenstand macht.

warmherzig, gelassen - brauche man an der Spitze der Unternehmen. Zuverlässige, kenntnisreiche, konventionelle Handwerker seien zu ihrer Unterstützung notwendig. Scharfsinnige, kühle und kompromißlose Technokraten könnten, mit den richtigen Aufgaben betraut, für Ordnung und Erfolg sorgen; doch an der Spitze der Unternehmen führten ihr hohes Anspruchsniveau und ihre Halsstarrigkeit zum Niedergang der Unternehmen. Die Autorin stützt ihre Typologie auf gebräuchliche Persönlichkeitstests und benutzt Fälle aus ihrer Praxis zum Beleg ihrer Thesen über den richtigen Einsatz von Führungspersönlichkeiten.

Wortgewandte, einfallsreiche, praxiskundige Darstellungen mit anschaulichen Begriffen, übersichtlichen Schemata und einprägsamen Ratschlägen können Diskurse über Lebensbereiche (z.B. Industrie, Familie) sowie Lebensprobleme (z.B. Partnerschaft, Angst) anregen. Die Diskurse verbreiten sich über verschiedene Medien. Zum Beispiel werden erfolgreiche Bücher in Zeitungen rezensiert, ihre Autoren zu Fernsehrunden eingeladen; derart eingeführte Themen und Thesen werden bevorzugt in Seminaren und bei geselligen Zusammenkünften erörtert. Viele Interessenten mit unterschiedlicher Vorbildung können an den Diskursen teilhaben. Auch so mag Psychologie vorankommen und einen guten Zweck erfüllen. Doch das methodische und theoretische Profil, das die Psychologie auf ihrem Weg in die Moderne erworben hat, verflacht im offenen Diskurs. Die Präzision statistisch repräsentativer Daten weicht ungefähren Einschätzungen von persönlichen Schicksalen und sozialen Abläufen. Die begriffliche Schärfe und argumentative Kraft orthodoxer Theorien verblassen, wenn sie nur noch als Gesprächshilfen herangezogen werden.

Vor allem kommt im offenen Diskurs der Psychologie ihre Eigenständigkeit abhanden. Das Fach hat ja sein modernes Selbstverständnis gefunden, indem es sich von anderen wissenschaftlichen Disziplinen sowie von anderen Formen der Bildung abgegrenzt hat. Wenn nun Psychologie im Interesse des Dis kurses jene Grenzen unbekümmert überschreitet, gibt sie Themen frei, welche moderne Psychologie allein für sich reklamiert hat. Dies hätte mindestens zwei Folgen. Zum einen dürfte es die Konkurrenz auf dem Berufsmarkt beleben (z.B. durch vermehrte psychotherapeutische Angebote von Absolventen anderer Ausbildungsgänge wie Philosophie und Sozialpädagogik). Zum anderen könnten für den allgemeinen Diskurs freigegebene Themen aus dem Bestand der Psychologie ausscheiden und in den Bestand neu abgegrenzter, interdisziplinär zu behandelnder Gebiete übergehen. Dafür gibt es bereits Kandidaten - darunter Gesundheitswissenschaft (als präventive Sozial- und Verhaltenswissenschaft), Altersforschung und Geschlechterforschung.

Sowohl wissenschaftlicher Fortschritt im Sinne der Moderne als auch eine postmoderne Wende könnten also eine Neuorganisation der Wissenschaft herbeiführen, bei der die Psychologie als Einzelwissenschaft ihre erfolgreichsten und gesellschaftlich attraktivsten Forschungs- und Praxisfelder einbüßt. Die Ausbildung für diese Felder würde bald an eigene Studiengänge übergehen. So rekrutieren sich gegenwärtig Kognitions- und Neurowissenschaftler aus mehreren Einzeldisziplinen, darunter auch der Psychologie. Doch mögen in wenigen Jahren Universitäten eigene kognitions- und neurowissenschaftliche Studiengänge anbieten. Daß der Psychologie schließlich ihre in der Moderne erlangte Rolle als Einzelwissenschaft völlig abhanden kommt, ist - unter solchen Voraussetzungen - durchaus denkbar.

Seligman, M. E. P. (1998). Positive social science. *Monitor, 29, No. 4*, 2-5.

Pitcher, P. (1996/1997). *Das Führungsdrama. Künstler, Handwerker und Technokraten im Management.* Stuttgart: Klett-Cotta.

Gergen, K. J. & Graumann, C. F. (1996). Psychological discourse in historical context: An introduction. In K. J. Gergen & C. F. Graumann (Eds.), *Historical dimensions of psychological discourse* (pp. 1-16). Cambridge, GB: Cambridge University Press.

12.4.3 Zum guten Schluß: Die lange Zukunft der Psychologie

Wohl kein Satz aus einem Lehrbuch der Psychologie ist in der ganzen Welt so unablässig wiederholt worden wie der von Ebbinghaus:

„Die Psychologie hat eine lange Vergangenheit, doch nur eine kurze Geschichte."

(Ebbinghaus, 1908, S. 9)

Ebbinghaus hat in diesem Satz eine zu seiner Zeit geläufige Argumentationsfigur verwandt (Gundlach, 1986; Scheerer, 1986). Von Naturvölkern sagte man ebenfalls, sie hätten eine kurze Geschichte, doch eine lange Vergangenheit. Ebbinghaus mag also gemeint haben: Psychologie ist mit der Moderne als Lehr- und Forschungsprogramm systematisch darstellbar geworden, während ihr früheres Wirken sich im Stillen und Verborgenen vollzogen hat und einer geschlossenen Darstellung entzieht.

Wenn aber die Einheit der Psychologie mißlingt und ihre Grenzen nicht halten: Geht dann die Geschichte der Psychologie als systematisch darstellbares Programm ihrem Ende entgegegen? Wird dann das Wissen und Können, das zu einer eigenständigen Psychologie zusammengeführt werden sollte, im Rahmen eines neuen Wissenschafts- und Berufssystems neu verteilt? Die Pflege psychologischen Wissens und Könnens würde weitergehen. Aber sie würde sich unter vielen Namen vollziehen und nicht mehr im Namen der Psychologie. Als Einzelwissenschaft wäre Psychologie dann nicht länger darstellbar. Für zukünftige Historiker gälte ein neuer Satz: „Die Psychologie hatte nur eine kurze Geschichte, doch eine lange Zukunft."

Ebbinghaus, H. (1908). *Abriß der Psychologie.* Leipzig: Veit.

Gundlach, H. (1986). Ebbinghaus, Geschichte und Vergangenheit. *Psychologische Rundschau, 37,* 46-47.

Scheerer, E. (1986). Aristoteles, Hegel, Beneke und Ebbinghaus. *Psychologische Rundschau, 37,* 48-49.

ZUSAMMENFASSUNG

1. Technischer, wirtschaftlicher und sozialer Fortschritt prägen das 20. Jahrhundert im Sinne der Moderne. In der zweiten Jahrhunderthälfte gewinnen die Prinzipien der Vielheit, der Individualität, der Spielfreude und der Emotionalität an Bedeutung; diese werden als Ausdruck einer Postmoderne gedeutet.

2. Im Stile der Postmoderne entwickeln sich neue wissenschaftliche Orientierungen. Dazu gehört die konstruktionistische Wissenschaftsauffassung, welche Theorien als soziale Konstruktionen mit begrenzter Geltung analysiert. Weiterhin behandelt werden komplexe Systeme, Unbestimmtheit, Wechselwirkungsprozesse und Vorgänge der Selbstorganisation.

3. Im Sinne der Moderne verfolgen Vertreter der Psychologie einen methodenstrengen Rationalismus, der Objektivität und kausale Gesetzmäßigkeiten voraussetzt und sich vorzugsweise experimenteller und quantitativer Methoden bedient. Große Erfolge hat die so ausgerichtete Forschung insbesondere in der Kognitionspsychologie sowie in der Biologischen Psychologie (Verhaltensgenetik, Psychoendokrinologie, Hirnforschung) verzeichnet.

4. Psychologische Praxis im Sinne der Moderne setzt auf Standardisierung und Effizienzkontrolle. Dies gelingt vor allem in der Testdiagnostik, wird aber auch bei der Intervention - insbesondere der Psychotherapie - angestrebt.

5. Andere Vertreter der Psychologie bevorzugen im Stile der Postmoderne subjektorientierte Modelle (Theorien des Selbst) und qualitative Methoden (Analysen von Biographien u.ä.). Sie betonen die Bedeutung von Individualität und Intuition. Menschliche Werte (z.B. Selbstbestimmung) werden zu Maßstäben für psychologische Praxis. Diese Ausrichtung wird hier als philanthropischer Subjektivismus bezeichnet.

6. Aus postmoderner Sicht soll Expertise für psychologische Praxis unmittelbar aus der Auseinandersetzung mit Lebensproblemen entstehen. Eine bevorzugte Methode ist der Diskurs. In diesen Diskurs werden die Betroffenen einbezogen. Diskursive Psychologie äußert sich kritisch gegenüber gesellschaftlichen Instanzen, welche Individuen in ihrer Selbstbestimmung beeinträchtigen.

7. Einen beträchtlichen Aufschwung nimmt die Popularpsychologie, an deren Pflege sich zunehmend öffentliche Medien beteiligen. Möglicherweise bestehen zwischen Popularpsychologie und wissenschaftlicher Psychologie nachhaltige Wechselwirkungen.

8. Die Spezialisierung der Forschung und der breit angelegte Diskurs fördern (auf jeweils verschiedene Weise) die interdisziplinäre Kooperation. Dies könnte zur Folge haben, daß über die gegenwärtigen Disziplinengrenzen hinweg neue Forschungs- oder Praxisfelder (z.B. Neurowissenschaft, Gesundheitswissenschaft) entstehen und entsprechende Bereiche der Psychologie abhanden kommen. Dies könnte die Psychologie als moderne Einzelwissenschaft in Frage stellen.

Literatur zur Ergänzung und Vertiefung

Birbaumer, N. & Schmidt, R. F. (1996). *Biologische Psychologie.* Berlin: Springer.

Edwards, D. & Potter, J. (1992). *Discoursive Psychology.* London: Sage.

Hoff, E. H. (1998). Probleme der Psychologie als Profession. *Report Psychologie, 23,* 18-25.

Krämer, S. (Hrsg.). (1994). *Geist-Gehirn-künstliche Intelligenz.* Berlin: de Gruyter.

Kvale, S. (Ed.). (1992). *Psychology and postmodernism.* London: Sage.

Sarris, V. & Parducci, A. (1984/1986). (Hrsg.). *Die Zukunft der experimentellen Psychologie.* Weinheim: Beltz.

Betrachte ich den Fleiß, den ich verwendet,
Sah ich die Züge meiner Feder an,
So konnt' ich sagen, dieses Buch ist mein.
Doch überdenk' ich's recht, da es vollendet,
Woher mir alles kam, wohin es zielt,
Erkenn' ich wohl, ich hab' es nur von Euch.

(Herrmann Ebbinghaus, 1905, Widmung an Gustav Theodor Fechner)

Literatur

Abegg, E. (1945). *Indische Psychologie*. Zürich: Rascher.

Adler, A. (1907/1927). *Studie über die Minderwertigkeit von Organen.* München: Bergmann.

Adler, A. (1924/1994). *Praxis und Theorie der Individualpsychologie.* Frankfurt a. M.: Fischer.

Adorno, Th. W. (1944/1980). Minima moralia. *Gesammelte Werke (*Band 4), herausgegeben von R. Tiedemann. Frankfurt a. M.: Suhrkamp.

Adorno, Th. W. (1972). Ästhetische Theorie. *Gesammelte Werke* (Band 7, S. 7-388), herausgegeben von G. Adorno und R. Tiedemann. Frankfurt a. M.: Suhrkamp.

Agricola, G. (1557/1985). *Vom Bergkwerck.* Weinheim: Acta humaniora.

Alberti, L. B. (1437-1441/1962). *Über das Hauswesen* [Della famiglia]. Zürich: Artemis.

Alberti, L. B. (1485/1975). *Zehn Bücher über die Baukunst* [De re aedificatoria]. Darmstadt: Wissenschaftliche Buchgesellschaft.

Allport, F. H. (1920). The influence of the group upon association and thought. *Journal of Experimental Psychology, 3,* 159-182.

Allport, F. H. (1924/1967). *Social psychology.* New York: Houghton Mifflin.

Alquié, F. (1956/1962). *Descartes*. Stuttgart-Bad Cannstatt: Frommann (Holzboog).

Amelang, M. (1999). Zur Lage der Psychologie: Einzelaspekte von Ausbildung und Beruf unter besonderer Berücksichtigung der ökonomischen Implikationen psychologischen Handelns. *Psychologische Rundschau, 50,* 2-13.

American Psychological Association. (1998). *Directory.* Washington, DC: American Psychological Association.

Angelus Silesius (1657/1924). Cherubinischer Wandersmann. *Sämtliche poetische Werke* (Band 3, S. 10-274), herausgegeben von H. L. Heldt. München: Allgemeine Verlagsanstalt.

Arens, H. (1969). *Sprachwissenschaft.* Freiburg im Breisgau: Alber.

Aristoteles (undatiert/1976). Nikomachische Ethik [Ethica nicomachea]. *Werke* (Band 6), herausgegeben von E. Grumach. Darmstadt: Wissenschaftliche Buchgesellschaft.

Aristoteles (undatiert/1959). Über die Seele [De anima]. *Werke* (Band 13), herausgegeben von E. Grumach. Darmstadt: Wissenschaftliche Buchgesellschaft.

Aron, R. (1965-1967/1971). *Hauptströmungen des soziologischen Denkens* [Main currents in sociological thought] (2 Bände). Köln: Kiepenheuer & Witsch.

Asanger, R. & Wenninger, G. (1994). *Handwörterbuch Psychologie.* Weinheim: Psychologie Verlags-Union.

Ash, M. G. (1980). Experimental psychology in Germany before 1914: Aspects of an academic identity problem. *Psychological Research, 42,* 75-86.

Ash, M. G. (1989). Psychology and politics in interwar Vienna: The Vienna Psychological Institute, 1922-1942. In M. G. Ash & W. R. Woodward (Eds.), *Psychology in twentieth-century thought and society* (pp. 143-164). Cambridge, MA: Cambridge University Press.

Ash, M. G. (1995). *Gestalt psychology in German culture (1890-1967).* Cambridge, MA: Cambridge University Press.

Asratjan, E. A. (1971). Die Schaltung bedingter Reflexe. In Th. Kussmann & H. Kölling (Hrsg.), *Biologie und Verhalten* (S. 77-103). Bern: Huber.

Attneave, F. (1959/1969). *Informationstheorie in der Psychologie.* [Applications of information theory to psychology: a summary of basic concepts, methods, and results]. Bern: Huber.

Augustin, A. (397/1914). *Bekenntnisse* [Confessiones], herausgegeben von O. Bardenhewer, Th. Schermann & K. Weyman. Kempten: Kösel.

Augustin, A. (413-426/1911, 1914/1916). *Über den Gottesstaat* [De civitate dei] (3 Bände), herausgegeben von O. Bardenhewer, Th. Schermann & K. Weyman. Kempten: Kösel.

Augustin, A. (etwa 416/1913). *Vorträge über das Evangelium des hl. Johannes* (Band 2), herausgegeben von O. Bardenhewer, Th. Schermann & K. Weyman. Kempten: Kösel.

Augustin, A. (undatiert/1837). Liber de spiritu et anima. *Opera omnia* (Band 6, S. 1138-1212), herausgegeben vom Benediktinerorden. Paris: Gaume.

Avenarius, R. (1888-1890/1907). *Kritik der reinen Erfahrung* (2 Bände). Leipzig: Reisland.

Ayllon, T. & Azrin, N. (1968). *The token economy.* New York: Appleton-Century-Crofts.

Azam, E. E. (1887). *Hypnotisme, double conscience et alteration de la personalité.* Paris: Ballière.

Babkin, B. P. (1949). *Pawlow.* Chicago: University of Chicago Press.

Bacon, F. (1620/1963). Novum Organum. In *Francis Bacon's works,* herausgegeben von J. Spedding, R. L. Ellis & D. D. Heath (Volume 1, pp. 70-365). Stuttgart-Bad Cannstadt: Frommann (Holzboog).

Bahnsen, J. (1867/1932). *Beiträge zur Charakterologie* (2 Bände), herausgegeben von J. Rudert. Leipzig: Barth.

Bain, A. (1855). *The senses and the intellect.* London: Longmans & Green.

Bain, A. (1861). *On the study of character, including an estimate of phrenology.* London: Parkeson & Bourne.

Ballauf, Th. & Schaller, K. (1970). *Pädagogik. Eine Geschichte der Bildung und Erziehung.* (Band II). Freiburg: Alber.

Balmer, H. H. (1972). *Die Archetypentheorie von C. G. Jung. Eine Kritik.* Berlin: Springer.

Bannister, D. & Fransella, F. (1971/1981). *Der Mensch als Forscher* [Inquiring man]. Münster: Aschendorff.

Barnes, R. M. (1958). *Motion and time study.* New York: Wiley.

Basedow, J. B. (1768/1893). *Vorstellung an Menschenfreunde.* Leipzig: Richter.

Basedow, J. B. (1770/1913). *Methodenbuch für Väter und Mütter der Familien und Völker*, herausgegeben von Th. Fritzsch. Leipzig: Kohler.

Basedow, J. B. (1774/1909). *Elementarwerk.* Leipzig: Wiegandt.

Bastian, A. (1860/1986). *Der Mensch in der Geschichte* (3 Bände). Osnabrück: Biblio-Verlag.

Bastian, A. (1868). *Beiträge zur vergleichenden Psychologie.* Berlin: Dümmler.

Bastian, H. Ch. (1882). *Das Gehirn als Organ des Geistes.* Leipzig: Brockhaus.

Batzli, S., Kissing, F. & Ziehlmann, R. (1994). *Menschenbilder - Menschenrechte.* Zürich: Unionsverlag.

Bauer, R. A. (1952/1955). *Der neue Mensch in der sowjetischen Psychologie.* Bad Nauheim: Christian.

Baumgarten, A. G. (1779/1963). *Metaphysica.* Hildesheim: Olms.

Bechterew, W. (1913/1997). *Objektive Psychologie*. Bialogard, Polen: Danowski.

Beck, H. (1971). *Große Reisende.* München: Callwey.

Bell, Ch. (1806). *Essays on the anatomy of expression in paintings.* London: Longman.

Beneke, F. E. (1824). *Beiträge zu einer rein seelenwissenschaftlichen Bearbeitung der Seelenkrankheitkunde.* Leipzig: Reclam.

Beneke, F. E. (1845). *Lehrbuch der Psychologie als Naturwissenschaft.* Berlin: Mittler.

Beneke, F. E. (1850). *Pragmatische Psychologie* (2 Bände). Berlin: Mittler.

Beneke, F. E. (1850, 1853). *Lehrbuch der pragmatischen Psychologie* (2 Bände). Berlin: Mittler.

Beneke, F. E. (1853). *Lehrbuch der pragmatischen Psychologie.* Berlin: Mittler.

Beneke, F. E. (1920/1965). *Erfahrungsseelenlehre als Grundlage alles Wissens.* Amsterdam: Bonset.

Benesch, H., Cremerius, J., Dorsch, F. & Mossau, E. (Hrsg.). (1990). *Psychologie-Lesebuch. Historische Texte im Überblick.* Frankfurt a. M.: Fischer.

Benjamin, L. T. (Ed.). (1988). *A history of psychology. Original sources and contemporary research.* New York: McGraw-Hill.

Bentham, J. (1789/1948). *An introduction to the principles of morals and legislation.* Oxford: Blackwell.

Berg, D. (1985). Bericht über eine Umfrage zur Tätigkeit und Ausbildung von Schulpsychologen. In M. Greuer-Werne, L. Hellfritsch & H. Heyse (Hrsg.), *Berichte aus Schulpsychologie und Bildungsberatung* (S. 43-55). Bonn: Deutscher Psychologenverlag.

Berger, P. L. & Luckmann, Th. (1966/1970). *Die gesellschaftliche Konstruktion der Wirklichkeit* [The social construction of reality]. Frankfurt a. M.: Fischer.

Bergius, R. (1959). Entwicklung als Stufenfolge. In H. Thomae (Hrsg.), *Handbuch der Psychologie* (Band 3). *Entwicklungspsychologie* (S. 104-195). Göttingen: Hogrefe.

Bergmann, G. & Spence, K. (1941). Operationism and theory in psychology. *Psychological Review, 48,* 1-14.

Berkeley, G. (1709/1912). *Versuch einer neuen Theorie der Gesichtswahrnehmung* [An essay towards a new theory of vision], herausgegeben von R. Schmidt. Leipzig: Meiner.

Berkeley, G. (1710/1979). *Eine Abhandlung über die Prinzipien der menschlichen Erkenntnis* [A treatise on the principles of human knowledge], herausgegeben von A. Klemmt. Hamburg: Meiner.

Berliner, A. (1920). „Atmosphärenwert" von Drucktypen. *Zeitschrift für angewandte Psychologie, 17,* 166-172.

Bernheim, H. (1888/1985). *Die Suggestion und ihre Heilwirkung.* Tübingen: Discord.

Beuys, B. (1980). *Familienleben in Deutschland.* Reinbek: Rowohlt.

Bezold, R. (1984). *Popularphilosophie und Erfahrungsseelenkunde im Werk von Karl Philipp Moritz.* Würzburg: Königshausen & Neumann.

Billerbeck, M. (Hrsg.). (1991). *Die Kyniker in der modernen Forschung.* Amsterdam: Grüner.

Binet, A. & Simon, Th. (1905b). Application des méthodes nouvelles au diagnostic du niveau intellectuel chez enfants normaux et anormaux d'hospice et d'école primaire. *L'Année Psychologique, 11,* 245-366.

Binet, A. & Simon, Th. (1905a). Sur la nécessité d'établir un diagnostic scientific des états inférieurs de l'intelligence. *L'Année Psychologique, 11,* 163-191.

Binet, A. & Simon, Th. (1908). Le développement de l'intelligence chez les enfants. *L'Année Psychologique, 14,* 1-94.

Birbaumer, N. & Schmidt, R. F. (1996). *Biologische Psychologie*. Berlin: Springer.

Bischof, N. (1996). *Das Kraftfeld der Mythen.* München: Piper.

Blankertz, H. (1982). *Geschichte der Pädagogik. Von der Aufklärung bis zur Gegenwart.* Wetzlar: Büchse der Pandora.

Bleuler, E. (1911). *Dementia praecox oder Gruppe der Schizophrenien.* Leipzig: Deuticke.

Bloch, E. (1868/1976). Das Prinzip Hoffnung. *Gesamtausgabe* (2 Bände in Band 5). Frankfurt a. M.: Suhrkamp.

Blumenberg, H. (1987). *Legitimität der Neuzeit.* Frankfurt a. M.: Suhrkamp.

Blumenthal, H. J. (1971). *Plotinus' psychology.* Den Haag: Nijhoff.

Boadella, D. (1981). *Wilhelm Reich.* München: Scherz.

Boakes, R. (1984). *From Darwin to behaviorism.* Cambridge, GB: Cambridge University Press.

Bogen, H. (1927). *Psychologische Grundlegung der praktischen Berufsberatung.* Langensalza: Beltz.

Böhme, J. (1620/1960). Psychologia vera oder Viertzig Fragen von der Seelen. *Sämtliche Schriften* (Band III, Teil IV), herausgegeben von W.-E. Peuckert. Stuttgart: Frommann.

Böhrs, H., Bramesfeld, E. & Euler, H. (1948). *Einführung in das Arbeits- und Zeitstudium* (Band 1). München: Hanser.

Boneau, C. A. (1990). Psychological literacy. *American Psychologist, 45,* 891-900.

Bonnet, Ch. (1755/1978). *Essai de Psychologie.* Hildesheim: Olms.

Boring, E. G. (1920). Statistics of the American Psychological Association in 1920. *Psychological Bulletin, 17,* 271-278.

Boring, E. G. (1950). *A history of experimental psychology.* New York: Appleton-Century-Crofts.

Bormann, C. von (1976). Kritik als Methode. In J. Ritter & K. Gründer (Hrsg.), *Historisches Wörterbuch der Philosophie* (Band 4, S. 1255-1262). Basel: Schwabe.

Braudel, F. (1986a). *Sozialgeschichte des 15.-18. Jahrhunderts. Aufbruch zur Weltwirtschaft.* München: Kindler.

Braudel, F. (1986b). *Sozialgeschichte des 15.-18. Jahrhunderts. Der Handel.* München: Kindler.

Brede, W. (1984). Aufklärungen, Abklärungen. In R. v. Krafft-Ebing *Psychopathia sexualis* (Vorwort). München: Matthes & Seitz.

Brennan, J. F. (1982). *History and systems of psychology.* Englewood Cliffs, NJ: Prentice Hall.

Brennan, R. E. (1941). *Thomistic psychology.* New York: Macmillan.

Brentano, F. (1874/1928-1971). *Psychologie vom empirischen Standpunkt* (3 Bände), herausgegeben von O. Kraus. Hamburg: Meiner.

Breuer, J. & Freud, S. (1893/1952). Über den psychischen Mechanismus hysterischer Phänomene. In S. Freud, *Gesammelte Werke* (Band 1, S. 81-98). Frankfurt a. M.: Fischer.

Bringmann, W. & Ungerer, G. (1980). The foundation of the Institute of Experimental Psychology at Leipzig University. *Psychological Research, 42,* 5-18.

Brožek, J. (1973). Psychologia of Marcus Maurulus (1450-1524). *Episteme, 7,* 125-131.

Brožek, J. & Gundlach, H. (Hrsg.). (1985). *G. T. Fechner and psychology.* Passau: Passavia Verlag.

Broadbent, D. E. (1958). *Perception and communication.* London: Pergamon.

Brown, A. W., Brotemarkle, R. A., Merril, M. A. & Town, C. H. (Eds.). (1935). Report of the committee of the clinical section of the American Psychological Association. *Psychological Clinic, 23,* 1-140.

Brown, J. (1997). *The self.* New York: McGraw-Hill.

Brückner, J. (1977). *Staatswissenschaft, Kameralismus und Naturrecht.* München: Beck.

Bruder, K.-J. (1993). *Subjektivität und Postmoderne.* Frankfurt a. M.: Suhrkamp.

Bruno, G. (1584/1977). *Von der Ursache, dem Prinzip und dem Einen* [De la causa, principio e uno], herausgegeben von P. R. Blum. Hamburg: Meiner.

Brunstein, J. C. & Maier, G. W. (1996). Persönliche Ziele: Ein Überblick zum Stand der Forschung. *Psychologische Rundschau, 47*, 146-160.

Bühler, Ch. (1922/1927). *Zwei Mädchentagebücher*. Jena: Fischer.

Bühler, Ch. (1922/1929). *Das Seelenleben des Jugendlichen.* Jena: Fischer.

Bühler, Ch. (1925). *Zwei Knabentagebücher*. Jena: Fischer.

Bühler, Ch. (1933). *Der menschliche Lebenslauf als psychologisches Problem.* Leipzig: Hirzel.

Bühler, Ch. (1972). Autobiographie. In L. J. Pongratz, W. Traxel & E. G. Wehner (Hrsg.), *Psychologie in Selbstdarstellungen* (S. 9-42). Bern: Huber.

Bühler, Ch. & Allen, M. (Hrsg.). (1962/1974). *Einführung in die humanistische Psychologie* [Introduction to humanistic psychology]. Stuttgart: Klett.

Bühler, Ch. & Hetzer, H. (1929). Zur Geschichte der Kinderpsychologie. *Beiträge zur Problemgeschichte der Psychologie* (S. 204-224). Jena: Fischer.

Bühler, Ch. & Hetzer, H. (1932). *Kleinkindertests*. Leipzig: Barth.

Bühler, K. (1907). Tatsachen und Probleme zu einer Psychologie der Denkvorgänge. I. Über Gedanken. *Archiv für die gesamte Psychologie, 9*, 297-365.

Bühler, K. (1908). Antwort auf die von W. Wundt erhobenen Einwände gegen die Methode der Selbstbeobachtung an experimentell erzeugten Erlebnissen. *Archiv für die gesamte Psychologie, 12*, 93-123.

Bühler, K. (1927). *Die Krise der Psychologie*. Jena: Fischer.

Burdach, K. F. (1842). *Blicke ins Leben - Comparative Psychologie* (2 Bände). Leipzig: Voss.

Burford, A. (1985). *Künstler und Handwerker in Griechenland und Rom.* Mainz: von Zabern.

Burt, C. (1940). *The factors of mind.* London: University of London Press.

Busse, S. (1996). *Psychologie im Realsozialismus*. Pfaffenweiler: Centaurus-Verlagsgesellschaft.

Cabanis, J. G. (1802/1956) Rapports du physique et du moral de l'homme. In *Oeuvres philosophiques* (Band 1, S. 105-631), herausgegeben von C. Lehec und J. Cazeneuve. Paris: Presses Universitaires de France.

Campenhausen, H. von (1955). Die *griechischen Kirchenväter.* Stuttgart: Kohlhammer.

Campenhausen, H. von (1965). *Lateinische Kirchenväter.* Stuttgart: Kohlhammer.

Capelle, W. (Hrsg.). (1953). *Die Vorsokratiker*. Stuttgart: Kröner.

Cardini, F. & Fumagalli Beonio-Brocchieri, M. T. (Hrsg.). (1991). *Universitäten im Mittelalter.* München: Südwest Verlag.

Carus, C. G. (1831). *Vorlesungen über Psychologie.* Leipzig: Fleischer.

Carus, C. G. (1846/1926). *Psyche,* herausgegeben von L. Klages. Jena: Diederichs.

Carus, C. G. (1861/1990). *Natur und Idee. Oder das Werdende und sein Gesetz.* Hildesheim: Olms.

Carus, C. G. (1866/1986). *Vergleichende Psychologie oder Geschichte der Seele in der Reihenfolge der Thierwelt.* Hildesheim: Olms.

Catel, R. (1976/1979). *Die psychiatrische Ordnung.* Frankfurt a. M.: Suhrkamp.

Cattell, J. McK. (1890). Mental tests and measurements. *Mind, 15*, 373-381.

Charcot, J.-M. (1872-1883). *Leçons sur les maladies du système nerveux faites à la Salpêtrière* (3 Bände). Paris: Delahaye.

Chladni, E. (1825). *Vossische Zeitung vom 25.3.*

Cicero, M. T. (undatiert/1976). *Über den Redner* [De oratore], herausgegeben von H. Merklin. Stuttgart: Reclam.

Cicero, M. T. (undatiert /1979). *Gespräche in Tusculum* [Tusculanae disputationes], herausgegeben von O. Gigon. München: Heimeran.

Cipolla, C. M. (1981/1997). *Die gezählte Zeit* [Le macchine del tempo]. Berlin: Wagenbach.

Claudius, M. (1789/1984). Über die Unsterblichkeit der Seele. *Sämtliche Werke* (S. 279-291). München: Winkler.

Coch, L. & French, J. R. P. (1953). Overcoming resistance to change. In D. Cartwright & A. Zander (Eds.), *Group dynamics* (pp. 257-279). Evanston, ILL: Row & Peterson.

Cohen, J. (1957/1959). *Psychologie - psychologisch betrachtet.* Freiburg: Alber.

Comenius, J. A. (1656/1960). *Pampaedia*, herausgegeben von D. Tschizewskij, H. Geissler & K. Schaller. Heidelberg: Quelle & Meyer.

Comenius, J. A. (1657/1960). *Große Didaktik*, herausgegeben und übersetzt von A. Flitner. Düsseldorf: Lippe.

Comenius, J. A. (1658/1970). Orbis sensualium pictus/Die sichtbare Welt. *Johannis Amos Comenii opera omnia* (Band 17, S. 53-303), herausgegeben von J. Cervenka, S. Kralik, & J. Kyrasek. Praha: Academia.

Comte, A. (1830-1842/1968-1969). Cours de philosophie positive. *Oevres* (Band 1-6), herausgegeben von S. Perignon. Paris: Edition anthropos.

Comte, A. (1844/1915). *Abhandlungen über den Geist des Positivismus* [Discours sur l'esprit positif], herausgegeben von F. Sebrecht. Leipzig: Meiner.

Kritikpunkt

Sekundärliteratur

Schriften, von denen der Autor glaubte, daß sie den Weg der Psychologie und ihrer Nachbarn markieren - wie die Bücher Augustins und Lokkes, Comtes, Fechners und Münster-bergs, sind unter den Literaturhinweisen am häufigsten vertreten. Zu dieser Primärliteratur gibt es eine Fülle von Sekundärliteratur - Zusammenfassungen, Erklärungen, Deutungen, Vergleiche, Lobpreisungen und Verrisse. Aus der Sekundärliteratur sind vergleichsweise wenig Exemplare aufgeführt. Dies ist zu bedauern, weil es der intensiven Auseinandersetzung mit dem Stoff dieses Lehrbuchs Einschränkungen auferlegt. Es war aber unumgänglich, um die für ein Lehrbuch unverzichtbare Übersichtlichkeit zu erhalten.

Textkritisch anspruchsvolle Leserinnen und Leser werden möglicherweise mit der Wahl von Ausgaben oder Auflagen unzufrieden sein. Sie werden vielleicht sogar den Vergleich konkurrierender Textfassungen vermissen. Historisch bedeutsame Literatur ist ja selten in einer einzigen und mit Sicherheit authentischen Fassung vorhanden. Mitunter gibt es von demselben Autor verschiedene Fassungen - vor allem aus verschiedenen Druckauflagen. Mitunter sind Quellen nicht eindeutig, und verschiedene Herausgeber geben unterschiedliche Fassungen zum Druck. Der Verfasser versichert: Es sind zuverlässige und vollständige Editionen herangezogen worden; doch Textkritik ist nicht Aufgabe von komprehensiven Lehrbüchern. Verfügbarkeit für Leserinnen und Leser war ebenfalls ein Kriterium für die Auswahl von Editionen. Schließlich möge man es dem Verfasser nicht verübeln, wenn er auch einmal zu Texten greift, weil sie sich in seiner Reichweite befinden.

Condorcet, M.-J. de (1792/1966). Bericht und Entwurf einer Verordnung über die allgemeine Organisation des öffentlichen Unterrichtswesens. In H. H. Schepp (Hrsg.), *Condorcet* (S. 22-82). Weinheim: Beltz.

Conrart, M. (1709). *Gründlicher Unterricht wie ein Geistlicher und Weltlicher Orator in der Aussprache und Gestibus sich manierlich und klug aufzuführen hat,* nach Johann Hübner. Jena: Bielcken.

Cullen, W. (1784/1789). *Anfangsgründe der praktischen Arzneykunst. Nervenkrankheiten* (Band 3), *Gemüthskrankheiten* (Band 4) [First lines of the practice of physics]. Leipzig: Fritsch.

D'Holbach, P. Th. (1770/1960). *System der Natur* [Système de la nature], herausgegeben von F.-G. Voigt. Berlin: Aufbau-Verlag.

Dahlheim, W. (1992). *Die griechisch-römische Antike* (Band 1). *Herrschaft und Freiheit: Die Geschichte der griechischen Stadtstaaten.* Paderborn: Schöningh.

Dahlheim, W. (1994). *Die Antike. Griechenland und Rom von den Anfängen bis zur Expansion des Islam.* Paderborn: Schöningh.

Danzer, K. (1972). *Robert W. Bunsen und Gustav R. Kirchhoff. Die Begründer der Spektralanalyse.* Leipzig: Teubner.

Danziger, K. (1990). *Constructing the subject. Historical origins of psychological research.* Cambridge, GB: Cambridge University Press.

Danziger, K. (1992). The project of an experimental social psychology: Historical perspectives. *Science in Context, 5*, 309-328.

Darwin, C. (1859/1992). *Die Entstehung der Arten* [On the origin of species by natural selection]. Darmstadt: Wissenschaftliche Buchgesellschaft.

Darwin, C. (1871/1992). *Die Abstammung des Menschen* [The descent of man]. Wiesbaden: Fourier.

Darwin, C. (1872). *Der Ausdruck der Gemüthsbewegungen bei dem Menschen und den Thieren* [The expression of the emotions in man and animals]. Stuttgart: Schweitzerbart.

Darwin, Ch. (1877). A biographical sketch of an infant. *Mind, 2,* 285-294.

Davreux, J. (1942). *La légende de la prophétesse Cassandre.* Paris: Droz.

De Raad, B. (1998). Five big, big five issues: Rationale, content, structure, status, and crosscultural assessment. *European Psychologist, 3*, 113-124.

De Saussure, F. (1916/1986). *Grundfragen der allgemeinen Sprachwissenschaft* [Cours de linguistique générale]. Berlin: de Gruyter.

Della Porta, J. B. (1593). *De humana physiognomia* (libri quattuor). Hanovia: Guilielmus Antonius/Petrus Fischer.

Derrida, J. (1967/1972). *Die Schrift und die Differenz* [L'ecriture et la différence]. Frankfurt a. M.: Suhrkamp.

Descartes, R. (1632/1969). *Über den Menschen* [De homine], herausgegeben von K. E. Rothschuh. Heidelberg: Lambert Schneider.

Descartes, R. (1641/1959). *Meditationen über die Grundlagen der Philosophie* [Meditationes de prima philosophia], herausgegeben von L. Gäbe. Hamburg: Meiner.

Descartes, R. (1649/1984). *Die Leidenschaften der Seele* [Les passions de l'ame], herausgegeben von K. Hammacher. Hamburg: Meiner.

Dessoir, M. (1917). *Vom Jenseits der Seele. Die Geheimwissenschaften in kritischer Betrachtung.* Stuttgart: Enke.

Dierse, U. & Lassahn, R. (1989). Persönlichkeit. In J. Ritter & K. Gründer (Hrsg.), *Historisches Wörterbuch der Philosophie* (Band 7, S. 345-352). Basel: Schwabe.

Dietrich, V. J. (1991). *Johann Amos Comenius*. Reinbek: Rowohlt.

Dilthey, W. (vor 1880/1982). Frühe Entwürfe zur Erkenntnistheorie und Logik der Geisteswissenschaften. *Gesammelte Schriften* (Band 19, S. 1-57), herausgegegeben von H. Johach & F. Rodi. Göttingen: Vandenhoek & Ruprecht.

Dilthey, W. (1883/1962). Einleitung in die Geisteswissenschaften. *Gesammelte Schriften* (Band 1), herausgegeben von B. Groethuysen. Leipzig: Teubner.

Dilthey, W. (1894/1924). Ideen über eine beschreibende und zergliedernde Psychologie. *Gesammelte Schriften* (Band 5, S. 139-240), herausgegeben von G. Misch. Leipzig: Teubner.

Dilthey, W. (1895/1924). Beiträge zum Studium der Individualität. *Gesammelte Schriften* (Band 5, S. 241-316), herausgegeben von G. Misch. Leipzig: Teubner.

Dippel, H. (1996). *Geschichte der USA*. München: Beck.

Donders, F. C. (1868). Die Schnelligkeit psychischer Processe. *Archiv für Anatomie, Physiologie und wissenschaftliche Medicin, 6*, S. 657-681.

Döring, K. D. (1969). *Lehr- und Lernmittel*. Weinheim: Beltz.

Dorsch, F. (1963). *Geschichte und Probleme der angewandten Psychologie*. Bern: Huber.

Dülmen, R. van (1990). *Kultur und Alltag in der Frühen Neuzeit* (Band 1). München: Beck.

Düring, I. (Hrsg.). (1969). *Naturphilosophie bei Aristoteles und Theophrast*. Heidelberg: Stiehm.

Dyck, J. (1969/1990). Dreistiltheorie und Decorumlehre im 17. Jahrhundert. In J. Kopperschmidt (Hrsg.), *Rhethorik* (Band 1, S. 197-227). Darmstadt: Wissenschaftliche Buchgesellschaft.

Ebbinghaus, H. (1880/1983). *Urmanuskript „Ueber das Gedächtniß" 1880*, herausgegeben von W. Traxel. Passau: Passavia Verlag.

Ebbinghaus, H. (1885/1971). *Über das Gedächtnis*. Darmstadt: Wissenschaftliche Buchgesellschaft.

Ebbinghaus, H. (1897). Über eine neue Methode zur Prüfung geistiger Fähigkeiten und ihre Anwendung bei Schulkindern. *Zeitschrift für Psychologie, 13*, 401-459.

Ebbinghaus, H. (1905). *Grundzüge der Psychologie* (Band 1). Leipzig: Veit.

Ebbinghaus, H. (1908). *Abriß der Psychologie*. Leipzig: Veit.

Ebel, F. (1993). *Rechtsgeschichte* (Band 2). *Neuzeit*. Heidelberg: Müller.

Eckardt, G. (1989). Einleitung. In W. Th. Preyer, *Die Seele des Kindes*, herausgegeben von G. Eckardt (S. 11-52). Berlin: Springer.

Eckardt, G. (Hrsg.). (1997). *Völkerpsychologie - Versuch einer Neuentdeckung*. Weinheim: Psychologie VerlagsUnion.

Eckardt, G., Bringmann, W. G. & Sprung, L. (Eds.). (1985). *Contributions to a history of developmental psychology*. Amsterdam: Mouton.

Edwards, D. & Potter, J. (1992). *Discoursive psychology*. London: Sage.

Ego, A. (1991). *Animalischer Magnetismus oder Aufklärung*. Würzburg: Königshausen & Neumann.

Ehrenfels, Ch. von (1890). Über 'Gestaltqualitäten'. *Vierteljahresschrift für wissenschaftliche Philosophie, 14*, 242-292.

Ellis, H. (1897/1936-1942). *Studies in the psychology of sex* (2 Volumes). New York: Random House.

Ellis, A. (1962/1993). *Die rational-emotive Therapie* [Reason and emotion in psychotherapy]. München: Pfeiffer.

Elteren, M. van (1992). Sozialpolitische Konzeptionen in Lewins Arbeitspsychologie. In W. Schönpflug (Hrsg.), *Kurt Lewin - Person, Werk, Umfeld* (S. 127-147). Frankfurt a. M.: Lang.

Engel, J. J. (1774/1964). *Über Handlung, Gespräch und Erzählung*. Stuttgart: Metzler.

Engel, J. J. (1785-1786/1968). *Ideen zu einer Mimik* (zwei Teile). Darmstadt: Wissenschaftliche Buchgesellschaft.

Epiktet (undatiert/1905). *Unterredungen,* herausgegeben von J. Grabisch. Jena: Diederichs.

Epikur (undatiert/1968). *Von der Überwindung der Furcht,* herausgegeben von O. Gigon. Zürich: Artemis.

Erdmann, J. E. (1862/1872). *Grundriß der Psychologie.* Leipzig: Vogel.

Etkind, A. (1993/1996). *Eros des Unmöglichen. Die Geschichte der Psychoanalyse in Rußland.* Leipzig: Kiepenheuer.

Fay, J. W. (1939). *American Psychology before William James*. New Brunswik: Rutgers University Press.

Fechner, G. Th. (1848). *Nanna oder über das Seelenleben der Pflanzen.* Leipzig: Voss.

Fechner, G. Th. (1860/1889). *Elemente der Psychophysik.* Leipzig: Breitkopf & Härtel.

Fechner, G. Th. (1872). *Bericht über das bei der Dresdner Holbein-Ausstellung ausgelegte Album.* Leipzig: Breitkopf & Härtel.

Fechner, G. Th. (1875). Warum wird die Wurst schief durchgeschnitten? In Dr. Mises (Pseudonym), *Kleine Schriften* (S. 383-406). Leipzig: Breitkopf & Härtel.

Fechner, G. Th. (1876). *Vorschule der Aesthetik.* Leipzig: Breitkopf & Härtel.

Ferber, Ch. von (1956). *Die Entwicklung des Lehrkörpers der deutschen Universitäten und Hochschulen, 1864-1954*. Göttingen: Vandenhoek & Ruprecht.

Ferguson, A. (1768/1772). *Grundsätze der Moralphilosophie* [Institutes of moral philosophy], übersetzt von Ch. Garve. Leipzig: Dyck.

Fernberger, S. W. (1928). Statistical analyses of the members and associates of the American Psychological Association, inc. in 1928. *Psychological Review,* 35, 447-465.

Ferster, C. B. & Skinner, B. F. (1957). *Schedules of reinforcement.* New York: Appleton-Century-Crofts.

Fest, J. C. (1995). *Hitler*. Berlin: Propyläen.

Fichte, J. G. (1798/1963). *Das System der Sittenlehre nach den Prinzipien der Wissenschaftslehre.* Hamburg: Meiner.

Fichte, J. G. (1810). *Die Wissenschaftslehre in ihrem allgemeinen Umrisse*. Berlin: Hitzig.

Fiedler, K. & Forgas, J. P. (Eds.). (1988). *Affect, cognition and social behavior.* Göttingen: Hogrefe.

Fietz, L. (1998). *Strukturalismus*. Tübingen: Narr.

Filmer, R. (1630/1949). *Patriarcha and other writings,* herausgegeben von J. P. Sommerville. Cambridge, MA: Cambridge University Press.

Finley, M. I. (1976). *Die Griechen. Eine Einführung in ihre Geschichte und Zivilisation.* München: Beck.

Fleischmann, M. (1931). Christian Thomasius. In M. Fleischmann (Hrsg.), *Thomasius. Leben und Lebenswerk* (S. 1-248). Halle: Niemeyer.

Flourens, P. M. J. (1841). *De l'instinct et de l'intelligence des animaux.* Paris: Paulin.

Föderation deutscher Psychologenvereinigungen (1986). Testkuratorium. *Psychologische Rundschau, 37,* 162-165.

Foppa, K. (1989). Zur Lage der Psychologie. *Psychologische Rundschau, 40,* 3-9.

Foucault, M. (1966/1971). *Die Ordnung der Dinge.* [Les mots et les choses. Une archéologie des sciences humanines]. Frankfurt a. M.: Suhrkamp.

Fourier, Ch. (1829/1973). *Nouveau monde industriel et sociétaire*. Paris: Flammarion.

Fox, D. & Prilleltensky, I. (Eds.). (1997). *Critical psychology*. London: Sage.

Frank, L. K. (1939). Projective methods for the study of personality. *Journal of Personality, 8,* 389-413.

Frankl, V. (1978). *Logotherapie und Existenzanalyse.* München: Piper.

Frese, M., Ulich, E. & Dzida, W. (Eds.). (1987). *Psychological issues of human-computer-interaction at the work place.* Amsterdam: North-Holland.

Freud, S. (1898/1972). Die Sexualität in der Ätiologie der Neurosen. *Gesammelte Werke* (Band 1, S. 489-516). Frankfurt a. M.: Fischer.

Freud, S. (1900/1973). Die Traumdeutung. *Gesammelte Werke* (Band 2/3). Frankfurt a. M.: Fischer.

Freud, S. (1904/1973). Zur Psychopathologie des Alltagslebens. *Gesammelte Werke* (Band 4). Frankfurt a. M.: Fischer.

Freud, S. (1909/1972). Analyse der Phobie eines fünfjährigen Knaben. *Gesammelte Werke* (Band 7, S. 241-377). Frankfurt a. M.: Fischer.

Freud, S. (1910/1969). Eine Kindheitserinnerung des Leonardo da Vinci. *Gesammelte Werke* (Band 8, S. 127-211). Frankfurt a. M.: Fischer.

Freud, S. (1913/1944). Totem und Tabu. *Gesammelte Werke* (Band 9). Frankfurt a. M.: Fischer.

Freud, S. (1914/1969). Zur Geschichte der psychoanalytischen Bewegung. *Gesammelte Werke* (Band 10, S. 43-113). Frankfurt a. M.: Fischer.

Freud, S. (1915/1946). Triebe und Triebschicksale. *Gesammelte Werke* (Band 10, S. 209-232). Frankfurt a. M.: Fischer.

Freud, S. (1920/1972). Jenseits des Lustprinzips. *Gesammelte Werke* (Band 13, S. 1-70). Frankfurt a. M.: Fischer.

Freud, S. (1921/1940). Massenpsychologie und Ich-Analyse. *Gesammelte Werke* (Band 13, S. 71-161). Frankfurt a. M.: Fischer.

Freud, S. (1923/1972). Das Ich und das Es. *Gesammelte Werke* (Band 13, S. 235-289). Frankfurt a. M.: Fischer.

Freud, S. (1930/1948). Das Unbehagen in der Kultur. *Gesammelte Werke* (Band 14, S. 419-506). Frankfurt a. M.: Fischer.

Freud, S. (1932/1940). Neue Folge der Vorlesungen zur Einführung in die Psychoanalyse. *Gesammelte Werke* (Band 15). Frankfurt a. M.: Fischer.

Freud, S. (1938/1972). Abriß der Psychoanalyse. *Gesammelte Werke* (Band 17, S. 63-147). Frankfurt a. M.: Fischer.

Friedreich, J. B. (1830/1965). *Versuch einer Literärgeschichte der Pathologie und Therapie der psychischen Krankheiten.* Amsterdam: Bonset.

Friedrich, M. (1883). Über die Apperceptionsdauer bei einfachen und zusammengesetzten Vorstellungen. *Philosophische Studien, 1,* 39-77.

Frisch, K. von (1927/1993). *Aus dem Leben der Bienen.* Berlin: Springer.

Fromm, E. (1979/1980). *Sigmund Freuds Psychoanalyse - Größe und Grenzen.* Stuttgart: Deutsche Verlagsgesellschaft.

Frost, E. (1920). What industry wants and does not want from the psychologist. *Journal of Applied Psychology, 4*, 18-24.

Frühsorge, G. (1990). Nachwort in J. B. von Rohr (1728/1990). *Einleitung zur Ceremoniel-Wissenschafft der Privat-Personen,* herausgegeben von G. Frühsorge (S. 1-54). Weinheim: VCH.

Fumagalli Beonio-Brocchieri, M. T. (1991). Die Universität der Ideen. In F. Cardini & M. T. Fumagalli Beonio-Brocchieri (Hrsg.), *Universitäten im Mittelalter* (S. 10-27). München: Südwest Verlag.

Furley, D. J. & Wilkie, J. S. (1984). *Galen on respiration and the arteries.* Princeton, NJ: Princeton University Press.

Galen (undatiert/1919). *De temperamentis*, herausgegeben von G. Helmreich. Leipzig: Teubner.

Galiani, F. (1750/1986). *Della moneta,* herausgegeben von W. Engels, H. Hax, F. A. von Hayek & H. C. Recktenwald. Düsseldorf: Wirtschaft und Finanzen.

Gall, F. J. (1979). *Ausgewählte Texte*, herausgegeben von E. Lensky. Bern: Huber.

Gall, F. J. & Spurzheim, J. C. (1809). *Untersuchungen über die Anatomie des Nervensystems überhaupt und des Gehirns insbesondere.* Strasburg: Treuttel & Würtz.

Galton, F. (1869/1892). *Hereditary genius. An inquiry into its laws and consequences.* London: Macmillan.

Galton, F. (1883). *Inquiries into human faculty and its development.* London: Macmillan.

Galton, F. (1885). On the Anthropometric laboratory at the late International Health Exhibition. *Journal of the Anthropological Institute, 14*, 205-219.

Galton, F. (1908). *Memories of my life.* London: Methuen.

Garve, Ch. (1801). *Versuche über verschiedene Gegenstände aus der Moral, der Literatur und dem gesellschaftlichen Leben* (4. Teil). Breslau: Korn.

Gauss, C. F. (1821f./1973). Theoria combinationis observationum erroribus minimis obnoxiae. *Werke* (Band IV, S. 3-93). Hildesheim: Olms.

Gay, P. (1987/1989). *Freud. Eine Biographie für unsere Zeit* [Freud, a life for our time]. Frankfurt a. M.: Fischer.

Geier, M. (1992). *Der Wiener Kreis mit Selbstzeugnissen und Bilddokumenten.* Reinbek: Rowohlt.

Geissler, L. R. (1917). What is applied psychology? *Journal of Applied Psychology, 1,* 46-60.

Genschorek, W. (1989). *Carl Gustav Carus - Arzt, Künstler, Naturforscher.* Frankfurt a. M.: Wötzel.

Gergen, K. J. (1990). Die Konstruktion des Selbst im Zeitalter der Postmoderne. *Psychologische Rundschau, 41*, 191-199.

Gergen, K. J. & Graumann, C. F. (1996). Psychological discourse in historical context: An introduction. In K. J. Gergen & C. F. Graumann (Eds.), *Historical dimensions of psychological discourse* (pp. 1-16). Cambridge, GB: Cambridge University Press.

Gesell, A. & Ilg, F. L. (1946). *The child from five to ten.* New York: Harper.

Gesell, A., Ilg, F. L. & Ames, L. B. (1956). *Youth. The years from ten to sixteen.* New York: Harper.

Gesell, A., Halverson, H. M., Thompson, H. u.a. (1940). *The first five years of live.* New York: Harper.

Geulincx, A. (1665/1948). *Ethik oder über die Kardinaltugenden Fleiss, Gehorsam, Gerechtigkeit und Demut* [De virtute et primus eius proprietatibus, quae vulgo virtutes cardinales vocantur], herausgegeben von G. Schmitz. Hamburg: Meiner.

Geuter, U. (1987). *Daten zur Geschichte der deutschen Psychologie* (2 Bände). Göttingen: Hogrefe.

Geuter, U. (1990). Mitgliederverluste in der Deutschen Gesellschaft für Psychologie 1928 - 1932 - Ausdruck des Protestes von Experimentalpsychologen oder der Verselbständigung der Disziplin? *Psychologische Rundschau, 41,* 144-153.

Geweke, F. (1992). *Wie die neue Welt in die alte k*am. München: Deutscher Taschenbuchverlag.

Giese, F. (1935). Methoden der Wirtschaftspsychologie. In E. Abderhalden (Hrsg.), *Handbuch der biologischen Arbeitsmethoden* (VI C, Band 2a, S. 119-744). Berlin: Urban & Schwarzenberg.

Gigerenzer, G. & Goldstein, D. G. (1996). Reasoning the fast and frugal way. *Psychological Review, 103*, 650-669.

Gilbreth, F. B. (1911/1921). *Bewegungsstudien* [Motion study]. Berlin: Springer.

Gilbreth, F. B. & Gilbreth, L. M. (1920). *Motion study for the handicapped.* London: Routledge.

Glotz, G. (1965). *Ancient Greece at work. An economic history of Greece.* London: Routledge & Kagan Paul.

Goethe, J. W. von (1808-1810/1977). Schriften zur Farbenlehre. *Sämtliche Werke* (Band 16, 1. Teil, S. 7-838), herausgegeben von E. Beutler. Zürich: Artemis.

Gracián, B. (1647/o.J.). *Die Kunst der Weltklugheit* [Oráculo manual y arte de prudencia]. Wien: Neff.

Graesser, A. C., Millis, K. K. & Zwaan, R. A. (1997). Discourse comprehension. *Annual Review of Psychology, 48*, 163-189.

Grant, M. (1969/1974). *Mittelmeerkulturen in der Antike.* München: Beck.

Graumann, C. F. (Hrsg.). (1985). *Psychologie im Nationalsozialismus.* Berlin: Springer.

Grawe, K., Donati, R. & Bernauer, F. (1994). *Psychotherapie im Wandel. Von der Konfession zur Profession.* Göttingen: Hogrefe.

Greenwood, J. D. (Ed.). (1991). *The future of folk psychology.* Cambridge, UK: University Press.

Gross, H. (1898). *Criminalpsychologie.* Graz: Teuschner & Lubensky.

Grotius H. (1625/1869). *Drei Bücher über das Recht des Krieges und Friedens.* Berlin: Heimann.

Grunsky, H. (1956). *Jacob Böhme.* Stuttgart: Frommann (Holzboog).

Gundlach, H. (1986). Ebbinghaus, Geschichte und Vergangenheit. *Psychologische Rundschau, 37*, 46-47.

Gundlach, H. (1993). *Entstehung und Gegenstand der Psychophysik.* Berlin: Springer.

Gundlach, H. (1996). Psychologie und Psychotechnik bei den Eisenbahnen. In H. Gundlach (Hrsg.), *Untersuchungen zur Geschichte der Psychologie und der Psychotechnik* (S. 127-146). München: Profil.

Günther, K.-H., Hofmann, F., Hohendorf, G., König, H. & Schuffenhauer, H. (1966). *Geschichte der Erziehung.* Berlin: Volk und Wissen.

Gutberlet, C. (1905). *Psychophysik.* Mainz: Kirchheim.

Habermas, J. (1994). *Die Moderne - ein unvollendetes Projekt.* Leipzig: Reclam.

Haeckel, E. (1870). *Natürliche Schöpfungsgeschichte.* Berlin: Reimer.

Haeckel, E. (1900). *Der Monismus als Band zwischen Religion und Wissenschaft.* Bonn: Straus.

Häcker, H., Leutner, D. & Amelang, M. (Hrsg.). (1998). *Standards für pädagogisches und psychologisches Testen.* Göttingen: Hogrefe & Huber.

Haeser, H. (1881/1971). *Lehrbuch der Geschichte der Medicin und der epidemischen Krankheiten* (Band 2). Hildesheim: Olms.

Haff, K. (1935). Rechtspsychologie. In E. Abderhalden (Hrsg.), *Handbuch der biologischen Arbeitsmethoden* (VI C, Band 2a, S.1-118). Berlin: Urban & Schwarzenberg.

Hagner, M. & Wahrig-Schmidt, B. (Hrsg.). (1992). *Johannes Müller und die Philosophie.* Berlin: Akademie Verlag.

Haken, H. (1995). *Erfolgsgeheimnisse der Natur.* Hamburg: Rowohlt.

Hale, M. (1980). *Human science and social order: Hugo Münsterberg and the origins of applied psychology.* Philadelphia, PA: Temple University Press.

„Wissenschaft existiert nur im lebendigen Denken großer Gelehrtengenerationen, und Bücher sind nichts, wenn sie nicht im Menschen, die ihnen gewachsen sind, lebendig und wirksam werden."

(Spengler, 1923, S. 551f.)

Hall, G. S. (1904). *Adolescence: Its psychology and Its relations to physiology, anthropology, sociology, sex, crime, religion, and education* (2 Volumes). New York: Appleton.

Hammerstein, N. (1996). Die Universitäten in der Aufklärung. In W. Rüegg (Hrsg.), *Geschichte der Universität in Europa* (Band II, S. 495-506). München: Beck.

Hartmann, E. von (1869). *Philosophie des Unbewussten.* Leipzig: Friedrich.

Hasebroek, J. (1931). *Griechische Wirtschafts- und Gesellschaftsgeschichte bis zur Perserzeit.* Tübingen: Mohr.

Hatheway, S. R. & McKinley, J. C. (1943). *MMPI manual.* New York: Psychological Corporation.

Hathaway, S. R., McKinley, J. C. & Meehl, P. E. (1956). Construction. In G. S. Welsh & W. G. Dahlstrom (Eds.), *Basic readings on the MMPI in psychology and medicine* (pp. 58-123). Minneapolis, MI: University of Minnesota Press.

Hawel, P. (1993). *Das Mönchtum im Abendland. Geschichte, Kultur, Lebensform.* Freiburg i. Br.: Herder.

Hearnshaw, L. S. (1964). *A short history of British Psychology 1840-1940.* London: Methuen.

Hegel, G. W. F. (1830/1970). Enzyklopädie der philosophischen Wissenschaften. *Werke* (Band 8, 9, 10), herausgegeben von E. Moldenhauer & K. M. Michel. Frankfurt a. M.: Suhrkamp.

Hegel, G. W. F. (1833/1986). Vorlesungen über die Philosophie der Geschichte. *Werke* (Band 12), herausgegeben von E. Moldenhauer & K. M. Michel. Frankfurt a. M.: Suhrkamp.

Hehlmann, W. (1967). *Geschichte der Psychologie.* Stuttgart: Kröner.

Heider, F. (1958/1977). *Die Psychologie der interpersonalen Beziehungen* [The psychology of interpersonal relations]. Stuttgart: Klett.

Heider, F. (1983/1984). *Das Leben eines Psychologen* [The life of a psychologist]. Bern: Huber.

Helmholtz, H. von (1856-1866/1909-1911). *Handbuch der physiologischen Optik* (3 Bände), herausgegeben von A. Gullstrand, J. v. Kries & W. Nagel. Hamburg: Voss.

Helmholtz, H. von (1879). *Die Thatsachen in der Wahrnehmung.* Berlin: Hirschwald.

Helvétius, C. A. (1772/1972). *Vom Menschen, seinen geistigen Fähigkeiten und seiner Erziehung* [De l'homme, de ses facutés intellectuelles et de son education], herausgegeben von G. Mensching. Frankfurt a. M.: Suhrkamp.

Hennings, J. Ch. (1780). *Von Geistern und Geistersehern.* Leipzig: Weygand.

Herbart, J. F. (1824-1825/1850/1968). *Psychologie als Wissenschaft, neu gegründet auf Erfahrung, Metaphysik und Mathematik* (2 Bände). Amsterdam: Bonset.

Herbart, J. F. (1831/1964). Briefe über die Anwendung der Psychologie auf die Paedagogik. *Sämtliche Werke*, herausgegeben von K. Kehrbach und O. Flügel (Band 9, S. 339-462). Aalen: Scientia.

Herbart, J. F. (1835/1964). Umriß paedagogischer Vorlesungen. *Sämtliche Werke*, herausgegeben von K. Kehrbach und O. Flügel (Band 10, S. 65-196). Aalen: Scientia.

Herder, J. G. (1784-1791/1978). Ideen zur Philosophie der Geschichte der Menschheit. *Werke*, herausgegeben von R. Otto (Band 4). Berlin: Aufbau-Verlag.

Herget, A. (1914). *Psychologie und Erziehungslehre.* Prag: Haase.

Herrmann, Th. (1979). *Psychologie als Problem.* Stuttgart: Klett/Cotta.

Herskovits, M. J. (1953/1973). *Franz Boas. The science of man in the making.* Clifton, NJ: Kelly.

Herzog, R. & Koselleck, R. (Hrsg.). (1987). *Epochenschwelle und Epochenbewußtsein.* München: Finck.

Hetzel, A. (1992). Verkenne dich selbst. In J. Martin (Hrsg.), *PsychoManie* (S. 145-177). Leipzig: Reclam.

Hetzer, H. (1929). *Kindheit und Armut.* Leipzig: Hirzel.

Hildebrandt, H. (1993). Der psychologische Versuch in der Psychiatrie: Was wurde aus Kraepelins (1895) Programm? *Psychologie und Geschichte, 5*, 5-30.

Hilgard, E. R. (1948). *Theories of learning.* New York: Appleton-Century-Crofts.

Hilgard, E. R. (1987). *Psychology in America. A historical survey.* San Diego: Harcourt, Brace, Jovanovich.

Hilgard, E. R. & Marquis, D. G. (1940). *Conditioning and learning.* New York: Appleton-Century.

Hobbes, Th. (1640/1926). *Naturrecht und allgemeines Staatsrecht in den Anfangsgründen* [The elements of law natural an politic], herausgegeben von F. Tönnies. Berlin: Hobbing.

Hobbes, Th. (1642/1959). *Vom Menschen. Vom Bürger* [De homine. De cive] herausgegeben von G. Gawlick. Hamburg: Meiner.

Hockel, M. (1988). Das Berufsbild des Psychologen. In D. Frey, C. Graf Hoyos & D. Stahlberg (Hrsg.), *Angewandte Psychologie* (S. 647-660). Weinheim: Psychologie VerlagsUnion.

Hoenn, K. (1950). *Stoa und die Stoiker.* Zürich: Artemis.

Hof, U. im (1982). *Das gesellige Jahrhundert: Gesellschaft und Gesellschaften im Zeitalter der Aufklärung.* München: Beck.

Hoff, E. H. (1998). Probleme der Psychologie als Profession. *Report Psychologie, 23,* 18-25.

Hoffmann, J. (1959). *Die "Hausväterliteratur" und die "Predigten über den christlichen Hausstand".* Weinheim: Beltz.

Hölderlin, F. (o.J./1914). *Sämtliche Werke und Briefe,* herausgegeben von F. Zinkernagel (Band 2). Leipzig: Insel.

Hölscher, L. (1984). Öffentlichkeit. In J. Ritter & K. Gründer (Hrsg.), *Historisches Wörterbuch der Philosophie* (Band 6, S. 1134-1140). Basel: Schwabe.

Holzhey, H. (1989). Popularphilosophie. In J. Ritter & K. Gründer (Hrsg.), *Historisches Wörterbuch der Philosophie* (Band 7, S. 1093-1100). Basel: Schwabe.

Horkheimer, M. (1937/1968). Traditionelle und kritische Psychologie. In A. Schmidt (Hrsg.), *Kritische Theorie* (Band 2, S. 137-200). Frankfurt a. M.: Suhrkamp.

Horkheimer, M. (1941/1968). Neue Kunst und Massenkultur. In A. Schmidt (Hrsg.), *Kritische Theorie* (Band 2, S. 313-332). Frankfurt a. M.: Suhrkamp.

Horney, K. (1939/1977). *Neue Wege in der Psychoanalyse* [New ways in psychoanalysis]. München: Kindler.

Hoshmand, L. T. & Polkinghorne, D. E. (1992). Redefining the science-practice relationship and professional training. *American Psychologist, 47*, 55-66.

Hothersall, D. (1995). *History of psychology.* New York: McGraw-Hill.

House, S. D. (1927). A mental hygiene inventory. *Archives of Psychology* (No.14).

Howell, W. S. (1971). *Eighteenth-century British logic and rhetoric.* Princeton, NJ: Princeton University Press.

Hügli, A. (1989). Pädagogik. In J. Ritter & K. Gründer (Hrsg.), *Historisches Wörterbuch der Philosophie* (Band 7, S. 1-35). Basel: Schwabe.

Hull, C. L. (1952). *A behavior system.* New Haven: Yale University Press.

Hume, D. (1751/1883). *Eine Untersuchung über die Principien der Moral* [Enquiry concerning the principles of morals]. Wien: Konegen.

Hume, D. (1748/1984). *Eine Untersuchung über den menschlichen Verstand* [An enquiry concerning human understanding], herausgegeben von J. Kulenkampff. Hamburg: Meiner.

Husserl, E. (1913/1993). *Ideen zu einer reinen Phänomenologie und phänomenologischen Philosophie.* Tübingen: Niemeyer.

Hutcheson, F. (1755/1969). *A system of moral philosophy*. Hildesheim: Olms.

Ibsen, H. (o.J.). Die Wildente. *Sämtliche Werke* (Band 7, S. 215-343), herausgegeben von G. Brandes, J. Elias & P. Schlenther. Berlin: Fischer.

Iselin, I. (1768/1976). *Über die Geschichte der Menschheit* (2 Bände in einem). Hildesheim: Olms.

Jaeckel, G. (1992). *Die Charité: die Geschichte eines Weltzentrums der Medizin*. Berlin: Ullstein.

Jaeger, F. & Rüsen, J. (1992). *Geschichte des Historismus*. München: Beck.

Jaffa, S. (1903). Ein psychologisches Experiment im kriminalistischen Seminar der Universität Berlin. *Beiträge zur Psychologie der Aussage, 1* (Heft 1), S. 79-99.

James, W. (1890). *Principles of psychology* (2 Volumes). New York: Holt.

James, W. (1907). *Pragmatism*. New York: Longmans & Green.

Janet, P. M. F. (1919). *Les obsessions et la psychasthenie*. Paris: Alcan.

Jencks, Ch. (1978/1988). *Die Sprache der postmodernen Architektur* [The language of post-modern architecture]. Stuttgart: Deutsche Verlagsanstalt.

Jetter, D. (1981). *Grundzüge der Geschichte des Krankenhauses*. Darmstadt: Wissenschaftliche Buchgesellschaft.

Jonas, H. (1993). *Das Prinzip Verantwortung*. Frankfurt a. M.: Suhrkamp.

Jones, E. (1960/1962). *Das Leben und Werk von Sigmund Freud* [The life and work of Sigmund Freud], (3 Bände). Bern: Huber.

Jones, H. (1989). *The Epicurean tradition*. London: Routledge.

Jost, A. (1897). Die Assoziationsfestigkeit in ihrer Abhängigkeit von der Verteilung der Wiederholungen. *Zeitschrift für Psychologie, 14,* 436-472.

Jung, C. G. (1905a/1979). Über das Verhalten der Reaktionszeit beim Assoziationsexperimente. *Gesammelte Werke* (Band 2, S. 239-288). Olten: Walter.

Jung, C. G. (1905b/1979). Die psychologische Diagnose des Tatbestandes. *Gesammelte Werke* (Band 2, S. 338-374). Olten: Walter.

Jung, C. G. (1912/1977). Symbole der Wandlung (ursprünglich: Wandlungen und Symbole der Libido). *Gesammelte Werke* (Band 5). Olten: Walter.

Jung, C. G. (1931-1954/1976). Die Dynamik des Unbewußten. *Gesammelte Werke* (Band 8). Olten: Walter.

Jung, C. G. (1944/1972). Psychologie und Alchemie. *Gesammelte Werke* (Band 12). Olten: Walter.

Jung, C. G. (1954/1976). Die Archetypen und das kollektive Unbewußte. *Gesammelte Werke* (Band 9). Olten: Walter.

Jung, C. G. (1962). *Erinnerungen, Träume, Gedanken,* aufgezeichnet und herausgegeben von A. Jaffé. Zürich: Rascher.

Jung, C. G. (1971/1978). Mysterium coniunctionis. *Gesammelte Werke* (Band 14/1). Olten: Walter.

Justi, J. H. G. von (1758). *Staatswirthschaft oder Systematische Abhandlung aller Oekonomischen und Cameral-Wissenschaften* (2 Teile). Leipzig: Breitkopf.

Justi, J. H. G. von (1782). *Grundsätze der Policeywissenschaft*. Göttingen: Vandenhoeck & Ruprecht.

Kaiser-El-Safti, M. (1987). *Der Nachdenker. Die Entstehung der Metapsychologie Freuds in ihrer Abhängigkeit von Schopenhauer und Nietzsche*. Bonn: Bouvier.

Kalveram, K. Th. (1998). *Wie das Individuum mit seiner Umwelt interagiert*. Lengerich: Pabst.

In stetem Wechsel kreiset die flügelschnelle Zeit,
sie blühet, altert, greiset und wird Vergessenheit.
Kaum stammen dunkle Schriften aus ihren morschen Grüften, ...

(Voss, o.J./1915, S. 308)

Kandel, E. C., Schwartz, J. H. & Jessell, Th. M. (1995/1995). *Neurowissenschaften* [Essentials of neuronal science and behavior]. Heidelberg: Spektrum.

Kant, I. (1781/1968). Kritik der reinen Vernunft. *Werke* (Bände 3 und 4), herausgegeben von W. Weischedel. Darmstadt: Wissenschaftliche Buchgesellschaft.

Kant, I. (1786/1968). Metaphysische Anfangsgründe der Naturwissenschaft. *Werke* (Band 8, S. 10-135), herausgegeben von W. Weischedel. Darmstadt: Wissenschaftliche Buchgesellschaft.

Kant, I. (1788/1968). Kritik der praktischen Vernunft. *Werke* (Band 6, S. 106-302), herausgegeben von W. Weischedel. Darmstadt: Wissenschaftliche Buchgesellschaft.

Kant, I. (1798/1970). Anthropologie in pragmatischer Hinsicht. *Werke* (Band 10, S. 399-622), herausgegeben von W. Weischedel. Darmstadt: Wissenschaftliche Buchgesellschaft.

Kant, I. (1798/1970). Kritik der praktischen Vernunft. In W. Weischedel (Hrsg.), *Werke* (Band 10, S. 399-690). Darmstadt: Wissenschaftliche Buchgesellschaft.

Kant, I. (1803/1970). Über Pädagogik. In W. Weischedel (Hrsg.), *Werke* (Band 10, S. 693-761). Darmstadt: Wissenschaftliche Buchgesellschaft.

Katz, D. & Kahn, R. L. (1966). *The social psychology of organizations.* New York: Wiley.

Kelly, G. (1955). *The psychology of personal constructs.* New York: Norton.

Kern, H. (1982). *Empirische Sozialforschung. Ursprünge, Ansätze, Entwicklungslinien.* München: Beck.

Kiesewetter, C. (1891). *Geschichte des neueren Okkultismus.* Leipzig: Friedrich.

Kiesow, F. (1895). Versuche mit Mosso's Sphygmomanometer über die durch psychische Erregungen hervorgerufenen Veränderungen des Blutdrucks beim Menschen. *Philosophische Studien, 11,* 41-60.

Kimble, G. A. (1984). Psychology's two cultures. *American Psychologist, 39*, 833-839.

Kitson, H. D. (1921). Minor studies in the psychology of advertising from the Psychological Laboratory of Indiana University. *Journal of Applied Psychology, 5*, 5-13.

Kleinbeck, U. (1996). *Arbeitsmotivation.* Weinheim: Juventa.

Klessmann, E. (1969). *Die Welt der Romantik.* München: Desch.

Klix, F. (1971). *Information und Verhalten.* Berlin: Deutscher Verlag der Wissenschaften.

Knigge, A. von (1788/o.J.). *Umgang mit Menschen.* Berlin: Weichert.

Koch, S. & Leary, D. E. (1985). *A century of psychology as a science*. New York: McGraw-Hill.

Koffka, K. (1922). Perception: An introduction to the *Gestalttheorie. Psychological Bulletin, 19,* 531-585.

Koffka, K. (1935). *Principles of Gestalt psychology.* New York: Hartcourt.

Köhler, W. (1920). *Die physischen Gestalten in Ruhe und im stationären Zustand.* Braunschweig: Vieweg.

Köhler, W. (1921). *Intelligenzprüfungen an Anthropoiden. Abhandlungen der Preußischen Akademie der Wissenschaften 1917.* Berlin: Springer.

Köhler, W. (1929). *Gestalt psychology.* New York: Liveright.

Koneffke, G. (Hrsg.). (1982). *Zur Erforschung der Industrieschule des 17. und 18. Jahrhunderts.* Vaduz: Topos.

König, R. (1979). *Niccolo Machiavelli.* München: Hanser.

König, Th. (1924). *Reklame-Psychologie.* München: Oldenbourg.

Kopfermann, H. (1930). Psychologische Untersuchungen über die Wirkung zweidimensionaler Darstellungen körperlicher Gebilde. *Psychologische Forschung, 13,* 293-364.

Kossak, H.-Ch. (1989). *Hypnose*. München: Psychologie VerlagsUnion.

Kossok, M. & Autorenkollektiv. (1986). *Allgemeine Geschichte der Neuzeit.* Berlin: Deutscher Verlag der Wissenschaften.

Kraepelin, E. (1883). *Compendium der Psychiatrie.* Leipzig: Abel.

Kraepelin, E. (1895). Der psychologische Versuch in der Psychiatrie. *Psychologische Arbeiten, 1,* 1-91.

Kraepelin, E. (1902). Die Arbeitscurve. *Philosophische Studien, 19,* 459-507.

Kraepelin, E. (1903). Über Ermüdungsmessungen. *Archiv für die gesamte Psychologie, 1,* 9-30.

Kraepelin, E. (1920). *Arbeiten aus der Deutschen Forschungsanstalt für Psychiatrie in München.* Berlin: Springer.

Krafft-Ebing, R. v. (1886/1902/1984). *Psychopathia sexualis.* München: Matthes & Seitz.

Krämer, S. (Hrsg.). (1994). *Geist-Gehirn-künstliche Intelligenz*. Berlin: de Gruyter.

Krampen, G. & Wiesenhütter, J. (1993). Bibliometrische Befunde zur Entwicklung der Teildisziplinen der Psychologie. *Psychologische Rundschau, 44,* 25-34.

Kremer, K. (1984). Ontologie. In J. Ritter & K. Gründer (Hrsg.), *Historisches Wörterbuch der Philosophie* (Band 6, S. 1189-1198). Basel: Schwabe.

Kroh, O. (1941/1942). Ein bedeutender Fortschritt in der deutschen Psychologie. Werden und Absicht der neuen Prüfungsordnung. *Zeitschrift für Psychologie, 151,* 1-32.

Krünitz, J. G. (Hrsg.). (1773-1858). *Oekonomisch-technologische Encyklopädie, oder allgemeines System der Staats-, Stadt-, Haus- und Landwirthschaft, und der Kunst-Geschichte* (Theil 1-242). Berlin: Pauli.

Kubinger, K. D. (1995). *Einführung in die psychologische Diagnostik.* Weinheim: Psychologie VerlagsUnion.

Kubinger, K. D. & Floquet, M. (1998). Psychologische Diagnostik: Zum Informationsstand von Psychologen - in Österreich. *Report Psychologie, 23,* 456-463.

Kuhn, T. S. (1962/1967). *Die Struktur wissenschaftlicher Revolutionen* [The structure of scientific revolutions]. Frankfurt a. M.: Suhrkamp.

Kühne, A. (1988). *Psychologie im Rechtswesen.* Weinheim: Deutscher Studien Verlag.

Kussmann, Th. (1974). *Sowjetische Psychologie: Auf der Suche nach der Methode. I. P. Pawlows Lehren und das Menschenbild der marxistischen Psychologie.* Bern: Huber.

Kuttner, P. (1989). *Moderne Psychoanalyse.* München: Verlag Internationale Psychoanalyse.

Kvale, S. (Ed.). (1992). *Psychology and postmodernism.* London: Sage.

La Bruyère, J. de (1688/o.J.). *Die Charaktere oder die Sitten im Zeitalter Ludwigs XIV.* [Les caracteres ou les moeurs de ce siècle précédés par la traduction de Théophraste], herausgegeben von K. Eitner. Leipzig: Bibliographisches Institut.

Ladd, G. T. (1894). Presidential address at the New York meeting of the American Psychological Association. *Psychological Review 1,* 1-21.

Lakatos, I. (1970/1974) Falsifikation und die Methodologie wissenschaftlicher Forschungsprogramme [Falsification and the methodology of scientific research programs]. In I. Lakatos & A. Musgrave (Hrsg.), *Kritik und Erkenntnisfortschritt* (S. 89-189) Braunschweig: Vieweg.

Lamarck, J.-B. (o.J./1809). *Philosophische Zoologie* [Philosophie zoologique]. Leipzig: Kröner.

Lambert, J. H. (1764/1990). *Neues Organon.* Berlin: Akademie-Verlag.

Lamberti, G. (1995). *Wilhelm Maximilian Wundt (1832-1920). Leben, Werk und Persönlichkeit in Bildern und Texten*. Bonn: Deutscher Psychologen Verlag.

La Mettrie, J. O. de (1748/1988). *Der Mensch als Maschine* [L'homme machine]. Nürnberg: LSR-Verlag.

Lamnek, S. (1995). *Qualitative Sozialforschung.* Weinheim: Beltz/Psychologie VerlagsUnion.

Lang, A. (1979). Stellungnahme gegen die Reglementierung der Psychotherapie aus der Sicht eines allgemeinen Psychologen und besorgten Bürgers. *Schweizerische Zeitschrift für Psychologie, 38,* 290-299.

Lange, F. A. (1873-1875). *Geschichte des Materialismus* (2 Bände). Iserlohn: Baedecker.

Lasswitz, K. (1902). *Gustav Theodor Fechner.* Stuttgart: Frommann.

Lavater, J. C. (1775-1778/1968-1969). *Physiognomische Fragmente zur Beförderung der Menschenkenntnis und Menschenliebe* (4 Bände). Zürich: Orell Füssli.

Lay, A. (1907/1918). *Experimentelle Pädagogik.* Leipzig: Teubner.

Lazarus, M. & Steinthal, H. (1860). Einleitende Gedanken über Völkerpsychologie. *Zeitschrift für Völkerpsychologie und Sprachwissenschaft, 1,* 1-73.

Le Bon, G. (1895/1953). *Psychologie der Massen* [Psychologie des foules]. Stuttgart: Kröner.

Le Faucher, M. (1657). *Traitté de l'action de l'orateur, ou de la prononciation et du geste*. Paris: Courbé.

Leibniz, G. W. (1704/1959). Neue Abhandlungen über den menschlichen Verstand. *Philosophische Schriften* (Band III/1), herausgegeben von W. v. Engelhardt und H. H. Holz. Darmstadt: Wissenschaftliche Buchgesellschaft.

Leibniz, G. W. (1710/1985). Die Theodizee. Von der Güte Gottes, der Freiheit des Menschen und dem Ursprung des Übels. *Philosophische Schriften* (Band II/1), herausgegeben von H. Herring. Darmstadt: Wissenschaftliche Buchgesellschaft.

Leibniz, G. W. (1720/1985). Die Theodizee. Von der Güte Gottes, der Freiheit des Menschen und dem Ursprung des Übels. *Philosophische Schriften* (Band II/2), herausgegeben von H. Herring. Darmstadt: Wissenschaftliche Buchgesellschaft.

Leibniz, G. W. (1714/1915). Monadologie. *Ausgewählte Philosophische Schriften* (Band 2, S. 133-151), herausgegeben von H. Schmalenbach. Leipzig: Meiner.

Lenin, W. I. (1921/1961). *Gesammelte Werke* (Band 32, S. 56). Berlin: Akademie Verlag.

Lenoir, T. (1992). *Politik im Tempel der Wissenschaft.* Frankfurt a. M.: Campus.

Lepenies, W. (1976). *Das Ende der Naturgeschichte.* München: Hanser.

Lepenies, W. (1992). *Aufstieg und Fall der Intellektuellen in Europa.* Frankfurt a. M.: Campus.

Lewin, K. (1920). Die Sozialisierung des Taylor-Systems. *Schriftenreihe Praktischer Sozialismus, 4,* 3-36.

Lewin, K. (1926). Vorsatz, Wille und Bedürfnis. Untersuchungen zur Handlungs- und Affekt-Psychologie. II. *Psychologische Forschung, 7,* 330-385.

Lewin, K. (1936/1969). *Grundzüge der topologischen Psychologie* [Principles of topological psychology], herausgegeben von R. Falk & F. Winnefeld. Bern: Huber.

Lichtenberg, G. Ch. (1778/1983). Über Physiognomik; wider die Physiognomen. *Schriften und Briefe*, herausgegeben von F. H. Mautner (Band 2, S. 85-116). Frankfurt a. M.: Insel.

Lienert, G. & Raatz, U. (1994). *Testaufbau und Testpraxis.* Weinheim: Psychologie VerlagsUnion.

Lindner, G. (1871). *Ideen zur Psychologie der Gesellschaft als Grundlage der Socialwissenschaften.* Wien: Gerold.

Lindner, I. (1996). *Studienführer Psychologie.* Würzburg: Lexika Verlag.

Lipmann, O. (1905). Reformvorschläge zur Zeugenvernehmung vom Standpunkt des Psychologen. *Archiv für Kriminal-Anthropologie und Kriminalistik, 20,* 68-81.

Locke, J. (1693/1962) *Gedanken über Erziehung* [Some thoughts concerning education], herausgegeben von H. Wohlers. Heilbrunn: Klinkhardt.

Locke, J. (1690/1913/1911). *Versuch über den menschlichen Verstand* [An essay concerning human understanding] (2 Bände), herausgegeben von C. Winckler. Leipzig: Meiner.

Lockot, R. (1985). *Erinnern und Durcharbeiten. Zur Geschichte der Psychoanalyse und Psychotherapie im Nationalsozialismus.* Frankfurt a. M.: Fischer.

Lorenz, K. (1939). Ausfallerscheinungen im Instinktverhalten von Haustieren und ihre sozialpsychologische Bedeutung. In O. Klemm (Hrsg.), *Bericht über den 16. Kongreß der Deutschen Gesellschaft für Psychologie in Bayreuth 1938* (S. 139-146). Leipzig: Barth.

Lorenz, K. (1965/1992). *Über tierisches und menschliches Verhalten* (2 Bände). München: Piper.

Lotze, R. H. (1852). *Medicinische Psychologie oder Physiologie der Seele.* Leipzig: Weidmann.

Löwenstein, O. (1922). Über subjektive Tatbestandsmäßigkeit und Zurechnungsfähigkeit nebst kritischen Bemerkungen zur psychologischen Tatbestandsdiagnostik. *Archiv für Psychiatrie und Nervenkrankheiten, 65,* 411-458.

Lück, H. E. (1991). *Geschichte der Psychologie.* Stuttgart: Kohlhammer.

Lück, H. E. & Miller, R. (Hrsg.). (1993). *Illustrierte Geschichte der Psychologie.* München: Quintessenz.

Lück, H. E., Miller, R. & Rechtien, W. (1984). *Geschichte der Psychologie. Ein Handbuch in Schlüsselbegriffen.* München: Urban & Schwarzenberg.

Ludwig, K.-H. & Schmidtchen, V. (Hrsg.). (1992). *Metalle und Macht,* herausgegeben von W. König. Berlin: Propyläen Verlag.

Luther, M. (1523/1900). Von welltlicher Uberkeytt, wie weyt man yhr gehorsam schuldig sey. *Werke* (Band 11, S. 245-281). Weimar: Böhlau.

Lutherbibel. (1994). Stuttgart: Deutsche Bibelgesellschaft.

Lyotard, J.-F. (1983/1989). *Der Widerstreit* [Le différend]. München: Fink.

Lysinski, E. (1918/1919). Zur Psychologie der Wortmarkenreklame. *Zeitschrift für Handelswissenschaft und Handelspraxis,* 11, 144-149.

Lysinski, E. (1922). Die Methoden der Werbewissenschaft. *Handelswissenschaft und Handelspraxis, 15,* 17-19.

Mach, E. (1905). *Erkenntnis und Irrtum.* Leipzig: Barth.

Machiavelli, N. (1513/1923). *Der Fürst* [Il principe], herausgegeben von F. Meinecke. Berlin: Hobbing.

Machiavelli, N. (1531/1967). *Vom Staate* [Discorsi]. Darmstadt: Wissenschaftliche Buchgesellschaft.

MacKenzie, D. A. (1981). *Statistics in Britain (1865-1930). The social construction of scientific knowledge.* Edinburgh: Edinburgh University Press.

Mann, G. (1992). *Wallenstein.* Frankfurt a. M.: Fischer.

Marbe, K. (1901). *Experimentell-psychologische Untersuchungen über das Urteil.* Leipzig: Engelmann.

Marbe, K. (1913). Die Bedeutung der Psychologie für die übrigen Wissenschaften und die Praxis. *Fortschritte der Psychologie und ihrer Anwendungen, 1,* 5-82.

Marbe, K. (1916). *Die Gleichförmigkeit der Welt.* München: Beck.

Marbe, K. (1926a). *Der Psycholog als Gerichtsgutachter im Straf- und Zivilprozeß.* Stuttgart: Enke.

Marbe, K. (1926b). *Praktische Psychologie der Unfälle und Betriebsschäden.* München: Oldenbourg.

Marbe, K. (1945). *Selbstbiographie des Psychologen Geheimrat Prof. Dr. Karl Marbe in Würzburg.* Halle: Verlag der Akademie.

Marston, W. M. (1917). Symbolic blood pressure symptoms of deception. *Journal of Experimental Psychology, 2*, 117-163.

Martens, H. A. (1919). Psychologie und Verkehrswesen. *Zeitschrift für angewandte Psychologie, 17*, 374-385.

Martin, J. (1996). Einleitender Befund. In J. Martin (Hrsg.), *PsychoManie* (S. 9-14). Leipzig: Reclam.

Mason, S. F. (1953/1961). *Geschichte der Naturwissenschaft* [History of science]. Stuttgart: Kröner.

Maturana, H. & Varela, F. (1987). *Der Baum der Erkenntnis* [El arbol del conocimiento]. Bern: Scherz.

Maurer, W. (1967, 1969). *Der junge Melanchthon* (2 Bände). Göttingen: Vandenhoek & Ruprecht.

Mausbach, J. (1920). *Grundlage und Ausbildung des Charakters nach dem hl. Thomas von Aquin.* Freiburg i. Br.: Herder.

Mayo, E. (1933). *The human problems of an industrial civilization.* New York: McMillan.

Mayrhauser, R. T. von (1993). Applied dualism: An old deception in new employment. *Applied Psychology: An International Review, 42,* 30-37.

McCormick, E. J. (1964). *Human factors engineering.* New York: McGraw-Hill.

McDougall, W. (1908/1928). *Grundlagen einer Sozialpsychologie* [An introduction to social psychology]. Jena: Fischer.

McDougall, W. (1912/1945). *Psychologie. Die Wissenschaft von den Verhaltensweisen* [Social psychology]. Bern: Francke.

McDougall, W. (1932). *The energies of men.* New York: Scribners.

Meili, R. (1951). *Lehrbuch der psychologischen Diagnostik.* Bern: Huber.

Melanchthon, Ph. (1522/1951). Unterschidt zwischen weltlicher und Christlicher Fromkeyt. *Werke* (Band 1, S. 171-175). Gütersloh: Mohn.

Melanchthon, Ph. (1553/1961). Liber de anima. *Werke* (Band 3, S. 303-372). Gütersloh: Mohn.

Menius, J. (1529). *Oeconomia Christiana/ das ist/ von christlicher Haushaltung.* Nürnberg: Peypus.

Mentz, P. (1895). Die Wirkung akustischer Sinnesreize auf Puls und Athmung. *Philosophische Studien, 11,* 371-393, 563-602.

Metzger, W. (1953). *Gesetze des Sehens.* Frankfurt a. M.: Kramer.

Meumann, E. (1903). Vorwort. *Archiv für die gesamte Psychologie, 1,* 1-8.

Meumann, E. (1907/1911, 1913/1920, 1914). *Vorlesungen zur Einführung in die Experimentelle Pädagogik und ihre psychologischen Grundlagen* (3 Bände). Leipzig: Engelmann.

Meumann, E. & Lay, W. A. (1905). Zur Einführung. *Die Experimentelle Pädagogik, 1*, 1-30.

Meyer, A. (1912). Psychologie und militärische Ausbildung. *Zeitschrift für Pädagogische Psychologie und experimentelle Pädagogik, 13,* 81-85.

Michaelis, W. (1986). *Psychologieausbildung im Wandel.* München: Profil.

Michaelis-Stern, H. (1971). *William Stern (1871-1938).* Jerusalem: Privatdruck.

Michon, J. H. (1875). *Système de graphologie*. Paris: Lecuir.

Mill, J. St. (1843/1962). A system of logic. *Collected works* (Volume 8), herausgegeben von M. Robson. Toronto: Routledge & Kagan.

Miller, G. A. (1956). The magical number seven, plus or minus two: Some limits on our capacity for processing information. *Psychological Review, 63,* 81-97.

Miller, G. A., Galanter, S. & Pribram, K. (1960/1973). *Strategien des Handelns* [Plans and the structure of behavior]. Stuttgart: Klett.

Moede, W. (1920). *Experimentelle Massenpsychologie.* Leipzig: Hirzel.

Moll, A. (1889). *Der Hypnotismus.* Berlin: Fischer.

Mommsen, Th. (1887). Einleitung zur öffentlichen Sitzung am Leibniz'schen Jahrestage. *Sitzungsberichte der Königlich Preußischen Akademie der Wissenschaften zu Berlin, 33,* 631-633.

Montaigne, M. de (1592/1998). *Essais,* herausgegeben von H. Stilett. Frankfurt a. M.: Eichborn.

Morgan, C. L. (1903). *An introduction to comparative psychology.* London: Scott.

Moritz, C. Ph., Pockels, C. F. & Maimon, S. (Hrsg.). (1783-1793). *Gnothi Sauton oder Magazin zur Erfahrungsseelenkunde* (10 Bände). Berlin: Mylius.

Moritz, C. Ph. (o.J./1981). Blunt oder der Gast. *Werke* (Band 1, S. 7-32). Frankfurt a. M.: Insel.

Muchow, M. & Muchow, H. H. (1935). *Der Lebensraum des Großstadtkindes.* Hamburg: Riegel.

Mülberger, A. (1996). Der Weg Karl Marbes zur Angewandten Psychologie. In H. Gundlach (Hrsg.), *Untersuchungen zur Geschichte der Psychologie und Psychotechnik* (S. 117- 126). München: Profil.

Müller, G. E. (1897). Zur Psychophysik der Gesichtsempfindungen. *Zeitschrift für Psychologie, 14,* 1-76, 161-193.

Müller, G. E. & Pilzecker, A. (1900). *Experimentelle Beiträge zur Lehre vom Gedächtnis.* Leipzig: Barth.

Müller, G. E. & Schumann, F. (1894). Experimentelle Beiträge zur Psychologie des Gedächtnisses. *Zeitschrift für Psychologie, 6,* 81-190, 257-339.

Münch, D. (1992). *Kognitionswissenschaft: Grundlagen, Probleme, Perspektiven.* Frankfurt a. M.: Suhrkamp.

Münsterberg, H. (1889). *Der Ursprung der Sittlichkeit.* Freiburg i. Br.: Mohr.

Münsterberg, H. (1889-1892). *Beiträge zur experimentellen Psychologie* (Band 1-4). Freiburg i. Br.: Mohr.

Münsterberg, H. (1909). *Psychotherapy.* London: Fisher Unwin.

Münsterberg, H. (1912/1997). *Psychologie und Wirtschaftsleben,* herausgegeben von W. Bungard und H. E. Lück. Weinheim: Beltz/Psychologie VerlagsUnion.

Münsterberg, H. (1914). *Grundzüge der Psychotechnik.* Leipzig: Barth.

Münsterberg, H. (1916/1996). *Das Lichtspiel* [The photoplay], herausgegeben von J. Schweinitz. Wien: Synema.

Münsterberg, M. (1922). *Hugo Münsterberg: His life and work.* New York: Appleton.

Murken, A. H. (1988). *Vom Armenhospital zum Großklinikum.* Köln: DuMont.

Murphy, G. & Murphy, L. B. (1931). *Experimental social psychology.* New York: Harper.

Musil, R. (1970). *Der Mann ohne Eigenschaften.* Reinbek: Rowohlt.

Myers, G. C. (1921). Control of conduct by suggestion. An experiment in Americanization. *Journal of Applied Psychology, 5,* 26-31.

Neisser, U. (1967/1974). *Kognitive Psychologie* [Cognitive psychology]. Stuttgart: Klett.

Nemeroff, C. B. (Ed.). (1992). *Neuroendocrinology.* Boca Raton, FL: CRC Press.

Neuberger, O. (1992). Gaukler, Hofnarren, Komödianten. *Augsburger Beiträge zu Organisationspsychologie und Personalwesen, Heft 15.*

Nickel, H., Schenk, M. & Ungelenk, B. (1980). *Erzieher- und Elternverhalten im Vorschulbereich.* München: Reinhardt.

Nicolis, G. & Prigogine, I. (1987). *Die Erforschung des Komplexen* [Exploring complexity]. München: Piper.

Nietzsche, F. (1888). Götzendämmerung. *Werke* (Band 10). Leipzig: Kröner.

Noll, R. (1994). *The Jung cult. Origins of a charismatic movement.* Princeton, NJ: Princeton University Press.

North, J. (1993). Das quadrivium. In W. Rüegg (Hrsg.), *Geschichte der Universität in Europa* (Band 1, S. 303-320). München: Beck.

Novalis (1798/1978). *Schriften* (Band 2), herausgegeben von R. Samuel. München: Hansen.

Oechslin, L. (1985). *Die Uhr als Modell des Kosmos und der astronomische Apparat Bernando Facinis.* Città del Vaticano: Bibliotheca Apostolica Vaticana.

Oeser, E. & Schubert-Soldern, R. (1974). *Die Evolutionstheorie. Geschichte - Argumente - Erklärungen.* Wien: Braunmüller.

Ohage, A. (1992). Raserei für Physiognomik in Niedersachsen. Lavater, Zimmermann, Lichtenberg und die Physiognomik. *Georg Christoph Lichtenberg (1742-1799) - Wagnis der Aufklärung* (S. 175-184). München: Hanser.

Olson, D. R., Torrance, N. & Hildyard, A. (Eds.). (1985). *Literacy, language, and learning.* Cambridge: Cambridge University Press.

Origines (undatiert/1976). *Vier Bücher von den Prinzipien,* herausgegeben von H. Görgemann & H. Karpp. Darmstadt: Wissenschaftliche Buchgesellschaft.

Ovsiankina, M. (1928). Die Wiederaufnahme unterbrochener Handlungen. Untersuchungen zur Handlungs- und Affekt-Psychologie. VI. *Psychologische Forschung, 11,* 302-379.

Paris, B. J. (1994/1996). *Karen Horney. Leben und Werk.* Freiburg im Breisgau: Kore.

Parsons, F. (1909). *Choosing a vocation.* Boston: Houghton Mifflin.

Paulsen, F. (1902/1966). *Die deutschen Universitäten und das Universitätsstudium.* Hildesheim: Olms.

Pawlik, K. (1985). *International directory of psychologists exclusive of the U.S.A.* Amsterdam: North-Holland.

Pawlow, I. P. (1916/1953). Der Zielreflex. *Sämtliche Werke* (Band III/1, S. 222-227). Berlin: Akademie Verlag.

Pawlow, I. P. (1917/1953). Physiologie und Psychologie beim Studium der höheren Nerventätigkeit der Tiere. *Sämtliche Werke* (Band III/1, S. 235-247). Berlin: Akademie Verlag.

Pawlow, I. P. (1923/1953). Einleitung. *Sämtliche Werke* (Band III/1, S. 1-6). Berlin: Akademie Verlag.

Pawlow, I. P. (1904/1953). Über die psychische Sekretion der Speicheldrüsen (komplizierte Nervenerscheinungen bei der Tätigkeit der Speicheldrüsen) [Sur la sécrétion psychique des glandes salivaires (phénomènes nerveux complexes dans le travail des glandes salivaires)]. *Sämtliche Werke* (Band III/1, S. 22-35). Berlin: Akademie Verlag.

Perrig, W. J., Wippich, W. & Perrig-Chiello, P. (1993). *Unbewußte Informationsverarbeitung.* Bern: Huber.

Petzold, M. (1986). *Indische Psychologie.* Weinheim: Psychologie VerlagsUnion.

Piaget, J. (1975/1976). *Die Äquilibration der kognitiven Strukturen* [L'équilibration des structures cognitves: Problème central du développement]. Stuttgart: Klett-Cotta.

Piaget, J. (1968/1980). *Der Strukturalismus* [Le structuralisme]. Stuttgart: Klett-Cotta.

Piaget, J. & Szeminska, A. (1941/1975). Die Entwicklung des Zahlenbegriffs beim Kinde [La genèse du nombre chez l'enfant]. *Gesammelte Werke* (Band 3). Stuttgart: Klett.

Pinel, P. (1798/1799). *Philosophische Nosographie oder Anwendung der analytischen Methode in der Arzneikunde* (2 Bände). Tübingen: Cotta.

Pinloche, A. (1896). *Geschichte des Philanthropinums,* deutsche Bearbeitung von J. Rauschenfels und A. Pinloche. Leipzig: Brandstetter.

Pitcher, P. (1996/1997). *Das Führungsdrama. Künstler, Handwerker und Technokraten im Management* [The drama of leadership. Introducing artists, craftsmen and technocrats and their starring roles in business epic power struggles]. Stuttgart: Klett-Cotta.

Platner, E. (1790). *Neue Anthropologie für Aerzte und Weltweise* (1. Band). Leipzig: Crusius.

Platon (undatiert/1970). Theaitetos. *Werke*, herausgegeben von G. Eigler (Band 6, S. 2-217). Darmstadt: Wissenschaftliche Buchgesellschaft.

Platon (undatiert/1971). Der Staat. *Werke* (Band 4), herausgegeben von G. Eigler. Darmstadt: Wissenschaftliche Buchgesellschaft.

Platon (undatiert/1973). Des Sokrates Apologie. *Werke* (Band 2, S. 1-70), herausgegeben von G. Eigler. Darmstadt: Wissenschaftliche Buchgesellschaft.

Platon (undatiert/ 1977). Protagoras. *Werke*, herausgegeben von G. Eigler (Band 1, S. 83-218). Darmstadt: Wissenschaftliche Buchgesellschaft.

Platon (undatiert/1983). Phaidros. *Werke* (Band 5, S. 1-194), herausgegeben von G. Eigler. Darmstadt: Wissenschaftliche Buchgesellschaft.

Platon (undatiert/1990). Timaios. *Werke* (Band 7, S. 1-210), herausgegeben von G. Eigler. Darmstadt: Wissenschaftliche Buchgesellschaft.

Plett, H. F. (Hrsg.). (1993). *Renaissance-Rhetorik/Renaissance Rhetoric*. Berlin: de Gruyter.

Plomin, R., DeFries, J. C., McClearn, G. E. & Rutter, M. (1997). *Behavioral genetics*. New York: Freeman.

Plotin (undatiert/1956). *Schriften* (Band 1), herausgegeben von R. Harder. Hamburg: Meiner.

Pohlenz, M. (1948). *Die Stoa*. Göttingen: Vandenhoeck & Ruprecht.

Pohlenz, M. (Hrsg.). (1950). *Stoa und die Stoiker. Die Gründer, Panaitios, Poseidonios*. Zürich: Artemis.

Pongratz, L. J. (1984). *Problemgeschichte der Psychologie*. München: Francke.

Pöppel, E. (1994). *Geheimnisvoller Kosmos: Das menschliche Gehirn*. Gütersloh: Bertelsmann.

Poppelreuter, W. (1923). *Allgemeine methodische Richtlinien der praktisch-psychologischen Begutachtung*. Leipzig: Kröner.

Preilowski, B. (1998). Zur Lage der Neuropsychologie (in Deutschland). *Psychologische Rundschau, 49*, 153-168.

Preyer, W. (1882/1989). *Die Seele des Kindes*, herausgegeben von G. Eckardt. Berlin: Springer.

Preyer, W. (1883). *Specielle Physiologie des Embryo*. Leipzig: Grieben.

Preyer, W. (1890). *Der Hypnotismus*. Wien: Urban & Schwarzenberg.

Preyer, W. (1895). *Zur Psychologie des Schreibens*. Hamburg: Voss.

Pribram, K. (1983/1992). *Geschichte des ökonomischen Denkens*. Frankfurt a. M.: Suhrkamp.

Prinz, W. (1976). Kognition, kognitiv. In J. Ritter & K. Gründer (Hrsg.). *Historisches Wörterbuch der Philosophie* (Band 4, S. 866-877). Basel: Schwabe.

Prinz, W. (1994). Fünf Thesen zur sogenannten Erneuerung der sogenannten Psychologie. In A. Schorr (Hrsg.), *Die Psychologie und die Methodenfrage* (S. 3-9). Göttingen: Hogrefe.

Psychologiekalender 1999. Göttingen: Hogrefe.

Puffer, J. A. (1912). *The boy and his gang*. Boston: Houghton & Mifflin.

Putzger, F. W. (1993). *Historischer Weltatlas,* herausgegeben von W. Leisering. Berlin: Cornelsen.

Quesnay, F. (1759/1971). *Ökonomische Schriften* (Band I, 1. Halbband), herausgegeben von M. Kuszynski. Berlin: Akademie Verlag.

Quetelet, A. J. (1869/1921). *Soziale Physik oder Abhandlung über die Entwicklung der Fähigkeiten des Menschen* (2 Bände) [Sur l'homme et le développement des ses facultés ou essai de physique sociale]. Jena: Fischer.

„Verba volant, scripta manent"

(lat., in der Übersetzung von R. Gernhardt: *„Wer schreibt/ Bleibt./ Wer spricht/ Nicht"*).

Raimy, V. C. (Ed.). (1950). *Training in clinical psychology.* New York: Prentice-Hall.

Ramus, P. (1555). *Dialecticae libri duo.* Genève: Droz.

Rauchfleisch, U. (1982). *Nach bestem Wissen und Gewissen.* Göttingen: Vandenhoeck & Ruprecht.

Raumer, K. von (1953). *Ewiger Frieden. Friedensrufe und Friedenspläne seit der Renaissance.* München: Alber.

Rausch, A. (1931). Christian Thomasius. Bedeutung für deutsches Geistesleben und deutsche Erziehung. In M. Fleischmann (Hrsg.), *Thomasius. Leben und Lebenswerk* (S. 249-282). Halle: Niemeyer.

Reber, A. S. (1992). The cognitive unconscious: An evolutionary perspective. *Consciousness and Cognition, 1*, 93-133.

Reich, W. (1927/1987). *Die Funktion des Orgasmus.* Köln: Kiepenheuer & Witsch.

Reid, Th. (1764/1991). *Practical ethics,* herausgegeben von K. Haakonssen. Princeton, NJ: Princeton University Press.

Reid, Th. (1785/1971). *Essays on the intellectual powers of man.* New York: Garland.

Reid, Th. (1788). *Essays on the active powers of man.* Edinburgh: Bell.

Reil, J. Ch. (1803/1968). *Rhapsodien über die Anwendung der psychischen Curmethode auf Geisteszerrüttungen.* Amsterdam: Bonset.

Reil, J. Ch. (1808). Über den Begriff der Medicin und ihre Verzweigungen, besonders in Beziehung auf die Berichtigung der Topik der Psychiatrie. In J. Ch. Reil & J. Ch. Hoffbauer (Hrsg.), *Beyträge zur Beförderung einer Kurmethode auf psychischem Wege* (S. 161-279). Halle: Curt.

Reisman, J. M. (1976). *A history of clinical psychology.* New York: Irvington.

Ribot, Th. (1896). *La psychologie des sentiments.* Paris: G. Bailliere & C.

Richards, A. C. (1997). Metapsychology: Revisiting the past, confronting the present, serving the future. *New Ideas in Psychology, 15*, 17-33.

Richards, R. J. (1987). *Darwin and the emergence of evolutionary theories of mind and behavior.* Chicago, ILL: University of Chicago Press.

Riemann, H. (1967). *Die Mental Health Bewegung.* Tübingen: Mohr.

Ringer, F. K. (1969/1983). *Der Niedergang der deutschen Mandarine 1890-1933* [The decline of German mandarins]. Stuttgart: Klett-Cotta.

Robinson, D. N. (1989). *Aristotle's psychology.* New York: Columbia University Press.

Rössner, M. (1988). *Auf der Suche nach dem verlorenen Paradies.* Bodenheim: Hain.

Rogers, C. R. (1951/1973). *Die klientenbezogene Gesprächstherapie* [Client-centered therapy]. München: Kindler.

Rohde, E. (1898/1980). *Psyche. Seelencult und Unsterblichkeitsglaube der Griechen* (zwei Bände in einem Band). Darmstadt: Wissenschaftliche Buchgesellschaft.

Rohr, J. B. von (1728/1990). *Ceremoniel-Wissenschafft der Privat-Personen,* herausgegeben von G. Frühsorge. Weinheim: VCH.

Rohr, J. B. von (1733/1990). *Ceremonial-Wissenschafft der Grossen Herren,* herausgegeben von M. Schlechte. Weinheim: VCH.

Romanes, G. J. (1882/1970). *Animal intelligence.* London: Kegan Paul, Trench.

Romanes, G. J. (1889/1893). *Die geistige Entwicklung beim Menschen. Ursprung der geistigen Befähigung* [Mental evolution in man: Origin of human faculty]. Leipzig: Günther.

Rorschach, H. (1921). *Psychodiagnostik.* Bern: Bircher.

Rose, N. (1985). *The psychological complex.* London: Routledge & Kagan.

Rose, N. (1990). *Governing the soul: The shaping of the private self.* London: Routledge.

Rösler, F., Heil, M., Bajric, J., Pauls, A. C. & Henninghausen, E. (1995). Patterns of cerebral activation while mental images are rotated and changed in size. *Psychophysiology, 32,* 135-150.

Ross, E. A. (1908/1913). *Social psychology.* New York: Macmillan.

Rossi, P. H. & Freeman, H. E. (1993). *Evaluation.* Newbury Park, CA: Sage.

Rousseau, J.-J. (1750/1978). Abhandlung über die Frage, ob die Wiederherstellung der Wissenschaften und Künste zur Läuterung der Sitten beigetragen hat? *Schriften,* herausgegeben von H. Ritter (Band 1, S. 26-60). München: Hanser.

Rozelaar, M. (1976). *Seneca. Eine Gesamtdarstellung.* Amsterdam: Hakkert.

Rüegg, W. (Hrsg.). (1993). *Geschichte der Universität in Europa* (Band 1: Mittelalter). München: Beck.

Rüegsegger, R. (1986). *Die Geschichte der Angewandten Psychologie 1900-1940.* Bern: Huber.

Sachße, Ch. & Tennstedt, F. (1980). *Geschichte der Armenfürsorge in Deutschland* (Band 1). Stuttgart: Kohlhammer.

Sachße, Ch. & Tennstedt, F. (Hrsg.). (1983). *Soziale Sicherung und Disziplinierung.* Frankfurt a. M.: Suhrkamp.

Sainte-Beuve, Ch.-A. (1870). *Nouveaux lundis* (Band 3). Paris: Lévy.

Sainte-Beuve, Ch.-A. (1923). *Literarische Portraits,* herausgegeben von St. Zweig (2 Bände). Frankfurt a. M.: Frankfurter Verlagsanstalt.

Sarris, V. & Parducci, A. (1984/1986). (Hrsg.). *Die Zukunft der experimentellen Psychologie* [Perspectives in psychological experimentation: Toward the year 2000]. Weinheim: Beltz.

Sauer, L. (1983). *Marionetten, Maschinen, Automaten.* Bonn: Bouvier.

Scarr, S. (1985). Constructing psychology: Making facts and fables for our time. *American Psychologist, 40,* 499-512.

Schedlowski, M. & Tewes, U. (Hrsg.). (1996). *Psychonuroimmunologie.* Heidelberg: Spektrum.

Scheerer, E. (1983). *Die Verhaltensanalyse.* Berlin: Springer.

Scheerer, E. (1986). Aristoteles, Hegel, Beneke und Ebbinghaus. *Psychologische Rundschau, 37,* 48-49.

Scheerer, E. (1989). Psychologie. In J. Ritter & K. Gründer (Hrsg.), *Historisches Wörterbuch der Philosophie* (Band 7, S. 1599-1653). Basel: Schwabe.

Schiller, F. (1801/1984). Die Jungfrau von Orleans. *Sämtliche Werke* (Band 4, S. 419-545). Berlin: Aufbau Verlag.

Schlettwein, J. A. (1763/1782). Gedanken und Vorschläge von der besten Erziehung des Landvolkes in Absicht auf die Landwirtschaft. *Archiv für den Menschen und Bürger in allen Verhältnissen* (Band IV, S. 61ff.). Leipzig: Weygand.

Schmid, C. Ch. E. (1796). *Empirische Psychologie* (Erster Theil). Jena: Cröker.

Schmidt, H.-D. & Becker, K.-H. (1981). Dokumente über Wilhelm Preyers Beziehungen zur Berliner Universität. *Zeitschrift für Psychologie, 189,* 247-254.

Schmidt, L. R. (1998). Psychiatriereform und Klinische Psychologie. *Report Psychologie, 8,* 630-641.

Schmidt-Biggemann, W. (1980). Maschine. In J. Ritter & K. Gründer (Hrsg.), *Historisches Wörterbuch der Philosophie* (Band 5, S. 790-802). Basel: Schwabe.

Schmidt-Biggemann, W. (1991). *Geschichte als absoluter Begriff.* Frankfurt a. M.: Suhrkamp.

Schmitz, S. (1983). *Charles Darwin - Leben - Werk - Wirkung.* Düsseldorf: Econ.

Schneider, D. (1987). *Allgemeine Betriebswirtschaftslehre.* München: Oldenbourg.

Schönpflug, W. (Hrsg.). (1992). *Kurt Lewin - Person, Werk, Umfeld.* Frankfurt a. M.: Lang.

Schönpflug, W. (1993). Applied psychologie: Newcomer with a long tradition. *Applied Psychology: An International Review, 42,* 5-30.

Schorn, M. (1929). Untersuchungen über die Handgeschicklichkeit. *Zeitschrift für Psychologie, 112,* 325-378.

Schorr, A. (1984). *Die Verhaltenstherapie.* Weinheim: Beltz.

Schorr, A. (1995a). Psychologen Ost und West - zwei Gesichter einer Profession? (Teil 1). *Report Psychologie, 20,* 18-28.

Schorr, A. (1995b). Psychologen Ost und West - zwei Gesichter einer Profession? (Teil 2). *Report Psychologie, 20,* 28-37.

Schorr, A. (Hrsg.). (1993). *Handwörterbuch der Angewandten Psychologie.* Bonn: Deutscher Psychologen Verlag.

Schorr, A. & Sarri, S. (Eds.). (1995). *Psychology in Europe.* Seattle,WA: Hogrefe.

Schorr, A. & Wehner, E. G. (Hrsg.). (1990). *Psychologiegeschichte heute.* Göttingen: Hogrefe.

Schott, H. (1988). Die „Strahlen" des Unbewußten - von Mesmer zu Freud. In G. Wolters (Hrsg.), *Franz Anton Mesmer und der Mesmerismus,* (S. 55-70). Konstanz: Universitätsverlag.

Schrenk, M. (1973). *Über den Umgang mit Geisteskranken.* Berlin: Springer.

Schrimpf, H. J. (1980). Das Magazin zur Erfahrungsseelenkunde und sein Herausgeber. *Zeitschrift für deutsche Philologie, 99,* 161- 187.

Schröter, Ch. (1704/1974). *Gründliche Anweisung zur deutschen Oratorie nach dem hohen und sinnreichen Stylo der unvergleichlichen Redner unseres Vaterlandes.* Kronberg: Scriptor.

Schulte, J. & McGuinness, B. (Hsrg.). (1992). *Einheitswissenschaft.* Frankfurt a. M.: Suhrkamp.

Schultz, G. (1974). Geschichte, Historie. In J. Ritter (Hrsg.), *Historisches Wörterbuch der Philosophie* (Band 3, S. 344-398). Basel: Schwabe.

Schulz, W. (1929). La psychotechnique et l'orientation professionelle en Allemagne. *Science du Travail. Psychotechnique et Organisation, 1,* 85-107.

Schulze, H. (1998). *Phoenix Europa.* Berlin: Siedler.

Scott, W. D. (1908/1921). *The psychology of advertising in theory and practise.* Boston: Small & Maynard.

Scupin, E. & Scupin, G. (1907/1933). *Bubis erste Kindheit.* Leipzig: Dürr.

Sechenow, I. (1863/1965). *Reflexes of the brain,* herausgegeben von G. Gibbons. Cambridge, MA: MIT Press.

Seligman, M. (1995). The effectiveness of psychotherapy - the Consumer Reports study. *American Psychologist, 50,* 965-974.

Seligman, M. E. P. (1998). Positive social science. *Monitor, 29, No. 4,* 2-5.

Semmer, N. (1993). Differentiation between social groups: The case of basic and applied psychology. *Applied Psychology: An International Review, 42,* 40-46.

Seneca, L. A. (undatiert/1971). Über das glückselige Leben [De vita beata]. *Philosophische Schriften* (Band 2, S. 1-78), herausgegeben von M. Rosenbach. Darmstadt: Wissenschaftliche Buchgesellschaft.

Seneca, L. A. (undatiert/1984). An Lucilius. *Briefe über Ethik* [Ad Lucilium epistulae morales] (S. 70-124), herausgegeben von M. Rosenbach. Darmstadt: Wissenschaftliche Buchgesellschaft.

Seuffert, B. (1888). *Wielands Berufung nach Weimar*. Weimar: Böhlau.

Sexton, V. S. & Misiak, H. (1976). *Psychology around the world.* Monterey: Brooks & Cole.

Shakespeare, W. (o.J./1956). *Sämtliche Werke* (Band 3), herausgegeben von A. Schlösser. Berlin: Aufbau Verlag.

Shannon, C. E. & Weaver, D. (1949). *The mathematical theory of communication.* Urbana, IL: University Press.

Shapere, D. (1974). Scientific theories and their domains. In F. Suppes (Ed.), *The structure of scientific theories* (pp. 518-565). Urbana, IL: University Press.

Simon, H. (1982). *Models of bounded rationality.* Cambridge, MA: Massachusetts Institute of Technology Press.

Skinner, B. F. (1968). *The technology of teaching.* New York: Meredith.

Skinner, B. F. (1938). *The behavior of organisms.* New York: Appleton-Century-Crofts.

Skinner, B. F. (1971/1973). *Jenseits von Freiheit und Würde* [Beyond freedom and dignity]. Hamburg: Rowohlt.

Smith, A. (1759/1926). *Theorie der ethischen Gefühle* [The theory of moral sentiments], herausgegeben von W. Eckstein. Leipzig: Meiner.

Smith, A. (1786/1923). *Eine Untersuchung über Natur und Wesen des Volkswohlstandes* [An inquiry into the nature and causes of the wealth of nations] (2 Bände), herausgegeben von E. Grünfeld. Jena: Fischer.

Sokal, M. M. (1981). The origins of the Psychological Corporation. *Journal for the History of the Behavioral Sciences, 17,* 54-67.

Sommer, F. (1927). *August Hermann Francke und seine Stiftungen.* Halle: Buchhandlung des Waisenhauses.

Sommer, R. (1904). *Kriminalpsychologie und strafrechtliche Psychopathologie.* Leipzig: Barth.

Spearman, Ch. E. (1914). The theory of two factors. *Psychological Review, 21,* 101-115.

Spence, K. W. (1952). Clark L. Hull (1884-1952). *American Journal of Psychology, 65,* 639-646.

Spencer, H. (1872/1966). *The study of sociology.* Ann Arbor, MI: University of Michigan Press.

Spengler, O. (1923). *Der Untergang des Abendlandes* (Band 1). München: Beck.

Spinoza, B. de (1677/1980). Ethica/Ethik. In *Werke* (Band 1), herausgegeben von H. Blumenstock. Darmstadt: Wissenschaftliche Buchgesellschaft.

Spranger, E. (1924). *Psychologie des Jugendalters*. Leipzig: Quelle & Meyer.

Spranger, E. (1926). Die Frage nach der Einheit der Psychologie. *Sitzungsberichte der Preussischen Akademie der Wissenschaften, 24* (S. 172-199). Berlin: de Gruyter.

Sprung, H. (1992). Hajim Steinthal (1823-1899) und Moritz Lazarus (1824-1903) und die Ursprünge der Völkerpsychologie in Berlin. In L. Sprung & W. Schönpflug (Hrsg.), *Zur Geschichte der Psychologie in Berlin* (S. 83-96). Frankfurt a. M.: Lang.

Sprung, L. & Brandt, R. (1992). Otto Lipmann (1880-1933) und die Anfänge der angewandten Psychologie in Berlin. In L. Sprung & W. Schönpflug (Hrsg.), *Zur Geschichte der Psychologie in Berlin* (S. 139-159). Frankfurt a. M.: Lang.

Sprung, L. & Sprung, H. (1985). Hermann Ebbinghaus zum Gedenken - Leben, Werk und Wirken für eine wissenschaftliche Psychologie. *Zeitschrift für Psychologie, 193,* 2-7.

Sprung, L. & Sprung, H. (1997). Georg Elias Müller (1850-1934) - Skizzen zum Leben, Werk und Wirken. In G. Lüer & U. Lass (Hrsg.), *Erinnern und Behalten* (S. 338-368). Göttingen: Vandenhoeck & Ruprecht.

Sprung, L. & Sprung, H. (1999). Rückblicke auf ein schwieriges Jahrhundert. In W. Hacker & M. Rinck (Hrsg.), *Bericht über den 41. Kongreß der Deutschen Gesellschaft für Psychologie in Dresden.* Lengerich: Pabst.

Stachowiak, H. (1965). *Denken und Erkennen im kybernetischen Modell.* Berlin: Springer.

Staël, G. de (1814/1985). *Über Deutschland* [De l'Allemagne]. Frankfurt a. M.: Insel.

Stapp, J. & Fulcher, R. (1981). The employment of APA members. *American Psychologist, 36,* 1263-1314.

Starch, D. (1923). *Principles of advertising.* Chicago: Shaw.

Statistisches Bundesamt. (1998). *Statistisches Jahrbuch für die Bundesrepublik Deutschland.* Stuttgart: Metzler-Poeschel.

Steinthal, H. (1864). *Philologie, Geschichte und Psychologie in ihren gegenseitigen Beziehungen.* Berlin: Dümmler, Harrwitz & Gossmann.

Stern, W. (1900). *Über Psychologie der individuellen Differenzen.* Leipzig: Barth.

Stern, W. (1902). Zur Psychologie der Aussage. *Zeitschrift für die gesamte Strafrechtswissenschaft, 22,* 315-370.

Stern, W. (1903). Angewandte Psychologie. *Beiträge zur Psychologie der Aussage, 1* (Heft 1), 4-45.

Stern, W. (1904). Die Aussage als geistige Leistung und als Verhörsprodukt. *Beiträge zur Psychologie der Aussage, 1* (ganzes Heft 2).

Stern, W. (1911). *Die differentielle Psychologie in ihren methodischen Grundlagen.* Leipzig: Barth.

Stern, W. (1914). *Psychologie der frühen Kindheit.* Leipzig: Quelle & Meyer.

Stern, W. (1918). *Person und Sache* (2. Band). *Die menschliche Persönlichkeit.* Leipzig: Barth.

Stern, W. (1926). *Jugendliche Zeugen in Sittlichkeitsprozessen.* Leipzig: Quelle & Meyer.

Stern, W. & Lipmann, O. (1908). Zur Einführung. *Zeitschrift für Angewandte Psychologie und Sammelforschung, 1,* I-III.

Stern, C. & Stern, W. (1907/1920). *Die Kindersprache.* Leipzig: Barth.

Stern, C. & Stern, W. (1909/1920). *Erinnerung, Aussage und Lüge in der ersten Kindheit.* Leipzig: Barth.

Stocking, G. W. (1965). On the limits of 'presentism' and 'historicism' in the history of behavioral sciences. *Journal of the History of the Behavioral Sciences, 1,* 211-218.

Stolleis, M. (1988). *Geschichte des öffentlichen Rechts in Deutschland* (Band 1). Reichspublizistik und Policeywissenschaft 1600-1800. München: Beck.

Stölzel, A. (1872/1964). *Die Entwicklung des gelehrten Richtertums* (2 Bände). Aalen: Scientia.

„Die Menschen kommen und gehen, die Wissenschaft bleibt. Wer an akademischer Thätigkeit sich betheiligt hat, der darf der Hoffnung sich getrösten, dass, wenn er die Arbeit niederlegt, ein anderer für ihn eintritt, vielleicht ein geringerer, vielleicht ein besserer; immer hat er das Privilegium, mehr als andere mit seiner Arbeit über seine Spanne Zeit hinaus zu wirken.“

(Mommsen, 1887, Einleitung S. 633)

Strauch, Ph. (Hrsg.). (1919). *Paradisus anime intelligentis. Paradis der fornunftigen sele.* Berlin: Weidmann.

Strong, E. K. (1918). Work of the committee on classification of personnel in the army. *Journal of Applied Psychology,* 2, 130-139.

Stumpf, C. (1897). Eröffnungsrede. *Dritter Internationaler Congress für Psychologie in München* (S. 3-16). München: Lehmann.

Stumpf, C. (1906). Zur Eintheilung der Wissenschaften. *Abhandlungen der königlich preussischen Akademie der Wissenschaften aus dem Jahre 1906 (*Abt. V, S. 1-94). Berlin: Reimer.

Sturdevant, C. R. (1918). Training course of the American Steel and Wire Company. *Journal of Applied Psychology, 2*, 140-147.

Szczesny, S. (Hrsg.). (1989). *Maler über Malerei.* Köln: Dumont.

Tarde, G. (1882/1895). *Les lois de l'imitation.* Paris: Alcan.

Taylor, F. W. (1911/1995). *Die Grundsätze wissenschaftlicher Betriebsführung* [The principles of scientific management], herausgegeben von W. Bungard und W. Volpert. Weinheim: Beltz/Psychologie VerlagsUnion.

Tchisch, W. von (1885). Über die Zeitverhältnisse der Apperception einfacher und zusammengesetzter Vorstellungen, untersucht mit Hülfe der Complicationsmethode. *Philosophische Studien, 2,* 603-634.

Tent, L. (1967). Psychologische Tatbestandsdiagnostik (Spurensymptomatologie, Lügendetektion). In U. Undeutsch (Hrsg.), *Handbuch der Psychologie* (Band 2, S. 187-259). Göttingen: Hogrefe.

Terman, L. M. (1916). *The measurement of intelligence.* Boston: Houghton Mifflin.

Tetens, J. N. (1777/1913). *Philosophische Versuche über die menschliche Natur und ihre Entwickelung* (Band 1). Berlin: Reuther & Reichard.

Theophrast (undatiert/1874). *Charakter-Bilder*, herausgegeben von M. Oberbreyer. Leipzig: Reclam.

Thomas von Aquin (etwa 1260/1945). *Summa contra gentiles oder die Verteidigung der höchsten Wahrheiten* (Band 2), herausgegeben von H. Fahsel. Zürich: Fraumünster.

Thomas von Aquin (etwa 1260/1949). *Summa contra gentiles oder die Verteidigung der höchsten Wahrheiten* (Band 4), herausgegeben von H. Fahsel. Zürich: Fraumünster.

Thomas von Aquin (etwa 1270/1937). *Die Seele,* herausgegeben von A. Mager. Hegner: Wien.

Thomasius, Ch. (1710/1971). *Kurzer Entwurf der politischen Klugheit, sich selbst und anderen in allen menschlichen Gesellschaften klug zu raten und zu einer gescheiten Conduite zu gelangen.* Frankfurt a. M.: Athenäum.

Thorndike, E. L. (1898). Animal intelligence. *Psychological Review, Monograph Supplements* (Vol. 2, No. 4, Serial No. 8).

Thorndike, E. L. (1913). *Educational Psychology* (2 Volumes). New York: Columbia University Press.

Thorndike, E. L. (1936). Edward Lee Thorndike. In C. Murchison (Ed.), *A history of psychology in autobiography* (Vol. 3, pp. 263-270). Worcester, MA: Clark University Press.

Thurstone, L. L. (1931). Multiple factor analysis. *Psychological Review, 38*, 406-427.

Thurstone, L. L. (1938). *Primary mental abilities.* Chicago: University of Chicago Press.

Tiedemann, D. (1787). Beobachtung über die Entwicklung der Seelenfähigkeit bei Kindern. *Hessische Beiträge zur Gelehrsamkeit und Kunst, 2,* 313-333, *3*, 486-502.

Tinbergen, N. (1953/1958). *Die Welt der Silbermöve* [The herring gull's world]. Göttingen: Musterschmidt.

Tinbergen, N. (1951/1979). *Instinktlehre* [The study of instinct]. Berlin: Parey.

Tischner, R. & Bittel, K. (1941). *Mesmer und sein Problem.* Stuttgart: Marquardt.

Tolman, E. Ch. (1932/1967). *Purposive behavior in animals and men.* New York: Appleton-Century-Crofts.

Touchette, P. (1977). Ivanov-Smolensky and operant conditioning: An historical note. *Journal of the Experimental Analysis of Behavior, 28,* 181-184.

Town, C. H. (1927). *What happens in the psychological clinic.* Buffalo, NY: Children´s Aid Society.

Triplett, N. (1898). The dynamogenic factors in pacemaking and competition. *American Journal of Psychology, 9,* 507-533.

Vaihinger, H. (1877/1922). *Die Philosophie des Als Ob.* Leipzig: Meiner.

Verger, J. (1993). Grundlagen. In W. Rüegg (Hrsg.), *Geschichte der Universität in Europa* (Band 1, S. 49-82). München: Beck.

Veyne, P. (1976/1988). *Die Originalität des Unbekannten.* Frankfurt a. M.: Fischer.

Veyne, P. (1985/1989). *Geschichte des privaten Lebens* (1. Band). Frankfurt a. M.: Fischer.

Vierck, H. (1989). Grüße aus dem Comenius-Garten. *Hegel-Jahrbuch* (S. 41-55).

Voigt, J. H. (1998). *Geschichte Australiens.* Stuttgart: Kröner.

Volkelt, H. (Hrsg.). (1930). *Bericht über den XI. Kongreß für experimentelle Psychologie in Wien.* Jena: Fischer.

Volkmann, R. (1885/1963). *Die Rhetorik der Griechen und Römer in systematischer Übersicht.* Hildesheim: Olms.

Voss, J. H. (o.J./1915). *Volksliederbuch für gemischten Chor* (Band 1, S. 308). Leipzig: Peters.

Waddington, Ch. (1855). *Ramus (Pierre de la Ramée). Sa vie, ses écrits et ses opinions.* Paris: Meyrneis.

Waerden, B. L. van der (1966). *Erwachende Wissenschaft. Ägyptische, babylonische und griechische Mathematik.* Basel: Birkhäuser.

Waerden, B. L. van der (1979). *Die Pythagoreer.* Zürich: Artemis.

Wagemann, A. (1791). *Über die Bildung des Volkes zur Industrie.* Göttingen: Vandenhoeck & Ruprecht.

Wagner, A. M. (1920). *Heinrich Wilhelm von Gerstenberg und der Sturm und Drang* (Band 1). Heidelberg: Winter.

Walker, H. M. (1929). *Studies in the history of statistical method.* Baltimore: Williams & Wilkins.

Walter, W. (1983). *Der Geist der Eugenik. Francis Galtons Wissenschaftsreligion in kultursoziologischer Perspektive.* Bielefeld: B. K.Verlag.

Watson, J. B. (1913/1968). Psychologie, wie sie der Behaviorist sieht [Psychology as the behaviorist views it]. In C. F. Graumann (Hrsg.), *Behaviorismus* (S. 11-30). Berlin: Kiepenheuer & Witsch.

Watson, J. B. (1916). The place of the conditioned reflex in psychology. *Psychological Review, 23,* 89-116.

Watson, J. B. (1919). *Psychology from the standpoint of a behaviorist.* Philadelphia: Lippincott.

Watson, J. B. (1925). *Behaviorism.* New York: Norton.

Watson, J. B. & McDougall, W. (1929). *The battle of behaviorism.* New York: Norton.

Watson, J. B. & Rayner, R. (1920). Conditioned emotional reactions. *Journal of Experimental Psychology, 3,* 1-14.

Weber, E. H. (1851). *Die Lehre vom Tastsinne und Gemeingefühle: Auf Versuche begründet.* Braunschweig: Vieweg.

Weiner, B., Russell, D. & Lerman, D. (1978). Affective consequences of causal ascriptions. In J. H. Harvey, W. J. Ickes & R. F. Kidd (Eds.), *New directions in attribution research* (Vol. 2, pp. 59-90). Hillsdale, NJ: Erlbaum.

Weinert, F. (1968). Einführung in das Problemgebiet der Pädagogischen Psychologie. In F. Weinert (Hrsg.), *Pädagogische Psychologie* (S. 13-41). Köln: Kiepenheuer & Witsch.

Welsch, W. (1991). *Unsere postmoderne Moderne.* Weinheim: VCH, Acta humaniora.

Wertheimer, M. (1906). Experimentelle Untersuchungen zur Tatbestandsdiagnostik. *Archiv für die gesamte Psychologie, 6,* 59-131.

Wertheimer, M. (1923). Untersuchungen zur Lehre von der Gestalt. II. *Psychologische Forschung, 4,* 301-350.

Wertheimer, M. & Klein, J. (1904). Psychologische Tatbestandsdiagnostik. *Archiv für Kriminal-Anthropologie und Kriminalistik, 15,* 72-113.

Welzer, H. (1990). Von Fehlern und Daten. *Psychologie und Gesellschaftskritik, 54/55,* 153-174.

Wieacker, F. (1996). *Privatrechtsgeschichte der Neuzeit.* Göttingen: Vandenhoeck & Ruprecht.

Wieland, Ch. M. (1772/ o.J.). Der goldne Spiegel. *Werke.* Berlin: Hempel.

Wiener, N. (1948/1968). *Kybernetik. Regelung und Nachrichtenübertragung im Lebewesen und in der Maschine* [Cybernetics or control and communication in the animal and the machine]. Reinbek: Rowohlt.

Wind, E. (1958/1984). *Heidnische Mysterien in der Renaissance.* Frankfurt a. M.: Suhrkamp.

Windelband, W. (1894/1904). *Geschichte und Naturwissenschaft.* Strassburg: Heitz.

Witmer, L. (1894). Zur experimentellen Aesthetik einfacher räumlicher Formverhältnisse. I, II. *Philosophische Studien, 9,* 96-144, 209-263.

Witmer, L. (1897). The organization of practical work in psychology. *Psychological Review, 4,* 116-117.

Witmer, L. (1907). Clinical psychology. *Psychological Clinic, 1,* 1-9.

Witte, E. H. & Brasch, D. (1991). Wege und Umwege zum Studium der Psychologie. II. *Psychologische Rundschau,42,* 206-210.

Wittkau, A. (1992). *Historismus.* Göttingen: Vandenhoeck & Ruprecht.

Wolff, Ch. (1720/1976) Vernünfftige Gedancken von der Menschen Thun und Lassen, zu Beförderung ihrer Glückseligkeit. *Gesammelte Werke* (I. Abt. Band 4). Hildesheim: Olms.

Wolff, Ch. (1720/1983). Vernünfftige Gedancken von Gott, der Welt und der Seele des Menschen, auch allen Dingen überhaupt. *Gesammelte Werke* (I. Abt. Band 2). Hildesheim: Olms.

Wolff, Ch. (1738/1968). Psychologia empirica. *Gesammelte Werke* (II. Abt. Band 5). Hildesheim: Olms.

Wolff, Ch. (1738/1972). Psychologia rationalis. *Gesammelte Werke* (II. Abt. Band 6). Hildesheim: Olms.

Wolfle, D. (1948). Annual report of the executive secretary: 1948. *American Psychologist, 3,* 503-510.

Wolpe, J. (1969/1972). *Die Praxis der Verhaltenstherapie* [The practice of behavior therapy]. Bern: Huber.

Woodworth, R. S. (1938). *Experimental psychology.* New York: Holt.

Wundt, W. (1874/1908-1911) *Grundzüge der physiologischen Psychologie* (1 Band/3 Bände). Leipzig: Engelmann.

Wundt, W. (1880-1883/1907-1908). *Logik* (3 Bände). Stuttgart: Enke.

Wundt, W. (1900). Bemerkungen zur Theorie der Gefühle. *Philosophische Studien,15,* 149-182.

Wundt, W. (1900-1920). *Völkerpsychologie* (10 Bände). Leipzig: Engelmann.

Wundt, W. (1907). Über die Ausfrageexperimente und über die Methoden zur Psychologie des Denkens. *Psychologische Studien, 3,* 301-360.

Wundt, W. (1909). Über reine und angewandte Psychologie. *Philosophische Studien, 5,* 1-47.

Wundt, W. (1913). *Die Psychologie im Kampf ums Dasein.* Stuttgart: Kröner.

Beschluß:

„Freund, es ist nun genug. Im Fall du mehr willst lesen,
so geh und werde selbst die Schrift und selbst das Wesen."

(Angelus Silesius [ursprünglich Johann Scheffler], 1657/1924, S. 274)

Wundt, W. (1920). *Erlebtes und Erkanntes.* Stuttgart: Kröner.

Wundt, W. (1921). *Logik* (Band 3). Stuttgart: Enke.

Wyer, R. S. & Srull, Th. K. (Eds.). (1984). *Handbook of social cognition* (Vol. 1). Hillsdale, NJ: Erlbaum.

Xenophon (o.J./1911). Die Kunst der Haushaltung. In E. Müller (Hrsg.), *Sokrates, geschildert von seinen Schülern* (S. 253-319). Leipzig: Insel.

Yerkes, R. M. (1907/1927/1973). *The dancing mouse and the mind of a gorilla.* New York: Arno.

Yerkes, R. M. (1919). Report of the psychology committee of the National Research Council. *Psychological Review, 26*, 83-149.

Yerkes, R. M. (Ed.). (1921). *Psychological examining in the U. S. Army.* Washington, DC: Memoirs of the National Academy of Sciences, 15.

Yerkes, R. M., Bridges, J. W. & Hardwick, R. S. (1915). *A point scale for measuring mental ability.* Baltimore: Warwick & York.

Young, R. M. (1970). *Mind, brain and adaptation in the nineteenth century.* Oxford: Clarendon Press.

Ziehen, Th. (1891). *Leitfaden der Physiologischen Psychologie.* Jena: Fischer.

Zimmermann, W. (1969). *Vererbung 'erworbener Eigenschaften' und Auslese.* Stuttgart: Fischer.

Ziolkowski, Th. (1990/1992). *Das Amt der Poeten. Die deutsche Romantik und ihre Institutionen* [German Romanticism and its institutions]. Stuttgart: Klett-Cotta.

Ebbinghaus, H. (1905). Grundzüge der Psychologie (Band 1). Leipzig: Veit.

Spengler, O. (1923). Der Untergang des Abendlandes (Band 1). München: Beck.

Voss, J. H. (o.J./1915). Volksliederbuch für gemischten Chor (Band 1, S. 308). Leipzig: Peters.

Mommsen, Th. (1887). Einleitung zur öffentlichen Sitzung am Leibniz'schen Jahrestage. Sitzungsberichte der Königlich Preußischen Akademie der Wissenschaften zu Berlin, 33, 631-633.

Angelus Silesius (1657/1924). Cherubinischer Wandersmann. Sämtliche poetische Werke (Band 3, S. 10-274), herausgegeben von H. L. Heldt. München: Allgemeine Verlagsanstalt.

Autoren und Herausgeber

Sachwörter

Orte

Bildnachweis

Antikensammlung, Staatliche Museen zu Berlin, Preußischer Kulturbesitz: Seite 44 (Foto: Ute Jung), 67 (Foto: Ute Jung), 45, 46, 48, 64 (Foto: Ingrid Geske-Heiden), 67 (Foto: Ingrid Geske-Heiden), 70, 76

Archiv für Kunst und Geschichte Berlin: Seite 106, 275, 314, 363 (Foto: Lotte Jacobi), 374

Bibliothèque Charcot, Salpêtrière, Paris: Seite 181

Bibliothèque Nationale, Paris, Collection De Vinck: Seite 186

Bibliothèque Royal Albert I., Brüssel: Seite 148

Bildarchiv Berlin-Steglitz, Fritz P. Krueger: Seite 104

Bildarchiv Preußischer Kulturbesitz: Seite 71, 81 (Foto: Alfredo Dagli Orti, 1990), 162, 163, 193, 199 (Standort: Freies Hochstift, Frankfurt/M.; Foto: Braun), 204, 214, 222, 268, 280, 298 (Foto: Friedericke Mancke), 357

Character and Personality: Seite 327

Deutsches Historisches Museum Berlin, Fotoarchiv: Seite 384, 436 (Foto: Werner Kohn)

Gemäldegalerie, Staatliche Museen zu Berlin, Preußischer Kulturbesitz: Seite 88 (Foto: Jörg P. Anders)

Herzog August Bibliothek Wolfenbüttel: Seite 186

Institut für Geschichte der Universität Passau: Seite 300, 302, 416, 420, 421

Kunstbibliothek Berlin: Seite 40, 76, 100, 106, 143, 177, 189 (Lipperheidesche Kostümbibliothek), 204, 317

Privatbesitz: Seite 18, 66, 80, 109, 173, 196, 208, 374, 419

Psychological Review: Seite 332, 338, 374

Staatsbibliothek zu Berlin, Preußischer Kulturbesitz: Seite 117, 120, 125, 126, 129, 134, 135, 136

Staatsgalerie Stuttgart: Seite 440

Stiftung Weimarer Klassik, Herzogin Anna Amalia Bibliothek: Seite 273 (Foto: Sigrid Geske)

Stiftung Weimarer Klassik/Museen: Seite 94 (Foto: Louis Held)

Ullstein Bilderdienst: Seite 209, 239, 259, 333, 339, 349, 370 (Foto: Horst Tappe), 374

Universitätsarchiv Jena: Seite 237

Was ist ein "gutes Lehrbuch"? Können wir unsere Lehrbücher noch besser machen?

Diese Frage wollen wir mit Ihrer Mithilfe beantworten, denn für Sie sind die Lehrbücher geschrieben. Darum interessiert uns Ihre Meinung über (unsere) Lehrbücher; insb. zu den unten angesprochenen Fragen. Für weitergehende Rückmeldungen und Anregungen sind wir natürlich auch immer dankbar. Schreiben Sie uns! Unter allen Einsendern der ausgefüllten Karten aus Beltz-PVU-Lehrbüchern verlosen wir pro Semester **10 Jahres-Abonnements von "Psychologie heute".**

(Der Rechtsweg ist ausgeschlossen)

Welche Kapitel halten Sie in diesem Lehrbuch für besonders gelungen? - Warum?

Welche Kapitel haben Ihren Erwartungen nicht entsprochen? - Warum?

Was sollten wir in einer Neuauflage verändern, verbessern?

Welches sind Ihre Lieblingsbücher im Studium? - Warum?

Wieviele haben Sie sich davon gekauft?

Zu welchen Themen fehlen in der Psychologie noch gute Lehrbücher?

Wir verlosen
10 Jahres-Abonnements
pro Semester!

Schönpflug,
Geschichte und Systematik der Psychologie
1. Auflage

Absender:

____

____

____

Ich bin

❒ Student/in im Fach

____

im ____ Fachsemester an der Universität:

oder: ______________________

____

____

bitte ausreichend frankieren

Beltz-PVU
z.Hd. Frau Dr. Heike Berger
Werderstraße 10
69469 Weinheim